falstaff WEINGUIDE 2022/23

ÖSTERREICH/NACHBARLÄNDER

459 ÖSTERREICHISCHE WEINGÜTER
WEINGÜTER AUS NACHBARLÄNDERN
3800 AKTUELLE WEINE
BESCHRIEBEN UND BEWERTET

von

Peter Moser

WEINGASTHÖFE – ESSEN UND WOHNEN IN DEN REGIONEN
BEZUGSQUELLEN IN ÖSTERREICH, DEUTSCHLAND
UND DER SCHWEIZ

ISBN: 978-3-902660-99-2

W0401985

DIE BESTEN WEINGÜTER VERKOSTET UND BEWERTET

DIE WEINBAUREGIONEN IN ÖSTERREICH UND NACHBARLÄNDER

#einesorgeweniger
Unsere Unfallversicherung EXKLUSIV.
Mehr auf wienerstaedtische.at und
bei Ihrer Beraterin/Ihrem Berater.
Ihre Sorgen möchten wir haben.
WIENER STÄDTISCHE
VIENNA INSURANCE GROUP

VEREHRTE WEINFREUNDIN, GESCHÄTZTER WEINLIEBHABER!

Mit der 25. Ausgabe unseres alljährlichen Weinjahresberichts begehen wir ein Jubiläum: Seit einem Vierteljahrhundert präsentieren wir nun die besten Weine Österreichs in geballter Form, und pünktlich zu dieser besonderen Ausgabe hat sich mit 2021 ein ganz außerordentlich guter Jahrgang eingestellt. Lebten wir nicht in besonderen Zeiten – noch ist die Corona-Pandemie nicht besiegt und auch in der unglücklichen Ukraine kein Frieden eingekehrt –, könnte man sich über diese tollen Weine noch viel mehr freuen. Unsere talentierten Winzer haben sich jedenfalls nicht bremsen lassen und auch unter schwierigen Bedingungen eine breite Palette erstklassiger Weine erzeugt, die nun auch wieder in der Gastronomie und nicht nur zu Hause in vollen Zügen genossen werden können. Gerade erst konnten sich auf großen Weinmessen wie der Prowein oder der VieVinum auch Händler und Kunden wieder höchstpersönlich von der Güte unserer jüngsten Weine ein Bild machen, und die Resonanz fiel eindeutig positiv aus. Die Nachfrage nach österreichischen Weinen ist aktuell so groß wie nie zuvor, auch die internationalen Einkäufer stellen sich wieder ein. Und das Interesse gilt den tollen Weißweinen wie den Rotweinen gleichermaßen. Der Aufwärtstrend in Sachen Export hatte sich schon in den Zahlen des Vorjahres angekündigt. Was aber niemand auch nur zu träumen wagte: 2020 war das beste Exportjahr ever. Wie die Zahlen der Statistik Austria bestätigen, stiegen die Exporterlöse 2021 um 29,5 Mio. Euro auf 216,8 Mio. Euro (+15,7 %), was den höchsten Wertzuwachs aller Zeiten bedeutet. Erstmals wurde die 200-Mio.-Euro-Marke überschritten. Die exportierte Menge erreichte 70,2 Mio. Liter (+3,8 %), der Durchschnittswert kletterte wieder auf über drei Euro pro Liter. Exporttreiber waren in erster Linie Österreichs Qualitäts-Weißweine, beispielsweise der Grüne Veltliner. Neben den EU-Ländern stiegen auch die Export-Zahlen der Drittstaaten wie USA, Kanada und China stark nach oben. Ein sehr positiver Gradmesser war auch die Wiener Weinmesse VieVinum, die im Mai 2022 nach vier langen Jahren ihr Comeback feierte. Sehr zahlreich fand sich das Privatpublikum ein und nützte die Gelegenheit, mit den neuen Weinjahrgängen bei rund 500 Ausstellern auf Tuchfühlung zu gehen, besonders bemerkenswert aber war die Zahl der Fachbesucher. Um für Österreichs Winzer einen maximalen Mehrwert zu schaffen, lag der Fokus der VieVinum heuer bei den Profis aus Handel, Presse und Spitzengastronomie, die ÖWM unterstützte diese Bemühungen durch die Einladung von rund 1.000 Fachleuten, die sie aus über 50 Ländern nach Wien holte. Es wurde den Gästen höchstes internationales Niveau geboten, und von diesem können Sie sich auch im vorliegenden Weinguide ein gutes Bild machen. Die heimischen Winzer setzen alles daran, sich fit für die Zukunft zu

Peter Moser
Falstaff
Chefredakteur

ERSTE SPARKASSE

Unser Land
braucht Menschen,
die an sich glauben.

Und eine Bank,
die an sie glaubt.

#glaubandich

Klein Tschater in der Region Eisenberg besticht mit malerischen Kellerstöckeln

machen. Die wachsende Zahl von nachhaltig, biologisch und biodynamisch zertifizierten Betrieben ist der beste Beweis dafür. Gerade in diesem Sektor wächst auch die internationale Nachfrage, und Österreichs Winzer tun gut daran, hier zu den Vorreitern zu zählen. Eine weitere sehr auffällige Entwicklung ist im Schaumweinsektor zu verzeichnen: Noch nie wurden so viele prickelnde Weine zum Falstaff Weinguide eingereicht, und das ist ein gutes Zeichen dafür, dass die Marketinganstrengungen erste Früchte tragen. Die Sektpyramide und die Einführung des neuen Begriffs Sekt Austria kommen beim Konsumenten an, im Alternativbereich stehen die Pet Nats hoch im Kurs, die eine jüngere Zielgruppe im Schaumweinsegment ansprechen. Die Natural Wines und Orange Wines haben sich ebenfalls etabliert, sie sorgen dafür, dass sich auch jüngere Zielgruppen für Wein interessieren und sich mit dem Thema zu beschäftigen beginnen. Andererseits haben uns die vergangenen Jahre neue Rebsorten, meist pilzresistente Züchtungen, sogenannte PIWIs, beschert, und einige beginnen tatsächlich langsam Fuß zu fassen. Neue Namen wie den Blütenmuskateller, Muscaris oder Souvignier Gris wird man sich wohl merken müssen. Die größte Herausforderung für die Zukunft des Weinbaus wird der globale Klimawandel sein, und es ist notwendig, vorausschauend auf dieses Phänomen zu reagieren. Dass aber bei allen Szenarien auch in Zukunft immer wieder ganz normale Jahre kommen werden, dafür ist 2021 der beste Beweis. Es war ein Sommer wie anno dazumal – und am Ende standen Weine wie vielleicht noch nie zuvor. Winzern wie Konsumenten stehen spannende und sicher abwechslungsreiche Zeiten bevor, und wir werden diese gerne auch in Zukunft mit unseren kritischen Bemerkungen begleiten und Sie bei der Wahl der besten Weine beraten.

An dieser Stelle möchte ich wie gewohnt allen Mitarbeitern dieser 25. Ausgabe und allen Weingütern, die ihre Weine in dieser nach wie vor sehr speziellen Zeit vertrauensvoll in unsere kritische Obhut gegeben haben, meinen aufrichtigen Dank aussprechen. Nur ihr Können und ihre bewundernswerte Arbeit machen diesen Guide überhaupt erst möglich. Und damit unsere Winzer auch morgen noch die bestmöglichen Weine für uns Kunden herstellen können, ist es notwendig, dass sie einen fairen Preis für ihre ausgezeichneten Produkte bekommen. Lassen wir uns also unseren Weingenuss auch in Zukunft etwas kosten.

PETER MOSER
Falstaff Chefredakteur

dpd
DPD Weinlogistik:
Ihre edlen Tropfen
sind mit uns stets
sicher unterwegs.
Als Weinlogistik-Experte sorgen wir seit mehr als 25 Jahren für den verlässlichen Versand von Wein, Sekt, Champagner sowie vielen anderen, bruchsensiblen Produkten. Sicher verpackt in unseren eigens entwickelten DPD Weinkartons kommen Ihre edlen Tropfen nicht nur schnell, sondern auch unversehrt bei Ihren Kunden an.
dpd.at
dpd

DER GUIDE IN DER PRAXIS

Die Darstellungen der Winzer geben Ihnen eine Fülle an Informationen. Aus Platzgründen wurde mit Abkürzungen gearbeitet, die in der Folge erklärt werden. Es wurde jeweils der beste Wein jedes Betriebs beschrieben, zusätzlich jeder, der 90 Punkte oder mehr erreichte.

REBSORTEN-ABKÜRZUNGEN

Weißweinsorten

BLM	Blütenmuskateller
BO	Bouvier
CH	Chardonnay/Feinburgunder/Morillon
FU	Furmint
FV	Frühroter Veltliner/Malvasier
GM	Gelber Muskateller, Muscat-Lunel
GM6	Goldmuskateller
GO	Goldburger
GS	Grüner Sylvaner
GV	Grüner Veltliner
MO	Muskat-Ottonel
MS	Muscaris
MT	Müller-Thurgau/Riesling-Sylvaner
NB	Neuburger
PG	Pinot Gris/Grauburgunder/Ruländer
RG	Rotgipfler
RR	Rheinriesling/Riesling
RV	Roter Veltliner
SÄ	Sämling 88/Scheurebe
SB	Sauvignon Blanc, Muskat-Sylvaner
SE	Semillon
SOG	Souvignier Gris
TR	Gelber-, Roter-, Gewürztraminer
WB	Weißburgunder/Pinot Blanc
WR	Welschriesling
ZF	Zierfandler

Rotweinsorten

BB	Blauburger
BF	Blaufränkisch
BP	Blauer Portugieser
BW	Blauer Wildbacher/Schilcher
CF	Cabernet Franc
CS	Cabernet Sauvignon
ME	Merlot
PN	Pinot Noir/Blauer Burgunder
RMT	Rosenmuskateller
RÖ	Roesler
SG	Sangiovese
SL	St. Laurent
SY	Syrah
ZW	Blauer Zweigelt

BIO

Weine aus organisch-biologischem oder biologisch-dynamischem Anbau

ZERTIFIZIERT NACHHALTIG AUSTRIA

Das Zertifizierungsprogramm »Nachhaltig Austria« regelt in Österreichs Weinbau die Verwendung des Begriffs »Nachhaltigkeit«.

BEGRIFFSDEFINITIONEN UND WEITERE ABKÜRZUNGEN

extratrocken	bis max. 4 gr RZ/L
trocken	bis max. 9 gr RZ/L
halbtrocken	bis max. 12 gr RZ/L
lieblich	bis max. 45 gr RZ/L
süß	über 45 gr RZ/L
Barrique	zu 100 Prozent im neuen Holz ausgebaut
Teilbarrique	zum Teil im neuen Holz ausgebaut
großes Holzfass	im großen Holzfass ausgebaut
Stahltank	im Stahltank ausgebaut
AL	Auslese
BA	Beerenauslese
TBA	Trockenbeerenauslese

VERSCHLUSSSYSTEME

NK	Naturkork
KK	Kunststoffstöpsel
KR	Kronenkorken
VL	VinoLok (Glas)
DV	Drehverschluss
DIAM	Verschluss aus gepresstem Korkgranulat

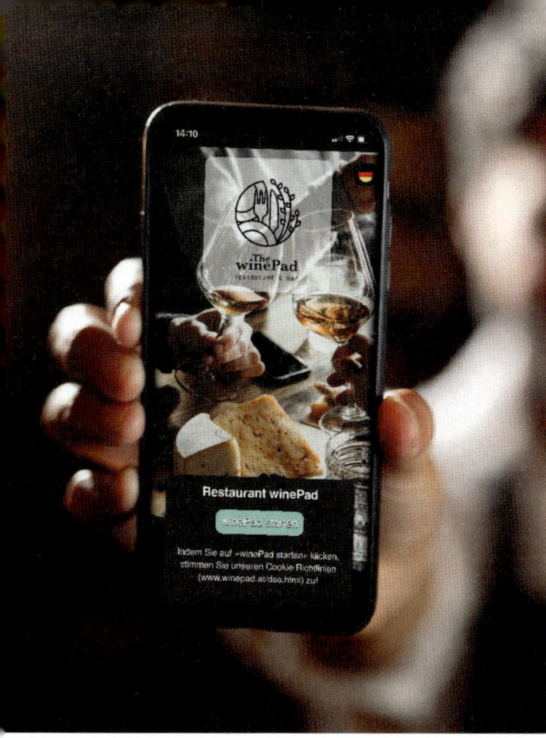

„Wir bündeln gastronomisches Know-how und spezifisches Fachwissen mit digitaler Innovation. Mit unserer interaktiven App werden Weine, aber auch Getränke und Speisen perfekt präsentiert und verwaltet – unkompliziert, benutzerfreundlich und modern – mit minimalstem Aufwand für größtmöglichem Erfolg!“

– ARNO HOFER, GRÜNDER

Das interaktive Weinerlebnis

Verblüffe Deine Gäste mit diesem interaktiven Weinerlebnis und steigere Deinen Weinumsatz!

Als gleichzeitig digitales sowie analoges Medium sprengt winePad die Grenzen der klassischen Weinpräsentation.

- für eine einfache Umsatzsteigerung
- digitale & gedruckte Weinkarte
- schnelle & effiziente Weinverwaltung

DIE ZUKUNFT DER WEINPRÄSENTATION HAT BEGONNEN.

Bruggfeldstraße 5
6500 Landeck
T: + 43 5442 21401
E: info@winepad.at
www.winepad.at

BEZUGSQUELLEN

Die Winzer wurden gebeten, uns ihre wichtigsten Bezugsquellen anzugeben. Aus diesen Angaben haben wir im Anhang des Guides ein umfangreiches Vinotheken- und Bezugsquellenregister erstellt, aus dem Sie die genaue Anschrift sowie in den meisten Fällen auch Telefon, Fax, Internetadresse, gegebenenfalls E-Mail-Adresse und Öffnungszeiten entnehmen können. Selbstverständlich geben die Winzer auch gerne selbst Auskunft über die Einkaufsquelle, die für Sie die nächste ist.

PREISKATEGORIEN

Wir haben die teilnehmenden Winzer gebeten, uns die Preise für ihre Weine bekannt zu geben und haben nun die Ab-Hof-Preise für Privatkunden in Preiskategorien aufgeteilt. Nicht alle Winzer sind dieser Bitte nachgekommen, manche haben zu diesem Punkt keine Angaben gemacht. Natürlich wurden auch Weine verkostet, die sehr schwer erhältlich sind, weil sie entweder nur in kleinsten Mengen produziert wurden – ein Hauptproblem der österreichischen Weinlandschaft – oder weil es sich um »Kultweine« handelt, die von vornherein nur gegen Reservierung oder für Stammkunden erhältlich sind. Bei diesen Weinen ist die Preiskategorie in Klammern gesetzt. Da diese Weine aber in einem hohen Maß die qualitative Spitze der heimischen Produktion darstellen, wurden sie dennoch verkostet und bewertet, um ein vollständiges Bild abgeben zu können. Eine wichtige Relation besteht noch in Form des Preis-Leistungs-Verhältnisses.
Die Weine wurden ohne Ansehen ihrer Preise verkostet. Natürlich erwartet man sich von einem teureren Wein auch ein entsprechendes Punkteergebnis. Andererseits kann ein Wein, der beispielsweise gute 86 Punkte erreicht und aus der untersten Preiskategorie stammt, ein sehr erfreulicher Einkauf sein. Wie viel man schließlich bereit ist, für sein Weinvergnügen auszugeben, bestimmt jeder für sich.

€	bis	€ 5,–
€€	bis	€ 10,–
€€€	bis	€ 15,–
€€€€	bis	€ 20,–
€€€€€	bis	€ 40,–
€€€€€€	über	€ 40,–
(€€€)	limitiert/auf Reservierung oder ausverkauft	

SYMBOLIK

WEINSPEZIFISCH

Ⓢ	Schaumwein
Ⓑ	biologisch
Ⓥ	vegan
Ⓕ	fruktosearm
Ⓢ	schwefelarm
Ⓗ	histaminarm
Ⓝ	natural
Ⓞ	orange
*	DAC
**	DAC Reserve
***	DAC Rosé

WEITERE ANGEBOTE

- Ab-Hof-Verkauf
- Weinverkostung
- Restaurant
- Übernachtungsmöglichkeit
- Heuriger/Buschenschank
- Spirituosen aus eigener Erzeugung
- Feinkost aus eigener Erzeugung

DIE WEINBAUREGIONEN IN ÖSTERREICH

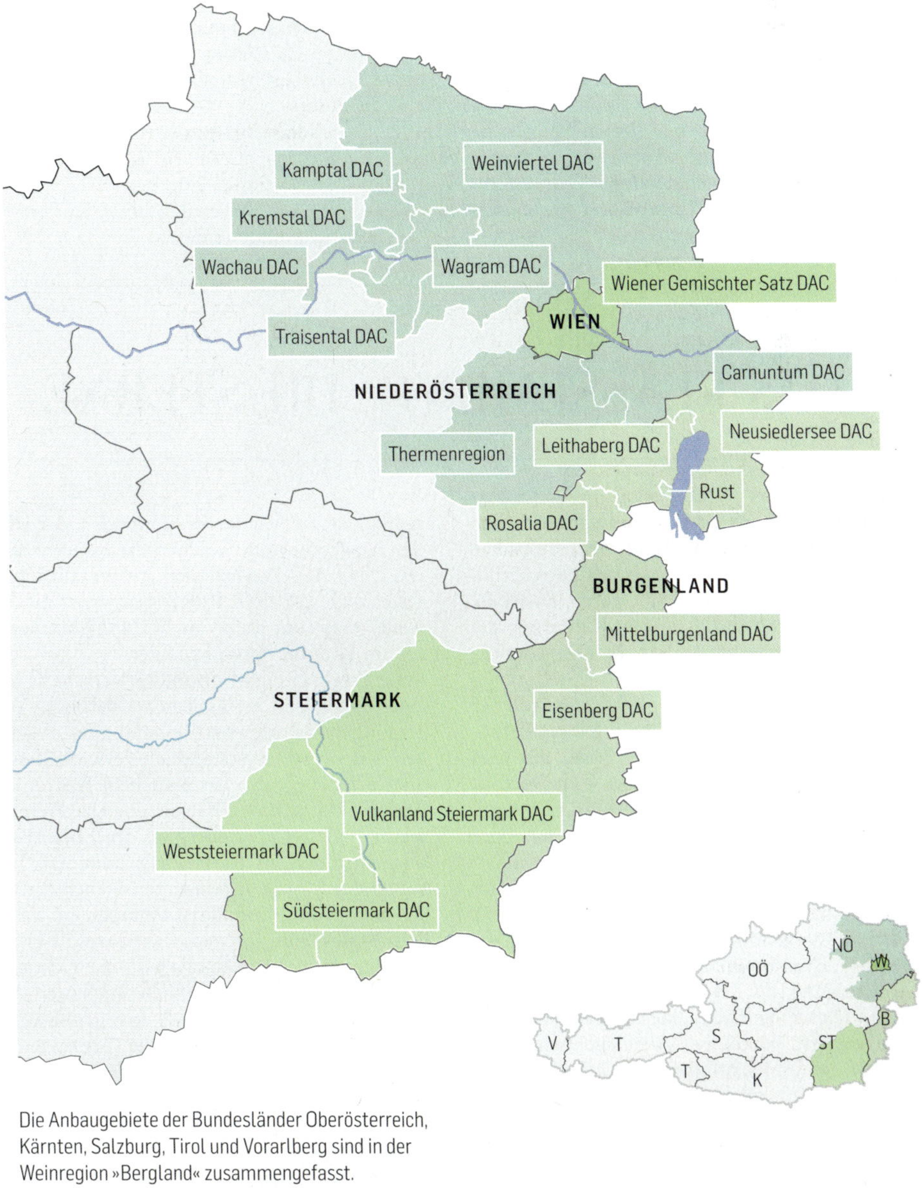

Die Anbaugebiete der Bundesländer Oberösterreich, Kärnten, Salzburg, Tirol und Vorarlberg sind in der Weinregion »Bergland« zusammengefasst.

DIE WEINBEWERTUNGEN

Die Bewertung der Weine erfolgt nach dem internationalen 100-Punkte-System, das eine sehr differenzierte und genau akzentuierte Bewertung erlaubt. Da für den Falstaff Weinguide die besten Winzer ihre besten Weine einreichen, würde dies im 20-Punkte-System eine Fülle von ident hoch bewerteten Weinen bedeuten. Das 100-Punkte-System bringt zusätzlich eine internationale Vergleichbarkeit mit sich, die auch für die Winzer selbst strategische Vorteile birgt.

100	Nicht zu übertreffen
95–99	Absolute Weltklasse
90–94	Ausgezeichneter Wein, unter den Besten des Jahrgangs
85–89	Gut bis sehr gut
( )	Fassprobenwertung

Weine mit einer Bewertung unter 85 Punkten werden nicht aufgenommen.

DAS KLASSEMENT – DIE STERNE

In diesem Buch ist jedem erwähnten Wein eine entsprechende Bewertung nach dem international in der Fachwelt gebräuchlichen 100-Punkte-System zuteilgeworden. Fassproben sind durch eine in Klammern gesetzte Bewertung erkennbar, die eine potenzielle Bewertung darstellt.
Die Benotung der Weine erfolgt in offener Verkostung, also in Einschätzung ihres Potenzials, ihres Terroirs und des Stils, den das Haus bei der Vinifikation pflegt – ein Verfahren, das speziell bei der Bewertung von Fassmustern und Jungweinen gegenüber der sogenannten »Blindprobe« von großem Vorteil ist. Daneben wurde auf einer zweiten Ebene eine Einstufung der in den Guide aufgenommenen Betriebe vorgenommen, die nicht ausschließlich im Zusammenhang mit dem aktuellen Abschneiden der Weine eines Produzenten steht. Dieser Versuch eines Klassements ist eine zutiefst subjektive Angelegenheit, dennoch folgt er Richtlinien, die ich an dieser Stelle erläutern möchte.
Seitdem der Aufschwung der heimischen Weinszene so richtig begann, also Ende der Achtzigerjahre, verkoste ich mit großer Regelmäßigkeit die Weine der führenden Betriebe, der Newcomer und solcher, die es gerne wären. Über 450 Produzenten stehen jährlich in Österreich auf dem Programm, was mittlerweile insgesamt mehr als 50.000 Einzelnotizen im Lauf der Jahre bedeutet.
Diese Degustations-Kontinuität verschafft mir einen guten und verlässlichen Überblick. Von persönlichen Präferenzen einmal ganz abgesehen – denn selbstverständlich entwickelt sich über die Zeit gegenüber manchem Winzer ein freundschaftliches Verhältnis, ja sogar Freundschaft –, gibt es aber durchaus objektivierbare Elemente, die ein Klassement erlauben. Die Fähigkeiten eines Produzenten stehen natürlich im Vordergrund, dazu kommen ein möglichst optimales, unverwechselbares Terroir, Vorzüge wie alte Rebanlagen, die richtigen Sortenklone sowie schließlich auch der Aspekt, wie regelmäßig (und das genauso in schwächeren Jahrgängen) eine überragende Qualität erzeugt werden kann. Zusammengefasst sind also Begriffe wie Talent, Terroir und Kontinuität – vielleicht auch Originalität – gefragt. Und dies gilt nicht nur für Österreich, sondern für die ganze Weinwelt.

DIE WELT DER EDELMETALLE

ÖGUSSA

SEIT 1862

Investment in Gold

bei Österreichs führender Edelmetall-Scheideanstalt

Ögussa Goldbarren werden in Österreich gefertigt
und sind daher Mengen unabhängig innerhalb kürzester Zeit verfügbar.

Barren in 11 Größen • 1 bis 1000 Gramm • bis 10.000 € anonym • umsatzsteuerfrei

ÖSTERREICHISCHE GOLD- U. SILBER- SCHEIDEANSTALT GES.M.B.H.
Liesinger-Flur-Gasse 4 | 1230 Wien | T +43 1 86646
Wien, Linz, Salzburg, Innsbruck, Dornbirn, Graz, Klagenfurt
www.oegussa.at

Besuchen Sie unseren Barrenwebshop.

Ein Unternehmen der umicore

FAIRMINED

Faires Gold
zertifiziert konfliktfreie Lieferkette

RESPONSIBLE JEWELRY COUNCIL

CHAIN OF CUSTODY

In welchem Ausmaß dies einem Betrieb in den vergangenen Jahren gelungen ist, soll im Sterne-Klassement ausgedrückt werden. Bis zum Jahr 2006 wurden für diese Weingutsbewertung bis zu drei Sterne verwendet. Die ständig andauernde Qualitätsentwicklung hat uns gezeigt, dass dies zu Unschärfen führt, und so wurde ab der zehnten Ausgabe im Jahr 2007 das Klassement grundlegend überarbeitet und ein Fünf-Sterne-Klassement entwickelt. Dieses erstreckt sich nun in Stufen von der Aufnahme, die gleichzeitig auch Empfehlung ist, bis zu fünf Sternen für die wenigen allerbesten Erzeuger mit Weltgeltung. Es erlaubt dem Autor nun, noch besser zu differenzieren.
Ich möchte Sie speziell auf die neu (diese sind als solche gekennzeichnet) in den Guide aufgenommenen Weingüter aufmerksam machen, das sind alles Namen, die man sich für die Zukunft merken sollte.

DIE STERNE DES KLASSEMENTS UND IHRE BEDEUTUNG

★★★★★

Weingut, das immer außergewöhnliche Qualität erzeugt, was nur auf den allerbesten Terroirs des Landes möglich ist. Der Betrieb zählt zu den besten der Welt und genießt entsprechende internationale Anerkennung und Nachfrage.

★★★★

Erzeuger von konstant herausragender Qualität, ein Betrieb mit einer Bedeutung, die über die Grenzen des Landes hinausreicht. Produziert hochklassige Weine, die auch international wahrgenommen werden.

★★★

Erzeuger von sehr hoher Qualität, bringt kontinuierlich Weine hervor, die in ihrer Gattung zu den besten des Landes gezählt werden.

★★

Betrieb von nationaler Reputation, erzeugt regelmäßig sorten- und regionaltypische Weine in sehr guter Qualität.

★

Betrieb mit überregionaler Bedeutung, erzeugt regelmäßig sorten- und regionaltypische Weine in guter Qualität.

—

Ohne Stern: Empfehlenswerter Betrieb mit regionaler Bedeutung, produziert sortentypische Weine in verlässlicher Qualität.

Architecture. Design.

Wir gestalten Interiors, die Raum fürs Leben schaffen. Für Persönlichkeiten, die Lust haben, Charakter zu zeigen und ihren Ideen freien Lauf zu lassen. Unsere Betriebs- und Werkstätten, Büros und Shops sind so individuell wie unsere Auftraggeber und ihre einzigartigen Erzeugnisse. Weil nicht unsere Designs das Maß der Dinge sind, sondern die Menschen, die in ihnen arbeiten und Geschäfte machen.

GERMAN DESIGN AWARD WINNER 2021

winner dezeen awards 2020

ICONIC AWARDS 2020 INNOVATIVE ARCHITECTURE best of best

BIGSEE GRAND PRIX AWARD 2020

BIGSEE INTERIORDESIGN AWARD 2020 WINNER

Linz +43 732 916677
Wien +43 1 9744420

office@destilat.at
www.destilat.at

destilat
INTERIOR DESIGN

WEINBEGLEITER
Voller Genuss für Ihre Kund*innen

post.at/weinpaket

In gutem Wein steckt Herzblut. Deshalb verdient er die beste Behandlung – auch unterwegs. Das zertifizierte Weinpaket der Post schützt edle Tropfen zuverlässig, damit sie sicher bei Ihren anspruchsvollen Kund*innen ankommen – auch international. Wählen Sie zwischen dem Weinpaket Business und dem fertig vorfrankierten Weinpaket Prepaid, jeweils in verschiedenen Größen versandbereit.

Frei
von
CO_2
bis 2030
CO_2 neutrale
Zustellung
seit 2011
Effiziente
BUSINESS-
LÖSUNGEN
der Post

DIE TOP-WEINGÜTER

★★★★★

Weingut Paul Achs, Gols
Weingut Alzinger, Dürnstein
Weingut Bründlmayer, Langenlois
Weingut Gesellmann, Deutschkreutz
Weingut Schloss Gobelsburg, Gobelsburg
Weingut Philipp Grassl, Göttlesbrunn
Weingut Gross, Ehrenhausen
Weingut Gernot und Heike Heinrich, Gols
Weingut Hirsch, Kammern
Weingut Franz Hirtzberger, Spitz an der Donau
Weingut Knoll, Dürnstein
Weingut Kollwentz, Großhöflein
Weinlaubenhof Kracher, Illmitz
Weingut Krutzler, Deutsch Schützen
Weingut Mantlerhof, Brunn im Felde/ Gedersdorf
Weingut Gerhard Markowitsch, Göttlesbrunn
Weingut Moric, Großhöflein
Weingut Neumeister, Straden
Wein-Gut Nigl, Senftenberg
Weingut Anita und Hans Nittnaus, Gols
Weingut F. X. Pichler, Dürnstein
Weingut Rudi Pichler, Wösendorf
Weingut Pöckl, Mönchhof
Weingut Prager, Weißenkirchen/Wachau
Weingut Salomon Undhof, Stein an der Donau
Familienweingut Sattlerhof, Gamlitz
Weingut Tement, Ehrenhausen
Weingut Ernst Triebaumer, Rust
Hans Tschida - Angerhof, Illmitz
Weingut Velich, Apetlon
Weingut Wieninger, Wien

★★★★

Weingut Werner Achs, Gols
Weingut Allram, Straß im Straßertale
Weingut Alphart, Traiskirchen
Weingut Markus Altenburger, Jois
Weingut Kurt Angerer, Lengenfeld
Weingut Artner, Höflein
Weingut Anton Bauer, Feuersbrunn
Heribert Bayer Kellerei In Signo Leonis, Neckenmarkt
Weingut Buchegger, Droß
Domäne Wachau, Dürnstein
Weingut Johann Donabaum, Spitz an der Donau
Dürnberg, Falkenstein
Weingut Ebner-Ebenauer, Poysdorf
Edlmoser Weingut & Heuriger, Wien
Weingut Eichinger, Straß im Straßertale
Weingut Feiler-Artinger, Rust
Weingut Christian Fischer, Sooß
Weingut Frauwallner, Straden
Weingut Georg Frischengruber, Rossatz
Weinbau Karl Fritsch, Oberstockstall
Weingut Josef Fritz, Zaußenberg
Weingut Gager, Deutschkreutz
Weingut Johannes Gebeshuber, Gumpoldskirchen
Weingut Walter Glatzer, Göttlesbrunn
FJ Gritsch – Mauritiushof, Spitz an der Donau
Weingut Gschweicher, Röschitz
Weingut Silvia Heinrich, Deutschkreutz
Weingut Hiedler, Langenlois
Weingut Josef & Georg Högl, Spitz an der Donau
Weingut Hofstätter, Spitz an der Donau
Weingut Markus Huber, Reichersdorf
IBY Rotweingut Bio, Horitschon
Weingut Hans Igler, Deutschkreutz
Weingut Jalits, Badersdorf
Weingut Jamek, Joching
Weingut Johanneshof Reinisch, Tattendorf
Weingut Juris, Gols
Weingut Jurtschitsch, Langenlois
Weingut Kerschbaum, Horitschon
Weingut Kodolitsch, Leibnitz
Weingut Kopfensteiner, Deutsch Schützen
Weingut Krispel, Hof bei Straden

Österreichische Traditionsweingüter

1ÖTW ERSTE LAGEN®

AUF DER SUCHE NACH DER QUALITÄT IM WEIN

Nicht überall, wo Reben gepflanzt sind, wächst die gleiche Qualität heran. Es ist eine alte Weisheit unter Winzern, dass es Weinberge gibt, die – bei sorgfältiger Pflege – konstant jedes Jahr außergewöhnliche Weine hervorbringen, während woanders vielleicht nur einfach gute oder mittelmäßige Weine entstehen. Einige Parameter, die einen herausragenden Weinberg ausmachen, sind uns bekannt. Man kann sie aber nicht isoliert betrachten, denn ein karger Boden alleine etwa macht noch lange keinen großen Wein. Wesentlich ist immer das Zusammenspiel aus Bodenstruktur, Niederschlagsmenge, Luftströmungen, Exposition, Höhenlage und natürlich der Temperaturentwicklung im Laufe des Jahres und insbesondere zwischen Tag und Nacht.

Auf Basis dieser Überlegungen wurde im Jahr 1991 der Verein der Österreichischen Traditionsweingüter gegründet. Zielsetzung war, eben diese herausragenden Weinbergslagen in Österreich zu klassifizieren, um dem Konsumenten eine Orientierungshilfe in der großen Vielfalt der Weinherkünfte dieser Welt zu geben. **Lagenbuch bestellbar unter *www.traditionsweingueter.at***

LAGENKLASSIFIZIERUNG 2022

ÖTW.DONAU (Kamptal | Kremstal | Traisental | Wagram)
ÖTW.WIEN | ÖTW.CARNUNTUM | ÖTW.THERMENREGION

Weingut Lackner-Tinnacher, Gamlitz
Weingut Lagler, Spitz
Weingut Leth, Fels am Wagram
Weingut Fred Loimer, Langenlois
Weingut Wolfgang Maitz, Ehrenhausen an der Weinstraße
Weingut Malat, Furth bei Göttweig
Weingut Mayer am Pfarrplatz, Wien
Weingut Vorspannhof – Mayr, Dross
Weingut Dorli Muhr, Prellenkirchen
Weingut Muster.gamlitz, Gamlitz
Weingut Franz und Christine Netzl, Göttlesbrunn
Weingut Ludwig Neumayer, Inzersdorf ob der Traisen
Weingut Bernhard Ott, Feuersbrunn
Weingut R. & A. Pfaffl, Stetten
Weingut Pichler-Krutzler, Dürnstein
Weingut Pittnauer, Gols
Weingut Polz, Strass in der Steiermark
Weingut Prieler, Schützen am Gebirge
Weingut Familie Proidl, Senftenberg
Weingut Rotes Haus, Wien
Weingut Erwin Sabathi, Leutschach an der Weinstraße
Weingut Hannes Sabathi, Gamlitz
Weingut Scheiblhofer, Andau
weingut schiefer.pur, Welgersdorf
Weingut Schmelz, Joching
Weingut Josef Schmid, Stratzing
Weingut Schützenhof, Deutsch Schützen
Weingut Schwarz, Andau
Weingut Setzer, Hohenwarth
Weingut Skoff Original – Walter Skoff, Gamlitz
Weingut Stadlmann, Traiskirchen
Weingut Stadt Krems, Krems
Weingut Tegernseerhof, Dürnstein
Weingut Josef Tesch, Neckenmarkt
Weingut Tinhof, Trausdorf
Weingut Johann Topf, Straß im Straßertale
Günter + Regina Triebaumer, Rust
Weingut Türk, Stratzing
Weingut Wellanschitz, Neckenmarkt
Weingut Wohlmuth, Kitzeck im Sausal
Weingut Zull, Schrattenthal
Ewald Zweytick Wein, Ratsch an der Weinstraße

★★★

A-Nobis Sektkellerei Norbert Szigeti, Zurndorf
Weingut Aigner, Krems
Allacher Vinum Pannonia, Gols
Martin & Anna Arndorfer, Straß im Straßertale
Weingut Atzberg, Spitz an der Donau
Weingut Familie Auer, Tattendorf
Leo Aumann, Tribuswinkel
Weingut Bannert, Obermarkersdorf
Weingut Christoph Bauer, Jetzelsdorf
Weingut Stefan Bauer, Königsbrunn am Wagram
Weinhof Bauer-Pöltl, Horitschon-Unterpetersdorf
Weingut Bäuerl, Dürnstein
Weingut Bayer – Erbhof, Donnerskirchen
Weingut Berger, Gedersdorf
Weingut Biegler, Gumpoldskirchen
Weingut Birgit Braunstein, Purbach
Weingut Karl Brindlmayer, Wagram ob der Traisen
Weingut Josef & Philipp Bründlmayer, Grunddorf
Weingut Ceel, Rust
Weingut Christ, Wien
Weingut Wien Cobenzl, Wien
Weingut Zur Dankbarkeit, Podersdorf am See
Winzerhof Familie Dockner, Höbenbach
Dreisiebner Stammhaus, Sulztal an der Weinstraße
Weingut Ecker – Eckhof, Kirchberg am Wagram
Weinhof Hannes Edlinger, Röschitz
Weingut Josef Edlinger, Furth/Palt
Weingut Josef Ehmoser, Tiefenthal
Weingut Ludwig Ehn, Langenlois
Weingut Elsnegg, Gamlitz
Weingut Ernst, Großwiesendorf
Weingut Esterházy, Trausdorf an der Wulka
Weingut Rudolf Fidesser, Platt
Weingut Josef Fischer, Rossatz
Weingut Meinhard Forstreiter, Krems-Hollenburg
Weingut Frank, Herrnbaumgarten

DÖL LER ER
WEIN HAUS
GEMEINSAM WEIN ERLEBEN.
SHOP.DOELLERER.AT

Weingut Frühwirth, Klöch
Weingut R & R Gerngross, Sausal
Weingut Giefing, Rust
Burgundermacher Weingut Johann Gisperg, Teesdorf
Weingut Robert Goldenits, Tadten
Weingut Thomas Gritsch, Spitz an der Donau
Weingut Ingrid Groiss, Breitenwaida
Groszer Wein, Burg
BIO Weingut Gruber Röschitz, Röschitz
Weingut Andreas Gsellmann, Gols
Weingut Hagn, Mailberg
Weingut Haider, Illmitz
Weingut Hajszan Neumann, Wien
Hammer Wein Rust, Rust
Graf Hardegg, Seefeld-Kadolz
Weingut Harkamp, Leibnitz
Weingut Toni Hartl, Reisenberg
Weingut Hartl, Oberwaltersdorf
Weingut Herwald Hauleitner, Wagram ob der Traisen
Weingut Leo Hillinger, Jois
Weinhofmeisterei Mathias Hirtzberger, Wösendorf in der Wachau
Weingut Holzapfel, Weißenkirchen
Weingut Horvath, Gols
Weingut Hundsdorfer, Neckenmarkt
Weingut Markus Iro, Gols
Weingut Jäger, Weißenkirchen
Weingut Jordan, Pulkau
Weingut Keringer, Mönchhof
Domaines Kilger, Gamlitz
Winzerhof Kiss, Jois
Weingut Stift Klosterneuburg, Klosterneuburg
Respiz-Hof Kölbl, Röschitz
Weingut Kolkmann, Fels am Wagram
Rotweine Lang, Neckenmarkt
Weingut Langmann, Sankt Stefan ob Stainz
Weingut Leberl, Großhöflein
Weingut Andreas Lehensteiner, Weißenkirchen
Weingut Leindl, Zöbing
Weingut Leitner, Gols
Hofkellerei des Fürsten von Liechtenstein, Wilfersdorf
Weingut Liegenfeld, Donnerskirchen
Weingut Gerhard J. Lobner, Mannersdorf an der March
Weingut MAD, Oggau
Weingut Masser, Leutschach
Weingut Migsich, Antau
Weingut »RM« Roland Minkowitsch, Mannersdorf/March
Weingut Hermann Moser, Rohrendorf
Weingut Müller, Krustetten
Weingut Müller-Grossmann, Furth-Palt
Weingut Münzenrieder, Apetlon
Weingut PMC Münzenrieder, Apetlon
Weingut Nehrer, Eisenstadt
Weingut Nimmervoll, Engelmannsbrunn
Weingut Gebrüder Nittnaus, Gols
Weingut Anton Nothnagl, Spitz an der Donau
Weingut oberGuess, Leutschach
Weingut Robert Payr, Höflein
Weingut Pfeifer, Sankt Anna am Aigen
Weingut Piriwe, Traiskirchen
Weingut Familie Pitnauer, Göttlesbrunn
Ploder-Rosenberg, St. Peter am Ottersbach
Weingut Pongratz, Gamlitz - Kranachberg
Weingut Stefan Potzinger, Gabersdorf
Weingut Prechtl, Zellerndorf
Weingut Helmut Preisinger, Gols
Weinkultur Preiß, Theyern
Rotweingut Prickler, Lutzmannsburg
Weingut Primus, Grassnitzberg-Spielfeld
Weingut Rudolf Rabl, Langenlois
Weingut Hannes Reeh, Andau
Weingut Regele, Ehrenhausen a.d.Weinstrasse
Grenzlandhof Weingut Familie Reumann, Deutschkreutz
Weingut Rixinger, Spitz an der Donau
Weingut Salzl – Seewinkelhof, Illmitz
Weingut Franz Sauerstingl, Fels am Wagram
Josef Scharl – Charakterweine, St. Anna am Aigen
Weingut Schauer, Kitzeck
Weingut Franz Schindler, Mörbisch
Schlumberger Wein-und Sektkellerei, Wien
Weingut Horst und Georg Schmelzer, Gols
Weingut Schneider, Tattendorf
Winzerhaus Hans Schöller, Wagram ob der Traisen

DER HÖHENFLUG DES WIENER WEINS IST KEIN ZUFALL.

Dahinter steckt die renommierte Winzergruppe WienWein und eine Vision: den Wiener Wein an die Weltspitze zu führen. Die malerischen Weingärten mit Blick auf die Donaumetropole sind untrennbar mit der Stadt verbunden. Sie präsentieren sich ihren Betrachtern voller Stolz und bieten den WienWein Winzern beste Voraussetzungen, um charaktervolle Weine entstehen zu lassen.

TRADITIONSWEINGÜTER ÖSTERREICH

WWW.WIENWEIN.AT

Thomas Schwarz, Purbach
Weingut Wolfgang Seher, Platt
Weingut Heinz und Adrienne Sigl, Rossatz
Weingut Peter Skoff – Domäne Kranachberg, Gamlitz
Weingut Sommer, Donnerskirchen
Lesehof Stagård, Krems-Stein
Weingut Steininger, Langenlois
Karl Stierschneider – Kartäuserhof, Weißenkirchen
Weingut Stift Göttweig, Furth bei Göttweig
Winzerhof Stift, Röschitz
Weingut Strawanzer Donabaum, Spitz an der Donau
Weingut Strehn, Deutschkreutz
Weingut Sutter, Hohenwarth
Weingut Taferner, Göttlesbrunn
Weingut Taubenschuss, Poysdorf
Weingut Thiery-Weber, Rohrendorf
Weingut Tschermonegg, Leutschach
Weingut Petra Unger, Furth-Palt
Weingut Wagentristl, Großhöflein
Weinhof Anton und Elfriede Waldschütz, Sachsendorf
Weingut Familie Weber, Lutzmannsburg
Weingut Weixelbaum, Straß im Straßertale
Weingut Rainer Wess, Krems
Weingut Juliana Wieder, Neckenmarkt
Weingut Niki Windisch, Groß-Engersdorf
Weingut Winkler-Hermaden, Kapfenstein
Zantho, Andau
Weingut Stefan Zehetbauer, Schützen am Gebirge
Weingut Alois Zimmermann, Theiß

★★

Weingärtnerei Aichinger, Schönberg am Kamp
Weingut Alphart am Mühlbach, Traiskirchen
Weingut Am Berg – Michael Gruber, Langenlois
Weingut AmSee, Gols
Weingut Michael Auer, Höflein
Klosterkeller der Barmherzigen Brüder, Eisenstadt
Familie Bauer - Bioweingut, Großriedenthal
Weingut Josef Bauer, Feuersbrunn
Weingut Norbert Bauer, Jetzelsdorf
Weingut Benedikt, Kirchberg am Wagram
Weingut Blauensteiner, Gösing am Wagram
Weingut Böheim, Arbesthal
Weingut Branigg, Kitzeck im Sausal
Weingut Brolli-Arkadenhof, Gamlitz
Weingut Gerhard Deim, Schönberg am Kamp
Weingut Gerald und Andrea Diem, Obermarkersdorf
Weingut Robert Direder, Kirchberg am Wagram
Weingut Karl Diwald, Großriedenthal
Weingut Tom Dockner, Theyern
Weingut Peter Dolle, Straß im Straßertale
Christoph Edelbauer, Langenlois
Weingut Eder, Gedersdorf
Weinhof Ehn, Engelmannsbrunn
Weingut Engel, Tieschen
Weingut Ernst, Deutschkreutz
Weingut Felberjörgl, Kitzeck
Weingut Felsner, Grunddorf
Weingut Grenzhof-Fiedler, Mörbisch
Weingut Leopold Figl, Wagram ob der Traisen
Weinhof Fink, Krustetten
Schilcherweingut Friedrich, Sankt Stefan ob Stainz
Weingut Fuhrgassl-Huber, Wien
Weingut Stefan Gebetsberger, Spitz an der Donau
Winzerhof Gmeiner, Seebarn
Weingut Gollenz, Tieschen
Weingut Norbert Greil, Unterstockstall
Weinhof Grill, Fels am Wagram
Weingut Roman Gritsch, Spitz an der Donau
Weingut Lukas Hagen, Krems
Weingut Doris und Matthias Hager, Mollands
Weingut Heiderer-Mayer, Großweikersdorf
Weingut Herndler, Schiltern
Stiftsweingut Herzogenburg, Herzogenburg
Hirschmugl - Domaene am Seggauberg, Leibnitz
Weingut Hirtl, Poysdorf
Weingut Hofbauer-Schmidt, Hohenwarth
Weingut Wolfgang Hofer, Wien
Weingut Rudolf Hofmann, Traismauer
Weingut Andreas Holzer, Nussdorf

VIDA
WINES & SPIRITS
GRAND VIN
DE
CHATEAU LATOUR
PREMIER GRAND CRU CLASSE
2005
PAUILLAC
GRAND CRU
CORTON
Your no. 1 destination
for Fine & Rare Wines
www.vidawein.at | Gumpendorfer Straße 6/2, 1060 Wien

Weingut Johannes Holzer, Engabrunn
Weingut Armin Huber, Straß im Straßertale
Christina Hugl | Sekt & Pet-Nat, Langenlois
Winzer Christian Jassek, Ragelsdorf
Weingut Schilcherei® H. und L. Jöbstl, Wernersdorf bei Wies
Winzerschlössl Kaiser, Eisenstadt
Bio-Weingut Kemetner, Etsdorf am Kamp
Weingut Kirchknopf, Eisenstadt
Weingut Jacqueline Klein, Andau
Kollerhof am Eichberg, Leutschach
Kraft aus Rust, Rust
Laurenz V., Wien/Zöbing
Weingut Maglock-Nagel, Straß im Straßertale
Schlossweingut Malteser-Ritter-Orden, Mailberg
Weingut Lukas Markowitsch, Göttlesbrunn
Meinrad Markowitsch, Göttlesbrunn
Weingut Martinshof, Neusiedl an der Zaya
Weingut Maurer, Röschitz
Mayer der Wein, Kirchberg am Wagram
Weingut Mazza, Weißenkirchen
Weingut Hans Moser, Eisenstadt
Weinkellerei Lenz Moser, Rohrendorf
Weingut Andreas Muhr, Stixneusiedl
Müller Klöch, Klöch
Weingut Müller – Tassilo, Krustetten
Weingut Nastl, Langenlois
Neckenmarkt die Winzer, Neckenmarkt
Weingut Martin Netzl, Göttlesbrunn
Weingut Noemi, Kitzeck im Sausal
Nolz Wein, Hilpersdorf
Weingut Barbara Öhlzelt, Zöbing
Weingut Oppelmayer, Göttlesbrunn
Weingut Thomas Ott, Reichersdorf
Weinhof Christian Parzer, Oberfucha-Furth
Weingut Pasler, Jois
Weingut Pass, Etzmannsdorf
Weingut Gerhard Pfneisl, Deutschkreutz
Weingut Gerhard Pimpel, Göttlesbrunn
Weingut Piribauer, Neudörfl
Weinhof Platzer, Tieschen
Domaine Pöttelsdorf Familymade, Pöttelsdorf
Weingut Pröglhöf, Retz-Obernalb
Weinbau Familie Reinberger, Grafenwörth
Weingut Reiterer, Wies
Weingut Familie Repolusk, Leutschach an der Weinstraße
Weingut Retzl, Zöbing
Weingut Rosner, Langenlois
Weingut Erich Sattler, Tadten
Weingut Sattler, Jois
Weingut Schabl, Königsbrunn am Wagram
Weingut Robert Schlumberger, Bad Vöslau
Weingut Schneider, Röschitz
Weingut Gernot Schuhmann, Gols
Weingut Familie Schuster, Großriedenthal
Weingut Schwarz, Schrattenberg
Weingut Schwarzböck, Hagenbrunn
Weingut Peter Schweiger, Zöbing
Weingut Georg Seiler, Rust
Landesweingut Silberberg, Leibnitz
Weingut J. und A. Skringer, Leutschach an der Weinstraße
Weingut Sonnhof, Langenlois
Weingut Bernd Stelzl, Leutschach a. d. Weinstraße
StephanO Das-Wein-Gut, Deutsch Schützen
Weingut HST – Hannes Steurer, Jois
Weingut Strauss Gamlitz, Gamlitz
Weingut Studeny, Obermarkersdorf
Weingut Tanzer, Krems an der Donau
Weingut Georg Toifl, Kleinhöflein
Weinbau Tremmel, Rust
Weingut Trummer, St. Veit in der Südsteiermark
Weingut Urban, Wullersdorf
BIO Weingut Urbanihof – Familie Paschinger, Fels am Wagram
Weingut Reinhard & Markus Waldschütz, Straß im Straßertale
Weingut Gerald Waltner, Engelmannsbrunn
Wandraschek Weinmanufaktur, Krems
Weingut Wannemacher, Hagenbrunn
Weingut Warga-Hack, Sankt Andrä im Sausal
Domaine Wolf, Gamlitz
Weingut Wurzinger Pia, Tadten
Weingut Josef Zeitlberger & Josef Zeitlberger, Großweikersdorf
Weingut Zens, Mailberg
Weingut Harald Zierer, Gumpoldskirchen
Weingut Ziniel, St. Andrä am Zicksee

STERREICH WEIN
ße Kunst. Ohne Allüren.

WINE in MODERATION
WEIN | BEWUSST | GENIESSEN

Weinviertel – eine geschützte Ursprungsbezeichnung der EU für österreichischen Qualitätswein

Weingut Zöhrer, Krems
Weingut Zuschmann-Schöfmann, Martinsdorf

★

NÖ Landesweingut Retz – Gut Altenberg, Retz
Weingut Batthyány, Rechnitz
Bio-Weingut Bernthaler + Bernthaler, Gols
Schlossweingut Bockfliess, Stetten
Weingut Burg Taggenbrunn, St. Veit an der Glan
Weingut Daschütz, Kirchberg am Wagram
Alfred Markus Deim, Schönberg
Weingut Ecker, Grafenberg
Weingut Alexander Egermann, Illmitz
Weingut Eichberger, Eibesbrunn
Weinbau Willi Eminger, Niedersulz
Weingut Etz, Walkersdorf am Kamp
Fiona Figlmüller, Wien
Weingut Buschenschank Firmenich, Ehrenhausen
Weingut Alfred Fischer, Stöttera
Weingut Gilg, Hagenbrunn
Goldeck Wein- und Sektkellerei, Bad Vöslau
Weingut Wolfgang und Sylvia Groll, Reith/Langenlois
Weinbau Markus Lager, Göttlesbrunn
Weingut Lassl, Sigleß
Weingut Lentsch - Pinots vom Leithaberg, Donnerskirchen
Landhaus Mayer, Wien
Weingut M. Mayer, Königsbrunn
nene - terroir wein Österreich, Vomp
Winzerhof Obenaus, Großriedenthal
Weingut Andreas Ott, Hagenbrunn
Weingut Pesau, Falkenstein
Weingut Pleil, Wolkersdorf
Wein Werk Polsterer, Feuersbrunn
Michaela Riedmüller Weine, Hainburg a.d. Donau
Winzerhof Sax, Langenlois
Schaller vom See, Podersdorf am See
Weingut Johann Schneeberger, Heimschuh
Weingut Schreibeis – Keller am Gaisberg, Straß im Straßertale
Siedler Alex. Wein-Genuss-Gut, Reichersdorf
Klosterkeller Siegendorf, Siegendorf
Weingut Fabian Sloboda, Podersdorf am See
Weinhof Thomas Stopfer, Ruppersthal
Weingut Reinhard Topf, Straß im Straßertale
Weingut TrippelGUT, Feldkirchen
Weingut Unger, Halbturn
Weingut Walter Wien, Wien
Weber Bioweingut, Roseldorf
Reinhard Winiwarter Winery, Stratzing
Weinerlebnis Martin Wippel, Riegersburg
Weingut Leo und Dagmar Wunderer, Oberfellabrunn

–

Achs-Wendelin Weine, Gols
Domaine Andau, Andau
Weingut Josef Bergkirchner, Mitterarnsdorf
Weingut Doktor Wunderer, Straning
Eichenwald Weine, Horitschon
Weingut Ernsthofer, Wösendorf
Bioweingut Viktor Fischer, Wagram ob der Traisen
Fritsch & Gottwald, Kirchberg am Wagram
Weingut Familie Hahn, Hohenruppersdorf
Weingut Robert Herbst, Langenlois
Domäne Lilienberg, Tainach
Weingut Michi Lorenz, Kitzeck
Weingut Reckendorfer, Ollersdorf
Weingut Schmid, Langenlois
Weingut Stadler, Halbturn
Weingut Wruss, Gamlitz
Winzerhof Zimmermann, Ziersdorf

Vinospirit
Der Onlineshop für
Weinliebhaber.

Jahrgangstiefe

Trends

prämierte Weine

gereifte Weine

Die Schwesternfirma des Traditionsunternehmens Weinturm verbindet alles, was im Onlinehandel wichtig ist: Ein innovatives Sortiment, im natürlich gekühlten Erdkeller perfekt gelagerte Weine, sowie reibungslosen Versand.

WWW.VINOSPIRIT.AT

Besuchen sie uns auch auf Facebook & Instagram.

VINOSPIRIT

EHRENTAFEL 2022

DIE BESTEN SCHAUMWEINE

96	**Bründlmayer Brut Nature Blanc de Blancs Langenlois Große Reserve 2017,** Weingut Bründlmayer	Seite 133
95	**A-Nobis Grand Cuvée Extra Brut Sekt Austria Burgenland g.U. 2013,** A-Nobis Sektkellerei Norbert Szigeti	Seite 596
95	**Solera III Extra Brut,** Weingut Harkamp	Seite 701
95	**Langenlois Große Reserve Blanc de Blancs Brut Nature 2016,** Weingut Fred Loimer	Seite 164
95	**Chardonnay Sekt Austria Große Reserve brut nature Niederösterreich g.U. Furth 2014,** Weingut Malat	Seite 207
95	**Grüner Veltliner Sekt Austria Große Reserve brut Niederösterreich g.U. Langenlois Ried Steinhaus 2017,** Weingut Steininger	Seite 179
95	**Tement Blanc de Blancs Brut Nature Grosse Reserve,** Weingut Tement	Seite 747
94	**Chardonnay Sekt g.U. Extra Brut Große Reserve 2016**, Weingut Buchegger	Seite 196
94	**Grüner Veltliner Sekt Austria Große Reserve brut nature Niederösterreich g.U. Langenlois 2017,** Weingut Jurtschitsch	Seite 159
94	**Mathäi Grosse Reserve Brut Wien NV**, Weingut Stift Klosterneuburg	Seite 386
94	**Schlumberger Chardonnay Sekt Austria Große Reserve brut Niederösterreich g.U. Poysdorf 2015**, Schlumberger Wein-und Sektkellerei	Seite 79
94	**Grosse Reserve Sekt g.U. brut 2016**, Weingut Johann Topf	Seite 181
93	**Pinot Noir Sekt g.U. Große Reserve In Signo Aquarii 2017**, Heribert Bayer Kellerei In Signo Leonis	Seite 563

Pro erwähntem Betrieb ist nur der höchstbewertete Wein jedes Jahrgangs eingetragen.

Die Wein-Lagerlogistik GmbH

Immer das richtige Transport- und Logistikprodukt

TRANSPORTLOGISTIK

Nationaler Sammelgutverkehr
Import & Export via See- und Luftfracht
Expresszustellungen
Internationale Paket- und Stückgut-Transporte
Temperatur geführte Transporte

LAGERLOGISTIK

Lagerfläche 12.000 m²
15.000 Palettenstellplätze
Temperaturgeführte Lagerung zwischen 12 – 17°
Steuer-Frei-Lagerung
First In – First Out – Prinzip, chargengeführt
Kundenzugang & Auftragserfassung via Handy App
IFS - Zertifizierung

DIE Wein-Logistik GmbH

Die Wein-Lagerlogistik GmbH
Heidehofweg 9 | 7111 Parndorf
Telefon 02166 / 20674
www.wein-logistik.at

WINE SHOP
Wine & Accessoires

93	**Chardonnay Forstreiter Brut 2017,** Weingut Meinhard Forstreiter	Seite 204
93	**Sekt Austria Reserve brut Niederösterreich g.U.,** Weingut Schloss Gobelsburg	Seite 146
93	**Chardonnay Große Reserve Blanc de Blancs 2018,** Christina Hugl | Sekt & Pet-Nat	Seite 158
93	**Chardonnay Sekt Austria Große Reserve 1860 brut Steiermark g.U. 2015,** Weingut Stefan Potzinger	Seite 722
93	**Brut Rosé Reserve Sekt g.U. Steiermark,** Weingut Regele	Seite 725
93	**Schilcher Sekt g. U. Reserve Engelweingarten Alte Reben Brut,** Weingut Reiterer	Seite 795
93	**Pet Nat »Wolke für Zwei« 2021,** Weingut Salomon Undhof	Seite 223
93	**Pet Nat brut 2021,** Weingut Schabl	Seite 403
93	**Cuvée Katharina Rosé Brut nature NV,** Weingut Wieninger	Seite 81
93	**Brut Nature NV,** Weingut Wohlmuth	Seite 754
(93)	**Zierfandler Sekt große Reserve extra brut 2017,** Weingut Johannes Gebeshuber	Seite 256

DIE BESTEN WEISSWEINE

JAHRGANG 2021

(100)	**Riesling Wachau DAC Ried Singerriedel Smaragd 2021,** Weingut Franz Hirtzberger	Seite 320
(100)	**Riesling Wachau DAC Ried Kellerberg 2021,** Weingut F. X. Pichler	Seite 340
(100)	**Grüner Veltliner Wachau DAC Ried Zwerithaler Kammergut Smaragd 2021,** Weingut Prager	Seite 345
99	**Grüner Veltliner Wachau DAC Ried Achleithen Smaragd 2021,** Weingut Rudi Pichler	Seite 342
(99)	**Riesling Wachau DAC Ried Steinertal Smaragd 2021,** Weingut Alzinger	Seite 300
(98)	**Riesling Wachau DAC Ried Kellerberg 2021,** Weingut Pichler-Krutzler	Seite 344
97	**Riesling Kamptal DAC Zöbing Ried Heiligenstein 1ÖTW 2021,** Weingut Eichinger	Seite 143
(97)	**Riesling Wachau DAC Ried Kreuzberg Smaragd 2021,** Weingut Georg Frischengruber	Seite 312
(97)	**Grüner Veltliner Wachau DAC Ried Singerriedel Smaragd 2021,** FJ Gritsch – Mauritiushof	Seite 315
(97)	**Riesling Wachau DAC Ried Bruck Smaragd Alte Parzellen 2021,** Weingut Josef & Georg Högl	Seite 323
(97)	**Grüner Veltliner Traisental DAC Inzersdorf Ikon 2021,** Weingut Ludwig Neumayer	Seite 286
(97)	**Riesling Kremstal DAC Ried Hochäcker 1ÖTW Privat 2021,** Wein-Gut Nigl	Seite 218
(97)	**Riesling Kremstal DAC Reserve Ried Steiner Kögl 1ÖTW Alte Reben 2021,** Weingut Salomon Undhof	Seite 223
(97)	**Riesling Wachau DAC Ried Achleiten Smaragd 2021,** Karl Stierschneider – Kartäuserhof	Seite 351
96	**Riesling Wachau DAC Ried Steinporz Smaragd 2021,** Weingut Lagler	Seite 333
96	**Grüner Veltliner Wachau DAC Reserve Joching Ried Kollmitz 2021,** Weingut Schmelz	Seite 348
(96)	**Riesling Wachau DAC Limitierte Edition Smaragd 2021,** Weingut Johann Donabaum	Seite 308
(96)	**Grüner Veltliner Wachau DAC Ried Kollmütz Smaragd 2021,** Weinhofmeisterei Mathias Hirtzberger	Seite 322
(96)	**Riesling Traisental DAC Getzersdorf Ried Berg 1ÖTW 2021,** Weingut Markus Huber	Seite 284
(96)	**Riesling Nussberg Weißer Marmor 2021,** Weingut Mayer am Pfarrplatz	Seite 75
(96)	**Grüner Veltliner Kremstal DAC Reserve Ried Ehrenfels 1ÖTW 2021,** Weingut Familie Proidl	Seite 221
(96)	**Riesling Kremstal DAC Ried Schreck 1ÖTW 2021,** Weingut Stadt Krems	Seite 226
(96)	**Riesling Wachau DAC Dürnstein Ried Kellerberg Smaragd 2021,** Weingut Tegernseerhof	Seite 354
95	**Grüner Veltliner Wachau DAC Ried Kellerberg Smaragd 2021,** Domäne Wachau	Seite 305
95	**Grüner Veltliner Wachau DAC Marmor 2021,** Weingut Thomas Gritsch	Seite 318
95	**Riesling Wachau DAC Ried Singerriedel Smaragd 2021,** Weingut Hofstätter	Seite 325

© Robert Herbst
Wachauer Herkunft,
garantiert seit 823 n. Chr.
k-wachau.at
In der Wachau sind wir beim Herkunftsschutz schon immer einen Schritt weiter. Aktuell mit dem neuen **Wachau DAC-System.** Was bleibt: die bewährten Stilistiken Steinfeder®, Federspiel® und Smaragd®. Echt Wachau, garantiert.
Riedenweine lassen Sie die *typische Wachau* erleben. Entweder als Grüner Veltliner oder Riesling. Sie bilden die Spitze der Herkunftspyramide und spiegeln Wachauer *Terroir* in seiner kleinsten Einheit wider – der Riede. Weder spürbarer Holzeinfluss noch Anreicherung sind erlaubt.
Ortsweine werden aus Trauben eines einzelnen Ortes gekeltert. Nur traditionelle Wachauer Rebsorten sind unter diesem Etikett erlaubt, spürbarer Holzeinfluss nicht.
Gebietsweine liefern die geballte Vielfalt der Wachau. Entdecken Sie zahlreiche Sorten und Weinstilistiken, die in der Wachau zu finden sind. Sie werden sehen: Die Region ist seit jeher für eine Überraschung gut.
Wo Wachau draufsteht, ist 100% Handlese drin.
23 n. Chr. wurde die Wachau
rstmals urkundlich erwähnt.

95	**Riesling Wachau DAC Ried Klaus 2021**, Weingut Jamek	Seite 328
95	**Grüner Veltliner Wachau DAC Spitz Ried Setzberg Smaragd 2021**, Weingut Anton Nothnagl	Seite 338
(95)	**Riesling Ried Pfeiffenberg 2021**, Weingut Kurt Angerer	Seite 130
(95)	**Grüner Veltliner Wachau DAC Ried Atzberg Smaragd Obere Steilterrassen 2021**, Weingut Atzberg	Seite 302
(95)	**Riesling Kamptal DAC Zöbing Ried Heiligenstein 2021,** Weingut Bründlmayer	Seite 133
(95)	**Grüner Veltliner Kremstal DAC Reserve Ried Moosburgerin 1ÖTW 2021**, Weingut Buchegger	Seite 196
(95)	**Grüner Veltliner Wachau DAC Smaragd Ried Achleiten 2021,** Weingut Holzapfel	Seite 327
(95)	**Riesling Wachau DAC Ried Steinriegl 2021**, Weingut Jäger	Seite 330
(95)	**Gelber Muskateller Südsteiermark DAC Ried Krepskogel 1STK 2021,** Weingut Erwin Sabathi	Seite 728
(95)	**Grüner Veltliner Kremstal DAC Reserve Krems Ried Kremser Frechau 1ÖTW 2021**, Weingut Josef Schmid	Seite 225
(95)	**Riesling Kremstal DAC Ried Pfaffenberg 1ÖTW 2021**, Weingut Stift Göttweig	Seite 230
(95)	**Grüner Veltliner Kremstal DAC Reserve Ried Lindobel Artur Toifl 2021**, Weingut Thiery-Weber	Seite 232
(95)	**Sauvignon Blanc Südsteiermark DAC Ried Steinriegl 1STK 2021,** Weingut Wohlmuth	Seite 754
94	**Grüner Veltliner Wachau DAC Smaragd LI-KE 2021,** Weingut Bäuerl	Seite 304
94	**Riesling Ried Zwerchbreiteln 2021,** Weingut Christ	Seite 64
94	**Riesling Wachau DAC Spitz Ried 1000-Eimerberg Smaragd 2021**, Weingut Stefan Gebetsberger	Seite 314
94	**Riesling Wachau DAC Ried Setzberg Smaragd 2021**, Weingut Roman Gritsch	Seite 317
94	**Grüner Veltliner Traisental DAC Parapluiberg 2021**, Weingut Herwald Hauleitner	Seite 279
94	**Riesling Wachau DAC Ried Loibenberg Federspiel 2021**, Weingut Knoll	Seite 331
94	**Sauvignon Blanc Ried Steinmühle 2021,** Weingut Kollwentz	Seite 531
94	**Riesling Kamptal DAC Zöbing Ried Kogelberg 1ÖTW 2021**, Weingut Leindl	Seite 163
94	**Grüner Veltliner Weinviertel DAC Reserve Hommage 2021,** Weingut R. & A. Pfaffl	Seite 460
94	**Grüner Veltliner Wachau DAC Ried 1000-Eimerberg Smaragd 2021**, Weingut Strawanzer Donabaum	Seite 352
94	**Grüner Veltliner Weinviertel DAC Ried Äußere Bergen 2021**, Weingut Zull	Seite 488
(94)	**Grüner Veltliner Wagram DAC Grande Reserve 2021**, Weingut Anton Bauer	Seite 360
(94)	**Grüner Veltliner Kremstal DAC Gedersdorf Ried Wieland 2021**, Weingut Josef & Philipp Bründlmayer	Seite 194
(94)	**Riesling Kamptal DAC Ried Gaisberg 1ÖTW Privat 2021**, Weingut Peter Dolle	Seite 138
(94)	**Grüner Veltliner Ried Sauberg 2021,** Weingut Ebner-Ebenauer	Seite 426
(94)	**Roter Veltliner Wagram DAC Ried Steinberg Große Reserve 2021**, Weingut Ecker – Eckhof	Seite 372
(94)	**Grüner Veltliner Wachau DAC Rossatz Ried Kreuzberg Smaragd 2021**, Weingut Josef Fischer	Seite 310
(94)	**Traminer Vulkanland Steiermark DAC Ried Stradener Rosenberg 2021**, Weingut Frauwallner	Seite 767
(94)	**Grüner Veltliner Ried Sauberg 2021,** Weingut Ingrid Groiss	Seite 436
(94)	**Grüner Veltliner Weinviertel DAC Ried Kellerberg 2021,** Weingut Gschweicher	Seite 439
(94)	**Grüner Veltliner Unique 2021,** Weingut Hagn	Seite 441
(94)	**Riesling Kamptal DAC Ried Heiligenstein 1ÖTW 2021,** Weingut Jurtschitsch	Seite 159
(94)	**Grüner Veltliner Wachau DAC Ried Achleiten Smaragd 2021**, Weingut Andreas Lehensteiner	Seite 335
(94)	**Riesling Kremstal DAC Reserve Krems Ried Marthal 2021**, Weingut Vorspannhof – Mayr	Seite 211
(94)	**Riesling Wachau DAC Ried Achleiten Smaragd 2021,** Weingut Mazza	Seite 336
(94)	**Grüner Veltliner Kremstal DAC Reserve Ried Gebling 1ÖTW Der Löss 2021**, Weingut Hermann Moser	Seite 212
(94)	**Sauvignon Blanc Südsteiermark DAC Gamlitz 2021,** Familienweingut Sattlerhof	Seite 733
(94)	**Sauvignon Blanc Südsteiermark DAC Kitzeck-Sausal Ried Steinriegl 2021**, Weingut Schauer	Seite 735

WAGRAM

WO GRÜNER VELTLINER ROT SIEHT

Mit dem Jahrgang 2021 vereint die Region Wagram ihre gebietstypische Sortenvielfalt im Herkunftskonzept Wagram DAC. Der Wagram profiliert sich klar in den drei engeren Herkunftsstufen Gebietswein, Ortswein und Riedenwein.

HERKUNFTSWEIN WAGRAM

RIED

Die **RIEDENWEINE** bezeichnen die engste Herkunft vom Wagram – die Weine stammen ausschließlich aus den Rebsorten Grüner Veltliner, Roter Veltliner oder Riesling, immer in Verbindung mit der Angabe einer Ried.

Zugelassene Rebsorten (reinsortig): **Grüner Veltliner, Roter Veltliner, Riesling** *ab 1.3. des Folgejahres)*

ORT

Die **ORTSWEINE** sind am Namen der Wagramgemeinden in Verbindung mit den wichtigsten regionstypischen Rebsorten erkennbar.

Zugelassene Rebsorten (reinsortig): **Grüner Veltliner, Roter Veltliner, Riesling, Chardonnay, Weißburgunder, Pinot Noir, Zweigelt** *(kein Rosé oder Weißgepresster, ab 1.1. des Folgejahres)*

GEBIET

Die **GEBIETSWEINE** bilden die Basis der Herkunftspyramide und unterstreichen die große Sortenvielfalt, die am Wagram herrscht.

Grüner Veltliner, Roter Veltliner, Riesling, Chardonnay, Frühroter Veltliner, Grauer Burgunder, Gelber Muskateller, Sauvignon Blanc, Traminer, Weißburgunder, Pinot Noir, St. Laurent, Zweigelt *(auch als Cuvée oder Gemischter Satz, ab 1.12. des Erntejahres)*

WAGRAM.AT

(94) **Grüner Veltliner Weinviertel DAC Hohenwarth Ried Laa 8000 2021**, Weingut Setzer Seite 472
(94) **Riesling Wachau DAC Ried Kirnberg Smaragd 2021**, Weingut Heinz und Adrienne Sigl Seite 350
(94) **Grüner Veltliner Kamptal DAC Reserve Ried Lamm 1ÖTW 2021**, Weingut Steininger Seite 179
(94) **Riesling Kremstal DAC Reserve Ried Gaisberg 1ÖTW 2021**, Weingut Petra Unger Seite 235
(94) **Gelber Muskateller Ried Satzen Privat 2021**, Weingut Niki Windisch Seite 483

JAHRGANG 2020

98 **Riesling Wachau DAC Loiben Smaragd Vinothekfüllung 2020**, Weingut Knoll Seite 331
(98) **Sauvignon Blanc Südsteiermark DAC Ried Zieregg GSTK 2020**, Weingut Tement Seite 747
97 **Riesling Kamptal DAC Zöbing Ried Heiligenstein 1ÖTW Alte Reben 2020**, Weingut Bründlmayer Seite 133
97 **Grüner Veltliner Kamptal DAC Kammern Ried Lamm 1ÖTW 2020**, Weingut Hirsch Seite 154
97 **Chardonnay Südsteiermark DAC Ried Pössnitzberg GSTK Alte Reben 2020**, Weingut Erwin Sabathi Seite 728
(97) **Sauvignon Blanc Südsteiermark DAC Ried Kranachberg GSTK 2020**, Familienweingut Sattlerhof Seite 733
96 **Grüner Veltliner Ried Schlossberg 1ÖTW 2020**, Weinbau Karl Fritsch Seite 379
96 **Roter Veltliner Ruppersthal Ried Steinberg 1ÖTW Privat 2020**, Weingut Josef Fritz Seite 380
96 **Grüner Veltliner Kamptal DAC Ried Grub 1ÖTW 2020**, Weingut Schloss Gobelsburg Seite 146
96 **Riesling Kamptal DAC Ried Heiligenstein 1ÖTW 2020**, Weingut Hiedler Seite 152
96 **Chardonnay Ried Katterstein 2020**, Weingut Kollwentz Seite 531
96 **Riesling Kremstal DAC Reserve Ried Pfaffenberg Alte Reben 2020**, Weingut Pichler-Krutzler Seite 344
96 **Sauvignon Blanc Südsteiermark DAC Ried Edelschuh GSTK 2020**, Weingut Wohlmuth Seite 754
(96) **Riesling Wachau DAC Ried Klaus Smaragd 2020**, Weingut Jamek Seite 328
(96) **Riesling Kamptal DAC Zöbing Ried Heiligenstein 1ÖTW 2020**, Weingut Fred Loimer Seite 164
95 **Grüner Veltliner Unfiltriert 2020**, Weingut Kurt Angerer Seite 130
95 **Weißburgunder Ried Falkenberg 1ÖTW 2020**, Weingut Christ Seite 64
95 **Wiener Gemischter Satz DAC Ried Sätzen 1ÖTW 2020**, Edlmoser Weingut & Heuriger Seite 68
95 **Sauvignon Blanc Vulkanland Steiermark DAC Ried Buch GSTK 2020**, Weingut Frauwallner Seite 767
95 **Grüner Veltliner Kremstal DAC Gedersdorf Ried Spiegel 1ÖTW 2020**, Weingut Mantlerhof Seite 209
95 **Wiener Gemischter Satz DAC Ried Langteufel Nussberg 1ÖTW 2020**, Weingut Mayer am Pfarrplatz Seite 75
95 **Grüner Veltliner Sankt Georgen Ried Krainer 2020**, Weingut Moric Seite 538
95 **Morillon Vulkanland Steiermark DAC Ried Moarfeitl GSTK 2020**, Weingut Neumeister Seite 776
95 **Sauvignon Blanc Südsteiermark DAC Ried Sulz Joseph 2020**, Weingut Stefan Potzinger Seite 722
95 **Riesling Kremstal DAC Reserve Ried Ehrenfels 1ÖTW 2020**, Weingut Familie Proidl Seite 221
95 **Wiener Gemischter Satz DAC Ried Langteufel-Nussberg 1ÖTW 2020**, Weingut Rotes Haus Seite 78
95 **Sauvignon Blanc Südsteiermark DAC Ried Kranachberg »Ex Baca« 2020**, Weingut Peter Skoff – Domäne Kranachberg Seite 742
95 **Riesling Kremstal DAC Ried Pfaffenberg 2020**, Lesehof Stagård Seite 228
95 **Neuburger Leithaberg DAC Eisenstadt Ried Oberberg 2020**, Weingut Tinhof Seite 554
95 **Wiener Gemischter Satz DAC Ried Ulm Nussberg 1ÖTW 2020**, Weingut Wieninger Seite 81
(95) **Grüner Veltliner Black Edition 2020**, Weingut Ebner-Ebenauer Seite 426
(95) **Grüner Veltliner Kamptal DAC Kammern Ried Lamm 1ÖTW 2020**, Weingut Eichinger Seite 143
(95) **Sauvignon Blanc Südsteiermark DAC Ried Kranachberg Reserve 2020**, Domaines Kilger Seite 704
(95) **Sauvignon Blanc Südsteiermark DAC Ried Hochgrassnitzberg GSTK 2020**, Weingut Polz Seite 718

HOCHWERTIGE
ETIKETTEN
FÜR EINZIGARTIGE
PRODUKTE
ulrich
etiketten und
verpackungen
ETIKETTEN
ETIKETTEN-
DRUCKER
TRANSFER-
BÄNDER
HEISSFOLIEN-
PRÄGUNG
RELIEF-
PRÄGUNG
SIEBDRUCK
METAL DOMING
SONDER-
STANZUNGEN
ulrich-etiketten.at

AUSZEIT IM WEINGARTEN

Spa und Wine Lovers aufgepasst! Ob Spring Feelings, Sommerfrische, Herbst Greatness oder magical Winter Vibes – we have it all. Das alles gibt's mit einer großen Portion **Vineyard Experience Deluxe**.

Die **LOISIUM Hotels** in **Langenlois** und in der **Südsteiermark** sind der Place to be für **Weinliebhaber, Foodies** und **Relax-Heroes**. Umgeben von Weingärten & sanften Hügeln genießt man außergewöhnliche **vinophile Glücksmomente** sowie **kulinarische Höhenflüge.**

Wine Experience
buchen unter:
www.loisium.com

LOISIUM Wine & Spa Hotels | Langenlois, hotel.langenlois@loisium.com, +43 2734 77 100 | Südsteiermark, hotel.steiermark@loisium.com, +43 3453 288 00

JAHRGANG 2019 UND ÄLTER

99	**Sauvignon Blanc Ried Trinkaus GSTK 2019,** Familienweingut Sattlerhof	Seite 733
98	**Sauvignon Blanc Privat FR 2017**, Weingut Gross	Seite 699
98	**Chardonnay Südsteiermark DAC Ried Pössnitzberger Kapelle GSTK 2019,** Weingut Erwin Sabathi	Seite 728
98	**Sauvignon Blanc Südsteiermark DAC Ried Stermetzberg Heaven's Door 2019**, Ewald Zweytick Wein	Seite 758
97	**Tausend Weiss 2019,** Fritsch & Gottwald	Seite 378
97	**Sauvignon Blanc Ried Welles GSTK Reserve 2017,** Weingut Lackner-Tinnacher	Seite 708
97	**Sauvignon Blanc Vulkanland Steiermark DAC Alte Reben 2019**, Weingut Neumeister	Seite 776
97	**Sauvignon Blanc Mathe Khueß 2019,** Weingut oberGuess	Seite 717
97	**Sauvignon Blanc Ried Zieregg Vinothekreserve 2019,** Weingut Tement	Seite 747
97	**Grüner Veltliner 333 2019**, Weingut Türk	Seite 234
97	**Chardonnay Grand Select 2019,** Weingut Wieninger	Seite 81
(97)	**Sauvignon Blanc Südsteiermark DAC Ried Rosengarten T.M.S 2019**, Weingut Kodolitsch	Seite 706
(97)	**Chardonnay Tiglat 2019**, Weingut Velich	Seite 650
96	**Grüner Veltliner Schwarze Mauritius 2019**, FJ Gritsch – Mauritiushof	Seite 315
96	**Grüner Veltliner Wagram Feuersbrunn Ried Rosenberg 1ÖTW 2019,** Weingut Bernhard Ott	Seite 398
96	**Sauvignon Blanc Südsteiermark DAC Ried Kranachberg GSTK Reserve 2019**, Weingut Hannes Sabathi	Seite 731
95	**Grüner Veltliner Ried Achleiten Smaragd Late Release 2016,** Domäne Wachau	Seite 305
95	**Grüner Veltliner Kremstal DAC Reserve Ried Kreuzberg Das weiße Mammut 2019,** Weingut Meinhard Forstreiter	Seite 204
95	**Chardonnay Ried Kästenbaum 2019,** Weingut Johanneshof Reinisch	Seite 261
95	**Grauburgunder Vulkanland Steiermark DAC Ried Hochstrandl Alte Reben 2019**, Weingut Krispel	Seite 772
95	**Grüner Veltliner Wachau DAC Elisabeth Selection 2019**, Weingut Lagler	Seite 333
95	**Sauvignon Blanc Südsteiermark DAC Ried Grubthal 2019**, Weingut MUSTER.gamlitz	Seite 711
95	**Riesling Kremstal DAC Ried Steinbühel 1ÖTW 2019,** Weingut Malat	Seite 207
95	**Sauvignon Blanc Südsteiermark DAC Ried Grassnitzberg 1STK 2019**, Weingut Polz	Seite 718
95	**Sauvignon Blanc Vulkanland Steiermark DAC Ried Schemming G-Eruption 2019,** Josef Scharl – Charakterweine	Seite 782
95	**Grüner Veltliner Neue Zeit Nr.5 2018**, Weingut Wolfgang Seher	Seite 471
95	**Sauvignon Blanc Südsteiermark DAC Royal 2019**, Weingut Skoff Original – Walter Skoff	Seite 739
95	**Riesling Anno Dazumal 2017,** Weingut Weixelbaum	Seite 185

weinwelt
INTERSPAR
IN ALLEN INTERSPAR-MÄRKTEN & AUF WEINWELT.AT
DIE VINOTHEK
FÜR JEDEN
GESCHMACK.
ÖGVS | Gesellschaft für Verbraucherstudien GmbH
Branchen Champion 2022
News
1. PLATZ
PREIS-LEISTUNGS VERHÄLTNIS
WEINHANDEL (ONLINE-SHOPS)
Im Vergleich: 11 Unternehmen Befragung 02/2022, ögvs.at/6200
GRATIS PICKUP-SERVICE
AB EINEM BESTELLWERT VON 25,-
ONLINE EINKAUFEN & GRATIS
IM INTERSPAR-MARKT ABHOLEN!
IN
INTERSPAR
weinwelt.at

DIE BESTEN ROSÉWEINE

94	**Pia Pur 2020**, Weingut Strehn	Seite 584
93	**Rosé La Grande 2021,** Weingut R. & A. Pfaffl	Seite 460
(93)	**Schilcher Weststeiermark DAC Ried Pirkhofberg Barrique Reserve 2019,** Schilcherweingut Friedrich	Seite 791
(93)	**Schilcher Weststeiermark DAC Ried Hochgrail Sonnenhang 2021,** Weingut Langmann	Seite 794
92	**Rosa Kalk 2021,** Weingut Ebner-Ebenauer	Seite 426
92	**Rosé de Vienne 2021,** Edlmoser Weingut & Heuriger	Seite 68
92	**Moments Rosé 2021**, Weingut Markus Huber	Seite 284
92	**Schilcher No 5 2021,** Weingut Schilcherei® H. und L. Jöbstl	Seite 793
92	**Schilcher Weststeiermark DAC Ried Engelweingarten Alte Reben 2021**, Weingut Reiterer	Seite 795
91	**Rosé Wachau DAC 2021,** Weingut Josef Bergkirchner	Seite 303
91	**Rosé Wachau DAC 1805 Reserve 2021,** Domäne Wachau	Seite 305
91	**Zweigelt Rosé 2021**, Weingut Josef Ehmoser	Seite 374
91	**Rosé Viennois 2021,** Fiona Figlmüller	Seite 69
91	**Antoinette »Rosé aus der Wiener Provinz« 2021,** Weingut Fuhrgassl-Huber	Seite 70
91	**Blauburgunder Rosalia DAC Rosé 2021**, Weingut Lassl	Seite 660
91	**Blaufränkisch Ried Marienthal Rosé 2021,** Weingut Mad	Seite 537
91	**Rosalia DAC Rosé 2021**, Weingut Migsich	Seite 661
91	**Rosé Carmen Reserve 2021**, Weingut Hermann Moser	Seite 212
91	**Rosalia DAC Rosé Reserve 2021,** Weingut Piribauer	Seite 663
(91)	**Rosé aus der Provinz 2021,** Dürnberg	Seite 424
(91)	**In Bloom Rosé 2021**, Weingut Hannes Reeh	Seite 633

DIE BESTEN ROTWEINE

JAHRGANG 2021

92	**Blauer Zweigelt Neusiedlersee DAC 2021,** Weingut Scheiblhofer	Seite 638
(92)	**Blauer Zweigelt Goldberg 2021**, Weingut Werner Achs	Seite 599
(92)	**Blaufränkisch Vitikult 2021**, Weingut Silvia Heinrich	Seite 571
(92)	**Blaufränkisch Vitikult 2021,** Rotweingut Prickler	Seite 581
91	**St. Laurent 2021**, Schlossweingut Bockfliess	Seite 420
91	**Zweigelt 2021**, Weingut HST – Hannes Steurer	Seite 552
91	**Blaufränkisch klassisch 2021**, Weingut Wellanschitz	Seite 588
(91)	**Zweigelt Alte Reben 2021,** Weingut Paul Achs	Seite 597
(91)	**Zweigelt Carnuntum DAC Rubin Carnuntum 2021**, Weingut Artner	Seite 94
(91)	**Blauer Zweigelt Carnuntum DAC Rubin Carnuntum 2021,** Weingut Robert Payr	Seite 113
(91)	**The Butcher Pinot Noir 2021,** Weingut Schwarz	Seite 643
90	**Special Blend 2021,** Weingut Markus Iro	Seite 615
90	**St. Laurent Classic 2021,** Rotweine Lang	Seite 578

Labelicious®

* Gönne deinen Etiketten ein Upgrade.
Mit unseren schönsten Papieren,
Stanzformen und Veredelungen.

DRUCKWERKKREMS.AT

02732 854 22

90	**Zweigelt Selection 2021,** Weingut R. & A. Pfaffl	Seite 460
90	**Zweigelt 2021**, Weingut Zull	Seite 488
(90)	**St. Laurent 2021**, Achs-Wendelin Weine	Seite 600
(90)	**Zweigelt Carnuntum DAC 2021**, Weingut Andreas Muhr	Seite 106
(90)	**Zweigelt Carnuntum DAC Rubin Carnuntum 2021**, Weingut Franz und Christine Netzl	Seite 109
(90)	**Blauer Zweigelt Neusiedlersee DAC 2021**, Weingut Hannes Reeh	Seite 633
(90)	**Blauer Zweigelt Neusiedlersee DAC 2021**, Weingut Horst und Georg Schmelzer	Seite 641
(90)	**Zweigelt Carnuntum DAC Rubin Carnuntum 2021,** Weingut Taferner	Seite 119
(90)	**Blaufränkisch Mittelburgenland DAC Classic 2021,** Weingut Josef Tesch	Seite 585

JAHRGANG 2020

(97)	**Rêve de Jeunesse 41 2020**, Weingut Pöckl	Seite 630
96	**St. Laurent Ried Holzspur 2020,** Weingut Johanneshof Reinisch	Seite 261
(96)	**Blaufränkisch BFG 2020**, Weingut Gager	Seite 567
(95)	**Syrah Alte Reben 2020**, Weingut Ceel	Seite 669
(95)	**Carnuntum DAC Höflein Ried Bärnreiser 1ÖTW 2020**, Weingut Philipp Grassl	Seite 100
(95)	**Blaufränkisch Perwolff 2020,** Weingut Krutzler	Seite 505
(95)	**Titan 2020,** Weingut Josef Tesch	Seite 585
94	**Pinot Noir Reserve Selektion P 2020,** Weingut Paul Achs	Seite 597
94	**Merlot Reserve 2020,** Iby Rotweingut Bio	Seite 574
94	**Meisterwerk 2020,** Weingut Markus Iro	Seite 615
94	**Strangers 2020**, Weingut Migsich	Seite 661
94	**Zweigelt Schwarz Rot 2020**, Weingut Schwarz	Seite 643
(94)	**Blaufränkisch Leithaberg DAC Ried Rosenberg 2020,** Weingut Toni Hartl	Seite 524
(94)	**Cabernet Sauvignon Reserve Ried Neuberg 2020**, Winzerhof Kiss	Seite 529
(94)	**Carnuntum DAC Ried Rosenberg 1ÖTW 2020,** Weingut Gerhard Markowitsch	Seite 102
(94)	**Carnuntum DAC Ried Bärnreiser 1ÖTW Anna-Christina 2020,** Weingut Franz und Christine Netzl	Seite 109
(94)	**Blaufränkisch Leithaberg DAC Neusiedl am See Ried Lange Ohn 2020,** Weingut Anita und Hans Nittnaus	Seite 625
(94)	**Blaufränkisch Carnuntum DAC Prellenkirchen Ried Spitzerberg 1ÖTW 2020,** Weingut Robert Payr	Seite 113
(94)	**Pinot Noir 2020**, weingut schiefer.pur	Seite 506
93	**Pinot Noir Ried Rosenberg Reserve 2020,** Weingut Alphart	Seite 248
93	**Merlot Ried Langsatz 2020**, Klosterkeller der Barmherzigen Brüder	Seite 517
93	**Blaufränkisch Astral 2020,** Weingut Andreas Gsellmann	Seite 610
93	**Blaufränkisch Burgenland 2020**, Weingut Moric	Seite 538
93	**Excellent Reserve 2020,** Weingut R. & A. Pfaffl	Seite 460
93	**Zweigelt Unplugged 2020,** Weingut Hannes Reeh	Seite 633
93	**The Zweigelt Ried Prädium 2020,** Weingut Scheiblhofer	Seite 638
93	**Cabernet Sauvignon M1 2020**, Weingut HST – Hannes Steurer	Seite 552
93	**Cuvée 2020**, Weingut Juliana Wieder	Seite 589
(93)	**XUR 2020**, Weingut Werner Achs	Seite 599
(93)	**Zweigelt Carnuntum DAC Ried Steinäcker 1ÖTW 2020**, Weingut Artner	Seite 94
(93)	**Carnuntum DAC Ried Aubühl 1ÖTW 2020**, Weingut Michael Auer	Seite 96
(93)	**Cabernet Sauvignon Reserve Limited Edition 2020,** Weingut Anton Bauer	Seite 360

Wein-
Vielfalt zum
HOFER
PREIS,-
HOFER
Da bin ich mir sicher.
Ob rot oder weiß, trocken oder prickelnd, steirischer Spitzenwein oder Falstaff-prämierte Spezialitäten:
Bei HOFER finden Weinliebhaber immer genau das Richtige für jeden Anlass. Eine große Auswahl an ausgesuchten und kontrollierten Weinen sowie spritzigen Schaumweinen garantiert Ihnen hochwertigen Weingenuss zum besten Preis-Leistungs-Verhältnis. Schnuppern Sie in das vielfältige HOFER Weinsortiment und lassen Sie sich von Aromen aus Österreich und der ganzen Welt verführen.
nische und optische Änderungen sowie Satz- und Druckfehler vorbehalten.
hofer.at

(93) **Blaufränkisch Mittelburgenland DAC Reserve Creitzer 2020,** Weingut Gesellmann Seite 569
(93) **Pannobile 2020,** Weingut Andreas Gsellmann Seite 610
(93) **Merlot Reserve Ried Altenberg 2020**, Weingut Horvath Seite 614
(93) **Pinot Noir Langenlois Dechant 2020,** Weingut Fred Loimer Seite 164
(93) **Purple X-Treme 2020**, Meinrad Markowitsch Seite 105
(93) **Pentagon 2020**, Weingut Gerhard Pfneisl Seite 580
(93) **Pannobile 2020,** Weingut Pittnauer Seite 628
(93) **Mithras Ried Altenberg 2020**, Weingut Helmut Preisinger Seite 632
(93) **St. Laurent Ried Herrschaftswald 2020**, Weingut Gernot Schuhmann Seite 642
(93) **Zweigelt Carnuntum DAC Ried Bärnreiser 1ÖTW 2020,** Weingut Taferner Seite 119
(93) **Blaufränkisch Leithaberg DAC 2020,** Weingut Wagentristl Seite 555
(93) **St. Andräer Zicksee Cuvée Reserve 2020**, Weingut Ziniel Seite 654

JAHRGANG 2019 UND ÄLTER

99 **Blaufränkisch Lutzmannsburg Alte Reben 2019**, Weingut Moric Seite 538
98 **Blaufränkisch Ried Mariental 2019,** Weingut Ernst Triebaumer Seite 677
98 **Blaufränkisch Ried Sonnensteig 2018**, Weingut Wellanschitz Seite 588
97 **Blaufränkisch Ried Point 2019**, Weingut Kollwentz Seite 531
97 **Carnuntum DAC M1 2019**, Weingut Gerhard Markowitsch Seite 102
97 **Blaufränkisch Leithaberg DAC Jois Ried Jungenberg 2019,** Weingut Anita und Hans Nittnaus Seite 625
97 **Grande Cuvée d'Or 2017**, Weingut Franz Schindler Seite 547
97 **Pinot Noir Tribute 2019**, Weingut Wieninger Seite 81
(97) **Werner Achs Reserve 2019**, Weingut Werner Achs Seite 599
(97) **Blaufränkisch hochberc 2019,** Weingut Gesellmann Seite 569
(97) **Reserve 2019**, Weingut Philipp Grassl Seite 100
(97) **Ried Salzberg 2018,** Weingut Gernot und Heike Heinrich Seite 612
96 **Blaufränkisch Leithaberg DAC Ried Gritschenberg 2019,** Weingut Markus Altenburger Seite 516
96 **Blaufränkisch Eisenberg DAC Reserve Ried Reihburg 2019**, Weingut Jalits Seite 502
96 **Cuvée Impresario 2019**, Weingut Kerschbaum Seite 577
96 **Blaufränkisch Ried Oberer Wald 2018,** Günter + Regina Triebaumer Seite 679
(96) **Blaufränkisch Altenberg 2019,** Weingut Paul Achs Seite 597
(96) **In Signo Leonis 2019**, Heribert Bayer Kellerei In Signo Leonis Seite 563
(96) **elegy 2019**, Weingut Silvia Heinrich Seite 571
(96) **Netzl Privat 2019**, Weingut Franz und Christine Netzl Seite 109
(96) **Blaufränkisch Leithaberg DAC Ried Goldberg 2019**, Weingut Prieler Seite 544
(96) **Blaufränkisch Ried Reihburg 2018**, weingut schiefer.pur Seite 506
95 **Pinot Noir Ried Holzspur Reserve 2019**, Burgundermacher Weingut Johann Gisperg Seite 258
95 **Ab Ericio 2019**, Weingut Hans Igler Seite 575
95 **Pinot Noir Ried Kästenbaum 2019,** Weingut Johanneshof Reinisch Seite 261
95 **Border 2019**, Weingut Kopfensteiner Seite 503
95 **Merlot Nobody 2019**, Weingut Migsich Seite 661
95 **Blaufränkisch Carnuntum DAC Prellenkirchen Ried Spitzerberg-Kobeln Liebkind 1ÖTW 2019,** Weingut Dorli Muhr Seite 107
95 **Blaufränkisch Rohrwolf 2015,** Thomas Schwarz Seite 548

VITIKULT IST, WENN DER BLAUFRÄNKISCH MIT ALL SEINEN SINNEN IM MITTELPUNKT STEHT.

WWW.VITIKULT.AT

VITIKULT
EIN DREIFACH HOCH AUF DEN BLAUFRÄNKISCH!

WWW.ROTWEINELANG.AT
WWW.WEINGUT-HEINRICH.AT
WWW.PRICKLER.AT

95 **Blaufränkisch Eisenberg DAC Ried Ratschen Sonne, Mond & Erde 2019,** Weingut Schützenhof Seite 508
95 **Blaufränkisch Leithaberg DAC Kleinhöflein Ried Kirchberg Gloriette® 2019,** Weingut Tinhof Seite 554
(95) **massive a. [rot] 2019,** Weingut Artner Seite 94
(95) **Anton Bauer Privat 2019,** Weingut Anton Bauer Seite 360
(95) **Carnuntum DAC Gotinsprun 2019,** Weingut Walter Glatzer Seite 98
(95) **Blaufränkisch Leithaberg DAC Ried Reisbühl 2019,** Weingut Kirchknopf Seite 528
(95) **Blaufränkisch Patriot 2018,** Weingut Josef Tesch Seite 585
(95) **Blaufränkisch Mittelburgenland DAC Ried Hochberg Reserve 2018,** Domaine Wolf Seite 757

DIE BESTEN NATURAL UND ORANGE WINES

95 **Welschriesling O.S. OLÉ 2020**, Weingut Feiler-Artinger Seite 670
95 **Riesling Black Vintage 2019**, BIO Weingut Gruber Röschitz Seite 438
95 **Souvignier Gris Linea 2017**, Ploder-Rosenberg Seite 781
94 **Grüner Veltliner Per se 2020**, Martin & Anna Arndorfer Seite 131
94 **Morillon Kogelwenzel 2020**, Weingut Harkamp Seite 701
94 **Roter Traminer Freyheit 2021**, Weingut Gernot und Heike Heinrich Seite 612
93 **Blaufränkisch Natur 2019**, Weinhof Bauer-Pöltl Seite 562
93 **Riesling Traminer Schale 2020**, Weingut Engel Seite 766
93 **Materia Prima 2020**, Weinbau Karl Fritsch Seite 379
93 **Welschriesling Ungezwungen Amphore 2019**, Weingut R & R Gerngross Seite 698
93 **Zierfandler maischevergoren 2020**, Weingut Hartl Seite 260
93 **Souvignier Gris Amphore 2019**, Kollerhof am Eichberg Seite 707
93 **Chardonnay Naturel 2019**, Weingut Michi Lorenz Seite 710
93 **Natural 2020**, Weingut Peter Skoff – Domäne Kranachberg Seite 742
93 **Pinot Blanc SL 2018**, StephanO Das-Wein-Gut Seite 509
93 **weisser schiefer »m« 2017**, weingut schiefer.pur Seite 506
(93) **Rotgipfler Ried Mandelhöh Limited Edition 2020**, Weingut Alphart am Mühlbach Seite 250
(93) **Traminer Natural Wine 2021**, Weingut Hajszan Neumann Seite 72
(93) **Furmint 2020**, Weingut Toni Hartl Seite 524
93 **Muskateller SC 442-62-470 2020**, Weingut Warga-Hack Seite 752
92 **Markus Altenburger Weiß Skin and Stones 2021**, Weingut Markus Altenburger Seite 516
92 **Die Geschichte vom Schafweingarten 2019**, Weingut Familie Auer Seite 251
92 **Roter Veltliner Urig 2019**, Familie Bauer - Bioweingut Seite 362
92 **Roter Veltliner Gondwana 2020**, Weingut Josef Fritz Seite 380
92 **Pinot Noir Hanna Bunte Weine 2020**, Weingut Walter Glatzer Seite 98
92 **Cabernet Blanc SMC 2019**, Hirschmugl - Domaene am Seggauberg Seite 703
92 **Herrn Greanz III**, Weingut Leth Seite 391
92 **Gewürztraminer RAW 2021**, Weingut Malat Seite 207
92 **Souvignier gris Sturmkogl 2020**, Weingut Masser Seite 714
92 **Herrn Greanz III**, Weingut Nimmervoll Seite 395
92 **Traminer Textura 2020**, Weingut Pasler Seite 543

JOiSER RENOMMEE
DANKE
ENDLICH WIEDER GEMEINSAM.
JAHRGANGSPRÄSENTATION
auch im nächsten Jahr
18. BIS 20. MAI 2023
sind wir für euch da.
© gsc-werbung.at
Ronny Kiss
J. Haydngasse 1
7093 Jois
0664/212 37 17
Hannes Steurer
Bahnstraße 28
7093 Jois
0664/55 11 780
Karl Sattler
Klausenberg 3
7093 Jois
0676/542 68 66
joiser-renommee.at

92	**Perfect Day 2021**, Weingut Pittnauer	Seite 628
92	**Grauburgunder Orange 2019**, Weingut Regele	Seite 725
92	**Rebell Naturell 2021**, Weingut Schabl	Seite 403
92	**Funkelbunt 2020**, Weingut Schützenhof	Seite 508
92	**Merlot AndaS 2018**, Weingut TrippelGUT	Seite 804

DIE BESTEN SÜSS- UND DESSERTWEINE

98	**Riesling Ried Achleiten Auslese 2021**, Weingut Prager	Seite 345
98	**Muskat Ottonel Schilfwein 2019**, Hans Tschida - Angerhof	Seite 648
97	**Riesling & Traminer Trockenbeerenauslese 2018**, Weingut Norbert Greil	Seite 383
97	**Riesling Ried Heiligenstein Beerenauslese 2018,** Weingut Jurtschitsch	Seite 159
97	**Welschriesling TBA 2017,** Weingut Lackner-Tinnacher	Seite 708
97	**Muskat Ottonel Schwarz Gold 2020**, Weingut Schwarz	Seite 643
97	**Sämling TBA 2009**, Weingut Velich	Seite 650
96	**Traminer Ried Stradener Rosenberg TBA 2017**, Weingut Frauwallner	Seite 767
96	**Welschriesling TBA Nektaressenz 2018**, Weingut Haider	Seite 611
96	**Gelber Muskateller Ruster Ausbruch DAC 2020**, Günter + Regina Triebaumer	Seite 679
(96)	**Welschriesling TBA 2020**, Weingut PMC Münzenrieder	Seite 624
95	**Gelber Muskateller Ruster Ausbruch DAC 2020,** Weingut Feiler-Artinger	Seite 670
95	**Sauvignon Blanc TBA 2017**, Weingut Gross	Seite 699
95	**Blauer Wildbacher TBA 2019,** Weingut Schilcherei® H. und L. Jöbstl	Seite 793
95	**Sauvignon Blanc Ried Czamillonberg TBA 2017**, Weingut Stefan Potzinger	Seite 722
95	**Eiswein vom Grünen Veltliner 2020**, Weingut Türk	Seite 234
95	**Riesling Ried Kremsleithen TBA 2018,** Weingut Rainer Wess	Seite 238
94	**Eiswein 2020**, Weingut Ceel	Seite 669
94	**Riesling Ried Setzen Beerenauslese 2018**, Weingut Leopold Figl	Seite 277
94	**Grüner Veltliner TBA Februarlese 2017,** Bioweingut Viktor Fischer	Seite 278
94	**Zierfandler Ried Laim Beerenauslese 2020,** Weingut Johannes Gebeshuber	Seite 256
94	**Sämling Trockenbeerenauslese 2020**, Weingut Leberl	Seite 533
94	**Welschriesling Neusiedlersee DAC Reserve Siddhartha TBA 2018**, Weingut Münzenrieder	Seite 623
94	**Gewürztraminer TBA 2018**, Weingut Peter Skoff – Domäne Kranachberg	Seite 742
94	**Welschriesling Eiswein Steiermark 2020,** Weingut Pongratz	Seite 720
94	**Zierfandler Traiskirchen Auslese 2019**, Weingut Stadlmann	Seite 267
94	**Eiswein 2020**, Weinbau Tremmel	Seite 676
94	**Muskateller Auslese 2021**, Weingut Wieninger	Seite 81

DAS ORIGINAL
SEIT 1990

SAILERS

VINOTHEK

AM KIRCHENPLATZ
FRAUENKIRCHEN

www.sailers.at @sailersvinothek #sailers.vinothek

Kitzeck in der Südsteiermark

JAHRGANG 2021: EIN TRAUMJAHRGANG IN WEISS UND ROT

Selten brachte ein Jahrgang über alle Weinbauregionen hinweg ein derart traumhaftes Ergebnis. Vor allem der großartige Herbst sorgte für perfektes Traubenmaterial und reife Säure, und so entstanden balancierte, elegante Weißweine mit tiefer Frucht und rassiger Struktur sowie kraftvolle, komplexe Rotweine.

Mit einer Erntemenge von rund 2,4 Millionen Hektolitern liegt der Jahrgang 2021 im langjährigen Durchschnitt. Das bietet Grund zur Freude, denn europaweit verlief 2021 im Vergleich weniger positiv: Manche deutsche Weinbaugebiete erlitten drastische Ernteeinbußen; ebenso mussten die großen Weinbauländer Italien, Frankreich und Spanien teils empfindliche Verluste hinnehmen, großteils aufgrund von Spätfrösten.

DAS WEINWETTER 2021

Blicken wir zunächst kurz zurück zum klimatischen Verlauf des Jahres: Nach einem eher niederschlagsarmen Winter ließ der Frühling lange auf sich warten. Der April war kühl und viel zu trocken, der Mai brachte wenig Sonne und dafür reichlich Regen, wenn auch in regional recht unterschiedlicher Menge. Der Austrieb der Reben und ihre Blüte verzögerten sich, im Unterschied zu den Weinbauländern süd-

lich und westlich des Alpenhauptkammes blieb Österreich diesmal von Spätfrösten verschont. Der Juni brachte schließlich Sonne und Wärme. Die Rebblüte fand erst gegen Ende des Monats statt und fiel bereits in eine heiße Periode, was zum Teil zu Verrieselungen führte und lockerbeerige Trauben zur Folge hatte. Mit der Hitz stieg auch die Unwettergefahr: Bereits am 24. Juni entlud sich im nördlichen Weinviertel eine riesige Gewitterzelle mit heftigem Hagelschlag, der dort rund 1.000 Hektar Weingartenfläche stark schädigte und zum Teil völlig vernichtete. Im benachbarten Tschechien wütete sogar ein Tornado.
Ende Juli traf ein Hagelsturm die Weinbauorte Rührsdorf und Rossatz in der Wachau, Schäden gab es teils auch in den Dürnsteiner und Loibner Weinbergen sowie auf Rebflächen bei Göttweig und im Traisental. Ebenfalls stark vom Hagel geschädigt wurden die Rotweinzentren des Mittelburgenlandes, etwas weniger stark betroffen waren einige Rieden am Wiener Nussberg, im steirischen Vulkanland und in der Südsteiermark. Insgesamt blieben die Ernteausfälle wegen der Unwetter in diesem Jahr aber zum Glück überschaubar. Ansonsten war der Juli ein schöner Sommermonat wie früher einmal, der aber von einem eher trüben, regnerischen und kühlen August abgelöst wurde.
Zum 1. September kam jedoch der große und von den Winzern herbeigesehnte Umschwung: Eine sonnige Wetterphase setzte ein, die volle sechs Wochen anhielt und nur von zwei Regentagen begleitet war. Die Nächte wurden jedoch bereits Mitte September recht kühl, sodass ein deutliches Gefälle zwischen Tages- und Nachttemperaturen auftrat. Das sorgte für eine tolle Aromenausbildung bei den Weißweinen und für Lebendigkeit in den Rotweinen. Ende Oktober gab eine föhnige Periode den Rieslingen nördlich der Donau einen willkommenen letzten Reifeschub. Oidium, Peronospora und unerwünschte Botrytis-Nester hatten unter diesen Bedingungen keine Chance, und in einigen Gebieten beteuerten altgediente Weinbauern und Weinbäuerinnen, noch nie zur Lesezeit so schönes, vollkommen gesundes Traubengut gesehen zu haben. Der Erntezeitpunkt konnte ohne Stress und punktgenau festgelegt werden.

WEISSWEINE MIT FRUCHT UND REIFER SÄURE

Von der Wachau bis nach Carnuntum und vom Weinviertel bis in die Südsteiermark herrscht eitle Freude über wunderbar harmonische Weißweine, deren Inhaltsstoffe durch die lange Vegetationsdauer konzentriert wurden. So entstanden bei hoher Zuckerreife durchwegs extraktreiche, klirrend frische Weine von ungewöhnlicher Aromenvielfalt und rassiger Säurestruktur. Besonders kommt das der Paradesorte Grüner Veltliner zugute. Im Jahrgang 2021 besitzt sie neben einer feinen Würze auch eine tiefe Steinobstfrucht und cremigen Schmelz. Aber auch die Rieslinge zeigen sich sehr vielversprechend und präsentieren sich körperreich und dank einer tollen Säurestruktur sehr leichtfüßig. Ebenso überzeugen die vollreifen, kraftvollen Sauvignon Blancs und Chardonnays sowie die sehr aromatischen Muskateller. Weißweinfans kommen in allen Anbaugebieten und bei einer Vielzahl von Gewichtsklassen voll auf ihre Rechnung, selten bot ein Jahrgang derart großes Trinkanimo.

ROTWEINE MIT STRUKTUR UND POTENZIAL

In Carnuntum sind aus allen Rebsorten und in allen Reifestufen hervorragende Rotweine entstanden. Die späte Lese und die lange Vegetationsdauer könnten speziell den beiden empfindlichen Sorten Pinot Noir und St. Laurent entgegengekommen sein. Sie sollten ebenso wie die weißen Rieden- und Reserveweine über eine tolle Struktur und großes Reifepotenzial verfügen. Im Burgenland konnten die Rotweine von den optimalen Voraussetzungen im Herbst profitieren, allen voran die beiden Leitsorten Zweigelt und Blaufränkisch. Die lange Vegetationsdauer und späte Lese sowie die analytischen Daten sprechen für einen Rotweintyp wie 2019, bei dem trotz hoher Reife eine elegante Struktur und messerscharf definierte Frucht im Vordergrund stehen. Manche sehen sogar den vielversprechendsten Rotwein aller Zeiten in ihren Fässern heranreifen, der in Konkurrenz zu den mächtigen und extraktsüßen Ausnahmejahren 2011 und 2017 treten würde. Von den französischen Rebsorten könnte der Cabernet in seinen Varianten Sauvignon und Franc diesmal für besonderes Aufsehen sorgen.

JAHRGANG 2020: ELEGANT UND FRUCHTIG IM JAHR DER PANDEMIE

Der Jahrgang 2020 gestaltete sich für Österreichs Winzer in vielfältiger Weise als Herausforderung. Zum einen stellte der sehr wechselhafte Witterungsverlauf die Flexibilität der Winzer ständig auf die Probe, zum anderen verlangte die Corona-Pandemie eine auf Sicherheit abzielende Adaption sämtlicher Arbeitsgänge im Weingarten wie im Keller.

Ein kaltes und trockenes Frühjahr hatte den Austrieb der Reben zunächst verzögert, ab April sorgte eine signifikant hohe Anzahl von Sonnenstunden für eine zügige Entwicklung der Reben, die gefürchteten Spätfroste blieben aus. Die Blüte war bei den meisten Sorten Mitte Juni abgeschlossen, nur punktuell gab es Einbußen durch Verrieselung. Der Sommer brachte viele heiße Tage, immer wieder unterbrochen von Niederschlägen, der Druck durch Pilzkrankheiten ließ die Winzer wachsam bleiben. Leider gab es auch während der Reifeperiode lokale Hagelereignisse, zum Beispiel im Donauraum, wobei die Wachau besonders hart getroffen wurde. Dank der Niederschläge nahmen die Reben und Trauben sonst im Großen und Ganzen eine weitgehend stressfreie Entwicklung. Das Finale des Weinjahres 2020 brachte für die Winzer einerseits überdurchschnittlich viele Sonnenstunden, was eine optimale Reife der Trauben beförderte, Ende des Monats brachte ein Kaltlufteinbruch aber auch starke Niederschläge mit sich. Man beeilte sich also schließlich, die gesunden Trauben in den Keller zu bringen. Erste Jungweinproben zeigten Vielversprechendes, sowohl Weiß- wie Rotweine präsentierten sich mit guter Frucht und harmonisch, die Weißweine verfügten über eine lebendige Säurestruktur. Ähnlich wie 2019 lag die Erntemenge mit etwa 2,3 Millionen Hektolitern leicht unter dem Durchschnitt, was angesichts der Corona-bedingten Reserven kein Problem darstellte.

DAS WEINWETTER 2020

Der Wettergott sorgte dafür, dass den heimischen Weinbauern nicht fad wurde. Nach einem trockenen Winter kam es gebietsweise zu einem etwas verzögerten Austreiben der Reben. Ein sehr warmer und sonniger April beschleunigte die weitere Entwicklung nicht allzu sehr, da er von extremer Trockenheit begleitet war, die vielerorts wochenlang anhielt. Einige Frostnächte führten in ungünstigen Lagen zu Schäden, die aber insgesamt gesehen – und im Vergleich zu den Vorjahren – unerheblich waren. Im Mai fielen Niederschläge in geballter Form, und auch der Juni war sehr feucht und wechselhaft. Die Rebblüte begann zu einem normalen Zeitpunkt und verlief im Wesentlichen unproblematisch, dort und da traten vereinzelt Verrieselungen auf. Es folgte ein Sommer, in dem einander sonnige und regnerische Phasen abwechselten. Es blieben längere Hitzewellen ebenso aus wie hohe Spitzentemperaturen. Allerdings führten die häufigen Niederschläge zu starkem Pflanzenwachstum und Krankheitsdruck. Sorgfältige Laubarbeit und eine gute Belüftung der Traubenzone waren daher wichtig, um der Ausbreitung von Pilzkrankheiten entgegenzuwirken. Bis Mitte August sah es in den Weingärten sehr gut aus. In einigen Gebieten kam es dann jedoch zu lokal begrenzten Hagelunwettern, die etwa in der Wachau, wo der Raum Spitz besonders arg betroffen war, sowie in Teilen des Kremstals und des Traisentals zu schlimmen Schäden führten. Auch einige burgenländische und steirische Weinbauorte waren betroffen.

Der September hatte ebenfalls zwei Gesichter: Einerseits verzeichnete er so viele Sonnenstunden wie ein Sommermonat und entsprechend hohe Tagestemperaturen, andererseits kam es gegen Monatsende in vielen Gebieten zu andauerndem Starkregen mit rekordverdächtigen

Bračoleum

Natives Olivenöl Extra Vergine

Jeder Tropfen Bračoleum lässt einen die grosse Liebe zu Tradition und Qualität erschmecken, mit der wir unser außergewöhnliches Öl seit über 15 Jahren gewinnen.

Olives from Brač · 100% · Oliven aus Brač
BO

Für Info und Bestellung bitte QR Code scannen!

Insel Brač, Dalmatien, Kroatien

WWW.BRACOLEUM.COM

Niederschlagsmengen. Aufgrund dieser feuchtwarmen Witterung hatten die Weinbauern alle Hände voll zu tun, um die Gesundheit der Trauben zu erhalten. Relativ niedrige Nachttemperaturen wirkten sich positiv auf die Ausbildung der Aromen und der Säurestruktur aus. Anfang September begann die allgemeine Weinlese, die sich bei recht guten Bedingungen größtenteils bis Ende Oktober zog. Nicht nur in den vom Hagel betroffenen Weinbaugebieten waren eine penible Selektion der Trauben und somit ein kostenintensiver Ernteeinsatz erforderlich.

KLASSISCHE WEISSE MIT SÄUREGERÜST

In Niederösterreich und Wien sind sehr frische und fruchtbetonte Weine entstanden, die mit etwas niedrigerem Alkoholgehalt und rassigerer Säurestruktur ausgestattet sind. Die Sortentypizität kommt dabei sowohl bei der Leitsorte Grüner Veltliner als auch bei den Rieslingen und der gesamten Burgunderfamilie gut zum Ausdruck. Etwas schwerer hatten es Bukettsorten wie Muskateller oder Traminer, ihre aromatischen Vorzüge voll zur Geltung zu bringen. Sehr ansprechend sind insbesondere Weine der Klassik- bzw. Gebietsweinkategorie ausfallen, weil sie knackige Frische und klare Frucht mit belebender, reifer Säure verbinden. Exzellent ist die Performance der Weißweine der Reservekategorie, die 2020 nach penibler Auslese nur in geringerer Stückzahl möglich war. Die Rieden- und Premiumweine sind ausgestattet mit Balance, Präzision, Struktur und Standfestigkeit für eine längere Lagerung. Kennzeichnend für die 2020er-Weißweine aller Sorten des Burgenlandes ist ein ausgereiftes, harmonisches Geschmacksbild, das durch eine rassige Säurestruktur ergänzt wird, sodass man von Leithaberg & Co. einiges zu erwarten hat. Archetypisch zeigen sich in der Steiermark bereits die leichteren Weißweine der Gebietswein-Linie. Auch in der Steiermark bedeutete das regenreiche Tiefdruckgebiet im September eine gewisse Zäsur und hatte Ernteunterbrechungen zur Folge. Wer die Nerven hatte, die Weinlese erst einige Zeit nach dem Regen fortzusetzen, wurde mit wunderbar sonnigen Oktobertagen belohnt, die eine perfekte Ausreifung der Trauben ermöglichten. So konnten eben jene Riedenweine eingebracht werden, die für das hohe Renommee der steirischen Weinbaubetriebe verantwortlich sind. Besonders attraktiv und charakteristisch ist die erfolgreiche steirische Leitsorte Sauvignon Blanc ausgefallen, die naturgemäß von guter Wasserversorgung profitiert. Nach dem erwähnten Zuwarten hat auch die Burgunderfamilie ein sehr gutes Niveau erbracht, ebenso die Rieslinge im Sausal. Ähnliches gilt auch für die weststeirischen Schilcherweine, die nach einigen von hoher Reife geprägten Jahren wieder mehr typische Frische und Rasse bei schlankerer Statur in den Vordergrund stellen.

ROTWEINE MIT LEBENDIGER ELEGANZ

In den niederösterreichischen Rotweinzentren der Thermenregion und von Carnuntum freute man sich über fruchtbetonte, etwas leichtere und elegante Rotweine, wobei alle Rebsorten und Gewichtsklassen verfügbar sind; die besten Exemplare werden das Format der feinfruchtigen 2016er erreichen. Nach Abschluss der Verkostungen konnte man sicher sagen, dass das Burgenland zu den Gewinnern des Jahrgangs 2020 gehört. Zum einen erreichten die starken herbstlichen Regenfälle die Weinorte am Neusiedler See gar nicht und waren auch im mittleren sowie südlichen Bereich des Eisenbergs nur abgeschwächt wirksam, zum anderen konnte es von der klimatisch bedingten früheren Traubenreife diesmal überdurchschnittlich profitieren. So war die Weinlese beispielsweise rund um den Neusiedler See vor dem Wetterumschwung in der zweiten Septemberhälfte erledigt. Wermutstropfen waren hier einige lokale Hagelschläge. Hohe Erwartungen dürfen die Weinfreunde in allen burgenländischen Appellationen jedenfalls in die Rotweinqualität legen. Wie stets in kühleren Jahren war es 2020 wichtig, den Ertrag entsprechend zu reduzieren. Alles in allem sind also ausgewogene Blaue Zweigelt und Blaufränkisch von erstaunlicher Qualität gewachsen, aber auch die internationalen Sorten aus geeigneten Lagen können aufzeigen.

SÜSSE VERSUCHUNG SEHR LIMITIERT

Was die Dessertweine betrifft, so konnten spät, aber doch sogar edelsüße Raritäten wie Ruster Ausbruch DAC und Neusiedlersee DAC gewonnen werden, wenn auch in sehr geringer Menge. Vereinzelt erlaubten eiskalte Nächte sogar die Kelterung von Eisweinen. Dieser ging allerdings ein enormes Geduldspiel voraus, tatsächlich war es erst am 11. und 12. Jänner 2021 so weit, dass die notwendigen Minusgrade erreicht wurden. Belohnt wurden die Winzer dafür mit sensationellen Qualitäten.

EARS
19
22
Anton Paar
DAS WEIN-
ANALYSEGERÄT,
AUF DAS SIE
GEWARTET HABEN:
Lyza 5000 Wine
Ergebnisse für mehr als 15 Parameter in einem Messdurchgang
Stand-alone-Gerät mit hochauflösendem Touchscreen
Automatisierungsoption und Messzeiten von unter einer Minute
Kompatibel mit vorhandenen Anton Paar Dichte- und Alkoholmessgeräten
Get in touch: www.anton-paar.com

© WGNA

WIEN

WIENER GEMISCHTER SATZ

DAC

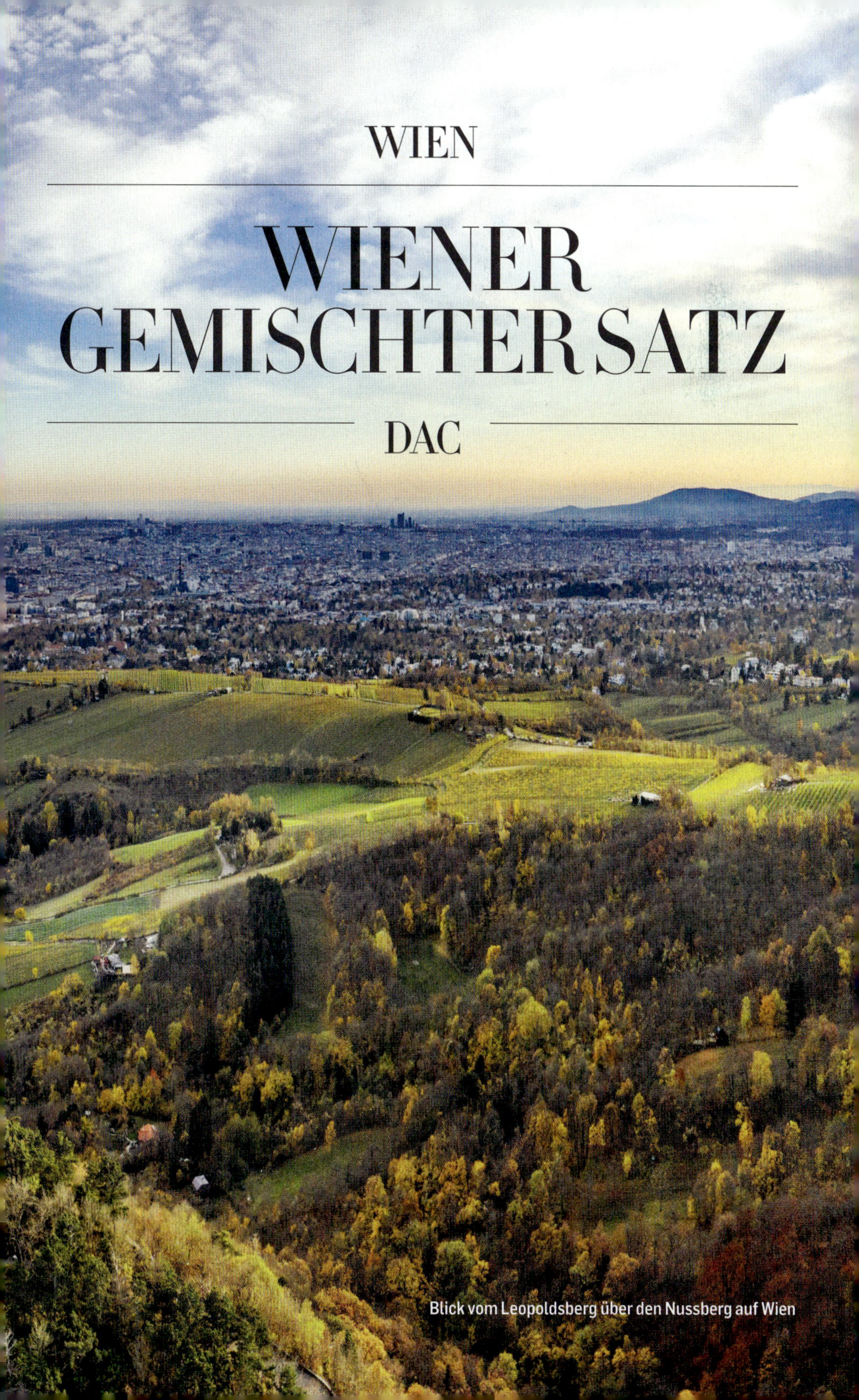

Blick vom Leopoldsberg über den Nussberg auf Wien

MODERNE TOP-WEINE UND HEURIGENTRADITION

Weinbau in der Großstadt? Oft handelt es sich dabei um Schauweingärten als Tourismusattraktion. Anders in Wien, hier sind 637 Hektar Rebfläche ein wesentlicher Wirtschaftsfaktor, sie dienen der Erhaltung des Grüngürtels und sind die Basis für hohe Weinqualität. Die Vielfalt reicht vom typischen Gemischten Satz über elegante Rieslinge und kraftvolle Weißburgunder bis zu hochwertigen Rotweinen.

Schon im späten Mittelalter standen Reben auch innerhalb der Stadtmauern von Wien bis in den heutigen ersten Bezirk. Heute liegt der Schwerpunkt des Weinbaus in den Vororten am Stadtrand: Die Lagen am Bisamberg nördlich der Donau – bewirtschaftet von Winzern aus Strebersdorf, Stammersdorf und Jedlersdorf – sind günstig für die Burgunderfamilie und rote Sorten. Im 17., 18. und vor allem 19. Gemeindebezirk mit den Stadtteilen Heiligenstadt, Nussdorf, Grinzing, Sievering und Neustift am Walde werden Riesling, Chardonnay und Weißburgunder auf den meist sehr kalkreichen Böden bevorzugt. Im Süden Wiens mit Mauer, Rodaun und Oberlaa sind Schwarzerdeböden zu finden, gut für kraftvolle Weißweine und opulente Rotweincuvées. Kaum ein Winzer verzichtet aber auf den traditionellen Gemischten Satz, bei dem im Weingarten verschiedene Rebsorten gemeinsam ausgepflanzt sind, die auch gemeinsam geerntet und zu Wein verarbeitet werden. Früher als Risikominderung bei ungleichmäßigen Erntebedingungen vorgesehen, erfreut sich diese Wiener Spezialität heute wieder großer Beliebtheit. Ebenso wiederentdeckt wurde die Top-Lage Nussberg, die junge ideenreiche Winzer aus allen Teilen der Weinstadt – auch Quereinsteiger – beinahe magisch anzieht.

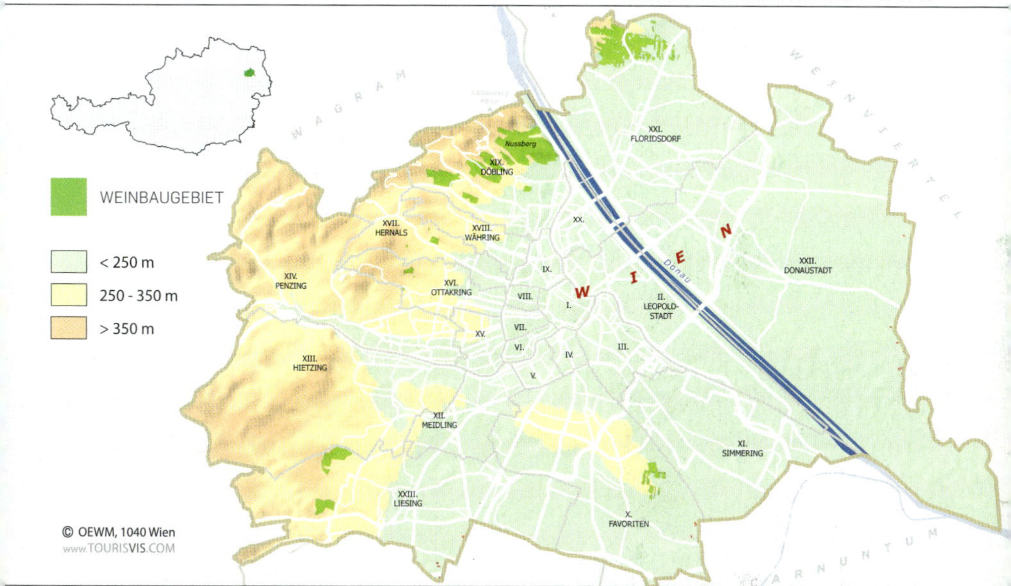

Die Anziehungskraft der Wiener Institution des Heurigen ist auch legendär. Ob durchgehend geöffnetes Lokal oder kleine versteckte Buschenschanken mitten in den Weingärten – ein wahrer Besuchermagnet sind sie alle. Dass sich die moderne Kellerarchitektur und das Equipment gut mit der Tradition alteingesessener Betriebe verknüpfen lassen, ist ebenfalls ein sympathischer Zug des Wiener Weinbaus. Die führenden Betriebe der Metropole haben sich in der Gruppe »WienWein« zusammengefunden, um gemeinsam effektiver für ihre Weine werben zu können. Die Slow-Food-Bewegung hat den Wiener Gemischten Satz bereits 2008 als erstes österreichisches Produkt mit dem »Presidio-Gütesiegel« – der höchsten möglichen Auszeichnung – prämiert. Seit dem Jahrgang 2013 trägt der Wiener Gemischte Satz die Herkunftsbezeichnung DAC. Die Trauben müssen aus einem Wiener Weingarten stammen, der mit zumindest drei weißen Qualitätsrebsorten bepflanzt ist, die gemeinsam gelesen und verarbeitet werden. Der größte Sortenanteil darf nicht höher als 50 Prozent sein, der drittgrößte Anteil muss zumindest 10 Prozent ausmachen.

WEINBAUGEBIET WIEN

Österreich gesamt:	**46.515 ha**	
Weinbaugebiet Wien:	**637 ha**	**(1 %)**

Weißweinfläche insgesamt:	**529 ha**	**(80 %)**
Grüner Veltliner:	137 ha	(22 %)
Riesling:	60 ha	(9,4 %)
Weißburgunder:	43 ha	(6,7 %)
Gemischter Satz:	178 ha	(28 %)
Chardonnay:	30 ha	(4,6 %)

Rotweinfläche insgesamt:	**108ha**	**(20 %)**
Zweigelt:	41 ha	(7 %)
Pinot Noir:	18 ha	(3 %)
Blauburger:	8 ha	(1 %)
Cabernet Sauvignon:	9 ha	(1 %)
Sankt Laurent:	8 ha	(1 %)

AUSGEWÄHLTE WEINGÜTER

★★★★★

Weingut Wieninger, Wien

★★★★

Weingut Edlmoser, Wien
Weingut Mayer am Pfarrplatz, Wien
Weingut Rotes Haus, Wien

★★★

Weingut Christ, Wien
Weingut Wien Cobenzl, Wien
Weingut Hajszan Neumann, Wien
Wein- und Sektkellerei Schlumberger, Wien

★★

Weingut Fuhrgassl-Huber, Wien
Weingut Wolfgang Hofer, Wien

★

Fiona Figlmüller, Wien
Landhaus Mayer, Wien
Weingut Walter Wien, Wien

★★★

WEINGUT CHRIST

BIO

Rainer Christ hütet ein Erbe an erstklassigen Lagen mit zum Teil sehr alten Rebstöcken. Im Jahr 2005 wurde der Betrieb um- und ausgebaut. Mit zeitgemäßer und außergewöhnlicher Architektur setzt das Weingut Christ eine beeindruckende Landmark in Jedlersdorf. Der große Reichtum an unterschiedlichsten Böden und Lagen erklärt das enorme Sortenspektrum. Ein Unikat und dabei der traditionellste Weißwein ist der Wiener Gemischte Satz. Der bunte, oft seit Generationen bestehende Rebsortenmix dieser Wiener Weißweinspezialität vermittelt auf unnachahmliche Weise die naturgegebenen Faktoren – das Terroir. Zahlreiche, auch reinsortige Spezialitäten runden das Portfolio ab.

Der Stil der Christ-Weine ist von Respekt gegenüber den natürlichen Ressourcen geprägt – puristisch im Sinne von echt. Geologie und Herkunft schmeckbar zu machen ist die größte Herausforderung. Der Umgang mit den Trauben ist durch besondere Sensitivität gekennzeichnet. Händische Lese und Selektion, der Verzicht auf Schönungen, Korrekturen sowie sterile Filtrationen ergeben Weine voll Natürlichkeit und Vitalität. Rainer Christs Philosophie ist auch eine Herausforderung für die Architektur: Im Keller regiert die Gravitation – ein Christ pumpt nichts. Traubenmaterial und Most werden mithilfe der Schwerkraft transportiert. Fünf Klimazonen sorgen für ideale Reifebedingungen. Mit dem Jahrgang 2014 hat Rainer Christ das Bioweingut Petershof am Bisamberg übernommen. Rund zwei Hektar Rebfläche sind es, welche die Riede Wiesthalen und damit das gesamte Bioweingut umfassen. Seit 30 Jahren zählt der Petershof zu den Pionieren des heimischen Bioweinbaus. Die Riede Wiesthalen ist ein historisches »Arrondissement« des Wiener Weinbaus. Blumenwiesen und Wälder säumen die hoch über der Stadt thronende Lage, eine eigene Quelle mit kleinen Wasserstellen fördert zusätzlich Artenreichtum und Biodiversität.

94 * Ried Wiesthalen 1ÖTW 2020
13 Vol.-%, NK, Eichenfass, €€€€€ H V
Mittleres Goldgelb, Grünreflexe. Reife Apfelfrucht, zart nach Guaven und gelber Tropenfrucht, mit Kräutern unterlegter Blütenhonig, mineralischer Anklang. Saftig, komplex, engmaschige Säurestruktur, facettenreiche Nuancen von gelber

Gabrissen, Stammersdorf

WEINGUT CHRIST
1210 Wien, Amtsstraße 10–14
T: +43 (1) 2925152
info@weingut-christ.at
www.weingut-christ.at

Kellermeister/Kontakt: Rainer Christ
Anbauweise: Zertifiziert Biologisch (Austria Bio Garantie)
Produktion: 120.000 Flaschen
80 % weiß, 19 % rot, 1 % süß, 25 Hektar
Vereinszugehörigkeit: WienWein, Traditionsweingüter Österreich, J5 – Jedlersdorfer Winzer
Messen: Austrian Tasting London, ProWein Düsseldorf, VieVinum, Vinexpo Hongkong, DAC-Präsentationen

Frucht, salziger Nachhall, vielschichtig, Maracuja im Rückgeschmack, bleibt lange haften, sicheres Potenzial.

93 * Bisamberg Petershof 2021
13 Vol.-%, NK, Stahltank, €€€ Ⓑ Ⓗ Ⓥ
Helles Grüngelb, silberfarbene Reflexe. Zart nach Mango und Kräuter, ein Hauch von Ananas, kandierte Orangenzesten, frisches Bukett. Saftig, straff, frische Säurestruktur, lebendig, feinwürzig, zart nach gelbem Apfel, leichtfüßig und mineralisch, guter Speisenbegleiter.

93 * Bisamberg 2021
13 Vol.-%, NK, großes Holzfass, €€€€ Ⓕ
Helles Grüngelb, silberfarbene Reflexe. Zarte Wiesenkräuter, etwas nach Kardamom, ein Hauch von Guaven, Ringlotten klingen an, frisches Bukett. Saftig, extraktsüß nach Marille, balancierte Säurestruktur, Birne im Nachhall, laktischer Rückgeschmack, bleibt gut haften, ein facettenreicher Speisenbegleiter.

91 Wiener Gemischter Satz DAC 2021
12,5 Vol.-%, DV, Stahltank, €€ Ⓗ Ⓥ
Helles Grüngelb, silberfarbene Reflexe. Feine Kräuternoten, weißes Steinobst, ein Hauch von Orangenzesten, Papayatouch. Saftig, straff, feine Säurestruktur, feinwürzig, mineralisch-salzig, weiße Apfelfrucht, bleibt gut haften, engmaschiger Speisenbegleiter.

95 Weißburgunder Ried Falkenberg 1ÖTW 2020
13 Vol.-%, NK, Eichenfass, €€€€€ Ⓗ Ⓥ
Mittleres Grüngelb, silberfarbene Reflexe. Mit dezentem Blütenhonig unterlegte Birnenfrucht, ein Hauch von Quittengelee, floraler Touch, kandierte Mandarinenzesten. Saftig, gute Komplexität, engmaschig, Ananas und Marille im Abgang, bleibt sehr gut haften, mineralischer Nachhall, sicheres Potenzial, großartiger Sortenvertreter.

93 Weißburgunder Der Vollmondwein 2021
13 Vol.-%, DV, Stahltank, €€€ Ⓗ Ⓥ
Helles Grüngelb, Silberreflexe. Zart tabakig, etwas nach Mango, ein Hauch von Kardamom, Blütenhonig klingt an, nussige Nuancen, einladendes Bukett. Gute Komplexität, straff, lebendige Säurestruktur, feinwürzig, weißes Kernobst, zitroniger Nachhall, facettenreicher Speisenbegleiter.

94 Riesling Ried Zwerchbreiteln 2021
13 Vol.-%, DV, Stahltank, €€€€€ Ⓗ Ⓥ
Helles Grüngelb, silberfarbene Reflexe. Weißer Pfirsich, unterlegt mit kandierten Limettenzesten, ein Hauch von Blütenhonig, zart nach Guaven, einladendes Bukett. Saftig, elegant, facettenreiche Säurestruktur, leichtfüßig, viel Substanz, Pfirsich auch im Abgang, salzig-zitroniger Nachhall, lebendiges Finish, guter Speisenbegleiter.

93 Grüner Veltliner Ried Gabrissen X 2021
13 Vol.-%, DV, Stahltank, €€€€ Ⓗ Ⓥ
Helles Grüngelb, Silberreflexe. Reife Apfelfrucht, zart nach Kräutern, ein Hauch von Orangenzesten, mineralisch, etwas Birne klingt an. Gute Komplexität, facettenreiche Säurestruktur, Honigmelone im Abgang, würziger Nachhall, straffes Finish, guter Speisenbegleiter, sicheres Potenzial.

*** Wiener Gemischter Satz DAC**

91 Grüner Veltliner Bruch 2021
12,5 Vol.-%, DV, Stahltank, €€ H V
Helles Grüngelb, silberfarbene Reflexe. Dunkle Würze, etwas nach Apfelfrucht, ein Hauch von Quitte, zitroniger Touch, tabakige Nuancen. Saftig, elegant, balancierter Säurebogen, engmaschig, straff, Apfelfrucht auch im Abgang, extraktsüßer Nachhall, bleibt gut haften, mineralisches Finish.

93 Traminer Ried Kirchberg 2020
13 Vol.-%, DV, Stahltank, €€€€ H V
Mittleres Goldgelb, Grünreflexe. Einladendes Bukett nach Rosenöl und Eibisch, dazu Noten von Marille, zart nach Honig, Dörrobst und Orangen klingen an. Komplex, saftig, balancierte Säurestruktur, feinwürzig, ausgewogen, weiße Tropenfrucht, Ringlotten im Abgang, salziger Nachhall, Honig im Rückgeschmack, guter Speisenbegleiter mit Potenzial.

★★★

WEINGUT WIEN COBENZL

Wien ist einmalig: Die Stadt beherbergt das einzige Weinbaugebiet der Welt, das zur Gänze innerhalb der Grenzen einer Großstadt liegt und dank einzigartiger Wein- und Heurigentradition die Atmosphäre der Stadt mitprägt.
Das Weingut Wien Cobenzl zählt zu den bedeutendsten Wiener Weinbaubetrieben und ist seit über 110 Jahren im Besitz der Stadt Wien. Hier werden unter der Leitung von Thomas Podsednik von rund 60 Hektar Weingärten in Grinzing, am Nussberg und am Bisamberg herausragende Qualitätsweine gekeltert. Das einzigartige Mikroklima mit pannonischem Einfluss und die Nähe zur Donau sind die idealen Voraussetzungen für feinfruchtige, mineralische Weine. Die Rieden mit klingenden Namen wie Ried Pfeffer, Ried Seidenhaus und Ried Bellevue (»Schöne Aussicht«) zählen seit jeher zu den besten der Stadt. Entsprechend der Größe und der Vielfalt an Lagen und Rebsorten wird ein breites Angebot an Qualitätsweinen angeboten: Die »Classic«-Weine sind bewusst etwas leichter, mit anregender Frucht und als unkomplizierte Speisenbegleiter konzipiert. Die Lagenweine und die »ÖTW Erste Lage«-Weine faszinieren durch ihre Komplexität, Finesse und das herkunftstypische Terroir.
Das Weingut der Stadt Wien hat als eines der ersten heimischen Weingüter die renommierte Auszeichnung »Nachhaltig Austria« erlangt. Die einzelnen Nachhaltigkeitsmaßnahmen reichen von der Traubenproduktion über die Arbeit im Weingarten bis hin zur umweltfreundlichen Stromerzeugung aus Sonnenenergie.
Seit August 2020 ist das Weingut Wien Cobenzl in Bio-Umstellung. Somit werden Weine, die ab 2023 gekeltert werden, Bio-zertifiziert sein. Das Ganzheitliche des Betriebes zeigt sich auch im Detail: Es gibt sogar eigene Bienenvölker, die für den köstlichen »Wiener Bio-Honig vom Cobenzl« fleißig sammeln.

92 S Gemischter Satz Sekt Wien g.U. Reserve Brut 2017
13 Vol.-%, NK, Flaschengärung, €€€€€
Mittleres Grüngelb, Silberreflexe, feines, anhaltendes Mousseux. Feine weiße Tropenfrucht, ein Hauch von Blütenhonig, Nuancen von Mandarinenzesten, einladendes Bukett. Saftig, fruchtbetonter Stil, feine Honigsüße, opulent und anhaftend, zart nach Limetten und Biskuit im Abgang, ein stoffiger Speisenbegleiter.

93 * Ried Steinberg 1ÖTW 2020
13,5 Vol.-%, NK, Stahltank, €€€€€ V
Helles Grüngelb, Silberreflexe. Feine Nuancen von gelber Tropenfrucht, ein Hauch von Apfel und Mango, zarter Blütenhonig, frische Orangenzesten, mineralisch unterlegt. Stoffig, ausgewogen, weiße Frucht, frischer Säurebogen, salziger Nachhall, Limetten im Rückgeschmack, gutes Entwicklungspotenzial.

92 * Ried Reisenberg 2021
13,5 Vol.-%, DV, Stahltank, €€€ V
Helles Gelbgrün, Silberreflexe. Nuancen von weißer Tropenfrucht, ein Hauch von Litschis und reifen Stachelbeeren, etwas Kernobst, frische Kräuterwürze, ein Hauch von gelber Birne. Mittlerer Körper, feines Säurespiel, mineralisch-zitronig im Abgang, salziger Nachhall, ein vielseitiger Speisenbegleiter.

(92) * Nussberg 2021
13 Vol.-%, DV, Stahltank, €€€
Helles Gelbgrün, Silberreflexe. Zarte gelbe Tropenfrucht, ein Hauch von Ananas, Orangenzesten, zarter Blütenhonig, einladendes Bukett. Mittlere Komplexität, weißer Apfel, feiner Säurebogen, salziger Touch, mineralisch und mit gutem Potenzial ausgestattet.

WEINGUT WIEN COBENZL

1190 Wien, Am Cobenzl 96
T: +43 (1) 3205805
office@weingutcobenzl.at
www.weingutcobenzl.at
Kellermeister: Ing. Georg Königsbauer
Kontakt: Ing. Thomas Podsednik, Akad. Dipl.-Önol.
Anbauweise: Umstellung auf bio (Bio Austria)
Produktion: 400.000 Flaschen
1 % Schaumwein, 80 % weiß, 4 % rosé, 15 % rot, 60 Hektar
Zertifiziert: Nachhaltig Austria
Vereinszugehörigkeit: Traditionsweingüter Österreich, WienWein
Messen: Foodex Japan, ProWein Düsseldorf, VieVinum, DAC-Präsentationen, ProWine Asia

90 Wiener Gemischter Satz DAC 2021
12,5 Vol.-%, DV, Stahltank, €€

Helles Gelbgrün, Silberreflexe. Einladender frischer grüner Apfel, ein Hauch von Wiesenkräutern und Limettenzesten. Saftig, frisches Kernobst, rassiger Säurebogen, zitronig-salzig im Abgang, ein animierender Sommerwein.

94 Weißburgunder Ried Seidenhaus 1ÖTW Grinzing 2020
13,5 Vol.-%, NK, Barrique, €€€€€

Helles Goldgelb, Silberreflexe. Mit feiner Kräuterwürze und einem Hauch von Karamell unterlegte Birnenfrucht, kandierte Orangen, etwas Blütenhonig. Saftig, seidige Textur, elegant, feine Nuancen von weißem Kernobst, zarter Säurebogen, zitronig-mineralisch, gute Länge, ein ausgereifter Speisenbegleiter mit Reifepotenzial.

91 Weißburgunder Ried Reisenberg Grinzing 2020
13,5 Vol.-%, DV, Stahltank, €€€

Helles Grüngelb, Silberreflexe. Feine Anklänge von gelbem Kernobst, ein Hauch von Birne und Mango, mit zarten Wiesenkräutern unterlegt. Mittlerer Körper, gute Frische, lebendige Struktur, feine Fruchtsüße, animierend zitronig im Abgang, lebendiger Speisenwein.

93 Riesling Ried Preussen-Nussberg 1ÖTW 2020
13 Vol.-%, NK, großes Holzfass, €€€€€

Leuchtendes mittleres Goldgelb, Silberreflexe. Nuancen von gelber Frucht, nach Papaya und Pfirsich, zarter Blütenhonig, kandierte Orangenzesten. Saftig, elegant, feine Tropenfrucht, angenehme, gut integrierte reife Säure, zitronig-mineralisch, bleibt haften, ein stoffiger Speisenbegleiter.

92 Riesling Nussberg 2020
13 Vol.-%, DV, Stahltank, €€€

Helles Gelbgrün, Silberreflexe. Frische Noten von Weingartenpfirsich, zarte Blütenaromen, ein Hauch von Limettenzesten. Stoffig, elegant, finessenreich strukturiert, weiße Tropenfrucht im Abgang, zitronig-mineralisch, mit Reifepotenzial ausgestattet.

(91) Grüner Veltliner Ried Pfeffer 2021
13,5 Vol.-%, DV, Teilbarrique, €€€

Helles Grüngelb, Silberreflexe. Nuancen von Mango, einladende feine Tropenfrucht, zart floraler Touch, Orangenzesten. Mittlere Komplexität, weiße Birne, frische, gut eingebaute Säure, mineralisch-zitronig, ein lebendiger Begleiter bei Tisch.

(90) Grüner Veltliner Grinzing 2021
13,5 Vol.-%, DV, Stahltank, €€

Helles Gelbgrün, Silberreflexe. Zart nach frischem gelbem Apfel, ein Hauch von Orangenzesten, mineralischer Touch. Saftig, elegante Textur, angenehmer, gut integrierter Säurebogen, etwas Birne, feine Kräuterwürze, bereits gut entwickelt und antrinkbar.

92 Ried Jungenberg Bisamberg 2018 ME/ZW/CS
14,5 Vol.-%, NK, Barrique, €€€€

Kräftiges Rubingranat, violette Reflexe, dezente Randaufhellung. Zart nach Brombeeren, ein Hauch von Kirschen, mit etwas Karamell und Holzwürze unterlegt. Saftig, straff, samtige Tannine, nach schwarzen Herzkirschen und Zwetschken, schokoladiger Nachhall, sicheres Potenzial, bereits gut antrinkbar.

92 Atrium 2018 ME/CS/ZW/PN
14 Vol.-%, NK, Barrique, €€€€€

Kräftiges Rubingranat, violette Reflexe, dezente Randaufhellung. Dunkles Beerenkonfit, zart nach Nougat, ein Hauch von kandierten Orangenzesten, Brombeernoten klingen an, tabakige Würze. Saftig, elegant, feine Säurestruktur, kraftvoll, zarte Tannine, rote Kirschfrucht, mineralisches Finale, ein stoffiger Speisenbegleiter.

92 Pinot Noir Ried Bellevue Sievering 2018
13,5 Vol.-%, NK, Barrique, €€€€

Mittleres Karmingranat, Ockerreflexe, breite Randaufhellung. Tabakig, kräuterwürzig unterlegte rote Waldbeeren, kandierte Orangenzesten, rauchige Nuancen. Mittlere Komplexität, zart nach Preiselbeeren und roten Kirschen, gut integrierte Tannine, mineralisch im Abgang, rotbeeriger Nachhall, bereits zugänglich.

Großlage Maurerberg

EDLMOSER
WEINGUT & HEURIGER
1230 Wien, Maurer-Lange-Gasse 123
T: +43 (1) 8898680
office@edlmoser.at
www.edlmoser.at

Kellermeister/Kontakt:
Michael Edlmoser
Anbauweise: Zertifiziert Biologisch (Bio Austria)
Produktion: 75 % weiß, 10 % rosé, 15 % rot, 15+80 Hektar
Vereinszugehörigkeit: Traditionsweingüter Österreich, WienWein
Messen: ProWein Düsseldorf, VieVinum

★★★★

EDLMOSER WEINGUT & HEURIGER

BIO

In Mauer, an den südlichen Ausläufern des Wienerwalds gelegen, kann das Wiener Traditionshaus Edlmoser auf eine sehr lange Familiengeschichte blicken, die bis ins Jahr 1374 zurückreicht. Dabei prägten immer schon die Erfahrungen von Generationen, der Wunsch nach Wertigkeit und Nachhaltigkeit sowie ein kompromissloser Qualitätsanspruch das Denken und Handeln, und auch heute orientieren sich Viktoria und Michael Edlmoser wie selbstverständlich daran.

Zertifiziert biologische Weingärten, Handlese und das pannonische Klima mit gut verteilten Niederschlägen und vielen Sonnenstunden, dazu frische, kühle Luft aus dem Wald und unterschiedlichste Böden bieten ideale Voraussetzungen für vielschichtige, tiefgründige Weine mit faszinierender Mineralik und Würzigkeit. Eine zentrale Rolle spielt dabei etwa der Muschelkalkboden auf Dolomit am Maurerberg mit den 1ÖTW-Lagen Ried Sätzen und Ried Himmel, ein Ablagerungskonglomerat von Korallen, Algen, Schnecken und Muscheln. Am Kadolzberg hingegen entstand durch die Senkung des Wiener Beckens lehmiger Flyschsandsteinboden, perfekt für die Entwicklung von Aroma und Charakter. Alte autochthone und internationale Rebsorten fühlen sich dabei auf den Lagen des Weinguts gleichermaßen wohl und werden mit viel Gefühl für ein ökologisches Gleichgewicht durch das Jahr begleitet. Die Weine als Zusammenspiel von Natur und Winzer sollen schlussendlich den Jahrgang und die Lage widerspiegeln – und sonst nichts.

95 * Ried Sätzen 1 ÖTW 2020
13,5 Vol.-%, DV, Holzfass, €€€€€ V
Mittleres Goldgelb, Silberreflexe. Kandierte Mandarinenzesten, zart nach Steinobst und Blütenhonig, einladendes Bukett. Komplex, saftig, reife Frucht, zart nach Marille, frisch strukturiert, mineralisch-zitronig unterlegt, besitzt Länge und Zukunftspotenzial, sehr präzise, sehr einladender Stil.

94 * Ried Himmel 1ÖTW 2020
13,5 Vol.-%, DV, großes Holzfass, €€€€€ V
Leuchtendes Goldgelb, Silberreflexe. Reife gelbe Tropenfrucht, Nuancen von Blütenhonig, Anklänge von Ananas. Saftig, komplex, weißes Steinobst, feiner Säurebogen, dezente Fruchtsüße im Abgang, gute Länge, sicheres Reifepotenzial.

92 * Maurerberg 2021
13 Vol.-%, DV, Stahltank, €€€€ Ⓥ
Helles Goldgelb, Silberreflexe. Zarte gelbe Tropenfrucht, ein Hauch von Mango und Ananas, dazu etwas Blütenhonig, Noten von Mandarinenzesten. Saftig, elegant, Nuancen von weißem Kernobst, zarte Fruchtsüße im Abgang, balanciert, zeigt gutes Trinkanimo.

91 Wiener Gemischter Satz DAC 2021
12,5 Vol.-%, DV, Stahltank, €€€ Ⓥ
Helles Goldgelb, Silberreflexe. Mit zartem Blütenhonig unterlegte feine Nuancen von Steinobst, ein Hauch von Marille, einladendes Bukett. Mittlerer Körper, weißes Kernobst, zart nach Apfel, feiner Säurebogen, ausgewogen, salziger Nachhall.

94 Grüner Veltliner Ried Sätzen Maurerberg 2020
13,5 Vol.-%, DV, Holzfass, €€€€€ Ⓥ
Helles Goldgelb, Silberreflexe. Reifer gelber Apfel, feine Mangonoten, zart nach Orangenzesten und Blütenhonig. Kraftvoll, seidig und saftig, weiße Tropenfrucht, frischer Pfirsich, etwas Honigmelone, elegant und anhaftend, ein stoffiger Speisenwein von beträchtlicher Länge.

92 Grüner Veltliner Maurerberg 2021
13 Vol.-%, DV, Stahltank, €€€€ Ⓥ
Helles Gelbgrün, Silberreflexe. Zart nach Golden-Delicious-Apfel, frische Birne, tabakige Nuancen, ein Hauch von Orangenzesten. Saftig, elegant, weiße Frucht, dezenter Säurebogen, ausgewogen und gut anhaftend, mineralischer Touch im Abgang, bereits gut entwickelt.

93 Weißburgunder Ried Himmel 1ÖTW Maurerberg Kalkstein 2020
13,5 Vol.-%, DV, Holzfass, €€€€€ Ⓥ
Mittleres Goldgelb, Silberreflexe. Feine Nuancen von Ananas und frischer Birne, zart nach Mandarinen, dezente Wiesenkräuter. Saftig, feine Fruchtsüße, elegant, seidige Textur, zart nach Blütenhonig, helles Nougat, zart nach Ananas im Abgang, finessenreich und vielseitig als Speisenbegleiter.

93 Riesling Ried Sätzen 1ÖTW Maurerberg Kalkstein 2020
13,5 Vol.-%, DV, großes Holzfass, €€€€€ Ⓥ
Helles Goldgelb, Silberreflexe. Frische gelbe Ringlotten, Safran und Pfirsich, attraktives reifes Riesling-Bukett. Saftig, rassig und lebendig, knackige Struktur, reife Säure, finessenreich und anhaftend, mineralisch-salzig im Abgang, gute Länge, hat Zukunftspotenzial.

92 Rosé de Vienne 2021 ZW/PN
12,5 Vol.-%, DV, Stahltank, €€€ Ⓥ
Mittleres Lachsrosa, Silberreflexe. Zart floral unterlegte Nuancen von eingelegten roten Kirschen, feine Waldbeeren, weißer Apfel, zart nach Orangenzesten. Saftig, mittlere Komplexität, Rote Johannisbeeren, zarte Fruchtsüße, gute Balance, stoffige Stilistik, bleibt haften, ein vielseitiger Speisenbegleiter.

★

FIONA FIGLMÜLLER

Weinliebhaberin und Sommelière Fiona Figlmüller hatte schon lange den Traum, eigene Weine zu kreieren, Weine, in die sie ihre ganze Begeisterung stecken kann, die ihren Geschmack zum Ausdruck bringen und ihre Handschrift tragen – Weine, die für eine moderne, dynamische Form des Weinmachens und Genießens stehen. Ihr Ziel sind unkomplizierte, aber dennoch hochwertige Weine für Genießer, die Spaß machen und auf ihre Art einzigartig sind. Ohne eigenes Weingut, dafür unabhängig von Tradition und Vorgabe, soll der jeweilige Wein dort produziert werden, wo es für die Idee von Geschmack und Charakter am besten ist. Jeder Wein wird so zum maßgeschneiderten Unikat. Für die bestmögliche Umsetzung und Vollendung der Weine arbeitet Fiona mit ausgesuchten Önologen und Winzern mit viel Erfahrung zusammen und begleitet mit Sorgfalt und Hingabe jeden Schritt der Weinentstehung – von der Auswahl der Trauben über den Reifungsprozess bis hin zum Abfüllen und Etikettieren. Jede Entscheidung trifft sie dabei mit besonderem Augenmerk auf hohe Qualität. Mit dem Herzstück der Linie »Rosé Viennois« wollte Fiona einen hochwertigen heimischen Rosé schaffen, wie sie ihn selbst am liebsten trinkt und wie es ihn in Österreich viel zu selten gibt: blassrosa, knochentrocken und elegant wie ein Südfranzose, jedoch mit »Wiener Finesse«. Die Vinifizierung erfolgte auch dieses Mal wieder gemeinsam mit dem bekannten Wiener Winzer Fritz Wieninger. Die per Hand gelesenen Zweigelt-, Cabernet-Franc- und Merlot-Trauben stammen allesamt aus Weingär-

* Wiener Gemischter Satz DAC

Merlot

FIONA FIGLMÜLLER
1190 Wien
Grinzinger Straße 55
office@fiona-figlmueller.at
www.fiona-figlmueller.at

Kellermeister/Kontakt:
Fiona Figlmüller
Messen: ProWein Düsseldorf, VieVinum

ten des Wiener Bisambergs. Nur der direkt und sanft gepresste erstgewonnene Traubensaft wurde verwendet, um so jene eleganten und delikaten Aromen zu gewinnen, die diesen Wein auszeichnen. Die einzelnen Chargen wurden separat bei niedriger Temperatur im Stahltank vergoren und ausgebaut und anschließend zu dieser streng limitierten Cuvée komponiert.

91 **Rosé Viennois 2021 ZW/ME/CF**
12,5 Vol.-%, NK, €€€ B
Zartes helles Lachsrosa, Silberreflexe. Ein Hauch von roten Kirschen, zart nach Steinobst, eingelegte Kirschen, Orangenzesten. Saftig, elegant, rotbeerig, frischer Säurebogen, mineralisch-salzig, ausgewogen, ein vielseitiger Speisenbegleiter, zarte Süße im Nachhall.

★★

WEINGUT FUHRGASSL-HUBER

Das traditionelle Fundament des Weinguts stammt von Ernst Huber, der mit seiner Frau Gerti in den 1970er-Jahren gleichzeitig auch das Konzept des Wiener Heurigen vollkommen neu interpretierte: Mit seinen vielfältig angelegten Räumlichkeiten und dem prächtigen Gastgarten entwickelte sich der »Fuhrgassl-Huber« bald zu einem Markenzeichen für die typische »Wiener Geselligkeit« – so autochthon wie der Wiener Wein selbst. Die Weine reichen vom klassisch-leichten Gebietswein bis hin zu tiefgründigen Lagenweinen, die von den besten Weingärten Wiens stammen. Dabei stellt der Ort Neustift am Walde die wichtigste Herkunft dar. Seit 2014 ist das Weingut Fuhrgassl-Huber Mitglied der »WienWein«-Gruppe sowie seit 2018 auch der »Traditionsweingüter Österreich« und stellt mit dem Jahrgang 2017 drei 1ÖTW-Lagenweine: Grüner Veltliner Ried Gollin, Weißburgunder Ried Schenkenberg und Riesling Ried Preussen. Der im Winter 2020 verstorbene Ernst Huber kannte jeden Zentimeter der Wiener Weinberge und pflanzte viele der Rebstöcke vor über 30 Jahren mit eigenen Händen aus. Nun führt sein Enkel Thomas Huber das Weingut alleine. Aufgewachsen im Weingarten, an der Seite seines Großvaters gilt seine besondere Leidenschaft dem Ausbau von alten Rebsorten wie Neuburger, Traminer oder Rotem Muskateller. Derzeit sind von den insgesamt 38 Hektar Anbaufläche 14 für den Wiener Gemischten Satz DAC

© Raimo Rumpler

reserviert. Mit der Ried Mitterberg stellte das Weingut bereits fünfmal den Wiener Landessieger und mit dem Gemischten Satz mehrere Male den Vertreter von Wien im »SALON Österreich Wein«.
Die nächsten Qualitätsschritte wird das Weingut Fuhrgassl-Huber mit der Erweiterung der Herkunftsweine setzen, um die besonderen Rieden in Neustift und Nussberg sowie die 1ÖTW Lagen am Nussberg und in Grinzing noch intensiver herauszuarbeiten.

(92) * Ried Neuberg 68er 2021
13 Vol.-%, DV, Stahltank, €€€€

Helles Goldgelb, Silberreflexe. Feine gelbe Apfelfrucht, Nuancen von Mango, floraler Touch, ein Hauch von Limetten, mineralischer Anklang. Mittlere Komplexität, weißes Kernobst, frisch strukturiert, salzig-zitronig im Abgang, lebendiger Stil, vielseitig und mit Entwicklungspotenzial ausgestattet.

91 * Ried Mitterberg 2021
13 Vol.-%, DV, Stahltank/Beton, €€

Helles Goldgelb, Silberreflexe. Zartes gelbes Kernobst, ein Hauch von Ananas, Mango und Orangenzesten, floraler Touch. Saftig, grüner Apfel, frischer Säurebogen, mineralisch-zitronig im Abgang, knackiger Stil, lebendiger Sommerwein.

92 Grüner Veltliner Ried Gollin 1ÖTW 2018
13 Vol.-%, DV, Stahltank, €€€€

Mittleres Gelbgrün, Silberreflexe. Feine Nuancen von weißer Tropenfrucht, ein Hauch von Papaya und zart nach Birne, mit reifer Ananas und weißen Blüten unterlegt. Komplex, saftig, feine Kräuterwürze, frisch strukturiert, mineralisch und anhaftend, dezente Fruchtsüße im Nachhall, ein vielseitiger Speisenbegleiter mit weiterem Reifepotenzial.

92 Riesling Ried Preussen 1ÖTW 2020
13 Vol.-%, DV, Stahltank, €€€€€

Helles Goldgelb, Silberreflexe. Mineralisch, feine Nuancen von gelbem Steinobst, nach Pfirsich, ein Hauch von Zitruszesten, facettenreiches Bukett, florale Nuancen. Mittlerer Körper, weißer Apfel, feine Säurestruktur, dezente Fruchtsüße, bereits ausgewogen, gute Länge, wird von Flaschenreife profitieren.

90 Roter Muskateller Neustift am Walde 2021
12,5 Vol.-%, DV, Stahltank, €€€

Helles Gelbgrün, Silberreflexe. Frischer weißer Apfel, ein Hauch von frischer Birne und Blütenhonig, einladendes Bukett. Straff, balanciert, weißer Pfirsich, frischer Säurebogen, mineralisch, salziger Nachhall, bereits gut antrinkbar.

91 Antoinette »Rosé aus der Wiener Provinz« 2021 ZW/BB
11,5 Vol.-%, VL, Stahltank, €€€

Helles Lachsrosa, zarte Pinkreflexe. Zart nach Erdbeeren, rote Kirschen, ein Hauch von gelben Birnen, fruchtiges Bukett. Mittlerer Körper, weißer Apfel, frischer Säurebogen, knackig-rotbeerig im Abgang, mineralisch-zitronig im Nachhall, feiner Sommerwein.

WEINGUT FUHRGASSL-HUBER
1190 Wien, Neustift am Wald 68
T: +43 (1) 4401405
weingut@fuhrgassl-huber.at
www.fuhrgassl-huber.at

Kellermeister: Thomas Huber
Kontakt: Natascha Maria Quester
Produktion: 333.333 Flaschen
1 % Schaumwein, 79 % weiß,
2 % rosé, 18 % rot, 38 Hektar
Zertifiziert: Nachhaltig Austria
Vereinszugehörigkeit:
WienWein, Traditionsweingüter Österreich
Messen: fafga Innsbruck, ProWein Düsseldorf, VieVinum, Vinexpo, DAC-Präsentationen

Thomas Huber

* Wiener Gemischter Satz DAC

★★★

WEINGUT HAJSZAN NEUMANN

BIO

Das Weingut Hajszan Neumann liegt in Grinzing am Fuße des Nussbergs, der wohl traditionsreichsten Weingegend Wiens. Mit viel Leidenschaft werden hier nach biodynamischen Richtlinien edle Weine erzeugt. Fritz Wieninger, der Pionier des Qualitätsweins in Wien, hat das Weingut im Jahr 2014 übernommen und konzentriert sich auf den Wiener Gemischten Satz sowie auf Riesling und Grünen Veltliner. Die Weingärten, die mehrheitlich dem Stararchitekten Heinz Neumann gehören, befinden sich in den besten Wiener Lagen, wobei der Nussberg eine zentrale Rolle spielt. Die mineralischen Muschelkalk- und Kalksteinverwitterungsböden verleihen dem Wein viel Ausdruck.
Das Fundament der hohen Qualität ist der biodynamische Weinbau: Bereits seit dem Jahr 2006 arbeitet das Weingut nach diesen Richtlinien. Dabei steht das Ökosystem Weinberg mit all seinen Facetten im Mittelpunkt, und die Rebstöcke genießen viel Handarbeit. Durch das aktivierte Bodenleben sind sie robust und tragen gesunde Trauben. Auch im Weinkeller wird schonend und reduziert gearbeitet. All das schmeckt man in den lebendigen Weinen von Hajszan Neumann: Jeder verfügt über eine charakteristische Seele, die sich aus dem natürlichen Aroma der Traube und dem Terroir entwickelt. Noch einen Schritt weiter geht Fritz Wieninger mit seiner »Natural«-Linie. Diese auf der Schale vergorenen Weine zeichnen sich durch komplette Zurückhaltung im Keller aus und werden ohne jegliche Eingriffe vinifiziert und ungefiltert in Flaschen gefüllt.
Seit März 2016 betreibt der deutsche Spitzenkoch Juan Amador das »Restaurant Amador« auf dem Weingut. Der Wahlwiener erkochte den dritten Michelin-Stern, und so darf sich Wien erstmals in der Geschichte des »Guide Michelin« über ein Restaurant mit der Höchstbewertung freuen.

92 ❸ Pet Nat 2021
12,5 Vol.-%, KK €€€€ Ⓑ
Zart getrübtes Grüngelb, Silberreflexe, feines Mousseux. Frische weiße Birnenfrucht, ein Hauch von Mango, zarte Wiesenkräuter, Orangenzesten. Saftig, weißes Kernobst, feine Säurestruktur, ein Hauch von Muskatnuss, zarte Fruchtsüße im Abgang, gut balanciert.

(93) * Ried Weisleiten 2021
13 Vol.-%, DV, Stahltank, €€€€ Ⓑ
Helles Grüngelb, Silberreflexe. Floral unterlegte reife Apfelfrucht, ein Hauch von kandierten Limettenzesten, fruchtiges Bukett. Komplex, saftig, weißes Kernobst, mineralisch-salzig im Abgang, gute Länge, sicheres Reifepotenzial.

(92) * Nussberg 2021
13,5 Vol.-%, DV, Stahltank, €€€ Ⓑ
Helles Gelbgrün, Silberreflexe. Zarte weiße Tropenfrucht, ein Hauch von Mango, florale Nuancen, einladendes Bukett. Stoffig, kraftvoll, weiße Birne, feine Säurestruktur, salziger Touch im Abgang, gut anhaftend, sicheres Reifepotenzial.

(92) Gemischter Satz Natural Wine 2021
13 Vol.-%, DIAM, Amphore, €€€€€ Ⓑ ❶
Zart getrübtes mittleres Grüngelb. Zart rauchig, feine Muskatnuancen, weißer Apfel, mit einem Hauch von Orangenblüten unterlegt. Straff, würziger Gerbstoff, pfeffriger Touch, dezente Fruchtsüße im Abgang, gutes Entwicklungspotenzial.

94 Weißburgunder Ried Gollin 1ÖTW Nussberg 2020
13,5 Vol.-%, DIAM, großes Holzfass, €€€€€ Ⓑ
Helles Grüngelb, Silberreflexe. Zarter Blütenhonig, ein Hauch von Karamell, Nuancen von gelber Tropenfrucht, einladendes Bukett. Saftig, rund und elegant, gut integrierte Säurestruktur, feine Fruchtsüße, ausgewogen und bereits gut einsetzbar, sicheres Reifepotenzial.

(93) Grüner Veltliner Ried Steinberg 1ÖTW 2020
13 Vol.-%, DIAM, Stahltank, €€€€ Ⓑ
Helles Grüngelb, Silberreflexe. Zart rauchig unterlegte frische Apfelfrucht, Nuancen von Wiesenkräutern und kandierten Orangenzesten, etwas Blütenhonig. Saftig, elegant, zart nach Mango, feine Säure, ausgewogen und gut anhaftend, kräuterwürzig, verfügt über Länge und Entwicklungspotenzial.

WEINGUT HAJSZAN NEUMANN

1190 Wien, Grinzinger Straße 86
T: +43 (1) 2901012
weingut@hajszanneumann.com
www.hajszanneumann.com

Kellermeister: Luis Teixeira
Kontakt: Fritz Wieninger
Anbauweise: Biodynamisch (respekt)
Produktion: 66.667 Flaschen
80 % weiß, 20 % rot, 20 Hektar
Vereinszugehörigkeit:
Premium Estates of Austria, Weinbauverband Wien, respekt-BIODYN, WienWein, Traditionsweingüter Österreich
Messen: ProWein Düsseldorf, VieVinum

Muskateller

91 Grüner Veltliner Nussberg 2021

13 Vol.-%, DV, Stahltank, €€€ B

Helles Gelbgrün, Silberreflexe. Feines weißes Kernobst, ein Hauch von Apfel und Honigmelone, mit feiner Kräuterwürze unterlegt. Mittlerer Körper, zart nach Birne, dezenter Säurebogen, mineralisch, Nuancen von Fruchtsüße, Marillen im Rückgeschmack.

91 Grüner Veltliner Natural Wine 2021

12,5 Vol.-%, DIAM, Amphore, €€€€ B N

Helles Grüngelb, zart getrübt. Frischer weißer Apfel, zart nach Birne, dezente florale Nuancen. Feiner Gerbstoff, würzig, frischer Säurebogen, kalkig-mineralisch im Nachhall, feiner Zitrustouch, bietet unkompliziertes Trinkvergnügen.

(93) Riesling Ried Steinberg 1ÖTW 2020

13,5 Vol.-%, DIAM, Stahltank, €€€€€ B

Helles Grüngelb, Silberreflexe. Zart nach Safran, ein Hauch von Babyananas, dunkle Mineralik, mit zarter Kräuterwürze unterlegt. Saftig, elegant, feine gelbe Tropenfrucht, ein Hauch von Ananas, dezente Säurestruktur, mineralisch, feine Fruchtsüße, ein Hauch von Blütenhonig, delikater Nachhall.

(92) Riesling Nussberg 2021

12,5 Vol.-%, DV, Stahltank, €€€ B

Helles Grüngelb, Silberreflexe. Zarte gelbe Tropenfrucht, Nuancen von Ananas und Mango, ein Hauch von weißen Blüten und Limettenzesten. Straff, engmaschig, weißer Pfirsich, zitronig, rassige Struktur, saliner Nachhall, ein lebendiger, sommerlicher Speisenbegleiter.

(93) Traminer Natural Wine 2021

14 Vol.-%, DIAM, Amphore, €€€€€ B N

Helles Goldgelb, Silberreflexe. Feine Nuancen von Eibischteig, ein Hauch von Rosenöl, gewürzige Nuancen, attraktives Bukett. Straff, engmaschig, feine weiße Tropenfrucht, frisch und anhaftend, etwas Marshmallows im Abgang, salziger Nachhall, sehr gute Sortentypizität.

(92) Muskateller Natural Wine 2021

12,5 Vol.-%, DIAM, Amphore, €€€€€ B N

Zart getrübtes helles Gelbgrün, Silberreflexe. Limetten, Holunderblüten, ein Hauch von Muskatnuss, würziges Bukett. Mittlerer Körper, traubig unterlegte Gerbstoffwürze, mineralisch, feiner Honig im Abgang, Ananas im Rückgeschmack, salzig und anhaftend.

92 Zweigelt Natural Wine 2020

13,5 Vol.-%, DIAM, Beton, €€€€ B N

Kräftiges Karmingranat, violette Reflexe, zarter Ockerrand. Rauchig-würzig unterlegte rote Kirschfrucht, feine Nuancen von Erdbeeren, tabakiger Anklang. Mittlerer Körper, rote Kirschen, frisch strukturiert, salziger Touch, ein lebendiger Speisenbegleiter.

Wolfgang Hofer

WEINGUT WOLFGANG HOFER
1230 Wien
Maurer-Lange-Gasse 29
T: +43 (1) 8887380
vinohofer@aon.at
www.vino-hofer.at

Kellermeister: Wolfgang Hofer
Kontakt: Wolfgang und Christina Hofer
Produktion: 70 % weiß, 30 % rot, 6 Hektar
Vereinszugehörigkeit: TOP-Heurige, Wiener Heurige

★★

WEINGUT WOLFGANG HOFER

Der Name Hofer wird in Mauer schon seit vielen Jahren mit einer kleinen, aber feinen Heurigenadresse verbunden. Seit 2011 führen Christina und Wolfgang den aufstrebenden Betrieb und sind ein Mitgliedsbetrieb der »Wiener Top Heurigen«. Im Sortiment wird zwischen den drei Linien »Frisch und Fruchtig«, »Charakterweine« und »Lagenweine« unterschieden. Die Weißweine werden im Edelstahltank und im großen Holzfass, die Rotweine im großen Holzfass und in Barriques ausgebaut. Bei den Rotweinsorten liegt das Hauptaugenmerk auf Zweigelt, Cabernet Sauvignon und St. Laurent – sie zeigen das Potenzial der südlichen Wiener Lagen. Der Weinkeller der Familie befindet sich in Gumpoldskirchen in der Thermenregion, wo die gesamte Verarbeitung von der Ernte bis zur Füllung stattfindet.
Beim Heurigen wird viel Wert auf regionale und frische Produkte gelegt, so wie auch in den Weingärten sehr naturnah gearbeitet wird. Der Leitspruch des Hauses: »Wer Tradition und Gemütlichkeit sucht, ist bei uns richtig.« Man darf gespannt sein, womit dieser aufstrebende und schon mehrfach ausgezeichnete Wiener Betrieb in Zukunft noch aufwarten wird.

90 ❸ Riesling Secco 2021
12,5 Vol.-%, NK, Stahltank, €€ Ⓥ
Helles Gelbgrün, Silberreflexe, zarte Perlage. Einladende Pfirsichfrucht, weiße Blüten, ein Hauch von Honig. Lebendig und frisch, weiße Frucht am Gaumen, dezente Süße im Abgang, zitroniger Nachhall, ein sommerlicher Trinkspaß mit sauberem Sortencharakter.

92 * Ried Kadolzberg 2021
14 Vol.-%, DV, großes Holzfass/Stahltank, €€€ Ⓥ
Helles Goldgelb, Silberreflexe. Zart tabakig, Nuancen von gelbem Steinobst, ein Hauch von Honigmelone, mit feiner Kräuterwürze unterlegt. Saftig, weißer Apfel, frische Säurestruktur, mineralisch-zitronig, feine Fruchtsüße im Abgang, ein lebendiger, kraftvoller Begleiter bei Tisch.

91 * Maurerberg 2021
13,5 Vol.-%, DV, Stahltank, €€ Ⓥ
Helles Goldgelb, Silberreflexe. Zart rauchige Kräuterwürze, reife Birnenfrucht, tabakige Nuancen, mit frischen Orangenzesten unterlegt. Komplex, kräftig, weiße Apfelfrucht, frischer Säurebogen, feine Fruchtsüße im Abgang, ein stoffiger Speisenbegleiter.

© WWW.POV.AT

92 Grauburgunder Reserve Thermenregion Herr Hofer 2021
14,5 Vol.-%, DV, großes Holzfass/Stahltank, €€€
Helles Goldgelb, Silberreflexe. Verhalten, ein Hauch von gelbem Kernobst, dezent nach Heublumen, gelber Apfel. Saftig, süße Frucht, rassiger Säurebogen, zitroniger Touch, mineralisch-salzig, rassiger Nachhall, ein lebendiger Speisenbegleiter.

91 Grüner Veltliner Ried Kadolzberg 2021
13,5 Vol.-%, DV, Stahltank/großes Holzfass, €€€
Helles Gelbgrün, Silberreflexe. Frische Wiesenkräuter, tabakig unterlegte Kernobstnuancen, zarte Orangenzesten. Komplex, frische Birnenfrucht, frische Säurestruktur, zitronig und anhaftend, grüner Apfel, ein lebendiger Speisenwein.

92 Cabernet Sauvignon 2019
14 Vol.-%, DV, Barrique, €€€
Dunkles Rubingranat, violette Reflexe, zarte Randaufhellung. Florales Bukett, unterlegt mit Kräutern und Salbei, ein Hauch von roter Kirschfrucht, zart nach Cassis, feinwürziger Touch. Mittlerer Körper, feine Tabakwürze, zart nach Kirschen, rote Paprika im Nachhall, bleibt gut haften, gut eingebundenes Tannin, guter Speisenbegleiter.

★★★★

WEINGUT MAYER AM PFARRPLATZ

Das traditionsreiche Weingut keltert seit 1683 in Döbling und Grinzing besten Wiener Wein. Das romantische Vorstadthaus am Pfarrplatz gilt als Synonym für Weinqualität und Wiener Heurigenkultur. Hier hat Ludwig van Beethoven im Jahr 1817 gewohnt. Während seiner Zeit in Heiligenstadt arbeitete er an seinem größten Werk, der 9. Symphonie. Die Weine des Guts stammen von den besten Rieden Wiens: dem Nussberg und der Alsegger Riede. Sie repräsentieren durch ihre elegante Fruchtaromatik, Balance und Mineralik den Charakter der Wiener Spitzenlagen. Der traditionelle Wiener Gemischte Satz ist der Klassiker im vielfältigen Sortiment: Er wird auf Basis von Grünem Veltliner, Riesling sowie Rotgipfler und Zierfandler, die gemeinsam gelesen und verarbeitet werden, gekeltert. Beim Riesling arbeitet man die feinen Geschmacksnuancen des Nussbergs und der Alsegger Riede heraus. Grüner Veltliner, Sauvignon Blanc und Gelber Muskateller runden das Weißweinprogramm ab. Als Rotwein offeriert das Weingut Mayer am Pfarrplatz einen eleganten Blauen Burgunder.

95 * Ried Langteufel Nussberg 1ÖTW 2020
13 Vol.-%, DV, Stahltank, €€€€€
Helles Grüngelb, Silberreflexe. Mit dezenter Gewürzaromatik unterlegtes weißes Kernobst, zart nach Kamille, etwas zurückhaltender Duft nach Pfirsich. Gute Komplexität, straff, lebendige Säurestruktur, feinwürzig, extraktsüß nach Birne, nussiger Nachhall, facettenreicher Speisenbegleiter, gutes Entwicklungspotenzial.

94 * Ried Preussen Nussberg 1ÖTW 2020
13 Vol.-%, DV, Stahltank, €€€€€
Mittleres Grüngelb, silberfarbene Reflexe. Mit dunkler Mineralik unterlegte reife Apfelfrucht, zart nach Quitte, etwas Bergamotte, Marille klingt an. Komplex, elegant, facettenreiche Säurestruktur, weiße Tropenfrucht, zitroniger Nachhall, bleibt gut haften, vielschichtiger Speisenbegleiter mit Potenzial.

93 * Nussberg 2021
13,5 Vol.-%, DV, Stahltank, €€€€
Mittleres Grüngelb, silberfarbene Reflexe. Mit Zitrusnuancen unterlegte Honigmelone, etwas nach Guaven, Gewürz-

WEINGUT MAYER AM PFARRPLATZ
1190 Wien, Pfarrplatz 2
T: +43 (1) 3360197
office@pfarrplatz.at
www.pfarrplatz.at
Kellermeister: Dr. Dragos Pavelescu
Kontakt: Gerhard J. Lobner und Paul Kiefer
Produktion: 90 % weiß, 8 % rot, 2 % süß, 61 Hektar
Zertifiziert: Nachhaltig Austria
Vereinszugehörigkeit: Traditionsweingüter Österreich, WienWein
Messen: Austrian Tasting London, VieVinum, DAC-Präsentationen

* Wiener Gemischter Satz DAC

Grüner Veltliner

nuancen klingen an, straffes Bukett. Saftig, engmaschig, dezente gelbe Birnenfrucht, gut integrierte Säurestruktur, mineralischer Nachhall, guter Speisenbegleiter.

91 Wiener Gemischter Satz DAC 2021
12,5 Vol.-%, DV, Stahltank, €€€
Helles Grüngelb, silberfarbene Reflexe. Wiesenkräuter, etwas nach Apfel und Birne, zart nach Clementinen. Mittlerer Körper, saftig, frische Säurestruktur, mineralisch-salzig, Noten von weißer Frucht im Abgang, vielseitig einsetzbar.

(96) Riesling Nussberg Weißer Marmor 2021
13 Vol.-%, NK, Stahltank, €€€€€€
Helles Grüngelb, silberfarbene Reflexe. Dezenter Blütenhonig, etwas gelbes Steinobst, ein Hauch von Maracuja und Papaya, mit Kumquats unterlegt. Saftig, straff, extraktsüß nach Weingartenpfirsich, dunkle Mineralik, engmaschige Säurestruktur, bleibt gut haften, ein vielschichtiger Speisenbegleiter mit Potenzial.

94 Riesling Ried Preussen Nussberg 1ÖTW 2020
13,5 Vol.-%, DV, Stahltank, €€€€€
Mittleres Grüngelb, Silberreflexe. Einladendes Bukett nach Ananas und Papaya, zart mit Blütenhonig unterlegte kandierte Clementinen, Kräuternoten klingen an. Komplex, elegant, seidige Struktur, mineralisch, reife Tropenfrucht im Abgang, engmaschiges Finish, würziger Rückgeschmack, guter Speisenbegleiter, wird von Flaschenreife profitieren.

(93) Riesling Nussberg 2021
13 Vol.-%, DV, Stahltank, €€€€
Mittleres Grüngelb, silberfarbene Reflexe. Zarte Wiesenkräuter, weiße Tropenfrucht, etwas Ringlotten, ein Hauch von Orangenzesten, mineralischer Touch. Saftig, engmaschig, frisches Bukett, etwas weiße Tropenfrucht, Gewürznuancen im Nachhall, bleibt sehr gut haften, vielschichtiger Speisenbegleiter.

92 Riesling Ried Alsegg Hernals 2021
13 Vol.-%, DV, Stahltank, €€€
Helles Grüngelb, silberfarbene Reflexe. Feine Wiesenkräuter-Tabak-Würze, etwas gelbes Steinobst, ein Hauch von Mandarinenzesten, einladendes Bukett. Straff, elegant, dunkle Mineralik, Pfirsichnoten im Abgang, lebendige Säurestruktur, salziger Rückgeschmack, saftiger Speisenbegleiter.

(92) Sauvignon Blanc Hernals 2021
13 Vol.-%, DV, Stahltank, €€€€
Helles Grüngelb, silberfarbene Reflexe. Zarte Wiesenkräuter, etwas würzig, Apfelfrucht und Cassis klingen an, frisches Bukett. Saftig, straff, gut integrierter Säurebogen, Physalisnuancen im Abgang, mineralisch-zitronig im Nachhall, würziger Rückgeschmack, guter Speisenbegleiter.

91 Sauvignon Blanc 2021
13 Vol.-%, DV, Stahltank, €€€
Mittleres Grüngelb. Zart nach Kräutern und Stachelbeeren, ein Hauch von Brombeerblättern, etwas Melisse, Zitrusnuancen. Saftig, gut eingebundene Säurestruktur, weiße Tropenfrucht, ein Hauch von Kalamansi, salziger Speisenbegleiter.

90 Grüner Veltliner 2021
13 Vol.-%, DV, Stahltank, €€
Helles Grüngelb, silberfarbene Reflexe. Feine Kräuternoten, weißes Kernobst, zart nach Kardamom, frische Zitrusnuancen. Saftig, elegant, extraktsüß nach Limoncello, frische Säurestruktur, trinkanimierender Stil.

91 Pinot Noir Nussberg 2019
13,5 Vol.-%, NK, Eichenfass, €€€€
Mittleres Karmingranat, violette Reflexe, breiter Wasserrand. Feine Räucher-Holz-Würze, etwas nach Kirschen, ein Hauch von Feigen, mineralische Anklänge. Saftig, elegant, gut eingebundene Säurestruktur, süßes, präsentes Tannin, feinwürzig, Herzkirschen im Abgang, guter Speisenbegleiter.

★

LANDHAUS MAYER

Das Landhaus Mayer ist mit niederösterreichischen Weinhauern, die seit Generationen Top-Lagen mit viel Leidenschaft bewirtschaften, eine besondere Kooperation eingegangen: Gemeinsam mit den Winzern entscheidet der Produktionsleiter Gerhard J. Lobner, welche Schritte in den Weingärten zu setzen sind: Vom Rebschnitt über die Laubarbeit bis hin zum optimalen Lesezeitpunkt werden die Rebstöcke begleitet. »Es ist unbeschreiblich, auf welches Potenzial man in diesen Gebieten zurückgreifen kann«, zeigt sich Lobner begeistert. Viele dieser Spitzenlagen sind aufgrund des Strukturwandels extrem gefährdet, aufgegeben zu werden. Dieser Entwicklung will das Landhaus Mayer gegensteuern, indem es gemeinsam mit ansässigen Winzern aussichtsreiche Perspektiven erarbeitet.

90 Gelber Muskateller 2021
11,5 Vol.-%, DV, Stahltank, €
Helles Gelbgrün. Zarte Kräuternoten, etwas nach Holunderblüten, Rosenöl, ein Hauch von Kräuterlimonade, Birnen klingen an, einladendes Bukett. Saftig, elegant, feine Säurestruktur, zart nach weißem Kernobst, floraler Nachhall, bereits gut antrinkbar.

90 Riesling 2021
12,5 Vol.-%, DV, Stahltank, €€
Helles Gelbgrün, silberfarbene Reflexe. Feine Kräuternoten, weißes Steinobst, ein Hauch von Limetten, mit Blütenhonig unterlegt. Saftig, frisch und lebendig, Zitrustouch im Abgang, salziger Nachhall, bleibt gut haften, unkompliziertes Trinkvergnügen.

(89) Sauvignon Blanc 2021
12,5 Vol.-%, DV, Stahltank, €

89 Grüner Veltliner 2021
12,5 Vol.-%, DV, Stahltank, €€

88 Rosé 2021
12 Vol.-%, DV, großes Holzfass, €€

91 Zweigelt 2020
12,5 Vol.-%, DV, großes Holzfass, €€
Kräftiges Rubingranat, violette Reflexe, zarte Randaufhellung. Feine Kirschfrucht, ein Hauch von Brombeeren, frische Kräuternoten, Holzwürze klingt an. Saftig, mittlerer Körper, frisch und fruchtsüß, zart nach Brombeeren, gut eingebundene Tannine, trinkanimierender Stil.

LANDHAUS MAYER
1190 Wien
Eroicagasse 4
T: +43 (1) 3360197
office@landhausmayer.at
www.landhausmayer.at

Kellermeister: Gerhard J. Lobner und Dr. Dragos Pavelescu
Kontakt: Gerhard J. Lobner
Produktion: 90 % weiß, 10 % rot

Blick vom Nussberg auf Wien

* Wiener Gemischter Satz DAC

★★★★

WEINGUT ROTES HAUS

Das Weingut »Rotes Haus« pflegt seit 2001 rund neun Hektar Weingärten in der berühmtesten Wiener Weinlage, dem Nussberg. Im Herzen dieses einzigartigen Weingartens liegt in romantischer Lage das »Rote Haus am Nussberg«. Unter dem Motto »Qualität statt Quantität« repräsentieren die Nussberg-Weine den außergewöhnlichen Charakter dieser besten Wiener Riede. Das einzigartige Terroir und das Mikroklima bilden die Grundlage für die Eleganz und burgundische Stilistik der Weine. In den Weingärten des »Roten Hauses« dominieren Burgundersorten. Hier wachsen Chardonnay, Grauburgunder, Weißburgunder, Neuburger und Traminer gemeinsam in einem Weingarten und bilden so die Grundlage für die Wiener Gemischten Sätze DAC. Reinsortig ausgebaut runden Chardonnay und Grüner Veltliner das Sortiment ab.

95 * Ried Preussen-Nussberg 1ÖTW 2020
13,5 Vol.-%, NK, großes Holzfass, €€€€€
Mittleres Grüngelb, silberfarbene Reflexe. Einladender Duft nach Ananas und Birne, mit einem Hauch von Limetten unterlegter Blütenhonig, facettenreiches Bukett. Komplex, stoffig, balancierte Säurestruktur, zart nussig, reife Apfelfrucht im Abgang, lang anhaltender Nachhall, würziger Rückgeschmack, guter Speisenbegleiter mit Potenzial.

95 * Ried Langteufel-Nussberg 1ÖTW 2020
14 Vol.-%, NK, großes Holzfass, €€€€€
Mittleres Goldgelb, Grünreflexe. Mit feiner Holzwürze unterlegte reife Tropenfrucht, zart nach Ananas, etwas kandierte Orangenzesten, ein Hauch von Birne, etwas Papaya. Saftig, komplex, leichtfüßig wirkend, zitroniger Touch, salziger Abgang, weißes Kernobst im Nachhall, lang anhaltend, facettenreiche Säurestruktur, sicheres Entwicklungspotenzial.

93 * Nussberg 2021
13 Vol.-%, DV, großes Holzfass, €€€
Mittleres Grüngelb, silberfarbene Reflexe. Mit feinem Blütenhonig unterlegte Clementinen und Ringlotten, gelbe Tropenfrucht, würziger Touch, attraktives Bukett. Saftig, engmaschig, elegant, Ananastouch im Abgang, zitronig-salziger Nachhall, dunkle Mineralik im Rückgeschmack, vielschichtig und langlebig, sicheres Potenzial.

92 Wiener Gemischter Satz DAC 2021
12,5 Vol.-%, DV, Stahltank, €€€
Helles Grüngelb, Silberreflexe. Feine Tabakwürze, etwas nach Kräutern, weißes Steinobst, zart nach Maracuja, Melisse klingt an. Saftig, elegant, feine Säurestruktur, mineralisch-salzig, kraftvoll, gelbe Apfelfrucht im Abgang, zart nach Guaven, bleibt gut haften, lebendiges Finish.

93 Chardonnay Nussberg 2020
13,5 Vol.-%, NK, großes Holzfass, €€€€€
Mittleres Goldgelb, Grünreflexe. Zarte Holzwürze, etwas Apfel, zarte Kernobstnoten, unterlegt mit Zitruszesten, Marillennoten klingen an, frisches Bukett. Elegant, komplex, zart nussig, gut integrierter, lebendiger Säurebogen, mineralisch-salzig, feine Holzwürze, Maracujanoten im Abgang, Melisse im Nachhall, facettenreicher Speisenbegleiter mit Potenzial.

92 Grüner Veltliner Nussberg 2021
13 Vol.-%, DV, großes Holzfass, €€€
Mittleres Grüngelb, silberfarbene Reflexe. Gelber Apfel, mit einem Hauch von Wiesenkräutern unterlegter Blütenhonig, zart nach Kardamom, einladendes Bukett. Saftig, extraktsüß, gut eingebundene, lebendige Säurestruktur, mineralisch, weißes Kernobst im Abgang, salziger Nachhall, guter Speisenbegleiter.

WEINGUT ROTES HAUS
1190 Wien
Pfarrplatz 2
T: +43 (1) 3360197
office@pfarrplatz.at
www.rotes-haus.at

Kellermeister: Dr. Dragos Pavelescu
Kontakt: Gerhard J. Lobner und Paul Kiefer
Produktion: 95 % weiß, 5 % rot, 9 Hektar
Zertifiziert: Nachhaltig Austria
Vereinszugehörigkeit: WienWein, Traditionsweingüter Österreich
Messen: ProWein Düsseldorf, VieVinum

★★★

SCHLUMBERGER WEIN- UND SEKTKELLEREI

BIO

Schlumberger ist Österreichs traditionsreichste Sektkellerei. Bereits seit 1842 stellt die Kellerei österreichischen Qualitätssekt nach der Méthode traditionnelle her. Schlumberger legt Wert darauf, bei den Konsumenten ein Bewusstsein für die Verwendungsvielfalt, die regionale Herstellung sowie die hohen Qualitätsstandards des österreichischen Sekts zu schaffen und die besondere Eignung von Sekt als Speisenbegleiter zu betonen. Passend dazu schenkt Schlumberger seine Produkte zur besseren Entfaltung des Geschmacks im Weinglas aus.
Mit der Qualitätspyramide für österreichischen Sekt wurde das Qualitätsniveau noch einmal deutlich angehoben und durch die Auslobung auf den Flaschen für den Konsumenten einfach, verständlich und transparent dargestellt. Damit hat das Traditionshaus Schlumberger sein gesamtes Sortiment in die drei Qualitätsstufen »Sekt Austria«, »Sekt Austria Reserve« und »Sekt Austria Große Reserve« unterteilt.
Die Große Reserve Chardonnay Brut bildet die Spitze der österreichischen Sektpyramide und ist eine Hommage an den Gründer Robert Alwin Schlumberger. Die Auswahl bester österreichischer Qualitätstrauben garantiert einen Qualitätsschaumwein auf höchstem internationalem Niveau.

94 ❸ Schlumberger Chardonnay Sekt Austria Große Reserve brut Niederösterreich g.U. Poysdorf 2015
Deg. 07/18, 12,5 Vol.-%, NK, Flaschengärung, €€€€€
Mittleres Goldgelb, silberfarbene Reflexe, feines Mousseux. Mit einem Hauch von Karamell unterlegte gelbe Tropenfrucht, zart nach Mango, Pfirsich und kandierten Orangenzesten, etwas Biskuit. Komplex, stoffig, feine Nuancen von Backwerk, ein Hauch von Nougat, mineralisch und anhaftend, zitroniger Nachhall, ein saftiger Speisenbegleiter mit weiterem Potenzial.

93 ❸ Schlumberger Chardonnay Sekt Austria Reserve brut Niederösterreich g.U. 2017
12 Vol.-%, NK, Flaschengärung, €€€€€
Helles Goldgelb, Silberreflexe, feines Mousseux. Zart nach Biskuit, feiner Hauch von Orangenzesten, etwas Mango, zarter Blütenhonig, einladendes Bukett. Engmaschig, gelber Pfirsich, finessenreicher Säurebogen, cremige Textur, mineralischer Abgang, bereits sehr gut entwickelt, Ananas im Nachhall.

92 ❸ Schlumberger Grüner Veltliner Sekt Austria brut Niederösterreich g.U. 2020
12 Vol.-%, NK, Flaschengärung, €€€ Ⓑ
Leuchtendes Goldgelb, Silberreflexe, feines Mousseux. Zart nach gelber Tropenfrucht, ein Hauch von Papaya und Mango, feiner Blütenhonig, mit kandierten Orangenzesten unterlegt, zarte Kräuterwürze. Stoffig, reifer weißer Apfel, fruchtige Süße, mineralisch-zitronig, gut anhaftend, feiner Honig im Nachhall.

92 ❸ Schlumberger Cuvée 1842 Sekt Austria Reserve brut Niederösterreich g.U. 2015 CH/PN
12 Vol.-%, NK, Flaschengärung, €€€€€
Mittleres Goldgelb, Silberreflexe, feines, anhaltendes Mousseux. Reife Fruchtnoten nach Quitten, mit Blütenhonig unterlegt, ein Hauch von Mandarinen, zart nach Kir-

SCHLUMBERGER WEIN- UND SEKTKELLEREI
1190 Wien
Heiligenstädter Straße 41–43
T: +43 (1) 3682258
services@schlumberger.at
www.schlumberger.at

Kellermeister/Kontakt:
Sieghard Vaja
Anbauweise: Zertifiziert Biologisch
Messen: ProWein Düsseldorf, VieVinum

*** Wiener Gemischter Satz DAC**

schen, attraktives Bukett. Straff, feine Birnenfrucht, ein Hauch von Karamell, etwas Nougat im Nachhall, ein stoffiger Speisenbegleiter.

92 ❺ Schlumberger Pinot Noir Sekt Austria Reserve Rosé brut Burgenland g.U. 2017
12 Vol.-%, NK, Flaschengärung, €€€€€
Helles Altrosa, Messingreflexe. Zart nach eingelegten Kirschen, mit einem Hauch von Pfirsich unterlegt, Zwetschken, Nuancen von frischen Orangenzesten und Biskuit. Elegant, straff, angenehme Fruchtsüße, reife gelbe Apfelfrucht, seidige Säurestruktur, mineralisch, ausgewogen, vielseitig einsetzbarer Speisenbegleiter.

91 ❺ Schlumberger Sekt Austria Rosé brut Burgenland g.U. 2020 ZW/PN/SL
12 Vol.-%, NK, Flaschengärung, €€€
Helles Lachsrosa, Silberreflexe, feines Mousseux. Rote Waldbeeren, eingelegte Kirschen, ein Hauch von weißem Apfel. Mittlere Komplexität, feines Kernobst, gute Frische, mineralisch im Abgang, zarte Fruchtsüße im Nachhall, zugänglicher Stil.

★

WEINGUT WALTER WIEN

BIO

Norbert Walter ist gebürtiger Tiroler und in einem landwirtschaftlichen Betrieb in Galtür aufgewachsen. Später zog es ihn immer wieder auf verschiedene Almen in der italienischen Schweiz und in Tirol, wo er insgesamt acht Sommer lang der Käseproduktion nachging. Seit 1989 lebt und arbeitet er in Wien. Auch hier hat er seinen Bezug zur Landwirtschaft nicht verloren. Wien als Großstadt mit eigenem Garten-, Wein-, Obst- und Ackerbau faszinierte ihn von Anfang an. So reifte in ihm schon bald der Wunsch, auch in Wien einer landwirtschaftlichen Tätigkeit nachzugehen, und dieser Traum sollte nach und nach in Erfüllung gehen.
2004 begann Norbert Walter, Rieden am Nussberg, in Sievering und in Oberlaa zu pachten, und schon ein Jahr darauf konnte er mit großer Freude seinen »Erstling«, einen Wiener Riesling, präsentieren. Die Sortenvielfalt wächst seitdem beständig: Sein »www« (Weingut Walter Wien) umfasst heute neben Riesling auch Grünen Veltliner, Gemischten Satz, Chardonnay, Zweigelt und sogar Blaufränkisch. Die Qualität seiner Weine liegt Norbert Walter besonders am Herzen: Naturnaher Weinbau, behutsame Pflege der Weinstöcke und äußerste Sorgfalt bei der Ernte sind die Voraussetzung für ausgezeichnete Tropfen. Seit 2015 ist das Weingut biozertifiziert. Am Bisamberg fand Norbert Walter 2008 einen idyllischen Weingarten mit Weinkeller. Mit viel Engagement und Liebe zum Detail konnte er hier, inmitten der Weingärten, einen ruhigen Platz der Gemütlichkeit für seine Gäste schaffen.

93 * Ried Schmerbern 2021
13 Vol.-%, DV, Stahltank, €€€€ Ⓑ
Mittleres Grüngelb, silberfarbene Reflexe. Maracujanoten, zart nach Wiesenkräutern, dazu etwas Blütenhonig und weißer Pfirsich. Saftig, elegant, feinwürzig, gut eingebundene Säurestruktur, kraftvoll, Birnentouch im Abgang, salziger Nachhall, vielschichtiger, mineralischer Speisenbegleiter.

92 * Ried Hackenberg 2021
13 Vol.-%, DV, Stahltank, €€€€
Mittleres Grüngelb, silberfarbene Reflexe. Zart nach Maracuja, ein Hauch von Blütenhonig, kandierte Orangenschalen, Ananas klingt an, floraler Touch. Saftig, facettenreiche Säurestruktur, straff, mineralisch, Birnentouch im Abgang, Limettentouch im Nachhall, würziger Rückgeschmack, guter Speisenbegleiter mit Potenzial.

90 Wiener Gemischter Satz DAC 2021
12,5 Vol.-%, DV, Stahltank, €€€
Mittleres Grüngelb, silberfarbene Reflexe. Zarte Kräuternoten, etwas gelbes Kernobst, feine Zitrusnuancen, mineralische Noten, gemahlener schwarzer Pfeffer. Saftig, elegant, zart blättrig, feine Würze, weiße Apfelfrucht, Grapefruit im Nachhall, bereits gut antrinkbar.

WEINGUT WALTER WIEN
1210 Wien
Untere Jungenberggasse 7
T: +43 (664) 1903469
office@weingut-walter-wien.at
www.weingut-walter-wien.at

Kellermeister: Fritz Wieninger
Kontakt: Norbert Walter
Anbauweise: Zertifiziert Biologisch
Produktion: 12.000 Flaschen
80 % weiß, 20 % rot, 4 Hektar
Messen: ProWein Düsseldorf, VieVinum

In den Falkenbergen

93 Riesling Ried Preussen 2021
13,5 Vol.-%, DV, Stahltank, €€€€€ B V
Mittleres Grüngelb, Silberreflexe. Frische Zitrusnuancen, weiße Tropenfrucht, ein Hauch von Ringlotten und gelbem Pfirsich, feinwürzig. Saftig, elegant, facettenreiche Säurestruktur, zarte Mineralik, zitroniger Touch, feine Pfirsichnoten auch im Abgang, bleibt gut haften, straffer Speisenbegleiter mit Potenzial.

92 Chardonnay 2021
13 Vol.-%, DV, Stahltank, €€€
Mittleres Grüngelb, silberfarbene Reflexe. Einladender Duft nach reifer Tropenfrucht, unterlegt mit Wiesenkräutern, Clementinenzesten, etwas Mango, feinwürzig, Blütenhonig klingt an. Gute Komplexität, saftig, straff, balancierte Säurestruktur, Mirabellen im Abgang, salziger Nachhall, lang anhaltend, guter Speisenbegleiter.

90 Grüner Veltliner Ried Jungenberg 2021
12,5 Vol.-%, DV, Stahltank, €€ B
Helles Grüngelb. Feine Kräuternoten, gelbe Apfelfrucht, zarte Nuancen von Mango, ein Hauch von Lemongrass und Wiesenkräutern. Balanciert, gut eingebundene Säurestruktur, Kernobst im Abgang, salziger Nachhall, guter Speisenbegleiter.

★★★★★

WEINGUT WIENINGER

BIO

Wer in Wien einen solchen Namen trägt, ist verpflichtet, das Beste zu geben. Und diesem Auftrag kommt Fritz Wieninger schon seit vielen Jahren gewissenhaft nach: Hier hat sich aus einem traditionsreichen Heurigenbetrieb heraus ein qualitätsorientiertes Top-Weingut entwickelt. Seit einigen Jahren verarbeitet Wieninger Trauben von beiden Seiten des Donauflusses. Mit den berühmten und besten Lagen am Wiener Nussberg verfügt der dynamische Winzer über ausgezeichnetes Traubenmaterial, und er versteht es, dies in eine umfangreiche Palette von Spitzenweinen zu übersetzen.
In Österreich ist Wieninger für seine barriquegereiften Chardonnays und Pinot Noirs aus der Spitzenserie »Grand Select« berühmt, sein cassiswürziger Bordeaux-Blend (Cabernet/

* Wiener Gemischter Satz DAC

Merlot) »Danubis Grand Select« verdient ebenso Beachtung. Eine besondere Spezialität ist der traditionsreiche Wiener Gemischte Satz. Für diesen authentischen Terroirwein stehen die Reben verschiedener Sorten bunt gemischt im Weingarten und bringen ihre spezifischen Charaktereigenschaften ein. Seit dem Jahrgang 2013 wird er außerdem mit dem Prädikat DAC geadelt.
Der exportorientierte Betrieb hat als einziges Wiener Weingut eine österreichweite Akzeptanz in der Top-Gastronomie gefunden. Längst ist Wieninger in Sachen Qualitätswein die klare Nummer eins der Metropole, 40 Prozent der Produktion werden in 31 Länder auf drei Kontinenten exportiert. Der Anteil in der Wiener Gastronomie ist in den vergangenen Jahren ebenfalls stark gestiegen. Um den Wiener Spitzenwein noch populärer zu machen, hat sich der Winzer mit den Weingütern Christ, Edlmoser, Cobenzl, Mayer am Pfarrplatz sowie Fuhrgassl-Huber zur Gruppe »WienWein« zusammengetan. Mit dem Jahrgang 2017 sind auch erstmals zwölf Wiener Lagen vom Verein »Traditionsweingüter Österreich« als »Erste Lagen« klassifiziert worden, von denen vier vom Weingut Wieninger bewirtschaftet werden.

93 ❶ Cuvée Katharina Rosé Brut nature NV PN/ZW
Deg. 05/2022, 12 Vol.-%, NK, Flaschengärung, €€€€ Ⓑ
Helles Lachsrosa, anhaltendes feines Mousseux. Zarte rote Beerenfrucht, eingelegte Kirschen, ein Hauch von Limettenzesten, einladendes Bukett. Saftig, elegant, weiße Pfirsichfrucht, frisch strukturiert, ein Hauch von rosa Grapefruitzesten, mineralisch-salziger Nachhall.

95 * Ried Ulm Nussberg 1ÖTW 2020
14 Vol.-%, VL, großes Holzfass, €€€€€ Ⓑ
Helles Grüngelb, Silberreflexe. Feine Kräuterwürze, ein Hauch von Orangenzesten, feine gelbe Fruchtnuancen, zart nach Papaya und Mango, einladendes Bukett. Saftig, elegant, feine Fruchtsüße, feine Säurestruktur, salzig und ausgewogen, zitroniger Touch im Nachhall, gutes Reifepotenzial.

(94) * Ried Rosengartel 1ÖTW 2020
14 Vol.-%, VL, großes Holzfass, €€€€€ Ⓑ
Helles Goldgelb, Silberreflexe. Weiße Birnenfrucht, ein Hauch von Blütenhonig, gelbe Tropenfrucht, einladendes Bukett. Saftig, feinwürzig und komplex, finessenreicher Säurekern, mineralisch, bleibt gut haften, bereits entwickelt, sehr gutes Reifepotenzial, ein vielseitiger Speisenbegleiter.

(93) * Bisamberg 2021
13 Vol.-%, VL, Stahltank, €€€€ Ⓑ
Helles Gelbgrün, Silberreflexe. Etwas scheues Bukett, frischer Apfel, zart nach Wiesenkräutern, ein Hauch von Mango, mit Orangenzesten unterlegt. Mittlere Komplexität, feine Kernobstnuancen, angenehme Säurestruktur, mineralischer Nachhall, insgesamt noch etwas unterentwickelt, wird von Flaschenreife profitieren.

93 * Ried Falkenberg 1ÖTW Jeunes Restaurateurs 2020
13 Vol.-%, VL, Stahltank, €€€€€ Ⓑ
Helles Gelbgrün, Silberreflexe. Mit zartem Blütenhonig unterlegte gelbe Tropenfrucht, zart nach Papaya, etwas Guaven, zarte Orangenzesten. Frisches Bukett, saftig, mineralisch, gut eingebundene Säurestruktur, weißes Steinobst, straffes Finish, feine Fruchtsüße, salziger Abgang, zitroniger Nachhall.

(92) Wiener Gemischter Satz DAC 2021
12,5 Vol.-%, DV, Stahltank, €€€ Ⓑ
Helles Grüngelb, Silberreflexe. Frische Wiesenkräuter, zart rauchige Würze, Nuancen von Birne, Mango und Honigmelone, ein Hauch von Orangenzesten. Saftig, elegant, frischer Säurebogen, feine Apfelfrucht, zitronig-salzig im Nachhall.

97 Chardonnay Grand Select 2019
13,5 Vol.-%, DIAM, kleines Holzfass, €€€€€€ Ⓑ
Mittleres Grüngelb, Silberreflexe. Sehr feine Holzwürze, Nuancen von gelbem Steinobst, ein Hauch von hellem Nougat, kandierte Orangenzesten. Komplex, nach saftigem Pfirsich, feine Fruchtsüße, finessenreicher Säurebogen, seidig-cremiger Stil, feine nussige Nuancen im Abgang, ausgewogen und lang, sicheres Reifepotenzial, Wiener Grand Cru.

93 Chardonnay Select 2019
13,5 Vol.-%, VL, kleines Holzfass, €€€€€ Ⓑ
Helles Grüngelb, Silberreflexe. Zart nach Vanille, feines Karamell, gelber Pfirsich, Nuancen von Ringlotte, einladendes Bukett. Saftig, feinfruchtig, ein Hauch von Ananas, finessenreich strukturiert, elegant und anhaftend, ein facettenreicher, bereits gut gereifter Speisenbegleiter.

(91) Chardonnay Wien 2021
13 Vol.-%, DV, Stahltank, €€€ Ⓑ
Helles Grüngelb, Silberreflexe. Frische Anklänge von gelbem Kernobst, zart nach Wiesenkräutern, Golden-Delicious-Apfel, kandierte Orangenzesten. Saftig, elegant, weiße Pfirsichfrucht, seidig, finessenreicher, zugänglicher Stil, salzig und trinkanimierend.

WEINGUT WIENINGER
1210 Wien, Stammersdorfer Straße 31
T: +43 (1) 2901012
weingut@wieninger.at
www.wieninger.at
Kellermeister: Luis Teixeira
Kontakt: Fritz Wieninger
Anbauweise: Biodynamisch (respekt)
Produktion: 300.000 Flaschen
67 % weiß, 2 % rosé, 30 % rot, 1 % süß,
55 Hektar
Vereinszugehörigkeit:
Traditionsweingüter Österreich, Premium Estates of Austria, Weinbauverband Wien, respekt-BIODYN, WienWein, Tu Felix Austria
Messen: ProWein Düsseldorf, VieVinum, Summa Margreid

Nussberg

95 Riesling Ried Rosengartel Nussberg 1ÖTW 2020
13,5 Vol.-%, DIAM, Stahltank, €€€€€ Ⓑ
Helles Grüngelb, Silberreflexe. Feine Nuancen von gelbem Steinobst, ein Hauch von Blütenhonig, zart nach Ringlotten und kandierten Orangenzesten, mineralischer Touch. Saftig, straff, feine süße Tropenfrucht, zart nach Safran, gut integrierter Säurebogen, dunkle Mineralik, lange anhaftend, zeigt Länge, verfügt über großes Potenzial.

94 Riesling Ried Preussen Nussberg 1ÖTW 2020
13,5 Vol.-%, DIAM, Stahltank, €€€€€ Ⓑ
Helles Grüngelb, Silberreflexe. Limettenzesten, feine Pfirsichfrucht, Noten von weißer Frucht, mineralischer Touch, ein Hauch von Safran. Saftig, elegant, feine Nuancen von gelbem Steinobst, feiner Säurebogen, dezente Fruchtsüße im Nachhall, zart salzige Nuancen im Abgang, gutes Reifepotenzial.

(92) Riesling Wien 2021
13 Vol.-%, DV, Stahltank, €€€ Ⓑ
Helles Grüngelb, Silberreflexe. Zart nach Limetten, weißer Weingartenpfirsich, mineralischer Touch, einladendes Bukett. Straff, elegant, feine weiße Frucht, frische Säurestruktur, mineralisch-zitronige Nuancen, zarte Fruchtsüße im Nachhall.

94 Grüner Veltliner Ried Preussen Nussberg 1ÖTW 2020
13,5 Vol.-%, DIAM, großes Holzfass, €€€€€ Ⓑ
Helles Grüngelb, Silberreflexe. Zartes Biskuit, nussig unterlegte gelbe Apfelfrucht, tabakig, ein Hauch von Honigmelone, kandierte Orangenzesten. Saftig, elegant, Nuancen von Birne, frischer Säurebogen, bleibt sehr gut haften, mineralisch, salziges Finish, bereits gut antrinkbar, sicheres Reifepotenzial.

(93) Grüner Veltliner Nussberg 2021
13 Vol.-%, VL, Stahltank, €€€ Ⓑ
Helles Grüngelb, Silberreflexe. Zart rauchig-würzig unterlegte gelbe Apfelfrucht, ein Hauch von Mango, zart nach Orangenzesten, tabakige Würze. Komplex, Nuancen von Honigmelone, feiner Säurebogen, mineralischer Abgang, zugänglich, gutes Reifepotenzial.

(93) Grüner Veltliner Ried Herrnholz 2021
13,5 Vol.-%, VL, Stahltank, €€€€ Ⓑ
Helles Gelbgrün, Silberreflexe. Feine Blütenaromen, ein Hauch von weißem Apfel, rauchige Nuancen, zitroniger Touch. Mittlerer Körper, frisches Kernobst, feine Säurestruktur, elegant, saftig, zitronige Nuancen im Abgang, ausgewogener Stil.

(93) Grüner Veltliner Ried Kaasgraben Sievering 2020
13 Vol.-%, VL, großes Holzfass, €€€€€ Ⓑ
Helles Grüngelb, Silberreflexe. Feine gelbe Tropenfrucht, ein Hauch von Ananas und Limetten, mineralischer Touch. Saftig, elegant, ein Hauch von Karamell, dezente Fruchtsüße, ausgewogen und gut anhaftend, zart nach Marille im Abgang, eleganter Speisenbegleiter.

92 Grüner Veltliner Bisamberg 2021
13 Vol.-%, DV, Stahltank, €€€ Ⓑ
Helles Gelbgrün, Silberreflexe. Mit einem Hauch von Wiesenkräutern unterlegte weiße Apfelfrucht, zart nach Limettenzesten, einladendes Bukett. Mittlerer Körper, weißes Kernobst, feiner Säurebogen, würzig, saliner Nachhall, ausgewogener Speisenbegleiter.

(91) Grüner Veltliner Wien 2021
13,5 Vol.-%, DV, Stahltank, €€€ Ⓑ
Helles Gelbgrün, Silberreflexe. Feine Kräuterwürze, feine gelbe Apfelfrucht, zart nach Ringlotten und Marillen, zarte tabakige Würze. Saftig, kraftvoll, cremige Textur, weiße Frucht, feine Säurestruktur, zitroniger Touch, feiner Speisenbegleiter.

(91) Muskateller Wien 2021
12,5 Vol.-%, DV, Stahltank, €€€ Ⓑ
Helles Gelbgrün, Silberreflexe. Zart nach Limetten, mit frischem Pfirsich unterlegt, feine florale Nuancen von Holunder. Saftig, elegant, zart nach Ananas, frisch strukturiert, zitronig-salzig im Abgang, Limetten im Nachhall.

97 Pinot Noir Tribute 2019
13 Vol.-%, DIAM, kleines Holzfass, €€€€€€
Mittleres Karmingranat, Ockerreflexe, sehr breite Randaufhellung. Feine Nuancen von Waldbeeren, ein Hauch von roten Herzkirschen, feine süße Holzwürze, zart nach Lakritze, floraler Touch, sehr verführerisches Bukett. Saftig, gute Komplexität, engmaschig und mineralisch, reife, tragende Tannine, süße Beerenfrucht, gute Frische, salzig und minutenlang anhaftend, bereits mit großer Freude antrinkbar, sicheres Entwicklungspotenzial.

95 Pinot Noir Grand Select 2019
13 Vol.-%, DIAM, kleines Holzfass, €€€€€€
Mittleres Karmingranat, violette Reflexe, breiter Wasserrand. Einladender Duft nach frischen roten Beeren, etwas Kräuter-Tabak-Würze, ein Hauch von Feigen, kandierte Orangenzesten, facettenreiche Aromatik. Komplex, straff, balancierte Tanninstruktur, reife Herzkirschfrucht im Abgang, mineralischer Nachhall, vielschichtiger Speisenbegleiter mit langem süßem Finish.

92 Pinot Noir Select 2019
13,5 Vol.-%, VL, kleines Holzfass, €€€€€ Ⓑ
Kräftiges Karmingranat, Ockerreflexe, breiter Wasserrand. Feiner Duft nach Kirschen und Wiesenkräutern, ein Hauch von Grapefruitzesten, frisches, einladendes Bukett. Elegant und filigran, zarte Kirschfrucht, wirkt fast etwas verhalten, gut integrierte Tannine, wird von Flaschenreife profitieren.

(92) Wiener Trilogie 2019 ZW/CS/ME
13,5 Vol.-%, DV, kleines Holzfass, €€€€ Ⓑ
Kräftiges Karmingranat, violette Reflexe, breitere Randaufhellung. Zart mit kandierten Orangenzesten unterlegte rote Kirschen, ein Hauch von Zwetschken, floraler Touch. Saftig, rotbeerig, feine fruchtige Süße, lebendige Säurestruktur, mineralisch-salzig im Abgang, ein vielseitiger Speisenbegleiter.

94 Muskateller Auslese 2021
13 Vol.-%, NK
Helles Gelbgold, Silberreflexe. Einladende feine gelbe Tropenfrucht, ein Hauch von Maracuja, zarte Botrytisnuancen, nach Mandarinen, mit reifer Mango und Honig unterlegt. Stoffig, weiße Tropenfrucht, zart nach Litschis, straffe Säurestruktur, mineralisch, zitronig, salzig und lange anhaftend, feine Süße im Nachhall, großes Reifepotenzial.

(93) Grinzing Beerenauslese 2020 RR/NB
13 Vol.-%, NK, Stahltank, €€€€€
Mittleres Goldgelb, Silberreflexe. Feine Dörrobstnuancen, ein Hauch von Honig und Feigen, reife Mango, kandierte Orangenzesten. Saftig, feine Holzwürze, nussig unterlegte weiße Tropenfrucht, frische Säurestruktur, zitroniger Touch, feines Nougat, kandierte Zesten im Nachhall, bereits gut antrinkbar.

DAS LEBEN
GENIESSEN.
WIR SCHAFFEN DAS.
NV
Die Niederösterreichische
Versicherung
www.nv.at
Wir schaffen das.

© WSNA

NIEDER-ÖSTERREICH

GROSSES WEINLAND AN DER DONAU

Der Liebenberg ist einer der drei imposanten Weinberge zwischen Weißenkirchen und Dürnstein

Ried Kirchberg zwischen Kirche und Burg Falkenstein

VIELFALT HAT EINEN NAMEN

Niederösterreich ist Österreichs größtes Qualitätsweinbaugebiet. Unter seinem Namen vereint sich ein reichhaltiges Potenzial von Weinherkünften und Weinstilen heimischer Weinraritäten, aber auch internationaler Rebsorten. Die acht in Niederösterreich beheimateten spezifischen Weinbaugebiete Wachau, Kremstal, Kamptal, Traisental, Wagram, Weinviertel, Thermenregion und Carnuntum lassen sich grob in drei Klimaräume einteilen: das Weinviertel im Norden, den Donauraum westlich und das pannonische Niederösterreich im Süden und Osten von Wien.

Das große Weinviertel sorgte 2003 für positive Schlagzeilen, als es sich entschloss, nur noch seinen Paradewein, den pfeffrigen Grünen Veltliner, unter dem Namen Weinviertel zu vermarkten. Seitdem garantiert die Bezeichnung »Weinviertel DAC« auf dem Etikett pfeffrig-würzige, frische Veltliner im Glas. Die vielfältige Sortenpalette von frischen Weißweinen, fruchtigen Rotweinen und sogar Süßweinspezialitäten aus dem Weinviertel findet man unter der Herkunftsbezeichnung »Niederösterreich«. Entlang der Donau von Melk bis Klosterneuburg und ihren Nebenflüssen Krems, Traisen und Kamp entdeckt man herrliche Weinorte, aufgefädelt wie an einer Perlenkette. Hier hat sich neben dem Grünen Veltliner auch der Riesling als Flaggschiff positioniert. Diese beiden Rebsorten finden im Kremstal DAC, Kamptal DAC, Traisental DAC und nun auch im Wachau DAC ihre typischen Ausprägungen. Die steilen Urgesteinslagen der Wachau gehen im östlichen Teil des benachbarten Kremstals in Lössterrassen über, die den Weincharakter auch am Wagram prägen.

Südlich von Krems, also auch im Traisental, dominiert Konglomeratboden mit zahlreichen Kalkinseln. Im Kamptal verleihen vorwiegend Urgesteinsböden den Weinen unverkennbaren Charakter. Spezialitäten wie Roter Veltliner, Weißburgunder, Chardonnay, aber auch elegante Rotweine aus diesen Teilen Niederösterreichs runden das Bild ab.

Im pannonischen Niederösterreich südlich und östlich von Wien wachsen einige der herausragendsten Rotweine Österreichs, wobei in Carnuntum der Zweigelt und der Blaufränkisch, in der Thermenregion der Sankt Laurent und Blauer Burgunder den Ton angeben. Und überall finden sich Spezialitäten, wie Zierfandler und Rotgipfler um Gumpoldskirchen, aber auch edelsüße Raritäten sowie moderne rote Cuvées. Niederösterreich, das ist die Vielfalt aus dem weiten Land der großen Weine.

WEINBAUGEBIET NIEDERÖSTERREICH

Österreich gesamt:	**46.752 ha**
Weinbaugebiet Niederösterreich:	**28.145 ha (60 %)**

SPEZIFISCHE WEINBAUGEBIETE:

Carnuntum DAC	906 ha
Kamptal DAC	3907 ha
Kremstal DAC	2368 ha
Thermenregion	2181 ha
Traisental DAC	815 ha
Wachau DAC	1344 ha
Wagram DAC	2720 ha
Weinviertel DAC	13.858 ha

Weißweinfläche insgesamt:	**21.205 ha**	**(75 %)**
Grüner Veltliner:	12.920 ha	(46 %)
Riesling:	1730 ha	(6 %)
Müller-Thurgau:	1231 ha	(4 %)
Welschriesling:	1312 ha	(5 %)
Weißburgunder:	867 ha	(3 %)
Rotweinfläche insgesamt:	**6941 ha**	**(25 %)**
Zweigelt:	3521 ha	(13 %)
Blauer Portugieser:	1246 ha	(4 %)
Blauburger:	604 ha	(2 %)
St. Laurent:	342 ha	(1 %)
Pinot Noir:	293 ha	(1 %)

Ein Rebenmeer erstreckt sich von Arbesthal über Göttlesbrunn bis nach Höflein mit der Kirche St. Ulrich aus dem 14. Jahrhundert

© WSNA

NIEDERÖSTERREICH

CARNUNTUM

DAC

Der terrassierte Südhang des Spitzerbergs ist vorrangig mit Blaufränkisch beflanzt

HISTORISCHE STÄTTEN, ELEGANTE ROTWEINE

Archäologen liefern Zeugnisse der römischen Kultur aus dem geschichtsträchtigen Boden von Carnuntum. Doch ebenso erstaunlich sind die »Bodenschätze« von den rund 910 Hektar Rebfläche, allen voran regionaltypische Rotweine. Als »Rubin Carnuntum« mit dem Symbol des Heidentors am Etikett verstärken sie die Identität des Gebiets und unterliegen nun auch der DAC-Pyramide.

Das Weinbaugebiet Carnuntum erstreckt sich östlich von Wien bis an die Grenze zur Slowakei. Die Weingärten dehnen sich südlich der Donau über drei Hügellandschaften aus: das Leithagebirge, das Arbesthaler Hügelland und die Hainburger Berge. Steinige, schwere Böden mit Lehm und Löss, Sand und Schotter bieten besonders den Rotweinsorten beste Bedingungen. An der Spitze steht die heimische Leitsorte Blauer Zweigelt, als Jungwein mit der Zusatzbezeichnung Rubin Carnuntum, flankiert von St. Laurent und Pinot Noir sowie den internationalen Sorten wie Cabernet Sauvignon, Merlot und Syrah. Eine Renaissance erlebt der Blaufränkisch, der in der Region um Prellenkirchen, speziell am Spitzerberg, ideale Bedingungen vorfindet wie kaum sonst wo in Niederösterreich. Das pannonische Klima mit seinen heißen Sommern und kalten Wintern, die Nähe der Donau und auch der auf die Temperatur ausgleichend wirkende Neusiedler See lassen die blauen Trauben voll ausreifen. Dieses natürliche Potenzial wusste die junge Winzergeneration zu nutzen und führte das Gebiet innerhalb kurzer Zeit an die Spitze: mit harmonischen Rotweinen, die Frucht und Eleganz vereinen. Modern in der Stilistik, aber eigenständig und der Herkunft verpflichtet. Bei alldem soll nicht vergessen werden, dass sich auch Weißweine – speziell Grüner Veltliner, jüngst vermehrt Sauvignon Blanc und die Burgundersorten – hier durch Struktur und Kraft auszeichnen. Ab sofort

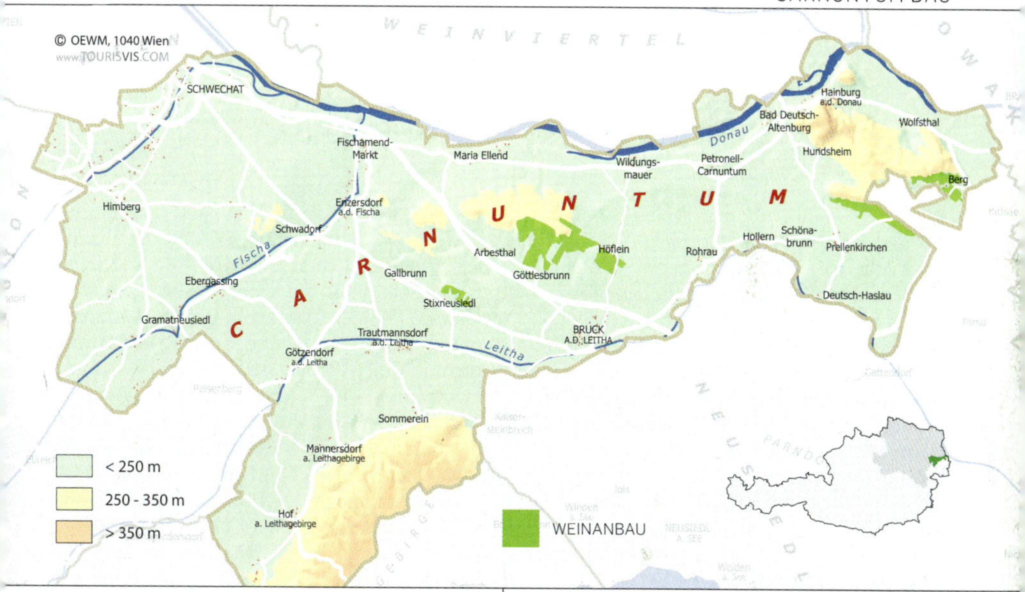

unterliegen die Sorten Zweigelt und Blaufränkisch sowie von diesen beiden Sorten geprägte Cuvées ebenso der DAC-Pyramide Gebiets-, Orts- und Riedenwein wie die weißen Sorten Chardonnay, Weißburgunder und Grüner Veltliner. Besucher der glanzvoll renovierten Barockschlösser im nahen Marchfeld, des Archäologieparks Carnuntum, des Nationalparks Donau-Auen und nicht zuletzt das Einzugsgebiet der slowakischen Hauptstadt Bratislava eröffnen zahlreiche Chancen für die Winzer, die Vorzüge der Carnuntum-Weine vorzustellen. Weinorte wie Göttlesbrunn, Höflein, Arbesthal, Stixneusiedl oder Prellenkirchen bieten gemütliche Heurige und waren von jeher Anziehungspunkte für Ausflügler, vor allem durch die Nähe zu Wien. Außerdem nimmt die Gastronomie immer mehr Aufschwung. Und dort sind gebietstypische Weine die klare Nummer eins auf den Weinkarten, passen sie doch hervorragend zur regionalen Küche.

AUSGEWÄHLTE WEINGÜTER

★★★★★

Weingut Philipp Grassl, Göttlesbrunn
Weingut Gerhard Markowitsch, Göttlesbrunn

★★★★

Weingut Artner, Höflein
Weingut Walter Glatzer, Göttlesbrunn
Weingut Dorli Muhr, Prellenkirchen
Weingut Franz und Christine Netzl, Göttlesbrunn

★★★

Weingut Payr, Höflein
Weingut Familie Pitnauer, Göttlesbrunn
Weingut Taferner, Göttlesbrunn

★★

Weingut Michael Auer, Höflein
Gut Böheim, Arbesthal
Weingut Lukas Markowitsch, Göttlesbrunn
Weingut Meinrad Markowitsch, Göttlesbrunn
Weingut Andreas Muhr, Stixneusiedl
Weingut Oppelmayer, Göttlesbrunn
Weingut Gerhard Pimpel, Göttlesbrunn

★

Weinbau Markus Lager, Göttlesbrunn
Michaela Riedmüller Weine, Hainburg a.d. Donau

★★★★

WEINGUT ARTNER

Die Geschichte des Weinguts Artner reicht bis ins Jahr 1650 zurück. Schon die Vorfahren erkannten das Potenzial der Region für den Weinbau. In dem ehemals gemischten landwirtschaftlichen Betrieb hat die Familie seit den 1980er-Jahren den Fokus immer mehr auf die Produktion von Weinen mit Authentizität und Charakter gelegt. Höflein liegt im Weinbaugebiet Carnuntum, das sich östlich von Wien und südlich der Donau bis zur slowakischen Grenze erstreckt. Kräftige Löss- und karge Kalkböden sowie das pannonische Klima mit dem kühlenden Einfluss der Donau bieten ideale Voraussetzungen für die hier wachsenden Weinreben.

Seit der Betrieb im Jahr 2018 in den Kreis der österreichischen Traditionsweingüter aufgenommen wurde, steht das Thema Herkunft bei der Arbeit im Weingarten noch mehr im Fokus. Die Mitglieder des Vereins »Traditionsweingüter Österreich« sehen es als ihre Verpflichtung, die Charakteristika ihrer Gegend, ihrer Böden, ihres Klimas, ihrer Sorten und ihrer Keller in den Weinen zum Ausdruck zu bringen.

Hannes Artner, der das Weingut von seinem Vater übernommen hat und als kreativer Pionier den Betrieb schon in jungen Jahren qualitativ ausgerichtet hat, sein Sohn Peter, der als Kellermeister sein gesamtes Wissen und seine Leidenschaft für die Weine einbringt, sowie Hannes' Bruder Christoph, der für den internationalen Vertrieb und zu Hause für das Büro verantwortlich ist: Sie alle ziehen gemeinsam an einem Strang, denn die Artners sind eben eine Familie, die sich durch Zusammenhalt, harte Arbeit, Weitergabe von Wissen sowie das Erlernen von Neuem auszeichnet – und letztlich auch durch den Glauben daran, dass es sich lohnt, niemals vom eigenen Qualitätsanspruch abzurücken. Inzwischen werden 40 Hektar Weingärten bewirtschaftet, und ab dem Jahrgang 2021 wird das Weingut Artner als biologischer Betrieb zertifiziert sein.

93 Chardonnay * massive a. [weiß] 2020
14 Vol.-%, NK, gebrauchte Barriques, €€€€€
Mittleres Grüngelb, Silberreflexe. Zart nach Kräutern und Vanille, feine gelbe Tropenfrucht, zart nach Ananas und Mango, etwas Karamell und Blütenhonig. Saftig, weiße Birnenfrucht, finessenreich strukturiert, elegant und balanciert, frischer Säurebogen, zitroniger Touch im Abgang, gutes Entwicklungspotenzial.

Peter, Hannes und Christoph Artner

WEINGUT ARTNER
2465 Höflein, Dorfstraße 93
T: +43 (2162) 63142
weingut@artner.co.at
www.artner.co.at

Kellermeister: Peter Artner
Kontakt: Hannes u. Christoph Artner
Anbauweise: Umstellung auf bio
Produktion: 40 % weiß, 60 % rot, 40 Hektar
Vereinszugehörigkeit: Die Rubin Carnuntum Weingüter, Traditionsweingüter Österreich
Messen: Austrian Tasting London, ÖGW Zürich, ProWein Düsseldorf, London Wine Fair, VieVinum, DAC-Präsentationen, Hong Kong International Wine & Spirits Fair

© Katharina Roßboth

(91) Grüner Veltliner * Ried Kirchberg 2021
13,5 Vol.-%, DV, Teilbarrique, €€€
Mittleres Grüngelb, Silberreflexe. Feine gelbe Tropenfrucht, zart nach Ananas und Mango, etwas Blütenhonig, kandierte Orangenzesten. Saftig, etwas Marille, feine Fruchtsüße, frisch strukturiert, bleibt haften, ein eleganter Begleiter bei Tisch.

(90) * Höflein Weiss 2021 GV/CH
13 Vol.-%, DV, Stahltank, €€€
Helles Grüngelb, Silberreflexe. Frische Orangenzesten, ein Hauch von Mango und gelbem Apfel, Nuancen von Wiesenkräutern. Mittlerer Körper, frisches Kernobst, zarte Fruchtsüße im Abgang, ein lebendiger Speisenbegleiter.

(93) * Ried Aubühl 1ÖTW 2020 BF/ZW
13,5 Vol.-%, NK, Barrique, €€€€€
Tiefdunkles Rubingranat, violette Reflexe, zarte Randaufhellung. Zart nach Lakritze und Brombeeren, angenehmer Holzwürzetouch, mit Orangenzesten unterlegt. Saftig, reife Kirschen, ein Hauch von Zwetschken, präsente, noch etwas fordernde Tannine, straffer Abgang, wird von Flaschenreife profitieren.

(92) * Amarok 2020 ZW/BF/SY/ME
14 Vol.-%, NK, Barrique, €€€€€
Tiefdunkles Rubingranat, violette Reflexe, zarte Randaufhellung. Schwarze Beeren, zart nach Edelholz, dunkle Kirschen, kandierte Orangenzesten. Saftig, reife Kirschen, präsente Tannine, frischer Säurebogen, mineralisch im Abgang, lebendiger, kerniger Stil, rotbeeriger Nachhall.

(91) * Höflein Cuvée Barrique 2019 ZW/BF
13,5 Vol.-%, NK, gebrauchte Barriques, €€€
Tiefdunkles Rubingranat, opaker Kern, violette Reflexe, zarte Randaufhellung. Zarte Röstaromen, etwas nach Karamell, ein Hauch von Heidelbeeren, feine Kräuternoten, würziger Touch. Frisch und lebendig, gut integrierte Tannine, rote Kirschen im Abgang, salzig im Nachhall, zart blättriger Rückgeschmack, ein saftiger Speisenbegleiter.

(95) massive a. [rot] 2019 SY/BF/ZW
14 Vol.-%, NK, Barrique, €€€€€€
Kräftiges Rubingranat, violette Reflexe, dezente Ockerrandaufhellung. Feine Edelholznuancen, reife Kirschen, ein Hauch von süßen Zwetschken, feine tabakige Würze, einladendes Bukett. Saftig, elegant, feine Fruchtsüße, Kirschen, ein Hauch von Feigen, feste, gut integrierte Tannine, gute Frische, noch sehr jung, salziger Nachhall, braucht noch einige Jahre zur ersten Genussreife.

(93) Zweigelt * Ried Steinäcker 1ÖTW 2020
14 Vol.-%, NK, Barrique, €€€€€
Tiefdunkles Rubingranat, violette Reflexe, zarte Randaufhellung. Zart nach Lakritze und Cassis, mit süßen Kirschen unterlegt, feine Holzwürze nach Zeder, einladendes Bukett. Saftig, frische Brombeeren, lebendig strukturiert, feine Tannine, salzig-mineralischer Abgang, gutes Reifepotenzial.

Kellergasse Höflein

(91) Zweigelt * Rubin Carnuntum 2021
13,5 Vol.-%, NK, gebrauchte Barriques, €€€
Tiefdunkles Rubingranat, opaker Kern, violette Reflexe, zarte Randaufhellung. Schwarze Beeren, reife Zwetschken, dezente Kräuterwürze, tabakig, ein Hauch von Nougat. Saftig, feine Fruchtsüße, Pflaumen, mineralisch, lebendig strukturiert, ein vielseitiger Speisenbegleiter.

(93) Blaufränkisch * Ried Kirchweingarten 1ÖTW 2020
13,5 Vol.-%, NK, Barrique, €€€€€
Tiefdunkles Rubingranat, violette Reflexe, zarte Randaufhellung. Feine Brombeeren, ein Hauch von Edelholznuancen, mit reifen Kirschen und etwas Schokolade unterlegt. Saftig, elegant, reife, kraftvolle Tannine, feine Fruchtsüße, mineralischer Nachhall, zeigt gute Länge, verfügt über Entwicklungspotenzial.

(92) Syrah and ever 2020
14 Vol.-%, NK, Barrique, €€€€€
Tiefdunkles Rubingranat, violette Reflexe, zarte Randaufhellung. Ein Hauch von Valrhona-Schokolade und rotem Pfeffer, schwarze Waldbeeren, würziges Bukett. Saftig, mittlere Komplexität, gut integrierte Tannine, frisch, zart blättrig im Nachhall.

* Carnuntum DAC

★★

WEINGUT MICHAEL AUER

»Authentisch muss er sein, die Besonderheiten der Rebsorte und des Gebietes widerspiegeln, Rückgrat besitzen, aber auch Trinkfluss – stimmig, ausgewogen, harmonisch.« So beschreibt Michael Auer seine Vorstellung von einem idealtypischen Wein aus Carnuntum – und er scheint den richtigen Weg zu diesem Ziel eingeschlagen zu haben: Von den klassischen Gebietsweinen über Ortsweine bis hin zu hochwertigen Weinen aus Einzellagen präsentieren die Auer-Weine stets deutlich und klar ihre Herkunft und das außergewöhnliche Terroir, auf dem sie wachsen. Dabei ist der Blaufränkisch Michael Auers persönlicher Favorit: »Die feine Tanninstruktur macht diesen Rotwein richtig groß«, erklärt der junge Winzer.
Ein Weingut quasi von den Grundmauern weg neu aufzubauen, bringt große Möglichkeiten mit sich, aber auch Herausforderungen. Aus diesem Grund wird hier jeder Schritt genauestens durchdacht und auf seine Stärken und Schwächen geprüft – ein Vorgehen, das zu einer außergewöhnlich konsistenten Weinqualität geführt hat.
Seit dem Beginn seiner Winzerkarriere widmet sich Michael Auer mit viel Fingerspitzengefühl dem hochsensiblen Prestigethema »Einzellagen«. Mit seiner »Ried Aubühl« ist ihm auf Anhieb eine Cuvée gelungen, die das Potenzial hat, es bis an die Spitze Österreichs zu schaffen.
Bei der Arbeit im Weingarten und im Weinkeller verfolgt Michael Auer gleichermaßen klare Linien: Seine Weine entstehen zwar im Einklang mit der Natur, aber durchaus nicht zufällig. Die Ernte verläuft zur Gänze handverlesen. Im Keller gilt die Devise des »kontrollierten Nichtstuns«: Maximal 20 Tage liegen die Weine auf der Maische. Seit etlichen Jahren setzt der Winzer dabei auf Ganztraubengärung, da der interzelluläre Prozess die Weine besonders weich und harmonisch macht. Michael Auer ist kein Jungwinzer mehr, der viel ausprobiert oder erst seinen Weg finden muss. Er weiß exakt, was er will und wie er seine Ziele erreicht. Genau diese Vision und Beständigkeit spürt und schmeckt man in seinen Weinen.

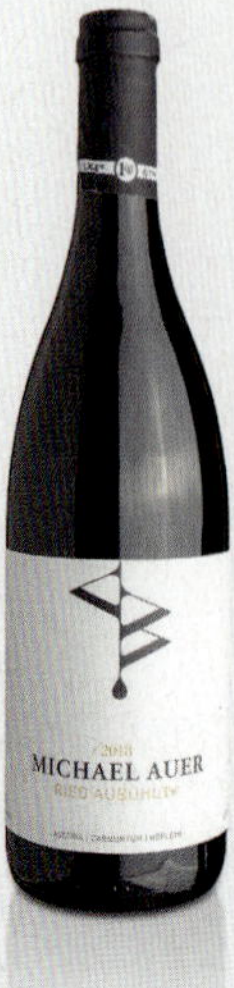

WEINGUT MICHAEL AUER
2465 Höflein
Hoher Weg
T: +43 (699) 11608281
office@weingut-auer.com
www.weingut-auer.com

Kellermeister/Kontakt:
Michael Auer
Produktion: 107.000 Flaschen
30 % weiß, 7 % rosé, 62 % rot,
1 % süß, 12+3 Hektar
Vereinszugehörigkeit:
Traditionsweingüter Österreich,
Die Rubin Carnuntum Weingüter
Messen: ProWein Düsseldorf,
VieVinum, DAC-Präsentationen

(92) Chardonnay * Ried Aubühl 2020
13,5 Vol.-%, NK, Barrique, €€€€€
Mittleres Grüngelb, Silberreflexe. Feine gelbe Tropenfrucht, ein Hauch von Karamell, Mango und Vanille, frische Wiesenkräuter. Saftig, elegant, weiße Apfelfrucht, ein Hauch von Gewürznelken, feines Nougat im Abgang, gute Länge, ein stoffiger Speisenbegleiter.

90 Chardonnay * 2021
13 Vol.-%, DV, Stahltank, €€
Helles Gelbgrün, Silberreflexe. Zart nach getrocknetem Heu, feine gelbe Apfelfrucht, zart nach Mango, zitroniger Touch. Mittlerer Körper, frische weiße Birne, lebendig strukturiert, etwas Honigmelone im Nachhall.

(93) Zweigelt * Ried Bühl 2020
13,5 Vol.-%, NK, Barrique, €€€€
Tiefdunkles Rubingranat, violette Reflexe, zarte Randaufhellung. Zart kräuterwürzig unterlegte schwarze Waldbeeren, frische Zwetschken, ein Hauch von Brombeerkonfitüre. Saftig, süße Beerenfrucht, gut integrierte Tannine, schokoladiger Abgang, mineralisch-frisch unterlegt, gute Länge, verfügt über Entwicklungspotenzial.

(89) Zweigelt * Rubin Carnuntum 2021
13,5 Vol.-%, DV, gebrauchte Barriques, €€€

(93) * Ried Aubühl 1ÖTW 2020 BF/CS
13,5 Vol.-%, NK, Barrique/500-l-Fass, €€€€€
Dunkles Rubingranat, opaker Kern, violette Reflexe, zarte Randaufhellung. Feine Edelholzwürze, Nuancen von Cassis und schwarzen Waldbeeren, etwas Kardamom, attraktives Bukett nach Orangenzesten. Saftig, elegant, reife Kirschen, gut integrierte Tannine, salzig und anhaftend, frisch strukturiert, verfügt über gutes Reifepotenzial, Nougat im Nachhall.

(92) Syrah 2020
13,5 Vol.-%, NK, Barrique, €€€€
Tiefdunkles Rubingranat, violette Reflexe, zarte Randaufhellung. Intensiv nach Cassis, florale Nuancen von Hibiskus, zart nach Lakritze, attraktives Beerenbukett. Saftig, reife Schwarze Johannisbeeren, etwas Holunder, feine Tannine, süßer Nachhall, bleibt haften, animierender, betont fruchtiger Stil.

★★

WEINGUT BÖHEIM

Das Vater-Tochter-Gespann Johann und Stefanie Böheim aus Arbesthal sorgt im Weinbaugebiet Carnuntum für Aufsehen. Es trifft hier Tradition auf Moderne: »In unserem Gespann aus zwei Generationen bilden wir eine Einheit, aber keine Einheit, die von vornherein perfekt und reibungslos abläuft, denn erst durch unsere jeweiligen Eigenarten geben wir den Weinen Charakter und bieten uns gegenseitig einen sicheren Boden, um Neues auszuprobieren. Wir ergänzen uns in Wissen und Experimentierfreude sowie in Tradition und frischem Wind. So verleihen wir unseren Weinen ihre ganz eigene Handschrift«, erklärt Johann Böheim.

91 Chardonnay * 2021
13,5 Vol.-%, DV, Stahltank, €€
Mittleres Grüngelb, Silberreflexe. Frische Babyananas, weißer Pfirsich, mit einem Hauch von Limetten unterlegt, mineralischer Touch. Straff, weißer Apfel, lebendig strukturiert, zitronige Nuancen, zarte Fruchtsüße im Nachhall, vielseitig einsetzbar.

(91) Grüner Veltliner Reserve 2021
14 Vol.-%, DV, Stahltank, €€€
Mittleres Gelbgrün, Silberreflexe. Zart nach weißem Apfel, ein Hauch von Blüten, zitronige Nuancen. Saftig, elegant, feine Fruchtsüße, reife Mango im Abgang, zart nach Blütenhonig im Rückgeschmack.

© Dieter Sajovic www.dieabbilderei.at 06769001020

WEINGUT BÖHEIM
2464 Arbesthal
Hauptstraße 38
T: +43 (2162) 8859
wein@gut-boeheim.at
www.gut-boeheim.at

Kellermeister/Kontakt:
Johann und Stefanie Böheim
Produktion: 50 % weiß, 50 % rot, 20 Hektar
Zertifiziert: Nachhaltig Austria
Vereinszugehörigkeit:
Traditionsweingüter Österreich, Die Rubin Carnuntum Weingüter
Messen: ProWein Düsseldorf, VieVinum

Gut Böheim

* Carnuntum DAC

90 Roter Veltliner 2021
14 Vol.-%, DV, Stahltank, €€
Helles Grüngelb, Silberreflexe. Feine gelbe Birnenfrucht, zart nach Blütenhonig und kandierten Orangenzesten. Saftig, frische Mango, etwas Honig, elegant und anhaftend, ein fruchtiger Speisenbegleiter, bereits gut antrinkbar.

(92) * Ried Stuhlwerker 1ÖTW 2020 ZW/SY/ME/BF
14 Vol.-%, NK, Barrique, €€€€€
Tiefdunkles Rubingranat, opaker Kern, violette Reflexe, zarte Randaufhellung. Zart rauchig-kräuterwürzig unterlegte dunkle Waldbeeren, ein Hauch von Lakritze, dezenter Holzwürze und kandierten Orangenzesten. Straff, engmaschig, Brombeeren, präsente Tannine, mineralisch-salzig, dezente Fruchtsüße im Nachhall, wird von Flaschenreife profitieren.

(93) Böheim Privat 2019 ZW/BF/ME
Tiefdunkles Rubingranat, opaker Kern, violette Reflexe, zarte Randaufhellung. Intensive schwarze Waldbeeren, ein Hauch von Cassis und Lakritze, mit dezenten Edelholznuancen unterlegt, frische Orangenzesten im Hintergrund. Saftig, reife Herzkirschen, frisch strukturiert, samtige, gut integrierte Tannine, mineralisch-salzig im Abgang, ein stoffiger, balancierter Speisenbegleiter mit Reifepotenzial.

(89) Zweigelt * Rubin Carnuntum 2021
13,5 Vol.-%, DV, großes Holzfass, €€€

★★★★

WEINGUT WALTER GLATZER

BIO

In jede Flasche Wein lässt Familie Glatzer ihre Liebe zum Handwerk einfließen. Auf insgesamt 50 Hektar Weinbaufläche gedeihen rote und weiße Trauben, deren Charakter von der Natur und dem Witterungsverlauf geprägt sind. Mit dem Jahrgang 2018 wurden erstmals Weine mit Bio-Zertifikat auf den Markt gebracht.

Die Weißweine werden fruchtig-mineralisch ausgebaut und haben eine dem Jahrgang angepasste Typizität. Alle Rotweine, die rund 65 Prozent der Rebflächen ausmachen, werden parzellengenau in Stahltanks oder Holzgärständern auf der Maische vergoren und anschließend in Barriques und großen Holzfässern bis zu 15 Monate lang ausgebaut.

Familie Glatzer

WEINGUT WALTER GLATZER
2464 Göttlesbrunn
Rosenbergstraße 5
T: +43 (2162) 8486
info@weingutglatzer.at
www.weingutglatzer.at

Kellermeister/Kontakt:
Walter Glatzer
Anbauweise: Zertifiziert Biologisch
Produktion: 250.000 Flaschen
30 % weiß, 5 % rosé, 65 % rot,
35+15 Hektar
Vereinszugehörigkeit:
Traditionsweingüter Österreich,
Die Rubin Carnuntum Weingüter
Messen: ProWein Düsseldorf,
VieVinum, DAC-Präsentationen

Neu im Programm sind ein Göttlesbrunner Ortswein vom Blaufränkisch und eine Weißwein-Cuvée mit der Bezeichnung »Göttlesbrunn Weiß«. Als Vorreiter der Ortsweine in Carnuntum gilt die Cuvée »Gotinsprun«, die schon seit 1992 von Walter Glatzer gekeltert wird. Der St. Laurent Altenberg wurde aufgrund der neuen DAC-Regeln in St. Laurent Alte Reben umbenannt und ist so der Nachfolger des Falstaff-Siegerweins der Rotweinprämierung 2018.
Seit 2019 ist das Weingut Glatzer Mitglied der »Österreichischen Traditionsweingüter«. Die 1ÖTW-Lagenweine sind der Zweigelt Ried Haidacker, die Cuvée Ried Rosenberg und der Blaufränkisch Ried Bärnreiser.

Göttlesbrunner Altenberg

92 Chardonnay * Göttlesbrunn Ried Kräften 2020
13 Vol.-%, DV, Teilbarrique/Stahltank, €€€ B H V
Mittleres Gelbgrün, Silberreflexe. Feine Röstaromen, zarte gelbe Tropenfrucht, ein Hauch von Vanille und Ananas, floraler Hauch. Mittlerer Körper, weißer Pfirsich, frischer Säurebogen, feine Fruchtexotik, ein Hauch von Honig im Abgang, bereits gut entwickelt.

(91) * Göttlesbrunn Weiß 2020 WB/CH/SB/GV
13 Vol.-%, DV, kleines Holzfass/Stahltank, €€€ B H
Mittleres Gelbgrün, Silberreflexe. Zart blumig, ein Hauch von Wiesenkräutern, weißer Apfel, zitroniger Touch, einladendes Bukett. Saftig, ein Hauch von Ananas, feine Fruchtsüße, lebendiger Säurebogen, bereits gut antrinkbar, ein facettenreicher Sommerwein.

(95) * Gotinsprun 2019 BF/ZW/SY/ME
14 Vol.-%, NK, gebrauchte Barriques, €€€€ B H
Dunkles Rubingranat, violette Reflexe, breitere Ockerrandaufhellung. Nuancen von schwarzen Waldbeeren, ein Hauch von Preiselbeeren, Nougat und Velours. Saftig, elegant, extraktsüße Textur, feine, tragende Tannine, frische Herzkirschen im Abgang, fruchtiger Nachhall, ein facettenreicher, mineralischer Speisenbegleiter mit sehr guter Länge und weiterem Potenzial.

94 * Göttlesbrunn Ried Rosenberg 1ÖTW 2019 BF/ZW/ME
14 Vol.-%, NK, Barrique, €€€€€ B H
Dunkles Rubingranat, opaker Kern, violette Reflexe, zarte Ockerrandaufhellung. Einladendes Bukett, reife Herzkirschen, ein Hauch von Lakritze, facettenreiches Bukett, mit Edelholzwürze unterlegt. Stoffig, elegant, verfügt über gute Frische, reife Tannine, kirschiger Touch im Abgang, mineralisch-salziger Nachhall, gute Länge und sicheres Reifepotenzial, bereits sehr gut antrinkbar.

94 Blaufränkisch * Ried Bärnreiser 1ÖTW 2019
14 Vol.-%, NK, Barrique, €€€€€ B H
Dunkles Rubingranat, violette Reflexe, zarte Randaufhellung. Schwarze Waldbeeren, dunkle Herzkirschen, etwas Lakritze, dazu Nougat, zarte Edelholzwürze und Kokos. Saftig, rund, reife Zwetschken, Gewürznelken, reife Tannine, frischer Säurebogen, mineralischer Nachhall, Brombeerkonfit und Röstnoten im Rückgeschmack, verfügt über gute Länge.

93 Zweigelt * Ried Haidacker 1ÖTW 2019
13,5 Vol.-%, NK, Barrique, €€€€€ B
Dunkles Rubingranat, opaker Kern, violette Reflexe, zarte Randaufhellung. Mit feinem Nougat unterlegte dunkle Beerenfrucht, tabakige Nuancen, ein Hauch von Feigen, Edelholz, einladendes Bukett. Saftig, reife Kirschen, elegant, süße Frucht, gut integrierte Tannine, mineralisch-frisch im Abgang, bleibt haften, verfügt über Reifepotenzial.

93 St. Laurent Alte Reben 2019
13 Vol.-%, NK, gebrauchte Barriques, €€€€ B
Kräftiges Rubingranat, violette Reflexe, breitere Randaufhellung. Feine Brombeeren, florale Nuancen, ein Hauch von Wiesenkräutern, kandierte Orangenzesten, Pflaumen klingen an. Saftig, elegant, feine Säurestruktur, mineralisch, straff, samtiges Tannin, Holzwürze, süße Kirschfrucht im Abgang, vielschichtiger Speisenbegleiter.

92 Pinot Noir Hanna Bunte Weine 2020
12,5 Vol.-%, DIAM, gebr. Barriques/gr. Holzfass, €€€€ B I
Mittleres Karmingranat, Ockerreflexe, breite Randaufhellung. Zart nach Karamell, feines Erdbeerkonfit, kandierte Veilchen, einladendes Bukett. Mittlerer Körper, feine Fruchtsüße, reife Tannine, mineralisch, Kirschen im Nachhall, bereits gut antrinkbar, salziger Rückgeschmack.

★★★★★

WEINGUT PHILIPP GRASSL

Das Weingut Grassl ist mit 27 Hektar Eigenfläche relativ klein, aber fein und überschaubar. Die Grassls sind geradlinige Menschen und mögen die klare Linie. Ihr Konzept: Schwerpunkt bei den Rotweinen, klares Sortiment, puristisch im Auftritt nach außen, funktioneller Keller, Etiketten ohne Schnickschnack. Was zählt, ist die Qualität.
Das Haus Grassl erzeugt im besten Sinne des Wortes »erdverbundene« Weine, dies aber auf internationalem Qualitätsniveau: Die heimischen Sorten Zweigelt, Blaufränkisch und St. Laurent sind die wichtigsten, sie sind zu mindestens 50 Prozent auch in allen Cuvées enthalten. Cabernet, Merlot und Syrah sollen die vorhandenen Stärken des Zweigelts lediglich besser zur Geltung bringen. Statt wie früher 3.500 stehen heute in den Weingärten 5.000 bis 6.500 Stöcke pro Hektar. Im Keller arbeitet man penibel ohne Intervention und behandelt die Trauben so schonend wie möglich, um deren hohe Qualität dann auch in die Flasche zu bekommen. Weißweine und klassische Rotweine werden im Edelstahltank oder in großen Holzfässern vergoren und gereift. Die Premiumrotweine werden in Holzgärständern – teilweise mit den Naturhefen aus dem Weingarten – vergoren, der Maischekuchen wird händisch untergetaucht. Die Premiumrotweine, die Cuvées »Bärnreiser« und »Neuberg«, sowie der St. Laurent reifen in französischen Barriques. Ein Großteil der Fässer wird jährlich erneuert, um die dunklen Fruchtaromen durch die Struktur des Holzes zu stützen. Die Holznote ist nicht überbetont, sondern begleitet und verfeinert den Ausbau bis zur Abfüllung. 80 Prozent der Produktion sind Rotweine, die Hälfte davon macht die Leitsorte Zweigelt aus. 25 Prozent entfallen auf Pinot Noir und St. Laurent, eine Tradition und Besonderheit des Weinguts. Die restlichen 25 Prozent verteilen sich auf Blaufränkisch, Merlot und andere internationale Rebsorten.
Philipp Grassl wurde 2018 zum »Falstaff Winzer des Jahres« gekürt, und bei der Falstaff-Rotweinprämierung steht er immer wieder auf der Siegerbühne. Im letzten Herbst endlich ganz oben!

93 Chardonnay * Göttlesbrunn Ried Rothenberg 2020
13,5 Vol.-%, NK, 500-l-Fass, €€€€
Mittleres Goldgelb, Silberreflexe. Feine gelbe Tropenfrucht, etwas Karamell, weißer Pfirsich und Limettenzes-

Welschriesling

WEINGUT PHILIPP GRASSL
2464 Göttlesbrunn, Am Graben 4–6
T: +43 (2162) 8483
office@weingut-grassl.com
www.weingut-grassl.com

Kellermeister/Kontakt:
Philipp Grassl
Anbauweise: Umstellung auf bio
Produktion: 150.000 Flaschen
25 % weiß, 75 % rot, 27+10 Hektar
Zertifiziert: Nachhaltig Austria
Vereinszugehörigkeit:
Traditionsweingüter Österreich,
Die Rubin Carnuntum Weingüter
Messen: ProWein Düsseldorf,
VieVinum, MondoVino

ten, einladendes Bukett. Saftig, weißer Apfel, leichtfüßig, frisch strukturiert, zarte Fruchtsüße im Abgang, salziger Nachhall, ein feiner, bereits zugänglicher Speisenbegleiter.

92 Welschriesling Alte Reben weiss 2020
14 Vol.-%, NK, 500-l-Fass, €€€€
Helles Goldgelb, Silberreflexe. Feine weiße Tropenfrucht, ein Hauch von Blütenhonig und Mandarinenzesten, zart nach weißen Beeren. Saftig, elegant, zarte Fruchtsüße nach Ananas, frisch strukturiert, etwas Honig, salziger Nachhall.

(95) * Höflein Ried Bärnreiser 1ÖTW 2020 ZW/ME/BF
14 Vol.-%, NK, 500-l-Fass, €€€€€
Dunkles Rubingranat, violette Reflexe, zarte Ockerrandaufhellung. Tabakige Nuancen, feine Röstaromen, schwarze Kirschen, Brombeeren, etwas Nougat. Stoffig, feine Extraktsüße, elegant und ausgewogen, feine, reife Tannine, zartes Karamell im Abgang, mineralischer Nachhall, sehr gute Länge, ein kraftvoller Speisenwein mit Reifepotenzial.

(91) * Göttlesbrunn Ried Neuberg 2020 ZW/BF/ME
13,5 Vol.-%, NK, 500-l-Fass, €€€€
Dunkles Rubingranat, violette Reflexe, dezente Randaufhellung. Schwarze Waldbeeren, zart nach Lakritze, feine tabakige Nuancen. Mittlere Komplexität, rote Kirschen, zarte Tannine, frisch und ausgewogen, ein vielseitiger Begleiter bei Tisch.

(97) Reserve 2019 ME/BF/ZW
14,5 Vol.-%, NK, 500-l-Fass, €€€€€€
Kräftiges Rubingranat, violette Reflexe, breitere Ockerrandaufhellung. Zart nach kandierten Orangenzesten und frischen Feigen, rotbeerige Nuancen, dunkle Kirschen, ein Hauch von Nougat, facettenreiches Bukett. Saftig, elegant und süß, seidige Tannine, reife Herzkirschen, angenehme Frische, mineralischer Nachhall, bereits sehr gut antrinkbar und mit sicherem Reifepotenzial ausgestattet.

(93) Zweigelt * Göttlesbrunn Ried Schüttenberg 1ÖTW 2020
13,5 Vol.-%, NK, 500-l-Fass, €€€€€
Tiefdunkles Rubingranat, opaker Kern, violette Reflexe, zarte Randaufhellung. Gewürzig-pfeffrig unterlegte schwarze Waldbeerenfrucht, reife Zwetschken, mit einem Hauch von Edelholz unterlegt. Saftig, elegant, reife Kirschen, feine Tannine, angenehmer Säurebogen, schokoladiger Nachhall, sicheres Reifepotenzial.

91 Blaufränkisch * Prellenkirchen 2019
13 Vol.-%, NK, 500-l-Fass, €€€
Dunkles Rubingranat, violette Reflexe, breitere Randaufhellung. Reife schwarze Herzkirschen, frisches Brombeerkonfit, floraler Touch. Mittlerer Körper, saftiger rotbeeriger Touch, präsente, gut integrierte Tannine, frisch und mineralisch, ein vielseitiger Speisenbegleiter.

92 Sankt Laurent Alte Reben 2019
12,5 Vol.-%, NK, 500-l-Fass, €€€€€
Kräftiges Rubingranat, violette Reflexe, breitere Randaufhellung. Reife Brombeernoten, ein Hauch von reifen Pflaumen, etwas nach kandierten Orangenzesten, etwas Lakritze. Saftig, elegant, feine Säurestruktur, mineralisch-salzig, Holzwürze im Abgang, frisch, Rote Johannisbeeren im Rückgeschmack, bereits gut entwickelt.

★

WEINBAU MARKUS LAGER

Das Weingut Lager liegt in Göttlesbrunn, inmitten von Carnuntum, und die Familie bewirtschaftet etwas mehr als acht Hektar, wovon rund 55 Prozent auf Weißwein und 45 Prozent auf Rotwein entfallen.
In den Weingärten achtet man sehr auf eine ausgewogene und pflanzengerechte Bewirtschaftung. Aus diesem Grund hat man sich 2019 auch dazu entschlossen, den Betrieb auf biologische Bewirtschaftung umzustellen. Dieser Gedanke spiegelt sich natürlich auch in den Weinen wider. Die Weißweine werden zum Teil klassisch ausgebaut, um die Frische und Fruchtigkeit zu erhalten, aber auch im Holz, um ihre Tiefe und Eleganz hervorzuheben. Den Rotweinen gibt Familie Lager die Zeit, die sie brauchen, um zu reifen. Sie werden im großen Holz sowie in Barriquefässern bis zu 14 Monate lang gelagert. Dabei achten sie darauf, den Charakter des Weins zu erhalten und ihn nicht vom Holz dominiert werden zu lassen. In der gemütlichen Buschenschank, die bereits seit 1990 dem Weinbaubetrieb angeschlossen ist, werden hochwertige Weine kredenzt, und man verwöhnt die Gäste mit regionalen und saisonalen Spezialitäten sowie mit vielfältigen hausgemachten Köstlichkeiten.

* Carnuntum DAC

Rieden bei Göttlesbrunn

WEINBAU MARKUS LAGER

2464 Göttlesbrunn
Kirchenstraße 33/1
T: +43 (2162) 8452
markus@markuslager.at
www.markuslager.at

Kellermeister/Kontakt: Markus Lager
Anbauweise: Umstellung auf bio
Produktion: 1 % Schaumwein, 50 % weiß, 1 % rosé, 47 % rot, 1 % süß, 8.5 Hektar
Vereinszugehörigkeit: Die Rubin Carnuntum Weingüter

89 Grüner Veltliner * 2021
13 Vol.-%, DV, Stahltank, €€

89 Weißburgunder * 2021
13,5 Vol.-%, DV, Teilbarrique/Stahltank, €€

90 Sauvignon Blanc 2021
13 Vol.-%, DV, Stahltank, €€
Helles Grüngelb, Silberreflexe. Ein Hauch von Grapefruitzesten, frische Stachelbeeren, etwas Cassis, mit frischen Kräutern unterlegt. Saftig, weißer Apfel, frische Säurestruktur, mineralisch-salzig im Abgang, Weiße Johannisbeeren im Nachhall.

89 Gelber Muskateller 2021
12 Vol.-%, DV, Stahltank, €€

88 Welschriesling 2021
12 Vol.-%, DV, Stahltank, €€

★★★★★

WEINGUT GERHARD MARKOWITSCH

Das Weingut Markowitsch hat in sehr kurzer Zeit den Sprung in die österreichische Weinelite geschafft. Nur durch kompromissloses Qualitätsstreben konnte dieses Ziel erreicht werden, das 1999 vom Falstaff-Magazin mit der Auszeichnung »Winzer des Jahres« gekrönt wurde.
Bei den Rotweinen dominieren Zweigelt, Blaufränkisch und Pinot Noir, bei den Weißweinen Grüner Veltliner, Chardonnay und Weißburgunder. Um der internationalen Nachfrage nach Top-Weinen nachzukommen, werden zusätzlich noch 40 Hektar Trauben von Vertragswinzern nach streng kontrollierten Richtlinien veredelt. Um den Herausforderungen des modernen Weinbaus mit seinem enorm gewachsenen Know-how gerecht werden zu können, hat die Familie Markowitsch im Jahr 2001 eines der modernsten Kellereigebäude Österreichs errichtet. Ziel von Gerhard Markowitsch ist es, das Terroir von Carnuntum in seinen Weinen schmeckbar zu machen. Das bedeutet für ihn einen verstärkten Einsatz autochthoner Rebsorten wie

Zweigelt, aber auch die Verwendung von internationalen Sorten, um so ein klares Profil in der weiten Weinwelt zu entwickeln.
Mit dem M1 des Jahrgangs 2004 gewann Gerhard Markowitsch bei der Falstaff-Rotweinprämierung 2007 die prestigeträchtige »Erste Bank Reserve Trophy«, 2012 belegte er mit dem Rosenberg 2010 den zweiten Gesamtrang. Im Herbst 2015 gewann Gerhard Markowitsch mit dem M1 des Jahrgangs 2012 erneut die »Erste Bank Reserve Trophy«, und im November 2017 wurde er mit der Cuvée Rosenberg zweiter Falstaff-Sieger. 2019 schließlich holte er mit der Cuvée Ried Rosenberg 2017 den begehrten Sieg der Falstaff-Rotweinprämierung nach Niederösterreich und im Vorjahr wieder den 2. Platz. Eine Konstanz, die ihresgleichen sucht!

93 Weißburgunder * Prellenkirchen 2020
13,5 Vol.-%, DV, großes Holzfass, €€€€
Helles Gelbgrün, Silberreflexe. Feine Nuancen von Orangenzesten, ein Hauch von weißer Birnenfrucht, zart nach Biskuit, feiner nussiger Touch. Saftig, elegant, weißes Kernobst, finessenreiche Struktur, salzig-zitronig unterlegt im Abgang, bleibt haften, bereits gut antrinkbar, ungemein vielseitiger Speisenbegleiter.

93 Chardonnay * Ried Schüttenberg 2020
13 Vol.-%, DIAM, kleines Holzfass, €€€€€
Helles Grüngelb, Silberreflexe. Zart nach Mandarinenzesten, Vanille, etwas Minze und Limettenzesten, sehr attraktiver Duft. Mittlerer Körper, weißer Apfel, feines Säuregerüst, elegant, mineralisch, zart nach Melone, einem Chablis stilistisch nahe, toller Speisenbegleiter.

92 * Göttlesbrunn Weiss 2020 CH/WB
13 Vol.-%, DV, großes Holzfass, €€€
Helles Grün, Silberreflexe. Mit einem Hauch von Limetten, zart rauchige Kräuterwürze, weißer Apfel, Nuancen von Mandarinenzesten. Mittlere Komplexität, feiner Pfirsich, zarte Fruchtsüße, elegant, zugänglich, ein vielseitiger Speisenwein mit zart salzigem Nachhall.

97 * M1 2019 ME/BF
14,5 Vol.-%, NK, Barrique, €€€€€€
Dunkles Rubingranat, violette Reflexe, zarte Ockerrandaufhellung. Schwarze Beeren, ein Hauch von Sanddorn, Nuancen von Cassis und Brombeeren, feines Edelholz, zartes Nougat, ein sehr facettenreiches Bukett. Komplex, süße Herzkirschen, finessenreicher Säurebogen, reife, tragende Tannine, feiner Schokoschmelz, mineralisch im Nachhall, zeigt große Länge, verfügt über vielversprechendes Reifepotenzial.

WEINGUT GERHARD MARKOWITSCH
2464 Göttlesbrunn, Pfarrgasse 6
T: +43 (2162) 8222
weingut@markowitsch.at
www.markowitsch.at
Kellermeister: Gerhard Markowitsch
Kontakt: Christine und Gerhard Markowitsch
Produktion: 25 % weiß, 75 % rot, 79 Hektar
Zertifiziert: Nachhaltig Austria
Vereinszugehörigkeit: Die Rubin Carnuntum Weingüter, Tu Felix Austria, Traditionsweingüter Österreich
Messen: ProWein Düsseldorf, VieVinum

(94) * Ried Rosenberg 1ÖTW 2020 ZW/ME/BF
13,5 Vol.-%, NK, 500-l-Fass, €€€€€
Dunkles Rubingranat, violette Reflexe, zarte Ockerrandaufhellung. Schwarze Waldbeeren, zarte florale Aspekte, etwas Velours und Tabak, dunkle Kirschen, noch etwas zurückhaltendes Bukett. Gute Komplexität, straffe Textur, mit feiner Fruchtsüße unterlegt, gut integrierte Tannine, mineralisch-salzig im Abgang, insgesamt noch sehr verhalten.

(93) Blauer Zweigelt * Ried Kirchweingarten 1ÖTW 2020
13,5 Vol.-%, NK, 500-l-Fass, €€€€€
Dunkles Rubingranat, violette Reflexe, zarte Ockerrandaufhellung. Zart floral unterlegte schwarze Waldbeerenfrucht, Noten von reifen Zwetschken, zart nach Feigen, einladendes Bukett. Saftig, elegant, schwarze Kirschen, feine Fruchtsüße, reife Tannine, bleibt haften, etwas Nougat im Abgang, bereits sehr gut entwickelt.

(93) Pinot Noir Reserve 2020
13 Vol.-%, NK, Barrique, €€€€€
Kräftiges Karmingranat, violette Reflexe, breite Ockerrandaufhellung. Süße Herzkirschen, rote Waldbeeren, Nuancen von kandierten Orangenzesten, einladendes Bukett. Saftig, frisch strukturiert, reife Kirschen, feine Tannine, mineralisch, zitronig-salziger Touch im Abgang, gutes Reifepotenzial.

★★

WEINGUT LUKAS MARKOWITSCH

Das Brüderpaar Lukas und Johann Markowitsch steht als erfolgreiches Beispiel für den österreichischen Rotwein. Aufgrund des großartigen Potenzials des Göttlesbrunner Zweigelts wird dieser reinsortig und als Cuvée gekeltert. Darüber hinaus möchte man das Potenzial der Rebsorten Blaufränkisch, Merlot und Chardonnay herausarbeiten. Die Ried Haidacker ist ein idealer Standort für den Zweigelt. In diesem für diese Sorte hervorragenden Boden (schottriger Lehm) wurzeln 50-jährige Reben. Das Ergebnis dieser Symbiose sind kraftvolle, füllige Vertreter der Sorte. Eines der ersten Beispiele für die enorme Qualität dieses Weingartens ist der Bundessieger »Zweigelt Haidacker 2000«. Seit dem Millennium ist dieser Wein immer im Vorderfeld diverser Bewertungen zu finden: So wurde er etwa Sortensieger bei der Falstaff-Rotweinprämierung, was die Kontinuität und höchste Qualität dieses Zweigelts belegt.
Angespornt von den zahlreichen Erfolgen vinifiziert Lukas Markowitsch gemeinsam mit seinem Bruder noch eine Vielzahl an weiteren Weinen. Geringerer Neuholzanteil und individuellere Mazerationszeiten für eine ideale Fruchtausprägung sind nur einige wegweisende Weiterentwicklungen bei der Kellerarbeit. Ziel ist es, die Einzigartigkeit der Toprieden, kombiniert mit dem Rebsortencharakter, noch akzentuierter herauszuarbeiten. Die Basis bilden gut gepflegte alten Reben in den Göttlesbrunner Toplagen, aus denen herkunftstypische Weine gekeltert werden, die mit ihrer Finesse, Trinkfreudigkeit und Lagerfähigkeit überzeugen und auf festlichen Tafeln mit erlesenen Speisen ein besonderes Genusserlebnis vermitteln.

WEINGUT
LUKAS MARKOWITSCH
2464 Göttlesbrunn, Kiragstettn 1
T: +43 (2162) 8226
weingut@lukas-markowitsch.com
www.lukas-markowitsch.com

Kellermeister/Kontakt:
Lukas Markowitsch
Produktion: 160.000 Flaschen
30 % weiß, 70 % rot, 15 Hektar
Zertifiziert: Nachhaltig Austria
Vereinszugehörigkeit:
DIE Winzer Göttlesbrunn, Die Rubin Carnuntum Weingüter, Traditionsweingüter Österreich
Messen: Vinobile Feldkirch

93 Chardonnay * Göttlesbrunn Ried Rosenberg 2020
13,5 Vol.-%, NK, kleines Holzfass, €€€
Mittleres Goldgelb, Silberreflexe. Zart nach Wiesenkräutern, feiner Blütenhonig, reife Mango, zarter Holztouch, etwas Karamell, vielschichtiges Bukett. Kraftvoll, stoffig, weiße Tropenfrucht, feine Süße, zartes Nougat im Abgang, bleibt gut haften, ein saftiger Speisenwein mit Reifepotenzial.

92 Chardonnay * Göttlesbrunn 2020
13,5 Vol.-%, NK, gebrauchte Barriques, €€€
Helles Goldgelb, Silberreflexe. Zarte weiße Birnenfrucht, ein Hauch von Mango und Honigmelone, mit Nuancen von Mandarinenzesten unterlegt. Saftig, etwas Karamell, feine Fruchtsüße, ausgewogen, mineralisch und bereits gut antrinkbar, ein vielseitiger Speisenbegleiter.

92 Zweigelt * Ried Haidacker 1ÖTW 2020
13,5 Vol.-%, NK, Barrique, €€€€€
Dunkles Rubingranat, opaker Kern, violette Reflexe, zarte Randaufhellung. Feine Edelholzwürze, dunkle Beerenfrucht, süßer Tabak, ein Hauch von Brombeeren und schwarzen Kirschen. Saftig, feine Fruchtsüße, eingelegte Kirschen, zarte Tannine, frisch strukturiert, bereits gut entwickelt und antrinkbar.

89 Zweigelt * Rubin Carnuntum 2020
13,5 Vol.-%, NK, kleines Holzfass, €€€

91 Göttlesbrunn Alte Reben 2020 ZW/BF/ME
13,5 Vol.-%, NK, kleines Holzfass, €€€€
Dunkles Rubingranat, violette Reflexe, zarte Ockerrandaufhellung. Zart kräuterwürzig unterlegte schwarze Kirschfrucht, ein Hauch von Zwetschken und Brombeeren, kandierte Orangenzesten. Saftig, süße Fruchtnote, reife Zwetschken, präsente Tannine, mineralisch im Abgang, etwas Nougat, braucht noch weitere Flaschenreife.

MEINRAD MARKOWITSCH
2464 Göttlesbrunn
Am Graben 18
T: +43 (2162) 8925
meinrad@markowitsch.com
www.markowitsch.com

Kellermeister/Kontakt:
Meinrad Markowitsch jun.
Produktion: 40 % weiß, 20 % rosé, 40 % rot, 13 Hektar
Vereinszugehörigkeit:
Die Rubin Carnuntum Weingüter
Messen: VieVinum, Vinobile Montfort

Meinrad Markowitsch

★★

MEINRAD MARKOWITSCH

Im Herzen von Carnuntum, im namhaften Winzerort Göttlesbrunn, liegt das Weingut Meinrad Markowitsch. Weine wie der »Purple X-TREME« oder der Grüne Veltliner stammen aus den 13 Hektar Weingartenfläche, die sorgfältig und mit Liebe zum Detail gepflegt und bewirtschaftet werden. Die Trauben werden in Großkisten geerntet und durch loses Gefälle behutsam verarbeitet. So entstehen mit viel Feingefühl tolle Rot- und Weißweine. Hinter dem »Purple«-Outfit das Weinguts steckt eine sehr junge Tradition, gepaart mit zukunftsorientiertem Denken und dem Zusammenhalt der gesamten Familie.

(91) Grüner Veltliner * Ried Haidacker 2021
14 Vol.-%, DV, 500-l-Fass, €€€
Leuchtendes Gelbgrün, Silberreflexe. Zarte Wiesenkräuterwürze, weißer Apfel, zart nach Akazienblüten und Limettenzesten, mineralischer Touch. Saftig, komplex, frische Mango, feine Fruchtsüße, zart nach Blütenhonig, bereits gut antrinkbar.

(90) Chardonnay * 2021
13,5 Vol.-%, DV, Stahltank, €€
Helles Gelbgrün, Silberreflexe. Ein Hauch von weißer Birnenfrucht, zart nach Ringlotte, zarter Touch von frischen Orangenzesten. Mittlerer Körper, weißes Kernobst, gute Frische, fruchtbetonter Stil, vielseitig einsetzbar.

90 Riesling 2021
14 Vol.-%, DV, Stahltank, €€
Helles Gelbgrün, Silberreflexe. Feiner weißer Pfirsich, dezente Tropenfrucht, mit Zitruszesten unterlegt, einladendes Bukett. Mittlerer Körper, weiße Frucht, lebendige Säurestruktur, zitroniger Touch im Abgang, ein angenehmer Speisenbegleiter.

(92) Blaufränkisch * Ried Haidacker 2020
14 Vol.-%, NK, Barrique, €€€€
Tiefdunkles Rubingranat, opaker Kern, violette Reflexe, zarte Ockerrandaufhellung. Feine Edelholznuancen, ein Hauch von Nelken und Gewürzen, mit Brombeerkonfitüre unterlegt. Saftig, elegant, reife Kirschen, reife Tannine, mineralisch-salzig im Abgang, frische Stilistik mit Entwicklungspotenzial.

(93) Purple X-Treme 2020 BF/ZW/ME
14,5 Vol.-%, NK, Barrique, €€€€
Dunkles Rubingranat, opaker Kern, violette Reflexe, zarte Ockerrandaufhellung. Schwarze Waldbeeren, tabakige Kräuterwürze, zart nach Velours, ein Hauch von Cassis und Nougat. Saftig, reife Herzkirschen, elegant, präsente, gut

© c Meinrad Markowitsch

* Carnuntum DAC

eingebaute Tannine, mineralisch und gut anhaftend, wird von Flaschenreife profitieren.

(91) Pinot Noir Reserve 2020
13,5 Vol.-%, NK, Barrique, €€€
Kräftiges Karmingranat, violette Reflexe, breite Randaufhellung. Frische rote Kirschen, ein Hauch von Erdbeerkonfitüre, kandierte Mandarinenzesten. Saftig, elegant, rotbeerige Frucht, dezente Süße, gut integrierte Tannine, mineralisch, bereits gut antrinkbar.

★★

WEINGUT ANDREAS MUHR

BIO

Stixneusiedl ist ein kleiner, romantischer Weinbauort in der Region Carnuntum. Das Arbesthaler Hügelland bietet eine optimale Grundlage für reichhaltige Rotweine und frisch-fruchtige Weißweine. Stixneusiedl bedeutet für Andreas Muhr Heimat – dort sind seine Wurzeln. Energie tankt er in den Weingärten. Er beschreibt sich als bodenständig und naturverbunden. Sein Ziel ist es, die Familiengeschichte weiterzuschreiben. Die Weine, die er auf moderne Weise mit Fachwissen und viel Herz produziert, sollen seine Handschrift tragen und die Geschichte am Leben erhalten.
Der Weinkeller wurde in den 1890er-Jahren erbaut und von Andreas Muhrs Großvater in den 1960er-Jahren restauriert und erweitert. Viele Familienerinnerungen stecken in dem alten Keller, und es wurde dort schon so manche Kellergeschichte geschrieben. Einige Jahre lang lag das alte Gewölbe sozusagen trocken. Im Herbst 2010 fand die erste Lese des jungen Winzers statt, und der Duft des Weines erweckte den Keller wieder zu neuem Leben.
Andreas Muhr beschreitet konsequent den Weg eines kleinen, aber feinen Weinguts. Nach seiner Maxime, glockenklare Weine mit eindeutiger Herkunftstypizität zu erzeugen, hat er in den vergangenen Jahren eine Weinstilistik entwickelt, die sehr gut die Balance zwischen Tradition und Moderne hält. Das Sortiment ist übersichtlich strukturiert: mit Grünem Veltliner, Chardonnay und Weißburgunder sowie mit den Carnuntum-Leitsorten Zweigelt und Blaufränkisch, alle aus Top-Lagen in Stixneusiedl. Diese kann man jetzt auch bei seinem neuen Dorfheurigen mit feinen hausgemachten Schmankerln genießen.

WEINGUT ANDREAS MUHR
2463 Stixneusiedl
Hauptstraße 7
T: +43 (699) 11463502
office@amuhr.at
www.amuhr.at

Kellermeister/Kontakt:
Andreas Muhr
Anbauweise: Zertifiziert Biologisch
Produktion: 10 % Schaumwein, 50 % weiß, 15 % rosé, 25 % rot, 4 Hektar

91 Chardonnay * Ried Gaisberg 2021
13,5 Vol.-%, DV, gebrauchte Barriques, €€
Helles Gelbgrün, Silberreflexe. Zart nach Biskuit und weißem Kernobst, frische Birne, etwas Ananas, ein Hauch von frischen Orangenzesten. Mittlere Komplexität, frischer Apfel, lebendig strukturiert, mineralisch-zitroniger Nachhall, ein animierender Speisenbegleiter.

90 Weißburgunder * 2021
12 Vol.-%, DV, Stahltank, €€
Sehr helles Goldgelb, Silberreflexe. Frische weiße Birnenfrucht, etwas Apfel, zart nach Wiesenkräutern, mit Walnuss unterlegt. Mittlerer Körper, grüner Apfel, frischer Säurebogen, zitroniger Touch, ein lebendiger Sommerwein.

(92) Zweigelt * Ried Stixbergen 2020
14 Vol.-%, NK, Barrique, €€€€
Tiefdunkles Rubingranat, opaker Kern, violette Reflexe, zarte Randaufhellung. Schwarze Waldbeeren, ein Hauch von Brombeeren und dunkle Kirschen, ein Hauch von Edelholz und Kräutern. Mittlere Komplexität, frische Kirschen, gut integrierte Tannine, salziger Touch, ein lebendiger Speisenbegleiter.

(90) Zweigelt * 2021
13,5 Vol.-%, NK, 500-l-Fass, €€
Tiefdunkles Rubingranat, opaker Kern, violette Reflexe, zarte Randaufhellung. Frische rote Kirschen, Waldbeeren, ein Hauch von Cassis und Mandarinenzesten. Mittlere Komplexität, frische rote Frucht, feine Tannine, salzige Mineralik im Abgang.

90 Rösler PUR a.muhr ROT 2021
12,5 Vol.-%, NK, 500-l-Fass, €€€
Kräftiges Rubingranat, violette Reflexe, dezente Randaufhellung. Floral, Nuancen von Hibiskus, rote Waldbeeren, Noten von Preiselbeeren. Mittlerer Körper, ein Hauch von Ribiseln, frisch strukturiert, zitroniger Touch im Abgang.

89 Cuvée Carnuntum 2021 ZW/BF
13 Vol.-%, DV, 500-l-Fass, €€

★★★★

WEINGUT DORLI MUHR

BIO

Das Herz des Weinguts stellt eine kleine Weingarten-Parzelle auf der Ried Roterd dar: 0,17 Hektar, die Dorli Muhrs Großmutter Katharina im Jahr 1918 als Hochzeitsgeschenk erhielt. 1996 revitalisierte Dorli Muhr diese Parzelle, und seither ist das Projekt ständig gewachsen. Mittlerweile bearbeitet Dorli Muhr zwölf Hektar Rebfläche auf dem Spitzerberg, und zwar in biologischer Wirtschaftsweise. Die Erträge sind sehr gering: Von den zwölf Hektar Fläche erzeugt Dorli Muhr nur etwa 40.000 Flaschen, davon rund 85 Prozent reinsortigen Blaufränkisch. Die Weine sind sehr konzentriert und doch sehr leichtfüßig und elegant dank der Kalkböden. Dorli Muhrs Weine sind außerdem bekannt für ihre seidige Dichte und erstaunliche Länge.
Etwa ein Viertel der Produktion wird in Österreich verkauft, Exportmärkte sind die USA,

WEINGUT DORLI MUHR
2472 Prellenkirchen, Kirchengasse 24
T: +43 (664) 1804039
dorli@dorlimuhr.at
www.dorlimuhr.at

Kellermeister: Lukas Brandstätter
Kontakt: Dorli Muhr
Anbauweise: Zertifiziert Biologisch (Austria Bio Garantie)
Produktion: 40.000 Flaschen
1 % rosé, 99 % rot, 12+1 Hektar
Vereinszugehörigkeit: Die Rubin Carnuntum Weingüter, Traditionsweingüter Österreich
Messen: Austrian Tasting London, Millésime Bio, ProWein Düsseldorf, VieVinum

Dorli und Anna Muhr

* Carnuntum DAC

Großbritannien, Irland, Belgien, Holland, Portugal, Dänemark, Norwegen, Schweden, Finnland, Polen, Russland, Deutschland, die Schweiz, Thailand und Australien. Seit dem Jahrgang 2018 sind die Weine bio-zertifziert. Im Jahr 2004 gründete Dorli Muhr eine Gruppe von qualitätsorientierten Winzern, die gemeinsam Kriterien für die Verwendung der Herkunft »Spitzerberg« festlegten und seither einander in der Herstellung besonders feiner Blaufränkisch unterstützen. Auf diese Weise konnte man in den vergangenen Jahren die Aufmerksamkeit der nationalen und internationalen Weinexperten erregen. Nicht zuletzt dank dieser Initiative wurde der Spitzerberg vom Verein »Traditionsweingüter Österreich« zur Ersten Lage ernannt. Das Weingut beschäftigt derzeit fünf Mitarbeiter. Für die Vinifizierung ist der gebürtige Eisenberger Lukas Brandstätter verantwortlich, der die wertvollen Trauben behutsam zu eleganten Weinen verarbeitet.

95 Blaufränkisch * Prellenkirchen Ried Spitzerberg-Kobeln Liebkind 1ÖTW 2019

13 Vol.-%, NK, großes Holzfass, €€€€€€ Ⓑ

Kräftiges Rubingranat, violette Reflexe, breitere Ockerrandaufhellung. Zart floral, nach kandierten Veilchen und Hibiskus, rote Herzkirschen, zart nach Preiselbeeren, mit schwarzen Beeren und Mandarinenzesten unterlegt, zarte tabakige Nuancen. Saftig, rotbeerig, finessenreicher Säurebogen, süße Kirschen, seidige Tannine, süßer Nachhall, mineralisch und lange anhaftend, delikater, zugänglicher und leichtfüßiger Speisenbegleiter.

94 Blaufränkisch * Prellenkirchen Ried Spitzerberg-Obere Roterd 1ÖTW 2019

13 Vol.-%, NK, großes Holzfass, €€€€€€ Ⓑ

Kräftiges Rubingranat, violette Reflexe, breitere Ockerrandaufhellung. Zart tabakig unterlegte Nuancen von roter Kirschfrucht, ein Hauch von Lakritze, Ribiseln und Gewürzen, mineralischer Touch. Saftig, rotbeerig, feine Fruchtsüße, seidige Tannine, salzig und frisch, wirkt leichtfüßig, bleibt gut haften, bereits zugänglich, delikater Stil mit zitronigem Nachhall, vielseitig einsetzbar.

94 Blaufränkisch * Prellenkirchen Ried Spitzerberg-Obere Spitzer 1ÖTW 2019

13 Vol.-%, NK, großes Holzfass, €€€€€€ Ⓑ

Kräftiges Rubingranat, violette Reflexe, breitere Ockerrandaufhellung. Feine rote Waldbeeren, ein Hauch von Kirschen, zarte florale Nuancen, reife Zwetschken, mineralischer Touch. Saftig, süße Kirschen, feine Tannine, zart nussig und süße rote Beeren im Abgang, gute Frische, salziger Touch, wird mit Reife noch an Länge gewinnen.

93 Blaufränkisch * Prellenkirchen Ried Spitzerberg-Kranzen 1ÖTW 2019

13 Vol.-%, NK, großes Holzfass, €€€€€€ Ⓑ

Kräftiges Rubingranat, violette Reflexe, dezente Ockerrandaufhellung. Zarte Kräuterwürze, eingelegte rote Kirschen, ein Hauch von Zwetschken, Brombeeren, dunkle Mineralik. Mittlerer Körper, rote Waldbeeren, schlanke Textur, feine Tannine, finessenreich strukturiert, salziger Touch im Abgang, ein zarter Begleiter bei Tisch, bereits gut entwickelt.

92 Blaufränkisch * Höflein Ried Kirchweingarten 1ÖTW 2019

13 Vol.-%, NK, großes Holzfass, €€€€€€

Mittleres Rubingranat, violette Reflexe, breitere Ockerrandaufhellung. Ein Hauch von Erdbeeren, Preiselbeeren, eingelegte Kirschen, kandierte Orangenzesten, mit zart tabakigen Nuancen unterlegt. Elegant, rote Kirschen, finessenreich strukturiert, wirkt leichtfüßig, zarte Fruchtsüße im Abgang, bereits gut entwickelt und zugänglich, mittlere Länge, delikater Stil.

94 Syrah 2019

13,5 Vol.-%, NK, großes Holzfass, €€€€€€ Ⓑ

Dunkles Rubingranat, violette Reflexe, dezente Randaufhellung. Zart nach Lakritze und schwarzen Kirschen, ein Hauch von buntem Pfeffer und eingelegten Pflaumen, Edelholznuancen. Saftig, komplex, feinwürzig, gut integriertes Tannin, süße Frucht, Nougat-Touch und Cassis im Abgang, mineralisch, ein vielseitiger Speisenbegleiter mit Entwicklungspotenzial.

★★★★

WEINGUT FRANZ UND CHRISTINE NETZL

BIO

Christina Netzl und ihre Eltern Franz und Christine Netzl sind ein eingespieltes Team. Gemeinsam vinifizieren sie charakterstarke, finessenreiche und vor allem tiefgründige Weine aus den familieneigenen Weingärten rund um Göttlesbrunn, im Herzen des Weinbaugebietes Carnuntum.

Das Familienweingut entstand um 1860 aus einem gemischten landwirtschaftlichen Betrieb. Stetiges Streben nach höchster Qualität sowohl im Weingarten als auch im Keller prägen die letzten Generationen und ließen das Weingut zu seinen heutigen 30 Hektar Rebfläche heranwachsen. Persönliches Ziel der Winzerfamilie als Mitglied der »Österreichischen Traditionsweingüter« ist es, die Einzigartigkeit und Typizitäten der einzelnen Rebsorten mit Fokus auf ihre Herkunft herauszuarbeiten. Vor allem die Charakteristika der Einzellagen rücken dabei immer mehr in den Vordergrund. Grundlage dafür sind natürlich die Reben und daher die Bewirtschaftung der Weingärten nach biologischen Richtlinien. Gemeinsam wird stundenlang in Weingarten und Keller getüftelt. Während Franz seine Erfahrung, sein Wissen und die Tradition einbringt, sorgt Christina für neue Ideen und Innovationen – kurz gesagt: Sie ergänzen sich perfekt, und genau diese Kombination bildet die unverwechselbare Grundlage der Netzl-Weine.

Der Zweigelt ist und bleibt der absolute King unter den Sorten, denn er fühlt sich unter den klimatischen Gegebenheiten Carnuntums und auf dessen Böden sehr wohl. Als Basis nahezu aller Weine fasziniert der Zweigelt vor allem durch seine unglaubliche Bandbreite, denn vom klassisch-fruchtigen bis hin zum würzig-raffinierten Glas Wein steckt alles in dieser Traube. Und so bildet er als lagenreiner Zweigelt von der Ried Haidacker 1ÖTW und als wichtigster Teil in der Top-Cuvée Anna-Christina von der Ried Bärnreiser 1ÖTW die Spitze im Sortiment.

Genau in diese Richtung geht es weiter, denn die alten Zweigelt-Weingärten bringen jedes Jahr höchste Qualitäten und somit großes Po-

© www.JuliusHirtzberger.com

WEINGUT FRANZ UND CHRISTINE NETZL
2464 Göttlesbrunn
Rosenbergstraße 17
T: +43 (2162) 8236
weingut@netzl.com
www.netzl.com

Kellermeister: Christina Artner-Netzl & Franz Netzl
Kontakt: Christina Artner-Netzl
Anbauweise: Zertifiziert Biologisch
Produktion: 200.000 Flaschen
35 % weiß, 65 % rot, 30 Hektar
Vereinszugehörigkeit: Traditionsweingüter Österreich, Die Rubin Carnuntum Weingüter
Messen: ProWein Düsseldorf, VieVinum

Franz Netzl und Christina Artner-Netzl

tenzial für die Zukunft – autochthon, urtypisch und einfach genial!

(92) Grüner Veltliner * Ried Rothenberg 2021
13,5 Vol.-%, NK, 500-l-Fass, €€€€
Mittleres Gelbgrün, zart getrübt, Silberreflexe. Zart tabakig-kräuterwürzig unterlegte gelbe Apfelfrucht, etwas Mango, ein Hauch von Orangenzesten. Kraftvoll, saftig, ein Hauch von Karamell, frische Birnen, zarter Blütenhonig im Abgang, würziger Nachhall.

(92) Weißburgunder * Ried Altenberg 2021
13,5 Vol.-%, NK, Amphore/500-l-Fass, €€€€
Mittleres Gelbgrün, zart getrübt, Silberreflexe. Frische Wiesenkräuter, ein Hauch von frischen Birnen und Limettenzesten, einladendes Bukett. Mittlere Komplexität, feine Fruchtsüße, etwas Mango und Melone, salziger Touch im Abgang, etwas Honig im Nachhall.

(94) * Ried Bärnreiser 1ÖTW Anna-Christina 2020 ZW/ME/BF/CS
14 Vol.-%, NK, Barrique, €€€€€
Tiefdunkles Rubingranat, violette Reflexe, zarte Randaufhellung. Kräuterwürzig, schwarze Waldbeeren, ein Hauch von dunklen Herzkirschen, zart nach Nelken und Nougat. Kraftvoll, saftig, süße Kirschen, präsente, gut integrierte Tannine, zart schokoladiger Abgang, zeigt Länge, verfügt über Reifepotenzial.

(91) * Göttlesbrunn Edles Tal 2020 ZW/ME/SY
14 Vol.-%, NK, gebrauchte Barriques, €€€€
Tiefdunkles Rubingranat, opaker Kern, violette Reflexe, zarte Randaufhellung. Zart nach Zwetschken und Brombeeren, dazu ein Hauch von Feigen, mit zarter Kräuterwürze unterlegt. Saftige süße Kirschfrucht, gut integrierte Tannine, zart nussig-mineralisch im Abgang, bereits gut entwickelt.

Merlot

(96) Netzl Privat 2019 ME/ZW
14,5 Vol.-%, NK, Barrique, €€€€€€
Tiefdunkles Rubingranat, opaker Kern, violette Reflexe, zarte Randaufhellung. Intensive Beerenfrucht, feine Edelholzanklänge, ein Hauch von Kardamom und Vanille, mit etwas kandierten Veilchen und Lakritze unterlegt. Saftig, opulent und süß, reife Beerenfrucht, Herzkirschen, kraftvolle, reife Tannine, Nougat im Abgang, mineralisch und lange anhaftend, schokoladig im Rückgeschmack, zeigt große Länge und Format.

(92) Zweigelt * Ried Haidacker 1ÖTW 2020
13,5 Vol.-%, NK, 500-l-Fass, €€€€€
Dunkles Rubingranat, violette Reflexe, zarte Randaufhellung. Frische Zwetschken, Brombeerkonfitüre, ein Hauch von Gewürzen und Tabak, einladendes Bukett. Reife Kirschen, feine Fruchtsüße, gut eingebaute Tannine, mineralisch und anhaftend, ein eleganter Speisenbegleiter.

(90) Zweigelt * Rubin Carnuntum 2021
13,5 Vol.-%, DV
Tiefdunkles Rubingranat, violette Reflexe, zarte Randaufhellung. Feines Brombeergelee, schwarze Kirschen, ein Hauch von Preiselbeeren, fruchtiges, zart kräuterwürziges Bukett. Saftig, ausgewogen, frische rote Kirschen, feine Tannine, lebendig und bereits zugänglich.

(92) Syrah 2020
14 Vol.-%, NK, gebrauchte Barriques, €€€€
Tiefdunkles Rubingranat, violette Reflexe, zarte Randaufhellung. Feine Pfefferwürze, etwas Nougat, schwarze Beeren, mit Orangenzesten unterlegt. Mittlere Komplexität, rotbeerig, zart nach Vanille und Schokolade, dezente Tannine, mineralischer Nachhall, salziger Rückgeschmack.

(92) Merlot 2020
14,5 Vol.-%, NK, gebrauchte Barriques, €€€€
Tiefdunkles Rubingranat, violette Reflexe, zarte Randaufhellung. Zart floral, rote Beeren, ein Hauch von Kirschen, dezente Kräuterwürze, zitronige Nuancen. Saftig, rote Herzkirschen, gut integrierte Tannine, frisch strukturiert, etwas Nougat und Vanille im Abgang, ein stoffiger Speisenwein.

(91) Cabernet Sauvignon 2020
14 Vol.-%, NK, Barrique, €€€€
Tiefdunkles Rubingranat, violette Reflexe, zarte Randaufhellung. Kräuter, Tabak, schwarze Beeren, zart nach Lakritze und Cassis, ein Hauch von Vanille. Mittlere Komplexität, rote Kirschen, präsente Tannine, mineralisch, zart blättriger Abgang, braucht seine Zeit.

WEINGUT MARTIN NETZL
2464 Göttlesbrunn
Rosenbergstraße 1
T: +43 (2162) 8201
weingut@netzl.net
www.netzl.net

Kellermeister/Kontakt:
Martin Netzl
Anbauweise: Umstellung auf bio
Produktion: 40 % weiß, 60 % rot, 12 Hektar
Zertifiziert: Nachhaltig Austria
Vereinszugehörigkeit:
Die Rubin Carnuntum Weingüter, Traditionsweingüter Österreich
Messen: VieVinum

Martin Netzl

★★

WEINGUT MARTIN NETZL

Martin Netzl führt in dritter Generation das Familienweingut – mit Weingärten in den besten Lagen wie Rosenberg, Haidacker und Steinriegel.
Das Potenzial der einzelnen Lagen zu erkennen ist die große Herausforderung für die Zukunft, weshalb die Weine schon seit einigen Jahren lagenrein ausgebaut werden. Die besten von ihnen werden als Riedenweine gefüllt. Qualität steht bei jedem Arbeitsgang – ob im Weinkeller oder in den Weingärten – im Vordergrund. Charaktervolle und individuelle Weine zu keltern, die die Besonderheit des Terroirs von Carnuntum ausdrücken, ist für Martin Netzl jedes Jahr das große Ziel.

92 Chardonnay * Ried Steinriegel 2020
14 Vol.-%, DV, Stahltank, €€€
Helles Grüngelb, Silberreflexe. Zarte Kräuterwürze, etwas Vanille, gelbe Kernobstnuancen, einladendes Bukett. Saftig, weißer Apfel, feine Fruchtsüße, ein Hauch von Karamell, stoffiger Abgang, bleibt haften, ein eleganter Speisenbegleiter.

90 Grüner Veltliner * Ried Steinriegel Stoana 2020
14 Vol.-%, DV, Stahltank, €€€
Mittleres Goldgelb, Silberreflexe. Reife Mango, etwas Papaya, ein Hauch von Blütenhonig. Kraftvoll, saftig-süße gelbe Tropenfrucht, dezenter Säurebogen, Honig im Abgang, mineralischer Touch im Nachhall, bereits gut entwickelt.

93 Blaufränkisch * Ried Spitzerberg 2019
13,5 Vol.-%, NK, gebrauchte Barriques, €€€€€
Dunkles Rubingranat, violette Reflexe, dezente Randaufhellung. Tabakig, dunkle Beerenfrucht, reife Zwetschken, ein Hauch von Nougat und Edelholz. Stoffig, frische Herzkirschen, gut integrierte Tannine, frisch strukturiert, zarte Fruchtsüße, mineralisch-zitronige Nuancen im Abgang, delikat und salzig, bereits gut antrinkbar.

92 * Ried Rosenberg 2018 ZW/BF/ME
14 Vol.-%, NK, gebrauchte Barriques, €€€€€
Dunkles Rubingranat, opaker Kern, violette Reflexe, dezente Randaufhellung. Zart balsamisch unterlegte Edelholznote, zart nach Cassis und Lakritze, feine Kräuterwürze. Saftig, florale Nuancen, dezente süße Beerenfrucht, gut integrierte Tannine, zart blättrige Nuancen im Abgang, braucht noch weitere Flaschenreife.

© Weingut Martin Netzl

91 * Göttlesbrunn 2019 ZW/BF/ME
13,5 Vol.-%, DV, gebrauchte Barriques, €€€
Dunkles Rubingranat, violette Reflexe, dezente Ockerrandaufhellung. Zart nach Brombeeren und Tabak, Nuancen von Herzkirschen, kandierte Orangenzesten. Frisch strukturiert, mineralisch, lebendige Struktur, salzig-mineralisch im Abgang, ein straffer Speisenbegleiter.

90 Zweigelt * Rubin Carnuntum 2020
13,5 Vol.-%, NK, gebrauchte Barriques, €€€
Dunkles Rubingranat, violette Reflexe, dezente Ockerrandaufhellung. Nuancen von reifen Zwetschken, süße Kirschen, feine Kräuterwürze. Mittlere Komplexität, rote Fruchtnoten, frisch strukturiert, runde Tannine, vielseitig einsetzbar.

★★

WEINGUT OPPELMAYER

Seit 1638, also seit elf Generationen, säumt nun bereits der Weinbau den Lebensweg der Familie Oppelmayer. Puristisch, klassisch und gleichzeitig sehr vielseitig – so präsentiert sich Franz Oppelmayer, Winzer aus Göttlesbrunn in Carnuntum. Vererbte Leidenschaft zum Wein und geerdete Naturverbundenheit lassen ihn mit viel Geschick die Tradition sehr erfolgreich fortsetzen. Die vielschichtigen, fruchtbetonten Weißweine, wie etwa das Flaggschiff des Hauses, der Sauvignon Blanc Schüttenberg, zählen zu den Besten des Landes. Es ist fast die Leidenschaft eines Parfümeurs, mit der der Winzer die Duftnoten der Trauben in die Flaschen bannt. Auch die Rotweine, wie der Rubin Carnuntum, der Zweigelt Haidacker oder die Top-Cuvée »Matador« zeichnen Fülle, Samtigkeit und Frucht aus. Wenn Franz Oppelmayer – der auch die Etiketten seiner Weine selbst malt – von seinen Weinen spricht, bekommt man einfach Lust, sie zu genießen.

WEINGUT OPPELMAYER
2464 Göttlesbrunn
Kirchenstraße 9
T: +43 (2162) 8237
weingut@oppelmayer.at
www.oppelmayer.at

Kellermeister/Kontakt:
Franz Oppelmayer
Produktion: 50 % weiß, 50 % rot, 12 Hektar
Zertifiziert: Nachhaltig Austria
Vereinszugehörigkeit:
Die Rubin Carnuntum Weingüter, Traditionsweingüter Österreich
Messen: ProWein Düsseldorf

92 Weißburgunder * Ried Haidacker Reserve 2020
13,7 Vol.-%, DV, Barrique, €€€€ V
Helles Goldgelb, Silberreflexe. Feine gelbe Tropenfrucht, ein Hauch von Nashi-Birnen, zart floral, mit Mandarinenzesten unterlegt, nussiger Touch. Saftig, elegant, feine weiße Apfelfrucht, finessenreicher Säurebogen, mineralisch und gut anhaftend, sicheres Reifepotenzial.

90 Sauvignon Blanc Reserve 2017
14 Vol.-%, DV, Barrique, €€€€ V
Helles Gelbgrün, Silberreflexe. Zart floral, ein Hauch von Holunderblüten, kandierte Grapefruitzesten, mineralische Nuancen. Saftig, elegant, kraftvoller Stil, Nuancen von Guaven und Honig, feine Röstaromen im Abgang, mineralisch, süßer Nachhall.

91 Zweigelt * Ried Haidacker 1ÖTW 2019
14 Vol.-%, NK, kleines Holzfass, €€€€€ V
Kräftiges Rubingranat, violette Reflexe, dezente Randaufhellung. Reife Zwetschken, schwarze Kirschen, mit zarter Kräuterwürze unterlegt, florale Nuancen. Saftig, dunkle Frucht, wirkt recht kraftvoll, präsente Tannine, rote Kirschen und etwas Nougat im Abgang, ein gut gereifter, komplexer Speisenbegleiter.

90 Zweigelt * 2018
13,5 Vol.-%, NK, Teilbarrique, €€€ V
Dunkles Rubingranat, violette Reflexe, breitere Ockerrandaufhellung. Nuancen von Tabak und Lakritze, zart nach Feigen. Saftig, etwas Nougat, schwarze Kirschen, reife Tannine, mineralisch im Abgang, süßer Nachhall, ein gut ausgereifter, würziger Speisenbegleiter.

93 Merlot Mythos Reserve 2019
14 Vol.-%, NK, kleines Holzfass, €€€€€
Dunkles Rubingranat, violette Reflexe, dezente Ockerrandaufhellung. Einladender Duft nach Nougat, schwarzes Beerenkonfit, etwas Kirschen, kandierte Veilchen, kräuterwürziger Touch. Saftig, elegant, feine Struktur, gut integrierte Tannine, frisches Finish, süße Kirschen und Lakritze, mineralisch, vielseitiger Speisenbegleiter, gut entwickelt.

92 Matador 2018 ZW/ME/CS
14 Vol.-%, NK, Barrique, €€€€€
Dunkles Rubingranat, opaker Kern, violette Reflexe, breitere Ockerrandaufhellung. Zarte Kräuterwürze, dunkle Beeren, Schokotouch, ein Hauch von Feigen und kandierten Orangenzesten. Saftig, elegant, dunkles Nougat, gut integrierte Tannine, mineralisch im Abgang, Dörrzwetschken im Nachhall.

★★★

WEINGUT ROBERT PAYR

BIO

Das Weingut Payr liegt in Höflein im Weinbaugebiet Carnuntum südöstlich von Wien zwischen Donau und Neusiedler See. Es wird in fünfter Generation von Robert Payr geführt und hat sich der handwerklichen Herstellung von authentischen und regionaltypischen Weinen verschrieben. Bewirtschaftet werden heute zwölf Hektar Weingärten rund um Höflein und Prellenkirchen. Seit 2018 ist das Weingut Mitglied der »Traditionsweingüter Österreich«. Der Weinbau geht in der Familie nachweislich bis ins 18. Jahrhundert zurück. Davon zeugt ein alter Weinkeller aus dem Jahr 1772, der heute noch im Familienbesitz ist.

Robert Payr verbindet traditionelles Handwerk mit zeitgeistigem Engagement und entwickelt Weine, deren Geschmack auf den Erfahrungen und der Leidenschaft von nunmehr fünf starken Winzerpersönlichkeiten gründet. Mit Sorgfalt entwickelt er heute das Erbe seiner Vorfahren weiter und beschreitet stets auch eigene Wege. Neben der Ertragsreduktion in den Weingärten und der Umstellung auf biologischen Weinbau richtet er seinen Fokus vor allem auf die Lagen. So hat er neue Weingärten dazugekauft, bereits bestehende völlig neu ausgerichtet und manchen Böden eine Erholungspause gegönnt. In intensiver Ausein-

WEINGUT ROBERT PAYR
2465 Höflein, Dorfstraße 18
T: +43 (2162) 62356
robert@weingut-payr.at
www.weingut-payr.at

Kellermeister/Kontakt:
Robert Payr
Anbauweise: Zertifiziert Biologisch (Bio Austria)
Produktion: 80.000 Flaschen
1 % Schaumwein, 26 % weiß,
3 % rosé, 71 % rot, 1 % süß, 12 Hektar
Zertifiziert: Nachhaltig Austria
Vereinszugehörigkeit:
Traditionsweingüter Österreich,
Die Rubin Carnuntum Weingüter
Messen: ProWein Düsseldorf

© Markus Brantner

Robert Payr

andersetzung mit der Rebe, dem Boden und dem Klima setzt der erfahrene Winzer auf die Raffinesse der Natur und arbeitet Wein für Wein die ureigene Geschmacksstruktur der einzelnen Lagen behutsam heraus.
Rast- und ruhelos – im positiven Sinne – könnte man Robert Payr beschreiben. Offiziell ist das Weingut seit 2015 »Nachhaltig Austria«- und seit 2020 Bio-zertifiziert. Die Trauben aus den eigenen Weingärten werden händisch geerntet, selektioniert und von der Frucht über die Kerne bis hin zum Stiel verarbeitet. Die Weine von Robert Payr sind starke Charaktere, die ihre eigene Geschichte erzählen. Sie sind strukturiert und würzig und werden für ihre Engmaschigkeit und ihr hohes Lagerpotenzial international geschätzt.

(93) Grüner Veltliner * Höflein Ried Rothenberg 2021
13,5 Vol.-%, DV, Stahltank, €€€€ Ⓑ
Mittleres Grüngelb, Silberreflexe. Frische Wiesenkräuter, dunkle Mineralik, zarte Reduktionswürze, weiße Kernobstnuancen. Kraftvoll, saftige gelbe Tropenfrucht, frische Mango, gut integrierter Säurebogen, feine Fruchtsüße im Abgang, Marille im Nachhall, ein stoffig-mineralischer Begleiter bei Tisch.

90 Grüner Veltliner * Löss 2021
12,5 Vol.-%, DV, Stahltank, €€ Ⓑ
Helles Gelbgrün, Silberreflexe. Feine Limettenzesten, weißer Apfel, zarte Wiesenkräuter, etwas Ananas, feinfruchtiges Bukett. Mittlerer Körper, frisch strukturiert, Kernobst im Nachhall, dezente Süße im Finish.

(93) Chardonnay * Höflein Ried Kirchberg 2021
13,5 Vol.-%, DV, Stahltank, €€€€€ Ⓑ
Mittleres, noch zart getrübtes Grüngelb, Silberreflexe. Reife gelbe Fruchtnuancen, ein Hauch von Wiesenkräutern und Blütenhonig, dezente Holzwürze, attraktives Bukett. Saftig, komplex, weißes Steinobst, finessenreiche Struktur, mineralisch-salzig im Abgang, feine nussige Note im Nachhall, fruchtige Süße im Rückgeschmack, gutes Entwicklungspotenzial.

91 Chardonnay * Lehm 2021
12,5 Vol.-%, DV, Stahltank, €€ Ⓑ
Helles Goldgelb, Silberreflexe. Zarte gelbe Tropenfrucht, ein Hauch von Mango und Ananas, mit Nuancen von Limettenzesten unterlegt. Mittlerer Körper, weißer Apfel, finessenreich strukturiert, mineralisch-salzig, ein leichtfüßiger, zugänglicher Speisenbegleiter.

92 Sauvignon Blanc Selection 2021
13,5 Vol.-%, DV, Stahltank, €€€ Ⓑ
Helles Goldgelb, Silberreflexe. Zart nach Stachelbeeren, feine weiße Tropenfrucht, ein Hauch von Grapefruitzesten und Blüten. Saftig, weiße Birnenfrucht, finessenreich strukturiert, dezente Fruchtsüße, elegant und gut anhaftend, ein vielseitiger Speisenbegleiter.

90 Motz & Marie Rosé 2020 ZW/BF
11,5 Vol.-%, DIAM, Stahltank, €€€ Ⓑ ⓘ
Leuchtendes Zwiebelrosa, Pinkreflexe, zart getrübt. Frische rote Waldbeeren, ein Hauch von Ribiseln, mit Kirschen unterlegt, frischer weißer Apfel. Saftig, lebendig, reife Kirschen am Gaumen, ausgewogen und elegant, bereits gut antrinkbar.

(94) Blaufränkisch * Prellenkirchen Ried Spitzerberg 1ÖTW 2020
13,5 Vol.-%, NK, gebrauchte Barriques, €€€€€€ Ⓑ
Kräftiges Rubingranat, violette Reflexe, breitere Ockerrandaufhellung. Florale Nuancen nach Veilchen und Hibiskus, mit reifen roten Kirschen unterlegt, ein Hauch von Preiselbeeren, mineralischer Touch. Saftig, elegant, reife Kirschen, frischer Säurebogen, engmaschig und salzig, bleibt gut haften, sicheres Reifepotenzial.

93 * Ried Bühl 2020 BF/ZW/ME
14 Vol.-%, NK Ⓑ
Dunkles Rubingranat, violette Reflexe, zarter Wasserrand. Dunkle Waldbeerenfrucht, Orangenzesten, ein Hauch von Cassis, kandierte Veilchen. Gute Komplexität, leichtfüßig, engmaschig, balancierte Tanninstruktur, mineralisch, Kirschfrucht im Abgang, salziger Nachhall, vielschichtiger Speisenbegleiter mit Potenzial.

(92) * Höflein Matthäus 2020 ZW/BF/ME
13,5 Vol.-%, DV Ⓑ
Dunkles Rubingranat, violette Reflexe, zarte Randaufhellung. Einladender Duft nach Cassis und Lakritze, ein Hauch von Kräutern, Grapefruitzesten, frisches Bukett. Straff, mineralisch, feine Zitrusnuancen, Weichseltouch, balancierte Holzwürze im Abgang, bleibt gut haften, lebendiger Speisenbegleiter mit Potenzial.

(92) * Höflein Granat 2020 ZW/CS
13,5 Vol.-%, NK Ⓑ
Dunkles Rubingranat, violette Reflexe, zarte Randaufhellung. Mit feiner Tabakwürze unterlegtes dunkles Waldbeerenkonfit, ein Hauch von schwarzer Kirschfrucht, etwas schokoladig. Mittlere Komplexität, saftig, feine, präsente Tanninstruktur, mineralisch, Herzkirschen im Abgang, guter Speisenbegleiter.

(90) * Cuvée Carnuntum Selection 2021 ZW/BF
13 Vol.-%, DV, Teilbarrique, €€ Ⓑ
Dunkles Rubingranat, opaker Kern, violette Reflexe, zarte Randaufhellung. Feine Kräuterwürze, dunkle Waldbeeren,

Nuancen von Brombeeren und schwarzen Kirschen. Feinwürzig, zart nussig, lebendiger Säurebogen, dunkles Nougat im Abgang, röstige Nuancen im Nachhall.

(93) Blauer Zweigelt * Höflein Ried Steinäcker 1ÖTW 2020
13,5 Vol.-%, NK, gebrauchte Barriques, €€€€€ Ⓑ
Dunkles Rubingranat, opaker Kern, violette Reflexe, zarte Randaufhellung. Dunkle Kirschen, feines Brombeerkonfit, zarte Kräuterwürze, etwas Lakritze und kandierte Orangenzesten. Saftig, straff, dunkle Waldbeeren, präsente, gut integrierte Tannine, mineralischer Abgang, zartes Nougat, wird von Flaschenreife profitieren.

(91) Blauer Zweigelt * Rubin Carnuntum 2021
13,5 Vol.-%, DIAM, gebrauchte Barriques, €€€ Ⓑ
Dunkles Rubingranat, opaker Kern, violette Reflexe, zarte Randaufhellung. Nuancen von Erdbeerkonfitüre, reife rote Kirschen, ein Hauch von hellem Karamell, einladendes Bukett. Mittlerer Körper, frische Zwetschken, pfeffrige Würze, mineralisch und frisch, schokoladiger Touch im Abgang.

★★

WEINGUT GERHARD PIMPEL

Winzer zu sein bedeutet für Gerhard Pimpel Liebe zur Natur, aber auch Rebstöcke und Trauben zu schätzen, zu beobachten und zu pflegen sowie ein Gespür für die Seele des Weins zu haben. Er versteht die Kunst, ein auf lebendigem Boden gewachsenes Naturprodukt von der Traube bis zum Wein zu begleiten. Pimpel kreiert dichte und zugleich elegante Weine mit Harmonie und Finesse. Man gewinnt hier den Eindruck, dass er jeden einzelnen Rebstock persönlich kennt. Mit den Lagen Rosenberg, Schüttenberg und Bärnreiser zählen die Rieden von Gerhard Pimpel zu den besten im gesamten Weinbaugebiet.
Gerhard Pimpel ist ein ruhiger Winzer, der seine eigenen Wege geht – geradlinig und zielstrebig begleitet er die Arbeit der Natur. »Das Zusammenspiel von Boden, Sorte und Unterlagsrebe muss man beachten«, sagt er. Aufgrund dieser Erfahrung ist es ihm möglich, autochthone, terroirbezogene Weine zu keltern. Beim »Optime«, lateinisch für »Unser Bester«, verschmelzen Boden, Klima, Trauben und Holz optimal – und so gilt: Ergo bibamus Optime. Das Weinbaugebiet

WEINGUT GERHARD PIMPEL
2464 Göttlesbrunn, Kirchenstraße 19
T: +43 (664) 4636650
weingut@gerhardpimpel.at
www.gerhardpimpel.at

Kellermeister/Kontakt:
Gerhard Pimpel
Anbauweise:
Umstellung auf bio (Bioveritas)
Produktion:
30 % weiß, 70 % rot, 13 Hektar
Vereinszugehörigkeit:
Die Rubin Carnuntum Weingüter, DIE Winzer Göttlesbrunn, Traditionsweingüter Österreich
Messen: VieVinum

© www.ludwig-rusch.com

Gerhard Pimpel

* Carnuntum DAC

Carnuntum ist jene Region Niederösterreichs, die sich östlich von Wien und gleichzeitig südlich der Donau erstreckt. Kräftige Löss- und karge Kalkböden sowie das kontinental-pannonische Mikroklima mit den kühlen Einflüssen der Donau bieten ideale Voraussetzungen für attraktive Rotweine, die Frucht und Eleganz vereinen. Die Weine sind modern in der Stilistik, aber eigenständig und der Herkunft verpflichtet.

(92) Chardonnay * Göttlesbrunn Ried Rosenberg 2020
13,5 Vol.-%, NK, Barrique, €€€€
Helles Goldgelb, Silberreflexe. Frische Nuancen von Honigmelone, zart nach Apfel und Blütenhonig, ein Hauch von Vanille. Saftig, weiße Tropenfrucht, zarte Holzwürze, weiße Birne im Abgang, zart nussiger Nachhall.

90 Pinot Noir Rosé 2021
12 Vol.-%, DV, Stahltank, €€
Helles Altrosa, zarte Pinknuancen, Silberreflexe. Ein Hauch von Erdbeerkonfitüre und eingelegten Kirschen, zart nach Kräutern und Orangenzesten. Schlank, rotbeerig, frisch strukturiert, mineralisch-zitronig, ein lebendiger Sommerwein.

93 * Göttlesbrunn Ried Rosenberg 1ÖTW 2019 ZW/ME
14,5 Vol.-%, NK, Barrique, €€€€€
Dunkles Rubingranat, violette Reflexe, breitere Ockerrandaufhellung. Tabakig, feines Zwetschkenkonfit, ein Hauch von Holzwürze, zart nach kandierten Orangenzesten, dunkle Beerenfrucht. Saftig, komplex, feiner Brombeertouch, reife Tannine, Nougat im Abgang, lange anhaltend, vielseitiger Speisenbegleiter mit weiterem Reifepotenzial.

92 Zweigelt * Selektion Göttlesbrunn 2019
13,5 Vol.-%, NK, gebrauchte Barriques, €€€
Dunkles Rubingranat, violette Reflexe, breitere Ockerrandaufhellung. Zart tabakig, etwas Nougat, reife Zwetschkenfrucht, kandierte Orangenzesten. Mittlere Komplexität, saftig und schokoladig, ein anhaftender, vielseitiger und gut entwickelter Speisenbegleiter.

92 Zweigelt * Höflein Ried Bärnreiser 1ÖTW 2019
14,4 Vol.-%, NK, Barrique, €€€€€
Dunkles Rubingranat, violette Reflexe, dezente Ockerrandaufhellung. Feinwürzige dunkle Beerenfrucht, schwarze Kirschen, ein Hauch von Orangenzesten, einladendes Bukett. Saftig, rund und elegant, feine Fruchtsüße, gut integrierte Tannine, mineralisch, salzig und lange anhaftend, verfügt über Reifepotenzial.

93 Merlot Optime 2018
14,4 Vol.-%, NK, Barrique, €€€€
Kräftiges Rubingranat, violette Reflexe, breitere Ockerrandaufhellung. Zart tabakig-kräuterwürzig unterlegte dunkle Beerenfrucht, ein Hauch von Herzkirschen, dezenter Nougatanklang. Saftig, schwarze Beerenfrucht, präsente, tragende Tannine, frisch strukturiert, feiner schokoladiger Anklang, bleibt haften, rotbeerige Nuancen im Nachhall, gut entwickelt.

★★★

WEINGUT FAMILIE PITNAUER

Für die Vinifizierung der Top-Weine aus dem Hause Pitnauer werden nur von Hand geerntete Trauben höchster Qualität aus Weingärten in bester Lage genutzt.
Im Jahr 1986 lebten 27 Brutpaare eines bunten Zugvogels mit besonders melodischem Gesang in Göttlesbrunn. Ornithologen und Journalisten kamen angereist, um diesen seltenen Gast zu studieren. Das Vorkommen des exotischen Vogels mit dem Namen »Bienenfresser« (Merops apiaster) in den Göttlesbrunner Weinrieden wurde zum Anlass genommen, den besten Zweigelt des Hauses nach ihm zu benennen. Schon damals wollte man damit auf die besonderen Böden (die Nistplätze sind in Erdhöhlen von Löss-Steilwänden) und auf das ideale Klima (der Bienenfresser ist ein wärmeliebender afrikanischer Zugvogel) hinweisen. So wurde dieser farbenprächtige Vogel zum Wappentier des Zweigelt-Engagements von Hans und Edith Pitnauer.
Auf den selbst bewirtschafteten 22 Hektar wird auf Insektizide und Herbizide gänzlich verzichtet. Die Weinreben werden mit Erfahrung, Leidenschaft und viel Liebe zur Natur gepflegt. Dadurch erwachsen dem Gut aus den Weingärten um Göttlesbrunn Jahr für Jahr ausgezeichnete und sehr vielfältige Weine. Über 50 Prozent der Gesamtfläche sind mit Zweigelt bepflanzt. Merlot, Syrah, Cabernet Sauvignon und Cabernet Franc machen den Rest der Rotweinfläche aus

WEINGUT FAMILIE PITNAUER

2464 Göttlesbrunn
Weinbergstraße 4–6
T: +43 (2162) 8249
weingut@pitnauer.com
www.pitnauer.com

Kellermeister/Kontakt: Johannes Pitnauer
Produktion: 20 % weiß, 80 % rot, 21 Hektar
Vereinszugehörigkeit: Traditionsweingüter Österreich, Die Rubin Carnuntum Weingüter, DIE Winzer Göttlesbrunn
Messen: ProWein Düsseldorf, VieVinum

Sauvignon Blanc

und sind die Basis für viele beliebte Lagen- und Jahrgangsrotweine. Besonders diese werden wegen ihres Entwicklungspotenzials und ihrer guten Lagerfähigkeit sehr geschätzt. Die Weißweinlagen sind mit Grünem Veltliner, Sauvignon Blanc und Gelbem Muskateller bepflanzt. Das kleine, aber feine Weißweinsortiment hält ebenfalls einige Überraschungen bereit.
Für den Rebschnitt, die Grünarbeit und die Traubenernte sind Edith und Sohn Johannes verantwortlich. Die hochwertige Vinifikation der wertvollen Trauben teilt sich Johannes mit Vater Hans. Nach telefonischer Voranmeldung beim Familienweingut sind Besucher in der Weinbergstraße jederzeit herzlich willkommen.

(89) Grüner Veltliner * Classic 2021
13 Vol.-%, DV, Stahltank, €€

(90) Sauvignon Blanc Reserve 2018
13,2 Vol.-%, DV, Stahltank, €€
Mittleres Goldgelb, Silberreflexe. Zarter Kräutertouch, dezent nach Stachelbeeren, Guaven, etwas weißes Kernobst. Mittlerer Körper, feine Struktur, extraktsüß nach Birnen und Zwetschken, weiche Textur, stoffiger Touch, bereits entwickelt.

(90) Gelber Muskateller Selektion 2021
13,5 Vol.-%, DV, Stahltank, €€
Helles Grüngelb, Silberreflexe. Nuancen von Marshmallows, zart nach Muskatnuss, frische Litschifrucht. Straff, lebendig, weiße Tropenfrucht, Limetten im Abgang, facettenreicher Sommerwein, mineralisch im Abgang, traminesker Nachhall.

93 Zweigelt * Ried Bärnreiser 1ÖTW 2018
14 Vol.-%, NK, gebrauchte Barriques, €€€€€
Dunkles Rubingranat, violette Reflexe, zarte Ockerrandaufhellung. Zart kräuterwürzig unterlegtes feines Brombeerkonfit, Kirschen, ein Hauch von Orangenzesten, etwas Nougat, einladendes Bukett. Saftig, elegant, frisch strukturiert, gut integrierte, tragende Tannine, etwas Edelholz im Abgang, mineralischer Nachhall, bereits sehr gut antrinkbar.

92 Zweigelt * Ried Haidacker 1ÖTW 2018
14 Vol.-%, NK, gebrauchte Barriques, €€€€€
Dunkles Rubingranat, violette Reflexe, zarte Randaufhellung. Feine Edelholzwürze, dunkle Waldbeeren, schwarze Kirschen, Lakritze, zarte tabakige Nuancen, einladendes Bukett. Saftig, elegant, süße dunkle Beerenfrucht, runde Tannine, harmonisch, gute Frische, gut antrinkbar, vielseitiger Speisenbegleiter mit Entwicklungspotenzial.

91 Zweigelt * Göttlesbrunn Bienenfresser® 2018
13,5 Vol.-%, NK, gebrauchte Barriques, €€€€
Dunkles Rubingranat, violette Reflexe, breitere Ockerrandaufhellung. Feine Kräuterwürze, ein Hauch von Brombeeren und Cassis, feiner Nougat-Touch, kandierte Orangenzesten. Saftig, dezente Schokonote, gut integrierte Tannine, mineralisch im Abgang, Dörrzwetschken, bereits entwickelt, ein vielseitiger Speisenbegleiter.

90 Zweigelt * Rubin Carnuntum 2020
14,5 Vol.-%, DV, gebrauchte Barriques, €€
Dunkles Rubingranat, opaker Kern, violette Reflexe, zarte Ockerrandaufhellung. Frische Pflaumen, dunkle Waldbeeren, ein Hauch von Orangenzesten. Saftig, feines Nougat,

* Carnuntum DAC

Brombeerkonfit, gute Frische, dezente Süße im Abgang, Zwetschken im Nachhall, gut antrinkbar.

(90) * Rot Classic Cuvée 2019 ZW/SY
13 Vol.-%, DV, gebrauchte Barriques, €€
Dunkles Rubingranat, violette Reflexe, breitere Randaufhellung. Mit zarter Holzwürze unterlegte dunkle Beerenfrucht, rote Kirschen, würziges Bukett, ein Hauch von Orangenzesten. Mittlere Komplexität, frische Zwetschken, schwarze Kirschen, frisch strukturiert, mineralisch im Abgang, vielseitig einsetzbar.

91 Merlot vom Schotter Große Reserve Quo Vadis® 2019
14 Vol.-%, NK, gebrauchte Barriques, €€€€€
Kräftiges Rubingranat, violette Reflexe, breite Ockerrandaufhellung. Zart tabakig-kräuterwürzig unterlegtes rotes Waldbeerenkonfit, etwas Kakao, mit Orangenzesten unterlegt. Mittlere Komplexität, weiche Textur, süße Erdbeernuancen, runde Tannine, Nougat im Abgang, zart blättrig, bietet unkomplizierten Trinkspaß.

★

MICHAELA RIEDMÜLLER WEINE

NEU

Ein Berg an der Grenze hat es Michaela Riedmüller besonders angetan: der Braunsberg. Tatsächlich stellt der charakteristische, prägnante Berg mit seinem massiven Felsgestein – geologisch Teil der Kleinen Karpaten – einen der letzten weißen Flecken auf Österreichs Weinlandkarte dar. Hier vinifiziert die Winzerin mit Begeisterung Blaufränkisch der besonderen Art. Elegant, fein und kühl – das beschreibt wohl am besten die Stilistik ihrer Blaufränkisch, die von Gneis und Granit des Braunsbergs geprägt sind. Nur zehn Kilometer vom Braunsberg entfernt ragt der Spitzerberg hervor, durch sein sehr trockenes und kalkreiches Terroir bringt Michaela Riedmüller hier Blaufränkisch mit straffen Tanninen, feiner Mineralik und tänzelnder Säure hervor. Nicht zu vergessen sind ihre »Down to Earth«-Weine, ein Name, der passender nicht sein könnte. Es war der Beginn ihrer eigenen Reise, der Antrieb dafür, ihr »eigenes bodenständiges Ding«

Michaela Riedmüller

MICHAELA RIEDMÜLLER WEINE
2410 Hainburg a.d. Donau
Klosterplatz 4
T: +43 (699) 15016910
weinbau.riedmueller@aon.at
www.weinbau-riedmueller.at

Kellermeister/Kontakt:
Michaela Riedmüller
Produktion: 50 % weiß, 50 % rot, 7 Hektar

zu machen. Die »Down to Earth«-Serie steht für unfiltrierte, maischevergorene, im Holzfass gereifte authentische Weine.

92 * Hainburg Ried Braunsberg 2020 GV/CH
13,5 Vol.-%, NK, 500-l-Fass, €€€
Helles Goldgelb, Silberreflexe. Zarte Kräuterwürze, feine gelbe Tropenfrucht, Nuancen von Mango, etwas Blütenhonig, frischer Apfel. Mittlere Komplexität, zarte weiße Kernobstnuancen, mineralisch-salzig, ein Hauch von Walnuss im Abgang, ein vielseitiger Speisenbegleiter.

(91) * Federnelke Weiss 2021 CH/GV
13 Vol.-%, DV, Stahltank/500-l-Fass, €€€
Helles Gelbgrün, Silberreflexe. Frischer weißer Pfirsich, ein Hauch von Lemongrass, mineralischer Touch. Straff, saftig, feine Fruchtsüße, etwas Melone, finessenreiche Säurestruktur, salzig-zitroniger Abgang, vielseitiger Speisenbegleiter.

90 Grüner Veltliner * Hainburg 2020
12,5 Vol.-%, DV, Stahltank/500-l-Fass, €€€ V
Helles Gelbgrün, Silberreflexe. Zart nach Wiesenkräutern, ein Hauch von reifer Ananas und kandierten Orangenzesten. Mittlerer Körper, weiße Birne, frische Säurestruktur, mineralisch, salziger Nachhall, individueller Stil.

93 Blaufränkisch * Prellenkirchen Ried Spitzerberg-Holzweingarten2019
13,5 Vol.-%, NK, 500-l-Fass, €€€€€
Dunkles Rubingranat, violette Reflexe, dezente Ockerrandaufhellung. Zart nach Lakritze und Mandarinenzesten, dunkle Waldbeeren klingen an, feine tabakige Würze. Saftig, rote Kirschen, seidige Tannine, saliner Abgang, bleibt gut haften, ein finessenreicher Speisenbegleiter mit Entwicklungspotenzial.

93 Blaufränkisch * Hainburg Ried Braunsberg 2019
13,5 Vol.-%, NK, 500-l-Fass, €€€€€
Dunkles Rubingranat, violette Reflexe, breitere Ockerrandaufhellung. Frische Herzkirschen, ein Hauch von Zwetschken, mit Nuancen von Edelholz unterlegt, zart tabakig-mineralisch. Saftig, feine Fruchtsüße, gut integrierte Tannine, frisch strukturiert, seidiger Abgang, gutes Reifepotenzial.

89 * Federnelke Rot 2020 BF/ME
13,5 Vol.-%, NK, 500-l-Fass, €€€

★★★

WEINGUT TAFERNER

Im Herzen Carnuntums, wo Weine mit unverwechselbarer Handschrift entstehen, liegt das traditionsreiche Weingut Taferner. Franz und seine Tochter Karoline Taferner produzieren erstklassige Weine, die durch ihren eigenständigen Charakter überzeugen. Gemeinsam werden 25 Hektar Weingärten auf den sonnigen Südhängen des Arbesthaler Hügellandes bewirtschaftet. Schwere Böden mit Lehm und Löss, Sand und Schotter bieten den kräftigen ausdrucksvollen Rotweinen und den eleganten, vollmundigen Weißweinen die besten Bedingungen. Im Weingarten wird Wert auf verantwortungsvolle schonende und nachhaltige Arbeit im Einklang mit der Natur gelegt. Wer Rotweine mit enormer Dichte, Tannin und gleichzeitig deftigem Schmelz sucht oder einen der besten Gelben Muskateller des Landes verkosten möchte, ist auf dem Weingut Taferner absolut richtig.

(92) Chardonnay * Ried Schüttenberg 2021
14 Vol.-%, NK, 500-l-Fass, €€€€€ V
Mittleres Grüngelb, Silberreflexe. Frischer gelber Apfel, ein Hauch von Mango, weiße Blüten, etwas Blütenhonig und Biskuit. Saftig, Golden-Delicious-Apfel, zarte Fruchtsüße, ein Hauch von Karamell, elegant und gut anhaftend, verfügt über Reifepotenzial.

(91) Weißburgunder * Ried Altenberg 2021
13,5 Vol.-%, NK, 500-l-Fass/Barrique, €€€€ V
Helles Goldgelb, Silberreflexe. Mit Wiesenkräutern unterlegte gelbe Kernobstnuancen, ein Hauch von Birne und Marille, zart nach Walnuss und Blütenhonig. Saftig, feine Fruchtsüße, Golden-Delicious-Apfel, dezenter Blütenhonig, balanciert, zart nussiger Rückgeschmack.

(90) * Göttlesbrunn Weiß 2021 CH/WB/GV
13 Vol.-%, DV, Holzfass/großes Holzfass/Stahltank, €€€ V
Mittleres Goldgelb, Silberreflexe. Reife Apfelfrucht, Nuancen von Birne und Ringlotte, mit frischen Orangenzesten

Franz und Karoline Taferner

WEINGUT TAFERNER

2464 Göttlesbrunn, Pfarrgasse 2
T: +43 (2162) 8465
weingut@tafi.at
www.tafi.at

Kellermeister/Kontakt:
Franz und Karoline Taferner
Anbauweise: Umstellung auf bio
Produktion: 40 % weiß, 60 % rot, 25 Hektar
Zertifiziert: Nachhaltig Austria
Vereinszugehörigkeit:
DIE Winzer Göttlesbrunn, Die Rubin Carnuntum Weingüter, Traditionsweingüter Österreich
Messen: ProWein Düsseldorf, VieVinum

unterlegt. Saftig, ein Hauch von Fruchtsüße und Karamell, dezenter Säurebogen, reife Birnen im Abgang.

(93) Zweigelt * Ried Bärnreiser 1ÖTW 2020
13,5 Vol.-%, NK, 500-l-Fass, €€€€€ Ⓥ
Tiefdunkles Rubingranat, violette Reflexe, zarte Randaufhellung. Zarte Kräuterwürze, Nuancen von Edelholz, floraler Touch, ein Hauch von Kirschen und Hibiskus. Saftig, elegant, reife Frucht, dezente Süße, seidige Tannine, bleibt haften, ein stoffiger Speisenbegleiter.

(90) Zweigelt * Rubin Carnuntum 2021
13,5 Vol.-%, DV, Stahltank/gebr. Barriques, €€€ Ⓥ
Tiefdunkles Rubingranat, violette Reflexe, zarte Randaufhellung. Mit einem Hauch von Kardamom und Pfeffer unterlegte schwarze Kirschfrucht. Mittlerer Körper, rote Kirschen, feine Fruchtsüße, frisch strukturiert, bietet unkompliziertes Trinkvergnügen.

(93) * Ried Haidacker 1ÖTW Excalibur 2020 ZW/ME/CS
14 Vol.-%, NK, Barrique/500-l-Fass, €€€€€ Ⓥ
Dunkles Rubingranat, violette Reflexe, zarte Ockerrandaufhellung. Etwas zurückhaltend, feine Kräuterwürze, ein Hauch von Zwetschken und Brombeerkonfitüre, tabakiger Anklang. Saftig, ausgewogen, süße Kirschfrucht, reife Tannine, bereits gut entwickelt, ein vielseitiger Begleiter bei Tisch.

89 * Carnuntum Cuvée 2021 ZW/BF/SL
13 Vol.-%, DV, Stahltank/gebrauchte Barriques, €€ Ⓥ

(94) V.I.B. Very Important Bottle 2019 CS/ME
14,5 Vol.-%, NK, Barrique, €€€€€€
Dunkles Rubingranat, violette Reflexe, zarte Ockerrandaufhellung. Zart kräuterwürzig unterlegte Röstaromen, dunkle Waldbeeren, reife Kirschen, Nuancen von Zwetschken. Komplex, stoffig, schokoladige Textur, reife Tannine, süßes Nougat im Abgang, holzwürzig im Nachhall, wird von Flaschenreife profitieren.

(93) Cabernet Sauvignon Tribun 2020
14,5 Vol.-%, NK, Barrique, €€€€€ Ⓥ
Dunkles Rubingranat, violette Reflexe, zarte Ockerrandaufhellung. Zart nach Vanille und Dille, mit einem Hauch von Nougat und schwarzen Beeren unterlegt, zart nach Kumquatzesten. Saftig, elegant und seidig, süße Kirschen, runde Tannine, feine Röstaromen im Abgang, zeigt gute Länge.

30 Jahre
Rubin
CARNUNTUM
Die Visitenkarte einer ganzen Region.
ERSTE LAGEN
RIEDENWEIN
ORTSWEIN
GEBIETSWEIN
www.carnuntum.com

Der Heiligenstein ist wohl die berühmteste Landmarke im Kamptal

© WSNA

NIEDERÖSTERREICH

KAMPTAL

DAC

Der beschauliche Ort Zöbing liegt am Fuße des Heiligensteins

GRÜNER VELTLINER UND RIESLING KAMPTAL DAC AUS MILLIONEN JAHRE JUNGEN BÖDEN

Namensgeber der Region ist der Kampfluss, und Langenlois hat als Stadt die größte Rebfläche. Mit 3.907 Hektar ist das Kamptal auch eines der größeren Weinbaugebiete des Landes.

Kultur und Tourismus haben einen großen Stellenwert im Kamptal, was durch Heurige und Vinotheken noch verstärkt wird. Mit dem Heiligenstein hat das Kamptal eine der markantesten Lagen Österreichs mit einem ganz besonderen Boden: einem Wüstensandstein mit vulkanischen Bestandteilen aus der 270 Millionen Jahre alten Perm-Zeit. Auf den steilen Terrassen am Südhang wachsen hauptsächlich Rieslingtrauben, die kraftvolle, langlebige Weine hervorbringen. Zur Donau hin verändern sich die Böden, hier sind auf Löss- und Lehmterrassen gute Voraussetzungen für eine Vielfalt an Weintypen gegeben. Neben dem Grünen Veltliner spielen die Burgunderfamilie sowie der Blaue Zweigelt ihre Stärken aus. Klimatisch macht sich im Kamptal die Dynamik zwischen dem heißen Pannonischen Becken und der nördlich angrenzenden kühlen Region Waldviertel bemerkbar. Die beiden Hauptrebsorten Grüner Veltliner und Riesling definieren seit 2008 den Kamptal DAC. Das anfänglich zweistufige Bezeichnungssystem erfährt gerade einen Wandel. Die neue Gliederung, die seit dem Jahrgang 2017 für alle Winzer gilt, legt größeres Gewicht auf die Herkunft, deshalb unterscheidet man nun zwischen Gebietsweinen, also Kamptal DAC, Ortsweinen, die den jeweiligen Ortsnamen als Zusatz tragen, und den Lagenweinen, der Spitze der Pyramide. Diese Weine sind leicht zu erkennen, weil vor der jeweiligen Lage das Wort »Ried« stehen muss, und in den meisten Fällen findet

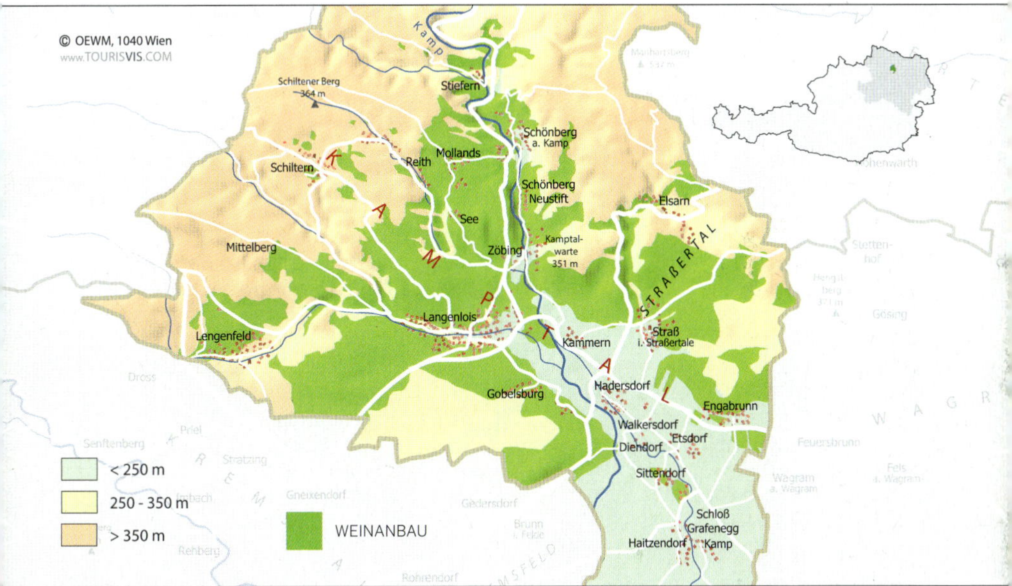

man auch zusätzlich eine Ortsangabe. Bei den Lagenweinen ist weiterhin der Begriff »Reserve« erlaubt; es wird aber sicher weniger solche Weine geben, die früher mit dieser Bezeichnung auf dem Markt gehandelt wurden. Wenn »Reserve« auf dem Etikett steht, darf der Wein nämlich frühestens im September erscheinen. Einige Winzer verzichten daher gänzlich auf den Begriff, bringen ihre Weine allerdings auch erst zu diesem späteren Zeitpunkt auf den Markt. Eine Attraktion für Weintouristen ist das Loisium, ein futuristisches Besucher- und Seminarhotelzentrum mit Vinothek und mystischen Weinerlebnissen. Das ganze Ensemble ist ein Symbol für die Symbiose aus Tradition und Innovation. Das Ursinhaus ist die zweite empfehlenswerte Adresse auf der Suche nach Kamptaler Weinen. Neben Langenlois, Gobelsburg, Straß im Straßertale, Kammern und Zöbing sind noch zahlreiche kleinere Weinorte von Bedeutung.

AUSGEWÄHLTE WEINGÜTER

>

★★★★★

Weingut Bründlmayer, Langenlois
Weingut Schloss Gobelsburg, Gobelsburg
Weingut Hirsch, Kammern

★★★★

Weingut Allram, Straß im Straßertale
Weingut Kurt Angerer, Lengenfeld
Weingut Birgit Eichinger, Straß im Straßertale
Weingut Hiedler, Langenlois
Weingut Jurtschitsch, Langenlois
Weingut Fred Loimer, Langenlois
Weingut Johann Topf, Straß im Straßertale

★★★

Martin & Anna Arndorfer, Straß im Straßertale
Weingut Ludwig Ehn, Langenlois
Weingut Leindl, Zöbing
Weingut Rudolf Rabl, Langenlois
Weingut Steininger, Langenlois
Weingut Weixelbaum, Straß im Straßertale

★★

Weingärtnerei Aichinger, Schönberg am Kamp
Weingut Am Berg – Ludwig und Michael Gruber, Langenlois
Weingut Gerhard Deim, Schönberg

<

AUSGEWÄHLTE WEINGÜTER

★★

Weingut Peter Dolle, Straß im Straßertale
Christoph Edelbauer, Langenlois
Weingut Doris und Matthias Hager, Mollands
Weingut Herndler, Schiltern
Weingut Johannes Holzer, Engabrunn
Weingut Armin Huber, Straß im Straßertale
Christina Hugl Sekt & Pet-Nat, Langenlois
Bio-Weingut Kemetner, Etsdorf am Kamp
Laurenz V., Zöbing
Weingut Maglock-Nagel, Straß im Straßertale
Weingut Christian Nastl, Langenlois
Weingut Barbara Öhlzelt, Zöbing
Weingut Retzl, Zöbing
Weingut Rosner, Langenlois
Weingut Peter Schweiger, Zöbing
Weingut Sonnhof, Langenlois

★★

Weingut Waldschütz, Straß im Straßertale

★

Alfred Markus Deim, Schönberg
Weingut Etz, Walkersdorf am Kamp
Weingut Wolfgang und Sylvia Groll, Reith/Langenlois
Winzerhof Sax, Langenlois
Weingut Schreibeis – Keller am Gaisberg, Straß im Straßertale
Weingut Reinhard Topf, Straß im Straßertale

—

Weingut Robert Herbst, Langenlois
Weingut Schmid, Langenlois

★★

WEINGÄRTNEREI AICHINGER

Kamptaler Trauben sind etwas Besonderes – ihre robuste Beschaffenheit erzählt von wechselhaften klimatischen Bedingungen: Starke Tageserwärmung und kühle nächtliche Fallwinde aus dem nahen Waldviertel kreieren eine besonders intensive Frucht. Auf Löss- und Urgesteinsterrassen wachsen Grüner Veltliner, Riesling, Sauvignon Blanc, Gemischter Satz, Weißburgunder, Roter Traminer, Zweigelt, Cabernet Sauvignon und Merlot. Familie Aichinger bewirtschaftet ihre zwölf Hektar Rebflächen mit größter Sorgfalt und viel Liebe, um das Beste aus jedem Jahrgang herauszuholen. Schon die Generation davor hat die Weingärten naturnah bewirtschaftet und größtes Augenmerk auf Bodenschonung, Bodengesundung und Humusaufbau gelegt. Nun freut man sich sehr, dass das Weingut auch »Nachhaltig Austria«-zertifiziert ist.
Beim Besuch der Weinstube kann man die gesamte Palette kennenlernen, genießen und sich auch gleich von Susanne Zimmermann kulinarisch verwöhnen lassen.

(92) Riesling ** Ried Rosenberg 2021
13 Vol.-%, DV, Stahltank, €€€€
Mittleres Grüngelb. Mit dezenten Orangenzesten unterlegte reife Pfirsichnoten, ein Hauch von Kumquats, zart nach Quittengelee. Saftig, straff, mineralisch-salzig, Zitrusnoten, weißes Steinobst im Abgang, vielseitig einsetzbar.

91 Riesling * Schönberg Terrassen 2021
12,5 Vol.-%, DV, Stahltank, €€
Mittleres Gelbgrün, silberfarbene Reflexe. Feine Kräuternoten, etwas nach Ananas und weißem Steinobst, zart nach kandierten Grapefruitzesten. Saftig, engmaschig, feine Säurestruktur, Pfirsich im Abgang, bleibt gut haften, vielseitig einsetzbar.

(92) Grüner Veltliner ** Ried Renner 2021
13 Vol.-%, DV, Stahltank, €€€
Mittleres Gelbgrün, silberfarbene Reflexe. Mit feiner Würze unterlegte Tropenfrucht, etwas nach Mango, dunkle Mineralik. Saftig, kraftvoll, feine Säurestruktur, weißes Kernobst, bleibt gut haften, unkomplizierter Speisenbegleiter.

92 Grüner Veltliner ** Ried Kalvarienberg 2017
14 Vol.-%, DV, Stahltank, €€€€
Mittleres Grüngelb, silberfarbene Reflexe. Mit feinen rauchigen Nuancen unterlegte Orangenzesten und gelbe Tropenfrucht, zart nach Ananas, Maracuja klingt an. Saftig, kraftvoll, feinwürzig, etwas nach Apfelfrucht, mineralisch, extraktsüßes Finish, stoffiger Speisenbegleiter.

© Julius Hirtzberger

WEINGÄRTNEREI AICHINGER

3562 Schönberg am Kamp
Hauptstraße 15
T: +43 (2733) 8237
kamptal@wein-aichinger.at
www.wein-aichinger.at

Kellermeister/Kontakt: Maximilian Aichinger
Produktion: 85 % weiß, 15 % rot, 12 Hektar
Zertifiziert: Nachhaltig Austria
Messen: Vinobile Feldkirch, Weinmesse Innsbruck

Maximilian Aichinger

90 Grüner Veltliner * Schönberg Löss 2021
12,5 Vol.-%, DV, Stahltank, €€
Helles Gelbgrün, silberfarbene Reflexe. Gelbe Apfelfrucht, zart nach Blütenhonig, kräutrige Nuancen, Zitrusfruchtaromen klingen an. Saftig, elegant, feine Struktur, mineralisch, gelbes Kernobst auch im Abgang, leichtfüßiges Finish, bereits gut antrinkbar.

(91) Weissburgunder Oberalbing 2021
13 Vol.-%, DV, großes Holzfass, €€€
Mittleres Gelbgrün, Silberreflexe. Mit einem floralen Touch unterlegte Williamsbirne, ein Hauch von Wiesenkräutern, Guaven klingen an. Saftig, elegant, frisch und lebendig, Zitrusnuancen im Abgang, weiße Tropenfrucht im Nachhall, guter Speisenbegleiter.

★★★★

WEINGUT ALLRAM

Das Traditionsweingut Allram der Familie Haas-Allram liegt im Herzen des Weinbaugebietes Kamptal, im Weinort Straß im Straßertale. Seit 2015 leitet mit Sohn Lorenz Haas-Allram die nächste Generation die Geschicke im Familienbetrieb. Dabei schöpft der junge Winzer aus einem enormen Potenzial, denn spricht man von Allram, so kommt man an Lagen wie Gaisberg, Renner und Heiligenstein nicht vorbei. Die 1,5 Hektar große Anlage am Heiligenstein wurde nach 30-jähriger Brache im Jahr 1998 rekultiviert und ist heute die Grundlage für einen absoluten Ausnahme-Riesling. Ziel der Winzerfamilie ist es, Weine zu keltern, die eine Geschichte erzählen – eine Geschichte der Weinberge, in denen sie ihren Ursprung finden und die Menschen, die sie prägen. So wird den erstklassigen Lagen und dem Kamptal maximaler Ausdruck verliehen. Erreicht wird dies durch lebendige Böden, eine bunte Fauna und Flora in den Weinbergen sowie minimale Eingriffe in den Reifungsprozess der Weine und Mut zu Neuem. Und so bestechen die Weine der Haas-Allrams durch Präzision und enorme Länge.
Sein Können hat Lorenz Haas-Allram bereits mit zahlreichen nationalen und internationalen Auszeichnungen eindrucksvoll unter Beweis gestellt. Bisheriges Highlight seiner jungen Winzerkarriere ist mit Sicherheit dic begehrte »White Wine Trophy« der »Interna-

Lorenz Haas-Allram

WEINGUT ALLRAM
3491 Straß im Straßertale
Herrengasse 3
T: +43 (2735) 2232
weingut@allram.at
www.allram.at

Kellermeister/Kontakt:
Lorenz Haas-Allram
Anbauweise: Umstellung auf bio
Produktion: 85 % weiß, 5 % rosé, 5 % rot, 5 % süß, 30 Hektar
Zertifiziert: Nachhaltig Austria
Vereinszugehörigkeit:
Traditionsweingüter Österreich
Messen: Austrian Tasting London, ProWein Düsseldorf, London Wine Fair, VieVinum, MondoVino

tional Wine Challenge« in London, die er mit dem Riesling Ried Gaisberg 1 ÖTW 2016 zum ersten Mal nach Österreich holte. Eine renovierte Jugendstilvilla mitten im Ort, die vom Weingut zu Fuß gut erreichbar ist, steht den Kunden und Weinfreunden als Gästehaus zur Verfügung.

93 Grüner Veltliner * Alte Reben 2021
12,5 Vol.-%, DV, Stahltank, €€€ V
Mittleres Gelbgrün. Dezente Apfelfrucht, zart nach Kumquats, ein Hauch von Papaya, Wiesenkräuter, Gewürznuancen klingen an. Saftig, engmaschig, dunkle Mineralik, zarte Kernobstnote im Abgang, lange anhaltend, vielseitig einsetzbar, verfügt über Potenzial.

92 Grüner Veltliner * Strass 2021
12,5 Vol.-%, DV, Stahltank, €€ V
Helles Gelbgrün, silberfarbene Reflexe. Feiner Blütenhonig, etwas nach reifem Apfel, dezente Mangonoten, kandierte Orangenzesten. Saftig, elegant, facettenreiche Säurestruktur, mineralisch-salzig, weiße Tropenfrucht, bleibt gut haften, trinkanimierender Stil, guter Speisenbegleiter.

92 Grüner Veltliner * Ried Hasel 2021
12,5 Vol.-%, DV, Stahltank, €€ V
Mittleres Gelbgrün, Silberreflexe. Einladender Duft nach Guaven und weißem Pfirsich, ein Hauch von Clementinen, mit Blütenhonig unterlegt. Saftig, komplex, facettenreiche Säurestruktur, würzig, kraftvoll im Abgang, Birnentouch, bleibt gut haften, vielseitiger Speisenbegleiter.

91 Grüner Veltliner * Herzstück 2021
12,5 Vol.-%, DV, Stahltank, €€ V
Helles Grüngelb, silberfarbene Reflexe. Reife Apfelfrucht, ein Hauch von Maracuja, dezente Wiesenkräuter, Orangenschalen. Saftig, elegant, engmaschig, zarte Kräuternoten, zurückhaltendes weißes Kernobst, mineralisch, bereits gut antrinkbar.

92 Riesling * Herzstück 2021
12,5 Vol.-%, DV, Stahltank, €€€ V
Mittleres Gelbgrün, silberfarbene Reflexe. Dezente Kräuterwürze, etwas reduktiv, ein Hauch von weißem Pfirsich, zart nach Kardamom. Saftig, frisch, lebendige Säurestruktur, mineralisch-salzig, zitroniger Touch, anhaltendes Finish.

91 Riesling * Strass 2021
12,5 Vol.-%, DV, Stahltank, €€€ V
Helles Gelbgrün, Silberreflexe. Weißes Steinobst, zart nach kandierten Zitruszesten, ein Hauch von Kräutern. Saftig, feiner Säurebogen, leichtfüßig, mineralisch, weiße Frucht, Limettentouch im Abgang, bereits gut antrinkbar.

93 Grauburgunder Reserve 2020
13,5 Vol.-%, NK, Barrique, €€€€€ V
Mittleres Goldgelb, Grünreflexe. Mit einem feinen Vanilletouch unterlegte reife Tropenfrucht, etwas nach Honigmelone und Passionsfrucht, Clementinen klingen an. Saftig, gute Komplexität, viel Schmelz, gut eingebundene Säurestruktur, Mango im Abgang, nussiges Finish, sicheres Entwicklungspotenzial.

© Julius Hirtzberger

92 Weißburgunder Papageno 2021
13 Vol.-%, DV, Stahltank, €€€ Ⓥ
Helles Gelbgrün, Silberreflexe. Williamsbirne, etwas nach Kräutern, Orangenschalen klingen an, mit Blütenhonig unterlegt. Saftig, straff, feine Säurestruktur, etwas nach Quitte im Abgang, extraktsüßer Nachhall, guter Speisenbegleiter.

91 Chardonnay Ried Wechselberg 2021
13,5 Vol.-%, DV, Stahltank, €€€€ Ⓥ
Mittleres Gelbgrün, silberfarbene Reflexe. Gelbe Tropenfrucht, etwas nach Sternanis, ein Hauch von kandierten Orangenzesten, Golden-Delicious-Apfel klingt an. Mittlere Komplexität, saftig, gelbes Kernobst, feinwürziger Abgang, gut integrierter Säurebogen, frischer Speisenbegleiter.

★★

WEINGUT AM BERG – MICHAEL GRUBER

Die Region von Langenlois ist seit historischen Zeiten Territorium großer Winzer. Seit einigen Jahren darf auch Michael Gruber in deren Fußstapfen treten. Weinbau ist für ihn nicht nur Lebensinhalt, sondern auch Leidenschaft. Das Konzept der Familie Gruber lässt sich in ein paar Schlagworten zusammenfassen: Regionalität & Authentizität kombiniert mit alten Reben und vergessenen Lagen. Das »Weingut am Berg« befindet sich im Ort Mittelberg am Rande des Kamptals, umgeben von den Lagen Kellerberg und Loiserberg. Es entwickeln sich hier auf engstem Raum unterschiedliche Mikroklimata, die für eine optimale Terroir-Vielfalt sorgen und somit ideale Voraussetzungen bieten. Neben den allgegenwärtigen Veltlinern und Rieslingen setzen die Grubers auf die Vielfalt des Kamptals und die Bandbreite, die sie hier vorfinden. So entstehen Weine mit Charakter und mit ihrer persönlichen Handschrift. Urgestein, Überbleibsel der Böhmischen Masse, spielt hier oben, 200 Höhenmeter über Langenlois, eine elementare Rolle. Geprägt ist die Gegend von Gneis und urzeitlichem Löss. Dem wenig bekannten Kellerberg stehen Lagen zur Seite, die in keiner Verkostung großer Kamptaler Weine fehlen, allen voran der Käferberg, die Ried Steinhaus und der Loiserberg.

93 Grüner Veltliner ** Ried Käferberg 2020
13,5 Vol.-%, DV, großes Holzfass, €€€€
Leuchtendes Grüngelb, silberfarbene Reflexe. Feiner Blütenhonig, etwas nach Kumquats, Papaya klingt an, mit Orangenschalen unterlegt. Gute Komplexität, saftig, wirkt leichtfüßig, Ananastouch im Abgang, dunkle Mineralik im Nachhall, kraftvoller Speisenbegleiter.

91 Grüner Veltliner * Ried Loiserberg 2021
12,5 Vol.-%, DV, Stahltank, €€
Mittleres Grüngelb, Silberreflexe. Feine Kräuternoten, ein Hauch von Birnen, zart nach Apfelfrucht, feine Zitrusnuancen. Saftig, elegant, feine Säurestruktur, extraksüß nach Mango, mineralisch, bleibt gut haften, bereits gut antrinkbar.

91 Grüner Veltliner ** Ried Steinhaus 2020
13,5 Vol.-%, DV, Teilbarrique, €€€
Leuchtendes Grüngelb, silberfarbene Reflexe. Feine Kräuter-Tabak-Würze, gelbe Tropenfrucht, zart nach Ananas und Anis, Orangenzesten. Mittlerer Körper, kraftvoll, gut eingebundener Säurebogen, mineralisch, dezente Würze im Abgang, Kernobst im Nachhall, stoffiger Speisenbegleiter.

92 Riesling ** Ried Steinhaus 2020
13,5 Vol.-%, DV, Teilbarrique, €€€
Leuchtendes Grüngelb, Silberreflexe. Feine Tabakwürze, unterlegt mit Blütenhonig, ein Hauch von Maracuja, etwas nach

WEINGUT AM BERG
MICHAEL GRUBER
3550 Langenlois
Mittelberg 41
T: +43 (2734) 2965
office@weingut-am-berg.at
www.weingut-am-berg.at

Kellermeister/Kontakt:
Michael Gruber
Produktion: 80 % weiß, 15 % rot, 5 % süß, 15 Hektar
Messen: VieVinum, Vinobile Feldkirch, Weinmesse Innsbruck

Melisse. Saftig, elegant, mineralisch, feine Tropenfrucht im Abgang, würziger Nachhall, straffer Speisenbegleiter.

92 Riesling Ried Stein Terrassen 2021
11,5 Vol.-%, DV, Stahltank, €€€
Helles Gelbgrün, Silberreflexe. Feine Zitrusnuancen, ein Hauch von Gewürzen, etwas nach Pfirsich, dezente Noten von Guaven, frisches Bukett. Saftig, elegant, facettenreiche Säurestruktur, mineralisch-salzig, weißes Steinobst im Abgang, fruchtsüßes Finish, guter Speisenbegleiter.

92 Burgunder Reserve Langenlois Ried Loiserberg 2019 CH/PG/WB
13,5 Vol.-%, DV, Barrique, €€€€
Leuchtendes Gelbgrün, Silberreflexe. Mit Vanille unterlegte Quitte und Papaya, ein Hauch von Kräutern, floraler Touch, blumige Aromatik. Saftig, elegant, feinwürzig, zart nach weißem Nougat, Mango im Abgang, Holznuancen im Nachhall, leichtfüßig, moderner Speisenbegleiter.

★★★★

WEINGUT KURT ANGERER

Kurt Angerer, bodenständig und weltoffen zugleich, ist einer aus der jungen Winzergeneration, der sich dem Grünen Veltliner verschrieben hat. Nicht, dass er ausschließlich die wichtigste Sorte Österreichs keltern würde, aber er ist bestrebt, ihre Vielfalt zum Ausdruck zu bringen. Dabei entstehen Weine, die ihre mineralischen Strukturen und unterschiedlichen Standorte auszudrücken vermögen. Urgesteinsböden, tiefgründige Lössböden und Kies erlauben eigenständige Weine mit Namen, die auf ihre Herkunft Bezug nehmen: Sie heißen »Kies«, »Spies«, »Loam«, »Granit« oder »Eichenstaude«. Bereits seit 170 Jahren betreibt die Familie Angerer in den Rieden des beschaulichen Winzerortes Lengenfeld Weinbau, der heutige Inhaber bewirtschaftet 39 Hektar. Hier entstehen Weine von großer Individualität, mit denen sich der zu den Newcomern zählende Kurt Angerer bereits in das Spitzenfeld der Kamptaler Winzer katapultiert hat und die ihm zahlreiche internationale Auszeichnungen eingebracht haben. Mit seinem herausragenden Syrah Red Granite holte Kurt Angerer 2019 bei der Falstaff-Rotweinprämierung den Sieg in der »Reserve Trophy«.

WEINGUT KURT ANGERER
3552 Lengenfeld
Annagasse 101
T: +43 (676) 4306901
kurt.angerer@aon.at
www.kurt-angerer.at

Kellermeister/Kontakt:
Kurt Angerer
Produktion: 60 % weiß, 40 % rot, 39 Hektar
Messen: Austrian Tasting London, ÖGW Zürich, ProWein Düsseldorf, Vinexpo Bordeaux

95 Grüner Veltliner Unfiltriert 2020
14 Vol.-%, NK, Barrique, €€€€€
Leuchtendes Gelbgrün, silberfarbene Reflexe. Feine Tropenfruchtnoten, etwas nach Karamell, zart nach Gewürzen, Tabaknuancen, Honigmelone klingt an. Straff, elegant, fruchtsüß nach Marillen, feinwürzig, etwas Honig im Nachhall, vielschichtiger Speisenbegleiter mit Potenzial.

94 Grüner Veltliner Eichenstaude 2021
14 Vol.-%, DV, Stahltank, €€€€
Mittleres Gelbgrün. Gelbe Tropenfrucht, zart nach Maracuja, kandierte Mandarinenzesten, Birnentouch, dezente Wiesenkräuter, mineralischer Touch. Saftig, gute Komplexität, straff, facettenreiche Säurestruktur, extraktsüß nach Apfel, bleibt sehr gut haften, vielschichtiger Speisenbegleiter.

(94) Grüner Veltliner Ried Schreckenstein 2021
14,5 Vol.-%, NK, großes Holzfass, €€€€€
Mittleres Gelbgrün, Silberreflexe. Zart nach Kräutern und reifer gelber Apfelfrucht, etwas nach Kamille, Orangenzesten, lebendiges Bukett. Saftig, straff, balancierter Säurebogen, Birnentouch im Abgang, salzig im Nachhall, feinwürziger Rückgeschmack, gutes Entwicklungspotenzial.

92 Grüner Veltliner Loam 2021
13,5 Vol.-%, DV, Stahltank, €€€€
Helles Gelbgrün, Silberreflexe. Einladender Duft nach Mango und Ananas, ein Hauch von Blütenhonig, zart nach Clementinen, blumiger Touch. Saftig, kraftvoll, gelber Apfel im Abgang, lang anhaltend, nussiger Nachhall, guter Speisenbegleiter.

92 Grüner Veltliner Spies 2021
14 Vol.-%, DV, €€€€
Mittleres Gelbgrün, Silberreflexe. Zart mineralisch, feiner Zitrustouch, ein Hauch von Apfel, kräuterwürzig, engmaschiges Bukett. Mittlerer Körper, saftig, gut integrierte Säurestruktur, Papayanoten im Abgang, vielseitig einsetzbar.

90 Grüner Veltliner Kies 2021
12,5 Vol.-%, DV, Stahltank, €€
Helles Gelbgrün, silberfarbene Reflexe. Zarte Kräuternoten, ein Hauch von Quitte, dezente Note von Melisse, dunkle Mineralik. Saftig, feine Struktur, würzig, balanciert, weiße Apfelfrucht, frisches Finish, bereits gut antrinkbar.

(95) Riesling Ried Pfeiffenberg 2021
14 Vol.-%, NK, großes Holzfass, €€€€€
Leuchtendes mittleres Goldgelb. Zart nach Grapefruit und weißem Steinobst, ein Hauch von Quitte, Tabak-Räucher-Würze, ganz zart mit Blütenhonig unterlegt. Saftig, komplex, engmaschig, extraktsüß nach Marille, vielschichtig, facettenreicher Säurebogen, mineralischer Nachhall, sortentypisch und trinkanimierend, sicheres Entwicklungspotenzial.

(94) Riesling Ried Ametsberg 2021
13 Vol.-%, DV, großes Holzfass, €€€€
Helles Gelbgrün, Silberreflexe. Mit Zitruszesten unterlegte feine Tropenfrucht, ein Hauch von Gewürzen, feine Maracujanoten, etwas nach Pfirsich. Engmaschig, komplex, lebendiger Säurebogen, frische Zitrusnoten auch im Abgang, salzig-mineralisch im Rückgeschmack, extraktsüßer Nachhall, facettenreicher Speisenbegleiter.

★★★

MARTIN & ANNA ARNDORFER

BIO

Wein ist aus Sicht von Martin und Anna Arndorfer ein Handwerk, das auch Freiraum für Kreativität, Sensibilität und jede Menge Persönlichkeit lässt. Sie stellten sich die Aufgabe, Weine zu produzieren, »die Handwerk, Herkunft und Leidenschaft vereinen und in der großen Weinwelt Neugierde wecken und Freude bereiten«. Die Weingärten, in denen Martin und Anna Arndorfer ihre eigenen Visionen zu Wein machen können, liegen rund um Straß im Straßertale – darunter Parzellen in Top-Lagen wie Gaisberg, Offenberg, Wechselberg, Wechselberg-Spiegel, Hasel, Stangl, Merschein, Hölle und Brunngasse. Die lebendigen, mineralischen Böden geben ihren Reben den nötigen Lebensraum, um saftige, fruchtkonzentrierte Trauben entstehen zu lassen. Um diesen ursprünglichen Geschmack der Traube und der Lage zu bewahren, verzichten die beiden auf jegliche Eingriffe im Keller, sodass der pure, saftige Charakter transportiert wird. Das Ergebnis ist zum einen in den Charakterweinen wie »Strasser Weinberge« oder »die Leidenschaft« schmeckbar und zum anderen in der Serie der Naturweine. Bei den Naturweinen vergärt der Saft mit der Schale, wodurch der saftige Geschmack der Traube noch intensiver im Wein wiederzukennen ist. Mit »rosa marie«, »anina verde« oder »martha rouge« entstehen Kombinationen, die voller Überraschungen stecken. Der Trinkfluss und die Bekömmlichkeit haben in all ihren Weinen einen hohen Stellenwert. Die Aufmerksamkeit für viele Details in ihrer Arbeit ist spürbar und schafft in Summe einen Gesamtauftritt, der beeindruckt, inspiriert und vor allem viel Freude bereitet.

94 Grüner Veltliner Per se 2020
11,5 Vol.-%, NK, gebrauchte Barriques, €€€€€
Leuchtendes wolkiges Bernstein, Orangereflexe. Feine Wiesenkräuter, zart nach Birnen und Guaven, etwas kandierte Kumquats, zart rauchig, Zimt klingt an. Gute Komplexität, engmaschig, feinwürzig, leichtfüßiger Speisenbegleiter, dunkle Mineralik, samtige Textur, weißer Apfel, Kräuter-Nuss-Nuancen im Nachhall, vielschichtiger Speisenbegleiter.

93 Gemischter Satz Terrassen 1958 2020
12 Vol.-%, NK, gebrauchte Barriques, €€€€€
Leuchtendes Goldgelb, silberfarbene Reflexe. Feiner Holz-Vanille-Touch, etwas nach Mango, zart nach Orangenzesten, Birne klingt an, mit Werthers Original unterlegt. Saftig, ele-

Martin und Anna Arndorfer

MARTIN & ANNA ARNDORFER

3491 Straß im Straßertale
Weinbergweg 16
T: +43 (2735) 2254
info@ma-arndorfer.at
www.ma-arndorfer.at

Kellermeister: Martin Arndorfer
Kontakt: Martin und Anna Arndorfer
Anbauweise: Zertifiziert Biologisch
Produktion: 85 % weiß, 15 % rot, 20 Hektar
Messen: VieVinum, The Real Wine Fair London

gant, fruchtsüß nach Pfirsich, dazu Clementinen, floraler Touch, tabakiger Nachhall, vielseitiger Speisenbegleiter.

92 Vereinter Schatz weiß 2021

12,5 Vol.-%, DV, großes Holzfass, €€€

Wolkiges mittleres Grüngelb. Feine Wiesenkräuter, etwas nach Maracuja, ein Hauch von Melisse, etwas nach Birne, rauchige Nuancen. Saftig, straff, feine Kräuternoten, samtige Textur, weißes Steinobst, zarter Gerbstoff, gut eingebundene Säurestruktur, vielschichtiger Speisenbegleiter.

93 anina verde 2021 GV/RR

11,5 Vol.-%, NK, Teilbarrique/Beton, €€€€

Trübes mittleres Bernstein, etwas Silberreflexe. Einladender Duft nach reifem Apfel, zart kandiert, etwas nach Blutorangen, Blütenhonig, mit Mandelkrokant und Lebkuchen unterlegt, einladendes Bukett. Saftig, engmaschig, facettenreiche Säurestruktur, tabakig, etwas nach Honigmelone, dunkle Mineralik, guter Speisenbegleiter.

93 die Leidenschaft weisz 2020 GV/CH/NB/RR

13 Vol.-%, NK, Barrique, €€€€€

Leuchtendes Grüngelb, silberfarbene Reflexe. Reife Tropenfrucht, mit Blütenhonig unterlegter Marillentouch, ein Hauch von weißer Schokolade, Quittengelee klingt an. Saftig, komplex, straff, facettenreiche Säurestruktur, mineralisch-salzig, gelbe Frucht im Abgang, Litschis im Nachhall, sicheres Potenzial.

93 Neuburger Herrengasse 4 2021

11,5 Vol.-%, NK, gebrauchte Barriques, €€€€€

Wolkiges mittleres Gelbgrün. Zarte Mangonoten, etwas Blütenhonig, zart nach Wiesenkräutern, etwas Birnenfrucht, Karamell und Holunderblüten klingen an, facettenreiches Bukett. Saftig, gute Komplexität, salzig, engmaschig, nach Pfirsich, mineralisch, wirkt leichtfüßig, weißes Nougat im Nachhall, vielschichtiger Speisenbegleiter.

93 Müller Thurgau Per se 2020

11 Vol.-%, NK, gebrauchte Barriques, €€€€€

Wolkiges mittleres Goldgelb, silberfarbene Reflexe. Etwas nach Maracuja und Tabak-Holz-Würze, ein Hauch von Kletzen, Blütenhonig, floraler Touch. Saftig, engmaschig, etwas nach Papaya, facettenreiche Säurestruktur, Akazienblüten, karamelliges Finish, Gerbstoff im Nachhall, guter Speisenbegleiter mit Entwicklungspotenzial.

92 rosa marie 2021 ZW/GV

12 Vol.-%, NK, gebrauchte Barriques, €€€€

Leuchtendes Ribiselrot, zarte Trübung. Einladendes Bukett nach roten Beeren, frisch und fruchtig, Blutorangenzesten, reife Kirschfrucht, facettenreiches Bukett. Saftig, engmaschig, gut eingebundene Säurestruktur, Feigentouch, leichtfüßig, guter Speisenbegleiter.

91 martha rouge 2021 ZW/SB

11 Vol.-%, NK, gebrauchte Barriques, €€€€

Dunkles Rubingranat, violette Reflexe, zarte Randaufhellung. Zarte Holz-Tabak-Würze, etwas nach Kardamom, ein Hauch von roten Kirschen, dunkles Waldbeerenkonfit, floraler Touch. Saftig, straff, facettenreiche Säurestruktur, fruchtsüß nach Heidelbeeren, feines Tannin, bereits gut antrinkbar, feinwürziger Speisenbegleiter.

★★★★★

WEINGUT BRÜNDLMAYER

BIO

Im Hause Bründlmayer ist vieles beeindruckend: die Menschen, die Güte der hier in Langenlois erzeugten Weine und schließlich das freundliche und bescheidene Wesen des Mannes, der seit 1980 für den Erfolg dieses Paradeunternehmens sorgt. Nahezu jeder Wein – vom leichtesten Grünen Veltliner über den Rotwein bis hin zum Sekt – hat das Potenzial, Jahrgangsbester seiner Kategorie zu sein.
Die Weingärten werden seit 2015 biologisch-organisch bewirtschaftet. Rund ein Viertel der Rebanlagen wird in sogenannter »Lyra-Erziehung« kultiviert. Wichtigste Rebsorte des Weinguts ist und bleibt der Grüne Veltliner: Von leichten Gebietsweinen bis hin zu komplexen und nachhaltigen Lagenweinen reicht das Spektrum. Die Riesling-Trauben wachsen auf den kargen Gesteinsböden wie etwa auf der Riede Steinmassl. Die historisch älteste und sicher auch berühmteste Lage ist der Zöbinger Heiligenstein, dessen Boden aus der 270 Millionen Jahre zurückliegenden Perm-Zeit stammt. Dieser Wüstensandstein mit vulkanischen Bestandteilen schafft die Voraussetzung für das Wachstum herausragender Weine. Die feinsten Früchte reifen hoch oben auf dem Berg in einem in sich geschlossenen Naturschutzgebiet.
Wichtigste Rebsorte des Weinguts ist und bleibt der Grüne Veltliner: Von angenehmen leichten Qualitäts- und Kabinettweinen bis hin zu komplexen und nachhaltigen Spätlesen reicht das Spektrum. Die Riesling-Trauben wachsen auf den kargen Gesteinsböden in den Rieden Steinmassl und Heiligenstein, die daraus gewonnenen Weine können ein geradezu biblisches Alter erreichen. Als Spezialitäten des Hauses gelten ferner der Chardonnay und die Burgundersorten (Pinot Noir, Grau- und Weißburgunder). Auch wenn die Rotweine mehr durch Finesse als durch Kraft glänzen, ist es für Willi Bründlmayer ein besonderes Vergnügen, in diesem klimatischen Grenzgebiet schöne, bekömmliche Rotweine mit markanter Persönlichkeit heranzuziehen. Vor allem sein Pinot Noir erregte jüngst auch international Aufmerksamkeit. Eine Klasse für sich ist der »Bründlmayer Brut«, der nach klassischer Gärung etwa drei Jahre auf der Hefe gelagert, dann per Hand gerüttelt und im Keller degorgiert wird. Im Vinotheksarchiv lagern seit 1947 die jeweils wertvollsten Jahrgänge. Bei intensiven internen Verkostungen aus dem Archiv der Vinothek lernt man vieles über Lagen, Jahrgangscharakter und Ausbaustil.
Mit einem Exportanteil von 30 Prozent ist der Familienbetrieb auch international sehr erfolgreich. Fünfmal in Folge erhielt das Weingut die Auszeichnung »Winery of the year« des amerikanischen »Wine & Spirits Magazine«, und die britische »Financial Times« nennt Bründlmayer ein »Leuchtfeuer des österreichischen Weinbaus«. Alle aktuellen Weine können im Heurigenhof Bründlmayer, einem Renaissancebau aus dem 16. Jahrhundert, auch glasweise verkostet werden.

96 ❸ Bründlmayer Brut Nature Blanc de Blancs Langenlois Große Reserve 2017
Deg. 01/2022, 12,5 Vol.-%, NK, Flaschengärung, €€€€€€
Mittleres Goldgelb, Silberreflexe, feinperliges Mousseux. Feine Apfelfrucht, zart nach Guaven, ein Hauch von Kräutern, Mangonoten, mineralischer Touch, weiße Tropenfrucht, facettenreiches Bukett. Saftig, engmaschig, Zitrus und Brioche, zart nach Williamsbirne, lange anhaltend, facettenreicher Speisenbegleiter mit sicherem Potenzial.

95 ❸ Bründlmayer Blanc de Noirs Extra Brut Langenlois Grosse Reserve 2015
Deg. 22 Sept. 2021, 12 Vol.-%, NK, Flaschengärung, €€€€€€ Ⓥ
Helles Goldgelb, Silberreflexe, anhaltendes zartes Mousseux. Gelbe Tropenfrucht, ein Hauch von Tabak-Holz-Würze, etwas nach Guaven und Ringlotten, facettenreiches Bukett. Gute Komplexität, lebendiger Säurebogen, zart nach Quitte und reifer Birne im Abgang, weißes Nougat im Nachhall, vielschichtiger Speisenbegleiter mit Reifepotenzial.

94 ❸ Bründlmayer Blanc de Blancs Extra Brut Reserve Niederösterreich g.U. NV
Deg. 23. Sept. 2021, 12 Vol.-%, NK, Flaschengärung, €€€€€ Ⓥ
Mittleres Grüngelb, Silberreflexe, feines, anhaltendes Mousseux. Feines Biskuit, Nuancen von weißem Pfirsich und Apfel, ein Hauch von Wiesenkräutern und Limettenzesten. Stoffig, elegant, feine Kernobstnuancen, frischer

WEINGUT BRÜNDLMAYER
3550 Langenlois, Zwettler Straße 23
T: +43 (2734) 21720
weingut@bruendlmayer.at
www.bruendlmayer.at
Kellermeister: Christopher Forst
Kontakt: Willi Bründlmayer, Andreas Wickhoff, Thomas Klinger
Anbauweise: Zertifiziert Biologisch (Bio Aust
Produktion: 600.000 Flaschen
15 % Schaumwein, 59 % weiß, 10 % rosé, 15 % rot, 1 % süß, 90 Hektar
Zertifiziert: Nachhaltig Austria
Vereinszugehörigkeit:
Traditionsweingüter Österreich
Messen: Austrian Tasting London, Foodex Ja Millésime Bio, ProWein Düsseldorf, VieVinum Vinexpo Bordeaux, MondoVino, Summa Marg

Säurebogen, engmaschig, salzig im Abgang, ein finessenreicher Speisenbegleiter.

92 Bründlmayer Brut Rosé Reserve Niederösterreich g.U. NV PN/SL/ZW
Deg. 01/2022, 11,5 Vol.-%, NK, Flaschengärung, €€€€€ V
Helles Altrosa, Kupferreflexe, feines Mousseux. Feine Kräuternoten, etwas nach roten Waldbeeren, ein Hauch von Pflaumen, Pfirsichnoten klingen an. Saftig, elegant, mineralisch, zart nach Kirschen, fruchtiger Abgang, würzig-nussiger Nachhall, bleibt gut haften, vielseitig einsetzbar.

97 Riesling * Zöbing Ried Heiligenstein 1ÖTW Alte Reben 2020
13 Vol.-%, NK, großes Holzfass, €€€€€€ B V
Mittleres Gelbgrün, silberfarbene Reflexe. Mit kandierten Limetten unterlegte Pfirsich- und Ananasfrucht, zart mineralisch, etwas weiße Tropenfrucht, Feuersteinnoten klingen an, facettenreiches Bukett. Saftig, komplex, engmaschig, lebendige Säurestruktur, feinwürzig, weißes Steinobst, lange anhaltend, Wellen von Fruchtsüße, präziser Speisenbegleiter mit viel Entwicklungspotenzial.

(95) Riesling * Zöbing Ried Heiligenstein 2021
12,5 Vol.-%, NK, Stahltank, €€€€€ B V
Helles Grüngelb, silberfarbene Reflexe. Feine Tabak-Kräuter-Würze, etwas reife Tropenfrucht, Marillentouch, dunkle Mineralik, etwas nach Blüten. Engmaschig, balanciert, Pfirsichtouch, etwas nach Ringlotten im Abgang, Orangentouch im Rückgeschmack, zitroniger Nachhall, bleibt sehr gut haften, vielschichtiger Speisenbegleiter mit Potenzial.

(94) Riesling * Langenlois Ried Steinmassl 1ÖTW 2021
12,5 Vol.-%, NK, Stahltank, €€€€ B V
Helles Gelbgrün, Silberreflexe. Zart nach weißem Weingartenpfirsich, ein Hauch von Tropfenfrüchten, Nuancen von Limettenzesten, mineralischer Touch. Straff, engmaschig, zitroniger Touch, grüner Apfel, knackig, wirkt leichtfüßig, ein schlanker, präziser Speisenbegleiter mit sicherem Reifepotenzial, toller Sommerwein.

92 Riesling * Terrassen 2021
12 Vol.-%, DV, Stahltank, €€€ B V
Helles Grüngelb, Silberreflexe. Mit feinen Kräuternoten unterlegtes weißes Steinobst, zart nach Clementinen, Blütenhonig, frisches und lebendiges Bukett. Saftig, mittlere Komplexität, straff, Pfirsichnoten, gut integrierte Säurestruktur, mineralisch-würziger Nachhall, bleibt gut haften, spannender Speisenbegleiter.

96 Grüner Veltliner * Kammern Ried Lamm 1ÖTW 2020
13 Vol.-%, NK, kleines Holzfass, €€€€€€ B V
Mittleres Goldgelb, silberfarbene Reflexe. Mit feiner Röstaromatik unterlegte reife Honigmelone und Ananas, ein Hauch von Kräutern, weißes Nougat, kandierte Orangenschalen. Saftig, komplex, engmaschig, facettenreiche Säurestruktur, nussiger Touch, gelbe Apfelfrucht im Abgang, lange anhaltend, sicheres Potenzial.

(95) Grüner Veltliner * Langenlois Alte Reben 2021
12,5 Vol.-%, NK, großes Holzfass, €€€€€ V
Mittleres Goldgelb, Grünreflexe. Zart nach Vanille und Tabak,

© Robert Herbst

ein Hauch von Toffee, Mangotouch, Blütenhonig und Melone klingen an. Gute Komplexität, facettenreich, salzig, engmaschig, nach weißer Tropenfrucht, etwas Papaya, mineralisch-salzig, gut integrierter Säurebogen, feinwürzig, nussiger Nachhall, vielseitiger Speisenbegleiter, sicheres Potenzial.

94 Grüner Veltliner * Langenlois Ried Käferberg 1ÖTW 2020
13 Vol.-%, NK, kleines Holzfass, €€€€€€ B V
Mittleres Gelbgrün, Silberreflexe. Zart nach Kräutern, ein Hauch von Tabak, reife Apfelfrucht, etwas weiße Tropenfrucht, Orangenzesten. Saftig, elegant, feine Struktur, samtige Textur, zart nach Mango, mineralisch unterlegt, feinwürziges Finish, guter Speisenbegleiter, wird von Flaschenreife profitieren.

93 Grüner Veltliner * Ried Rosenhügel 2021
13 Vol.-%, NK, großes Holzfass, €€€
Mittleres Grüngelb, silberfarbene Reflexe. Feine Tabakwürze, zart nach Quittengelee, ein Hauch von Blütenhonig, etwas kandierte Orangenzesten, einladendes Bukett. Saftig, gute Komplexität, extraktsüß nach weißem Kernobst, Pfirsichtouch, lange anhaltend, zitroniger Nachhall, vielseitiger Speisenbegleiter.

(93) Grüner Veltliner * Langenlois Ried Loiserberg 1ÖTW 2021
13 Vol.-%, Stahltank/großes Holzfass, €€€€ B V
Helles Grüngelb, Silberreflexe. Frischer Golden-Delicious-Apfel, ein Hauch von Wiesenkräutern, zart nach Birne und Mandarinenzesten. Mittlere Komplexität, weißes Kernobst, straffer Säurebogen, zitronig, etwas Blütenhonig im Nachhall, ein ausgewogener, lebendiger Speisenbegleiter.

92 Grüner Veltliner * Langenlois Ried Berg Vogelsang 2021
12,5 Vol.-%, DV, Stahltank, €€€ B H V
Helles Grüngelb, Silberreflexe. Dunkle Mineralik, etwas nach Maracuja, ein Hauch von Kräutern, zart nach Blütenhonig, Orangenblüten klingen an. Saftig, straff, engmaschig, extraktsüß nach Apfel, frisch und mineralisch-salzig, würziger Nachhall, ein leichtfüßiger Speisenbegleiter.

91 Grüner Veltliner * Terrassen 2021
12 Vol.-%, DV, Stahltank, €€€ B V
Helles Grüngelb, silberfarbene Reflexe. Feine Kräuterwürze, zart nach weißem Apfel, etwas nach Papaya, Grapefruitzesten. Saftig, frische Säurestruktur, elegant, lebendig und mineralisch, weiße Fruchtnoten, zitroniger Nachhall, bleibt gut haften.

90 Grüner Veltliner L + T (leicht & trocken) 2021
11 Vol.-%, DV, Stahltank, €€ B V
Sehr helles Gelbgrün, Silberreflexe. Zart nach Wiesenkräutern und weißem Apfel, ein Hauch von Limettenzesten. Leichtfüßig, weißes Kernobst, frischer Säurebogen, feine Fruchtsüße, gelbe Birne, zitroniger Nachhall, ein lebendiger Alltagswein.

95 Chardonnay Ried Steinberg Reserve 2020
13 Vol.-%, NK, kleines Holzfass, €€€€€ B V
Mittleres Gelbgrün, silberfarbene Reflexe. Feine Edelholzwürze, etwas nach Birne, zart nach kandierten Orangenzesten, ein Hauch von Melone. Saftig, komplex, facettenreiche Säurestruktur, cremige Textur, Papaya und weißes Nougat im Abgang, salziger Nachhall, vielschichtig, guter Speisenbegleiter mit Potenzial.

93 Gelber Muskateller Langenlois Ried Rosenhügel 2021
12,5 Vol.-%, NK, Stahltank, €€€€ B V
Helles Grüngelb, Silberreflexe. Zart rauchig, feine Kräuterwürze, weiße Frucht, etwas Holunderblüten, Limetten. Saftig, elegant, Nuancen von weißem Steinobst, gut integrierte Fruchtsüße, finessenreiche Säurestruktur, Ananas im Nachhall, zeigt Länge, gutes Reifepotenzial.

93 Grau- und Weißburgunder Ried Spiegel 2019 PG/WB
12,5 Vol.-%, DV, großes Holzfass, €€€€ V
Mittleres Gelbgrün, Silberreflexe. Reife Tropenfrucht, etwas nach Ananas und Honigmelone, ein Hauch von Bergamotte, zart nach Vanille-Holz-Würze. Saftig, mittlere Komplexität, etwas laktisch, Marille klingt an, Kräuternoten im Nachhall, guter Speisenbegleiter.

92 Pinot Noir 2018
13 Vol.-%, NK, großes Holzfass, €€€€€ V
Mittleres Karmingranat, Ockerreflexe, breitere Randaufhellung. Zarte Edelholznuancen, dunkle Waldbeeren, ein Hauch von Karamell und Kirschen. Saftig, elegant, rotbeerig, feine Tannine, gute Frische, ein Hauch von Ribiseln im Nachhall, ein vielseitiger Speisenbegleiter.

92 Zweigelt Reserve 2018
13 Vol.-%, NK, kleines Holzfass, €€€€€ V
Tiefdunkles Rubingranat, violette Reflexe, zarte Randaufhellung. Etwas nach Wiesenkräutern, Brombeernoten, zart animalische Nuancen, Kardamom klingt an. Saftig, elegant, zart cremig, gut eingebundene Tannine, mineralisch, Kirschnoten im Abgang, salziger Nachhall, guter Speisenbegleiter mit Potenzial.

90 Zweigelt 2019
13 Vol.-%, DV, großes Holzfass, €€€ B V
Dunkles Rubingranat, violette Reflexe, zarte Randaufhellung. Feine Kräuternoten, etwas rote Waldbeerenfrucht, zart nach Zwetschken. Saftig, elegant, präsente Tanninstruktur, reife schwarze Kirschen im Abgang, Gewürznuancen im Nachhall, bereits gut antrinkbar.

Julia und Markus Deim

ALFRED MARKUS DEIM
3562 Schönberg
Mollandser Straße 14
T: +43 (664) 3502312
weinbau@deim.info
www.deim.info

Kellermeister/Kontakt:
Alfred Markus Deim
Produktion: 75 % weiß, 1 % rosé, 23 % rot, 1 % süß, 20 Hektar

★

ALFRED MARKUS DEIM

Das traditionelle Weingut der Familie Deim wurde erstmals im Jahr 1772 erwähnt und hat somit weitreichende historische Wurzeln. Der Betrieb wird seit jeher als Familienbetrieb geführt, zudem arbeiten zurzeit drei Generationen mit Freude im Betrieb. Der junge Weinbau- und Kellermeister Markus Deim ist seit seiner frühen Jugend im Weingut involviert. In Übersee sammelte er umfangreiche Erfahrungen, die er bereits im gelungenen Chefwein und der Premiumlinie »Goldedition« umsetzen konnte. In dieser präsentieren sich die edelsten Weine für ein unvergessliches Geschmackserlebnis, darunter befinden sich unter anderem ein starker Grüner Veltliner sowie ein Riesling, aber auch ein Eiswein, der heutzutage eine echte Rarität unter den Weinen darstellt. Insgesamt weist das Weingut eine sehr breite Weinpalette auf und bietet zum Beispiel auch Pinot Blanc, Chardonnay, Rivaner, Malvasier, Sauvignon Blanc, Gelber Muskateller, Gemischter Satz sowie Zweigelt und Pinot Noir.
Den Weingärten, die den Grundstein für hervorragende Weine bilden, werden sehr viel Liebe und Aufmerksamkeit geschenkt. Sie befinden sich im Naturpark Kamptal und im UNESCO-Weltkulturerbe Wachau. Auf dem Gut, das sich einem betont umweltfreundlichen Weinbau verschrieben hat, werden alle Trauben per Hand gelesen. Gemäß den nachhaltigen Grundsätzen des Weinguts wird der Wein überwiegend in großen Eichenholzfässern vergoren und dort bis zur Flaschenreife gelagert. Eine erlebnisreiche Kellerführung durch den romantischen Gewölbekeller ist ein einzigartiges Erlebnis. Danach können die Weine in einem gemütlichen Zirbenstüberl nach Herzenslust mit Genuss verkostet werden. Der Betrieb der Familie Deim weist auch weiterhin eines der besten Preis-Leistungs-Verhältnisse auf.

92 Grüner Veltliner * Ried Irbling 2021
13 Vol.-%, DV, großes Holzfass, €€
Mittleres Gelbgrün, Silberreflexe. Reife Apfelfrucht und Honigmelone, unterlegt mit etwas Wiesenkräutern, Blütenhonig klingt an. Saftig, elegant, fruchtsüß nach Mango, gut integrierte Säurestruktur, bleibt gut haften, einladender Speisenbegleiter.

90 Grüner Veltliner * Ried Bühel 2021
13,5 Vol.-%, DV, großes Holzfass, €€
Helles Grüngelb, silberfarbene Reflexe. Feine Kräuternoten,

© Georg Baresch

gelbe Tropenfrucht, zart nach Papaya, mit Blütenhonig unterlegt. Mittlerer Körper, feine Säurestruktur, zart nach Apfel, extraktsüßer Abgang, würziger Nachhall, bereits gut antrinkbar.

89 Grüner Veltliner * Ried Bernthal 2021
13 Vol.-%, DV, Stahltank, €€

91 Riesling * Ried Ogratzthal 2021
12,5 Vol.-%, DV, großes Holzfass, €€
Helles Gelbgrün, Silberreflexe. Weißes Steinobst und Guaven, unterlegt mit Clementinenzesten, zart nach Kumquats, ein Hauch von Kräutern. Mittlerer Körper, frische Säurestruktur, zart nach Weingartenpfirsich, bereits gut antrinkbar.

88 Chardonnay Ried Kalvarienberg Markus 2021
13 Vol.-%, DV, großes Holzfass, €€

93 Grüner Veltliner Ried Wöhrleiten Eiswein 2019
13 Vol.-%, NK, Stahltank, €€€€€
Mittleres Grüngelb, leuchtende Goldreflexe. Feiner Honigtouch, zart nach Marille, Melonentouch, Kräuter-Tabak-Würze. Saftig, straff, Feigengelee, reife Marillen, feine Würze, Nuss-Nougat-Touch im Nachhall, vielseitiger Dessertwein mit Reifepotenzial.

★★

WEINGUT GERHARD DEIM

Schönberg am Kamp, gelegen in einem Talkessel am nördlichen Ende des Kamptals, zeichnet sich durch ein Kleinklima mit heißen Tagen und besonders kühlen Nächten aus. Hier fokussiert sich das Weingut Gerhard Deim auf die Stärken der Region: Grüner Veltliner und Riesling. Das Fundament des Weinguts wird durch generationenübergreifende Zusammenarbeit und die damit verbundene Kombination aus altbewährten Methoden und jugendlicher Experimentierfreudigkeit gelegt. Alt und Jung verbindet das Streben nach kompromisslos hoher Qualität, und diese beginnt sowohl bei Rieden- und Reserve-Weinen als auch bei Orts- und Gebietsweinen mit der Hege und Pflege eines jeden einzelnen Rebstocks.
Schönberger Ortsweine sind geprägt von Frische, Eleganz und Trinkfluss. In ihnen spiegeln sich die unterschiedlichsten Bodenformationen und das durch die Kessellage des Ortes charakterisierte Mikroklima wider. In der Ried Irbling wächst Riesling auf den Ausläufern der Waldviertler

WEINGUT GERHARD DEIM
3562 Schönberg am Kamp
Kalvarienberg 8
T: +43 (2733) 8763
wein@deim.at
www.gerharddeim.at

Kellermeister/Kontakt:
Gerhard Deim
Produktion: 10 % Schaumwein, 85 % weiß, 5 % rot, 14 Hektar
Messen: VieVinum, Vinobile Feldkirch, Weinmesse Innsbruck

Gerhard jun. und Gerhard sen. Deim

* Kamptal DAC ** Kamptal DAC Reserve

Gneis-Schiefer-Platte, Grüner Veltliner am Kalvarienberg steht auf Verwitterungsboden aus Silikatgestein mit einer dünnen Auflage verschwemmten Lösslehms, und in der Ried Bernthal wachsen die Reben auf meterdicken Löss- Lehm-Terrassen. Ein Teil der Rieden-Weine reift bis zur nächsten Ernte in 500-Liter-Fässern – eine ideale Größe, die ein ausgewogenes Verhältnis zwischen natürlichem Sauerstoffeintrag und gleichzeitigem nicht zu großem Holzeinfluss garantiert. Die vielen kleinen Terrassen und Parzellen in den Rieden können aufgrund der Fassgröße Jahr für Jahr getrennt vinifiziert und so in ihrer Entwicklung bis zur Abfüllung optimal begleitet werden.

(93) Grüner Veltliner * Schönberg Ried Kalvarienberg 2021
14 Vol.-%, NK, 500-l-Fass, €€€€€
Leuchtendes Grüngelb, silberfarbene Reflexe. Mit einem zarten Toffeetouch unterlegte reife Tropenfrucht, etwas nach Honigmelone, ein Hauch von Babyananas, würzige Noten. Saftig, gute Komplexität, kraftvoll, cremig, Mariltentouch im Abgang, zitroniger Nachhall, vielseitiger Speisenbegleiter mit Potenzial.

92 Grüner Veltliner * Schönberg 2021
13 Vol.-%, DV, Stahltank/großes Holzfass, €€
Helles Gelbgrün, Silberreflexe. Feine Kräuternoten, zarter Zitrustouch, weiße Apfelfrucht, etwas nach Papaya, mineralische Anklänge. Saftig, elegante, facettenreiche Säurestruktur, salzig-zitroniger Abgang, weißes Kernobst im Nachhall, frischer Speisenbegleiter.

(92) Grüner Veltliner * Schönberg Ried Bernthal 2021
13,5 Vol.-%, NK, 500-l-Fass/großes Holzfass, €€€€
Mittleres Gelbgrün, silberfarbene Reflexe. Feine Maracujanoten, etwas nach Orangenzesten, ein Hauch von Passionsfrucht, Melisse klingt an, mit Blütenhonig unterlegt. Saftig, straff, weißes Steinobst im Abgang, salziger Nachhall, bleibt gut haften, vielseitig einsetzbar.

90 Grüner Veltliner * 2021
12,5 Vol.-%, DV, Stahltank, €€
Mittleres Gelbgrün. Feine Kräuternoten, weißes Kernobst, zart nach Wiesenblumen, Grapefruitnoten. Saftig, elegant, feine Säurestruktur, leichtfüßig, weiße Fruchtnoten, zitroniger Nachhall, unkomplizierter Trinkfluss.

(93) Riesling * Schönberg Ried Irbling 2021
13 Vol.-%, NK, Stahltank, €€€€
Leuchtendes helles Grüngelb. Maracuja und reifer Pfirsich, unterlegt mit Blütenhonig, zart nach Mandarinenzesten, ein Hauch von Guaven. Gute Komplexität, zitronig-salzige Nuancen, frischer Säurebogen, mineralisch, weißer Pfirsich im Abgang, lang anhaltend, vielschichtiger Speisenbegleiter.

91 Riesling * Schönberg 2021
12,5 Vol.-%, DV, Stahltank, €€
Mittleres Grüngelb, silberfarbene Reflexe. Wiesenkräuter, etwas nach Kumquats, ein Hauch von Quittengelee, reife Tropenfrucht. Saftig, mineralisch, leichtfüßig, extraktsüß nach Ringlotten, bleibt gut haften, frisches Finish.

★★

WEINGUT PETER DOLLE

Gute Weine gibt es viele – »Dolle Weine« nur von Winzerlegende Peter Dolle aus Straß. Das alte Stammhaus des Weinguts Dolle befindet sich in der niederösterreichischen Gemeinde Straß im Weinbaugebiet Kamptal, 60 Kilometer westlich von Wien gelegen. Auf einer Weinbaufläche von 35 Hektar werden vom Winzer Peter Dolle senior die Weißweinsorten Riesling, Grüner Veltliner, Grauburgunder, Weißburgunder und Chardonnay sowie die Rotweinsorten Zweigelt, St. Laurent, Cabernet Sauvignon, Merlot und Pinot Noir vinifiziert. Mit bis zu 80 Jahre alten Weißweinstöcken am berühmten Zöbinger Heiligenstein und am angrenzenden Straßer Gaisberg besitzt das Weingut Dolle exklusivste Erste Lagen, wo vor allem die Grünen Veltliner und Rieslinge Jahr für Jahr zu bemerkenswerter Qualität und Finesse heranreifen. Peter Dolles Erfahrung spiegelt sich eindrucksvoll in höchster Weinqualität wider, prämiert mit Hunderten von Auszeichnungen und der Ernennung zum österreichischen »Winzer des Jahres« 1991. Mit seinem jungen Team, seinem Schwiegersohn und leitenden Kellermeister Dariusz Srodulski und einigen

WEINGUT PETER DOLLE

3491 Straß im Straßertale
Herrengasse 2
T: +43 (2735) 2326
weingut@dolle.at
www.dolle.at

Kellermeister: Peter Dolle und Dariusz Srodulski
Kontakt: Peter Dolle
Produktion: 70 % weiß, 2 % rosé, 28 % rot, 35 Hektar
Vereinszugehörigkeit: Traditionsweingüter Österreich
Messen: ProWein Düsseldorf, VieVinum

Gaisberg

anderen für den Betrieb wichtigen jungen Mitarbeitern ist das Weingut für die Zukunft strategisch sehr gut aufgestellt.
Besucher und Interessierte sind auf dem Weingut Dolle immer herzlich willkommen – sei es zu einer Verkostung aktueller Weine oder aus der bis ins Jahr 1962 zurückreichenden Vinothek des Hauses, zu einer Kellerführung mit Peter Dolle persönlich oder zu einer »Dolle Jause« im hauseigenen Restaurant oder im wunderschönen Innenhof des Weinguts.

(94) Riesling * Ried Gaisberg 1ÖTW Privat 2021
14 Vol.-%, DV, Stahltank, €€€€€
Mittleres Grüngelb, silberfarbene Reflexe. Zarte Noten von Marillen, etwas nach Grapefruit, ein Hauch von Guaven, mit Lindenblütenhonig unterlegt. Gute Komplexität, saftig, engmaschig, gut integrierter Säurebogen, gelbe Tropenfrucht, frischer Rückgeschmack, bleibt gut haften, leichtfüßig wirkender Speisenbegleiter.

(92) Riesling * Ried Gaisberg 1ÖTW 2021
13,5 Vol.-%, DV, Stahltank, €€€€
Helles Grüngelb. Zarte Pfirsichnoten, etwas verhalten, Tropenfruchtnuancen, unterlegt mit Kräutern, Clementinen klingen an. Saftig, elegant, frisch und fruchtig, weißes Kernobst, Limetten im Abgang, salziger Nachhall, bereits gut antrinkbar.

(93) Grüner Veltliner * Ried Gaisberg 1ÖTW Alte Reben 2021
13 Vol.-%, DV, Stahltank/gebrauchte Barriques, €€€€€
Mittleres Gelbgrün, silberfarbene Reflexe. Etwas nach Orangenschalen und gelbem Pfirsich, ein Hauch von Honigmelone, Wiesenkräuter, Anistouch. Gute Komplexität, saftig, straff, extraktsüß nach Birne, mineralischer Nachhall, bleibt gut haften, vielseitiger Speisenbegleiter mit Potenzial.

(92) Grüner Veltliner * Ried Gaisberg 1ÖTW 2021
13 Vol.-%, DV, Stahltank, €€€€
Mittleres Gelbgrün, Silberreflexe. Feine Kräuternoten, ein Hauch von Maracuja, mineralisch, frisches Bukett, ein Hauch von Apfel. Saftig, elegant, lebendiger Säurebogen, etwas salzig, weißes Kernobst im Abgang, bleibt gut haften, vielseitig einsetzbar.

(92) Grauburgunder Symbiose 2019
14 Vol.-%, DV, Barrique, €€€€
Mittleres Gelbgrün, silberfarbene Reflexe. Feine Tabaknoten, etwas nach Maracuja, ein Hauch von Melisse, Birnentouch, florale Nuancen, Bergamotte klingt an. Mittlerer Körper, engmaschig, feine Mineralik, Röstaromatik im Abgang, Melone im Nachhall, vielseitiger Speisenbegleiter.

89 Merlot 2018
14,5 Vol.-%, NK, großes Holzfass, €€€€€

* Kamptal DAC ** Kamptal DAC Reserve

Christoph Edelbauer

CHRISTOPH EDELBAUER
3550 Langenlois
Im Neuberg, Kremser Straße 86
T: +43 (676) 7734811
info@weingut-edelbauer.at
www.weingut-edelbauer.at

Kellermeister/Kontakt:
Christoph Edelbauer
Anbauweise: Zertifiziert Biologisch (Bio Austria)
Produktion: 10 % Schaumwein, 50 % weiß, 38 % rot, 2 % süß, 12 Hektar
Messen: Millésime Bio, ProWein Düsseldorf, VieVinum, MondoVino

★★

CHRISTOPH EDELBAUER

BIO

Bei Winzer Christoph Edelbauer in Langenlois steht alles im Einklang mit der Natur und mit dem Kamptal: Weingut, Arbeit und Wein. Er weiß, was er will, liebt die Herausforderung und geht seinen Weg geradlinig und konsequent. Den ersten Jahrgang kelterte Christoph Edelbauer im Jahr 2003. Heute bearbeitet der Winzer zwölf Hektar Weingärten und verarbeitet die Trauben auf seinem 2013 fertiggestellten, architektonisch anspruchsvollen Weingut mitten in den Langenloiser Reben. »Nachhaltiges Denken und Handeln sind tief in mir verwurzelt. Deshalb ist es mir wichtig, dass unser Weingut eine überschaubare Größe bewahrt. Nur so kann ich mich mit meiner Überzeugung dem gesamten Prozess der Vinifizierung widmen«, erklärt Edelbauer, der konsequent auf den bewussten Einsatz von Ressourcen achtet. Seine Weingärten bewirtschaftet er biologisch-organisch, seinen Neubau ließ er nach Grundsätzen der Energieeffizienz errichten, und die Klimatisierung seines Kellers erfolgt über umweltschonende Erdluftkollektoren.

Reduziert und umso einprägsamer ist auch das Design der Edelbauer-Ausstattung: Direkter Siebdruck auf die Flaschen ersetzt die Etiketten, die Kartons sind minimalistisch bedruckt, Visitenkarten und Briefpapier auf Naturpapier produziert – ein Gesamtkonzept für Reduktion auf ganzer Linie.
Christoph Edelbauers Weine bestechen durch Schlichtheit, sie sind schnörkellos, entspannt und gleichzeitig spannend – das gilt für das gesamte Sortiment, wobei Grüner Veltliner, Riesling und Pinot Noir seine Aushängeschilder sind. Als Winzer ist er konsequent, in seinem Schaffen setzt er auf Reduktion, das Wesentliche ist und bleibt das Kamptal: Christoph Edelbauer schickt sich an zu zeigen, was das neue Kamptal ausmacht.

91 **Pet Nat Rosé 2021 ZW/SL**
12,5 Vol.-%, NK, Flaschengärung, €€€€€
Trübes helles Grapefruitpink. Mit feinen Kräuternoten unterlegte rote Waldbeerenfrucht, zart nach Erdbeeren, floral, etwas Feigen. Saftig, straff, feine, gut integrierte Säurestruktur, feinwürzig, fruchtsüß nach Himbeeren, bleibt gut haften, vielseitiger Schaumwein.

93 Grüner Veltliner * Ried Neuberg 2018
14 Vol.-%, NK, Stahltank, €€€€€ B
Leuchtendes Gelbgrün, Goldreflexe. Zarter Blütenhonig, gelber Apfel, mineralisch, zart nach Ananas, engmaschiges Bukett. Saftig, komplex, gut integrierte Säurestruktur, würzig, gelbes Kernobst, etwas zurückhaltend, pfeffriger Touch, vielseitig einsetzbar, mit Potenzial ausgestattet.

92 Grüner Veltliner * Langenlois 2021
12,5 Vol.-%, DV, Stahltank, €€€ B
Helles Gelbgrün, silberfarbene Reflexe. Feine Kräuterwürze, zart nach weißem Apfel, etwas Guaven, frisches Bukett. Saftig, engmaschig, feine Säurestruktur, dunkle Mineralik, Kernobsttouch im Rückgeschmack, guter Speisenbegleiter.

92 Riesling * Langenlois 2021
12,5 Vol.-%, DV, Stahltank, €€€ B
Helles Gelbgrün, silberfarbene Reflexe. Zart nach Kräutern und Maracuja, ein Hauch von Pfirsich, dezenter Blütenhonig, kandierte Limettenzesten. Saftig, straff, gute Komplexität, frisch strukturiert, weißes Steinobst im Abgang, Zitrus im Nachhall, balancierter Speisenbegleiter.

90 Abartig Einfach! 2020 GM/TR
12,5 Vol.-%, NK, 500-l-Fass, €€€€€ O
Leuchtendes Bernstein, Goldreflexe. Einladendes florales Bukett, unterlegt mit Grapefruitnoten, ein Hauch von Melisse, kandierte Holunderblüten, Nelken klingen an. Mittlere Komplexität, leichtfüßig, zart nach Eibisch, mineralisch, etwas zerfließender Abgang, würziger Nachhall, bereits gut antrinkbar.

89 Chardonnay 2021
13 Vol.-%, DV, Stahltank, €€€ B

★★★

WEINGUT LUDWIG EHN

Auf dem Weingut von Ludwig und Michaela Ehn gibt die Natur den Ton an. Die Geschwister bewirtschaften 15 Hektar der besten Langenloiser Rieden mit großer Leidenschaft fürs Handwerk und nach ökologischen Prinzipien. »So naturnah wie möglich, so flexibel wie nötig«, lautet das Credo von Ludwig Ehn, der den 1859 gegründeten Familienbetrieb mit seiner Schwester in fünfter Generation führt. Um mit gesunden Böden und Weinstöcken die idealen Voraussetzungen für beste Trauben zu schaffen, setzt die Weinmanufaktur auf nützlingsschonende Schädlingsbekämpfung und verzichtet selbstverständlich auf den Einsatz von Insektiziden und Herbiziden, vermeidet Plastik und minimiert Traktorfahrten und Emissionen.
Das Kamptaler Klima und die spezielle Bodenstruktur ebnen den Weg für die unverkennbare Frische und Würze der Ehn-Weine. Die Bandbreite unterschiedlicher Spitzenlagen wie der Rieden Panzaun, Spiegel und Heiligenstein bildet den Grundstock für die Sortenvielfalt. Neben den Leitsorten Riesling und Grüner Veltliner, die als Kamptal DAC abgefüllt werden, hat sich das Weingut den Aromasorten Sauvignon Blanc und Muskateller sowie dem traditionellen Gemischten Satz und dem urösterreichischen Neuburger verschrieben.
Kamptaler Weine »zum aus der Reihe trinken« gibt es auf dem Weingut Ehn. Mit Wein ist es wie mit Musik, finden die Naturfreunde und Kulturliebhaber Ludwig und Michaela Ehn: Eintönigkeit ist langweilig. Sie schätzen die Vielfalt im Weingarten und im Glas und legen bei der handwerklichen Pflege der einzelnen Rieden sowie bei der Vinifizierung großen Wert auf Individualität. »Durch kontrollierte Vergärung und behutsame Ausbau- und Reifephasen in Edelstahl oder Holz gelingt es uns, den Charakter jeder Sorte und Lage möglichst unverfälscht zu erhalten«, so der Winzer. Die ausdrucksstarken und ausgewogenen Weine mit hoher Trinkfreudigkeit, für die der Name Ehn steht, geben ihm recht.

94 Riesling ** Zöbing Ried Heiligenstein 1ÖTW 2020
13,5 Vol.-%, DV, Stahltank, €€€€€
Helles Grüngelb. Mit dunkler Mineralik unterlegtes weißes Steinobst, zart nach Pfirsich, etwas nach Blütenhonig, zitroniger Touch, Kiwinoten. Saftig, gute Komplexität, gut eingebundene Säurestruktur, vielseitig und lebendig, Ho-

* Kamptal DAC ** Kamptal DAC Reserve

Michaela und Ludwig Ehn mit Ludwigs Sohn Kilian in der Riede Heiligenstein

WEINGUT LUDWIG EHN

3550 Langenlois
Bahnstraße 3
T: +43 (2734) 2236
weingut.ehn@ehnwein.at
www.ehnwein.at

Kellermeister: Ludwig Ehn
Kontakt: Michaela Ehn
Produktion: 70.000 Flaschen
95 % weiß, 5 % rot, 15 Hektar
Vereinszugehörigkeit:
Traditionsweingüter Österreich
Messen: ProWein Düsseldorf, VieVinum

nignoten, Marillentouch im Abgang, guter Speisenbegleiter mit Potenzial.

(91) Riesling * Langenlois Urgestein 2021

13 Vol.-%, DV, Stahltank, €€€
Mittleres Gelbgrün, silberfarbene Reflexe. Zarter Marillentouch, etwas nach kandierten Orangenzesten, mit Blütenhonig unterlegt, dazu etwas Ananas. Saftig, gut integrierter Säurebogen, etwas nach Mango, ein Hauch von Melisse im Abgang, bereits gut antrinkbar.

93 Grüner Veltliner ** Ried Spiegel 1ÖTW 2020

14 Vol.-%, DV, Teilbarrique, €€€€€ H
Helles Gelbgrün, Silberreflexe. Zart nach Passionsfrucht und Orangenschalen, etwas nach Clementinen, Wiesenkräuter, facettenreiches, einladendes Bukett. Gute Komplexität, kraftvoll, stoffig, weißes Kernobst, feinwürziger Nachhall, guter Speisenbegleiter, wird von Flaschenreife profitieren.

(92) Grüner Veltliner ** Ried Neuberg 2021

13,5 Vol.-%, DV, Stahltank, €€€
Leuchtendes Goldgelb, Silberreflexe. Feine Tropenfrucht, unterlegt mit Zitrusnuancen, etwas nach Quitte und Ringlotten, tabakige Würze. Mittlerer Körper, saftig, straff, gut eingebundene Säurestruktur, Maracuja, mineralisch, feine Kräuternoten, bleibt gut haften, harmonischer Speisenbegleiter.

(91) Grüner Veltliner * Ried Panzaun 2021

13 Vol.-%, DV, Stahltank, €€ F
Helles Grüngelb, silberfarbene Reflexe. Zarter Blütenhonig, etwas nach gelbem Kernobst, zart nach Guaven, ein Hauch von Orangenzesten. Saftig, straff, feine Apfelfrucht, balancierte und gut eingebundene Säurestruktur, gutes Trinkanimo.

92 Sauvignon Blanc 2021

13 Vol.-%, DV, Stahltank, €€€
Helles Gelbgrün, Silberreflexe. Zart nach Stachelbeeren, ein Hauch von Guaven, zarte Zitrusnuancen, kräuterwürzig unterlegt. Saftig, elegant, feine Säurestruktur, mineralisch-salzig, etwas nach Holunderblüten, weißes Kernobst, guter Speisenbegleiter, frischer Stil.

91 Gemischter Satz Ried Panzaun 2021

12,5 Vol.-%, DV, Stahltank, €€€
Helles Gelbgrün, Silberreflexe. Zart nach Holunderblüten, etwas nach gelbem Apfel, zart nach Clementinen, Birnentouch, ein Hauch von Cassis. Saftig, frische Säurestruktur, balanciert, wirkt leichtfüßig, Noten von weißem Apfel im Abgang, salziger Nachhall, guter Speisenbegleiter mit Potenzial.

90 Rosé Cuvée 2021 ZW/CS/PN/SY

12,5 Vol.-%, DV, Stahltank, €€
Helles Altrosa, Silberreflexe. Zart nach Nougat und Eibisch, ein Hauch von roten Waldbeeren, floraler Touch. Saftig, elegant, Brombeernoten im Abgang, bleibt gut haften, unkomplizierter Sommerwein.

© Weingut Ehn

★★★★

WEINGUT EICHINGER

Was von außen wie ein kleines Herrenhaus aussieht, ist in Wahrheit ein großes »Frauenhaus« sowie die Wirkungsstätte von Birgit Eichinger und ihrer Tochter Gloria. Hinter dem Wein steht der Mensch, der ihn mit der Natur erschaffen hat: Birgit Eichinger ist Winzerin mit großer Behutsamkeit, Konsequenz sowie Gespür und gleichzeitig tief verwurzelt in ihrer Heimat, dem Kamptal. Sie ist Inbegriff für hochelegante und charakterstarke Weine. »Weiterentwicklung, nicht Stillstand, Individualität statt Mainstream«, lautet ihr Credo. Alle Weine tragen unverwechselbar die Handschrift der Winzerinnen und die ihrer Geburtsstätte, des Kamptals.
Erfolg braucht Raum. Daher ist der Betrieb seit seiner Gründung im Jahr 1992 auf heute 16 Hektar gewachsen – und das in den besten Kamptaler Rieden. So konnten auch Terrassen am Gaisberg rekultiviert werden. Dieses ehrgeizige Projekt umfasst mehr als drei Hektar bestes Rebland. Bereits 2012 wurde dort von eigenen Selektionen Grüner Veltliner ausgepflanzt. Neu in der Riege ihrer namhaften Lagen ist die Ried Grub, die seit 2016 ebenfalls mit Grünem Veltliner bestockt ist. Mehr als 50 Prozent der Gesamtproduktion werden exportiert, woran die zahlreichen internationalen Auszeichnungen nicht ganz unschuldig gewesen sein dürften. Aber auch in Österreich sind die Eichiner-Weine beliebt und von kaum einer Weinkarte wegzudenken. Als Mitglied der »Österreichischen Traditionsweingüter« ist dem Winzerinnen-Duo natürlich auch die Klassifizierung der Ersten Lagen im Donauraum ein wichtiges Anliegen. Denn nicht überall, wo Reben gepflanzt werden, wächst die gleiche Qualität heran. Dieser Suche fühlt man sich im Hause Eichinger verpflichtet.

97 Riesling * Zöbing
Ried Heiligenstein 1ÖTW 2021
13 Vol.-%, NK, Stahltank, €€€€€ V
Mittleres Gelbgrün, silberfarbene Reflexe. Blütenhonig und feine Marillenfrucht, unterlegt mit dunkler Mineralik, dezente Wiesenkräuter, ein Hauch von Melone. Gute Komplexität, straff, gut integrierter Säurebogen, weißes Steinobst, mineralischer Nachdruck, vielschichtig, Nuancen von kandierten Zitruszesten im Nachhall, sicheres Entwicklungspotenzial, großartiger leichtfüßiger Riesling-Stil.

WEINGUT EICHINGER
3491 Straß im Straßertale
Langenloiser Straße 365
T: +43 (2735) 5648
office@weingut-eichinger.at
www.weingut-eichinger.at

Kellermeister: Birgit & Gloria Eichinger
Kontakt: Gloria Eichinger
Produktion: 100.000 Flaschen
100 % weiß, 16 Hektar
Zertifiziert: Nachhaltig Austria
Vereinszugehörigkeit: Traditionsweingüter Österreich
Messen: Austrian Tasting London, ProWein Düsseldorf, VieVinum

© WWW.POV.AT

Birgit und Gloria Eichinger

95 Riesling * Zöbing Ried Gaisberg 1ÖTW 2021
13 Vol.-%, NK, Stahltank, €€€€€ V
Mittleres Gelbgrün, silberfarbene Reflexe. Einladender Duft nach Orangenschalen und Weingartenpfirsich, etwas nach Kumquats, einladendes Bukett. Saftig, elegant, gut integrierter Säurebogen, mineralisch, extraktsüß nach Marille, bleibt lange haften, zitroniger Nachhall, vielschichtig und animierend, sicheres Entwicklungspotenzial.

93 Riesling * Strass Glanz & Gloria 2021
12,5 Vol.-%, DV, Stahltank, €€€€ V
Helles Gelbgrün, Silberreflexe. Frisches Bukett nach Limetten und Weingartenpfirsich, etwas nach Kamille, frische Ananas klingt an. Saftig, mittlere Komplexität, straff, extraktsüß nach Steinobst, mineralischer Nachhall, lange anhaftend, guter Speisenbegleiter.

91 Riesling * Strass 2021
12,5 Vol.-%, DV, Stahltank, €€€ V
Helles Gelbgrün, silberfarbene Reflexe. Feine Zitrusnuancen, etwas nach Guaven, weißes Steinobst, mineralischer Touch. Saftig, straff, feine Säurestruktur, elegant, Pfirsichnoten im Abgang, würziger Nachhall, bereits gut antrinkbar.

(96) Grüner Veltliner * Zöbing Ried Grub 2021
13,5 Vol.-%, NK, gebrauchte Barriques/großes Holzfass, €€€€€ V
Mittleres Grüngelb, Silberreflexe. Mit Blütenhonig und kandierten Orangenschalen unterlegte gelbe Apfelfrucht, Melone klingt an, einladendes Bukett. Komplex, elegant, facettenreich, engmaschiger Abgang mit Noten von Ananas, mineralisches Gegenspiel, bleibt gut haften, vielschichtiger Speisenbegleiter mit sicherem Potenzial für viele Jahre.

(95) Grüner Veltliner * Strass Ried Gaisberg 1ÖTW 2021
13,5 Vol.-%, NK, großes Holzfass/Stahltank, €€€€ V
Mittleres Gelbgrün, Silberreflexe. Einladender Duft nach Mango und Ananas, ein Hauch von Blütenhonig, zart nach Guaven, Wiesenkräuter klingen an. Saftig, gute Komplexität, straff, Birnenfrucht, dichtes Finish, extraktsüß und lang anhaltend im Abgang, sehr guter Speisenbegleiter mit großem Potenzial.

(95) Grüner Veltliner * Kammern Ried Lamm 1ÖTW 2020
13,5 Vol.-%, NK, Barrique/großes Holzfass, €€€€€ V
Mittleres Gelbgold, silberfarbene Reflexe. Einladender Duft nach Mango und Wiesenkräutern, etwas nach Papaya, mit Blütenhonig unterlegte kandierte Mandarinenzesten. Saftig, elegant, engmaschig, feine Honignoten, Tropenfrucht im Abgang, würziger Nachhall, ausgewogener, vielseitiger Speisenbegleiter mit Entwicklungspotenzial.

92 Grüner Veltliner * Strass Ried Hasel 2021
12,5 Vol.-%, DV, Stahltank, €€ V
Leuchtendes Gelbgrün, Silberreflexe. Feine Wiesenkräuter, ein Hauch von Maracuja, zart nach Papaya, etwas nach Bergamotte, einladendes Bukett. Mittlere Komplexität, saftig, straff, feine Säurestruktur, mineralisch, Mangonoten im Abgang, extraktsüß im Nachhall, guter Speisenbegleiter.

92 Grüner Veltliner * Strass Glanz & Gloria 2021
12,5 Vol.-%, DV, Stahltank, €€€ V
Leuchtendes Gelbgrün, Silberreflexe. Zart nach Maracuja und Ananas, ein Hauch von Tabakwürze, etwas dunkle Mineralik. Saftig, elegant, balancierte Säurestruktur, würzig, komplexe Nuancen von gelber Frucht, bleibt lange haften, guter Speisenbegleiter.

92 Grüner Veltliner * Strass Ried Wechselberg 2021
12,5 Vol.-%, DV, Stahltank, €€€ V
Mittleres Gelbgrün, silberfarbene Reflexe. Gelbe Apfelfrucht, dezente Mandarinenzesten, ein Hauch von Wiesenkräutern und Quittengelee. Saftig, straff, gut eingebundene Säurestruktur, mineralisch, geradlinig, Papaya im Abgang, bleibt gut haften, vielseitig einsetzbar.

91 Grüner Veltliner * Strass 2021
12 Vol.-%, DV, Stahltank, €€ V
Mittleres Gelbgrün, Silberreflexe. Feine Mangonoten, ein Hauch von Blütenhonig, kandierte Clementinenzesten, florales Bukett. Saftig, gut integrierte Säurestruktur, mineralisch, weißes Steinobst im Abgang, lebendig und fruchtig, einladendes Trinkanimo.

91 Roter Veltliner Strass Ried Stangl 2021
12,5 Vol.-%, DV, Stahltank, €€€ V
Mittleres Gelbgrün, Silberreflexe. Feine Kräuternoten, etwas nach Blütenhonig, ein Hauch von gelber Birne, zart nach Papaya, Zitrus klingt an. Saftig, mittlere Komplexität, frisch und strukturiert, Kernobstnoten im Abgang, salziger Nachhall, bereits gut antrinkbar.

★

WEINGUT ETZ

Seit der Gründung im Jahr 1898 ist die vierte Generation auf dem Weingut Etz heute besonders bemüht, das moderne und traditionsreiche Weingut bestmöglich zu führen. Durch mehrere Praktika in Europa und Übersee, wie zum Beispiel in Kalifornien, Argentinien und Australien, hat Franz Etz junior wichtige Erfahrungen und Skills im Weinmachen gesammelt. Er ist gleichermaßen für die Vinifikation wie für die Pflege der rund 43 Hektar eigener Weingartenfläche verantwortlich. Die Weingärten des Betriebs liegen verteilt auf verschiedenen bekannten Rieden des Kamptals zwischen der Weinstadt Langenlois und der Gemeinde Grafenegg. Der Gaisberg ist die Herkunft der Rieslinge. Der Strasser Wechselberg, der Offenberg und das Hasel, das Karl, der Kammerner Hund und die Grub sowie Bleckenweg und Galgenberg sind Ursprung der Grünen Veltliner. Letzterer ist zudem Hauptsorte und Eckpfeiler des Betriebs und nimmt einen Flächenanteil von über 65 Prozent ein.
Das geschmackliche Spektrum der Weine beginnt mit den leichten und fruchtigen Varianten und reicht bis zu würzig-pfeffrigen Lagenweinen, die zu ihrem Ausbau eine bis zu zwölf Monate lange Lagerung auf der Feinhefe erhalten. Die Rieslinge als zweitwichtigste Weißweinsorte des Kamptals werden wie Sauvignon Blanc, Chardonnay und Pinot Blanc lagenrein abgefüllt. Bei der Vinifizierung wird stets darauf geachtet, nur in dem Maße einzugreifen, wie dies auch unbedingt notwendig ist. So wird auf jede Bewegung des Weins bis zur Füllung verzichtet, damit dieser das gesamte Potenzial frei und vollständig entfalten kann. Erfolge bei internationalen Verkostungen und Bewertungen bestätigen, dass dies der richtige Weg ist.

92 Riesling ** Ried Gaisberg 2020
13 Vol.-%, DV, Stahltank, €€€
Leuchtendes mittleres Grüngelb. Feine Wiesenkräuter, etwas Pfirsich, ein Hauch von Honig, kandierte Limettenzesten. Mittlere Komplexität, etwas nach Gewürzen, extraktsüß nach Quitte, zitroniger Nachhall, bereits gut antrinkbar.

91 Riesling * Walkersdorf Ried Galgenberg 2021
12,5 Vol.-%, DV, Stahltank, €€€
Leuchtendes Gelbgrün, silberfarbene Reflexe. Feine Zitrusnuancen, etwas nach Passionsfrucht, floraler Touch, gelbe Tropenfrucht im Nachhall. Saftig, gut integrierte Säurestruktur, mineralisch, Maracuja, Limettentouch im Nachhall, bereits gut antrinkbar.

91 Grüner Veltliner ** Ried Karl 2020
13 Vol.-%, DV, Stahltank, €€€
Leuchtendes Gelbgrün, Silberreflexe. Feine Kräuternoten, ein Hauch von Guave und Pfirsich, etwas Melisse, Nuancen von Mango klingen an. Mittlerer Körper, saftig, feine Säurestruktur, mineralisch, Marillenfrucht im Abgang, guter Speisenbegleiter.

90 Grüner Veltliner * 2021
12,5 Vol.-%, DV, Stahltank, €€
Mittleres Gelbgrün, silberfarbene Reflexe. Feine Kräuternoten, etwas nach weißem Apfel, ein Hauch von Kardamom, pfeffriger Touch. Mittlerer Körper, feine Säurestruktur, Kernobsttouch, frisches Finish, bereits gut antrinkbar.

(88) Sauvignon Blanc Ried Bleckenweg 2021
12,5 Vol.-%, DV, Stahltank, €€

88 Gelber Muskateller 2021
12,5 Vol.-%, DV, Stahltank, €€

WEINGUT ETZ
3492 Walkersdorf am Kamp
Hauptstraße 27
T: +43 (2735) 2473
office@etzwine.at
www.etzwine.at

Kellermeister/Kontakt:
Franz Etz
Produktion: 90 % weiß, 10 % rot, 43 Hektar
Messen: ProWein Düsseldorf

★★★★★

WEINGUT SCHLOSS GOBELSBURG

Schloss Gobelsburg ist das älteste Weingut der Donauregion Kamptal und kann auf eine dokumentierte Weinbaugeschichte bis zurück ins 12. Jahrhundert blicken. 2021 feiert Schloss Gobelsburg seinen 850. Jahrgang der altehrwürdigen Domaine. Zisterzienser-Mönche des Stiftes Zwettl erhielten ihre ersten Weingärten im Jahre 1171 und haben über die letzten 850 Jahre den Weinbau in Österreich nachhaltig geprägt. Über die Jahrhunderte haben die Mönche Weingärten in den allerbesten Lagen Österreichs bewirtschaftet. Heute konzentriert sich das Weingut auf die typischen Herkunftsweine der Donau-Appellationen in den drei Kategorien Gebiets-, Orts- und Riedenwein – darunter weltbekannte Namen wie Ried Heiligenstein oder Ried Lamm. Nachhaltiger Weinbau war immer schon eine Herzensangelegenheit. So werden die Weingärten vom Rebschnitt bis zu den Laubarbeiten mit Umsicht und Bedacht gepflegt. Im Herbst, wenn sich die Blätter im Oktober und November schon golden färben, werden die Trauben per Hand in kleine Kisten gelesen und sorgfältig in den Keller gebracht und dort weiter sortiert. Einfachheit und Strenge ist ein Leitmotiv der Zisterzienser, das den Weg zu großen Weinen weist. Der Faktor Zeit ist heutzutage ein rares Gut geworden. Den Gobelsburger Weinen wird allerdings der Luxus gegönnt, sich in aller Ruhe in den kühlen Kellern entfalten zu können. Neben den typischen Appellations-Weinen werden in den Kellern von Schloss Gobelsburg noch andere Weinspezialitäten gekeltert. Das Weingut gilt als Spezialist für österreichischen Qualitätsschaumwein sowie für »Cool Climate«-Rotweine, basierend auf der Pinot-Familie (Pinot Noir, St. Laurent & Zweigelt). Eine kleine, aber feine Spezialität sind die Süßweine aus Gobelsburg. Hier werden Prädikate in allen Ebenen und auch regelmäßig Eiswein gekeltert. Bekannt ist das Weingut auch für seine Beschäftigung mit historischer Weinbereitung, die in den Weinen namens »Tradition« zum Ausdruck kommt.

93 Sekt Austria Reserve Rosé brut Niederösterreich g.U. SL/PN/ZW
11,5 Vol.-%, NK, Flaschengärung, €€€€€ V
Mittleres Altrosa, Kupferreflexe, zartes Mousseux. Dezente Waldbeerenfrucht, etwas nach Blütenhonig, ein Hauch von Preiselbeerkonfit, Zitrusnoten. Saftig, engmaschig, dezente Fruchtsüße nach Papaya, elegant, mineralisch, guter Speisenbegleiter.

»Dynamic Cellar Concept« im Schloss Gobelsburg mit Fässern auf Rädern

WEINGUT SCHLOSS GOBELSBURG
3550 Gobelsburg
Schlossstraße 16
T: +43 (2734) 2422
schloss@gobelsburg.at
www.gobelsburg.at

Kellermeister/Kontakt:
Michael Moosbrugger
Produktion: 10 % Schaumwein, 70 % weiß, 20 % rot, 85 Hektar
Zertifiziert: Nachhaltig Austria
Vereinszugehörigkeit:
Traditionsweingüter Österreich
Messen: ProWein Düsseldorf, VieVinum, Summa Margreid

© Schloss Gobelsburg

93 ⓢ Sekt Austria Reserve brut Niederösterreich g.U. GV/WR/CH
12 Vol.-%, NK, Flaschengärung, €€€€€ ⓥ
Mittleres Gelbgrün, Silberreflexe, feines Mousseux. Frische Kräuternoten, etwas weißer Pfirsich, dunkle Mineralik, Feuersteinnuancen, filigranes Bukett. Saftig, engmaschig, zarte Perlage, mineralisch, Maracujanoten im Abgang, bleibt gut haften, vielseitig einsetzbar.

92 ⓢ Sekt Austria Reserve brut Niederösterreich g.U. GV/PN/RR
12 Vol.-%, NK, Flaschengärung, €€€€€ ⓥ
Mittleres Gelbgrün, feines Mousseux. Zart nach Wiesenkräutern, etwas nach Gebäck, ein Hauch von weißem Pfirsich und Ananas. Saftig, elegant, fruchtsüß nach Birne, frische Würze im Nachhall, bleibt gut haften, vielseitiger Speisenbegleiter.

96 Grüner Veltliner * Ried Grub 1ÖTW 2020
13,5 Vol.-%, NK, großes Holzfass, €€€€€ ⓥ
Leuchtendes Goldgelb, silberfarbene Reflexe. Zarte Kräuternoten, Nuancen von gelber Frucht, etwas nach Mango, ein Hauch von Melisse und Feigenchutney. Saftig, gute Komplexität, dunkle Mineralik, Golden-Delicious-Apfel, zarte Holzwürze, fruchtsüß, lange anhaltend, guter Speisenbegleiter mit Reifepotenzial.

95 Grüner Veltliner * Ried Lamm 1ÖTW 2020
13 Vol.-%, NK, großes Holzfass, €€€€€ ⓥ
Leuchtendes Goldgelb, silberfarbene Reflexe. Feine Würze, zart nach Feuerstein, ein Hauch von Apfel und Blütenhonig, kandierte Orangenschalen, einladendes Bukett. Komplex, elegant, stoffig, zarte Tabakwürze, Papaya im Abgang, lang anhaltend, wird von Flaschenreife profitieren.

(94) Grüner Veltliner * Ried Renner 1ÖTW 2020
13 Vol.-%, NK, großes Holzfass, €€€€€ ⓥ
Mittleres Gelbgrün, Silberreflexe. Dezenter Honigtouch, etwas nach Marille, ein Hauch von kandierten Orangenzesten, mit Vanillenoten unterlegt. Saftig, elegant, balanciert, Ananas im Abgang, kraftvoll, bleibt gut haften, vielseitiger Speisenbegleiter.

(93) Grüner Veltliner ** Ried Spiegel 2021
13 Vol.-%, NK, großes Holzfass, €€€€ ⓥ
Mittleres Grüngelb, silberfarbene Reflexe. Einladender Duft nach gelbem Apfel, etwas nach Kräutern, zart nach Mango, dezente Tabakwürze. Saftig, elegant, kraftvoll, feine Säurestruktur, dunkle Mineralik, fruchtsüß nach Tropenfrucht im Abgang, lange anhaltend, guter Speisenbegleiter.

92 Grüner Veltliner * Langenlois 2021
13 Vol.-%, NK, großes Holzfass, €€€ ⓥ
Mittleres Gelbgrün, Silberreflexe. Feine Tabakwürze, etwas nach gelbem Apfel, ein Hauch von Maracuja, Orangenzesten klingen an. Mittlere Komplexität, kraftvoll, feinwürzig, etwas nach rotem Apfel, lang anhaltend, mineralischer Speisenbegleiter.

(92) Grüner Veltliner * Ried Steinsetz 2021
12,5 Vol.-%, NK, großes Holzfass, €€€€ ⓥ
Leuchtendes mittleres Grüngelb. Dezent nach gelbem Kernobst, ein Hauch von Gewürzen, zart nach Guaven, Anis klingt an. Saftig, elegant, mineralisch, feinwürzig, gut eingebundene Säurestruktur, Birnenfrucht im Abgang, bleibt gut haften, guter Speisenbegleiter.

95 Riesling * Ried Heiligenstein 1ÖTW 2020
13 Vol.-%, NK, großes Holzfass, €€€€€ ⓥ
Mittleres Gelbgrün, silberfarbene Reflexe. Zarte Kräuternoten, etwas nach Orangenzesten, Pfirsichtouch, zart nach Ringlotten, mit etwas Kamille unterlegt. Gute Komplexität, gut integrierter Säurebogen, mineralisch-zitroniger Abgang, dazu etwas Marille, lang anhaltend, frisch und finessenreich, sicheres Potenzial.

94 Riesling * Ried Gaisberg 1ÖTW 2020
13 Vol.-%, NK, großes Holzfass, €€€€€ ⓥ
Mittleres Gelbgrün, Silberreflexe. Feiner Blütenhonig, ein Hauch von Pfirsich, zart nach Ananas, Grapefruitzesten klingen an, frisches Bukett. Saftig, mineralisch, weißes Steinobst, gut eingebundene Säurestruktur, zarte Fruchtsüße, vielseitiger Speisenbegleiter.

92 Riesling * Zöbing 2021
13 Vol.-%, NK, großes Holzfass, €€€ ⓥ
Mittleres Grüngelb, silberfarbene Reflexe. Feine Kräuternoten, weißer Weingartenpfirsich, etwas nach Quitte, Limettenzesten klingen an. Saftig, straff, gute Komplexität, gut eingebundene Säurestruktur, facettenreicher Stil, trinkanimierend, guter Speisenbegleiter.

95 Tradition Heritage 10 years Edition 850 GV/RR
13,5 Vol.-%, NK, großes Holzfass, €€€€€ ⓥ
Leuchtendes Goldgelb. Mit feiner Tabak-Holz-Würze unterlegte reife Ananas und Passionsfrucht, ein Hauch von Karamell, etwas nach Honig, floraler Touch. Komplex, saftig, balancierter Säurebogen, Marille und Kletzen im Abgang, mineralisch, feine nussige Nuancen und weiße Schokolade im Nachhall, lange anhaltend, ein finessenreicher Speisenbegleiter.

(94) Tradition Heritage 3 years Edition 851 GV/RR
13,5 Vol.-%, NK, großes Holzfass, €€€€€ ⓥ
Mittleres Goldgelb, Silberreflexe. Feine Tabakwürze, etwas nach Mango, ein Hauch von Birne, kandierte Orangenzesten, nussige Nuancen, Blütenhonig klingt an. Saftig, straff, facettenreiche Säurestruktur, mineralisch-salzig, Pfirsichtouch, kraftvoll, bleibt gut haften, vielseitiger Speisenbegleiter mit Potenzial.

*** Kamptal DAC ** Kamptal DAC Reserve**

93 Pinot Noir Reserve 2019
13 Vol.-%, NK, Holzfass, €€€€€
Mittleres Rubingranat, Ockerreflexe, breitere Randaufhellung. Feine Tabak-Nougat-Noten, etwas nach dunklem Waldbeerenkonfit, zarte Röstaromen, einladendes Bukett. Saftig, engmaschig, mineralisch, leichtfüßiger Stil, gut integrierte Tannine, dunkle Beeren, Holznoten im Nachhall, vielschichtiger Speisenbegleiter.

92 St. Laurent Reserve 2019
12,5 Vol.-%, NK, Holzfass, €€€€€
Tiefdunkles Rubingranat, violette Reflexe, opaker Kern, zarte Randaufhellung. Zarte Kräuternoten, etwas nach Brombeeren, ein Hauch von kandierten Roten Rüben, Holznuancen klingen an. Saftig, elegant, leichtfüßig, süßes Tannin, schokoladig, feine rote Beerenfrucht im Abgang, bereits gut antrinkbar.

92 Zweigelt Reserve 2019
13 Vol.-%, NK, Holzfass, €€€€€
Dunkles Rubingranat, violette Reflexe, zarte Randaufhellung. Mit feinen Nougatnoten unterlegtes dunkles Waldbeerenkonfit, zarte Kräuternoten, ein Hauch von Orangenzesten, Brombeeren klingen an. Saftig, mittlere Komplexität, gut eingebundene Tannine, samtig und süß, reife Herzkirschen im Abgang, bleibt gut haften, wird von Flaschenreife profitieren.

★

WEINGUT WOLFGANG UND SYLVIA GROLL

Seit 1880 befasst sich die Familie Groll mit Weinbau. Der Familienbetrieb bewirtschaftet eine Weingartenfläche von elf Hektar in den besten Lagen wie Hiesberg, Seeberg, Kogelberg oder Hoheneck. Wolfgang Groll führt heute das Unternehmen gemeinsam mit seiner Frau Sylvia. Das Weingut befindet sich nur wenige Minuten von Langenlois entfernt in Reith, in einem lang gezogenen Tal westlich von Zöbing, wo der Weinbau schon immer Tradition hatte. Die Rebkulturen gedeihen auf Lehm- und Urgesteinsböden, die das ganze Jahr über begrünt sind. Groll-Wein ist immer Chefsache! Kellermeister Wolfgang Groll, der Hüter des Groll-Weinwissens, ist ausschließlich persönlich für seine Weinkreationen verantwortlich und überlässt dabei nichts dem Zufall. Mit größter Sorgfalt verwandelt er seine Trauben in frische, sortentypische und oft prämierte Weißweine und kräftige Rotweine. Bei den Weißweinen werden Grüner Veltliner, Riesling, Welschriesling, Chardonnay, Rivaner und Muskateller ausgebaut. Das Rotweinsortiment besteht hauptsächlich aus Zweigelt. Neben der intensiven Beschäftigung mit dem Rohprodukt wird auf modernste Kellertechnik gesetzt. Durch Kontinuität hat es das Weingut Groll immer wieder geschafft, Prämierungen für seine Weine zu erlangen. Die wichtigsten Erfolge der letzten Jahre waren zahlreiche Auszeichnungen beim »SALON Österreich Wein« sowie einige Langenloiser »Champion«-Weine. Wichtigstes Exportland des aufstrebenden Weinguts ist Deutschland.

WEINGUT WOLFGANG UND SYLVIA GROLL
3553 Reith/Langenlois
Reith 59
T: +43 (2734) 8522
info@weingut-groll.at
www.weingut-groll.at

Kellermeister: Wolfgang Groll
Kontakt: Wolfgang und Sylvia Groll
Produktion: 80 % weiß, 20 % rot, 11 Hektar
Zertifiziert: Nachhaltig Austria
Messen: Weintage im Museumsquartier

92 Riesling * Langenlois Ried Seeberg 2021
13,5 Vol.-%, DV, Stahltank, €€
Mittleres Grüngelb, Silberreflexe. Blütenhonig, etwas nach Mango, kandierte Orangenzesten, reife Apfelfrucht, Passionsfrucht klingt an. Mittlere Komplexität, saftig, mineralisch, Pfirsichnoten im Abgang, guter Speisenbegleiter.

91 Grüner Veltliner * Zöbing Ried Kogelberg 2021
13,5 Vol.-%, DV, Stahltank, €€
Mittleres Gelbgrün, silberfarbene Reflexe. Feine Wiesenkräuter, etwas weißes Kernobst, zart nach Birne, dazu Orangenzesten. Saftig, mittlere Komplexität, feinwürzig, kraftvoll, Golden-Delicious-Apfel, guter Speisenbegleiter.

91 Grüner Veltliner ** Langenlois Ried Käferberg 2019
14 Vol.-%, DV, Teilbarrique, €€€
Leuchtendes Grüngelb, silberfarbene Reflexe. Feine Ananas, etwas Orangenzesten, ein Hauch von Ringlotten, dezente Wiesenkräuternoten, floraler Touch. Saftig, fruchtsüß nach Mango, gut integrierter Säurebogen, unkomplizierter Speisenbegleiter.

89 Grüner Veltliner * Vom Stein 2021
12,5 Vol.-%, DV, Stahltank, €€

88 Chardonnay Selektion 2021
13,5 Vol.-%, DV, Stahltank, €€

88 Zweigelt Reserve 2019
13,5 Vol.-%, DV, kleines Holzfass, €€

★★

WEINGUT DORIS UND MATTHIAS HAGER

BIO

Die Familie Hager bewirtschaftet bereits seit vielen Generationen Weingärten im Kamptal. Der Betrieb im Weinbauort Mollands wird nach biodynamischen Grundsätzen geführt, ist Mitglied im Demeter-Bund und hat sich somit den derzeit strengsten Richtlinien im Weinberg und im Keller verschrieben. Das Ergebnis sind eigenständige Weine mit viel Charakter.
Mollands liegt auf einem Hochplateau auf etwa 350 Metern Seehöhe im nördlichsten Teil des Kamptals. Raue Winde aus dem Waldviertel und große Temperaturunterschiede im Sommer sorgen für fruchtbetonte Weine, und die vielseitigen Böden des Kamptals verleihen ihnen zusätzlich ihre ganz besondere Note. Um dem Weinkonsumenten im vielseitigen Sortiment die Orientierung zu erleichtern, hat Matthias Hager unterschiedliche Linien kreiert: Die blaue Linie ist leicht und erfrischend, während die braune Linie erdiger, intensiver und lagerfähiger ist. Sie steht ebenso für Naturverbundenheit, Tiefgründigkeit und Nachhaltigkeit – Eigenschaften, die auch auf den Winzer selbst zutreffen. Neu hinzugekommen ist nun auch die rote Linie: Rot ist die Farbe des Königlichen und steht für Besonderes und Extremes bei den entsprechenden Weinen: minimale Schwefelzugabe, Maischegärung, keine Filtration.
Im Weingarten wird großer Wert auf die Erhaltung des ökologischen Gleichgewichts gelegt. Im Keller lautet die Devise: »Weniger ist mehr.« Die Weine werden ausschließlich mit den eigenen Hefen spontan vergoren, Schwefelreduktion steht im Vordergrund, und die Weine bekommen die Zeit, die sie zum Reifen brauchen.

91 Ⓑ Grüner Veltliner Pet Nat 2021
11 Vol.-%, KK, Stahltank/Flaschengärung, €€€
Leuchtendes Gelbgrün, ganz zartes Mousseux. Zart nach

WEINGUT DORIS UND MATTHIAS HAGER
3562 Mollands, Weinstraße 45
T: +43 (2733) 8283
wein@hagermatthias.at
www.hagermatthias.at

Kellermeister: Matthias Hager
Kontakt: Doris und Matthias Hager
Anbauweise: Biodynamisch (Demeter)
Produktion: 10 % Schaumwein, 65 % weiß, 4 % rosé, 20 % rot, 1 % süß, 15 Hektar
Messen: RAW – The Artisan Wine Fair London, VieVinum, RAW – The Artisan Wine Fair Berlin

*** Kamptal DAC** **** Kamptal DAC Reserve**

Grüner Veltliner

Kräutern und Bergamotte, etwas nach reifer Birne, ein Hauch von Sternanis. Saftig, straff, gut eingebundener Säurebogen, gelbe Tropenfrucht, Ananas im Abgang, tabakiger Nachhall, extraktsüßes Finish, vielseitig einsetzbar.

90 Grüner Veltliner * Mollands 2021
11,5 Vol.-%, DV, Stahltank, €€
Helles Gelbgrün, Silberreflexe. Zart nach Maracuja und Wiesenkräutern, etwas nach Quitte, Blütenhonig klingt an. Saftig, elegant, zarte Säurestruktur, mineralisch, etwas nach Apfel im Abgang, salziger Nachhall, bereits gut antrinkbar.

93 Grüner Veltliner Ried Seeberg 2019
13 Vol.-%, NK, großes Holzfass, €€€€
Mittleres Gelbgrün, silberfarbene Reflexe. Einladender Duft nach reifem Apfel, etwas nach Ananas, mineralischer Touch, kandierte Blutorangenzesten klingen an. Saftig, gute Komplexität, frische Säurestruktur, fruchtsüß nach Honig und Mirabellen, straff strukturiert, bleibt gut haften.

91 Grüner Veltliner Urgestein N.V.
11,5 Vol.-%, DV, Stahltank/Granitfass, €€€
Mittleres Gelbgrün, Goldreflexe. Feine Tabaknuancen, ein Hauch von Honigmelone, zart nach gelbem Kernobst, kandierte Clementinenzesten klingen an. Saftig, gut integrierte Säurestruktur, zart nach Papaya, weißes Kernobst, nasser Stein, Kräutertouch im Nachhall, bereits gut antrinkbar.

90 Riesling PUR 2019
13 Vol.-%, NK, Holzfass, €€€€€
Leuchtendes Bernstein mit Orangereflexen. Etwas nach Kräutern und Kamillenblüten, ein Hauch von Holunderblüten, zart nach Nelken, Quittengelee. Engmaschig, zart adstringierender Gerbstoff, Apfelfrucht im Abgang, salziger Nachhall, leichtfüßiges Finish, individueller Speisenbegleiter.

91 Zweigelt PUR 2019
13,5 Vol.-%, NK, Holzfass, €€€€
Dunkles Rubingranat, violette Reflexe, zarte Randaufhellung. Frische Nuancen von roter Frucht, zart nach Kirschen und Brombeeren, ein Hauch von Orangenzesten, florale Nuancen, mit weißer Schokolade unterlegt. Mittlere Komplexität, saftig, fruchtsüß nach Pflaumen, samtige Textur, Vanilletouch im Nachhall, guter Speisenbegleiter.

WEINGUT ROBERT HERBST

BIO

Seit 2016 machen Christina Hugl und Robert Herbst gemeinsame Sache. Christina ist bekannt für ihre Pétillants Naturels und Sekte nach traditioneller Methode. Als Pendant zum Sprudel widmet sich Robert Herbst Kamptaler Stillweinen.
Als Erstlingswerke gibt es seit 2020 einen Gebietswein und zwei Ortsweine – natürlich aus Langenlois, dem Lebensmittelpunkt von Robert Herbst und Christina Hugl. Denn rund um Langenlois liegen auch die biologisch bewirtschafteten Weingärten. Ihr Motto: Wenn Landwirtschaft, dann zusammen mit der Natur und im Einklang mit der Umwelt. Und so ist eine Kreislaufwirtschaft das Ziel, und die eigenen Schafe helfen ihnen da beim Mähen und mit ihrem »Dünger«.
Die »Herbst«-lichen Weine zeichnen sich durch fruchtige Eleganz aus, wie beim »Langenlois«. Komplexe Mineralik mit Karamellnoten findet man beim »Langenlois Reserve« – das entdeckt man schon beim ersten Hineinriechen ins Glas! Die Langenloiser Böden bieten eine gute Mischung aus Löss an der Oberfläche und Urge-

steinsverwitterungsböden in der Tiefe. Dadurch ergibt sich auch die Vielschichtigkeit des Grünen Veltliners, dessen Wurzeln bis 20 Meter in die Tiefe reichen und ihn universell einsetzbar und zum perfekten Speisenbegleiter machen. Für die österreichische und internationale Küche, aber auch solitär getrunken macht er immer eine gute Figur! Neu sind Tonstück No.1, ein Natural Wine aus der Rebsorte Müller-Thurgau, und ein Rosé vom Pinot Noir.

90 Tonstück No.1 2021
12,5 Vol.-%, DIAM, Amphore, €€€
Mittleres Gelbgrün, Weißgoldreflexe. Etwas nach Wiesenkräutern und Litschis, zart nach getrockneten Orangenscheiben und Sternanis, mit Akazienhonig unterlegt. Mittlerer Körper, etwas nach Gewürzen, leichtfüßig, zart nach Quitte, bereits gut antrinkbar.

90 Pinot Noir Rosé 2021
12 Vol.-%, DIAM, Barrique, €€
Trübes helles Altrosa, Silberreflexe. Floraler Touch, etwas nach Eibisch und Himbeeren, mit Kräuterwürze unterlegt. Mittlerer Körper, feine rote Fruchtnote, etwas nach Kirschen, extraktsüß, bereits gut antrinkbar, unkomplizierter Sommerwein.

WEINGUT ROBERT HERBST
3550 Langenlois
Gartenzeile 1
T: +43 (664) 4306643
wein@robertherbst.at
www.robertherbst.at

Kellermeister/Kontakt:
Robert Herbst
Anbauweise: Zertifiziert Biologisch
Produktion: 1.600 Flaschen
100 % weiß, 2.5 Hektar

★★

WEINGUT HERNDLER

Das Weingut Herndler liegt im Herzen des Kamptals, im Gartendorf Schiltern, etwa sechs Kilometer nördlich von Langenlois. Es besteht seit dem Jahr 1889. Ursprünglich wurde es als gemischter Betrieb geführt, der Weinbau spielte zunächst eine untergeordnete Rolle. Im Lauf der Zeit hat sich daraus jedoch ein reiner Weinbaubetrieb entwickelt. Drei Generationen leben und arbeiten miteinander, dabei geben Tradition und Moderne einander die Hand. Hoch über dem Kamp produziert die Familie auf einer Weinbaufläche von etwa 14,5 Hektar die Klassiker des Kamptals: Grünen Veltliner und Riesling – fruchtig, spritzig, mineralisch. Das Zusammenspiel von Boden und Klima ist im Kamptal besonders fein und vielfältig. Der magere Urgesteinsboden und der berühmte Lössboden sind die vorherrschenden Bodenarten der Weingärten. Das trockene, heiße pannonische Klima und die rauen, kühlen Lüfte des Waldviertels locken im Wechselspiel zwischen hohen Tages- und niedrigen Nachttemperaturen die feinsten Aromen in den Weintrauben hervor. Die Reben tanken tagsüber Sonne, nachts atmen sie durch und nehmen die würzige Aromatik des Bodens auf, was dem Wein seine einzigartige Fruchtigkeit verleiht. Wein machen bedeutet für die Winzerfamilie entstehen lassen – von der Traube bis zur fertigen Flasche. Jedes Jahr ist anders, jedes Jahr ist spannend. Das Beste aus dem Naturprodukt Wein herauszuholen ist immer wieder eine faszinierende Herausforderung. Als Winzer verstehen sie sich gleichermaßen als erfahrene Handwerker wie auch als Partner der Natur, für die es die Weingärten nachhaltig zu bewirtschaften gilt. Viel Handarbeit im Weingarten und schonende Verarbeitung im Keller geben den Weinen ihre persönliche Handschrift. Freude und Genuss, Traditionelles und Neues spiegeln sich in den Weinen wider.

92 Riesling * Strass Ried Gautscher 2021
14 Vol.-%, DV, Stahltank, €€
Mittleres Gelbgrün, Silberreflexe. Mit Pfirsichnoten unterlegte kandierte Zitruszesten, ein Hauch von Drachen-

WEINGUT HERNDLER
3553 Schiltern
Karglstraße 1
T: +43 (2734) 8283
info@weingut-herndler.at
www.weingut-herndler.at

Kellermeister: Thomas Herndler
Kontakt: Alexandra Herndler
Produktion: 70 % weiß, 30 % rot, 14.5 Hektar
Messen: 501 Bio-Dyn

frucht, etwas nach Lemongrass. Saftig, elegant, feine Struktur, balancierte Fruchtsüße, Passionsfrucht im Abgang, lang anhaltend, trinkanimierender Stil.

92 Grüner Veltliner * Ried Käferberg 2021
14 Vol.-%, DV, Stahltank, €€€
Mittleres Gelbgrün, Silberreflexe. Mit etwas Tabakwürze unterlegte gelbe Apfelfrucht, zart nach Orangenzesten, Kräuternoten, Sternanis klingt an. Saftig, kraftvoll, fruchtsüß nach Mango, zart nach Pfirsich, bleibt gut haften, vielseitig einsetzbarer Speisenbegleiter.

91 Grüner Veltliner * Alte Reben 2021
13,5 Vol.-%, DV, Stahltank, €€
Helles Gelbgrün, silberfarbene Reflexe. Intensive Tropenfrucht, etwas nach Kräutern, ein Hauch von Papaya, pfeffriger Touch, Guaven klingen an. Saftig, gut integrierter Säurebogen, extraktsüß, zart nach Maracuja im Abgang, guter Speisenbegleiter.

91 Grüner Veltliner * Schiltern Blumenwiese 2021
13 Vol.-%, DV, Stahltank, €€
Helles Gelbgrün, Silberreflexe. Feine Kräuternoten, ein Hauch von Orangenzesten, gelbe Tropenfrucht, zart nach Apfelfrucht, einladendes Bukett. Saftig, elegant, feine Struktur, extraktsüß, Birnen im Abgang, feinwürzig im Nachhall, bereits gut antrinkbar.

87 Chardonnay 2021
14 Vol.-%, DV, Stahltank, €€

88 Zweigelt Rosé 2021
12 Vol.-%, DV, Stahltank, €€

★★★★

WEINGUT HIEDLER

Das 1856 gegründete Weingut Hiedler gehört zu den traditionsreichen Häusern in Langenlois. Schon 1906 wurde das Gut durch das Erzherzogtum Österreich unter der Enns für seine Weinqualität geehrt. Diesen Anspruch trieb die Familie über Jahrzehnte immer weiter an die Spitze. Schließlich bescherten Ludwig Hiedler und seine aus Barcelona stammende Frau María Ángeles dem Weingut internationale Aufmerksamkeit und etablierten es als fixe Größe im Kamptal und in Österreich. In fünfter Generation lenken heute die beiden Brüder Ludwig jun. und Dietmar Seite an Seite mit Ludwig sen. die Geschicke des Betriebes, der sich konsequent weiterentwickelt. Die Familie kultiviert teils uralte Weingärten, verstreut über einige der bedeutendsten Weinbergslagen des Kamptals. Mit konsequenter händischer Rebstockpflege, gut überlegtem Begrünungs- und Kompostmanagement und dem jahrzehntelangen Verzicht auf Herbizide und Insektizide fördert man eine aktive Bodenbiologie und sorgt dabei für eine lebendige und vielfältige Weingartenlandschaft. Es sind gesunde und wertvolle Trauben, die hier heranreifen und so das starke Fundament von sehr persönlichen Weinen bilden. Auch im Keller wird handwerklich und traditionell gearbeitet. Die Familie lässt ihren Weinen viel Zeit. Man begegnet allen Prozessen mit Geduld und dem über die Generationen gesammelten Erfahrungswissen. Die Weine dürfen besonders lange auf der Feinhefe reifen, in großen Akazienfässern, Edelstahltanks und manchmal auch in kleinen Eichenfässern. Ein biologischer Säureabbau darf auf

© Hasselblad X1D

WEINGUT HIEDLER

3550 Langenlois
Am Rosenhügel 13
T: +43 (2734) 2468
office@hiedler.at
www.hiedler.at

Kellermeister: Ludwig Hiedler
Kontakt: Dietmar Hiedler
Produktion: 95 % weiß, 5 % rot, 30 Hektar
Zertifiziert: Nachhaltig Austria
Vereinszugehörigkeit: Traditionsweingüter Österreich
Messen: ProWein Düsseldorf

Dietmar, Ludwig sen. und Ludwig jun. Hiedler

natürliche Weise (spontan) vorkommen und wird nicht unterbunden. All das eröffnet den Weinen eine einzigartige Dimension von Textur und Tiefe. Dieser Philosophie – verkörpert durch die in Stein gemeißelte Eule vor dem historischen Weinkeller (und auf dem Etikett) – bleibt die Familie stets verbunden.

96 Riesling * Ried Heiligenstein 1ÖTW 2020
13 Vol.-%, DIAM, Stahltank, €€€€€
Mittleres Gelbgrün, Silberreflexe. Intensiver Duft nach Weingartenpfirsich und Blütenhonig, zart nach Safran, Noten von Kamille und Orangen, facettenreiches Bukett. Komplex, saftig, vielschichtige Säurestruktur, engmaschig, dunkle Mineralik, salzig-zitroniger Touch, gelbes Steinobst, leichtfüßig, lange anhaltend, sicheres Reifepotenzial.

94 Riesling * Ried Gaisberg 1ÖTW 2020
13 Vol.-%, DIAM, Stahltank, €€€€€
Mittleres Gelbgrün, Silberreflexe. Zart nach Kräuterwürze, reife gelbe Tropenfrucht, ein Hauch von Blütenhonig und Zitrus, Papaya klingt an. Straff, facettenreich, lebendige Säurestruktur, salzig-mineralisch, Pfirsichnoten im Abgang, lang anhaltend, vielschichtiger Speisenbegleiter.

93 Riesling * Ried Kogelberg 1ÖTW 2020
12,5 Vol.-%, DIAM, Stahltank, €€€€€
Mittleres Gelbgrün, Silberreflexe. Reife Tropenfrucht, zart nach Quitte, ein Hauch von kandierten Mandarinenzesten, frische Ananas, mineralischer Anklang. Saftig, kraftvoll, fruchtsüß nach reifem Pfirsich, balancierte Säurestruktur, zitroniger Nachhall, animierender Speisenbegleiter.

91 Riesling * Langenlois Urgestein 2021
12,5 Vol.-%, DV, Stahltank, €€€
Mittleres Gelbgrün, Silberreflexe. Feine Limettenzesten, etwas nach Pfirsich und Kiwi, frisches Bukett. Saftig, straff, lebendige Säurestruktur, mineralisch, weißes Steinobst, salziger Speisenbegleiter.

91 Riesling * 2021
12,5%, DV, Stahltank, €€€
Mittleres Grüngelb, silberfarbene Reflexe. Zart nach Pfirsich und Blütenhonig, etwas nach Mango, Zitrustouch, einladendes Bukett. Saftig, elegant, feine Säurestruktur, fruchtsüß nach Marillen, salziger Abgang, bleibt gut haften, vielseitig einsetzbar.

95 Grüner Veltliner * Ried Käferberg 1ÖTW 2020
13,5 Vol.-%, DIAM, Barrique/gebr. Barriques, €€€€€
Mittleres Gelbgrün, silberfarbene Reflexe. Feine Tabak- und Räucherwürze, zart nach Quitte, etwas nach reifer Ananas, ein Hauch von Guaven, mit Orangenschalen unterlegter Blütenhonig. Gute Komplexität, kraftvoll, gut eingebundener Säurebogen, facettenreich, reife Apfelfrucht im Abgang, dunkle Mineralik im Nachhall, sicheres Potenzial.

94 Grüner Veltliner * Ried Schenkenbichl 1ÖTW 2020
13,5 Vol.-%, DIAM, Stahltank, €€€€€
Helles Gelbgrün, Silberreflexe. Feine Zitrusnuancen, ein Hauch von gelbem Apfel, zart nach Ananas, Blütenhonig klingt an. Gute Komplexität, dunkle Mineralik, weiße Tropenfrucht, feinwürzig, frisch und lebendig, vielschichtig, sicheres Potenzial.

* Kamptal DAC ** Kamptal DAC Reserve

93 Grüner Veltliner * Ried Thal 2021
13 Vol.-%, DV, Stahltank, €€€€ Ⓥ
Helles Grüngelb, silberfarbene Reflexe. Zart nach gemahlenem Pfeffer und gelber Tropenfrucht, etwas nach Kräutern, feine Grapefruitzesten. Saftig, straff, gut integrierte Säurestruktur, mineralisch, gelbe Apfelfrucht, bleibt gut haften, straffer Speisenbegleiter mit Potenzial.

92 Grüner Veltliner * Langenlois Tonmineral 2021
12,5 Vol.-%, DV, Stahltank, €€ Ⓥ
Helles Goldgelb, silberfarbene Reflexe. Feine Wiesenkräuter, etwas weiße Apfelfrucht, Zitrusnuancen, Maracujatouch, feinwürzig. Saftig, frische Säurestruktur, engmaschig, leichtfüßig, zart nach Kernobst, bleibt gut haften, guter Speisenbegleiter.

92 Grüner Veltliner * Ried Kittmannsberg 1ÖTW 2020
13,5 Vol.-%, DIAM, großes Holzfass, €€€€€
Helles Gelbgrün, Silberreflexe. Dezente Apfelfrucht, ein Hauch von Birne, feine Orangenzesten, Räucherwürze klingt an, mit Quitte unterlegt. Saftig, reife Tropenfrucht, gelbes Steinobst im Abgang, gut eingebundener Säurebogen, mineralischer Nachhall, bereits gut antrinkbar, feiner Speisenbegleiter.

90 Grüner Veltliner * 2021
12,50%, DV, Stahltank, €€
Mittleres Gelbgrün, Silberreflexe. Zart nach Maracuja und reifer Apfelfrucht, etwas nach Honig, ein Hauch von Orangenzesten, Wiesenkräuter klingen an. Saftig, feine Struktur, mineralisch, salzig, etwas weißes Kernobst im Abgang, bleibt gut haften, unkomplizierter Speisenbegleiter..

93 Weißburgunder Langenlois 2021
12,5 Vol.-%, DV, Stahltank/großes Holzfass, €€€ Ⓥ
Mittleres Gelbgrün, Silberreflexe. Feine Wiesenkräuter, zart nach Mandarinenzesten, etwas nach Williamsbirne, Toffee klingt an, mit Marille unterlegt. Saftig, komplex, salzig, gelbe Tropenfrucht, etwas Maracuja im Abgang, facettenreiche Säurestruktur, zitroniger Nachhall, guter Speisenbegleiter.

★★★★★

WEINGUT HIRSCH

BIO

Auf einem 500 Jahre alten Zehenthof in Kammern im Kamptal widmet sich die Familie Hirsch mit ganzer Leidenschaft ihren Weinen der Sorten Grüner Veltliner und Riesling aus besten Lagen. In den biodynamisch bewirtschafteten Weingärten entstehen Weine mit Eigensinn, in denen sich die Kraft der Region widerspiegelt – Weine mit Leichtigkeit, Spannung und Vitalität, die auch mit großer Regelmäßigkeit zu den allerbesten des Landes zählen.
Wenn man vom Verkostungsraum des Weinguts in die Ferne blickt, genießt man eine wunderschöne Landschaft: Der Blick geht über Weingärten und Obstbäume bis zu den markanten Erhebungen, auf denen die Toplagen Lamm, Gaisberg, Grub, Renner und Heiligenstein zu finden sind.

97 Grüner Veltliner * Kammern Ried Lamm 1ÖTW 2020
13 Vol.-%, DV, Stahltank, €€€€€ Ⓑ
Mittleres Grüngelb. Zart tabakig, etwas rauchig, weißes Steinobst, ein Hauch von Quitte, Wiesenkräuter klingen an, engmaschiges Bukett. Gute Komplexität, vielschichtig, fruchtsüß nach Papaya, Orangentouch, facettenreiche Säurestruktur, mineralisch-salzig, bleibt sehr gut haften, enormes Potenzial.

95 Grüner Veltliner * Kammern Ried Gaisberg 1ÖTW 2020
13 Vol.-%, DV, Stahltank, €€€€€ Ⓑ
Leuchtendes Gelbgrün, silberfarbene Reflexe. Zart nach Maracuja, unterlegt mit Blütenhonig, floraler Touch, Wiesenkräuter klingen an, Clementinenzesten. Saftig, gute Komplexität, facettenreiche Säurestruktur, Mango im Abgang, Marillentouch im Nachhall, leichtfüßig, salzig im Rückgeschmack, sicheres Reifepotenzial.

94 Grüner Veltliner * Kammern Ried Grub 1ÖTW 2020
13 Vol.-%, DV, Stahltank, €€€€€ Ⓑ
Leuchtendes Goldgelb, silberfarbene Reflexe. Zart nach Mango, unterlegt mit Honig, etwas nach Quittengelee, ein Hauch von Ringlotten, Clementinentouch. Saftig, straff, fruchtsüß nach reifem Apfel, gut eingebundene

WEINGUT HIRSCH

3493 Kammern
Hauptstraße 76
T: +43 (2735) 2460
info@weingut-hirsch.at
www.weingut-hirsch.at

Kellermeister/Kontakt: Johannes Hirsch
Anbauweise: Biodynamisch (respekt)
Produktion: 100 % weiß, 30 Hektar
Vereinszugehörigkeit: Traditionsweingüter Österreich, respekt-BIODYN
Messen: ProWein Düsseldorf, VieVinum

Riesling

Säurestruktur, mineralisch, feinwürzig, vielseitiger Speisenbegleiter mit Potenzial.

93 Grüner Veltliner * Kammern Ried Renner 1ÖTW 2020
13 Vol.-%, DV, Stahltank, €€€€€ B
Mittleres Goldgelb, Grünreflexe. Feine Tabak-Kräuter-Noten, zart nach Papaya, etwas Orangenschalen, dunkle Mineralik. Saftig, feine Nuancen von Mango, leichtfüßig, mineralisch-salzig, etwas Apfel im Nachhall, würziges Finish, vielseitiger Speisenbegleiter.

92 Grüner Veltliner * Kammern 2021
12,5 Vol.-%, DV, Stahltank, €€€
Helles Gelb, silberfarbene Reflexe. Feine Mangonoten, etwas nach Blütenhonig, zart nach Melisse, reife Apfelfrucht. Saftig, elegant, facettenreiche Säurestruktur, Maracujanoten, salzig, kraftvoller Speisenbegleiter, vielseitig einsetzbar.

91 Grüner Veltliner * Hirschvergnügen 2021
12 Vol.-%, DV, Stahltank, €€
Helles Grüngelb, silberfarbene Reflexe. Feine Wiesenkräuter, ein Hauch von gelbem Apfel, zart nach Orangenschalen. Saftig, straff, feiner Säurebogen, reife Tropenfrucht im Abgang, bleibt gut haften, Mango im Nachhall, bereits gut antrinkbar.

96 Riesling * Zöbing Ried Heiligenstein 1ÖTW 2020
13 Vol.-%, DV, Stahltank, €€€€€ B
Leuchtendes mittleres Grüngelb. Feiner Blütenhonig, etwas nach Wiesenkräutern, frische Orangenzesten, unterlegt mit einer zarten Minznote, ein Hauch von Papaya, mineralischer Touch. Saftig, facettenreich, gut eingebundene Säurestruktur, etwas Pfirsich im Abgang, Safrantouch im Nachhall, mineralisch, zurückhaltendes Finish, bleibt jedoch gut haften, vielseitig einsetzbar, gutes Reifepotenzial.

95 Riesling * Zöbing Ried Gaisberg 1ÖTW 2020
13 Vol.-%, DV, Stahltank, €€€€€ B
Mittleres Goldgelb, Silberreflexe. Zart nach Pfirsich und Kräutern, ein Hauch von Maracuja, frisches Bukett, Kumquats und Passionsfrucht klingen an. Saftig, engmaschig, rassiger Säurebogen, mineralisch, Ananas klingt an, würziger Nachhall, vielschichtiges Finish, sicheres Reifepotenzial.

92 Riesling * Zöbing 2021
12,5 Vol.-%, DV, Stahltank, €€€
Leuchtendes helles Grüngelb. Zart nach kandierten Limetten und Weingartenpfirsich, ein Hauch von Maracuja, zart nach Guaven. Mittlere Komplexität, saftig, straff, lebendige Säurestruktur, mineralisch, gelbe Tropenfrucht, zitroniger Nachhall, guter Speisenbegleiter.

92 Riesling Hirschin 2017
8,5 Vol.-%, DV, Stahltank, €€€€€
Helles Gelbgrün, silberfarbene Reflexe. Zart nach Kräutern und weißem Steinobst, etwas nach Melisse und Gewürznelken. Saftig, restsüß nach Marille und Honig, dunkle Mineralik, gut eingebundene Säurestruktur, bleibt gut haften, mineralisch-süß, balancierter Stil.

★★

WEINGUT JOHANNES HOLZER

Johannes Holzer bewirtschaftet in den besten Lagen der Region zehn Hektar Weingärten. Rund 50 Prozent seiner Weingärten befinden sich in der oft prämierten Top-Lage Engabrunner Stein. Die verschiedenen Bodentypen – vom Urgestein über Schotter bis hin zu tiefgründigem Löss – bieten ideale Bedingungen für hohe Qualität und große Sortenvielfalt. Neben den Sortenklassikern Grüner Veltliner und Riesling gedeihen auch Frühroter Veltliner, Chardonnay, Sauvignon Blanc, Gelber Muskateller, Zweigelt und St. Laurent zu sehr fruchtbetonten und vielschichtigen Weinen. Die Hauptsorte des Weinguts, der Grüne Veltliner, wird in vier Ausbaustufen gekeltert – vom Kamptal DAC von der Riede Karl und der mittelkräftigen »Alten Rebe« von über 45 Jahre alten Weinstöcken über den Lagenwein aus der Top-Riede Engabrunner Stein bis hin zur vielfach ausgezeichneten »Ganztraube vom Stein«.

Qualitätsorientiertes Arbeiten im Weingarten auf Basis einer streng kontrollierten Bewirtschaftung mit freiwilligem Verzicht auf Insektizide und Herbizide – seit April 2021 ist sein Betrieb auch »Nachhaltig Austria«-zertifiziert –, strikte Traubenselektion durch Handlese und eine schonende Traubenverarbeitung mit modernster Kellertechnologie haben für Johannes Holzer höchste Priorität. Prämierungen wie »AWC Gold«, die Auszeichnung zum Kreis der Besten und die Aufnahme in den »SALON Österreich Wein« sowie NÖ-Landessiege und AWC-Sortensiege, aber auch der Sieg bei der »Kamptal Trophy« unterstreichen die hohe Qualität seiner Weine.

93 Grüner Veltliner * Engabrunn Ried Stein 2021
13,5 Vol.-%, DV, Stahltank, €€€
Mittleres Gelbgrün. Feiner Blütenhonig, etwas nach Mango, ein Hauch von Mandarinen, Kräutertouch. Saftig, straff, kraftvoll und fruchtsüß nach Bratapfel, etwas nach Marille, gut eingebundene Säurestruktur, einladender Speisenbegleiter.

(92) Grüner Veltliner ** Engabrunn Ried Stein Ganztraube vom Stein 2021
13,5 Vol.-%, DV, Stahltank, €€€
Leuchtendes Gelbgold, Grünreflexe. Balancierte Kräuterwürze, etwas nach weißer Tropenfrucht, Ananas, Kardamom, dunkle Mineralik, einladendes Bukett. Saftig, komplex, elegant, feine Extraktsüße, Marille im Abgang, salzig, gut integrierte Säurestruktur, lang anhaltend, bleibt gut haften.

Johannes Holzer

WEINGUT JOHANNES HOLZER
3492 Engabrunn
Am Anger 8, oder Hauptstraße 47
T: +43 (2735) 2093
holzerwein@aon.at
www.holzerwein.at

Kellermeister/Kontakt:
Johannes Holzer
Produktion: 50.000 Flaschen
4 % Schaumwein, 85 % weiß,
5 % rosé, 5 % rot, 1 % süß,
10+2 Hektar
Zertifiziert: Nachhaltig Austria
Vereinszugehörigkeit:
Kamptal Klassik
Messen: ÖGW Zürich, VieVinum, Weinmesse Salzburg, DAC-Präsentationen

© Erich Marschik

90 Grüner Veltliner * Engabrunn Alte Rebe 2021
13 Vol.-%, DV, Stahltank, €€
Mittleres Gelbgrün, silberfarbene Reflexe. Feine Kräuternoten, etwas nach Blütenhonig, reifer gelber Apfel, zart nach Maracuja. Saftig, elegant, balancierte Säurestruktur, gelbes Kernobst, bleibt gut haften, bereits gut antrinkbar.

(92) Riesling ** Engabrunn Ried Stein 2021
13,5 Vol.-%, DV, Stahltank, €€€
Helles Gelbgrün, Silberreflexe. Einladender Duft nach Pfirsich und Kräuterwürze, etwas nach Kumquats, zart nach Melisse, mit einem Nelkentouch unterlegt. Saftig, gute Komplexität, straff, extraktsüß, balancierte Säurestruktur, Ananas im Abgang, bleibt gut haften, Orangentouch im Rückgeschmack.

90 Riesling * Engabrunn Ried Stein Alte Rebe 2021
12,5 Vol.-%, DV, Stahltank, €€€
Mittleres Grüngelb, silberfarbene Reflexe. Dezente Zitrusnuancen, ein Hauch von Guaven, weißes Steinobst, kandierte Limettenzesten, frisches Bukett. Saftig, elegant, feine Säurestruktur, mineralisch, Weingartenpfirsich im Abgang, bereits gut antrinkbar.

89 Chardonnay 2021
13 Vol.-%, DV, Stahltank, €€

★★

WEINGUT ARMIN HUBER

BIO

Die Weinbautradition der Winzerfamilie Huber im historischen Springerhof reicht bis ins Jahr 1459 zurück. Im denkmalgeschützten Anwesen befindet sich eines der ältesten und renommiertesten Weingüter des Kamptals. Das Traditionsweingut bewirtschaftet 15 Hektar Weingärten in besten Lagen: Heiligenstein, Gaißberg und Wechselberg, wo hervorragende Rieslinge gedeihen, sowie Hasel und Brunngasse mit würzig-pfeffrigen Veltlinern, die die Zeit bekommen, die sie zum Reifen brauchen. Fruchtiger, leichter Grüner Veltliner, Sauvignon Blanc und Gelber Muskateller sowie der »Gleichgepresste«, der als idealer Sommerwein zu genießen ist, bieten immer wieder große Trinkfreude. Armin Huber, der den elterlichen Betrieb 2012 übernommen hat, vinifiziert mit großer Leidenschaft und umweltbewusster Nachhaltigkeit. In einer Balance zwischen Tradition und moderner Technik begleitet er seine Weine behutsam und naturnah durch den gesamten Entstehungsprozess. Seine Bemühungen werden immer wieder mit Auszeichnungen belohnt. Sämtliche Weine, auch so manche Rarität, kann man in gemütlicher Atmosphäre jederzeit unverbindlich verkosten.

93 Riesling * Ried Heiligenstein 2020
14 Vol.-%, DV, 500-l-Fass, €€€ Ⓑ
Mittleres Gelbgrün, silberfarbene Reflexe. Zart nach Blütenhonig und Mango, Ringlotten klingen an, floraler Touch, etwas Toffee. Saftig, elegant, Ananas, Marille klingt an, gute Säurestruktur, mineralisch, bleibt gut haften, würziger Rückgeschmack, sicheres Potenzial.

92 Riesling * Ried Gaisberg 2021
13 Vol.-%, DV, Stahltank, €€ Ⓑ
Mittleres Gelbgrün, Silberreflexe. Feine Wiesenkräuter, zart nach Blütenhonig, etwas nach Ananas, frische Zitruszesten klingen an. Saftig, straff, fruchtsüß nach Pfirsich, mineralisch, Maracuja im Abgang, salziger Nachhall, vielseitig einsetzbar.

WEINGUT ARMIN HUBER
3491 Straß im Straßertale
Marktplatz 16
T: +43 (2735) 2303
info@huberwein.at
www.huberwein.at

Kellermeister/Kontakt:
Armin Huber
Anbauweise: Zertifiziert Biologisch
Produktion: 98 % weiß, 2 % rot, 15 Hektar
Messen: BioFach Nürnberg, Gast Klagenfurt

*Kamptal DAC **Kamptal DAC Reserve

90 Riesling * Ried Wechselberg 2021
12,5 Vol.-%, DV, Stahltank, €€
Helles Gelbgrün, Silberreflexe. Frische Kräuterwürze, etwas Zitrusnoten, weißes Steinobst, Kumquats klingen an. Mittlerer Körper, feine Säurestruktur, mineralisch, Grapefruit im Abgang, salziger Nachhall, frisch, guter Speisenbegleiter.

92 Grüner Veltliner * Ried Gaisberg 2020
14 Vol.-%, DV, 500-l-Fass, €€€€€
Mittleres Gelbgrün, Silberreflexe. Feine Kräuterwürze, etwas nach gelbem Apfel, zart nach kandierten Orangenzesten, dunkle Mineralik, facettenreiches Bukett. Gute Komplexität, Ananastouch, zart tabakig im Abgang, Marillen im Nachhall, kraftvoller Speisenbegleiter, bereits gut antrinkbar.

91 Grüner Veltliner * Ried Brunngasse 2020
13 Vol.-%, DV, 500-l-Fass, €€
Mittleres Gelbgrün, Silberreflexe. Feine Tabak-Kräuter-Würze, ein Hauch von Tropenfrucht, zart nach Orangen- und Mandarinenzesten. Saftig, mineralisch, feine Säurestruktur, Maracujanoten, zart salzig, fruchtiger Nachhall.

90 Grüner Veltliner * Ried Hasel 2021
13,5 Vol.-%, DV, Stahltank, €€
Helles Gelbgrün, silberfarbene Reflexe. Feine Kräuternoten, zart nach weißer Apfelfrucht, dunkle Mineralik, etwas nach Steinobst. Saftig, elegant, extraktsüß nach Mango, frisch und lebendig strukturiert, bereits gut antrinkbar.

★★

CHRISTINA HUGL | SEKT & PET-NAT

BIO

Warum machen wir nicht einfach alles anders? Worte, vor denen alle Eltern erschaudern, wenn die Kinder plötzlich doch auf die Idee kommen und selber Wein machen wollen, obwohl das eigentlich nie der Plan war. Aber wie sagt man so schön: Unverhofft kommt oft. Anstatt nur einmal ein bisschen was auszuprobieren, werden jetzt schon über 10.000 Flaschen Sekt & Pet-Nat produziert. Um wirklich den eigenen Stil zu finden und alles ausprobieren zu können, was man wollte, begaben sich Christina Hugl und Robert Herbst auf die Suche nach einem geeigneten Keller und wurden in Mollands im Kamptal fündig, aber bald steht ein Umzug in die wunderschöne Kellergasse am Heiligenstein in Zöbing an. Wer verkosten möchte, darf ins weithin bekannte Langenlois kommen, wo man im liebevoll restaurierten alten Winzerhof bei einem Glaserl Sprudel bestens entspannen kann.

CHRISTINA HUGL |
SEKT & PET-NAT
3550 Langenlois
Gartenzeile 1
T: +43 (650) 7427151
info@christinahugl.at
www.christinahugl.at

Kellermeister/Kontakt:
Christina Hugl
Anbauweise: Zertifiziert Biologisch
Produktion: 13.333 Flaschen
100 % Schaumwein, 2.2+1 Hektar
Vereinszugehörigkeit:
Junge Wilde Winzer
Messen: VieVinum

93 Chardonnay Große Reserve Blanc de Blancs 2018
12 Vol.-%, NK, kleines Holzfass, €€€€€
Helles Gelbgrün, Silberreflexe, feines Mousseux. Dezente Apfelfrucht, Mirabellen, etwas nach Kräutern, kandierte Orangenzesten, einladendes Bukett. Saftig, straff, feine Säurestruktur, balanciert, feinwürzig, gelbes Kernobst im Abgang, salziger Nachhall, vielseitig einsetzbar.

92 Superius Civitatem Reserve 2019 WR/WB
12 Vol.-%, NK, Teilbarrique, €€€€€
Helles Grüngelb, Silberreflexe, zart moussierend. Frische Ananas, Melonentouch, ein Hauch von kandiertem Apfel, zart nach Wiesenkräutern, floraler Touch. Saftig, elegant, balancierte Säurestruktur, mineralisch, etwas tabakig im Abgang, bleibt gut haften, Tropenfrucht auch im Nachhall, guter Speisenbegleiter.

91 Grüner Veltliner x Weißburgunder 2020
12 Vol.-%, NK, Stahltank, €€€€
Trübes mittleres Gelbgrün, feine Perlage. Dezente Tropenfrucht, etwas nach Blütenhonig, ein Hauch von Birne, zart nach frischer Brioche. Saftig, elegant, fruchtsüß, gelbes Kernobst im Abgang, mineralischer Nachhall, bleibt gut haften, bereits gut antrinkbar.

90 Grüner Veltliner Sans Souci NV
12 Vol.-%, NK, Stahltank, €€€€
Mittleres Goldgelb, Silberreflexe, feines Mousseux. Feine Kräuternoten, zart rauchig unterlegte Tropenfrucht, ein Hauch von Orangenschalen, Melisse klingt an. Mittlerer Körper, feine Extraktsüße nach gelbem Apfel, etwas nach Quitte, bereits gut antrinkbar.

90 Red-Nat 2021
11 Vol.-%, NK
Helles Rubingranat, pinke Reflexe, feine Perlage. Rote Beerenfrucht, etwas nach Himbeeren, ein Hauch von Orangenschalen, Pflaumenmus. Mittlerer Körper, frische Säurestruktur, mineralisch, etwas nach Walderdbeeren, frischer Aperitif.

88 Neuburger Pet-Nat Golden 2021
13 Vol.-%, NK, Stahltank, €€€€

★★★★

WEINGUT JURTSCHITSCH

BIO

Das Traditionsweingut der Familie Jurtschitsch mit seinem Lesehof aus dem 16. Jahrhundert und dem 700 Jahre alten Naturkeller zählt zu Österreichs schönsten Weingütern. Alwin und Stefanie Jurtschitsch kümmern sich mit viel Liebe und Gefühl um ihre Reben und Weine. Aus Überzeugung und Naturverbundenheit entschlossen sie sich 2006, das Weingut auf kontrollierte organisch-biologische Wirtschaftsweise umzustellen. Die Lagenweine werden mit weinbergeigenen Hefen im großen Holzfass vergoren. Die alten Kellergewölbe, die 2016 revitalisiert wurden, bieten optimale Reifevoraussetzungen für die Weine aus den »Filetstücken« der großen Lagen im Kamptal: Zöbinger Heiligenstein, Loiserberg, Dechant, Schenkenbichl, Käferberg, Lamm und Tanzer. Kaum ein anderes österreichisches Weingut schafft es, mit solcher Zuverlässigkeit beste Qualität über die gesamte Angebotspalette zu bieten. Auch bei Rot- und Süßweinen wurden über die Jahre Meilensteine für die Region gesetzt. Bestätigung findet die kompromisslose Qualitätsarbeit durch zahlreiche wiederkehrende nationale und internationale Auszeichnungen. Der »GrüVe®« gilt als Bestseller in Gastronomie und Fachhandel. Dieser jugendlich-leichte Grüne Veltliner mit seinem Etikett von Christian Ludwig Attersee hat dabei im In- und Ausland viele Weinmoden und Modeweine überdauert. Wer bei den diesjährigen Bewertungen den einen oder anderen Lagenwein vermisst, muss sich noch etwas gedulden. Stefanie und Alwin Jurtschitsch haben sich dazu entschlossen, ihre allerbesten Weine mit etwas Verzögerung auf den Markt zu bringen.

94 Grüner Veltliner Sekt Austria Große Reserve brut nature Niederösterreich g.U. Langenlois 2017
12 Vol.-%, NK, großes Holzfass, €€€€€
Helles Gelbgrün, silberfarbene Reflexe, zartes Mousseux.

WEINGUT JURTSCHITSCH
3550 Langenlois
Rudolfstraße 39
T: +43 (2734) 2116
weingut@jurtschitsch.com
www.jurtschitsch.com

Kellermeister: Stefanie Jurtschitsch
Kontakt: Alwin Jurtschitsch
Anbauweise: Zertifiziert Biologisch
Produktion: 74 % weiß, 25 % rot, 1 % süß, 60 Hektar
Zertifiziert: Nachhaltig Austria
Vereinszugehörigkeit: Traditionsweingüter Österreich
Messen: Millésime Bio, ProWein Düsseldorf, VieVinum

Ried Spiegel

Mit feiner Mineralik unterlegtes weißes Steinobst, zart nach Toastbrot, mit Kräuternoten unterlegte Orangenschalen. Saftig, elegant, facettenreiche Säurestruktur, mineralisch, ein Hauch von Birne im Abgang, salziger Nachhall, engmaschiger Speisenbegleiter.

92 Ⓑ Brut Rosé Klassik ZW/PN/SL
Deg. 10/2021, 12 Vol.-%, NK, großes Holzfass, €€€€€
Helles Altrosa, Pinkreflexe, feines Mousseux. Zart nach Walderdbeeren, etwas nach Kräutern, frischer Ingwer, Zitrusnuancen klingen an. Straff, extraktsüß nach Himbeeren, frisch und lebendig, Feigentouch im Nachhall, bereits gut antrinkbar.

(94) Riesling * Ried Heiligenstein 1ÖTW 2021
12,5 Vol.-%, DV, großes Holzfass, €€€€€ Ⓑ
Mittleres Gelbgrün. Zarte Pfirsichnote, etwas Wiesenkräuter, zart nach Maracuja, dunkle Mineralik, Ringlotten klingen an. Komplex, saftig, facettenreich, etwas nach weißem Steinobst, Marille im Rückgeschmack, zart würzig im Nachhall, guter Speisenbegleiter mit Potenzial.

(93) Riesling * Ried Loiserberg 1ÖTW 2021
12,5 Vol.-%, DV, großes Holzfass, €€€€€ Ⓑ
Mittleres Gelbgrün. Feine Kräuternoten, gelbe Tropenfrucht, zart nach Papaya und Ananas, ein Hauch von Zitrusnuancen, etwas Minze. Saftig, straff, frische, leichtfüßige Struktur, feinwürzig, etwas weißes Kernobst im Abgang, dunkle Mineralik, zitroniger Nachhall, engmaschiger Speisenbegleiter.

(92) Grüner Veltliner * Ried Loiserberg 1ÖTW 2021
12,5 Vol.-%, DV, großes Holzfass, €€€€€ Ⓑ
Mittleres Grüngelb, silberfarbene Reflexe. Feine Kräuternoten, weiße Apfelfrucht, zart nach Pfirsich, Grapefruitzesten, dunkle Mineralik. Saftig, komplex, feine Säurestruktur, leichtfüßig, Birnentouch im Abgang, salziger Nachhall, facettenreicher Speisenbegleiter.

91 Grüner Veltliner * Löss 2021
12,5 Vol.-%, DV, Stahltank, €€€ Ⓑ
Helles Grüngelb. Zart nach Kräutern und weißer Apfelfrucht, etwas nach Melisse, Papaya klingt an. Saftig, frisch, feiner Säurebogen, Kernobst im Abgang, unkompliziertes Trinkanimo.

91 Grüner Veltliner * Stein 2021
12,5 Vol.-%, DV, Stahltank, €€€ Ⓑ
Helles Gelbgrün, Silberreflexe. Feine Kräuternoten, gelbe Apfelfrucht, ein Hauch von Papaya, frisch strukturiert, einladendes Bukett. Saftig, elegant, mineralisch-salzig, Pfirsichnoten klingen an, bereits gut antrinkbar, hohes Trinkanimo.

97 Riesling Ried Heiligenstein Beerenauslese 2018
8 Vol.-%, NK, Holzfass, €€€€€€ Ⓑ
Mittleres Gelbgold. Einladender Duft nach Kletzen und getrockneten Marillen, etwas nach Lindenblütenhonig, zart nach Orangenzesten, Karamell, unterlegt mit Kräutern. Saftig, gute Komplexität, Honigmelone im Abgang, gut eingebundene Säurestruktur, kandierte Ananas im Rückgeschmack, vielschichtiges süßes Finish, sicheres Potenzial.

97 Riesling Ried Loiserberg TBA 2018
7,5 Vol.-%, NK, Holzfass, €€€€€€ Ⓑ
Leuchtendes Goldgelb. Zarte Botrytiswürze, etwas nach Feigengelee, ein Hauch von kandierten Orangenzesten und Quitte, reife Melone, Honigtouch. Gute Komplexität, seidige Textur, mineralisch, Honigtouch und feine Nuancen von Mango im Abgang, eingelegtes Steinobst, facettenreicher Stil, straffes Finish.

93 Riesling Ried Loiserberg Spätlese 2019
11 Vol.-%, DV, großes Holzfass, €€€€€
Helles Gelb, silberfarbene Reflexe. Einladender Duft nach Marille und Guaven, ein Hauch von Orangenschalen, weiße Tropenfrucht klingt an. Saftig, gute Komplexität, fruchtsüß nach Ringlotten und reifem Pfirsich, mineralisch, lange anhaltend, restsüßer Speisenbegleiter.

92 Grüner Veltliner Ried Spiegel Auslese 2018
10,5 Vol.-%, DV, Stahltank, €€€€€ Ⓑ
Mittleres Gelbgrün, Silberreflexe. Zart nach Melisse und reifer Mango, etwas nach kandiertem Apfel, ein Hauch von Honig, Litschis klingen an. Saftig, gute Komplexität, salzig, Pfirsichnoten, zitroniger Nachhall, bleibt gut haften, vielseitig einsetzbar.

BIO-WEINGUT KEMETNER
3492 Etsdorf am Kamp
Obere Marktstraße 2
T: +436604626818
weingut@kemetner.at
www.kemetner.at

Kellermeister/Kontakt:
Simon Kemetner
Anbauweise: Zertifiziert Biologisch (Austria Bio Garantie)
Produktion: 85 % weiß, 5 % rosé, 10 % rot, 9 Hektar
Vereinszugehörigkeit:
Weinstraße Kamptal

Nikolaus, Julia und Simon Kemetner

★★

BIO-WEINGUT KEMETNER

BIO

Das Weingut der Familie Kemetner liegt in Etsdorf, unweit des bekannten Schlosses und Kulturzentrums Grafenegg im südlichen Teil des Kamptals und im Zentrum von Niederösterreich. Schon 1641 wird Nikolaus Kemetner am Stammhaus genannt, sein Sohn Johannes wird 1666 ausdrücklich als »Vinitor in Etsdorff« bezeichnet. Vor Kurzem hat ein Heimatforscher das Winzersiegel der Familie Kemetner wiederentdeckt. Es befindet sich auf Marktrichterrechnungen von 1741 bis 1744, unterfertigt und gesiegelt von Johannes Kemetner, Ratsherr in Etsdorf. Das Siegel zeigt ein Herz mit drei daraus wachsenden Blumen sowie die Buchstaben »J. K.« und ziert das neue Etikett der Familie Kemetner.
In zwölfter Generation führt nun Simon Kemetner den Betrieb weiter und wird natürlich noch tatkräftig von seinem Vater Leopold unterstützt. Heute bewirtschaftet die Familie eine Fläche von neun Hektar Weingärten, wobei der Grüne Veltliner mit fast 60 Prozent den Hauptanteil stellt. Weiters sind 20 Prozent Riesling und 10 Prozent Zweigelt im Programm. Den Rest bilden Rivaner, Chardonnay, Blauburgunder, Sauvignon Blanc, Roter Muskateller und Cabernet Sauvignon. Mit den Etsdorfer Rieden Wohra und Karl verfügen die Kemetners über echte Top-Lagen als Basis für bestes Traubengut. Dieses wird ohne Aufbesserung zu feinen, bekömmlichen und langlebigen Weinen vergoren. Seit 2008 werden die Weingärten biologisch bewirtschaftet.

(93) Grüner Veltliner * Ried Karl Alte Reben 2021
13 Vol.-%, NK, großes Holzfass, €€€€ B V
Trübes mittleres Goldgelb. Zart nach reifem Apfel und Birne, etwas nach Wiesenkräutern, Marzipan und Kardamom klingen an. Saftig, gute Komplexität, fruchtsüß nach Marillen, bleibt sehr gut haften, ist noch in der Entwicklungsphase, fruchtiger Stil.

(91) Grüner Veltliner * Ried Karl 2021
12,5 Vol.-%, NK, großes Holzfass, €€€ B V
Mittleres Gelbgrün, Silberreflexe. Feine Kräuter-Tabak-Würze, ein Hauch von Blütenhonig, zart nach Orangenzesten, gelber Apfel klingt an. Mittlerer Körper, saftig, extraktsüß nach Melone, leichtfüßig, Limonen im Nachhall, bereits gut antrinkbar.

© Bio-Weingut Kemetner

* Kamptal DAC ** Kamptal DAC Reserve

(89) Grüner Veltliner * Grafenegg 2021
12,5 Vol.-%, DV, großes Holzfass, €€

(92) Riesling * Ried Karl 2021
13 Vol.-%, NK, großes Holzfass, €€€
Helles Grüngelb, Silberreflexe. Zart nach Grapefruit, etwas nach Pfirsich, ein Hauch von Kiwi, frische Wiesenkräuter. Mittlerer Körper, gut integrierte Säurestruktur, mineralisch, zitroniger Touch, weißes Steinobst im Abgang, balancierter Speisenbegleiter.

(90) Roter Muskateller #nofilter 2021
11 Vol.-%, NK, 500-l-Fass, €€€
Leuchtendes Gold, Kupferreflexe. Feine Kräuterwürze, etwas nach Holunderblüten, ein Hauch von rotem Apfel, floraler Touch, tabakig unterlegt. Saftig, elegant, feine Säurestruktur, mineralisch-salzig, zart nach weißem Kernobst, leichtfüßig, bereits gut antrinkbar.

88 Sauvignon Blanc #nofilter 2020
11,5 Vol.-%, NK, 500-l-Fass, €€€

★★

LAURENZ V.

LAURENZ V. produziert ausschließlich Grünen Veltliner – fruchtbetont, elegant, vielschichtig und mit animierendem Trinkfluss. Für den zeitgemäßen »Twist« sorgen neben dem sehr trinkfreundlichen Weinstil auch klingende Namen: Der »Charming« Grüner Veltliner ist das Flaggschiff von LAURENZ V. (Kamptal Reserve), der »Friendly« Grüner Veltliner der Klassiker aus dem Kamptal und mit »Singing« und »Forbidden« werden Weine für den täglichen Trinkspaß gekeltert. In den besten Jahren wird »L5«, eine Selektion von alten Reben, in Barrique-Fässern ausgebaut und im Keller auf der Flasche gelagert. Das Weingut zeigt die weinstilistische Spannbreite des Grünen Veltliners, wobei der ganzen Geschmacksvielfalt der Rebsorte Rechnung getragen wird.
»In der Weinbranche hat jeder seine Geschichte. Unsere ist die, dass wir etwas dazu beitragen, den Grünen Veltliner international bekannter zu machen« – so verbunden ist man bei LAURENZ V. mit der österreichischen Paraderebsorte. Erklärtes Ziel ist es, den Grünen Veltliner international unter den besten Weißweinen der Welt zu etablieren.
LAURENZ V. exportiert heute weltweit, ist auf allen Kontinenten vertreten und steht für elegante, ausbalancierte und vielschichtige Weine, die dem Credo des Weinguts Rechnung tragen sollen: »Strictly Grüner & Sheer Drinking Pleasure«.

LAURENZ V.
1070 Wien
Mariahilfer Straße 32
T: +43 (1) 5224791
info@laurenzfive.com
www.laurenzfive.com

Kellermeister: Peter Schweiger
Kontakt: Dieter Hübler
Produktion: 100 % weiß
Zertifiziert: Nachhaltig Austria
Messen: Austrian Tasting London, Merano WineFestival, ProWein Düsseldorf, London Wine Fair, The Shanghai International Wine & Spirits Expo, VieVinum, Vinexpo Bordeaux, Vinexpo Hongkong, Vinexpo Shanghai, ProWine China, ProWine Asia, MondoVino, Hong Kong International Wine & Spirits Fair

(92) Grüner Veltliner ** Charming by Laurenz V. 2021
13,5 Vol.-%, DV, Stahltank, €€€€
Mittleres Grüngelb, Silberreflexe. Reife Tropenfrucht, etwas nach Kräutern, ein Hauch von Guaven, zart nach Melisse, Apfelnoten klingen an. Mittlerer Körper, feine Säurestruktur, mineralisch, etwas nach Mango, balanciert, feinwürziger Nachhall, guter Speisenbegleiter.

(91) Grüner Veltliner * Langenlois Friendly by Laurenz V. 2021
13 Vol.-%, DV, Stahltank, €€€
Mittleres Grüngelb, Silberreflexe. Feine Wiesenkräuter, frische Apfelfrucht, etwas nach Orangenzesten. Mittlerer Körper, feine Säurestruktur, mineralisch, gelber Apfel im Abgang, extraktsüßes Finish, guter Speisenbegleiter.

90 Grüner Veltliner * Singing by Laurenz V. 2021
12,5 Vol.-%, DV, Stahltank, €€
Mittleres Grüngelb. Frische Kräuternoten, weißes Kernobst, zart nach Kardamom, ein Hauch von Quitte. Mittlerer Körper, feine Struktur, salzig, Mangotouch im Abgang, vielseitig einsetzbar.

90 Grüner Veltliner Forbidden by Laurenz V. 2021
11 Vol.-%, DV, Stahltank, €€ V
Helles Grüngelb, silberfarbene Reflexe. Feine Kräuternoten, etwas nach Grapefruit, Ananas und Mango, unterlegt mit Blütenhonig. Saftig, fruchtsüß, etwas Maracuja, gelber Apfel im Abgang, bereits gut antrinkbar.

★★★

WEINGUT LEINDL

Das Weingut Leindl in Zöbing im Kamptal ist ein junger, dynamischer Betrieb. Während seiner zwanzigjährigen Tätigkeit als Önologe in Forschung, Lehre und Beratung wuchs Georg Leindls Wunsch, eigene Weine zu vinifizieren, den er mit der Gründung des Weinguts im Jahr 2013 in die Tat umsetzte. Das Hauptaugenmerk liegt auf Grünem Veltliner und Riesling, in besonders guten Jahrgängen wird auch ein Wein der Rebsorte Viognier gefüllt. Die Weingärten liegen im Kamptal, entsprechend sind die Weine vom Terroir der Lagen Eichelberg, Heiligenstein, Irbling, Kogelberg und Seeberg geprägt. Die Böden verleihen den Weinen ihre Mineralik und Frische.

94 Riesling * Zöbing Ried Kogelberg 1ÖTW 2021
14 Vol.-%, NK, großes Holzfass,
Helles Grüngelb, Silberreflexe. Feiner Ananasduft, etwas nach Wiesenkräutern, zart nach Limetten, Blütenhonig klingt an. Saftig, elegant, gut eingebundener Säurebogen, mineralisch, Marillenfrucht im Abgang, vielschichtig, lange anhaltend.

(94) Riesling * Zöbing Ried Heiligenstein 1ÖTW 2021
14 Vol.-%, NK, großes Holzfass,
Helles Grüngelb. Feine Maracujanoten, etwas nach weißem Pfirsich, zart nach Orangenzesten, frisches Bukett, floraler Touch. Saftig, straff, gut eingebundene Säurestruktur, mineralisch, helle Tropenfrucht im Abgang, zitroniger Nachhall, kraftvoller Speisenbegleiter.

(93) Grüner Veltliner * Langenlois Ried Seeberg 1ÖTW 2021
13 Vol.-%, NK, großes Holzfass,
Leuchtendes Gelbgrün, silberfarbene Reflexe. Einladendes Bukett nach Maracuja, ein Hauch von Tropenfrucht, Zitruszesten, Wiesenkräuter klingen an. Saftig, elegant, feine Säurestruktur, feinwürzig, gelbe Apfelfrucht, kraftvolles Finish, vielseitig einsetzbar.

WEINGUT LEINDL
3561 Zöbing
Am Wechselberg 12
T: +43 (676) 5082313
info@weingutleindl.at
www.weingutleindl.at

Kellermeister/Kontakt:
Georg Leindl
Produktion: 8 Hektar
Vereinszugehörigkeit:
Traditionsweingüter Österreich
Messen: ProWein Düsseldorf, VieVinum, Vinobile Montfort

Zöbing

* Kamptal DAC ** Kamptal DAC Reserve

93 Grüner Veltliner * Langenlois Ried Eichelberg 2021
13 Vol.-%, DV, großes Holzfass,
Mittleres Gelbgrün, Silberreflexe. Feine Mangonoten, etwas nach Quitte, zart nach Orangenzesten, etwas floral. Saftig, straff, extraktsüß nach Maracuja und Ananas, lange anhaltend, mineralischer Rückgeschmack, sicheres Potenzial.

90 Grüner Veltliner * Langenlois 2021
12,5 Vol.-%, DV, Stahltank,
Helles Gelbgrün, silberfarbene Reflexe. Feine Kräuternoten, etwas nach Golden-Delicious-Apfel, zart nach Ananas, würzige Nuancen. Mittlerer Körper, feine Säurestruktur, mineralisch, balanciert, weißes Kernobst im Abgang, bereits gut antrinkbar.

(93) Viognier 2021
15 Vol.-%, NK, Barrique,
Mittleres Grüngelb, silberfarbene Reflexe. Zarte Räucherwürze, etwas nach Quitte, mit Kardamom und Blütenhonig unterlegt, würziges Bukett. Komplex kraftvoll, feine Extraktsüße nach Birne und Honigmelone, lange anhaltend, feine Textur, würziger Rückgeschmack, vielseitiger Speisenbegleiter mit Potenzial.

★★★★

WEINGUT FRED LOIMER

BIO

Authentische Weine sind immer geprägt von ihrem Ursprung – und sie erzählen eine Geschichte. Fred Loimers Weine erzählen von Herkunft, von der Kraft der Natur und dem respektvollen Umgang mit Boden, Pflanzen, Tier und Mensch. Das eigene Ideal ist, das Weingut als »geschlossenen Betriebsorganismus« zu verstehen, der möglichst alle Elemente der landwirtschaftlichen Produktion selbst hervorbringt. Das Ergebnis ist Herkunft pur: individuelle, von ihrem Entstehungsort geprägte Weine, entstanden im Rhythmus der Natur, mit Geduld, Präzision und minimaler Einflussnahme, eigenständig, manchmal kontroversiell – und immer wahrhaftig.

95 ⓢ Langenlois Große Reserve Blanc de Blancs Brut Nature 2016 CH/WB/PG
12 Vol.-%, DIAM, Stahltank/Holzfass, €€€€€ Ⓑ
Mittleres Gelbgrün, silberfarbene Reflexe, zartes Mousseux. Feiner Blütenhonig, Papaya, ein Hauch von Brioche, kandierte Orangenschalen klingen an. Saftig, elegant, gute Komplexität, mineralisch, fruchtsüß nach Mango, facettenreiche Säurestruktur, Nougatnuancen im Finish, sicheres Potenzial.

92 ⓢ Extra Brut Reserve ZW/PN/CH/SL
12 Vol.-%, DIAM, Stahltank, €€€€€ Ⓑ
Mittleres Gelbgrün, Silberreflexe, zartes Mousseux. Feine Wiesenkräuter, etwas nach Gebäck, zart nach Maracuja, ein Hauch von Clementinen. Saftig, elegant, feiner Säurebogen, frisch und lebendig, mineralisch, weiße Apfelfrucht, bleibt gut haften, vielseitig einsetzbar.

95 ⓢ Gumpoldskirchen Große Reserve Blanc de Noirs brut nature 2016
12 Vol.-%, DIAM, Holzfass/Stahltank, €€€€€ Ⓑ
Helles Gelbgrün, silberfarbene Reflexe, fein moussierend. Feine Kräuternoten, gelber Apfel, Kardamom klingt an, zarter Birnenduft, kandierte Orangenzesten. Saftig, straff, feine Beerenfrucht, gut integrierte Säurestruktur, würziger Nachhall, leichtfüßiges Finish, guter Speisenbegleiter.

92 ⓢ Brut Rosé Reserve ZW/PN/SL
12 Vol.-%, DIAM, Stahltank, €€€€€ Ⓑ
Mittleres Roségold, Kupferreflexe, feines Mousseux. Rotbeerige Frucht, zart nach Kräutern, Walderdbeeren, mit nussigen Nuancen unterlegte Orangenzesten. Saftig, elegant, feine Struktur, mineralisch-salzig, Erdbeeren im Abgang, bleibt gut haften, vielschichtiger Speisenbegleiter.

(96) Riesling * Zöbing Ried Heiligenstein 1ÖTW 2020
12,5 Vol.-%, NK, Stahltank/großes Holzfass, €€€€€€ Ⓑ
Leuchtendes Goldgelb, silberfarbene Reflexe. Feine Tabak-Kräuter-Noten, einladendes Bukett nach gelbem Pfirsich, dezent nach kandierten Kalamansi, Guaven klingen an. Komplex, mineralisch, mit Zitrusnuancen unterlegte Mangonoten im Abgang, lange anhaftend, vielschichtig, guter Speisenbegleiter, sicheres Entwicklungspotenzial.

(95) Riesling * Langenlois Ried Steinmassl 1ÖTW 2020
12,5 Vol.-%, NK, Eichenfass, €€€€€ Ⓑ Ⓥ
Mittleres Grüngelb, silberfarbene Reflexe. Feine Kräuternoten, etwas nach Maracuja, ein Hauch von Ananas, zart nach Grapefruitzesten, feine Tabakwürze. Komplex, eng-

© Andreas Hofer

WEINGUT FRED LOIMER

3550 Langenlois
Haindorfer Vögerlweg 23
T: +43 (2734) 2239
weingut@loimer.at
www.loimer.at

Kellermeister/Kontakt:
Fred Loimer
Anbauweise: Biodynamisch (respekt)
Produktion: 500.000 Flaschen
15 % Schaumwein, 80 % weiß, 5 % rot,
80 Hektar
Zertifiziert: Nachhaltig Austria
Vereinszugehörigkeit:
Premium Estates of Austria, respekt-BIODYN, Traditionsweingüter Österreich
Messen: Millésime Bio, ProWein Düsseldorf, VieVinum

Fred Loimer

maschig, feine, gut integrierte Säurestruktur, mineralisch, würzig, weiße Fruchtnoten, lange anhaltend, zurückhaltendes Finish, facettenreicher Speisenbegleiter, sicheres Entwicklungspotenzial.

(93) Riesling * Ried Loiserberg 1ÖTW 2021
12,5 Vol.-%, DV, Stahltank, €€€€€

Helles Grüngelb, Silberreflexe. Feine Kräuternoten, etwas nach Maracuja, zart nach Papaya, ein Hauch von Melisse, mit weißem Pfirsich und Limetten unterlegt. Saftig, fruchtsüß, Marillentouch im Abgang, balanciert, lang anhaltend, sicheres Potenzial.

(91) Riesling * Langenlois 2021
12,5 Vol.-%, DV, Stahltank, €€€€

Mittleres Gelbgrün, silberfarbene Reflexe. Feine Zitrusnoten, Pfirsich, Wiesenkräuter, ein Hauch von Papaya, dunkle Mineralik. Saftig, straff, feine Säurestruktur, mineralisch, etwas nach Kräutern, Marillen im Abgang, bleibt gut haften.

(95) Grüner Veltliner * Langenlois Ried Käferberg 1ÖTW 2020
13,5 Vol.-%, NK, Eichenfass/Stahltank, €€€€€

Mittleres Gelbgrün, silberfarbene Reflexe. Feine Räucherwürze, etwas nach Guaven, dunkle Mineralik, reife Apfelfrucht, Orangen klingen an. Saftig, gute Komplexität, elegant, facettenreiche Säurestruktur, weißes Steinobst, bleibt gut haften, vielseitiger Speisenbegleiter mit Potenzial.

(93) Grüner Veltliner * Ried Loiserberg 1ÖTW 2021
12,5 Vol.-%, DV, Eichenfass, €€€€€

Leuchtendes Gelbgrün, Silberreflexe. Feiner Blütenhonig, etwas nach Karamell, floraler Touch, tabakig-würzige Nuancen. Saftig, elegant, engmaschig, mineralisch, Papaya im Abgang, salziger Nachhall, guter Speisenbegleiter.

91 Grüner Veltliner * Langenlois 2021
12,5 Vol.-%, DV, Stahltank, €€€€

Mittleres Goldgelb, Silberreflexe. Feine gelbe Apfelfrucht, Kräuterwürze, tabakige Nuancen, Quittenfrucht, mit Bergamotte unterlegt. Saftig, elegant, straff, gelbes Kernobst, mineralisch, bereits gut antrinkbar.

(93) Pinot Noir Langenlois Dechant 2020
12 Vol.-%, NK, Eichenfass, €€€€€

Mittleres Karmingranat, Ockerreflexe, breitere Randaufhellung. Dezente Kirschfrucht, unterlegt mit Blutorangennoten, ein Hauch von Kardamom, mit Edelholz unterlegte Walderdbeeren. Saftig, elegant, facettenreiche Säurestruktur, mineralisch-salzig, etwas nach roter Beerenfrucht, Fruchtsüße im Abgang, leichtfüßiges Finish, guter Speisenbegleiter.

(93) Pinot Noir Gumpoldskirchen Anning 2020
12,5 Vol.-%, NK, Eichenfass, €€€€€€

Kräftiges Rubingranat, violette Reflexe, breitere Randaufhellung. Feine Kräuterwürze, etwas nach Ribiseln, ein Hauch von Zwetschken, tabakig-rauchige Nuancen, etwas nach Anis. Saftig, feine Struktur, feinwürzig, gut eingebundene Tannine, mineralisch, rotbeerige Noten im Abgang, Kirschfrucht im Nachhall, guter Speisenbegleiter, wird von Flaschenreife profitieren.

Kalvarienberg

WEINGUT MAGLOCK-NAGEL
3491 Straß im Straßertale
Talstraße 116
T: +43 (2735) 2648
info@maglock-nagel.at
www.maglock-nagel.at

Kellermeister: Franz Maglock
Kontakt: Roswitha Maglock-Nagel und Franz Maglock
Produktion: 80 % weiß, 20 % rot, 15 Hektar
Zertifiziert: Nachhaltig Austria

★★

WEINGUT MAGLOCK-NAGEL

Das Weingut Maglock-Nagel liegt mitten im Strassertal zwischen den Lagen Gaisberg und Wechselberg, die durch die Ausläufer des Manhartsbergs und der böhmischen Masse klimatisch und geologisch geprägt werden. Mit viel Aufmerksamkeit wird versucht, die Vorzüge jedes Jahrgangs herauszuarbeiten und die Charakteristik jeder Lage sich im Glas widerspiegeln zu lassen. Dabei richtet sich der Fokus auf die Kamptal-DAC-Sorten Grüner Veltliner und Riesling. Große Hingabe erhalten auch die klassischen Sorten Weißburgunder, Frühroter Veltliner, Zweigelt und St. Laurent. Mit diversen Begrünungen, bodenschonender Bearbeitung und angepassten Laubarbeiten werden die Weingärten gezielt unterstützt. Das Weingut setzt nach wie vor auf Handlese, die es ermöglicht, bestimmte Lagen in zwei Durchgängen zu ernten. Somit kann der Philosophie – von den mittelgewichtigen, fruchtbetonten Weinen bis hin zu den gehaltvollen, vielschichtigen Lagenweinen – stets nachgekommen werden.

92 Grüner Veltliner * Ried Gaisberg 2020
13,5 Vol.-%, DV, Stahltank, €€
Helles Gelbgrün, Silberreflexe. Etwas tabakig unterlegte Mangonoten, ein Hauch von Kernobst, Anis klingt an, würziger Touch. Saftig, mittlere Komplexität, dazu Noten von weißer Frucht, leichtfüßig, Tropenfrucht im Abgang, vielseitig einsetzbar.

91 Grüner Veltliner * Ried Rosengartl 2021
13,5 Vol.-%, DV, Stahltank, €€
Leuchtendes Gelbgrün, silberfarbene Reflexe. Dezente Kräuternoten, etwas weißes Kernobst, dunkle Mineralik, Brennnesseln klingen an. Mittlerer Körper, saftig, Extraktsüße nach Birnen, feine Säurestruktur, mineralisch, guter Speisenbegleiter.

88 Grüner Veltliner * Ried Hasel 2021
12,5 Vol.-%, DV, Stahltank, €€

89 Riesling * Ried Wechselberg 2021
12,5 Vol.-%, DV, Stahltank, €€

92 Weissburgunder Reserve 2020
13,5 Vol.-%, DV, Eichenfass, €€€
Mittleres Gelbgrün, silberfarbene Reflexe. Feiner Vanilletouch, ein Hauch von Mango und Ananas, Tabakwürze, Orangenschalen klingen an. Saftig, elegant, frisch und lebendig, Pfirsichtouch, salziger Speisenbegleiter mit Potenzial.

★★

WEINGUT NASTL

Wer beim Nastl-Heurigen sitzt und die mächtige, rund 150 Jahre alte Holzpresse betrachtet, der erkennt sofort: Weinbau hat in diesem Familienbetrieb Tradition – wobei die Betonung immer auf dem Wort »Familie« lag und liegt. Heute ist es Christian Nastl, der die Verantwortung über das Familiengut über hat. Gemeinam mit Renate und Günter Nastl sowie den beiden Geschwistern Alexander und Petra wird die Weinbaugeschichte der Familie weitergeschrieben.

So reifen im unverwechselbaren Kleinklima des Kamptals exzellente Nastl-Weine heran. Ob »VelKam« (VELtliner aus dem KAMptal), wie die leicht-fruchtigen Regionsvertreter heißen, oder die Ortsweine von Veltliner und Riesling oder die außerordentlichen Veltliner von den Einzelrieden Kittmannsberg und Steinmassl: Für jeden Anlass gibt es den passenden Begleiter.

»Genuss auf allen Ebenen«, so lautet das Motto der Winzerfamilie. Im Keller ist das durchaus wörtlich gemeint, denn die Kellerarbeit spielt sich bei den Nastls auf drei Ebenen ab: Ebene eins betritt man durch den traditionellen Kellereingang in der Kellergasse Kühsteingraben. Sie umfasst den Lagerraum mit Edelstahltanks und Verbindungsgängen in den rund 300 Jahre alten Holzfasskeller mit Vinothek. Auf Ebene zwei versieht die sanft arbeitende pneumatische Presse ihren Dienst. Die Traubenübernahme findet auf der über die Bergzufahrt erreichbaren Ebene drei statt, sämtliche Arbeitsschritte werden durch den freien Fall bewältigt. Von hier aus hat man auch einen wunderbaren Ausblick über die besten Rieden von Langenlois wie Loiserberg, Steinhaus, Steinmassl oder Heiligenstein.

Veltliner, Riesling und Zweigelt im Reservebereich gehören zur Kategorie, die hausintern als »Gigant« bezeichnet wird. Es sind Weine von besonderer Ausdruckskraft und ausgeprägtem Volumen. Sie entstehen nur in Jahren, in denen die Voraussetzungen für perfektes Traubenmaterial gegeben ist, und sind geprägt von einer vollen Struktur aus Extrakt, Säure und Zucker sowie einem langen Abgang. Die Reserven sind eine wertvolle Anlage für viele Jahre Genuss. Mit jedem weiteren Jahr überraschen sie mit neuen Geschmackskomponenten.

91 Riesling Sekt brut 2019
12 Vol.-%, NK, Flaschengärung, €€€€
Mittleres Gelbgrün, Silberreflexe, feines Mousseux. Zarte Kräuternoten, ein Hauch von Maracuja, etwas nach gelbem Apfel, würziges Bukett. Mittlerer Körper, fruchtsüß, cremige Textur, mineralisch, gelbe Tropenfrucht im Abgang, bereits gut antrinkbar.

(93) Riesling * Ried Steinmassl Gigant 2021
13 Vol.-%, DV, Stahltank, €€€€
Helles Gelbgrün, Silberreflexe. Feine Kräuter-Zitrus-Noten, ein Hauch von Pfirsich, etwas nach Melisse, floraler Touch, mit Blütenhonig unterlegt. Saftig, elegant, engmaschig, dunkle Mineralik, weißes Steinobst, bleibt gut haften, vielseitiger Speisenbegleiter.

92 Riesling 10-10-10
11 Vol.-%, DV, Stahltank, €€€
Mittleres Gelbgrün, Silberreflexe. Feine Kräuternoten, mit etwas kandierten Clementinenzesten unterlegte Marille und Mangonoten, tabakig. Mittlerer Körper, feine Säure-

WEINGUT NASTL
3550 Langenlois
Gartenzeile 17
T: +43 (2734) 2903
office@nastl.at
www.nastl.at

Kellermeister/Kontakt:
Christian Nastl
Produktion: 75 % weiß, 2 % rosé, 21 % rot, 2 % süß, 13 Hektar
Zertifiziert: Nachhaltig Austria
Vereinszugehörigkeit:
Weinstraße Kamptal, Kamptal DAC
Messen: Austrian Tasting London, ProWein Düsseldorf, London Wine Fair, DAC-Präsentationen

struktur, mineralisch-salzig, fruchtsüß nach Quitte, vielseitig und trinkanimierend.

(92) Grüner Veltliner * Ried Kittmannsberg 2021
13 Vol.-%, DV, Stahltank, €€€
Helles Gelbgrün, Silberreflexe. Gelbes Kernobst, zart nach Quitte, Wiesenkräuter klingen an, ein Hauch von Limettenzesten. Saftig, elegant, gut integrierte Säurestruktur, mineralisch, feine Birnenfrucht im Abgang, bleibt gut haften, vielseitiger Speisenbegleiter.

89 Grüner Veltliner * Langenlois 2021
12,5 Vol.-%, DV, Stahltank, €€

(91) Sauvignon Blanc 2021
13,5 Vol.-%, DV, großes Holzfass, €€€€€
Mittleres Gelbgrün, Silberreflexe. Etwas nach Litschis und Orangenzesten, ein Hauch von Kräuterwürze, zart nach Stachelbeeren, Vanilletouch. Saftig, elegant, feinwürzig, tabakig, weiße Tropenfrucht im Abgang, bleibt gut haften, wird von Flaschenreife profitieren.

★★

WEINGUT BARBARA ÖHLZELT

Barbara Öhlzelt vinifizierte ihren ersten Jahrgang 2004 und hat sich seither sehr erfolgreich etabliert. Sie produziert ausschließlich Weißweine mit Schwerpunkt auf Grünem Veltliner und Riesling. Ihr Mann, Vollblutgastronom Karl Schwillinsky, steht ihr dabei tatkräftig zur Seite. Gemeinsam haben sie im Jahr 2007 ihren »Kamptal Verjus« aus der Taufe gehoben und diesem Produkt zu einer wahren Renaissance verholfen. Doch zurück zum Wein: Handarbeit ist für Barbara Öhlzelt im Weingarten ein großes Thema. Die Reben des Riesling Kogelberg sind über 65 Jahre alt und werden komplett von Hand – also ohne Einsatz eines Traktors oder schwerer Maschinen – bearbeitet.
Die Weinpalette gliedert sich in drei Teile: die Leichtweinlinie »Kitz«, die DACs mit Gebiets- und Ortsweinen »Zöbinger« sowie ausgesuchte kräftigere Lagenweine aus Toplagen wie Lamm, Heiligenstein und Kogelberg. Seit Dezember 2014 bereichert der »Barbara Öhlzelt Brut« das Sortiment, ein sehr eleganter, leichter Jahrgangssekt aus Pinot Blanc und Chardonnay. Mit dem Erfolgsautor Daniel Glattauer produziert sie »Gut gegen Nordwind«, einen Gemischten Satz aus den Sorten Grüner und Roter Veltliner, Weißburgunder und Sylvaner, der am Wagram heranreift.

WEINGUT BARBARA ÖHLZELT
3561 Zöbing
Eichelbergstraße 32
T: +43 (2734) 4857
barbara@weinberggeiss.at
www.weinberggeiss.at

Kellermeister/Kontakt:
Barbara Öhlzelt
Produktion: 5 % Schaumwein, 100 % weiß, 6 Hektar
Messen: VieVinum

(93) Riesling ** Ried Heiligenstein 1ÖTW 2021
13,5 Vol.-%, DV, Stahltank, €€€€€
Helles Grüngelb, silberfarbene Reflexe. Blütenhonig und Marillentouch, etwas nach Wiesenkräutern, tabakige Würze, ein Hauch von Quittengelee. Gute Komplexität, dunkle Mineralik, feinwürzig, weißes Steinobst, Ananas im Nachhall, guter Speisenbegleiter mit Entwicklungspotenzial.

(93) Riesling ** Ried Kogelberg 1ÖTW 2021
13,5 Vol.-%, DV, Stahltank, €€€€€
Helles Grüngelb, silberfarbene Reflexe. Feine Wiesenkräuter, unterlegt mit Blütenhonig, zart floral, Maracuja klingt an. Saftig, straff, gute Komplexität, mineralisch-salzig, etwas nach Zitrusfrucht, Pfirsichtouch im Abgang, vielschichtiger Speisenbegleiter mit Potenzial.

92 Riesling * Ried Blauenstein 2021
12,5 Vol.-%, DV, Stahltank, €€€ V
Helles Grüngelb, Silberreflexe. Zarte Wiesenkräuter, weißes Steinobst, mineralisch, Zitruszesten klingen an. Mittle-

rer Körper, feine Säurestruktur, Clementinen und Pfirsichnoten im Abgang, mineralischer Nachhall, guter Speisenbegleiter.

(93) Grüner Veltliner ** Kammern Ried Lamm 1ÖTW 2021
13,5 Vol.-%, DV, kleines Holzfass, €€€€€
Helles Gelbgrün, Silberreflexe. Feine Wiesenkräuter, zart nach Guaven, ein Hauch von Blütenhonig, Maracuja klingt an. Saftig, elegant, gute Komplexität, feine Textur, gut integrierter Säurebogen, bleibt gut haften, reifes Kernobst im Abgang, guter Speisenbegleiter, wird von Flaschenreife profitieren.

(91) Grüner Veltliner * Ried Blauenstein 2021
13 Vol.-%, DV, großes Holzfass, €€€
Helles Gelbgrün, Silberreflexe. Feiner Blütenhonig, zart nach kandierten Orangenzesten, ein Hauch von Golden-Delicious-Apfelfrucht. Mittlerer Körper, feine Säurestruktur, Apfelfrucht auch im Abgang, zart salzig, gutes Trinkanimo, extraktsüßes Finish.

90 Gemischter Satz Gut gegen Nordwind 2021
12,5 Vol.-%, DV, Stahltank, €€€
Helles Gelbgrün, Silberreflexe. Zart nach Quitte, ein Hauch von Babybanane, etwas nach Melisse, floraler Touch, mit Mango unterlegt. Mittlerer Körper, lebendig, etwas nach Pfirsich, mineralischer Nachhall, bereits gut antrinkbar.

★★★

WEINGUT RUDOLF RABL

Rudi Rabl freut sich über die traditionsreiche Geschichte seines Familienweinguts, die bis 1750 zurückreicht. Ursprünglich als gemischte Landwirtschaft geführt, hat sich der Familienbetrieb auf 80 Hektar zu einem Weingut entwickelt, das in den besten Kamptaler Rieden Weingärten pflegt. Mit Johanna und Tobias ist die nächste Generation schon in der Winzer- und Önologenausbildung. Die Liebe zur Natur und zu den Trauben, die ökologische Weingartenarbeit mit Kräuterpflanzen sowie das Wissen um die fachgerechte Verarbeitung sorgen für ausgezeichnete Qualitäten der verschiedenen Weinsorten. Im Keller wird Moderne mit traditionellen Werten verbunden. Ökologie ist ein wichtiger Faktor, deshalb ist das Weingut seit 2015 »Nachhaltig Austria«-zertifiziert.
Zu den wichtigsten Auszeichnungen der letzten Jahre zählt zweifellos die Kür zum »White Wine Maker of the Year 2019« bei der IWSC in London, ein Titel, den Rudi Rabl sich auch 2021 holen durfte. Weitere Erfolge sind die beiden Decanter-Trophys »Winner Grüner Veltliner Dechant Alte Reben« und »Winner Riesling Ried Steinhaus Rote Erde« sowie die Landessiege 2017 in den Kategorien Riesling und Sauvignon Blanc. Das Weingut ist mit seinen Weinen außerdem laufend im »SALON Österreich Wein« vertreten. Und schließlich wurde der Betrieb als »Weingut des Jahres – Langenlois Champion« im Kamptal ausgezeichnet.

94 Riesling ** Ried Steinhaus Rote Erde 2020
13 Vol.-%, DV, Stahltank, €€€€
Mittleres Grüngelb, silberfarbene Reflexe. Feine Mangonoten, zart nach Papaya, etwas nach Blütenhonig, Clementinenzesten, Ananas klingt an. Saftig, gute Komplexität, mineralisch-salzig, süße Tropenfrucht, Marillen im Abgang, Zitrus im Nachhall, vielschichtiger Speisenbegleiter, sicheres Reifepotenzial.

WEINGUT RUDOLF RABL
3550 Langenlois
Weraingraben 10
T: +43 (2734) 2303
office@weingut-rabl.at
www.weingut-rabl.at

Kellermeister/Kontakt:
Rudolf Rabl
Produktion: 68 % weiß, 30 % rot, 2 % süß, 80 Hektar
Zertifiziert: Nachhaltig Austria
Vereinszugehörigkeit:
Weinstraße Kamptal
Messen: ProWein Düsseldorf, VieVinum

* Kamptal DAC ** Kamptal DAC Reserve

93 Riesling ** Ried Schenkenbichl Alte Reben 2020
13 Vol.-%, DV, Stahltank, €€€€
Mittleres Grüngelb, Silberreflexe. Gelbe Tropenfrucht, zart floraler Touch, ein Hauch von Ananas, kandierte Orangenzesten. Saftig, gute Komplexität, zart nach Kräutern, straff, mineralisch-salzig, gut eingebundene Säurestruktur, reife Pfirsichfrucht, bleibt sehr gut haften, vielseitiger Speisenbegleiter mit Potenzial.

(92) Riesling * Steinberg 2021
13 Vol.-%, DV, Stahltank, €€€
Helles Gelbgrün, silberfarbene Reflexe. Reife Tropenfrucht, kandierte Orangenzesten, etwas nach Ananas, Blütenhonig klingt an, einladendes Bukett. Saftig, mittlere Komplexität, zart nach Quitte im Abgang, salzig, bleibt gut haften, reife Pfirsichnoten im Nachhall.

91 Riesling * Langenlois 2021
12,5 Vol.-%, DV, Stahltank, €€
Helles Gelbgrün, Silberreflexe. Feine Maracujanoten, zart nach Grapefruit, feiner Blütenhonig, ein Hauch von Blüten. Saftig, elegant, feine Säurestruktur, mineralisch, etwas salzig, zart nach weißem Steinobst, bleibt gut haften, frischer Speisenbegleiter.

90 Riesling * Terrassen 2021
12 Vol.-%, DV, Stahltank, €€
Helles Gelbgrün, Silberreflexe. Feine Wiesenkräuter, etwas nach Zitruszesten, zart nach Melisse, weißes Steinobst. Frische Säurestruktur, mineralisch-salzig, Pfirsich im Abgang, salzig-zitroniger Nachhall, leichtfüßig und lebendig.

93 Grüner Veltliner ** Ried Dechant Alte Reben 2020
13 Vol.-%, DV, Stahltank, €€€€
Leuchtendes Goldgelb, silberfarbene Reflexe. Feine Tabak-Holz-Würze, kandierte Orangenzesten, reife Marillenfrucht, zart nach Ananas. Saftig, straff, feine Säurestruktur, kraftvoll, Nuancen von Mango, gute Länge, zart salzig, leichtfüßiges Finish, nussiger Nachhall, sicheres Potenzial.

93 Grüner Veltliner ** Ried Loiserberg Alte Reben 2020
13 Vol.-%, DV, Stahltank, €€€€
Leuchtendes Goldgelb, silberfarbene Reflexe. Etwas nach Schießpulver und reifer Passionsfrucht, ein Hauch von Quitte, floraler Touch, mineralisch, etwas Birne klingt an. Saftig, elegant, gute Komplexität, salzig, kraftvoll, etwas nach Papaya, stoffiges Finish, würziger Nachhall, vielseitig einsetzbar.

92 Grüner Veltliner * Ried Spiegel 2021
13 Vol.-%, DV, Stahltank, €€€
Helles Gelbgrün, Silberreflexe. Zart nach Tropenfrucht, etwas nach Mango und gelbem Apfel, ein Hauch von Orangenzesten, dunkle Mineralik, feinwürzig. Saftig, elegant, feiner Marillentouch, mineralisch-salzig, bleibt sehr gut haften, guter Speisenbegleiter.

92 Grüner Veltliner * Ried Kittmansberg 2021
13 Vol.-%, DV, Stahltank, €€€
Leuchtendes Gelbgrün, Silberreflexe. Feine Tabakwürze, gelbe Tropenfrucht, ein Hauch von Clementinen, würziges Bukett. Saftig, elegant, kraftvoll, feiner Maracujatouch, mineralisch, guter Speisenbegleiter.

92 Grüner Veltliner ** Ried Käferberg Alte Reben 2020
13 Vol.-%, DV, Stahltank, €€€€
Mittleres Grüngelb, Goldreflexe. Zart nach Wiesenkräutern und frischer Tropenfrucht, etwas nach gelbem Apfel, Mangotouch, kandierte Clementinenzesten, floraler Touch. Kraftvoll, feine Komplexität, gelbe Papayanoten, engmaschig, dezente Würze, guter Speisenbegleiter mit Potenzial.

(91) Grüner Veltliner * Vinum Optimum 2021
13 Vol.-%, KK, Stahltank, €€
Helles Gelbgrün, silberfarbene Reflexe. Feine Kräuternoten, etwas nach Maracuja, weißes Kernobst, zart nach Kardamom und grünem Pfeffer. Saftig, mineralisch-salzig, extraktsüß nach Golden-Delicious-Apfel, bleibt gut haften, vielseitig einsetzbar.

91 Grüner Veltliner * Ried Panzaun 2021
13 Vol.-%, DV, Stahltank, €€€
Mittleres Gelbgrün, Silberreflexe. Feine Tropenfruchtnoten, etwas nach Quitte, zart nach Kräutern, Blütenhonig klingt an. Saftig, feine Säurestruktur, mineralisch, weißes Kernobst, bereits gut antrinkbar, kraftvoller Speisenbegleiter.

90 Grüner Veltliner * Langenlois 2021
12,5 Vol.-%, DV, Stahltank, €€
Helles Gelbgrün, Silberreflexe. Feine Tabakwürze, ein Hauch von Orangenzesten, zart nach gelber Apfelfrucht, Melisse klingt an. Saftig, feine Säurestruktur, mineralisch-zitronig, ein Hauch von Apfelfrucht, frisches Finish, trinkanimierender Stil.

89 Grüner Veltliner * Terrassen 2021
12 Vol.-%, DV, Stahltank, €€

WEINGUT RETZL
3561 Zöbing
Heiligensteinstraße 9
T: +43 (2734) 2251
weingut@retzl.cc
www.retzl.cc

Kellermeister/Kontakt: Paul Retzl
Produktion: 100.000 Flaschen
1 % Schaumwein, 79 % weiß,
1 % rosé, 18 % rot, 1 % süß, 20 Hektar
Zertifiziert: Nachhaltig Austria
Vereinszugehörigkeit: Kamptal DAC, Ursin Haus
Messen: Weinmesse Innsbruck

Grüner Veltliner

★★

WEINGUT RETZL

Paul Retzl tritt in die Fußstapfen seines Vaters Erwin und führt nun den Zöbinger Traditionsbetrieb. Schon in den vergangenen Jahren verantwortete der Junior die Vinifizierung der Weine. Im Retzl'schen Weinkeller am Fuß des Zöbinger Heiligensteins reifen im frisch renovierten Kellergewölbe zurzeit regionaltypische Weißweine heran, und in der sehenswerten Vinothek schlummern immer noch einige der ältesten Flaschen Österreichs – die Weine reichen bis zum Jahr 1903 zurück. Mit große Freude bewirtschaftet der Winzer die familieneigenen Weingärten in den besten Lagen des Kamptals: Neben den Rieden Zöbinger Kogelberg, Zöbinger Pfaffenberg und Kammerner Lamm ist man besonders stolz auf die Paradelage Zöbinger Heiligenstein.
Bei den beiden Leitsorten Grüner Veltliner und Riesling kommt der Geschmack des Kamptals am besten zur Geltung. Der Grüne Veltliner wird sowohl als leichter, frischer Grüner Veltliner Kamptal DAC Zöbing sowie als gehaltvoller Grüner Veltliner Kamptal DAC Zöbinger Heiligenstein mit leichter Restsüße ausgebaut. Doch auch der Riesling hat, geprägt durch die Vorfahren, bei Paul Retzl einen hohen Stellenwert. Neben dem Riesling Kamptal DAC Zöbinger Pfaffenberg schätzen Weinkenner den Riesling »Bergjuwel®« Kamptal DAC Zöbinger Heiligenstein, der vom mineralischen Terroir der besonderen Lage profitiert. Mit den Sauvignon-Blanc-Reben, die Vater Erwin Retzl bereits vor 30 Jahren auf den sonnigen Hängen des Zöbinger Heiligensteins auspflanzte, entwickelte sich das Herzensprojekt zu einem weiteren Qualitätsstandbein des Betriebs: Stets reift der Sauvignon Blanc zu ausgezeichneten Prädikatsweinen heran. Nicht so bekannt ist das weitere Weinangebot des Betriebs: Das interessante Sortiment umfasst Chardonnay, Weißburgunder, Welschriesling, Roter Traminer sowie Zweigelt. Ein Besuch des sehenswerten Weinkellers am Zöbinger Heiligenstein im malerischen Kamptal lohnt sich jedenfalls.

92 Grüner Veltliner * Zöbing Ried Heiligenstein 2021
13,5 Vol.-%, DV, Stahltank, €€
Helles Gelbgrün, Silberreflexe. Mit Blütenhonig unterlegte Ananas und Golden-Delicious-Apfel, kandierte Orangen-

zesten, mit Gewürznuancen unterlegt. Saftig, straff, kraftvoll, feine, balancierte Säurestruktur, Mangotouch im Abgang, stoffiges Finish, vielseitiger Speisenbegleiter.

90 Grüner Veltliner * Zöbing 2021
12,5 Vol.-%, DV, Stahltank, €€
Helles Gelbgrün, Silberreflexe. Feine Kräuternoten, etwas nach Quitte, zart nach Orangenschalen, Kardamom klingt an. Saftig, frisch, mineralisch, dezente gelbe Tropenfrucht im Abgang, bereits gut antrinkbar.

91 Riesling * Zöbing Terrassen 2021
13 Vol.-%, DV, Stahltank, €€
Mittleres Gelbgrün, Silberreflexe. Noten von reifen Marillen, ein Hauch von Ananas, zart nach Blütenhonig, mit Wiesenkräutern unterlegt. Saftig, straff, zart nach Weingartenpfirsich, mineralisch im Nachhall, bleibt gut haften, lebendiger Speisenbegleiter.

91 Riesling * Zöbing Ried Pfaffenberg 2021
12,5 Vol.-%, DV, Stahltank, €€
Mittleres Gelbgrün, Silberreflexe. Noten von reifer Mango, etwas nach Pfirsich und kandierten Orangenzesten, floraler Touch, kräutrig, einladendes Bukett. Saftig, feine Struktur, engmaschig, leichtfüßig, zart nach Apfel, zurückhaltendes Finish, wird von Flaschenreife profitieren.

90 Sauvignon Blanc Zöbing Ried Heiligenstein 2021
13,5 Vol.-%, DV, Stahltank, €€
Helles Gelbgrün, Silberreflexe. Dezente Stachelbeernote, unterlegt mit Zitrus, ein Hauch von Guaven und Anis, Grapefruittouch. Mittlerer Körper, lebendige Struktur, frisch, zart nach Kräutern, mineralischer Nachhall, bereits gut antrinkbar.

87 Zweigelt Reserve 2018
13,6 Vol.-%, NK, Stahltank/gebrauchte Barriques, €€€

★★

WEINGUT ROSNER

BIO

Die langjährige Erfahrung der Familie Rosner, die ausgezeichneten Böden von Langenlois und zahlreiche etablierte Rebsorten zeichnen das familiäre Weingut aus. Für die Winzerfamilie ist es eine Selbstverständlichkeit, im Einklang mit der Natur zu wirtschaften, deshalb war die Zertifizierung als organisch-biologischer Betrieb vor über zehn Jahren keine Challenge, sondern vielmehr unumgänglich.
Angetrieben von der Neugier werden alle Weingärten separat verarbeitet und in kleinen Tanks und Fässern einzeln ausgebaut. Die Weine sind lebendig, authentisch und kontrastreich. Sie sind ein Abbild der Region, welche die Winzerfamilie unverfälscht in die Flasche bringen möchte.

91 Ⓢ Rosé Ancestral 2020
11 Vol.-%, NK, Flaschengärung, €€€€ Ⓑ Ⓘ Ⓥ
Zartes Lachsrosa, dezente Trübung, feines Mousseux. Mit feinem Blütenhonig unterlegte gelbe Apfelfrucht, ein Hauch von Orangenschalen, etwas nach Feigen, floraler Touch, rotes Beerenkonfit klingt an. Saftig, straff, feine Fruchtsüße, gut integrierte Säurestruktur, bleibt gut haften, angenehmer Speisenbegleiter.

93 Riesling * Langenlois Ried Steinberg 2020
13 Vol.-%, NK, Stahltank, €€€€ Ⓥ
Helles Gelbgrün, silberfarbene Reflexe. Feine Kräuternoten, etwas Pfirsich und kandierte Orangenschalen, ein Hauch von Wiesenblumen, frisches, einladendes Bukett. Saftig, elegant, balancierte Säurestruktur, extraktsüß nach weißem Steinobst, mineralischer Nachhall, bleibt gut haften, vielseitiger Speisenbegleiter.

92 Grüner Veltliner * Langenlois Ried Spiegel 2020
13,5 Vol.-%, NK, 500-l-Fass, €€€€ Ⓥ
Mittleres Gelbgrün. Feine Holzwürze, etwas nach gelbem Apfel, zart nach Marzipan, Maracujanoten klingen an, einladendes Bukett. Saftig, feine Säurestruktur, mineralisch, dezenter Vanilletouch, kraftvoll, Melone im Abgang, guter Speisenbegleiter.

91 Grüner Veltliner * Langenlois 2021
12,5 Vol.-%, DV, Stahltank, €€ Ⓥ
Mittleres Gelbgrün, Silberreflexe. Zarte Kräuternoten, etwas nach Guaven, ein Hauch von Kumquats und Melisse. Mittlerer Körper, saftig, elegant, gut integrierte Säurestruktur, Apfelfrucht im Abgang, extraktsüßer Nachhall, bleibt gut haften, bereits gut antrinkbar.

© Dominik Rosner

WEINGUT ROSNER
3550 Langenlois
Großer Buriweg 29
T: +43 (2734) 4152
office@rosnerwein.at
www.rosnerwein.at

Kellermeister/Kontakt:
Stefan Rosner
Anbauweise: Zertifiziert Biologisch (Austria Bio Garantie)
Produktion: 3 % Schaumwein, 70 % weiß, 5 % rosé, 22 % rot, 17 Hektar
Vereinszugehörigkeit:
Kamptal DAC, Austria Bio Garantie
Messen: Millésime Bio, VieVinum

Norbert und Stefan Rosner in den Weingärten über Langenlois

91 Grüner Veltliner * Langenlois Ried Kittmannsberg 2020
13 Vol.-%, DV, großes Holzfass, €€€ V
Leuchtendes Gelbgrün, Silberreflexe. Feine Tabaknuancen, ein Hauch von Maracuja, mineralisch, Mandarinenzesten klingen an. Saftig, leichtfüßig, balancierte Säurestruktur, feine Tropenfruchtnoten, würziges Finish, bereits gut antrinkbar.

(91) Sauvignon Blanc Wildrose 2021
13 Vol.-%, DIAM, 500-l-Fass, €€€ I V
Leuchtendes zart trübes Gelb, Grünreflexe. Weißes Kernobst, etwas nach Nelken, ein Hauch von Grapefruit, lebendig, Physalis klingt an. Saftig, elegant, feine Struktur, mineralisch, zarter Gerbstoff, Maracujanoten im Abgang, leichtfüßiger Speisenbegleiter, wird von Flaschenreife profitieren.

★

WINZERHOF SAX

Bereits seit 1660 schreibt die Familie Sax Winzergeschichte. Unter dem Begriff »Vinifizierung« verstehen die Zwillingsbrüder Sax die Leidenschaft, sortenreine, jahrgangs- und gebietstypische Weine zu keltern, die das Klima und den Boden des Kamptals zur Geltung bringen. Ein hohes Maß an Sonnenstunden und kühle Nächte sorgen hier für hochgradige und fruchtintensive Weine. Zu den besten Rieden des Hauses zählen Steinhaus, Steinmassl, Schenkenbichl, Spiegel und Panzaun, die auch zu den renommierten Rieden des Kamptals gehören.
Das Bestreben ist es, bereits beim Rebschnitt ertragsregulierende Maßnahmen zu setzen, die den unterschiedlichen Sorten angepasst werden. Neueste ökologische Erkenntnisse bilden das Fundament der Weingartenarbeit. Das Hauptaugenmerk liegt traditionell auf Grünem Veltliner und Riesling. Aufgrund unterschiedlicher Geschmacksideale werden dem Kunden inzwischen fünf Ausbauvarianten des Grünen Veltliners angeboten: Vom leichten Grünen Veltliner »Luftikus« bis hin zum Grünen Veltliner »Panzaun« bieten die Sax-Zwillinge für jeden Gaumen den passenden Geschmack. Mit einer eigenen Linie stellt sich bereits die jüngste Winzergeneration dem internationalen Wettbewerb. Das Ziel der Jungen ist es, aus dem reifsten Trauben-

* Kamptal DAC ** Kamptal DAC Reserve

WINZERHOF SAX
3550 Langenlois
Walterstraße 16
T: +43 (2734) 2349
office@winzersax.at
www.winzersax.at

Kellermeister: Rudolf Sax
Kontakt: Michael Sax
Produktion: 240.000 Flaschen
5 % Schaumwein, 75 % weiß,
5 % rosé, 10 % rot, 5 % süß,
30 Hektar
Messen: VieVinum

gut der Burgunderreihe Weine zu keltern, die durch ihren Charme international für Aufsehen sorgen. Hinter dem prägnanten Namen »Saxess« verbergen sich diese Weine, die vor allem durch ihre angemessene Reifung in kleinen Holzfässern und durch sanfte nussige und cremige Aromen sehr ausgewogen und elegant erscheinen.

91 Riesling ** Ried Steinmassl 2020
13 Vol.-%, DV, Stahltank, €€
Helles Gelbgrün, silberfarbene Reflexe. Zarte Mineralik, etwas weiße Tropenfrucht, ein Hauch von Wiesenkräutern, weißes Steinobst, Ananas klingt an. Mittlerer Körper, frischer und lebendiger Säurebogen, zitroniger Touch, Pfirsich im Abgang, würziger Nachhall.

91 Riesling ** Ried Loiserberg 2020
13,5 Vol.-%, DV, Stahltank, €€€
Helles Grüngelb, silberfarbene Reflexe. Feine Tabakwürze, etwas nach Quitte, zart nach Mandarinenzesten und Ringlotten. Mittlere Komplexität, saftig, gut eingebundene Säurestruktur, mineralisch-zitroniger Abgang, Pfirsich im Nachhall, guter Speisenbegleiter.

91 Riesling ** Ried Käferberg 2020
13 Vol.-%, DV, großes Holzfass, €€€
Mittleres Gelbgrün, Silberreflexe. Floraler Touch, etwas nach Mango und Ananas, zart nach Vanille, Wiesenkräuter klingen an. Saftig, elegant, fruchtsüß nach Tropenfrucht, würzig, zart cremige Textur, zitroniger Nachhall, individuell einsetzbar.

90 Grüner Veltliner * Zwillingslauser 2021
12,5 Vol.-%, DV, Stahltank, €€
Helles Gelbgrün, silberfarbene Reflexe. Feine Apfelfrucht, etwas nach Maracuja, ein Hauch von Wiesenkräutern, zart nach Papaya. Saftig, elegant, balancierter Säurebogen, mineralisch, weißer Apfel, frisch und lebendig, bereits gut antrinkbar.

90 Grüner Veltliner ** Ried Panzaun 2020
13,5 Vol.-%, DV, Stahltank, €€€
Helles Grüngelb, Silberreflexe. Zart nach Maracuja, etwas nach Orangenzesten, gelbe Fruchtnuancen, Apfeltouch. Saftig, elegant, gut integrierte Säurestruktur, weißes Steinobst, mineralisch, bereits gut antrinkbar, unkomplizierter Speisenbegleiter.

89 Grüner Veltliner ** Alte Reben 2020
13,5 Vol.-%, DV, großes Holzfass, €€

WEINGUT SCHMID

NEU

Das Weingut Schmid befindet sich in Gobelsburg im Weinbaugebiet Kamptal. Fruchtbare, kalkreiche Löss- und Schotterböden aus dem Tertiär prägen die Weine hier auf besondere Weise. Genaue Handarbeit, moderne sowie traditionelle Methoden der Vinifikation garantieren eine hohe Qualität der Weine des Weingutes. Die Zertifizierungen »Nachhaltig Austria« und »VEGAN« dokumentieren den verantwortungsvollen Umgang mit Ressourcen.
Zusätzlich werden Weingenießer-Touren angeboten. Eine Wanderung durch die Rieden in Gobelsburg endet mit einer Jause und geselligem Beisammensitzen auf dem Weingut – ganz nach dem Motto: »Von der Traube bis zum Wein in der Flasche.«
Das südliche Kamptal mit seinem milden Klima bietet beste Bedingungen für hochwertige Weine. Auf den fruchtbaren und kalkreichen Lössböden der Ried Spiegel und den Rollschotterböden der Ried Haid stehen die ältesten Reben der Familie, die außergewöhnliche DAC-Weine garantieren.

91 Grüner Veltliner ** Gobelsburg Ried Haid 2019
13 Vol.-%, DV, 500-l-Fass, €€€
Leuchtendes Goldgelb, Grünreflexe. Zart nach Blütenhonig, reife Tropenfrucht, ein Hauch von Orangenzesten, Marillentouch. Saftig, fruchtsüß, kraftvoll, Mangonoten im Abgang, salzig, etwas Honig, bereits gut antrinkbar, süßer Speisenbegleiter.

90 Grüner Veltliner * Gobelsburg 2021
13 Vol.-%, DV, Stahltank, €€
Helles Gelbgrün, Silberreflexe. Feine Tabakwürze, etwas nach Maracuja, weiße Apfelfrucht, ein Hauch von Zitruszesten, frisches Bukett. Mittlerer Körper, feine Säurestruktur, mineralisch-salzig, feine Würze, unkomplizierter Speisenbegleiter.

90 Grüner Veltliner * Gobelsburg Ried Kirchgraben 2021
14 Vol.-%, DV, Stahltank, €€
Helles Gelbgrün, silberfarbene Reflexe. Etwas Kräuternoten, ein Hauch von Guaven, zart nach Würze, Kardamom. Saftig, feine Säurestruktur, gelbes Kernobst, würziger Nachhall, bereits gut antrinkbar.

88 Grüner Veltliner * 2021
11,5 Vol.-%, DV, Stahltank, €€

90 Riesling * Langenlois Ried Loiser Berg 2020
12,5 Vol.-%, DV, Stahltank, €€€
Helles Gelbgrün, silberfarbene Reflexe. Weiße Tropenfrucht, etwas nach Kräuterwürze, ein Hauch von Blütenhonig und Grapefruit, frisches Bukett. Saftig, straff, frisch strukturiert, feine Pfirsichnoten, salzig-zitronig, bereits gut antrinkbar.

89 Gelber Muskateller art of essentials 2021
11,5 Vol.-%, DV, Stahltank, €€

WEINGUT SCHMID
3550 Langenlois
Schloß Straße 56
T: +43 (2734) 2188
trink@schmidwein.at
www.schmidwein.at

Kellermeister: Ing. Andreas Schmid
Kontakt: Ing. Andreas und Alexandra Schmid
Produktion: 20 Hektar
Zertifiziert: Nachhaltig Austria
Vereinszugehörigkeit: Kamptal DAC

*** Kamptal DAC** **** Kamptal DAC Reserve**

★

WEINGUT SCHREIBEIS

Das Weingut Schreibeis befindet sich in der Einfahrt des malerischen Örtchens Straß im Straßertale, direkt am Fuße des Gaisbergs. Die Weiterentwicklung des Familienbetriebs ist das höchste Ziel von Juniorchef Edwin, der dort seit dem Jahrgang 2017 für die Vinifikation verantwortlich ist. Er ist bestrebt, den Charakter von Sorte und Lage in seinen Weinen zu vereinen, und versteht es perfekt, den Spirit jahrelanger Tradition mit seinem Fachwissen und seiner Kreativität zu fusionieren. Sein Repertoire an Erfahrungen konnte sich der Jungunternehmer unter anderem in einem renommierten biodynamischen Weingut und während eines Praktikums in Neuseeland aneignen. Grüner Veltliner und Riesling sind mit einem Anteil von 60 Prozent die Hauptsorten. Diese reichen von frisch-fruchtigen Terrassenweinen bis zu den kräftigen Lagenweinen vom Gaisberg und Offenberg. Auch der Weißburgunder ist Tradition im Hause Schreibeis. Die mittelschweren Böden der Strasser Rieden Gautscher und Stangl und das Klima des Kamptals lassen Weißburgundertrauben reifen, die inspirierenden Spielraum für neue Ideen bieten. Die Vielfalt erstreckt sich vom klassischen Stahltankausbau, über Ausbau in kleinen Holzfässern bis hin zur Maischegärung. Die warmen Sommer der letzten Jahre haben vor allem die Qualität der Rotweine geprägt. Den klassischen Zweigelt, die Zweigelt-Reserve und die neu kreierte Cuvée sollten sich Rotweinfans nicht entgehen lassen. Lust auf mehr? Die Weine können auf dem Weingut in der Gaisbergkellergasse verkostet und vor Ort erworben werden.

WEINGUT SCHREIBEIS – KELLER AM GAISBERG
3491 Straß im Straßertale
Gaisbergkellergasse 12
T: +43 (2735) 5823
office@weingut-schreibeis.at
www.weingut-schreibeis.at

Kellermeister: Edwin Schreibeis
Kontakt: Eduard und Renate Schreibeis
Produktion: 80 % weiß, 19 % rot, 1 % süß, 20 Hektar
Vereinszugehörigkeit: Weinstraße Kamptal
Messen: ProWein Düsseldorf

(90) Grüner Veltliner ** Strass Ried Gaisberg 2021
13,5 Vol.-%, DV, Stahltank, €€€
Mittleres Gelbgrün, Silberreflexe. Feiner Blütenhonig, etwas nach Gewürzen, zart nach Quitte, Nuancen von Mango, reife Tropenfrucht. Saftig, kraftvoll, weiße Tropenfrucht, zart nach Kräutern, individueller Speisenbegleiter.

88 Grüner Veltliner * Strass Ried Hasel 2021
12,5 Vol.-%, DV, Stahltank, €€

(90) Riesling * Strass Ried Gaisberg 2021
13 Vol.-%, DV, Stahltank, €€€
Mittleres Gelbgrün. Feiner Blütenhonig, etwas nach Marille, zart nach Litschis, Orangenschalen, floraler Touch. Saftig, frische Säurestruktur, mineralisch, weiße Pfirsichnoten, bereits gut antrinkbar.

(92) Weißburgunder Next Generation 2019
14 Vol.-%, DV, kleines Holzfass, €€€€
Mittleres Gelbgrün. Feine Kräuternoten, etwas nach Blütenhonig, zarte Holzwürze, Marillenfrucht. Mittlere Komplexität, kraftvoll, feinwürzig, Birnenfrucht im Abgang, Vanilletouch im Nachhall, guter Speisenbegleiter.

91 Weißburgunder Reserve 2019
13,5 Vol.-%, DV, Stahltank, €€
Mittleres Gelbgrün, Silberreflexe. Feine Kräuternoten, ein Hauch von Tropenfrucht, Papaya, tabakige Nuancen, kandierte Orangenzesten. Saftig, elegant, mineralisch, fruchtsüß, Vanille im Nachhall, guter Speisenbegleiter.

91 Zweigelt Reserve 2019
13,5 Vol.-%, DV, kleines Holzfass, €€€
Tiefdunkles Rubingranat, violette Reflexe, opaker Kern, zarte Randaufhellung. Feine Zwetschkennoten, etwas nach kandierten Orangenschalen, rote Kirschfrucht. Saftig, elegant, fruchtsüß nach Brombeerkonfit, Powidl im Abgang, bleibt haften, gut integrierte Tannine, guter Speisenbegleiter.

★★

WEINGUT PETER SCHWEIGER

Das Weingut Schweiger liegt in der Ortschaft Zöbing, inmitten des Kamptals. Peter Schweiger und sein Sohn Peter legen besonders großen Wert auf umweltfreundlichen und nachhaltigen Weinbau. Beide Generationen zollen dem Boden und der Natur besonderen Respekt. Um große Weine zu keltern, sind für sie zwei Dinge entscheidend: die spezielle Wertschätzung der Natur und die umsichtige Behandlung der Rebstöcke. Dieses Bewusstsein zieht sich durch ihr gesamtes Dasein als Winzer und ist schlussendlich in den hervorragenden Weinen zu schmecken. Die ausschließlich von Hand gelesenen und selektierten Trauben stammen aus den großen Lagen des Kamptals: Zöbinger Heiligenstein, Kogelberg, Gaisberg und Lamm. Die Etiketten der Weine tragen die Philosophie des Betriebes nach außen: Der Kompass verkörpert die Verbundenheit mit der Region. Die Uhr steht für die Intention, den Weinen ausreichend Zeit zum Reifen zu geben. Und so kommen frühestens im April (»IV«) die ersten Weine des vergangenen Jahres auf den Markt. Die große Liebe gilt dem Grünen Veltliner, der zu acht unterschiedlichen Weinen vinifiziert wird: von leicht und fruchtig über gehaltvoll und mineralisch bis hin zu kräftig und würzig, ausgebaut im Barrique. Peter Schweiger junior, Jahrgang 1996, der seit 2013 nicht nur handwerklich, sondern auch mit neuen Ideen und vollem Tatendrang kräftig mitarbeitet, kreiert mit seiner eigenen Linie »96«, die ausschließlich er selbst vinifiziert, besonders anspruchsvolle Weine.

92 Riesling ** Ried Kogelberg 2020
13 Vol.-%, DV, Stahltank, €€€€
Helles Goldgelb, silberfarbene Reflexe. Weingartenpfirsich, Zitrusnoten, etwas nach Blütenhonig, dezente Drachenfruchtnote, ein Hauch von Quitte. Saftig, straff, rassig, lebendige Säurestruktur, zitronig-salziger Abgang, vielseitiger Speisenbegleiter.

91 Riesling ** Ried Heiligenstein 1ÖTW 2020
13 Vol.-%, DV, Stahltank, €€€€
Helles Grüngelb, Silberreflexe. Feiner mineralischer Touch, etwas nach Limetten, ein Hauch von Apfel, dezente weiße Steinobstfrucht, mit Bergamotte unterlegt. Saftig, engmaschig, feine Würze, grüner Apfel, zitroniger Nachhall, frischer Speisenbegleiter, rassiges Finish.

92 Grüner Veltliner ** Ried Gaisberg 1ÖTW 2020
13 Vol.-%, DV, Stahltank, €€€€
Mittleres Gelbgrün, Silberreflexe. Mit dunkler Mineralik unterlegtes gelbes Kernobst, etwas nach Clementinen, ein Hauch von Wiesenkräutern, Ringlotten klingen an. Saftig, kraftvoll, feine Säurestruktur, Apfeltouch im Abgang, mineralischer Nachhall, guter Speisenbegleiter, wird von Flaschenreife profitieren.

92 Grüner Veltliner ** Ried Heiligenstein 1ÖTW 2020
13 Vol.-%, DV, Stahltank, €€€€
Leuchtendes Goldgelb, silberfarbene Reflexe. Zarte Maracujanote, etwas nach Wiesenkräutern, floraler Touch, ein Hauch von Mandarinenzesten. Saftig, straff, feine Säurestruktur, balanciert, etwas zurückhaltend, zitroniges Finish, Pfirsichnoten im Nachhall, bereits gut antrinkbar.

91 Grüner Veltliner * Ried Kogelberg 2021
13 Vol.-%, DV, Stahltank, €€
Helles Gelbgrün, silberfarbene Reflexe. Feine Kräuternoten, etwas nach Kardamom, ein Hauch von Guaven, weißer Apfel. Saftig, elegant, mineralisch-salzig, feine, gut eingebundene Säurestruktur, feinwürzig, Apfel auch im Nachhall, guter Speisenbegleiter.

89 Grüner Veltliner * Zöbing 2021
12,5 Vol.-%, DV, Stahltank, €€

WEINGUT PETER SCHWEIGER
3561 Zöbing
Im Grübl 25
T: +43 (664) 2104748
office@schweiger-wein.at
www.schweiger-wein.at

Kellermeister: Peter Schweiger jun.
Kontakt: Peter Schweiger
Produktion: 1 % Schaumwein, 95 % weiß, 1 % rosé, 3 % rot, 18 Hektar
Zertifiziert: Nachhaltig Austria
Messen: VieVinum

★★

WEINGUT SONNHOF

Der Name Sonnhof ist seit Generationen mit der Familie Jurtschitsch in Langenlois verbunden. Im Zuge des Generationswechsels entwickelte sich aus der Marke Sonnhof ein eigenständiges Weingut. Durch den respektvollen Umgang mit der Natur und die enge Zusammenarbeit mit ausgewählten Weinbauern wird zur Erhaltung der kleinstrukturierten Kulturlandschaft beigetragen. Und so entstehen aus vielen kleinen Weingartenparzellen auf dem Sonnhof authentische Sorten-, Orts- und Lagenweine aus den versteckten Ecken des Kamptals.

91 Grüner Veltliner * Langenlois 2021
12,5 Vol.-%, DV, Stahltank, €€€ Ⓑ
Mittleres Gelbgrün, silberfarbene Reflexe. Einladendes Bukett, etwas nach Quitte, zart nach Maracuja, dunkle Mineralik, ein Hauch von Blütenhonig. Mittlerer Körper, saftig, zart nach Birne im Abgang, leichtfüßiger Nachhall, bleibt gut haften.

90 Grüner Veltliner 2021
12,5 Vol.-%, DV, Stahltank, €€ Ⓑ
Helles Gelbgrün, Silberreflexe. Zart nach Kräutern und Mango, etwas nach gelbem Kernobst, ein Hauch von Melisse. Saftig, elegant, gut integrierte Säurestruktur, mineralisch, weiße Apfelfrucht, frisches Finish, bereits gut antrinkbar.

91 Riesling Urgestein 2021
12,5 Vol.-%, DV, Stahltank, €€
Helles Weißgold, silberfarbene Reflexe. Etwas nach Marille und Wiesenblüten, ein Hauch von Grapefruit, Ananas klingt an. Saftig, elegant, feine Säurestruktur, mineralisch-salzig, etwas nach weißem Steinobst, würziger Nachhall, guter Speisenbegleiter.

88 Rosé 2021
12 Vol.-%, DV, Stahltank, €€

91 Zweigelt Reserve 2019
13,5 Vol.-%, NK, großes Holzfass, €€€
Tiefdunkles Rubingranat, opaker Kern, violette Reflexe, zarte Randaufhellung. Mit feiner Tabak-Holz-Würze unterlegtes dunkles Waldbeerenkonfit, ein Hauch von Kirschen und Hibiskus. Saftig, mittlere Komplexität, straff, gut eingebundenes Tannin, Kirschfrucht im Abgang, leichtfüßiges Finish, bereits gut antrinkbar.

89 Zweigelt 2019
12,5 Vol.-%, DV, großes Holzfass, €€

Blauer Zweigelt

WEINGUT SONNHOF
3550 Langenlois
Franziskaner Platz 1
T: +43 (2734) 2116
info@weingut-sonnhof.at
www.weingut-sonnhof.at

Kellermeister: Ewald Tiefenböck
Kontakt: Max Trabitsch
Produktion: 75 % weiß, 24 % rot, 1 % süß

WEINGUT STEININGER
3550 Langenlois
Walterstraße
T: +43 (2734) 2372
office@weingut-steininger.at
www.weingut-steininger.at

Kellermeister: Peter und Karl Steininger
Kontakt: Eva und Brigitta Steininger
Produktion: 80 % weiß, 19 % rot, 1 % süß, 55 Hektar
Zertifiziert: Nachhaltig Austria
Vereinszugehörigkeit: Traditionsweingüter Österreich
Messen: ProWein Düsseldorf, VieVinum

Karl, Eva, Brigitta und Peter Steininger

★★★

WEINGUT STEININGER

Die Familie Steininger hat mit der sorten- und jahrgangsreinen Versektung der typischen Kamptaler Rebsorten eine eigene österreichische Sektphilosophie gefunden. Bei der klassischen Linie beruht das Erfolgsgeheimnis auf zwei Faktoren: einerseits auf der hohen Qualität der Sektgrundweine, die sich klar, fruchtbetont und duftig präsentieren, und andererseits auf der behutsamen zweiten Gärung in der Flasche. Beides zusammen bringt den Charakter der jeweiligen Sorte und das Geschmacksbild des Grundweines perfekt zur Geltung. Bei den Lagensekten Riesling Ried Heiligenstein, Weißburgunder Ried Panzaun und Grüner Veltliner Ried Steinhaus werden Sorte und Terroir in den Vordergrund gestellt.
Auch bei den Stillweinen setzt die Familie Steininger auf höchste Qualität. Der Fokus liegt auf Grünem Veltliner und Riesling. Jeder Rebstock nimmt die Eindrücke der Natur auf und gibt dem Wein seine Persönlichkeit. Familie Steininger setzt auf die Philosophie, Weine zu machen, welche die Frucht und den Charakter der Traube zeigen. Die Aromen präsentieren sich klar und ausdrucksstark, und das in einer eigene Stilistik, die das kühle Klima des Kamptals und die Böden wunderbar widerspiegelt. Die wichtigsten Lagen des Weinguts sind Ried Loisium, Ried Lamm, Ried Kittmannsberg, Ried Kogelberg, Ried Steinhaus und Ried Seeberg.

95 Ⓢ Grüner Veltliner Sekt Austria Große Reserve brut Niederösterreich g.U. Langenlois Ried Steinhaus 2017
13,5 Vol.-%, NK, Flaschengärung, €€€€€ Ⓥ
Mittleres Grüngelb, Goldreflexe, zart moussierend. Einladende Tropenfrucht, etwas nach Blütenhonig, ein Hauch von Quitte und Karamell, floraler Touch. Saftig, gute Komplexität, feinwürzig, reife Mangonoten im Abgang, gut integrierte Säurestruktur, mineralischer Nachhall, vielschichtiger Speisenbegleiter.

95 Ⓢ Riesling Sekt Austria Große Reserve brut Niederösterreich g.U. Langenlois Ried Heiligenstein 2018
13,5 Vol.-%, NK, Flaschengärung, €€€€€ Ⓥ
Mittleres Grüngelb, silberfarbene Reflexe, anhaltendes feines Mousseux. Dezente Kräuterwürze, unterlegt mit weißem Steinobst, etwas mineralisch, verhaltene Zitrusnuancen. Gute Komplexität, vielschichtig, lebendig, facettenreiche Säurestruktur, zart nach Maracuja und Bergamotte im Abgang, bleibt sehr gut haften, sicheres Entwicklungspotenzial.

93 ❺ Riesling Sekt Austria Reserve brut Niederösterreich g.U. 2019
13 Vol.-%, NK, Flaschengärung, €€€€€ ⓥ
Mittleres Grüngelb, feines Mousseux. Einladender Duft nach reifem Pfirsich, etwas nach Blütenhonig, ein Hauch von Clementinen, Quittengelee klingt an. Komplex, elegant, facettenreiche Säurestruktur, mineralisch, bleibt gut haften, Marillentouch im Finish, vielschichtiger Speisenbegleiter mit Reifepotenzial.

93 ❺ Riesling Elementar Sekt NV
13 Vol.-%, NK, Flaschengärung, €€€€€ ⓥ
Leuchtendes Goldgelb, Grünreflexe, anhaltendes Mousseux. Noten von reifer Marille, etwas nach Papaya, dunkle Mineralik, Wiesenkräuter, Orangenschalen klingen an. Saftig, straff, engmaschig, balancierte Säurestruktur, Nuancen von gereiftem Riesling, weißer Pfirsich im Abgang, salziger Nachhall, gute Länge, vielseitig einsetzbar.

94 ❺ Pinot Blanc Sekt Austria Große Reserve brut Niederösterreich g.U. Langenlois Ried Panzaun 2017
13,5 Vol.-%, NK, Flaschengärung, €€€€€ ⓥ
Mittleres Gelbgrün, silberfarbene Reflexe, zart moussierend. Mit einem feinen Brioche-Touch unterlegte gelbe Birnenfrucht, dazu Melone, etwas nach Blütenhonig, zart nach Melisse, etwas kandierte Zitrusfrucht. Saftig, elegant, feine Säurestruktur, würzig, zart nach gelbem Apfel, Röstaromen im Abgang, mineralischer Nachhall, kraftvoller Speisenbegleiter mit Substanz.

93 ❺ Muskateller Sekt 2020
13 Vol.-%, NK, Flaschengärung, €€€€€ ⓥ
Helles Gelbgrün, Silberreflexe, sehr zartes Mousseux. Limettenzesten und weiße Blüten, ein Hauch von Maracuja, attraktives Bukett. Saftig, elegant und leichtfüßig, feiner Säurebogen, fruchtig im Abgang, zart nach Pfirsich, mineralisch und anhaftend, sehr präziser Sortenausdruck.

93 ❺ Chardonnay Sekt Austria Reserve brut Niederösterreich g.U. 2019
13 Vol.-%, NK, Flaschengärung, €€€€€ ⓥ
Helles Gelbgrün, silberfarbene Reflexe, zartes Mousseux. Feine Kräuternoten, etwas nach Brioche, ein Hauch von Maracuja, Mandarinenzesten klingen an. Saftig, komplex, feine Säurestruktur, mineralisch, etwas gelbe Birnenfrucht im Abgang, tabakiges Finish, vielseitiger Speisenbegleiter.

92 ❺ Cabernet Sauvignon Rosé Sekt 2020
13 Vol.-%, NK, Flaschengärung, €€€€€ ⓥ
Helles Altrosa, silberfarbene Reflexe, zartes Mousseux. Feine Cassisnoten, etwas nach Kräutern, zart nach Waldbeeren, Brennnesseln klingen an, würziges Bukett. Saftig, straff, feine Säurestruktur, mineralisch, zart nach Stachelbeeren im Abgang, bleibt gut haften, facettenreicher Speisenbegleiter.

(94) Grüner Veltliner ** Ried Lamm 1ÖTW 2021
13,5 Vol.-%, DV, 500-l-Fass, €€€€€ ⓥ
Mittleres Gelbgrün, silberfarbene Reflexe. Dezente Honigmelone, mit kandierten Orangenzesten unterlegt, etwas Bourbon-Vanille, ein Hauch von Marille, feinwürzig unterlegt. Saftig, gute Komplexität, facettenreich, mineralisch, samtige Textur, Passionsfrucht im Abgang, guter Speisenbegleiter mit sicherem Entwicklungspotenzial.

(93) Grüner Veltliner ** Ried Kittmannsberg 1ÖTW 2021
13,5 Vol.-%, DV, Stahltank, €€€€ ⓥ
Mittleres Gelbgrün, Silberreflexe. Zarte Golden-Delicious-Apfelfrucht, etwas nach Kräutern, zarte Clementinenzesten, ein Hauch von Mango, einladendes Bukett. Saftig, elegant, gut integrierte Säurestruktur, weißes Steinobst im Abgang, salzig-mineralisch im Nachhall, guter Speisenbegleiter mit Reifepotenzial.

(93) Grüner Veltliner ** Ried Kogelberg 1ÖTW Terrassen 2021
13,5 Vol.-%, DV, kleines Holzfass, €€€€€ ⓥ
Mittleres Gelbgrün, Silberreflexe. Zarte Tabakwürze, Guaven und reife Birnenfrucht, etwas nach Fenchel, Blütenhonig und kandierte Orangenzesten klingen an. Saftig, gute Komplexität, lebendige Säurestruktur, mineralisch-salzig, frische Apfelfrucht im Abgang, bleibt gut haften, vielseitig einsetzbar.

(92) Grüner Veltliner ** Grand Grü 2021
13,5 Vol.-%, DV, Holzfass, €€€€ ⓥ
Leuchtendes mittleres Gelbgrün, Silberreflexe. Feine Tabakwürze, etwas nach reifem Apfel, mit dezentem Blütenhonig unterlegte Wiesenkräuter. Saftig, straff, feine Extraktsüße, Quitte im Abgang, Zitrusnoten im Nachhall, feine Säurestruktur, guter Speisenbegleiter.

90 Grüner Veltliner * 2021
12,5 Vol.-%, DV, Stahltank, €€ ⓥ
Helles Gelbgrün, Silberreflexe. Feine Apfelfrucht, etwas nach Maracuja, zart nach Wiesenkräutern, mit einem Hauch von Birne unterlegt. Mittlerer Körper, feine Säurestruktur, extraktsüß, gelbe Tropenfrucht im Abgang, sehr gutes Trinkanimo.

90 Grüner Veltliner ** Ried Loisium 2021
13,5 Vol.-%, DV, Stahltank, €€ ⓥ
Helles Gelbgrün, Silberreflexe. Etwas nach Mango und Ananas, ein Hauch von Tabak-Kräuter-Würze, etwas nach Melisse, Grapefruitzesten klingen an. Saftig, elegant, feine Textur, zart nach Apfel, kraftvoll, gut integrierter Säurebogen, mineralischer Nachhall.

(93) Riesling ** Ried Seeberg 1ÖTW 2021
13,5 Vol.-%, DV, Stahltank, €€€€ V
Helles Gelbgrün, silberfarbene Reflexe. Weißes Steinobst, unterlegt mit Limettenzesten, ein Hauch von Guaven, Wiesenkräuter klingen an. Gute Komplexität, zitronig-mineralische Anklänge, Pfirsichtouch im Abgang, salziger Nachhall, finessenreicher Speisenbegleiter.

(92) Riesling ** Ried Steinhaus 1ÖTW 2021
13,5 Vol.-%, DV, Stahltank, €€€€ V
Helles Gelbgrün, silberfarbene Reflexe. Zarte Kräuterwürze, etwas nach Quitte, ein Hauch von weißem Pfirsich, mit Lemongrass unterlegt. Saftig, straff, frisch strukturiert, Noten von weißer Frucht, zitroniger Nachhall, bleibt gut haften, vielseitig einsetzbar.

(91) Weißburgunder 2021
13,5 Vol.-%, DV, Stahltank, €€ V
Helles Gelbgrün, Silberreflexe. Feine Birnenfrucht, etwas nach Maracuja, zart nach Wiesenkräutern und Clementinenzesten, fruchtiges Bukett. Saftig, kraftvoll, feine Säurestruktur, mineralisch, weißes Steinobst im Abgang, salziger Nachhall, bereits gut antrinkbar.

★★★★

WEINGUT JOHANN TOPF

Am Fuß des Gaisbergs im südlichen Kamptal findet man im malerischen Ort Straß im Straßertale das Traditionsweingut der Familie Topf. Dort, wo seit 1885 über fünf Generationen Wissen und Leidenschaft stetig weitergegeben werden, entstehen Weine mit einer einzigartigen Handschrift. Die Tradition zu wahren, das erlernte Handwerk weiterzugeben und viel Sorgfalt in den Weinbergen zählen zur täglichen Praxis. Gemeinsam mit seinen Söhnen vinifiziert Hans Topf Lagen- und Schaumweine und bringt sie mit perfekter Trinkreife auf den Markt. Die Brüder Hans-Peter und Maximilian ergänzen das Portfolio ihres Vaters um ihre eigenen Lagenweine, die zusätzlich ihre Initialen »M« bzw. »HP« tragen. Das große Potenzial und der Stolz der Winzerfamilie beruhen auf den Ersten Lagen Offenberg, Gaisberg, Wechselberg Spiegel und Heiligenstein. Für die Einzigartigkeit und Unverwechselbarkeit dieser Lagen sind Konglomerate aus Glimmerschiefer, Paragneise und Arkosen sowie der Einfluss von unterschiedlichen Kleinklimata verantwortlich. Als Mitglied der Traditionsweingüter Österreich setzt Familie Topf auf die Erlebbarkeit der Lagenweine unter dem Titel »Herkunft im Glas kostbar machen«.

WEINGUT JOHANN TOPF
3491 Straß im Straßertale
Talstraße 162, T: +43 (2735) 2491
office@weingut-topf.at
www.weingut-topf.at
Kellermeister: Maximilian & Hans-Peter Topf
Kontakt: Familie Topf
Anbauweise: Umstellung auf bio (Bio Austria)
Produktion: 306.667 Flaschen
10 % Schaumwein, 70 % weiß, 20 % rot,
50 Hektar
Zertifiziert: Nachhaltig Austria
Vereinszugehörigkeit:
Traditionsweingüter Österreich
Messen: Alles für den Gast Salzburg, Austrian Tasting London, ProWein Düsseldorf, VieVinum, Vinitaly, Wein & Genuss Festival Sylt, DAC-Präsentationen

Straß im Straßertale

94 ❸ Grosse Reserve Sekt g.U. brut 2016 GV/PN/CH/WB
12,5 Vol.-%, NK, gr. Holzfass/Flaschengärung, €€€€€
Leuchtendes Goldgelb, Grünreflexe, anhaltendes feines Mousseux. Einladendes Bukett nach Orangenzesten und reifem Steinobst, etwas nach Marille, ein Hauch von Karamell, zart nach Feigen, mit Wiesenkräutern unterlegt. Saftig, elegant, facettenreiche Säurestruktur, mineralisch-salzig, feinwürzig, Mangotouch im Abgang, bleibt sehr gut haften, straffer Speisenbegleiter.

93 Grüner Veltliner * Ried Offenberg 1ÖTW 2020
14 Vol.-%, DV, Stahltank, €€€€€
Leuchtendes mittleres Gelbgrün. Einladendes Bukett nach gelber Tropenfrucht, zart nach Ananas und Papaya, tabakig, mit Blütenhonig unterlegt. Saftig, elegant, feiner Säurebogen, facettenreich, zart nach Karamell, gelbe Apfelfrucht im Abgang, bleibt gut haften, vielseitig einsetzbar.

93 Grüner Veltliner * Ried Gaisberg 1ÖTW 2020
13,5 Vol.-%, DV, Stahltank, €€€€€
Mittleres Grüngelb. Feine Tabakwürze, etwas nach Mango, dezente Anisnoten, ein Hauch von kandierten Clementinen, zart nach Kamille. Saftig, komplexe Fruchtnuancen, kraftvoll, würzig, weißes Steinobst, mineralischer Nachhall, wird von Flaschenreife profitieren.

(91) Grüner Veltliner * Ried Wechselberg 2021
13 Vol.-%, DV, Stahltank, €€€
Mittleres Gelbgrün, silberfarbene Reflexe. Zart nach Wiesenkräutern, etwas reife Apfelfrucht, dunkle Mineralik, mit Orangenschalen unterlegt. Mittlerer Körper, kraftvoll, facettenreich, feinwürzig, leichtfüßig, etwas nach Kernobst im Abgang, unkomplizierter Speisenbegleiter.

90 Grüner Veltliner * Strass im Strassertal 2021
12,5 Vol.-%, DV, Stahltank, €€
Helles Gelbgrün. Feine Kräuterwürze, weiße Apfelfrucht, ein Hauch von Guaven, Kardamom klingt an. Saftig, feine Struktur, würzig, mineralisch, zart nach weißem Kernobst.

94 Grüner Veltliner Ried Rosengartl »M« 2019
13,5 Vol.-%, DV, Tonneaux Fass, €€€€€
Leuchtendes mittleres Gelbgrün. Apfelfrucht, unterlegt mit kandierten Zitruszesten, etwas nach Honigmelone, dichte Würze, Akazienhonig klingt an. Saftig, straff, facettenreiche Säurestruktur, Kernobstnoten im Abgang, Kräuternoten im Nachhall, bleibt gut haften, vielschichtiger Speisenbegleiter.

94 Riesling * Ried Heiligenstein-Steinwand 1ÖTW 2020
12,5 Vol.-%, DV, Stahltank, €€€€€
Mittleres Grüngelb, Goldreflexe. Etwas nach Blütenhonig und Papaya, Passionsfrucht, zart nach Wiesenkräutern, dazu Guaven, ein Hauch von Zitronenzesten. Gute Komplexität, saftig, gut eingebundene Säurestruktur, weißer Weingartenpfirsich im Abgang, mineralischer Nachhall, vielschichtiger Speisenbegleiter mit Potenzial.

93 Riesling * Ried Heiligenstein 1ÖTW 2020
13,5 Vol.-%, DV, Stahltank, €€€€€
Mittleres Gelbgrün, Silberreflexe. Feine Kräuternoten, etwas Quitte und Pfirsich, kandierte Clementinenzesten, Ananastouch. Saftig, elegant, feine Struktur, würzig, gelbes Steinobst im Abgang, Honig im Nachhall, wirkt leichtfüßig, lang anhaltend, guter Speisenbegleiter.

93 Riesling * Ried Wechselberg Spiegel 1ÖTW 2020
13,5 Vol.-%, DV, Stahltank, €€€€€
Mittleres Goldgelb, silberfarbene Reflexe. Einladender Duft nach reifem Steinobst, Blütenhonig, unterlegt mit kandierten Limettenzesten, Marille klingt an. Saftig, elegant, facettenreiche Säurestruktur, feinwürzig, engmaschig, Pfirsich im Abgang mineralischer Nachhall, mit Potenzial.

(92) Riesling * Ried Wechselberg 2021
13 Vol.-%, DV, Stahltank, €€€
Helles Gelbgrün, silberfarbene Reflexe. Zart nach Mango und Papaya, etwas Blütenhonig, Lemongrass klingt an, frisch strukturiert. Saftig, lebendig, mineralisch, zitronige Noten und weißes Steinobst im Abgang, Pfirsich im Nachhall, vielseitig einsetzbar.

91 Riesling * Strass im Strassertal 2021
12,5 Vol.-%, DV, Stahltank, €€€
Helles Grüngelb, Silberreflexe. Zarte gelbe Pfirsichfrucht, mit Blütenhonig unterlegte Zitrusnoten, etwas nach Kalamansi. Saftig, elegant, feine Säurestruktur, würzig, mineralisch, Maracujanoten im Abgang, salziger Nachhall, bleibt gut haften, vielseitig einsetzbar.

93 Sauvignon Blanc Ried Hasel 2017
13 Vol.-%, DV, Barrique, €€€€€
Leuchtendes Goldgelb, Silberreflexe. Feine Holzwürze, etwas nach Karamell, ein Hauch von Quitte, reife Stachelbeerfrucht, Kumquats klingen an. Saftig, komplex, zarter Vanilletouch, etwas Räucherwürze, weißes Kernobst im Abgang, bleibt gut haften, vielseitiger Speisenbegleiter.

93 Chardonnay Ried Hasel 2019
14 Vol.-%, DV, großes Holzfass, €€€€€
Mittleres Goldgelb, Grünreflexe. Tropenfrucht, unterlegt mit Tabak-Holz-Würze, etwas nach Kardamom, ein Hauch von Kräutern, Maracuja und Melone klingen an. Saftig, elegant, facettenreiche Säurestruktur, mineralisch, straff, Birnentouch im Abgang, salziger Nachhall, trinkanimierender Speisenbegleiter mit Potenzial.

WEINGUT REINHARD TOPF
3491 Straß im Straßertale
Langenloiser Straße 213
T: +43 (664) 3747156
weingut@reinhardtopf.at
www.reinhardtopf.at

Kellermeister/Kontakt:
Reinhard Topf
Produktion: 90 % weiß, 10 % rot,
8 Hektar
Vereinszugehörigkeit:
Weinstraße Kamptal
Messen: VieVinum, Vinessio
Weinmesse Starnberg

Reinhard Topf

★

WEINGUT REINHARD TOPF

Die Zielsetzung von Reinhard Topf ist eindeutig: Weine mit unverwechselbarer Handschrift zu kreieren und die Ressourcen des Kamptals bestmöglich und nachhaltig zu nutzen. Seit 2015 prägt der junge Winzer, Jahrgang 1992, das Geschehen im Familienbetrieb mit jugendlichem Feuer, Drang zur Innovation und unglaublichem Ehrgeiz. Durch viel Feingefühl bei der Arbeit mit Natur und Boden wird in den besten Lagen des Weinortes Straß im Straßertale der Grundstein für großartigen Wein gelegt. Wer die Weine kennt, wird bestätigen: Reinhard Topf schafft es, die liebevolle Hingabe zu seinen Rebstöcken eindrucksvoll ins Glas zu bringen.

Das Sortiment reicht von klassisch und leicht bis hin zu reif und kräftig. Unverschnörkelt, feinfruchtig und mit viel Eleganz imponieren die Weine. Der Spaß beim Trinken steht dabei an oberster Stelle. Auch wer Vielschichtigkeit und Komplexität sucht, ist bei dem engagierten Winzer goldrichtig. Der Grüne Veltliner Reserve Ried Gaisberg – eines der Flaggschiffe des Betriebes – lässt die Herzen der Weinliebhaber höherschlagen und sorgt für endlosen Gesprächsstoff. Dem kargen Terroir des Wechselberges, geprägt von Glimmerschiefer und Urgestein, verdankt die Weißburgunder Reserve imposanten Tiefgang und Struktur. Uneingeschränkte Hingabe genießt auch der Riesling in den Lagen Gaisberg und Wechselberg: Schon früh entwickelte sich eine besondere Liebe zu dieser Rebsorte. Mittlerweile zählt er zu den Aushängeschildern des Weingutes und überzeugt durch unverkennbare Steinobstnoten, Feingliedrigkeit und perfekt balancierte Säure. Aufgrund der Begeisterung dafür, neue Wege rund um den Wein zu betreten, findet seit 2021 eine neue Weinlinie seinen Platz im Sortiment: »Triebwerk« – pur, ungeschönt und unfiltriert.

© www.florianschulte.com

92 Grüner Veltliner ** Ried Gaisberg 2020
13,5 Vol.-%, DV, Teilbarrique, €€€
Mittleres Gelbgrün, silberfarbene Reflexe. Mit Blütenhonig unterlegte reife Apfelfrucht, etwas nach kandierten Mandeln, ein Hauch von Orangenschalen, Papaya klingt an. Saftig, kraftvoll, etwas nach Gewürzen, balancierte Säurestruktur, Apfelfrucht auch im Abgang, lang anhaltend, vielseitiger Speisenbegleiter.

(92) Grüner Veltliner ** Ried Gaisberg 2021
13 Vol.-%, DV, Teilbarrique, €€€
Leuchtendes Grüngelb, silberfarbene Reflexe. Mit Blütenho-

nig und Ananas unterlegte Zitrusnoten, ein Hauch von Weingartenpfirsich, Wiesenkräuter klingen an. Saftig, straff, gut integrierte Säurestruktur, mineralisch-salzig, feinwürziger Abgang, Maracuja im Nachhall, guter Speisenbegleiter.

(91) Grüner Veltliner ** Ried Wechselberg 2021
13,5 Vol.-%, DV, Stahltank, €€
Mittleres Grüngelb, Silberreflexe. Gelbe Tropenfrucht, zarte Wiesenkräuter, etwas nach Orangenschalen, mit Blütenhonig unterlegt. Saftig, elegant, balanciert und leichtfüßig, fruchtsüß nach Mango im Abgang, bleibt gut haften, guter Speisenbegleiter.

90 Grüner Veltliner * Ried Hasel 2021
12,5 Vol.-%, DV, Stahltank, €€
Helles Gelbgrün, Silberreflexe. Zarte Kräuternoten, etwas nach Maracuja und Bergamotte, ein Hauch von gelbem Apfel. Saftig, elegant, balancierte Säurestruktur, weißes Steinobst im Abgang, kraftvolles Finish, gut antrinkbar.

91 Riesling * Ried Gaisberg 2021
12,5 Vol.-%, DV, Stahltank, €€
Helles Gelbgrün, silberfarbene Reflexe. Feine Tabakwürze, etwas nach Mango und Pfirsich, ein Hauch von Zitruszesten. Mittlerer Körper, feine Säurestruktur, salzig, gut eingebundene Fruchtnuancen, zitroniger Nachhall, guter Speisenbegleiter.

91 Weißburgunder Ried Wechselberg Reserve 2020
13 Vol.-%, DV, Teilbarrique, €€€
Helles Grüngelb, Silberreflexe. Feine Tabak-Räucherwürze, etwas nach Quitte, zart nach Birnen, Anistouch. Mittlerer Körper, fruchtsüß, gut eingebundener Säurebogen, Marillentouch im Abgang, lang anhaltend, guter Speisenbegleiter.

★★

WEINGUT REINHARD & MARKUS WALDSCHÜTZ

Seit 1871 betreibt die Familie Waldschütz ihren Betrieb in Elsarn im Straßertal. Seit 1994 lenkt der gelernte Weinbau- und Kellermeister Reinhard Waldschütz die Geschicke des Weinguts – mit dem Ziel, naturnahe, fruchtig-frische und für die Gegend geschmackstypische Weine zu kreieren. Das Straßertal ist eine äußerst reizvolle Landschaft auf einer Seehöhe von 208 bis 360 Metern, viele bekannte Rieden sind hier zu finden. Auch die Lagen des Weinguts von Reinhard und Martina Waldschütz befinden sich in Straßer Spitzenrieden wie Wechselberg oder Gaisberg. Sie bilden die Basis für Trauben von bester Qualität, die dann behutsam und schonend zu feinen Weinen verarbeitet werden. Das zeigt sich quer durch alle Rebsorten, insbesondere bei Grünem Veltliner, Riesling und Sauvignon Blanc. Seit 2012 ist Sohn Markus für den Keller hauptverantwortlich. Durch seine internationalen Praktika in Kalifornien und Neuseeland sorgt er für die kontinuierliche Fortführung des sehr hohen Betriebsstandards.

93 Grüner Veltliner ** Ried Rosengartl 2020
13,5 Vol.-%, NK, gebrauchte Barriques, €€€€€ Ⓢ
Mittleres Gelbgrün, Silberreflexe. Gelbe Apfelfrucht, unterlegt mit Wiesenkräutern, feine Maracujanoten, etwas nach Orangenzesten, Anistouch, balanciertes Bukett. Saftig, elegant, feine Säurestruktur, engmaschig, extraktsüß nach Marille, guter Speisenbegleiter mit Potenzial.

93 Grüner Veltliner ** Ried Grub 1ÖTW 2019
13 Vol.-%, NK, großes Holzfass, €€€€€
Helles Goldgelb. Mit dezenter Würze unterlegte Mandarinenzesten, etwas nach gelbem Kernobst, zart nach Quitte, tabakig unterlegt. Saftig, elegant, gut integrierte Säurestruktur, samtige Textur, Honigtouch, Mangonoten im Abgang, vielschichtiger Speisenbegleiter mit Potenzial.

90 Grüner Veltliner * Ried Stangl 2021
12,5 Vol.-%, DV, Stahltank, €€
Helles Gelbgrün, Silberreflexe. Feine Kräuternoten, etwas nach Blütenhonig, zart nach Golden-Delicious-Apfel. Mittlerer Körper, feine Säurestruktur, mineralisch, leichtfüßig, weiße Fruchtnoten im Abgang, bereits gut antrinkbar.

93 Riesling ** Ried Gaisberg 1ÖTW 2019
13 Vol.-%, NK, großes Holzfass, €€€€€
Leuchtendes Gelbgrün. Frische Zitrusnoten, etwas nach Ringlotten und Weingartenpfirsich, zart nach Kumquats, lebendiges Bukett. Saftig, gute Komplexität, mineralisch-salzig, zitroniger Abgang, leichtfüßig, vielschichtiger Speisenbegleiter mit großem Einsatzbereich.

WEINGUT REINHARD & MARKUS WALDSCHÜTZ
3491 Straß im Straßertale
Elsarn 3
T: +43 (2735) 79457
kontakt@weingut-waldschuetz.at
www.weingut-waldschuetz.at

Kellermeister: Markus Waldschütz
Kontakt: Reinhard und Markus Waldschütz
Anbauweise: Umstellung auf bio (Bio Austria)
Produktion: 90 % weiß, 10 % rot, 35 Hektar
Zertifiziert: Nachhaltig Austria
Messen: ProWein Düsseldorf, VieVinum, Vinobile Feldkirch

Markus Waldschütz

92 Weißburgunder Große Reserve 2019
14 Vol.-%, NK, Barrique, €€€€€
Mittleres Gelbgrün, silberfarbene Reflexe. Mit zarter Röstaromatik unterlegte Birnenfrucht, zart nach Kumquats, etwas Honigmelone, Wiesenkräuter klingen an. Saftig, elegant, engmaschig, zart nach Maracuja, leichtfüßiges Finish, bereits gut antrinkbar, vielschichtiger Speisenbegleiter.

92 Steinvision 2018 RR/GV/SB
13 Vol.-%, NK, Granitfass, €€€€€
Leuchtendes Gelbgrün, silberfarbene Reflexe. Feine Kräuternoten, etwas nach Bergamotte, ein Hauch von Quitte, mineralischer Touch, Ananasnoten klingen an. Saftig, elegant, finessenreiche Säurestruktur, extraktsüß nach Mango, bleibt gut haften, straffer Speisenbegleiter.

★★★

WEINGUT WEIXELBAUM

Im lebhaften Zwiegespräch mit der Natur, ganzheitlich und persönlich – so leben und lieben wir den Wein, so betreiben wir unser Familienweingut in Strass bereits in dritter Generation. Das ganze Jahr über leiten und begleiten uns die wahren Werte im Weingarten, im Keller und im Winzerleben.« Die Leidenschaft, mit der die Arbeit verrichtet wird, findet ihren Ausdruck im erklärten Ziel von Heinz Weixelbaum: Weine zu produzieren, die er selbst zu trinken liebt, und anderen dabei zuzusehen, wie sie sich daran erfreuen. Wahre Werte bedeuten nicht Stillstand, sondern behutsame Weiterentwicklung. Die Vergangenheit gibt Rückendeckung, Bodenhaftung und wertvolle Schätze für die Vinothek. In die Zukunft schaut man gemeinsam mit den Kindern Theresa und Pauli, die beim »Familienrat« im Weingarten bereits mitreden, welche Rebsorten ausgepflanzt werden.

Auf 25 Hektar Rebfläche im Weinbaugebiet Kamptal hegt und pflegt die leidenschaftliche Winzerfamilie 100.000 Rebstöcke. Der Schwerpunkt liegt auf Weißwein, abgerundet durch ein kleines, aber feines Sortiment in Rot. Der Erfolg des Betriebes beruht auf ganzheitlichen ökologischen Grundsätzen sowie auf der Bewahrung traditioneller Werte. Gastfreundschaft, gute Laune und bodenständiges Herzblut fließen durch die Adern des Weinguts. Wenn der Wein davon erzählt, dann macht genau das die Familie zufrieden. Wenn

© Michael Parak

WEINGUT WEIXELBAUM
3491 Straß im Straßertale
Weinbergweg 196
T: +43 (2735) 2269
weixelbaum@invinoweix.at
invinoweix.at

Kellermeister: Heinz Weixelbaum
Kontakt: Heinz und Gabi Weixelbaum
Anbauweise: Umstellung auf bio
Produktion: 90 % weiß, 4 % rosé, 5 % rot, 1 % süß, 25 Hektar
Messen: ProWein Düsseldorf

der Wein Menschen Freude schenkt, ist die Familie glücklich. »Dann wird unser Beruf ebenso zum Lebenselixier wie ein guter Tropfen Wein.«

93 Riesling ** Ried Gaisberg 1ÖTW 2020
13,5 Vol.-%, DV, großes Holzfass, €€€€
Mittleres Grüngelb, silberfarbene Reflexe. Feine Wiesenkräuter, weiße Pfirsichnoten, Blütenhonig, Ananastouch, frisches Bukett. Saftig, straff, salzig, etwas nach Birne, Pfirsichnoten im Abgang, mineralisch-zitroniger Nachhall, facettenreicher Speisenbegleiter.

92 Riesling ** Ried Renner 2019
13 Vol.-%, DV, Stahltank, €€€
Mittleres Gelbgrün, Silberreflexe. Mit frischen Zitrusnuancen unterlegtes weißes Steinobst, zart nach Lindenblüten, ein Hauch von Pfirsich, Bergamotte klingt an. Gute Komplexität, saftig, straff, Weingartenpfirsich im Abgang, mineralisch, leichtfüßig, guter Speisenbegleiter.

95 Riesling Anno Dazumal 2017
13,5 Vol.-%, NK, 500-l-Fass, €€€€€ V
Leuchtendes Gelb, Goldreflexe. Einladendes Bukett nach Marillen und Lindenblütenhonig, etwas nach kandierten Orangenzesten, floraler Touch, feinwürziger Touch. Gute Komplexität, vielschichtig, mineralisch, zart nach reifem Weingartenpfirsich, extraktsüß, kraftvoll, aber doch engmaschig, würziger Rückgeschmack, sicheres Potenzial.

92 Grüner Veltliner ** Ried Gaisberg 1ÖTW 2020
13,5 Vol.-%, DV, großes Holzfass, €€€€
Mittleres Gelbgrün, silberfarbene Reflexe. Nuancen von reifer Mango, etwas nach kandierten Orangenzesten, floraler Touch, Blütenhonig. Saftig, gute Komplexität, feine Textur, etwas nach Quitte und Karamell im Abgang, bereits gut antrinkbar, vielseitiger Speisenbegleiter.

90 Grüner Veltliner * Ried Stangl 2021
12,5 Vol.-%, DV, Stahltank, €€ H V
Helles Gelbgrün, Silberreflexe. Feine Kräuternoten, zart nach weißem Apfel, tabakig, Guaven und Zitruszesten klingen an. Saftig, elegant, feine Säurestruktur, feinwürzig, Kernobstnoten im Abgang, bereits gut antrinkbar.

94 Sauvignon Blanc Anno Dazumal 2017
13,5 Vol.-%, NK, 500-l-Fass, €€€€€ V
Leuchtendes Grüngelb, silberfarbene Reflexe. Engmaschiges Bukett nach weißem Kernobst und Stachelbeeren, zart nach Kräutern, ein Hauch von Blütenhonig, etwas Ananas klingt an. Gute Komplexität, saftig, samtige Textur, mineralisch, Babybanane, reife Tropenfrucht im Abgang, tabakwürziger Nachhall, vielschichtiger Speisenbegleiter mit sicherem Entwicklungspotenzial.

92 Sauvignon Blanc Wahre Werte 2021
13 Vol.-%, DV, Stahltank, €€€ V
Helles Gelbgrün. Feine Kräuterwürze, zart nach Cassis, ein Hauch von Brennnesseln, Limettentouch, rote Paprikaschoten. Saftig, frisch, mittlere Komplexität, salzig, Stachelbeeren im Abgang, bleibt gut haften, frischer Sortenvertreter mit Substanz.

92 Roter Veltliner Wahre Werte Reserve 2020
13,5 Vol.-%, DV, großes Holzfass, €€€€
Mittleres Goldgelb. Feine reife Apfelfrucht, mit Mandarinenzesten unterlegte Noten von Marille, etwas nach Wiesenkräutern, zart nach Orangenblüten. Saftig, gute Komplexität, straff, feine Säurestruktur, feine Textur, gelbes Kernobst im Abgang, mineralischer Nachhall, guter Speisenbegleiter mit Potenzial.

91 Weißburgunder Wahre Werte 2021
13 Vol.-%, DV, Stahltank, €€€ V
Helles Gelbgrün, Silberreflexe. Zart nach Birne und Wiesenkräutern, ein Hauch von Grapefruitzesten, Quittengelee, einladendes Bukett. Saftig, elegant, facettenreiche Säurestruktur, mineralisch-salzig, Apfelfrucht im Abgang, blet gut haften, vielseitig einsetzbar.

STARKER PARTNER. WIR SCHAFFEN DAS.

Mag. Stefan Jauk, Generaldirektor der Niederösterreichischen Versicherung AG

Um guten Wein zu produzieren, braucht es eigentlich recht wenig: gesundes Traubenmaterial, eine saubere Verarbeitung im Keller und ein gutes Gespür des Winzers. Arbeit gibt es für einen Winzer das ganze Jahr über – vom Rebschnitt bis zur Abfüllung des Weins, und dazu kommen noch Marketing und Verkauf sowie alle administrativen Aufgaben. Winzer sind also Generalisten, die viele unterschiedliche Fähigkeiten haben müssen, um erfolgreich zu sein. Es gibt kaum einen Beruf, der ein ähnlich breites Spektrum bietet. Unsere Winzer meistern diese vielfältigen Anforderungen mit Bravour. Ihr kompromissloser Anspruch an Qualität, aber auch Kundenorientierung, Einsatzbereitschaft und der Wille zum Erfolg zeichnen sie aus, und dies gilt auch für die Niederösterreichische Versicherung und ihre Mitarbeiter

Die Stärke der NV ist – mit 45 Kundenbüros und mehr als 300 Beratern – ihre starke Präsenz in den Regionen. Innovative Produktgestaltung sowie engagierte und bestens ausgebildete Mitarbeiter mit Kompetenz und hoher Dienstleistungsqualität sind von großer Bedeutung für die NV. Für unsere Kundenorientierung wurde uns mehrfach der Recommender Award verliehen. Unsere Produktpalette reicht von der altbewährten Feuerversicherung über Eigenheim-, Haushalts- und Betriebsversicherungen, Unfall- und Lebensversicherungen, bis zu Versicherungen im Weinbau-, Agrar- & Gewerbebereich. Und im Schadenfall sind wir rasch zur Stelle und ein verlässlicher Partner.

Viele der Winzer vertrauen in Sachen Versicherung auf die NV, und mit unserer Unterstützung des jährlichen Falstaff Grüner Veltliner Grand Prix wollen wir unserem Anspruch auf partnerschaftliche Zusammenarbeit gerecht werden. Wir wünschen Ihnen viele schöne und genussvolle Stunden mit unseren ausgezeichneten österreichischen Weinen!

NV

Die Niederösterreichische Versicherung

Der Schreckberg, auch »Steiner Kreuzberg« genannt, mit Blick auf Stein a. d. Donau

© WSNA

NIEDERÖSTERREICH

KREMSTAL

DAC

HOCHKULTUR DES WEINES

Könnten Weingärten reden, stünden im Kremstal spannende Diskussionen auf dem Programm. Schließlich verteilt sich die 2.368 Hektar große Rebfläche auf unterschiedliche Zonen: die pittoresken Zwillingsstädte Krems und Stein, die östlicher gelegenen Gebiete und die kleinen Weinorte südlich der Donau rund um Stift Göttweig. Verbindende Elemente sind Grüner Veltliner und Riesling als Repräsentanten für das Gebiet – seit dem Jahrgang 2007 unter der Bezeichnung »Kremstal DAC« – und die Botschaft Kunst und Kultur.

In der alten (Wein-)Kulturstadt Krems und ihrer Zwillingsstadt Stein ist der Weinbezug überall spürbar. Sie werden ihrer Stellung als Imageträger der österreichischen Weinkultur seit langer Zeit gerecht: historisch gesehen mit alten Lesehöfen und Zeugnissen der großen Weinbautradition, aus heutiger Sicht mit jungen, erfolgreichen Winzern sowie einer innovativen Genossenschaft und einer modernen Weinbauschule. Geologisch verwandt mit der westlich angrenzenden Wachau, herrschen im Stadtgebiet und der engeren Umgebung Urgesteinsverwitterungsböden vor, stellvertretend genannt sei die bekannte Lage Steiner Pfaffenberg mit einem eleganten, mineralischen Weintyp. Sehr eigenständige Weine kommen auch aus Senftenberg und den umliegenden kleinen Weinorten, die sich entlang des Flüsschens Krems erstrecken. Ganz anders gelagert sind die Rebflächen im Osten der Stadt als Herkunft von runderen, fülligeren Weinen.

Die gewaltigen Lössterrassen in den Weinorten Rohrendorf – wo die Wiege des weit über die Grenzen hinaus bekannten Weinbaupioniers Prof. Dr. h. c. Lenz Moser stand – und Gedersdorf verleihen der Landschaft einen ganz besonderen Reiz. Südlich der Donau liegen Furth-Palt, Krustetten, Höbenbach, Hollenburg, Ober- und Tiefenfucha, überragt vom weithin sichtbaren Stift

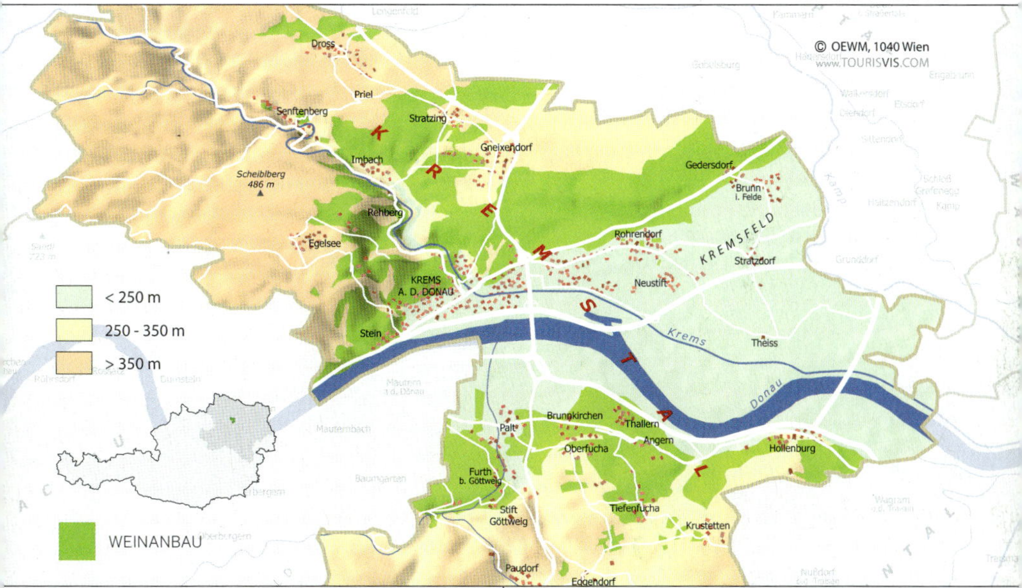

Göttweig. In diesem Teil des Weinbaugebiets tragen auch viele Heurigenbetriebe dazu bei, den urtümlichen und bodenständigen Charakter zu bewahren. Ähnlich wie in den benachbarten Weinbaugebieten Wachau und Kamptal kommt auch im Kremstal das klimatische Spannungsfeld stark zur Geltung: Kühle Einflüsse aus dem nahen Waldviertel treffen auf warme, trockene aus der Pannonischen Tiefebene im Osten. Das tief eingeschnittene Donautal ist dabei durch die temperaturregulierende Wirkung der großen Wasserfläche begünstigt. Saftige, finessenreiche Weißweine, vor allem Grüner Veltliner und Riesling, in kleinerem Ausmaß aber auch dichte, ausdrucksstarke Rotweine prägen das Gebiet, dessen Winzerinnen und Winzer sich durch großes Lagenbewusstsein auszeichnen – als Möglichkeit, die Vielfalt im Kleinen zu verwirklichen.

Die dreistufige DAC-Gliederung ist ähnlich der des Kamptals, Abweichungen gibt es lediglich beim Zeitpunkt des möglichen Erstverkaufsdatums.

AUSGEWÄHLTE WEINGÜTER

>

★★★★★

Weingut Mantlerhof, Gedersdorf/Brunn im Felde
Wein-Gut Nigl, Senftenberg
Weingut Salomon Undhof, Stein an der Donau

★★★★

Weingut Buchegger, Droß
Weingut Malat, Furth bei Göttweig
Weingut Vorspannhof – Mayr, Droß
Weingut Familie Proidl, Senftenberg
Weingut Josef Schmid, Stratzing
Weingut Stadt Krems, Krems

★★★★

Weingut Türk, Stratzing

★★★

Weingut Aigner, Krems
Weingut Berger, Gedersdorf
Weingut Josef & Philipp Bründlmayer, Grunddorf
Winzerhof Familie Dockner, Höbenbach
Weingut Josef Edlinger, Furth-Palt
Weingut Meinhard Forstreiter, Krems-Hollenburg
Weingut Hermann Moser, Rohrendorf
Weingut Müller, Krustetten

< AUSGEWÄHLTE WEINGÜTER

★★★

Weingut Müller-Grossmann, Furth-Palt
Lesehof Stagård, Krems-Stein
Weingut Stift Göttweig, Furth bei Göttweig
Weingut Thiery-Weber, Rohrendorf
Weingut Petra Unger, Furth-Palt
Weingut Rainer Wess, Krems
Weingut Alois Zimmermann, Theiß

★★

Weingut Eder, Gedersdorf
Weingut Felsner, Grunddorf
Weinhof Fink, Krustetten
Weingut Lukas Hagen, Krems-Rehberg
Weinkellerei Lenz Moser, Rohrendorf
Weinhof Christian Parzer, Oberfucha-Furth
Weingut Tanzer, Krems an der Donau
Wandraschek Weinmanufaktur, Krems
Weingut Zöhrer, Krems

★

Reinhard Winiwarter Winery, Stratzing

★★★

WEINGUT AIGNER

Wolfgang Aigner wurde das Weinmachen in die Wiege gelegt. Der Sohn eines Winzers übernahm bereits mit 21 Jahren das elterliche Weingut in Krems. Von Anfang an arbeitete Aigner konsequent daran, das Potenzial seiner hervorragenden Lagen auszuschöpfen. Denn dort, im Terroir von Sandgrube und Weinzierlberg, liegt die Stärke des Weinguts, das heute auf rund 16 Hektar einige der interessantesten Weißweine der Kremser Region produziert. Die Rebstöcke wurden zum überwiegenden Teil vor 40 Jahren vom Großvater ausgepflanzt. Der Schwerpunkt liegt auf den Sorten Grüner Veltliner und Riesling. Die Weine haben ein unverkennbares Profil: Sie sind gehaltvoll, aber nicht schwer, wirken frisch und verfügen über markante Würze und kraftvolles Bukett. Aigner baut seine Weine lagerfähig aus. Die Reserven sind noch nach 20 Jahren frisch, zeigen klare Frucht und vielschichtige Tertiäraromen.

92 Grüner Veltliner * Krems Sandgrube 2021
12,5 Vol.-%, DV, Stahltank, €€
Helles Grüngelb, Silberreflexe. Zart kräuterwürzig unterlegte Nuancen von Ananas und Mango, feine tabakige Noten. Saftig, elegant, reife gelbe Frucht, feiner Säurebogen, harmonisch, mineralisch im Nachhall, ein vielseitiger Speisenwein.

92 Grüner Veltliner ** Ried Obere Sandgrube 2020
13,5 Vol.-%, DV, großes Holzfass, €€€€
Leuchtendes helles Grüngelb, Silberreflexe. Honigmelone, etwas nach Mango, zart nach reifen Feigen, Wiesenkräuter, kandierte Kumquats. Saftig, mittlere Komplexität, gut eingebundener Säurebogen, stoffig, gelbe Tropenfrucht im Abgang, bleibt gut haften, vielseitig einsetzbar.

90 Grüner Veltliner * Weinzurl 2021
12 Vol.-%, DV, Stahltank, €€
Helles Goldgelb, Grünreflexe. Einladendes Bukett nach Apfelfrucht, unterlegt mit Zitrusnuancen, etwas nach Quitte, Clementinenzesten, frisches Bukett. Saftig, straff, weißes Kernobst, leichtfüßiger Stil, gut integrierter Säurebogen, bereits gut antrinkbar.

91 Sauvignon Blanc 2021
12 Vol.-%, DV, Stahltank, €€
Helles Grüngelb, Silberreflexe. Zart nach gelber Paprika, zart nach Kräutern, ein Hauch von Limetten, einladendes

WEINGUT AIGNER
3500 Krems
Weinzierl 53
T: +43 (2732) 84558
info@aigner-wein.at
www.aigner-wein.at

Kellermeister/Kontakt:
Wolfgang Aigner
Produktion: 97 % weiß, 3 % rot, 16 Hektar
Vereinszugehörigkeit:
Original Kremser Wein
Messen: VieVinum

Familie Aigner

Bukett. Mittlerer Körper, saftig, frische Säurestruktur, mineralisch, Stachelbeernoten im Abgang, würziger Nachhall, bereits gut antrinkbar.

90 Muskateller 2021
12,5 Vol.-%, DV, Stahltank, €€
Helles Gelbgrün, Silberreflexe. Frische Wiesenkräuter, zart nach Holunderblüten, Muskatnuss, ein Hauch von Grapefruit, traubiges Bukett. Mittlerer Körper, frisch und lebendig, weißer Pfirsich, zitroniger Nachhall, salzig, trinkanimierender Stil.

88 Chardonnay 2020
12,5 Vol.-%, DV, Stahltank, €€

★★★

WEINGUT BERGER

Ein Familienbetrieb mit Tradition ist das Weingut Berger in Gedersdorf bei Krems. Insbesondere die Sorten Grüner Veltliner, Riesling, Gelber Muskateller und Blauer Zweigelt bilden seine Grundpfeiler. Das Weinbaugebiet Kremstal wird vor allem durch den gebietstypischen Löss geprägt. Dieser verleiht den Weinen eine tiefe Frucht und herrliche Eleganz.
Die Weingärten der Familie Berger werden nach den neuesten ökologischen Richtlinien bearbeitet und gepflegt. Weißweine werden temperaturkontrolliert vergoren und im Edelstahltank gelagert. Der Ausbau der Rotweine erfolgt im traditionellen Holzfass.
Im Gästehaus kann man natürlich nicht nur übernachten, auch der gesamte Ab-Hof-Verkauf findet dort statt. Bei einer geplanten Übernachtung in den topausgestatteten, klimatisierten Zimmern wird um rechtzeitige Reservierung gebeten. Seit 2017 ist das Weingut zertifiziert für Nachhaltigkeit nach »FAIR'N GREEN«.

90 ❸ Riesling Sekt
12,5 Vol.-%, NK, Flaschengärung, €€€
Helles Grüngelb, Silberreflexe, feine Perlage. Zart nach Kräuterwürze, reife Marille, ein Hauch von Orangenzesten, floraler Touch, mit Ananasnoten unterlegt. Saftig, fruchtsüß, Steinobst im Abgang, gut eingebundene Säurestruktur, florales Finish, trinkanimierender Stil.

(93) Grüner Veltliner ** Ried Wieland 2021
13,5 Vol.-%, DV, Eichenfass, €€€€
Mittleres Grüngelb, silberfarbene Reflexe. Reife Apfel-

WEINGUT BERGER

3494 Gedersdorf
Weinbergstraße 2
T: +43 (2735) 8234
office@weingut-berger.com
www.weingut-berger.com

Kellermeister/Kontakt:
Erich Berger
Produktion: 5 % Schaumwein, 85 % weiß, 2 % rosé, 8 % rot, 25 Hektar
Vereinszugehörigkeit:
Losgelöst(s)t
Messen: ProWein Düsseldorf

frucht, zart nach Grapefruit, Blütenhonig und Ringlotten, mineralisch. Saftig, elegant, feine Säurestruktur, mineralisch, zart nach Maracuja, feinwürziger Touch, extraktsüßes Finish, einladender Speisenbegleiter.

(93) Grüner Veltliner * Ried Moosburgerin 2021
13,5 Vol.-%, DV, Holzfass/Stahltank, €€€€€
Leuchtendes Grüngelb, silberfarbene Reflexe. Feine Kräuternuancen, Mango und Passionsfrucht, etwas nach reifer Birne, Blütenhonig klingt an. Balancierte und gut eingebundene Säurestruktur, mineralisch-salzig, etwas nach Papaya im Abgang, bleibt sehr gut haften, vielschichtiger Speisenbegleiter.

91 Grüner Veltliner * Lössterrassen 2021
12,5 Vol.-%, DV, Stahltank, €€
Helles Gelbgrün, Silberreflexe. Feinwürzig-tabakig unterlegte gelbe Apfelfrucht, ein Hauch von Honigmelone, einladendes Bukett. Mittlerer Körper, weiße Kernobstnuancen, lebendige Säurestruktur, salzig-zitroniger Nachhall, ein leichtfüßiger Speisenbegleiter.

(92) Riesling * Ried Spiegel 2021
12,5 Vol.-%, DV, Stahltank, €€
Mittleres Grüngelb, silberfarbene Reflexe. Etwas nach Kräuterwürze, zart nach Maracuja, etwas nach Melisse, gelbes Steinobst. Saftig, fruchtsüß, zart nach Marille, zitroniger Touch, salziger Nachhall, bereits gut antrinkbar.

90 Gelber Muskateller 2021
11,5 Vol.-%, DV, Stahltank, €€
Helles Gelbgrün, silberfarbene Reflexe. Nuancen von Jasmin und Holunderblüten, zarter Muskattouch, rauchig-kernig unterlegt. Saftig, zarte Pfirsichfrucht, dezente fruchtige Süße im Abgang, elegant, ausgewogen und vielseitig einsetzbar.

★★★

WEINGUT JOSEF & PHILIPP BRÜNDLMAYER

Leidenschaft und Liebe zum Handwerk sind immer noch die besten Voraussetzungen für Qualität. Das gilt ganz besonders für die Herstellung von Produkten, die der Mensch genießen soll und darf – wie zum Beispiel Wein. Philipp Bründlmayer trägt diese Leidenschaft und Liebe in seiner DNA. Seine Weine sind folglich Stoff für Glückseligkeit: sortentypisch, pur, geradlinig und von unverkennbarer Herkunft. In Grunddorf, im letzten Winkel des Kamptals, lagern und reifen sie in Stahltanks und großen Holzfässern. Ihren Ursprung haben sie jedoch auf den mächtigen Lössterrassen von Gedersdorf und Rohrendorf und tragen somit die Herkunftsbezeichnung Kremstal. Ein schöner Flecken Erde, geschaffen für den Weinbau. Hier herrschen klimatische Bedingungen, die für Aromabildung und Charakter des Weines essenziell sind.

Neben Wissen, Handwerk und Klima ist die Beschaffenheit des Bodens ein maßgeblicher Faktor für die Entstehung von großen Weinen. Im Kremstal bilden Löss und Konglomerat das ideale Terroir für die typisch trockenen Weine, für die das Weinland Österreich so geschätzt wird. Philipp und Josef Bründlmayer betreiben Weinbau mit Bodenhaftung und

© Florian Schulte - Businessfotografie & Werbefotograf Wien

WEINGUT JOSEF & PHILIPP BRÜNDLMAYER

3485 Grunddorf
Ortsring 44
T: +43 (2735) 5112
office@jpbm.at
www.philipp-bruendlmayer.at

Kellermeister/Kontakt:
Philipp Bründlmayer
Produktion: 90 % weiß, 8 % rosé, 2 % rot, 25 Hektar
Zertifiziert: Nachhaltig Austria
Vereinszugehörigkeit:
Losgelöst(s)t, Kremstal DAC
Messen: ProWein Düsseldorf, VieVinum, Vinexpo

Josef und Philipp Bründlmayer

Verständnis für Tradition. Die Lagen, die das Weingut bewirtschaftet, könnten nicht besser zu dieser Philosophie passen: Sie sind widerspenstig, unwegsam und wollen von Hand bearbeitet werden. Aber sie sind auch – wenn man sie lässt und ihnen richtig begegnet – ein idealer Platz für jene Sorten, für die diese Region so bekannt und beliebt ist.
Bei Philipp Bründlmayer dürfen Weine ungeschminkt zeigen, wo sie aufgewachsen sind – ohne Schnickschnack und doppelten Boden. Auf 25 Hektar bewirtschaftet sein Weingut über 100 verschiedene Weingärten mit unterschiedlichsten Mikroklimas. Er bringt nicht nur Weine in die Flasche, die ausgesprochen eindeutige Vertreter ihrer Art sind, sondern auch seine unmissverständliche Handschrift tragen. Mit nicht mehr als einem Gramm Restzucker sind alle Weine besonders trocken und damit Botschafter ihrer Region – Kremstal pur.

(94) Riesling * Gedersdorf Ried Steingraben 2021
13,5 Vol.-%, NK, Stahltank, €€€€€
Helles Gelbgrün, Silberreflexe. Mit Limetten unterlegte weiße Tropenfrucht, zart nach Ananas und Maracuja, floraler Touch, facettenreiches Bukett. Saftig, engmaschig, frischer Weingartenpfirsich, lebendig-zitronig, salziger Touch im Abgang, knackig-trockene Stilistik, ein rassiger Speisenwein mit gutem Reifepotenzial.

(93) Riesling * Gedersdorf Ried Moosburgerin 2021
13,5 Vol.-%, NK, 500-l-Fass, €€€€€
Helles Grüngelb, Silberreflexe. Weiße Tropenfrucht, ein Hauch von Maracuja und Litschis, zarter Blütenhonig, einladendes, intensives Bukett. Mittlere Komplexität weißer Pfirsich, frischer Säurebogen, salzig-zitronig im Abgang, elegant, gut anhaftend, zeigt Länge, ein saftiger Speisenbegleiter.

(94) Grüner Veltliner * Gedersdorf Ried Wieland 2021
13,5 Vol.-%, NK, 500-l-Fass, €€€€€
Mittleres Gelbgrün, Silberreflexe. Zart nach Anis und Kreuzkümmel, gelbe Tropenfrucht, Nuancen von Mango, frischer gelber Apfel. Würzig, stoffig, feine gelbe Tropenfrucht, mineralisch-salzig, dezenter Säurebogen, kompakt und lange anhaftend, sicheres Entwicklungspotenzial.

(93) Grüner Veltliner * Gedersdorf Ried Moosburgerin 2021
13,5 Vol.-%, NK, 500-l-Fass, €€€€€
Leuchtendes, noch zart trübes Gelbgrün, Silberreflexe. Feine gelbe Apfelfrucht nach Golden-Delicious-Apfel, frische Wiesenkräuter, ein Hauch von Mandarinenzesten, tabakiger Touch. Kraftvoll, saftig, weiße Frucht, frischer Säurebogen, feine Süße im Nachhall, zeigt Länge, verfügt über Potenzial.

(93) Grüner Veltliner * Gedersdorf Ried Vordernberg 2021
13,5 Vol.-%, NK, 500-l-Fass, €€€€€
Helles Gelbgrün, Silberreflexe. Zarte gelbe Tropenfrucht,

nach Mango und Ananas, zarte Wiesenkräuter, ein Hauch von Blütenhonig. Mittlere Komplexität, weißer Apfel, etwas Honigmelone, frisch strukturiert, tabakig-würzig im Abgang, gutes Reifepotenzial.

93 Grüner Veltliner ** Selection Widnau 2018
13,5 Vol.-%, DV, 500-l-Fass/Stahltank, €€€€€
Helles Grüngelb, Silberreflexe. Feinwürzig unterlegte Nuancen von reifem gelbem Kernobst, ein Hauch von Mango, zart nach Mandarinenzesten und Blütenhonig. Saftig, gute Komplexität, frische Tropenfrucht, mineralisch, dezente Süße im Nachhall, ein gut entwickelter Speisenbegleiter.

(92) Neuburger Reserve 2021
13,5 Vol.-%, NK, Stahltank, €€€
Helles Gelbgrün, Silberreflexe. Zart nach Nashi-Birne, ein Hauch von Papaya, feiner Blütenhonig, kandierte Orangenzesten. Mittlere Komplexität, weißer Apfel, frisch strukturiert, zart nach Birne, zitroniger Nachhall, ein vielseitiger Speisenbegleiter mit Potenzial.

(92) Weißburgunder Reserve 2021
13,5 Vol.-%, NK, Stahltank/Holzfass, €€€
Leuchtendes Gelbgrün, Silberreflexe. Frische Wiesenkräuter, weißes Kernobst, zart nach Walnuss und Birne, Limettenzesten im Hintergrund. Kraftvoll, feinwürzig, dezente Fruchtsüße, gut integrierter Säurebogen, bleibt haften, Birnenfrucht auch im Nachhall, ein vielseitiger Begleiter bei Tisch.

★★★★

WEINGUT BUCHEGGER

Im Vorspannhof Dross legt Winzerin Silke Mayr mit dem Weingut Buchegger den Fokus auf Vielfalt und höchste Qualität. Ganz im Osten des Weinbaugebiets Kremstal, in Gedersdorf, gedeihen die Buchegger-Weine. Das Zusammenspiel von Boden und Klima ist von ganz besonderer Finesse und Vielfalt und bringt außergewöhnliche Weine mit Eleganz und Mineralik hervor.
Im Traditionsweingut Buchegger sind Terroir und Herkunft von größter Bedeutung, und die Erhaltung eines humusreichen Bodens ist stets oberstes Gebot. Nur die besten Lagen machen die besten Trauben, und nur das feinste Gespür erzeugt den besten Wein. Silke Mayr und ihr engagiertes Team mit Kellermeister Michael Nastl investieren eine Extraportion Arbeit, wo es nötig und sinnvoll ist: »Und wir lassen der Natur ihren Lauf, wo sie Zeit zur Entfaltung braucht.« Das Wissen, was gut ist, begleitet Buchegger-Weine von der Rebe bis ins Glas.

94 ❸ Chardonnay Sekt g.U. Extra Brut Große Reserve 2016
12 Vol.-%, NK, kleines Holzfass, €€€€€
Leuchtendes Gelbgrün, Silberreflexe. Zart floral, Nuancen von frischer Mango, zart nach Biskuit und Orangenzesten, einladendes Bukett. Komplex, saftig, frischer Apfel, feines Säuregerüst, mineralisch und straff, feine Fruchtsüße im Abgang, zeigt Länge, zitroniger Touch im Nachhall, vielseitig einsetzbar.

(95) Riesling ** Ried Moosburgerin 1ÖTW 2021
13 Vol.-%, DV, Stahltank, €€€€€
Helles Grüngelb, Silberreflexe. Feiner Duft von weißer Tropenfrucht, ein Hauch von Limettenzesten, mineralischer Touch, einladendes, noch etwas scheues Bukett. Saftig, elegant, feinfruchtige Süße, rassiger Säurebogen, präzise und mit großer Frische strahlend, weißer Pfirsich im Nachhall, delikater, animierender Stil, sicheres Reifepotenzial.

94 Riesling * Ried Tiefenthal 2021
13 Vol.-%, DV, Stahltank, €€€
Helles Goldgelb, Silberreflexe. Zart nach Mandarinenzesten und Safran, gelber Pfirsich, mineralische Nuancen, einladendes Bukett. Saftig, engmaschig, gute Komplexität, finessenreicher Säurebogen, Weingartenpfirsich im Abgang, sicheres Reifepotenzial.

(94) Riesling ** Ried Vordernberg 1ÖTW 2021
13 Vol.-%, DV, Stahltank, €€€€
Leuchtendes mittleres Gelbgrün, Silberreflexe. Zart floral, ein Hauch von Weingartenpfirsich, frische Limettenzesten. Saftig, elegant, weiße Tropenfrucht, finessenreicher Säurebogen, salzig und gut anhaftend, bereits zugänglich, sicheres Entwicklungspotenzial, feine Fruchtsüße im Nachhall.

WEINGUT BUCHEGGER
3552 Droß
Droß 300
T: +43 (2719) 30056
weingutbuchegger@vorspannhof.at
www.buchegger.at

Kellermeister: Michael Nastl
Kontakt: Silke Mayr
Produktion: 90 % weiß, 10 % rot, 11 Hektar
Vereinszugehörigkeit: Traditionsweingüter Österreich

Roter Veltliner

(95) Grüner Veltliner ** Ried Moosburgerin 1ÖTW 2021
13 Vol.-%, DV, Stahltank, €€€€€
Mittleres Gelbgrün, Silberreflexe. Zart tabakig, ein Hauch von Wiesenkräutern, feine Noten von gelbem Kernobst, mit etwas Mango unterlegt. Komplex, saftig, feine reife Fruchtnuancen, gut integrierter Säurebogen, elegant und lange anhaftend, zeigt gute Balance, feinwürziges Finale, sicheres Entwicklungspotenzial.

(94) Grüner Veltliner ** Ried Vordernberg 1ÖTW 2021
13 Vol.-%, DV, großes Holzfass, €€€€€
Mittleres Grüngelb, Silberreflexe. Noten von frischem gelbem Kernobst, unterlegt mit Wiesenkräutern, tabakige Würze, ein Hauch von Orangenzesten und Blütenhonig. Straff, weiße Apfelfrucht, frischer Säurebogen, zitroniger Touch, mineralisch-salzig, noch etwas unterentwickelt, wird von Flaschenreife profitieren.

93 Grüner Veltliner * Pfarrweingarten 2021
13,5 Vol.-%, DV, Stahltank, €€€
Helles Gelbgrün, Silberreflexe. Frische Tropenfrucht, nach Ananas und Mango, ein Hauch von Orangenblüten, Nuancen von Kräuterwürze. Komplex, saftig, rund, feine Fruchtsüße, frisch strukturiert, mineralisch und gut anhaftend, salziger Nachhall, sicheres Reifepotenzial.

(92) Grüner Veltliner ** Leopold 2021
13 Vol.-%, DV, großes Holzfass, €€€€
Helles Gelbgrün, Silberreflexe. Zart nach frischen Orangenzesten, feine gelbe Apfelfrucht, florale Nuancen. Mittlere Komplexität, lebendiger Säurebogen, frisches Kernobst, mineralisch, zarte Fruchtsüße im Abgang, ein balancierter Begleiter bei Tisch.

91 Grüner Veltliner Kamptal DAC Ried Geppling 2021
13 Vol.-%, DV, Stahltank, €€€
Helles Gelbgrün, Silberreflexe. Etwas zurückhaltend, dezente Kräuterwürze, frischer weißer Apfel, feine tabakige Note. Mittlerer Körper, zart nach Apfel, frischer Säurebogen, dezente Mineralik, zitroniger Nachhall, bietet unkompliziertes Trinkvergnügen.

92 Roter Veltliner Ried Tiefenthal 2021
13,5 Vol.-%, DV, großes Holzfass, €€€
Mittleres Grüngelb, Silberreflexe. Feine gelbe Tropenfrucht, zart nach Quitte und Birne, ein Hauch von Blütenhonig. Saftig, elegant, zarte Fruchtsüße, Nuancen von gelber Birne im Kern, mineralisch, gute Frische, ein balancierter Speisenbegleiter, bereits antrinkbar.

Sepp und Josef Dockner

WINZERHOF
FAMILIE DOCKNER
3508 Höbenbach
Ortsstraße 30
T: +43 (2736) 7262
winzerhof@dockner.at
www.dockner.at/

Kellermeister: Josef Dockner jun.
Kontakt: Josef Dockner sen.
Produktion: 70 % weiß, 29 % rot, 1 % süß, 80+70 Hektar
Zertifiziert: Nachhaltig Austria
Vereinszugehörigkeit: Vinum Circa Montem
Messen: ProWein Düsseldorf, VieVinum

★★★

WINZERHOF FAMILIE DOCKNER

Mit dem aktuellen Jahrgang ist Familie Dockner aus Höbenbach im südlichen Kremstal sehr zufrieden. In den letzten Jahren konnten sie sich über zahlreiche Erfolge freuen. Inzwischen werden Weine von gut 80 Hektar Eigengrund und 70 Hektar Vertragsflächen vermarktet. Der Grüne Veltliner ist die Hauptsorte des Betriebs, aber auch beim Riesling verstehen die Dockners ihr Handwerk ausgezeichnet. Die Weine aus diesen beiden Sorten werden eingeteilt in Gebietsweine, Ortsweine und Riedenweine. Dass Vater Sepp, der für Weingärten und Vermarktung zuständig ist, und sein Sohn Josef, Kellermeister des Hauses, auch exzellente Rotweine anbieten können, ist nicht ganz neu – und das in einer Region, in der Rotweine nicht unbedingt zu den Paradeweinen zählen. Vor allem mit der Cuveé »Sacra« konnten die beiden schon zum wiederholten Mal zeigen, dass auch im Kremstal rote Spitzenweine möglich sind.
Ein weiteres Projekt der engagierten Familie ist die Erzeugung von eigenem, handgerütteltem Winzersekt, der ganz traditionell mittels Flaschengärung erzeugt wird. Hierfür wurden mehrere alte Keller in der Kellergasse am Kremser Frauengrund restauriert und zur neuen Sektmanufaktur umgebaut, die 2014 eröffnet wurde. Es werden Sekte von allen drei Qualitätsstufen der österreichischen Sektpyramide angeboten: Klassik, Reserve und Große Reserve. Im Jahr 2017 wurde der neue JOE-Keller in Höbenbach eröffnet, eine neue Produktionsstätte, die zu den modernsten Kellern Österreichs zählt. Führungen ab 20 Personen sind gegen Anmeldung jederzeit möglich.

94 Grüner Veltliner ** Tiefenfucha Ried Leiten 2020
13,5 Vol.-%, DV, großes Holzfass, €€€€€
Leuchtendes Grüngelb, silberfarbene Reflexe. Feine Kräuternoten, etwas weißer Apfel, zart nach Birnenkonfit, etwas Blütenhonig, kandierte Orangenschalen. Saftig, feine Struktur, Mangonoten im Abgang, fruchtsüßer Nachhall, bleibt sehr gut haften, kraftvoller Speisenbegleiter.

93 Grüner Veltliner ** Palt Ried Steinbühel 2020
13,5 Vol.-%, DV, großes Holzfass, €€€€€
Leuchtendes Grüngelb, Silberreflexe. Frische Kräuterwür-

ze, gelbe Tropenfrucht, etwas nach rotem Apfel, ein Hauch von kandierten Mandarinen. Saftig, gute Komplexität, cremig, Honigmelone im Abgang, extraktsüßer Nachhall, vielseitig einsetzbar.

92 Grüner Veltliner * Krems Ried Frauengrund 2021
12,5 Vol.-%, DV, Stahltank, €€
Helles Grüngelb, Silberreflexe. Florale Nuancen, ein Hauch von Limettenzesten, weißer Apfel, mineralischer Touch, Noten von Blütenhonig. Saftig, feine fruchtige Süße, finessenreiche Säurestruktur, zarte Nuancen von Birnen und Honig im Nachhall, zitroniger Touch, gute Länge, verfügt über Reifepotenzial.

92 Grüner Veltliner * Furth Ried Oberfeld 2021
12,5 Vol.-%, DV, Stahltank, €€
Helles Grüngelb, Silberreflexe. Zart floral, Nuancen von weißem Kernobst, ein Hauch von Honigmelone, etwas Blütenhonig, Lemongrass, einladendes Bukett. Mittlere Komplexität, weißer Apfel, finessenreiche Struktur, zitronig-mineralisch im Abgang, ein ausgewogener Speisenwein mit Potenzial.

92 Grüner Veltliner Wachau DAC Reserve Alte Reben 2021
13 Vol.-%, DV, Stahltank, €€
Helles Grüngelb, silberfarbene Reflexe. Einladender Duft nach Maracuja, etwas Blütenhonig, feine Tabakwürze, ein Hauch von Orangenzesten. Saftig, elegant, straff, balancierte Säurestruktur, extraktsüß nach Ananas, cemiger Nachhall, guter Speisenbegleiter.

91 Grüner Veltliner * Krems 2021
12 Vol.-%, DV, Stahltank, €€
Helles Grüngelb, Silberreflexe. Zart tabakig unterlegte Nuancen von Golden-Delicious-Apfel, ein Hauch von Wiesenkräutern, Orangenzesten. Mittlerer Körper, weißes Kernobst, finessenreiche Säurestruktur, zitronig-mineralisch, ein vielseitiger, leichtfüßiger Speisenwein.

91 Grüner Veltliner * Höbenbach Ried Himmelreich 2021
12,5 Vol.-%, DV, Stahltank, €€
Helles Grüngelb, Silberreflexe. Feinwürzig, weiße Tropenfrucht, zart nach Mango und Apfel, Limettenschalen, einladendes Bukett. Mittlerer Körper, feine Birnenfrucht, frisch strukturiert, mineralisch im Nachhall, dezente Süße im Rückgeschmack.

91 Grüner Veltliner Reserve JOE 2021
13 Vol.-%, DV, Stahltank, €€
Helles Gelbgrün, Silberreflexe. Zart nach Apfel und Wiesenkräutern, Blütenhonig, etwas Papaya. Saftig, elegant, gut integrierter Säurebogen, extraktsüß nach Mango, floraler Nachhall, guter Speisenbegleiter.

93 Riesling ** Tiefenfucha Ried Leiten 2020
13 Vol.-%, DV, großes Holzfass, €€€€€
Mittleres Grüngelb, silberfarbene Reflexe. Zarte Marillennoten, etwas nach Papaya, mit Tabak-Kräuter-Würze unterlegt, reife Feigen. Saftig, elegant, seidige Textur, mineralisch, Mangonoten im Abgang, würziger Nachhall, lange anhaltend, guter Speisenbegleiter.

91 Riesling * Krems 2021
12 Vol.-%, DV, Stahltank, €€
Mittleres Gelbgrün, Silberreflexe. Zart floral unterlegte weiße Steinobstnuancen, etwas Mango, Orangenzesten, einladendes Bukett. Mittlerer Körper, feine Fruchtsüße, elegant und frisch, mineralisch und gut anhaftend, ein vielseitiger Speisenbegleiter.

92 Sacra 2019 CS/ME/ZW
13,5 Vol.-%, NK, Barrique, €€€€€
Dunkles Rubingranat, violette Reflexe, zarte Randaufhellung. Zarte Edelholznuancen, schwarze Beeren, zart nach Cassis, ein Hauch von Vanille. Saftig, frische Kirschen, rotbeerige Nuancen, gut integrierte reife Tannine, schokoladiges Finish, elegant und bereits gut entwickelt, ein vielseitiger Speisenbegleiter.

91 Cabernet Sauvignon Reserve 2019
13,5 Vol.-%, DV, Barrique, €€€
Kräftiges Rubingranat, violette Reflexe, breiterer Wasserrand. Frische rote Beerenfrucht, ein Hauch von Lakritze, tabakige Nuancen, Zitruszesten. Saftige Herzkirschfrucht, lebendig strukturiert, gut integrierte Tannine, etwas Nougat, mineralischer Nachhall, bereits antrinkbar.

90 Zweigelt Reserve Joe 2019
13 Vol.-%, DV, Barrique, €€
Dunkles Rubingranat, violette Reflexe, zarte Randaufhellung. Zart nach Brombeeren, ein Hauch von Kirschen und Kräuterwürze, etwas Velours. Saftig, elegant, feine Tanninstruktur, würzig, dunkle Waldbeerenfrucht, Nougattouch im Nachhall, bereits gut antrinkbar.

*** Kremstal DAC   ** Kremstal DAC Reserve**

★★

WEINGUT EDER

Einzigartig, dynamisch, elegant und regional – damit sind das Weingut und seine Weine optimal beschrieben. Seit 1849 wird von Familie Eder in Gedersdorf, einem Ort im östlichen Kremstal, Weinbau betrieben. Der Großteil der Weingärten befindet sich auf den mächtigen Lössterrassen von Gedersdorf. Diese bieten die perfekten Bedingungen für ausdrucksstarken Grünen Veltliner und Riesling.
Das 17 Hektar große Weingut wird von dem Geschwisterpaar Martin und Marina mit Unterstützung der gesamten Familie geführt. Martin, Winzer aus Leidenschaft, führt seit 2013 den Familienbetrieb in siebter Generation. Marina, die kreative Ader und Martins rechte Hand, stieg 2017 in das Weingut ein. So unterschiedlich ihre Charaktere sind, so vielseitig sind auch die Weine – vom klassischen würzigen Grünen Veltliner bis zum kräftigen, ausdrucksstarken Zweigelt im Holz. Trotz neuer Dynamik bleibt das Weingut auch zukünftig seinem Motto treu: »Familie, Erfahrung, Innovation und Tradition führen zum Erfolg.«

WEINGUT EDER
3494 Gedersdorf
Weinbergstrasse 66
T: +43 (676) 3467333
office@weinguteder.at
www.weinguteder.at

Kellermeister: Martin Eder
Kontakt: Martin und Marina Eder
Produktion: 2 % Schaumwein, 80 % weiß, 2 % rosé, 15 % rot, 1 % süß, 17 Hektar
Zertifiziert: Nachhaltig Austria
Messen: VieVinum

92 Grüner Veltliner * Ried Gernlissen 2021
13 Vol.-%, DV, Stahltank, €€
Mittleres Gelbgrün, Silberreflexe. Zart nach Mango und Marille, ein Hauch von Wiesenkräutern und Honigmelone, mit kandierten Orangenzesten unterlegt. Mittlere Komplexität, weiße Apfelfrucht, frisch strukturiert, Limettentouch im Abgang, bleibt gut haften, verfügt über Reifepotenzial.

92 Grüner Veltliner ** Martin 2020
15 Vol.-%, DV, 500-l-Fass/Stahltank, €€€€
Mittleres Grüngelb, silberfarbene Reflexe. Gelbe Tropenfrucht, unterlegt mit etwas Blütenhonig, ein Hauch von Passionsfrucht, kandierte Clementinen klingen an. Saftig, straff, gut eingebundene Säurestruktur, extraktsüß, Ananas im Abgang, mineralischer Nachhall, guter Speisenbegleiter.

91 Grüner Veltliner * Lössterrassen 2021
12,5 Vol.-%, DV, Stahltank, €€
Mittleres Gelbgrün, Silberreflexe. Zart nach Wiesenkräutern und gelber Tropenfrucht, mit einem Hauch von Limettenzesten unterlegt. Schlank, weißer Apfel, frischer Säurebogen, mineralisch, zitronig-rassig im Abgang, ein lebendiger Sommerwein für viele Anlässe.

91 Grüner Veltliner * Ried Spiegel 2020
13,5 Vol.-%, DV, Stahltank, €€
Mittleres Gelbgrün. Feine Tabak-Kräuter-Noten, etwas Ananas, zart nach Guaven, dezent nach grünem Pfeffer. Saftig, gut eingebundene Säurestruktur, extraktsüß nach Mango, Orangentouch im Nachhall, vielseitig einsetzbar.

92 Riesling * Ried Reisenthal 2021
13 Vol.-%, DV, Stahltank, €€
Leuchtendes helles Gelbgrün. Frische Zitrusnuancen, feine weiße Tropenfrucht, zart nach gelbem Pfirsich, etwas Kräuterwürze. Saftig, frisch und lebendig, feine Textur, weißes Obst im Abgang, salzig-zitroniger Nachhall, bleibt gut haften, guter Speisenbegleiter.

89 Sauvignon Blanc 2021
12 Vol.-%, DV, Stahltank, €€

WEINGUT JOSEF EDLINGER
3511 Furth/Palt
Lindengasse 22
T: +43 (2732) 77622
office@edlingerwein.at
www.edlingerwein.at

Kellermeister: Josef Edlinger
Kontakt: Gabriele und Josef Edlinger
Anbauweise: Umstellung auf bio
Produktion: 75 % weiß, 25 % rot, 20 Hektar
Zertifiziert: Nachhaltig Austria
Messen: VieVinum, Vinobile Feldkirch

Stift Göttweig

★★★

WEINGUT JOSEF EDLINGER

Auf dem Weingut von Josef Edlinger wird auf Nachhaltigkeit großer Wert gelegt. Darum hat Familie Edlinger beschlossen, sich 2014 als eines der ersten Weingüter zertifizieren zu lassen. Josef Edlinger ist akribisch, wenn es um die Auslese bei der Ernte geht. »Wir haben sowohl alte Weingärten aus Familienbesitz als auch ein paar dazugepachtete Filetstücke, da liegt es nahe, aus besonders selektiertem Material besondere Weine zu machen.« Heute wachsen auf Edlingers Rebflächen vornehmlich Riesling- und Veltliner-Trauben – jene beiden Sorten, denen sein Hauptaugenmerk gilt und die mit einem Anteil von rund 70 Prozent vertreten sind. »Wir haben für beide Sorten ideale Rieden: Löss- und Lehmböden für den Grünen Veltliner, Schotter und Urgesteinslagen für unsere Rieslinge.« Trotz dieser Dominanz darf nicht unerwähnt bleiben, dass es, nebst anderen Sorten, auch Sauvignon Blanc, Chardonnay und Pinot Noir in die Edlinger'schen Weingärten geschafft haben und oft großartige Ergebnisse liefern.
Die Edlingers in Palt sind ein echter Familienbetrieb. Josef Edlinger zeichnet für die Weingarten- und Kellerarbeit verantwortlich, unterstützt von Sohn Paul und seiner Gattin Gabriele, die sich ebenso um administrative Belange, aber auch um Marketing und Export kümmert. Fünf gemütliche Zimmer im Winzerhof stehen für Gäste zur Verfügung.

94 Grüner Veltliner ** Furth bei Göttweig Ried Hintere Point 2019
14 Vol.-%, DV
Leuchtendes mittleres Grüngelb, Silberreflexe. Feine gelbe Tropenfrucht, nach Mango, ein Hauch von Blütenhonig, reife Quitten und kandierte Orangenzesten. Kraftvoll, saftig, gelber Apfel, finessenreicher Säurekern, elegant und anhaftend, feine Fruchtsüße im Abgang, salziger Nachhall, ein komplexer Speisenwein mit weiterem Reifepotenzial.

(93) Grüner Veltliner * Furth bei Göttweig Optimas 2021
14 Vol.-%, DV, Stahltank, €€€ V
Mittleres Grüngelb, Silberreflexe. Zarte Tropenfrucht, Anklänge von Ananas, etwas Mango und Apfel, ein Hauch von Wiesenkräutern. Mittlerer Körper, Nuancen von weißem Kernobst, frisch strukturiert, mineralisch, mit einem zitronigen Touch unterlegt, engmaschig und gut anhaftend, sehr gutes Preis-Leistungs-Verhältnis.

* Kremstal DAC ** Kremstal DAC Reserve

(92) Grüner Veltliner * Furth bei Göttweig Ried Steinpoint 2021
13 Vol.-%, DV, Stahltank, €€
Helles Gelbgrün, Silberreflexe. Zart nach Wiesenkräutern, frisches Kernobst, mineralischer Touch, etwas scheues Bukett. Saftig-würzig, feine Kernobstnote, gut integrierter Säurebogen, bleibt haften, salziger Nachhall, facettenreicher Speisenbegleiter.

(92) Grüner Veltliner Wachau DAC Mautern Ried Silberbichl 2021
13,5 Vol.-%, DV, Stahltank, €€
Helles Grüngelb, Silberreflexe. Frische Wiesenkräuter, ein Hauch von Birne, mit Nuancen von Mango und Honigmelone unterlegt. Straff, engmaschige Textur, weißer Apfel, finessenreicher Säurebogen, zart salzig, ausgewogen und bereits gut antrinkbar.

(92) Riesling Wachau DAC Mautern Ried Silberbichl 2021
13,5 Vol.-%, DV, Stahltank, €€€
Leuchtendes mittleres Gelbgrün, Silberreflexe. Frische Orangenzesten, zart nach Marille und Blütenhonig, mit weißem Steinobst unterlegt. Komplex, feine Nuancen von weißer Frucht, straff, lebendig strukturiert, mineralisch, feine Süße im Abgang, gut anhaftend, ein lebendiger Speisenbegleiter.

(91) Riesling * Furth bei Göttweig Ried Neuberg 2021
13 Vol.-%, DV, Stahltank, €€
Helles Grüngelb, Silberreflexe. Frischer Weingartenpfirsich, zart nach Limettenzesten, mit feiner gelber Tropenfrucht unterlegt. Mittlerer Körper, weißer Apfel, frischer Säurebogen, mineralisch, zitronig-salziger Nachhall, vielseitig einsetzbar.

★★

WEINGUT FELSNER

Manfred Felsner bewirtschaftet mithilfe seiner Familie 16 Hektar beste Weinberglagen in Gedersdorf und Rohrendorf. Sein Fokus lässt sich mit drei Begriffen beschreiben: Gebietstypizität, Sortencharakter, Terroir. Seitdem der damals junge Winzer 1990 den Betrieb übernahm, legt er besonderen Wert darauf, den Fruchttypus des Kremstals zum Ausdruck zu bringen und gleichzeitig den Charakter der jeweiligen Sorte herauszuarbeiten. Das Fundament bildet eine Selektion von alten Rebstöcken, die zur Veredelung bei Neuanlagen herangezogen werden. Manfred Felsner ist ein kompromissloser Verfechter des Terroirgedankens sowie des naturnahen Weinbaus.
Das größte Ziel des Veltliner-Spezialisten liegt in der Herausarbeitung der vielen verschiedenen Spielarten dieser urtypisch österreichischen Sorte. Auf seinen exponierten Terrassenweingärten mit eiszeitlichen Löss- oder kalkreichen Konglomeratböden gedeiht Grüner Veltliner ganz hervorragend.
Der milde pannonische Einfluss aus dem Osten und die kühlen Winde aus dem Waldviertel geben den Weinen ihre Würzigkeit und Finesse. Vom duftigen Grünen Veltliner Ried Moosburgerin über den vollmundigen Grünen Veltliner Ried Vordernberg und den mineralischen Grünen Veltliner Ried Gebling bis hin zum komplexen Grünen Veltliner Alte Reben ist jeder Wein eine eigene Persönlichkeit.

WEINGUT FELSNER
3485 Grunddorf
Ortsring 61
T: +43 (2735) 5122
office@weingut-felsner.at
www.weingut-felsner.at

Kellermeister/Kontakt:
Manfred Felsner
Produktion: 68 % weiß, 30 % rot, 2 % süß, 16 Hektar
Messen: ProWein Düsseldorf

(92) Grüner Veltliner ** Ried Schnabel 2021
13 Vol.-%, DV, Stahltank, €€€€
Mittleres Gelbgrün, Silberreflexe. Feine Wiesenkräuter, gelbe Apfelfrucht, ein Hauch von Gewürzen, etwas nach

Orangenschalen. Saftig, elegant, facettenreiche Säurestruktur, kraftvoll, Kernobstnoten im Abgang, fruchtsüßer Nachhall, guter Speisenbegleiter.

89 Grüner Veltliner * Gedersdorf Ried Moosburgerin 2021
12,5 Vol.-%, DV, Stahltank, €€

(91) Riesling * Rohrendorf Ried Gebling 2021
12,5 Vol.-%, DV, Stahltank, €€€
Mittleres Grüngelb, silberfarbene Reflexe. Zart nach Mango und Passionsfrucht, etwas Zitrus, ein Hauch von Marille. Saftig, elegant, facettenreiche Säurestruktur, mineralisch-salzig, zart nach Papaya im Abgang, bleibt gut haften, runder Speisenbegleiter.

90 Neuburger Ried Reisenthal 2020
13 Vol.-%, DV, Stahltank, €€
Helles Goldgelb, Silberreflexe. Feine Birnenfrucht, etwas nach Mango, ein Hauch von kandierten Orangenzesten, etwas Blütenhonig. Saftig, elegant, feine Säurestruktur, mineralisch, Honignoten im Abgang, reife Tropenfrucht, bereits gut antrinkbar.

88 Muskateller 2021
12 Vol.-%, DV, Stahltank, €€

★★

WEINHOF FINK

Im Wein- und Heurigenort Krustetten, auf einer Anhöhe zum Tor der Wachau mit herrlichem Rundblick auf Krems und das Benediktinerstift Göttweig gelegen, bewirtschaftet der Familienbetrieb 42 Hektar Rebflächen und sechs Hektar Obstgärten. Winzer Christoph Fink, selbst begeistert von der Fruchtigkeit, Würzigkeit und Frische des aktuellen Jahrgangs, stellt wieder eine sehr gelungene Palette vor. Bei der Weinerzeugung legt die Familie besonderen Wert auf sortentypische, fruchtige Weißweine sowie gehaltvolle Rotweine und strebt stets nach bester Qualität. Die Rieden des Betriebs befinden sich großteils auf den Hanglagen am Fuße des Göttweiger Bergs und in bekannten Rieden des Kremstals wie Wetterkreuzberg, Oberfeld, Gottschelle, Frauengrund und Neubergen. Die Böden weisen in diesen Top-Lagen verschiedene Charaktere auf, die sich in den Weinen widerspiegeln. Das Sortiment des Weinhofs umfasst großteils Grüne Veltliner und Rieslinge, die in den verschiedens-

WEINHOF FINK
3508 Krustetten
Hollenburger Straße 2
T: +43 (2739) 2544
wein@weinhof-fink.at
www.weinhof-fink.at

Kellermeister/Kontakt:
Ing. Christoph Fink
Produktion: 80 % weiß, 20 % rot, 42 Hektar
Vereinszugehörigkeit:
Vinum Circa Montem
Messen: VieVinum

© Philipp Monihart www.charakter.photos

Christoph Fink

ten Ausbaustufen erhältlich sind. Abgerundet wird das Weinangebot durch Chardonnay, Sauvignon Blanc, Gelben Muskateller und Roten Veltliner (das besondere Liebkind unseres Jungwinzers) sowie Zweigelt, Cabernet Sauvignon und Pinot Noir bei den Rotweinen. Der Weinhof Fink produziert auch Edelobst, das direkt vermarktet, aber auch zu delikaten Edelbränden weiterverarbeitet wird. Besucher können sich beim traditionellen Heurigen oder bei kommentierten Weinverkostungen, Weinriedenwanderungen und Kellerführungen selbst von der Qualität der Produkte überzeugen.

(92) Neuburger Krustettenen Ried Eichbühel 2021
13,5 Vol.-%, DV, großes Holzfass, €€€
Helles Goldgelb, Silberreflexe. Süße Birnenfrucht, ein Hauch von Mango und kandierten Orangenzesten, mit zarter Kräuterwürze unterlegt, etwas Ananas. Mittlere Komplexität, süßes Kernobst, dezenter Säurebogen, etwas Honig im Nachhall, verfügt über Entwicklungspotenzial.

(91) Grüner Veltliner Ried Gottschelle DBV das Beste vom Veltliner 2021
14 Vol.-%, DV, Stahltank, €€€
Helles Gelbgrün, Silberreflexe. Floral unterlegte reife weiße Tropenfrucht, gelbe Birnenfrucht, etwas Mango. Opulent und süß, wirkt etwas weitmaschig, Blütenhonig im Abgang, bereits entwickelt, wird von Flaschenreife profitieren.

(90) Grüner Veltliner Ried Eichbühel Reserve 2021
13,5 Vol.-%, DV, großes Holzfass, €€€
Helles Gelbgrün, Silberreflexe. Feine Kernobstnoten, ein Hauch von Orangenzesten und Birnen, feine Kräuterwürze. Mittlere Komplexität, Nuancen von weißem Kernobst, dezente Fruchtsüße, feine Säurestruktur, zitroniger Nachhall, Blütenhonig im Rückgeschmack.

89 Grüner Veltliner Alte Weingärten 2021
12,5 Vol.-%, DV, Stahltank, €€

90 Roter Veltliner Riedenselektion 2021
13,5 Vol.-%, DV, Stahltank, €€
Helles Goldgelb, Silberreflexe. Zarte Kräuterwürze, frischer weißer Apfel, ein Hauch von Orangenzesten. Mittlere Komplexität, zarte Birnenfrucht, frisch strukturiert, mineralisch-zitronig im Abgang, bereits gut entwickelt.

91 Cabernet Sauvignon Reserve Ried Sandbühel 2019
13,5 Vol.-%, DV, großes Holzfass, €€€
Kräftiges Rubingranat, violette Reflexe, dezente Ockerrandaufhellung. Frische schwarze Beeren, ein Hauch von Cassis und Brombeeren, feine Kräuterwürze, Orangenzesten. Saftig, rote Herzkirschen, gut integrierte Tannine, mineralisch, frisch strukturiert, etwas Nougat, bleibt haften, gutes Entwicklungspotenzial.

★★★

WEINGUT MEINHARD FORSTREITER

Wie kaum einem zweiten Weingut im niederösterreichischen Kremstal gelingt es dem Weingut Forstreiter, Tradition und Innovationsfreude zu verbinden. So besitzt das Weingut mit dem Tabor die österreichweit älteste Riede mit unveredelten Grüner-Veltliner-Reben und mit ihrem seit Jahrzehnten organisch gewachsenen Weinkeller eine der modernsten Weinproduktionsstätten in der Region. Das in Hollenburg, dem südöstlichsten Stadtteil der Weißwein-Hauptstadt Krems, liegende Weingut ist seit 1868 in Familienbesitz und wird, obwohl im Laufe der letzten Jahrzehnte von 28 auf 54 Hektar gewachsen, vom jetzigen Winzer Meinhard Forstreiter noch immer als Familienbetrieb in enger Verbindung mit der Natur geführt. Hauptsorte ist der Grüne Veltliner, daneben werden aber auch Riesling, Sauvignon Blanc, Gelber Muskateller sowie Rotweine aus Zweigelt und St. Laurent gekeltert, die erfolgreich in 17 verschiedene Länder exportiert werden. »Wir sind stolz, das Zertifikat ›Nachhaltig produzierter Wein aus Österreich‹ seit 2019 zu tragen und freuen uns, einen ökologischen, ökonomischen und sozialen Beitrag leisten zu können.« Die Weine werden von Privatkunden und Gastronomie gleichermaßen geschätzt, und auf den persönlichen Kontakt mit den Kunden wird hier größter Wert gelegt.

WEINGUT MEINHARD FORSTREITER

3506 Krems-Hollenburg
Hollenburger Kirchengasse 7
T: +43 (2739) 2296
weingut@forstreiter.at
www.forstreiter.at

Kellermeister: Meinhard und Daniel Forstreiter
Kontakt: Meinhard Forstreiter
Produktion: 80 % weiß, 19 % rot, 1 % süß, 54 Hektar
Zertifiziert: Nachhaltig Austria
Messen: ProWein Düsseldorf, VieVinum

Familie Forstreiter

93 Chardonnay Forstreiter Brut 2017
12,5 Vol.-%, NK, gr. Holzfass/Flaschengärung, €€€€
Mittleres Goldgelb, Silberreflexe, lebendiges, feinperliges Mousseux. Mit einem Hauch von Limettenzesten unterlegte frische Apfelfrucht, zarte Mangonuancen, attraktives Bukett. Komplex, saftig, zart nach Honigmelone, frischer Säurebogen, bleibt haften, mineralisch-salziger Nachhall, vielseitig einsetzbar.

95 Grüner Veltliner ** Ried Kreuzberg Das weiße Mammut 2019
14 Vol.-%, NK, Barrique, €€€€€
Helles Grüngelb, Silberreflexe. Reife Tropenfrucht, zart nach Melone, ein Hauch von Holzwürze, Salzkaramell, tabakiger Anklang, kandierte Orangenzesten. Saftig, gute Komplexität, feinwürzig, etwas nach Quitte, dunkle Mineralik, facettenreicher Speisenbegleiter mit gutem Reifepotenzial.

93 Grüner Veltliner ** Ried Tabor 2020
13,5 Vol.-%, NK, Stahltank, €€€€€
Mittleres Gelbgrün, silberfarbene Reflexe. Etwas nach Kräuterwürze, zart nach Limettenzesten, feine Apfelfrucht, frisches Bukett. Gute Komplexität, etwas nach Mango, mineralisch-salzig, zart nach Maracuja, facettenreicher Speisenbegleiter.

92 Grüner Veltliner * Krems Ried Kogl 2021
12,5 Vol.-%, DV, Stahltank, €€
Helles Gelbgrün, Silberreflexe. Zart floral unterlegte weiße Kernobstnuancen, ein Hauch von Limetten und Mandarinenzesten. Saftig, elegant, feine Fruchtsüße, finessenreich strukturiert, salziger Nachhall, macht Lust auf ein zweites Glas.

92 Grüner Veltliner * Little Mammut 2020
13,5 Vol.-%, DV, Stahltank, €€€€
Helles Gelbgrün, Silberreflexe. Frische Wiesenkräuter, reife gelbe Apfelfrucht, ein Hauch von Orangenzesten, Mangonoten klingen an. Saftig, engmaschig, feine Säurestruktur, weiße Tropenfrucht, mineralischer Nachhall, würziger Rückgeschmack, bereits gut antrinkbar.

92 Grüner Veltliner * Ried Schiefer 2020
13,5 Vol.-%, DV, Stahltank, €€€€
Mittleres Grüngelb, Silberreflexe. Zart nach Maracuja, ein Hauch von Quitte, Orangenzesten, floraler Touch, etwas nach Melisse. Saftig, mineralisch-salzig, etwas nach Pfirsich, vielschichtig, bleibt gut haften, guter Speisenbegleiter, sicheres Potenzial.

91 Grüner Veltliner * Kalk & Stein 2021
12,5 Vol.-%, DV, Stahltank, €€
Helles Gelbgrün, Silberreflexe. Frische Wiesenkräuter, ein Hauch von Apfel, Nuancen von gelber Birne und Honigmelone. Mittlerer Körper, feines Kernobst, frisch strukturiert, mineralisch-salzig, leichtfüßiger und zugleich engmaschiger Stil.

93 Grüner Veltliner Maische 2020
13,5 Vol.-%, DV, Holzfass, €€€€
Mittleres Gelbgrün, silberfarbene Reflexe. Reife Kräuternoten, etwas nach weißem Pfirsich, kandierte Limettenzesten, mineralische Anklänge. Saftig, gute Komplexität, kraftvoll, zart nussig, Tropenfrucht im Abgang, würziger Nachhall, facettenreicher Speisenbegleiter.

* Kremstal DAC ** Kremstal DAC Reserve

92 Riesling * Schotter 2021
13 Vol.-%, DV, Stahltank, €€
Helles Grüngelb, Silberreflexe. Nuancen von frischer Ananas, ein Hauch von Weingartenpfirsich, floral, einladendes Bukett. Saftig, reife Steinobstnoten, lebendiger Säurebogen, mineralisch-salzig, bleibt haften, ein facettenreicher Speisenbegleiter.

92 Riesling ** Ried Schiefer 2020
13 Vol.-%, DV, Stahltank, €€€€
Helles Grüngelb, silberfarbene Reflexe. Mit kandierten Limettenzesten unterlegtes weißes Steinobst, ein Hauch von Pfirsich, zart nach Guaven, frisches Bukett. Saftig, mineralisch, zitroniger Touch, kraftvoll, einladendes Trinkanimo, guter Speisenbegleiter.

91 Gelber Muskateller 2021
12,5 Vol.-%, DV, Stahltank, €€
Helles Gelbgrün, Silberreflexe. Zart nach weißem Pfirsich, ein Hauch von Johannisbeeren, etwas Zitronenmelisse. Saftig, elegant, gelber Pfirsich, fruchtige Süße, getragen von einer lebendigen Säure, zeigt Länge, gutes Reifepotenzial.

89 Weißburgunder 2021
13 Vol.-%, DV, Stahltank, €€

88 Sauvignon Blanc 2021
12,5 Vol.-%, DV, Stahltank, €€

★★

WEINGUT LUKAS HAGEN

Seit mehr als 200 Jahren befindet sich der in Krems-Rehberg gelegene Betrieb im Besitz der Familie Hagen, die sich immer mehr zum absoluten Veltliner-Spezialisten mausert. Lukas Hagen hat das Weingut im Februar 2022 von seinen Eltern übernommen und betreut gemeinsam mit seinem Vater Anton die Weingärten. Anton ist der Kellermeister, und beide sind für Verkauf und Vermarktung verantwortlich. Von den rund 16 Hektar Rebflächen werden hauptsächlich Weißweine, aber auch etwas Rotwein vinifiziert.
Das Kleinklima des nahe gelegenen Donautals sowie die herbe, sauerstoffreiche Luft des Waldviertels begünstigen die Würze und Finesse der Weine. Dank qualitätsfördernden kurzen Rebschnitts, sorgfältiger Laubarbeit, umweltbewusster Weingartenarbeit und schonender Traubenkelterung erzielt man hier Spitzenqualitäten. Anton Hagen zählt zu den verlässlichsten Produzenten im Raum Krems und erzeugt hervorragende Weine aus Grünem Veltliner, Riesling, Chardonnay, Weißburgunder, Rivaner und Zweigelt. Der Grüne Veltliner – zwei Drittel der Weingartenfläche sind damit bepflanzt – gedeiht größtenteils auf Löss, ein kleiner Teil auf Schotterboden. Aus 45- bis 75-jährigen Rebstöcken hat Anton Hagen jenen Veltlinertyp selektioniert, der sich in Krems am wohlsten fühlt. Auf den kalkreicheren Lössterrassen sind Weißburgunder und Chardonnay gepflanzt. Die besten und sonnigsten Urgesteinsterrassen sind ideal für Riesling, der in den Rieden Kremsleithen, Weinzierlberg und Altenburg wächst.

WEINGUT LUKAS HAGEN
3500 Krems
Seilerweg 45
T: +43 (664) 1131691
info@weingut-hagen.at
www.weingut-hagen.at

Kellermeister: Anton Hagen
Kontakt: Ulrike und Anton Hagen
Produktion: 90 % weiß, 10 % rot, 16 Hektar
Vereinszugehörigkeit: Original Kremser Wein, Kremstaler Convent
Messen: Vinobile Feldkirch

92 Riesling * Krems Ried Altenburg 2021
13,5 Vol.-%, DV, Stahltank, €€€
Mittleres Grüngelb, silberfarbene Reflexe. Feine Tabakwürze, etwas nach Wiesenkräutern, zart nach Ananas, Maracuja-

touch, Orangenzesten klingen an. Saftig, elegant, feine Säurestruktur, mineralisch, Marille im Abgang, salziger Nachhall, fruchtsüßer Rückgeschmack, guter Speisenbegleiter.

91 Riesling * Krems Ried Weinzierlberg 2021
13 Vol.-%, DV, Stahltank, €€
Helles Goldgelb, silberfarbene Reflexe. Zart nach Papaya, etwas nach Orangenzesten, feine Quittenfrucht, Melisse klingt an. Saftig, elegant, facettenreiche Säurestruktur, Marillentouch im Abgang, würziger Nachhall, frisch und engmaschig, guter Speisenbegleiter.

(92) Grüner Veltliner ** Krems Ried Holzgasse Alte Reben 2021
14 Vol.-%, DV, Stahltank, €€€
Mittleres Grüngelb, Silberreflexe. Mit zartem Blütenhonig unterlegte Apfelfrucht, Maracuja, Kräuterwürze und Kardamom, Orangenzesten. Saftig, stoffig, feine Tabakwürze, Tropennoten im Abgang, würziger Nachhall, bleibt gut haften, vielseitig einsetzbar.

91 Grüner Veltliner * Krems Ried Holzgasse 2021
14 Vol.-%, DV, Stahltank, €€
Mittleres Grüngelb, silberfarbene Reflexe. Zarte Tabakwürze, etwas nach Ananas, ein Hauch von gelbem Kernobst, floraler Touch. Saftig, kraftvoll, feinwürzig, etwas nach Mango im Abgang, kraftvoller Speisenbegleiter, bereits gut antrinkbar.

90 Grüner Veltliner * Krems Ried Rehberger Goldberg 2021
13,5 Vol.-%, DV, Stahltank, €€
Helles Grüngelb, silberfarbene Reflexe. Zart nach Pfirsich und gelbem Kernobst, etwas nach Orangenzesten, Blütenhonig klingt an. Saftig, elegant, feine Kräuternoten, Papaya im Abgang, feine Würze im Rückgeschmack, guter Speisenbegleiter.

89 Chardonnay Krems 2021
13,5 Vol.-%, DV, Stahltank, €€

★★★★

WEINGUT MALAT

Das Weingut Malat gehört zu jenen besonderen Betrieben, die in allen Bereichen Spitzenprodukte erzeugen: Weiß, Rot, Sekt und Süß – und das ausschließlich aus den Trauben der eigenen Weingärten. Seit 2008 leitet Michael Malat den 1722 gegründeten Familienbetrieb in Furth bei Göttweig und verwirklicht hier seinen eigenen Weinstil. »Ich will Weine machen, die man gerne trinkt und nicht nur verkostet, und bei jedem von ihnen soll meine persönliche Handschrift erkennbar sein: Eleganz, Finesse und Trinkfluss!«
Michael Malat verfolgt einen Weinstil, den bereits sein Vater Gerald verfolgte, der Weinbaupionier des Kremstals, der das Weingut mit seinem visionären Schaffen an die Spitze brachte. »Die Vielfalt unseres Sortiments spiegelt einerseits die lange Tradition, aber andererseits auch das Potenzial unserer Weinbauregion wider«, freut sich Michael Malat über die großartigen Möglichkeiten, die er als Winzer im Kremstal vorfindet. Auf die vielerorts übliche Bewässerung der Rebstöcke verzichtet er ganz bewusst: »Sie würde den Charakter der Rieden verändern. Nur wenn die Reben gezwungen sind, tief zu wurzeln, um an Wasser und Mineralstoffe zu gelangen, kommt der Lagencharakter im Wein vollkommen authentisch zum Ausdruck.« Spontanvergärung für alle Lagenweine und der komplette Verzicht auf Botrytistrauben sorgen darüber hinaus für ein präzises, wiedererkennbares Profil aller Weine. Diese präsentieren sich klar und transparent, sortentypisch und animierend, finessenreich, vielschichtig und authentisch, aber nie üppig oder opulent. Die Malats verstehen es, die gesamte Klaviatur von leichten Weißweinen bis hin zu komplexen Rotweinen perfekt zu bespielen. Jedes Jahr darf man sich auf Spitzenweine aus diesem Haus freuen.
Seit 1976 werden außerdem Österreichs erste Winzersekte, Malat Brut und Malat Brut Rosé, nach der traditionellen Methode erzeugt. Sortentypische edelsüße Weine komplettieren die Produktpalette – auch diese zählen stets zu den besten im Land. Im Weingut Malat gilt Perfektion als Leitmotiv, und das seit vielen Generationen.

95 ❸ Chardonnay Sekt Austria Große Reserve brut nature Niederösterreich g.U. Furth 2014
12,5 Vol.-%, NK, Flaschengärung, €€€€€€ Ⓥ
Helles Goldgelb, feines, gut anhaltendes Mousseux. Feine gelbe Tropenfrucht, Nuancen von Pfirsich und Ananas, ein

Daniela und Michael Malat

WEINGUT MALAT
3511 Furth bei Göttweig
Hafnerstraße 12
T: +43 (2732) 82934
weingut@malat.at
www.malat.at

Kellermeister/Kontakt: Michael Malat
Anbauweise: Umstellung auf bio
Produktion: 10 % Schaumwein, 74 % weiß, 5 % rosé, 10 % rot, 1 % süß, 45 Hektar
Zertifiziert: Nachhaltig Austria
Vereinszugehörigkeit: Traditionsweingüter Österreich
Messen: ProWein Düsseldorf, VieVinum

Hauch von Limetten und Biskuit, weiße Blüten. Saftig, feine Extraktsüße, angenehme nussige Aromatik, saliner Touch im Abgang, finessenreich und gut anhaftend, Limettentouch im Nachhall, leichtfüßig, delikat, bereits gut entwickelt, verfügt über weiteres Reifepotenzial.

93 Pinot Noir Sekt Austria Reserve Rosé brut nature Niederösterreich g.U. Furth 2017
12 Vol.-%, NK, Flaschengärung, €€€€€ Ⓥ
Helles Altrosa, zarte Pinknuancen, Silberreflexe, feines, lebendiges Mousseux. Eingelegte Kirschen, rote Waldbeeren, weißer Pfirsich, zart nach Brioche. Engmaschig, frisch und mineralisch, ein Hauch von Ribiseln, salziger Abgang, Limetten im Finish, ein toller Sommerwein, gutes Reifepotenzial.

95 Riesling * Ried Steinbühel 1ÖTW 2019
13 Vol.-%, NK, Holzfass, €€€€€ Ⓥ
Mittleres Gelbgrün, Silberreflexe. Feine Mandarinennote, ein Hauch von weißem Pfirsich, etwas Safran, zart nussig, attraktives Bukett. Saftig, gute Komplexität, angenehme Extraktsüße, zart nach Ananas, finessenreich strukturiert, mineralisch-salzig im Abgang, Limettentouch im Nachhall, leichtfüßig, sehr gute Länge, sicheres weiteres Reifepotenzial.

95 Riesling * Große Reserve 2015
13 Vol.-%, NK, Stahltank, €€€€€€ Ⓥ
Leuchtendes Goldgelb, Silberreflexe. Mit einem Hauch von Kräuterwürze unterlegte reife gelbe Tropenfrucht, Nuancen von Mango und Pfirsich, etwas Safran und kandierte Orangenzesten, ein Hauch von Honig. Komplex, saftig, feine Nuancen von Apfel und Ananas, gut integrierte Säure, reife Frucht im Abgang, zarte Süße im Nachhall, Marillen im Rückgeschmack, voll entwickelt, ein stoffiger Speisenbegleiter.

95 Grüner Veltliner * Große Reserve 2015
13,5 Vol.-%, NK, Holzfass, €€€€€€ Ⓥ
Leuchtendes mittleres Goldgelb, Silberreflexe. Feine Nuancen von reifer Quitte, Noten von Mango und Papaya, dezenter Blütenhonig, ein Hauch von Kumquats. Saftig, elegant, feines Nougat, Nuancen von reifem gelbem Kernobst, zarte Kräuterwürze im Abgang, bleibt haften, süße Birnenfrucht im Nachhall, mineralisch-salzig im Rückgeschmack.

93 Grüner Veltliner * Ried Leukuschberg 2019
13 Vol.-%, NK, Holzfass, €€€€€ Ⓥ
Leuchtendes mittleres Grüngelb, Silberreflexe. Mit frischen Orangenzesten unterlegte gelbe Apfelfrucht, ein Hauch von Mango, feine Kräuterwürze, etwas Marille im Hintergrund. Saftig, elegant, feine Fruchtsüße, reifes Kernobst, mineralisch im Abgang, zarter Hauch von Nougat im Nachhall, gute Länge, sicheres Reifepotenzial.

92 Grüner Veltliner * Ried Höhlgraben 2021
12,5 Vol.-%, DV, großes Holzfass, €€€ Ⓥ
Helles Gelbgrün, Silberreflexe. Zart rauchige Kräuterwürze, feine weiße Apfelfrucht, ein Hauch von Mandarinenzesten, tabakige Würze. Mittlerer Körper, frisches Kernobst, etwas Melone, feiner Säurebogen, mineralisch-zitronig im Nachhall, vielseitig einsetzbar.

92 Gewürztraminer RAW 2021
12 Vol.-%, DV, Stahltank, €€€ Ⓥ
Zart getrübtes leuchtendes Goldgelb, Silberreflexe. Fein-

© Malat

würzig unterlegte Marshmallows, ein Hauch von Rosenöl, floral, mit Limettenzesten unterlegt. Mittlerer Körper, mineralisch, straff, feine weiße Apfelfrucht, Gewürznelken im Nachhall, ein lebendiger Speisenbegleiter.

91 Pinot Blanc Ried Am Zaum 2021
13 Vol.-%, DV, großes Holzfass, €€€ Ⓥ
Helles Goldgelb, Silberreflexe. Feine Birnenfrucht, zart floral unterlegt, ein Hauch von Ananas, Limettenzesten, einladendes Bukett. Mittlerer Körper, frisch strukturiert, weißer Apfel im Abgang, zitronige Nuancen im Finish, bietet unkompliziertes Trinkvergnügen.

90 Chardonnay Furth 2021
12,5 Vol.-%, DV, Holzfass, €€€ Ⓥ
Helles Grüngelb, Silberreflexe. Mit einem Hauch von Biskuit und Orangenzesten unterlegte feine gelbe Apfelfrucht, zarte Kräuterwürze. Mittlerer Körper, dezentes Kernobst, frisch strukturiert, weißer Apfel im Abgang, bietet unkompliziertes Trinkvergnügen.

90 Cabernet Sauvignon Furth Rosé 2021
11,5 Vol.-%, DV, Stahltank, €€ Ⓥ
Helles Altrosa, Silberreflexe. Zart nach Erdbeeren und eingelegten Kirschen, ein Hauch von Blütenhonig. Leichtfüßig, zarte rote Waldbeeren, weißer Apfel, frischer Säurebogen, zitronig-mineralisch, ein attraktiver Sommerwein.

★★★★★

WEINGUT MANTLERHOF

BIO

Nähert man sich dem Weingut Mantlerhof, so öffnet sich in der Ortsmitte von Brunn im Felde der Blick auf einen lieblichen Teich. An dessen Westseite befindet sich ein imposanter Hof mit frühklassizistischer Fassade. Der Mantlerhof geht zurück auf das Stift Admont, das den stattlichen Wirtschaftshof bis Mitte des 16. Jahrhunderts besaß. Vor 200 Jahren wurde dieses Gut von der Familie Mantler erworben. Eines kommt einem sofort in den Sinn: Solidität und Beständigkeit. Beim Blick auf das Etikett wiederholt sich dieser Eindruck. Jedoch: Dass hier keine verstockten Konservativen am Werk sind, merkt man spätestens beim persönlichen Kontakt. Margit und Sepp Mantler sowie ihre drei Kinder bewirtschaften nicht nur Weingärten, sondern betreiben auch Ackerbau. Beide Betriebszweige wur-

WEINGUT MANTLERHOF
3494 Brunn im Felde/ Gedersdorf
Hauptstraße 50
T: +43 (2735) 8248
weingut@mantlerhof.com
www.mantlerhof.com

Kellermeister: Josef Mantler
Kontakt: Margid Mantler
Anbauweise: Zertifiziert Biologisch (Austria Bio Garantie)
Produktion: 98 % weiß, 2 % süß, 15 Hektar
Vereinszugehörigkeit: Traditionsweingüter Österreich
Messen: Austrian Tasting London, Millésime Bio, ProWein Düsseldorf, VieVinum

Neuburger

den ab 2003 schrittweise auf biologische Bewirtschaftung umgestellt und sind inzwischen zertifiziert.
Auf den beeindruckenden Terrassen aus Löss, dessen hellgelbe Wände weithin nach Süden leuchten, kultivieren die Mantlers die klassischen Weißweine der Region: Grünen Veltliner und Riesling in Kremstal-DAC-Stilistik und großer Lagenvielfalt. Eine besondere Spezialität des Mantlerhofs ist jedoch die Pflege der Weißweinrebe Roter Veltliner. Von hier stammen deren beeindruckendste Vertreter. In geringerem Ausmaß, aber mit der gleichen Passion werden noch Chardonnay, Gelber Muskateller und Neuburger ausgebaut. Letzterer wurde deshalb gepflanzt, weil ein Vorfahre der geborenen Wachauerin Margit Mantler-Ferstl ein Geburtshelfer dieser Sorte war.
Die besten Lagen, von denen die Weine des Guts in die Flasche kommen, sind Spiegel (Grüner Veltliner), Wieland (Riesling), Steingraben (Riesling) und Moosburgerin (Grüner Veltliner). Alle sind Erste Lagen nach der Klassifizierung der »Traditionsweingüter Österreich« von 2010.
Der eiszeitliche Löss mit seinem hohen Luft- und Kalkgehalt prägt den Grundcharakter der Weine, auch der leichten: saftig, körperbetont, nachhaltig. Die Weine des Mantlerhofs sind ausgesprochen deutlich in der Sortencharakteristik und haben sich den Ruf besonderer Lagerfähigkeit erworben. Obwohl der Hauptanteil der Weine trocken ist, gibt es eine breite Palette von edelsüßen Weinen mit großer Jahrgangstiefe. Die Sammlung alter Flaschen aus eigener Produktion beginnt mit 1947. Den Schwerpunkt der Vermarktung bilden Fachhandel und Gastronomie, der Exportanteil beträgt 45 Prozent.

95 Grüner Veltliner * Gedersdorf Ried Spiegel 1ÖTW 2020
13,5 Vol.-%, NK, Stahltank, €€€€€ B V
Mittleres Gelbgrün, Silberreflexe. Feine Kräuterwürze, etwas Honigmelone, zart nach Apfel, Mango und Mandarinenzesten, mineralischer Touch. Straff, weiße Apfelfrucht, engmaschig und lebendig strukturiert, salzig-zitronig, zeigt sehr gute Länge, seidiger Speisenbegleiter mit gutem Reifepotenzial, bereits jetzt sehr gut antrinkbar.

93 Grüner Veltliner * Gedersdorf Ried Moosburgerin 1ÖTW 2020
13 Vol.-%, DV, Stahltank, €€€€ B V
Mittleres Gelbgrün, Silberreflexe. Feine gelbe Tropenfrucht, nach Mango und Papaya, zart nach Tabak und Wiesenkräutern, etwas Blütenhonig im Hintergrund. Saftig, weißes Kernobst, feine Fruchtsüße, angenehmer runder Säurebogen, mineralisch und anhaftend, sicheres Reifepotenzial.

94 Riesling * Gedersdorf Ried Wieland 1ÖTW 2020
13 Vol.-%, NK, Stahltank, €€€€€ B V
Helles Grüngelb, Silberreflexe. Feine gelbe Tropenfrucht, zart nach Blüten, fast rotbeerige Nuancen, frische Orangenzesten, mineralisch unterlegt. Saftig, weiße Pfirsichfrucht, frisch, feiner Gewürztouch, salzig-zitronig im Nachhall, lebendiger Stil, Limetten im Nachhall, gutes Entwicklungspotenzial.

93 Riesling * Gedersdorf Ried Steingraben 1ÖTW 2020
13,5 Vol.-%, DV, Stahltank, €€€€€ B V
Helles Gelbgrün, Silberreflexe. Zarte weiße Tropenfrucht, etwas Blütenhonig, weißer Pfirsich, ein Hauch von Zitruszesten, floraler Touch. Saftig, elegant, Nuancen von gelber Frucht wie Mango und Maracuja, feiner Säurebogen, elegant, mineralisch und gut ausgewogen, bereits antrinkbar, sicheres Reifepotenzial.

94 Roter Veltliner Gedersdorf Ried Ungut 2020
12,5 Vol.-%, NK, Holzfass, €€€€€ V
Mittleres Gelbgrün, Silberreflexe. Zarte Nuancen von gelber Frucht, ein Hauch von Feigen und Nougat, mit frischer Mango und etwas Blütenhonig unterlegt. Am Gaumen schlank, aber stoffig, ein Hauch von Lindenblüten, feiner Säurebogen, mineralisch-zitronig im Nachhall, sehr gute Länge, frisch und anhaltend, zeigt, was alles in dieser raren Sorte steckt.

93 Roter Veltliner Ried Reisenthal 2021
13,5 Vol.-%, NK, Stahltank, €€€€ B V
Mittleres Goldgelb, Silberreflexe. Zart nach Karamell, feine gelbe Birnenfrucht, zart nach reifer Mango und Blütenhonig. Saftig, elegant, gut eingebettete Fruchtsüße, cremig, seidige Textur, reife Marille im Nachhall, bleibt haften, zart nach frischer Feige im Rückgeschmack, sicheres Reifepotenzial.

93 Neuburger Hommage 2021
12,5 Vol.-%, DV, Stahltank, €€€€ B V
Helles Grüngelb, Silberreflexe. Frische Orangenzesten, gelbes Kernobst, zarte Wiesenkräuter, mineralischer Touch. Mittlerer Körper, feine Fruchtsüße, reife Birne, dezentes Säurespiel, elegant und gut anhaftend, zeigt Länge, verfügt über Reifepotenzial.

WEINGUT
VORSPANNHOF – MAYR
3552 Dross
Herrngasse 48
T: +43 (2719) 30056
weingut@vorspannhof.at
www.vorspannhof.at

Kellermeister: Michael Nastl
Kontakt: Silke Mayr
Produktion: 90 % weiß, 10 % rot, 14 Hektar
Vereinszugehörigkeit: Traditionsweingüter Österreich

Weinterrassen vor Krems

★★★★

WEINGUT VORSPANNHOF – MAYR

Seit über 500 Jahren ist der Vorspannhof Mayr in Droß eine Institution. Zuerst als Pferdewechselstation, dann als Gasthof und seit drei Generationen als eines der Top-Weingüter der Region. Im Vorspannhof kommt zusammen, was das Kremstal ausmacht: ein respektvoller Umgang mit der Natur und den Rieden, Wertschätzung für die Menschen und das richtige Gespür fürs Weinmachen.
Das Weingut wird von Silke Mayr geführt, die mit ihrem engagierten Team und Kellermeister Michael Nastl an der Spitze 14 Hektar Weingärten kultiviert, darunter bekannte Lagen wie Kremser Gebling, Marthal und Kremsleithen. Im hochmodernen Keller des 500 Jahre alten Gutshofes werden finessenreiche, herkunftstypische Weine vinifiziert. Vorspannhof-Weine tragen möglichst viel von dem in sich, was die jeweiligen Sorten und Lagen ausmacht. Seit 2020 ist das Weingut Mitglied der Traditionsweingüter Österreich.

(94) Riesling ** Krems Ried Marthal 2021
13 Vol.-%, DV, Stahltank, €€€€
Helles Grüngelb, Silberreflexe. Frischer Weingartenpfirsich, ein Hauch von Limetten, floraler Touch, mineralisch, einladend. Straff, feinmaschig, zitronig unterlegte weiße Apfelfrucht, finessenreich strukturiert, bleibt haften, gute Länge, ein leichtfüßig wirkender Speisenbegleiter mit sicherem Reifepotenzial.

92 Riesling * Ried Kremsleithen 2021
13 Vol.-%, DV, Stahltank, €€€
Helles Gelbgrün, Silberreflexe. Feine Nuancen von Ananas und gelbem Pfirsich, ein Hauch von Blütenhonig, floral, zart nach Orangenzesten. Saftig, weißer Apfel, zart nach Steinobst, frischer Säurebogen, dezente Fruchtsüße, mineralischer Nachhall.

(93) Grüner Veltliner ** Krems Ried Gebling 1ÖTW 2021
13 Vol.-%, DV, großes Holzfass, €€€€
Mittleres Gelbgrün, Silberreflexe. Feine Nuancen von frischer Marille, ein Hauch von kandierten Orangenzesten, Noten von Blütenhonig. Mittlerer Körper, weiße Apfelfrucht, frischer Säurebogen, zarte Süße, gut anhaftend, mineralisch-zitronig im Nachhall, bereits zugänglich, verfügt über Reifepotenzial.

91 Grüner Veltliner * Ried Loiser Weg 2021
13,5 Vol.-%, DV, Stahltank, €€€
Helles Gelbgrün, Silberreflexe. Etwas zurückhaltend, feine

Kräuterwürze, mit gelber Tropenfrucht unterlegt, Blütenhonig und Orangenzesten klingen an. Saftig, kraftvoll, reifer weißer Apfel, feine Säurestruktur, mineralisch und gut anhaftend, ein komplexer Speisenbegleiter.

90 Grüner Veltliner * Ried Wolfsgraben 2021
12,5 Vol.-%, DV, Stahltank, €€
Helles Gelbgrün, Silberreflexe. Zart nach Mandarinenzesten, gelber Apfel, ein Hauch von Honigmelone, einladendes Bukett. Mittlerer Körper, frischer weißer Apfel, mineralisch-zitronig im Abgang, bereits gut antrinkbar.

94 Grüner Veltliner Drei Rosen 2019
14 Vol.-%, NK, Stahltank/kleines Holzfass, €€€€€
Helles Goldgelb, Silberreflexe. Zart tabakig, Nuancen von Wiesenkräutern, ein Hauch von frischer Quitte, weißer Apfel, etwas Blütenhonig, kandierte Orangenzesten. Komplex, saftig, ein Hauch von Holzwürze und Karamell, mineralisch im Abgang, feine salzige Nuancen, sehr gute Länge, ein saftiger Speisenbegleiter.

91 Gemischter Satz Krems Ried Gebling 2021
13,5 Vol.-%, DV, großes Holzfass, €€€
Helles Gelbgrün, Silberreflexe. Noten von frischem weißem Kernobst, zart rauchig unterlegte Kräuterwürze, feine Limettenzesten, mineralischer Touch. Saftig, reife Mango, frischer Säurebogen, mineralisch, Nuancen von gelber Frucht im Abgang, zarte Süße im Rückgeschmack.

90 Gelber Muskateller 2021
12 Vol.-%, DV, Stahltank, €€
Helles Gelbgrün, Silberreflexe. Feine weiße Tropenfrucht, ein Hauch von Limette und Litschi, mineralischer Touch. Mittlerer Körper, weiße Apfelfrucht, frischer Säurebogen, mineralisch-zitronig im Abgang, salziger Nachhall.

89 Sauvignon Blanc 2021
13 Vol.-%, DV, Stahltank, €€

★★★

WEINGUT HERMANN MOSER

Mit 16 Hektar Rebfläche in besten Lagen in Rohrendorf haben Martin und Carmen Moser ein optimales Fundament für ihre breit gefächerte Palette an erstklassigen Weinen gelegt. Der Winzer Martin Moser stellt schon seit einigen Jahren als Kellermeister mit sehr kompletten Weiß- und Rotweinen eine erstaunliche Konstanz unter Beweis und hat im Kreis der »Traditionsweingüter Österreich« eine führende Rolle übernommen. Sein besonderes Augenmerk gilt dem Grünen Veltliner, der sich auf den Lössböden der Region sehr wohlfühlt.

Der großzügige Verkostungsraum, dessen Glasfront einen Blick auf die Rohrendorfer Weinberge freigibt, bildet ein attraktives Ambiente für vinophile sowie kulinarische Veranstaltungen und kann für diverse Festlichkeiten angemietet werden. Martin Moser exportiert hauptsächlich in die USA und nach Kanada, ist aber mit seinen Weinen auch in Holland, Dänemark, Deutschland, Großbritannien sowie in Hongkong erfolgreich.

(94) Grüner Veltliner ** Ried Gebling 1ÖTW Der Löss 2021
13,5 Vol.-%, DV, Stahltank, €€€€€
Helles Gelbgrün, Silberreflexe. Zarte Wiesenkräuter, gelbes Kernobst, ein Hauch von Marille, einladendes Bukett. Komplex, straff, mineralisch-salzig unterlegte weiße Apfelfrucht, zitronig-saliner Abgang, gute Balance, bleibt haften, sicheres Reifepotenzial.

(94) Grüner Veltliner ** Ried Gebling 1ÖTW HannaH 2021
14,5 Vol.-%, DV, Holzfass, €€€€€
Helles Grüngelb, Silberreflexe. Zart nach Karamell und gelbem Kernobst, frische Birnenfrucht, kandierte Orangenzesten, mineralischer Touch. Kraftvoll, gelber Apfel, dezente Fruchtsüße, feiner Säurebogen, salzig im Nachhall, etwas Honig im Rückgeschmack, gutes Entwicklungspotenzial.

93 Grüner Veltliner ** Ried Gebling Fortissimo 2021
13,5 Vol.-%, DV, Stahltank, €€€€
Helles Gelbgrün, Silberreflexe. Nuancen von frischer Honigmelone, gelber Apfel, Noten von Gute-Luise-Birne und

WEINGUT HERMANN MOSER

3495 Rohrendorf
Bahnstraße 36
T: +43 (2732) 83841
office@moser-hermann.at
www.moser-hermann.at

Kellermeister: Martin Moser
Kontakt: Martin und Carmen Moser
Produktion: 9 % Schaumwein, 70 % weiß, 15 % rosé, 5 % rot, 1 % süß, 16 Hektar
Vereinszugehörigkeit: Traditionsweingüter Österreich
Messen: VieVinum, DAC-Präsentationen

Riesling

Orangenzesten. Stoffig, Nuancen von weißem Kernobst, finessenreicher Säurebogen, mineralisch und lange anhaftend, zitronige Noten, gutes Reifepotenzial, feine Fruchtsüße im Nachhall.

92 Grüner Veltliner * Rohrendorf Kaiserstiege 2021

12,5 Vol.-%, DV, Stahltank, €€€
Helles Gelbgrün, Silberreflexe. Ein Hauch von Anis und Ananas, feiner Blütenhonig, mit kandierten Orangenzesten unterlegt. Komplex, frischer Apfel, feine fruchtige Süße, angenehme Säurestruktur, bleibt haften, gutes Entwicklungspotenzial.

91 Grüner Veltliner * Rohrendorf Karmeliter 2021

12,5 Vol.-%, DV, Stahltank, €€
Helles Gelbgrün, Silberreflexe. Frische Wiesenkräuter, Nuancen von gelber Mango und Apfel, zart nach Mandarinenzesten. Saftig, elegant, feine Fruchtsüße, frisches Kernobst, zeigt Länge und Harmonie, vielseitig einsetzbar.

(93) Riesling ** Ried Gebling 1ÖTW Kellerterrassen 2021

13,5 Vol.-%, DV, Stahltank, €€€€€
Helles Grüngelb, Silberreflexe. Frische gelbe Tropenfrucht, Nuancen von Mango, reifer Pfirsich, etwas Blütenhonig. Saftig, kraftvoll, süße Fruchtnuancen nach Ananas, angenehmer Säurebogen, süßer Nachhall, Honig im Rückgeschmack, opulenter Stil, wird von Flaschenreife profitieren.

91 Riesling * Rohrendorf Kaiserstiege 2021

12,5 Vol.-%, DV, Stahltank, €€€
Helles Gelbgrün, Silberreflexe. Floral unterlegte feine Pfirsichfrucht, ein Hauch von Blütenhonig, weiße Tropenfrucht. Saftig, elegant, gut integrierte Fruchtsüße, feiner Säurebogen, bleibt haften, ein stoffiger Speisenbegleiter.

(92) Chardonnay Reserve 2021

13,5 Vol.-%, DV, Barrique, €€€€
Helles Gelbgrün, Silberreflexe. Frischer Golden-Delicious-Apfel, zart nach Birne, kandierte Orangenzesten, mit feinem Blütenhonig unterlegt. Stoffig, saftig, süße Frucht, ein Hauch von Gewürznelken, feine Holzwürze im Nachhall, bleibt haften, fruchtiger Stil.

91 Rosé Carmen Reserve 2021

13,5 Vol.-%, DV, kleines Holzfass, €€€€
Helles Kupferrosa, Orangereflexe. Eingelegte Kirschen, ein Hauch von Erdbeerkonfitüre, feine Kräuterwürze, zarte Honignuancen. Mittlerer Körper, rotbeerig, frische Apfelfrucht, angenehme Säurestruktur, mineralisch-zitronig, feiner Ribiseltouch im Nachhall.

★★

WEINKELLEREI LENZ MOSER

Die Weine von Lenz Moser sind international gesehen ein wichtiges Aushängeschild für die österreichische Weinszene. Die Weinkellerei, die ihren Sitz in Rohrendorf bei Krems hat, ist nicht nur Marktführer in Sachen Qualitätswein aus Österreich, sondern war und ist stets auch innovativ. Unter anderem wurde hier bereits 1984 der Drehverschluss eingesetzt, seit 2008 findet man diesen auf fast allen Weinen von Lenz Moser.

»Small is beautiful.« Dieser Satz trifft auch auf die Weinkellerei Lenz Moser zu, bringt doch eine Vielzahl von Winzern, die zusammen die rund 2.700 Hektar Weingärten betreuen, die Trauben im Herbst in kleinen Chargen in die Kellerei. Um sicherzugehen, dass nur gesunde und perfekt gereifte Trauben angeliefert werden, hält das vom Chefönologen Michael Rethaller geführte Team engen Kontakt zu den Weinbauern und steht ihnen das ganze Jahr über beratend zur Seite.

Neben der ausgezeichneten Qualität der Produkte aller Weinlinien und der Gewissheit, dass sie mit größter Sorgfalt entstanden sind, ist es auch das äußerst moderate Preisniveau aller Weine, das von den Konsumenten geschätzt wird. Auch seitens anerkannter Expertenjurys finden die Lenz-Moser-Weine im In- und Ausland gebührende Anerkennung.

WEINKELLEREI LENZ MOSER
3495 Rohrendorf
Lenz-Moser-Straße 1
T: +43 (2732) 85541
marketing@lenzmoser.at
www.lenzmoser.at

Kellermeister: Michael Rethaller
Kontakt: Christoph Bierbaum
Produktion: 55 % weiß, 44 % rot, 1 % süß
Messen: Anuga, ProWein Düsseldorf, VieVinum, Vinexpo

90 Grüner Veltliner * Rohrendorf 2021
12,5 Vol.-%, DV, Stahltank, €€
Mittleres Gelbgrün, Silberreflexe. Frische Orangenzesten, ein Hauch von gelbem Apfel und Mango, zart tabakig unterlegt. Mittlerer Körper, weißes Kernobst, frisch strukturiert, salzige Mineralik, bleibt haften, ein vielseitiger Essensbegleiter.

90 Grüner Veltliner Lenz Moser Prestige 2021
12,5 Vol.-%, DV, Stahltank, €€
Helles Gelbgrün, Silberreflexe. Feine Kräuternoten, etwas nach gelbem Apfel, zart nach Kardamom. Mittlerer Körper, feine Säurestruktur, frisch, unkompliziertes Trinkvergnügen.

89 Grüner Veltliner Lenz Moser Selection 2021
12 Vol.-%, DV, Stahltank, €€

88 Pinot Gris Lenz Moser Prestige 2021
13 Vol.-%, DV, Stahltank, €€

90 Blaufränkisch Barrique Lenz Moser Prestige 2019
13,5 Vol.-%, DV, Barrique, €€
Dunkles Rubingranat, violette Reflexe, zarte Randaufhellung. Feine Kirschfrucht, zart nach Brombeeren, ein Hauch von Orangenschalen. Mittlerer Körper, feine Struktur, mineralisch, Waldbeeren im Abgang, bereits gut antrinkbar.

90 Blauer Zweigelt Reserve Lenz Moser Prestige 2020
13 Vol.-%, DV, großes Holzfass, €€
Dunkles Rubingranat, violette Reflexe, zarter Ockerrand. Feine Kräuter-Tabak-Würze, etwas nach schwarzer Beere, mit feuchtem Holz unterlegte Orangenzesten. Mittlerer Körper, feine Säurestruktur, zartes Tannin, fruchtsüß im Abgang, schokoladiger Nachhall.

WEINGUT MÜLLER
3508 Krustetten
Hollenburger Straße 12
T: +43 (2739) 2691
info@weingutmueller.at
www.weingutmueller.at

Kellermeister: Leopold Müller
Kontakt: Leopold und Stefan Müller
Produktion: 1 % Schaumwein, 80 % weiß, 1 % rosé, 17 % rot, 1 % süß, 120 Hektar
Zertifiziert: Nachhaltig Austria
Vereinszugehörigkeit: Vinum Circa Montem
Messen: ProWein Düsseldorf, VieVinum, Vinexpo

Familie Müller

★★★

WEINGUT MÜLLER

Mitten im malerisch gelegenen Weinort Krustetten im südlichen Kremstal befindet sich das Weingut der Familie Müller. Es wurde 1270 erstmals urkundlich als Lesehof in den Göttweiger Stiftsarchiven erwähnt und wird seit 1936 von den Müllers als Familienbetrieb geführt.
Der Weinbau am Göttweiger Berg hat eine lange Tradition, die von der Familie Müller schon in dritter und vierter Generation geschätzt und gepflegt wird. Mit 0,7 Hektar Rebfläche startete Großvater Leopold den Weinbau, mittlerweile wurde die Fläche von den Müllers auf 120 Hektar erweitert. Stefan pflegt mit viel Liebe und Leidenschaft die Weingärten, während Leopold von der Traubenübernahme bis zur Abfüllung die Verantwortung trägt. Ihre Philosophie ist es, im Einklang mit der Natur zu arbeiten und die vielfältigen Gegebenheiten rund um den Göttweiger Berg gezielt zu nutzen, um das Beste aus jeder Riede herauszuarbeiten. Leopold und Stefan Müller sind sich einig: »Unsere Landschaft schenkt uns eine ungemeine Bodenvielfalt – vom tiefgründigen Löss über Verwitterungskonglomerat bis hin zu kargen Urgesteinsböden – und einzigartige klimatische Voraussetzungen für hochqualitative Trauben und charaktervolle Weine! Wir fühlen uns verpflichtet, unsere Landschaft auch für die nächsten Generationen lebenswert zu erhalten, und versuchen, unser Weingut so ressourcenschonend wie möglich zu führen.«
Durch ihre Zielstrebigkeit konnten die strengen Kriterien der »Nachhaltig Austria«-Zertifizierung erreicht werden. Die Weine können in der Vinothek auf dem Weingut oder beim Top-Heurigen, der viermal jährlich geöffnet hat, verkostet werden und sind auch bei vielen Händlern erhältlich.

92 Grüner Veltliner * Ried Neuberg 2021
13 Vol.-%, DV, Stahltank, €€
Helles Gelbgrün, Silberreflexe. Zarte gelbe Tropenfrucht, ein Hauch von Marille, kandierte Mandarinenzesten. Saftig, elegant, weißer Apfel, zarte Fruchtsüße, finessenreich und anhaftend, ein facettenreicher Speisenwein, verfügt über Reifepotenzial.

(92) Grüner Veltliner * Ried Gottschelle 2021
13 Vol.-%, DV, Stahltank/großes Holzfass, €€€
Mittleres Gelbgrün, Silberreflexe. Zarte Kräuterwürze, feine Note von gelbem Apfel, zart nach Honigmelone und

© Chris Laistler

Grüner Veltliner

Mango, einladendes Bukett. Mittlerer Körper, saftig, weißes Kernobst, frisch strukturiert, feiner Honig-Marillen-Touch im Abgang.

92 Grüner Veltliner ** Ried Eichbühel 2020
13,5 Vol.-%, NK, gebrauchte Barriques, €€€€
Mittleres Grüngelb, Silberreflexe. Zart nach Orangenzesten, ein Hauch von Ananas und Mango, feiner Blütenhonig. Komplex, saftig, zart nach Quitten, seidige Textur, reife gelbe Apfelfrucht, dezenter Honig im Nachhall, bereits gut antrinkbar.

91 Grüner Veltliner * Ried Frauengrund 2021
12,5 Vol.-%, DV, Stahltank, €€
Helles Gelbgrün, Silberreflexe. Zart nach Wiesenkräutern, tabakig unterlegte gelbe Apfelfrucht, ein Hauch von Mandarinenzesten. Saftig, weißes Kernobst, frischer Säurebogen, zitroniger Touch, ein animierender Sommerwein, vielseitig einsetzbar.

90 Grüner Veltliner * Ried Kremser Kogl 2021
12,5 Vol.-%, DV, Stahltank, €€
Helles Gelbgrün, Silberreflexe. Weiße Apfelfrucht, ein Hauch von Limettenzesten, mineralischer Touch, feiner Blütenhonig im Hintergrund. Straff, engmaschig, frisches Kernobst, lebendig strukturiert, zitronig-salzig im Nachhall.

89 Grüner Veltliner * Göttweiger Berg 2021
12 Vol.-%, DV, Stahltank, €€

(92) Riesling * Ried Leiten 2021
13,5 Vol.-%, DV, Stahltank, €€€
Helles Gelbgrün, Silberreflexe. Zart nach gelber Tropenfrucht, ein Hauch von Ananas und Pfirsich, dezenter Blütenhonig. Saftig, elegant, weiße Frucht, frischer Säurebogen, mineralisch-zitroniger Abgang, feine Fruchtsüße im Nachhall, vielseitig einsetzbar.

91 Riesling * Furth Ried Silberbichl 2021
13 Vol.-%, DV, Stahltank, €€€
Helles Gelbgrün, Silberreflexe. Frische Orangenzesten, gelbe Tropenfrucht, ein Hauch von Papaya und Blütenhonig. Straff, engmaschig, weißer Pfirsich, frisch strukturiert, mineralisch-salzig im Abgang, ein lebendiger Speisenbegleiter.

91 Riesling ** Ried Goldberg 2020
13,5 Vol.-%, NK, gebrauchte Barriques, €€€€€
Helles Goldgelb, Silberreflexe. Nuancen von Blütenhonig, frische Marille, etwas Mango, reifes Fruchtbukett, ein Hauch von Karamell. Saftig, stoffig, elegant, feine Fruchtsüße, seidige Textur, gut gereift, etwas Nougat im Abgang, zeigt Länge, milde Stilistik.

88 Riesling * Göttweiger Berg 2021
12,5 Vol.-%, DV, Stahltank, €€

91 Chardonnay Ried Fuchaberg Reserve 2020
13 Vol.-%, DV, großes Holzfass, €€€
Mittleres Gelbgrün, Silberreflexe. Reife gelbe Apfelfrucht, ein Hauch von frischen Tropenfrüchten, etwas Orangenzesten und Karamell. Mittlerer Körper, weiße Frucht, etwas weitmaschig, dezente Süße im Abgang, bietet unkompliziertes Trinkvergnügen.

89 Sauvignon Blanc Göttweiger Berg 2021
12 Vol.-%, DV, Stahltank, €€

91 Diana 2018 ZW/CS/ME
13,5 Vol.-%, NK, Barrique, €€€€€
Dunkles Rubingranat, violette Reflexe, breitere Ockerrandaufhellung. Zarte Kräuterwürze, reife Kirschen, ein Hauch von Zwetschken, zarter Edelholztouch, Brombeeren im Hintergrund. Saftig, elegant, reife Herzkirschen, gut integrierte Tannine, etwas Nougat, mineralischer Touch, gute Frische, ein vielseitiger Speisenwein.

89 Zweigelt Reserve 2019
13,5 Vol.-%, DV, gebrauchte Barriques, €€€

93 Grüner Veltliner Eiswein 2021
11 Vol.-%, DV, Stahltank, €€€€
Leuchtendes Gelbgrün, Silberreflexe. Intensive Tropenfrucht, ein Hauch von Litschis, zarte Honignuancen, feine Fruchtsüße. Saftig, Marille, gut integrierter Honig, gute Frische, bleibt haften, sauber gemacht, bereits gut entwickelt, ein Trinkdessert.

★★★

WEINGUT MÜLLER-GROSSMANN

Das Weingut Müller-Grossmann befindet sich in Furth-Palt im südlichen Kremstal. Hier werden rund um den Göttweiger Berg zehn Hektar Weingärten bewirtschaftet. Mittlerweile wird das Weingut in zweiter Generation aus Frauenhand von Marlies Hanke geführt, die den Betrieb von ihrer Mutter Helma Müller-Grossmann übernommen hat. Die weibliche Finesse ist in den Weinen zu spüren. Großer Wert wird dabei auf Tradition, Herkunft und Individualität gelegt. So viel wie notwendig, so wenig wie möglich – nach diesem Prinzip wird gearbeitet. Grüner Veltliner und Riesling stehen im Fokus, es werden aber auch charaktervolle Burgunder, Rosé und Muskateller sowie drei Sekte nach traditioneller Methode vinifiziert. Der Betrieb wird derzeit auf biologische Wirtschaftsweise umgestellt.

90 Riesling * Furth 2021

12,5 Vol.-%, DV, Granitfass, €€

Helles Gelbgrün, Silberreflexe. Mit einem Hauch von Blütenhonig unterlegte gelbe Tropenfrucht, zart nach Ananas, frische Mandarinenzesten. Mittlerer Körper, grüner Apfel, rassiger Säurebogen, lebendiger Aperitifwein, mit fruchtsüßem Abgang.

93 Riesling Late Release 2017

13 Vol.-%, DV, Granitfass, €€€€€

Helles Goldgelb, Silberreflexe. Weiße Blüten, Limettenzesten, ein Hauch von Weingartenpfirsich und Safran, mineralischer Anklang. Straff, engmaschig, weiße Frucht, lebendiger Säurebogen, zitronig und gut anhaftend, ein rassiger Speisenbegleiter, sehr lebendig, mit weiterem Reifepotenzial ausgestattet.

(93) Grüner Veltliner ** Ried Silberbichl 1ÖTW 2021

13 Vol.-%, NK, Teilbarrique, €€€€

Mittleres Grüngelb, Silberreflexe. Nuancen von Golden-Delicious-Apfel, feiner Mangotouch, einladende Frucht, mit zartem Blütenhonig und kandierten Orangenzesten unterlegt, attraktives Bukett. Saftig, elegant, gelbes Kernobst, frisch strukturiert, feine Mineralik, sicheres Reifepotenzial.

92 Grüner Veltliner * Ried Höhlgraben Alte Reben 2021

12,5 Vol.-%, DV, Stahltank, €€€

Helles Gelbgrün, Silberreflexe. Zart floral unterlegte frische Apfelfrucht, ein Hauch von Mango, zart nach Orangen und Blütenhonig. Komplex, saftig und leichtfüßig, feine Fruchtsüße, ein Hauch von Marille im Abgang, bleibt haften, ein vielseitiger Speisenbegleiter mit Reifepotenzial.

WEINGUT MÜLLER-GROSSMANN
3511 Furth-Palt
Lindengasse 25
T: +43 (2732) 83146
office@mueller-grossmann.at
www.mueller-grossmann.at

Kellermeister/Kontakt: Marlies Hanke
Anbauweise: Umstellung auf bio
Produktion: 5 % Schaumwein, 90 % weiß, 5 % rosé, 10 Hektar
Zertifiziert: Nachhaltig Austria
Messen: ProWein Düsseldorf, VieVinum, DAC-Präsentationen

Marlies Hanke

* Kremstal DAC ** Kremstal DAC Reserve

91 Grüner Veltliner * Furth 2021
12 Vol.-%, DV, Stahltank, €€
Helles Gelbgrün, Silberreflexe. Tabakig, zart kräuterwürzig unterlegte Nuancen von Birnen und Mango, etwas Anis und Mandarinenzesten. Mittlere Komplexität, feine Fruchtsüße, etwas Honigmelone, frische Struktur, zitronig im Nachhall, bereits gut antrinkbar.

90 Grüner Veltliner * Satz Viertel 2021
12 Vol.-%, DV, Stahltank, €€
Helles Gelbgrün, Silberreflexe. Zart nach Wiesenkräutern, weiße Apfelfrucht, tabakige Nuancen. Leichtfüßig, frisches Kernobst, rassiger Säurebogen, Limetten, grüner Apfel im Nachhall, ein lebendiger Speisenwein.

(91) Weißburgunder Ried Steinpoint 2021
13 Vol.-%, DV, Teilbarrique, €€€
Helles Gelbgrün, Silberreflexe. Zarte Kräuterwürze, feine Birnenfrucht, ein Hauch von Mango, Nuancen von Orangenzesten. Mittlerer Körper, weißes Kernobst, frischer Säurebogen, lebendig strukturiert, zitronig-salzig im Abgang, ein animierender Speisenbegleiter.

89 Chardonnay Ried Höhlgraben 2021
13 Vol.-%, DV, Stahltank, €€€

★★★★★

WEIN-GUT NIGL

Das Weingut Nigl liegt am Ortseingang von Senftenberg am Fuße des Burgbergs. Der Betrieb verfügt heute über 30 Hektar Weingärten, die auf die Premiumlagen des Kremstals verteilt sind. Die wichtigsten heißen Pellingen, bestockt mit Riesling und Grünem Veltliner, sowie Hochäcker, der mit Riesling bepflanzt ist. Die Rebflächen befinden sich bei Senftenberg, bei Rehberg und in Kremser Rieden.
Die besten Weine der Nigl'schen Palette tragen den Namen »Privat«. Das Traubengut für die beiden »Privat«-Füllungen stammt aus alten Weingärten im Senftenberger Pellingen. Auf kargen Urgesteinsböden bringen die 40 Jahre alten Rebstöcke zwar nur einen sehr geringen Ertrag, dafür aber umso höhere Qualität: Jahr für Jahr entstehen hier zwei große, lagerfähige Weine von bestechender Konzentration und Mineralik. Stuart Pigott sagt über Martin Nigls Weine: »Vom kleinsten Wein bis zu diesen hohen Spitzen sind Nigls Weißweine kristallklar und extrem präzise in Duft und Geschmack. Hier vereinen sich fast unanständiger Reiz und große Eleganz; einfach genial!« Dieser Aussage kann man nur widerspruchslos beipflichten.
Familie Nigl betreibt in Senftenberg übrigens auch ein Restaurant und ein kleines Hotel, das einen angenehmen Aufenthalt im Kremstal garantiert.

(97) Riesling * Ried Hochäcker 1ÖTW Privat 2021
13,5 Vol.-%, DV, Stahltank, €€€€€
Helles Gelbgrün, silberfarbene Reflexe. Feine Wiesenkräuter, dezenter Weingartenpfirsich, zart nach Blütenhonig, kandierte Orangenschalen, facettenreiches mineralisches Bukett. Komplex, elegant, finessenreiche Säurestruktur, kraftvoll nach weißem Steinobst, Maracuja im Abgang, mineralischer Nachhall, vielschichtiger Speisenbegleiter mit Potenzial.

(95) Riesling * Rehberg Ried Goldberg 1ÖTW 2021
14 Vol.-%, NK, großes Holzfass, €€€€€
Helles Gelbgrün, Silberreflexe. Feine Steinobstnuancen, frischer weißer Weingartenpfirsich, ein Hauch von Limettenzesten. Komplex, kraftvoll, saftige weiße Tropenfrucht, mit einem rassigen Säurebogen unterlegt, mineralisch-zitronig im Abgang, stoffige Fruchtsüße, zeigt Länge, gutes Reifepotenzial.

92 Riesling * Piri 2021
13 Vol.-%, DV, Stahltank, €€€€
Helles Gelbgrün, Silberreflexe. Zart floral unterlegte weiße Tropenfrucht, ein Hauch von Steinobst, zart nach Litschi und Muskat, attraktives Bukett. Schlanker Stil, weißer und grüner Apfel, rassige Struktur, mittlere Komplexität, zitronig im Nachhall, schwungvoller Sommer-Riesling.

(95) Grüner Veltliner * Ried Kirchenberg 1ÖTW Herzstück 2021
14,5 Vol.-%, NK, großes Holzfass, €€€€€
Helles Gelbgrün, Silberreflexe. Mit Orangenzesten unter-

WEIN-GUT NIGL
3541 Senftenberg
Kirchenberg 1
T: +43 (2719) 2609
info@weingutnigl.at
www.weingutnigl.at

Kellermeister/Kontakt:
Martin Nigl
Produktion: 90 % weiß, 9 % rot, 1 % süß, 30 Hektar
Vereinszugehörigkeit:
Traditionsweingüter Österreich
Messen: ProWein Düsseldorf, VieVinum

Burgruine Senftenberg

legte feine gelbe Tropenfrucht, zarte tabakige Nuancen, ein Hauch von Mango und Blütenhonig. Kraftvoll, stoffig, feine Extraktsüße, reifer gelber Apfel, seidig-mineralisch in der Textur, süß und lange anhaftend, opulenter Stil, ein Hauch von Karamell im Abgang, zeigt Länge, wird von weiterer Flaschenreife profitieren.

(94) Grüner Veltliner * Ried Pellingen 1ÖTW Privat 2021
14,5 Vol.-%, DV, Stahltank/großes Holzfass, €€€€€
Helles Gelbgrün, Silberreflexe. Zart nach Orangenzesten, zart nach Mango und Blütenhonig, ein Hauch von reifer Melone, mit einem mineralischen Touch unterlegt. Saftig, komplex, reife Birnenfrucht, etwas Papaya, gut integrierte Säurestruktur, süßer Nachhall, bereits gut antrinkbar, gutes Reifepotenzial.

93 Grüner Veltliner * Zwetl 2021
13,5 Vol.-%, DV, Stahltank, €€€€
Helles Gelbgrün, Silberreflexe. Zart rauchig unterlegte dunkle Würze, feine gelbe Tropenfrucht, Nuancen von Mango und Ananas, kandierte Orangenzesten. Saftig, kernige Textur, gelber Apfel, feine Säure, weiße Tropenfrucht im Nachhall, bereits zugänglich.

91 Grüner Veltliner * Piri 2021
12,5 Vol.-%, DV, Stahltank, €€€
Mittleres Gelbgrün, Silberreflexe. Frische Orangenzesten, ein Hauch von Mango, Nuancen von Blütenhonig, einladendes Bukett. Mittlerer Körper, süße Birnennuancen, frisch strukturiert, mineralisch-zitronig, ein vielseitiger, bereits gut entwickelter Speisenbegleiter.

90 Grüner Veltliner Niederösterreich 2021
12,5 Vol.-%, DV, Stahltank,
Helles Gelbgrün. Zart nach Wiesenkräutern, ein Hauch von Birne und gelbem Apfel, Orangenzesten. Mittlerer Körper, weiße Frucht, balanciertes Säurespiel, zarte Mineralik, unkomplizierter Speisenbegleiter.

91 Gelber Muskateller 2021
11,5 Vol.-%, DV, Stahltank, €€€
Helles Gelbgrün, Silberreflexe. Frische gelbe Tropenfrucht, etwas Rosenblüten und Melisse, Maracuja und Limettenzesten. Mittlerer Körper, weißer Apfel, feine Fruchtsüße, lebendig strukturiert, zitroniger Nachhall, feiner Sommerwein.

91 Sauvignon Blanc 2021
13 Vol.-%, DV, Stahltank, €€€€
Helles Gelbgrün, Silberreflexe. Feine Nuancen von gelben Stachelbeeren, frischer Apfel, zart nach Blütenhonig, einladendes Bukett. Stoffig, ausgewogen, frischer Säurebogen, weiße Tropenfrucht, fruchtige Süße und Limetten im Abgang, trinkfreudiger Stil.

*** Kremstal DAC** **** Kremstal DAC Reserve**

★★

WEINHOF CHRISTIAN PARZER

Seit 1843 befindet sich der Weinhof Parzer im Familienbesitz und wird heute von Christian Parzer und seiner Frau Andrea gemeinsam geführt. Das Anwesen liegt in Oberfucha im südlichen Kremstal, inmitten der reizvollen Landschaft am Fuß des Göttweiger Bergs. Die verschiedenen Böden und die besondere Lage ergeben hier ein Terroir, das sortentypische Weine entstehen lässt. Christian Parzer legt sein Hauptaugenmerk auf die Vinifizierung eleganter Weine, die sowohl über Klarheit, Struktur und Finesse verfügen als auch die Charakteristik der Lage und des Jahrgangs unverfälscht widerspiegeln. Grundvoraussetzungen dafür sind einige der besten Rieden wie Sprinzenberg, Richtern oder Gaisberg! Auch die Wachauer Marille, eine weithin bekannte Spezialität, wird in der hauseigenen Brennerei zu hochwertigem Edelbrand destilliert.
Verkosten kann man alles am besten direkt auf dem Weinhof oder im Gästehaus der Familie, das in herrlicher Ruhelage inmitten von Wein- und Obstgärten liegt. Brigitte Parzer bemüht sich voller Freude um das Wohl der Urlaubsgäste. Ein Ort zum Wohl- und »Weinfühlen«.

WEINHOF CHRISTIAN PARZER
3511 Oberfucha-Furth
Ortsstraße 9
T: +43 (2739) 2414
office@weinhof-parzer.at
www.weinhof-parzer.at

Kellermeister/Kontakt:
Christian Parzer
Produktion: 3 % Schaumwein, 75 % weiß, 5 % rosé, 17 % rot, 8 Hektar
Vereinszugehörigkeit:
Vinum Circa Montem

92 Grüner Veltliner * Ried Sprinzenberg 2021
12,5 Vol.-%, DV, Stahltank, €€
Helles Gelbgrün, Silberreflexe. Feinwürzig, gelbe Tropenfrucht, etwas Mango, etwas Blütenhonig, zart nach Orangenzesten. Saftig, gute Komplexität, weißer Apfel, frischer Säurebogen, mineralisch-zitronig im Abgang, facettenreich, gut entwickelt.

92 Grüner Veltliner * Ried Gaisberg 2021
13 Vol.-%, DV, Stahltank, €€
Helles Gelbgrün, Silberreflexe. Frische Orangenzesten, etwas Blütenhonig, Golden-Delicious-Apfel, einladendes Bukett. Komplex, stoffig, weiße Apfelfrucht, fruchtige Süße, mineralisch und frisch strukturiert, zart nach Limetten im Nachhall, zeigt Länge, mit Reifepotenzial ausgestattet.

92 Grüner Veltliner ** Ried Richtern 2021
13,5 Vol.-%, DV, 500-l-Fass, €€€
Helles Gelbgrün, Silberreflexe. Frischer Golden-Delicious-Apfel, tabakig unterlegte feine Kräuterwürze, Nuancen von Orangenzesten. Saftig, elegant, frischer Säurebogen, Nuancen von Birne und Mango im Abgang, bereits gut antrinkbar, verfügt über Entwicklungspotenzial.

89 Grüner Veltliner * Geri's 2021
12,5 Vol.-%, DV, Stahltank, €€

91 Riesling * vom Urgestein 2021
12,5 Vol.-%, DV, Stahltank, €€
Helles Grüngelb, Silberreflexe. Reifer gelber Pfirsich, ein Hauch von Ananas, etwas Blütenhonig. Mittlerer Körper, weißes Steinobst, frischer Säurebogen, salzig-zitronig im Abgang, ein frischer Speisenbegleiter, bereits gut antrinkbar.

90 Riesling ** Ried Sprinzenberg 2021
13 Vol.-%, DV, Stahltank, €€€
Helles Gelbgrün, Silberreflexe. Verhaltenes Bukett, zarte Steinobstnuancen, ein Hauch von Limetten. Schlank, grüner Apfel, frisch strukturiert, mineralisch-zitronig im Abgang, ein lebendiger Sommerwein, mittlere Länge.

WEINGUT FAMILIE PROIDL
3541 Senftenberg
Oberer Markt 5
T: +43 (2719) 2458
weingut@proidl.com
www.proidl.com

Kellermeister/Kontakt:
Patrick und Franz Proidl
Anbauweise: Umstellung auf bio
Produktion: 90 % weiß, 5 % rot, 5 % süß, 25 Hektar
Zertifiziert: Nachhaltig Austria
Vereinszugehörigkeit:
Traditionsweingüter Österreich
Messen: VieVinum

Patrick Proidl

★★★★

WEINGUT FAMILIE PROIDL

Das Familienweingut Proidl agiert zwischen Tradition und Moderne. 1650 aus dem Bremer Raum zugewandert, betreibt die Familie seit 1738 in Senftenberg, das nördlich von Krems und, wenn man so will, am Beginn des Kremstals liegt, Weinbau. Es verbindet die Weinbauregion der Wachau mit der für das Waldviertel typischen, durch Wald und Fels gegliederten Landschaft tief eingeschnittener Flusstäler. Durch die lange Verwurzelung entstand bei Familie Proidl viel Wissen im Umgang mit den örtlichen Steillagen. Sie beobachten akribisch die Natur und sind »Wein-Bauern« mit Leib und Seele. Im Spannungsfeld zwischen der Erfahrung von Generationen und ihrer Neugier allem Wissenswerten gegenüber entsteht eine sinnvolle lebendige Tradition. Die Proidls verstehen sich als Handwerker, als Bergweinbauern mit Vergangenheit und Gegenwart – aber auch auf einem steilen Weg in die Zukunft!
Im Keller herrscht Minimalismus. Durch die hochmineralischen Böden Senftenbergs und die naturnahe Bearbeitung der Weingärten braucht man nach Patrick Proidls Überzeugung im Keller nur mehr wenig einzugreifen. Die wichtigsten Behandlungsmittel sind dabei Geduld, Verkostung und Beobachtung. Statt Fässer und Tanks zu belästigen, gibt Familie Proidl den Weinen die Zeit, die sie brauchen, um sich selbst zu finden. Bei Weinen vom Weingut Proidl dauert die »Weinwerdung« daher nicht zwei bis drei Wochen, sondern drei bis zwölf Monate. So entstehen lagerfähige Weine ohne Ablaufdatum – das verstehen die Proidls unter Nachhaltigkeit.

(96) Grüner Veltliner ** Ried Ehrenfels 1ÖTW 2021
14 Vol.-%, DV, großes Holzfass/Stahltank,
Mittleres Grüngelb, Silberreflexe. Zart tabakig unterlegte Nuancen von gelber Tropenfrucht, ein Hauch von Ananas und Papaya, etwas Blütenhonig und Mandarinenzesten. Saftig, elegant, feine Fruchtsüße, angenehmer Säurekern, harmonisch und ausgewogen, bleibt haften, zarter Zitrustouch im Nachhall, sicheres Entwicklungspotenzial.

95 Grüner Veltliner ** Ried Ehrenfels 1ÖTW 2020
13,5 Vol.-%, DV, großes Holzfass/Stahltank,
Mittleres Grüngelb, Silberreflexe. Zart nach Ananas und Mango, Nuancen von kandierten Orangenzesten, mineralischer Anklang, attraktives, zart florales Bukett. Komplex, stoffig, feine weiße Tropenfrucht, finessenreiche Säurestruktur, bleibt sehr gut haften, sicheres Entwicklungspotenzial, ein eleganter Speisenbegleiter.

© Edwin Dullinger

Riesling

93 Grüner Veltliner * Ried Hausberg 2021
13 Vol.-%, DV, großes Holzfass,
Mittleres Gelbgrün, Silberreflexe. Frische Orangenzesten, mit reifer gelber Apfelfrucht unterlegt, zart nach Mango, dezente Kräuterwürze. Saftig, elegant, reifer gelber Pfirsich, feiner Säurebogen, fruchtige Süße im Abgang, zeigt Länge, ein facettenreicher Begleiter bei Tisch.

(93) Grüner Veltliner ** Ried Pellingen 1ÖTW 2021
14 Vol.-%, DV, großes Holzfass/Stahltank,
Mittleres Grüngelb, Silberreflexe. Mit zartem Blütenhonig unterlegte gelbe Apfelfrucht, etwas Mango, Nuancen von Kräuterwürze, frische Orangenzesten. Saftig, elegant, reife gelbe Birnenfrucht, etwas Mango, feiner Säurebogen, bleibt haften, ein stoffiger Speisenbegleiter.

92 Grüner Veltliner * Senftenberg Freiheit 2021
12 Vol.-%, DV, Stahltank,
Helles Gelbgrün, Silberreflexe. Zart nach Blütenhonig, etwas Ananas und Maracuja, sehr fruchtiges Bukett, frische Mandarinenzesten. Engmaschig, weißer Apfel, finessenreiche Säurestruktur, ein Hauch von Honigmelone, mineralisch und anhaftend, ein eleganter Speisenbegleiter.

92 Grüner Veltliner * Senftenberg Rameln 2021
12,5 Vol.-%, DV, Stahltank,
Mittleres Gelbgrün, Silberreflexe. Zart nach Honigmelone und reifen Quitten, ein Hauch von kandierten Orangenzesten. Saftig, elegant, feine gelbe Apfelfrucht, dezente Fruchtsüße, mineralisch und anhaftend, zeigt gute Länge, ein vielseitiger Speisenbegleiter.

94 Grüner Veltliner Generation X 2020
14 Vol.-%, DV, 500-l-Fass,
Mittleres Goldgelb, Silberreflexe. Feine Tropenfrucht, ein Hauch von Ananas und Blütenhonig, dazu etwas Kumquats, einladendes Bukett. Saftig, komplex, feine Fruchtsüße, reife Marillen, feiner Säurebogen, gute Länge, zart nach Karamell im Abgang, gutes Entwicklungspotenzial.

(96) Riesling ** Ried Ehrenfels 1ÖTW 2021
13,5 Vol.-%, DV, großes Holzfass/Stahltank,
Mittleres Grüngelb, Silberreflexe. Zart floral unterlegte frische Weingartenpfirsichfrucht, ein Hauch von Limetten, mineralischer Touch, einladendes Bukett. Komplex, straff, engmaschig, weißer Apfel, rassig-zitronige Textur, salziger Nachhall, fein ziseliert und lange anhaftend, gutes Zukunftspotenzial.

95 Riesling ** Ried Ehrenfels 1ÖTW 2020
13 Vol.-%, DV, großes Holzfass/Stahltank,
Helles Goldgelb, Silberreflexe. Zart nach kandierten Orangenzesten, etwas Blütenhonig, feine Nuancen von gelbem Pfirsich, attraktives Bukett. Saftig, straff, weiße Pfirsichfrucht, etwas Safran, lebendiger Säurebogen, mineralisch, Limetten im Nachhall, gut entwickelt, ein finessenreicher Speisenbegleiter mit Reifepotenzial.

(94) Riesling ** Ried Hochäcker 1ÖTW 2021
13,5 Vol.-%, DV, Stahltank,
Helles Grüngelb, Silberreflexe. Zart floral, weißer Pfirsich, ein Hauch von Blütenhonig, Limettenzesten. Straff, weißes Kernobst, rassiger Säurebogen, zitronig-salzig im Abgang, ein lebendiger Speisenbegleiter, animierender Stil, sicheres Entwicklungspotenzial.

(94) Riesling ** Ried Pfeningberg 1ÖTW 2021
13,5 Vol.-%, DV, Stahltank,
Helles Grüngelb, Silberreflexe. Feine weiße Blüten, zart nach Steinobst, Pfirsich und Limetten, mineralischer Touch, attraktives Bukett. Saftig, elegant, finessenreich strukturiert, grüner Apfel, zitronige Nuancen, ein straffer Begleiter bei Tisch, sicheres Reifepotenzial.

92 Riesling * Senftenberg Steilheit 2021
12,5 Vol.-%, DV, Stahltank,
Helles Gelbgrün, Silberreflexe. Feine gelbe Tropenfrucht, kandierte Orangenzesten, ein Hauch von Blütenhonig, mineralischer Touch. Straff, knackig, engmaschiger Stil, weißes Steinobst, frisch strukturiert, zitroniger Nachhall.

94 Riesling Senftenberg Generation X 2020
13,5 Vol.-%, DV, 500-l-Fass,
Mittleres Grüngelb, Silberreflexe. Zart nach Orangenzesten, dazu Kumquats und gelbe Pfirsichfrucht, mit Ananas unterlegt, facettenreiches Bukett. Saftig, elegant, Nuancen von gelber Frucht, feiner Säurebogen, mineralisch, bereits sehr ausgewogen, zart salzig im Nachhall, vielseitig einsetzbar.

WEINGUT SALOMON UNDHOF
3500 Stein an der Donau
Undstraße 10
T: +43 (2732) 83226
office@salomonwines.com
www.salomonwein.at

Kellermeister: Bert Michael Salomon
Kontakt: Fanny Marie und Bert Michael Salomon, Dr. Bertold und Mag. Gertrud Salomon
Produktion: 140.000 Flaschen 100 % weiß, 25 Hektar
Zertifiziert: Nachhaltig Austria
Vereinszugehörigkeit: Traditionsweingüter Österreich
Messen: VieVinum

Gertrud, Bertold, Bert Michael und Fanny Marie Salomon

★★★★★

WEINGUT SALOMON UNDHOF

Salomon Undhof ist ein Aushängeschild österreichischer Weingeschichte und eines der ältesten privaten Weingüter des Landes. Hier werden seit 230 Jahren Weißweine aus einigen der besten Grand-Cru-Lagen entlang der Donau gewonnen, darunter so bekannte Weingärten wie »Ried Steiner Kögl«, »Ried Pfaffenberg«, »Ried Wachtberg« oder »Ried Lindberg«.

Der Ruhm des Weingutes wurde in den frühen 1930er-Jahren mit einer der ersten Weingutsfüllungen in Österreich begründet. Durch Bertold Salomon steht das Weingut heute vor allem für exzellente trockene Rieslinge und Grüne Veltliner – langlebige, elegante Weine, für die das Haus berühmt ist. Mehr als die Hälfte der 25 Hektar Weingärten ist mit Riesling, der Rest mit Grünem Veltliner und einem kleinen Teil Gelbem Traminer bepflanzt. Die ehemals kirchlichen Weinbergterrassen von Salomon Undhof liegen im westlichsten Teil des Kremstales, wo die Böden hauptsächlich aus Urgestein bestehen. In Stein an der Donau decken sich das Weinbaugebiet Kremstal und das Weltkulturerbe Wachau. Der Name der alten Weinstadt Stein hat seine Wurzeln in der Dominanz der Urgesteinsböden auf den Steinterrassen. Kontrolliert integrierte Weingartenbewirtschaftung und der Verzicht auf Herbizide halten diese Weingärten in gesunder Balance. Diese werden nun in bereits neunter Generation von den Geschwistern Bert und Fanny Marie bearbeitet. Nach 25 Jahren mit jeweils zwei Weinernten (in Österreich und Australien) geben die Eltern Bertold und Gertrud die Verantwortung an die nächste Generation weiter und konzentrieren sich nun auf die hochklassigen Rotweine ihres australischen »Salomon Estate« in Finniss River und das Joint Venture »Salomon & Andrew« in Neuseeland.

93 Pet Nat »Wolke für Zwei« 2021
12 Vol.-%, KK, Flaschengärung, €€€€
Trübes Grüngelb, Weißgoldreflexe, feines Mousseux. Zart nach Traubensaft, dazu Zitrusnuancen, Rosenöl, reife Apfelfrucht, nussiger Touch, facettenreiches Bukett. Saftig, straff, zart nach Birne, etwas Karamell, bleibt gut haften, lebendige Säurestruktur, mineralisch, vielschichtiger Speisenbegleiter.

91 Rosé Sekt g.U. brut nature 2019
12 Vol.-%, NK, Stahltank, €€€€
Helles Lachsrosa, silberfarbene Reflexe, feines Mousseux.

© susanne hassler-smith

Feine Kirschfrucht, kandierte Orangenzesten, etwas nach rotem Beerenkonfit, einladendes Bukett. Saftig, engmaschig, fruchtsüß nach Walderdbeeren, rotbeerig, mineralisch, gut eingebundene Säurestruktur, vielschichtig, hohes Trinkanimo.

(97) Grüner Veltliner * Ried Lindberg 1ÖTW Alte Reben 2021
13 Vol.-%, NK,DV, Stahltank, €€€€€€
Leuchtendes helles Grüngelb, silberfarbene Reflexe. Mit Blütenhonig unterlegte Wiesenkräuter, zart nach Maracuja, ein Hauch von Pfirsich, tabakige Würze, vielschichtiges Bukett. Komplex, saftig, reifer Apfel, gut integrierte, lebendige Säurestruktur, feinwürzig, lang anhaltende Süße, Ananas im Nachhall, mineralisch unterlegt, sicheres Entwicklungspotenzial.

(95) Grüner Veltliner * Ried Goldberg Alte Reben 2021
14 Vol.-%, NK, Stahltank, €€€€€
Mittleres Grüngelb, silberfarbene Reflexe. Reife Tropenfrucht, zart nach Ananas, etwas Kräuter, mit Blütenhonig unterlegte kandierte Clementinen. Saftig, fruchtsüß, mineralisch, komplex, straffes Säuregerüst, Honigmelone im Abgang, salziger Nachhall, sicheres Potenzial.

94 Grüner Veltliner * Ried Wachtberg 1ÖTW 2021
13 Vol.-%, DV, Stahltank, €€€€€
Leuchtendes Grüngelb, silberfarbene Reflexe. Wiesenkräuter, etwas Mango, dunkle Mineralik, ein Hauch von Gewürzen, Golden-Delicious-Apfel. Komplex, saftig, straff, engmaschige Säurestruktur, weißes Steinobst, Quitte im Abgang, zitroniger Nachhall, bleibt sehr gut haften, vielseitig einsetzbar.

92 Grüner Veltliner * Krems a. d. Donau Wieden 2021
12,5 Vol.-%, DV, Stahltank, €€€
Helles Gelbgrün, Silberreflexe. Zarte Gewürznuancen, ein Hauch von Anis, gelbes Kernobst, frische Wiesenkräuter. Mittlere Komplexität, elegant, schlanke Textur, weißer Apfel, frische Struktur, mineralisch-salzig im Abgang, verfügt über Entwicklungspotenzial.

92 Grüner Veltliner ** Kremser Tor Alte Reben Reserve 2021
14 Vol.-%, DV, Stahltank, €€€€€€
Helles Grüngelb, silberfarbene Reflexe. Feinwürzig, gelbes Kernobst, zart nach Apfel, Orangenzesten, floraler Touch, mit Blütenhonig unterlegt. Saftig, elegant, gut eingebundene Säurestruktur, Noten von reifem gelbem Apfel, etwas nach Kräutern im Nachhall, guter Speisenbegleiter.

(97) Riesling ** Ried Steiner Kögl 1ÖTW Alte Reben 2021
13 Vol.-%, NK,DV, Stahltank, €€€€€€
Helles Grüngelb, Silberreflexe. Einladender Duft nach reifer Tropenfrucht, etwas Ananas, zart nach Blütenhonig, mineralisch, Clementinenzesten, würzige Anklänge. Gute Komplexität, straff, lebendige Säurestruktur, Marille im Abgang, mineralischer Nachhall, lang anhaltend, sicheres Potenzial.

(96) Riesling * Ried Pfaffenberg 1ÖTW Alte Reben 2021
13 Vol.-%, NK,DV, Stahltank, €€€€€
Mittleres Grüngelb, silberfarbene Reflexe. Dezente Kräuterwürze, etwas nach Anis, ein Hauch von weißem Steinobst, zart nach Honigmelone und kandierten Orangenschalen. Saftig, gute Komplexität, straff, dunkle Mineralik, extraktsüß nach Marille, zitroniger Nachhall, kraftvolles Finish, sicheres Potenzial.

(94) Riesling * Ried Kögl 1ÖTW 2021
12,5 Vol.-%, DV, Stahltank, €€€€€
Helles Grüngelb, Silberreflexe. Einladendes Bukett nach Mango und Ringlotten, ein Hauch von Orangengelee, zart nach Blütenhonig. Gute Komplexität, saftig, engmaschig, weißer Weingartenpfirsich, mineralisch-zitronig, feine Tabakwürze im Nachhall, vielseitiger Stil.

93 Riesling * Stein a. d. Donau 2021
13 Vol.-%, DV, Stahltank, €€€€
Helles Gelbgrün, Silberreflexe. Feine gelbe Tropenfrucht, etwas Pfirsich, ein Hauch von kandierten Orangenzesten, einladendes Bukett. Saftig, gute Komplexität, Weingartenpfirsich im Kern, straffe Säurestruktur, zitronig-mineralisch im Abgang, bleibt haften, salziger Nachhall.

92 Riesling ** Steiner Tor Alte Reben Reserve Urgestein 2021
13,5 Vol.-%, DV, Stahltank, €€€€€
Helles Grüngelb, Silberreflexe. Reife Tabakwürze, etwas nach gelbem Pfirsich, zart nach Mango, ein Hauch von Quittengelee, mit Blütenhonig unterlegt, fruchtiges Bukett. Gute Komplexität, saftig, vielschichtige Säurestruktur, mineralisch, Pfirsich auch im Abgang, Ringlotten im Nachhall, guter Speisenbegleiter.

91 Gelber Traminer Lumiere 2020
12 Vol.-%, DV, Stahltank, €€€€
Helles Gelbgrün, silberfarbene Reflexe. Feine Röstaromen, etwas nach Birne, ein Hauch von Marshmallow und Pfirsich, Wiesenkräuter. Feine Struktur, mineralisch, gut integrierter Säurebogen, feinwürzig, weißes Steinobst im Abgang, bereits gut antrinkbar.

★★★★

WEINGUT JOSEF SCHMID

Seit über 150 Jahren befindet sich das Weingut Schmid in Stratzing, einem kleinen Dorf auf einem Hochplateau zwischen Krems und Langenlois, in Familienbesitz, seit 1991 leitet Josef Schmid die Geschicke des feinen Guts. Mit viel Engagement und Idealismus bewirtschaftet er seine Weingärten und vinifiziert Weine, die sich lebendig, kraftvoll, aber mitunter auch sehr elegant präsentieren.
Die Weingärten befinden sich zum Großteil in Stratzing, auf Bergterrassen bei Senftenberg im Kremstal sowie rund um die Stadt Krems. Damit verfügt Josef Schmid über sehr unterschiedliche Terroirs. Lössböden und mineralische Urgesteinsweingärten ermöglichen ihm, eine breite Palette an Weißweintrauben – allen voran Riesling und Grüner Veltliner – an idealen Standorten zu ernten. Für den Winzer sind seine Top-Lagen der größte Schatz, und er ist fest davon überzeugt, dass nur auf besonders guten Böden Reben wachsen können, die sich in den Weinen widerspiegeln und brillieren. Sein Weg und seine Erfolge, die durch zahlreiche Auszeichnungen belegt sind, geben ihm recht. Im Jahr 2004 wurde ein neuer Kellerzubau fertiggestellt, der eine äußerst behutsame Vinifizierung zulässt. Pumpen haben hier längst ausgedient, und zumindest im Keller hat Schmid die gewünschte Temperatur selbst im Griff. Die angesichts der Qualität erstaunlich preiswerten Weine werden nicht nur von Kritikern gelobt, sondern sind auch auf vielen Weinkarten in der gesamten Top-Gastronomie Österreichs zu finden.

(95) Grüner Veltliner ** Krems Ried Frechau 1ÖTW 2021
14,5 Vol.-%, NK, großes Holzfass, €€€€€
Mittleres Grüngelb, silberfarbene Reflexe. Gelber Apfel, zart nach Kräutern, ein Hauch von Clementinen und Guaven, tabakige Nuancen, einladendes Bukett. Saftig, elegant, engmaschig, feine Extraktsüße, dunkle Mineralik im Nachhall, facettenreicher Speisenbegleiter mit Potenzial.

(93) Grüner Veltliner ** Alte Reben 2021
13,5 Vol.-%, DV, Holzfass, €€€
Helles Grüngelb, silberfarbene Reflexe. Feine Zitrusnuancen, etwas Wiesenkräuter, tabakig unterlegte gelbe Apfelfrucht, ein Hauch von Papaya. Saftig, gute Komplexität, leichtfüßig, tiefe, balancierte Säurestruktur, Birnentouch im Abgang, vielschichtiger Speisenbegleiter.

WEINGUT JOSEF SCHMID
3552 Stratzing
Obere Hauptstraße 38
T: +43 (2719) 8288
weingut@j-schmid.at
www.j-schmid.at

Kellermeister: Josef Schmid
Kontakt: Josef und Irene Schmid
Produktion: 120.000 Flaschen
90 % weiß, 10 % rot, 20 Hektar
Vereinszugehörigkeit:
Traditionsweingüter Österreich
Messen: VieVinum

Josef Schmid und Sohn

93 Grüner Veltliner ** Krems Ried Gebling 1ÖTW
14 Vol.-%, DV, großes Holzfass, €€€€
Mittleres Grüngelb, silberfarbene Reflexe. Reife Apfelfrucht, zart nach Guaven, ein Hauch von Orangenzesten, Blütenhonig klingt an. Engmaschig, leichtfüßig, Maracuja im Abgang, mineralisch, gut integrierte Säurestruktur, bleibt gut haften, vielseitig einsetzbar.

92 Grüner Veltliner * Pfarrweingarten 2021
12,5 Vol.-%, DV, Stahltank, €€
Helles Gelbgrün, Silberreflexe. Zart nach Anis und Kräuterwürze, Grapefruitzesten, weißes Kernobst, mineralischer Touch. Mittlerer Körper, frischer Apfel, lebendig strukturiert, mineralisch-zitronig, ein vielseitiger Speisenbegleiter.

91 Grüner Veltliner * Krems Kremser Löss 2021
13 Vol.-%, DV, Stahltank, €€
Helles Grüngelb, Silberreflexe. Feine Tabakwürze, ein Hauch von Apfel, weiße Tropenfrucht, zart nach Quitte, ein Hauch von Melisse. Saftig, elegant, weißes Kernobst, Zitrusnuancen, salziger Nachhall, bereits gut antrinkbar.

(94) Riesling ** Stratzing Ried Sunogeln 1ÖTW 2021
13,5 Vol.-%, DV, Stahltank, €€€€
Mittleres Grüngelb, silberfarbene Reflexe. Etwas tabakig, ein Hauch von Limetten, zart nach weißem Steinobst, Blütenhonig, Melisse klingt an. Komplex, saftig, facettenreiche Säurestruktur, Apfelnoten im Abgang, mineralischer Touch, engmaschig, zitroniger Nachhall, sicheres Reifepotenzial.

92 Riesling * vom Urgestein 2021
12,5 Vol.-%, DV, Stahltank, €€€
Helles Gelbgrün, Silberreflexe. Zart nach Limetten und Wiesenkräutern, weiße Tropenfrucht, mineralischer Touch. Saftig, elegant, Noten von Steinobst, pikante Säurestruktur, Limetten, salziger Nachhall, gute Länge, vielseitig einsetzbar.

(93) Cuvée Heiliger Geist 2020 RR/GV
13,5 Vol.-%, NK, großes Holzfass, €€€€€€
Mittleres Goldgelb, Grünreflexe. Zart nach Guaven und Kumquats, ein Hauch von Ringlotten, dunkle Mineralik, feinwürziger Touch. Saftig, elegant, facettenreiche Säurestruktur, extraktsüß nach Marillen, mineralisch, Mangonoten im Abgang, pfeffriger Touch, cremige Textur, vielseitiger Speisenbegleiter.

89 Gelber Muskateller Ried Galgenberg 2021
12 Vol.-%, DV, Stahltank, €€

89 Sauvignon Blanc Stratzing 2021
12,5 Vol.-%, DV, Stahltank, €€

★★★★

WEINGUT STADT KREMS

Im Stadtzentrum von Krems an der Donau lebt seit 1452 ein besonderer Teil der österreichischen Weinkultur – das Weingut Stadt Krems. Historisch entstand es aus zwei Quellen: einerseits aus den Besitzungen der sogenannten »Bürgerspitalstiftung« – der Babenberger Herzog Leopold VI. gründete im Jahr 1210 ein Bürgerspital in Krems und vermachte diesem bedeutende Schenkungen, darunter auch Weingärten –, andererseits aus großzügigen Legaten des kaiserlichen Burggrafen zu Krems, Ulrich von Dachsberg, der schon 1452 die Stadt mit Weingärten beschenkte. Somit zählt das Weingut Stadt Krems mit mehr als 550 Jahren Geschichte zu den ältesten Weinproduzenten Österreichs und auch Europas.
Seit 2003 wird das Weingut von Fritz Miesbauer geführt, der gemeinsam mit einem jungen, ambitionierten Team aus dem grundsätzlich sympathischen, aber etwas erstarrten Weingut einen Musterbetrieb entwickelte. 2020 erhielt Fritz Miesbauer dafür von Falstaff den Titel »Winzer des Jahres«. Als Mitglied der Österreichischen Traditionsweingüter (ÖTW) steht man in der Gunst, die bedeutendsten Rieden Österreichs zu pflegen. Unter den 40 Hektar Weingartenfläche, die innerhalb der Stadtgrenzen liegen, befinden sich historische Lagen wie die Riede Weinzierlberg, die Riede Schreck, die Riede Wachtberg und die Riede Grillenparz. Mit Akribie, Gefühl und der nötigen entspannten Zugangsweise werden diese historischen Rieden in Stein und Krems kultiviert. So entstehen individuelle und charaktervolle Weine. Nur durch behutsame Verarbeitung der Trauben und minimalistischen Weinausbau können die

WEINGUT STADT KREMS
3500 Krems
Stadtgraben 11
T: +43 (2732) 801441
office@weingutstadtkrems.at
www.weingutstadtkrems.at

Kellermeister: Fritz Miesbauer und Peter Rethaller
Kontakt: Fritz Miesbauer
Produktion: 100 % weiß, 40 Hektar
Zertifiziert: Nachhaltig Austria
Vereinszugehörigkeit: Traditionsweingüter Österreich
Messen: Austrian Tasting London, ProWein Düsseldorf, VieVinum, Vinexpo

Die Steiner Ried Schreck ist eine der Toplagen im Kremstal

Einzigartigkeiten der Rieden festgehalten werden. Vom kalkhaltigen Schotter-Konglomerat in der Riede Grillenparz, dem geschieferten Amphibolit der Riede Schreck und den Lössterrassen über den Gneis der Riede Wachtberg bis hin zum kargen Schotter- und Gneis-Untergrund der Riede Weinzierlberg: Die Rieden sind sehr vielfältig.

(96) Riesling * Ried Schreck 1 ÖTW 2021
13,5 Vol.-%, NK, Stahltank, €€€€€
Mittleres Gelbgrün, Silberreflexe. Zart nach Kumquats und Mandarinenzesten, gelbes Steinobst, mineralischer Touch, facettenreiches Bukett. Straff, engmaschig, weiße Frucht, finessenreicher Säurebogen, sehr präzise und frisch, salziger Touch im Abgang, zeigt bereits jetzt große Länge, sicheres Reifepotenzial für viele Jahre.

(95) Riesling * Ried Grillenparz 1ÖTW 2021
13 Vol.-%, NK, Stahltank, €€€€€
Mittleres Grüngelb, Silberreflexe. Zart mit Limetten unterlegter weißer Weingartenpfirsich, floraler Touch, mineralischer Anklang. Komplex, saftig, weiße Frucht, ein Hauch von Gewürzkräutern, salzige Mineralik, straffe Säurestruktur, Pfirsich im Abgang, Limetten im Nachhall, sehr gute Länge, sicheres Entwicklungspotenzial.

(93) Riesling * Stein 2021
13 Vol.-%, DV, Stahltank, €€€
Helles Gelbgrün, Silberreflexe. Feine gelbe Tropenfrucht, zart nach Ananas, Blütenhonig und Maracuja, Limettenzesten im Hintergrund. Saftig, gute Komplexität, weißer Pfirsich, feine Süße, frisch strukturiert, zitronig-mineralischer Nachhall, delikater Stil.

91 Riesling * Steinterrassen 2021
12,5 Vol.-%, DV, Stahltank, €€
Helles Gelbgrün, Silberreflexe. Zarte gelbe Tropenfrucht, ein Hauch von Pfirsich und Blütenhonig, Mandarinenzesten. Mittlerer Körper, weißes Kernobst, frischer Säurebogen, saliner Touch, Limetten im Nachhall, ein animierender Sommerwein.

(94) Grüner Veltliner * Ried Wachtberg 1ÖTW 2021
13 Vol.-%, NK, Stahltank, €€€€€
Mittleres Grüngelb, Silberreflexe. Etwas zurückhaltend, ein Hauch von Golden-Delicious-Apfel, zart nach Orangenzesten, scheues Bukett. Komplex, saftig, weiße Apfelnote, feine Säure, fruchtig und gut anhaftend, zart nach Mango im Rückgeschmack, verfügt über Länge und sicheres Reifepotenzial.

(93) Grüner Veltliner * Ried Weinzierlberg 1ÖTW 2021
13 Vol.-%, DV, Stahltank, €€€€
Mittleres Grüngelb, Silberreflexe. Zart nach Ananas und Mango, ein Hauch von Kräuterwürze und Grapefruitzesten, mit etwas Blütenhonig unterlegt. Saftig, weißer Apfel, feine Fruchtsüße, angenehmer Säurebogen, eleganter Stil, mineralisch-salziger Nachhall, ein Hauch von Honig im Rückgeschmack, feiner Speisenbegleiter.

92 Grüner Veltliner * Krems 2021
12,5 Vol.-%, DV, Stahltank, €€
Helles Grüngelb, Silberreflexe. Zart tabakig-kräuterwürzig

unterlegtes gelbes Kernobst, zart nach Mandarinenzesten und Blütenhonig, attraktives Bukett. Elegant, feine weiße Apfelfrucht, finessenreicher Säurebogen, mineralisch, bleibt haften, bereits zugänglich, verfügt über Entwicklungspotenzial.

(92) Grüner Veltliner * Stein 2021
13 Vol.-%, DV, Stahltank, €€€
Helles Gelbgrün, Silberreflexe. Feine Kräuterwürze, ein Hauch von Zitruszesten, mineralischer Touch. Mittlerer Körper, weißer Apfel, lebendig strukturiert, ein Hauch von Limetten, ein leichtfüßiger, salzig geprägter Speisenbegleiter, bleibt gut haften.

91 Grüner Veltliner * 2021
12,5 Vol.-%, DV, Stahltank, €€
Helles Grüngelb, Silberreflexe. Zart tabakig, ein Hauch von frischem gelbem Apfel, etwas Honigmelone, Nuancen von Orangenzesten. Straff, engmaschig, weißes Kernobst, lebendiger Säurebogen, zitronig, animierender Speisenbegleiter mit fruchtsüßem Nachhall.

90 Grüner Veltliner Lössterrassen 2021
12,5 Vol.-%, DV, Stahltank, €€
Helles Gelbgrün, Silberreflexe. Zart nach Blütenhonig und Melone, Nuancen von frischem Apfel, ein Hauch von Mandarinenzesten. Mittlerer Körper, feines Kernobst, lebendige Säurestruktur, zitronig-mineralisch im Nachhall.

★★★

LESEHOF STAGÅRD

BIO

Es war das Jahr 2008, in dem sich beim Lesehof Stagård alles änderte – für Urban Stagård sowieso, aber auch für seine Frau Dominique, mit der er gemeinsam den Lesehof betreibt. Sie übernahmen damals das Weingut von seinen Eltern und krempelten es vom ersten Tag an komplett um. Anders als die Generationen davor wollten sie Weine machen, die nicht nur den Durst stillen, sondern auch von ihnen, ihren Ideen und ihren Reben und Rieden erzählen. Sie stellten sofort auf biologische Bewirtschaftung um und definierten Ziele, die es in langsamen Schritten zu erreichen galt. Sie wollten mutige, spannende und authentische Weine keltern, Weine, für die Evolution und Tradition zwei Seiten derselben Medaille sind, Weine, die Spaß machen, und andere, die fordern. Und sie wollten Riesling. Die Affinität von Riesling für karge, steinige Böden, späte Reife und die damit verbundene langsame Entwicklung der Aromen sind die natürlichen Grundvoraussetzungen, die sich hier, im westlichen Kremstal finden. Und auch die Tatsache, dass sich im Riesling unterschiedlichste Säuren aufbauen und für niedrige pH-Werte sorgen, ist in Zeiten meteorologischer Rekorde kein Nachteil. Die ganze Bandbreite und die Vielfalt der Sorte versuchen die beiden in mittlerweile 14 Versionen offenzulegen: Der »urban.R« dient dem Einstieg, der »Rock 'n' Riesling« ist die federleichte Referenz an deutsche Herangehensweisen, das »Handwerk« die ausgewogene und solide Brücke hin zu den Einzellageninterpretationen, von denen es mittlerweile neun gibt – Stagårds ganz persönliche Versuche, dem Kremstal und seinen Facetten auf die Spur zu kommen. Ihr neuestes Projekt ist die Vinothek in Stein, das »Wein.Cabinet«.

95 Riesling * Ried Pfaffenberg 2020
12,5 Vol.-%, NK, Stahltank, €€€€€ Ⓥ
Mittleres Grüngelb, Silberreflexe. Zart rauchig-mineralisch unterlegte gelbe Pfirsichfrucht, ein Hauch von Ringlotten, dunkle Würze, feine Mandarinenzesten. Saftig, Nuancen von weißem Steinobst, finessenreiche, frische Säurestruktur, feine Süße im Abgang, zeigt große Länge, verfügt über sicheres Reifepotenzial.

95 Riesling ** Steinzeug 2020
12,5 Vol.-%, NK, Steinzeug, €€€€€€ Ⓥ
Leuchtendes Grüngelb, Silberreflexe. Mineralisch unterlegte Noten von gelbem Pfirsich, ein Hauch von Mango, Orangenzesten und Blütenhonig, Limettentouch. Straff, engmaschig, Nuancen von weißer Frucht, lebendiger Säurebogen, mineralisch-salzig, zitronige Pikanz im Hintergrund, straff, anhaftend, sicheres Potenzial.

94 Riesling * Ried Kögl 2020
12,5 Vol.-%, NK, Stahltank, €€€€€ Ⓑ Ⓥ
Mittleres Grüngelb, Silberreflexe. Mit frischen Orangenzesten unterlegte gelbe Pfirsichfrucht, ein Hauch von Blüten-

LESEHOF STAGÅRD

3500 Krems-Stein
Hintere Fahrstraße 3
T: +43 (660) 1917066
office@stagard.at
www.stagard.at

Kellermeister: Urban T. Stagård
Kontakt: Dominique A. Stagård
Anbauweise: Biodynamisch (Bio Austria, Demeter)
Produktion: 173.333 Flaschen 95 % weiß, 5 % rot, 17 Hektar
Messen: Millésime Bio, ProWein Düsseldorf, VieVinum

Krems-Stein

honig, zart nach Safran, einladendes Bukett. Straff, weißes Kernobst, finessenreiche Struktur, zitronig-salziger Touch, bleibt haften, sehr gute Länge, mineralisch, mit sicherem Reifepotenzial ausgestattet.

(94) Riesling * Ried Grillenparz 2020

Mittleres Grüngelb, Silberreflexe. Feiner Blütenhonig, gelbe Pfirsichfrucht, ein Hauch von kandierten Orangenzesten, mineralischer Touch, noch etwas zurückhaltend. Komplex, saftig, feine gelbe Tropenfrucht, finessenreicher Säurebogen, zarte Süße im Abgang, gute Länge, sicheres Reifepotenzial.

(93) Riesling * Handwerk 2021

12,5 Vol.-%, DV, Stahltank, €€€ V

Leuchtendes Gelbgrün, Silberreflexe. Feine gelbe Tropenfrucht, zart nach Marille, etwas Blütenhonig, mineralischer Touch. Komplex, saftig, elegante Textur, ein Hauch von fruchtiger Süße, etwas Mango, gut integrierte Säurestruktur, seidiger Abgang, feine salzige Nuancen, zeigt Länge, verfügt über Entwicklungspotenzial.

93 Riesling * Ried Steiner Schreck 2020

12,5 Vol.-%, NK, Stahltank, €€€€€ V

Mittleres Grüngelb, Silberreflexe. Feine gelbe Tropenfrucht, frischer Pfirsich, ein Hauch von Ananas, kandierte Orangenzesten, zart nach Safran. Saftig, elegant, seidige Textur, feine Fruchtsüße, frischer Säurebogen, mineralisch-zitronig, ein Hauch von Honig im Nachhall, zeigt Länge, verfügt über gutes Reifepotenzial.

93 Riesling * Ried Gaisberg 2020

12,5 Vol.-%, NK, Stahltank, €€€€€ B V

Helles Grüngelb, Silberreflexe. Feine weiße Pfirsichfrucht, ein Hauch von Blütenhonig, zart nach Mandarinenzesten, floraler Touch. Saftig, elegant, weiße Frucht, straffe Säurestruktur, zitronig-salzig, gut anhaftend, feine Fruchtsüße nach Ananas im Abgang, ein facettenreicher Speisenbegleiter.

(94) Riesling Ried Steiner Hund 2020

12,5 Vol.-%, NK, Stahltank, €€€€€ B V

Kräftiges Grüngelb, Silberreflexe. Zarte Tropenfruchtanklänge, nach Ananas und Mango, ein Hauch von Orangenzesten, etwas Pfirsich, mineralischer Touch. Saftig, Noten von weißem Steinobst, elegant und ausgewogen, feiner Säurebogen, frisch und anhaftend, zitroniger Touch, gute Länge, ein facettenreicher Speisenbegleiter mit sicherem Reifepotenzial.

93 Riesling Krems Ried Braunsdorfer 2020

12,5 Vol.-%, NK, Stahltank, €€€€€ B V

Leuchtendes Gelbgrün, Silberreflexe. Feine gelbe Tropenfrucht, Nuancen von Papaya und Mango, ein Hauch von hellem Nougat, einladendes Bukett. Mittlerer Körper, weißer Apfel, frischer Säurebogen, mineralisch, zitronig, schlanker Stil, gut balanciert, trinkfreudig und harmonisch.

93 Grüner Veltliner * Fass 33 2020

12,5 Vol.-%, DV, kleines Holzfass, €€€€ B V

Leuchtendes Goldgelb, Silberreflexe. Reife Apfelfrucht, zarter Blütenhonig, tabakige Nuancen, zart nach Birne. Saftig, feinwürzig, ein Hauch von Karamell, angenehme seidige Textur, etwas Honig, mineralisch im Abgang, feiner Gerbstoff, Orangenzesten im Nachhall, bereits gut entwickelt.

★★★

WEINGUT STIFT GÖTTWEIG

Das Stift Göttweig betreibt seit über 900 Jahren Weinbau. 2006 übernahm Fritz Miesbauer die Geschäfte und brachte das Weingut so richtig auf Vordermann und in die oberste Liga der österreichischen Produzenten. Das prächtige Benediktinerstift liegt gegenüber der Weinstadt Krems, am Südufer der Donau, ganz oben auf dem Gipfel des Göttweiger Bergs. Die Anlage, die nach Plänen des bekannten Architekten Johann Lukas von Hildebrandt erbaut wurde, ist weit über die Grenzen Österreichs hinaus bekannt. Imperial ist außerdem die imposante barocke Kaiserstiege mit ihrem herrlichen Deckenfresko von Paul Troger, das in Form einer Miniaturausgabe für die Kapsel jeder Flasche dieses wiederbelebten Weinguts verwendet wird. Schon 1083 ließen sich hier die Benediktiner nieder, und bereits im 16. Jahrhundert waren die Weine des Stifts für ihre Qualität bekannt und dadurch in den österreichischen Adelshäusern sowie bei den kaiserlichen Truppen gerne gesehen.

Heute weht in der Person von Fritz Miesbauer ein frischer Wind durch die dicken Mauern. 26 Hektar bester Lagen am Göttweiger Berg gehören zum Weingut. Besonders stolz ist Miesbauer auf die »Ersten Lagen« Gottschelle, Silberbichl und Pfaffenberg. Das Weingut ist Mitglied der »Traditionsweingüter Österreich«, besitzt es doch einige über 1.000 Jahre alte Weinberglagen. Das kompromisslose Qualitätsstreben Miesbauers wird regelmäßig von der Fachwelt honoriert und auch Falstaff kürte ihn 2020 zum »Falstaff-Winzer des Jahres«.

(95) Riesling * Ried Pfaffenberg 1ÖTW 2021
13 Vol.-%, NK, Stahltank, €€€€€
Leuchtendes Grüngelb, Silberreflexe. Rauchige Mineralik, weiße Tropenfrucht, zart nach weißem Pfirsich, etwas Maracuja und Limettenzesten, facettenreiches Bukett. Komplex, saftig, feinfruchtige Textur, sehr lebendige Rasse, engmaschig, salzig und lange anhaftend, ein straffer Sortenvertreter, puristisch, mit Reifepotenzial ausgestattet.

(93) Riesling * Ried Silberbichl 1ÖTW 2021
13 Vol.-%, NK, Stahltank, €€€€€
Helles Grüngelb, Silberreflexe. Feine gelbe Tropenfrucht, ein Hauch von Kumquats, gelber Pfirsich, zarter Blütenhonig, vielschichtiges Bukett. Straff, weiße Frucht, sehr rassige Struktur, zitronig-salzig im Abgang, lebendiger Stil, wird von Flaschenreife profitieren.

Ried Gottschelle, direkt unter dem Stift Göttweig

WEINGUT STIFT GÖTTWEIG
3511 Furth bei Göttweig
Göttweig 1
T: +43 (2732) 801440
office@weingutstiftgoettweig.at
www.weingutstiftgoettweig.at

Kellermeister: Fritz Miesbauer und Peter Rethaller
Kontakt: Fritz Miesbauer und Franz-Josef Gansberger
Produktion: 90 % weiß, 10 % rot, 26 Hektar
Zertifiziert: Nachhaltig Austria
Vereinszugehörigkeit: Traditionsweingüter Österreich
Messen: ProWein Düsseldorf, VieVinum, Vinexpo

91 Riesling * Furth 2021
13 Vol.-%, DV, Stahltank, €€€
Helles Gelbgrün, Silberreflexe. Zarte gelbe Tropenfrucht, ein Hauch von Maracuja, feiner Blütenhonig, einladendes Bukett. Mittlerer Körper, weißer Apfel, frischer Säurebogen, mineralisch-zitronig im Abgang, ein lebendiger Speisenbegleiter.

(94) Grüner Veltliner * Ried Gottschelle 1ÖTW 2021
13,5 Vol.-%, NK, Stahltank, €€€€€
Mittleres Gelbgrün, Silberreflexe. Zart nach Ananas, dazu weiße Kernobstnoten, frische Wiesenkräuter, ein Hauch von Orangenzesten. Mittlerer Körper, saftig, weiße Apfelfrucht, frischer Säurebogen, mineralisch, mit zitronigen Nuancen unterlegt, engmaschig, bleibt gut haften, sicheres Reifepotenzial.

91 Grüner Veltliner * Furth 2021
12,5 Vol.-%, DV, Stahltank, €€€
Helles Gelbgrün, Silberreflexe. Frische Orangenzesten, gelbe Apfelfrucht, ein Hauch von Mango, mit dezenten Wiesenkräutern unterlegt. Straff, engmaschig, weißes Kernobst, frischer Säurebogen, knackiger, animierender Speisenbegleiter.

90 Grüner Veltliner Messwein 2021
12 Vol.-%, DV, Stahltank, €€
Helles Gelbgrün, Silberreflexe. Frische Nuancen von Honigmelone, zart nach Birne, einladendes Bukett. Mittlerer Körper, feine Fruchtsüße, angenehme Säure, frischer Apfel, salziger Nachhall, vielseitiger, leichtfüßiger Speisenbegleiter.

★★

WEINGUT TANZER

Bischof Altmann von Passau schenkte 1083 den Ort »Talarin samt Weingärten« dem Stift Göttweig. Heute ist Thallern in Krems-Süd die Heimat der Familie Tanzer. Das Weingut umfasst elf Hektar Weingärten, die sich in den Kremser Rieden Herrentrost, Frauengrund, Steinhagen und Schwerer Zapfen befinden. Im Kremstal werden hauptsächlich Grüner Veltliner und Riesling kultiviert, doch man findet im Sortiment des Hauses auch Gelben Muskateller, Weißburgunder und Chardonnay sowie preisgekrönte Rotweine.
Das Aushängeschild der Familie ist der »TOP-Heurige«, der im Frühjahr neu eingerichtet wurde. Das Speisenangebot beschränkt sich nicht alleine auf die traditionelle Hauerjause, man kann sich auch auf saisonale Spezialitäten freuen. Als Digestif gibt es Edelbrände von Marille, Williams Christbirne und Apfel, also aus jenen Früchten, die ebenfalls aus eigener Produktion stammen.
Die Erfolge der vergangenen Jahre geben Franz Tanzer recht: mehrmalig im »SALON Österreich Wein«, elffacher »Kremser Weinstadtsieger«, »profil-DAC-Sieger« – und eine der wichtigsten Auszeichnungen war die Krönung zum »Ö1-Wein-Sieger«. Der Ökogedanke setzt sich auch bei den Tanzers fest. Seit dem Jahr 2016 verzichtet man auf Insektizide im Sinne der »AMA«. Ein Besuch auf dem Weingut Tanzer lohnt sich, man wird herzlichst empfangen.

92 Grüner Veltliner * Krustetten Ried Goldbühel 2021
13,5 Vol.-%, DV, Stahltank, €€
Helles Gelbgrün, Silberreflexe. Zart nach Orangenzesten, gelber Apfel, etwas Blütenhonig, einladendes Bukett. Saftig, gute Komplexität, feine Fruchtsüße, gut integrierter

WEINGUT TANZER
3506 Krems an der Donau
Thallerner Hauptstraße 1
T: +43 (2739) 2208
wein@tanzer.at
www.tanzer.at

Kellermeister/Kontakt:
Franz Tanzer jun.
Produktion: 46.667 Flaschen
3 % Schaumwein, 80 % weiß, 5 % rosé, 10 % rot, 2 % süß, 11 Hektar
Vereinszugehörigkeit:
TOP-Heurige, Original Kremser Wein

Gelber Muskateller

Säurebogen, mineralisch, etwas Limette im Abgang, ein saftiger Speisenwein, gutes Reifepotenzial.

90 Grüner Veltliner * Krems Ried Frauengrund 2021
12,5 Vol.-%, DV, Stahltank, €€
Helles Gelbgrün, Silberreflexe. Zart tabakig unterlegte frische Apfelfrucht, zart nach Honigmelone und Wiesenkräutern. Mittlerer Körper, weißes Kernobst, frisch strukturiert, zitronig-salzig, bereits gut antrinkbar.

92 Riesling * Krems Ried Schweren Zapfen 2021
13 Vol.-%, DV, Stahltank, €€€
Helles Gelbgrün, Silberreflexe. Zart nach Blütenhonig, feine reife Tropenfrucht, feuchte Steine, mineralischer Touch. Komplex, saftig, weißer Pfirsich, frischer Säurebogen, Nuancen von grünem Apfel, zitronig-salzig im Nachhall, gute Länge, verfügt über Reifepotenzial.

90 Riesling * Krems Ried Steinhagen 2021
12,5 Vol.-%, DV, Stahltank, €€
Helles Gelbgrün, Silberreflexe. Feine gelbe Tropenfrucht, ein Hauch von Mango und Maracuja, zart nach Weingartenpfirsich, ein Hauch von Limettenzesten. Mittlerer Körper, zart rauchige Mineralik, süße Fruchtnuancen, dezenter Säurebogen, Honig im Nachhall.

89 Gelber Muskateller Krems Classic 2021
12 Vol.-%, DV, Stahltank, €€

91 Cabernet Sauvignon Reserve Legrand 2019
13,5 Vol.-%, NK, Barrique, €€€€
Kräftiges Rubingranat, violette Reflexe, breitere Ockerrandaufhellung. Nuancen von Schwarzen Johannisbeeren, etwas Lakritze, mit einem Hauch von Minze unterlegt. Mittlere Komplexität, rotbeerig, frische Kirschen, feine Tannine, salzig und lebendig, ein animierender Speisenbegleiter.

★★★

WEINGUT THIERY-WEBER

Die meisten Kremstaler Weingüter werden als Familienbetrieb geführt – aber kaum irgendwo ist die Familie wohl so umfassend in den Betrieb integriert wie auf dem Weingut Thiery-Weber. Seit Generationen ist die Familie so tief in ihrem Heimatort Rohrendorf verwurzelt wie die Rebstöcke in den mächtigen Lössterrassen, auf denen im Kremstal Grüne Veltliner und Rieslinge von Weltformat gedeihen. Und Generationen sind es auch, die noch heute im Weingut mitarbeiten: Erich und Maria Weber haben das Weingut 1986 von Marias Vater Karl Thiery, der ebenso wie Gattin Eveline im Betrieb immer noch Hand anlegt, mit damals zwei Hektar Rebfläche übernommen. Unterstützung kommt seit dem Jahr 2005 von Neffe Artur Toifl, der nun seine in Übersee und zuletzt in Langenlois bei Fred Loimer gesammelten Erfahrungen mit einbringt.
»Wir sehen uns als Familienbetrieb und wollen es auch bleiben«, erklärt Artur Toifl, »nicht zuletzt deshalb, weil sich die Aufteilung der Arbeit als ideal herausgestellt hat: Jeder macht im Betrieb genau das, was ihm am meisten Spaß macht. Da sich die einzelnen Neigungen perfekt ergänzen, gelingt es uns, charaktervolle Weine zu produzieren.« Erst vor Kurzem hat das Weingut den traditionellen Gemischten Satz wiederentdeckt: Das »Wolferl« 2011 – nach der in Österreich gebräuchlichen Bezeichnung

WEINGUT THIERY-WEBER

3495 Rohrendorf, Melkerstraße 1
T: +43 (2732) 84467
office@thiery-weber.at
www.thiery-weber.at

Kellermeister: Erich Weber und Artur Toifl
Kontakt: Maria Weber und Artur Toifl
Anbauweise: Umstellung auf bio (Austria Bio Garantie)
Produktion: 70 % weiß, 29 % rot, 1 % süß, 20 Hektar
Vereinszugehörigkeit: Losgelöst(s)t, Traditionsweingüter Österreich
Messen: ProWein Düsseldorf, VieVinum

Artur Toifl, Maria und Erich Weber, Michaela Toifl und Sohn

für die bei der Lese übersehenen Weintrauben im Weingarten benannt – wurde 2013 von Falstaff sogar in die Top 100 der Weißweine Österreichs aufgenommen. »Wir wollen Weine abseits des Mainstreams machen, so handwerklich wie möglich gefertigt – und von denen man gerne noch ein zweites Glas trinkt«, so das hochgesteckte Ziel.

(95) Grüner Veltliner ** Ried Lindobel Artur Toifl 2021

13,5 Vol.-%, NK, Teilbarrique, €€€€€
Leuchtendes Grüngelb, Silberreflexe. Feine gelbe Tropenfrucht, zart nach Mango, frische Marillen, floraler Touch, einladende Nuancen von Blütenhonig. Saftig, elegant, feine Nuancen von weißem Kernobst, frisch und gut anhaftend, mineralisch, feine Fruchtsüße im Abgang, zeigt Länge und verfügt über gutes Reifepotenzial.

(94) Grüner Veltliner ** Ried Gebling 1ÖTW 2021

14 Vol.-%, NK, großes Holzfass, €€€€€
Mittleres Gelbgrün, Silberreflexe. Zart tabakige Kräuterwürze, feine Nuancen von Honigmelone und gelbem Apfel, gewürzige Noten, zart nach Quitte. Kraftvoll, saftig, weißes Kernobst, frischer Säurebogen, mineralisch, feine Fruchtsüße im Abgang, salzig, gute Länge, sicheres Reifepotenzial.

(93) Riesling ** Ried Gebling 1ÖTW 2021

13,5 Vol.-%, NK, Stahltank, €€€€€
Leuchtendes mittleres Grüngelb, Silberreflexe. Feine Anklänge von Ananasfrucht, Limettenzesten, weißer Pfirsich, mineralisch unterlegt. Saftig, komplex, frisches Steinobst, lebendig strukturiert, ein Hauch von Blütenhonig im Nachhall, bereits antrinkbar, mit Länge und Potenzial ausgestattet.

92 Riesling ** 2021

13 Vol.-%, DV, Stahltank, €€€
Mittleres Gelbgrün, Silberreflexe. Feine gelbe Pfirsichfrucht, ein Hauch von Mango, zart nach kandierten Orangenzesten, etwas Blütenhonig. Saftig, elegant, feine Marillenfrucht, frischer Säurebogen, mineralisch-zitronig im Nachhall, bereits gut antrinkbar.

(93) Gemischter Satz Wolferl 2021

13,5 Vol.-%, NK, 500-l-Fass, €€€€€
Leuchtendes mittleres Goldgelb, Silberreflexe. Facettenreiches Fruchtspektrum, gelbe Tropenfrucht, feiner Blütenhonig, zart nach Orangenzesten. Saftig, süße Frucht, ein Hauch von Banane, feiner Säurebogen, lebendig, fruchtiger Touch, bleibt lange haften, ein stoffiger Speisenbegleiter.

92 Cabernet Sauvignon Grande Reserve 2019

14 Vol.-%, NK, Barrique, €€€€
Dunkles Rubingranat, violette Reflexe, zarte Randaufhellung. Mit feiner Holz-Tabak-Würze unterlegte schwarze Kirschfrucht, etwas nach Cassis und Lakritze, Zartbitterschoko klingt an. Saftig, elegant, kraftvoll, feinwürziger Abgang, samtiges, präsentes Tannin, Brombeeren, würziger Nachhall, wird von Flaschenreife profitieren.

Familie Türk

WEINGUT TÜRK
3552 Stratzing
Kirchengasse 16
T: +43 (2719) 28460
info@weinguttuerk.at
www.weinguttuerk.at

Kellermeister/Kontakt:
Franz Türk
Produktion: 90 % weiß, 5 % rot, 5 % süß, 18 Hektar
Vereinszugehörigkeit:
Traditionsweingüter Österreich
Messen: ProWein Düsseldorf, VieVinum

★★★★

WEINGUT TÜRK

Das Weingut Türk liegt westlich von Wien im idyllischen Weinort Stratzing im Kremstal, etwa sechs Kilometer nördlich von Krems. Die Wurzeln des renommierten Familienbetriebs reichen bis zum Beginn des 18. Jahrhunderts zurück. Der heutige Betriebsstandort wurde 1836 erworben und von Generation zu Generation ausgebaut. Das Hauptaugenmerk gilt den autochthonen Sorten, wobei der Grüne Veltliner einen Anteil von 75 Prozent einnimmt. Ziel der Winzerfamilie ist es, durch eine schonende Vinifikation und einen Ausbau, der das Terroir und den regionaltypischen Charakter hervorhebt, finessenreiche, dichte und lebendige Weine zu formen, die das Kremstal mit seinen Böden und Kleinklimata widerspiegeln. Ein besonderer Geheimtipp sind die oftmals international ausgezeichneten Süßweine. Der Eiswein vom Grünen Veltliner präsentiert sich erwartungsgemäß ansprechend.

(95) Grüner Veltliner ** Krems Ried Frechau 1ÖTW 2020
13,5 Vol.-%, DV, Stahltank, €€€€€
Leuchtendes Gelbgrün, Silberreflexe. Zart nach Kräutern und gelber Tropenfrucht, etwas nach Ananas, Marillentouch, mit Clementinen unterlegt. Saftig, straff, dunkle Mineralik, lebendig, feine Tabakwürze, reifes Kernobst, anhaltendes Finish, sicheres Entwicklungspotenzial.

(94) Grüner Veltliner ** Krems Ried Thurnerberg 1ÖTW 2020
13 Vol.-%, DV, Stahltank, €€€€€
Mittleres Grüngelb, silberfarbene Reflexe. Dezente Apfelfrucht, etwas nach Orangenzesten, zart nach Lemongrass, etwas Anis im Hintergrund. Saftig, straff, extraktsüß nach Mango, mineralischer Nachhall, lebendig strukturiert, lange anhaltend, vielschichtiger Speisenbegleiter.

93 Grüner Veltliner ** Ried Obere Kremser Sandgrube 2021
13 Vol.-%, DV, Stahltank, €€€€
Mittleres Gelbgrün, silberfarbene Reflexe. Zarte Apfelfrucht, Wiesenkräuter, unterlegt mit Tabakwürze, ein Hauch von Papaya, einladendes Bukett. Saftig, elegant, balancierte Säurestruktur, extraktsüß nach Ananas, mineralisch, vielseitiger Speisenbegleiter mit Potenzial.

92 Grüner Veltliner * Krems vom Urgestein 2021
12,5 Vol.-%, DV, Stahltank, €€€
Helles Grüngelb, Silberreflexe. Noten von Golden-Delicious-Apfel, ein Hauch von Marille, mit frischen Orangen-

zesten unterlegt. Straff, saftig, zart nach Kernobst, lebendige Säurestruktur, Limetten im Abgang, mineralisch, ein facettenreicher Begleiter bei Tisch.

91 Grüner Veltliner * Kremser Weinberge 2021
12,5 Vol.-%, DV, Stahltank, €€€
Leuchtendes helles Gelbgrün, Silberreflexe. Zart tabakig unterlegte gelbe Birnenfrucht, zart nach Honigmelone, frische Wiesenkräuter. Saftig, frischer Apfel, feiner Säurebogen, zarte Fruchtsüße und feine Mineralik im Abgang, zitroniger Nachhall.

97 Grüner Veltliner 333 2019
14 Vol.-%, NK, Stahltank, €€€€€€
Leuchtendes Goldgelb, silberfarbene Reflexe. Reife Marillenfrucht, etwas nach Blütenhonig, ein Hauch von Mango, facettenreiches Bukett. Saftig, komplex, mineralisch-salzig, extraktsüß nach Mango, straff, samtige Textur, zarte Würze im Nachhall, facettenreicher Speisenbegleiter mit sicherem Reifepotenzial.

(93) Riesling ** Krems Ried Wachtberg 1ÖTW 2020
13 Vol.-%, DV, Stahltank, €€€€
Mittleres Grüngelb, Silberreflexe. Einladender Duft nach Mango und Litschis, Clementinen klingen an, mit Blütenhonig unterlegt. Saftig, engmaschig, extraktsüß nach Honigmelone, facettenreiche Säurestruktur, leichtfüßig, straffes Finish nach Zitrus, bleibt gut haften, vielseitiger Speisenbegleiter.

91 Riesling * Kremser Weinberge 2021
12,5 Vol.-%, DV, Stahltank, €€€
Helles Gelbgrün, Silberreflexe. Mineralisch, weißes Steinobst, Nuancen von Limettenzesten, noch etwas scheues Bukett. Mittlere Komplexität, weiße Frucht, lebendiger Säurebogen, feiner Blütenhonig im Finale, bereits zugänglich, vielseitig einsetzbar.

90 Rosé vom Blauen Zweigelt 2021
12 Vol.-%, DV, Stahltank, €€
Helles Lachsrosa, Silberreflexe. Zart nach Kräutern und roter Beerenfrucht, ein Hauch von Blutorangen, floraler Touch. Saftig, elegant, fruchtsüß nach Himbeeren, feine Säurestruktur, trinkanimierender Stil.

95 Eiswein vom Grünen Veltliner 2020
10 Vol.-%, DV, Stahltank, €€€€€
Mittleres Gelbgold, Silberreflexe. Zart nach Orangen und reifem gelbem Apfel, feine Honignuancen, ein Hauch von Kräuterwürze. Komplex, süße Tropenfrucht, feiner Säurebogen, finessenreich, zeigt gute Länge und Harmonie, ein bereits zugängliches Trinkdessert mit Reifepotenzial.

★★★

WEINGUT PETRA UNGER

Petra Ungers Weine erzählen von Herzblut und liebevoller Handarbeit. Die elf Hektar Weingärten liegen zu beiden Seiten des Donaustroms am Tor zur Wachau. Auf den steilen Urgesteinsterrassen der Rieden Gaisberg und Hinters Kirchl speichern regionstypische Natursteinmauern die Tageswärme für elegante, mineralische Rieslinge. Von hier reicht der Blick über die Donau bis zu den sonnendurchfluteten Rieden Gottschelle und Oberfeld, die sich am Fuße des Stifts Göttweig erstrecken.

Petra Unger möchte den ganzen Charakter der Region im Glas zur Entfaltung bringen. Dazu geben ihr die regulierende Kraft der Donau, kühle Fallwinde und wärmende pannonische Einflüsse einen ganz besonderen klimatischen Rahmen – ideale Voraussetzungen für ihre ausdrucksstarken, frischen Weißweine, aber auch für elegante Rotweine. Als Mitglied der »Traditionsweingüter Österreich« ist Petra Unger stolz darauf, dass ihre vielfach ausgezeichneten Weine als Hinweis auf »Erste Lagen« das Prädikat »1 ÖTW« tragen dürfen. Auch in der Vereinigung »11 Frauen und ihre Weine« blickt sie über den Rand ihres Glases hinaus. 2010 begann sie eine Kooperation mit ihrem Winzerkollegen Josef Edlinger, um betriebliche Synergien zu nutzen. Für das Weinmachen bleibt jedoch jeder selbst verantwortlich und damit für die eigene unverwechselbare Handschrift. Ihre Weine versendet Petra Unger in viele Länder der Welt.

(94) Grüner Veltliner ** Furth bei Göttweig Ried Oberfeld 1ÖTW Alte Reben 2021
14 Vol.-%, DV, Stahltank, €€€€ Ⓥ
Mittleres Gelbgrün, Silberreflexe. Zart nach Wiesenkräutern, feine gelbe Apfelfrucht, ein Hauch von Marille und Mandarinenzesten. Kraftvoll, Nuancen von weißem Kern-

WEINGUT PETRA UNGER
3511 Furth-Palt
Lindengasse 22
T: +43 (676) 848622822
office@ungerwein.at
www.ungerwein.at

Kellermeister/Kontakt: Petra Unger
Anbauweise: Umstellung auf bio
Produktion: 75 % weiß, 20 % rot, 5 % süß, 11 Hektar
Zertifiziert: Nachhaltig Austria
Vereinszugehörigkeit: Traditionsweingüter Österreich
Messen: Austrian Tasting London, ProWein Düsseldorf, VieVinum, DAC-Präsentationen

obst, zart gewürzig, ein Hauch von Anis, Ringlotten und Marillen, saftig, angenehme Frische, weiße Frucht im Nachhall, zitroniger Touch, gut anhaftend, sicheres Entwicklungspotenzial.

(93) Grüner Veltliner ** Furth bei Göttweig Ried Gottschelle 1ÖTW 2021
13 Vol.-%, DV, Stahltank, €€€€
Mittleres Gelbgrün, Silberreflexe. Zarte Kräuterwürze, tabakige Nuancen, dezente gelbe Apfelfrucht, etwas Honigmelone, zart nach Blütenhonig. Komplex, saftig, reife weiße Apfelfrucht, frische Säurestruktur, zart nussig, Limetten im Nachhall, zeigt Länge, verfügt über Potenzial.

(92) Grüner Veltliner * Furth bei Göttweig Ried Hintere Point 2021
13 Vol.-%, DV, Stahltank, €€
Mittleres Gelbgrün, Silberreflexe. Zart kräuterwürzig, mit Orangenzesten unterlegte gelbe Apfelfrucht, einladendes Bukett. Komplex, saftig, frisches Kernobst, finessenreicher Säurebogen, mineralisch-zitronig im Abgang, etwas Blütenhonig im Nachhall, salziger Rückgeschmack, hat Potenzial.

(94) Riesling ** Ried Gaisberg 1ÖTW 2021
13,5 Vol.-%, DV, Stahltank, €€€€
Mittleres Gelbgrün, Silberreflexe. Feine Noten von Limetten, weißer Pfirsich, zart nach Ringlotten, ein Hauch von Mandarinenzesten, einladendes Bukett. Komplex, stoffig, elegant, Nuancen von weißem Steinobst, finessenreicher Säurebogen, komplex und anhaftend, zitroniger Touch im Nachhall, gutes Entwicklungspotenzial.

94 Riesling ** Ried Hinters Kirchl 2020
13 Vol.-%, DV, Stahltank, €€€€€
Mittleres Gelbgrün, Silberreflexe. Frische Orangenzesten, Nuancen von reifem gelbem Steinobst, ein Hauch von Ananas und Maracuja, etwas Blütenhonig, saftiges Bukett. Komplex, weiße Tropenfrucht, zart nach Safran, frische Säurestruktur, zitronig, salziger Touch, weißer Pfirsich im Nachhall, sicheres weiteres Reifepotenzial.

(92) Riesling * Furth bei Göttweig Ried Steinleithen 2021
13 Vol.-%, DV, Stahltank, €€€
Mittleres Gelbgrün, Silberreflexe. Zart mit Wiesenkräutern unterlegte gelbe Tropenfrucht, nach Mango, zart nach Marille, kandierte Orangenzesten. Mittlerer Körper, weiße Pfirsichfrucht, lebendig strukturiert, mineralisch-zitronig im Abgang, ein vielseitiger Speisenbegleiter.

★★

WANDRASCHEK WEINMANUFAKTUR

Seit 1970 ist Krems die neue Heimat von Conny und Wolfgang Wandraschek. Beruflich waren sie in der Architektur tätig, entdeckten jedoch bald die Liebe zum Wein. Im Hausweingarten wird die Lieblingssorte Cabernet Sauvignon ausgepflanzt. »Ein Fass für mich und meine Freunde«, so der Tenor von Wolfgang Wandraschek. Der Inhalt des Fasses wird schließlich der erste »Falstaff Sortensieger«, drei weitere Erstplatzierungen (1999, 2005 und 2014) folgen. So der Beginn einer Leidenschaft, die mittlerweile auch Sohn Gregor erfasst hat. Die Weinmanufaktur ist nun ein Familienbetrieb mit knapp zwei Hektar – Tendenz steigend. Viele sprechen hier bereits vom »kleinen Stück Bordeaux im Kremstal«, denn die Weinmanufaktur Wandraschek ist ein feines Boutiqueweingut auf höchstem Niveau. Die Rotweine lagern zwei Jahre in französischen Barriquefässern, damit sie harmonisch, stabil und klar werden. Gregor, seit Kurzem alleine verantwortlich für das Weingut, und Vater Wolfgang sehen sich als kreative

WANDRASCHEK WEINMANUFAKTUR

3500 Krems
Landersdorfer Straße 67
T: +43 (2732) 83645
rotwein@wandraschek.at
www.wandraschek.at

Kellermeister/Kontakt:
Gregor Wandraschek
Produktion: 13.333 Flaschen
2 % Schaumwein, 6 % weiß,
2 % rosé, 90 % rot, 2+0.3 Hektar
Messen: VieVinum

Gregor Wandraschek

Handwerker. Mit überwiegender Handarbeit versuchen sie, der Vollkommenheit großer Rotweine möglichst nahe zu kommen. Aber es gibt noch mehr: Neben hochwertigen Rotweinen wird seit Neuestem auch Weißwein in ebenso hoher Qualität aus Toplagen wie dem Steiner Kögl vinifiziert.
Conny Wandraschek ist gemeinsam mit Gregor für Marketing und Verkauf zuständig und veranstaltet auch gerne stilvolle Wein-Events und private Verkostungen auf dem Weingut.

90 Riesling ** Ried Windleithen 2020

13 Vol.-%, NK, Stahltank, €€€

Helles Grüngelb, silberfarbene Reflexe. Einladender Duft nach Ananas und Blütenhonig, zart nach reifer Tropenfrucht, floraler Touch. Saftig, straff, gut eingebundene Säurestruktur, fruchtsüß nach Mirabellen, Passionsfrucht im Nachhall, bleibt gut haften.

93 Merlot 2019

14,5 Vol.-%, NK, Barrique, €€€€€

Dunkles Rubingranat, violette Reflexe, zarte Randaufhellung. Etwas nach Brombeeren, ein Hauch von Kräuter-Tabak-Würze, schokoladiger Touch, mit Schlehen unterlegt. Gute Komplexität, saftig, gut eingebundene Tannine, fruchtsüß nach dunklem Waldbeerenkonfit im Abgang, nussiger Nachhall, balanciert, vielschichtiger Speisenbegleiter.

93 Cabernet Sauvignon Grande Reserve 2019

14,5 Vol.-%, NK, Barrique, €€€€€

Kräftiges Rubingranat, violette Reflexe, breitere Ockerrandaufhellung. Zart nach Holzwürze, dunkles Waldbeerenkonfit, etwas nach Cassis, tabakig und etwas Pfeffer. Saftig, engmaschig, balancierte Tanninstruktur, reife Brombeeren im Abgang, Zwetschken im Nachhall, schokoladiges Finish, sicheres Reifepotenzial.

92 Cuvée 2019 CS/ME/ZW

14,5 Vol.-%, NK, Barrique, €€€

Kräftiges Rubingranat, violette Reflexe, breitere Randaufhellung. Feine Holzwürze, zart nach Brombeeren und kandierten Orangenschalen, schwarzer Pfeffer, ein Hauch von Toffee, würziges Bukett. Saftig, elegant, fruchtsüß, präsente Tanninstruktur, schwarze Beerenfrucht, tabakiger Nachhall, guter Speisenbegleiter.

91 Zweigelt 2019

14 Vol.-%, NK, gebrauchte Barriques, €€

Dunkles Rubingranat, violette Reflexe, zarte Randaufhellung. Zart nach Holzwürze und reifen Zwetschken, ein Hauch von Brombeeren, schokoladiger Touch, frische Beerenfrucht. Saftig, elegant, feine Tannine, kraftvoll, etwas nach Kirschen, Holzwürze im Nachhall, Vanille im Rückgeschmack, bereits gut antrinkbar.

91 Pinot Noir 2019

14 Vol.-%, NK, Barrique, €€€€

Mittleres Rubingranat, Ockerreflexe, breitere Randaufhellung. Zart nach Weichseln und roten Kirschen, unterlegt mit Tabakwürze, ein Hauch von frischen Zitruszesten. Saftig, mittlere Komplexität, balancierte Tanninstruktur, extraktsüß nach roten Walderdbeeren, mineralischer Nachhall, guter Speisenbegleiter.

★★★

WEINGUT RAINER WESS

»Meine selbst produzierte Flasche Wein auf den zu Tisch stellen, die nicht nur meine Handschrift, sondern auf dem Etikett auch meinen Namen trägt, und das Ganze im Kreis meiner Freunde und meiner Familie«, das war seit Kindertagen der Traum von Rainer Wess. Diesen Traum konnte sich Wess im Jahr 2003 mit der Gründung seines Weinguts in einem gemieteten Keller in der Unterloibner Kellergasse erfüllen. Wein gemacht wurde aus zugekauften Trauben aus den besten Lagen der Umgebung. Der Keller wurde jedoch bald zu klein, und so übersiedelte man mit dem Jahrgang 2010 in die Kremser Sandgrube, und zwar in einen leer stehenden Keller des Stifts Wilhering. Eine moderne, schonende und energiesparende Traubenübernahme wurde dem alten Gebäude hinzugefügt.

Heute bewirtschaftet das Weingut Rainer Wess, Mitglied des Vereins Traditionsweingüter Österreich, rund 18 Hektar Rebfläche. Auf dem Weingut arbeiten mit Rainer, Christina und David nun bereits zwei Generationen, die gemeinsam stets das Ziel verfolgen, die Lagen so unverfälscht, ungekünstelt und pur in die Flasche zu bringen wie nur möglich.

WEINGUT RAINER WESS
3500 Krems
Sandgrube 24
T: +43 (2732) 72389
info@weingut-wess.at
www.weingut-wess.at

Kellermeister: Rainer Wess & Christina Wess
Kontakt: Rainer Wess
Anbauweise: Umstellung auf bio
Produktion: 93.333 Flaschen
70 % weiß, 5 % rosé, 20 % rot, 5 % süß, 18 Hektar
Zertifiziert: Nachhaltig Austria
Vereinszugehörigkeit: Traditionsweingüter Österreich
Messen: Austrian Tasting London, ProWein Düsseldorf, VieVinum

(94) Riesling ** Ried Pfaffenberg 1ÖTW 2020
13 Vol.-%, NK, Stahltank, €€€€€
Mittleres Grüngelb, Silberreflexe. Zart nach Kumquats und Orangenzesten, Nuancen von gelbem Steinobst, floraler Touch, ein Hauch von Marille, mineralisch unterlegt. Saftig, komplex, ein Hauch von Feigen und reifem Pfirsich, Honigtouch im Abgang, gute Länge, verfügt über Reifepotenzial.

(93) Riesling ** Ried Kögl 1ÖTW 2020
13 Vol.-%, NK, Stahltank, €€€€€
Mittleres Gelbgrün, Silberreflexe. Feine Aromen von gelber Tropenfrucht, Nuancen von Mango und Marille, zarter Blütenhonig, kandierte Orangenzesten. Saftig, elegant, guter Säurebogen, harmonisch, bleibt gut haften, finessenreiche Säurestruktur, zitronig-salzig im Nachhall.

(92) Riesling ** Krems Alte Reben 2021
12,5 Vol.-%, DV, Stahltank, €€€€
Helles Gelbgrün, Silberreflexe. Feine Nuancen von weißem Steinobst, ein Hauch von Weingartenpfirsich, Limettenzesten, zart gewürzig unterlegt. Schlank, saftig, Pfirsich und Blütenhonig, lebendig, Limettentouch auch im Abgang, salziger Nachhall, bereits gut zugänglich.

92 Grüner Veltliner ** Krems Alte Reben 2021
12,5 Vol.-%, DV, großes Holzfass, €€€€
Mittleres Gelbgrün, Silberreflexe. Feine Nuancen von gelber Tropenfrucht, ein Hauch von Ananas und Mango, zart nach Marillen und Blütenhonig, ein Hauch von Holz. Straff, engmaschig, weißer Apfel, zart nach Gewürznelken, salzig-zitronig, ein lebendiger Speisenbegleiter.

(92) Grüner Veltliner ** Krems Ried Weinzierlberg 2020
13,5 Vol.-%, NK, großes Holzfass, €€€€€
Mittleres Grüngelb, Silberreflexe. Zart rauchige Kräuterwürze, ein Hauch von Karamell, mit gelbem Kernobst unterlegt. Mittlere Komplexität, weiße Apfelfrucht, zarte Süße, seidige Textur, balanciert, mittlere Länge, bereits zugänglich, ein vielseitiger Speisenbegleiter.

89 Tres Compañeros 2021 SB/GM/NB
13 Vol.-%, DV, Stahltank, €€€

93 Pinot Noir 2019
13 Vol.-%, NK, kleines Holzfass, €€€€€€
Mittleres Karmingranat, Ockerreflexe, breite Randaufhellung. Floral unterlegtes Himbeerkonfit, zart nach kandierten Veilchen, rotbeerig-mineralisches Bukett, einladend. Mittlerer Körper, zart nach Hibiskus, feinfruchtige Textur, gut integrierte seidige Tannine, salzige Mineralik, anmutiger Stil, ein delikater Speisenbegleiter mit Potenzial.

95 Riesling Ried Kremsleithen TBA 2018
10 Vol.-%, NK, Stahltank, €€€€€€
Leuchtendes mittleres Gelbgold, Silberreflexe. Zart nach Nougat und Dörrpflaumen, angenehme Botrytiswürze, mit weißem Pfirsich unterlegt, kandierte Orangenzesten, zarter Honig. Saftig, elegant, gelbe Tropenfrucht, süßer Pfirsich, feiner Säurebogen, mineralisch und komplex, wird von Flaschenreife profitieren.

REINHARD WINIWARTER WINERY

Reinhard Winiwarter hat 2010 den Weinbaubetrieb seiner Eltern in Stratzing bei Krems in vierter Generation übernommen, mit großem Verantwortungsgefühl gegenüber den drei Generationen davor. Sein großes Anliegen ist es, die »Reinhard Winiwarter Winery« fest im Kreis der Qualitätsanbieter aus dem Kremstal zu etablieren. Es sind die authentischen, klaren und einfachen Dinge, die Winiwarter gefallen. Seine Weine tragen dieses Bewusstsein in sich. Der Grüne Veltliner ist die wichtigste Sorte, ihm gilt das Hauptaugenmerk. Zweigelt und Chardonnay runden das Portfolio ab. In Zukunft will man auch mit neuen und anderen Rebsorten experimentieren und das volle Potenzial der Rebanlagen ausschöpfen.

90 Grüner Veltliner * Ried Steinbad RW1 2021
12,5 Vol.-%, DV, Stahltank, €€€
Helles Gelbgrün, Silberreflexe. Zart kräuterwürzig unterlegte frische Apfelfrucht, ein Hauch von Honigmelone, zitroniger Touch. Schlank, grüner Apfel, frischer Säurebogen, mineralisch, Limetten, lebendiger, trinkfreudiger Sommerwein.

90 Grüner Veltliner ** Ried Wolfsgraben RW2 2019
14 Vol.-%, DV, Stahltank, €€€€
Helles Gelbgrün, Silberreflexe. Grüner Apfel, etwas Wiesenkräuter, ein Hauch von Birnen, Limettenzesten klingen an, zart nussig unterlegt. Frische Struktur, saftig, gut eingebundener Säurebogen, weißes Kernobst, zartes Karamell, bereits gut antrinkbar.

89 Grüner Veltliner * RW1 green 2021
12 Vol.-%, DV, Stahltank, €€

91 Chardonnay Ried Steinbad RW3 2020
13,5 Vol.-%, DV, Stahltank, €€€
Helles Goldgelb, Silberreflexe. Feine Kräuterwürze, gelber Apfel, kandierte Orangenzesten, zart nach Lindenblüten. Mittlere Komplexität, dezente Fruchtsüße, ein Hauch von Marille und Blütenhonig, mineralisch und anhaftend, ein balancierter, vielseitiger Speisenbegleiter.

88 Rotburger Rosé Loiserweg RW4 2021
12,5 Vol.-%, DV, Stahltank, €€

90 Rotburger Ried Satzen RW5 2018
14 Vol.-%, DV, kleines Holzfass, €€€€
Dunkles Rubingranat, violette Reflexe, zarte Randaufhellung. Rauchig-tabakig unterlegte reife Zwetschkenfrucht, etwas Nougat, schwarze Kirschen, zart nach Earl Grey. Mittlere Komplexität, rote Kirschen, präsente Tannine, schokoladiger Touch, mineralischer Nachhall, bereits gut antrinkbar.

REINHARD WINIWARTER WINERY
3552 Stratzing
Obere Hauptstraße 19
T: +43 (1) 5333260
office@rw-winery.com
www.rw-winery.com

Kellermeister: Artur Toifl
Kontakt: Reinhard Winiwarter
Produktion: 5 % Schaumwein, 70 % weiß, 15 % rosé, 10 % rot, 7 Hektar

* Kremstal DAC ** Kremstal DAC Reserve

★★★

WEINGUT ALOIS ZIMMERMANN

Das Weingut von Alois Zimmermann junior befindet sich im charmanten Weinort Theiß nördlich des Donaustroms, unweit der Weinstadt Krems. 2007 hat er es offiziell von seinen Eltern Alois senior und Edeltraud übernommen. Mit den Augen von Visionären haben es die beiden zu seiner heutigen Größe aufgebaut. Dass er ebenfalls Winzer werden wollte, stand für den Sohn außer Zweifel: Die Arbeiten im Weingarten, das Begleiten des Weins im Keller, bis das Werk eines Jahres zu einem erlebbaren Genuss reift – das ist ein Prozess, der ihn schon immer faszinierte. Die Rebpflege ist für ihn dabei von zentraler Bedeutung, weshalb er auch eindeutig häufiger im Weingarten anzutreffen ist als im Büro.
Bevor Alois Zimmermann im Familienbetrieb loslegte, zog es ihn noch in die Ferne, wo er den Weinbau aus anderen Perspektiven erforschte. Die Essenz dieser Erfahrung ist für ihn die Konzentration auf die eigenen Stärken.

93 Grüner Veltliner ** Ried Rosshimmel 2020
14,5 Vol.-%, DV, Stahltank, €€€
Helles Gelbgrün, Silberreflexe. Feine reife Tropenfrucht, ein Hauch von Quitte und zart nach frischen Litschis, kandierte Kumquatzesten. Saftig, elegant, reife Nashi-Birne, feiner Säurebogen, zart nach Blütenhonig und Orangen, exotischer Stil, gut anhaftend, verfügt über Länge und Reifepotenzial.

92 Grüner Veltliner * Ried Sandgrube 2021
12,5 Vol.-%, DV, Stahltank, €€
Mittleres Gelbgrün, Silberreflexe. Feinwürzig unterlegte zarte gelbe Tropenfrucht, ein Hauch von Mango und Kernobst, einladendes Bukett. Saftig, gelber Apfel, finessenreiche Struktur, balanciert, weiße Frucht im Abgang, zitronig-mineralisch im Nachhall, ein eleganter Speisenbegleiter.

92 Grüner Veltliner ** Krems Ried Gebling 2020
13,5 Vol.-%, DV, Stahltank, €€€
Mittleres Goldgelb, Silberreflexe. Mit Orangenzesten unterlegte reife gelbe Tropenfrucht, ein Hauch von Mango und Papaya, zart nach Blütenhonig, einladendes Bukett. Saftig, reifer Apfel, feine Süße im Kern, zart nach Honig und Tabak im Nachhall, ein stoffiger, ausgereifter Speisenbegleiter.

91 Grüner Veltliner * Ried Gernlüssen 2021
12,5 Vol.-%, DV, Stahltank, €€
Mittleres Grüngelb, Silberreflexe. Frische Wiesenkräuter, gelber Apfel, ein Hauch von Honigmelone, noch etwas scheu. Saftig, elegant, weißer Apfel, frische Struktur, feine Mineralik im Abgang, zitronige Nuancen im Nachhall.

Jürgen Klob, Alois Zimmermann und Hund Watson

WEINGUT ALOIS ZIMMERMANN
3494 Theiß, Obere Hauptstraße 20
T: +43 (2735) 8209
office@weingut-zimmermann.at
www.weingut-zimmermann.at

Kellermeister: Alois Zimmermann
Kontakt: Alois Zimmermann jun. & Jürgen Klob
Produktion: 90.000 Flaschen
100 % weiß, 11.5 Hektar
Zertifiziert: Nachhaltig Austria
Vereinszugehörigkeit: Losgelöst(s)t, Weinstraße Kremstal
Messen: ProWein Düsseldorf, VieVinum, Vinobile Feldkirch, Vinobile Montfort, DAC-Präsentationen

© nimozimmerhackl

91 Riesling * Ried Rosshimmel 2021
12,5 Vol.-%, DV, Stahltank, €€ Ⓥ
Helles Grüngelb, Silberreflexe. Zart floral unterlegte gelbe Pfirsichfrucht, ein Hauch von Mango und Maracuja, etwas Blütenhonig. Straff, weiße Frucht, zarte Fruchtsüße, feine Säurestruktur, mineralisch-zitronig im Nachhall, bereits gut antrinkbar.

91 Riesling * Ried Kapuzinerberg 2021
12,5 Vol.-%, DV, Stahltank, €€€ Ⓥ
Helles Gelbgrün, Silberreflexe. Einladende Nuancen von gelber Tropenfrucht, Noten von Ananas und Blütenhonig, zart nach Orangenzesten. Mittlerer Körper, weißes Steinobst, finessenreiche Säurestruktur, Limetten im Abgang, bietet leichtfüßiges Trinkvergnügen.

91 Riesling ** Krems Ried Kremser Krax´n 2020
13,5 Vol.-%, DV, Stahltank, €€€€ Ⓥ
Helles Gelbgrün, Silberreflexe. Feine Nuancen von Steinobst und frischen Tropenfrüchten, zarter Blütenhonig. Saftig, weißer Apfel, frischer Säurebogen, mineralisch, feinwürzig im Abgang, wirkt schlank und zart salzig, dezente Süße im Nachhall, ausgewogen, bereits gut entwickelt und antrinkbar.

91 Blütenmuskateller 2021
12,5 Vol.-%, DV, Stahltank, €€ Ⓥ
Helles Gelbgrün, Silberreflexe. Kräuterwürze, florale Nuancen, Holunderblüten, Limettenzesten, attraktives Bukett. Straff, weißer Pfirsich, etwas Melone, frischer Säurebogen, zitronig-mineralisch, angenehme Fruchtsüße im Nachhall, delikater Stil.

90 Sauvignon Blanc 2021
12,5 Vol.-%, DV, Stahltank, €€ Ⓥ
Helles Gelbgrün, Silberreflexe. Zart floral unterlegte frische Stachelbeernuancen, Weiße Johannisbeeren und Limetten. Mittlerer Körper, weiße Frucht, frischer Säurebogen, rassig und mit feiner Kräuterwürze ausgestattet, Limetten im Nachhall.

★★

WEINGUT ZÖHRER

Die Wurzeln des Weinguts und der Familie Zöhrer reichen 750 Jahre bis in die Zeit der Babenberger zurück. Albrecht I. (1255–1308) belehnte 20 seiner treuesten Gefolgsleute, die Lehnherren von Krems-Weinzierl, mit Ackerland, Wäldern, Obst- und Weingärten in und um Weinzierl, das heute ein Stadtteil von Krems ist. Die Familie Zöhrer gehörte damals dazu und ist heute das letzte international aktive Weingut der Lehnherren von Krems-Weinzierl. Tradition und das Wissen von Generationen wurden Anton Zöhrer somit in die Wiege gelegt.
Konsequent wird daran gearbeitet, das Potenzial der großen Lagen, die zu den bedeutendsten des Kremstals zählen, auszuschöpfen. Denn dort, im Terroir der Rieden, liegt die Stärke des Weinguts Zöhrer. Die Rebstöcke wurden großteils vom Großvater und vom Vater vor 40 bis 100 und mehr Jahren ausgepflanzt. Der Schwerpunkt liegt auf den Sorten Grüner Veltliner und Riesling. Die Weine haben ein unverkennbares Profil, sind von ihrer Herkunft geprägt und erfreuen sich internationaler Wertschätzung.

92 Grüner Veltliner * Ried Limberg 2021
13 Vol.-%, DV, großes Holzfass, €€€€€
Mittleres Gelbgrün, silberfarbene Reflexe. Feine Tabakwürze, etwas mit Blütenhonig unterlegte gelbe Tropenfrucht, zart nach Marille und Ananas. Saftig, straff, gut

Weingärten bei Krems

eingebundene Säurestruktur, feinwürzig, fruchtsüß nach Honigmelone im Abgang, würziger Nachhall, guter Speisenbegleiter.

(92) Grüner Veltliner * Ried Kapuzinerberg 2021
13 Vol.-%, DV, großes Holzfass, €€€€€
Leuchtendes Goldgelb, Grünreflexe. Mit Blütenhonig unterlegte reife Tropenfrucht, ein Hauch von Mango, zart nach Pfirsich, mit Karamell unterlegte getrocknete Orangen. Saftig, fruchtsüß, etwas cremig, Toffeetouch, gelbe Tropenfrucht, Honig im Nachhall, guter Speisenbegleiter.

(91) Grüner Veltliner * Ried Frechau 2021
13,5 Vol.-%, DV, großes Holzfass, €€€€€
Mittleres Gelbgrün, Silberreflexe. Reife Apfelfrucht, zart nach Blütenhonig, etwas nach Quittengelee, würziger Anklang. Saftig, kraftvoll, samtige Textur, gut eingebundene Säurestruktur, gelbe Tropenfrucht im Abgang, stoffiger Speisenbegleiter.

(91) Grüner Veltliner * Ried Thurnerberg 2021
13,5 Vol.-%, DV, kleines Holzfass, €€€€€
Mittleres Gelbgrün, silberfarbene Reflexe. Feine Kräuternoten, etwas nach Bergamotte und kandierter Apfelfrucht, ein Hauch von Birnen, pfeffriger Anklang. Mittlere Komplexität, kraftvoll, zart mineralisch, feinwürzig, etwas nach weißem Steinobst, stoffiger Speisenbegleiter.

WEINGUT ZÖHRER

3500 Krems
Sandgrube 1
T: +43 (2732) 83191
weingut@zoehrer.at
www.zoehrer.at

Kellermeister/Kontakt:
Toni Zöhrer
Produktion: 10 % Schaumwein, 65 % weiß, 15 % rosé, 10 % rot
Vereinszugehörigkeit:
Original Kremser Wein
Messen: Forum Vini München, ProWein Düsseldorf, Veltlinertag im Museumsquartier, VieVinum, Vinobile Feldkirch, DAC-Präsentationen, Vinexpo New York

91 Grüner Veltliner * Ried Gebling 2021
13 Vol.-%, DV, Eichenfass, €€€€€
Leuchtendes Goldgelb, silberfarbene Reflexe. Feine Kräuternoten, etwas nach gelber Tropenfrucht, zart nach Guaven, mit Melisse unterlegt. Mittlere Komplexität, kraftvoll, gelbes Kernobst, zart nach Mandarinenzesten, feinwürziger Nachhall, bereits gut antrinkbar.

91 Grüner Veltliner * Ried Weinzierlberg 2021
13 Vol.-%, DV, großes Holzfass, €€€€€
Helles Grüngelb, silberfarbene Reflexe. Zarte Kräuternoten, etwas nach Maracuja, ein Hauch von Birne, Mandarinenzesten. Saftig, elegant, Kernobst, weiße Tropenfrucht, gut eingebundene Säurestruktur, mineralisch, tabakiger Nachhall, guter Speisenbegleiter.

´MOOSHAMMER´

Beratung | Planung | Produktion | Montage

´TECHNIQA´

INNOVATION & QUALITÄT

ıtenwaschanlagen, Hygieneschleusen, Personalhygiene und Desinfektionsanlagen, Betriebseinrichtungen aus
elstahl & Kunststoff, Türen, Niederdruck-Schaumreinigung, Edelstahl-Bodenentwässerung, Wagen- und Behälter, uvm.

ualitätsprodukte aus den Bereichen Hygienemanagement, Entwässerungs-, Förder-, Lagertechnik wie Türen, Betriebseinrichtung und Bauelemente sind die Spezialgebiete unseres Unternehmens. r verstehen uns als Gesamtanbieter für Qualitätsprodukte für die gesamte Lebensmittelindustrie d im Tiefgaragenbau. Der Fokus liegt auf der Erfüllung individueller Kundenwünsche schon in der anungsphase, zum Service gehört auch die Montage vor Ort. Das Hauptaugenmerk liegt auf der bensmittelindustrie, daneben zählen führende Handwerksbetriebe in ganz Österreich, Bayern und n Grenzgebieten zu den Kunden unseres Unternehmens - insbesondere Betriebe in der Fleisch-rarbeitung, im Lebensmittelhandel, Schlachthöfe, Molkereien, Bäckereien, Käsereien, Brauereien Getränkehersteller, die Fisch- und Geflügelindustrie, Gewürzverarbeitung, Chemische Industrie w., wie zahlreiche namhafte Referenzen belegen.

HR PARTNER

ır Edelstahl und Technik

T: +43(0)7248 64434
E: info@mooshammer.at
H: www.mooshammer.at

© WSNA

NIEDERÖSTERREICH

THERMEN-REGION

Der Eichkogel bietet einen beeindruckenden Blick über die Thermenregion südlich von Wien im Wienerwald

Stift Gumpoldskirchen

GEBIET MIT GESCHICHTE, WEINE MIT ZUKUNFT

Die Thermenregion entstand 1985 durch die Zusammenlegung der früheren Weinbaugebiete Gumpoldskirchen und Bad Vöslau, blickt aber auf eine sehr lange Geschichte zurück. 2.181 Hektar Reben lehnen sich an die Ausläufer des Wienerwalds, vom Stadtrand Wiens bis südlich des Kurortes Baden. Autochthone Rebsorten wie Zierfandler und Rotgipfler sind die Spezialität des Gebiets, beim Rotwein dominieren St. Laurent und Pinot Noir.

Schon vor mehr als 2.000 Jahren wurden in der klimatisch begünstigten Region südlich von Wien Weinreben kultiviert. Römische Legionäre, die in Carnuntum und Vindobona stationiert waren, brachten Weinstöcke aus ihrer Heimat und Kenntnisse über die Weinerzeugung nach Pannonien. Der Name »Thermenregion« verweist auf die schwefelhaltigen heißen Quellen von Aquae (Baden).

Die Weinreben profitieren vom pannonischen Klimaeinfluss mit heißen Sommern und trockenen Herbsten sowie 1.800 Sonnenstunden im Jahr. Ständige Luftbewegung lässt im Herbst die Trauben nach Tau oder Regen rasch abtrocknen. Bei der geologischen Vielfalt überwiegen relativ schwere Böden wie lehmige Tone, sandige Lehme und Braunerde mit hohem Muschelkalkgehalt. Der darunterliegende Verwitterungsschutt und tiefreichende Schichten von Schwemmland helfen bei Entwässerung und Durchwärmung. Im Steinfeld im Südosten der Region bieten eher steinige, karge Schotterböden den Rotweinsorten ausgezeichnete Bedingungen. Hausrecht haben die gebietstypischen – sonst kaum zu findenden – weißen Rebsorten Zierfandler (Synonym: Spätrot) und Rotgipfler, die als Cuvée die legendäre Weinehe Spätrot-Rotgipfler eingehen. Zur traditionellen Sortenvielfalt gehören aber auch der früher als Vöslauer bezeichnete Blaue Portugieser oder der Neuburger, ebenso

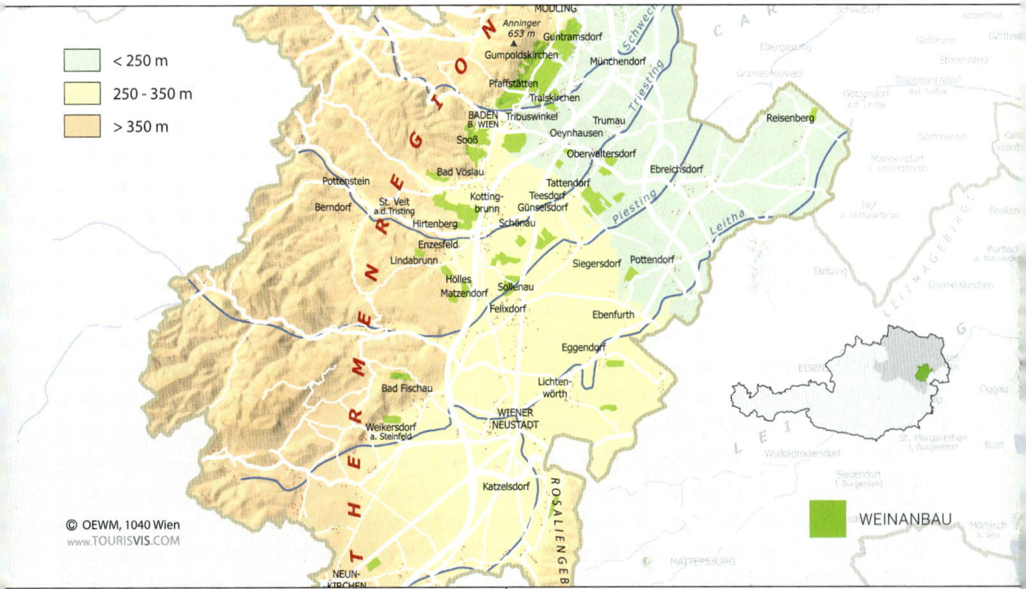

moderne Weine aus der Burgunderfamilie, St. Laurent und Zweigelt, aber auch Merlot und Cabernet Sauvignon. Rotweinzentren sind Bad Vöslau, Sooß, Tattendorf und Teesdorf, die klassischen Weißweine kommen aus Perchtoldsdorf, Gumpoldskirchen, Pfaffstätten, Baden, Guntramsdorf und Traiskirchen.

Natur und Kultur ermöglichen ein abwechslungsreiches Freizeitprogramm: von einem Besuch des wieder erblühten Freiguts Thallern des Zisterzienserstiftes Heiligenkreuz, eines der ältesten Weingüter Österreichs, über die Kultur- und Kurstadt Baden mit Theater, Operette, Wellness oder Traubenkur bis zu Ausflügen entlang der Weinstraße oder Wanderungen durch die Weinberge entlang der Wiener Hochquellwasserleitung. Das Wasser zum Wein als exzellenter Speisenbegleiter kommt dann auch in der Gastronomie zu seinem Recht.

AUSGEWÄHLTE WEINGÜTER

★★★★

Weingut Alphart, Traiskirchen
Weingut Christian Fischer, Sooß
Weingut Johannes Gebeshuber, Gumpoldskirchen
Weingut Johanneshof Reinisch, Tattendorf
Weingut Stadlmann, Traiskirchen

★★★

Weingut Familie Auer, Tattendorf
Leo Aumann, Tribuswinkel
Weingut Biegler, Gumpoldskirchen
Burgundermacher Weingut Johann Gisperg, Teesdorf
Weingut Hartl, Oberwaltersdorf
Weingut Piriwe, Traiskirchen
Weingut Schneider, Tattendorf

★★

Weingut Alphart am Mühlbach, Traiskirchen
Weingut Robert Schlumberger, Bad Vöslau
Weingut Harald Zierer, Gumpoldskirchen

★

Goldeck Wein- und Sektkellerei, Bad Vöslau

★★★★

WEINGUT ALPHART

Das Weingut Alphart in Traiskirchen in der Thermenregion steht für höchste Weinqualität. Der Familienbetrieb kann auf eine mehr als 250-jährige Tradition zurückblicken. Etwa 30 Hektar Muschelkalkboden in Eigenbesitz sind mit Reben bestockt, die mit größter Sorgfalt gepflegt werden. Die Eckpfeiler für eigenständige Weine sind ein respektvoller Umgang mit der Natur, die individuelle Pflege jedes Rebstocks, konsequente Ertragsreduktion, penible selektive Handlese zum perfekten Lesezeitpunkt sowie schonendste Verarbeitung. Nur so ist es möglich, die feine Eleganz und klare Frucht der Trauben in den Weinen wiederzufinden.
Vor allem dem Rotgipfler und dem Chardonnay in jeweils mehreren Ausbauarten schenken die Alpharts viel Aufmerksamkeit. Diese beide Sorten reifen in den burgundischen Lagen Rodauner, Teigelsteiner, Satzing und Goldlacke zu ganz besonderen Gewächsen heran. Auch die altösterreichische Sorte Neuburger ist im Hause Alphart mit der Einzellage Hausberg ein wichtiger Fixpunkt im Sortiment. Die eleganten Rotweine sollte man ebenfalls nicht außer Acht lassen. Hier setzt man auf saftige Cuvées aus Zweigelt und Pinot Noir sowie auf die kräftige Paarung aus fleischigem Merlot und reifem Cabernet Sauvignon in der Cuvée »Alpha«. Der reinsortige Pinot Noir ist eine ganz besondere Leidenschaft der Winzerfamilie und begeistert als klassisch-fruchtige Variante ebenso wie als Reserve mit eleganter Struktur und zarter Rotbeerigkeit.
Sechsmal im Jahr ist bei den Alpharts »ausg'steckt«. Der Heurige dient als Plattform zur Kommunikation und zur Präsentation der eigenen Weine. Hier wird Tradition fortgeführt, Weinkultur in angenehmer Atmosphäre gepflegt und auf Qualität der regionalen Grundprodukte in der Küche Wert gelegt. Geboten werden Heurigenklassiker wie Aufstriche und Salate sowie modernisierte Familienrezepte der klassischen Hausmannskost.

94 Rotgipfler Ried Rodauner Top Selektion 2020
14 Vol.-%, DV, großes Holzfass, €€€€€ V
Mittleres Goldgelb, Silberreflexe. Feine gelbe Tropenfrucht, ein Hauch von Mango und Guaven, zarter Blütenhonig, frische Orangenzesten, facettenreiches Bukett. Komplex, kraftvoll, feine Nuancen von weißer Frucht, feine

Kapelle am Kreuzweg, Thallern

WEINGUT ALPHART
2514 Traiskirchen
Wiener Straße 46
T: +43 (2252) 52328
weingut@alphart.com
www.alphart.com

Kellermeister/Kontakt:
Florian Alphart
Anbauweise: Umstellung auf bio (Bio Austria)
Produktion: 200.000 Flaschen
80 % weiß, 18 % rot, 2 % süß,
30 Hektar
Vereinszugehörigkeit:
Thermenwinzer
Messen: Austrian Tasting London, ProWein Düsseldorf, VieVinum

Säurestruktur, lebendig und gut anhaftend, wirkt noch etwas unterentwickelt, wird von ein paar Jahren Flaschenreife profitieren.

(93) Rotgipfler Ried Rodauner 2021
13,5 Vol.-%, DV, großes Holzfass, €€€€ Ⓥ
Helles Grüngelb, Silberreflexe. Zart nussig-kräuterwürzig unterlegte feine weiße Apfelfrucht, ein Hauch von Birne und Biskuit, einladendes Bukett. Straff, stoffig, weißer Apfel auch am Gaumen, frisch, salziger Abgang, bleibt haften, ein finessenreicher Speisenbegleiter mit Reifepotenzial.

92 Rotgipfler Ried Rodauner 2020
13,5 Vol.-%, DV, großes Holzfass, €€€€ Ⓥ
Helles Goldgelb, Silberreflexe. Zarte Kräuterwürze, reife Birne, ein Hauch von Blütenhonig, kandierte Mandarinenzesten. Komplex, feine Frucht, nach Mango und Apfel, dezenter Säurebogen, mineralisch, gute Frische, bereits antrinkbar, vielseitig einsetzbar.

91 Rotgipfler vom Berg 2021
12,5 Vol.-%, DV, Stahltank, €€ Ⓥ
Helles Goldgelb, Silberreflexe. Zart nussig unterlegte Birnenfrucht, etwas Mango und Blütenhonig, zart nach Orangenzesten. Mittlerer Körper, weiße Apfelfrucht, frisch, lebendig strukturiert, salzig-zitronig im Abgang, animierender Stil.

94 Chardonnay Privat 2020
14 Vol.-%, DV, Barrique, €€€€€ Ⓥ
Mittleres Goldgelb, Silberreflexe. Zarte Kräuterwürze, feine gelbe Tropenfrucht, etwas Blütenhonig, mit gelbem Apfel unterlegt, zart nach kandierten Orangenzesten. Komplex, saftig und elegant, feiner Säurebogen, cremiger Touch, etwas Nelken und Marillen im Nachhall, zeigt Länge, verfügt über Potenzial.

93 Chardonnay Ried Tagelsteiner 2020
14 Vol.-%, DV, kleines Holzfass, €€€€€ Ⓥ
Helles Goldgelb, Silberreflexe. Zarte Holzwürze, Nuancen von Vanille und Karamell, reife gelbe Tropenfrucht, zart nach Orangenzesten. Komplex, saftig und elegant, feine Fruchtsüße, ein Hauch von Marille, mineralisch und mit Länge ausgestattet, salziger Touch, ein facettenreicher Speisenbegleiter.

92 Chardonnay Ried Stein Reserve 2020
13,5 Vol.-%, DV, Teilbarrique, €€€€€ Ⓥ
Leuchtendes mittleres Goldgelb, Silberreflexe. Zart rauchig-kräuterwürzig unterlegte gelbe Apfelfrucht, ein Hauch von Röstaromen. Saftig, gelbe Frucht, feiner Säurebogen, frisches Steinobst, zitronig-mineralisch, mittlere Länge, vielseitig einsetzbar.

Rotgipfler

91 Chardonnay vom Berg 2021
13 Vol.-%, DV, großes Holzfass, €€€ Ⓥ
Helles Goldgelb, Silberreflexe. Zart nach Golden-Delicious-Apfel, ein Hauch von Ringlotten, dezente Fruchtsüße, mineralisch unterlegt. Straff, frisch strukturiert, grüner Apfel, Limetten im Abgang, ein lebendiger, schlanker Speisenbegleiter.

91 Neuburger Ried Hausberg 2021
13 Vol.-%, DV, Stahltank, €€€ Ⓥ
Helles Grüngelb, Silberreflexe. Feine Wiesenkräuter, zart nach Walnuss, mit gelbem Kernobst unterlegt, zart nach Pfirsich. Mittlere Komplexität, zarte Fruchtsüße, lebendig strukturiert, weißer Apfel, zitroniger Nachhall.

93 Pinot Noir Ried Rosenberg Reserve 2020
13,5 Vol.-%, DV, Teilbarrique, €€€€€ Ⓥ
Kräftiges Karmingranat, violette Reflexe, breite Ockerrandaufhellung. Florale Nuancen, nach kandierten Veilchen, Himbeerkonfit, Erdbeeren und eingelegte Kirschen, frische Orangenzesten. Saftig, elegant, rotbeerig, frischer Säurebogen, gut integrierte Tannine, zitronig-salzig im Abgang, mineralischer Nachhall, sicheres Entwicklungspotenzial.

90 Pinot Noir vom Berg 2020
13 Vol.-%, DV, gebrauchte Barriques, €€€ Ⓥ
Mittleres Rubingranat, violette Reflexe, breite Randaufhellung. Zarte rote Waldbeeren, Nuancen von Himbeeren, Kirschen und Erdbeeren, helle Schokolade. Schlank, feine Fruchtsüße, seidige Tannine, salzig im Abgang, bietet unkompliziertes Trinkvergnügen.

★★

WEINGUT ALPHART AM MÜHLBACH

Das Weingut Alphart am Mühlbach in Traiskirchen ist ein traditioneller Familienbetrieb im Herzen der Thermenregion. Die Weine von Winzer Lorenz Alphart haben einen modernen, geradlinigen Stil und sind von raffinierter Würze, von Aromenspiel und Mineralik geprägt.
Der Fokus liegt klar auf den autochthonen Sorten Rotgipfler und Zierfandler sowie auf Chardonnay und Pinot Noir. Lorenz Alphart vinifiziert Weine ausschließlich von handverlesenen, perfekt gewachsenen Trauben. Die Herkunft spielt dabei eine entscheidende Rolle, alle Weine werden von den besten Lagen in Traiskirchen, Gumpoldskirchen und Pfaffstätten gekeltert.
Lorenz Alphart hat bereits sehr früh auf ein klar verständliches Herkunftssystem mit Gebiets-, Orts- und Riedenweinen gesetzt. An der Spitze steht ganz klar der Top-Rotgipfler von der bekannten Ried »Mandelhöh«, einer der besten Rieden der Region an den Ausläufern des Anningers mit seinen kargen Muschelkalkböden – für den Winzer ein Wein, der mit Vielschichtigkeit und burgundischer Finesse besticht. Auch in seiner neuen Ried »Pressweingarten« steht diese Sortenrarität – die Weine dieser Lagen zählen mittlerweile zu den spannendsten der Region.
Das Weingut hat sich innerhalb der letzten zehn Jahren als »Rising Star« am österreichischen Weinhimmel etabliert – klares Verdienst von Lorenz Alphart, der mit seinem Querdenken, seiner Akribie und seinem guten Gespür für Boden und Rebsorten immer für eine Überraschung gut ist.

WEINGUT ALPHART AM MÜHLBACH
2514 Traiskirchen
Wassergasse 9
T: +43 (2252) 52292
info@alphart.at
www.alphart.at

Kellermeister/Kontakt:
Lorenz Alphart
Produktion: 70 % weiß, 25 % rot, 5 % süß, 9 Hektar
Messen: ProWein Düsseldorf, VieVinum

93 Chardonnay Reserve 2020
13,5 Vol.-%, DV, kleines Holzfass, €€€€
Helles Goldgelb, Silberreflexe. Vanille, gelbe Tropenfrucht, zart nach Ananas, feine Nuancen von Orangenzesten und Nelken. Mittlere Komplexität, feine Mineralik, Nuancen von weißem Steinobst, feiner Säurebogen, balanciert und gut anhaftend, ein Speisenbegleiter mit Reifepotenzial.

(90) Chardonnay Ried Ruffenbrunn 2021
13 Vol.-%, DV, großes Holzfass, €€€
Zart getrübtes helles Grüngelb, Silberreflexe. Frisches weißes Kernobst, zart nach Blüten, Mandarinenzesten klingen an. Mittlerer Körper, frischer Apfel, knackige Säurestruktur, zitroniger Touch im Abgang, ein lebendiger Speisenbegleiter.

(93) Rotgipfler Ried Mandelhöh Limited Edition 2020
13,5 Vol.-%, NK, gebrauchte Barriques, €€€€€
Helles Grüngelb, Silberreflexe. Frische weiße Tropenfrucht, Nuancen von Nashi-Birne, zart nach kandierten Orangenzesten, zart nussig. Straff, engmaschig, feine salzige Nuancen, Limettentouch, bleibt gut haften, mineralisch-zitroniger Nachhall, ein finessenreicher Speisenbegleiter.

(92) Rotgipfler Ried Mandelhöh 2021
13,5 Vol.-%, DV, großes Holzfass, €€€
Helles Gelbgrün, Silberreflexe. Etwas zurückhaltend, ein Hauch von Limettenzesten, weißer Apfel, florale Nuancen. Saftig, engmaschig, frischer Säurebogen, rassig strukturiert, zitronig-mineralisch im Abgang, bereits zugänglich, lebendiger Stil.

(91) Rotgipfler Ried Pressweingarten 2021
13,5 Vol.-%, DV, großes Holzfass, €€€
Zart getrübtes helles Goldgelb, Silberreflexe. Gute-Luise-Birne, frische Orangenzesten, etwas Mango, einladendes Bukett. Saftig, feines weißes Kernobst, finessenreicher Säurebogen, Limetten im Abgang, ein lebendiger Begleiter bei Tisch.

(92) Zierfandler Ried Otzler 2021
13 Vol.-%, DV, großes Holzfass, €€€
Mittleres Grüngelb, Silberreflexe. Frische Birnenfrucht, ein Hauch von Papaya, zart nach Limettenzesten, feine Wiesenkräuter im Hintergrund. Mittlerer Körper, weiße Apfelfrucht, saftig, rassiger Säurebogen, zitroniger Touch, sicheres Reifepotenzial.

★★★

WEINGUT FAMILIE AUER

BIO

Das Weingut Familie Auer ist ein Traditionsbetrieb, der durch Qualität, Nachhaltigkeit und Innovation seit Jahren Weine mit Charakter und persönlicher Handschrift hervorbringt, welche die ganze Leidenschaft der Familie für Natur und Weinbau widerspiegeln. »Von, für und mit der Natur« – so das Motto der Auers. Deshalb bewirtschaftet das Weingut seine 23 Hektar Weingartenfläche nach biologischen Gesichtspunkten, denn Nachhaltigkeit und der Erhalt des Erbes für die nächsten Generationen ist dem Familienbetrieb sehr wichtig. 45 Prozent der Rebfläche sind den Burgundersorten Pinot Noir und St. Laurent, den Leitsorten des Bio-Betriebs, gewidmet.
Sowohl Hanglagen als auch weite Ebenen prägen das Terroir der Weine und geben ihnen ihren unverwechselbaren Charakter. In der Ebene findet man Kalkschotterböden, die besonders durchlässig sind; die Feuchtigkeit nach starken Regenfällen wird rasch abgeleitet. Bei Sonneneinstrahlung erwärmen sich die Böden beträchtlich. St. Laurent und Pinot Noir fühlen sich besonders auf den kargen, steinigen Böden wohl. In den Hanglagen findet man schwere Böden, wie lehmiger Ton, sandiger Lehm und Braunerde mit einem hohen Anteil an Muschelkalk, der durch Reste von Muscheln und Schnecken entstanden ist. Das bildet die perfekte Grundlage für die autochthonen Sorten Rotgipfler und Zierfandler sowie für die weißen Burgundersorten.
Auch beim Heurigen spiegelt sich die Philosophie der Familie Auer wider: Hier erlebt man eine hohe Glaskultur für jeden edlen Tropfen, ein stilvolles Ambiente in allen Räumlichkeiten, große Gastfreundlichkeit durch familiäre Betreuung sowie saisonale und regionale Schmankerl als Gaumenfreude bei jedem Besuch.

93 Zierfandler Ried Preisen 2020
14 Vol.-%, NK, Barrique, €€€€€ Ⓑ Ⓥ
Leuchtendes mittleres Goldgelb, Silberreflexe. Zart nach gelber Tropenfrucht, etwas Blütenhonig, dezentes, einladendes Bukett. Saftig, elegant, feine Fruchtsüße, mineralisch unterlegt, lebendiger Säurebogen, nach reifen Feigen im Abgang, bleibt haften, ein ausgewogener Speisenbegleiter.

92 Rotgipfler Ried Preisen 2020
14 Vol.-%, NK, Barrique, €€€€€ Ⓑ Ⓥ
Mittleres Grüngelb, Silberreflexe. Zart nussig, ein Hauch

WEINGUT FAMILIE AUER
2523 Tattendorf
Pottendorfer Straße 14
T: +43 (2253) 81251
office@weingutauer.at
www.weingutauer.at

Kellermeister: Leopold Auer
Kontakt: Leopold und Helga Auer
Anbauweise: Zertifiziert Biologisch (Austria Bio Garantie)
Produktion: 30 % weiß, 70 % rot, 23 Hektar
Vereinszugehörigkeit: Die Burgundermacher
Messen: ProWein Düsseldorf, VieVinum, Vinobile Feldkirch

von gelber Tropenfrucht, floraler Touch, Nuancen von Orangenzesten. Saftig, dezente Kräuterwürze, feine Fruchtsüße, zarter Blütenhonig, Apfelfrucht im Nachhall, mittlere Länge, etwas Nougat im Rückgeschmack.

93 St. Laurent Reserve 2019
13 Vol.-%, NK, Barrique, €€€€€ B V
Dunkles Rubingranat, violette Reflexe, breitere Randaufhellung. Feine Kräuterwürze, etwas nach Vanille und Edelholzwürze, mit weißem Nougat unterlegtes rotes Beerenkonfit, floraler Touch. Saftig, komplex, elegante Tanninstruktur, mineralisch, süße rote Beeren, Zwetschkentouch im Abgang, schokoladiger Nachhall, bereits gut zugänglich.

92 Pinot Noir Reserve 2019
13,5 Vol.-%, NK, Barrique, €€€€€ B V
Kräftiges Karmingranat, Ockerreflexe, breite Randaufhellung. Zart blättrig-tabakig unterlegtes Brombeerkonfit, eingelegte Kirschen, zart nach Lakritze. Komplex, dunkle Kirschen, etwas Nougat, feine Tannine, gute Frische, elegant und ausgewogen, zarte Süße im Abgang, bereits gut entwickelt.

92 Cabernet Sauvignon Merlot Reserve 2019 CS/ME
14 Vol.-%, NK, Barrique, €€€€€ B V
Dunkles Rubingranat, violette Reflexe, dezente Randaufhellung. Zarte Edelholzwürze, ein Hauch von Nougat und Vanille, schwarze Beerenfrucht, reife Zwetschken, Cassis und Orangenzesten. Saftig, elegant, feine Fruchtsüße, reife Tannine, frisch strukturiert, ausgewogen, ein vielseitiger Speisenbegleiter.

92 Die Geschichte vom Schafweingarten 2019 SL/PN
13 Vol.-%, NK, Teilbarrique, €€€€€ B I V
Kräftiges Rubingranat, violette Reflexe, breitere Randaufhellung. Feine dunkle Waldbeeren, eingelegte Kirschen, ein Hauch von Nougat und Kräutern. Mittlerer Körper, feiner Gerbstoff, dunkle Herzkirschen, zart nach Karamell, würziger Nachhall, gutes Entwicklungspotenzial.

★★★

LEO AUMANN

Der Name Leo Aumann steht für Qualität auf höchstem Niveau. Die charaktervollen und terroirtypischen Weine sind der Inbegriff von wahrem Genuss aus der Thermenregion. Von Tribuswinkel aus erstrecken sich die Weingärten des Weinguts in alle Himmelsrichtungen. Damit kann Leo Aumann aus dem Vollen schöpfen, denn die vielfältigen geologischen Gegebenheiten innerhalb der Thermenregion sorgen für facettenreiche Weine.
Die Hanglagen am Rande des Wienerwaldes bieten idealtypische Voraussetzungen für großartige Weine, Burgundersorten wie Chardonnay, Pinot Noir oder St. Laurent, aber auch Rotgipfler und Zierfandler entwickeln sich hier prächtig. Und der Harterberg mit seinen sandigen Lehmböden bringt hervorragende Qualitäten hervor, besonders bei Merlot und Zweigelt.

93 Rotgipfler Ried Wiege 2020
14 Vol.-%, DV, 500-l-Fass, €€€€ V
Leuchtendes helles Gelbgold, Silberreflexe. Zart nach Orangenzesten, feiner Blütenhonig, Nuancen von Mango und Birne, einladendes Bukett. Komplex, saftig und elegant, feine weiße Tropenfrucht, zarter Säurekern, ausgewogen und bereits gut antrinkbar, ein vielseitiger Speisenbegleiter.

92 Rotgipfler Ried Rodauner 2021
14 Vol.-%, DV, großes Holzfass, €€€ V
Helles Goldgelb, Silberreflexe. Mit frischen Orangenzesten unterlegte feine gelbe Tropenfrucht, zart nach weißen Blüten, einladendes Bukett. Saftig, elegant, feine Birnenfrucht, finessenreicher Säurekern, wirkt leichtfüßig, Limettentouch im Abgang, animierender Stil.

91 Rotgipfler Ried Flamming 2021
13,5 Vol.-%, DV, Stahltank, €€€ V
Helles Goldgelb, Silberreflexe. Zarte gelbe Birnenfrucht, ein Hauch von Mango, Nuancen von Mandarinenzesten. Mittlerer Körper, weißes Kernobst, frischer Säurebogen, zitroniger Nachhall, ein balancierter Speisenbegleiter.

92 Chardonnay Reserve 2020
14 Vol.-%, DV, 500-l-Fass, €€€ H V
Helles Goldgelb, Silberreflexe. Zarte Holznuancen, feine Kräuterwürze, zarte gelbe Apfelfrucht, ein Hauch von Orangenzesten. Mittlerer Körper, feine Fruchtsüße, zart

© Helmut Mitter

LEO AUMANN

2512 Tribuswinkel
Oberwaltersdorfer Straße 105
T: +43 (2252) 80502
weingut@aumann.at
www.aumann.at

Kellermeister/Kontakt: Leo Aumann
Produktion: 3 % Schaumwein, 40 % weiß, 55 % rot, 2 % süß, 45 Hektar
Vereinszugehörigkeit: Thermenwinzer
Messen: ProWein Düsseldorf, VieVinum

Leo Aumann

nach Birne, ausgewogen, mineralisch, dezentes Karamell im Abgang, bereits gut antrinkbar.

90 Chardonnay Ried Badener Berg 2021
13 Vol.-%, DV, 500-l-Fass/Stahltank, €€
Helles Goldgelb, Silberreflexe. Zart nach gelbem Apfel, frische Birne, etwas Blütenhonig. Mittlere Komplexität, feine Fruchtsüße, dezenter Säurebogen, harmonisch, zugänglich, bietet unkompliziertes Trinkvergnügen.

91 Zierfandler Ried Hofbreite 2021
14 Vol.-%, DV, Stahltank, €€€
Helles Goldgelb, Silberreflexe. Etwas scheues Bukett, zarte Wiesenkräuter, feiner Kernobsttouch, frische Orangenzesten. Mittlerer Körper, Anklänge von Pfirsich, etwas weitmaschig, weißer Apfel, zarte Säure, ein balancierter Begleiter bei Tisch.

(92) Pinot Noir Ried Bockfuss 2020
13,5 Vol.-%, DV, 500-l-Fass, €€€€
Kräftiges Rubingranat, zarte Ockerreflexe, breite Randaufhellung. Zarte Kräuterwürze, ein Hauch von Lakritze, schwarze Kirschen, aber auch Himbeeren, einladendes Bukett. Mittlerer Körper, rotbeerige Textur, feine Tannine, zitronig-salzig im Abgang, bleibt gut haften, hat Potenzial.

(90) Pinot Noir Reserve 2020
13,5 Vol.-%, DV, 500-l-Fass, €€€
Kräftiges Karmingranat, zarte Ockerreflexe, breite Randaufhellung. Frische rote Waldbeeren und Kirschen, floraler Touch, ein Hauch von Himbeeren. Saftig, elegant, rote Frucht, präsente, würzige Tannine, dezente Süße im Abgang, vielseitig einsetzbar.

92 Harterberg CS-M-ZW 2019 ME/ZW/CS
14,5 Vol.-%, NK,DIAM, Barrique, €€€€€
Tiefdunkles Rubingranat, opaker Kern, violette Reflexe, zarte Randaufhellung. Zart nach Feigen und Nougat, reife Zwetschken, kandierte Orangenzesten. Saftig, feine Holzwürze, reife Kirschen, dezente Extraktsüße, zart blättriger Abgang, salzig im Nachhall, mineralisch, ein stoffiger Speisenbegleiter mit Entwicklungspotenzial.

(92) Badener Berg 2019 SL/ME
14,5 Vol.-%, NK,DIAM, 500-l-Fass, €€€€€
Dunkles Rubingranat, opaker Kern, violette Reflexe, zarte Randaufhellung. Zarte Kräuterwürze, feines Nougat, etwas Vanille, schwarze Waldbeeren, tabakige Nuancen. Kraftvoll, reife Zwetschken, präsente, noch etwas fordernde Tannine, frischer Säurebogen, salzig im Abgang, zarte Holzwürze im Nachhall.

(91) St. Laurent Ried Ronald 2020
13,5 Vol.-%, NK,DIAM, 500-l-Fass, €€€€
Dunkles Rubingranat, violette Reflexe, zarte Randaufhellung. Feine Edelholznuancen, etwas Nougat, schwarze Beerenfrucht, dunkle Kirschen, frische Orangenzesten. Straff, würzig, nach Brombeeren, präsente Tannine, salzig im Abgang, etwas austrocknend, wird von Flaschenreife profitieren.

89 Merlot Reserve 2020
14 Vol.-%, DV, kleines Holzfass, €€€

★★★

WEINGUT BIEGLER

Das Weingut Biegler bewirtschaftet zehn Hektar Weingärten in der Thermenregion. Diese liegen an den bevorzugten Lagen an den Südosthängen des Hausberges Anninger. Klimatisch begünstigt durch die warmen Fallwinde und die Wärme speichernden kalkhaltigen Böden sowie geschützt durch den Berg reifen hier die Trauben zu besonderen Gewächsen heran. Der Betriebssitz, ein romantisches Hauerhaus im Ortszentrum, beherbergt die gesamte Produktionsstätte. Hier treffen sich Weinbegeisterte aus der ganzen Welt mit Othmar Biegler, um seine einzigartigen Weine zu verkosten. Mit ganzem Herzen ist der Winzer Gumpoldskirchner, er wurde hier 1962 geboren. Zwar führte ihn seine Ausbildung nach Klosterneuburg und nach Deutschland, aber im Grunde genommen war es klar: Das wunderschöne Familienweingut in Gumpoldskirchen sollte seine Handschrift tragen.

Man muss nicht gut, sondern besser sein, um etwas zu erreichen – überhaupt, um den Ruf zu haben, ein Spitzenwinzer zu sein. Othmar Biegler verfolgt seine Ziele unbeirrt, inspiriert sowie engagiert – und zudem auch noch ungeheuer erfolgreich. Dabei schwimmen die von ihm gemachten Weine nicht immer im Mainstream mit oder folgen gar aktuellen Modetrends. Sie haben alle ihren eigenen Charakter: glasklar, elegant, sortenbetont und blitzsauber. »Das Wichtigste passiert im Weingarten ohne mein Zutun. Ich kann nur unterstützen und dafür sorgen, dass die Weinstöcke die besten Bedingungen vorfinden. Die Trauben bleiben bis zum allerletzten Zeitpunkt auf dem Stock, werden nur selektiv von Hand gelesen und schnell und sauber verarbeitet.« Das ist alles, behauptet der Gumpoldskirchner bescheiden.

WEINGUT BIEGLER
2352 Gumpoldskirchen
Wiener Straße 16–18
T: +43 (2252) 62196
weingut.biegler@kabsi.at
www.weingut-biegler.at

Kellermeister/Kontakt:
Othmar Biegler
Produktion: 40.000 Flaschen
3 % Schaumwein, 75 % weiß,
3 % rosé, 15 % rot, 4 % süß,
10 Hektar
Vereinszugehörigkeit:
Thermenwinzer, Weinforum Thermenregion
Messen: ProWein Düsseldorf, VieVinum, Weintage im Museumsquartier

(93) Rotgipfler Gumpoldskirchen Ried Oberer Badener Weg 2021
14 Vol.-%, DV, gebrauchte Barriques, €€€€ V
Mittleres Goldgelb, Silberreflexe. Helles Nougatkaramell, gelbe Tropenfrucht, etwas Mango, einladendes Bukett. Kraftvoll, saftig, zarte Fruchtsüße, feine Säurestruktur, ein Hauch von Limetten, lebendiger Stil, mineralisch und anhaftend, weiße Apfelfrucht im Rückgeschmack, gute Länge, verfügt über Reifepotenzial.

91 Rotgipfler Gumpoldskirchen Ried Brindlbach 2021
13,5 Vol.-%, DV, Stahltank, €€€ V
Helles Goldgelb, Silberreflexe. Zart nach Wiesenkräutern, frische Birne, mit Orangenzesten unterlegt. Mittlerer Körper, weißer Apfel, feine Säurestruktur, salziger Touch, angenehme Mineralik im Rückgeschmack, wird von Flaschenreife profitieren.

92 Riesling Gumpoldskirchen Ried Grimmling 2021
13 Vol.-%, DV, Stahltank, €€€ V
Helles Goldgelb, Silberreflexe. Feine Nuancen von Ananas, ein Hauch von Wiesenkräutern und Limettenzesten, floraler Touch. Saftiger weißer Pfirsich, rassiger Säurebogen, zitroniger Touch, knackiger Stil, ein lebendiger Sommerwein.

(91) Zierfandler Ried Badener Weg 2021
14 Vol.-%, DV, Stahltank, €€€ V
Mittleres Grüngelb, Silberreflexe. Frische gelbe Tropenfrucht, zart nach Ananas und Ringlotten, mit einem Hauch von Wiesenkräutern unterlegt. Am Gaumen nach gelber Birne, etwas Blütenhonig, saliner Touch im Abgang, zitroniger Nachhall, rassiger Stil.

(90) Chardonnay Gumpoldskirchen Ried Hausberg 2021
13,5 Vol.-%, DV, Stahltank, €€€ V
Helles Grüngelb, Silberreflexe. Frischer grüner Apfel, zart nach Wiesenkräutern und Limetten, mineralischer Touch. Straff, engmaschig, weißes Kernobst, frischer Säurebogen, zitroniger Nachhall, lebendig und animierend.

(92) Rotgipfler Spätlese Ried Schwaben 2021
11,5 Vol.-%, DV, Stahltank, €€€ V
Helles Goldgelb, Silberreflexe. Reife weiße Birnenfrucht, ein Hauch von Blütenhonig, feiner Limettentouch. Saftig, süße Apfelfrucht, ein Hauch von Wiesenkräutern, mineralisch unterlegt, gelbe Birnen im Nachhall, lebendig strukturiert, wird von Flaschenreife profitieren.

★★★★

WEINGUT CHRISTIAN FISCHER

BIO

Christian Fischer zählt zu den erfolgreichsten Rotweinpionieren der Thermenregion. Er hat bereits früh begonnen, durch die Einbeziehung international anerkannter Rotweinsorten wie Pinot Noir, Cabernet und Merlot das zweifellos vorhandene Potenzial von Sooß zu nutzen. Das Resultat sind gehaltvolle, vielschichtige Rotweine, die sich durch eine harmonische Tanninstruktur und feinwürzige Frucht auszeichnen. Das Weingut Fischer, das heute 85 Prozent der rund 17 Hektar Rebfläche mit roten Sorten bestockt hat, zeigt, welche Möglichkeiten in den sanften Abhängen des beschaulichen Weinortes mit ihren warmen, lehmig-tonigen Böden stecken. Seit 2013 ist das Weingut außerdem biozertifiziert. »Irgendwann kommt der Moment, da möchte man der Natur etwas zurückgeben«, beschreibt Christian Fischer, warum er seine Weinproduktion auf »bio« umstellte.
Das Weingut Fischer ist insbesondere Garant für erstklassige Rotweine: Der Zweigelt Gradenthal, der im Barrique gereifte Pinot Noir und die Weine der »hundred cases«-Linie zählen stets zu den besten Rotweinen Österreichs und haben schon eine Vielzahl von Auszeichnungen eingeheimst.

91 Rotgipfler Premium 2020
13 Vol.-%, DV, 500-l-Fass, €€€€
Helles Goldgelb, Silberreflexe. Frische Wiesenkräuter, nussiger Touch, zart nach Grapefruit und weißem Kernobst. Mittlerer Körper, feine Fruchtsüße, mit einem Hauch von Rancio unterlegt, mineralisch und anhaftend, Nougat im Nachhall, bereits gut antrinkbar.

89 Rotgipfler Classic 2021
12,5 Vol.-%, DV, Stahltank, €€

(93) Pinot Noir Ried Gradenthal 2019
13,5 Vol.-%, NK, gebrauchte Barriques, €€€€€ V
Kräftiges Karmingranat, Ockerreflexe, breite Randaufhellung. Floral unterlegte frische Herzkirschen, zart nach Waldbeeren und Mandarinenzesten, ein Hauch von Nougat. Saftig, komplex und elegant, feine Fruchtsüße, feine, gut integrierte Tannine, ein Hauch von Nelken, mineralisch im Abgang, bleibt haften, sicheres Reifepotenzial.

(88) Pinot Noir Classic 2020
13 Vol.-%, DV, großes Holzfass, €€ V

(93) Merlot Ried Bremen 2019
14 Vol.-%, NK, gebrauchte Barriques, €€€€€ B V
Dunkles Rubingranat, opaker Kern, violette Reflexe, zarte Randaufhellung. Schwarze Kirschen, feine Kräuterwürze,

WEINGUT CHRISTIAN FISCHER
2504 Sooß
Hauptstraße 33
T: +43 (699) 17387130
office@weingut-fischer.at
www.weingut-fischer.com

Kellermeister/Kontakt:
Christian Fischer
Anbauweise: Zertifiziert Biologisch
Produktion: 80.000 Flaschen
15 % weiß, 85 % rot, 17 Hektar
Vereinszugehörigkeit:
Thermenwinzer
Messen: VieVinum

kandierte Orangenzesten, tabakige Nuancen. Saftig, süße Zwetschken und Kirschen, seidige Tannine, mineralisch, frisch strukturiert, Brombeerfrucht im Nachhall, bleibt haften, gutes Reifepotenzial.

93 Cabernet Franc hundred cases 2018
13 Vol.-%, NK, gebrauchte Barriques, €€€€€
Kräftiges Rubingranat, Ockerreflexe, dezente Randaufhellung. Feine Edelholzwürze, Tabak, zart animalische Nuancen, schwarze Beerenfrucht, reife Kirschen, Orangenzesten. Saftig, frisch strukturiert und elegant, feine Tannine, frisch und mineralisch, zitronige Nuancen, ausgewogen, ein facettenreicher Speisenbegleiter.

(92) Zweigelt Ried Gradenthal 2019
13,5 Vol.-%, NK, gebrauchte Barriques, €€€€€ B V
Tiefdunkles Rubingranat, opaker Kern, violette Reflexe, zarte Randaufhellung. Reife Zwetschkenfrucht, ein Hauch von Dörrobst, reife schwarze Herzkirschen, kandierte Orangenzesten. Saftig, elegant, frisch strukturiert, feine Tannine, lebendig und rotbeerig, zitronig-salziger Nachhall.

90 Zweigelt Ferabam Premium 2019
13 Vol.-%, NK, großes Holzfass, €€€ B
Dunkles Rubingranat, opaker Kern, violette Reflexe, zarte Randaufhellung. Dunkle Beeren, schwarze Kirschen, tabakige Nuancen, feine Kräuterwürze. Saftig, reife Zwetschkenfrucht, gut integrierte Tannine, frischer Säurebogen, mineralisch-zitronig im Abgang.

(88) Zweigelt Classic 2020
12,5 Vol.-%, DV, großes Holzfass, €€ B V

(92) Blaufränkisch hundred cases Ried Steinhäufel 2019
13,5 Vol.-%, NK, gebrauchte Barriques, €€€€€ B V
Dunkles Rubingranat, opaker Kern, violette Reflexe, zarte Randaufhellung. Reife Brombeeren, schwarze Kirschen, tabakig, feine Kräuterwürze, etwas Nougat. Saftig, reife Kirschfrucht, feine Tannine, gute Frische, salzig im Abgang, mineralisch, wirkt leichtfüßig, ein vielseitiger Speisenbegleiter.

★★★★

WEINGUT JOHANNES GEBESHUBER

BIO

Johannes Gebeshuber vinifiziert vielschichtige, finessenreiche und elegante Weine und stützt sich dabei auf die regionaltypischen Sorten der Thermenregion. Einzigartig macht ihn der Ansatz, seine Weißweine ausschließlich aus den Rebsorten Zierfandler und Rotgipfler zu keltern. Bei den Rotweinen fokussiert er sich auf Pinot Noir und St. Laurent. Gelassenheit gehört für Johannes Gebeshuber zu den wesentlichsten Ingredienzien im Zuge der Weinbereitung. So reifen seine Weine in diesem behaglichen Klima Jahrgang für Jahrgang langsam und ganz von selbst zu bemerkenswerten, charaktervollen Persönlichkeiten heran, die wirklich viel zu erzählen haben. Dass auf dem Weingut Gebeshuber biologisch gearbeitet wird, versteht sich dabei von selbst.
Das Sortiment ist aufgeteilt in zwei Linien: In »gebeshuber gumpoldskirchen« ergeben kerngesunde, vollreife Trauben aus vom Muschelkalk dominierten Parzellen in und rund um Gumpoldskirchen zwei perfekt gereifte Speisenbegleiter in Weiß und Rot, die Niveau und Trinkfreude in seltener Harmonie bieten. In »gebeshuber riede« werden die schönsten Trauben des Jahres aus den besten Einzellagen Modler (Zierfandler), Laim (Rotgipfler), Glas (Sankt Laurent) und Viereck (Pinot Noir) verarbeitet. Behutsam und langsam im kleinen und großen Holz gereift, stellen die Riedenweine die qualitative Speerspitze des Hauses dar.

93 ❶ Zierfandler Sekt große Reserve extra brut 2017
13 Vol.-%, DV, Flaschengärung, €€€€€
Helles Grüngelb, Silberreflexe, sehr lebendiges Mousseux. Zart nach Orangenzesten und Biskuit, mit frischer gelber Birne unterlegt, floraler Touch, attraktives Bukett. Straff, engmaschig, weiße Frucht, lebendig strukturiert, salzig-mineralisch im Abgang, vinöser Stil, ein facettenreicher Speisenbegleiter.

94 Zierfandler Ried Wiege 2020
14 Vol.-%, DV, 500-l-Fass, €€€€€ B
Mittleres Grüngelb, Silberreflexe. Zarte gelbe Tropenfrucht, ein Hauch von Mango, etwas Orangenzesten und Blütenhonig, feines, facettenreiches Bukett. Saftig, elegant und kraftvoll zugleich, gelbe Frucht, finessenreicher Säurebogen, mineralisch und anhaftend, große Länge und sicheres Reifepotenzial.

WEINGUT JOHANNES GEBESHUBER

2352 Gumpoldskirchen
Jubiläumsstraße 43
T: +43 (2252) 61164
office@weingut-gebeshuber.at
www.weingut-gebeshuber.at
Kellermeister/Kontakt: Johannes Gebeshuber
Anbauweise: Biodynamisch (Demeter)
Produktion: 146.667 Flaschen
5 % Schaumwein, 60 % weiß, 5 % rosé, 25 % rot, 5 % süß, 30 Hektar
Vereinszugehörigkeit: Thermenwinzer
Messen: ProWein Düsseldorf, VieVinum, ProWine Asia

Johannes Gebeshuber

(92) Zierfandler Ried Modler 2020
14 Vol.-%, DV, 500-l-Fass, €€€€€ B
Mittleres Grüngelb, Silberreflexe. Zart floral unterlegte Nuancen von Steinobst, ein Hauch von Pfirsich und Orangenzesten. Saftig, Nuancen von weißer Frucht, frischer Säurebogen, kräuterwürzig unterlegt im Abgang, bereits zugänglich, mit Reifepotenzial ausgestattet.

(93) Rotgipfler Ried Student 2020
14 Vol.-%, DV, 500-l-Fass, €€€€€ B
Leuchtendes Grüngelb, Silberreflexe. Rauchig-kräuterwürzig unterlegte weiße Apfelfrucht, ein Hauch von Birne, mineralisch, facettenreiches Bukett. Würzig, feiner Honigtouch, cremig-karamelliger Anklang, zart nach Nougat im Abgang, ein kraftvoller Begleiter bei Tisch.

(93) Rotgipfler Ried Laim 2020
14 Vol.-%, DV, 500-l-Fass, €€€€€ B
Helles Grüngelb, Silberreflexe. Mit kandierten Orangenzesten unterlegte reife Birnenfrucht, frische Wiesenkräuter, ein Hauch von Blütenhonig. Kraftvoll, stoffig, feine reife Kernobstfrucht, feiner Säurebogen, zart nussiger Abgang, bleibt haften, verfügt über Reifepotenzial.

(93) Pinot Noir Ried Viereck 2019
13,5 Vol.-%, DV, Eichenfass, €€€€€ B
Kräftiges Karmingranat, violette Reflexe, breitere Ockerrandaufhellung. Zart nach Lakritze und Brombeerkonfit, ein Hauch von Orangenmarmelade. Komplex, feine Fruchtsüße, reife, tragende Tannine, mineralisch-salzig im Abgang, würziger Nachhall, gutes Entwicklungspotenzial.

(92) Pinot Noir Ried Gendl 2019
14 Vol.-%, DV, Eichenfass, €€€€€ B
Kräftiges Karmingranat, gute Tiefe, violette Reflexe, dezente Randaufhellung. Frische rote Waldbeeren, ein Hauch von Kirschen, floraler Touch, tabakige Nuancen. Mittlere Komplexität, schwarze Kirschen, präsente Tannine, mineralisch im Abgang, zitroniger Touch, etwas Nougat im Nachhall, braucht noch Zeit.

(93) Sankt Laurent Ried Glas 2019
13,5 Vol.-%, DV, Eichenfass, €€€€€ B
Dunkles Rubingranat, violette Reflexe, zarte Randaufhellung. Zarte Kräuterwürze, tabakig unterlegte Brombeernuancen, schwarze Kirschen, mit einem Hauch von Lakritze unterlegt. Saftig, rotbeeriger Touch, frisch strukturiert, gut integrierte Tannine, bleibt haften, mineralisch-salziger Abgang, gutes Reifepotenzial.

(93) Sankt Laurent Ried Satzing 2019
13,5 Vol.-%, DV, Eichenfass, €€€€€ B
Dunkles Rubingranat, violette Reflexe, zarte Randaufhellung. Schwarze Kirschen und Brombeeren, tabakige Nuancen, mit einem Hauch von roten Waldbeeren unterlegt, frische Orangenzesten. Saftig, frischer Säurebogen, reife, tragende Tannine, elegant, lebendig, feinwürzig-mineralisch im Nachhall, ein facettenreicher Speisenbegleiter.

94 Zierfandler Ried Laim Beerenauslese 2020
11 Vol.-%, DV, Eichenfass, €€€ B
Helles Grüngelb, Silberreflexe. Zart kräuterwürzig unterlegte reife Birnenfrucht, tabakige Botrytisnuancen, mit feinem Blütenhonig unterlegt. Straff, mineralisch, weißes Kernobst, feiner Säurebogen, salzig, dezente Süße im Nachhall, feinwürziger Stil, gutes Reifepotenzial.

© Steve Haider

★★★

BURGUNDERMACHER WEINGUT JOHANN GISPERG

Die »Burgunderfamilie« – ein Wort, das sowohl das Weingut Johann Gisperg als auch die hier vorhandene Leidenschaft für Burgundersorten perfekt beschreibt. St. Laurent & Co, aber auch der davon abstammende Zweigelt spiegeln die Kalkschotterböden ihrer Heimat in der südöstlichen Thermenregion vollendet mit sortentypischem Charakter und strahlender Frucht wider. Schwarz-Weiß-Denken liegt der Familie Gisperg fern, weshalb man hier verschiedene Bewirtschaftungsweisen verbindet und niemals nach Rezept arbeitet. Nachhaltigkeit umfasst in ihrem Wortschatz nicht nur den ökologischen Aspekt, sondern das gesamte Weingut und die mit ihm verbundenen Menschen.

93 Pinot Gris Ried Gestein Reserve 2020
13,5 Vol.-%, DIAM, Barrique, €€€€€
Helles Goldgelb, Messingreflexe. Zurückhaltend, feine Birnenfrucht, ein Hauch von Orangenzesten. Kraftvoll, feine Holzwürze, Nuancen von weißem Kernobst, frisch strukturiert, mineralisch, zitronig-salziger Nachhall, ein eleganter Speisenbegleiter mit Reifepotenzial.

BURGUNDERMACHER WEINGUT JOHANN GISPERG
2524 Teesdorf
Hauptstraße 14
T: +43 (2253) 81464
wein@weingut-gisperg.at
www.weingut-gisperg.at

Kellermeister/Kontakt:
Johann Gisperg
Produktion: 1 % Schaumwein, 34 % weiß, 2 % rosé, 62 % rot, 1 % süß, 16.5 Hektar
Vereinszugehörigkeit:
Die Burgundermacher
Messen: VieVinum, Vinobile Feldkirch, Vinobile Montfort, Weinmesse Innsbruck

92 Chardonnay Ried Gestein Reserve 2020
13,5 Vol.-%, DIAM, Barrique, €€€€€
Helles Goldgelb, Silberreflexe. Zarte gelbe Tropenfrucht, ein Hauch von Golden-Delicious-Apfel und Nougat, mit dezenten Wiesenkräutern unterlegt. Komplex, weißer Apfel, frisch strukturiert, mineralisch-salzig im Abgang, ein balancierter Speisenbegleiter mit Reifepotenzial.

(91) Weißburgunder Ried Gestein Reserve 2020
13,5 Vol.-%, DIAM, Barrique, €€€€€
Helles Goldgelb, Silberreflexe. Aromen von gelber Tropenfrucht, ein Hauch von Pfirsich und Blütenhonig, zart nach Ananas, Mandarinenzesten, mineralischer Touch. Mittlere Komplexität, weißer Apfel, dezente Säurestruktur, wirkt etwas weitmaschig, bietet unkompliziertes Trinkvergnügen.

95 Pinot Noir Ried Holzspur Reserve 2019
13 Vol.-%, DIAM, Barrique, €€€€€
Kräftiges Rubingranat, violette Reflexe, breiter Wasserrand. Reife rote Beerenfrucht, Gewürznoten nach Nelken, etwas Holzwürze, dezente kandierte Mandarinenzesten. Gute Komplexität, mit weißem Nougat unterlegte Feigenfrucht, frisch und elegant, mineralischer Nachhall, bleibt gut haften, extraktsüß, vielseitiger Speisenbegleiter, sicheres Reifepotenzial.

94 St. Laurent Ried Holzspur Reserve 2019
12,5 Vol.-%, DIAM, Barrique, €€€€€
Kräftiges Rubingranat, violette Reflexe, zarter Wasserrand. Feine Holzwürze, etwas nach Cassis, Wiesenkräuter klingen an, ein Hauch von Brombeeren, Vanille-Nougat-Touch, einladendes Bukett. Saftig, straff, reife Kirschen, feine Tanninstruktur, mineralisch-salzig, rote Beerenfrucht im Abgang, sehr gute Länge, präzises Finish, sicheres Potenzial.

94 Zweigelt Ried Holzspur Reserve 2019
13,5 Vol.-%, DIAM, Barrique, €€€€€
Dunkles Rubingranat, opaker Kern, violette Reflexe, dezente Randaufhellung. Feines Röstkaramell, süße dunkle Beerenfrucht, zart nach Lakritze und Zwetschken, einladendes Bukett. Saftig, elegant, reife Herzkirschen, feine Tannine, gute Frische, mineralisch und mit Länge ausgestattet, gut antrinkbar, ein vielseitiger Speisenbegleiter mit Reifepotenzial.

**GOLDECK
WEIN- UND SEKTKELLEREI**
2540 Bad Vöslau
Hans-Haderer-Gasse 8
T: +43 (1) 368 22 58
office@goldeck.at
www.goldeck.at

Kellermeister/Kontakt:
Herbert Jagersberger

Römerberg bei Baden

★

GOLDECK WEIN- UND SEKTKELLEREI

Die Wurzeln der Marke »Goldeck« reichen bis ins Jahr 1859 zurück, als sie als erste österreichische Weinmarke registriert wurde. Doch bereits 1842 begann der Gründer von Goldeck, Robert Alwin Schlumberger, in Österreich Schaumweine von höchster Qualität herzustellen. In Bad Vöslau, im Süden Wiens, erwarb er erste eigene Weinberge. Ausschlaggebend für seine Wahl war der kalkhaltige Boden, der ihn an die Kreideböden der Champagne erinnerte. Nach der Riede Goldeggen benannte er sein Weingut »Goldeck«, Namensgeber für seinen Sekt. Damit wurde die Erfolgsgeschichte begründet. Sichtbares Zeichen für diesen Erfolg war die Erhebung des Firmengründers in den erblichen Adelsstand als »Edler von Goldeck«. Ein weiterer historischer Höhepunkt, der die Verbundenheit der Marke »Goldeck« zu Österreich unter Beweis stellt: Am 15. Mai 1955 wurde anlässlich der Unterzeichnung des Österreichischen Staatsvertrages mit Sparkling Goldeck Extradry auf die wiedergewonnene Freiheit des Landes angestoßen. Goldeck steht für reinsortige Sektqualität aus Österreich, daher wird für die »Edle von Goldeck« ausschließlich bester Grüner Veltliner eines Jahrgangs verwendet. Den Sekt kann man übrigens nur in der Gastronomie genießen.

91 ❸ Grüner Veltliner Sekt Austria brut Niederösterreich g.U. Goldeck Die Edle 2019
12 Vol.-%, NK, Flaschengärung, €€€
Helles Goldgelb, Silberreflexe, feines, lebendiges Mousseux. Kandierte Limetten, etwas Mango, zart nach Wiesenkräutern, einladendes Bukett, feiner Blütenhonig. Saftig, fruchtig, elegant, weißer Pfirsich, mineralisch und frisch, vielseitiger Stil, mit reifer Tropenfrucht im Nachhall.

★★★

WEINGUT HARTL

Heinrich Hartl III und seine Frau Marie-Sophie bewirtschaften ein feines Familienweingut mit 16 Hektar Weingärten im Weinbaugebiet Thermenregion südlich von Wien. Ihre Ausbildung und Erfahrungen in der Weinbranche münden in eine Besinnung auf höchste Qualität. So ist es eine bewusste Entscheidung, eher klein zu bleiben und sich auf Einzellagen zu konzentrieren. Die Rebfläche wird nur dann erweitert, wenn sich historische Weingärten mit individueller Charakteristik anbieten.
In einem Klima, in dem kühle und warme Einflüsse aufeinandertreffen, erzeugen die talentierten Winzer sowohl Weiß- als auch Rotweine von großem Potenzial. Elegante Rotweine aus Pinot Noir und Sankt Laurent und altösterreichische weiße Sorten wie Rotgipfler, Zierfandler und Traminer wachsen seit Jahrhunderten in diesem Gebiet. In Bescheidenheit und mit großem Respekt der Natur und ihrer Arbeit gegenüber steht für Marie und Heinrich an oberster Stelle, so nachhaltig wie möglich zu wirtschaften. Ab 2022 ist die Produktion aus diesem Grund biologisch-organisch zertifiziert.
Lebendig, elegant und tiefgründig zeigen sich die Hartl-Weine, die auch dazu bestimmt sind, zu reifen. Mit einem modernen Zugang führen die beiden die lange Tradition der Region weiter und heißen Gäste aus aller Welt in ihrem Zuhause willkommen.

WEINGUT HARTL
2522 Oberwaltersdorf
Trumauer Straße 24
T: +43 (2253) 6289
office@weingut-hartl.at
www.weingut-hartl.at

Kellermeister/Kontakt:
Heinrich Hartl
Anbauweise: Umstellung auf bio (Bio Austria)
Produktion: 5 % Schaumwein, 43 % weiß, 2 % rosé, 50 % rot, 14+2 Hektar
Zertifiziert: Nachhaltig Austria
Vereinszugehörigkeit:
Die Burgundermacher
Messen: VieVinum

91 **Sekt vom Steinfeld Sekt Austria Niederösterreich g.U. Brut PN/CH**
12 Vol.-%, NK, Flaschengärung, €€€
Helles Gelbgold, Silberreflexe, lebendiges Mousseux. Zart nach Wiesenkräutern, weiße Apfelfrucht, ein Hauch von Mango und Orangenzesten. Saftig, gelbe Tropenfrucht, etwas Birne, angenehme Säurestruktur, mineralisch im Abgang, Blütenhonig im Nachhall.

93 **Zierfandler maischevergoren 2020**
13,5 Vol.-%, DV, großes Holzfass, €€€€
Leuchtendes klares Orangegold, Silberreflexe. Würzig, ein Hauch von Orangenmarmelade, rauchig, kandierte Mandarinenzesten, mineralischer Touch. Straff, elegant, gut eingebundene feine Gerbstoffe, gute Frische, kühler Stil, feines Beispiel für einen maischevergorenen Weißwein, salzig und gut anhaftend.

(92) **Rotgipfler Ried Kreuzweingarten 2019**
13,5 Vol.-%, DV, 500-l-Fass, €€€€
Mittleres Goldgelb, Silberreflexe. Zart nach reifen gelben Tropenfrüchten, zart nach Mango und Honig, mit kandierten Orangenzesten unterlegt. Saftig, elegant, reifer Pfirsich, feine Fruchtsüße, dezenter Säurebogen, harmonisch und gut anhaftend, ein eleganter Speisenbegleiter mit Reifepotenzial.

(91) **Rotgipfler 2020**
13,5 Vol.-%, DV, Stahltank, €€€
Leuchtendes Goldgelb, Silberreflexe. Feine gelbe Tropenfrucht, zart nach Mango und Birne, ein Hauch von Blütenhonig, mit zitronigen Nuancen unterlegt. Mittlerer Körper, weißes Steinobst, Noten von Apfel, feiner Säurebogen, mineralischer Nachhall, Limetten im Finish.

94 **Pinot Noir Ried Graf Weingartl 2019**
13,5 Vol.-%, NK,DV, Barrique, €€€€€
Kräftiges Karmingranat, Ockerreflexe, breite Randaufhellung. Frische rote Waldbeeren, Mandarinenzesten, eingelegte Kirschen, ein Hauch von Lakritze, floraler Touch. Saftig, elegant, rote Kirschen, feine seidige Tannine, frischer Säurebogen, mineralisch und anhaftend, salziger Touch, sicheres Reifepotenzial.

(92) Pinot Noir Reserve Ried Kräutergarten 2019
13,5 Vol.-%, NK,DV, Barrique, €€€€
Kräftiges Rubingranat, violette Reflexe, dezente Ockerrandaufhellung. Reife Kirschfrucht, zart nach Backpflaumen, frische Orangenzesten. Saftig, rotbeerige Nuancen, frisch strukturiert, feine Tannine, lebendig, rote Kirschen im Nachhall, zugänglich und gut antrinkbar.

92 Sankt Laurent Reserve 2019
12,5 Vol.-%, NK,DV, Barrique, €€€€
Kräftiges Rubingranat, violette Reflexe, dezente Randaufhellung. Zarte Röstaromen, Toffee, schwarze Waldbeeren, Brombeeren und dunkle Kirschen, attraktives Bukett. Saftig, mittlere Komplexität, rotbeerig, feine Tannine, mineralisch-salzig, ausgewogen, bereits gut antrinkbar.

(91) Cabernet Sauvignon 2020
13,5 Vol.-%, DV, Barrique, €€€€
Kräftiges Rubingranat, violette Reflexe, dezente Ockerrandaufhellung. Zarte Holzwürze, Nuancen von Cassis, schwarze Waldbeeren, tabakiger Anklang. Saftig, rotbeerig, frisch strukturiert, feine Tannine, mineralisch-salzig im Abgang, bietet unkompliziertes Trinkvergnügen.

(91) Merlot 2020
13,5 Vol.-%, DV, Barrique, €€€€
Kräftiges Rubingranat, violette Reflexe, dezente Ockerrandaufhellung. Reife Herzkirschen, feine Kräuterwürze, ein Hauch von Nougat, zarte tabakige Nuancen. Saftig, elegant, reife Pflaumen, feine Tannine, angenehme Fruchtsüße im Abgang, ein zugänglicher Speisenbegleiter.

90 Amicus Cuvée 2019 ZW/CS/ME
13,5 Vol.-%, DV, Barrique, €€€
Kräftiges Rubingranat, violette Reflexe, dezente Ockerrandaufhellung. Feine Kräuterwürze, reife Zwetschken, etwas Johannisbeeren, kandierte Orangenzesten, zartes Nougat. Saftig, süße Frucht, reife Tannine, zarter Schokotouch, entwickelt, mineralisch und vielseitig einsetzbar.

★★★★

WEINGUT JOHANNESHOF REINISCH

BIO

Die Familie Reinisch betreibt in vierter Generation Weinbau und bewirtschaftet Weingärten in den wertvollsten Lagen rund um die traditionsreichen Weinbauorte Tattendorf und Gumpoldskirchen. Die besondere Qualität der Schwemmland-Braunerde-Böden liegt in ihrer großen Durchlässigkeit, die eine rasche Erwärmung gewährleistet und somit den Reifeprozess der Trauben eminent begünstigt. Der hohe Kalkanteil bringt eine ausgeprägte Mineralik in die Weine und macht die Rieden des Johanneshofs Reinisch besonders geeignet für die Kultivierung von Reben der Burgunderfamilie.
Pinot Noir, St. Laurent und Chardonnay bilden den Sortenschwerpunkt im Angebot des Weinguts. Auf geeignetem Terroir im nahen Ort Gumpoldskirchen werden außerdem Rotgipfler und Zierfandler kultiviert, deren Ausbau bei Bewahrung des schönen Sortencharakters ebenso prägnant erfolgt wie jener sämtlicher anderer Weine aus dem renommierten Betrieb.
Den kleinklimatischen Bedingungen entsprechend sind etwa 60 Prozent der Weine aus dem Johanneshof Reinisch Rotweine, 40 Prozent entfallen auf Weiß- und Süßweine. Die Maxime ist ganz entschieden die persönliche Zuwendung der Winzer zum Wein. Die Brüder Johannes, Christian und Michael Reinisch bewirtschaften die Weingärten unter Einsatz von Nützlingen und variantenreicher Begrünung nach biologischen Richtlinien.

95 Chardonnay Ried Kästenbaum 2019
14 Vol.-%, NK, gebrauchte Barriques/Barrique, €€€€€€ B
Helles Goldgelb, Silberreflexe. Zart nach Vanille und Karamell, gelbe Tropenfrucht, frischer Pfirsich, feine Röstaromen, einladendes Bukett. Straff, engmaschig, weißer Apfel, finessenreich und gut anhaftend, salzige Mineralik, extraktsüß und doch sehr salzig, tolle Länge, sicheres Reifepotenzial.

93 Chardonnay Ried Lores 2020
14 Vol.-%, NK, gebr. Barriques/Barrique, €€€€€ B
Helles Grüngelb, Silberreflexe. Zart rauchig unterlegte Bourbonvanille, zart nach Feuerstein und Haselnuss, weiße Tropenfrucht, etwas nach Litschis. Saftig, weißer Pfirsich, zitronige Nuancen, finessenreich strukturiert, wirkt leichtfüßig, ein Hauch von Karamell, Limetten im Nachhall, sicheres Reifepotenzial.

91 Chardonnay 2021
13 Vol.-%, DV, Stahltank/gebrauchte Barriques, €€ B
Helles Gelbgrün, Silberreflexe. Zarte gelbe Tropenfrucht, ein Hauch von Ananas und Orangen, feine Kräuterwürze, mineralischer Touch. Mittlerer Körper, zarte Birnenfrucht, dezenter Säurebogen, zitronig-salzig im Abgang, bereits gut antrinkbar.

94 Zierfandler-Rotgipfler S Gumpoldskirchen 2017 ZF/RG
14 Vol.-%, NK, großes Holzfass, €€€€€
Leuchtendes helles Goldgelb, Silberreflexe. Zarter Blütenhonig, kandierte Mandarinenzesten, Nuancen von Tropenfrucht, facettenreiches Bukett. Komplex, saftig, feine, gut eingebundene Süße, mineralisch und engmaschig, bleibt haften, feines Karamell, ein kraftvoller Speisenbegleiter mit sicherem Reifepotenzial.

90 Gumpoldskirchner Tradition 2021 ZF/RG
12,5 Vol.-%, DV, Stahltank/großes Holzfass, €€ B
Helles Goldgelb, Silberreflexe. Zart rauchig unterlegte feine gelbe Tropenfrucht, zart nach Golden-Delicious-Apfel, kandierte Orangenzesten. Mittlerer Körper, feine Fruchtsüße, angenehmer Säurebogen, weißes Kernobst, zitroniger Touch im Abgang.

90 Dialog 2021 SB/CH
12,5 Vol.-%, DV, Stahltank/großes Holzfass, €€ B
Helles Gelbgrün, Silberreflexe. Frische Wiesenkräuter, weiße Birnenfrucht, Mango, ein Hauch von Orangenzesten. Mittlerer Körper, weiße Kernobstnuancen, frischer Säurebogen, Noten von Apfel, salziger Nachhall, vielseitig einsetzbar.

89 First 2021 SB/CB
12,5 Vol.-%, DV, Stahltank, €€ B

93 Zierfandler Ried Spiegel Monopol 2020
14 Vol.-%, NK, großes Holzfass/Amphore, €€€€€ B
Leuchtendes mittleres Grüngelb, Silberreflexe. Frische Wiesenkräuter, weiße Tropenfrucht, aber auch Noten von Mango, frische Orangenzesten, mineralisch unterlegt. Komplex, saftig, gelbe Apfelfrucht, feiner Säurebogen, kraftvoller Abgang, wird von Flaschenreife profitieren.

93 Rotgipfler Ried Satzing 2020
14 Vol.-%, NK, großes Holzfass/Amphore, €€€€€ B
Leuchtendes mittleres Grüngelb, Silberreflexe. Zart nussig unterlegte Nuancen von weißem Kernobst, ein Hauch von Minze, etwas Rosmarin, facettenreiches Bukett. Kraftvoll, weißer Apfel, feine, gut integrierte Säurestruktur, salzig im Abgang, noch etwas verschlossen, braucht seine Zeit auf der Flasche.

91 Rotgipfler 2021
13 Vol.-%, DV, Stahltank/großes Holzfass, €€ B
Helles Grüngelb, Silberreflexe. Zart rauchig-kräuterwürzig unterlegte Nuancen von frischer Birne, tabakiger Hauch. Saftig, gute Komplexität, dezente Holzwürze, feiner Säurebogen, mineralisch im Nachhall, saliner Rückgeschmack.

96 St. Laurent Ried Holzspur 2020
13 Vol.-%, NK, Barrique/gebr. Barriques, €€€€€ B
Kräftiges Rubingranat, violette Reflexe, zarte Randaufhellung. Feine Nuancen von Weichseln und schwarzen Herzkirschen, ein Hauch von Edelholz, mit frischen Brombeeren unterlegt. Saftig, komplex, reife Kirschen, feine Fruchtsüße, würzig, festes, tragendes Tannin, zarter Nougatnachhall, frisch und mineralisch, zeigt sehr gute Länge, toller Sortencharakter.

93 St. Laurent Ried Frauenfeld 2020
13 Vol.-%, NK, Barrique/gebr. Barriques, €€€€€ B
Kräftiges Karmingranat, violette Reflexe, breite Randaufhellung. Zart nach Edelholz und Vanille, feine rote Waldbeeren, süße Tabakwürze. Saftig, rotbeerige Noten, frische Kirschen, lebendige Säurestruktur, mineralisch-salzig im Abgang, ein facettenreicher Speisenbegleiter.

95 Pinot Noir Ried Kästenbaum 2019
13,5 Vol.-%, NK, Barrique, €€€€€€ B
Kräftiges Karmingranat, violette Reflexe, breitere Ockerrandaufhellung. Zart nach Gewürznelken und Vanille, feine Kirschfrucht, tabakig-mineralisches, aber auch zart florales Bukett. Stoffig, elegant, feine rote Beerenfrucht, gut integrierte süße Tannine, finessenreicher Säurebogen, saliner Touch, zeigt Länge, verfügt über sicheres Reifepotenzial.

94 Pinot Noir Ried Holzspur 2020
13,5 Vol.-%, NK, Barrique/gebrauchte Barriques, €€€€€ B
Kräftiges Karmingranat, violette Reflexe, breitere Ockerrandaufhellung. Zart nach Himbeerkonfitüre, rote Kirschen, zart nach Lakritze, feine Edelholznuancen. Mittlerer Körper, rotbeerige Fruchtnuancen, frisch strukturiert, präsente Tannine, zarte Vanille im Abgang, mineralischer Nachhall, salzig-zitronig im Finish.

93 Pinot Noir Gumpoldskirchen Grillenhügel 2020
13 Vol.-%, NK, Barrique/gebr. Barriques, €€€€€ B
Kräftiges Karmingranat, violette Reflexe, breite Randaufhellung. Zart floral, Nuancen von Himbeeren und Preiselbeeren, feine tabakige Noten, mit Limettenzesten unterlegt. Mittlerer Körper, feine Kirschfrucht, frisch strukturiert, elegant, zarte, aber tragende Tannine, bleibt haften, vielseitiger Speisenbegleiter.

WEINGUT JOHANNESHOF REINISCH

2523 Tattendorf, Im Weingarten 1
T: +43 (2253) 81423
office@j-r.at, www.j-r.at

Kellermeister/Kontakt: Familie Reinisch
Anbauweise: Zertifiziert Biologisch (Austria Bio Garantie)
Produktion: 220.000 Flaschen 37 % weiß, 60 % rot, 3 % süß, 40 Hektar
Vereinszugehörigkeit: Thermenwinzer
Messen: Millésime Bio, ProWein Düsseldorf, VieVinum

Ried Spiegel bei Gumpoldskirchen

91 Pinot Noir 2020
12,5 Vol.-%, DV, großes Holzfass, €€ B
Kräftiges Karmingranat, violette Reflexe, breite Randaufhellung. Zarte Kräuterwürze, rote Waldbeeren, eingelegte Kirschen, frische Mandarinenzesten. Mittlerer Körper, zart nach Brombeeren, dezenter Säurekern, mineralisch und gut anhaftend.

93 Ried Steingarten 2019 SL/PN
13 Vol.-%, NK, Barrique/gebrauchte Barriques, €€€€€
Kräftiges Karmingranat, violette Reflexe, breite Randaufhellung. Zarte Kräuterwürze, rote Kirschen, ein Hauch von Cassis und Lakritze, frische Mandarinenzesten. Mittlerer Körper, rotbeerig, feine Tannine, frischer Säurebogen, zart nach Weichseln und Himbeeren im Nachhall, mineralisch-salzig, guter Speisenbegleiter.

91 Alter Rebstock 2020 SL/ZW/BF
12,5 Vol.-%, DV, großes Holzfass, €€ B
Kräftiges Rubingranat, violette Reflexe, breitere Randaufhellung. Zart nach Vanille und Schokolade, feine Holzwürze, mit roten Waldbeeren unterlegt. Saftig, Nuancen von Zwetschken, feine Tannine, frische Struktur, rotbeeriger Nachhall, vielseitig einsetzbar.

92 Zweigelt Ried Frauenfeld 2020
13,5 Vol.-%, NK, Barrique/gebrauchte Barriques, €€€ B
Kräftiges Karmingranat, violette Reflexe, dezente Randaufhellung. Schwarze Kirschen, ein Hauch von Nougat und Zwetschken, mit etwas Karamell unterlegt. Mittlerer Körper, dezente Fruchtsüße, gut integrierte Tannine, mineralisch, kirschig im Abgang, reife Waldbeeren im Nachhall.

90 Zweigelt 2020
13 Vol.-%, DV, großes Holzfass, €€ B
Dunkles Rubingranat, violette Reflexe, zarte Randaufhellung. Reife Zwetschken, ein Hauch von Nougat, rauchige Würze. Mittlerer Körper, frische Herzkirschen, feine Tannine, mineralischer Touch im Nachhall.

92 Sankt Laurent 2020
12,5 Vol.-%, DV, großes Holzfass/gebrauchte Barriques, €€
Kräftiges Karmingranat, violette Reflexe, breite Randaufhellung. Zarte Kräuternote, tabakige Würze, rote Herzkirschen, mit Mandarinenzesten unterlegt, ein Hauch von Edelholz. Elegant, feine Fruchtsüße, frische Zwetschken, lebendige Struktur, reife Tannine, mineralisch-salziger Nachhall.

93 Rotgipfler Auslese 2021
8 Vol.-%, DV, Stahltank, €€€
Helles Grüngelb, Silberreflexe. Frische Zuckererbsen, ein Hauch von Quitte, weiße Birne, dezenter Honigtouch. Mittlere Komplexität, süßer Fruchtkern, feines Säurespiel, noch sehr jung und etwas schaumgebremst, zitronig im Finale, fruchtsüßer Rückgeschmack.

(92) Roter Eiswein 2021 ME/CS
9 Vol.-%, NK, Stahltank, €€€€€
Helles Kupfergold, Orangereflexe. Zart nach Dörrzwetschken und Quittengelee, eingelegte rote Kirschen, feiner Honigtouch. Saftig, gut eingebundene Süße, zart nach Erdbeerkonfitüre, bleibt haften, zart erdig-würzig im Abgang, seidige Textur, gute Frische.

★★★

WEINGUT PIRIWE

Die konsequente Weingartenarbeit erlaubt es »Pepi« Piriwe, ausdrucksstarke Weine zu keltern. Aus der Tradition der Thermenregion pflegt er eine Vielzahl von Rebsorten und bietet verschiedene, für den Weinliebhaber leicht nachvollziehbare Weinlinien an, die die jeweiligen Interpretationen erklären. Von »fruchtig & leicht« über »bewährt & klassisch« bis hin zu »elegant & rot« reicht das Angebot des Winzers. Diese große Auswahl an Weinen kann auch in der hauseigenen Vinothek jeden Freitag und Samstag eingekauft werden.

Seinen Schwerpunkt legt Piriwe auf Chardonnay, Rotgipfler und Zierfandler im Weißweinbereich und Pinot Noir sowie Cuvées beim Rotwein. Um die höchstmögliche Qualität beim Pinot Noir zu keltern, hat er mit seinem Fassbinder begonnen, Fässer aus Wienerwaldeiche zu verwenden. Seine individuelle Pinot-Noir-Interpretation nennt er »PI«. Dieser ausgezeichnete Pinot Noir wurde bis jetzt nur in wenigen Jahren, wie 2009, 2012, 2014, 2015 und 2018, angeboten.

Seit den 1990er-Jahren ist Pepi Piriwe auch für seine hochklassigen Prädikatsweine aus Rotgipfler und Zierfandler bekannt, sie werden geschätzt und wurden schon vielfach ausgezeichnet. Der Betrieb ist in Umstellung auf Bio-Bewirtschaftung, weshalb man es jetzt schon wagt, Orange Wines und schwefelarme Weine, wie »ansa«, »zwara«, »dreia« und »viera«, zu vinifizieren.

Gemeinsam stecken Piriwe und seine Frau Jana fünf- bis sechsmal pro Jahr ihren Heurigen aus und bieten so Weinliebhabern die Möglichkeit, diese regionalen Spezialitäten zu verkosten.

93 Zierfandler Sinfonie 2019

13,5 Vol.-%, NK, 500-l-Fass, €€€€€

Mittleres Goldgelb, Silberreflexe. Zart nach Wiesenkräutern, feine gelbe Birnenfrucht, ein Hauch von Papaya und Blütenhonig, einladendes Bukett. Saftig, elegant, Nuancen von weißem Steinobst, frischer Säurebogen, feines Karamell, bleibt haften, verfügt über Reifepotenzial.

(92) Chardonnay Selektion Ried Bründlbach 2020

14 Vol.-%, NK, 500-l-Fass, €€€€€

Leuchtendes Goldgelb, Silberreflexe. Feine Holzwürze, ein Hauch von Mango und Orangenzesten, einladendes Bukett. Kräftig, saftig, reifes gelbes Kernobst, mineralisch, straffer Abgang, wird von Flaschenreife profitieren.

Josef Piriwe

WEINGUT PIRIWE
2514 Traiskirchen
Wiener Straße 34
T: +43 (2252) 55988
weingut@piriwe.at
www.piriwe.at

Kellermeister/Kontakt:
Josef Piriwe
Anbauweise: Umstellung auf bio
Produktion: 50.000 Flaschen
60 % weiß, 30 % rot, 10 % süß,
14 Hektar
Messen: VieVinum

© © Rainer Mirau

91 Chardonnay Tradition 2020
13 Vol.-%, DV, großes Holzfass, €€€
Helles Goldgelb, Silberreflexe. Feine gelbe Apfelfrucht, ein Hauch von Wiesenkräutern, Nuancen von Ringlotten. Mittlerer Körper, zart cremig, etwas Pfirsich, ein Hauch von Karamell, frischer Abgang, Marillen im Nachhall, bereits gut antrinkbar.

91 Neuburger Ried Spielbrett 2020
12,5 Vol.-%, NK, großes Holzfass, €€€
Helles Goldgelb, Silberreflexe. Zart nach Birne und Blütenhonig, Nuancen von gelber Tropenfrucht, zarte Mineralik. Saftig, weißes Kernobst, frisch strukturiert, zitroniger Touch, mineralisch-salzig im Abgang, bleibt haften, verfügt über Reifepotenzial.

90 Rotgipfler Ouvertüre 2021
13,5 Vol.-%, DV, Stahltank, €€
Helles Gelbgrün, Silberreflexe. Zart nach Wiesenkräutern, weißer Apfel, dazu etwas Limetten. Straff, wirkt schlank, grüner Apfel, rassige Struktur, salzig-zitronig, ein lebendiger, leichtfüßig wirkender Speisenwein.

92 Rotgipfler Auslese Ried Rasslerin 2020
12,5 Vol.-%, NK, Stahltank, €€€€
Helles Goldgelb, Silberreflexe. Mit Orangenzesten unterlegte zarte gelbe Birnenfrucht, ein Hauch von Mango und Honig. Saftig, seidige Textur, reifer gelber Apfel, mineralisch, feine Süße im Nachhall, bereits gut entwickelt, zart nach Kräuterwürze und Walnuss im Abgang.

★★

WEINGUT ROBERT SCHLUMBERGER

Nur wenige Kilometer südlich von Wien, nahe Baden und Sooß, liegt an den Südosthängen des Harzbergs Bad Vöslau, das Zentrum des Weinbaugebietes Thermenregion. Auf knapp 150 Hektar Anbaufläche wachsen überwiegend Rotweine, denen das Gebiet seinen Ruf verdankt. Das Weingut Robert Schlumberger zählt mit seiner 170-jährigen Geschichte zu den traditionsreichsten in Österreich. Die Familie Schlumberger hat nicht nur das Champagner-Verfahren nach Österreich gebracht, sondern war auch Pionier im Rotweinanbau. Robert Schlumberger war der Erste, der die großen Bordelaiser Rotweinsorten Cabernet Sauvignon, Cabernet Franc und Merlot in Österreich kultivierte. Die bereits in der Monarchie eingeführte Marke »Privatkeller« zählte seinerzeit zur Spitze der österreichischen Weinelite und wurde damals wie heute aus diesen französischen Edelrebsorten gekeltert. Das mehrfach ausgezeichnete Produkt machte die Namen Schlumberger und Vöslau in der ganzen Welt bekannt. So wurden die hier gekelterten Weine am Hof der englischen Königin ebenso getrunken wie in New York oder Indien.

94 Cabernet Sauvignon Privatissimo 2017
14,5 Vol.-%, NK, Barrique, €€€€€
Dunkles Karmingranat, violette Reflexe, breitere Ockerrandaufhellung. Dunkle Beerenfrucht, feine Nuancen von Lakritze und Cassis, schwarze Kirschen, mit angenehmer Edelholzwürze unterlegt. Saftig, gute Komplexität, elegant, präsente, gut integrierte Tannine, schokoladiger Touch im Abgang, salziger Nachhall, gute Länge, sicheres Reifepotenzial.

93 Cabernet Merlot Privatkeller 2017 CS/ME
14 Vol.-%, NK, Barrique, €€€€
Kräftiges Karmingranat, violette Reflexe, breitere Ockerrandaufhellung. Feiner Edelholztouch, ein Hauch von Vanille und Nougat, reife Zwetschken, Brombeerkonfitüre, mit kandierten Orangenzesten unterlegt. Stoffig, nach reifem Cassis, feine, tragende Tannine, samtiger Stil, angenehme Fruchtsüße im Abgang, ein ausgewogener Speisenbegleiter.

WEINGUT ROBERT SCHLUMBERGER
2540 Bad Vöslau
Hans-Haderer-Gasse 8
T: +43 (1) 3686892
services@schlumberger.at
www.privatkeller.at

Kellermeister/Kontakt:
Sieghard Vaja
Produktion: 20.000 Flaschen
100 % rot, 9 Hektar
Messen: VieVinum

Lausturm bei Soos

WEINGUT SCHNEIDER
2523 Tattendorf
Badner Straße 3
T: +43 (2253) 81020
office@weingut-schneider.co.at
www.weingut-schneider.co.at

Kellermeister/Kontakt:
Georg Schneider
Anbauweise: Zertifiziert Biologisch (Austria Bio Garantie)
Produktion: 5 % Schaumwein, 35 % weiß, 57 % rot, 3 % süß, 16 Hektar
Vereinszugehörigkeit:
Die Burgundermacher
Messen: Millésime Bio, ProWein Düsseldorf, VieVinum, Vinobile Feldkirch, Vinobile Montfort

★★★

WEINGUT SCHNEIDER

BIO

Das Bioweingut Schneider konzentriert sich insbesondere auf die Sorten der Burgunderfamilie: den internationalen Pinot Noir und den autochthonen St. Laurent. Diese Spezialisierung ist in erster Linie auf die hervorragenden Anbaubedingungen, die sich aus dem perfekten Zusammenspiel von kontinentalem Klima und Kalkschotterböden ergeben, aber auch auf die Erfahrung und Leidenschaft der einzelnen Winzer zurückzuführen. Dass die Burgunderweine bereits internationales Format haben, beweisen Spitzenplätze bei renommierten Verkostungen. So holte sich Georg Schneider mit dem Pinot Noir Reserve 2009 den Sortensieg bei der Falstaff-Rotweinprämierung 2011.
Gepflegte Gastlichkeit und vorbildliche Gastfreundschaft stehen im Restaurant »Rebhof Schneider« im Vordergrund. Unmittelbar neben dem Weingut angesiedelt, bietet es die Möglichkeit, die regionale Küche kennenzulernen. Bei kulinarischen Köstlichkeiten kann man es sich einfach bei einem guten Glas Wein gemütlich machen. Ziel der Familie Schneider ist es, dass sich ihre Gäste wohlfühlen.

91 Rotgipfler 2021
13 Vol.-%, DV, Stahltank, €€ B H V
Helles Goldgelb, Silberreflexe. Zart nach Wiesenkräutern, weißer Apfel, ein Hauch von Birne, Nuancen von frischen Orangenzesten. Mittlerer Körper, frisch, weißer Apfel, zitroniger Touch, saliner Nachhall, ein lebendiger Speisenbegleiter.

90 Weißburgunder 2021
13,5 Vol.-%, DV, Holzfass, €€ H V
Helles Goldgelb, Silberreflexe. Zarte frische Apfelfrucht, ein Hauch von Wiesenkräutern, nussiger Touch, mineralisch. Mittlerer Körper, feine Nuancen von weißem Kernobst, frisch strukturiert, zitronig, salzig, unkomplizierter Stil, bereits gut antrinkbar.

93 Sankt Laurent Reserve 2019
13 Vol.-%, NK, 500-l-Fass, €€€€€ V
Kräftiges Rubingranat, violette Reflexe, dezente Ockerrandaufhellung. Attraktive frische Kirschfrucht, rotbeerig, Himbeeren, Lakritze, Nuancen von Mandarinenzesten, tabakiger Anklang. Saftig, rotbeerig, frisch strukturiert, feine Tannine, lebendig und gut anhaftend, rote Kirschen im Abgang, ein lebendiger Speisenbegleiter mit Reifepotenzial.

91 Sankt Laurent Tattendorf 2020
12,5 Vol.-%, DV, großes Holzfass, €€€ H V
Kräftiges Rubingranat, violette Reflexe, dezente Randaufhellung. Zart nach Nougat, schwarze Beerenfrucht, reife Zwetschken, kandierte Orangenzesten. Saftig, frisch strukturiert, rote Kirschen, reife Tannine, feine Röstaromen im Abgang, ein vielseitiger Speisenbegleiter.

93 Pinot Noir Reserve 2019
13 Vol.-%, NK, 500-l-Fass, €€€€€ V
Kräftiges Karmingranat, Ockerreflexe, breitere Randaufhellung. Zart kräuterwürzig unterlegtes rotes Waldbeerenkonfit, tabakige Nuancen, ein Hauch von Himbeeren und Lakritze. Mittlere Komplexität, rotbeeriger Touch, feine Tannine, salzige Nuancen, wirkt leichtfüßig und bereits gut antrinkbar.

92 Cuvee Noir Reserve 2020 CS/ME/SL
13,5 Vol.-%, NK,DV, gebrauchte Barriques, €€€ H V
Dunkles Rubingranat, opaker Kern, violette Reflexe, dezente Randaufhellung. Zart tabakig-würzig unterlegte schwarze Waldbeeren, Brombeeren, dunkle Kirschen, etwas Nougat, einladendes Bukett. Saftig, elegant, reife Kirschen, feine Tannine, dezente Süße im Abgang, Nelken im Nachhall, bereits gut antrinkbar.

★★★★

WEINGUT STADLMANN

BIO

Bereits 1780 stand das Haus Stadlmann im Zeichen des Weinbaus. Über acht Generationen hinweg wurde das Weinwissen sukzessive vermehrt und weitergegeben. Kaum jemand hat sich derart intensiv mit den einzigartigen Gegebenheiten und den ursprünglichen Rebsorten der Thermenregion auseinandergesetzt wie Bernhard Stadlmann. Er hat seine profunde akademische Ausbildung durch zahlreiche Praktika im Ausland vertieft und geht heute mit viel Erfahrung und einem besonderen Feingefühl für die wertvollsten Lagen in der Region vor.
An den Hängen des Anningers pflegt Stadlmann souverän überwiegend alte Rebstöcke, tief verwurzelt im Muschelkalk. Im Keller nimmt er sich bewusst zurück und lässt dem Wein ausreichend Zeit, um zu reifen. So werden mit präzisem handwerklichem Geschick kontinuierlich authentische Weine vinifiziert, die über ein

WEINGUT STADLMANN
2514 Traiskirchen
Wiener Straße 41
T: +43 (2252) 52343
kontakt@stadlmann-wein.at
www.stadlmann-wein.at

Kellermeister/Kontakt: Bernhard Stadlmann
Anbauweise: Zertifiziert Biologisch
Produktion: 85 % weiß, 13 % rot, 2 % süß, 20 Hektar
Zertifiziert: Nachhaltig Austria
Vereinszugehörigkeit: Thermenwinzer
Messen: ProWein Düsseldorf, VieVinum

Zierfandler

enormes Lagerpotenzial verfügen. Die Komplexität und Dichte der Zierfandler und Rotgipfler aus dem Hause Stadlmann sind unvergleichlich. Der Betrieb hat sich schon immer diesen regionaltypischen Rebsorten in all ihren Spielarten verschrieben, aber auch Weißburgunder, Grüner Veltliner sowie St. Laurent und Pinot Noir reifen in großen Holzfässern der Perfektion entgegen. Johann Stadlmann ist Vorsitzender des regionalen Weinkomitees und wurde 1994 zum »Falstaff Winzer des Jahres« gekürt.

94 Zierfandler Ried Mandel-Höh 2020
13,5 Vol.-%, NK, großes Holzfass, €€€€€
Mittleres Goldgelb, Silberreflexe. Mit Mandarinenzesten und Blütenhonig unterlegte gelbe Pfirsichfrucht, facettenreiches Bukett. Saftig, elegant, feine Nuancen von gelber Frucht, zarte Süße, frische Ananas, mineralisch unterlegt, feines Säurespiel, sehr harmonisch, zeigt gute Länge, verfügt über Reifepotenzial.

93 Zierfandler Ried Igeln 2020
13,5 Vol.-%, NK, großes Holzfass, €€€€ B
Mittleres Gelbgold, Silberreflexe. Zart nach gekochtem Rhabarber, ein Hauch von Mango und Blütenhonig, kandierte Orangenzesten. Saftig, elegant, angenehme Fruchtsüße, feines Säurespiel, bleibt haften, gute Länge, bereits zugänglich, sicheres Reifepotenzial.

91 Zierfandler Anning 2021
12,5 Vol.-%, DV, großes Holzfass, €€€ B
Helles Goldgelb, Silberreflexe. Nuancen von frischem gelbem Pfirsich, ein Hauch von Mango, zarte Orangenzesten. Mittlerer Körper, weißes Kernobst, lebendiger Säurebogen, zitronig-salzig im Nachhall, ein animierender Speisenbegleiter.

93 Rotgipfler Ried Tagelsteiner 2020
14 Vol.-%, NK, großes Holzfass, €€€€€ B
Helles Gelbgold, Silberreflexe. Ein Hauch von Orangen, Nuancen von gelber Tropenfrucht, ein Hauch von Papaya und Mango, einladendes Bukett. Mineralisch, straffe Textur, weiße Birnenfrucht, dezente Säurestruktur, mineralisch, salziger Touch, bleibt haften, gutes Entwicklungspotenzial.

91 Rotgipfler Anning 2021
12,5 Vol.-%, DV, großes Holzfass, €€€ B
Helles Goldgelb, Silberreflexe. Feine Note von gelbem Pfirsich, ein Hauch von Mango, zarter Blütenhonig. Mittlerer Körper, etwas Marille, feiner Säurebogen, dezente Fruchtsüße im Abgang, balanciert und leichtfüßig, Pfirsich im Rückgeschmack, vielseitig einsetzbar.

94 Zierfandler Traiskirchen Auslese 2019
12 Vol.-%, NK, großes Holzfass, €€€€€
Leuchtendes mittleres Goldgelb, Silberreflexe. Zart nach reifer Quitte, ein Hauch von Honig und gekochtem Rhabarber, kandierte Mandarinenschalen. Saftig, kräftig, Nuancen von reifem gelbem Kernobst, mineralisch unterlegte Süße, aber auch salzige Anklänge im Abgang, straff und gut anhaltend, wird von Flaschenreife profitieren.

★★

WEINGUT HARALD ZIERER

Das Weingut Zierer hat in Gumpoldskirchen tiefe historische Wurzeln und wurde erstmals im Jahre 1790 erwähnt. Harald Zierer, Absolvent der HBLA Klosterneuburg, ist seit 1990 für die Vinifikation verantwortlich, wobei das Weingut nach wie vor noch von der gesamten Familie bewirtschaftet wird.
Es werden drei Arten des Weinausbaus verfolgt: die klassische Linie »Klassik«, bei der die Weine im Stahltank ausgebaut werden, die Linie »Tradition«, wofür die Weine im großen Holzfass reifen, und die »Reserve«-Linie, für die der Ausbau in kleinen französischen Holzfässern erfolgt. Außerdem ist Harald Zierer für seine Süßweine bekannt, die entweder klassisch oder im Barrique ausgebaut werden. Auf dem Weingut wird traditionellerweise hohes Augenmerk auf die typischen autochthonen Gumpoldskirchner Sorten Zierfandler und Rotgipfler gelegt, die sowohl reinsortig wie auch als Cuvée angeboten werden. Neben diesen beiden Hauptsorten bleibt allerdings genug Platz für andere Weißweinsorten wie Riesling, Chardonnay, Welschriesling und Weißburgunder. Seit einigen Jahren wird auch erfolgreich die Rotweinproduktion erweitert. Neben dem österreichischen Klassiker Zwei-

WEINGUT HARALD ZIERER
2352 Gumpoldskirchen
Badener Straße 36
T: +43 (2252) 607302
zierer@weingut-zierer.at
www.weingut-zierer.at

Kellermeister/Kontakt:
Harald Zierer
Produktion: 50.000 Flaschen
80 % weiß, 10 % rot, 10 % süß,
13 Hektar
Messen: VieVinum

Triebe des Rotgipflers

gelt bietet das Weingut auch Syrah, Merlot und Pinot Noir.
Um dem Anspruch perfekter Weinqualität gerecht zu werden, wurde neben dem Weingut in Gumpoldskirchen Ende des Jahres 2009 mit einem Zubau der Kellerei begonnen (Presshaus, Flaschenlager, Fasskeller sowie ein moderner Weinverkostungsraum), der kurz vor der Ernte 2010 fertiggestellt wurde. Da in den letzten Jahren die direkte Vermarktung immer wichtiger und zeitaufwendiger wurde, hat sich die Familie Zierer dazu entschlossen, einen Heurigenbetrieb in der Kurstadt Baden zu betreiben. Hier werden natürlich sämtliche Weine des Weinguts glasweise angeboten, des Weiteren gibt es warme und kalte Spezialitäten vom Buffet.

(92) Rotgipfler Gumpoldskirchen 2021
14 Vol.-%, VL, großes Holzfass, €€
Helles Goldgelb, Silberreflexe. Zarte Nuancen von gelber Birne, ein Hauch von Mango und Blütenhonig. Saftig, feine Fruchtsüße, mit einem rassigen Säurebogen unterlegt, zart nach weißem Pfirsich, etwas Litschis, mineralisch im Nachhall, zeigt Länge, verfügt über Reifepotenzial.

91 Rotgipfler Gumpoldskirchen Ried Grimling 2020
14 Vol.-%, VL, großes Holzfass, €€€
Helles Goldgelb, Silberreflexe. Zarte Nuancen von Babybanane, reifer Mango und Papaya, frische Mandarinenzesten, ein Hauch von Blütenhonig. Mittlere Komplexität, zart blättrige Würze, Honig im Abgang, mineralisch-salziger Touch, etwas Gerbstoff im Nachhall.

92 Zierfandler Gumpoldskirchen Ried Rasslerin 2020
13,5 Vol.-%, VL, großes Holzfass, €€€
Helles Goldgelb, Silberreflexe. Mit Orangenzesten unterlegte gelbe Ringlotten, frische Birnenfrucht, zart nach Quitte, ein Hauch von Blütenhonig. Mittlerer Körper, weißer Apfel, dezentes Säurespiel, würzig-mineralisch im Abgang, Nuancen von Dörrobst im Nachhall, bereits entwickelt, etwas antiquierter Stil.

(91) Zierfandler Gumpoldskirchen 2021
13,5 Vol.-%, VL, großes Holzfass, €€
Helles Goldgelb, Silberreflexe. Nuancen von Ananas und Golden-Delicious-Apfel, zart nach Blütenhonig, feine Noten von Orangenzesten. Kraftvoll, weiße Tropenfrucht, frischer Säurebogen, zitronig-salziger Nachhall, mittlere Länge, wird von Flaschenreife profitieren.

89 Gelber Muskateller Gumpoldskirchen Ried Asslatz 2021
12,5 Vol.-%, VL, Stahltank, €€

(89) Riesling Gumpoldskirchen Ried Gartensätz 2021
13,5 Vol.-%, VL, großes Holzfass, €€

Das Traisental, hier bei Wagram ob der Traisen, ist ein spannendes Gebiet für Grünen Veltliner und Riesling

© WSNA

NIEDERÖSTERREICH

TRAISENTAL

DAC

WEINE MIT RÜCKGRAT UND FINESSE

Das jüngste Weinbaugebiet Österreichs – es besteht in dieser Form erst seit 1995 – ist mit 815 Hektar Rebfläche auch eines der kleinsten des Landes, aber in einer Beziehung ganz groß: Hier führt der Grüne Veltliner das Regiment. Fixpunkte in den kleinen Weinorten sind bodenständige Buschenschanken, Ausflüge in die Geschichte gewähren Traismauer oder Herzogenburg.

Seit dem Jahrgang 2006 kommen typische fruchtige und würzige Grüne Veltliner sowie kernig-mineralische Rieslinge unter der Bezeichnung »Traisental DAC« auf den Markt, die der Gliederung der Kremstal-DAC-Weine entspricht. In keinem anderen österreichischen Weinbaugebiet hat der Grüne Veltliner einen derart dominanten Flächenanteil: Mit 63 Prozent belegt das Traisental unangefochten Platz eins. Doch auch der Riesling gilt als Spezialität des Traisentals. Die Reben stehen überwiegend auf – oft winzigen – Terrassen mit trockenen, schottrigen, sehr kalkreichen Böden. Sie verleihen den Weinen ein sehr eigenständiges Profil mit kräftigem Körper und festem Rückgrat. Die Mineralik ist auch Geschmacksträger, stützt die Säurestruktur und fördert somit die Langlebigkeit der Weine. Besondere Klimafaktoren – pannonische Einflüsse und gleichzeitig Kaltluft aus dem Alpenvorland bringen warme Tage und kühle Nächte – sorgen für eine sehr feine Aromatik und würzige Finesse. Die nahe Donau kann auch hier ihre temperaturausgleichende Rolle voll ausspielen.

Das Traisental ist aber auch ein attraktives Ausflugsziel für Weinliebhaber, Wanderer, Radfahrer und Kulturinteressierte. Uralte Weintradition – noch weit vor der Weinkultur der Römer in der Region da-

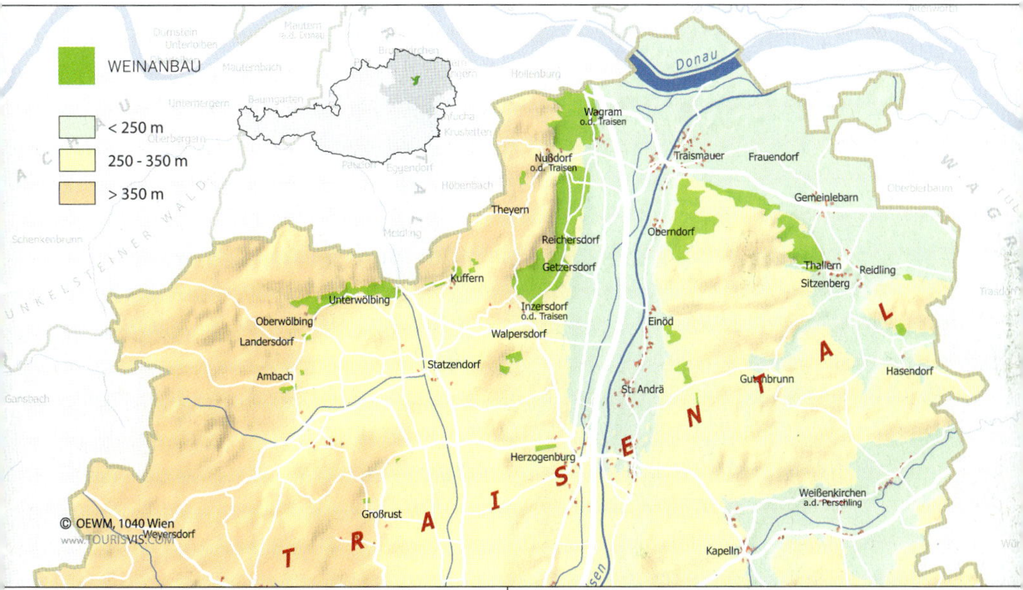

tiert – bestätigen Funde von Traubenkernen aus der frühen Bronzezeit. Ein modernes Kulturprogramm in großer Vielfalt bietet die nahe gelegene niederösterreichische Landeshauptstadt St. Pölten.
Von diesem südlichsten Punkt des Weinbaugebiets eröffnen sich viele Wege nach Westen und Osten: von Statzendorf, Unter- und Oberwölbling über Nussdorf, Reichersdorf, Getzersdorf bis nach Inzersdorf und Herzogenburg mit seinem herrlichen Stift. Verbindendes Element ist die Weinkultur, die von den Winzerfamilien in den zahlreichen Buschenschankbetrieben auf sympathische und genussvolle Weise vermittelt wird. Man ist sich der Bedeutung von Grünem Veltliner und Riesling als Botschafter der Region sehr bewusst. Sie leisten einen wesentlichen Beitrag, den unverwechselbaren Weinstil noch bekannter zu machen – persönliche Nuancen bringen die dazu servierten bodenständigen kulinarischen Köstlichkeiten. Man sollte aber nicht verabsäumen, auch andere Sortenspezialitäten in Weiß und Rot zu verkosten.

AUSGEWÄHLTE WEINGÜTER

★★★★

Weingut Markus Huber, Reichersdorf
Weingut Ludwig Neumayer, Inzersdorf ob der Traisen

★★★

Weingut Karl Brindlmayer, Wagram ob der Traisen
Weingut Herwald Hauleitner, Wagram ob der Traisen
Weinkultur Preiß, Theyern
Winzerhaus Hans Schöller, Traismauer

★★

Weingut Tom Dockner, Theyern
Weingut Leopold Figl, Wagram ob der Traisen
Stiftsweingut Herzogenburg, Herzogenburg
Weingut Rudolf Hofmann, Traismauer
Weingut Andreas Holzer, Nussdorf ob der Traisen
Nolz Wein, Hilpersdorf
Weingut Thomas Ott, Reichersdorf

★

Siedler Alex. Wein-Genuss-Gut, Reichersdorf

—

Bioweingut Viktor Fischer, Wagram ob der Traisen

Die Wetterkreuzkirche über dem Donautal

WEINGUT KARL BRINDLMAYER
3133 Wagram ob der Traisen
Wachaustraße 23
T: +43 (2783) 598
wein@brindlmayer.at
www.brindlmayer.at

Kellermeister/Kontakt: Karl Brindlmayer
Produktion: 1 % Schaumwein, 82 % weiß, 6 % rosé, 10 % rot, 1 % süß, 13 Hektar
Zertifiziert: Nachhaltig Austria
Vereinszugehörigkeit: Regio Tragisana, Verein Traisentaler Wein
Messen: VieVinum

★★★

WEINGUT KARL BRINDLMAYER

»Geradliniger Herkunftscharakter, fruchtig-harmonischer Facettenreichtum«, ist Dr. Karl Brindlmayer vom Top-Jahrgang 2021 begeistert. Nach seinem jahrelangen Fokus auf einer akademischen Karriere bei gleichzeitiger Unterstützung des Familienweinguts kehrte er zurück zu seinen Wurzeln. Mit Begeisterung zeichnet er in sechster Generation für seine ersten Jahrgänge verantwortlich. Die Familie ist seit 1833 auf dem 1557 erstmals urkundlich erwähnten Hof ansässig und sieht die Zertifizierung »Nachhaltig Austria« als Lebensidee. Nicht zuletzt entstehen die Weine in Erzeugerabfüllung weiterhin ressourcenschonend im hofeigenen alten Weinkeller.

Der Jungwinzer beweist, dass Exzellenz auch abseits von vorgegebenen Wegen erreicht werden kann. Wie alle Reserve-Weine soll die Traditionsmarke »Brigos« gemäß der altkeltischen Wortbedeutung Mächtigkeit verkörpern, aber auch nicht vorlaut sein. Nach langer Reifephase als »Große Reserve« wird die Spannung zwischen Kraft und Expressivität harmonisch gelöst. Über Jahrzehnte bauten Karls Eltern ein vielfältiges Sortiment gebiets- und sortentypischer Klassiker sowie unverwechselbarer Lagenweine wie »Rosengarten«, »Sonnleithen« und »Bergen« auf. Neben Donaueinfluss und mikroklimatischen Feinheiten sind diese Terrassenweingärten von kalkhaltigen Böden, mitunter tiefgründigem Löss sowie Konglomerat mit Sandstein und Mergel geprägt, während auf der Ostseite der Traisen kühlere Hügellagen einen frischen Weincharakter transportieren.

Mit diesen sinnlichen Wurzeln soll jeder Wein das begeisterte Winzerhandwerk auch für ein breites Publikum spürbar machen. Das gelingt dem nunmehrigen Betriebsführer, der der Familienmarke mittlerweile mehr als eine lediglich nationale Bekanntheit verliehen hat, sehr gut, denn das eine oder andere Gläschen Brindlmayer-Wein hat schon am »Grote Markt« von Antwerpen oder auf einem Business-Class-Flug nach Montreal die Sinne verzaubert. Erklärtes Ziel sind Jahr für Jahr unverkennbare und zugleich zugängliche Weine mit Herkunftscharakter, die Charme versprühen und für sich sprechen. Die Winzerfamilie blickt auf viele Auszeichnungen zurück, während die aktuellen Erfolge wie ein Sieg beim

Traisental DAC Cup für eine erfolgreiche Weiterführung der »Next Generation« sprechen.

93 Grüner Veltliner * Ried Sonnleithen Alte Reben 2021
13 Vol.-%, DV, Stahltank, €€ V
Mittleres Grüngelb, Silberreflexe. Feinwürzig unterlegte gelbe Fruchtanklänge, frischer gelber Apfel, zart nach Mango, ein Hauch von Blütenhonig und Orangenzesten. Saftig, elegant, feine Fruchtsüße nach reifem Apfel, gut integrierter Säurebogen, mineralisch-salzig im Abgang, zeigt Länge, vielseitiger Speisenbegleiter.

92 Grüner Veltliner * Ried Rosengarten 2021
12,5 Vol.-%, DV, Stahltank, €€ V
Helles Gelbgrün, Silberreflexe. Feine Kräuterwürze, zart nach weißem Apfel, ein Hauch von Orangenzesten, noch etwas scheu. Mittlere Komplexität, feine Birnenfrucht, angenehmer Säurebogen, mineralisch und frisch, bereits gut zugänglich, verfügt über Entwicklungspotenzial.

93 Grüner Veltliner Ried Bergen Brigos Große Reserve 2020
13,5 Vol.-%, NK,DV, Teilbarrique, €€€€ V
Helles Gelbgold, Silberreflexe. Feine Holzwürze, etwas Vanille, zart nach gelber Birne, etwas Honigmelone, zart nach Walnuss, facettenreiches Bukett. Mittlerer Körper, elegant, feine Fruchtsüße, ein Hauch von Gewürznelken im Abgang, mineralisch, feiner Säurebogen, zeigt Länge, wird von Flaschenreife profitieren.

91 Riesling * Parapluiberg 2021
12,5 Vol.-%, DV, Stahltank, €€ V
Helles Gelbgrün, Silberreflexe. Zart nach Limetten, weißer Pfirsich, floraler Touch, mineralisches Bukett. Mittlerer Körper, straff, finessenreich strukturiert, zarte Fruchtsüße, zitronig im Abgang, bleibt haften, gutes Entwicklungspotenzial.

90 Chardonnay 2021
13 Vol.-%, DV, Stahltank, €€ V
Helles Grüngelb, Silberreflexe. Zarte Wiesenkräuter, ein Hauch von Apfel und Mango, Nuancen von Orangenzesten, mineralischer Touch. Mittlerer Körper, feines Kernobst, frisch strukturiert, zitronig-salziger Touch, lebendiger Speisenbegleiter.

(93) Grüner Veltliner Auslese 2021
12 Vol.-%, DV, Stahltank, €€€€ V
Helles Grüngelb, Silberreflexe. Zart nach reifer Ananas, ein Hauch von Maracuja, feiner Blütenhonig, einladende Süße. Saftig, gelbe Tropenfrucht, zart nach Marille, feine Säure, Honigtouch im Abgang, elegant, süßer Nachhall, gutes Zukunftspotenzial.

★★

WEINGUT TOM DOCKNER

Wenn Steine und Geröll aus der Traisen auf ausgewaschenen Kalk treffen, dann braucht es ein paar Jahrtausende, bis sich Konglomerat bildet – ein trockener Begriff für etwas, das großartige Veltliner hervorbringt. Tom Dockners Weinreben wachsen auf diesen uralten, eiszeitlich geprägten Böden, auf denen sich so einiges an wertvollen Bausteinen, sprich Sedimenten, angesammelt hat. Diese wiederum verleihen seinen Grünen Veltlinern aus dem Traisental ihr unverwechselbares Geschmacksbild: mineralisch, vielschichtig, ausdrucksstark und dennoch nicht zu ausladend. »Konglomerat« nennt sich dieser einzigarte Zusammenschluss aus vielen Tausenden Jahren Geröll, Schotter, Kalk, Wind und Wetter. Seine einzigartigen Weinrieden heißen Theyerner Berg, Pletzengraben und Hochschopf. Seit 2019 sind die zwei letztgenannten Rieden als »Erste Lagen 1 ÖTW« klassifiziert, und seither ist das Weingut Mitglied der »Österreichischen Traditionsweingüter«. Grüner Veltliner und Riesling sind sicher die bekanntesten Sorten des Traisentals und zu Recht auch die Paradeweine von Tom Dockner, aber auch Traminer und Pinot Noir begeistern immer wieder aufs Neue. Nachhaltigkeit und naturnahe Bewirtschaftung der Weingärten sind dem Traisentaler Winzer sehr wichtig. Kellerarbeit heißt für Tom Dockner, die Qualität und den Charakter der Trauben aus dem Weingarten ohne Verluste in die Flasche zu bringen. Daher sind penible Sauberkeit und schonende Verarbeitung hier selbstverständlich. Kosten lassen sich diese einzigartigen Weine am besten dort, wo sie

Thomas Dockner

WEINGUT TOM DOCKNER
3134 Theyern
Traminerweg 3
T: +43 (664) 5441779
weingut@docknertom.at
www.docknertom.at

Kellermeister/Kontakt:
Thomas Dockner
Produktion: 90 % weiß, 10 % rot, 21 Hektar
Zertifiziert: Nachhaltig Austria
Vereinszugehörigkeit:
Traditionsweingüter Österreich
Messen: VieVinum

heranreifen: im lichtdurchfluteten Verkostungsraum mitten im Traisental. Hier kann man selbst dem einzigartigen Charakter der Landschaft, der Menschen, der Natur und dieser Weine auf den Grund gehen.

(93) Grüner Veltliner * Neusiedl Ried Hochschopf 1ÖTW 2021
13,5 Vol.-%, NK, großes Holzfass, €€€€€ Ⓥ
Mittleres Gelbgrün, Silberreflexe. Feine Wiesenkräuter, frischer weißer Apfel, zart unterlegt mit Mango und Orangenzesten. Saftig, komplex, feine Marillennote, frischer Säurebogen, mineralisch, fruchtsüßer Nachhall, zart salzig im Abgang, besitzt Länge und verfügt über gutes Reifepotenzial.

(92) Grüner Veltliner * Inzersdorf Ried Pletzengraben 1ÖTW 2021
13 Vol.-%, DV, Stahltank, €€€€ Ⓥ
Leuchtendes mittleres Gelbgrün, Silberreflexe. Frische Limettenzesten, ein Hauch von frischem Apfel und Wiesenkräutern. Straff, engmaschig, reifer grüner Apfel, frischer Säurebogen, mineralisch-salzig, bleibt haften, finessenreicher Begleiter bei Tisch.

91 Grüner Veltliner * Ried Theyerner Berg 2021
12,5 Vol.-%, DV, Stahltank, €€ Ⓥ
Helles Gelbgrün, Silberreflexe. Feine gelbe Birnenfrucht, zarte gelbe Tropenfrucht klingt an, mit etwas Honigmelone unterlegt. Saftig, elegant, mineralisch und frisch, zitronige Nuancen im Nachhall, animierender, lebendiger Stil.

91 Grüner Veltliner * Nußdorf 2021
12 Vol.-%, DV, Stahltank, €€€ Ⓥ
Mittleres Gelbgrün, Silberreflexe. Zart nach Wiesenkräutern und frischen gelben Tropenfrüchten, floraler Touch, einladendes Bukett. Saftig, gelbe Apfelfrucht, feiner Säurebogen, mineralisch und gut anhaftend, leichtfüßig und balanciert, bietet großen Trinkspaß.

92 Riesling * Inzersdorf Ried Pletzengraben 1ÖTW 2020
13 Vol.-%, DV, Stahltank, €€€€ Ⓥ
Helles Grüngelb, Silberreflexe. Zart nach Ananas, Papaya und frischem Pfirsich, ein Hauch von Limettenzesten, mineralischer Touch. Mittlerer Körper, feine Fruchtsüße, weißes Steinobst, lebendig strukturiert, zart salzig, gut anhaftend, bereits antrinkbar, verfügt über Entwicklungspotenzial.

90 Riesling * Parapluiberg 2021
12 Vol.-%, DV, Stahltank, €€ Ⓥ
Mittleres Gelbgrün, Silberreflexe. Zarte Kräuterwürze, gelbe Tropenfrucht, reifer Pfirsich, etwas Blütenhonig. Mittlerer Körper, weißes Steinobst, rassige Säurestruktur, zitronige Nuancen, dezente Fruchtsüße im Abgang, ausgewogen und mineralisch.

★★

WEINGUT LEOPOLD FIGL

Der Familienbetrieb Figl bewirtschaftet seit 1960 Weingärten im unteren Traisental. Die Weingärten befinden sich im Umkreis von Wagram ob der Traisen und wachsen auf Lössböden, wobei Konglomerat das Muttergestein bildet. Der Klosterneuburger Absolvent Leopold Figl war von 2001 bis 2013 Kellermeister im Weingut Stadt Krems und hat danach das smarte Weingut seiner Eltern übernommen, worauf der Fokus auf die gebietstypischen Sorten Grüner Veltliner und Riesling gelegt wurde. Leopold Figl ist bekannt für fruchtige, aber auch würzige Weine mit einer gut balancierten Säure, die man wunderbar trinken kann. Ein eigens vinifizierter »Blanc de Blancs«-Sekt aus Chardonnay-Trauben nach der traditionellen Methode krönt sein Sortiment. Die Top-Rieden des Weinguts sind Setzen, Sonnleithen und Rosengarten. Durch die gezielte Planung eines modernen Weinkellers wurden perfekte Bedingungen zur schonenden und sauberen Verarbeitung der Trauben geschaffen. Die besondere Pflege der Weingärten und das Bestimmen des optimalen Lesezeitpunktes sind wesentliche Bestandteile einer Produktion qualitativ hochwertiger Weine.

92 ❸ Blanc de Blancs 2017
12,5 Vol.-%, NK, Stahltank, €€€
Leuchtendes Goldgelb, Silberreflexe, feines Mousseux. Zart nach Biskuit und Honigmelone, zarte Steinobstnuancen, ein Hauch von Limettenzesten, attraktives Bukett. Saftig, elegant, Noten von reifem gelbem Steinobst, feine Fruchtsüße, zartes Honigkaramell im Abgang.

93 Grüner Veltliner ** Ried Rosengarten 2021
14,5 Vol.-%, DV, Stahltank, €€€
Leuchtendes Gelbgrün, Silberreflexe. Zarte Kräuterwürze, feine weiße Apfelfrucht, Papaya und Ananas klingen an, zarter Blütenhonig, mit kandierten Orangenzesten unterlegt. Saftig, elegant, feine Kernobstnuancen, gut integrierter Säurebogen, mineralisch-salzig, ein stoffiger Speisenbegleiter mit Reifepotenzial.

(92) Grüner Veltliner ** Ried Sonnleithen 2021
14 Vol.-%, DV, Stahltank, €€€
Mittleres Grüngelb, Silberreflexe. Frische Kräuterwürze, frische weiße Tropenfrucht, zart nach Mandarinenzesten, mineralisch unterlegt. Kraftvoll, würzig, feine gelbe Apfelfrucht, feine Säurestruktur, fruchtige Süße, bleibt haften, gute Länge, zeigt Potenzial.

91 Grüner Veltliner * Ried Setzen 2021
13 Vol.-%, DV, Stahltank, €€
Helles Grüngelb, Silberreflexe. Zart tabakig, ein Hauch von Kräuterwürze, feine gelbe Kernobstnuancen, frische Orangenzesten. Saftig, feine Fruchtsüße, Golden-Delicious-Apfel, zarte Säurestruktur, zitroniger Touch, ein eleganter Speisenbegleiter.

90 Grüner Veltliner * Wagram Vom Löss 2021
12,5 Vol.-%, DV, Stahltank, €€
Helles Gelbgrün, Silberreflexe. Frische Wiesenkräuter, weißer Apfel, etwas Orangenzesten, mit einem Hauch von Fenchel unterlegt. Mittlerer Körper, grüne Apfelfrucht, frische Säurestruktur, zitronig-mineralischer Abgang, unkomplizierter Speisenbegleiter.

94 Riesling Ried Setzen Beerenauslese 2018
10 Vol.-%, DV, Stahltank, €€€
Kräftiges Goldgelb, Messingreflexe. Feiner Honigtouch, ein Hauch von Marillenmarmelade, Orangenjam, feine florale Nuancen, Orangenzesten, angenehme Botrytiswürze. Saftig, elegant, weiße Apfelfrucht, markante Säurestruktur, feiner Süßenachhall, sicheres Reifepotenzial.

WEINGUT LEOPOLD FIGL
3133 Wagram ob der Traisen
Ziegelofengasse 2
T: +43 (660) 1981035
office@weingut-figl.at
www.weingut-figl.at

Kellermeister/Kontakt:
Leopold Figl
Produktion: 2 % Schaumwein, 90 % weiß, 5 % rosé, 3 % rot, 12 Hektar
Vereinszugehörigkeit:
Verein Traisentaler Wein

* Traisental DAC ** Traisental DAC Reserve

BIOWEINGUT VIKTOR FISCHER

NEU - BIO

Viktor Fischer sieht sich als »Bionier« im Traisental. Seit 2019 führt der junge Winzer das Bioweingut Viktor Fischer in Wagram ob der Traisen unter seinem Namen. Davor war er im elterlichen Betrieb, dem Biohof Fischer, bereits seit 2012 für den Wein verantwortlich. In den letzten Jahren konnte sich der junge Traisentaler bereits einen Namen machen: Ob beim Falstaff Traisental DAC Cup oder dem Internationalen Bioweinpreis – seine Weine können überzeugen. Seit 2009 werden Viktor Fischers Weine biologisch hergestellt, für ihn eine Herzensangelegenheit. Die Modernisierung seiner Produktion und die Weiterentwicklung seiner Weine – alles immer mit Blick auf Natur und Umwelt – sind die weiteren Ziele des Traisentaler »Bioniers«.

Gemeinsam mit seiner Frau Julia baut er seinen Betrieb nach ihren gemeinsamen Vorstellungen um und aus: So wurden 2017 neue Etiketten entworfen und die Flaschen großteils auf umweltfreundliche Leichtflaschen umgestellt, die nur 350 Gramm wiegen und zu 80 Prozent aus Altglas bestehen. 2019 wurde die Traubenverarbeitung modernisiert, und das Weingut konzentriert sich seither auch vermehrt auf den Weinvertrieb in der gehobenen Gastronomie und Hotellerie. Zusätzlich werden die Bioweine aber weiterhin Ab Hof verkauft und bis über Österreichs Grenzen hinaus verschickt. Wichtig ist dem jungen Biowinzer, so wenig wie möglich und so viel wie nötig in die natürlichen Abläufe einzugreifen. Bei der biologischen Bewirtschaftung spielt im Weingarten der fruchtbare Boden eine besondere Rolle, dieser wird beispielsweise mit selbst erzeugtem Kompost gedüngt, zudem werden Pflanzenauszüge und Tees zur Stärkung der Pflanzen ausgebracht. Handarbeit und die gezielte mechanische Bearbeitung der Weingärten sind ein weiterer wichtiger Erfolgsfaktor. Durch Begrünung und die Pflege des Unterstockbereichs und der Zeilen werden Nützlinge gefördert, die einen gesunden Kreislauf erhalten.

»Ich arbeite immer mit Blick auf die Schonung und Unterstützung der Natur und will Bioweine kreieren, die meine Handschrift tragen und so unverkennbar sind«, erklärt Fischer. Jährlich kontrolliert und zertifiziert wird das Bioweingut von der Austria BIO Garantie – so kann Fischer seinen Kundinnen und Kunden beste Bio-Quali-

Biowinzer Viktor Fischer

BIOWEINGUT VIKTOR FISCHER
3133 Wagram ob der Traisen
Wachaustraße 30
T: +43 (699) 111 300 79
bio@fischer-abhof.at
www.fischer-abhof.at

Kellermeister/Kontakt:
Viktor Fischer
Anbauweise: Zertifiziert Biologisch (Austria Bio Garantie)
Produktion: 26.667 Flaschen
7 % Schaumwein, 80 % weiß,
12 % rot, 1 % süß, 5.5 Hektar

© Tobias Singer

tät garantieren. »Nur wo Bio zertifiziert wird, ist auch Bio drinnen«, ist der junge Winzer überzeugt.

93 Grüner Veltliner ** Ried Gaisruck 2019
13,5 Vol.-%, NK, Stahltank, €€€ Ⓑ
Leuchtendes Gelbgrün, Silberreflexe. Zart nach Anis und Kreuzkümmel, feine gelbe Tropenfrucht, frische Mango, ein Hauch von Orangenzesten. Saftig, elegant, zarte Fruchtsüße, feine Nuancen von Steinobst, mineralisch, zartes Säurespiel, zitronig-salzig im Finish, ein ausgewogener Begleiter bei Tisch.

92 Grüner Veltliner * Ried Rosengarten 2021
14 Vol.-%, DV, Stahltank, €€ Ⓑ
Helles Grüngelb, Silberreflexe. Tabakig unterlegte Mangonoten, ein Hauch von Babybanane, zarte Kräuterwürze klingt an. Kraftvoll, Nuancen von saftigem weißem Kernobst, feiner Säurekern, salziger Touch, bleibt haften, ein stoffiger Speisenbegleiter.

91 Grüner Veltliner * Ried Kagran 2021
13 Vol.-%, DV, Stahltank, €€ Ⓑ
Helles Gelbgrün, Silberreflexe. Zart mit Wiesenkräutern unterlegte frische Apfelfrucht, ein Hauch von Honigmelone, zitroniger Touch. Mittlere Komplexität, dunkle Mineralik, feine Fruchtsüße, frisch strukturiert, würziger Nachhall, besitzt Reifepotenzial.

91 Riesling * Steinreich 2021
13 Vol.-%, DV, Stahltank, €€ Ⓑ
Helles Gelbgrün, Silberreflexe. Nuancen von reifen Orangen, gelber Pfirsich, floraler Anklang. Samtiger Körper, fruchtsüße Textur, feiner Säurebogen, Limettenzesten im Abgang, ein lebendiger Speisenbegleiter.

90 St. Laurent Reserve Ried Bergen 2018
13 Vol.-%, NK, Barrique, €€€ Ⓑ
Kräftiges Karmingranat, violette Reflexe, breite Randaufhellung. Rauchig, schwarze Kirschen, tabakig unterlegtes Brombeerkonfit. Mittlerer Körper, rotbeerig, dezente Tannine, mineralisch, gute Frische, feinwürziger Stil, verfügt über Reifepotenzial.

94 Grüner Veltliner TBA Februarlese 2017
12 Vol.-%, DV, Stahltank, €€€€€ Ⓑ
Leuchtendes Gelbgrün, Silberreflexe. Nuancen von Kumquats, feiner Honig, reife Feigen, facettenreiches, fruchtgeprägtes Bukett, zart mit Marillenkonfitüre unterlegt. Mittlere Komplexität, reife Tropenfrucht, süß und von guter Säure getragen, blitzsauber, gutes Reifepotenzial.

★★★

WEINGUT HERWALD HAULEITNER

Herwald und Raphaela Hauleitner bewirtschaften ihre Weingärten in Wagram ob der Traisen nahe Traismauer. Der Familienbetrieb besteht seit 1932 und wird mit dem Leitsatz »Trinken ist ein Bedürfnis, Genießen eine Kunst« geführt. Ziel ist es, puristische Weine mit viel Frucht und Schmelz für den Alltag zu erzeugen. Laufend kommen neue Vertriebspartner im In- und Ausland dazu und erfreuen sich an den filigranen Produkten. Die ausschließlich handverlesenen Weine des sympathischen und freundlichen Winzerpaares sind geprägt vom Terroir und auf den Herkunftscharakter fokussiert (Traisental DAC und Traisental DAC Reserve).
Es gibt im Traisental die Terroirtypen Löss, Konglomerat und den etwas schwereren lehmigeren Tonboden auf Oncophora (Muschelkalk). Vor allem die dominierenden Sorten wie Grüner Veltliner und Riesling sowie Gelber Muskateller aus der Riede Bergen sind die Steckenpferde des Jungwinzerpaares. Klare und authentische Weine zu keltern hat oberste Priorität, Mineralik und Sortenfrucht stehen im Vordergrund. Der vorherrschende tiefgründige und kalkhaltige Lössboden, vor allem in der Top-Lage Sonnleithen, garantiert volle Frucht, Harmonie und Trinkvergnügen. Drei weitere Lagenveltliner stehen im Fokus: zum einen der Grüne Veltliner »Rosengarten«, der – auf kühlem Lössboden mit größerer Nähe zum Konglomerat gewachsen – eine sehr feine und filigrane Veltlinerwürze zeigt, zum anderen der Grüne Veltliner »Venusberg«, der auf schwerem und tonigem Boden eine sehr cremige Dichte und Mineralik präsentiert, und schließlich der Grüne Veltliner »Parapluiberg«. Weiters gibt es einen Riesling »Spontan« aus der Lage Sonnleithen, natürlich vergoren ohne Zusatz von Hefe, und einen kräftigen, cremigen Sekt vom Grünen Veltliner

Herwald Hauleitner

WEINGUT HERWALD HAULEITNER
3133 Wagram ob der Traisen
Weinkeller im Flohbergweg
T: +43 (676) 9519813
traisental@weingut-hauleitner.at
www.hauleitner.at

Kellermeister/Kontakt:
Herwald Hauleitner
Produktion: 90 % weiß, 10 % rot, 9 Hektar
Vereinszugehörigkeit:
Verein Traisentaler Wein

Blanc de Blancs mit zwölfmonatiger Lagerung. Das Weingut war »Falstaff Grüner Veltliner Grand Prix«-Sieger 2009 und »Falstaff Traisental DAC Cup«-Sieger 2016, 2018 und 2022 sowie Doppelsieger 2019 und 2021.

94 Grüner Veltliner * Parapluiberg 2021
13,5 Vol.-%, DV, Stahltank, €€
Helles Gelbgrün, Silberreflexe. Ein Hauch von Anis und weißen Blüten, mit frischem Kernobst unterlegt, Limetten-Öl, mineralischer Touch, animierender Duft. Saftig, engmaschig, reifes Kernobst, feiner Säurebogen, elegant und lange anhaftend, sicheres Reifepotenzial, sehr präziser regionaler Sortencharakter.

93 Grüner Veltliner * Ried Rosengarten 2021
13,5 Vol.-%, DV, Stahltank, €€
Helles Gelbgrün, Silberreflexe. Feinwürzig-tabakig unterlegte Nuancen von Golden-Delicious-Apfel, ein Hauch von Orangenzesten, einladendes Bukett. Stoffig, feine Fruchtsüße, reife Mango, frischer Säurebogen, ein Hauch von Marille im Nachhall, bereits antrinkbar, ein facettenreicher Begleiter bei Tisch, gutes Potenzial.

92 Grüner Veltliner * Ried Sonnleithen 2021
13 Vol.-%, DV, Stahltank, €€
Helles Gelbgrün, Silberreflexe. Mit einem Hauch frischer Limetten unterlegte weiße Apfelfrucht, zart nach Kräutern und Orangenzesten. Stoffig, gute Komplexität, feine Birnenfrucht, gut integrierte Säurestruktur, mineralisch, gut anhaftend, salziger Nachhall, gutes Reifepotenzial.

92 Grüner Veltliner * Venusberg 2021
13,5 Vol.-%, DV, Stahltank, €€
Helles Gelbgrün, Silberreflexe. Floral, zarte Zitrusnuancen, etwas weiße Tropenfrucht, ein Hauch von Wiesenkräutern, einladendes Bukett. Straff und engmaschig, frischer Apfel, feines Säurekleid, harmonisch, zart nach Mango im Abgang, eleganter Stil.

90 Grüner Veltliner * Wagram Terrassen 2021
13 Vol.-%, DV, Stahltank, €€
Helles Gelbgrün, Silberreflexe. Frischer Apfel, zart nach Birne und Wiesenkräutern, mineralischer Touch. Saftig, feine Kernobstnuancen, angenehmer Säurebogen, salziger Touch, etwas Mango im Nachhall, vielseitig einsetzbar.

92 Riesling * Ried Sonnleithen Spontan 2021
13,5 Vol.-%, DV, Stahltank, €€
Helles Gelbgrün, Silberreflexe. Zart blumig unterlegte Nuancen von Weingartenpfirsich, weißer Apfel, Limetten, mineralischer Touch. Stoffig, feine gelbe Tropenfrucht, etwas Ananas, zarte Fruchtsüße, feiner Säurebogen, elegant und lange anhaltend.

91 Gelber Muskateller Ried Bergen 2021
12,5 Vol.-%, DV, Stahltank, €€
Helles Gelbgrün, Silberreflexe. Intensive Nuancen von weißer Tropenfrucht, etwas Litschi und Muskatnuss. Mittlerer Körper, saftig, weißer Pfirsich, seidige Textur, gute Säurestruktur, etwas Honigmelone im Abgang, vielseitiger Nachhall.

91 Weißer Burgunder Ried Setzen 2021
14,5 Vol.-%, DV, Stahltank, €€
Helles Grüngelb, Silberreflexe. Zart nach frischer weißer Birne, ein Hauch von Karamell, mit kandierten Orangenzesten unterlegt. Kraftvoll, feine Nuancen von gelbem Kernobst, feiner Säurebogen, zart nussig, ein milder Speisenwein, harmonisch, mit Entwicklungspotenzial ausgestattet.

90 Rosé C.M.S.Z. 2021 ZW/CS/ME/SY
12,5 Vol.-%, DV, Stahltank, €€
Lachsrosa, zarte Pinknuancen, Silberreflexe. Frische rote Waldbeeren, ein Hauch von Zwetschken, Nuancen von Kirschen. Saftig, feine Fruchtsüße, lebendig strukturiert, Erdbeeren im Nachhall, dezente Würze, auch als sommerlicher Speisenbegleiter gut einsetzbar.

★★

STIFTSWEINGUT HERZOGENBURG

Bereits seit 4.000 Jahren wird auf dem Gebiet zwischen Donau und Wienerwald Wein angebaut – eine uralte Tradition, die Familie Schelling mit dem Stiftsweingut Herzogenburg seit 2009 fortsetzt. Den lange gehegten Wunsch, ein eigenes Weingut zu betreiben, konnte sich Unternehmer und Politiker Hans Jörg Schelling nach einem eher zufälligen Gespräch mit Prälat Maximilian Fürnsinn erfüllen. Das Stiftsweingut Herzogenburg mit dem Weinschlössl in Wielandsthal liegt mitten im niederösterreichischen Traisental und verfügt über einen der größten unterirdischen und wahrscheinlich ältesten Weinkeller des Tales, den »Johannes Keller« von Jakob Prandtauer. Dieser wurde von Familie Schelling komplett saniert und modernisiert, zudem wurden mehrere Hektar Weinreben neu ausgepflanzt und die bestehenden Weingärten generalüberholt. Bei sämtlichen Veränderungen im Stiftsweingut Herzogenburg waren alle Beteiligten stets bemüht, die Tradition mit dem Zeitgeist zu verbinden und die Philosophie »Tradition neu erlebt« in die Tat umzusetzen. Besonders stolz ist man daher auch auf die reaktivierte Baumpresse aus dem 19. Jahrhundert. Die sehr kalkhaltigen Böden der Terrassen verleihen den Weinen (unter anderem Grüner Veltliner, Riesling, Neuburger, Gelber Muskateller, Sauvignon Blanc, Burgunder-Cuvée, Rosé) ein eigenständiges Profil mit kräftigem Körper und festem Rückgrat. Zahlreiche Auszeichnungen bestätigen den Anspruch der Familie, außerordentliche Weine zu produzieren.

92 Grüner Veltliner * Ried Pfarrweingarten 2021
12,5 Vol.-%, DV, Stahltank, €€
Helles Goldgelb, silberfarbene Reflexe. Zart floral unterlegte Nuancen von weißer Apfelfrucht, ein Hauch von Papaya, mit etwas Blütenhonig unterlegt. Saftig, feinwürzig, Nuancen von Anis, finessenreicher Säurebogen, salzig-mineralisch im Abgang, Limetten im Nachhall, lebendiger Stil mit Entwicklungspotenzial.

90 Grüner Veltliner * Messwein 2021
11,5 Vol.-%, DV, Stahltank, €€
Helles Grüngelb, silberfarbene Reflexe. Zarte Nuancen von Mango und Birne, blumiges Bukett, ein Hauch von frischen Orangenzesten. Mittlerer Körper, weißer Apfel, frischer Säurebogen, knackig-appetitlicher Stil, macht Lust auf ein zweites Glas.

90 Grüner Veltliner * Classic 2021
12 Vol.-%, DV, Stahltank, €€
Helles Goldgelb, silberfarbene Reflexe. Nuancen von frischem Golden-Delicious-Apfel, zart nach Wiesenkräutern

STIFTSWEINGUT HERZOGENBURG
3130 Herzogenburg
Wielandsthal 1
T: +43 (664) 2501066
office@stiftsweingut-herzogenburg.com
www.stiftsweingut-herzogenburg.com

Kellermeister: Josef Baumgartner
Kontakt: Dr. Hans Jörg Schelling
Produktion: 80.000 Flaschen
5 % Schaumwein, 90 % weiß,
5 % rosé, 12 Hektar
Vereinszugehörigkeit:
Regio Tragisana,
Verein Traisentaler Wein

*** Traisental DAC** **** Traisental DAC Reserve**

und Orange. Mittlere Komplexität, weißes Kernobst, frisch strukturiert, mineralisch-salzig im Abgang, ein versatiler Speisenbegleiter.

(91) Grüner Veltliner Reserve Selectio 2021
13,5 Vol.-%, DV, großes Holzfass/Stahltank, €€€
Helles Gelbgold, Silberreflexe. Ein Hauch von Orangenzesten, feine Würze nach Anis und Kräutern, gelbe Apfelfrucht. Saftig, elegant, zarte Fruchtsüße, dezenter Säurebogen, etwas Blütenhonig, Marille im Nachhall, gut entwickelt.

91 Riesling * 2021
12,5 Vol.-%, DV, Stahltank, €€
Helles Gelbgrün, Silberreflexe. Zart mit Limettenzesten unterlegte weiße Pfirsichfrucht, mineralischer Touch. Saftig, feine gelbe Fruchtnuancen, angenehme Süße, die von einer lebendigen Säure gekontert ist, bleibt haften, vielseitig einsetzbar.

89 Sauvignon Blanc 2021
12,5 Vol.-%, DV, Stahltank, €€

★★

WEINGUT RUDOLF HOFMANN

BIO

Rudi Hofmann ist Autodidakt mit einem hohen Maß an ökologischer Verantwortung. Sein Credo »Zukunft entsteht in der Ried Fuchsenrand« ist Konzept. In Forschungsprojekten mit nationalen und internationalen Partnern versucht er, Antworten auf Fragen zu Nachhaltigkeit und Klimawandel zu finden. In einem neuen Zertifizierungsprojekt kommt Rudi Hofmann seinem Ziel, Nachhaltigkeit objektiv beurteilbar zu machen, sehr nahe.
90 Prozent der Rebflächen sind mit Weißweinrebsorten bepflanzt (50 Prozent Grüner Veltliner, 20 Prozent Riesling, 20 Prozent Sauvignon Blanc, Muskateller, Chardonnay).
Die beiden Hauptsorten Grüner Veltliner und Riesling werden als Traisental DAC vermarktet, sein »CMS« ergänzt als frecher Sommerwein das Sortiment. Die Lagen Fuchsenrand und Kogelberg sind die Herzstücke des Weinguts. Während in der Ried Fuchsenrand mit ihren Muschelkalk- und Lössböden die Veltliner zur Hochform auflaufen, beheimatet die Ried Kogelberg mit ihren kargen Konglomerat- und Schotterböden vor allem den Riesling. Die Klassikweine liefern klare Sortentypizität, erlangen früh ihre Trinkreife und sind die Allrounder unter den Speisenbegleitern. Die Kraft der Reserven und die Feinheit der Lagenweine spiegeln das spezielle Terroir des Traisentals mit seinen kalkhaltigen Böden wider, es verleiht ihnen Eigenständigkeit und Reifungspotenzial.

WEINGUT RUDOLF HOFMANN
3133 Traismauer
Oberndorfer Straße 41
T: +43 (676) 3133566
office@weingut-hofmann.at
www.weingut-hofmann.at

Kellermeister/Kontakt: Rudolf Hofmann
Anbauweise: Zertifiziert Biologisch (Bio Austria)
Produktion: 90 % weiß, 10 % rot, 14.5+8 Hektar
Zertifiziert: Nachhaltig Austria
Messen: VieVinum, DAC-Präsentationen

(93) Riesling ** Ried Marienruh 2021
13 Vol.-%, DV, Stahltank, €€€€ B V
Helles Gelbgrün, Silberreflexe. Zart nach Mandarinenzesten, gelbe Frucht nach Mango, zart nach Marille und Blütenhonig, zitronige Aspekte. Saftig, weißer Pfirsich, fruchtige Textur, lebendiger Säurebogen, frisch und gut anhaftend, verfügt über sicheres Reifepotenzial.

91 Riesling * Ried Fuchsenrand 2021
12,5 Vol.-%, DV, Stahltank, €€ B V
Helles Gelbgrün, Silberreflexe. Zart nach Blütenhonig, Zitronenmelisse und Limettenzesten, mit weißem Steinobst unterlegt. Straff, engmaschig, ein Hauch von grünem Apfel, feine Fruchtsüße, lebendig strukturiert, mineralisch und gut anhaftend.

90 Riesling * Organic 2021
13 Vol.-%, DV, Stahltank, €€ B V
Helles Grüngelb, Silberreflexe. Zart nach Limetten, weißer Pfirsich, ein Hauch von Fruchtexotik. Straff, lebendig, weiße Tropenfrucht, rassiger Säurebogen, mineralisch, Limetten im Abgang, ein knackiger Speisenbegleiter.

93 Grüner Veltliner ** Ried Fuchsenrand 2019
13,5 Vol.-%, DV, Stahltank/großes Holzfass, €€€€ B V
Helles Goldgelb, Silberreflexe. Frische Wiesenkräuter, zart nach Ananas, rauchige Mineralik, Nuancen von Orangenzesten. Saftig, elegant, weiße Tropenfrucht, feiner Säurebogen, finessenreicher Stil, bereits gut ausgereift, ein eleganter Speisenbegleiter, gute Länge, mit weiterem Potenzial ausgestattet.

92 Grüner Veltliner * Organic 2021
13 Vol.-%, DV, Stahltank, €€ B V
Mittleres Gelbgrün, Silberreflexe. Feinwürzig unterlegte Nuancen von Fenchel und Anis, reife gelbe Tropenfrucht, etwas Mango und Papaya, zart nach Orangenzesten. Saftig, elegant, feine Fruchtsüße, finessenreicher Säurebogen, mineralisch-zitronig im Nachhall, ein lebendiger Speisenbegleiter.

(92) Grüner Veltliner ** Ried Fuchsenrand 2021
13,5 Vol.-%, DV, Stahltank, €€€ B V
Helles Grüngelb, Silberreflexe. Feine gelbe Tropenfrucht, ein Hauch von Mango, Nuancen von Mandarinenzesten, etwas Blütenhonig, einladendes Bukett. Saftig, weiße Frucht nach Apfel, feiner Säurebogen, harmonisch und ausgewogen, zarte Fruchtsüße im Nachhall.

★★

WEINGUT ANDREAS HOLZER

Das Weingut Holzer zählt zu den besten Adressen dieser Gegend. Das Konglomeratgestein der Region reflektiert sich in den Weinen durch eine klare Mineralik und Vielschichtigkeit. Der natürliche Umgang mit den Weingärten sowie gute Lagen sind Garanten für einzigartigen Geschmack. Das Besondere an diesem Familienunternehmen ist, dass bei der Qualität der Weine in Generationen gedacht wird.
Die Konzentration auf das Wesentliche – naturnahe Bewirtschaftung, hohe Laubwände, Ertragsreduktion und ein optimal gewählter Erntezeitpunkt – schafft in Verbindung mit modernster Kellertechnik beste Voraussetzungen für fruchtbetonte Weißweine und gehaltvolle Rotweine. Zahlreiche Auszeichnungen sind die Belohnung für die intensive Auseinandersetzung mit der Materie Weinbau. Mehrere Landes- und Gebietssieger, ein Bundessieger sowie die Silbermedaille bei der »International Wine Challenge« in London zeugen vom hohen Qualitätsstandard der Holzer-Weine.

(93) Grüner Veltliner ** Ried Spiegeln 2021
13,5 Vol.-%, DV, großes Holzfass, €€€
Helles Gelbgrün, Silberreflexe. Zarte Wiesenkräuter, ein Hauch von Birne, Anklänge von Mango, frische Orangenzesten, tabakige Nuancen. Saftig, feine Apfelfrucht, angenehme Säurestruktur, elegant, zarte Fruchtsüße im Abgang, ausgewogen, ein facettenreicher Speisenbegleiter, gutes Reifepotenzial.

91 Grüner Veltliner * Alte Reben 2021
13,5 Vol.-%, DV, großes Holzfass, €€
Helles Grüngelb, Silberreflexe. Zart nach Marille, gelber Apfel, kandierte Orangenzesten, mit etwas Blütenhonig

WEINGUT ANDREAS HOLZER
3134 Nussdorf
Neusiedler Straße 54
T: +43 (2783) 8426
wein@weingutholzer.at
www.weingutholzer.at

Kellermeister/Kontakt:
Andreas Holzer
Produktion: 85 % weiß, 5 % rosé, 10 % rot, 18 Hektar
Messen: VieVinum

unterlegt. Saftig, elegant, reife gelbe Fruchtnuancen, finessenreicher Säurebogen, etwas Fruchtsüße im Abgang, anhaftend, guter Begleiter bei Tisch, hat Potenzial.

89 Grüner Veltliner Steinbühl 2021
12,5 Vol.-%, DV, Stahltank, €€

92 Riesling * Privat 2021
13 Vol.-%, DV, Stahltank, €€
Mittleres Gelbgrün, Silberreflexe. Zarte gelbe Tropenfrucht, Nuancen von Orangenzesten, ein Hauch von Ringlotten, mineralischer Touch. Saftig, weißes Kernobst, feine, gut integrierte Säure, zarte Fruchtsüße, zeigt Länge, bereits antrinkbar, vielseitig einsetzbar.

90 Riesling * 2021
12,5 Vol.-%, DV, Stahltank, €€
Helles Gelbgrün, Silberreflexe. Zart nach Limetten, ein Hauch von Steinobst, mineralischer Touch. Feine weiße Pfirsichfrucht, feiner Säurebogen, dezente Fruchtsüße, elegant und leichtfüßig, bereits gut antrinkbar.

89 Gemischter Satz Tradition 2021
12,5 Vol.-%, DV, Stahltank, €€

★★★★

WEINGUT MARKUS HUBER

BIO

Markus Huber hat es in nur wenigen Jahren geschafft, sich mit seinen Weinen als Leitbetrieb des Traisentals zu etablieren. Das Anliegen des Winzers und Obmanns der Traisentaler Winzer ist es, einerseits individuelle, charaktervolle Weine zu erzeugen und andererseits einen Beitrag zu leisten, um das Traisental mit seinen einzigartigen kalkreichen Konglomeratböden bekannter zu machen. Markus Huber vinifiziert Weine mit glockenklarer Stilistik, terroirbetonter Mineralik und Sortentypizität.

Hauptsorte ist ganz klar der Grüne Veltliner. Dieser wird in vier verschiedenen Stilistiken angeboten. Abhängig vom jeweiligen Bodentyp und dem Potenzial der Trauben wird der Wein entweder im Stahltank oder im großen Holzfass ausgebaut. Zweitwichtigste Sorte ist der Riesling, gefolgt von den Sorten Weißburgunder, Sauvignon Blanc und Gelber Muskateller.

»Salon«-Auserwählter 2003, Landessieger, viermaliger »Falstaff Grüner Veltliner Grand Prix«-Sieger, Goldmedaille auf der »London International Wine and Spirit Competition« und Auszeichnung als »Best White Wine Producer«, herausragende Kritiken in österreichischen Fachmedien, eine Nominierung für die Auszeichnung »Newcomer des Jahres« im Falstaff-Magazin und schließlich die Bezeichnung »Wunderkind« im englischen »Decanter«: Markus Huber scheint bereits auf dem richtigen Weg zu sein.

Auch bei der Qualitätssicherung des Produkts geht Markus Huber geradlinig seinen Weg: Seit 2007 ist das Weingut IFS- und BRC-zertifiziert. Kompromissloses Arbeiten zugunsten höchster Qualität ist die oberste Prämisse von Markus Huber. »Jedes Jahr noch ein klein wenig an der Qualitätsschraube zu drehen, das ist mein Ansporn«, so der Winzer. Seit 2020 sind sämtliche Weingärten organisch-biologisch zertifiziert. Das Weingut ist Mitglied im Verein der »Traditionsweingüter Österreich«. 2015 wurde Markus Huber vom Falstaff-Magazin zum »Winzer des Jahres« gekürt.

(96) Riesling * Getzersdorf Ried Berg 1ÖTW 2021
13,3 Vol.-%, NK, großes Holzfass, €€€€€ B V
Helles Grüngelb, Silberreflexe. Feine Nuancen von gelber Frucht, ein Hauch von kandierten Orangenzesten, zart nach Blütenhonig, mineralischer Touch. Straff, engmaschig, feiner Weingartenpfirsich, finessenreiche Säurestruktur, sehr geschliffen, mineralisch-salziger Nachhall, sehr gute Länge, balanciert und leichtfüßig, sicheres Entwicklungspotenzial.

(94) Riesling * Inzersdorf Ried Rothenbart 1ÖTW 2021
13,2 Vol.-%, DV, Stahltank, €€€€€ B V
Helles Gelbgrün, Silberreflexe. Zart rauchig, Nuancen von Mandarinenzesten und Steinobst, weiße Pfirsichfrucht, ein Hauch von Blütenhonig im Hintergrund. Elegant, frisch, saftige Textur, finessenreicher Säurebogen, unterlegt mit fruchtiger Süße, zart nach Mango im Abgang, gute Länge, verfügt über Entwicklungspotenzial.

WEINGUT MARKUS HUBER

3134 Reichersdorf, Weinriedenweg 13
T: +43 (2783) 82999
office@weingut-huber.at
www.weingut-huber.at

Kellermeister: Markus Huber und Michael Huber
Kontakt: Markus Huber
Anbauweise: Zertifiziert Biologisch
Produktion: 1 % Schaumwein, 94 % weiß, 2 % rosé, 2 % rot, 1 % süß, 50 Hektar
Zertifiziert: Nachhaltig Austria
Vereinszugehörigkeit: Traditionsweingüter Österreich
Messen: ProWein Düsseldorf

Rieden bei Reichersdorf

92 Riesling * Getzersdorf Engelsberg 2021
12,5 Vol.-%, DV, Stahltank, €€€ B V
Helles Gelbgrün, silberfarbene Reflexe. Feine Nuancen von Blütenhonig, Noten von gelbem Steinobst, etwas Ananas, zitroniger Touch, einladendes Bukett. Saftig, fruchtig, weißes Steinobst, lebendig strukturiert, angenehme Süße, sehr gute Länge, balanciert und bereits gut antrinkbar.

91 Riesling Terrassen 2021
12 Vol.-%, DV B
Helles Grüngelb, Silberreflexe. Zarte Tropenfrucht, ein Hauch von weißen Blüten, Nuancen von Limetten, mineralischer Touch. Mittlerer Körper, zart nach Pfirsich, frisch und saftig, zitronig-salziger Nachhall, schwungvoller Sommerwein.

(95) Grüner Veltliner * Getzersdorf Ried Berg 1ÖTW 2021
13,6 Vol.-%, NK, großes Holzfass, €€€€€ B V
Leuchtendes Grüngelb, Silberreflexe. Mit frischen Wiesenkräutern unterlegte feine Anklänge von gelber Tropenfrucht, Nuancen von Mango und Ananas, etwas Mandarinenzesten, Blütenhonig, einladendes Bukett. Saftig und elegant, extraktsüße Textur, feine, gut integrierte Säure, bleibt lange haften, Nuancen von gelbem Apfel und Walnuss im Nachhall, in sich ruhend und mit großem Reifepotenzial ausgestattet, bereits gut antrinkbar.

(94) Grüner Veltliner * Ried Zwirch 1ÖTW 2021
13,5 Vol.-%, DV, großes Holzfass, €€€€€ V
Mittleres Gelbgrün, Silberreflexe. Frische Orangenzesten, ein Hauch von gelbem Apfel, zart nach Papaya, feine tabakige Nuancen, mineralischer Anklang. Komplex, saftig, durchaus kraftvoll, Nuancen von reifer gelber Frucht, frischer Säurekern, zart salzig im Abgang, bereits gut entwickelt, ein eleganter Speisenwein mit Reifepotenzial.

92 Grüner Veltliner * Nussdorf Obere Steigen 2021
12,5 Vol.-%, DV, Stahltank/großes Holzfass, €€€ B V
Helles Gelbgrün, silberfarbene Reflexe. Zarte gelbe Apfelfrucht, etwas Ananas und Mango, frische Wiesenkräuter, einladendes Bukett. Mittlerer Körper, feine Kernobstnuancen, frischer Säurebogen, lebendig und gut anhaftend, ein vielseitiger Speisenbegleiter.

(92) Grüner Veltliner * Reichersdorf Ried Alte Setzen 1ÖTW 2021
13,5 Vol.-%, DV, großes Holzfass, €€€€ V
Helles Gelbgrün, Silberreflexe. Zart tabakig unterlegte Nuancen von gelber Apfel-Mango-Frucht, ein Hauch von Wiesenkräutern, zart nach Orangenzesten. Saftig, elegant, feine nussige Note, ausgewogener, geschliffener Stil, etwas Honigmelone im Abgang, ein stoffiger Begleiter bei Tisch.

(91) Grüner Veltliner Metamorphosis 2021
12,6 Vol.-%, NK, Beton, €€€€ B
Leuchtendes Gelbgrün, Silberreflexe. Feine Kräuterwürze, Mandarinenzesten, Limetten, Zitronenmelisse, mit weißem Apfel unterlegt. Straff, feines Kernobst, seidige Textur, wirkt leichtfüßig und animierend, feine Salzigkeit, ein pikanter Naturwein, vielseitig einsetzbar.

92 Weißburgunder Rosenweg 2021
13,5 Vol.-%, DV, gr. Holzfass/gebr. Barriques, €€€ B V
Helles Gelbgrün, Silberreflexe. Zarte gelbe Tropenfrucht, Nu-

ancen von Birne, ein Hauch von Wiesenkräutern, zarter Blütenhonig, dezentes Bukett. Mittlere Komplexität, feine Apfelfrucht, cremige Textur, milder Säurebogen, salzig-zitroniger Touch im Nachhall, verfügt über Entwicklungspotenzial.

91 Gelber Muskateller 2021
12 Vol.-%, DV, Stahltank, €€ B V
Helles Gelbgrün, Silberreflexe. Feinwürziges Bukett nach weißem Pfirsich und Muskat, mit einem Hauch von Litschi unterlegt, einladend. Saftig, weiße Frucht, lebendig strukturiert, gute Balance, feine Limetten im Abgang, ein leichtfüßiger Sommergenuss.

91 Chardonnay 2021
13,5 Vol.-%, DV, großes Holzfass/Stahltank, €€€ B V
Mittleres Grüngelb, Silberreflexe. Nuancen von Ananas und Golden-Delicious-Apfel, zarte Kräuterwürze, feiner tabakiger Anklang. Mittlere Komplexität, weiße Frucht, feine seidige Textur, mineralisch, ein Hauch von Limetten, bereits gut entwickelt, gut antrinkbar, vielseitig einsetzbar.

90 Sauvignon Blanc 2021
12,5 Vol.-%, DV, Stahltank, €€ B V
Helles Gelbgrün, Silberreflexe. Zarte gelbe Tropenfrucht, ein Hauch von Mango und Stachelbeeren, Nuancen von Blütenhonig. Mittlerer Körper, weißes Kernobst, seidig und frisch, zitroniger Touch im Nachhall, ausgewogener Sommerwein, vielseitig einsetzbar.

90 Kontrast natural wine 2021 GM/WB/GV/CH
12,5 Vol.-%, DIAM, großes Holzfass/Beton, €€€ I
Zart getrübtes Gelbgrün. Zart hefig unterlegte Nuancen von weißem Kernobst, frische Birne, Orangenzesten klingen an. Leichtfüßig, ein Hauch von Birne, dezente Säure, Noten von griffigem Gerbstoff, mineralisch, zart salzig, lebendiger Speisenbegleiter.

92 Moments Rosé 2021 BF/ZW/PN/BB/CS/ME/BP
12 Vol.-%, Stahltank/Tonneaux Fass, €€€
Helles Lachsrosa, zarte Pinkreflexe, Silbertouch. Feine Nuancen von roten Waldbeeren und Zwetschken, zart nach Orangenzesten. Stoffig, frische rote Kirschen, lebendig, weißer Apfel, feines Säurespiel, gute Balance, angenehm trockener Abgang, macht Lust auf ein zweites Glas.

★★★★

WEINGUT LUDWIG NEUMAYER

Ludwig Neumayer, seit Jahrzehnten der vinologische Leitstern des Traisentals, hat sich ausschließlich der Produktion von Weißwein verschrieben. Auf magerem, steinigem Kalkterroir entstehen Weine von außerordentlicher Finesse. Grüner Veltliner und Riesling sind die wichtigsten Sorten. Aber auch konzentrierte Weißburgunder und Sauvignon Blanc erhalten regelmäßig Höchstbewertungen. Die Spitzengewächse tragen den Namen »Der Wein vom Stein«. Sie stammen von den höchstgelegenen und steinigsten Weingärten in den Inzersdorfer Rieden – von Neumayers Stein eben. Daneben wachsen Lagenweine wie »Zwirch«, »Rothenbart« und »Rafasetzen«. Zudem werden herausragende Solitärweine unter dem Label »Ikon« gekeltert.
Ziel von Ludwig Neumayer ist es, einen unverwechselbaren Stil darzustellen, dichte Weine, die zugleich viel Frische besitzen. Die helle Farbe, die für die Neumayer-Weine sehr typisch ist, entsteht nicht etwa durch mangelnde Reife der Trauben, sondern rührt von den speziellen Böden her. Ein weiteres Plus der Weine ist eine ausgeprägte Säurestruktur. Restzucker wird nur toleriert, wenn er wirklich passt. Zudem verzichtet Neumayer bei der Weinbereitung gänzlich auf den Einsatz von tierischem Eiweiß.
Längst sind die anspruchsvollen Weine von der österreichischen und internationalen Top-Gastronomie entdeckt worden. So konnte sich Ludwig Neumayer bereits über Listungen auf Weinkarten freuen, von denen andere Winzer nur träumen können, so zum Beispiel im Dreisternetempel »Astrance« oder im »Plaza Athénée« von Alain Ducasse.

(97) Grüner Veltliner * Inzersdorf Ikon 2021
13,5 Vol.-%, NK, Stahltank, €€€€€€ V
Helles Gelbgrün, Silberreflexe. Zart nach Mango und Blütenhonig, kandierte Orangenzesten, feine Kräuterwürze, facettenreiches, mineralisch geprägtes Bukett. Saftig, komplex, weißes Kernobst, straffe Textur, angenehme Fri-

WEINGUT LUDWIG NEUMAYER

3131 Inzersdorf ob der Traisen
Dorfstraße 37
T: +43 (2782) 81110
neumayer@weinvomstein.at
www.weinvomstein.at

Kellermeister/Kontakt:
Ludwig Neumayer
Produktion: 100 % weiß,
14.5 Hektar
Vereinszugehörigkeit:
Traditionsweingüter Österreich
Messen: ProWein Düsseldorf

Ludwig Neumayer

sche im Kern, engmaschig und lange anhaftend, nahezu perfekte Balance, sicheres Entwicklungspotenzial, macht seinem Namen alle Ehre.

(95) Grüner Veltliner * Inzersdorf Der Wein vom Stein 2021
13,5 Vol.-%, DV, Stahltank, €€€€€ Ⓥ
Helles Gelbgrün, Silberreflexe. Zarter Blütenhonig, Nuancen von Marillen, ein Hauch von frischem Apfel, Mandarinenzesten, mineralischer Touch, facettenreiches Bukett. Stoffig, komplex, elegante Textur, feine Fruchtsüße im Kern, frisch strukturiert, opulent, saftig und lange anhaftend, sehr gute Länge, wird von Flaschenreife profitieren.

(94) Grüner Veltliner * Inzersdorf Ried Rothenbart 1ÖTW 2021
13,5 Vol.-%, DV, Stahltank, €€€€€ Ⓥ
Helles Gelbgrün, Silberreflexe. Feine Nuancen von weißem Kernobst, ein Hauch von frischem Apfel, zart nach Mango, kandierte Zitruszesten, etwas Blütenhonig, mineralisch unterlegt. Saftig, engmaschig, dezente fruchtige Süße, lebendiges Säuregerüst, ausgewogen, salzig und gut anhaftend, zeigt Länge, verfügt über Reifepotenzial.

93 Grüner Veltliner * Inzersdorf Zwiri 2021
13 Vol.-%, DV, Stahltank, €€€€ Ⓥ
Helles Gelbgrün, Silberreflexe. Feine Aromen von gelber Tropenfrucht, mit einem floralen Touch unterlegt, einladendes Bukett, frische Orangenzesten klingen an. Saftig, gute Komplexität, süße Fruchtnuancen, zart nach Marille, feiner Säurebogen, mineralisch und gut anhaftend, ein stoffiger Begleiter bei Tisch.

(92) Grüner Veltliner * Inzersdorf Ried Rafasetzen 2021
12,5 Vol.-%, DV, Stahltank, €€€ Ⓥ
Helles Gelbgrün, Silberreflexe. Zart nach Wiesenkräutern, ein Hauch von frischem Apfel, tabakige Nuancen, Anklänge von Orangenzesten. Saftig, elegant, weißes Kernobst, Nuancen von Birne, lebendig strukturiert, zitroniger Touch im Nachhall.

(92) Grüner Veltliner * Inzersdorf Schieflage 2021
12,5 Vol.-%, DV, Stahltank, €€€ Ⓥ
Helles Gelbgrün, Silberreflexe. Zart nach Mandarinenzesten, frische Birnen und Mango, ein Hauch von Wiesenkräutern, feinwürziges Bukett. Saftig, gute Komplexität, Nuancen von gelbem Apfel, frischer Säurebogen, mineralisch-zitronig, feiner Blütenhonig im Nachhall, gutes Reifepotenzial.

96 Riesling * Inzersdorf Der Wein vom Stein 2021
13 Vol.-%, DV, Stahltank, €€€€€ Ⓥ
Helles Gelbgrün, Silberreflexe. Feine weiße Tropenfrucht, noch etwas scheues, floraler Bukett, Nuancen von Weingartenpfirsich und Limettenzesten, zartes, einladendes Bukett. Straff, engmaschig, feine Fruchtsüße, rassiges Säurekleid, sehr salzig und gut anhaftend, wirkt sehr leichtfüßig, verfügt über Länge, sicheres Entwicklungspotenzial für viele Jahre.

(95) Riesling * Inzersdorf Ried Rothenbart 1ÖTW 2021
13 Vol.-%, DV, Stahltank, €€€€€ Ⓥ
Helles Gelbgrün, Silberreflexe. Intensive weiße Tropenfrucht, zart nach Pfirsich und Litschis, blumige Nuancen, ein Hauch von Limettenzesten, einladendes Bukett. Saftig, sehr fruch-

tig, präsente Süße, knackiges Säuregerüst, zitronig im Nachhall, mineralisch-zitronig im Abgang, bleibt lange haften, attraktiv und mit Entwicklungspotenzial ausgestattet.

(92) Riesling * Inzersdorf Grillenbart 2021
12,5 Vol.-%, DV, Stahltank, €€€€ Ⓥ
Helles Gelbgrün, Silberreflexe. Zarte Steinobstnuancen, etwas Mango und Blütenhonig, floraler Touch. Mittlerer Körper, süße Frucht, lebendige Struktur, feiner Honigtouch im Abgang, bietet unkompliziertes Trinkvergnügen.

(94) Weissburgunder Inzersdorf Der Wein vom Stein 2021
13,5 Vol.-%, DV, Stahltank, €€€€€ Ⓥ
Helles Gelbgrün, Silberreflexe. Etwas scheues Bukett, zart nach Birne und weißem Apfel, etwas Walnuss, zart nach Kräutern und Zesten. Saftig, fruchtige Süße, feine Säurestruktur, weiße Tropenfrucht, elegant und stoffig, ausgewogener Stil, zitronige Nuancen im Nachhall, gutes Entwicklungspotenzial.

(93) Sauvignon Blanc Inzersdorf Giess 2021
13 Vol.-%, DV, Stahltank, €€€€ Ⓥ
Helles Gelbgrün, Silberreflexe. Zart nach frischem Cassis und Litschis, Nuancen von Stachelbeeren, ein Hauch von Grapefruitzesten, floraler Touch. Saftig, süße Birnenfrucht, lebendiger Säurebogen, mineralisch und anhaftend, salziger Nachhall, zitronig im Rückgeschmack, zeigt gute Länge.

★★

NOLZ WEIN

Gemäß dem Grundsatz »Weine produzieren, mit denen wir uns identifizieren können, uns selbst und unsere Produkte ständig weiterentwickeln und mit dem bestmöglichen Service und der besten Beratung an unsere Kunden bringen« hat sich in den vergangenen Jahren auf dem Winzerhof Nolz einiges getan. Tradition, gepaart mit innovativen Ideen, kompromissloses Qualitätsdenken und ein Gefühl für den richtigen Zeitpunkt sind die Eckpfeiler des Erfolgs des jungen Traisentaler Winzers. Der Betrieb zählt sicherlich zu jenen, die viel zum Imagegewinn des kleinen Weinbaugebiets beizutragen imstande sind. Ein Besuch des Heurigen in der Kellergasse am Eichberg ist jederzeit einen Abstecher wert.

NOLZ WEIN
3133 Hilpersdorf
Dorfstraße 5
T: +43 (664) 73534223
office@nolzwein.at
www.nolzwein.at

Kellermeister/Kontakt:
Josef Nolz
Produktion: 3 % Schaumwein, 85 % weiß, 1 % rosé, 10 % rot, 1 % süß, 8 Hektar
Vereinszugehörigkeit:
Verein Traisentaler Wein

89 rosa 2021 ZW/CS
12 Vol.-%, DV, Stahltank, €€

92 Grüner Veltliner ** Ried Eichberg 2019
13,5 Vol.-%, DV, großes Holzfass, €€
Helles Grüngelb, Silberreflexe. Zart nach Orangenzesten und Golden-Delicious-Apfel, mineralische Nuancen, ein Hauch von Vanille und Honigmelone. Saftig, gute Komplexität, zarte Holzwürze, kraftvoll und mineralisch, dezente Karamellnuancen im Abgang, ein stoffiger Speisenbegleiter.

91 Grüner Veltliner * Venusberg 2021
12,5 Vol.-%, DV, Stahltank, €€
Helles Grüngelb, silberfarbene Reflexe. Feine gelbe Tropenfrucht, zart nach Mango und Papaya, kandierte Orangenzesten, etwas Zitronenmelisse. Saftig, elegant, ein Hauch von Pfirsich, dezente Fruchtsüße im Abgang, ein ausgewogener Speisenbegleiter.

91 Grüner Veltliner * Ahrenberg Ried Silberboden 2021
13 Vol.-%, DV, Stahltank, €€
Helles Gelbgrün, silberfarbene Reflexe. Zarte Nuancen von

Honigmelone, weiße Apfelfrucht, ein Hauch von Blütenhonig. Mittlere Komplexität, feine Fruchtsüße, etwas Ananas, feiner Säurebogen, zitronige Nuancen, salziger Touch, ausgewogener Speisenbegleiter.

90 Grüner Veltliner * Ried Hühnerkropf 2021
12 Vol.-%, DV, Stahltank, €€
Helles Gelbgrün, silberfarbene Reflexe. Zarte weiße Apfelfrucht, ein Hauch von Zitrone, feine Wiesenkräuter, mineralischer Touch. Mittlere Komplexität, feines Kernobst, zarte Fruchtsüße, ausgewogen, ein leichtfüßiger Speisenbegleiter.

(90) Riesling * 2021
13 Vol.-%, DV, Stahltank, €€
Helles Gelbgrün, Silberreflexe. Zarte Limettenzesten, weißer Pfirsich, frische weiße Blüten, attraktives Bukett. Saftig, zart nach Melone, feiner Säurebogen, salzige Nuancen, mineralischer Abgang, wirkt leichtfüßig und frisch, bereits gut antrinkbar.

★★

WEINGUT THOMAS OTT

Im Herzen des Traisentals, das auf eine jahrtausendealte Weintradition zurückblicken kann, befindet sich das Familienweingut von Thomas Ott. Für ihn hat Weinbau viel mit Harmonie und Ausgleich zu tun. Ziel ist es, die Weingärten in ihrer natürlichen Balance zu erhalten, sodass nur sehr wenige Eingriffe nötig sind. Die Weine profitieren auch vom speziellen Mikroklima des Traisentals. Für Wärme und Sonne sorgen pannonische Einflüsse, atlantische Strömungen bringen kühle Luft, die für die Ausbildung der Aromen eine wichtige Rolle spielt. Auf den teils winzigen Terrassenweingärten wachsen hauptsächlich Grüner Veltliner und Riesling. Der sehr kalkhaltige Boden fördert die Mineralik und macht die Weine unverwechselbar. Tipp: Besuchen Sie den Winzer auch vor Ort beim Heurigen. Neben den passenden Weinen werden hausgemachte Spezialitäten serviert.

(91) Grüner Veltliner ** Ried Alte Setzen 2021
13 Vol.-%, DV, 500-l-Fass, €€€
Helles Grüngelb, Silberreflexe. Zart tabakig-kräuterwürzig unterlegte frische Birnenfrucht, gelber Apfel, ein Hauch

WEINGUT THOMAS OTT
3134 Reichersdorf
Obere Ortsstraße 37
T: +43 (664) 5271508
weingut.ott@aon.at
www.ott-traisental.at

Kellermeister/Kontakt:
Thomas Ott
Produktion: 90 % weiß, 10 % rot
Vereinszugehörigkeit:
Verein Traisentaler Wein

Riesling

von Orangenzesten. Saftig, feinwürzig, etwas Anis und Kümmel, zart nach Kernobst, dezenter Säurebogen, mineralisch-salzig im Abgang, bereits entwickelt.

90 Grüner Veltliner * Einöd Ried Mitterweg 2021
13 Vol.-%, DV, Stahltank, €€
Helles Goldgelb, Silberreflexe. Frische Wiesenkräuter, zart nach Apfel und Mango, feine tabakige Nuancen, Orangenzesten im Hintergrund. Mittlere Komplexität, feinwürzig, weißer Apfel, dezente Säurestruktur, fruchtige Süße im Nachhall, bereits gut entwickelt.

89 Grüner Veltliner * Flins 2021
12 Vol.-%, DV, Stahltank, €€

91 Riesling * Parapluiberg 2021
12,5 Vol.-%, DV, Stahltank, €€
Helles Gelbgold, Silberreflexe. Ein Hauch von Honigmelone, feiner Pfirsichtouch, Nuancen von Mandarinenzesten. Mittlerer Körper, weiße Frucht, frischer Säurebogen, balanciert, zitroniger Touch, bleibt haften, angenehmer sommerlicher Trinkspaß.

(91) Riesling * Ried Spiegeln 2021
12,5 Vol.-%, DV, Stahltank, €€
Mittleres Grüngelb, Silberreflexe. Frischer Weingartenpfirsich, Nuancen von Blütenhonig, ein Hauch von Mandarinenzesten. Saftig, elegant, fruchtige Süße, reife Melone im Abgang, ein Hauch von Honig im Nachhall, verfügt über Reifepotenzial.

90 Gemischter Satz Alte Reben 2021
12 Vol.-%, DV, Stahltank, €€
Helles Goldgelb, Silberreflexe. Zarte Wiesenkräuter, feine gelbe Apfelfrucht, ein Hauch von Blütenhonig, mit Orangenzesten unterlegt. Mittlerer Körper, dezente Frucht, gut integrierter Säurebogen, feine Fruchtsüße, unkomplizierter Trinkspaß.

★★★

WEINKULTUR PREISS

Das Weingut Weinkultur Preiß kann auf eine mehr als 100-jährige Geschichte zurückblicken. Die Familie erwarb das Gut in Theyern 1913, und damals war es noch ein gemischter landwirtschaftlicher Betrieb. Heute konzentriert man sich auf vielseitigen Wein- und Obstbau. Mit Erfahrung und kompromisslosem Willen möchte die Winzerfamilie aus hervorragenden Trauben große Weine keltern. Bewirtschaftet werden zwölf Hektar Wein- und rund elf Hektar Obstkulturen rund um den kleinen idyllischen Ort Theyern, den ältesten Teil der Gemeinde Nußdorf ob der Traisen. Die Rebflächen, meist kleine Terrassen, stehen auf einem Muttergestein aus eiszeitlichen Konglomeratablagerungen mit teilweise mächtigen Lössanwehungen. Diese Böden und der hohe Kalkgehalt prägen die einzigartige Stilistik der Weine: Es entstehen komplexe, unverkennbar mineralische Weine mit Rückgrat, Finesse und Authentizität. Das Konglomerat in den Böden ist über 16 Millionen Jahre alt und setzt sich aus kalkalpinen Geröllen zusammen. Darin findet man unter anderem Mikrofossilien, sogenannte »Kammerlinge«, das sind kleine, einzellige Meeresbewohner. Sie zieren auch das Etikett auf den Weinflaschen.
Mittelhohe Erziehung, hohe Laubwand, hohe Stockanzahl und konsequente Ertragsreduktion sind weitere Säulen des Qualitätsanbaus. Bei den Rebsorten dominiert der Grüne Veltliner mit über 60 Prozent, Riesling und Zweigelt folgen mit je zehn Prozent, aber auch Spezialitäten wie Chardonnay und Gelber Muskateller gehören zum Sortiment. Möglichst viel von Frucht und Geschmack der Traube soll bei der Vinifizierung im Keller erhalten bleiben und Terroir und Liebe des Winzers im Wein widerspiegeln. Die wichtigsten Lagen der Familie Preiß sind Brunndoppel, Berg, Hochschopf, Rosengarten, Pletzengraben und Gaisruck.

93 Grüner Veltliner * Ried Rosengarten 2021
13 Vol.-%, DV, Stahltank, €€€€
Helles Gelbgrün, Silberreflexe. Mit Wiesenkräutern unterlegte Nuancen von frischer Mango, zart tabakig, mineralischer Touch, mit weißem Apfel unterlegt. Saftig, komplex, feine Fruchtsüße, zart nach Marille, straff und mineralisch im Abgang, gute Länge, sicheres Reifepotenzial.

© Julius Hirtzberger / Weinkultur Preiß

WEINKULTUR PREISS

3134 Theyern
Ringgasse 4
T: +43 (2783) 6731
wine@kulturpreiss.at
www.weinkulturpreiss.at

Kellermeister/Kontakt:
Friedrich und Viktoria Preiß
Produktion: 90 % weiß, 10 % rot, 12 Hektar
Vereinszugehörigkeit:
Verein Traisentaler Wein
Messen: VieVinum

Friedrich und Viktoria Preiß

93 Grüner Veltliner ** Getzersdorf Ried Berg 2020
13,5 Vol.-%, DV, Stahltank, €€€€€
Leuchtendes mittleres Goldgelb, Silberreflexe. Süße gelbe Tropenfrucht, zart nach Karamell, kandierte Orangenzesten. Saftig, etwas opulenter Stil, seidige Textur, feine Fruchtsüße im Abgang, zart nach Mango, ein ausgewogener, reifer Speisenbegleiter mit weiterem Entwicklungspotenzial.

92 Grüner Veltliner ** Nußdorf ob der Traisen Ried Brunndoppel 2020
13,5 Vol.-%, DV, Stahltank, €€€€
Leuchtendes mittleres Grüngelb, Silberreflexe. Mit einem Hauch von Karamell unterlegte gelbe Apfelfrucht, zart nach Birne und Mango, dezenter Blütenhonig. Kraftvoll, saftig, samtige Textur, zart nussig, ausgewogen, dezenter Säurebogen, bleibt haften, ein Hauch von Nougat im Rückgeschmack.

91 Grüner Veltliner * Kammerling® 2021
12,5 Vol.-%, DV, Stahltank, €€
Mittleres Gelbgrün, Silberreflexe. Zart nach reifer Mango, Wiesenkräuter, gelber Apfel, ein Hauch von Orangenzesten. Komplex, weißes Kernobst, frischer Säurebogen, zitronig-salzig im Abgang, ein lebendiger Begleiter bei Tisch.

91 Grüner Veltliner * Ried Hochschopf 2021
13 Vol.-%, DV, Stahltank, €€€
Helles Gelbgrün, Silberreflexe. Zart nach Anis und Kräutern, frische Apfelaromen, etwas Birne, ein Hauch von frischen Orangenzesten. Stoffig, komplex, reife Kernobstnuancen, feiner Säurebogen, würziger Abgang, bereits gut antrinkbar und entwickelt.

(92) Riesling * Inzersdorf Ried Pletzengraben 2021
13 Vol.-%, DV, Stahltank, €€€€
Helles Gelbgrün, Silberreflexe. Feine gelbe Pfirsichfrucht, ein Hauch von Ringlotten, floraler Touch, kandierte Orangenzesten, etwas Blütenhonig. Saftig, Nuancen von weißer Frucht, mittlere Komplexität, frischer Säurebogen, mineralisch und gut anhaftend, zitroniger Nachhall, bereits gut antrinkbar.

90 Riesling * Kammerling 2021
12,5 Vol.-%, DV, Stahltank, €€
Helles Gelbgrün, Silberreflexe. Feine weiße Pfirsichfrucht, ein Hauch von Limetten, floraler Touch. Schlank, weißer Apfel, frischer Säurebogen, salziger Nachhall, ein lebendiger, leichtfüßiger Sommerwein.

89 Sauvignon Blanc Kammerling 2021
12,5 Vol.-%, DV, Stahltank, €€

89 Gelber Muskateller Kammerling 2021
12 Vol.-%, DV, Stahltank, €€

90 Rosé Kammerling 2021
12,5 Vol.-%, DV, Stahltank, €€
Helles Lachsrosa, Kupferreflexe. Mit Limetten unterlegter Himbeertouch, zart nach Erdbeeren. Leichtfüßig, weißer Apfel, eingelegte Kirschen, frischer Säurebogen, salzig-zitronig, rotbeeriger Nachhall, bietet sommerliches Trinkvergnügen.

* Traisental DAC ** Traisental DAC Reserve

Hans Schöller

WINZERHAUS HANS SCHÖLLER
3133 Wagram ob der Traisen
Wagramer Straße 10
T: +43 (2783) 535
winzerhaus@weinschoeller.at
www.weinschoeller.at

Kellermeister/Kontakt:
Johann Schöller
Produktion: 66.667 Flaschen
3 % Schaumwein, 82 % weiß,
2 % rosé, 13 % rot, 11 Hektar

★★★

WINZERHAUS HANS SCHÖLLER

Ein kleines Dorf südlich der Donau mit großen Ambitionen: Das Winzerhaus Schöller befindet sich im idyllischen Wagram ob der Traisen im Weinbaugebiet Traisental und wird als Familienbetrieb bereits in dritter Generation geführt – ein Ort, wo langjährige Winzertradition und innovative Ideen Hand in Hand gehen und eigenständige Weine mit Charakter und Herkunftstypizität entstehen.
Das Weingut verbindet langjährige Winzertradition mit modernen Akzenten. Dabei steht neben den hohen Ansprüchen an die Qualität vor allem die Verbundenheit mit der Region im Vordergrund. Ein Wein erzählt uns immer eine Geschichte und verrät uns die unverwechselbaren Spuren seines Standortes. Herkunft ist also »kostbar«, und deshalb ist das Credo der Schöllers ganz klar: authentische Weine aus einer authentischen Region. Und dann wäre da noch Johann Schöller, Winzer aus Leidenschaft mit leichtem Hang zur Detailverliebtheit.

92 Grüner Veltliner * Ried Sonnleithen 2021
13,5 Vol.-%, DV, Stahltank, €€
Mittleres Grüngelb, Silberreflexe. Feine gelbe Tropenfrucht, etwas Mango und Limettenzesten, etwas Birne, kandierte Orangenzesten. Elegant, weiße Apfelfrucht, lebendig strukturiert, mineralisch und straff, salziger Abgang, zeigt Länge und gutes Reifepotenzial.

92 Grüner Veltliner ** Wagram Nadine 2019
14,5 Vol.-%, DV, großes Holzfass, €€€
Mittleres Gelbgrün, Silberreflexe. Zart rauchig-tabakig unterlegte feine gelbe Tropenfrucht, zart nach Walnuss und Orangenzesten, mit feiner Holzwürze unterlegt. Saftig, elegant, kraftvolle Statur, Golden-Delicious-Apfel, feine Fruchtsüße im Nachhall, zeigt Länge, verfügt über weiteres Entwicklungspotenzial.

91 Grüner Veltliner * Ried Rosengarten 2021
13 Vol.-%, DV, Stahltank, €€
Mittleres Grüngelb, Silberreflexe. Zart tabakig unterlegte gelbe Apfelfrucht, ein Hauch von Honigmelone und Kräutern. Saftig, elegant, Anklänge von frischer Birne, feiner Säurebogen, zarte Süße im Abgang, harmonisch und mit gutem Entwicklungspotenzial ausgestattet.

© www.stefaniewinter.at

90 Grüner Veltliner Vollmondlese
13 Vol.-%, DV, großes Holzfass, €€
Helles Gelbgrün, Silberreflexe. Zart nach Honigmelone und frischem Apfel, zart nach Wiesenkräutern, tabakige Nuancen. Mittlerer Körper, dezente Fruchtsüße, feines Säurespiel, ein Hauch von Honig im Nachhall, bereits entwickelt, vielseitig einsetzbar.

91 Riesling * Ried Sonnleithen 2021
13 Vol.-%, DV, Stahltank, €€
Mittleres Grüngelb, Silberreflexe. Zart nach Mandarinenzesten, feine gelbe Pfirsichfrucht, ein Hauch von roten Beeren, etwas Blütenhonig und Grapefruit im Hintergrund. Saftig, weiße Apfelfrucht, zart cremige Textur, dezente Süße, ein Hauch von Karamell im Nachhall, ein eleganter Speisenwein.

(92) Roter Veltliner Ried Bergen 2021
13,5 Vol.-%, DV, 500-l-Fass/Stahltank, €€
Helles Gelbgrün, Silberreflexe. Zart nach Ananas und Honigmelone, ein Hauch von Mango, fruchtiges Bukett. Saftig, weißer Apfel, sehr frisch strukturiert, zitroniger Nachhall, lebendiger Abgang, ein facettenreicher, frischer Begleiter bei Tisch.

89 Gelber Muskateller auf der Terrasse 2021
12,5 Vol.-%, DV, Stahltank, €€

★

SIEDLER ALEX. WEIN-GENUSS-GUT

Der junge Önologe Alexander Siedler führt mit seiner Frau Manuela und seinen nach wie vor auf dem Weingut tatkräftig mitwirkenden Eltern den Betrieb bereits in fünfter Generation. Das Weingut liegt im feinen Winzerort Reichersdorf, hier befinden sich auch die gesamten Weingärten des Betriebs.

Das Hauptaugenmerk liegt auf Weißwein, wobei sich neben den Traisental-DAC-Sorten Grüner Veltliner und Riesling auch Weißburgunder, Rivaner, Frühroter Veltliner, Gelber Muskateller und Sauvignon Blanc im Sortiment finden. Ergänzt wird die Palette um einige Rotweine, vornehmlich Zweigelt und etwas Merlot – teilweise auch im Barrique ausge-

SIEDLER ALEX. WEIN-GENUSS-GUT
3134 Reichersdorf
Obere Ortsstraße 25
T: +43 (699) 11734110
office@weingut-siedler.at
www.weingut-siedler.at

Kellermeister/Kontakt: Alexander Siedler
Produktion: 90 % weiß, 8 % rot, 2 % süß, 12 Hektar
Zertifiziert: Nachhaltig Austria
Vereinszugehörigkeit: Verein Traisentaler Wein
Messen: VieVinum

© Wein-Genuss-Gut Siedler Alex.

Alex und Manuela Siedler

* Traisental DAC ** Traisental DAC Reserve

baut. Intensive Kontrollen und Beobachtungen der Anlagen in Hinblick auf die Vorgaben des Jahrgangs und der Natur machen es möglich, die Kapazitäten von Qualität und Individualität voll auszuschöpfen.
»Hohe Reife des Lesematerials kann nicht erzwungen, sondern ausschließlich gewonnen werden.« Dass aus dieser Erkenntnis auch Abstriche bei der Quantität folgen, ist dem Betriebsleiter und Kellermeister natürlich bewusst. Traditionelle Produktionsmethoden werden genauso wie innovative Technologien zugunsten der Qualitätserhaltung miteinander verbunden, denn Alexander Siedler ist stets bestrebt, Weine mit Profil und Individualität zu vinifizieren.

92 Grüner Veltliner * Reichersdorf Ried Buchhammer 2021
13 Vol.-%, DV, Stahltank/Eichenfass, €€
Mittleres Gelbgrün, Silberreflexe. Zart floral unterlegte frische gelbe Apfelfrucht, ein Hauch von Mango, Nuancen von Blütenhonig im Hintergrund, zart nach Mandarinenschalen. Saftig, frisches Kernobst, lebendig strukturiert, feine Fruchtsüße im Abgang, mineralisch und anhaftend, gutes Potenzial.

(92) Grüner Veltliner ** Reichersdorf Ried Alte Setzen 2021
13,5 Vol.-%, DV, Stahltank/Eichenfass, €€€
Mittleres Gelbgrün, Silberreflexe. Zart nach Ananas und Mango, ein Hauch von Blütenhonig, Orangenzesten, tabakige Nuancen. Kraftvoll, saftig und würzig, feiner Säurebogen, dunkle Mineralik, zeigt Länge, verfügt über Zukunftspotenzial.

90 Grüner Veltliner * Reichersdorf 2021
13 Vol.-%, DV, Stahltank, €€
Helles Goldgelb, Silberreflexe. Frische Wiesenkräuter, ein Hauch von Anis, gelbe Apfelfrucht, ein Hauch von Grapefruitzesten. Mittlere Komplexität, weißes Kernobst, frische Säurestruktur, mineralisch-salziger Nachhall, zitronig im Rückgeschmack.

(91) Riesling * Reichersdorf Ried Alte Setzen 2021
12,5 Vol.-%, DV, Stahltank, €€
Helles Goldgrün, Silberreflexe. Zarte Kräuterwürze, ein Hauch von Orangenzesten, gelber Pfirsich, mineralischer Touch. Saftig, elegant, weißer Apfel, mit feiner Fruchtsüße unterlegt, lebendig strukturiert, Limetten im Nachhall, ein facettenreicher Speisenbegleiter.

90 Weißburgunder Parapluiberg 2021
12,5 Vol.-%, DV, Stahltank, €€
Helles Gelbgrün, Silberreflexe. Zart nach Wiesenkräutern, ein Hauch von Walnuss, feine gelbe Kernobstnoten, mit Orangenzesten unterlegt. Mittlerer Körper, weiße Apfelfrucht, feine Säure, mineralisch, zitroniger Touch, vielseitig einsetzbar.

89 Sauvignon blanc Ried Kirchbergen 2021
13 Vol.-%, DV, Stahltank, €€

DIESER WEINLIEFERSERVICE HEBT GARANTIERT DIE STIMMUNG

Exklusive Weine mit Jahrgangstiefe

Lieferung zwischen 18:00 und 23:00 in Wien

In 30 Minuten bei Dir

Wohltemperiert genießen

wine in time

WWW.WINEINTIME.AT • WIPPLINGERSTRASSE 12 • 1010 WIEN

NIEDERÖSTERREICH

WACHAU

DAC

© WSNA

Die Ruine Dürnstein thront über einer der ältesten Wein- und Kulturlandschaften Europas

Weißenkirchen vor der Ried Achleiten, einer der bekanntesten Rieden der Wachau

STEILE TERRASSEN, NOBLE LOGEN FÜR DIE REBEN

Weltkulturerbe und bezaubernde Wohlfühllandschaft – das ist die Wachau. Auf 1.344 Hektar, teils auf steilen Terrassen, stehen hauptsächlich Grüner Veltliner und Riesling. Die Weinkategorien »Steinfeder«, »Federspiel« und »Smaragd« stehen für die Naturbelassenheit der Wachauer Weine, die ab dem Jahrgang 2020 auch DAC-Status haben.

Die Entstehungsgeschichte eines der faszinierendsten Weinbaugebiete Österreichs ist spannend: In der Nacheiszeit setzten sich im Windschatten der Berge Staubböden ab, daraus wurden einerseits die heutigen Lössböden, andererseits die steil abfallenden Hänge aus Gföhler Gneis. Auch die Donau trug ihren Teil bei, indem sie Sand, Schotter und Schwemmlösse in den ebenen Rieden ablagerte. Diese Geologie in Verbindung mit den vom Menschen als »Landschaftspfleger« geschaffenen Terrassen zur Bewirtschaftung der besten Steillagen zeichnen das markante Bild der Wachau. Spannungsreich ist auch das Klima, denn hier treffen zwei starke Einflüsse aufeinander – nicht frontal, sondern eng verzahnt: das westlich-atlantische und das östlich-pannonische Klima. Je nach Hanglage, Exposition, Geländeformation sowie durch die Wärme speichernden Mauern und Felsen werden Kleinstklimazonen wirksam. Die heißen, trockenen Sommer und die strengen Winter werden durch die große Wasserfläche der Donau ausgeglichen. Die kühlen Fallwinde aus dem nördlichen Waldviertel sorgen speziell in den Monaten vor der Ernte für große Schwankungen zwischen Tag- und Nachttemperaturen. Vom kühleren Spitzer Graben bis zum wärmeren Loibenberg entstehen in diesem Zusammenspiel die vielschichtigen Aromen der Trauben.

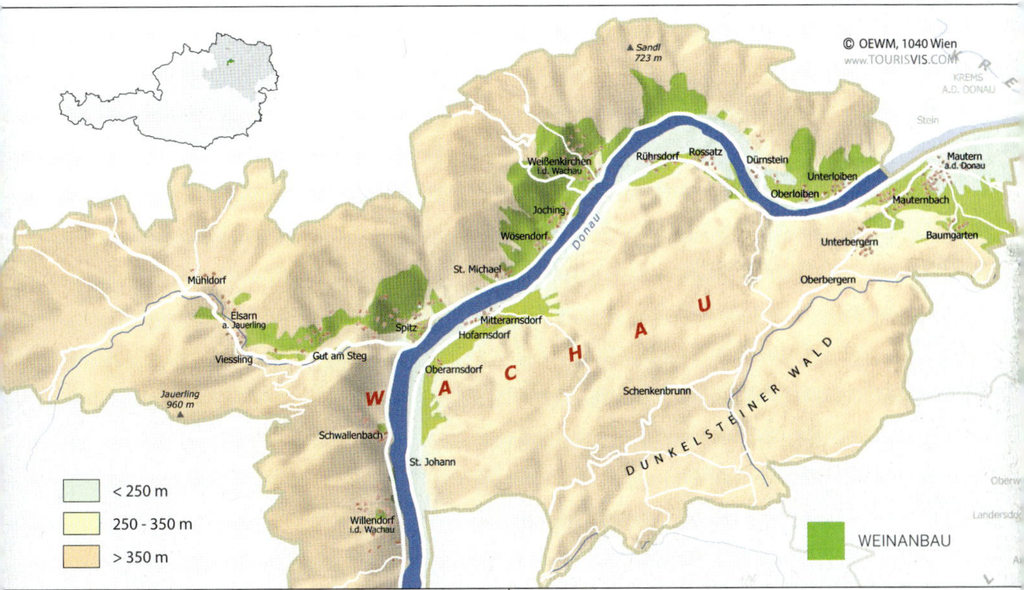

Dies wird in den Weinen als kühle Frucht mit teilweise exotischen Anklängen spürbar: von der schlanken Steinfeder über das elegante Federspiel bis zum noblen Smaragd, definiert vom unverzichtbar gewordenen Schutzverband »Vinea Wachau«.
Und nochmals spannend wird es, im historischen Ambiente der Weinorte auf die Suche nach weinkulinarischen Adressen zu gehen. Top-Winzer und Spitzengastronomen sind in der Wachau geradezu auf Schritt und Tritt zu finden, von Spitz über Weißenkirchen, Wösendorf und Joching bis Dürnstein und Loiben – wobei der eine oder andere Seitensprung ans rechte Donauufer zu empfehlen ist. Selbstverständlich kann man in der Wachau auch zahlreiche Heurige besuchen. Neben dem Herrscherpaar Riesling und Veltliner, die es ab dem Jahrgang 2020 als Wachau DAC Gebiets-, Orts- und Riedenwein gibt, garantieren auch Weißburgunder, Neuburger, Muskateller oder Sauvignon Blanc exzellente Geschmackserlebnisse als Gebiets- und Ortsweine.

AUSGEWÄHLTE WEINGÜTER

>

★★★★★

Weingut Alzinger, Unterloiben
Weingut Franz Hirtzberger, Spitz an der Donau
Weingut Knoll, Unterloiben
Weingut F. X. Pichler, Oberloiben
Weingut Rudi Pichler, Wösendorf
Weingut Prager, Weißenkirchen

★★★★

Domäne Wachau, Dürnstein
Weingut Johann Donabaum, Spitz an der Donau
Weingut Georg Frischengruber, Rossatz
FJ Gritsch – Mauritiushof, Spitz an der Donau
Weingut Högl, Spitz an der Donau

★★★★

Weingut Hofstätter, Spitz an der Donau
Weingut Jamek, Joching
Weingut Lagler, Spitz an der Donau
Weingut Pichler-Krutzler, Oberloiben
Weingut Familie Schmelz, Joching
Weingut Tegernseerhof, Unterloiben

★★★

Weingut Atzberg, Spitz an der Donau
Weingut Bäuerl, Dürnstein
Weingut Josef Fischer, Rossatz
Weingut Thomas Gritsch, Spitz an der Donau

< AUSGEWÄHLTE WEINGÜTER

★★★

Weinhofmeisterei Mathias Hirtzberger, Wösendorf in der Wachau
Weingut Holzapfel, Weißenkirchen
Weingut Jäger, Weißenkirchen
Weingut Andreas Lehensteiner, Weißenkirchen
Weingut Anton Nothnagl, Spitz an der Donau
Weingut Rixinger, Spitz an der Donau
Weingut Heinz und Adrienne Sigl, Rossatz
Karl Stierschneider – Kartäuserhof, Weißenkirchen
Weingut Strawanzer Donabaum, Spitz an der Donau

★★

Weingut Stefan Gebetsberger, Spitz an der Donau
Weingut Roman Gritsch, Spitz an der Donau
Weingut Mazza, Weißenkirchen
Weingut Müller – Tassilo, Krustetten

—

Weingut Josef Bergkirchner, Mitterarnsdorf
Weingut Ernsthofer, Wösendorf

★★★★★

WEINGUT ALZINGER

Seit 1983 zählt das Weingut Alzinger zu den Fixsternen am Wachauer Winzerhimmel. Leo Alzinger erzeugt in seinen Loibner und Dürnsteiner Top-Lagen Grünen Veltliner und Riesling. Bei meiner heurigen Verkostung lagen wie gewohnt die Paradelagen Loibenberg und Steinertal an der Spitze, die durch Präzision und Strahlkraft beeindrucken. Alzingers langlebige Weine verdienen die ungeteilte Aufmerksamkeit der Weinfreunde, denn hier ist zum wiederholten Mal eine absolute Top-Palette gelungen. Es ist egal, ob man sich zum Riesling oder zum Grünen Veltliner hinwendet: Man wird bei der großen Auswahl unter Garantie fündig.
Sollte man die Gelegenheit haben, etwas reifere Weine dieses Hauses zu verkosten, dann wird man erst die ganze Pracht der Weine kennenlernen. Gerade Alzingers Weine sind in ihrer Jugend oft zurückhaltender, entwickeln aber immer eine starke Persönlichkeit. Will man also den Charakter eines Spitzenveltliners näher ergründen, dann sollte man einen gereiften Alzinger-Wein dekantieren, ihm etwas Zeit gönnen – und dann staunen. Anlässlich des Wettbewerbs »Vorbildliches Bauen in Niederösterreich« erklärte eine renommierte Jury 2017 die Neukonzeption des Weingutsgebäudes zu einem der Siegerprojekte. Besonders hervorgehoben wurde von der Jury, dass das neue Weingut »für eine nachahmenswerte bauliche Weiterentwicklung des Weltkulturerbegebiets Wachau« steht.

(99) Riesling * Ried Steinertal Smaragd 2021
13 Vol.-%, NK, großes Holzfass
Helles Gelbgrün, Silberreflexe. Zart nach Mandarinenzesten, weißer Weingartenpfirsich, ein Hauch von Blüten und Limetten, mineralischer Touch. Saftig, straff, hochelegant, feine weiße Frucht, finessenreich und ganz klassisch, leichtfüßig, im bekannt kühl-aristokratischen Stil der Lage, zeigt große Präzision und Länge, mehr Steinertal geht nicht.

(97) Riesling * Ried Loibenberg Smaragd 2021
13 Vol.-%, NK, großes Holzfass
Helles Grüngelb, Silberreflexe. Feine gelbe Tropenfrucht, ein Hauch von Maracuja und Mango, zarte florale Nuancen, dezente Mineralik, etwas Mandarinenzesten. Saftig, elegant, feine Fruchtsüße, finessenreiche Säurestruktur, zitronig und salin im Abgang, zeigt sehr gute Länge, sicheres Reifepotenzial für viele Jahre.

(96) Riesling * Ried Höhereck Smaragd 2021
13 Vol.-%, NK, großes Holzfass
Helles Gelbgrün, Silberreflexe. Feine gelbe Tropenfrucht, floraler Touch, ein Hauch von Mango, mineralisch unterlegt, einladendes Bukett. Saftig, straffe Textur, weißes Steinobst, rassiger Säurebogen, wirkt leichtfüßig, fast kühl, obwohl das die etwas wärmere Lage im Vergleich zum Steinertal ist, finessenreich und lange anhaftend.

(95) Riesling * Ried Hollerin Smaragd 2021
13 Vol.-%, NK, großes Holzfass
Helles Gelbgrün, Silberreflexe. Feine Nuancen von Ananas und weißen Blüten, zarte mineralische Aspekte, etwas Blütenhonig. Saftig, elegant, weißer Weingartenpfirsich, straffe Säurestruktur, zitroniger Touch im Abgang, bleibt sehr gut haften, ein finessenreicher Speisenbegleiter mit gutem Reifepotenzial.

(94) Riesling * Ried Liebenberg Smaragd 2021
13,5 Vol.-%, NK, großes Holzfass
Helles Gelbgrün, Silberreflexe. Feine Fruchtexotik, ein Hauch von Maracuja, exotische Nuancen, ein Hauch von Blütenhonig, zart nach Mandarinenzesten. Saftig, elegant, helle gelbe Frucht am Gaumen, finessenreiche Struktur, mineralisch-zitronig im Abgang, wirkt sehr leichtfüßig, Limettentouch im Nachhall, delikat, feine Tropenfrucht im Rückgeschmack.

93 Riesling * Dürnstein Federspiel 2021
12,5 Vol.-%, DV, Stahltank
Helles Gelbgrün, Silberreflexe. Feine gelbe Fruchtnuancen, ein Hauch von Pfirsich und Mango, zarte Mineralik. Straff, weiße Apfelfrucht, rassiges Säurespiel, zitroniger Touch, salziger Nachhall, sehr lebendig und leichtfüßig, ein animierender Sommerwein.

(98) Grüner Veltliner * Ried Steinertal Smaragd 2021
13,5 Vol.-%, NK, großes Holzfass
Helles Grüngelb, Silberreflexe. Feine Kräuterwürze, rauchige Mineralik, zarte Apfelfrucht, ein Hauch von Mango, aber auch Tabak, facettenreiches Bukett. Komplex, stoffig, hat Zug, feine weiße Frucht, finessenreiche Struktur, wirkt dabei sehr leichtfüßig und balanciert, bereits sehr zugänglich und verführerisch, großes Zukunftspotenzial.

(97) Grüner Veltliner * Ried Loibenberg Smaragd 2021
13,5 Vol.-%, NK, großes Holzfass
Helles Grüngelb, Silberreflexe. Feine mineralische Würze, Wiesenkräuter, einladende Nuancen von weißem Kernobst, feine Orangenzesten, tabakiger Touch. Saftig, stoffig, elegant, feine Fruchtexotik, finessenreiche Säurestruktur, feine Cremigkeit in der Textur, salzige Nuancen im Abgang, sehr gute Länge, toller Trinkfluss, sicheres Reifepotenzial.

WEINGUT ALZINGER
3601 Dürnstein
Unterloiben 11
T: +43 (2732) 77900
weingut@alzinger.at
www.alzinger.at

Kellermeister/Kontakt:
Leo Alzinger
Produktion: 100 % weiß, 12 Hektar
Vereinszugehörigkeit:
Vinea Wachau
Messen: ProWein Düsseldorf, VieVinum

96 Grüner Veltliner * Reserve 2021
13,5 Vol.-%, NK
Helles Grüngelb, Silberreflexe. Tabakig, feine gelbe Apfelfrucht, ein Hauch von Mango und Blütenhonig, zart nach kandierten Orangenzesten. Komplex, etwas opulentere Frucht, weiße Birne, dezente Säurestruktur, mineralisch und anhaftend, fruchtige Süße im Abgang, bleibt haften, stoffiger Begleiter bei Tisch.

(95) Grüner Veltliner * Ried Liebenberg Smaragd 2021
13,5 Vol.-%, NK, großes Holzfass
Helles Gelbgrün, Silberreflexe. Feine Kernobstnuancen, zart nach Mango und Ananas, ein Hauch von Orangenzesten, dezenter Blütenhonig. Saftig, elegant, weißes Kernobst, frischer Säurebogen, ausgewogen, ein Hauch von Birne im Abgang, ein facettenreicher Speisenbegleiter mit gutem Reifepotenzial.

(95) Grüner Veltliner * Ried Mühlpoint Smaragd 2021
13,5 Vol.-%, DV, Stahltank
Helles Grüngelb, Silberreflexe. Zarte Orangenzesten, feine weiße Apfelfrucht, zart rauchige Mineralik, ein Hauch von Limetten im Hintergrund. Stoffig, elegant, wirkt leichtfüßig und balanciert, finessenreiche Säurestruktur, wie aus einem Guss, lange anhaftend, toller Speisenbegleiter mit sicherem Reifepotenzial.

94 Grüner Veltliner * Ried Mühlpoint Federspiel 2021
12,5 Vol.-%, DV, Stahltank
Helles Gelbgrün, Silberreflexe. Zart nach Mandarinenzes-

* Wachau DAC

ten, frische Kräuter, ein Hauch von Ananas und Mango, sehr einladendes, feinwürziges Bukett. Saftig, elegant, frisches Kernobst, finessenreicher Säurebogen, mineralisch-zitronig im Abgang, sicheres Reifepotenzial, ein Paradebeispiel für die Federspiel-Kategorie.

93 Grüner Veltliner * Ried Hochstrasser Federspiel 2021
12,5 Vol.-%, DV, Stahltank
Helles Gelbgrün, Silberreflexe. Zart tabakig, frische Wiesenkräuter, weißer Apfel, floraler Touch. Stoffig, elegant, feine Nuancen von weißem Kernobst, finessenreiche Struktur, salzig und anhaftend, mineralischer Abgang, ein facettenreicher Speisenbegleiter.

92 Grüner Veltliner * Dürnstein Federspiel 2021
12,5 Vol.-%, DV, Stahltank
Helles Gelbgrün, Silberreflexe. Feine Kräuterwürze, ein Hauch von Mango und Apfel, tabakige Würze. Saftig, feine Fruchtsüße, zart nach Birne, finessenreiche Säurestruktur, mineralisch-zitronig im Nachhall, ein leichtfüßiger, balancierter Speisenbegleiter.

★★★

WEINGUT ATZBERG

Inmitten der Wachau, einer der schönsten Kulturlandschaften der Welt, liegt der Atzberg. Bereits 1382 wurde in einer Urkunde der »Ärtzberg« als Weinbauriede erwähnt. Der Boden – wie der ursprüngliche Name erahnen lässt – ist sehr erzhaltig. Aufgrund der beschwerlichen Bearbeitung dieser steilen Riede, wurde der Weinbau am Atzberg in den 1950er-Jahren aufgegeben. Der ausgewiesene Wachau-Experte Weinpfarrer Hans Denk (†) attestierte dieser Lage eine Qualität, die sogar in der Wachau einzigartig ist, und so wurde ab dem Jahr 2008 diese herausragende Lage mit viel Handarbeit und unzähligen Arbeitsschritten wieder rekultiviert.
Die Südorientierung, die optimale Sonneneinstrahlung, die kühle Luft, die durch das Mieslingtal vom Waldviertel herunterzieht, und die unmittelbare Nähe zur Donau ergeben ein ganz spezielles Mikroklima. Die extrem steile Lage mit bis zu 75 Prozent Hangneigung wird mühevoll zu 100 Prozent per Hand kultiviert. Jedes Jahr entstehen nur zwei Weine, die in ihrer Fülle und Ausdrucksstärke zu den besten der Wachau zählen.

WEINGUT ATZBERG
3620 Spitz an der Donau
Mieslingtal 3
T: +43 (650) 7203663
office@atzberg.at
www.atzberg.at

Kellermeister: Johann Donabaum
Kontakt: Paul Kiefer
Produktion: 2 Hektar
Vereinszugehörigkeit: Vinea Wachau
Messen: ProWein Düsseldorf, VieVinum

(95) Grüner Veltliner * Ried Atzberg Smaragd Obere Steilterrassen 2021
15,5 Vol.-%, NK, großes Holzfass, €€€€€€
Leuchtendes Goldgelb, Grünreflexe. Feiner Blütenhonig, zart nach Clementinenzesten, etwas Maracuja und reifer Apfel, mit Wiesenkräutern unterlegt, facettenreiches Bukett. Gute Komplexität, kraftvoll, feine Tabakwürze, lebendiges Säuregerüst, engmaschig, reife Tropenfrucht, mineralischer Nachhall, stoffiger Speisenbegleiter.

(94) Grüner Veltliner * Ried Atzberg Smaragd Steilterrassen 2021
14,5 Vol.-%, DV, Stahltank, €€€€€
Leuchtendes Goldgelb, silberfarbene Reflexe. Einladender Duft nach Mango und Papaya, unterlegt mit Mandarinenzesten, zart nach Honigmelone. Saftig, gute Komplexität, feinwürzig, balancierter Säurebogen, mineralisch, facettenreich, gelbe Tropenfrucht im Abgang, guter Speisenbegleiter mit Potenzial.

WEINGUT JOSEF BERGKIRCHNER
3621 Mitterarnsdorf
Mitterarnsdorf 1
office@bergkirchner-wachau.at

Kellermeister/Kontakt:
Martin Bergkirchner
Anbauweise: Umstellung auf bio
Produktion: 18 % Schaumwein, 70 % weiß, 10 % rosé, 2 % süß, 6 Hektar
Vereinszugehörigkeit:
Vinea Wachau

Riesling

WEINGUT JOSEF BERGKIRCHNER

NEU

Martin Bergkirchner ist kein Unbekannter mehr in der Wachau. Seit 2015 hat er sich einen Namen im Land der großen Weingüter gemacht. Die Weinstilistik ist modern, strukturiert, präzise und mit einem klaren Ausdruck. Die Basis dafür sind fünf internationale Stationen bei verschiedensten weltbekannten Winzern, wo er zusätzlich zum Wissensschatz der eigenen Familie auch das Handwerk der Vinifikation großer Weine gelernt hat.

(93) Riesling * Ried Hoferthal Smaragd 2021
13,5 Vol.-%, DV, Stahltank, €€€€€ V
Helles Gelbgrün, Silberreflexe. Blumig unterlegte Tropenfrucht, nach Maracuja und Litschis, weißer Pfirsich klingt an, mit Limettenzesten unterlegt. Straff, engmaschig, weiße Frucht, finessenreicher Säurebogen, lebendig und gut anhaftend, verfügt über gutes Reifepotenzial.

90 Riesling * Ried Poigen N°5 2021
12 Vol.-%, DV, Stahltank, €€€ V
Helles Gelbgrün, Silberreflexe. Floral, Anklänge von frischer weißer Tropenfrucht, ein Hauch von Maracuja und Limetten. Schlank, weißer Pfirsich, grüner Apfel, frischer Säurebogen, salzig-zitronig im Abgang, ein lebendiger Sommerwein.

(92) Grüner Veltliner * Ried Poigen Smaragd 2021
13,5 Vol.-%, DV, Stahltank, €€€€ V
Leuchtendes helles Gelbgrün, Silberreflexe. Frische Wiesenkräuter, weißes Kernobst, zitronige Aspekte, mineralischer Touch. Saftig, gelbe Birne, dezente Karamellnoten, stoffig und anhaftend, tabakige Nuancen im Nachhall, bereits zugänglich.

90 Grüner Veltliner * Ried Scheibenthal Federspiel 2021
12,5 Vol.-%, DV, Stahltank, €€ V
Helles Gelbgrün, Silberreflexe. Zart nach Ananas und gelbem Apfel, ein Hauch von weißen Blüten, mit Limettenzesten unterlegt. Saftig, elegant und mit feiner Säure ausgestattet, fruchtiger Nachhall, bleibt haften, vielseitig einsetzbar.

89 Grüner Veltliner * Ried Poigen Federspiel 2021
12,5 Vol.-%, DV, Stahltank, €€ V

91 Rosé * 2021
11,5 Vol.-%, DV, Stahltank, €€ V
Helles Lachsrosa, Silberreflexe. Zart nach roten Kirschen und weißem Apfel, mit Noten von Orangenzesten unterlegt. Saftig, feinfruchtig, lebendig strukturiert, mineralisch, rotbeerige Frucht, leichtfüßig und gut anhaftend, ein harmonischer, animierender Sommerwein.

* Wachau DAC

★★★

WEINGUT BÄUERL

Wolfgang Bäuerls Weingut ist ein kleines Gesamtkunstwerk. Auf nicht einmal vier Hektar werden hier brillante Weine aus den imposantesten Lagen der östlichen Wachau gekeltert. Keller- und Loibenberg bilden das Fundament für Riesling- und Veltliner-Smaragde, die das ganze Potenzial der kargen und steinigen Terrassen widerspiegeln. Muskateller sowie weitere Veltliner und Rieslinge – als Federspiele ausgebaut – ergänzen das Sortiment, das nicht auf schiere Wucht, sondern vielmehr auf perfekte Balance, Eleganz, Mineralik und Finesse setzt. Die Weine von Wolfgang Bäuerl lassen sich bei einem Verkostungstermin oder auch im angeschlossenen Heurigen, dem zweiten Teil des Gesamtkunstwerks, probieren. So schön die Stube des alten Weinguts auch sein mag, der Garten und dessen Ausblick über die Donau toppen sie (und fast jeden anderen Panoramapunkt am Fluss). Addiert man dazu noch die regionale, bodenständige Küche, ergibt das in Summe ganz einfach den Wunsch zu bleiben. Dafür stehen glücklicherweise drei Appartements (neu errichtete Loftwohnung) zur Verfügung. Längere Aufenthalte lohnen sich: Jeden Freitag (April bis Oktober) kann man sich mit dem Winzer auf die Spuren seiner Weine begeben. Weiters locken Fahrradausflüge und Schiffstouren, bei deren Organisation Wolfgang und Martina Bäuerl unterstützend zur Seite stehen.

WEINGUT BÄUERL
3601 Dürnstein
Oberloiben 28
T: +43 (699) 12003331
vino@baeuerl.at
www.baeuerl.at

Kellermeister/Kontakt:
Wolfgang Bäuerl
Anbauweise: Umstellung auf bio
Produktion: 20.000 Flaschen
99 % weiß, 1 % süß, 3 Hektar
Vereinszugehörigkeit:
Vinea Wachau

94 Grüner Veltliner * Smaragd LI-KE 2021
14 Vol.-%, NK, Stahltank, €€€€€ Ⓥ
Mittleres Grüngelb, silberfarbene Reflexe. Zarter Blütenhonig, etwas reife Apfelfrucht, Orangenschalen, gelbe Tropenfrucht, mit einem Hauch von Mango unterlegt. Saftig, elegant, gut eingebundene Säurestruktur, mineralisch, Papaya klingt an, lebendiges Finish, finessenreicher Speisenbegleiter.

91 Grüner Veltliner * Ried Kreutles Federspiel 2021
12,5 Vol.-%, DV, Stahltank, €€€ Ⓥ
Mittleres Grüngelb, silberfarbene Reflexe. Feine Kräuternoten, zart nach Guaven, etwas nach Papaya, Zitrusnoten klingen an, weißes Nougat. Saftig, elegant, feine Säurestruktur, mineralisch, kraftvoll, etwas tabakig, reife Apfelfrucht im Abgang, bleibt gut haften.

90 Grüner Veltliner * Federspiel 2021
12 Vol.-%, DV, Stahltank, €€ Ⓥ
Mittleres Grüngelb, silberfarbene Reflexe. Reife Apfelfrucht, zart nach Blütenhonig, etwas Kräuternoten, Maracuja und Melisse klingen an. Saftig, leichtfüßig, zart nach Quitte, fruchtsüß, mineralisch-salzig, bleibt gut haften, vielseitig einsetzbar, unkompliziertes Trinkvergnügen.

93 Riesling * Smaragd LO-KE 2021
14 Vol.-%, NK, Stahltank, €€€€€ Ⓥ
Mittleres Grüngelb, Silberreflexe. Feine Tabakwürze, unterlegt mit Blütenhonig, ein Hauch von Ananas, zart nach Mango, floraler Touch. Saftig, elegant, feinwürzig, gut eingebundene Säurestruktur, Marillentouch, guter Speisenbegleiter, vielseitig einsetzbar.

92 Riesling * Federspiel vom Urgestein 2021
12,5 Vol.-%, DV, Stahltank, €€€€€ Ⓥ
Helles Gelbgrün, Silberreflexe. Attraktive weiße Pfirsichfrucht, floraler Touch, ein Hauch von Limettenzesten und Blütenhonig. Saftig, elegant, gut integrierte fruchtige Süße, lebendige Struktur, zitronig-mineralisch, ein delikater Sommerwein.

89 Gelber Muskateller * Loiben vom Urgestein 2021
12 Vol.-%, DV, Stahltank, €€ Ⓥ

★★★★

DOMÄNE WACHAU

Die Domäne Wachau hat sich mit einer Vielfalt an herkunftstypischen Wachauer Weinen unter der Leitung von Roman Horvath MW und Heinz Frischengruber zu einem der bedeutendsten Weingüter Österreichs entwickelt. Weltberühmte Rieden wie Achleiten, Kellerberg und Singerriedel stehen nur stellvertretend für die Fülle an Top-Lagen, die die Domäne Wachau vinifiziert.
Eine entscheidende Relevanz in der Gesamtheit der Domäne Wachau kommt der Arbeit der Winzerfamilien zu. Oft seit Generationen in den steilen Terrassen der Wachau tätig, kennen sie die Besonderheiten jeder Parzelle. In detailverliebter Handarbeit und mit enormer Erfahrung sorgen sie in den Weingärten für ein ökologisches Gleichgewicht, fördern die Arten- und Pflanzenvielfalt und setzen zunehmend auf biologische Bewirtschaftung. Minimalismus auf höchstem handwerklichem Niveau, das ist die Devise im Rahmen der Weinwerdung. Tradition und Innovation sind dabei zwei Seiten derselben Medaille. Neben der Produktion ausdrucksstarker Rieden-Weine geht man mit der Backstage-Serie neue und besonders alte Wege. Der rote Faden bleibt dabei stets, Herkunft, Jahrgang und Sorte präzise herauszuarbeiten.
Von einer internationalen Jury wurde die Domäne Wachau zu einem der World's Best Vineyards gekürt (Nr. 1 in Europa & Nr. 3 weltweit), sie ist somit eine Top-Destination für Weinliebhaber aus aller Welt. Das qualitätsorientierte Veranstaltungsprogramm umfasst Rieden-Wanderungen, Weingutsführungen, einen Kellerschlössel-Heurigen und einzigartige Kulinarien. Wachau-Besucher kommen zudem in der Vinothek am Weingut und im Shop 11A in der Dürnsteiner Altstadt auf ihre Kosten.

95 Riesling * Ried Singerriedel Smaragd 2021
13,5 Vol.-%, NK, Stahltank, €€€€€ Ⓥ
Helles Grüngelb, silberfarbene Reflexe. Feine Tabakwürze, etwas nach kandierten Orangenzesten, gelbe Tropenfrucht, ein Hauch von Ringlotten. Saftig, gute Komplexität, engmaschig, balancierter Säurebogen, dezente Pfirsichnoten im Abgang, extraktsüß, Grapefruit im Nachhall, vielschichtiger Speisenbegleiter mit Reifepotenzial.

95 Riesling * Ried Achleiten Smaragd 2021
13,5 Vol.-%, NK, Stahltank, €€€€€ Ⓥ
Mittleres Grüngelb. Reife Mango, zart nach Blütenhonig, etwas nach Melisse, Papaya und Mandarinenzesten klingen an. Saftig, gute Komplexität, zart nach Zitrus, engmaschig, feine Tabakwürze im Abgang, bleibt sehr gut haften, Pfirsich im Rückgeschmack, vielschichtiger Speisenbegleiter mit Potenzial.

94 Riesling * Ried Kellerberg Smaragd 2021
13,5 Vol.-%, NK, Stahltank, €€€€€ Ⓥ
Mittleres Grüngelb, silberfarbene Reflexe. Einladendes Bukett, nach Marille und Guave, unterlegt mit Blütenhonig, zart nach Kräutern, Anis klingt an, rauchige Mineralik, facettenreich. Komplex, saftig, leichtfüßig, etwas nach Zitrus und Quitte im Abgang, salziger Nachhall, vielschichtiger Speisenbegleiter.

93 Riesling * Ried 1000-Eimer-Berg Federspiel 2021
12,5 Vol.-%, DV, Stahltank, €€€ Ⓥ
Helles Gelbgrün, silberfarbene Reflexe. Einladendes Bukett nach Mango und Ananas, ein Hauch von Orangenzesten, mit Wiesenkräutern und Blütenhonig unterlegt. Gute Komplexität, saftig, facettenreich, feine Säurestruktur, mineralisch, bleibt sehr gut haften, vielseitiger Speisenbegleiter.

93 Riesling * Smaragd Terrassen 2021
13 Vol.-%, DV, Stahltank, €€€€ Ⓥ
Helles Grüngelb, Silberreflexe. Floraler Touch, etwas nach Maracuja, ein Hauch von Orangenzesten, zart nach Marille, lebendiges Bukett. Saftig, straff, facettenreiche Säurestruktur, mineralisch-salzig, gelbes Steinobst, Pfirsichtouch im Nachhall, guter Speisenbegleiter.

93 Riesling * Weissenkirchen Smaragd 2021
13 Vol.-%, DV, Stahltank, €€€€ Ⓥ
Mittleres Grüngelb, Silberreflexe. Feine Mangonoten, etwas Kräuterwürze, ein Hauch von Quittengelee, zart nach Melisse, Blütenhonig klingt an. Frisch und lebendig, salzig, facettenreiche Säurestruktur, weiße Tropenfrucht, dunkle Mineralik im Nachhall, sicheres Entwicklungspotenzial.

93 Riesling * Ried Loibenberg Smaragd 2021
13,5 Vol.-%, NK, Stahltank, €€€€€ Ⓥ
Mittleres Grüngelb, Silberreflexe. Einladendes Bukett nach gelbem Pfirsich, mit Blütenhonig und Kräutern unterlegte Litschis, Clementinenzesten. Saftig, gute Komplexität,

Stift und Ruine Dürnstein

DOMÄNE WACHAU

3601 Dürnstein
Dürnstein 107
T: +43 (2711) 371
office@domaene-wachau.at
www.domaene-wachau.at

Kellermeister: Heinz Frischengruber
Kontakt: Roman Horvath MW
Produktion: 2.533.333 Flaschen
90 % weiß, 4 % rosé, 5 % rot, 1 % süß, 400 Hektar
Zertifiziert: Nachhaltig Austria
Vereinszugehörigkeit: Vinea Wachau
Messen: ProWein Düsseldorf, VieVinum

feinwürzig, Guaven und Maracuja im Abgang, salzig-mineralischer Nachhall, vielschichtiger Speisenbegleiter.

92 Riesling * Ried Bruck Federspiel 2021

12,5 Vol.-%, DV, Stahltank, €€€

Helles Gelbgrün, silberfarbene Reflexe. Feine Kräuternoten, etwas Maracuja, ein Hauch von Orangenzesten, Weingartenpfirsich klingt an. Saftig, elegant, facettenreiche Säurestruktur, mineralisch, weiße Tropenfrucht im Abgang, guter Speisenbegleiter.

(91) Riesling Amphora 2020

12,5 Vol.-%, DV, Amphore, €€€€€

Leuchtendes Goldgelb, silberfarbene Reflexe. Feine Kardamom-Anis-Würze, etwas nach Orangen, mineralischer Touch, ein Hauch von Kumquats, reife rote Apfelfrucht. Saftig, feine Tabakwürze, Papaya, gut integrierter zarter Gerbstoff, gelbe Tropenfrucht, vielseitig einsetzbar.

95 Grüner Veltliner * Ried Kellerberg Smaragd 2021

13,5 Vol.-%, NK, Stahltank, €€€€€

Mittleres Grüngelb, silberfarbene Reflexe. Mit feiner Tabakwürze unterlegte reife Tropenfrucht, etwas nach Blütenhonig, Marille klingt an, dazu etwas Mango. Komplex, saftig, feine Kräuterwürze, etwas nach weißem Apfel, frische Säurestruktur, leichtfüßig, engmaschiger Nachhall, vielschichtiger Speisenbegleiter.

95 Grüner Veltliner * Ried Achleiten Smaragd 2021

14 Vol.-%, NK, Stahltank, €€€€€

Mittleres Grüngelb, Silberreflexe. Kräuternoten, etwas nach weißem Steinobst, zart nach Papaya, Zitruszesten, frisches dunkles Bukett. Gute Komplexität, engmaschig, zart nach Wiesenkräutern, gelbes Kernobst, feinwürziger Abgang, mineralischer Speisenbegleiter mit Entwicklungspotenzial.

94 Grüner Veltliner * Smaragd Terrassen 2021

13 Vol.-%, DV, Stahltank, €€€€

Helles Grüngelb, silberfarbene Reflexe. Blütenhonig, etwas nach Ananas, zart nach Mango, ein Hauch von Mandarinenzesten, einladendes Bukett. Saftig, elegant, fruchtsüß nach Pfirsich, zart nach Zitrus, feine Tabakwürze im Abgang, bleibt gut haften, guter Speisenbegleiter.

(94) Grüner Veltliner * Steinwerk Spitzer Graben 2021

12,5 Vol.-%, NK, Steinzeug, €€€€

Helles Grüngelb, silberfarbene Reflexe. Einladendes Bukett nach weißer Tropenfrucht und Wiesenkräutern, zarte Grapefruitnuancen, dunkle Mineralik. Saftig, engmaschig, zart nach Tabak, fruchtsüß nach Mango im Abgang, facettenreiche Säurestruktur, sicheres Potenzial.

94 Grüner Veltliner * Ried Kirnberg Smaragd 2021

13,5 Vol.-%, NK, Stahltank, €€€€€

Mittleres Grüngelb, silberfarbene Reflexe. Feiner Blütenhonig, zart nach Mango, etwas nach Papaya, feine Wiesenkräuter, Clementinenzesten. Saftig, gute Komplexität, salzig-mineralisch, fruchtsüß nach Ananas, bleibt gut haften, vielseitiger Speisenbegleiter mit Potenzial.

93 Grüner Veltliner * Ried Loibenberg Federspiel 2021
12,5 Vol.-%, DV, Stahltank, €€€ V
Helles Grüngelb, silberfarbene Reflexe. Dezente Fruchtnuancen, mit Blütenhonig unterlegt, etwas nach Ananas und Honigmelone, feiner Kräutertouch. Straff, elegant, facettenreiche Säurestruktur, mineralisch, feine Apfelfrucht, trinkanimierendes Finish, vielseitiger Speisenbegleiter.

93 Grüner Veltliner * Dürnstein Smaragd 2021
13 Vol.-%, DV, Stahltank, €€€€ V
Helles Gelbgrün, silberfarbene Reflexe. Zart nach gelber Tropenfrucht, etwas nach Wiesenkräutern, feine Orangenzesten, gelbe Apfelfrucht. Saftig, elegant, feine Säurestruktur, mineralisch, Papaya im Abgang, mineralischer Nachhall, leichtfüßiger Speisenbegleiter.

93 Grüner Veltliner * Weissenkirchen Smaragd 2021
13 Vol.-%, DV, Stahltank, €€€€ V
Mittleres Gelbgrün, silberfarbene Reflexe. Etwas Blütenhonig, ein Hauch von Mango, zart nach Marille, Kumquats, Wiesenkräuter klingen an. Saftig, gute Komplexität, feine Kräuternoten, gelbes Kernobst im Abgang, salziger Nachhall, vielseitiger Speisenbegleiter.

93 Grüner Veltliner * Smaragd Himmelstiege 2021
13 Vol.-%, DV, Stahltank, €€€€ V
Helles Gelbgrün, silberfarbene Reflexe. Etwas nach Wiesenkräutern und gelber Tropenfrucht, zart nach Ananas, Guaven klingen an. Saftig, engmaschig, zart nach Kräutern und Maracuja, leichtfüßig, lebendiger Speisenbegleiter.

93 Grüner Veltliner * Ried Axpoint Smaragd 2021
13,5 Vol.-%, NK, Stahltank, €€€€€ V
Mittleres Grüngelb, silberfarbene Reflexe. Gelbe Tropenfrucht, etwas nach Maracuja, dazu Blütenhonig, floraler Touch, dunkle Mineralik. Saftig, elegant, feiner Säurebogen, etwas nach Pfirsich, feinwürziger Nachhall, bleibt gut haften.

92 Grüner Veltliner * Ried Kollmitz Federspiel 2021
12,5 Vol.-%, DV, Stahltank, €€€ V
Helles Gelbgrün, silberfarbene Reflexe. Mit feiner Würze unterlegte weiße Apfelfrucht, ein Hauch von Limetten, floraler Touch, Kumquats klingen an. Saftig, elegant, feine Säurestruktur, mineralisch, Mango im Abgang, guter Speisenbegleiter.

(92) Grüner Veltliner * Rossatz 2021
13 Vol.-%, DV, Stahltank, €€€€ V
Helles Gelbgrün, Silberreflexe. Zarter Blütenhonig, etwas nach Maracuja, ein Hauch von Quitte, Kardamom klingt an, kandierte Orangenschalen. Saftig, elegant, feine Säurestruktur, feinwürzig, mineralisch, weißer Apfel im Abgang, salziger Rückgeschmack, guter Speisenbegleiter.

95 Grüner Veltliner Ried Achleiten Smaragd Late Release 2016
13,5 Vol.-%, NK, großes Holzfass, €€€€€ V
Mittleres Grüngelb, silberfarbene Reflexe. Einladender Duft nach Honigmelone, floraler Touch, kandierte Mandarinenzesten, reife Marillenfrucht, facettenreiches Bukett. Saftig, engmaschig, samtige Textur, mineralisch, reife Tropenfrucht, finessenreiche Säurestruktur, Nuancen von Mango im Abgang, gutes Entwicklungspotenzial.

(93) Roter Traminer * Reserve 2021
13 Vol.-%, NK, Stahltank, €€€€€ V
Mittleres Goldgelb, silberfarbene Reflexe. Einladender Duft nach Rosenöl, etwas Kiwi, ein Hauch von Marille, kandierte Clementinen, Kräuternoten. Saftig, floral, feine Kräuternoten, fruchtsüß nach Sportgummi, reife Tropenfrucht im Nachhall, ein vielseitiger Speisenbegleiter.

(91) Chardonnay * Reserve 2020
13 Vol.-%, NK, kleines Holzfass, €€€€€ V
Mittleres Grüngelb, silberfarbene Reflexe. Nach Maracuja, unterlegt mit Zitrusnuancen, ein Hauch von kandierten Mandeln und Blütenhonig, floraler Touch. Mittlere Komplexität, saftig, engmaschig, weißes Steinobst, zart nach Edelholzwürze im Abgang, vielseitiger Speisenbegleiter.

91 Gemischter Satz * Smaragd 2021
13 Vol.-%, NK, Stahltank, €€€€€ V
Mittleres Grüngelb, silberfarbene Reflexe. Feine Tabakwürze, etwas nach Mango, gelbe Birnenfrucht, zart nach Melisse, nussige Nuancen. Saftig, elegant, gut eingebundene Säurestruktur, mineralisch, Nuancen von gelbem Pfirsich, vegetaler Nachhall, samtige Textur, guter Speisenbegleiter.

(92) Müller Thurgau MTX 2021
12 Vol.-%, DV, Beton, €€€€ I V
Wolkiges Grüngelb, silberfarbene Reflexe. Feiner Blütenhonig, zart nach Quitte, etwas nach Wiesenkräutern, Zitrusnuancen klingen an, frisches Bukett nach weißem Pfirsich. Saftig, frisch, weißes Kernobst, zart nach Grapefruitzesten, feine Tabakwürze, bleibt gut haften.

91 Rosé * 1805 Reserve 2021 PN/ZW
13 Vol.-%, DV, Barrique, €€€€ V
Mittleres Lachsrosa, Silberreflexe. Feine Kräuternoten, etwas rotbeerige Nuancen, zart nach Litschis, ein Hauch von Feigen, florales Bukett. Saftig, engmaschig, samtige Textur, fruchtsüß nach Kirschen, würziger Nachhall, sommerlich und trinkanimierend, bereits gut antrinkbar.

★★★★

WEINGUT JOHANN DONABAUM

Das Weingut Johann Donabaum zählt zu den aufstrebenden Gütern der Wachau. Der Junior wird tatkräftig von seinen Eltern bei der Bearbeitung der arbeitsintensiven Berg- und Terrassenlagen unterstützt. Die Lagenweine des Hauses – Riesling Offenberg und Setzberg sowie Grüner Veltliner Spitzer Point – findet man auf den bestsortierten Weinkarten des Landes. Auch die rare Traube Neuburger wird gepflegt, der Smaragd aus der Lage Spitzer Biern zählt zu den herausragenden Vertretern dieser Sorte.

Über eine kleine Brücke im Spitzer Graben führt der Weg zum geschichtsträchtigen, aus dem 16. Jahrhundert stammenden Anwesen. Ein konsequenter Arbeitseinsatz der ganzen Familie ist die Grundlage für optimales Traubengut, die Basis für hochqualitative Weine, die durch Boden, Klima und die Handschrift des Winzers geprägt sind.

Den bisher größten Erfolg erzielte das Gut 2009 beim »Decanter World Wine Award« in London, dem größten Weinwettbewerb der Welt: Der Riesling Smaragd Setzberg 2007 gewann die internationale Rieslingtrophäe und wurde damit zum besten Riesling über zehn Pfund gekürt.

(96) Grüner Veltliner * Limitierte Edition Smaragd 2021
14 Vol.-%, NK, großes Holzfass/Stahltank, €€€€€€ Ⓗ
Leuchtendes Goldgelb, Grünreflexe. Gelbe Apfelfrucht, dezenter Blütenhonig, kandierte Clementinenzesten, Mirabellen, mineralisch, facettenreiches Bukett. Komplex, engmaschig, facettenreiche Säurestruktur, feinwürzig, mineralisch, Mangonoten im Abgang, salziger Nachhall, vielschichtiger Speisenbegleiter mit Potenzial.

(95) Grüner Veltliner * Ried Spitzer Point Smaragd 2021
14 Vol.-%, DV, kleines Holzfass/Stahltank, €€€€€ Ⓗ
Mittleres Grüngelb, Silberreflexe. Mit Wiesenkräutern unterlegte gelbe Apfelfrucht, ein Hauch von Orangenschalen, zart nach Quittengelee, facettenreiches Bukett. Gute Komplexität, dunkle Mineralik, engmaschig, gut integrierter Säurebogen, feinwürziger Abgang, Papaya im Nachhall, bleibt gut haften, vielseitiger Speisenbegleiter.

(93) Grüner Veltliner * Ried Zornberg Smaragd 2021
13 Vol.-%, DV, Stahltank, €€€€ Ⓗ
Mittleres Grüngelb, Silberreflexe. Zarte Kräuternoten, gelbe Apfelfrucht, zart nach Mirabellen, ein Hauch von Oran-

Johann Donabaum

WEINGUT JOHANN DONABAUM
3620 Spitz an der Donau
Laaben 15
T: +43 (2713) 2488
info@weingut-donabaum.at
www.weingut-donabaum.at

Kellermeister/Kontakt:
Johann Donabaum jun.
Produktion: 70.000 Flaschen
100 % weiß, 8 Hektar
Vereinszugehörigkeit:
Vinea Wachau
Messen: VieVinum

© Florian Schulte

genschalen, tabakige Anklänge. Komplex, saftig, feine Struktur, seidige Textur, Tropenfrucht im Abgang, mineralischer Nachhall, guter Speisenbegleiter mit Potenzial.

(93) Grüner Veltliner * Wösendorf Ried Kirchweg Smaragd 2021
14 Vol.-%, DV, Stahltank/großes Holzfass, €€€€€ H
Mittleres Grüngelb, Silberreflexe. Zarter Tabak, reife Ananas, zart nach Maracuja, ein Hauch von Melisse, floraler Touch, kandierte Orangenzesten klingen an. Gute Komplexität, saftig, straff, balancierte Säurestruktur, mineralisch, seidige Textur, Marillentouch im Abgang, kraftvolles Finish, sicheres Entwicklungspotenzial.

(96) Riesling * Limitierte Edition Smaragd 2021
14 Vol.-%, NK, Stahltank/großes Holzfass, €€€€€€ H
Leuchtendes Gelbgrün, silberfarbene Reflexe. Mit zarten Zitrusnoten unterlegte Pfirsichblüten und weiße Tropenfrucht, ein Hauch von Guaven, einladendes Bukett. Komplex, engmaschig, rund, fruchtsüß nach Marillen, balanciert, mineralischer Nachhall, Limetten im Rückgeschmack, sehr lange anhaltend, facettenreicher Speisenbegleiter mit Entwicklungspotenzial.

(95) Riesling * Ried Vogelleithen 2021
13,5 Vol.-%, DV, Stahltank, €€€€€ H V
Mittleres Grüngelb. Mit etwas Blütenhonig unterlegte Marillenfrucht, zart nach Feigen, ein Hauch von Wiesenkräutern, Ananas klingt an. Gute Komplexität, präzise Säurestruktur, mineralisch-salzig, facettenreich, Pfirsich im Abgang, würziger Nachhall, sicheres Reifepotenzial.

(94) Riesling * Ried Offenberg Smaragd 2021
13,5 Vol.-%, DV, Stahltank, €€€€€ H
Leuchtendes Goldgelb, silberfarbene Reflexe. Einladender Duft nach reifem Pfirsich, zart nach Ringlotten, Blütenhonig, ein Hauch von kandierten Limettenzesten. Straff, extraktsüß, zart nach Marille, zitroniger Touch, lebendige Säurestruktur, mineralisch, würziges Finish, guter Speisenbegleiter mit Potenzial.

(94) Riesling * Ried Setzberg Smaragd 2021
13,5 Vol.-%, DV, Stahltank, €€€€€ H
Leuchtendes Grüngelb. Dezenter Blütenhonig, etwas nach Mango, ein Hauch von Ananas und Quitte, Wiesenkräuter klingen an. Gute Komplexität, saftig, finessenreiche Säurestruktur, mineralisch-salzig, gelber Pfirsich im Abgang, vielschichtiger Speisenbegleiter, sicheres Potenzial.

WEINGUT ERNSTHOFER

Direkt an der Donau im Herzen der Wachau befindet sich das Weingut Ernsthofer. Die Familie vinifiziert typische Wachauer Weine, geprägt von Klima und Boden dieser einzigartigen Kulturlandschaft. Es macht sie stolz, durch ihre herausfordernde Arbeit in den steilen Weinterrassen einen persönlichen Beitrag zur Erhaltung des Weltkulturerbes Wachau zu leisten. Die vielfältige Charakteristik der bekannten Rieden wie »Kollmütz«, »Steinriegl« oder »Hinter der Burg« spiegeln sich in den Weinen wider. Jeder Jahrgang ist eine spannende Aufgabe, der man sich mit großer Leidenschaft und Sorgfalt widmet.

(92) Riesling * Ried Steinriegl Smaragd 2021
13,5 Vol.-%, DV, Stahltank, €€€
Mittleres Grüngelb, silberfarbene Reflexe. Zarte Kräuternoten, etwas Marillen, ein Hauch von Gewürzen, Maracuja klingt an. Mittlerer Körper, feine Säurestruktur, Marillentouch im Abgang, mineralischer Nachhall, balanciert und rund, guter Speisenbegleiter.

91 Riesling * Ried Gaisberg Federspiel 2021
12,5 Vol.-%, DV, Stahltank, €€
Helles Gelbgrün, Silberreflexe. Feine Wiesenkräuter, etwas nach weißem Pfirsich, ein Hauch von Bergamotte. Saftig, frische Säurestruktur, mineralisch, Zitrusnoten im Abgang, salziger Nachhall.

(92) Grüner Veltliner * Weissenkirchen Smaragd 2021
13,5 Vol.-%, DV, Stahltank, €€€
Mittleres Grüngelb, silberfarbene Reflexe. Zart nach Blütenhonig, etwas Apfelfrucht, ein Hauch von Guaven, kandierte Orangenschalen. Saftig, gute Komplexität, fruchtsüß nach Mango, mineralisch, reife Tropenfrucht auch im Nachhall, bleibt gut haften, vielseitiger Speisenbegleiter mit Potenzial.

Georg und Katrin Ernsthofer

WEINGUT ERNSTHOFER
3610 Wösendorf
Winklgasse 52
T: +43 (664) 4598113
weingut@ernsthofer.at
www.ernsthofer.at

Kellermeister/Kontakt:
Georg Ernsthofer
Produktion: 5 % Schaumwein, 85 % weiß, 10 % rosé, 7 Hektar
Vereinszugehörigkeit:
Vinea Wachau

(92) Grüner Veltliner * Ried Steinriegl Smaragd 2021
14 Vol.-%, DV, Stahltank, €€€
Mittleres Grüngelb, silberfarbene Reflexe. Blütenhonig, etwas nach Apfelfrucht und Papaya, Gewürznuancen, kandierte Clementinenzesten. Saftig, elegant, feine Säurestruktur, würzig, gelbe Apfelfrucht im Abgang, lange anhaltend, kraftvoller Speisenbegleiter.

91 Grüner Veltliner * Ried Hinter der Burg Federspiel 2021
12,5 Vol.-%, DV, Stahltank, €€
Helles Gelbgrün, Silberreflexe. Einladende Frucht nach Kernobst, etwas nach Papaya, ein Hauch von Kumquats und Wiesenkräutern. Saftig, elegant, feine Apfelfrucht, engmaschig, frische Zitrusnoten, balanciert und mineralisch.

90 Grüner Veltliner * Weissenkirchen Federspiel 2021
12,5 Vol.-%, DV, Stahltank, €€
Helles Gelbgrün, Silberreflexe. Feine Kräuternoten, etwas nach Granny-Smith-Apfel, floraler Touch. Saftig, frische Säurestruktur, feine Birnenfrucht im Abgang, zitroniger Nachhall, bereits gut antrinkbar.

★★★

WEINGUT JOSEF FISCHER

Rossatz am idyllischen Südufer der Wachau: Hier ist das Weingut Josef Fischer zu Hause. Bereits im Jahr 1898 wurde das Weingut erstmals urkundlich erwähnt. Mittlerweile wird auf einer Fläche von rund 11,5 Hektar Wein angebaut. Tradition mit modernen, durchdachten Ideen zu verbinden, Handwerk zu bewahren, aber Innovation zu leben sowie auf die Natur zu achten und mit bestem Gewissen zu wirtschaften: Das ist der Weg der Familie Fischer – und das schon seit fünf Generationen. Die Reise der erstklassigen Weine beginnt in den Weingärten. Fünf verschiedene Einzellagen bieten unterschiedliche Klima- und Bodenverhältnisse, die den Weinsorten individuellen Charakter verleihen. Das Weingut Fischer ist Spezialist für Weißweine. Hergestellt werden Grüner Veltliner, Riesling und Gelber Muskateller. Dabei ist klar: Nur wer im Einklang mit dem Takt der Natur arbeitet, kann besten Wein herstellen. Spontanvergä-

© www.charakter.photos | Philipp Monihart

rung und langer Kontakt mit der Feinhefe sind Voraussetzung für elegant-fruchtige, aber auch mineralische und konzentrierte Weine mit gutem Reifepotenzial.

(94) Grüner Veltliner * Rossatz Ried Kreuzberg Smaragd 2021
13,5 Vol.-%, NK, Holzfass, €€€€€
Leuchtendes Goldgelb, Grünreflexe. Feine Tabakwürze, dezenter Blütenhonig, etwas nach Melone, zart nussig, einladendes Bukett. Saftig, balancierter Säurebogen, fruchtsüß nach Mango, lange anhaltend, trinkanimierender Speisenbegleiter mit Potenzial.

(94) Grüner Veltliner * Rossatz Smaragd Privat 2021
13,5 Vol.-%, NK, Holzfass, €€€€€
Leuchtendes Goldgelb, silberfarbene Reflexe. Feine Wiesenkräuter, reife Tropenfrucht, Blütenhonig, kandierte Orangenschalen, floraler Touch. Saftig, lebendige Säurestruktur, feinwürzig, zart tabakig, gelbes Kernobst im Abgang, guter Speisenbegleiter, wird von Flaschenreife profitieren.

(93) Grüner Veltliner * Rossatz Ried Frauenweingärten Smaragd 2021
13,5 Vol.-%, NK, Stahltank, €€€€€
Mittleres Goldgelb, Grünreflexe. Feiner Blütenhonig, etwas nach Mango, zart nach Wiesenkräutern und Orangenschalen, floraler Touch. Saftig, elegant, balancierte Säurestruktur, feine Tabakwürze, Papaya im Abgang, bleibt gut haften, einladender Speisenbegleiter.

93 Grüner Veltliner * Rossatz Ried Mugler Smaragd 2021
Mittleres Grüngelb, silberfarbene Reflexe. Feine Kräuternoten, zart nach weißem Apfel, Mandarinenzesten, Blütenhonig klingt an. Saftig, elegant, fruchtsüß nach Marillen, zart nach Birne, feinwürzig, Babybanane im Rückgeschmack, guter Speisenbegleiter.

92 Grüner Veltliner * Rossatz Ried Zanzl Federspiel 2021
12,5 Vol.-%, DV, Stahltank, €€€
Helles Gelbgrün, Silberreflexe. Attraktive gelbe Tropenfruchtanklänge, zart nach Mango und Ananas, etwas Blütenhonig, einladendes Bukett. Saftig, feinwürzig, angenehme Fruchtsüße, lebendige Struktur, bleibt haften, bereits gut antrinkbar.

92 Grüner Veltliner * Rossatz Ried Steiger Federspiel 2021
12,5 Vol.-%, DV, Stahltank, €€€
Mittleres Gelbgrün, Silberreflexe. Zarter Blütenhonig, feine gelbe Frucht, reife Mango und Papaya klingen an, ein Hauch von Honigmelone. Saftig, balanciert, weißes Kernobst, frischer Säurebogen, mineralisch-salzig im Abgang, Limetten im Nachhall.

91 Grüner Veltliner * Rossatz Federspiel 2021
12,5 Vol.-%, DV, Stahltank, €€
Mittleres Grüngelb, Silberreflexe. Feine Kräuternoten, etwas nach Bergamotte, ein Hauch von Quitte, reife Apfelfrucht, Mandarinenzesten. Saftig, elegant, feine Säurestruktur, mineralisch, gelbes Kernobst im Abgang, salziger Nachhall, guter Speisenbegleiter.

© Martina Siebenhandl

WEINGUT JOSEF FISCHER
3602 Rossatz
Rossatz 58
T: +43 (2714) 58017
office@huchenfischer.at
www.huchenfischer.at

Kellermeister/Kontakt:
Josef Fischer jun.
Anbauweise: Umstellung auf bio
Produktion: 100 % weiß, 11.5 Hektar
Zertifiziert: Nachhaltig Austria
Vereinszugehörigkeit:
Vinea Wachau
Messen: ProWein Düsseldorf, VieVinum

Josef Fischer und Katja Pflogsch

(94) Riesling * Rossatz Ried Kreuzberg Smaragd 2021
13 Vol.-%, NK, Stahltank, €€€€€
Mittleres Grüngelb, silberfarbene Reflexe. Feiner Blütenhonig, zart nach Marillen und Orangenschalen, etwas nach Mandarinenzesten, lebendiges Bukett. Saftig, frische Säurestruktur, mineralisch-salzig, etwas tabakig, Melisse, reife Apfelfrucht im Abgang, bleibt gut haften, vielseitiger Speisenbegleiter, frisches Finish.

(94) Riesling * Rossatz Ried Kirnberg Smaragd 2021
13 Vol.-%, NK, Stahltank/Holzfass, €€€€€
Leuchtendes Goldgelb, Grünreflexe. Intensiver Duft nach Honig und Ananas, zart nach Marillen, floraler Touch, fruchtiges Bukett. Gute Komplexität, feine Säurestruktur, mineralisch-salzig, reifer Pfirsich, Orangenblüten im Nachhall, bleibt sehr gut haften, vielseitiger Speisenbegleiter.

90 Riesling * Rossatz Federspiel 2021
12,5 Vol.-%, DV, Stahltank, €€€
Mittleres Gelbgrün, Silberreflexe. Zart nach Orangenzesten, ein Hauch von Mango, etwas Blütenhonig, mineralischer Anklang. Straff, weißes Steinobst, sehr rassig, salziger Touch, Limetten im Abgang, ein finessenreicher Sommerwein.

★★★★

WEINGUT GEORG FRISCHENGRUBER

Das Weingut Frischengruber liegt im Herzen der Wachau in Rossatz. Bewirtschaftet werden 13 Hektar Weingärten, die sich rund um Rossatz erstrecken. Die Rieden Kreuzberg und Zanzl sind besonders hervorzuheben. Die Ried Kreuzberg begeistert mit einer frischen und mineralischen Note, die den Wein außergewöhnlich macht. Die Ried Zanzl hingegen bietet dichte, komplexe und kraftvolle Töne, die man schmeckt. Im Hause Frischengruber wird hauptsächlich auf Grünen Veltliner und Riesling gesetzt. Von diesen Sorten werden auch die typischen Wachauer Federspiele und Smaragde gekeltert, wobei hier nur höchste Qualität zählt. So wird der Grundstein eines ausgezeichneten Weines bereits im Weingarten gelegt. Unmengen gibt es davon freilich nicht: Die Weine wachsen in der Wachau, und da hat alles seine (natürlichen) Grenzen. Als Mitglied der »Vinea Wachau« bringt man auch nur Trauben in die Flasche, die hier groß geworden sind.
Seit über 150 Jahren erzeugen die Fischengrubers nun schon Wein. Sie begleitet ihn, noch bevor er auf der Welt ist, sie sehen ihn wachsen und erziehen ihn. Sie schützen ihn nach besten Kräften: vor zu viel Sonne, vor starkem Regen oder zu wenig davon. Sie sind auch mit dabei, wenn der Gereifte von Zuhause auszieht, seinen Weg geht und am Ende erzählt, woher er kommt: aus dem Weingut Frischengruber in der wunderschönen Wachau.

92 ❸ Rosé Sekt Brut Nature 2018 ZW/ME
12,5 Vol.-%, NK, gebrauchte Barriques, €€€€€
Helles Kupfergold, Silberreflexe, sehr lebendiges Mousseux. Zarte Nuancen von roten Waldbeeren, weiße Beerenfrucht, Limettenzesten, ein Hauch von Backwerk. Saftig, zarte Fruchtsüße, cremige Textur, ein Hauch von Dörrobst und Biskuit im Abgang, bleibt haften, ein seidiger Speisenbegleiter.

(97) Riesling * Ried Kreuzberg Smaragd 2021
13 Vol.-%, NK, gebrauchte Barriques/Stahltank, €€€€€
Mittleres Grüngelb, silberfarbene Reflexe. Einladend nach Melonen und reifem Pfirsich, dazu Kräuterwürze, Kumquats klingen an, engmaschiges Bukett. Saftig, elegant, frische Säurestruktur, mineralisch-salzig, gelbe Tropenfrucht, etwas nach gelben Pflaumen, zitroniger Nachhall, vielschichtiger Speisenbegleiter mit Reifepotenzial.

(96) Riesling * Ried Goldberg Smaragd 2021
13 Vol.-%, NK, Stahltank, €€€€€ Ⓥ
Mittleres Grüngelb, silberfarbene Reflexe. Grapefruitzesten und Pfirsich, unterlegt mit Wiesenkräutern, reife Maracuja, floraler Touch. Saftig, gute Komplexität, salzig, zitroniger Touch, gelbes Kernobst, lebendig und frisch, weißes Steinobst im Abgang, sicheres Reifepotenzial.

(95) Riesling * Ried Loibenberg Smaragd 2021
13 Vol.-%, NK, Holzfass/Stahltank, €€€€€
Mittleres Grüngelb, silberfarbene Reflexe. Frische Wiesenkräuter, gelbes Kernobst, zart nach Ananas, tabakiger Touch, lebendiges Bukett. Gute Komplexität, balancierte Säurestruktur, feinwürzig, Nuancen von Grapefruit, weißes Steinobst im Abgang, mineralisch, guter Speisenbegleiter mit Potenzial.

WEINGUT GEORG FRISCHENGRUBER

3602 Rossatz
Rührsdorf 19
T: +43 (2714) 6354
wein@frischengruber.at
www.frischengruber.at

Kellermeister/Kontakt:
Georg Frischengruber
Anbauweise: Umstellung auf bio (Bio Austria)
Produktion: 100 % weiß, 13 Hektar
Vereinszugehörigkeit:
Vinea Wachau
Messen: ProWein Düsseldorf, VieVinum

Donauschleife bei Rossatz

(95) Riesling * Smaragd Meine Welt 2021
13 Vol.-%, NK, gebrauchte Barriques, €€€€€
Mittleres Grüngelb, silberfarbene Reflexe. Feiner Weingartenpfirsich, zart nach Kräutern, etwas Bergamotte, gelbe Tropenfrucht, mineralischer Touch. Saftig, gute Komplexität, salzig, fruchtsüß nach Pfirsichblüten, gut integrierte Säurestruktur, zitroniger Nachhall, guter Speisenbegleiter mit Potenzial.

(94) Riesling * Ried Kirnberg Smaragd 2021
13 Vol.-%, NK, Stahltank/Holzfass, €€€€€
Helles Grüngelb, Silberreflexe. Feine Pfirsichnuancen, dazu Kräuter, zart nach Ringlotten, ein Hauch von Blütenhonig, frische Orangen klingen an. Saftig, frisch, mineralisch-salzig, zitroniger Abgang, bleibt gut haften, lebendige Säurestruktur, vielschichtiger Speisenbegleiter mit Potenzial.

(96) Grüner Veltliner * Ried Kreuzberg Smaragd 2021
13,5 Vol.-%, NK, Holzfass, €€€€€
Mittleres Grüngelb, silberfarbene Reflexe. Zarte Zitrusnoten, floral-kräuterwürzige Nuancen, Akazienhonig, gelbes Steinobst, frisches Bukett. Saftig, elegant, balancierte Säurestruktur, weißes Kernobst, leichtfüßig, facettenreich, zart nach Guaven, lange anhaltend, gutes Entwicklungspotenzial.

(95) Grüner Veltliner * Ried Brunnthal Smaragd 2021
13,5 Vol.-%, NK, 500-l-Fass, €€€€€
Mittleres Grüngelb, silberfarbene Reflexe. Mit zartem Blütenhonig unterlegte gelbe Apfelfrucht, floraler Touch, etwas nach Kardamom, Orangenschalen klingen an. Saftig, elegant, balancierte Säurestruktur, feinwürzig, etwas nach Maracuja im Abgang, fruchtsüßer Speisenbegleiter, mineralisches Finish, sicheres Entwicklungspotenzial.

(94) Grüner Veltliner * Ried Kirnberg Smaragd 2021
13,5 Vol.-%, NK, Holzfass, €€€€€
Mittleres Grüngelb, silberfarbene Reflexe. Zart nach Blütenhonig, dazu Ananas und reife Apfelfrucht, ein Hauch von Wiesenkräutern, kandierte Orangenzesten. Gute Komplexität, salzig, leichtfüßig, gut integrierte Säurestruktur, dunkle Mineralik, gelbes Kernobst im Abgang, sicheres Entwicklungspotenzial.

(94) Grüner Veltliner * Ried Zanzl Smaragd 2021
13,5 Vol.-%, NK, Holzfass, €€€€€
Mittleres Grüngelb, silberfarbene Reflexe. Feiner Blütenhonig, etwas nach Mango und Melone, ein Hauch von Kräutern, kandierte Clementinenzesten. Engmaschig, facettenreiche Säurestruktur, kraftvoll, weiße Tropenfrucht, feinwürzig im Nachhall, lange anhaltend, saftiger Speisenbegleiter.

(94) Grüner Veltliner * Smaragd Meine Welt 2021
13,5 Vol.-%, NK, Holzfass, €€€€€
Mittleres Grüngelb, silberfarbene Reflexe. Zarter Blütenhonig, etwas Golden-Delicious-Apfel, ein Hauch von Guaven, Kräuterwürze klingt an. Kraftvoll, stoffig, balancierte Säurestruktur, seidige Textur, reifes Kernobst, Maracuja im Nachhall, wird von Flaschenreife profitieren.

*** Wachau DAC**

★★

WEINGUT STEFAN GEBETSBERGER

Im Zentrum von Spitz, am Fuße des 1000-Eimerbergs, befindet sich das Weingut der Familie Gebetsberger, die bereits 1859 urkundlich als Hauergeschlecht erwähnt wurde. Man konnte also stets auf viel überliefertes Wissen zurückgreifen und dieses durch neue Ideen erweitern. Die Weingärten liegen in den besten Lagen von Spitz. Am 1000-Eimerberg gedeihen die Sorten Riesling und Neuburger. Die Top-Lagen für Grünen Veltliner sind Steinporz und Setzberg. Ebenfalls am Setzberg wächst der Chardonnay. Den Weißburgunder findet man am Burgberg, der Rückseite des 1000-Eimerbergs. Im Jahr 2000 hat Stefan Gebetsberger die Leitung des Betriebs übernommen. Inzwischen wird er bereits von seinem älteren Sohn bei der Arbeit unterstützt. Sein Ziel ist es, das durch Handlese gewonnene, gesunde Traubenmaterial möglichst schonend zur bestmöglichen Qualität heranreifen zu lassen. Seine klaren, sortentypischen, trinkanimierenden Weine bestätigen die Richtigkeit seines Tuns.

94 Riesling * Spitz Ried 1000-Eimerberg Smaragd 2021
13,5 Vol.-%, NK, Stahltank, €€€€
Mittleres Grüngelb, silberfarbene Reflexe. Zart nach Blütenhonig und Melone, etwas Tropenfrucht, floraler Touch, Marillenfrucht, einladendes Bukett. Gute Komplexität, feine Fruchtsüße nach Pfirsich, balancierte Säurestruktur, zitroniger Nachhall, salzig, dunkle Mineralik, bleibt sehr gut haften, vielseitiger Speisenbegleiter mit Potenzial.

91 Riesling * Spitz Ried 1000-Eimerberg Federspiel 2021
12,5 Vol.-%, DV, Stahltank, €€
Helles Grüngelb, Silberreflexe. Zart nach Pfirsich und weißen Tropenfrüchten, ein Hauch von Limettenzesten, mineralischer Touch. Balanciert, schlanke Textur, ein Hauch von Blütenhonig, frischer Abgang, mineralischer Nachhall.

93 Grüner Veltliner * Spitz Ried Steinporz Smaragd 2021
14,5 Vol.-%, NK, Stahltank, €€€
Mittleres Grüngelb, silberfarbene Reflexe. Zarter Blütenhonig, etwas nach Guaven, Orangenzesten und weiße Tropenfrucht klingen an. Gute Komplexität, kraftvoll, feine Fruchtsüße nach Marillen, mineralisch, lange anhaltend, würziger Speisenbegleiter.

93 Grüner Veltliner * Spitz Ried Steinporz Smaragd Alte Reben 2021
14,5 Vol.-%, NK, Stahltank, €€€€
Mittleres Grüngelb, Silberreflexe. Feine Kräuternoten, zart nach Tabak, Ringlotten, ein Hauch von Papaya, kandierte Orangenzesten, reife Apfelfrucht. Saftig, gute Komplexität, gut eingebundene Säurestruktur, stoffig, Birnenfrucht im Abgang, guter Speisenbegleiter mit Potenzial.

92 Grüner Veltliner * Spitz Ried Steinporz Federspiel 2021
12,5 Vol.-%, DV, Stahltank, €€
Helles Grüngelb, Silberreflexe. Gewürzig, feine gelbe Apfelfrucht, etwas Mango, zart nach Wiesenkräutern und Anis. Saftig, gute Komplexität, reife Apfelfrucht, mit frischer Säure unterlegt, sehr harmonisch, bleibt gut haften.

91 Neuburger * Spitz Federspiel Terrassen 2021
12,5 Vol.-%, DV, Stahltank, €€
Helles Grüngelb, Silberreflexe. Reife Kräuterwürze, zart nach Ananas, etwas Birnenfrucht, ein Hauch von Guaven, kandierte Grapefruitzesten. Saftig, elegant, balancierte Säurestruktur, gelbe Apfelfrucht im Abgang, salziger Nachhall, mineralischer Rückgeschmack, vielseitiger Speisenbegleiter.

WEINGUT STEFAN GEBETSBERGER
3620 Spitz an der Donau
Hauptstraße 34
T: +43 (2713) 2096
wein@weingut-gebetsberger.at
www.weingut-gebetsberger.at

Kellermeister/Kontakt:
Stefan Gebetsberger
Produktion: 100 % weiß, 5.5 Hektar
Vereinszugehörigkeit:
Vinea Wachau
Messen: VieVinum

FJ GRITSCH – MAURITIUSHOF
3620 Spitz an der Donau
Kirchenplatz 13
T: +43 (2713) 24 50
office@gritsch.at
www.gritsch.at

Kellermeister: Franz-Josef Gritsch
Kontakt: Franz-Josef Gritsch
Produktion: 15 Hektar
Vereinszugehörigkeit:
Vinea Wachau
Messen: Austrian Tasting London, ProWein Düsseldorf, VieVinum

Franz-Josef Gritsch

★★★★

FJ GRITSCH – MAURITIUSHOF

Das Weingut FJ Gritsch verbindet die Vergangenheit mit dem Heute und behält dabei immer das Morgen im Blick. Franz-Joseph Gritsch verkörpert die bereits siebente Generation der Familie, die im historischen Mauritiushof in Spitz an der Donau Weinbau betreibt. So ist es selbstverständlich, dass hier Tradition und überliefertes Wissen von größter Bedeutung sind. Jedoch kann Spitzenqualität nur durch kontinuierliche Weiterentwicklung erreicht werden. Dafür steht der »kalmuck«-Keller, wo der Wein nach modernstem Stand der Technik gekeltert wird. Dazu kommt nun als beeindruckende Neuerung die Weinerlebniswelt: Im und um den geschichtsträchtigen Mauritiushof entstehen ein einladender Verkostungs- und Verkaufsraum, ein bestens ausgestatteter Veranstaltungsbereich mit Showküche sowie drei stilvolle und gemütliche Ferienwohnungen, von deren Terrassen man einen atemberaubenden Blick auf die berühmte Lage Singerriedel genießt. Die große hauseigene Tiefgarage rundet das Gesamtkonzept ab. Die Verbindung von Tradition und Gegenwart zeigt sich bei Franz-Joseph Gritsch auch im Weingarten: Unzählige Steinterrassen hat er in den vergangenen Jahren rekultiviert – so etwa in der herausfordernden Ried Kalkofen im Spitzer Graben, also im klimatischen Grenzbereich dessen, wo Weinbau noch möglich ist. Die Rieslinge, die hier wachsen, zeichnen sich durch Kühle, Eleganz und straffe Struktur aus. Daneben bewirtschaftet Gritsch auch den Burgweingarten in Dürnstein, den letzten großen Weingarten innerhalb der historischen Stadtmauer. Die steil aufragenden Steinterrassen lassen keine maschinelle Bearbeitung zu – dies ist der Inbegriff von Handarbeit, die sich lohnt: Das Ergebnis ist ein großartiger, vielschichtiger und tiefgründiger Riesling.

(97) Riesling * Ried Kalkofen Smaragd 2021
13,5 Vol.-%, NK, großes Holzfass, €€€€€ V
Mittleres Grüngelb, Silberreflexe. Feine gelbe Tropenfrucht, Nuancen von Ananas und Mango, zarte mineralische Würze, einladendes Bukett. Saftig, elegant, weißes Steinobst, finessenreiche Struktur, mineralisch und straff, bleibt sehr lange haften, kühle Stilistik, feiner Zitrustouch, salziger Nachhall, feiner, gut anhaftender Stil, sicheres Reifepotenzial.

(97) Riesling * Dürnsteiner Burg Reserve 2021
13,5 Vol.-%, NK, großes Holzfass, €€€€€€ V
Helles Grüngelb, Silberreflexe. Feine gelbe Tropenfrucht,

kandierte Orangenzesten, zarter Blütenhonig, mineralischer Touch. Komplex, saftig, cremig, feine weiße Tropenfrucht, frischer Säurebogen, finessenreich und lange anhaftend, ein Hauch von Limetten, salziger Nachhall, sicheres Entwicklungspotenzial.

(96) Riesling * Ried 1000-Eimerberg Smaragd 2021
13,5 Vol.-%, NK, großes Holzfass, €€€€€ Ⓥ
Helles Grüngelb, Silberreflexe. Etwas zurückhaltend, feine Nuancen von weißem Steinobst, ein Hauch von dunkler Mineralik, Noten von Limetten, feines Bukett. Saftig, elegant, reife gelbe Tropenfrucht, zart nach Ananas, feiner Säurebogen, mineralisch-zitronig im Abgang, zeigt gute Länge, sicheres Entwicklungspotenzial.

(94) Riesling * Ried Setzberg Smaragd 2021
13 Vol.-%, DV, Stahltank, €€€€ Ⓥ
Helles Grüngelb, Silberreflexe. Feine Nuancen von gelbem Steinobst, dazu zarte weiße Tropenfrucht, ein Hauch von Blüten, kühle Aromatik. Mittlerer Körper, dabei komplex, engmaschig, rassige Struktur, finessenreich und mineralisch, Limettentouch im Abgang, bleibt gut haften, besitzt großes Trinkanimo, sicheres Entwicklungspotenzial.

92 Riesling * Ried 1000-Eimerberg Federspiel 2021
12,5 Vol.-%, DV, Stahltank, €€€ Ⓥ
Helles Gelbgrün, Silberreflexe. Attraktive Tropenfrucht, Nuancen von Ananas und Mango, ein Hauch von Orangenzesten, florale Aspekte, einladendes Bukett. Straff, weiße Frucht, zarte fruchtige Süße, lebendiger Säurebogen, etwas Honig im Abgang, bereits gut antrinkbar.

(97) Grüner Veltliner * Ried Singerriedel Smaragd 2021
14,5 Vol.-%, NK, großes Holzfass, €€€€€€ Ⓥ
Helles Gelbgrün, Silberreflexe. Zart mit Orangenzesten unterlegte feine Kernobstnuancen, zart floral, ein Hauch von Mango, dezente Kräuterwürze, facettenreiches Bukett. Kraftvoll, feine gelbe Tropenfrucht, zart pfeffrig unterlegt, rassiges Säurekleid, mineralisch-salzig im Abgang, bleibt haften, sicheres Reifepotenzial.

(96) Grüner Veltliner * Ried Loibenberg Smaragd 2021
14 Vol.-%, NK, großes Holzfass, €€€€€ Ⓥ
Mittleres Gelbgrün, Silberreflexe. Nuancen von reifem Kernobst, zart nach kandierten Orangenzesten, ein Hauch von Ringlotten, zart nach Mandarinenzesten. Saftig, elegant, feine Fruchtsüße, finessenreicher Säurebogen, kraftvoller, opulenter Stil, mineralisch-zitroniger Touch, sehr gute Länge, großes Entwicklungspotenzial.

(95) Grüner Veltliner * Ried Hochrain Smaragd 2021
13,5 Vol.-%, NK, großes Holzfass, €€€€€ Ⓥ
Helles Goldgelb, Silberreflexe. Feine Tropenfrucht, zarte Nuancen von Mango und Papaya, ein Hauch von Orangenblüten, feine Exotik, einladendes Bukett. Saftiger, cremiger Stil, zarte Fruchtsüße, feiner Säurebogen, elegant und anhaftend, zart nach Marille im Abgang, mineralisch-salzig im Nachhall, gutes Reifepotenzial.

(94) Grüner Veltliner * Ried Steinporz Smaragd 2021
13,5 Vol.-%, DV, Stahltank, €€€€ Ⓥ
Helles Gelbgrün, Silberreflexe. Feine Kräuterwürze, feine weiße Apfelfrucht, zart nach Anis, ein Hauch von Limettenzesten, tabakige Note. Saftig, elegant, feine Nuancen von Golden-Delicious-Apfel, feine Säurestruktur, ausgewogen, salzig im Abgang, ein facettenreicher Speisenbegleiter.

93 Grüner Veltliner * Ried Klaus Federspiel 2021
12,5 Vol.-%, DV, Stahltank, €€€€ Ⓥ
Mittleres Gelbgrün, Silberreflexe. Gewürzig unterlegte feine Apfelfrucht, ein Hauch von Mango und Wiesenkräutern, zart nach Mandarinenzesten, einladendes Bukett. Saftig, gute Komplexität, Nuancen von Honigmelone, frisch strukturiert, mineralisch-zitronig im Nachhall, ein ausgewogener Speisenwein mit Reifepotenzial.

92 Grüner Veltliner * Kirchpoint Federspiel 2021
12,5 Vol.-%, DV, Stahltank, €€€ Ⓥ
Helles Gelbgrün, Silberreflexe. Zart floral unterlegte Nuancen von weißer Tropenfrucht, rauchige Mineralik, attraktives Bukett. Mittlerer Körper, weißer Apfel, finessenreicher Säurebogen, salzige Touch, ein facettenreicher Speisenbegleiter.

92 Grüner Veltliner * Ried Axpoint Federspiel 2021
12,5 Vol.-%, DV, Stahltank, €€€ V
Helles Gelbgrün, Silberreflexe. Zart nach Wiesenkräutern, frisches Kernobst, ein Hauch von Honigmelone, mit etwas Ananas unterlegt, einladendes Bukett. Saftig, elegant, gut integrierte Fruchtsüße, finessenreicher Säurebogen, bleibt haften, bereits zugänglich, ein balancierter Speisenbegleiter.

91 Grüner Veltliner * Federspiel kalmuck 2021
12,5 Vol.-%, DV, Stahltank, €€ V
Helles Gelbgrün, Silberreflexe. Zart nach Ananas und Mango, ein Hauch von Blütenhonig und Orangenzesten, mineralischer Touch. Mittlerer Körper, weißer Apfel, feine Fruchtsüße, angenehme Säurestruktur, mineralisch-zitronig im Nachhall, vielseitig einsetzbar.

96 Grüner Veltliner Schwarze Mauritius 2019
14 Vol.-%, NK, €€€€€
Mittleres Goldgelb, Silberreflexe. Feine reife Apfelfrucht, ein Hauch von Mango, zart tabakig, Nuancen von Kräuterwürze, zarter Blütenhonig. Kraftvoll, saftig, feiner Gerbstoffschleier, würzig, dezente Säurestruktur, kernig und anhaftend, mineralisch, gute Salzigkeit, sehr gute Länge, großes weiteres Reifepotenzial, feine Extraktsüße im Nachhall.

(94) Sauvignon Blanc * Spitz Smaragd 2021
13,5 Vol.-%, NK, Stahltank, €€€€ V
Helles Grüngelb, Silberreflexe. Frische Kräuterwürze, Nuancen von Cassis und Guaven, zart nach Grapefruit. Saftig, feine Struktur, weiße Tropenfrucht, mineralisch, feine reife Frucht im Abgang, elegant, gut integrierter Säurebogen, feiner Limettentouch, bleibt haften, ein vielseitiger Speisenbegleiter.

92 Gelber Muskateller * Spitz Federspiel 2021
12 Vol.-%, DV, Stahltank, €€€ V
Helles Gelbgrün, Silberreflexe. Feine Muskatnuancen, ein Hauch von frischen Holunderblüten, Limetten, facettenreiches, einladendes Bukett. Saftig, seidig, weiße Apfelfrucht, feine Würze, frischer Säurebogen, traubiger Nachhall, bereits gut antrinkbar, sehr vielseitig.

★★

WEINGUT ROMAN GRITSCH

Das Weingut Roman Gritsch liegt am Setzberg und ist umgeben von Weingärten mit idyllischem Ausblick, sowohl auf die Ruine Hinterhaus wie auch auf eine der berühmtesten Lagen des Ortes, die Ried Tausendeimerberg.
Urgesteinsböden, Lehm- und Lössböden, Gneis- und Paragneis sowie Sedimentablagerungen sind die Grundzutaten für die tägliche Arbeit des Familienbetriebs. So entfalten die regionaltypischen Weinsorten wie Grüner Veltliner, Riesling, Neuburger und Muskateller erst dann ihre Facetten richtig, wenn man ihnen die entsprechende Bodenstruktur bietet und ihre natürliche physiologische Entwicklung unterstützt. Dieser Grundsatz gilt für jede Tätigkeit der Winzerfamilie, und so finden die Weine ihre Stilistik in einem perfekten Zusammenspiel zwischen Natur und Winzer. Herrlich kräftige Smaragde und fruchtige Federspiele laden zum Verkosten und Genießen ein.

94 Riesling * Ried Setzberg Smaragd 2021
13 Vol.-%, DV, Stahltank, €€€
Mittleres Grüngelb, Goldreflexe. Zart nach Blütenhonig, frische Ananas, tabakiger Touch, Kräuternuancen, Mandarinenzesten, Karamell klingt an. Gute Komplexität, saftig, lebendiger Säurebogen, salzig, gelbe Tropenfrucht und Marillen im Nachhall, guter Speisenbegleiter mit Potenzial.

91 Riesling * Ried Setzberg Federspiel 2021
12,5 Vol.-%, DV, Stahltank, €€
Helles Gelbgrün, Silberreflexe. Mit feinen Zitrusnoten unterlegtes weißes Steinobst, etwas Tabakwürze, ein Hauch von Kräutern. Saftig, elegant, feine Würze auch im Abgang, Pfirsichtouch im Nachhall, dunkle Mineralik, bleibt gut haften.

(93) Grüner Veltliner * Smaragd Terrassen 2021
13,5 Vol.-%, DV, Stahltank, €€€
Mittleres Grüngelb, silberfarbene Reflexe. Etwas nach Kräutern, reife Apfelfrucht, Papaya, Grapefruitzesten, ein Hauch von Melisse, einladendes Bukett. Saftig, elegant, gute Komplexität, Maracuja im Abgang, tabakig, mineralischer Nachhall, guter Speisenbegleiter mit Potenzial.

(93) Grüner Veltliner * Ried Steinporz Smaragd 2021
14,5 Vol.-%, DV, Stahltank, €€€
Mittleres Grüngelb, silberfarbene Reflexe. Etwas Blüten-

* Wachau DAC

WEINGUT ROMAN GRITSCH
3620 Spitz an der Donau
Radlbach 11
T: +43 (2713) 2208
wein@romangritsch.at
romangritsch.at

Kellermeister/Kontakt:
Roman Gritsch
Produktion: 2 % Schaumwein, 95 % weiß, 2 % rosé, 1 % rot, 7 Hektar
Vereinszugehörigkeit:
Vinea Wachau

honig, ein Hauch von Ananas, zart nach Quitte, floraler Touch, reife Tropenfrucht. Saftig, gute Komplexität, straff, gut eingebundene Säurestruktur, mineralisch, Golden-Delicious-Apfelfrucht im Abgang, salzig im Nachhall, vielseitiger Speisenbegleiter.

92 Grüner Veltliner * Ried Setzberg Federspiel 2021
12,5 Vol.-%, DV, Stahltank, €€
Helles Gelbgrün, Silberreflexe. Einladender Duft nach gelbem Apfel, unterlegt mit Kardamom, zart nach Drachenfrucht. Saftig, elegant, feine Säurestruktur, mineralisch-salzig, Mangonoten, bereits gut antrinkbar, guter Speisenbegleiter.

90 Grüner Veltliner * Ried Gasslreith Federspiel 2021
12,5 Vol.-%, DV, Stahltank, €€
Helles Gelbgrün, Silberreflexe. Feine Kräuternoten, ein Hauch von Papaya und etwas Melisse, einladendes Bukett. Saftig, elegant, feine Struktur, gelber Apfel im Abgang, extraktsüßer Nachhall, bereits gut antrinkbar.

★★★

WEINGUT THOMAS GRITSCH

Präzision und Handwerk aus dem Spitzer Graben in der Wachau zu bieten – das ist das Anliegen von Winzer Thomas Gritsch. Dort, wo sich der Spitzer Graben langsam verengt und immer höher, kühler und steiniger wird, steht sein Weingut. Es bildet quasi die Pforte zu den steilsten Lagen der Wachau – dem Trenning beispielsweise, mit über 500 Metern Seehöhe die höchste Riede der Wachau, dem Zornberg, der Bruck, der Spitzer Point oder dem Setzberg –, deren Böden beste Bedingungen für große Veltliner und Rieslinge bieten. Diese beiden Protagonisten der Wachau spielen die Hauptrolle, wobei es Thomas Gritsch vor allem um eine elegante und lebendige Interpretation der Weine geht, denn Mineralik, Sortentypizität und feine Aromatik sind ihm sehr wichtig. Naturnahe Arbeitsweise in den Weingärten ist ein Muss.
Der weithin berühmte Heurige, in dem es auch Muskateller, Weißburgunder und Rosé gibt, wird gemeinsam mit seiner Frau Britta Gritsch geführt. Sie legen größten Wert auf

© STEFAN GRITSCH

beste regionale Produkte, die sie zu hausgemachten typischen Wachauer Köstlichkeiten verarbeiten. Die Aussstecktermine im Sommer 2022 sind 14. bis 31. Juli und 8. bis 18. September.

95 Grüner Veltliner * Marmor 2021

14,5 Vol.-%, NK, 500-l-Fass, €€€€€

Mittleres Grüngelb, Silberreflexe. Zart nach Marille und Blütenhonig, etwas weißes Nougat, ein Hauch von Kräutern, floraler Touch, attraktives Bukett. Saftig, komplex, engmaschig, facettenreiche Säurestruktur, Mangonoten, dunkle Mineralik, leicht verhalten, bleibt lange haften, vielschichtig und straff, sicheres Entwicklungspotenzial.

94 Grüner Veltliner * Ried Spitzer Point Smaragd 2021

13,5 Vol.-%, DV, 500-l-Fass, €€€€

Mittleres Grüngelb, silberfarbene Reflexe. Reife Tropenfrucht, Noten von gelbem Apfel, Kräuter klingen an, Karamell, Zitrusnuancen, einladendes Bukett. Saftig, komplex, Fruchtsüße nach Mango, mineralisch, gut eingebundene Säurestruktur, Blütenhonig im Abgang, salziger Nachhall, guter Speisenbegleiter.

93 Grüner Veltliner * Smaragd 2021

14 Vol.-%, DV, Stahltank, €€€

Mittleres Grüngelb, silberfarbene Reflexe. Feine Apfelfrucht, dezente Kräuterwürze, etwas nach Clementinen, tabakig, mit reifer Tropenfrucht unterlegt. Saftig, mittlere Komplexität, straff, gut integrierte Säurestruktur, mineralisch, weiße Tropenfrucht im Abgang, balanciert, lange anhaltend, guter Speisenbegleiter.

94 Riesling * Ried Setzberg Smaragd 2021

14 Vol.-%, DV, Stahltank, €€€€

Mittleres Grüngelb, Silberreflexe. Zart nach Papaya und Weingartenpfirsich, etwas kandierte Zitrusfrüchte, Passionsfrucht und Wiesenkräuter klingen an. Saftig, straff, feine Pfirsichnuancen, lebendige Säurestruktur, mineralisch, facettenreiches Finish, guter Speisenbegleiter mit Reifepotenzial.

93 Riesling Ried Setzberg Smaragd 2019

14 Vol.-%, DV, Stahltank, €€€€

Helles Grüngelb, silberfarbene Reflexe. Dezente Marillennote, dazu etwas Kalamansi, mit Blütenhonig unterlegte reife gelbe Tropenfrucht, einladendes Bukett. Saftig, gute Komplexität, salzig-mineralisch, nasser Stein, Ananastouch im Abgang, würziger Nachhall, vielschichtiger Speisenbegleiter mit Potenzial.

93 Weißburgunder * Spitzer Graben Smaragd 2021

14 Vol.-%, DV, Stahltank, €€€

Helles Grüngelb, silberfarbene Reflexe. Zart nach Orangenzesten, etwas nach Feigen, floraler Touch, Tabakwürze, Rosenöl klingt an, einladendes Bukett. Saftig, kraftvoll, balancierte Säurestruktur, feinwürzig, Nuancen von Birne und Quitte, fruchtsüß im Abgang, mineralischer Nachhall, vielseitiger Speisenbegleiter.

WEINGUT THOMAS GRITSCH
3620 Spitz an der Donau
Laaben, Haidgasse 1
T: +43 (676) 5371274
info@weingut-gritsch.at
www.weingut-gritsch.at

Kellermeister: Thomas Gritsch
Kontakt: Thomas und Britta Gritsch
Produktion: 90 % weiß, 10 % rosé, 7.5 Hektar
Vereinszugehörigkeit: TOP-Heurige, Vinea Wachau
Messen: VieVinum

Rieden bei Spitz

★★★★★

WEINGUT FRANZ HIRTZBERGER

Die Familie Hirtzberger aus Spitz bewirtschaftet einige der besten Lagen der gesamten Wachau. Berühmt sind die Terrassenlagen wie Singerriedel, die sich direkt hinter dem uralten, malerischen Winzerhaus erhebt und einen legendären Riesling hervorbringt. Aber auch die Riede Hochrain ist in Sachen Riesling eine fixe Größe im Kanon der österreichischen Grands Crus. Was Singerriedel für den Riesling, das ist Honivogl für den Grünen Veltliner.
Franz Hirtzberger senior und sein Sohn Franz junior ergänzen sich im Weingarten perfekt, da sitzt jeder Handgriff. Dies drückt sich in der gesamten Weinpalette aus. Im Weinkeller trägt mittlerweile Franz junior die Verantwortung – nicht ohne sich in den entscheidenden Details mit seinem Vater abzustimmen. Auch hier spürt man bei den Weinen die Harmonie dieser Zusammenarbeit.

(100) Riesling * Ried Singerriedel Smaragd 2021
13,5 Vol.-%, NK, Stahltank, €€€€€€
Helles Grüngelb, Silberreflexe. Frische gelbe Tropenfrucht, ein Hauch von Mango und Maracuja, feine Noten von weißen Blüten, ein Hauch von Limetten, ein Pfauenrad von Aromen, sehr verführerisch. Saftig, stoffig und elegant, feine Steinobstnuancen, finessenreich strukturiert, dezente Fruchtsüße, mineralisch-zitronig im Abgang, bleibt sehr lange haften, strahlender Stil, Potenzial für Jahrzehnte.

98 Riesling * Ried Hochrain Smaragd 2021
13 Vol.-%, NK, Stahltank, €€€€€€
Helles Grüngelb, Silberreflexe. Kandierte Orangenzesten, feine Pfirsichfrucht, etwas Blütenhonig, Komplex, saftig, elegant, rund und harmonisch, gut eingebundener Säurebogen, stoffig und anhaftend, Nuancen von Marille, bereits sehr gut entwickelt, sehr gute Länge sicheres Reifepotenzial.

97 Riesling * Ried Steinporz Smaragd 2021
13 Vol.-%, NK, Stahltank, €€€€€€
Helles Grüngelb, Silberreflexe. Feine gelbe Pfirsichfrucht, zarte Würze, mineralisch, helles Bukett, sehr einladend. Saftig, elegant, feine Fruchtsüße, gut integrierte Säurestruktur, mineralisch und gut anhaftend, salziger Abgang, angenehmer Marillentouch im Nachhall, verfügt über Länge und Potenzial.

96 Riesling * Ried Setzberg Smaragd 2021
13 Vol.-%, NK, Stahltank, €€€€€
Helles Gelbgrün, Silberreflexe. Feine gelbe Fruchtexotik, ein Hauch von Mirabellen, Ringlotten und Pfirsich, sehr einladendes Bukett. Straff, engmaschig, feine weiße Frucht, rassiger Säurebogen, saftig, zitronig-salzig im Abgang, ein lebendiger Speisenbegleiter mit großem Reifepotenzial.

92 Riesling * Federspiel Steinterrassen 2021
12,5 Vol.-%, NK, Stahltank, €€€€€
Helles Goldgelb, Grünreflexe. Mit feinen Zitrusnoten unterlegtes weißes Steinobst, ein Hauch von Blütenhonig, etwas nach frischer Ananas. Einladendes Bukett, frische Säurestruktur, mineralisch, ein Hauch von Pfirsich im Abgang, Bergamotte im Nachhall, vielseitig einsetzbar.

(99) Grüner Veltliner * Honivogl Smaragd 2021
14 Vol.-%, NK, Stahltank, €€€€€€
Helles Goldgelb, Silberreflexe. Rauchig-tabakig unterlegte feine Mangonote, zart nach Marille, kandierte Orangenzesten, feiner Blütenhonig. Kraftvoll, saftig und elegant, feine Nuancen von weißer Frucht, gut integrierte Säurestruktur, mineralisch-salzig im Abgang, bereits sehr harmonisch und entwickelt, ein toller Speisenbegleiter mit enormem Reifepotenzial.

96 Grüner Veltliner * Ried Axpoint Smaragd 2021
13,5 Vol.-%, NK, Stahltank, €€€€€
Mittleres Gelbgrün, Silberreflexe. Zart rauchig-kräuterwürzig, feine Anklänge von gelber Tropenfrucht, zart nach Mandarinenzesten. Saftig, elegant, zeigt eine samtig-seidige Textur, gut integrierte feine Säure, ungemein harmonisch, ein Hauch von Marille im Abgang, ein sehr facettenreicher Speisenbegleiter mit Reifepotenzial.

(95) Grüner Veltliner * Ried Kirchweg Smaragd 2021
13 Vol.-%, NK, Stahltank, €€€€€
Helles Grüngelb, Silberreflexe. Zarte Kräuterwürze, feine Noten von gelbem Kernobst, zart tabakig, noch etwas zurückhaltend, ein Hauch von Orangenzesten. Saftig, elegant, frische Mango, gut integrierte Säure, mineralisch, seidiger, ausgeglichener Stil, bleibt gut haften, bereits gut entwickelt, ein vielseitiger Speisenbegleiter.

(95) Grüner Veltliner * Smaragd Rotes Tor 2021
13,5 Vol.-%, NK, Stahltank, €€€€€
Mittleres Gelbgrün, Silberreflexe. Feine gelbe Tropen-

WEINGUT FRANZ HIRTZBERGER

3620 Spitz an der Donau
Kremser Straße 8
T: +43 (2713) 2209
weingut@hirtzberger.com
www.hirtzberger.com

Kellermeister: Franz Hirtzberger
Kontakt: Irmgard Hirtzberger
Produktion: 200.000 Flaschen
99 % weiß, 1 % süß, 25 Hektar
Vereinszugehörigkeit:
Vinea Wachau
Messen: ProWein Düsseldorf, VieVinum, MondoVino

Chardonnay

frucht, ein Hauch von Ananas und Mango, zart nach Orangenzesten, mineralischer Touch. Saftig, seidige Textur, feine Kräuterwürze, dezente Fruchtsüße, mineralisch-zitroniger Touch, ein balancierter Speisenbegleiter.

93 Grüner Veltliner * Federspiel Rotes Tor 2021
12,5 Vol.-%, NK, Stahltank, €€€€€
Helles Gelbgrün, Silberreflexe. Feine Kräuternoten, ein Hauch von Apfelfrucht, etwas Mango, zart nach Orangenzesten, facettenreiches Bukett. Saftig, engmaschig, elegant, feine Extraktsüße, zart nach Birnen, balancierte Säurestruktur, mineralischer Nachhall, guter Speisenbegleiter, vielseitig einsetzbar.

92 Grüner Veltliner * Steinfeder 2021
11,5 Vol.-%, NK
Helles Gelbgrün, Silberreflexe. Zarte frische Apfelfrucht, ein Hauch von Wiesenkräutern und Orangenzesten, tabakige Nuancen. Mittlerer Körper, feine Nuancen von gelbem Kernobst, feines Säurespiel, ein leichtfüßiger Speisenbegleiter.

(95) Chardonnay * Smaragd 2021
13,5 Vol.-%, NK, Stahltank, €€€€€
Helles Goldgelb, Silberreflexe. Feine Nuancen von gelber Tropenfrucht, zart nach reifer Quitte, dezente Kräuterwürze, mineralischer Touch. Kraftvoll, straff, feine Nuancen von weißem Kernobst, erfrischender Säurekern, gute Definition und Länge, ein facettenreicher Speisenbegleiter, bereits gut entwickelt.

(94) Weißburgunder * Smaragd 2021
13,5 Vol.-%, NK, Stahltank, €€€€€
Helles Gelbgrün, Silberreflexe. Zart nussig unterlegte weiße Steinobstfrucht, ein Hauch von Birne, Orangenzesten. Saftig und elegant, runde Textur, dezenter Säurebogen, frisch im Abgang, zart salzig, noch sehr jugendlich, wird von Flaschenreife profitieren.

94 Grauburgunder * Smaragd 2021
14 Vol.-%, NK
Helles Gelbgrün, Silberreflexe. Feine reife Birnenfrucht, ein Hauch von Kletzen, kandierte Orangenzesten, feiner Blütenhonig. Stoffig, saftig und elegant, dezente Fruchtsüße, feine Säurestruktur, mineralisch-frisch, harmonisch, zeigt Länge und Potenzial, gelbe Frucht im Nachhall, zart saliner Rückgeschmack.

94 Neuburger * Smaragd 2021
14 Vol.-%, NK
Helles Gelbgrün, Silberreflexe. Frische gelbe Birne, ein Hauch von Blütenhonig, reife Quitte, kandierte Orangenzesten. Saftig, elegant, feine Fruchtsüße, dezente Säurestruktur, mineralisch-salzig im Abgang, gute Länge, vielschichtige Aromatik, zart nach Kernobst im Rückgeschmack.

★★★

WEINHOFMEISTEREI MATHIAS HIRTZBERGER

Mathias Hirtzberger hat in Wösendorf mit seiner »Weinhofmeisterei« erfolgreich ein neues Kapitel in der Geschichte der renommierten Winzerfamilie Hirtzberger aufgeschlagen. Ein paar Kilometer vom elterlichen Spitzer Weingut entfernt ist manches ähnlich, aber doch vieles anders. Das zeigen bereits seine sogenannten Wappenweine (»Stab«, »Treu«, »Greif« und »Zier«), Ortsweine, deren Namen auf die lange Historie der Weinhofmeisterei von St. Florian und auf die klimatische und geologische Vielfalt der Gemeindelagen verweisen. Noch spezifischer wird es in seinen vier Einzellagensmaragden, die sich paritätisch aus zwei Veltlinern und zwei Rieslingen zusammensetzen. Am Hangfuß gelegen ist der Kollmütz die Basis für einen sehr komplexen und mineralischen Grünen Veltliner, der seinen Kontrapunkt in einem zweiten dunkelfruchtigen Veltliner vom lössgeprägten Weingarten Spitaler findet. Noch deutlichere Gegensätze zeigen sich zwischen dem Riesling Bach, einer steilen und heißen Terrassenlage, und dem Riesling Kollmitz, einer hoch gelegenen, kargen Paragneis-Verwitterungs-Riede – wobei überall die gleiche Devise gilt: durch akribisches Beobachten im Weingarten, nachhaltige Bodenpflege und gezielte Handarbeit die Charakteristika der Sorte zu betonen und dabei doch die subtilen Stimmen herauszuarbeiten, die jeden einzelnen Weingarten unverwechselbar machen. Durch selektive Handlese und schonendste Verarbeitung im Keller werden diese feinen Nuancen bewahrt und lassen sich auf beeindruckende Weise im Wein erschmecken. Probieren kann man die Weine im neu errichteten Weingut in Wösendorf.

WEINHOFMEISTEREI MATHIAS HIRTZBERGER
3610 Wösendorf in der Wachau
Hauptstraße 142
T: +43 (2715) 22 955
buero@weinhofmeisterei.at
www.weinhofmeisterei.at

Kellermeister: Mathias Hirtzberger
Kontakt: Hanna und Mathias Hirtzberger
Produktion: 100 % weiß, 8 Hektar
Vereinszugehörigkeit: Vinea Wachau
Messen: Austrian Tasting London, ProWein Düsseldorf, VieVinum, MondoVino

(96) Riesling * Ried Kollmitz Smaragd 2021
13,5 Vol.-%, NK, Stahltank
Helles Gelbgrün, Silberreflexe. Gelbe Tropenfrucht, nach Mango und Maracuja, einladend, zart nach Mandarinenzesten, auch Limetten, floraler Touch. Engmaschig, sehr rassig, Nuancen von weißer Frucht, salzig-zitroniger Nachhall, mineralischer Abgang, sicheres Entwicklungspotenzial, wird von Flaschenreife profitieren.

(95) Riesling * Ried Bach Smaragd 2021
13 Vol.-%, NK, Stahltank
Helles Grüngelb, Silberreflexe. Zart rauchig unterlegte weiße Pfirsichnuancen, ein Hauch von Limetten, Mandarinenzesten. Engmaschig, weißer Apfel, rassige Säurestruktur, saftig, mineralisch-salzig, Limetten im Abgang, zeigt Länge, sicheres Reifepotenzial, sehr schwungvoller Speisenbegleiter.

93 Riesling * Federspiel Zier 2021
12,5 Vol.-%, €€€€
Helles Gelbgrün, Silberreflexe. Feine Pfirsichfrucht, ein Hauch von weißen Blüten, zarte Mandarinenzesten. Straff, engmaschig, weiße Frucht, rassiger Säurebogen, zitronig-salziger Touch, ein knackiger Sommerwein, facettenreicher Speisenbegleiter.

(96) Grüner Veltliner * Ried Kollmütz Smaragd 2021
13,5 Vol.-%, NK, Stahltank
Mittleres Grüngelb, Silberreflexe. Zarte Kräuterwürze, ein Hauch von Honigmelone, zart tabakig, etwas Marille. Kom-

plex, engmaschig, Nuancen von gelbem Steinobst, fest eingebundene Säurestruktur, mineralisch im Abgang, straff und sehr gut anhaftend, sicheres Reifepotenzial.

(95) Grüner Veltliner * Weißenkirchen Smaragd Spitaler 2021
13,5 Vol.-%, NK, Stahltank
Helles Grüngelb, Silberreflexe. Nuancen von frischer gelber Frucht, exotische Noten, zart nach Steinobst, einladendes Bukett. Saftig, elegant, feine Apfelnuancen, frischer Säurebogen, mineralisch-zitroniger Touch, salziger Nachhall, gute Länge, sicheres Reifepotenzial.

94 Grüner Veltliner * Weißenkirchen Smaragd Greif 2021
13 Vol.-%, NK, Stahltank
Helles Grüngelb, Silberreflexe. Zart floral, ein Hauch von weißem Kernobst, etwas Limetten, mineralischer Touch. Straff, weißer Apfel, frische Säurestruktur, salzige Nuancen, zarte Noten von gelber Frucht im Abgang, engmaschiger, kulinarischer Stil, gutes Entwicklungspotenzial.

92 Grüner Veltliner * Weißenkirchen Federspiel Treu 2021
12,5 Vol.-%, NK, Stahltank
Helles Gelbgrün, Silberreflexe. Zarte Kräuterwürze, feine Apfelfrucht, ein Hauch von Melone und Mandarinenzesten, einladendes Bukett. Saftig, elegant, weißes Kernobst, feiner, gut eingebundener Säurebogen, salzige Mineralik, gelbe Fruchtnuancen im Abgang, bereits gut antrinkbar.

91 Grüner Veltliner * Steinfeder Stab 2021
11,5 Vol.-%, €€€
Helles Gelbgrün, Silberreflexe. Frischer gelber Apfel, ein Hauch von Honigmelone, dezente Wiesenkräuter. Knackig, frisch, grüner Apfel, rassiger Säurebogen, salzig-zitronig im Abgang, lebendiger Sommerwein.

★★★★

WEINGUT JOSEF & GEORG HÖGL

Authentizität, Nachhaltigkeit und Typizität sind nicht nur Schlagwörter, sondern Prinzipien, nach denen Josef Högl und Sohn Georg ihre Weine in Spitz an der Donau in der Wachau keltern. Die Besonderheit der Weine liefert der Spitzer Graben, ein Seitental des Donautals und zugleich der westlichste und höchstgelegene Teil der Wachau, der sich vom Waldviertel bis nach Spitz zieht. Der Spitzer Graben besticht nicht nur durch die Steilheit der schroffen und steinigen Lagen, sondern auch durch die Eigenwilligkeit des kälteren und unwirtlichen Klimas.
Die rund zehn Hektar Weinberge des Weinguts Högl sind durchgängig Terrassen, die von Trockensteinmauern geprägt sind. Alleine die Ried Schön umfasst 57 Terrassen, verteilt über 130 Höhenmeter. Hauptsächlich bauen die Herren Högl die Rebsorten Grüner Veltliner und Riesling aus. Während sich die Lage Schön durch den kräftigen Glimmerschieferboden hervorragend für Grünen Veltliner mit Tiefgang und Mineralik eignet, wird auf den steilen Steinterrassen der Ried Bruck, in der Granodioritgneis vorherrscht, Riesling angebaut.

Josef und Georg Högl verfolgen die Philosophie, dass sich Trauben, Boden, Glimmerschiefer und Gneis sowie die Lage und der Charakter, der sich durch das Terroir entwickelt, im fertigen Wein widerspiegeln sollen.

WEINGUT JOSEF & GEORG HÖGL
3620 Spitz an der Donau
Viessling 31
T: +43 (2713) 8458
office@weingut-hoegl.at
www.weingut-hoegl.at

Kellermeister: Josef & Georg Högl
Kontakt: Georg Högl
Produktion: 60.000 Flaschen
100 % weiß, 9.5 Hektar
Vereinszugehörigkeit:
Vinea Wachau
Messen: VieVinum

Durch das Praktizieren eines konsequenten naturnahen Weinbaus und das Zusammenspiel von Innovation und Tradition entstehen präzise und vielschichtige Weine höchster Qualität. Die Basis für greifbare Weine schafft reinstes Lesegut, das durch mehrmalige Handlese erzielt wird. Die Smaragde des Weinguts Högl sind tiefe, komplexe und langlebige Weine aus alten Reben.
Als Mitglied der »Vinea Wachau Nobilis Districtus« verpflichten sich die Högls dem strengen Qualitätskodex dieser Vereinigung, die Herkunft, Originalität und Charakter der einzelnen Wachauer Orte und Lagen betont.

(97) Riesling * Ried Bruck Smaragd Alte Parzellen 2021
13,5 Vol.-%, NK, Stahltank, €€€€€€
Helles Grüngelb, Silberreflexe. Zart floral unterlegte feine Steinobstnuancen, ein Hauch von Pfirsich und Mango, zitronig-mineralischer Touch, sehr facettenreiches Bukett. Saftig, komplex, weißer Pfirsich, frischer Säurebogen, salziger Touch, Limetten im Nachhall, zarte Süße, sehr gute Länge, sicheres Reifepotenzial für viele Jahre.

(95) Riesling * Ried Bruck Smaragd 2021
13,5 Vol.-%, NK, Stahltank, €€€€€
Helles Grüngelb, Silberreflexe. Zart nach Mandarinen, weißer Weingartenpfirsich, ein Hauch von Blüten, Limettenzesten im Hintergrund. Saftig, elegant und engmaschig, feine Fruchtsüße, reifer Pfirsich, zarter Honigtouch, reife Marillen im Abgang, zitronig-salzig, gute Länge, sicheres Reifepotenzial.

(94) Riesling * Smaragd Vision 2021
13,5 Vol.-%, NK, Stahltank, €€€€€
Mittleres Grüngelb, Silberreflexe. Zart rauchig-mineralisch unterlegte Nuancen von weißem Steinobst, ein Hauch von Pfirsich, zart nach Mandarinenzesten. Straff, engmaschig, feine Fruchtsüße nach Mango und Marille im Kern, frischer Säurebogen, Limetten, wirkt leichtfüßig und zart, ein finessenreicher Speisenbegleiter.

93 Riesling * Ried Bruck Federspiel 2021
12,5 Vol.-%, DV, Stahltank, €€€€
Helles Gelbgrün, Silberreflexe. Attraktiver Weingartenpfirsich, feine Blütenaromen, Zitruszesten, facettenreiches Bukett. Saftig, weiße Fruchtnoten, lebendiger Säurebogen, mineralisch-salzig, Limetten im Nachhall, sehr animierender Speisenbegleiter.

(96) Grüner Veltliner * Ried Schön Smaragd Alte Parzellen 2021
14 Vol.-%, NK, Stahltank, €€€€€€
Helles Grüngelb, Silberreflexe. Feine Anklänge von weißem Kernobst, frischer Apfel, zart nach Birne, ein Hauch von Wiesenkräutern, frische Orangenschalen, einladendes Bukett. Komplex, kraftvoll, weiße Frucht, feiner Säurebogen, mineralisch, engmaschig, finessenreich und anhaftend, zeigt bereits sehr gute Länge, sicheres Reifepotenzial, schon antrinkbar.

(95) Grüner Veltliner * Ried Schön Smaragd 2021
13,5 Vol.-%, NK, Stahltank, €€€€€
Helles Grüngelb, Silberreflexe. Attraktive Steinobstnuancen, ein Hauch von frischer Birne, Mango und Blütenhonig, mit Orangenschalen unterlegt. Saftig, elegant, weißer Apfel, feiner Säurebogen, zitronig, ausgewogen und gut anhaftend, mineralisch und frisch, wirkt sehr leichtfüßig und animierend, sicheres Entwicklungspotenzial.

93 Grüner Veltliner * Ried Schön Federspiel 2021
12,5 Vol.-%, DV, Stahltank, €€€€
Helles Grüngelb, Silberreflexe. Einladende gelbe Apfelfrucht, ein Hauch von Mango, mineralische Nuancen, zarter Blütenhoniganklang, Mandarinenzesten und Kräuter. Saftig, weißer Apfel, finessenreicher Säurebogen, balanciert, feine Zitrusnuancen im Abgang, delikater Speisenbegleiter.

(93) Grüner Veltliner * Ried 1000-Eimerberg Smaragd 2021
14 Vol.-%, NK, Stahltank, €€€€€
Helles Gelbgrün, Silberreflexe. Zart tabakig-mineralisch unterlegte gelbe Apfelfrucht, Nuancen von Mango und Orangenzesten. Saftig, elegant, weißes Kernobst, finessenreicher Säurebogen, gut anhaftend, salziger Nachhall, ein eleganter Speisenbegleiter.

(93) Grüner Veltliner * Ried Kaiserberg Smaragd 2021
13,5 Vol.-%, NK, Stahltank, €€€€€
Mittleres Gelbgrün, Silberreflexe. Feinwürzig unterlegte Nuancen von weißem Kernobst, zart nach Apfel, ein Hauch von Mandarinenzesten, tabakiger Anklang. Komplex, saftig, elegant, feine Fruchtsüße, reife Säure, mineralisch im Abgang, feine Zitrusnuancen im Rückgeschmack.

(91) Frühroter Veltliner freigeist 2020
12,5 Vol.-%, NK, 500-l-Fass, €€€€€ O
Leuchtendes Orange, Messingreflexe. Zart nach Trockenkräutern und kandierten Orangenzesten, feine Dörrobstaromen, ein Hauch von Kletzen, zartes Bukett. Feine Steinobstnoten, frisch strukturiert, elegant, eher leichtfüßig, mineralisch und anhaftend, ein würzig-lebendiger Speisenbegleiter.

WEINGUT HOFSTÄTTER
3620 Spitz an der Donau
Quitten 2
T: +43 (664) 5260674
office@weingut-hofstaetter.at
www.weingut-hofstaetter.at

Kellermeister/Kontakt: Wolfgang Hofstätter
Produktion: 60.000 Flaschen
5 % Schaumwein, 95 % weiß,
8.5 Hektar
Vereinszugehörigkeit: Vinea Wachau
Messen: VieVinum

Petra Schöberl und Wolfgang Hofstätter

★★★★

WEINGUT HOFSTÄTTER

Herkunft prägt, das gilt für unsere Weine genauso wie für uns«, so das Motto der Familie Hofstätter, die in Spitz, im Herzen der Wachau, lebt und arbeitet. Als traditioneller Familienbetrieb mit viel Hausverstand und Herz findet man die Balance zwischen traditionellem Weinbau und moderner Kellertechnik, zwischen Ursprünglichkeit und Internationalität. Die Leidenschaft für guten Wein treibt die Hofstätters an. Und aus Respekt vor der Natur geht man besonders sorgfältig mit den Weingärten um. Sie sind das kostbarste Gut: Wurzel und Zukunft des Betriebes zugleich.
Einmal im Jahr steigt man vom Traktor runter, legt die Arbeitshandschuhe weg und schnappt sich Schürze und Tablett: Dann verwandeln sich Hof und Terrasse für zehn Tage in ein gemütliches Heurigenlokal.
Der Wein, die Marillen, die Donau, der Tausendeimerberg: Es gibt so vieles, das dem schönen Spitz seinen Charakter verleiht. Die Quitten, diese aromatischen Früchte des gleichlautenden Baumes, haben damit nichts zu tun – auch wenn sich mancher fragen mag, wie sie in die Adresse des Weinguts kommen. Dem Buch »Flurnamen erzählen« von Elisabeth Arnberger entnimmt man: »Quitten« ist ein uralter Begriff für eine Wegscheid, ein Zusammentreffen zweier Wege. An so einer Weggabelung steht der Hof, und hier erwartet den Weinliebhaber die Familie Hofstätter mit Wachauer Weinen.

95 Riesling * Ried Singerriedel Smaragd 2021
14 Vol.-%, NK, Stahltank, €€€€ V
Mittleres Grüngelb, silberfarbene Reflexe. Etwas Kräuternoten, zart tabakig, reife Tropenfrucht, gelbes Steinobst, zart nach Schalotten, frisches Bukett. Saftig, straff, fruchtsüß nach Marillen, gut integrierte Säurestruktur, feinwürzig, stoffiges Finish, guter Speisenbegleiter mit Potenzial.

94 Riesling * Ried 1000-Eimerberg Smaragd 2021
14 Vol.-%, NK,DV, Stahltank, €€€€ V
Mittleres Grüngelb, Silberreflexe. Mit feinen Kräuternoten unterlegtes gelbes Steinobst, zart nach Guaven und Marille, kandierte Clementinen, mineralische Anklänge. Saftig, kraftvoll, balancierter Säurebogen, Ananastouch im Abgang, würziger Nachhall, stoffiges Finish, guter Speisenbegleiter mit Potenzial.

© Nimo Zimmerhackl

* Wachau DAC

Neuburger

94 Grüner Veltliner * Ried 1000-Eimerberg Smaragd 2021
14,5 Vol.-%, NK, Stahltank, €€€€ Ⓥ
Leuchtendes Grüngelb. Dezenter Blütenhonig, ein Hauch von Quitte, reife Apfelfrucht, feine Tabak-Kräuter-Würze, mineralischer Touch, kandierte Orangenzesten. Gute Komplexität, saftig, Mango im Abgang, balancierte Säurestruktur, Extraktsüße nach Tropenfrucht im Nachhall, gutes Reifepotenzial.

(94) Grüner Veltliner * Smaragd Best of Quitten2 2021
15 Vol.-%, NK, Stahltank, €€€€€ Ⓥ
Mittleres Goldgelb, Grünreflexe. Feine Mangonoten, etwas nach Birne, ein Hauch von Blütenhonig, zart nach Karamell. Gute Komplexität, fruchtsüß nach Honig und Marille, feine Tabakwürze, balancierte Säurestruktur, kraftvoll im Rückgeschmack, bleibt gut haften, sicheres Reifepotenzial.

93 Grüner Veltliner * Ried Harzenleiten Smaragd 2021
14,5 Vol.-%, DV, Stahltank, €€€€ Ⓥ
Mittleres Grüngelb, silberfarbene Reflexe. Feine Kräuternoten, zart nach Guaven, etwas nach Maracuja, Clementinenzesten, einladendes Bukett. Saftig, elegant, balancierte Säurestruktur, fruchtsüß nach Honigmelone, kraftvolles Finish, guter Speisenbegleiter.

92 Grüner Veltliner * Federspiel Hofi 2021
12,5 Vol.-%, DV, Stahltank, €€ Ⓥ
Helles Gelbgrün, Silberreflexe. Feine gelbe Tropenfrucht, zart nach Marille und Mango, ein Hauch von frischen Orangenzesten. Saftig, elegant, gut eingebundene fruchtige Süße, dezenter Säurebogen, bleibt gut haften, ein facettenreicher Speisenbegleiter.

92 Grüner Veltliner * Ried Steinporz Federspiel 2021
12,5 Vol.-%, DV, Stahltank, €€€ Ⓥ
Helles Gelbgrün, Silberreflexe. Feine Nuancen von Orangenzesten, etwas Mango und Ananas, zart nach Limetten, mineralisch unterlegt. Saftig, elegant, frische gelbe Tropenfrucht im Abgang, zarte Süße im Nachhall, bereits gut antrinkbar, verfügt über Reifepotenzial.

91 Grüner Veltliner * Ried Burgberg Federspiel 2021
12,5 Vol.-%, DV, Stahltank, €€ Ⓥ
Helles Gelbgrün, Silberreflexe. Zart tabakig, ein Hauch von gelbem Apfel und frischer Birne, dezent nach Wiesenkräutern, mineralisch. Mittlere Komplexität, fruchtige Süße, angenehmer Säurebogen, etwas Blütenhonig im Nachhall.

90 Grüner Veltliner * Spitz Steinfeder 2021
11,5 Vol.-%, DV, Stahltank, €€ Ⓥ
Helles Grüngelb, silberfarbene Reflexe. Feine Tabakwürze, zart nach weißem Apfel, ein Hauch von Kräutern, frisches Bukett. Saftig, feine Säurestruktur, rund und elegant, fruchtsüß nach Kernobst im Abgang, unkompliziertes Trinkvergnügen.

93 Neuburger * Smaragd 2021
14,5 Vol.-%, NK,DV, Stahltank, €€€€ Ⓥ
Mittleres Grüngelb, silberfarbene Reflexe. Feine Tabakwürze, etwas Blütenhonig, zart nach Anis, ein Hauch von Kumquats, Nuancen von weißer Tropenfrucht. Saftig, elegant, straffe Säurestruktur, feinwürzig, kraftvoll, Maracujanoten im Abgang, Orangennoten im Nachhall, guter Speisenbegleiter.

92 Chardonnay * Smaragd 2021
14 Vol.-%, DV, Stahltank, €€€ Ⓥ
Mittleres Grüngelb, silberfarbene Reflexe. Zarte Tropenfrucht, Blütenhonig, etwas nach Gewürzen, Tabaknuancen klingen an. Mittlerer Körper, feine Fruchtsüße nach Papaya und Mango, gut eingebundene Säurestruktur, kraftvoll, Zitrusfrüchte im Nachhall, unkomplizierter Speisenbegleiter.

92 Weißburgunder * Smaragd 2021
14 Vol.-%, DV, Stahltank, €€€
Mittleres Grüngelb, Silberreflexe. Zarte Birnenfrucht, etwas nach Kräutern und reifem Steinobst, ein Hauch von Melisse. Saftig, fruchtsüß, gute Säurestruktur, Marillenfrucht im Abgang, salzig, Gewürznuancen im Nachhall, bleibt lange haften, harmonischer Speisenbegleiter.

★★★

WEINGUT HOLZAPFEL

Das Weingut Holzapfel hat seinen Sitz in einem ehemaligen Lesehof, einem vor 700 Jahren von den St. Pöltner Chorherren errichteten und von Jakob Prandtauer barockisierten Baujuwel. Damals, als die Weingärten der Wachau noch zum Großteil in kirchlicher Hand waren und den umliegenden Klöstern gehörten, war der Lesehof das Zentrum für die Kelterung der Weintrauben und für die Administration des Weinverkaufs vor Ort. Heute werden insgesamt circa 14 Hektar Rebfläche mit ausschließlich traditionellen Arbeitsmethoden bewirtschaftet. Darunter finden sich so hervorragende Lagen wie Achleiten, Vorderseiber, Weitenberg, Klaus und Kollmitz. Auf steinigen, mineralhaltigen, aber auch kalkhaltigen, schieferdurchsetzten Böden gedeihen Trauben erster Klasse. Aber nicht nur die besonderen Lagen und das Achten auf geringe Erträge sind verantwortlich für die Einzigartigkeit dieser Trauben. Die durch spezielle klimatische Verhältnisse bedingten Temperaturschwankungen und die unterschiedlichen Höhenlagen der Weingärten bewirken eine Säure, die für Frische und Eleganz sorgt. Karl Holzapfel strebt die Erzeugung von klaren, fruchtig-feinen, charaktervoll-lebendigen Weinen für den täglichen Genuss sowie von trocken-kompakten Smaragdweinen mit komplexem Aromenspiel und großem Potenzial an. Nach der Gärung bleibt der Wein in Kontakt mit der Feinhefe. So entstehen unverwechselbare Weine mit Stil, klarer, delikater Frucht und bester Balance zwischen Mineralik und Frische. Durch die individuelle Art des Vinifizierens entwickeln sich Weine von besonderer Identität für vielerlei Trinkanlässe. Das Sortiment umfasst die Qualitätskategorien Steinfeder, Federspiel und Smaragd in den Sorten Grüner Veltliner, Riesling und Weißburgunder. Die Selektion »Hippolyt« beeindruckt durch besondere Cremigkeit, Eleganz und Finesse.

(95) Grüner Veltliner * Ried Achleiten Smaragd 2021

13,5 Vol.-%, DV, Stahltank, €€€€€ V

Leuchtendes Grüngelb, silberfarbene Reflexe. Feine Tabaknuancen, zart nach Gewürzen, reife Apfelfrucht, Mandarinentouch, Blütenhonig klingt an. Komplex, salzig, gut integrierte Säurestruktur, mineralisch-salzig, weißes Steinobst, bleibt sehr gut haften, dunkler Nachhall, sicheres Entwicklungspotenzial.

WEINGUT HOLZAPFEL
3610 Weißenkirchen
Prandtauerplatz 36
T: +43 (2715) 2310
weingut@holzapfel.at
www.holzapfel.at

Kellermeister/Kontakt:
Karl Holzapfel
Produktion: 95 % weiß, 5 % rot, 14 Hektar
Vereinszugehörigkeit:
Vinea Wachau
Messen: VieVinum

Weißenkirchen

* Wachau DAC

(93) Grüner Veltliner * Ried Kollmitz Smaragd 2021
13,5 Vol.-%, DV, Stahltank, €€€€€ V
Mittleres Grüngelb, silberfarbene Reflexe. Feine Kräuternoten, etwas nach Guaven, zart nach gelbem Apfel, tabakig, mineralischer Touch. Gute Komplexität, salzig, straffer Säurebogen, engmaschig, Maracujanoten im Abgang, salziger Nachhall, vielschichtiger Speisenbegleiter mit Potenzial.

92 Grüner Veltliner * Ried Achleiten Federspiel 2021
12,5 Vol.-%, DV, Stahltank, €€€ V
Helles Gelbgrün, Silberreflexe. Nuancen von Anis, gelbe Fruchtnoten von Mango und Marille, feiner Blütenhonig, tabakige Noten. Saftig, elegant, reifes Kernobst, gut integrierter Säurebogen, mineralisch-zitronig im Abgang, zeigt Länge und Potenzial.

91 Grüner Veltliner * Federspiel Zehenthof 2021
12 Vol.-%, DV, Stahltank, €€€ V
Helles Gelbgrün, Silberreflexe. Feinwürzig unterlegte Nuancen von Ananas und Mango, kandierte Mandarinenzesten, mineralischer Touch. Mittlerer Körper, feinfruchtig, frischer Apfel, angenehme Säurestruktur, bereits gut antrinkbar.

(94) Riesling * Ried Vorderseiber Smaragd 2021
13,5 Vol.-%, DV, Stahltank, €€€€€ V
Helles Grüngelb, silberfarbene Reflexe. Feiner Blütenhonig, etwas nach Marille, floral, Ananas, Mandarinenzesten, einladendes Bukett. Saftig, elegant, engmaschig, mineralisch, reifes Steinobst, vielschichtig, würziges Finish, guter Speisenbegleiter mit Potenzial.

92 Riesling * Federspiel Zehenthof 2021
12,5 Vol.-%, DV, Stahltank, €€€ V
Helles Gelbgrün, Silberreflexe. Intensive weiße Tropenfruchtanklänge, ein Hauch von Maracuja, kandierte Mandarinenzesten. Mittlerer Körper, weißer Apfel, rassig strukturiert, zitronig-mineralischer Nachhall, vielseitig einsetzbar.

★★★★

WEINGUT JAMEK

Josef Jamek – ein Name, der wie kein anderer für die Kulturlandschaft Wachau und die Renaissance der österreichischen Weinkultur steht. Schon in den 1950er-Jahren prägte er mit seinen naturbelassenen trockenen Weinen den Typus des Wachauer Weißweins und stand mit seinen Ideen Pate für die Gründung der »Vinea Wachau«, des Schutzverbandes der Weine dieser herrlichen Landschaft.
Das Weingut zählt mit einer Rebfläche von 25 Hektar zu den ansehnlichsten Privatbesitzungen und bewirtschaftet Weingärten in den allerbesten Urgesteinsterrassenlagen. Die Riede Klaus, ein Synonym für Jamek'sche Weinkultur, liegt in einer Steillage mit über hundert Steinterrassen. Hier entsteht seit Jahrzehnten Jameks Vorbild für den Wachauer Riesling. Bereits seit 1959 füllt die Familie Jamek dieses Weinjuwel, das als Parabel auf das große Lebenswerk von Josef Jamek gelten darf. Ebenso sind die Urgesteinsterrassen der Rieden Achleiten und Liebenberg für hochkarätige und vom Terroir der Wachau geprägte Grüne Veltliner bekannt. Die Lagen Hochrain und Zweikreuzgarten in Wösendorf werden in einer schon über 40 Jahre andauernden Kooperation mit dem Benediktinerstift Melk bewirtschaftet. Hier wachsen Weißburgunder und Grüner Veltliner von höchster Qualität.
Die Tradition des Weinguts wird seit 2012 von Jameks Enkeltochter Julia Jamek und ihrem Ehemann Herwig fortgeführt. Beide sind ausgebildete Mediziner und garantieren somit für die Bekömmlichkeit der Weine. Verkostet werden die Weine am besten im gutseigenen Restaurant, das von Johannes Altmann, einem weiteren Enkel von Josef und Edeltraud Jamek, geleitet wird. In der gediegenen Atmosphäre des über 100 Jahre alten Hauses mit einzigartigem Gastgarten kann man exzellente regionale Küche und die Weine glasweise genießen – das macht den Besuch im Hause Jamek-Altmann zu einem unvergleichlichen Erlebnis für jeden Wachaubesucher.

WEINGUT JAMEK
3610 Joching
Josef-Jamek-Straße 45
T: +43 (2715) 2235
info@weingut-jamek.at
www.weingut-jamek.at

Kellermeister: Volker Mader
Kontakt: Dr. Herwig Jamek
Produktion: 3 % Schaumwein, 90 % weiß, 3 % rosé, 3 % rot, 1 % süß, 25 Hektar
Vereinszugehörigkeit: Vinea Wachau
Messen: ProWein Düsseldorf, VieVinum

Weingut Jamek

(96) Riesling * Ried Klaus Smaragd 2020
14 Vol.-%, NK, großes Holzfass, €€€€€€ Ⓥ
Mittleres Grüngelb, silberfarbene Reflexe. Feine Kräuternoten, zart nach Mango, ein Hauch von Marillen, etwas Kumquats, Limetten klingen an. Komplex, elegant, feine Säurestruktur, mineralisch-salzig, reife gelbe Tropenfrucht, zart nach Mango, guter Speisenbegleiter mit sicherem Reifepotenzial.

95 Riesling * Ried Klaus 2021
13 Vol.-%, NK, Holzfass, €€€€€
Mittleres Grüngelb, Silberreflexe. Feiner Blütenhonig, dazu Pfirsich und Mango, ein Hauch von Mandarinenzesten, etwas nach Quitte. Saftig, straff, gut integrierte Säurestruktur, mineralisch, engmaschig, facettenreich, weißes Steinobst im Abgang, guter Speisenbegleiter mit Potenzial.

93 Riesling * Joching Ried Pichl Federspiel 2021
12,5 Vol.-%, DV, Holzfass, €€€€
Helles Gelbgrün, Silberreflexe. Feine gelbe Marillenfrucht, ein Hauch von Mango, etwas Orangenzesten, einladendes Bukett. Saftig, engmaschig, feine Säurestruktur, salzig, Maracujanoten im Abgang, bleibt sehr gut haften, vielseitig einsetzbar, mineralischer Nachhall.

(94) Grüner Veltliner * Dürnstein Ried Liebenberg Smaragd 2020
13,5 Vol.-%, NK, Holzfass, €€€€€
Leuchtendes Goldgelb, Grünreflexe. Feiner Blütenhonig, etwas nach Mango, ein Hauch von kandierten Mandarinenzesten. Gute Komplexität, fruchtsüß, kraftvoll, gut eingebundene Säurestruktur, etwas nach Papaya, bleibt gut haften, vielseitiger Speisenbegleiter.

(94) Grüner Veltliner * Ried Achleiten Smaragd 2020
14 Vol.-%, NK, Holzfass, €€€€€ Ⓥ
Mittleres Grüngelb, silberfarbene Reflexe. Mit dunkler Mineralik unterlegte Orangenzesten und Ananas, etwas nach Mango, feiner Zitrustouch, einladendes Bukett. Saftig, elegant, fruchtsüß, etwas nach Melone im Abgang, gut eingebundener Säurebogen, bleibt gut haften, vielseitiger Speisenbegleiter, verfügt über Reifepotenzial.

93 Grüner Veltliner * Ried Achleiten Federspiel 2021
12,5 Vol.-%, DV, Holzfass, €€€€€
Helles Grüngelb, silberfarbene Reflexe. Feine Kräuternoten, etwas nach Orangenschalen, feine Mangonuancen, ein Hauch von Papaya, einladendes Bukett. Saftig, gute Komplexität, engmaschig, extraktsüß nach reifer Tropenfrucht, gut integrierte Säurestruktur, Mangonoten im Finish, ein vielseitiger Speisenbegleiter.

91 Grüner Veltliner * Stein am Rain Federspiel 2021
12,5 Vol.-%, DV, Holzfass, €€€
Helles Gelbgrün, Silberreflexe. Feine Kräuternoten, ein Hauch von grünem Apfel, zart nach Tabak, dezente Zitrusnuancen. Straff, engmaschig, feine Fruchtnuancen, etwas Karamell, lang anhaltend, guter Speisenbegleiter.

* Wachau DAC

★★★

WEINGUT JÄGER

Das Weingut Jäger liegt im idyllischen Weinort Weißenkirchen und befindet sich seit Generationen im Familienbesitz. Das Jägerhaus mit seiner klassizistischen Fassade stammt aus dem Jahre 1838 und steht unter Denkmalschutz. Die mit viel Liebe kultivierten und nachhaltig gepflegten Weingärten liegen in den besten Lagen rund um Weißenkirchen. Jeder Weingarten wird abgestimmt auf Sorte, Lage und Boden individuell bewirtschaftet. Durch die schonende Verarbeitung bei der Ernte und der Weinbereitung bleiben die natürlichen Aromen der sortenrein verarbeiteten Trauben erhalten.
Die Weine werden in den drei für die »Vinea Wachau« gültigen Qualitätsstufen »Steinfeder«, »Federspiel« und »Smaragd« in Edelstahltanks ausgebaut. So entwickeln sich jahrgangstypische, dem Sortencharakter entsprechende Weine voll Zartheit, Bukettdichte und fruchtiger Eleganz. Roman Jägers Weine stehen exemplarisch für eine Fruchtpräzision und Lebendigkeit, die man in ihrer Konsequenz und Klarheit sonst nur schwer findet. Zum einen geht es ihm darum, seinen Sorten alles an Aromen und Typizität abzuringen, zum anderen aber auch darum, die spezifischen Terroirnoten seiner Einzellagen authentisch im Wein auszudrücken. Die Betonung liegt auf den Nuancen, und so finden sich immer wieder feine Unterschiede zwischen seinen Weinen aus der Riede Klaus, Achleiten, Vorderseiber oder Steinriegl. Den Smaragden und Federspielen, für die er in der Zwischenzeit berühmt ist, schenkt Roman Jäger dabei die gleiche Aufmerksamkeit. Vinifiziert wird in einem kühlen Tonnengewölbe in Edelstahltanks, um aus den Weinen – dazu zählen auch Sauvignon Blanc und Muskateller – auch noch die filigransten Fruchtnoten hervorzuholen. Einmal im Jahr findet im Jägerhaus ein Heuriger statt, der den klassischen Rahmen sprengt und durch eine Vielzahl ausgesuchter kulinarischer Delikatessen beeindruckt.

WEINGUT JÄGER
3610 Weißenkirchen
Kremser Straße 1
T: +43 (2715) 2535
jaeger@weingut-jaeger.at
www.weingut-jaeger.at

Kellermeister/Kontakt:
Roman Jäger
Produktion: 2 % Schaumwein, 95 % weiß, 3 % rosé, 9 Hektar
Vereinszugehörigkeit:
Vinea Wachau
Messen: VieVinum

(95) Riesling * Ried Steinriegl Smaragd 2021
13,5 Vol.-%, NK, Stahltank, €€€€€
Helles Grüngelb, Silberreflexe. Ein Hauch von Orangenzesten, weißer Weingartenpfirsich, florale Nuancen, feine Mineralik. Saftig und elegant, feine gelbe Tropenfrucht, rassig strukturiert, zart nach Maracuja im Abgang, salzig und anhaftend, gute Länge, sicheres Entwicklungspotenzial für viele Jahre.

(94) Riesling * Ried Achleiten Smaragd 2021
13,5 Vol.-%, NK, Stahltank, €€€€€
Helles Gelbgrün, Silberreflexe. Zart nach Blütenhonig, mit reifem Pfirsich unterlegt, kandierte Mandarinenzesten, mineralischer Touch. Saftig, elegant, fruchtsüße Textur, finessenreicher Säurebogen, salzig-zitronig, sehr anregender Stil, ein feiner Speisenbegleiter, sicheres Zukunftspotenzial.

(94) Grüner Veltliner * Ried Achleiten Smaragd 2021
14,5 Vol.-%, NK, Stahltank, €€€€€
Helles Gelbgrün, Silberreflexe. Zart nach frischen Wiesenkräutern, gelbes Kernobst, ein Hauch von Honigmelone, feiner Touch von Orangenzesten. Saftig, Nuancen von gelber Frucht, frischer Säurebogen, pikant und gut anhaftend, bereits entwickelt, vielseitig einsetzbar, gutes Reifepotenzial.

93 Grüner Veltliner * Weißenkirchen Selection 2021
13 Vol.-%, DV, Stahltank, €€€
Helles Gelbgrün, Silberreflexe. Mit einem Hauch von Zitrus unterlegte frische weiße Apfelfrucht, mineralischer Touch. Elegant, saftig und ausgewogen, zart nach Pfirsich, finessenreich strukturiert, salziger Touch im Abgang, bleibt haften, sehr gut antrinkbar, vielseitiger Speisenwein.

★★★★★

WEINGUT KNOLL

Das Weingut Knoll hat in den vergangenen Jahrzehnten so viele Kultweine hervorgebracht, dass man alleine mit diesen Verkostungsnotizen ein ganzes Buch füllen könnte. Auch das Etikett mit dem heiligen Urban hat Kultstatus und wurde in den vergangenen Jahrzehnten zum Glück nicht verändert. Auf dem Weingut selbst hat sich allerdings viel getan: 2014 wurde der Neubau des Weinguts eröffnet, der sich hinter dem Stammhaus befindet und in dem nun Kunden und Gäste empfangen werden. Emmerich und Monika Knoll führen das Weingut gemeinsam mit ihren Söhnen Emmerich junior, der seit 2012 auch Obmann der »Vinea Wachau« ist, und August.

Bewirtschaftet werden rund 18 Hektar, von denen gut ein Drittel aus Terrassenweingärten besteht. Grüner Veltliner (45 Prozent) wächst in den Rieden Kreutles, Trum, Loibenberg und Schütt, Riesling (45 Prozent) in den Rieden Loibenberg, Kellerberg, Pfaffenberg und Schütt. Aus beiden Sorten wird – sofern es der Jahrgang zulässt – auch die Vinothekfüllung gemacht, eine Selektion der reifsten Trauben verschiedener Lagen. Ergänzt wird das Sortiment durch Weine aus den Sorten Gelber Muskateller, Chardonnay, Gelber Traminer und Blauburgunder. In Jahren mit schöner Botrytis stehen zudem auch edelsüße Weine von der Auslese bis zur Trockenbeerenauslese auf dem Programm. Eine positive Praxis im Hause Knoll: Die Smaragde und Prädikatsweine werden erst ab September ausgeliefert, damit sie den Sommer über im kühlen Keller heranreifen können. Knoll-Weine gelten als Spätstarter (was in Wahrheit unzutreffend ist) und als sehr langlebig (was völlig zutreffend ist).

98 Riesling * Loiben Smaragd Vinothekfüllung 2020

14 Vol.-%, NK, großes Holzfass, €€€€€€

Helles Goldgelb, Silberreflexe. Zart nach kandierten Orangenzesten, feine gelbe Tropenfrucht, ein Hauch von Botrytiswürze, dunkle Mineralik. Kraftvoll, stoffig, mineralisch, straff, lebendige Säurestruktur, energisch und lange anhaftend, sicheres Reifepotenzial, gebaut für ein langes, erfolgreiches Leben.

97 Riesling * Dürnstein Ried Schütt Smaragd 2020

13 Vol.-%, NK, großes Holzfass, €€€€€€

Mittleres Grüngelb, Silberreflexe. Frische Marillen, feine Nuancen von gelbem Pfirsich, etwas Mango, mit Orangenzesten unterlegt, mineralischer Touch. Straff, saftig, Nuancen von weißem Steinobst, finessenreich und gut anhaftend, zitroniger Touch, eleganter Nachhall, sicheres Reifepotenzial.

96 Riesling * Dürnstein Ried Kellerberg Smaragd 2020

13 Vol.-%, NK, großes Holzfass, €€€€€

Helles Goldgelb, Silberreflexe. Zarte Nuancen von gelbem Steinobst, frischer Pfirsich, ein Hauch von Orangenzesten und Blütenhonig, facettenreiches Bukett. Saftig, elegant, feine Fruchtsüße, mit delikater Säure unterlegt, mineralisch-salzig im Abgang, bereits ausgewogen, ein Hauch von Mandarinen im Nachhall, gute Länge, ein stoffiger und zugleich leichtfüßig wirkender Speisenbegleiter.

95 Riesling * Ried Loibenberg Smaragd 2020

13 Vol.-%, NK, großes Holzfass, €€€€€

Helles Grüngelb, Silberreflexe. Feine Weingartenpfirsichfrucht, Mandarinenzesten, feiner Blütenhonig, floraler Touch. Saftig, gelbe Tropenfrucht, lebendige Säurestruktur, zitroni-

WEINGUT KNOLL
3601 Dürnstein
Unterloiben 132
T: +43 (2732) 79355
weingut@knoll.at
www.knoll.at

Kellermeister: Emmerich Knoll
Kontakt: Familie Knoll
Produktion: 98 % weiß, 1 % rot, 1 % süß, 18 Hektar
Vereinszugehörigkeit: Vinea Wachau
Messen: ProWein Düsseldorf, VieVinum

* Wachau DAC

ger Touch, lebendig und leichtfüßig, feine Fruchtsüße im Abgang, salzig im Nachhall, bereits gut antrinkbar.

94 Riesling * Ried Loibenberg Federspiel 2021
12,5 Vol.-%, NK, Stahltank, €€€€€
Helles Grüngelb, Silberreflexe. Zart nach Mandarinenzesten, weiße Pfirsichfrucht, ein Hauch von Maracuja und Blütenhonig, mineralisch unterlegt, einladendes Bukett. Straff, elegant, feine fruchtige Süße, finessenreicher Säurebogen, weißes Steinobst, Limetten, gut anhaftend, salzig im Abgang, gutes Reifepotenzial.

94 Riesling * Loiben Smaragd 2020
12,5 Vol.-%, NK, großes Holzfass, €€€€€
Helles Grüngelb, Silberreflexe. Frische gelbe Pfirsichfrucht, zarter Blütenhonig, ein Hauch von Papaya, floraler Touch. Straff, engmaschig, Nuancen von weißer Frucht, frisch strukturiert, lebendiger Stil, Limetten im Abgang, salziger Nachhall, feiner Marillentouch im Finale.

93 Riesling * Loiben Federspiel 2021
12 Vol.-%, NK, Stahltank, €€€€
Helles Gelbgrün, Silberreflexe. Feine florale Nuancen, weiße Pfirsichfrucht, ein Hauch von Mango, einladendes Bukett. Saftig, feine weiße Tropenfrucht, finessenreiche Struktur, elegant, lebendig und leichtfüßig, zitroniger Touch im Nachhall.

95 Riesling Ried Pfaffenberg Selection 2020
13,5 Vol.-%, NK, großes Holzfass, €€€€€
Helles Goldgelb, Silberreflexe. Mineralisch, feine Nuancen von gelber Tropenfrucht, ein Hauch von Pfirsich und Mango, feiner Honigtouch, kandierte Orangenzesten. Saftig, elegant, gute Komplexität, mineralisch und gut anhaftend, ein ausgewogener Speisenbegleiter, sicheres Reifepotenzial.

95 Grüner Veltliner * Ried Loibenberg Smaragd 2020
13 Vol.-%, NK, großes Holzfass, €€€€€
Mittleres Grüngelb, Silberreflexe. Zarter Blütenhonig, Nuancen von reifer Quitte, ein Hauch von Marille, kandierte Orangenzesten. Stoffig, elegant, feine, seidige Textur, dezente Fruchtsüße, feine, gut integrierte Säurestruktur, ausgewogener Stil, sehr gute Länge, bereits gut antrinkbar, gutes Reifepotenzial.

95 Grüner Veltliner * Ried Schütt Smaragd 2020
13 Vol.-%, NK, großes Holzfass, €€€€€
Helles Goldgelb, Silberreflexe. Zarter Blütenhonig, Nuancen von Quitte, feiner gelber Apfel, zart tabakige Noten, Orangenzesten im Hintergrund. Saftig, feine Kernobstnuancen, seidig und ausgewogen, bereits gut gereift, ein eleganter Begleiter bei Tisch, gutes Reifepotenzial.

94 Grüner Veltliner * Ried Kreutles Smaragd 2020
13 Vol.-%, NK, großes Holzfass, €€€€€
Helles Grüngelb, Silberreflexe. Feine Kräuterwürze, Nuancen von gelber Tropenfrucht, etwas Mango und Marille, zart nach Orangenzesten. Saftig, elegant, feine Fruchtsüße, seidige Textur, ausgewogen und mit feiner Frucht ausgestattet, ein eleganter Speisenbeleiter.

93 Grüner Veltliner * Ried Kreutles Federspiel 2021
12 Vol.-%, NK, Stahltank, €€€€
Helles Gelbgrün, silberne Reflexe. Zarte Wiesenkräuter, ein Hauch von frischen Marillen und gelbem Apfel, zart nach Blütenhonig. Saftig, elegant und ausgewogen, ein Hauch von Mango, gut integrierter Säurebogen, bleibt gut haften, ein vielseitiger Speisenbegleiter, frisch zeigt gute Länge.

93 Grüner Veltliner * Ried Trum Federspiel 2021
12,5 Vol.-%, NK, Stahltank, €€€€
Helles Grüngelb, Silberreflexe. Zart tabakig-würzig unterlegte Mangofrucht, ein Hauch von Blütenhonig und Orangenzesten. Saftig, weißer Apfel, frisch strukturiert, feine Fruchtsüße, zitroniger Touch, bleibt gut haften, ein facettenreicher, eleganter Speisenbegleiter.

92 Grüner Veltliner * Loiben Federspiel 2021
12 Vol.-%, NK, Stahltank, €€€
Helles Gelbgrün, Silberreflexe. Frisches Kernobst, zart nussiger Touch, feine Kräuterwürze, Orangenzesten, einladendes Bukett. Saftig, elegant, feine gelbe Apfelfrucht, finessenreich und gut ausgewogen, ein harmonischer Speisenbegleiter.

90 Grüner Veltliner * Loiben Steinfeder 2021
11 Vol.-%, NK, Stahltank, €€€
Helles Gelbgrün, Silberreflexe. Zarte Apfelfrucht, ein Hauch von Wiesenkräutern, Limettenzesten. Mittlerer Körper, weißes Kernobst, feine Säurestruktur, salzig-zitroniger Nachhall, ein leichtfüßiger Speisenbegleiter.

94 Gelber Muskateller * Loiben Smaragd 2020
13,5 Vol.-%, NK, Stahltank, €€€€€
Helles Goldgelb, Silberreflexe. Floraler Touch, zart nach Ananas und Mango, Limettenzesten, einladendes Bukett. Saftig, elegant, feine weiße Pfirsichfrucht, finessenreiche Säurestruktur, lebendig und ausgewogen, zart salzig im Abgang, sicheres Reifepotenzial.

91 Gelber Muskateller * Loiben Federspiel 2021
12 Vol.-%, NK, Stahltank, €€€€
Sehr helles Gelbgrün, Silberreflexe. Feine gelbe Tropenfrucht, ein Hauch von Holunderblüten, eher scheues Bukett. Straff, knackig, grüner Apfel, zitronig-salzig im Kern, Limetten im Abgang, toller leichtfüßiger Sommerwein.

94 Gelber Traminer * Loiben Smaragd 2020
13,5 Vol.-%, NK, Stahltank, €€€€€
Helles Goldgelb, Silberreflexe. Zarte Nuancen von Rosenöl, ein Hauch von Eibischteig, gelbe Tropenfrucht, typisches Bukett. Straff, kraftvoll, mineralisch, feiner Säurebogen, zarte Gerbstoffnuancen, salziger Nachhall, klassisch trocken, sicheres Entwicklungspotenzial.

93 Chardonnay * Loiben Smaragd 2020
13 Vol.-%, NK, großes Holzfass, €€€€€
Helles Grüngelb, Silberreflexe. Zarte gelbe Apfelfrucht, ein Hauch von Wiesenkräutern, Noten von Mandarinenzesten. Mittlerer Körper, weißer Apfel, feine Säurestruktur, salzig im Abgang, elegant und finessenreich, dezente Fruchtsüße im Abgang.

90 Blauer Burgunder * Rosé Federspiel 2021
12,5 Vol.-%, NK, Stahltank, €€€€
Helles Kupfergold, Orangereflexe. Zart nach Erdbeerkonfitüre, ein Hauch von roten Kirschen, feine Kräuterwürze. Mittlerer Körper, rote Beeren, frisch strukturiert, eingelegte Kirschen, mineralisch-salziger Touch, balancierter Stil.

★★★★

WEINGUT LAGLER

Das Weingut Lagler liegt in der malerischen Gemeinde Spitz an der Donau, im Herzen der Wachau. Die Wurzeln des Weinbaubetriebs der Familie Lagler gehen bis auf das Jahr 1789 zurück.
Der Betrieb ist ein Ensemble aus Weingut mit der integrierten wein.kost.bar und dem 4-Sterne-Hotel Garni Weinberghof, welches seit 2018 von Katharina Lagler geführt wird.
Im Jahr 2021 wurde der Frühstücksraum des Hotels vergrößert und neu designt. Dieser bietet nun auch auswertigen Gästen die Möglichkeit, das mittlerweile legendäre Frühstücksbuffet der Familie Lagler zu genießen. Auch für kleinere Seminare und andere Veranstaltungen bieten sich die neuen Räumlichkeiten an.
Schon seit 2003 ist Karl Lagler junior Kellermeister des Weinguts. Sein Ziel ist es, »den Geschmack der Traube und der Lage im Wein wiederzufinden«. Innovation, Tradition, Naturnähe und Nachhaltigkeit sind die wesentlichen Eckpfeiler der Familie Lagler. Intensive Weingartenpflege, Ausdünnung der Trauben sowie späte und selektive Handlese (für keine bis kaum Botrytis) liefern Trauben, aus denen wunderbar fruchtige und authentische Weine entstehen.

WEINGUT LAGLER
3620 Spitz
Am Hinterweg 17
T: +43 (2713) 2939
info@weingut-lagler.at
www.laglers.at

Kellermeister/Kontakt:
Karl Lagler
Produktion: 106.667 Flaschen
2 % Schaumwein, 80 % weiß,
5 % rosé, 10 % rot, 3 % süß,
13.5+0.5 Hektar
Vereinszugehörigkeit:
Vinea Wachau
Messen: ProWein Düsseldorf,
VieVinum, DAC-Präsentationen

Spitz an der Donau

Die Veltliner stammen aus den Toplagen »Burgberg« für Federspiel sowie »Steinporz« und »Axpoint« für Smaragd. Die Riesling-Smaragde vom Tausendeimerberg und Steinporz liefern sich jedes Jahr ein spannendes Duell um die Publikumsgunst. Bei der »Elisabeth«-Selection finden Weinliebhaber eine dichte, üppige Veltliner-Essenz mit exotischer Fruchtaromatik und hervorragendem Alterungspotenzial. Wer die Weine verkosten will, kann das täglich ohne Voranmeldung in Spitz im Weingut Lagler.

96 Riesling * Ried Steinporz Smaragd 2021
13,5 Vol.-%, NK,DV, Stahltank, €€€€€
Leuchtendes Goldgelb, Grünreflexe. Zart floral, reife Tropenfrucht, ein Hauch von Orangenzesten, Ananastouch, Kamillenblüten, einladendes Bukett. Gute Komplexität, saftig, fruchtsüß nach Mango, zart tabakig, bleibt sehr gut haften, Marillen im Rückgeschmack, facettenreiche Säurestruktur, bleibt gut haften, sicheres Reifepotenzial.

(95) Riesling * Ried 1000 Eimerberg Smaragd 2021
13,5 Vol.-%, NK,DV, Stahltank, €€€€€
Mittleres Grüngelb, Goldreflexe. Feiner Blütenhonig, etwas nach Karamell, reifer Pfirsich, ein Hauch von Orangenzesten, frisches Bukett. Saftig, elegant, fruchtsüß nach Marille, gut eingebundene Säurestruktur, mineralisch-salzig, Honig im Abgang, engmaschiger Speisenbegleiter mit Reifepotenzial.

(94) Riesling * Ried 1000 Eimerberg Selection 2021
13,5 Vol.-%, NK,DV, Stahltank, €€€€
Mittleres Grüngelb, silberfarbene Reflexe. Zart nach Grapefruit, Pfirsichnuancen, ein Hauch von Mango, Blütenhonig klingt an. Saftig, elegant, lebendige Säurestruktur, Ananas im Abgang, salzig im Nachhall, mineralischer Rückgeschmack, lange anhaltend, vielseitiger Speisenbegleiter.

92 Riesling * Ried Setzberg Smaragd 2021
12,5 Vol.-%, DV, Stahltank, €€€
Mittleres Grüngelb, silberfarbene Reflexe. Mit feinen Kräutern unterlegte Zitrusnuancen, etwas Pfirsichnoten, Karamell, Guaven klingen an. Saftig, elegant, lebendige Säurestruktur, mineralisch, weiße Tropenfrucht, bleibt gut haften, vielseitiger Speisenbegleiter.

95 Grüner Veltliner * Ried Steinporz Smaragd 2021
14 Vol.-%, NK,DV, Stahltank, €€€€€
Leuchtendes Grüngelb. Feine reife Apfelfrucht, etwas Orangen- und Clementinenzesten, weiße Tropenfrucht, tabakiger Touch. Engmaschig, wirkt leichtfüßig, zart nach Ananas, feinwürzig, gut integrierte Säurestruktur, bleibt gut haften, vielseitig einsetzbar.

95 Grüner Veltliner * Elisabeth Selection 2019
13,5 Vol.-%, NK,DV, großes Holzfass, €€€€€
Leuchtendes Goldgelb. Reife Tropenfrucht, zart nach Rhabarber, kandierte Mandarinenzesten, Honig und ein Hauch von Marille, floraler Touch. Saftig, restsüß, gute Komplexität, Marillenkonfitüre im Abgang, engmaschig, bleibt gut haften, angenehme Textur, trinkanimierender Stil, bereits gut antrinkbar.

(94) Grüner Veltliner * Ried Axpoint Smaragd 2021
14 Vol.-%, DV, Stahltank, €€€€
Leuchtendes Goldgelb, Silberreflexe. Zart nach Wiesenkräutern, etwas reife Apfelfrucht, kandierte Clementinenzesten, Quittentouch im Nachhall. Saftig, seidige Textur, mineralisch, gut eingebundene Säurestruktur, Mangonoten im Nachhall, bleibt gut haften, facettenreicher Speisenbegleiter mit Reifepotenzial.

(93) Grüner Veltliner * Ried Hinter der Burg Smaragd 2021
13,5 Vol.-%, DV, Stahltank, €€€
Leuchtendes Goldgelb, Grünreflexe. Etwas Kräuternoten, gelbe Apfelfrucht, zart nach Ananas, etwas Orangenschalen, Blütenhonig klingt an. Saftig, elegant, balancierte Säurestruktur, kraftvoll, gelbe Tropenfrucht im Abgang, Karamell im Nachhall, guter Speisenbegleiter mit Potenzial.

92 Grüner Veltliner * Ried Burgberg Federspiel 2021
12,5 Vol.-%, DV, Stahltank, €€€
Helles Goldgelb, Silberreflexe. Einladender Duft nach gelber Tropenfrucht, feine Mandarinenzesten, ein Hauch von Blütenhonig. Saftig, elegant, balancierte Säurestruktur, gelbe Apfelfrucht, bleibt gut haften, feiner Speisenbegleiter.

90 Grüner Veltliner * Spitz Federspiel Himmelsrichtungen 2021
12,5 Vol.-%, DV, Stahltank, €€
Helles Grüngelb, Silberreflexe. Feinwürzig, zart nach Maracuja, dunkle Mineralik, etwas gelbe Apfelfrucht, Clementinenzesten klingen an. Saftig, elegant, balancierte Säurestruktur, Kernobst im Abgang, bleibt gut haften.

91 Gelber Muskateller * Spitz 2021
12 Vol.-%, DV, Stahltank, €€€
Mittleres Grüngelb, silberfarbene Reflexe. Zart tabakige Nuancen, etwas nach Karamell, Melisse, traubige Note, mit Muskatnuss unterlegt, floraler Touch. Saftig, elegant, lebendige Säurestruktur, feinwürzig, weißes Steinobst, bleibt gut haften, unkompliziertes Trinkanimo.

★★★

WEINGUT ANDREAS LEHENSTEINER

Andreas Lehensteiner keltert besonders frische, sortentypische und finessenreiche Weine, hauptsächlich aus den Sorten Grüner Veltliner und Riesling. Ein besonderer Wein ist der Veltliner von der Riede Achleiten, der mit seiner ureigenen Würze und Komplexität zu den Ikonen der heimischen Weißweine gerechnet werden muss und zu Recht Grand-Cru-Status genießt. Ein besonderes Trinkvergnügen bereiten die Veltliner aus der Riede Hinterkirchen. Seit dem Jahrgang 2015 beschäftigt sich das Weingut wieder mit traditionellen Vinifikationsmethoden. So wird der Chardonnay im neuen Holz und ein Riesling im Granitsteinfass ausgebaut. Für Übernachtungen auf dem Weingut stehen Zimmer mit Frühstück und geräumige Ferienwohnungen bereit.

(94) Riesling * Joching Ried Pichl Point Smaragd 2021
14 Vol.-%, DV, Stahltank, €€€€
Mittleres Gelbgrün, Silberreflexe. Feine gelbe Tropenfrucht, ein Hauch von Maracuja und weißen Blüten, zitronig-mineralisch unterlegt, feines Bukett. Saftig, elegant, wirkt relativ leichtfüßig, weißer Pfirsich, salzige Nuancen, ein lebendiger Speisenwein mit sicherem Reifepotenzial.

92 Riesling * Weissenkirchen Federspiel 2021
12,5 Vol.-%, DV, Stahltank, €€
Helles Gelbgrün, Silberreflexe. Mit weißen Blüten und einem Hauch von Pfirsich unterlegtes Bukett, frische Limettenzesten. Leichtfüßig, grüner Apfel, rassiger Säurebogen, zitronig-salzige Nuancen, ein lebendiger, animierend frischer Speisenbegleiter.

(94) Grüner Veltliner * Ried Achleiten Smaragd 2021
13 Vol.-%, DV, Stahltank, €€€
Helles Grüngelb, Silberreflexe. Zart rauchig-kräuterwürzig unterlegte reife gelbe Tropenfrucht, ein Hauch von Papaya und Mango, frische Orangenzesten. Saftig, gute Komplexität, weiße Apfelfrucht, feine Struktur, mineralisch und gut anhaftend, ein eleganter Begleiter bei Tisch, gutes Zukunftspotenzial.

(93) Grüner Veltliner * Ried Hinterkirchen Smaragd 2021
14 Vol.-%, DV, Stahltank, €€€
Helles Grüngelb, Silberreflexe. Zarter Blütenhonig, ein Hauch von Marillen, Nuancen von reifem gelbem Apfel, zitronige Noten. Saftiges Steinobst, feine Wiesenkräuter, lebendiger Säurebogen, straff, saliner Nachhall, bleibt haften, bereits gut antrinkbar, sicheres Entwicklungspotenzial.

91 Grüner Veltliner * Weissenkirchen Federspiel Terrassen 2021
12,5 Vol.-%, DV, Stahltank, €€
Helles Gelbgrün, Silberreflexe. Zart nach frischem Kernobst, ein Hauch von gelber Birne und Wiesenkräutern, etwas Honigmelone. Leichtfüßig, fruchtige Süße, feiner Säurebogen, weißer Apfel, mineralisch-zitroniger Nachhall.

91 Grüner Veltliner * Ried Hinterkirchen Federspiel 2021
12,5 Vol.-%, DV, Stahltank, €€
Helles Grüngelb, Silberreflexe. Zart nach frischen Orangenzesten, gelber Apfel, ein Hauch von Blütenhonig, einladendes Bukett. Schlank, frisches Kernobst, feiner Säurebogen, Limettentouch im Nachhall, bietet frisches, unkompliziertes Trinkvergnügen.

WEINGUT ANDREAS LEHENSTEINER
3610 Weißenkirchen
Kremser Straße 7
T: +43 (2715) 2284
info@lehensteiner-wachau.at
www.lehensteiner-wachau.at

Kellermeister/Kontakt: Andreas Lehensteiner
Produktion: 93 % weiß, 7 % rot, 9 Hektar
Vereinszugehörigkeit: Vinea Wachau
Messen: VieVinum

* Wachau DAC

★★

WEINGUT MAZZA

Ilse Mazzas Tochter Christine hat mit Ende 2016 den Betrieb übernommen, nun führen die Mazza-Frauen das Weingut gemeinsam. So arbeiten sie Hand in Hand im Weingarten, im Keller und selbstverständlich auch beim Heurigen. Mensch, Natur, Handwerk und Kultur in Einklang zu bringen, ist die Philosophie der zwei Winzerinnen. Ihre duftigen, fruchtigen und harmonisch-eleganten Weine reflektieren diese herrliche Lebenseinstellung.
Zu den wichtigsten Sorten zählen Grüner Veltliner und Riesling, erweitert wird das Angebot noch um die Sorten Gelber Muskateller, Chardonnay und Zweigelt.
Die Weingärten werden mit größter Rücksichtnahme auf die Böden und Reben gepflegt, die Trauben sorgfältig von Hand geerntet und von den Winzerinnen mit großem Können und »G'spür«, wie sie zu sagen pflegen, schonend gekeltert – nach traditioneller Art, aber durch moderne Kellertechnik optimiert.

(94) Riesling * Ried Achleiten Smaragd 2021
13,5 Vol.-%, DV, Stahltank, €€€€ Ⓥ
Leuchtendes mittleres Goldgelb, silberfarbene Reflexe. Dezente Marillenfrucht, unterlegt mit Orangenzesten, ein Hauch von Mandarinenzesten, mineralischer Touch. Gute Komplexität, saftig, fruchtsüß nach Marillen, salzig, lebendige Säurestruktur, verfügt über gute Länge, sicheres Potenzial.

(91) Riesling * Ried Vorder Seiber Federspiel 2021
12,5 Vol.-%, DV, Stahltank, €€ Ⓥ
Mittleres Goldgelb, Grünreflexe. Zarter Blütenhonig, etwas Karamell, ein Hauch von Feigen, Ananas klingt an. Saftig, elegant, gut eingebundene Säurestruktur, mineralisch-laktisch, reife Apfelfrucht, tabakiger Nachhall, bereits gut antrinkbar.

(93) Grüner Veltliner * Ried Weitenberg Smaragd 2021
14,5 Vol.-%, DV, Stahltank, €€€ Ⓥ
Mittleres Grüngelb, silberfarbene Reflexe. Einladendes Bukett, nach Mango und Papaya, zart nach Blütenhonig, floraler Touch. Saftig, gute Komplexität, kraftvoll, feinwürzig, gut eingebundene Säurestruktur, fruchtsüß nach gelbem Apfel, lange anhaltend, vielseitiger Speisenbegleiter mit Potenzial.

(93) Grüner Veltliner * Weißenkirchen Ilses Lesung 2021
13 Vol.-%, DV, Stahltank, €€€ Ⓥ
Mittleres Grüngelb, silberfarbene Reflexe. Feine Tabakwürze, etwas nach Mango und Ananas, zart nach Orangenschalen, Melisse klingt an. Saftig, gute Komplexität, frische Struktur, engmaschig, mineralisch, weißes Kernobst, bleibt gut haften, leichtfüßiger Speisenbegleiter.

(91) Grüner Veltliner * Weißenkirchen Federspiel Veltliner Auftakt 2021
12,5 Vol.-%, DV, Stahltank, €€ Ⓥ
Helles Grüngelb, silberfarbene Reflexe. Feiner Blütenhonig, etwas gelbes Kernobst, zart nach Apfel, mineralisch, einladendes Bukett. Saftig, elegant, feine Säurestruktur, mineralisch, balanciert, etwas nach Quitte im Abgang, salziger Nachhall, fruchtsüßer Rückgeschmack, gutes Potenzial.

(93) Gelber Muskateller * Weißenkirchen Smaragd 2021
13 Vol.-%, DV, Stahltank, €€€€ Ⓥ
Helles Grüngelb, silberfarbene Reflexe. Dezente Kräuterwürze, zart nach Pfirsich, etwas nach Blütenhonig, ein Hauch von Orangenschalen, Holunderblüten klingen an. Saftig, elegant, fruchtsüß, weißes Steinobst, vielschichtig, engmaschig, lebendige Säurestruktur, mineralischer Abgang, salziger Nachhall, sicheres Potenzial.

WEINGUT MAZZA
3610 Weißenkirchen
Auf der Burg 124
T: +43 (2715) 2300
weingut@mazza.at
www.mazza.at

Kellermeister/Kontakt:
Christine Mazza
Produktion: 15.000 Flaschen
85 % weiß, 15 % rot, 3 Hektar
Vereinszugehörigkeit:
Vinea Wachau
Messen: VieVinum

★★

WEINGUT MÜLLER – TASSILO

Die Brüder Stefan und Leopold Müller aus Krustetten führen neben ihrem Weingut im Kremstal eine Wachauer Weinlinie: »Tassilo«. Diese Weine stammen von zwölf Hektar Top-Lagen in der Wachau, die von dem Brüderpaar sehr sorgfältig gepflegt und bewirtschaftet werden. Die Rebflächen kommen aus dem Besitz des Stiftes Kremsmünster, das 777 nach Christus von Bayernherzog Tassilo III. gegründet wurde und seit dem Jahr 893 Reben in der Wachau pflegt. Die damals sorgfältig angelegten Weingärten bestechen auch heute noch durch ihre besonders guten Bodeneigenschaften und hervorragenden Lagen mit idealen klimatischen Verhältnisse. Vor allem die kargen Urgesteinsböden der tausendjährigen Rieden Süßenberg, Alte Point und Leukuschberg verleihen den Weinen eine charakteristische Mineralik und Vielschichtigkeit.
Das kostbarste Stück der Kunstsammlung des Stiftes, der legendäre Tassilokelch, wurde in das Etikett als Symbol für die Wachauer Weine eingebaut.

92 Grüner Veltliner * Ried Süßenberg Reserve 2021
13,5 Vol.-%, DV, Stahltank/großes Holzfass, €€€
Mittleres Grüngelb, Silberreflexe. Zart nach Orangenzesten, gelber Apfel, ein Hauch von Mango, einladendes Bukett, etwas Blütenhonig. Kraftvoll, weiße Kernobstnoten, feiner Säurekern, mineralisch und anhaftend, gutes Reifepotenzial.

90 Grüner Veltliner * Steinmauer 2021
12,5 Vol.-%, DV, Stahltank, €€
Helles Grüngelb, Silberreflexe. Zart floral unterlegte weiße Apfelfrucht, mineralisch, ein Hauch von Wiesenkräutern. Saftig, feine Fruchtsüße, gelber Apfel, ein Hauch von Orangen, bietet leichtfüßiges Trinkvergnügen.

90 Grüner Veltliner * Ried Alte Point 2021
12,5 Vol.-%, DV, Stahltank, €€
Helles Grüngelb, Silberreflexe. Nuancen von Limettenzesten, frischer grüner Apfel, mineralischer Touch, zarte tabakige Nuancen. Mittlerer Körper, gelber Apfel, saftig und frisch, elegant im Nachhall, zarte Fruchtsüße im Rückgeschmack.

89 Grüner Veltliner * Ried Leukuschberg 2021
13 Vol.-%, DV, Stahltank, €€

92 Riesling * Ried Süßenberg Reserve 2021
13,5 Vol.-%, DV, Stahltank/großes Holzfass, €€€
Helles Grüngelb, Silberreflexe. Feine Nuancen von Weingartenpfirsich, ein Hauch von Apfel und Blütenhonig, zitronige Nuancen. Mittlerer Körper, frische weiße Frucht, lebendig strukturiert, mineralisch, Limetten im Nachhall, animierender Speisenbegleiter mit Potenzial.

90 Pinot Noir Ried Süßenberg 2019
13,5 Vol.-%, DV, gebrauchte Barriques, €€€€
Kräftiges Kirschrot, violette Reflexe, zarte Randaufhellung. Einladender Duft nach Zwetschken und eingelegten schwarzen Kirschen, ein Hauch von Edelholz, florale Nuancen. Kraftvoll, elegant, feine, gut integrierte Tannine, würzig, Kirschen im Abgang, bereits gut antrinkbar.

WEINGUT MÜLLER – TASSILO
3508 Krustetten
Hollenburger Straße 12
T: +43 (2739) 2691
info@weingutmueller.at
www.weingutmueller.at

Kellermeister: Leopold Müller
Kontakt: Leopold und Stefan Müller
Produktion: 90 % weiß, 10 % rot, 12 Hektar
Zertifiziert: Nachhaltig Austria
Messen: ProWein Düsseldorf, VieVinum, Vinexpo

★★★

WEINGUT ANTON NOTHNAGL

Das Weingut der Familie Nothnagl, der Rondellenhof, liegt im malerischen Ortsviertel Radlbach in Spitz an der Donau. Seit 1872 ist er im Besitz der Familie. Anton Nothnagl arbeitet seit der Absolvierung der Weinbauschule Krems im Betrieb und übernahm 1997 dessen Leitung.

Die Weingärten liegen in den besten Rieden von Spitz und umfassen eine Rebfläche von zehn Hektar, aufgeteilt auf die Rieden Setzberg, Steinporz, Burgberg, Hartberg, Axpoint, Spitzer Graben und Pluris. Angebaut werden die Rebsorten Riesling, Grüner Veltliner, Chardonnay, Weißburgunder, Sauvignon Blanc und Gelber Muskateller. Die Arbeit in Presshaus und Keller, die im Jahr 2001 aufwendig renoviert wurden, stellt eine ideale Mischung aus überlieferten Traditionen und modernster Technik dar.

Die Neugestaltung seiner Etiketten und der gesamten Marke »Nothnagl« in Form eines betont großen »N« unterstreicht die neue Qualitätsphilosophie des Hauses. Seither finden sich Nothnagl-Weine auf den Weinkarten vieler renommierter Restaurants in Österreich.

Alle Weine des Hauses werden mit Schraubverschluss angeboten. Der Weinstil von Anton Nothnagl – duftige, elegante Federspiel-Weine sowie besonders saftige und fruchtkonzentrierte Smaragde – und die Kontinuität der Weinbereitung haben in den vergangenen Jahren zu einer regen Nachfrage nach seinen Weinen geführt.

95 Grüner Veltliner * Spitz Ried Setzberg Smaragd 2021

14 Vol.-%, DV, Stahltank, €€€

Mittleres Grüngelb, Silberreflexe. Zart nach Orangenzesten, gelber Apfel, feine Wiesenkräuter, einladendes Bukett. Saftig, komplex, weißer Apfel, zart nach Anis, finessenreicher Säurebogen, mineralisch und lange anhaftend, bereits gut entwickelt, mit Zukunftspotenzial ausgestattet.

94 Grüner Veltliner * Spitz Ried Burgberg Smaragd 2021

13,5 Vol.-%, DV, Stahltank, €€€

Helles Grüngelb, Silberreflexe. Einladende gelbe Tropenfrucht, zart nach Ananas, dazu reife Marillen, ein Hauch von Orangenzesten, mit etwas Blütenhonig unterlegt. Komplex, straff, engmaschig, weiße Apfelfrucht, feiner Säurebogen, mineralisch-salzig im Abgang, ausgewogen

Burgruine Hinterhaus bei Spitz an der Donau

WEINGUT ANTON NOTHNAGL
3620 Spitz an der Donau
Radlbach 7
T: +43 (2713) 2612
weingut@nothnagl.at
www.nothnagl.at

Kellermeister/Kontakt:
Anton Nothnagl
Produktion: 100 % weiß, 10 Hektar
Vereinszugehörigkeit:
Vinea Wachau

und gut anhaftend, ein eleganter Speisenbegleiter mit Reifepotenzial.

92 Grüner Veltliner * Spitz Ried Steinporz Federspiel 2021

12,5 Vol.-%, DV, Stahltank, €€

Helles Gelbgrün, Silberreflexe. Zarte Wiesenkräuter, etwas nach gelbem Apfel, Mandarinenzesten, frisches Bukett. Saftig, balancierte Struktur, feinwürzig, Steinobstnuancen im Abgang, guter Speisenbegleiter.

92 Grüner Veltliner * Spitz Ried Burgberg Federspiel 2021

12,5 Vol.-%, DV, Stahltank, €€

Helles Grüngelb, Silberreflexe. Feine Kräuternoten, ein Hauch von Birnen, etwas nach Blütenhonig, feine Orangenzesten. Mittlerer Körper, saftig, elegant, feine Säurestruktur, Ananas im Abgang, bleibt gut haften, vielseitiger Speisenbegleiter.

94 Riesling * Spitz Ried Setzberg Smaragd 2021

13,5 Vol.-%, DV, Stahltank, €€€

Helles Gelbgrün, Silberreflexe. Feiner Blütenhonig, ein Hauch von Weingartenpfirsich, zart nach Maracuja und Ananas, ein Hauch von Orangenzesten. Komplex, seidige Textur, feiner Säurebogen, fruchtige Süße im Abgang, zeigt Länge, harmonischer, bereits zugänglicher Stil, sicheres Entwicklungspotenzial.

92 Riesling * Spitz Ried Burgberg Federspiel 2021

12,5 Vol.-%, DV, Stahltank, €€

Helles Gelbgrün, Silberreflexe. Mit feinen Zitrusnuancen unterlegtes weißes Steinobst, zart nach Pfirsich, etwas Wiesenkräuter. Mittlerer Körper, saftig, elegant, feine Struktur, zart nach Maracuja, extraktsüß im Abgang, mineralischer Nachhall, vielseitig einsetzbar.

93 Weißburgunder * Spitz Smaragd 2021

13,5 Vol.-%, DV, Stahltank, €€€

Helles Gelbgrün, Silberreflexe. Feine weiße Apfelfrucht, zart nach Birne, mineralischer Touch, zart nach kandierten Orangenzesten. Komplex, saftig, feines Kernobst, mittlerer Körper, frischer Säurebogen, Limetten im Abgang, saliner Nachhall, zeigt gute Länge, gutes Reifepotenzial.

93 Sauvignon Blanc * Spitz Smaragd 2021

14 Vol.-%, DV, Stahltank, €€€

Helles Gelbgrün, Silberreflexe. Zarte Nuancen von Stachelbeeren, ein Hauch von Limetten, dezente Kräuterwürze, mineralischer Touch. Saftig, feine gelbe Tropenfrucht, finessenreicher Säurebogen, zitroniger Touch, bleibt gut haften, verfügt über gutes Reifepotenzial.

91 Sauvignon Blanc * Spitz Federspiel 2021

12 Vol.-%, DV, Stahltank, €€

Helles Gelbgrün, Silberreflexe. Frische Kräuternoten, etwas nach grünem Apfel, ein Hauch von reifen Stachelbeeren, zart nach Guaven. Frische Struktur, engmaschig, zarte Fruchtsüße, gut balanciert, vielseitig einsetzbar.

92 Chardonnay * Spitz Smaragd 2021

13,5 Vol.-%, DV, Stahltank, €€€

Helles Goldgelb, Silberreflexe. Zart floral unterlegte Note von gelbem Kernobst, feine Kräuterwürze, ein Hauch von Golden-Delicious-Apfel. Saftig, elegant und extraktsüß, feiner Säurebogen, mineralisch-zitronig im Abgang, ein ausgewogener Speisenbegleiter.

91 Gelber Muskateller * 2021

12,5 Vol.-%, DV, Stahltank, €€

Sehr helles Gelbgrün, Silberreflexe. Zart nach Holunderblüten, weißer Pfirsich, ein Hauch von Litschis und Limetten. Saftig, elegant, traubige Frucht, frischer Säurebogen, mineralisch und zitronig, ein lebendiger Sommerwein.

★★★★★

WEINGUT F. X. PICHLER

Das Weingut F. X. Pichler in Oberloiben zählt bereits seit Jahrzehnten zu den Fixsternen am österreichischen Weinhimmel. Senior Franz Xaver Pichler gebührt das Verdienst, dem Betrieb eine unverwechselbare stilistische Linie gegeben zu haben, die heute von seinem Sohn Lucas, der gemeinsam mit seiner Frau Johanna das Weingut leitet, um weitere spannende Facetten bereichert wird.
Wenn man von Pichlers Rieslingen und Grünen Veltlinern spricht, dann auch von den berühmtesten Lagen in Loiben und Dürnstein, die sich im Osten vom Steinertal über den Loibenberg, den Kellerberg bis zum im Westen gelegenen Liebenberg erstrecken. Im Hause Pichler ist es immer das erklärte Ziel, Weine zu keltern, die ein getreues Abbild des Jahres, des Bodens und des speziellen Mikroklimas der Wachau sind. Die feinen Nuancen der jeweiligen Lage sollen in ihrer vielschichtigen Einzigartigkeit spürbar und schmeckbar sein. So gestaltet sich eine Verkostung der Weinserie stets als ein »Hochamt der Reife«. Die Weine überzeugen unabhängig von der Kategorie durch ihre präzise Durchgestaltung – alles, was hier auf die Flasche kommt, ist auch exakt so gewollt. Wer sich an der Beurteilung dieser »Weinwerke« versucht, sollte immer den Faktor Zeit im Kopf haben, denn die substanzreichen Smaragde brauchen nun einmal sieben, acht Jahre, um sich zu entfalten, die großen Weine des Hauses der Kategorie »M« oder »Unendlich« noch um einiges länger.
Lucas Pichler verfügt seit 2009 in einem sehenswerten neuen Kellergebäude mitten in den Weingärten zwischen Dürnstein und Oberloiben über den Platz, den er braucht, um seine Ideen zu verwirklichen.

(100) Riesling * Ried Kellerberg 2021
13,5 Vol.-%, NK, großes Holzfass, Ⓥ
Helles Gelbgrün, Silberreflexe. Zart floral unterlegte helle Fruchtexotik, weißer Pfirsich, ein Hauch von Mandarinen und Limetten, mineralischer Touch. Saftig, elegant, Nuancen von weißem Steinobst, etwas Maracuja, sehr stoffig, komplex, salzig, geht nach hinten in großer Extraktfülle auf, wirkt dennoch fast leichtfüßig, große Länge, enormes Reifepotenzial, ein Wein von ungemeiner Delikatesse und Finesse.

(97) Riesling * Ried Loibenberg 2021
13 Vol.-%, NK, großes Holzfass, Ⓥ
Helles Gelbgrün, Silberreflexe. Zart nach gelber Tropenfrucht, feine Steinobstnoten, gelbe Pfirsichfrucht, etwas Ananas, ein Hauch von Blütenhonig, Orangenzesten. Saftig, Nuancen von gelbem Steinobst, frisch und lebendig, rassige Struktur, saftig-salziger Touch, sehr große Länge, feine Würze, sicheres Reifepotenzial.

(97) Riesling * Ried Steinertal 2021
12,5 Vol.-%, NK, großes Holzfass, Ⓥ
Helles Gelbgrün, Silberreflexe. Feine florale Nuancen, weißer Pfirsich, zart nach Tropenfrucht wie rosa Grapefruit, ein Hauch von Blütenhonig, facettenreich und einladend. Saftig, weißes Steinobst, rassige Struktur, salzig-saftig und lange anhaftend, feine Fruchtsüße im Nachhall, Limetten im Finish, tolle Länge, bietet großes Trinkanimo, verfügt über sicheres Reifepotenzial.

(95) Riesling * Ried Burgstall 2021
NK, großes Holzfass, Ⓥ
Helles Gelbgrün, Silberreflexe. Feine gelbe Pfirsichfrucht, ein Hauch von Mango, frische Orangenzesten, dunkle Mineralik. Saftig, straff, ein Hauch von Grapefruit und Limetten, kühler Stil, rassig strukturiert, salzige Mineralik, frisch und anhaftend, zeigt sehr gute Länge, gutes Reifepotenzial.

94 Riesling * Ried Trum 2021
13 Vol.-%, NK, Stahltank, Ⓥ
Helles Gelbgrün, Silberreflexe. Zarte gelbe Tropenfrucht, floraler Touch, ein Hauch von Mandarinenzesten und Marille, sehr einladendes Bukett. Saftig, elegant, Nuancen von weißer Pfirsichfrucht, finessenreiche Struktur, sehr gut anhaftend, gute Länge, ein delikater Speisenbegleiter mit sicherem Reifepotenzial.

93 Riesling * Ried Kostersatz 2021
12,5 Vol.-%, DV, Stahltank, Ⓥ
Helles Gelbgrün, Silberreflexe. Feine gelbe Tropenfrucht, ein Hauch von Marille und Maracuja, etwas Mango und Limetten, floraler Touch. Knackig und straff, weißer Apfel, finessenreich, rassiger Säurebogen, gute Substanz, bleibt gut haften.

(99) Grüner Veltliner * Ried Kellerberg 2021
13,5 Vol.-%, NK, Stahltank/großes Holzfass, Ⓥ
Helles Gelbgrün, Silberreflexe. Zart nach Mandarinenzesten, floraler Touch, ein Hauch von frischem Apfel,

WEINGUT F. X. PICHLER

3601 Dürnstein
Oberloiben 57
T: +43 (2732) 85375
weingut@fx-pichler.at
www.fx-pichler.at

Kellermeister: Lucas Pichler
Kontakt: Johanna Pichler
Produktion: 100 % weiß, 20 Hektar
Zertifiziert: Nachhaltig Austria
Messen: ProWein Düsseldorf, VieVinum

Loibner Klostersatz

Orangen und Limetten, dunkle Mineralik. Straff, engmaschig, hat Biss, mit feiner Kräuterwürze unterlegt, frisches Kernobst, rassig strukturiert, salzige Mineralik, zeigt eine enorme Länge ohne jede Üppigkeit, präzise und strahlkräftig, sicheres Reifepotenzial.

(96) Grüner Veltliner * Ried Loibenberg 2021

NK, Stahltank/großes Holzfass,

Helles Gelbgrün, Silberreflexe. Würzig unterlegte frische Apfelfrucht, Nuancen von Wiesenkräutern, zart speckig, mineralischer Touch, dunkle Noten. Saftig, elegant, straff, engmaschig, finessenreich strukturiert, salzig und kompakt, sehr lebendig, kalkige Nuancen, saliner Abgang, zeigt Länge und verfügt über Potenzial.

(95) Grüner Veltliner * Ried Steinertal 2021

12,5 Vol.-%, NK, Stahltank,

Helles Gelbgrün, Silberreflexe. Feine Würze nach Kräutern und Tabak, gelbe Apfelfrucht, ein Hauch von Orangenzesten, attraktives Bukett. Leichtfüßig, weiße Frucht, rassige Säurestruktur, lebendig und gut anhaftend, salzig-zitroniger Touch, ungemein frisch und animierend, zeigt Länge und Saftigkeit, sicheres Reifepotenzial.

94 Grüner Veltliner * Ried Klostersatz 2021

12,5 Vol.-%, DV, Stahltank,

Helles Grüngelb, Silberreflexe. Frische Wiesenkräuter, weißer Apfel, feines Kernobst, ein Hauch von Limetten, mineralisch unterlegt. Saftig, kernig, frischer Apfel, rassige Struktur, salzig-zitronig, bleibt gut haften, ein lebendiger Speisenbegleiter mit Reifepotenzial.

94 Grüner Veltliner * Ried Frauenweingarten 2021

13 Vol.-%, NK, großes Holzfass,

Helles Gelbgrün, Silberreflexe. Zart nach Honigmelone, frische Wiesenkräuter, tabakige Würze, ein Hauch von weißem Apfel. Saftig, elegant, feine Nuancen von gelbem Kernobst, ausgewogen, finessenreicher Säurebogen, feine Salzigkeit, bleibt haften, ein ausgewogener Speisenbegleiter, gutes Potenzial.

92 Grüner Veltliner * Dürnstein 2021

13 Vol.-%, DV, Stahltank,

Helles Grüngelb, Silberreflexe. Zart floral, Nuancen von weißer Frucht, rauchig und würzig, feine Noten von Golden-Delicious-Apfel, ein Hauch von Orangenzesten. Straff, engmaschig, betont mineralisch, frischer Säurebogen, salzig im Abgang, Limetten im Nachhall, gute Länge, sicheres Potenzial.

92 Grüner Veltliner * Loiben 2021

12 Vol.-%, DV, Stahltank,

Helles Gelbgrün, Silberreflexe. Floral unterlegte frische weiße Apfelfrucht, ein Hauch von Mango, einladendes Bukett, zart nach Wiesenkräutern. Mittlerer Körper, weißer Apfel, frische Säurestruktur, zitronig-mineralisch im Abgang, elegant und ausgewogen.

95 Gelber Muskateller * Dürnstein 2021

13 Vol.-%, DV, Stahltank,

Helles Gelbgrün, Silberreflexe. Feine Holunderblüten, ein Hauch von Maracuja, zart nach Muskatnuss, mineralischer Touch. Saftig, feine Tropenfrucht, finessenreiche, enorm straffe Säurestruktur, traubige Nuancen, elegante feine Fruchtsüße im Nachhall, salziger Touch, ein lebendiger Speisenbegleiter.

Rudi, Theresa und Rudi Pichler jun.

WEINGUT RUDI PICHLER
3610 Wösendorf
Marienfeldweg 122
T: +43 (2715) 2267
weingut@rudipichler.at
www.rudipichler.at

Kellermeister: Rudi Pichler, Rudi Pichler jun.
Kontakt: Rudi Pichler, Theresa Pichler
Produktion: 100 % weiß, 15 Hektar
Vereinszugehörigkeit:
Tu Felix Austria, Vinea Wachau
Messen: VieVinum

★★★★★

WEINGUT RUDI PICHLER

Rudi Pichler zählt zu den arrivierten Spitzenerzeugern der Wachau. In seinen Lagen, die über Joching, Wösendorf und Weißenkirchen verstreut sind, erzeugt er charaktervolle, langlebige Weißweine. Neben Grünem Veltliner und Riesling kultiviert Rudi Pichler auch Weißburgunder und den meist voluminösen Roten Veltliner.
Der Winzer versteht es, den Weinen in jeder Kategorie sehr viel Sortencharakter einzuhauchen. Sein Federspiel vom Grünen Veltliner ist unter Kennern immer ein Favorit, der trinkanimierenden Stil mit klassischem Wachauer Sortenausdruck verbindet. Bei den großen Smaragden gelingt es Rudi Pichler und der nächsten Generation, Theresa und Rudi junior, das Terroir wunderschön herauszuarbeiten. Diese kräftigen Weine entwickeln auch erst nach einigen Jahren ihre volle Pracht. Rudi Pichler setzt punktuell auf entsprechende Maischestandzeiten, die Gärdauer, die in vergangenen Jahren eher länger angesetzt wurde, ist nun wieder kürzer geworden, weil das dem angestrebten Stil besser entgegenkommt. Das Resultat sind nuancierte Spitzenweine von sehr individueller Prägung.

Nicht nur vom Standpunkt der Architektur aus sehenswert ist das moderne Weingut, das 2004 feierlich eröffnet wurde. Es bietet dem engagierten Winzer den idealen Raum, um seine bemerkenswerten Weine unter optimalen Bedingungen zu keltern. Rudi Pichlers charaktervolle neue Serie ist durch eine ungemein mineralische Strahlkraft, Straffheit und Tiefe in der Aromatik gekennzeichnet, die unterschiedlichen Terroirs sind auf das Präziseste entfaltet. Es ist eine Freude, sich diese Weine zu erschließen, allen voran die herausragenden Grünen Veltliner und der Riesling Achleithen. Die Falstaff-Redaktion wählte Rudi Pichler zum »Winzer des Jahres 2010«.

99 Grüner Veltliner * Ried Achleithen Smaragd 2021
14 Vol.-%, NK, Stahltank, €€€€€€ V
Helles Grüngelb, Silberreflexe. Rauchig-würzig, Nuancen von Speck und feuchten Steinen, dunkel und magisch, salzige Nuancen, weißer Apfel, Limetten und Kräuter, feine Würze. Straff, elegant, feine Nuancen von Marille, frische Säurestruktur, lange anhaftend, ein Hauch von Limetten, sicheres Reifepotenzial für viele Jahre.

95 Grüner Veltliner * Wösendorf Ried Hochrain Smaragd 2021
13,5 Vol.-%, NK, Stahltank, €€€€€ V
Helles Grüngelb, Silberreflexe. Feiner Blütenhonig, gelbe Tropenfrucht, ein Hauch von reifem gelbem Apfel, tabakig, frische Kräuterwürze. Komplex, straff, engmaschig, brillanter Säurekern, zart nach Nashi-Birne, feine Nuancen von weißem Steinobst im Nachhall, zeigt große Länge und Frische, sicheres Reifepotenzial für viele Jahre.

94 Grüner Veltliner * Smaragd Terrassen 2021
13,5 Vol.-%, NK, Stahltank, €€€€ V
Helles Gelbgrün, Silberreflexe. Feine Kräuterwürze, ein Hauch von Tabak, zart nach Orangenzesten, gelbe Apfelfrucht, mineralischer Touch. Komplex, stoffig, Nuancen von weißem Kernobst, frische Säurestruktur, feine Birnenfrucht, zitronige Nuancen, salziger Touch im Nachhall.

94 Grüner Veltliner * Wösendorf Ried Kollmütz Smaragd 2021
13,5 Vol.-%, NK, Stahltank, €€€€€ V
Helles Grüngelb, Silberreflexe. Rauchig, Noten von Wiesenkräutern, feine Nuancen von gelben Ringlotten und Apfel, dunkle Mineralik, kandierte Orangenzesten. Mittlere Komplexität, feine Fruchtsüße, frische Säurestruktur, dezent nach Mango, finessenreich und sehr gut anhaftend, mineralisch, Limettentouch im Nachhall, sicheres Reifepotenzial.

92 Grüner Veltliner * Federspiel 2021
12,5 Vol.-%, NK, Stahltank, €€€ V
Helles Grüngelb, Silberreflexe. Feine gelbe Fruchtexotik, ein Hauch von Birne und Mango, zarte Kräuterwürze, tabakige Nuancen. Saftig, elegant, zart nach Mandeln und Apfel, feiner Säurekern, bleibt gut haften, ein zartwürziger Speisenbegleiter, gutes Reifepotenzial.

99 Riesling * Weissenkirchen Ried Achleithen Smaragd 2021
13,5 Vol.-%, NK, Stahltank, €€€€€€ V
Mittleres Grüngelb, Silberreflexe. Dunkle Mineralik, feine gelbe Tropenfrucht, ein Hauch von Ananas, vielschichtig und sehr suggestiv. Kraftvoll, stoffig, Nuancen von weißer Frucht, finessenreiche reife Säure, bleibt sehr lange haften, zeigt Rasse und Tiefgang, wird mit weiterer Reife noch an Facetten zulegen, enorme Länge, ein großes Zukunftsversprechen.

97 Riesling * Wösendorf Ried Hochrain Smaragd 2021
13,5 Vol.-%, NK, Stahltank, €€€€€ V
Mittleres Grüngelb, Silberreflexe. Feine gelbe Pfirsichfrucht, ein Hauch von Mango und Maracuja, exotisches Fruchtspiel, attraktiv und facettenreich. Saftig, komplex, sehr vielschichtig, rassiger Säurebogen, weiße Frucht im Nachhall, präzise und strahlend, sehr große Länge und sicheres Reifepotenzial.

96 Riesling * Wösendorf Ried Kirchweg Smaragd 2021
13,5 Vol.-%, NK, Stahltank, €€€€€ V
Helles Gelbgrün, Silberreflexe. Einladende Marillenfrucht, zart nach Ringlotten und Mandarinenzesten, gelbe Tropenfrucht, sehr facettenreiche Aromatik. Komplex, weiße Frucht, frisch strukturiert, wirkt leichtfüßig, salzig und gut anhaftend, bereits zugänglich, sicheres Reifepotenzial.

95 Riesling * Smaragd Terrassen 2021
13,5 Vol.-%, NK, Stahltank, €€€€ V
Helles Gelbgrün, Silberreflexe. Zarte gelbe Tropenfrucht, ein Hauch von Orangenzesten und Blütenhonig, etwas Mango und Pfirsich. Straff, engmaschig, frischer Säurebogen, salzig, finessenreich, weiße Frucht, ein Hauch von Maracuja, würziger Gerbstofftouch im Abgang, sehr gute Länge, Limetten im Nachhall.

93 Riesling * Federspiel 2021
12,5 Vol.-%, NK, Stahltank, €€€ V
Helles Grüngelb, Silberreflexe. Feine gelbe Tropenfrucht, frischer Pfirsich, etwas Ananas, ein Hauch von Mandarinenzesten, mineralischer Touch. Saftig, elegant, zarte Tropenfrucht, dezente fruchtige Süße, rassiger Säurebogen, mineralisch-zitronig im Nachhall, gutes Reifepotenzial.

95 Roter Veltliner * Smaragd 2021
14 Vol.-%, NK, €€€€€
Helles Grüngelb, Silberreflexe. Zart nach Birne, gelbe Tropenfrucht, ein Hauch von Blütenhonig, helles Nougat, etwas Bienenwachs. Stoffig, elegant, feine Fruchtsüße, komplex, seidige Textur, frisch strukturiert, ein Hauch von Marille im Abgang, sehr gute Länge, salzig im Rückgeschmack, gutes Zukunftspotenzial.

94 Weißburgunder * Smaragd Terrassen 2021
13,5 Vol.-%, NK, Stahltank, €€€€ V
Helles Gelbgrün, Silberreflexe. Rauchig-mineralisch unterlegte Birnenfrucht, ein Hauch von Walnuss und frischen Kräutern, zart nach Quitte. Straff, engmaschig, weißer Apfel, lebendiger Säurebogen, frischer Abgang, ein Hauch von Limetten im Nachhall, finessenreicher, leichtfüßig wirkender Speisenbegleiter.

★★★★

WEINGUT PICHLER-KRUTZLER

Elisabeth Pichler-Krutzler und Erich Krutzler sind mit Wein aufgewachsen und haben jahrelang in ihren elterlichen Betrieben maßgeblich mitgearbeitet – sie in der Wachau, er im Südburgenland. Der Weinbau ist ihnen also sozusagen in die Wiege gelegt worden. So war die logische, fast naturgemäße Folge ihrer Heirat ein eigenes Weingut. Im Jahr 2007 begann man mit mageren 10.000 Flaschen, heute entstehen auf etwa 14 Hektar Rebfläche Jahr für Jahr an die 15 verschiedene Weine aus berühmten Rieden wie Supperin, Loibenberg, Kellerberg oder Pfaffenberg. In der einzigartigen Natur- und Kulturlandschaft Wachau bringen diese Lagen – nachhaltig und mit Respekt vor der Natur bewirtschaftet – Weine hervor, die ihrer besonderen Herkunft in jeder Hinsicht gerecht werden: nichts für den schnellen Genuss, sondern Aufmerksamkeit und Passion einfordernd.
Im Keller wird so wenig eingegriffen wie nur irgend möglich, denn es wird zugelassen und nicht gemacht. Am Ende sollen Weine mit Seele und Charakter stehen, die so authentisch sind, wie es die Natur bestimmt, und die keinem populären Mainstream hinterherlaufen. Pichler-Krutzler-Weine sind pur, unverfälscht und kompromisslos. Sie werden parzellenrein gelesen und verarbeitet. Da auf Aufbesserung, Wasser- oder Saftentzug, jegliche Schönung und Zusätze verzichtet wird, zeigen sich alle Weine vollkommen ungeschminkt und authentisch. Hochwertige Handarbeit ohne modische Tendenzen eben.

WEINGUT PICHLER-KRUTZLER
3601 Dürnstein
Oberloiben 16
T: +43 (2732) 71806
office@pichler-krutzler.at
www.pichler-krutzler.at

Kellermeister: Erich Krutzler
Kontakt: Elisabeth Pichler-Krutzler
Anbauweise: Umstellung auf bio
Produktion: 100 % weiß, 14 Hektar
Messen: Austrian Tasting London, ProWein Düsseldorf, VieVinum, Summa Margreid

(98) Riesling * Ried Kellerberg 2021
13,5 Vol.-%, NK, großes Holzfass, €€€€€€
Mittleres Gelbgrün, Silberreflexe. Frische Mandarinenzesten, feine gelbe Tropenfrucht, ein Hauch von Pfirsich und Maracuja, sehr attraktives Bukett. Komplex, saftig, Nuancen von weißer Frucht, finessenreicher Säurebogen, bleibt sehr gut haften, mineralischer Nachhall, sicheres Reifepotenzial, große Zukunft.

96 Riesling Kremstal DAC Reserve Ried Pfaffenberg Alte Reben 2020
13 Vol.-%, NK, großes Holzfass, €€€€€€
Helles Goldgelb, Silberreflexe. Frische Orangenzesten, Nuancen von gelbem Pfirsich, ein Hauch von Mango und Blütenhonig, vielschichtiges Bukett. Komplex, saftig, frisches Steinobst, gut integrierte Säurestruktur, harmonisch, bleibt lange haften, ein stoffiger Speisenbegleiter mit sicherem Reifepotenzial.

(95) Riesling * Ried Loibenberg 2021
13,5 Vol.-%, NK, großes Holzfass, €€€€€
Leuchtendes Grüngelb, Silberreflexe. Zart nach Ananas, ein Hauch von Pfirsich, Nuancen von Limettenzesten, mineralischer Touch. Saftig, elegant, angenehme Fruchtsüße, die von einer lebendigen Säurestruktur gekontert ist, weiße Frucht im Nachhall, Limetten im Rückgeschmack, engmaschig und finessenreich, zeigt Länge, verfügt über sicheres Reifepotenzial.

93 Riesling * In der Wand 2021
12,5 Vol.-%, DV, Stahltank, €€€€€
Helles Grüngelb, Silberreflexe. Feine gelbe Tropenfrucht, zart nach Ananas und Maracuja, ein Hauch von Limettenzesten. Saftig, weißer Pfirsich, frische Säurestruktur, zitroniger Touch, salzige Nuancen, ein rassiger Speisenbegleiter, bereits gut antrinkbar.

(96) Grüner Veltliner * Ried Kellerberg 2021
13,5 Vol.-%, NK, großes Holzfass, €€€€€€
Mittleres Grüngelb, Silberreflexe. Zart nach kandierten Orangenzesten, feiner Blütenhonig, ein Hauch von Mango und Papaya, floraler Touch, einladendes Bukett. Komplex,

feinwürzig, weißes Kernobst, frischer Säurebogen, angenehme Mineralik, zitronig-lebendig im Abgang, ausgewogen und anhaftend, sicheres Reifepotenzial.

95 Grüner Veltliner Kremstal DAC Reserve Ried Pfaffenberg Alte Reben 2020
13 Vol.-%, NK, Holzfass, €€€€€€
Leuchtendes Goldgelb, Silberreflexe. Frische Mandarinen, ein Hauch von Safran, mit gelbem Apfel und Mango unterlegt, Marillen und Blütenhonig im Hintergrund. Komplex, saftig, elegant, Nuancen von reifem Steinobst, dezenter Säurebogen, bleibt haften, feine Fruchtsüße im Rückgeschmack, wird von Flaschenreife profitieren.

(94) Grüner Veltliner * Ried Rothenhof Alte Reben 2021
13 Vol.-%, NK, großes Holzfass, €€€€€
Mittleres Gelbgrün, Silberreflexe. Nuancen von frischem weißem Kernobst, Limettenzesten, zarte Kräuterwürze, ein Hauch von Gewürznelken und Orangenzesten. Mittlere Komplexität, feine Melonenfrucht, dezenter Säurebogen, salziger Touch, zitroniger Nachhall, ein seidiger Speisenbegleiter.

(93) Grüner Veltliner * Ried Supperin 2021
13 Vol.-%, NK, großes Holzfass, €€€€€
Leuchtendes Gelbgrün, Silberreflexe. Feine Nuancen von Mango und Marille, Mandarinen und Blütenhonig, einladendes Bukett. Saftig, elegant, weiße Apfelfrucht, ein Hauch von Nelken, feiner Säurebogen, finessenreich und anhaftend, ein hocheleganter Speisenbegleiter.

★★★★★

WEINGUT PRAGER

»Vom Stein zum Wein«, lautet die Devise von Toni Bodenstein. Seine Ambition liegt im Ausloten des Qualitätspotenzials der einzelnen Lagen. Das Ziel: individuelle, archetypische Weine ins Glas zu bringen, die den einzigartigen Charakter ihrer Herkunft in sich tragen. Der als »Terroirist der Wachau« bekannte Winzer und Obmann des »Regionalen Weinkomitees Wachau« steht für eine komplexe Philosophie: Geschichte und Zukunft, Nachhaltigkeit und Naturbelassenheit. So erfolgen die Arbeiten in Weinberg und Keller traditionell, gepaart mit der notwendigen Innovation, stets im Streben und auf der Suche nach dem qualitativ Bestmöglichen. Naturverbundenheit und Inspiration werden in authentischen Weinen lebendig – als Ergebnis eines ganzheitlichen Konzepts mit nachhaltigem Handeln. Aus Respekt vor der Natur, Wertschätzung des Lebensraums und Verantwortung gegenüber kommenden Generationen entstehen Weine, die Eleganz und Finesse mit Ausdruck und Kraft vereinen, Weine, die zeigen, dass die großen Gewächse der Wachau zu den besten der Welt gehören.
Zahlreiche internationale Auszeichnungen bestätigen die Arbeit und die Philosophie von Ilse und Toni Bodenstein, die gemeinsam eines der renommiertesten Weingüter Österreichs führen. Mit dem Jahrgang 2019 werden Ideen und Zielsetzungen der nächsten Generation integriert sein: Sohn Robert Bodenstein, dessen Masterarbeit dem Terroir der Ried Achleiten gewidmet ist, wird mehr Verantwortung übernehmen. Auch er ist fasziniert und ebenso gefordert von der vielschichtigen Einzigartigkeit des Wachauer Terroirs. Die großen Lagen des Weinguts liegen teils in Weißenkirchen (Steinriegl, Zwerithaler, Klaus und Achleiten) sowie in Dürnstein (Kaiserberg und Liebenberg). Beachtung verdient auch der

WEINGUT PRAGER
3610 Weißenkirchen/Wachau
Wachaustraße 48
T: +43 2715 2248
prager@weissenkirchen.at
www.weingutprager.at

Kellermeister: Toni Bodenstein
Kontakt: Ilse Bodenstein, Robert Bodenstein und Sophie-Helen Hinterhölzl
Produktion: 100 % weiß, 18.5 Hektar
Vereinszugehörigkeit: Vinea Wachau
Messen: VieVinum

Riesling »Wachstum Bodenstein«, der seine filigrane Finesse einer extremen Höhenlage (460 Meter) verdankt. Beim Grünen Veltliner ist es die »Stockkultur« in der Achleiten, wo ein uralter Rebbestand einen konzentrierten, mineralischen Wein liefert, in den man sich vertiefen kann. Ein besonders charaktervoller Grüner Veltliner stammt aus den ältesten Reben des Weinguts im Kammergut (Ried Zwerithaler). Zusammen sind es 18 Hektar Weingärten, die größtenteils in extremer Terrassenlage bewirtschaftet werden. In diesem einzigartigen Landstrich namens Wachau Winzer sein zu dürfen bedeutet für die Familie Bodenstein gleichermaßen Vermächtnis wie Herausforderung.

(100) Grüner Veltliner * Ried Zwerithaler Kammergut Smaragd 2021
13,5 Vol.-%, NK, Stahltank,
Helles Gelbgrün, Silberreflexe. Feinwürzig, ein Hauch von Wiesenkräutern, zart nach Anis und Kümmel, Noten von reifem gelbem Kernobst, zart nach Mango und Honigmelone. Komplex, saftig, enorm dicht, weißes Steinobst, straff und engmaschig, finessenreicher Säurebogen, salzig und minutenlang anhaftend, sicheres Reifepotenzial für Jahrzehnten. Ein Veltliner-Monument par excellence, wird lange unerreicht bleiben.

(99) Grüner Veltliner * Weißenkirchen Wachstum Bodenstein Smaragd 2021
13,5 Vol.-%, NK, Stahltank,
Helles Gelbgrün, Silberreflexe. Feine Wiesenkräuter, zart nach frischen Orangenzesten, ein Hauch von gelbem Apfel, mineralische Aspekte. Saftig, elegant, seidige Textur, feine Apfelfrucht, etwas Mango, sehr finessenreich, mineralisch-salzig im Abgang, bleibt sehr lange haften, feine Limettennuancen, bereits sehr gut entwickelt und antrinkbar, großes Reifepotenzial.

(98) Grüner Veltliner * Ried Achleiten Stockkultur Smaragd 2021
13,5 Vol.-%, NK, Stahltank,
Helles Grüngelb, Silberreflexe. Feine Nuancen von gelbem Kernobst, ein Hauch von Mango und Ananas, zart nach Mandarinenzesten, tabakige Würze. Saftig, elegant, weiße Apfelfrucht, feine, gut integrierte Säurestruktur, mineralisch, feine Fruchtsüße, sehr gute Länge, komplex und sehr lange anhaftend, feine Limettenzesten im Nachhall, sicheres Reifepotenzial.

97 Grüner Veltliner * Ried Achleiten Smaragd 2021
13,5 Vol.-%, NK, Stahltank,
Helles Gelbgrün, Silberreflexe. Zarte Wiesenkräuter, feine weiße Apfelfrucht, ein Hauch von Mango und Orangenzesten, mineralisch-rauchiger Touch. Komplex, saftig, feine Nuancen von gelbem Kernobst, dezenter Säurebogen, seidig, ein Hauch von Limetten, bleibt haften, mineralisch, feine Fruchtsüße im Nachhall, sicheres Reifepotenzial.

93 Grüner Veltliner * Ried Hinter der Burg Federspiel 2021
12,5 Vol.-%, DV, Stahltank,
Helles Gelbgrün, Silberreflexe. Frische Wiesenkräuter, weißer Apfel, zart nach Mandarinenzesten, mineralisch unterlegt. Saftige Kernobstnuancen, zarte fruchtige Süße, lebendig strukturiert, salziger Touch, bleibt haften, gutes Entwicklungspotenzial.

99 Riesling * Wachstum Bodenstein Smaragd 2021
13,5 Vol.-%, NK, Stahltank,
Helles Grüngelb, Silberreflexe. Nuancen von hellem Steinobst, intensive Fruchtexotik, ein Hauch von Maracuja, zart nach Limetten, ein Pfauenrad an Nuancen. Saftig, komplex, sehr engmaschig, straff, strahlender Säurebogen, kühler, lang anhaftender Stil, große Präsenz, saftig, aber nicht süß, sicheres Reifepotenzial für Jahrzehnte.

(98) Riesling * Ried Klaus Smaragd 2021
13,5 Vol.-%, NK, Stahltank,
Helles Grüngelb, Silberreflexe. Nuancen von frischem gelbem Steinobst, zart nach Mango und Mandarinen, etwas Blütenhonig, dunklere Frucht, noch zurückhaltend. Komplex, straff, feine Pfirsichnuancen, finessenreich und lebendig, zarte Zitrusanklänge, sehr lange anhaftend, großes Reifepotenzial, hier ist etwas mehr Geduld vonnöten.

97 Riesling * Ried Achleiten Smaragd 2021
13,5 Vol.-%, NK, Stahltank,
Helles Gelbgrün, Silberreflexe. Zart rauchig, nach Ringlotten, feiner Steinobsttouch, zart nach Orangenzesten, mineralischer Touch. Straff, weißer Pfirsich, Limetten, rassiger Säurebogen, sehr präzise, finessenreich und anhaftend, bereits gut entwickelt, großes Trinkanimo, sicheres Reifepotenzial.

97 Riesling * Ried Steinriegl Smaragd 2021
13 Vol.-%, NK
Helles Grüngelb, Silberreflexe. Frische Mandarinenzesten, zarter Blütenhonig, etwas Ringlotten und Pfirsich, mit rauchiger Mineralik unterlegt. Saftig, angenehme Fruchtsüße, reife Ananas, finessenreicher Säurebogen, zarter Blütenhonig im Abgang, reife Tropenfrucht im Nachhall, bleibt gut haften, sicheres Entwicklungspotenzial.

93 Riesling * Ried Steinriegl Federspiel 2021
12,5 Vol.-%, DV, Stahltank,
Helles Gelbgrün, Silberreflexe. Limettenzesten, feiner Weingartenpfirsich, ein Hauch von Safran, mineralischer Touch. Straff, engmaschig, grüner Apfel, elegant und fines-

senreich, salzig-zitronig im Nachhall, ein leichtfüßiger, delikater Begleiter bei Tisch.

98 Riesling Ried Achleiten Auslese 2021
12 Vol.-%, NK
Helles Grüngelb, Silberreflexe. Zart würzig nach Anis, ein Hauch von Blütenhonig und Mandarinenzesten, mit weißem Pfirsich unterlegt, facettenreiches Bukett. Stoffig, komplex, süße Tropenfrucht, ein Hauch von Litschis, frisch strukturiert, zitroniger Touch, mineralisch-salzig unterlegt im Abgang, noch sehr jugendlich, wird von einigen Jahren Flaschenreife profitieren, ein großes Zukunftsversprechen.

★★★

WEINGUT RIXINGER

Friedrich Rixinger ist zutiefst mit seiner Heimat verwurzelt. Die befindet sich in Gut am Steg, im Schlagschatten des Jauerlings, im Herzen des Spitzer Grabens. Die dortigen Bedingungen kratzen an den Extremen des Weinbaus: Die Böden sind karg und steinig, die Topografie ist steil und das Klima fordernd und oft unberechenbar. Rixinger kann damit umgehen. Seit gut zwanzig Jahren bewirtschaftet er – unterstützt von seiner Frau Carina – seine Rieden und kennt ihre Eigenheiten. Er weiß um die Sommerhitze in der großen Riesling- und Neuburgerlage Kalkofen, die alten, aber resistenten Veltliner-Rebstöcke im Zornberg und die Vielfalt der Verhältnisse im legendären Singerriedel, aus dem seine beiden Flaggschiff-Smaragde stammen. Im komplexen Zusammenwirken von Boden, Klima, Rebstock und Wetter sieht sich Rixinger in der Rolle des Mediators. Er greift selten ein, beobachtet viel und arbeitet ökologisch und nachhaltig. Im Keller vinifiziert er auf höchstem handwerklichem Niveau. So entstehen Weine, die sich quer durch die Wachauer Qualitätskategorien durch Eleganz, Charakter und Trinkfluss definieren und den Spitzer Graben in all seinen Schattierungen einfangen.

(93) Riesling * Ried Singerriedel Smaragd 2021
14 Vol.-%, NK, großes Holzfass, €€€€€
Leuchtendes Goldgelb, Grünreflexe. Florale Noten, Wiesenkräuter, kandierte Orangenzesten, Pfirsichnuancen, Tropenfrucht klingt an. Saftig, elegant, feine Säurestruktur, mineralisch, kraftvoll, Mangonuancen im Abgang, würziger Nachhall, lange anhaltend, guter Speisenbegleiter.

91 Riesling * Ried Kalkofen Federspiel 2021
12,5 Vol.-%, DV, Stahltank, €€
Leuchtendes Grüngelb, Silberreflexe. Feine Kräuternoten, etwas nach Grapefruit, zart nach Mango. Mittlerer Körper, gut eingebundene Säurestruktur, frisch und lebendig, weißes Steinobst im Abgang, salziger Nachhall, bereits gut antrinkbar.

93 Grüner Veltliner * Spitzer Graben Smaragd 2021
14 Vol.-%, DV, großes Holzfass, €€€
Leuchtendes Goldgelb, Grünreflexe. Feine Tabak-Kräuter-Würze, etwas nach Papaya, gelbe Apfelfrucht, Mandarinenzesten, Blütenhonig klingt an. Saftig, elegant, feine Säurestruktur, tabakig, Noten von reifer Maracuja im Abgang, salziger Nachhall, guter Speisenbegleiter.

92 Grüner Veltliner * Ried Zornberg Federspiel 2021
12,5 Vol.-%, DV, großes Holzfass, €€
Leuchtendes helles Grüngelb, Silberreflexe. Etwas Birnenfrucht, unterlegt mit Orangenzesten, ein Hauch von Mango, einladendes Bukett. Saftig, straff, lebendiger Säurebogen, etwas nach Marille, guter Speisenbegleiter.

WEINGUT RIXINGER
3620 Spitz an der Donau
Gut am Steg 8
T: +43 (2713) 2304
weingut@rixinger.at
www.rixinger.at

Kellermeister/Kontakt:
Friedrich Rixinger
Produktion: 26.667 Flaschen
100 % weiß, 6 Hektar
Vereinszugehörigkeit:
Marivino, Vinea Wachau
Messen: VieVinum

* Wachau DAC

92 Gelber Muskateller * 2021
12,5 Vol.-%, DV, Stahltank, €€
Helles Grüngelb, silberfarbene Reflexe. Zarte Noten von Melisse und Holunderblüten, frisches Bukett, ein Hauch von Kräuterlimonade, dazu etwas Muskatnuss. Saftig, straff, engmaschig, leichtfüßig, mineralisch, weißes Steinobst, zitroniger Nachhall, vielseitig einsetzbar.

92 Weißburgunder * 2021
14 Vol.-%, DV, Stahltank, €€€
Mittleres Grüngelb, Silberreflexe. Zarte Tabakwürze, Honigmelone, floraler Touch, kandierte Orangenzesten, reife Tropenfrucht. Saftig, elegant, feine Säurestruktur, Marillentouch im Abgang, feinwürzig, bleibt gut haften, vielseitiger Speisenbegleiter.

★★★★

WEINGUT SCHMELZ

Im Herzen der Wachau, in Joching, befindet sich das Familienweingut Schmelz. Geführt wird das Weingut von Thomas Schmelz und seiner Frau Bianca, doch auch Thomas' Bruder Florian leistet in vielen Bereichen eine fantastische Arbeit, beispielsweise im Weingarten und im Keller. Unterstützt wird die junge Generation tatkräftig von Monika und Johann Schmelz, die den Betrieb 2018 übergeben haben.
Die Rebfläche verteilt sich von Wösendorf bis Unterloiben (8 km). Dadurch sind die Weine von verschiedenen Böden und Klimafaktoren geprägt. Grüner Veltliner ist die Hauptsorte, gefolgt vom Riesling. Vervollständigt wird das Sortiment durch Gelben Muskateller, Sauvignon Blanc und Weißburgunder. Liebevolle Arbeit in den Weingärten und eine sorgfältige Ernte sind die Basis für ein gesundes Traubenmaterial, das im Keller schonend mit moderner Technik verarbeitet wird. Es entstehen unverwechselbare trinkfreudige Weine mit dem gewissen Fruchtschmelz.
Die Weine der Familie Schmelz, die Gründungsmitglied des Gebietschutzverbandes »Vinea Wachau« ist, werden bei zahlreichen internationalen und nationalen Verkostungen ausgezeichnet. 2005 wurde Johann Schmelz von Falstaff zum »Winzer des Jahres« gewählt. Weinverkostungen sind in modernem Ambiente mit traumhaftem Ausblick in die Weingärten möglich.

WEINGUT SCHMELZ
3610 Joching
Joching 14
T: +43 (2715) 2435
info@schmelzweine.at
www.schmelzweine.at

Kellermeister/Kontakt:
Thomas Schmelz
Produktion: 100 % weiß, 12 Hektar
Vereinszugehörigkeit:
Vinea Wachau
Messen: VieVinum

96 Grüner Veltliner * Joching Ried Kollmitz 2021
13,5 Vol.-%, DV, Stahltank, €€€€€
Helles Grüngelb, silberfarbene Reflexe. Zart nach Blütenhonig, etwas Wiesenkräuter, Ananastouch, Mandarinennoten, reife Tropenfrucht, einladendes Bukett. Gute Komplexität, feine Fruchtsüße nach Marille, balancierte Säurestruktur, mineralisch, bleibt sehr gut haften, vielschichtiger Speisenbegleiter mit Reifepotenzial.

95 Grüner Veltliner * Loiben Ried Steinertal Smaragd 2021
14 Vol.-%, DV, Stahltank, €€€€€
Leuchtendes Goldgelb, silberfarbene Reflexe. Zarter Blütenhonig, etwas nach Mango, ein Hauch von Orangenzesten, reife Apfelfrucht, Gewürznuancen. Saftig, engmaschig, leichtfüßig, dezente weiße Tropenfrucht, Kräuternoten im Nachhall, bleibt sehr gut haften, vielseitiger Speisenbegleiter mit Potenzial.

95 Grüner Veltliner * Smaragd Best of 2021
14 Vol.-%, DV, Stahltank, €€€€€
Mittleres Grüngelb, silberfarbene Reflexe. Dezente Fruchtsüße nach Mango und Ananas, zart nach Orangenschalen, etwas Papaya, einladendes Bukett. Gute Komplexität, lebendige Säurestruktur, feinwürzig, reife Tropenfrucht, Papaya im Abgang, mineralisch, bleibt gut haften, vielschichtiger Speisenbegleiter mit Potenzial.

(94) Grüner Veltliner * Joching Ried Pichl Point Smaragd 2021
14 Vol.-%, DV, Stahltank, €€€€
Mittleres Grüngelb, Silberreflexe. Feine Kräuternoten, zart nach Blütenhonig, ein Hauch von Quitte und Orangenzesten, Birne klingt an. Saftig, straff, facettenreiche Säurestruktur, dunkle Mineralik, feine Tabakwürze, gelbe Apfelfrucht im Abgang, lange anhaltend, extraktsüßes Finish, vielseitiger Speisenbegleiter.

94 Grüner Veltliner * Loiben Ried Loibenberg Smaragd 2021
14 Vol.-%, DV, Stahltank, €€€€
Mittleres Grüngelb. Dezente Wiesenkräuter, reife Apfelfrucht, ein Hauch von Guaven, Mandarinenzesten, einladendes Bukett. Saftig, elegant, balanciert, komplex, weiße Tropenfrucht, mineralischer Touch, gut integrierter Säurebogen, feinwürziger Nachhall, gutes Potenzial.

93 Grüner Veltliner * Weißenkirchen Ried Klaus Federspiel 2021
12,5 Vol.-%, DV, Stahltank, €€€
Helles Gelbgrün, Silberreflexe. Feine Nuancen von Golden-Delicious-Apfel, zart nach Mango, Kräuter und Orangenzesten, attraktives Bukett. Saftig, gute Komplexität, frisch strukturiert, zarte Kernobstnuancen im Abgang, bleibt haften, ein balancierter Begleiter bei Tisch.

93 Grüner Veltliner * Joching Ried Pichl Point Federspiel 2021
12,5 Vol.-%, DV, Stahltank, €€€
Helles Gelbgrün, Silberreflexe. Zart nach Anis und Kräutern, gelbe Apfelfrucht, etwas Mango, feinwürziges Bukett, tabakiger Touch. Komplex, saftig, reifer Apfel, feiner Säurebogen, etwas opulenterer Stil, süße Frucht im Nachhall, ein stoffiger Begleiter bei Tisch.

92 Grüner Veltliner * Joching Ried Steinwand Federspiel 2021
12,5 Vol.-%, DV, Stahltank, €€
Helles Gelbgrün, Silberreflexe. Frische weiße Apfelfrucht, ein Hauch von Wiesenkräutern, mineralischer Touch. Straffe Textur, feines Kernobst, zartfruchtige Süße, feiner Säurebogen, harmonisch und bereits sehr entgegenkommend, vielseitiger Speisenbegleiter.

92 Grüner Veltliner * Loiben Federspiel 2021
12,5 Vol.-%, DV, Stahltank, €€
Helles Grüngelb, Silberreflexe. Attraktive Nuancen von gelber Tropenfrucht, feine Exotik, etwas Ananas und Mango, zart nach Orangenzesten. Mittlerer Körper, seidige Textur, fruchtige Süße, zarter Säurebogen, balanciert und anhaftend, sehr saftiger Stil.

91 Grüner Veltliner * Wösendorf Federspiel Tom 2021
12,5 Vol.-%, DV, Stahltank, €€
Helles Gelbgrün, Silberreflexe. Zarte Kernobstnuancen nach Apfel, feine tabakige Würze, ein Hauch von Orangenzesten. Mittlerer Körper, feine fruchtige Süße nach reifer Mango, dezenter Säurebogen, Blütenhonig im Abgang, bereits gut antrinkbar.

96 Riesling * Best of 2021
14 Vol.-%, DV, Stahltank, €€€€€
Mittleres Grüngelb, silberfarbene Reflexe. Zarte Marillenfrucht, Blütenhonig, etwas nach Kumquats, blumiges Aroma, frisches Bukett. Gute Komplexität, saftig, fruchtsüß, kraftvoll, gelbe Tropenfrucht, zart nach Melone im Nachhall, Orangentouch im Rückgeschmack, vielschichtiger Speisenbegleiter mit Reifepotenzial.

95 Riesling * Weißenkirchen Ried Steinriegl Smaragd 2021
13,5 Vol.-%, DV, Stahltank, €€€€€
Mittleres Grüngelb, silberfarbene Reflexe. Frisches Bukett nach kandierten Limetten, weißes Steinobst, etwas Blütenhonig, dunkle Mineralik. Gute Komplexität, saftig, straffe Säurestruktur, leichte Würze, Nuancen von Maracuja im Abgang, salziger Speisenbegleiter mit Potenzial.

(94) Riesling * Ried Höhereck Smaragd Dürnsteiner Freiheit 2021
13,5 Vol.-%, DV, Stahltank, €€€€€
Mittleres Grüngelb, silberfarbene Reflexe. Reife Kräuterwürze, zart nach Ananas, etwas Blütenhonig, ein Hauch von Pfirsich. Saftig, elegant, balancierte Säurestruktur, mineralisch, weiße Tropenfrucht, zitroniger Nachhall, bleibt gut haften, trinkanimierender Speisenbegleiter.

92 Riesling * Federspiel Stein am Rain 2021
12,5 Vol.-%, DV, Stahltank, €€€
Helles Gelbgrün, Silberreflexe. Zart floral unterlegte Note von Weingartenpfirsich, ein Hauch von Limettenzesten, mineralischer Touch. Mittlerer Körper, weiße Frucht, dezente Süße, gut integrierter Säurebogen, zitroniger Touch im Abgang.

91 Gelber Muskateller * Joching Federspiel 2021
12,5 Vol.-%, DV, Stahltank, €€€
Sehr helles Gelbgrün, Silberreflexe. Zart nach Holunderblüten, feine weiße Apfelfrucht, etwas Melone, mit Limettenzesten unterlegt. Leichtfüßig, etwas Pfirsich, frisch strukturiert, zitroniger Touch im Abgang, etwas Blütenhonig im Nachhall, ein anregender Terrassenwein.

89 Sauvignon Blanc * Joching Federspiel 2021
12,5 Vol.-%, DV, Stahltank, €€

★★★

WEINGUT HEINZ UND ADRIENNE SIGL

BIO

Mitten in den Weinbergen von Rossatz liegt das Weingut Sigl, von wo sich ein Ausblick auf das wunderschöne Donautal von Dürnstein bis Krems erstreckt. Bei einer Weinverkostung in modernem Ambiente können Weinliebhaber sowohl die hervorragenden Weine als auch die traumhafte Kulisse genießen. Seit 2018 befindet sich der Betrieb mit rund acht Hektar Rebfläche in Umstellung auf biologischen Weinbau, und der Jahrgang 2021 ist bereits biozertifiziert! Kreativität und viel Gefühl gepaart mit einer fundierten Ausbildung und moderner Weintechnologie bilden die perfekte Grundlage für die hochwertigen Weine, die unter anderem aus den Rieden Himmelreich, Frauenweingarten und Kirnberg stammen.
Neben den Sortenklassikern Grüner Veltliner und Riesling zählt auch Gelber Muskateller zu den Leitsorten des Betriebs. Die besonderen Klimaverhältnisse in der Wachau, die vorausschauende qualitätsorientierte Arbeit im Weingarten, der richtige physiologische Reifezeitpunkt und die schonende Verarbeitung bilden die Basis für den unverwechselbaren Charakter der Weine. Kein Jahr gleicht dem anderen, und so ist es eine echte Herausforderung, dem Kunden konsequent die reintönigen und fruchttiefen Spitzenprodukte zu bieten. Das heißt aber auch, mit viel Liebe und Können die sortentypischen Merkmale der Trauben zu optimieren.

WEINGUT HEINZ UND ADRIENNE SIGL
3602 Rossatz
Rossatz 175
T: +43 (2714) 6302
wein@weingut-sigl.at
www.weingut-sigl.at

Kellermeister: Heinz Sigl
Kontakt: Heinz und Adrienne Sigl
Anbauweise: Zertifiziert Biologisch
Produktion: 95 % weiß, 3 % rosé, 2 % rot, 8 Hektar
Vereinszugehörigkeit: Vinea Wachau
Messen: VieVinum

(94) Grüner Veltliner * Ried Himmelreich Smaragd 2021
13 Vol.-%, DV, Stahltank, €€€
Mittleres Goldgelb, Silberreflexe. Feine Kräuter-Tabak-Würze, zart nussig, reife Tropenfrucht, etwas nach Apfel, kandierte Zitrusfrüchte klingen an. Saftig, elegant, fruchtsüß nach Mango, gut eingebundene Säurestruktur, floraler Nachhall, seidiges Finish, vielseitiger Speisenbegleiter.

94 Grüner Veltliner * Ried Kirnberg Smaragd 2020
14,5 Vol.-%, DV, Stahltank, €€€€
Leuchtendes mittleres Goldgelb, Grünreflexe. Feine Tabakwürze, Orangenschalen, Maracujanoten, dazu Clementinen und etwas Ananas. Gute Komplexität, fruchtsüß, etwas nach Karamell, Nuancen von reifer Tropenfrucht im Abgang, lange anhaltend, salzig und kraftvoll im Finish, guter Speisenbegleiter.

(93) Grüner Veltliner * Ried Frauenweingärten Smaragd 2021
13,5 Vol.-%, DV, großes Holzfass, €€€
Mittleres Goldgelb, Silberreflexe. Feine Tabakwürze, etwas nach gelbem Apfel, reife Tropenfrucht, weißes Nougat, Ananas klingt an, attraktives Bukett. Saftig, elegant, feine Säurestruktur, mineralisch, kraftvoll, Noten von reifer Mango, Honigtouch im Abgang, bleibt gut haften, vielseitiger Speisenbegleiter.

92 Grüner Veltliner * Ried Frauenweingärten Federspiel 2021
12,5 Vol.-%, DV, Stahltank, €€
Mittleres Gelbgrün, Silberreflexe. Zart nach Ananas und Blütenhonig, ein Hauch von kandierten Orangenzesten, einladendes Bukett. Saftig, elegant, feine, gut integrierte Fruchtsüße, zart nach Pfirsich und Melone, frisch, mineralisch und bereits gut antrinkbar.

(94) Riesling * Ried Kirnberg Smaragd 2021
13 Vol.-%, DV, Stahltank, €€€€
Mittleres Grüngelb, Goldreflexe. Reife Marillen, etwas Orangenzesten, Blütenhonig, frisch, Ananas klingt an, lebendiges Bukett. Saftig, elegant, finessenreiche Säurestruktur, Noten von weißem Pfirsich, mineralisch-salzig, stoffiges Finish, lange anhaltend, zitroniger Nachhall, guter Speisenbegleiter mit Reifepotenzial.

91 Riesling * Federspiel 2021
12,5 Vol.-%, DV, Stahltank, €€
Helles Grüngelb, Silberreflexe. Zarter Blütenhonig, Steinobstnuancen, ein Hauch von Mango, Noten von Orangenzesten. Mittlerer Körper, weißer Apfel, frischer Säurebogen, mineralisch-zitronig, vielseitig einsetzbar.

★★★

KARL STIERSCHNEIDER KARTÄUSERHOF

Der Geist der Familie Stierschneider fließt seit 1862 in den Kartäuserhof, der 1380 als Lesehof der Kartause Aggsbach erbaut wurde. Mit Wissen um die Magie aus Generationen wurden der Hof sowie das Weingut sorgfältig restauriert und bis zur heutigen Größe von circa 9,5 Hektar ausgebaut. Mit Tradition und einem Schuss Instinkt hat sich die Familie Stierschneider für einen sanften Weg in eine spannende Zukunft entschieden. Immer neue Ideen umzusetzen, um das Wertvolle – den Boden als Grundlage für Einzigartigkeit und die Natur als Lebensraum für die nachfolgenden Generationen – zu erhalten, ist ihr Credo. Zahlreiche nationale und internationale Auszeichnungen bestärken die Stierschneiders darin, ihren Weg der kompromisslosen Qualitätsproduktion konsequent weiterzugehen. Die Weingärten des Kartäuserhofs befinden sich in südlich exponierten Terrassenlagen. Zu den bekanntesten zählen die Ried Achleiten, die Ried Klaus und die Ried Steinriegl, ergänzt durch die Eigenmarke »Kirchensteig«.

(97) Riesling * Ried Achleiten Smaragd 2021
13,5 Vol.-%, DV, Stahltank, €€€€€
Mittleres Grüngelb, silberfarbene Reflexe. Zart nach Stein-

KARL STIERSCHNEIDER – KARTÄUSERHOF
3610 Weißenkirchen
Kremser Straße 6
T: +43 (2715) 2374
karl@stierschneider.at
www.stierschneider.at

Kellermeister/Kontakt:
Karl und Jakob Stierschneider
Produktion: 3 % Schaumwein, 90 % weiß, 5 % rosé, 2 % rot, 9.5 Hektar
Vereinszugehörigkeit:
Vinea Wachau
Messen: VieVinum

Karl und Jakob Stierschneider

* Wachau DAC

obst, gelbe Tropenfrucht, Marillentouch, Kumquats klingen an, florales Bukett. Gute Komplexität, fruchtsüß, nach Marillen, lebendige Säurestruktur, mineralisch, Honig im Nachhall, salziger Rückgeschmack, guter Speisenbegleiter mit Reifepotenzial.

(95) Grüner Veltliner * Smaragd Urbestand 2021
14 Vol.-%, DV, Stahltank, €€€€€
Mittleres Grüngelb, silberfarbene Reflexe. Zart nach Wiesenkräutern, ein Hauch von Orangenschalen, gelbe Apfelfrucht, einladendes Bukett. Gute Komplexität, fruchtsüß, Honigmelone im Abgang, mineralisch-salzig, bleibt gut haften, vielseitig einsetzbar, gutes Entwicklungspotenzial.

(95) Grüner Veltliner * Smaragd Ultimo 2021
14 Vol.-%, DV, Stahltank, €€€€€
Mittleres Goldgelb, Grünreflexe. Zart nach Quitte, etwas Blütenhonig, gelbe Tropenfrucht, kandierte Orangenschalen, lebendiges Bukett. Engmaschig, facettenreich, komplexe Fruchtsüße im Abgang, Mangotouch im Nachhall, bleibt sehr gut haften, florales Finish, sicheres Entwicklungspotenzial.

93 Grüner Veltliner * Ried Achleiten Federspiel 2021
12,5 Vol.-%, DV, Stahltank, €€€
Helles Gelbgrün, Silberreflexe. Einladender Duft nach Maracuja, etwas nach Ananas, floraler Touch, gelbe Mangonoten. Saftig, gute Komplexität, extraktsüß nach Marille, facettenreiche Säurestruktur, mineralisch, vielseitiger Speisenbegleiter.

92 Grüner Veltliner * Ried Klaus Federspiel 2021
12,5 Vol.-%, DV, Stahltank, €€€
Helles Gelbgrün, silberfarbene Reflexe. Feiner Blütenhonig, ein Hauch von Honigmelone und kandierten Orangenzesten, tabakig, Nuancen von Melisse. Saftig, straff, feine Säurestruktur, mineralisch, etwas Golden-Delicious-Apfel, balanciert und lang anhaltend.

★★★

WEINGUT STRAWANZER DONABAUM

Das Weingut Strawanzer vormals Donabaum »In der Spitz« von Martin Donabaum verfügt über ein recht umfangreiches Sortiment. Beharrlich wird an der Optimierung der Weinqualität gearbeitet. Mehrmalige Lesedurchgänge, freiwillige Mengenbegrenzung und konsequentes Ausdünnen führten zu einer derart deutlichen Qualitätssteigerung, dass Martin Donabaum heute zu den Spitzenwinzern der Region zählt. Die Weingärten nehmen eine Rebfläche von rund sechs Hektar ein, die zu 85 Prozent in den sonnigen Steinterrassen rund um Spitz liegen. Diese unterliegen den strengen Qualitätskontrollen der »Vinea Wachau«. Mitglieder dürfen ausschließlich Weine aus der Wachau führen, die weder aufgebessert noch verändert werden.
Beim »Strawanzer«, so der Name der schicken Buschenschank, besteht die Möglichkeit, sich nicht nur von den Wachauer Klassikern, sondern auch vom jungen Sauvignon Blanc und Gelben Muskateller zu überzeugen. Zu erwähnen sind ebenso Chardonnay und Weißburgunder. Seit einiger Zeit wird auch Sekt nach traditioneller Methode erzeugt.
Den Sonnenuntergang kann man im Garten inmitten der Weingärten hinter dem Setzberg erleben, jener Riede, wo der größte Teil der familieneigenen Reben gepflanzt ist. Sollte man Lust und Laune verspüren, länger zu bleiben, ist man im Boutiquehotel »Weinspitz« oder im traditionellen Gästehaus bestens aufgehoben. Das »Weinspitz« wartet mit großzügigen Suiten auf, allesamt mit einzigartigem Blick über die Wachauer Steinterrassen. Ein beheizter Infinitypool und ein Wellnessbungalow sind die Highlights des Hotels.

94 Grüner Veltliner * Ried 1000-Eimerberg Smaragd 2021
14,5 Vol.-%, DV, Stahltank, €€€€€
Mittleres Grüngelb, silberfarbene Reflexe. Feiner Blütenhonig, zart nach Mango, etwas nach Melisse, floraler Touch, dunkle Mineralik. Saftig, elegant, fruchtsüß nach

WEINGUT STRAWANZER DONABAUM

3620 Spitz an der Donau
In der Spitz 3
T: +43 (2713) 2644
weingut@donabaum.at
www.donabaum.at
Kellermeister: Martin Donabaum
Kontakt: Martin u. Alexandra Donabaum
Produktion: 30.000 Flaschen
10 % Schaumwein, 75 % weiß, 8 % rosé, 5 % rot, 2 % süß, 6 Hektar
Zertifiziert: Nachhaltig Austria
Vereinszugehörigkeit:
Vinea Wachau
Messen: Alles für den Gast Salzburg, fafga Innsbruck, Vinobile Feldkirch, Vinobile Montfort

Donauschleife bei Rossatz

Mango, Honig im Nachhall, lange anhaltend, facettenreicher Speisenbegleiter.

93 Grüner Veltliner * Ried Setzberg Smaragd 2021
13,5 Vol.-%, DV, Stahltank, €€€€
Helles Grüngelb, silberfarbene Reflexe. Feine Tabakwürze, etwas nach Wiesenkräutern, zarte Apfelfrucht, zitroniger Touch. Saftig, gut eingebundene Säurestruktur, gelbe Tropenfrucht, zart nach Quitte, guter Speisenbegleiter.

93 Grüner Veltliner * Spitz Smaragd X.Trem 2021
14,5 Vol.-%, DV, Stahltank, €€€€€
Leuchtendes Goldgelb, silberfarbene Reflexe. Feine Apfelfrucht, zart nach Kräutern, etwas Papaya, Anistouch, Nuancen von reifer Frucht. Saftig, komplex, gut integrierter Säurebogen, kraftvoll, feine Tabakwürze, Mangonoten im Nachhall, eleganter Speisenbegleiter.

91 Grüner Veltliner * Ried Setzberg Federspiel 2021
12,5 Vol.-%, DV, Stahltank, €€€
Helles Gelbgrün, Silberreflexe. Frische Wiesenkräuter, tabakig unterlegte gelbe Tropenfrucht, frische Orangenzesten. Saftig, elegant, weißer Apfel, fruchtige Süße im Kern, mineralisch und frisch im Abgang, bereits gut antrinkbar.

93 Riesling * Ried Setzberg Smaragd 2021
13,5 Vol.-%, DV, Stahltank, €€€€€
Mittleres Grüngelb, silberfarbene Reflexe. Feine Tabakwürze, zart nach weißem Pfirsich, Wiesenkräuter, Maracuja, einladendes Bukett. Saftig, elegant, gut integrierte Säurestruktur, gelber Weingartenpfirsich im Abgang, salziger Nachhall, guter Speisenbegleiter mit Potenzial.

93 Riesling * Ried 1000-Eimerberg Smaragd 2021
14 Vol.-%, DV, Stahltank, €€€€€
Mittleres Grüngelb, silberfarbene Reflexe. Weiße Tropenfrucht, zart nach Guaven, etwas nach Zitrus, Steinobst klingt an. Saftig, straff, extraktsüß, kraftvoll, balancierte Säurestruktur, mineralisch-salzig, Maracuja im Abgang, bleibt gut haften, würziger Nachhall, guter Speisenbegleiter.

91 Riesling * Ried Setzberg Federspiel 2021
12,5 Vol.-%, DV, Stahltank, €€€
Helles Grüngelb, Silberreflexe. Etwas scheu, verhaltene weiße Steinobstnuancen, ein Hauch von Limettenzesten. Schlank, feiner Blütenhonig, weißer Pfirsich, angenehmer Säurebogen, zart salzig im Abgang, braucht noch etwas Zeit.

92 Sauvignon Blanc * Smaragd 2021
13,5 Vol.-%, DV, Stahltank, €€€€
Helles Grüngelb, silberfarbene Reflexe. Feine Kräuternoten, etwas nach Kapstachelbeere, ein Hauch von Quitte, Gewürznuancen klingen an. Saftig, elegant, feine Fruchtsüße, zart nach Mango, floraler Touch, lebendige Säurestruktur, guter Speisenbegleiter mit Potenzial.

Dürnstein

WEINGUT TEGERNSEERHOF
3601 Dürnstein
Unterloiben 12
T: +43 (2732) 85362
office@tegernseerhof.at
www.tegernseerhof.at

Kellermeister/Kontakt:
Martin Mittelbach
Produktion: 97 % weiß, 3 % rosé, 23 Hektar
Vereinszugehörigkeit:
Vinea Wachau
Messen: ProWein Düsseldorf, VieVinum

★★★★

WEINGUT TEGERNSEERHOF

Die Geschichte des Tegernseerhofs reicht über 1000 Jahre zurück, in jene Zeit, als Kaiser Heinrich II. dem Benediktinerkloster Tegernsee »zwei Huben Land« in der Wachau schenkte. Im Jahr 1176 wurde darauf der Tegernseerhof errichtet, benannt nach seinem Eigentümer. Heute, viele Jahrhunderte später, ist der Tegernseerhof bereits in sechster Generation im Besitz der Familie Mittelbach. Sein Name ist erhalten geblieben, ebenso das uralte Wissen über Wein, das von Generation zu Generation weitergegeben wurde.
Die Weingärten des Tegernseerhofs erstrecken sich über die besten Lagen der Wachau. Sie sind geprägt von steilen Terrassen aus massivem Urgestein, die optimal von den Winden und der Sonne umspielt werden. Das Ergebnis: eine unglaubliche Dichte an Aromen, die sich in den Smaragden des Weinguts auf unterschiedlichste Weise zu erkennen geben. Ob Grüner Veltliner oder Riesling: Jeder Wein hat seine eigene Persönlichkeit, jeder seinen eigenen Charakter.

(96) Riesling * Dürnstein Ried Kellerberg Smaragd 2021
13 Vol.-%, DV, Stahltank, €€€€€
Helles Grüngelb, Silberreflexe. Zarte Nuancen von gelber Frucht, nach Pfirsich und Ananas, mit einem Hauch von Mandarinenzesten und Blütenhonig unterlegt. Saftig, straff und engmaschig, weißes Steinobst, finessenreicher Säurebogen, salziger Limettentouch, bereits antrinkbar, sicheres Reifepotenzial.

(95) Riesling * Loiben Ried Steinertal Smaragd 2021
13 Vol.-%, DV, Stahltank, €€€€€
Mittleres Gelbgrün, Silberreflexe. Weiße Blüten, Zitruszesten, ein Hauch von Pfirsich, attraktives, kühles Bukett. Stoffig, engmaschig, weißes Steinobst, straffe Säurestruktur, wirkt leichtfüßig, salzige Mineralik, ein delikater Speisenbegleiter, noch etwas unterentwickelt, sicheres Reifepotenzial.

(94) Riesling * Loiben Ried Loibenberg Smaragd 2021
13 Vol.-%, DV, Stahltank, €€€€€
Helles Gelbgrün, Silberreflexe. Etwas zurückhaltend,

gelbe Tropenfrucht, ein Hauch von Maracuja, Limettentouch. Mittlere Komplexität, weißes Steinobst, lebendige Säurestruktur, salziger Nachhall, mit feiner Fruchtsüße unterlegter Abgang, ein fast filigran wirkender Speisenbegleiter.

(93) Riesling * Smaragd Bergdistel 2021
13,5 Vol.-%, DV, Stahltank, €€€€€
Mittleres Grüngelb, Silberreflexe. Feine weiße Tropenfrucht, etwas Blütenhonig, Noten von Pfirsich, einladendes Bukett. Am Gaumen schlank, sehr rassig strukturiert, ein Hauch von Marillen, Limetten im Nachhall, bereits gut antrinkbar.

(95) Grüner Veltliner * Dürnstein Ried Schütt Smaragd 2021
13 Vol.-%, DV, Stahltank, €€€€€
Mittleres Grüngelb, Silberreflexe. Attraktive Nuancen von Papaya und Mango, zarter Blütenhonig, frische Orangenzesten, einladendes Bukett. Stoffig, engmaschig, weißes Kernobst, finessenreich strukturiert, mineralisch im Abgang, zart salzig, zitronige Aspekte im Rückgeschmack, sicheres Reifepotenzial.

(94) Grüner Veltliner * Loiben Ried Loibenberg Smaragd 2021
13 Vol.-%, DV, Stahltank, €€€€€
Leuchtendes mittleres Gelbgrün, Silberreflexe. Zart nach reifen Marillen, Nuancen von Blütenhonig, tabakige Würze, dunkle Mineralik. Saftig, Noten von frischer gelber Tropenfrucht, feiner Säurebogen, zart salzig im Abgang, ein eleganter Speisenbegleiter, zeigt Frische und Länge.

(94) Grüner Veltliner * Dürnstein Ried Höhereck Smaragd 2021
13,5 Vol.-%, DV, Stahltank, €€€€€
Mittleres Gelbgrün, Silberreflexe. Mineralisch, feine Nuancen von gelber Frucht, nach Mango und frischem Apfel, mit Mandarinenzesten und Blütenhonig unterlegt. Straff, engmaschig, Nuancen von weißem Kernobst, feiner Säurebogen, salziger Touch im Abgang, dezente Süße im Nachhall, ein komplexer Begleiter bei Tisch.

(93) Grüner Veltliner * Smaragd Bergdistel 2021
14 Vol.-%, DV, Stahltank, €€€€€
Leuchtendes Gelbgrün, Silberreflexe. Dunkle Mineralik, feine Apfelfrucht, zart nach Orangenzesten und Honigmelone, mit Nuancen von Blütenhonig unterlegt. Kraftvoll, stoffig, zarte Birnenfrucht, dezente Süße im Abgang, ein würziger Speisenbegleiter mit guter Länge und Reifepotenzial.

Riesling

92 Grüner Veltliner * Dürnstein Federspiel 2021
12,5 Vol.-%, DV, Stahltank, €€€
Helles Gelbgrün, Silberreflexe. Feine Nuancen von weißem Kernobst, ein Hauch von Mango, mit zarten Wiesenkräutern unterlegt. Saftig, gute Komplexität und Würze, weißer Apfel, feine Säurestruktur, mineralisch, ein gut entwickelter Speisenbegleiter.

91 Grüner Veltliner * Dürnstein Ried Superin Federspiel 2021
12,5 Vol.-%, DV, Stahltank, €€€€
Helles Gelbgrün, Silberreflexe. Nuancen von Mango und Ananas, zart rauchig unterlegte Noten von Wiesenkräutern. Mittlere Komplexität, zart nach Melone, dezente Fruchtsüße, gut integrierte Säure, bereits gut entwickelt und antrinkbar.

Der Wagram, hier bei Großriedenthal, mit seinen weithin sichtbaren Geländestufen aus urgeschichtlichen Sedimenten

© WSNA

NIEDERÖSTERREICH
WAGRAM
DAC

Stift Klosterneuburg

GRÜNER VELTLINER HAT LUST AUF LÖSS

Wagram, seit 2007 der offizielle Name dieses Weinbaugebiets, erfreut sich 2022 als 17. Gebiet Österreichs nun auch am DAC-Herkunftsschutz. Die mächtige Geländestufe erstreckt sich am linken Donauufer flussabwärts von Krems 30 Kilometer lang bis zur Stadtgrenze Wiens.

Rund 2.720 Hektar Rebfläche verteilen sich in diesem Weinbaugebiet auf zwei ganz unterschiedliche Zonen. Nördlich der Donau erstreckt sich von der Mündung des Kamps in die Donau der eigentliche Wagram, eine markante Geländestufe. Die restliche Weingartenfläche ist in der südlich der Donau gelegenen Großlage Klosterneuburg und kleinen Weinorten im Tullnerfeld zu finden.

Der Wagram selbst kann in seiner geologischen und klimatischen Einheitlichkeit als idealtypisches Weinbaugebiet bezeichnet werden. Der Boden – eine Lössanwehung an den Ufern des Urmeeres, die ein einzigartiges Landschaftsbild formt – ist reich an Fossilien und Mineralien. Er verleiht den Weinen nachweislich eine ganz eigenständige Charakteristik. Der Einfluss des pannonischen Klimas mit sehr warmen Sonnentagen steht im Wechselspiel mit den kühlen Nächten. Die Kombination ergibt Weine von betonter Fruchtigkeit, Eleganz und Schmelz. Dieses Terroir kommt vor allem in der Hauptsorte des Gebiets, dem Grünen Veltliner, vollendet zum Ausdruck. Auch der autochthone Rote Veltliner, der übrigens nicht mit dem Grünen Veltliner verwandt ist, gedeiht unter diesen Bedingungen hervorragend, und immer mehr Winzer haben diese aromatische Sorte inzwischen ausgepflanzt und in ihrem Sortiment.

Gehaltvolle Rotweine – vorwiegend aus Blauem Zweigelt und Blauburgunder – sind in den führenden Weingütern ebenso anzutreffen wie Süßweine. Speziell Eisweine

werden am Wagram in besonderer Qualität gekeltert. Die Qualitätssteigerung in den letzten Jahren hat den Wagram dem Status eines Geheimtipps enthoben. Orte wie Feuersbrunn, Fels, Kirchberg oder Großriedenthal haben sich längst als Adressen engagierter Betriebe etabliert und ab dem Jahrgang 2021 stehen die gebietstypischen Weine offiziell unter DAC-Herkunftsschutz.
Die auch historisch gesehen wichtige Weinstadt Klosterneuburg deckt ein weites weinbauliches Spektrum ab: Hier befinden sich beschauliche Heurige ebenso wie traditionsreiche Betriebe von stattlicher Größe, Sektkellereien und eine Institution von besonderem Wert: die Höhere Bundeslehranstalt für Wein- und Obstbau, die erste Weinbauschule der Welt – gegründet 1860 – und heute renommierte Ausbildungsstätte des österreichischen Winzernachwuchses, der die Erfolgsgeschichte des österreichischen Weins weiterhin sichern soll.

AUSGEWÄHLTE WEINGÜTER

>

★★★★

Weingut Anton Bauer, Feuersbrunn
Weinbau Karl Fritsch, Oberstockstall
Weingut Josef Fritz, Zaußenberg
Weingut Leth, Fels am Wagram
Weingut Bernhard Ott, Feuersbrunn

★★★

Weingut Stefan Bauer, Königsbrunn am Wagram
Weingut Ecker – Eckhof, Kirchberg am Wagram
Weingut Josef Ehmoser, Tiefenthal
Weingut Ernst, Großwiesendorf
Weingut Stift Klosterneuburg, Klosterneuburg
Weingut Kolkmann, Fels am Wagram
Weingut Nimmervoll, Engelmannsbrunn
Weingut Franz Sauerstingl, Fels am Wagram
Weinhof Waldschütz, Sachsendorf

★★

Familie Bauer – Bioweingut, Großriedenthal
Weingut Josef Bauer, Feuersbrunn
Weingut Benedikt, Kirchberg am Wagram
Weingut Leopold Blauensteiner, Gösing am Wagram
Weingut Robert Direder, Kirchberg am Wagram
Weingut Karl Diwald, Großriedenthal

< AUSGEWÄHLTE WEINGÜTER

★★

Weinhof Ehn, Engelmannsbrunn
Winzerhof Gmeiner, Seebarn
Weingut Norbert Greil, Unterstockstall
Weinhof Grill, Fels am Wagram
Weingut Heiderer-Mayer, Großweikersdorf
Mayer der Wein, Kirchberg am Wagram
Weinbau Familie Reinberger, Grafenwörth
Weingut Herbert Schabl, Königsbrunn am Wagram
Weingut Familie Schuster, Großriedenthal
BIO Weingut Urbanihof – Familie Paschinger, Fels am Wagram
Weingut Gerald Waltner, Engelmannsbrunn
Weingut Josef Zeitlberger & Josef Zeitlberger, Großweikersdorf

★

Weingut Daschütz, Kirchberg am Wagram
Weingut M. Mayer, Königsbrunn
Winzerhof Obenaus, Großriedenthal
Weingut Polsterer, Feuersbrunn
Weinhof Thomas Stopfer, Ruppersthal

—

Fritsch & Gottwald, Kirchberg am Wagram

★★★★

WEINGUT ANTON BAUER

Wenn er etwas anpackt, dann richtig. 1992 übernahm der Wagramer Anton Bauer das elterliche Weingut mit gerade einmal 3,2 Hektar Rebfläche, heute bewirtschaftet der Qualitätsfanatiker rund 30 Hektar Weingärten in Feuersbrunn. Sein Handwerk lernte er an der Weinbauschule Krems, bei einem Praktikum im Burgund – einer Weinregion, für die er eine besondere Leidenschaft hegt – und vier Jahre lang als Önologe auf einem renommierten niederösterreichischen Weingut. Danach fühlte sich Anton Bauer bereit für das »Abenteuer Winzerdasein« und geht seither seinen Weg geradlinig und mit Freude. Es ist die Kombination aus tief verwurzelt und offen für Neuesdie Anton Bauer ausmacht. Von Anfang an dachte und handelte der Winzer visionär. So setzte er neben den Wagramer Klassikern wie Grünem und Rotem Veltliner oder Riesling schon früh auf Rotweine – ein mutiger Schritt, der von vielen skeptisch beäugt wurde. Doch Anton Bauer folgte seiner Überzeugung, und heute gehören sein Pinot Noir, sein Cabernet Sauvignon und seine legendäre »Cuvée Legendär« zu den Top-Rotweinen des Landes. Mit seinen sorten- und regionaltypischen Weißweinen spielt er in der gleichen Liga. Rosenberg, Spiegel, Kirchthal und Stiegl heißen seine besten Lagen, aus denen er Jahr für Jahr glasklare Weine mit Tiefgang keltert. Anton Bauer legt großen Wert auf Genauigkeit, eine nützlingsschonende integrierte Traubenproduktion und den maßvollen Einsatz von Pflanzenschutzmitteln. Ein gesunder, mit Humus angereicherter Boden bildet die Basis für die tief wurzelnden Rebstöcke. Sommerschnitt und Traubenreduktion sind weitere Grundlagen für reifes Lesegut von bester Qualität. Das physiologisch reife Traubenmaterial wird so schonend wie möglich verarbeitet, 100%ige Handlese ist selbstverständlich.

(94) Grüner Veltliner * Grande Reserve 2021
13,5 Vol.-%, NK, großes Holzfass, €€€€€
Mittleres Grüngelb, Silberreflexe. Zarte Tabak-Kräuter-Würze, gelbe Apfelfrucht, kandierte Orangenzesten, zart nach Blütenhonig. Straff, gute Komplexität, kraftvoll, gut eingebundene Säurestruktur, feinwürziger Abgang, Nuancen von gelber Frucht im Nachhall, stoffiger Speisenbegleiter mit Potenzial.

(94) Grüner Veltliner * Private Selection 2021
14 Vol.-%, NK, Steinzeug, €€€€€
Mittleres Grüngelb, silberfarbene Reflexe. Reife Birnenfrucht, zart nach Kräutern, ein Hauch von Papaya, feiner Melissentouch, Guaven klingen an, engmaschiges Bukett. Saftig, komplex, extraktsüß nach Maracuja, seidige Textur,

© Presse&Foto FRANZ GLEISS

WEINGUT ANTON BAUER

3483 Feuersbrunn
Neufang 42
T: +43 (2738) 2556
office@antonbauer.at
www.antonbauer.at

Kellermeister/Kontakt:
Anton Bauer
Produktion: 54 % weiß, 45 % rot, 1 % süß, 40 Hektar
Messen: ProWein Düsseldorf, VieVinum

Anton Bauer

balancierte Säurestruktur, Holzwürze im Nachhall, bleibt gut haften, kraftvoller Speisenbegleiter mit Potenzial.

(93) Grüner Veltliner * Ried Spiegel 2021
13 Vol.-%, DV, großes Holzfass, €€€€€ Ⓗ
Mittleres Grüngelb, silberfarbene Reflexe. Feiner Blütenhonig, gelbes Kernobst, zart nach Guaven, blumiger Touch, fruchtiger Stil. Gut eingebundene Fruchtsüße nach Apfel, seidige Textur, gut integrierte Säurestruktur, mineralisch, balanciert und lang anhaltend, saftiger Speisenbegleiter.

(93) Grüner Veltliner * Feuersbrunn Ried Rosenberg Alte Rebe 2021
13,5 Vol.-%, DV, großes Holzfass, €€€€€
Leuchtendes Gelbgrün. Zart nach Honig, ein Hauch von Quitte, floraler Touch, Tropenfruchtnuancen, dezente Wiesenkräuter, einladendes Bukett. Saftig, Vanilletouch, zart nach Babybanane und Honigmelone, gut integrierte Säurestruktur, cremige Textur, vollmundiger Speisenbegleiter, wird von Flaschenreife profitieren.

92 Grüner Veltliner * Ried Rosenberg 2021
13,5 Vol.-%, DV, Stahltank, €€€ Ⓗ
Helles Grüngelb, Silberreflexe. Zarte Kräuternoten, etwas gelber Apfel, zart nach Guaven, ein Hauch von Melisse, frisches Bukett. Saftig, gut eingebundene Säurestruktur, mineralisch, fruchtsüß nach gelbem Kernobst, lebendiger Stil, einladender Speisenbegleiter.

(92) Grüner Veltliner * Ried Kirchthal 2021
13 Vol.-%, DV, Beton, €€€€ Ⓗ
Helles Grüngelb, Silberreflexe. Feine Kräuterwürze, zart nach Maracuja, kandierte Orangenzesten, feine Tabakwürze, reife Tropenfrucht. Saftig, gute Komplexität, engmaschig, gut eingebundene Säurestruktur, Apfelnuancen im Abgang, bleibt gut haften, vielseitiger Speisenbegleiter.

91 Grüner Veltliner * Ried Brenner 2021
13 Vol.-%, DV, großes Holzfass, €€€€ Ⓗ
Mittleres Gelbgrün, Silberreflexe. Dezente Kräuterwürze, zart nach weißer Tropenfrucht, ein Hauch von Papaya, Grapefruitnoten klingen an. Saftig, elegant, gut integrierte Säurestruktur, feinwürzig, dunkle Mineralik, Nuancen von gelber Frucht, kraftvoller Speisenbegleiter.

93 Riesling * Alte Rebe 2021
13,5 Vol.-%, DV, Steinzeug, €€€€€
Helles Grüngelb, silberfarbene Reflexe. Feine Limettenzesten, etwas nach Quitte, gelber Pfirsich, ein Hauch von Melisse, mit Wiesenkräutern unterlegt. Saftig, fruchtsüß, lebendige Säurestruktur, reifes Steinobst, Ringlotten klingen an, mineralischer Nachhall, guter Speisenbegleiter.

92 Chardonnay Reserve 2020
13,5 Vol.-%, NK, Barrique, €€€€€
Helles Grüngelb, Silberreflexe. Feine Edelholzwürze, kandierte Orangenzesten, weiße Tropenfrucht, ein Hauch von Gewürzen, Bergamotte klingt an. Saftig, cremige Textur, zarter Säurebogen, schmelzig, Tropenfruchtnoten, würziger Nachhall, laktischer Rückgeschmack, gut entwickelt.

90 Pinot Blanc Ried Kirchthal 2020
14 Vol.-%, NK, Teilbarrique, €€€€€ Ⓗ
Mittleres Grüngelb, Silberreflexe. Feine Tabakwürze, zart nach Birnen, ein Hauch von Wiesenkräutern und Honig, Guaven klingen an. Saftig, feine Säurestruktur, weitmaschig, gelbes Kernobst, würziger Abgang, bereits gut antrinkbar.

Cabernet Sauvignon

(95) Pinot Noir Private Selection 2019
14 Vol.-%, NK, Barrique, €€€€€€ Ⓗ
Kräftiges Rubingranat, violette Reflexe, breitere Randaufhellung. Feine Kräuternoten, zart balsamische Noten, ein Hauch von Holzwürze, feine rotbeerige Nuancen. Saftig, elegant, samtige Tanninstruktur, feinwürzig, etwas nach Kardamom, Brombeernuancen im Abgang, mineralischer Nachhall, bleibt sehr gut haften, vielschichtiger Speisenbegleiter mit Potenzial.

(93) Pinot Noir Reserve Limited Edition 2020
14 Vol.-%, NK, Barrique, €€€€€
Mittleres Rubingranat, Ockerreflexe, breite Randaufhellung. Zarte Tabakwürze, etwas nach Mandarinenzesten, rote Beerenfrucht, zart nach Anis, etwas Kirschfrucht. Mittlerer Körper, feine Säurestruktur, mineralisch, Walderdbeeren, tabakige Würze im Abgang, salziger Nachhall, guter Speisenbegleiter.

(95) Anton Bauer Privat 2019 CS/ME
14 Vol.-%, NK, Barrique, €€€€€€
Tiefdunkles Rubingranat, violette Reflexe, zarte Randaufhellung. Reife Zwetschkennoten, kandierte Orangenzesten, balsamische Nuancen, einladendes Bukett, floraler Touch. Saftig, elegant, feine Tanninstruktur, würzig, etwas nach dunklem Waldbeerenkonfit, samtig und fruchtsüß, engmaschig, bleibt sehr gut haften, vielschichtiger Speisenbegleiter mit Reifepotenzial.

(93) Merlot Reserve Limited Edition 2020
14 Vol.-%, NK, Barrique, €€€€€
Kräftiges Rubingranat, violette Reflexe, zarte Randaufhellung. Zarte Kräuternoten, etwas nach dunkler Kirschfrucht, ein Hauch von Kardamom, zart nach Nougat, frisches Bukett. Saftig, engmaschig, gut eingebundene Tanninstruktur, Brombeernoten, samtige Textur, mineralisch, straffer Speisenbegleiter.

(93) Cabernet Sauvignon Reserve Limited Edition 2020
14 Vol.-%, NK, Barrique, €€€€€ Ⓗ
Tiefdunkles Rubingranat, violette Reflexe, opaker Kern, zarte Randaufhellung. Etwas nach Cassis und Lakritze, ein Hauch von Edelholzwürze, Brombeernoten, Zartbitterschokolade klingt an. Saftig, straff, feine Tanninstruktur, mineralisch-salzig, etwas nach schwarzer Kirschfrucht, pfeffriger Nachhall, sicheres Potenzial.

★★

FAMILIE BAUER – BIOWEINGUT

BIO

Familie Bauer setzt auf Rot: Im Betrieb nimmt der Grüne Veltliner zwar einen großen Teil der Rebfläche ein, doch schon zu Großvaters Zeiten wurde hier die regionaltypische Rebsorte des Wagrams – der Rote Veltliner – mit eigenen Selektionen und somit als Hoflinie stets weiterveredelt.
Großriedenthal liegt am oberen Kamm des Wagrams, wo neben den mächtigen Lössformationen auf den Hochebenen auch Schotter und Sandböden Bedeutung haben. So wurden die Burgundersorten auf einem kalkhaltigen Lössboden ausgepflanzt, und auf sandig-schottrigem Lössboden gedeiht neben dem Roten Veltliner auch Riesling. Besonderes Augenmerk legt das Bioweingut Bauer auf lebendig-gesunde Böden, Natur und Klima. Mit neuen Piwi-Sorten wie Donauriesling und Donauveltliner werden im Weingarten sowie bei der Kelterung selbst schon länger Erfahrungen

© Hörmann

FAMILIE BAUER - BIOWEINGUT

3471 Großriedenthal
Hauptstraße 68
T: +43 (2279) 7204
info@familiebauer.at
www.familiebauer.at

Kellermeister/Kontakt:
Josef Bauer
Anbauweise: Zertifiziert Biologisch (Austria Bio Garantie)
Produktion: 72 % weiß, 25 % rot, 3 % süß, 28 Hektar
Vereinszugehörigkeit:
Weingüter Wagram
Messen: ProWein Düsseldorf, VieVinum, Vinobile Montfort

Eva Maria & Josef Bauer

gesammelt. Auch die drei verschiedenen Natural Wines werden erfolgreich – hauptsächlich auf dem US-Markt – verkauft. Jedenfalls zu erwähnen sind die Süßweine der Familie Bauer in Form von Beeren- und Trockenbeerenauslesen sowie Eiswein.

91 Grüner Veltliner * Ried Goldberg 2021
13 Vol.-%, DV, Stahltank, €€
Mittleres Grüngelb, Silberreflexe. Feine Kräuternoten, ein Hauch von Mandarinen, zart nach Apfel und Quitte, dunkle Mineralik, einladendes Bukett. Saftig, straff, gut eingebundene Säurestruktur, Birnentouch im Abgang, lang anhaltend, würziger Speisenbegleiter.

92 Grüner Veltliner Ried Hinterberg 2020
13 Vol.-%, DV, Teilbarrique, €€€
Mittleres Goldgelb, Grünreflexe. Einlandender Duft nach Mango und Honigmelone, kandierte Orangenschalen, floraler Touch, etwas Karamell. Saftig, straff, balancierte Säurestruktur, gut entwickelt, mineralisch, gelbe Tropenfrucht im Abgang, Honig im Nachhall.

90 Roter Veltliner * Terrassen 2021
12 Vol.-%, DV, Stahltank, €€
Mittleres Goldgelb, silberfarbene Reflexe. Feine Tabaknoten, Ananas, zart nach Quitte, Anis klingt an, würziges Bukett. Saftig, elegant, balancierter Säurebogen, würzig, gelbe Apfelfrucht im Abgang, bereits gut antrinkbar.

92 Roter Veltliner Ried Hinterberg 2020
13 Vol.-%, DV, Teilbarrique, €€€
Leuchtendes Goldgelb. Zart nach Honig und Mango, reife Marillen, etwas nach Dörrpflaumen, Orangenschalen, einladendes fruchtiges Bukett. Saftig, straff, gut integrierte Säurestruktur, feinwürzig, mineralisch im Nachhall, Melone im Finish, gutes Potenzial.

92 Roter Veltliner Urig 2019
13,5 Vol.-%, NK, 500-l-Fass, €€€€€
Trübes Bernstein, Silberreflexe. Florale Nuancen, dezente Birnenfrucht, Blütenhonig, feine Kräuternoten, etwas Kumquats. Gute Komplexität, straff, feine Säurestruktur, engmaschig, zarter Gerbstoff, Litschinoten im Abgang, salziger Speisenbegleiter mit Potenzial.

91 Zweigelt Großriedenthal Reserve 2018
14 Vol.-%, DV, Barrique, €€€
Kräftiges Karmingranat, violette Reflexe, breitere Ockerrandaufhellung. Zarte Holzwürze, feiner Vanilletouch, reife Kirschen, tabakig unterlegter Kräutertouch. Saftig, elegant, feine Zwetschkenfrucht, gut integrierte runde Tannine, mineralisch, ein Hauch von Karamell im Abgang, bereits gut entwickelt.

* Wagram DAC

★★

WEINGUT JOSEF BAUER

Bereits in vierter Generation bewirtschaften Joe und Christine Bauer dreizehn Hektar Weingärten in den Rieden am Hengstberg in Feuersbrunn. Mit dem Jahrgang 2017 brachte sich die fünfte Generation Florian in den Betrieb ein, die neue Weinlinie »Saphir« trägt seine Handschrift. Die ausgepflanzten Rebsorten des Weinguts Bauer bestehen aus 50 Prozent Grünem Veltliner, 20 Prozent Riesling, 5 Prozent Weißburgunder und Chardonnay, 5 Prozent Rotem Veltliner, 10 Prozent Zweigelt und 5 Prozent Cabernet Sauvignon.
Das Hauptaugenmerk des Weinguts liegt vor allem auf der Fruchtigkeit der Weißweine. Die schonende Handlese mit anschließendem Traubentransport in Kisten, die Ganztraubenpressung und die temperaturgesteuerte Gärung im Stahltank sind Voraussetzung für viel Frucht und jede Menge Trinkspaß. Die Rotweine werden nach der ersten und zweiten Gärung sowohl in großen Holzfässern als auch in Barriques ausgebaut. Die Arbeit im Weingarten wird vor allem auf optimales Wassermanagement ausgelegt. Eher offener Boden während der Vegetation, niedrige Erziehungsformen und Ertragsreduktion speziell in extrem trockenen Jahren sind hierbei sehr wichtige Faktoren.Auch im Bereich des Pflanzenschutzes trachtet das Weingut Josef Bauer in erster Linie danach, die natürliche Widerstandskraft der Reben und Nützlinge so weit zu forcieren, dass chemische Behandlungen nurmehr zur Qualitätssicherung Verwendung finden und auf ein Mindestmaß reduziert werden können.

WEINGUT JOSEF BAUER
3483 Feuersbrunn
Neufang 52
T: +43 (2738) 2309
weingut@josefbauer.at
www.josefbauer.at

Kellermeister: Florian Bauer
Kontakt: Josef Bauer
Anbauweise: Umstellung auf bio (Austria Bio Garantie)
Produktion: 80.000 Flaschen
85 % weiß, 5 % rosé, 10 % rot,
13 Hektar
Vereinszugehörigkeit:
Weingüter Wagram
Messen: DAC-Präsentationen

(92) Grüner Veltliner * Feuersbrunn Ried Rosenberg 2021
14 Vol.-%, DV, Steinzeug, €€€ Ⓥ
Leuchtendes Goldgelb, Silberreflexe. Zart nach Maracuja und kandierten Orangenzesten, etwas Quitte, mit Blütenhonig unterlegt. Mittlere Komplexität, balancierte Säurestruktur, mineralisch, extraktsüß nach Mango, lang anhaltend, salziger Nachhall, guter Speisenbegleiter.

91 Grüner Veltliner * Katharina 2021
13,1 Vol.-%, DV, Stahltank, €€ Ⓥ
Mittleres Gelbgrün, silberfarbene Reflexe. Zart nach gelbem Apfel, ein Hauch von Wiesenkräutern, Papaya klingt an. Saftig, straff, gut eingebundener Säurebogen, weiße Tropenfrucht im Abgang, extraktsüß im Nachhall, zitroniges Finish.

91 Riesling * 2021
13,2 Vol.-%, DV, Stahltank, €€ Ⓥ
Helles Grüngelb, Silberreflexe. Feine Kräuternoten, ein Hauch von Grapefruit, dazu etwas Guaven und Mirabellen, frisches Bukett. Mittlerer Körper, lebendige Säurestruktur, mineralisch-salzig, etwas Pfirsich im Abgang, unkomplizierter Speisenbegleiter.

92 Riesling Feuersbrunn Ried Losling 2020
13,3 Vol.-%, DV, Stahltank, €€€€ Ⓥ
Mittleres Grüngelb, Silberreflexe. Feine Maracujanoten, weißes Steinobst, etwas Limonen, frische Gräser, lebendiges Bukett. Saftig, elegant, restsüß nach Pfirsich, gut eingebundene Säurestruktur, mineralisch im Nachhall, vielseitig einsetzbar.

91 Sauvignon Blanc * 2021
13 Vol.-%, DV, Stahltank, €€ Ⓥ
Helles Grüngelb, Silberreflexe. Feine Kräuterwürze, zart nach Cassis, etwas nach Paprika, Melisse, ein Hauch von Limetten. Saftig, elegant, feine Säurestruktur, minera-

lisch-salzig, etwas nach reifen Stachelbeeren, Apfelfrucht im Nachhall, bleibt gut haften.

93 Weißburgunder Weisser Saphir 2020
14 Vol.-%, DV, gebrauchte Barriques, €€€€
Mittleres Grüngelb, Silberreflexe. Einladender Duft nach Kräuter-Tabak-Würze, Ananas und reifen Birnen, ein Hauch von Clementinen, dunkle Mineralik. Gute Komplexität, fruchtsüß nach Marillen, finessenreiche Säurestruktur, saftig, Honig im Nachhall, guter Speisenbegleiter.

★ ★ ★

WEINGUT STEFAN BAUER

Stefan und Karin Bauer haben Vergangenheit und Zukunft mit Fantasie vereint – bei jedem ihrer Weine und in der Architektur des Weinguts. Sie vertrauen auf die naturgegebenen Vorzüge der regionltypischen Sorten und versuchen, durch den Ausbau eine unaufdringliche klassische Stilistik zu erreichen, wovon die Leitsorten Grüner und Roter Veltliner in besonderem Maße profitieren. Der Rote Veltliner, die Diva unter den Veltlinern, erfährt auf dem Weingut eine besondere Zuneigung, die klassische Variante ebenso wie die Reserve, die von Ausbau und Lagerung im Akazienfass besonders profitiert.
Die berührende Geradlinigkeit und der völlige Verzicht auf modische Allüren zeichnen den Winzer und seine Weine aus. »Ich laufe keinen kurzlebigen Trends nach«, so Stefan Bauer. Als Verbeugung vor dem Weitblick der Großeltern Josef und Mathilde Hutzler taufte Stefan Bauer seinen besten Grünen Veltliner »Hutzler«, geerntet von den ältesten und besten Rebstöcken in den Weingärten rund um Königsbrunn. Der »Hutzler« ist ein vielschichtiger Veltliner, balanciert und doch jugendlich; seine reife und komplexe Frucht entwickelt die ganze harmonische Kraft der Wagramer Lössböden. Die Basis der Grüner-Veltliner-Serie bildet der »Wagram«, es folgen die beiden Lagenveltliner Ried Bromberg und Ried Steinagrund, sowie als gereifte Variante der »Hutzler«, der immer erst ab Herbst erhältlich ist.

90 Roter Veltliner * 2021
13 Vol.-%, DV, Stahltank, €€
Mittleres Grüngelb, Silberreflexe. Feine Kräuternoten, zart nach Birne, dunkle Würze, etwas nach Bergamotte. Saftig, elegant, frische Säurestruktur, mineralisch-salzig, Papaya im Abgang, kraftvolles Finish.

93 Roter Veltliner Wagram Hutzler 2020
13,5 Vol.-%, NK, großes Holzfass, €€€€€
Leuchtendes Goldgelb. Reife Mangonoten, etwas Blütenhonig, zart nach Marille, mit Mandarinenzesten unterlegtes Dörrobst, floraler Touch. Saftig, gut eingebundene Säurestruktur, würzige Nuancen, samtige Textur, Birnenfrucht im Abgang, stoffiges Finish, guter Speisenbegleiter.

92 Roter Veltliner Wagram Ried Steinmeisel 2020
13,5 Vol.-%, DV, Holzfass, €€€
Leuchtendes Goldgelb, silberfarbene Reflexe. Zart mit Honig unterlegte Tropenfrucht, nussige Nuancen, kandierte Orangenschalen. Saftig, elegant, gut eingebundene Säurestruktur, straff, Mangonoten im Abgang, mineralischer Nachhall, guter Speisenbegleiter.

WEINGUT STEFAN BAUER
3465 Königsbrunn am Wagram
Rathausplatz 19
T: +43 (2278) 2771
stefan@weingutbauer.at
www.weingutbauer.at

Kellermeister/Kontakt:
Stefan Bauer
Produktion: 95 % weiß, 1 % rosé, 4 % rot, 12 Hektar
Vereinszugehörigkeit:
Wagramer Selektion
Messen: ProWein Düsseldorf, VieVinum

* **Wagram DAC**

92 Grüner Veltliner Wagram Hutzler 2020
13,5 Vol.-%, NK, Holzfass, €€€€€
Mittleres Goldgelb, Grünreflexe. Feine Tabakwürze, etwas nach Mango, ein Hauch von Honigmelone, kandierte Orangenzesten, einladendes Bukett. Straff, kraftvoll, gut integrierter Säurebogen, feinwürzig, weißes Kernobst, Holztouch im Nachhall, guter Speisenbegleiter.

91 Grüner Veltliner Wagram Fels Ried Steinagrund 2020
13,5 Vol.-%, DV, Holzfass, €€€
Mittleres Grüngelb, Silberreflexe. Mit Blütenhonig unterlegte reife Ananas, ein Hauch von Karamell, zart nach Mango, frische Wiesenkräuter im Hintergrund. Saftig, elegant, extraktsüß nach Pfirsich, nussiger Touch, bleibt gut haften, kraftvoller Speisenbegleiter.

92 Weißburgunder Wagram Hutzler 2020
13,5 Vol.-%, NK, Holzfass, €€€€€
Leuchtendes Gelbgrün, silberfarbene Reflexe. Einladender Duft nach Birnen und Vanille, ein Hauch von Quittenkonfit, Orangenzesten, florales Bukett. Mittlere Komplexität, fruchtsüß nach gelben Pflaumen, saftig, gut eingebundene Säurestruktur, weißes Nougat im Nachhall, guter Speisenbegleiter.

★★

WEINGUT BENEDIKT

Wolfgang Benedikt gehört zur dynamischen und innovativen Winzergeneration am Wagram. Seine Weine bestechen durch eine blitzsaubere und fruchtbetonte Stilistik mit Tiefgang. Der Winzer ist Mitglied der »Wagramer Selektion« und bemüht sich in verschiedensten Funktionen, die Entwicklung der Region voranzutreiben und ihre Zukunft aktiv mitzugestalten. Er führt gemeinsam mit seiner Frau Kristina in der Marktgemeinde Kirchberg am Wagram einen Traditionsbetrieb (Weinbau seit 1776) mit modernem Weinverständnis. Den Grundstein dafür haben seine Eltern Johann und Irmgard Benedikt bereits vor fünf Jahrzehnten gelegt. Seitdem haben sie das Weingut stetig weiterentwickelt und den Anforderungen eines modernen und nachhaltigen Qualitätsweinbaus angepasst. Vor allem im Spitzensegment sind eine klare Handschrift und dieses rigorose Qualitätsdenken erkennbar.
Vorrangiges Ziel des Winzers ist es, sich auf die Leitsorte der Region zu besinnen: den Grünen Veltliner. Diesem widmet er sich in fünf verschiedenen Ausbaustufen, wobei die kräftigen Lagenveltliner »Ried Schafflerberg« und »Ried Goldberg« die Spitze darstellen – Verkostungserfolge inklusive. Zur Vervollständigung der überaus gelungenen Serie präsentierte Wolfgang Benedikt heuer erstmals die Wagramer Top-Spezialität: einen Roten Veltliner.

92 Grüner Veltliner * Ried Goldberg 2021
14 Vol.-%, DV, großes Holzfass, €€€
Mittleres Grüngelb. Feine Tabakwürze, etwas weiße Tropenfrucht, Blütenhonig, zarte Grapefruitzesten. Saftig, komplex, stoffig, balancierte Säurestruktur, feinwürzig, Tropenfrucht im Abgang, bleibt gut haften, vielseitiger Speisenbegleiter.

91 Grüner Veltliner * Ried Scheiben 2021
13 Vol.-%, DV, Stahltank, €€
Helles Grüngelb, silberfarbene Reflexe. Reife Tropenfrucht, gelber Apfel, ein Hauch von Blütenhonig, mit Ananas unterlegt. Saftig, elegant, gut integrierte Säurestruktur, mineralisch, extraktsüß nach Mango, trinkanimierendes Finish, guter Speisenbegleiter.

91 Grüner Veltliner * Ried Schafflerberg 2021
13,5 Vol.-%, DV, großes Holzfass, €€
Mittleres Grüngelb, silberfarbene Reflexe. Feine Tabak-Kräuter-Würze, zart nach Papaya, kandierte Orangenzesten, etwas nach Quitte. Saftig, feine, balancierte Säurestruktur, reifer Apfel im Abgang, Tropenfrucht im Nachhall, bereits gut antrinkbar.

92 Grüner Veltliner Ried Goldberg Reserve 2020
14 Vol.-%, DV, kleines Holzfass, €€€€
Mittleres Gelb, Grünreflexe. Zarte Tropenfrucht, etwas nach Papaya, feiner Blütenhonig, ein Hauch von kandierten Orangenschalen, floraler Touch. Saftig, elegant, seidige Textur, zart nach Mango, mineralischer Abgang, feinwürziger Rückgeschmack, gutes Potenzial.

© Katharina Gossow

WEINGUT BENEDIKT

3470 Kirchberg am Wagram
Mallon 26
T: +43 676 63 62 490
office@benedikt.cc
www.benedikt.cc

Kellermeister/Kontakt:
Ing. Wolfgang Benedikt
Produktion: 80 % weiß, 5 % rosé, 15 % rot, 10+10 Hektar
Vereinszugehörigkeit:
Wagramer Selektion
Messen: VieVinum

Wolfgang und Kristina Benedikt

91 Roter Veltliner * 2021
13 Vol.-%, DV, großes Holzfass, €€
Mittleres Grüngelb, Silberreflexe. Zarte Apfelfrucht, etwas nach kandierten Orangenzesten, unterlegt mit nussigen Nuancen, Birnenfrucht klingt an. Saftig, straff, lebendige Säurestruktur, Maracuja im Abgang, zitroniger Nachhall, bereits gut antrinkbar.

90 Riesling Reserve 2020
13,5 Vol.-%, DV, großes Holzfass, €€€
Mittleres Grüngelb, silberfarbene Reflexe. Weißes Steinobst, unterlegt mit Kräutern, zart nach Limetten, ein Hauch von Ringlotten. Saftig, straff, frisch und lebendig, Pfirsichnoten im Abgang, salziger Nachhall, unkompliziert antrinkbar.

★★

WEINGUT BLAUENSTEINER

Das Weingut Blauensteiner liegt im Weinort Gösing, eingebettet in einer Mulde mitten am Wagram. Große Aufmerksamkeit wird dem Grünen Veltliner mit rund der Hälfte der Anbaufläche geschenkt. Derzeit werden vom leichten Sommerwein »Wilbling« über »Essenthal« und den gehaltvollen »Fumberg« bis hin zum »Fumberg Privat« insgesamt vier Lagenweine vom Grünen Veltliner angeboten. Die zweite Hälfte der Betriebsfläche teilen sich Roter Veltliner, Sauvignon Blanc, Chardonnay, Riesling, Gelber Muskateller sowie Zweigelt. Der Rotweinanteil beträgt etwa 15 Prozent.
Der gelbe Lössboden besitzt ein überaus hohes Wasserhaltevermögen und sorgt für die Vielschichtigkeit des Aromas der Weine. Trockene, heiße Sommer sind vorherrschend. Die relative Abkühlung während der Nachtstunden an den Hängen des Wagrams – vor allem hier in der Höhenlage von Gösing – verleiht dem Wein Fruchtigkeit und eine subtile Aromatik. Zu den besten Rieden, welche die Familie Blauensteiner bewirtschaftet, zählen Essenthal, Fumberg, Gmirk und Wilbling. Das Weingut Blauensteiner ist Gründungsmitglied der »Weingüter Wagram«.

92 Grüner Veltliner * Ried Fumberg 2021
14 Vol.-%, DV, Stahltank, €€€
Mittleres Gelbgrün, silberfarbene Reflexe. Wiesenkräuter, mineralische Anklänge, zart nach Maracuja, kandierte Orangenzesten, Pfirsichtouch. Saftig, engmaschig, lebendige Säurestruktur, Zitrus im Abgang, mineralisch, weißes

* Wagram DAC

WEINGUT BLAUENSTEINER
3482 Gösing am Wagram
Obere Zeile 12
T: +43 (664) 2424925
leopold@blauensteiner.com
www.blauensteiner.com

Kellermeister: Leopold Blauensteiner
Kontakt: Christoph Blauensteiner
Produktion: 85 % weiß, 2 % rosé, 12 % rot, 1 % süß, 8.5 Hektar
Vereinszugehörigkeit: Weingüter Wagram
Messen: ProWein Düsseldorf

Kernobst im Nachhall, bleibt gut haften, lebendiger Speisenbegleiter.

91 Grüner Veltliner * Ried Essenthal 2021
13,5 Vol.-%, DV, Stahltank, €€
Helles Goldgelb, silberfarbene Reflexe. Zarte Kräuternoten, etwas nach Bergamotte, ein Hauch von Apfel, Melisse klingt an, tabakiger Touch. Mittlerer Körper, kraftvoll, feine Säurestruktur, würzig, gelbes Kernobst im Abgang, stoffiger Speisenbegleiter.

90 Grüner Veltliner * Ried Wilbling 2021
13 Vol.-%, DV, Stahltank, €€
Helles Grüngelb, silberfarbene Reflexe. Zart nach Gewürzen und weißem Apfel, ein Hauch von Maracuja, dezent nach Blütenhonig. Saftig, gut eingebundene Säurestruktur, extraktsüß nach gelber Tropenfrucht, feine Zitrusnuancen, bleibt gut haften unkomplizierter Sortenvertreter.

92 Grüner Veltliner Wagram Ried Fumberg »Privat« 2020
14,5 Vol.-%, DV, Stahltank, €€€€
Helles Goldgelb, silberfarbene Reflexe. Feine Tabakwürze, zart nach Apfel, gelbe Tropenfrucht, dezente Orangennote, Blütenhonig klingt an. Saftig, gute Komplexität, straff, elegant, balancierte Säurestruktur, Golden-Delicious-Apfel im Abgang, würzig, bleibt gut haften, vielseitig einsetzbar.

91 Gelber Muskateller * 2021
12 Vol.-%, DV, Stahltank, €€
Helles Grüngelb, silberfarbene Reflexe. Zarte Kräuternoten, mit etwas Grapefruit unterlegtes Rosenöl, zart nach Muskatnuss, frisches Bukett. Saftig, straff, feine Säurestruktur, mineralisch-salzig, Birnenfrucht und Wiesenkräuter im Abgang, lebendiges Finish.

91 Roter Veltliner * Ried Fumberg 2021
13,5 Vol.-%, DV, Stahltank, €€€
Mittleres Grüngelb, silberfarbene Reflexe. Etwas nach Mango und Papaya, ein Hauch von Birne, zart tabakig, feiner Blütenhonig. Mittlere Komplexität, extraktsüß, zart nach Birne, feine Kräuternoten, stoffiges Finish, guter Speisenbegleiter.

★

WEINGUT DASCHÜTZ

Der Betrieb der Familie Daschütz wird schon seit mehr als 200 Jahren als Familienbetrieb geführt. Das Hauptaugenmerk ist darauf gerichtet, regional- und terroirtypische Weine mit persönlicher Handschrift und einem gewissen internationalen Touch zu produzieren. Dabei werden natürlich wichtige ökologische und ökonomische Grundsätze berücksichtigt.
Der Grundstein für beste Weinqualität wird bereits im Weingarten gelegt. Nützlingsschonende integrierte Traubenproduktion sowie Sorgfalt und Genauigkeit sind ein absolutes Muss. Durch Rebschnitt und Ertragsreduktion erreicht die Familie Daschütz die angestrebte Vollreife der Trauben. Nach der händischen Ernte in mehreren Durchgängen – faules Traubenmaterial wird ausgelesen – werden diese schonend gepresst und mittels moderner Kellertechnik weiterverarbeitet. Hygiene und Sorgfalt sind hier die wichtigsten Faktoren.
Leichte, fruchtige Weißweine werden im Stahltank ausgebaut, kräftigere Vertreter in Eichen- oder Akazienholzfässern. Einige Rotweine erhalten durch die Vergärung oder La-

WEINGUT DASCHÜTZ
3470 Kirchberg am Wagram
Mitterstockstall 38
T: +43 (2279) 2443
weingut@daschuetz.at
www.daschuetz.at

Kellermeister/Kontakt:
Christoph Daschütz
Produktion: 80 % weiß, 5 % rosé, 15 % rot, 10 Hektar

Kirchberg am Wagram

gerung in Eichenholzfässern (Barriques) zusätzliche Fülle und Komplexität. Hierbei ist wie bei fast allen Dingen im Leben die Zeit ein wesentlicher Faktor. Familie Daschütz ist überzeugt: »Man sollte den Weinen die nötige Zeit zum Reifen und Entfalten geben, dann wird das Ergebnis umso hochwertiger und harmonischer.«

92 Grüner Veltliner Ried Schloßberg 2021
14 Vol.-%, DV, Stahltank, €€
Helles Grüngelb, silberfarbene Reflexe. Feiner Blütenhonig, etwas nach Kardamom, reife Apfelfrucht, ein Hauch von Melisse, Papaya klingt an. Saftig, elegant, gut eingebundene Säurestruktur, extraktsüß nach frischem Kernobst, wirkt leichtfüßig, straffer Speisenbegleiter.

91 Grüner Veltliner Tradition 2021
14 Vol.-%, DV, Stahltank, €€
Helles Grüngelb, Silberreflexe. Weiße Apfelfrucht, zart nach Grapefruitzesten, ein Hauch von Quitte, Blütenhonig klingt an. Würzig, gut eingebundene Säurestruktur, Nuancen von weißer Frucht, kräutriger Nachhall, saftiger Speisenbegleiter mit nussigem Finish, bereits gut antrinkbar.

90 Grüner Veltliner Bromberg 2021
12,5 Vol.-%, DV, Stahltank, €€
Helles Grüngelb, Silberreflexe. Feine Kräuternoten, zart nach Anis, ein Hauch von Guaven, etwas nach Maracuja, pfeffriger Touch. Saftig, elegant, balancierte Säurestruktur, weißer Apfel im Abgang, zitroniger Nachhall, bereits gut antrinkbar.

88 Grüner Veltliner Classic 2021
12,6 Vol.-%, DV, Stahltank, €€

91 Roter Veltliner 2021
12,6 Vol.-%, DV, Stahltank, €€
Helles Grüngelb, silberfarbene Reflexe. Feine Tabakwürze, weiße Tropenfrucht, zart nach Melisse, etwas Guaven, kräutriger Touch. Mittlerer Körper, gut eingebundener Säurebogen, etwas nach Gewürzen, weiße Apfelfrucht, bereits gut antrinkbar.

90 Gelber Muskateller 2021
12,1 Vol.-%, DV, Stahltank, €€
Helles Grüngelb, silberfarbene Reflexe. Zarter Blütenhonig, etwas nach Kräuterlimonade, ein Hauch von Holunderblüten, Orangenzesten klingen an. Feine Säurestruktur, frischer grüner Apfel, lebendiger Abgang, mineralisch, bereits gut antrinkbar.

89 Weißburgunder 2021
12,8 Vol.-%, DV, Stahltank, €€

★★

WEINGUT ROBERT DIREDER

Demut, Dankbarkeit und Traditionsbewusstsein, das sind die Fundamente des Schaffens als Winzer und auch die von Robert Direder: Demut vor dem unerschöpflichen Reichtum der Natur, den es zu bewahren gilt, Dankbarkeit für die Geschenke, die die nimmermüde Erde Jahr für Jahr spendet, Traditionsbewusstsein im Sinne der Pflege des Erbes und des Handwerks. Der Lohn für diese Konsequenz sind langlebige und charaktervolle Weine. Robert Direders besonderes Anliegen ist es, den »Spannungsbogen« eines Weines und des Jahrgangs herauszuarbeiten, zu betonen, ihn langlebig zu gestalten. Deshalb hat er sich auch entschlossen, seinen Weinen mehr Zeit zur Reife zu geben. Heuer wurde aus diesem Grund ein Teil seiner Weine im gefüllten Zustand nochmals verkostet und bewertet.

Im Weingarten setzen die Direders auf extensive Bewirtschaftung des Bodens und schonende Pflege der Rebstöcke. Sie werden im besten Sinne erzogen, ohne mit Nachdruck Leistung zu fordern, und man überlässt hier dem Weingarten eine gewisse Form der »Eigenverantwortung« und greift nur dort ein, wo es unbedingt notwendig ist. Die natürliche Wechselwirkung von Löss und Rebe kann man als Winzer nicht verbessern, es kann aber darauf geachtet werden, dass sie nicht gestört wird. Im Keller begleitet der junge Kellermeister mit Vorsicht und Zurückhaltung seine Weine und vermeidet übermäßige Eingriffe. Im Übrigen verlässt er sich auf seine Intuition. Diese Zurückhaltung wird mit besonders feinfruchtigen, feingliedrigen und runden Weinen belohnt.

Familie Direder schätzt Eigenständigkeit und erfreut sich am Authentischen. Und sie blühen auf, wenn Hervorragendes gelingt! Das Resultat dieser Begeisterung: Weine mit Charakter, die fordern, aber niemals überfordern.

WEINGUT ROBERT DIREDER
3470 Kirchberg am Wagram
Mitterstockstall 1a
T: +43 (664) 4322236
weingut@direder.at
www.direder.at

Kellermeister/Kontakt:
Robert Direder
Produktion: 80 % weiß, 10 % rosé, 10 % rot, 14 Hektar
Vereinszugehörigkeit:
Wagramer Selektion
Messen: ProWein Düsseldorf, VieVinum, Vinobile Feldkirch

89 Roter Veltliner * 2021
12,5 Vol.-%, DV, Stahltank, €€

92 Roter Veltliner Ried Mordthal 2020
13,5 Vol.-%, DV, großes Holzfass, €€€
Mittleres Grüngelb, silberfarbene Reflexe. Zarte Mangonuancen, ein Hauch von Marillen, Blütenhonig und Orangenzesten klingen an. Saftig, balancierte Säurestruktur, mineralisch, Ananas im Abgang, kraftvoll, guter Speisenbegleiter.

90 Grüner Veltliner * Ried Bromberg 2021
13 Vol.-%, DV, Stahltank, €€
Helles Grüngelb, Silberreflexe. Feine Tabakwürze, weißes Steinobst, ein Hauch von Mandarinenzesten, frisches Bukett. Saftig, elegant, feine Säurestruktur, fruchtsüß nach Papaya, floraler Nachhall, bereits gut antrinkbar.

88 Grüner Veltliner * 2021
12,5 Vol.-%, DV, Stahltank, €€

92 Grüner Veltliner Ried Schlossberg 2020
13,5 Vol.-%, DV, großes Holzfass, €€€
Mittleres Grüngelb, Silberreflexe. Feiner Blütenhonig, zart nach Kräutern, etwas Maracuja, reifes Kernobst. Saftig, elegant, gut eingebundene Säurestruktur, zart nach Quitte im Abgang, salzig, feiner Speisenbegleiter.

91 Weißburgunder Ried Steinberg 2020
13,5 Vol.-%, DV, großes Holzfass, €€€
Helles Gelbgrün, Silberreflexe. Kräuter-Tabak-Würze, etwas nach Orangenzesten, ein Hauch von Williamsbirne, zart nach Pfirsich, Blütenhonig klingt an. Saftig, komplex, balancierte Säurestruktur, gelbes Kernobst, floraler Nachhall, guter Speisenbegleiter.

★★

WEINGUT KARL DIWALD

Im Winzerhof aus dem 17. Jahrhundert betreibt Familie Diwald in sechster Generation Weinbau auf einer Fläche von zwölf Hektar. Die geologisch unterschiedlichen Toplagen Goldberg, Eisenhut und Hinterberg (von mächtigem kalkhaltigem Löss bis zu rotem Schotter) bieten die besten Voraussetzungen, um charaktervolle Weine zu keltern.
Die Hauptsorte ist der Grüne Veltliner, ausgebaut von leicht-fruchtig bis hin zur kräftigen Reserve. Riesling, Roter Veltliner, Gelber Muskateller, Chardonnay und Frühroter Veltliner ergänzen das Weißweinangebot. Bei den Rotweinsorten dominiert der Zweigelt mit etwas Merlot und Cabernet Sauvignon. Kurzer Rebschnitt, dem Wetter angepasste Laubarbeit und selektionierte Lese von Hand bringen vollreifes Lesegut in den Weinkeller. Aufgrund der darauffolgenden schonenden Behandlung des Leseguts entstehen dort mit der Zeit fruchtige, elegante und vollmundige Weißweine und kräftige, vielschichtige Rotwein von höchster Qualität. Der Winzersekt Diwald Brut und die Schaumweine (Chardonnay, Rosé vom Zweigelt) vervollständigen das Programm.

(93) Roter Veltliner * Großriedenthal Ried Eisenhut 2021
13,5 Vol.-%, DV, Stahltank, €€€
Mittleres Grüngelb, Silberreflexe. Feine Kräuternoten, ein Hauch von Blütenhonig, zart nach Birne und Feigen, Orangenzesten klingen an. Saftig, engmaschig, gut eingebundener Säurebogen, extraktsüß nach Marillen, vielschichtiger Speisenbegleiter.

92 Grüner Veltliner * Großriedenthal Ried Eisenhut 2021
14 Vol.-%, DV, Stahltank, €€
Helles Grüngelb, silberfarbene Reflexe. Feine Kräuternoten, weißes Kernobst, zart nach Maracuja, ein Hauch von Gewürzen und Blütenhonig. Mittlere Komplexität, saftig, feine Säurestruktur, mineralisch, Mangotouch im Abgang, bleibt gut haften, unkomplizierter Speisenbegleiter.

92 Grüner Veltliner Großriedenthal Ried Wadenthal 2020
13,5 Vol.-%, DV, Stahltank, €€€
Leuchtendes Grüngelb, silberfarbene Reflexe. Zarter Blütenhonig, etwas nach Mango, ein Hauch von Orangenschalen, reife Apfelfrucht, fruchtiges Bukett. Saftig, engmaschig, gut eingebundene Säurestruktur, mineralisch, würzig, Tropenfrucht im Abgang, bereits gut entwickelt, vielseitig einsetzbar.

© www.charakter.photos | Philipp Monihart

WEINGUT KARL DIWALD
3471 Großriedenthal
Großriedenthal 33
T: +43 (2279) 7218
weinbau.karl.diwald@aon.at
www.weinbau-karl-diwald.at

Kellermeister/Kontakt:
Karl Diwald
Produktion: 80 % weiß, 20 % rot, 11.5 Hektar

Karl Diwald

* Wagram DAC

90 Grüner Veltliner Riad´nthoi 2021
12,5 Vol.-%, DV, Stahltank, €€
Helles Grüngelb, Silberreflexe. Zart nach Kräutern, etwas nach Apfel, ein Hauch von Orangenschalen, weiße Tropenfrucht. Saftig, elegant, feine Säurestruktur, mineralisch-salzig, etwas nach Guaven, bleibt gut haften, vielseitiger Speisenbegleiter.

(91) Riesling * 2021
13 Vol.-%, DV, Stahltank, €€
Helles Grüngelb, Silberreflexe. Feine Tabak-Kräuter-Würze, zart nach Pfirsich, ein Hauch von Grapefruit, floraler Touch. Saftig, elegant, feine Säurestruktur, mineralisch-salzig, reife Tropenfrucht im Abgang, zitroniger Nachhall, guter Speisenbegleiter.

89 Frühroter Veltliner 2021
12,5 Vol.-%, DV, Stahltank, €€

★★★

WEINGUT ECKER – ECKHOF

Das Weingut Ecker – Eckhof, gelegen im Herzen von Niederösterreich, in Mitterstockstall, Gemeinde Kirchberg am Wagram, ist ein Familienbetrieb in dritter Generation, wobei die Familie Ecker bereits seit über 400 Jahren in der Weinbranche tätig ist. Der Betrieb liegt im schönen Weinbaugebiet Wagram, auf jener tiefen Lössschicht, die sich nördlich der Donau etwa 20 Kilometer – zwischen Krems und Stockerau – nach Osten erstreckt. Das klimatische Profil dieser Region bietet beste Voraussetzungen für die Sorten Grüner und Roter Veltliner. Derzeit wird auf dem Weingut eine Eigenfläche von 24 Hektar bewirtschaftet.
Bernhard Ecker produziert zu 80 Prozent Weißwein aus heimischen Sorten. Der Grüner Veltliner, der in fünf verschiedenen Varianten angeboten wird, sowie der Rote Veltliner sind die wichtigsten Sorten des umfangreichen Weinsortiments. Der national und international mehrfach ausgezeichnete Betrieb ist seit Jahren fixer Bestandteil der heimischen Winzerszene. Auch im Ausland erfreuen sich Ecker-Weine immer größerer Beliebtheit. Ecker steht für konstante Spitzenqualität ohne Kompromisse. Die Weine,

Kellergasse bei Fels am Wagram

WEINGUT ECKER – ECKHOF
3470 Kirchberg am Wagram
Mitterstockstall 25
T: +43 (2279) 2440
weingut@eckhof.at
www.eckhof.at

Kellermeister/Kontakt:
Bernhard Ecker
Anbauweise: Umstellung auf bio
Produktion: 80 % weiß, 20 % rot, 24 Hektar
Vereinszugehörigkeit:
Wagramer Selektion
Messen: ProWein Düsseldorf, VieVinum

die von Weinkennern Jahr für Jahr geschätzt werden, zeichnen sich vor allem durch Klarheit, Finesse und Langlebigkeit aus.
Ein gemütlicher Heuriger verwöhnt die Gäste mit vielen traditionellen Gerichten der Region und dem dazu passenden Glas Wein oder Sekt. Des Weiteren steht ein moderner Verkostungsraum zur Verfügung, in dem nach kurzer telefonischer Voranmeldung in aller Ruhe das gesamte Sortiment probiert werden kann.

(94) Roter Veltliner * Ried Steinberg Große Reserve 2021
13,5 Vol.-%, NK, 500-l-Fass, €€€€€
Mittleres Goldgelb, Silberreflexe. Zarte Holzwürze, etwas nach Papaya, zart nach Melisse, reife Birnenfrucht, Kardamom klingt an, attraktives Bukett. Saftig, gute Komplexität, gut eingebundene Säurestruktur, extraktsüß nach Birne, mineralischer Nachhall, facettenreiches zitroniges Finish, lange anhaltend, guter Speisenbegleiter.

(93) Roter Veltliner * Ried Steinberg 2021
13,5 Vol.-%, DV, Stahltank/großes Holzfass, €€€€
Mittleres Grüngelb, Silberreflexe. Reife Tropenfrucht, zart nach Kräutern, ein Hauch von Ananas, floraler Touch, Grapefruitzesten. Saftig, gute Komplexität, salzig, Mangonoten, feine Tabakwürze im Nachhall, guter Speisenbegleiter.

91 Roter Veltliner * Wagram 2021
12,5 Vol.-%, DV, Stahltank, €€
Helles Grüngelb, Silberreflexe. Feine Tabakwürze, unterlegt mit kandierten Orangenzesten, zart nach Guaven, Papayatouch, einladendes Bukett. Saftig, mittlere Komplexität, salzig, weißes Steinobst, Birnennoten im Abgang, bleibt gut haften, vielseitig einsetzbar.

(93) Grüner Veltliner * Ried Mordthal 2021
13,5 Vol.-%, DV, Stahltank/großes Holzfass, €€€€
Glänzendes helles Grüngelb, silberfarbene Reflexe. Gelbe Tropenfrucht, dezente Würze, ein Hauch von Guaven, Clementinen, etwas Ananas. Komplex, saftig, Noten von Maracuja, gut integrierte Säurestruktur, dunkle Mineralik, Kräutertouch, bleibt gut haften, vielseitiger Speisenbegleiter mit Potenzial.

92 Grüner Veltliner * Ried Schlossberg 2021
12,5 Vol.-%, DV, Stahltank, €€
Mittleres Grüngelb, silberfarbene Reflexe. Reife Tropenfrucht, etwas nach Kräutern, Blütenhonig, Papaya und Orangenzesten. Saftig, straff, elegant, lebendige Säurestruktur, leichtfüßig, feinwürzig, mineralischer Abgang, Apfelfrucht im Nachhall, guter Speisenbegleiter.

91 Grüner Veltliner * Ried Steinberg 2021
12,5 Vol.-%, DV, Stahltank, €€
Helles Grüngelb, silberfarbene Reflexe. Weiße Tropenfrucht, zarte Kräuterwürze, etwas nach Orangenzesten, gelbe Apfelfrucht. Staff, elegant, feine Säurestruktur, mineralisch-salzig, Pfirsichtouch, bleibt gut haften, vielseitiger Speisenbegleiter.

90 Grüner Veltliner * Kirchberg 2021
12,5 Vol.-%, DV, Stahltank, €€
Helles Grüngelb, Silberreflexe. Weiße Apfelfrucht, zarte Wiesenkräuter, Zitrusnuancen, frisches Bukett. Mittlerer Körper, saftig, elegant, feine Säurestruktur, balanciert, leichtfüßig, Kernobst im Abgang, salziger Nachhall.

93 Riesling ** 2021
13 Vol.-%, DV, Stahltank, €€€€
Helles Grüngelb, silberfarbene Reflexe. Kräuterwürze, Quitte, etwas nach reifen Feigen, Blütenhonig, Limettenzesten, facettenreiches Bukett. Komplex, saftig, engmaschige Säurestruktur, Pfirsichnoten im Abgang, bleibt gut haften, vielseitiger Speisenbegleiter mit Potenzial.

91 Riesling * Wagram 2021
13 Vol.-%, DV, Stahltank, €€
Helles Grüngelb, Silberreflexe. Zart nach Mango und Blütenhonig, etwas Pfirsich, kandierte Zitruszesten, einladendes Bukett. Saftig, facettenreiche Säurestruktur, Zitrus, Ringlotten im Abgang, salziger Nachhall, engmaschiger Speisenbegleiter.

93 Grauer Burgunder * 2021
13,5 Vol.-%, DV, Stahltank/500-l-Fass, €€€€
Mittleres Grüngelb, Silberreflexe. Zart nach Mango und Blütenhonig, etwas nach Rosenöl, ein Hauch von Gewürzen und Mirabellen, kandierte Orangenzesten klingen an. Saftig, elegant, feine Säurestruktur, mineralisch-salzig, etwas tabakig, Apfelfrucht im Abgang, seidiges Finish, guter Speisenbegleiter.

90 Weißburgunder * Kirchberg 2021
13 Vol.-%, DV, Stahltank, €€
Mittleres Grüngelb, Silberreflexe. Mit etwas Kräuternoten unterlegtes weißes Kernobst, zart nach Guaven, Zitrustouch. Saftig, extraktsüß nach Birne, leichtfüßig, zitroniger Abgang, mineralisch, würziger Rückgeschmack, bereits gut antrinkbar.

*** Wagram DAC**

★★★

WEINGUT JOSEF EHMOSER

Josef und Martina Ehmoser bewirtschaften mit viel Leidenschaft erstklassige Rieden im östlichen Teil des Wagrams, eines markanten Höhenzugs aus Löss. Eine naturnahe Arbeitsweise, seit Generationen gelebte Nachhaltigkeit und ein bedingungsloser Qualitätsanspruch bilden dabei die Leitlinien. Als Mitglied bei den Österreichischen Traditionsweingütern vertraut das Weingut seinen Vorfahren und konzentriert sich auf traditionelle Weine – gewachsen im Einklang mit Boden, Klima und Sorte. Jede Flasche ist dabei etwas Typisches und Ursprüngliches vom Wagram – ein Unikat, geradlinig mit Aussage und Ausstrahlung.

Das Sortiment präsentiert sich ausdrucksstark und umfassend: Die Hauptsorte ist der Grüne Veltliner, der auf den charakteristischen Lössböden hervorragend gedeiht und von klassisch-würzig über kraftvoll-elegant bis hin zu den beiden ÖTW-Erste-Lage-Weinen Ried Georgenberg und Ried Hohenberg gekeltert wird. Das Herzblut der Ehmosers hängt aber auch am vielschichtigen Weißburgunder. Dass auch Riesling in reinen Lösslagen eine herrliche Pikanz entwickelt, beweist Josef Ehmoser überzeugend. Die im großen Holzfass ausgebauten Rotweine Zweigelt und St. Laurent geben sich ebenfalls finessenreich und elegant. Im Weingarten nimmt die Handarbeit einen hohen Stellenwert ein, und so wird ausschließlich händisch geerntet. Im Keller lässt Josef Ehmoser seinen Weinen Zeit, ihre eigene Persönlichkeit zu entwickeln. Er unterstützt stets das Potenzial seiner Weine und betont deren Eigenheit, ohne sie jedoch auf vorgeschriebene Wege zu zwingen. Die Kraft der Natur bleibt so zur Gänze erhalten, und das schmeckt man – auch noch Jahre später.

International sind die regionaltypischen Weine des Weinguts Josef Ehmoser äußerst geschätzt. Jahrgang 2022 wird die erste biozertifizierte Ernte.

(92) Weißburgunder * Grossweikersdorf Vom gelben Löss 2021

13 Vol.-%, DV, großes Holzfass, €€€

Helles Grüngelb, Silberreflexe. Zart nach Kernobst, ein Hauch von Honigmelone, zart nach Wiesenkräutern, einladendes Bukett. Mittlerer Körper, cremige Textur, feine Apfelfrucht, dezente Säurestruktur, ausgewogen und bereits gut antrinkbar.

Martina und Josef Ehmoser

WEINGUT JOSEF EHMOSER
3701 Tiefenthal
Tiefenthal 9
T: +43 (2955) 70442
office@weingut-ehmoser.at
www.weingut-ehmoser.at

Kellermeister: Josef Ehmoser
Kontakt: Josef und Martina Ehmoser
Anbauweise: Umstellung auf bio (Bio Austria)
Produktion: 80 % weiß, 20 % rot, 17 Hektar
Zertifiziert: Nachhaltig Austria
Vereinszugehörigkeit: Traditionsweingüter Österreich
Messen: ProWein Düsseldorf, VieVinum

© Foto beigestellt

94 Weisser Burgunder Fassreserve 60 2016
13 Vol.-%, NK, großes Holzfass, €€€€
Helles Gelbgrün, Silberreflexe. Zart nussig unterlegte feine weiße Birnenfrucht, ein Hauch von Marzipan, dezente Tropenfrucht im Hintergrund, facettenreiches Bukett. Komplex, elegant, zartes weißes Nougat, cremige Textur, finessenreich und anhaftend, nussiger Touch im Abgang, ein ausgewogener Speisenbegleiter.

94 Grüner Veltliner Ried Georgenberg 1ÖTW 2020
13,5 Vol.-%, NK, großes Holzfass, €€€€€
Mittleres Goldgelb, Silberreflexe. Feine Kräuterwürze, gelbe Tropenfrucht, Nuancen von Mango, etwas Blütenhonig, zarte tabakige Noten. Komplex, straff, feine Nuancen von gelbem Kernobst, feiner Säurebogen, salzige Mineralik, gute Länge, sicheres Reifepotenzial.

92 Grüner Veltliner Ried Hohenberg 1ÖTW 2020
13 Vol.-%, NK, großes Holzfass, €€€€
Mittleres Grüngelb, Silberreflexe. Zart floral unterlegte gelbe Apfelfrucht, zart nach Mandarinenzesten, ein Hauch von Limetten. Saftig, elegant, weißes Kernobst, frischer Säurebogen, mineralisch und balanciert, ein frischer Speisenbegleiter, Limettentouch im Abgang, animierender Stil.

90 Grüner Veltliner Wagram Terrassen 2021
12,5 Vol.-%, DV, Stahltank, €€
Helles Gelbgrün, Silberreflexe. Zarte Nuancen von weißem Steinobst, ein Hauch von Birnen und Blütenhonig. Mittlerer Körper, frischer Apfel, lebendige Säurestruktur, zitronig-mineralisch im Abgang, ein eleganter Speisenbegleiter.

92 Gemischter Satz Unter der Burg 2020
12,5 Vol.-%, NK, großes Holzfass/Beton, €€€
Helles Goldgelb, Silberreflexe. Feine gelbe Tropenfrucht, nach Mango und Papaya, ein Hauch von Blütenhonig, zart nach Limettenzesten, attraktives Bukett. Reife Birne, mineralische Textur, dezenter Säurebogen, zart nach Kernobst auch im Nachhall, ein vielseitiger Speisenbegleiter.

92 Riesling Grossweikersdorf Vom gelben Löss 2021
12,5 Vol.-%, DV, Stahltank, €€€
Helles Goldgelb, Silberreflexe. Zarte gelbe Pfirsichfrucht, ein Hauch von weißem Apfel, floraler Touch, Orangenzesten im Hintergrund. Straff, elegant, Nuancen von weißem Steinobst, finessenreich, mineralisch-zitronig im Nachhall, ein lebendiger Speisenbegleiter mit Reifepotenzial.

91 Zweigelt Rosé 2021
12 Vol.-%, DV, Stahltank, €€
Helles Lachsrosa, Silberreflexe. Zart nach roten Waldbeeren, ein Hauch von Pfirsich, einladend, floraler Touch. Leichtfüßig, zart nach Erdbeeren, frischer Säurebogen, rotbeerig-zitroniger Nachhall, ein balancierter Sommerwein.

(93) Gelber Muskateller Auslese 2021
9 Vol.-%, DV, Stahltank, €€€
Sehr helles Gelbgrün, Silberreflexe. Intensive Aromen von weißen Blüten, zart nach Jasmin, weiße Tropenfrucht, zart nach Litschis, vielschichtiges Bukett. Saftig, weißer Pfirsich, Limettentouch, zarte kalkige Nuancen, süßer Abgang, ein feines Trinkdessert.

★★

WEINHOF EHN

Der Wagram bietet mit seinen vielseitigen Plateaus und Hanglagen die idealen Voraussetzungen für Gerhard Ehn, um in bewusster Auseinandersetzung mit der Natur hochwertige Weine zu produzieren. 2003 übernahm der junge Winzer den Familienbetrieb und modernisierte ihn Schritt für Schritt, bis hin zum Kellerneubau. Auch die Etiketten wurden auf eine schlichte, aber aussagekräftige Linie geändert. Durch das Ausnutzen des vorhandenen Gefälles gelingt es dem Weingut, von der Traube bis zum fertigen Wein in der Flasche mit teilweise nur drei Pumpvorgängen das Auslangen zu finden. Je nach Sorte und Jahrgang werden die Weine im Stahltank, im großen Holzfass oder teilweise im Barrique ausgebaut.

Das Hauptaugenmerk des Winzers liegt auf dem Grünen Veltliner. Durch vier verschiedene Ausbauvarianten ist es hier gelungen, vom leichten, spritzigen Sommerwein »Swing« bis hin zum gehaltvollen Top-Veltliner aus der Ried Mordthal eine Reihe qualitativ hochwertiger Weine zu keltern, bei denen für jeden Geschmack etwas dabei ist. Die Sorten Weißburgunder, Chardonnay, Riesling, Frühroter Veltliner und Gelber Muskateller runden das Angebot bei den Weißweinen ab. Beim Rotwein wird der Zweigelt sowohl klassisch als auch im Barrique ausgebaut. Ziel des aufstre-

Roter Veltliner

WEINHOF EHN

3470 Engelmannsbrunn
Kapellenberg 47
T: +43 (2279) 27377
office@weinhofehn.at
www.weinhofehn.at

Kellermeister/Kontakt:
Gerhard Ehn
Produktion: 2 % Schaumwein, 85 % weiß, 3 % rosé, 10 % rot, 10 Hektar
Vereinszugehörigkeit:
Wagramer Selektion
Messen: VieVinum, Weinmesse Innsbruck

benden Betriebs ist es, mit moderner Kellertechnik und viel Naturbewusstsein hervorragende Weine zu produzieren, die einfach Freude am Genuss bereiten.

92 Grüner Veltliner * Ried Mordthal 2021

14 Vol.-%, DV, großes Holzfass, €€
Mittleres Goldgelb, Grünreflexe. Zarte Mangonoten, etwas nach Ananas, ein Hauch von Quitte, mit nussigen Aromen unterlegter Blütenhonig, Karamell klingt an. Saftig, elegant, seidige Textur, lebendige Säurestruktur, reife Apfelfrucht im Abgang, würziger Nachhall, extraktsüßer Rückgeschmack, vielseitig einsetzbar.

91 Grüner Veltliner * Ried Hochrain 2021

12,5 Vol.-%, DV, Stahltank, €€
Mittleres Grüngelb, silberfarbene Reflexe. Feine Tabakwürze, zart nach Maracuja, etwas Orangenzesten, gelbe Apfelfrucht klingt an. Mittlerer Körper, frisch und lebendig, Limonen, weiße Tropenfrucht, mineralischer Abgang, salziger Nachhall, bereits gut antrinkbar.

90 Grüner Veltliner * Ried Satz 2021

13 Vol.-%, DV, Stahltank, €€
Helles Grüngelb, silberfarbene Reflexe. Mit Blütenhonig unterlegte reife Apfelnoten, zart nach Papaya, dazu Melone, unterlegt mit Kräutern. Mittlerer Körper, fruchtsüß, gut eingebundene Säurestruktur, Marillentouch, mineralischer Nachhall, guter Speisenbegleiter.

93 Grüner Veltliner Gehnius Große Reserve 2020

13,5 Vol.-%, DV, gebrauchte Barriques, €€€€
Mittleres Grüngelb, silberfarbene Reflexe. Feine Noten von Mango und Ananas, zart nach Honigmelone, kandierte Clementinen, Vanilletouch, tabakige Nuancen. Saftig, gute Komplexität, engmaschig, mineralisch, feinwürzig, Golden-Delicious-Apfelfrucht im Abgang, Honig im Nachhall, guter Speisenbegleiter mit Potenzial.

90 Weißburgunder * 2021

14 Vol.-%, DV, Stahltank, €€
Mittleres Grüngelb, silberfarbene Reflexe. Zart nach Kräutern und Apfelfrucht, ein Hauch von Melisse, gelbes Kernobst, frisches Bukett. Saftig, extraktsüß, zart nach Birne, kraftvoll, gut eingebundene Säurestruktur, würziger Rückgeschmack, tabakiger Nachhall, wird von Flaschenreife profitieren.

90 Roter Veltliner * 2021

13 Vol.-%, DV, Stahltank, €€
Helles Gelbgrün, Silberreflexe. Zart nach gelber Birne und Honig, etwas floral, zart nach weißem Pfirsich, unterlegt mit Kräutern. Lebendig, saftig, frische Säurestruktur, feinwürzig, weißes Steinobst im Abgang, salziger Nachhall, bereits gut antrinkbar.

★★★

WEINGUT ERNST

Harald Ernst ist für Weininteressierte schon länger kein Unbekannter mehr. Aber nicht nur durch seine vielen »SALON«-Siege, »SALON«-Weine und Landessiege, sondern auch durch andere nationale und internationale Auszeichnungen ist man auf den Winzer aufmerksam geworden. Die wichtigste Sorte, wie könnte es am Wagram anders sein, ist für den Betrieb Grüner Veltliner, den es in mehreren Ausbaustufen gibt. Aber auch seine Rieslinge und Weißburgunder konnten schon große Auszeichnungen und exzellente Verkostungsergebnisse verbuchen. Seit einigen Jahren wird Roter Veltliner ausgebaut. Und auch mit dieser Sorte wurden bereits große internationale Erfolge erzielt. Es wird bei der Bewirtschaftung der Rebanlagen großer Wert auf Nachhaltigkeit gelegt. Der Boden ist das Kapital, das für die nächsten Generationen gesund, vital und vor allem belebt erhalten werden muss. Daher versucht man, mit vielen verschiedenen Pflanzen und Kräutern im Weingarten Leben in und über den Boden zu bringen. Denn nur auf gesunden und lebendigen Böden in Kombination mit einem Verständnis des Menschen für die Natur und die Reben werden sich diese wohlfühlen und auf Dauer hohe Traubenqualitäten hervorbringen können. Der Winzer ist bemüht, ein großes Blatt-Frucht-Verhältnis zu erreichen, das durch eine hohe Laubwand und starkes Ausdünnen erzielt wird. Die Lese erfolgt stets in mehreren Durchgängen und immer zu 100 Prozent von Hand. Im gemütlichen, freundlichen Verkostungsraum kann man gegen Voranmeldung die Weine probieren.

93 Roter Veltliner * Ried Steinberg 2021
13,5 Vol.-%, DV, Stahltank, €€€
Leuchtendes Grüngelb, Silberreflexe. Feine Kräuternoten, Birnentouch, nussige Nuancen, Guaven klingen an, mit Blütenhonig unterlegt. Saftig, elegant, feine Säurestruktur, Quittentouch im Abgang, salzig, Orangennoten im Nachhall, guter Speisenbegleiter.

92 Grüner Veltliner * Ried Hohenberg 2021
13,5 Vol.-%, DV, Stahltank, €€
Helles Gelbgrün, Silberreflexe. Zarter Blütenhonig, Ananas und rote Apfelfrucht, zart nach Anis, kandierte Orangenzesten. Saftig, fruchtsüß nach Marillen, gut eingebundene Säurestruktur, mineralisch, elegant, bleibt gut haften, fruchtiger Speisenbegleiter.

92 Riesling * Ried Steinberg Selection 2021
13 Vol.-%, DV, Stahltank, €€€
Mittleres Grüngelb. Dezente Pfirsichfrucht, etwas Zitruszesten, unterlegt mit Blütenhonig, frisches Bukett, zart florale Nuancen. Straff, lebendige Säurestruktur, mineralisch, weißes Steinobst, Kräuternoten im Nachhall, guter Speisenbegleiter.

(92) Riesling * Ried Steinberg 2021
13 Vol.-%, DV, Stahltank, €€€
Mittleres Grüngelb, Silberreflexe. Zarte Mangonoten, etwas Tabakwürze, Marillentouch, kandierte Limettenzesten, etwas Drachenfrucht. Mittlerer Körper, feine Säurestruktur, salzig, kraftvoll, weißes Steinobst im Abgang, mineralischer Nachhall, bereits gut antrinkbar.

90 Weißburgunder * Großwiesendorf 2021
14 Vol.-%, DV, Stahltank, €€
Mittleres Grüngelb, Silberreflexe. Zart nach Blütenhonig und Melisse, mineralisch, ein Hauch von Birne, Clementinenzesten. Saftig, gut integrierte Säurestruktur, extraktsüß nach Pfirsich, bereits gut antrinkbar.

89 Frühroter Veltliner * 2021
13,5 Vol.-%, DV, Stahltank, €€

WEINGUT ERNST
3701 Großwiesendorf
Großwiesendorf 34
T: +43 (2955) 70325
weingut.ernst@aon.at
www.weingut-ernst.at

Kellermeister/Kontakt:
Harald Ernst
Produktion: 90 % weiß, 10 % rot,
14 Hektar

* Wagram DAC

Blick auf Kirchberg am Wagram

FRITSCH & GOTTWALD
3470 Kirchberg am Wagram
Schlossbergstraße 9
T: +43 (2279) 5037
info@fritsch.cc
www.fritsch.cc

FRITSCH & GOTTWALD

NEU

»Tausendweiss« – unter diesem Namen fand die außergewöhnliche Idee 2006 ihren Ursprung: Karl Fritsch und der bayrische Weinhändler Guido Gottwald begannen, gemeinsam Wein zu machen, frei nach den Motto: »Den braucht zwar keiner, aber jeder wird ihn haben wollen.«
Die Parameter waren von Anfang an klar: kein großes Augenmerk auf Sorten, sondern auf Typizität, Herkunft und Tradition, eine Reifezeit von drei Jahren in Holzfässern – und die nur in Jahren, welche die Voraussetzung für einen großen Wein bieten. Weiters wird großer Wert auf die physiologische Reife sowie die biodynamische Bewirtschaftung gelegt, damit dieser Wein mit nur 12,5 Vol.-% Alkohol zu jenen Gewächsen zählen kann, die mit Spannung und Finesse sowie Mineralik und Salzigkeit den eigenen strengen und hoch angesetzten Anforderungen gerecht wird.
»Tausendweiss« bedeutet 1.000 Flaschen (in Bouteille, Magnum und Doppelmagnum) für jeden seines Landes. Die limitierte Auflage wird ausschließlich in der Spitzengastronomie und bei auserlesenen Weinfachhandlungen angeboten.

97 Tausend Weiss 2019 CH/WB
12,5 Vol.-%, NK, 500-l-Fass, €€€€€€ V
Leuchtendes mittleres Goldgelb, Grünreflexe. Einladendes Bukett nach Ananas und Mandarinenzesten, ein Hauch von Karamell, zart nach Feigen, mit Holzwürze unterlegt. Gute Komplexität, vielschichtig, engmaschige Mineralik, zart nach Kräutern, weiße Tropenfrucht im Abgang, facettenreicher Speisenbegleiter, nussiger Nachhall, sicheres Potenzial.

★★★★

WEINBAU KARL FRITSCH

BIO

Wein zu machen bedeutet für Karl Fritsch, Tradition auf ein positives Fundament für neues Handeln in der Gegenwart zu heben, denn erst aufgrund traditioneller Erfahrungen und Werte, die mit Inspirationen der Gegenwart gepaart werden, kann Kulturgut bewahrt und können neue Werte geschaffen werden.
Auf einer Fläche von 30 Hektar werden zu rund zwei Dritteln Weißwein mit Schwerpunkt Grüner Veltliner und Riesling und zu einem Drittel Rotwein erzeugt. Der Wagram bietet in der Symbiose aus Klima und Boden speziell dem Grünen Veltliner hervorragende Bedingungen. Sucht man nach den Kernkompetenzen des Weinberghofs, dann testet man am besten den Grünen Veltliner, der hier sowohl als leichter Sommerwein als auch in Form von subtilen Lagenweinen wie von den Rieden Steinberg und Schlossberg angeboten wird. Bei den Rotweinen zählt die Cuvée »Foggathal« zu den bekanntesten und besten Österreichs, aber auch der saftige Pinot Noir hat einen exzellenten Ruf.
Kopf des Weinberghofs ist Weinmacher Karl Fritsch. Er hat unter den Winzern der Region Wagram aufgrund seiner Innovationen und seiner Umsetzungskraft einen sehr guten Ruf – das beweisen sowohl die wachsende Zahl seiner Kunden als auch die Prämierungen der Weine. Bei Karl Fritsch stehen seit der Umstellung auf Biodynamie im Jänner 2006 die Natur und ihre Ressourcen im Vordergrund seiner Arbeit, denn für ihn ist es nicht nur eine Verpflichtung, sondern auch ein Privileg, mit der Natur zu arbeiten. Ende 2007 wurde das Weingut Karl Fritsch in den Kreis der »Traditionsweingüter Österreich« aufgenommen, was seine wichtige Rolle im Weinbaugebiet Wagram unterstreicht.

92 Grüner Veltliner * Ried Steinberg 2021
12,5 Vol.-%, DV, Stahltank, €€€
Helles Grüngelb. Feine Kräuter-Tabak-Würze, weißes Kernobst, zart nach Guaven, ein Hauch von Mandarinenzesten. Saftig, engmaschige Säurestruktur, mineralisch-salzig, weiße Apfelfrucht, kräuterwürziger Nachhall, facettenreicher Speisenbegleiter.

96 Grüner Veltliner Ried Schlossberg 1ÖTW 2020
12,5 Vol.-%, NK, großes Holzfass, €€€€€
Mittleres Grüngelb, Silberreflexe. Einladendes Bukett nach Marillen und Honigmelone, ein Hauch von Orangenzesten, zart nach Guaven, einladendes fruchtiges Bukett. Saftig, elegant, gut eingebundene Säurestruktur, gelbe Tropenfrucht, leichtfüßiges Finish, mineralisches Rückgrat, guter Speisenbegleiter mit Potenzial.

95 Roter Veltliner Ried Steinberg 1ÖTW 2020
12,5 Vol.-%, NK, großes Holzfass, €€€€€
Mittleres Grüngelb, silberfarbene Reflexe. Einladendes Bukett nach Blütenhonig, Karamell und reifer Birne, ein Hauch von Bergamotte, nussig-rauchige Nuancen. Saftig, engmaschig, extraktsüß nach reifem Apfel, lebendige Säurestruktur, dunkle Mineralik, feinwürziger Nachhall, Honig im Rückgeschmack, vielseitig einsetzbar.

94 Riesling Ried Mordthal 1ÖTW 2020
12,5 Vol.-%, NK, großes Holzfass, €€€€€
Mittleres Goldgelb, silberfarbene Reflexe. Mit dezenter Tabakwürze unterlegte reife gelbe Tropenfrucht, zart nach Mango, Blütenhonig klingt an, floraler Touch. Saftig, gute Komplexität, finessenreiche Säurestruktur, leichtfüßig,

WEINBAU KARL FRITSCH
3470 Oberstockstall
Schlossbergstraße 9
T: +43 (2279) 5037
info@fritsch.cc
www.fritsch.cc

Kellermeister/Kontakt:
Karl Fritsch
Anbauweise: Biodynamisch (respekt)
Produktion: 75 % weiß, 25 % rot, 30 Hektar
Vereinszugehörigkeit: Traditionsweingüter Österreich, respekt-BIODYN
Messen: Millésime Bio, ProWein Düsseldorf, VieVinum, MondoVino, Summa Margreid

* Wagram DAC

extraktsüß, nach Marille, engmaschiger Speisenbegleiter mit Reifepotenzial.

93 Materia Prima 2020 GV/TR
12,5 Vol.-%, NK, Beton/Amphore, €€€€€ B O
Leuchtendes wolkiges Goldgelb, Orangereflexe. Zart nach Mango, etwas nach Honig, ein Hauch von kandierter Grapefruit, etwas Passionsfrucht, einladendes Bukett. Saftig, komplex, facettenreiche Säurestruktur, engmaschig, wirkt leichtfüßig, weißes Steinobst im Abgang, dezenter Gerbstoff im Nachhall, sicheres Reifepotenzial.

★★★★

WEINGUT JOSEF FRITZ

Seit 2003 führen Irene und Josef Fritz das Weingut Fritz in Zaußenberg bei Königsbrunn am Wagram – heute mit insgesamt 15 Hektar Rebfläche. Seit 2020 ist das Weingut auch Mitglied der »Österreichischen Traditionsweingüter«. Die Lagen Mordthal, Himmelreich, Steinberg und Schlossberg mit Böden aus Löss, Tertiärschotter und Sandstein bieten den Rebsorten Roter und Grüner Veltliner, Roter Traminer, Weißburgunder und Riesling sowie Blauer Zweigelt und St. Laurent gemeinsam mit dem milden Klima der Region beste Voraussetzungen.
Ökologisches Gleichgewicht ist das Um und Auf in den Weingärten, damit der Facettenreichtum einer möglichst unberührten Natur für die Zukunft erhalten bleibt. Aus diesem Grund beschränken sich Irene und Josef Fritz auf minimalen Pflanzenschutz im Rahmen des Kontrollierten Integrierten Weinbaus. Wein versteht man hier als Summe von Mensch, Natur und Kulturlandschaft Weingarten. Nur absolut reifes und sauberes Traubenmaterial kommt hier in den Keller. Dies bedingt eine rigorose Selektion im Weingarten und schonende Lese von Hand. Die Weißweine werden zur Erhaltung ihres frischen und fruchtigen Aromas sauber und kühl in Edelstahltanks vergoren und nach dem ersten Abstich im klimatisch idealen, in den Löss gebauten Keller gelagert. Die leichteren Weine lagern bis zur Flaschenfüllung in Edelstahltanks, die Lagenweine in Holzfässern.
Seit 2019 besteht das Restaurant »Josefs Himmelreich«, benannt nach einer Zaußenberger Weinlage und auch nach dem Winzer. Neuerdings sorgt dort der Weststeirer Marco Gangl, der sich sein Rüstzeug beim Landhaus Bacher aber auch beim schwedischen Dreisterner Frantzén holte, am Herd für »gut und ehrlich essen«.

93 Roter Veltliner * Großweikersdorf Ried Steinberg 2021
13 Vol.-%, DV, großes Holzfass, €€€
Mittleres Grüngelb, silberfarbene Reflexe. Feine Tabakwürze, etwas nach Apfel, ein Hauch von Gewürzen, Nuancen von gelber Frucht, facettenreiches Bukett. Saftig, straff, balancierte Säurestruktur, mineralisch-salzig, Papayanoten im Abgang, Birne im Nachhall, würziger Speisenbegleiter.

91 Roter Veltliner * Terrassen 2021
12,5 Vol.-%, DV, Stahltank, €€
Helles Grüngelb. Feine Kräuterwürze, etwas nach Birne und Wiesenkräutern, Blütenhonig klingt an. Saftig, balancierte Säurestruktur, salzig, Noten von weißem Pfirsich und Ringlotten, einladendes Finish, trinkanimierender Stil.

96 Roter Veltliner Ruppersthal Ried Steinberg 1ÖTW Privat 2020
14 Vol.-%, NK, kleines Holzfass, €€€€€
Leuchtendes Goldgelb, Silberreflexe. Mit feinem Blütenhonig unterlegte reife Apfelfrucht, Ananasnuancen klingen an, etwas Tabakwürze. Gute Komplexität, saftig, straff, facettenreiche Säurestruktur, engmaschig, Mangonuancen im Abgang, fruchtsüß im Nachhall, salziger Rückgeschmack, vielschichtiger Speisenbegleiter mit Potenzial.

94 Roter Veltliner Ruppersthal Ried Mordthal 1ÖTW 2020
13,5 Vol.-%, NK, großes Holzfass, €€€€
Leuchtendes Gelbgrün, Silberreflexe. Feine Mangonuancen, etwas nach Blütenhonig, zart nach Orangenschalen, Papayanoten, florale Nuancen. Saftig, elegant, mineralisch-salzig, reife Birnenfrucht, bleibt sehr gut haften, feinwürzig im Nachhall, sicheres Potenzial.

© Andreas Jakwerth

WEINGUT JOSEF FRITZ

3701 Zaußenberg
Ortsstraße 3
T: +43 (2278) 2515
office@weingut-fritz.at
www.weingut-fritz.at

Kellermeister: Josef Fritz
Kontakt: Josef und Irene Fritz
Anbauweise: Umstellung auf bio
Produktion: 5 % Schaumwein, 85 % weiß, 10 % rot, 15 Hektar
Zertifiziert: Nachhaltig Austria
Vereinszugehörigkeit: Traditionsweingüter Österreich, Weingüter Wagram
Messen: ÖGW Zürich, ProWein Düsseldorf, VieVinum

Josef Fritz

94 Roter Veltliner Josef vs. Johannes 2019
13,5 Vol.-%, NK, kleines Holzfass, €€€€€€
Mittleres Goldgelb, Silberreflexe. Zart nach Honig und Mango, etwas nach Papaya, ein Hauch von Birne und Ananas, Tabakwürze, zart nach Karamell, einladendes Bukett. Saftig, engmaschig, gut eingebundene Säurestruktur, Williamsbirne im Abgang, salziger Nachhall, balanciert, vielschichtiger Speisenbegleiter, sicheres Potenzial.

92 Roter Veltliner Gondwana 2020
13,5 Vol.-%, NK, Beton, €€€€€
Leuchtendes Goldgelb, silberfarbene Reflexe. Feiner Blütenhonig, etwas nach Mango, ein Hauch von Tabak, Orangenzesten, zarter Birnentouch. Saftig, mineralisch, etwas zurückhaltend, zarter Gerbstoff, feine Säurestruktur, weiße Apfelfrucht im Abgang, salziger Speisenbegleiter mit Potenzial.

91 Grüner Veltliner * Zaußenberg Ried Himmelreich 2021
13 Vol.-%, DV, Stahltank, €€
Mittleres Grüngelb. Dezente Apfelfrucht, zart nach Wiesenkräutern, ein Hauch von Grapefruitzesten, etwas Gewürznuancen. Saftig, mittlerer Körper, lebendiger Säurebogen, weißes Kernobst, salziger Nachhall, bereits gut antrinkbar.

92 Grüner Veltliner Mitterstockstall Ried Schlossberg 1ÖTW 2020
13,5 Vol.-%, NK, großes Holzfass, €€€€
Mittleres Grüngelb, silberfarbene Reflexe. Etwas nach Kräutern und Mango, ein Hauch von Guaven, zart nach Papaya, Blütenhonig klingt an. Saftig, elegant, balancierte Säurestruktur, etwas nach Honig, Mangonoten im Abgang, bleibt gut haften, vielseitig einsetzbar.

93 Chardonnay Wagram Große Reserve 2020
13,5 Vol.-%, NK, kleines Holzfass, €€€€
Leuchtendes Goldgelb, Silberreflexe. Zarter Blütenhonig, unterlegt mit Holzwürze, reife Tropenfrucht, zart nach Ananas und Dörrobst. Saftig, komplex, balancierte Säurestruktur, gelbes Kernobst, zart tabakig im Abgang, mineralischer Touch, feine Kräuterwürze im Nachhall, guter Speisenbegleiter.

92 Roter Traminer Wagram Große Reserve 2020
14 Vol.-%, NK, kleines Holzfass, €€€€
Mittleres Goldgelb, Silberreflexe. Zart nach Akazienhonig und Honigmelone, ein Hauch von Eibisch und Rosenöl, kandierte Orangenzesten klingen an. Saftig, kraftvoll, feine Säurestruktur, etwas nussig, zart nach Litschis im Abgang, salzig, feinwürzig, kraftvolles Finish, guter Speisenbegleiter.

92 Riesling Schaf-Berg-Ei 2021
11,5 Vol.-%, NK, Beton, €€€€€
Helles Grüngelb, Silberreflexe. Dezente Zitrusnuancen, etwas weißer Pfirsich unterlegt mit Kräutern und Limetten, dunkle Mineralik. Saftig, restsüß, zart nach Papaya, leichtfüßig, weißes Steinobst im Nachhall, würziger Rückgeschmack, vielseitig einsetzbar.

* Wagram DAC

★★

WINZERHOF GMEINER

Der Winzerhof Gmeiner liegt in Seebarn am Wagram, rund fünf Kilometer von Schloss Grafenegg entfernt. Die Weingärten verteilen sich entlang des Wagrams. Der Sortenspiegel des erfolgreichen Winzers Christian Gmeiner besteht in etwa zur Hälfte aus Weißweinsorten wie Grüner Veltliner, Riesling, Chardonnay, Sauvignon Blanc und Muskateller, die andere Hälfte machen Rotweinsorten wie Zweigelt, Cabernet Sauvignon, Shiraz, Pinot Noir und Roesler aus. Im Sortiment ist auch eine Rotweincuvée namens »Capirah«, die für 15 Monate im Kastanienholz ausgebaut wird.
Zahlreiche Auszeichnungen bestätigen, dass der Winzer, der Jahr für Jahr gute Serien sowohl mit seinen Weiß- als auch mit seinen Rotweinen vorlegt, auf dem richtigen Weg ist. Immer wieder wagt er sich an neue Projekte oder Ausbaustufen heran, wie zum Beispiel beim Cabernet Sauvignon Grande Reserve, dem Zweigelt No. 1 oder dem Zweigelt Goldberg Jahrgang 2000 mit über 20-jähriger Fasslagerung, beim Chardonnay, der 15 Jahre im Holz lagerte, oder bei Perligem wie dem Frizzante vom Cabernet Sauvignon in Rosé und Weiß vom Welschriesling. Alle Weine kann man auch beim Heurigen verkosten.

92 Grüner Veltliner Fels Ried Kogel Limited Edition 2021
15 Vol.-%, DV, Teilbarrique, €€€€
Helles Grüngelb, silberfarbene Reflexe. Mit Blütenhonig unterlegte kandierte Orangenzesten, etwas nach Mango und Ananas, Wiesenkräuter im Hintergrund. Saftig, komplex, elegant, fruchtsüß nach gelber Tropenfrucht, Karamell im Nachhall, guter Speisenbegleiter mit Potenzial.

91 Grüner Veltliner Ried Eisenhut gmeiner3 2021
13,5 Vol.-%, DV, Stahltank, €€
Helles Grüngelb, silberfarbene Reflexe. Dezente Tabakwürze, etwas weißes Kernobst, mineralisch, Quitte klingt an, mit Kräuternoten unterlegt. Saftig, mittlere Komplexität, straff, fein nach Birne, gut integrierter Säurebogen, Mandarinentouch im Nachhall, guter Speisenbegleiter.

90 Grüner Veltliner Grafenwörth Ried Wora gmeiner2 2021
13 Vol.-%, DV, Stahltank, €€
Helles Grüngelb, Silberreflexe. Weiße Tropenfrucht, zart nach Maracuja, ein Hauch von Melisse, frisches Bukett. Mittlerer Körper, feine Säurestruktur, würzig, zart nach Apfel im Abgang, bereits gut antrinkbar, kraftvolles Finish.

Winzerhof Gmeiner

WINZERHOF GMEINER
3484 Seebarn
Hauptstraße 65
T: +43 (664) 4858891
office@gmeiner-weine.at
www.gmeiner-weine.at

Kellermeister/Kontakt:
Christian Gmeiner
Produktion: 58 % weiß, 5 % rosé, 35 % rot, 2 % süß, 8 Hektar
Messen: Vinobile Montfort

© Irene Muehlbauer

90 Riesling Kogl Limited Edition 2021
13,5 Vol.-%, DV, Stahltank, €€
Helles Grüngelb, silberfarbene Reflexe. Reifer Pfirsich, etwas Blütenhonig, ein Hauch von Orangenschalen, zart nach Papaya. Mittlerer Körper, kraftvoll, zart tabakig, weißes Steinobst im Abgang, unkomplizierter Speisenbegleiter.

89 Gelber Muskateller Grafenwörth Ried Wora 2021
12 Vol.-%, DV, Stahltank, €€

88 Sauvignon Blanc 2021
13 Vol.-%, DV, Stahltank, €€

★★

WEINGUT NORBERT GREIL

Leidenschaft ist die Motivation für Weinliebhaber, die zu lustvollem Genuss, zu Faszination und zu Sehnsucht nach einem Weinerlebnis führt – ein Eckpfeiler auf dem Weingut Greil, das im schönen Weindorf Unterstockstall bei Kirchberg am Wagram seit 1778 als Familienbetrieb geführt wird.
Davor hieß das Weingut Klosterhof (Zehenthof) und gehörte zum Kloster St. Andrä an der Traisen. Deren Mönche begründeten das Anwesen im Mittelalter, im Nachbarock wurde dem Gut sein heutiges Antlitz verpasst. Drei überlebensgroße Terracottastatuen, die Göttinnen für Obst-, Weinbau und Landwirtschaft, kamen aus der Toscana nach Unterstockstall. Eine davon ziert heute, im 21. Jahrhundert, das Weinetikett der Familie Greil.

90 Gelber Muskateller * 2021
12,5 Vol.-%, DV, Stahltank, €€
Helles Gelbgrün, silberfarbene Reflexe. Feiner Limettentouch, zart nach Holunderblüten, etwas Physalis, mit Rosenöl unterlegt, frisches Bukett. Mittlerer Körper, leichtfüßig, weißes Steinobst im Abgang, salziger Nachhall, trinkanimierender Stil.

(90) Weißburgunder ** 2021
13,5 Vol.-%, DV, Stahltank, €€
Helles Gelbgrün, Silberreflexe. Zarte Birnenfrucht, Wiesenkräuter, mit Clementinen und Maracuja unterlegt. Saftig, elegant, gut eingebundene Säurestruktur, seidige Textur, extraktsüß, Feigen im Nachhall, bereits gut antrinkbar.

89 Grüner Veltliner * Ried Steinthal 2021
13 Vol.-%, DV, Stahltank, €€

(88) Chardonnay ** 2021
14 Vol.-%, DV, Stahltank, €€

92 Roter Traminer Reserve 2021
14 Vol.-%, DV, Stahltank, €€€
Leuchtendes Gelb, silberfarbene Reflexe. Einladendes Bukett, nach Birnenmus und Marshmallows, zart nach Anis, Bergamotte klingt an, mit Rosenöl unterlegt. Saftig, engmaschig, fruchtsüß, gut eingebundene Säurestruktur, Honigmelone im Abgang, bleibt gut haften, vielseitig einsetzbar.

97 Riesling & Traminer Trockenbeerenauslese 2018 RR/TR
7 Vol.-%, DIAM, Holzfass, €€€€€
Leuchtendes Orangegold, Silberreflexe. Attraktive feine Botrytiswürze, zart brotige Nuancen, feiner Honig, mit Orangenzesten und Tropenfrucht unterlegt. Saftige Steinobstfrucht, sehr sauber und präzise, rasiermesserscharfe Säureklinge, nimmt der massiven Süße jede Opulenz, zarte Dörrobstnuancen im Nachhall, elegant und ungemein frisch, feiner salziger Abgang, für viele Jahrzehnte gemacht.

WEINGUT NORBERT GREIL
3465 Unterstockstall
Alte Weinstraße 4
T: +43 (2279) 2139
office@weingut-greil.at
www.weingut-greil.at

Kellermeister/Kontakt:
Norbert Greil
Produktion: 60 % weiß, 40 % rot, 8 Hektar
Vereinszugehörigkeit:
Wagramer Selektion
Messen: Weinmesse Innsbruck, Weinmesse München

* Wagram DAC

★★

WEINHOF GRILL

Der Weinhof Grill beschäftigt sich sehr intensiv mit dem Grünen Veltliner, der am Wagram hervorragende Bedingungen vorfindet. Die Palette reicht vom leichten, fruchtigen bis hin zum kräftigen, gereiften Wein. Ein ganz besonderes Augenmerk legt die Winzerin Gudrun Grill-Gnauer auf den Roten Veltliner: Die alte, fast in Vergessenheit geratene Sorte wird Jahr für Jahr in einer hohen Qualität erzeugt. Aber auch Rieslinge erlangen auf den tiefgründigen Lössböden ihr volles Aroma mit einer sehr ausgewogenen Säure. Weißburgunder und Chardonnay finden in der Cuvée »Emilia« ihre Bestimmung.
Die Philosophie von Gudrun Grill-Gnauer ist es, Weine zu erzeugen, die einfach und unkompliziert zu trinken sind und Freude bereiten, aber auch Weine, die über Kraft und Finesse verfügen und für eine längere Lagerung geeignet sind.

90 Roter Veltliner * 2021
13 Vol.-%, DV, Stahltank, €€
Helles Gelbgrün, silberfarbene Reflexe. Feine Mangonoten, etwas nach Banane, zart nach Guaven, kandierte Orangenzesten, floraler Touch. Saftig, feine Säurestruktur, zart nach Mandarinen, Marillen im Nachhall, bereits gut antrinkbar.

92 Roter Veltliner Ried Fumberg 2020
14 Vol.-%
Mittleres Grüngelb, silberfarbene Reflexe. Zarte Kräuternoten, etwas Blütenhonig, Feigen, ein Hauch von Orangenschalen, tabakiger Touch, blumiges Bukett. Saftig, seidige Textur, feinwürzig, Tropenfrucht im Abgang, salziger Nachhall, weiße Schoko im Rückgeschmack, bereits gut antrinkbar.

92 Grüner Veltliner * Ried Brunnthal 2021
13,5 Vol.-%, DV, Stahltank, €€
Mittleres Grüngelb, silberfarbene Reflexe. Reife Apfelfrucht, zart nach Orangenzesten, Blütenhonig, etwas Steinobst. Feine Säurestruktur, mineralisch-salzig, Maracujanoten im Abgang, guter Speisenbegleiter.

90 Grüner Veltliner * Fels am Wagram Ried Scheiben 2021
12,5 Vol.-%, DV, Stahltank, €€
Helles Grüngelb, Silberreflexe. Zart nach Kräutern und weißem Apfel, ein Hauch von Blütenhonig, gemahlener schwarzer Pfeffer, Orangenzesten klingen an. Saftig, leichtfüßig, gut eingebundene Säurestruktur, feinwürzig, unkompliziert antrinkbar.

90 Grüner Veltliner * Fels am Wagram Ried Scheiben Selektion 2021
13 Vol.-%, DV, Stahltank, €€
Mittleres Gelbgrün, Silberreflexe. Feine Wiesenkräuter, etwas nach Maracuja und Papaya, zart nach Mandarinenzesten, würziger Touch. Straff, elegant, feine Säurestruktur, weißes Kernobst, mineralisch, bereits gut antrinkbar.

92 Cuvée Emilia 2021 WB/CH
13 Vol.-%, DV, Stahltank, €€
Mittleres Grüngelb, silberfarbene Reflexe. Feiner Blütenhonig, etwas Wiesenkräuter, zart nach Marille und Mango, ein Hauch von Blutorangenzesten. Saftig, elegant, balancierte Säurestruktur, mineralisch-salzig, feinwürzig im Abgang, Papaya im Nachhall, guter Speisenbegleiter.

WEINHOF GRILL
3481 Fels am Wagram
Untere Marktstraße 19
T: +43 (2738) 2239
gudrun.grill@aon.at
www.weinhof-grill.com

Kellermeister/Kontakt:
Gudrun Grill-Gnauer
Anbauweise: Umstellung auf bio
Produktion: 70 % weiß, 29 % rot, 1 % süß, 12 Hektar
Vereinszugehörigkeit:
Weingüter Wagram
Messen: ProWein Düsseldorf, VieVinum, Vinobile Feldkirch, Vinobile Montfort

★★

WEINGUT HEIDERER-MAYER

Immer im Einklang mit der Natur, im Streben, höchste Qualität vom Rebstock in die Flasche zu bringen – das ist das Motto des Familienbetriebs Gabriele und Helmut Mayer. Das klassifizierte Weingut der »Wagramer Selektion« bewirtschaftet mehr als 30 Hektar in Baumgarten am Wagram.
Die südlich abfallenden Lössterrassen sind prädestiniert für Weißweine, allen voran für Grüne Veltliner. Auch fruchtbetonte Chardonnays und finessenreiche Rieslinge überzeugen mit ihrer klaren Struktur. Die besondere Liebe aber gehört dem Rotwein, wofür die Trauben in geschützten Kessellagen mit geeigneten Böden exzellent gedeihen. Neben den Sortenschwerpunkten Zweigelt und St. Laurent wird auch ein Cabernet Sauvignon vinifiziert. Das Hauptaugenmerk wird auf fruchtige, kräftige Rotweine mit samtigem Tannin und schöner Farbintensität gelegt. Die im Barriquefass gereifte Rotweincuvée namens »Legat« soll die Mitgliedschaft bei der »Europäischen Weinritterschaft« bekunden. Mit dem Burgunder-Frizzante »Esprit« wird das vielseitige Angebot ergänzt.

Bei einer Verkostung im gemütlichen Koststüberl kann man nicht nur den Lebenslauf der Weine kennenlernen, sondern sich auch vom Trinkspaß und dem sehr guten Preis-Leistungs-Verhältnis überzeugen.

(92) Grüner Veltliner * Ried Silberberg 2021
13,5 Vol.-%, DV, Holzfass/Stahltank, €€
Mittleres Grüngelb, silberfarbene Reflexe. Zart nach Papaya, etwas kandierte Orangenzesten, Maracuja und Blütenhonig klingen an. Saftig, elegant, balancierte Säurestruktur, Pfirsichnuancen, wirkt leichtfüßig, bleibt gut haften, vielseitig einsetzbar.

90 Grüner Veltliner * 2021
13 Vol.-%, DV, Stahltank, €€
Mittleres Grüngelb, Silberreflexe. Etwas Ananas, ein Hauch von Mango, feiner Blütenhonig, Wiesenkräuter, floraler Touch. Mittlerer Körper, ausgewogene Säurestruktur, extraktsüß nach Apfelfrucht, zart tabakig, bereits gut antrinkbar.

(92) Roter Veltliner * Baumgarten am Wagram Ried Steinberg 2021
13,5 Vol.-%, DV, Holzfass, €€€
Mittleres Grüngelb, silberfarbene Reflexe. Einladendes Bu-

© Thomas Aschauer

WEINGUT HEIDERER-MAYER
3701 Großweikersdorf
Baumgarten am Wagram 25
T: +43 (2955) 70368
office@heiderer-mayer.at
www.heiderer-mayer.at

Kellermeister: Reinhard Mayer
Kontakt: Stefan Mayer
Produktion: 5 % Schaumwein, 56 % weiß, 3 % rosé, 35 % rot, 1 % süß, 30 Hektar
Vereinszugehörigkeit: Wagramer Selektion
Messen: Alles für den Gast Salzburg, Gast Klagenfurt, ProWein Düsseldorf

Reinhard und Stefan Mayer

* Wagram DAC

kett, nach Blütenhonig und Wiesenkräutern, zart nach Melone, ein Hauch von Quittengelee, karamelliger Touch, Blutorangenzesten. Saftig, gute Komplexität, kraftvoll, Ananastouch im Abgang, gut integrierter Säurebogen, mineralisch, bleibt gut haften, fruchtiger Speisenbegleiter.

90 Sauvignon Blanc * 2021
12,5 Vol.-%, DV, Stahltank, €€
Helles Grüngelb, Silberreflexe. Zarte Kräuternuancen, etwas nach Cassis, blättriger Touch, gelbe Paprika, unterlegt mit Zitruszesten. Mittlerer Körper, lebendige Säurestruktur, mineralisch, feinwürzig, Nuancen von weißer Frucht, bereits gut antrinkbar.

89 Chardonnay * 2021
13,5 Vol.-%, DV, Stahltank/Holzfass, €€

(89) Riesling * 2021
12,5 Vol.-%, DV, Stahltank, €€

★★★

WEINGUT STIFT KLOSTERNEUBURG

Seit seiner Gründung im Jahr 1114 betreibt das Stift Klosterneuburg Weinbau und ist damit das älteste und eines der renommiertesten Weingüter Österreichs. Die Weingärten befinden sich in ausgewählten Lagen von Klosterneuburg, Wien, Gumpoldskirchen und Tattendorf. Während in Klosterneuburg die Rebsorten Grüner Veltliner, Riesling und Sauvignon Blanc kultiviert werden, stehen auf den Wiener Lagen im Kahlenbergerdorf und am Nussberg der Wiener Gemischte Satz sowie die Burgundersorten im Vordergrund. In den Weingärten von Gumpoldskirchen werden die autochthonen Spezialitäten Zierfandler und Rotgipfler gepflegt, und in Tattendorf reifen die berühmten Rotweine des Weinguts, allen voran der St. Laurent, der hier auf einer Fläche von 40 Hektar steht – damit ist die Riede Stiftsbreite der größte St.-Laurent-Weingarten der Welt. Daneben werden auch Zweigelt, Blaufränkisch, Cabernet Sauvignon und Merlot kultiviert. Eine Klasse für sich sind die flaschenvergorenen Sekte des Hauses, allen voran die »MATHÄI Große Reserve«. Als erstes klimaneutrales Weingut Österreichs ist das Weingut Stift Klosterneuburg auch Vorreiter in Sachen Nachhaltigkeit und Klimaschutz.
Das Weinangebot des Weinguts gliedert sich in zwei Linien: Die Ortsweine sind von der Stilistik her fruchtbetonte Weine, welche die Typizität ihres Herkunftsortes widerspiegeln. Die Lagenweine stammen aus den besten Weingärten und sind einzigartige, konzentrierte, langlebige Weine aus physiologisch hochreifen Trauben. Die Weine können in der täglich geöffneten Vinothek des Stifts verkostet werden.
Ein besonderes Highlight für kulturinteressierte Weinfreunde ist eine Führung durch die historischen Kelleranlagen, die sich bis zu fünf Etagen tief unterhalb des Stifts Klosterneuburg erstrecken.

94 ❸ Mathäi Grosse Reserve Brut Wien NV
Deg. 3/2021, 12,5 Vol.-%, NK, Flaschengärung, €€€€€
Mittleres Grüngelb, Silberreflexe, lebendiges, feines Mousseux. Feine Nuancen von gelber Frucht, ein Hauch von Birne und Mango, zart nach Brioche, mit einem feinen Hauch von Wiesenkräutern und Orangen unterlegt. Engmaschig, weiße Frucht, lebendiges Säurespiel, salzig-mineralisch im Abgang, Limetten im Nachhall, ein facettenreicher Speisenbegleiter mit Reifepotenzial.

92 ❸ Mathäi Reserve Brut Wien NV
12,5 Vol.-%, NK, Flaschengärung, €€€€
Mittleres Grüngelb, Silberreflexe. Zarte gelbe Tropenfrucht, ein Hauch von Biskuit, kandierte Orangenzesten, mit etwas Papaya und Blütenhonig unterlegt. Mittlerer Körper, feine Apfelfrucht, gut integrierte Süße, feiner Säurebogen, weißes Kernobst im Abgang, harmonisch, vielseitig einsetzbar.

93 ❸ Grüner Velltiner Reserve Brut Niederösterreich NV
12,5 Vol.-%, NK, Flaschengärung, €€€€
Mittleres Grüngelb, Silberreflexe, lebendiges Mousseux. Frischer grüner Apfel, ein Hauch von Limetten und Wiesenkräutern, attraktive Kernobstnote, weiße Blüten. Saftig, elegant, Nuancen von saftiger Mango, lebendig strukturiert, zarte Fruchtsüße im Abgang, harmonischer Stil, vielseitig einsetzbar.

WEINGUT STIFT KLOSTERNEUBURG

3400 Klosterneuburg
Stiftsplatz 1
T: +43 (2243) 411
weingut@stift-klosterneuburg.at
www.stift-klosterneuburg.at

Kellermeister: Günther Gottfried
Kontakt: Dr. Wolfgang Hamm
Produktion: 45 % weiß, 55 % rot, 108 Hektar
Zertifiziert: Nachhaltig Austria
Messen: ProWein Düsseldorf, VieVinum

Stift Klosterneuburg

(93) Grüner Veltliner ** Ried Steinriegel 2021
13,5 Vol.-%, NK, 500-l-Fass, €€€€ Ⓕ
Mittleres Grüngelb, silberfarbene Reflexe. Intensiver Duft nach Mango und Ananas, unterlegt mit Grapefruitzesten, zart nach Blütenhonig, fruchtiges Bukett. Gute Komplexität, saftig, gut integrierte Säurestruktur, dunkle Mineralik, zarte Holzwürze, gelbe Apfelfrucht im Nachhall, vielseitiger Speisenbegleiter mit Potenzial.

(92) Grüner Veltliner * Ried Hengsberg 2021
13,5 Vol.-%, DV, großes Holzfass, €€€ Ⓗ
Helles Grüngelb, silberfarbene Reflexe. Zart nach Kräutern, etwas nach Blütenhonig, reife Tropenfrucht, kandierte Orangenschalen. Saftig, elegant, gut eingebundene Säurestruktur, mineralisch, feinwürzig, zart nach Mango im Abgang, Birne im Nachhall, guter Speisenbegleiter.

90 Grüner Veltliner Klosterneuburg 2021
12,5 Vol.-%, DV, Stahltank, €€
Helles Gelbgrün, Silberreflexe. Zart nach Mango, etwas Blütenhonig, Gewürznuancen, tabakig, Apfelnoten klingen an. Saftig, elegant, feine Säurestruktur, salzig-mineralisch, weißes Kernobst, bleibt gut haften, guter Speisenbegleiter.

88 Grüner Veltliner Pastell 2021
12,5 Vol.-%, DV, Stahltank, €€

(93) Riesling * Ried Franzhauser 2021
13 Vol.-%, DV, großes Holzfass, €€€
Helles Grüngelb, silberfarbene Reflexe. Mit zarten Wiesenkräutern unterlegtes weißes Steinobst, Limettenzesten, ein Hauch von Guaven, einladendes Bukett. Saftig, elegant, gut eingebundene Säurestruktur, zart nach Maracuja und Birne, extraktsüßes Finish, bleibt gut haften, zitroniger Nachhall.

90 Riesling Klosterneuburg 2021
12,5 Vol.-%, DV, Stahltank, €€
Helles Grüngelb, Silberreflexe. Mit Zitrusnuancen unterlegter Weingartenpfirsich, etwas nach Maracuja, Wiesenkräuter klingen an. Saftig, elegant, frisch und lebendig, Noten von weißer Frucht im Abgang, zitroniger Nachhall, unkomplizierter Sortenvertreter.

89 Riesling Pastell 2021
12,5 Vol.-%, DV, Stahltank, €€

(92) Wiener Gemischter Satz DAC Ried Weisleiten 2021
13 Vol.-%, DV, großes Holzfass/Stahltank, €€€€
Mittleres Grüngelb, Silberreflexe. Feine Tabakwürze, zart nach Papaya, ein Hauch von Orangenschalen, floraler Touch, Birnenfrucht. Saftig, elegant, dezente Fruchtsüße nach Pfirsich, zart nach Guaven, balancierte Säurestruktur, guter Speisenbegleiter.

90 Wiener Gemischter Satz DAC 2021
12 Vol.-%, DV, Stahltank, €€
Helles Gelbgrün, silberfarbene Reflexe. Zart nach Kräutern, etwas nach Bergamotte, weiße Apfelfrucht, unterlegt mit etwas Cassis. Saftig, elegant, feine Säurestruktur, frisch und fruchtig, zart nach Maracuja, bereits gut antrinkbar.

* Wagram DAC

(93) Weißburgunder Ried Jungherrn Reserve 2021
14,5 Vol.-%, NK, kleines Holzfass, €€€€€
Mittleres Grüngelb. Reife Tropenfrucht, zart nach Honigmelone und Passionsfrucht, mit kandierten Orangenzesten unterlegte Williamsbirne, Gewürznelken klingen an. Saftig, kraftvoll, gute Komplexität, gut integrierter Säurebogen, feine Kräuternoten, gelbe Tropenfrucht im Abgang, mineralischer Nachhall, Holzwürze im Rückgeschmack, stoffiger Speisenbegleiter.

(92) Weißburgunder Ried Jungherrn 2021
14 Vol.-%, DV, großes Holzfass/Stahltank, €€€
Helles Grüngelb, Silberreflexe. Feine Tabaknuancen, ein Hauch von Karamell, etwas Orangenschalen, gelbes Kernobst. Saftig, gute Komplexität, etwas nach Mango, zart nach Gewürzen, balancierte Säurestruktur, Nuancen von gelbem Steinobst, bereits gut antrinkbar.

89 Weißburgunder Pastell 2021
13 Vol.-%, DV, Stahltank, €€

92 Zierfandler Rotgipfler Gumpoldskirchen 2021
14 Vol.-%, DV, Stahltank, €€
Mittleres Grüngelb, silberfarbene Reflexe. Etwas nach Babybanane und reifer Birne, ein Hauch von Feigen, mit Blütenhonig unterlegte Orangenschalen. Saftig, fruchtsüß, etwas nach Gewürzen, Honig im Abgang, Mango im Nachhall, ein vielseitiger Speisenbegleiter.

90 Zierfandler Rotgipfler Pastell 2021
13,5 Vol.-%, DV, Stahltank, €€
Helles Gelbgrün, Silberreflexe. Feine Kräuterwürze, etwas Blütenhonig, Birnenfrucht, unterlegt mit Kardamom. Feine Säurestruktur, kraftvoll, gelbe Tropenfrucht, feinwürziger Nachhall, stoffig, bereits gut antrinkbar.

90 Sauvignon Blanc Klosterneuburg 2021
12 Vol.-%, DV, Stahltank, €€
Helles Grüngelb, silberfarbene Reflexe. Reife Kräuternoten, zart nach Limetten, etwas Brennnesseltee, ein Hauch von Cassis, frisches Bukett. Saftig, frisch, gut eingebundene Säurestruktur, weißes Kernobst im Abgang, salziges Finish, individuell einsetzbar.

89 Gelber Muskateller Wien 2021
12 Vol.-%, DV, Stahltank, €€

89 Gewürztraminer Wien 2021
14 Vol.-%, DV, Stahltank, €€

89 Rosé Tattendorf 2021 SL/ZW
12,5 Vol.-%, DV, Stahltank, €€

94 St. Laurent Reserve Ried Stiftsbreite 2019
13,5 Vol.-%, NK, kleines Holzfass, €€€€€
Kräftiges Rubingranat, violette Reflexe, zarte Randaufhellung. Feine Nougatnoten, etwas nach schwarzen Brombeeren, ein Hauch von Pflaumen, Gewürznelken klingen an. Saftig, feinwürzig, gute Komplexität, fruchtsüß nach Kirschen, gut eingebundene Tanninstruktur, straff, sicheres Potenzial.

88 St. Laurent Pastell 2020
12,5 Vol.-%, DV, Holzfass, €€

93 Pinot Noir Ried Raflerjoch Reserve 2019
13,5 Vol.-%, NK, kleines Holzfass, €€€€€
Kräftiges Rubingranat, violette Reflexe, breitere Randaufhellung. Feine Tabakwürze, zart nach Pflaumen und Kardamom, ein Hauch von kandierten Orangenzesten. Saftig, engmaschig, feine Kräuternoten, mineralisch, dunkle Kirschen, Vanille im Nachhall leichtfüßiger Speisenbegleiter mit Potenzial.

(91) Sankt Laurent Ried Stiftsbreite Ausstich 2020
13,5 Vol.-%, NK, großes Holzfass, €€€
Dunkles Rubingranat, violette Reflexe, zarte Randaufhellung. Etwas Weichseln und Kräuterwürze, ein Hauch von Tabakwürze, schwarze Kirschen, dichtes Bukett. Saftig, straff, samtiges Tannin, feinwürzig, fruchtsüß nach Walderdbeeren, mineralischer Nachhall, guter Speisenbegleiter.

90 Zweigelt Tattendorf 2020
13,5 Vol.-%, DV, Stahltank, €€
Dunkles Rubingranat, opaker Kern, violette Reflexe, zarte Randaufhellung. Etwas nach Gewürzen und Zwetschken, ein Hauch von Orangenschalen, rotes Waldbeerenkonfit klingt an. Saftig, elegant, feine Struktur, zartwürzig, fruchtsüß nach Herzkirschen, Nougat im Nachhall, unkompliziert antrinkbar.

89 Zweigelt Pastell 2021
13 Vol.-%, DV, Holzfass, €€

90 Patronis 2020 ZW/SL/ME
13 Vol.-%, DV, Holzfass, €€€
Dunkles Rubingranat, violette Reflexe, zarte Randaufhellung. Feine Tabakwürze, rotbeerige Nuancen, ein Hauch von Edelholz, zart nach Zwetschken. Saftig, mittlerer Körper, feinwürzig, samtige Tannine, etwas nach Brombeeren im Abgang, bereits gut antrinkbar.

WEINGUT KOLKMANN
3481 Fels am Wagram
Kremserstraße 53
T: +43 (2738) 2436
office@kolkmann.at
www.kolkmann.at
Kellermeister: Daniel Schön
Kontakt: Horst und Gerhard Kolkmann
Anbauweise: Umstellung auf bio (Bioveritas)
Produktion: 60 % weiß, 39 % rot, 1 % süß, 60 Hektar
Zertifiziert: Nachhaltig Austria
Vereinszugehörigkeit: Wagramer Selektion
Messen: ProWein Düsseldorf, VieVinum, Weintage im Museumsquartier

Horst jun., Horst und Gerhard Kolkmann

★★★

WEINGUT KOLKMANN

Das Weingut Kolkmann ist ein richtiges Großfamilien-Weingut, denn hier leben und arbeiten vier Generationen. Das Zusammenspiel der individuellen Persönlichkeiten und der Zusammenhalt in der Familie sind maßgebliche Faktoren für den Erfolg des Familienweingutes. Die Werte Bodenständigkeit, Vertrauen und Zuverlässigkeit finden sich in den Weinen wieder.
Bewirtschaftet wird eine Fläche von 60 Hektar Weingärten in Fels am Wagram. Die Lagen mit fruchtbarem Lössboden gehören zu den besten der Region und bringen den Geschmack des Wagrams direkt ins Glas. Das Weingut Kolkmann ist »Nachhaltig Austria«-zertifiziert und befindet sich in Umstellung auf organisch-biologische Bewirtschaftung, womit die Zukunftsfähigkeit für die nächste Generation gefestigt ist. Die Winzer Horst, Gerhard und Horst jun. Kolkmann arbeiten unermüdlich daran, das natürliche Gleichgewicht in den Weingärten zu erhalten und noch lebendigere und tiefgründigere Weine zu kreieren. Die Herzen der drei Winzer schlagen für den Grünen und Roten Veltliner. Diese Weine stehen für den Wagram wie keine anderen. Familie Kolkmann bewahrt sich aber auch die Liebe zu anderen Sorten und kultiviert und pflegt diese mit der gleichen Sorgfalt wie die Veltliner. Denn auf dem Weingut wird Vielfalt und Buntheit gelebt – ganz wie in einer richtigen Großfamilie eben! Der jüngste und wohl auch spannendste Spross im Sortiment der Familie Kolkmann ist der Grüne Veltliner »Naturwerk«, auf ihn ist Horst Kolkmann jun. besonders stolz: Frei nach dem Motto »Der kreativste Künstler ist die Natur« ist dieser Wein im wahrsten Sinne des Wortes ein Werk der Natur, denn er ist völlig naturbelassen. Er wurde spontan vergoren und hat sehr viel Zeit auf der Hefe verbringen dürfen, um seine volle Spannung und seine nervige Ader zum Ausdruck zu bringen.
Auf dem Weingut können die Weine mit herrlichem Ausblick auf die Wagramer Landschaft verkostet und gekauft werden. Das großzügige Ambiente des Degustationsgebäudes, die Möglichkeit, sämtliche Weine zu verkosten, und die persönliche Beratung sind das Um und Auf auf dem Familienweingut. Die Kunden und Besucher sollen sich hier rundum wohl und gut beraten fühlen.

© E. Dullinger

91 Grüner Veltliner * Fels am Wagram Ried Brunnthal 2021
13,5 Vol.-%, DV, Stahltank, €€€ ⓗ
Mittleres Grüngelb, Silberreflexe. Feine Kräuternoten, etwas weißer Apfel, zart nach Zitruszesten, frisches Bukett. Saftig, elegant, lebendige Säurestruktur, mineralisch-würzig, zart nach Papaya, guter Speisenbegleiter.

89 Grüner Veltliner * Fruchtspiel 2021
12,5 Vol.-%, DV, Stahltank, €€

89 Grüner Veltliner * Lössmann 2021
12,5 Vol.-%, DV, Stahltank, €€

93 Grüner Veltliner Ried Brunnthal Reserve 2020
14,6 Vol.-%, NK, Eichenfass, €€€€€
Mittleres Grüngelb, silberfarbene Reflexe. Zarter Blütenhonig, etwas Holzwürze, ein Hauch von Karamell, reife Tropenfrucht. Saftig, kraftvoll, zart würzig, balancierter Säurebogen, Vanille klingt an, Apfelfrucht im Rückgeschmack, stoffiger Speisenbegleiter.

91 Grüner Veltliner Naturwerk 2020
14,2 Vol.-%, NK, großes Holzfass, €€€€€
Leuchtendes Goldgelb, Bernsteinreflexe. Feine Tabakwürze, etwas Kardamom, unterlegt mit Honig, ein Hauch von Marille, Feigentouch, Orangenschalen klingen an. Mittlere Komplexität, stoffig, gut eingebundene Säurestruktur, zarte Mineralik, Birnenfrucht im Abgang, bereits gut entwickelter Speisenbegleiter.

91 Roter Veltliner * Fels am Wagram Ried Scheiben 2021
13 Vol.-%, DV, Stahltank, €€ ⓗ
Helles Grüngelb, silberfarbene Reflexe. Gelbe Apfelfrucht, zart nach Blütenhonig, mit Kräuterwürze unterlegte Maracuja. Saftig, extraktsüß nach weißer Birnenfrucht, gut eingebundener Säurebogen, bleibt gut haften, vielseitig einsetzbar.

93 Roter Veltliner Fels am Wagram Ried Scheiben Reserve 2020
13,5 Vol.-%, NK, Eichenfass, €€€€
Mittleres Grüngelb, silberfarbene Reflexe. Feiner Tabak-Vanille-Touch, etwas nach Blütenhonig, reife Tropenfrucht, dazu etwas Marille, einladendes Bukett. Saftig, elegant, facettenreiche Säurestruktur, würzig, zart nach Kletzen, mineralischer Nachhall, guter Speisenbegleiter mit Potenzial.

92 Riesling * Fels am Wagram Ried Fumberg 2021
13,5 Vol.-%, NK, Stahltank, €€ ⓗ
Helles Grüngelb, silberfarbene Reflexe. Zarter Blütenhonig, mit Kräutern unterlegte Limettenzesten, Weingartenpfirsich, lebendiges Bukett. Saftig, straff, gut integrierte Säurestruktur, fruchtsüß nach Ananas, zitroniger Nachhall, bleibt gut haften, guter Speisenbegleiter.

89 * Burgunder vom Löss 2021 CH/WB
13 Vol.-%, DV, Stahltank, €€

91 Weißburgunder Fels am Wagram Ried Brunnthal 2021
13 Vol.-%, DV, Stahltank, €€€ ⓗ
Mittleres Grüngelb, Silberreflexe. Zarte Wiesenkräuter, etwas nach Quitte, ein Hauch von Papaya, floraler Touch, Clementinenzesten klingen an. Saftig, elegant, feine Säurestruktur, balanciert, weißes Kernobst, würzig, vielseitig einsetzbar.

90 Pinot Noir Reserve 2019
13,8 Vol.-%, NK, Holzfass, €€€€
Kräftiges Karmingranat, violette Reflexe, breitere Randaufhellung. Zarte Kräuternoten, Holzwürze, etwas nach Kirschen, Eukalyptus, rotbeerige Nuancen. Mittlerer Körper, feine Säurestruktur, gut eingebundene Tannine, zart nach Brombeeren, feinwürziger Nachhall, bleibt gut haften.

WEINGUT LETH
3481 Fels am Wagram, Kirchengasse 6
T: +43 (2738) 2240
office@weingut-leth.at
www.weingut-leth.at
Kellermeister: Franz Leth jun.
Kontakt: Franz Leth sen., Franz Leth jun.
Anbauweise: Zertifiziert Biologisch (Bio Austria)
Produktion: 1 % Schaumwein, 80 % weiß, 1 % rosé, 18 % rot, 52 Hektar
Zertifiziert: Nachhaltig Austria
Vereinszugehörigkeit: Weingüter Wagram, Traditionsweingüter Österreich
Messen: Austrian Tasting London, ÖGW Zürich, Prodexpo Moskau, ProWein Düsseldorf, VieVinum, Vinexpo

Familie Leth

★★★★

WEINGUT LETH

BIO

Das Weingut der Familie Leth in Fels liegt direkt an den Lössterrassen des Wagrams. Wohl kein anderes Weinbaugebiet in Österreich wird derart von einem Terroir beherrscht wie der Wagram. Der Löss prägt maßgeblich den Charakter der Weine, der Grüner Veltliner dankt es ihm mit großartiger Würze, Dichte und Harmonie. Es ist daher auch kein Zufall, dass mehr als die Hälfte der stattlichen 52 Hektar Rebfläche dieser Sorte gewidmet ist. Von den nach Süden ausgerichteten Terrassenlagen werden fünf verschiedene Grüne Veltliner gekeltert. Herausragend dabei sind die beiden Lagenweine von den Rieden Brunnthal und Scheiben, die als »Erste Lagen« der Traditionsweingüter Österreich klassifiziert sind. Es ist nicht eine plakative Primärfrucht, die bei diesen Weinen im Vordergrund steht, sondern die Vielschichtigkeit der Aromatik, feine Mineralik und ein ausgezeichnetes Potenzial für lange Flaschenreife. Dass die Veltliner vom Weingut Leth zu den besten im Land zählen, beweisen eindrucksvoll erste Plätze beim »Falstaff Grüner Veltliner Grand Prix« wie auch beim »SALON Österreich Wein«.

Neben dem Grünen Veltliner liegt ein weiterer Schwerpunkt des Weinguts auf der Wagramer Traditionssorte Roter Veltliner. Mit einer äußerst gelungenen Kombination aus Fruchtschmelz und Saftigkeit zeigt er das hohe Qualitätspotenzial der immer beliebter werdenden Spezialität auf, die auf dem Weingut Leth in drei Varianten vinifiziert wird.
Dem Engagement von Franz Leth jun. ist es zu verdanken, dass schon vor mehr als einem Jahrzehnt mit Bio-Anbau Erfahrungen gesammelt wurden und nun mit der Ernte 2021 der gesamte Betrieb biologisch zertifiziert ist. Kompromisslos zeigt sich Franz Leth jun. auch in allen anderen Qualitätsfragen, die Ernte erfolgt trotz der großen Rebfläche zu 100 Prozent per Hand, das kürzlich neu errichtete Presshaus ist nach den Prinzipien für eine maximal schonende Verarbeitung eingerichtet worden, und die Top-Lagenweine des Gutes lagern zumindest für ein Jahr in großen traditionellen Holzfässern. Auch das neu im Aufbau befindliche Sektsortiment beschäftigt sich nur mit den beiden höchsten Qualitätsstufen »Sekt Austria Reserve« und »Sekt Austria Große Reserve«.

© Weingut Leth

91 Grüner Veltliner * Ried Schafflerberg 2021
12,5 Vol.-%, DV, großes Holzfass, €€€
Mittleres Grüngelb, silberfarbene Reflexe. Feiner Blütenhonig, etwas nach Mango, zart nach Quitte, kandierte Orangenzesten. Saftig, straff, extraktsüß nach Maracuja, feinwürziger Abgang, balancierte Säurestruktur, guter Speisenbegleiter.

91 Grüner Veltliner * Ried Steinagrund 2021
12,5 Vol.-%, DV, Stahltank,
Helles Grüngelb, Silberreflexe. Feine Mandarinenzesten, etwas Mango und Golden-Delicious-Apfelfrucht, mit Blütenhonig unterlegt, einladendes Bukett. Saftig, elegant, feine Säurestruktur, mineralisch-salzig, Maracuja im Abgang, leichtfüßig, bereits gut antrinkbar.

94 Grüner Veltliner Wagram Gigama Grande Reserve 2019
13,5 Vol.-%, DV, Teilbarrique, €€€€€
Leuchtendes mittleres Goldgelb. Kandierte Orangenzesten, Ananas, etwas nach reifer Tropenfrucht, Blütenhonig und Karamell, floraler Touch. Gute Komplexität, saftig, straff, feiner Säurebogen, Marille im Abgang, engmaschig, Orangen im Rückgeschmack, Kräuternuancen im Nachhall, vielschichtiger Speisenbegleiter mit Potenzial.

93 Grüner Veltliner Wagram Ried Scheiben 1ÖTW 2020
13,5 Vol.-%, DV, großes Holzfass, €€€€€
Leuchtendes mittleres Goldgelb, silberfarbene Reflexe. Einladendes Bukett nach reifer Apfelfrucht, zart nach Vanille und reifer Birne, Wiesenkräuter klingen an, mit Ananas unterlegt. Gute Komplexität, engmaschig, feine Tabakwürze, zart nach Honig im Abgang, gelbe Tropenfrucht im Rückgeschmack, vielseitiger Speisenbegleiter.

92 Grüner Veltliner Wagram Ried Brunnthal 1ÖTW 2020
13 Vol.-%, DV, großes Holzfass, €€€€
Leuchtendes Grüngelb, Silberreflexe. Mit Blütenhonig unterlegte Mango und Ananas, kandierte Mandarinenzesten, floraler Touch, einladendes Bukett. Gute Komplexität, fruchtsüß nach gelber Apfelfrucht, balancierte Säurestruktur, bleibt gut haften, vielseitig einsetzbar.

93 Weißburgunder * Fels 2021
13,5 Vol.-%, DV, großes Holzfass, €€€€
Helles Grüngelb, silberfarbene Reflexe. Zarte dunkle Mineralik, etwas nach Mango und Blütenhonig, zart nach Orangenschalen, etwas Quitte klingt an. Saftig, straff, gut integrierte Säurestruktur, mineralisch, zart nach Williamsbirne, leichtfüßig, tabakiger Nachhall, guter Speisenbegleiter.

92 Riesling * Ried Schillingsberg 2021
13 Vol.-%, DV, großes Holzfass, €€€€
Mittleres Grüngelb, Silberreflexe. Frisches weißes Steinobst, zart nach Quitte, etwas Blütenhonig, mit Wiesenkräutern unterlegt, lebendiges Bukett. Saftig, engmaschig, fruchtsüß nach Marille, Honigtouch im Nachhall, Ananas im Rückgeschmack, guter Speisenbegleiter mit Potenzial.

93 Riesling Wagram Ried Brunnthal 1ÖTW 2020
13,5 Vol.-%, DV, großes Holzfass, €€€€€
Mittleres Grüngelb, Goldreflexe. Einladendes Bukett nach Mango und Pfirsich, etwas Wiesenkräuter, zart nach Quitte, kandierte Mandarinenzesten. Gute Komplexität, engmaschig, dunkle Mineralik, feinwürzig, etwas nach Marille im Abgang, saftiger Nachhall, vielseitiger Speisenbegleiter.

91 Roter Veltliner * Ried Fumberg 2021
13 Vol.-%, DV, großes Holzfass, €€€€
Mittleres Grüngelb, Goldreflexe. Blütenhonig, etwas nach Ananas, zart nach Birnen, ein Hauch von Wiesenkräutern und Bergamotte. Saftig, elegant, balancierte, gut eingebundene Säurestruktur, Ringlotten im Abgang, extraktsüßes Finish, bereits gut antrinkbar.

93 Roter Veltliner Wagram Ried Scheiben 1ÖTW 2020
13,5 Vol.-%, DV, großes Holzfass, €€€€€
Leuchtendes Goldgelb, silberfarbene Reflexe. Zart nach Birnen und Eibisch, etwas nach kandierter Ananas, Clementinenzesten klingen an. Saftig, engmaschig, lebendige Säurestruktur, nussig, feine Holzwürze, Mangonoten im Nachhall, sicheres Potenzial.

92 Chardonnay Wagram Fels Grande Reserve 2020
13 Vol.-%, NK, gebrauchte Barriques, €€€€
Mittleres Gelb, silberfarbene Reflexe. Feiner Vanilletouch, zart nach Holzwürze, etwas nach Melisse und Orangenschalen, gelbe Tropenfrucht und Karamell klingen an. Gute Komplexität, saftig, elegant, zart nussig, etwas nach Mango, Honig im Nachhall, bleibt gut haften, würziger Rückgeschmack, sicheres Potenzial.

92 Herrn Greanz RM/GV
13,5 Vol.-%, NK, Holzfass, €€€€€ O
Sehr zart getrübtes leuchtendes Orangegelb. Einladender Duft nach Mandarinen und Marillenkonfitüre, feine Kräuterwürze, attraktives Bukett. Straff, feiner Gerbstoff, weißer Apfel, gute Frische, dunkle Mineralik, ein gutes Beispiel für die Stilistik maischevergorener Weine.

MAYER DER WEIN
3470 Kirchberg am Wagram
Mitterstockstall 6
T: +43 (2279) 292 50
office@mayer-wein.at
www.mayer-wein.at

Kellermeister: Peter A. Dolle
Kontakt: Andreas Wieland
Anbauweise: Umstellung auf bio (Bio Austria)
Produktion: 80 % weiß, 10 % rosé, 10 % rot, 8 Hektar
Messen: ProWein Düsseldorf, VieVinum

Andreas Wieland

★★

MAYER DER WEIN

Puristische Weine aus einem traditionsreichen Haus am Wagram, das mit frischem Elan in die Zukunft blickt: So lässt sich in kurzen Worten die Philosophie beschreiben, die auf dem Weingut Mayer den Ton angibt. Schon in der knappen Formulierung »Mayer – der Wein«, mit der das schlanke, aber facettenreiche Ensemble aus sechs der beliebtesten Rebsorten ausgeschildert wird, schwingt Geradlinigkeit und Minimalismus mit. Dahinter steht die Überzeugung, ausschließlich tief in der Region Wagram verwurzelte Weine nach biologischen Prinzipien zu erzeugen, und zwar zum besten Preis-Leistungs-Verhältnis.

Mayer-Weine leben von der Leidenschaft für das Authentische, das Schnörkellose, das Ungeschminkte. Das Wörtchen »Ursprung«, das auf den Etiketten zu finden ist, drückt aus, was als Trend in aller Munde ist: ein nachhaltiger Umgang mit den Ressourcen, der in natürlich ausbalancierten, fein orchestrierten Weinen seine Vollendung findet. Kein Wunder, dass Mayer-Weine bei Genießern und Gastronomen gleichermaßen immer mehr Anklang finden.

91 Grüner Veltliner Natural 2020
12,5 Vol.-%, NK, gebrauchte Barriques, €€€
Wolkiges Grüngelb, silberfarbene Reflexe. Feine Tabaknuancen, etwas weißes Kernobst, zart nach Birnen, nussige Aromatik, Litschis klingen an, einladendes Bukett. Saftig, elegant, balancierte Säurestruktur, weißes Nougat, zart nach gelber Tropenfrucht, würziger Abgang, tabakiger Nachhall, bereits gut antrinkbar.

91 Grüner Veltliner Amadeus Weiß 2020
13 Vol.-%, DV, großes Holzfass, €€€
Helles Grüngelb, Silberreflexe. Weiße Apfelfrucht, unterlegt mit mineralischen Anklängen, zart nach Wiesenkräutern, Melisse klingt an, feines Bukett. Saftig, seidige Textur, frischer Säurebogen, weiße Tropenfrucht im Abgang, Marillen im Rückgeschmack, guter Speisenbegleiter.

90 Grüner Veltliner Ursprung 2021
12,5 Vol.-%, DV, Stahltank, €€
Helles Grüngelb, Silberreflexe. Zart nach Maracuja, etwas Kräuterwürze, zart nach Clementinen, frisch, Apfelfrucht klingt an. Mittlerer Körper, feine Säurestruktur, balanciert, straff, weißes Kernobst im Abgang, salziger Nachhall, lebendiger Sommerwein.

90 Roter Veltliner Ursprung 2021
12,5 Vol.-%, DV, Stahltank, €€
Mittleres Grüngelb, Silberreflexe. Reife Tropenfrucht, zart nach Blütenhonig, etwas nach Gewürzen wie Kardamom, Ananas klingt an. Saftig, engmaschig, zart nach Papaya im Abgang, mineralisch, extraktsüßer Nachhall, bereits gut antrinkbar.

90 Gelber Muskateller Ursprung 2021
12,5 Vol.-%, DV, Stahltank, €€
Helles Grüngelb, Silberreflexe. Zart nach Muskatnuss und Wiesenkräutern, etwas Limettenzesten, ein Hauch von Apfel, würziges Bukett. Mittlerer Körper, feine Säurestruktur, frisch und leichtfüßig, mineralisch, Holunderblüten im Abgang, blättriger Nachhall, bereits gut antrinkbar.

89 Riesling Ursprung 2021
12,5 Vol.-%, DV, Stahltank, €€

★

WEINGUT M. MAYER

Das Weingut und der Heurige Mayer werden als Familienbetrieb von Matthias und Jasmin Mayer mittlerweile in dritter Generation geführt. Im Weinort Königsbrunn am Wagram gelegen, gedeihen auf den für dieses Gebiet typischen Lössböden die mit Leidenschaft und Geduld gekelterten Weine. Auf den Rebflächen sind Grüner und Roter Veltliner, Riesling, Gelber Muskateller sowie die Rotweinsorten Zweigelt und St. Laurent ausgepflanzt. Da der Rhythmus des Weins das Leben der Winzer bestimmt, legt man hier allergrößten Wert auf Qualität, Stil und Service. Naturnahe Bewirtschaftung, ertragsbegrenzter Ausbau und akribische Weingartenarbeit bescheren der Familie schon seit Jahren zufriedene Weinkunden.
Im Heurigenlokal, das in einer der schönsten Kellergassen Niederösterreichs liegt und im Sommer mit einem großen Gastgarten lockt, kann man sich in ruhiger Lage eine Auszeit gönnen. Und da zu einem edlen Wein auch eine köstliche Jause gehört, erfreut ein Angebot hausgemachter Speisen den deftigen, den anspruchsvollen, aber auch den vegetarischen Gaumen.

WEINGUT M. MAYER
3465 Königsbrunn
Kremser Straße 19
T: +43 (676) 88234442
weingut@m-mayer.at
www.m-mayer.at

Kellermeister/Kontakt:
Matthias Mayer
Produktion: 9 Hektar
Vereinszugehörigkeit:
Wagramer Selektion
Messen: Weinmesse Innsbruck

90 Grüner Veltliner * Königsbrunn Ried Bromberg 2021
13 Vol.-%, DV, Stahltank, €€
Helles Grüngelb, Silberreflexe. Zart nach Blütenhonig und Papaya, zart nach Orangenschalen, feine Tabakwürze, Noten von reifer Apfelfrucht. Saftig, elegant, Nuancen von reifer Frucht, ausgewogene Säurestruktur, zart blättrig, Zitrusnuancen im Nachhall, vielseitig einsetzbar.

91 Grüner Veltliner Reserve Ried Mordthal Reserve 2020
13,5 Vol.-%, DV, Holzfass, €€€
Leuchtendes Gelbgrün, silberfarbene Reflexe. Zarte Holzwürze, etwas gelbe Tropenfrucht, mineralisch, Kräuternoten, kandierte Orangenschalen. Mittlere Komplexität, saftig, extraktsüß nach Maracuja, etwas Pfirsich, gut eingebundene Säurestruktur, nussige Aromatik im Nachhall, guter Speisenbegleiter.

89 Grüner Veltliner Stoamasl® 2021
12 Vol.-%, DV, Stahltank, €€

89 Riesling * 2021
13 Vol.-%, DV, Stahltank, €€

91 Roter Veltliner Ried Steinberg 2021
13 Vol.-%, DV, Stahltank, €€
Helles Grüngelb, silberfarbene Reflexe. Zart nach Papaya, etwas Mandarinenzesten, zart nach Birne, floraler Touch. Mittlerer Körper, saftig, gut eingebundene Säurestruktur, mineralisch-salzig, Quittentouch im Abgang, zitroniger Nachhall, ein unkomplizierter Speisenbegleiter.

90 Gelber Muskateller 2021
12 Vol.-%, DV, Stahltank, €€
Helles Gelbgrün, Silberreflexe. Zart nach Wiesenkräutern, etwas Litschi, feine Muskatnuss, Grapefruitzesten. Straff, weißer Apfel, frischer Säurebogen, mineralisch-salzig, zitroniger Nachhall.

★★★

WEINGUT NIMMERVOLL

Das Weingut Nimmervoll hat sich seit seiner Gründung Anfang der 2000er-Jahre zweifelsohne zu einem der Leitbetriebe am Wagram entwickelt. Unbeirrt von Trends und stilistischen Vorgaben hat Kellermeister Gregor Nimmervoll seine vinophile Handschrift in den letzten Jahren perfektioniert.
Mehr als zufrieden zeigt er sich auch mit dem Jahrgang 2021: »Der sehr vorteilhafte Witterungsverlauf brachte uns Trauben mit optimal ausgewogenen Inhaltsstoffen – beste Voraussetzungen also für außergewöhnliche Weine.« Von den leichteren Exemplaren der »quergelesen«-Linie über den gebietstypischen Mittelbau bis hin zu den individuellen Rieden-Weinen stimmten die Bedingungen, um in allen Kategorien Qualitäten zu keltern, die den hohen Ansprüchen der Familie entsprechen. Zum Saisonabschluss konnte sogar eine Trockenbeerenauslese vom Weißburgunder mit fantastischen Ansätzen nach Hause gebracht werden. Bis diese TBA auf die Flasche kommt, wird aber noch einige Zeit vergehen.
Besonders stolz sind Claudia und Gregor Nimmervoll auch auf die »Engilmar«-Weine aus dem Jahr 2020. Diese – benannt nach dem keltischen Ursprung ihres Heimatorts Engel-

WEINGUT NIMMERVOLL
3470 Engelmannsbrunn
Steingassl 30
T: +43 (676) 9503682
office@nimmervoll.cc
www.nimmervoll.cc

Kellermeister: Gregor Nimmervoll
Kontakt: Claudia Nimmervoll
Produktion: 80 % weiß, 15 % rosé, 1 % rot, 4 % süß, 14+2 Hektar
Vereinszugehörigkeit: Weinstraße Wagram
Messen: ProWein Düsseldorf, VieVinum, Weinmesse München

© Leonardo Ramirez Castillo

Gregor Nimmervoll

* Wagram DAC

mannsbrunn – stellen die absolute Spitze der Qualitätspyramide des Hauses dar und überzeugen mit ungemeiner Komplexität und Aromentiefe.

94 Grüner Veltliner Engilmar Grosse Reserve 2020
13,5 Vol.-%, DV, 500-l-Fass, €€€€€
Mittleres Grüngelb, Silberreflexe. Feine Nuancen von gelbem Kernobst, gelber Apfel, ein Hauch von Mango, mineralisch, mit dezenter tabakiger Würze unterlegt. Kraftvoll, weiße Tropenfrucht, finessenreicher Säurekern, opulente süße Frucht im Abgang, zarter Honig im Nachhall, stoffiger Stil, verfügt über Entwicklungspotenzial.

92 Grüner Veltliner Ried Schafflerberg 2021
13,5 Vol.-%, DV, Holzfass, €€€€
Helles Gelbgrün, Silberreflexe. Zart nach Wiesenkräutern, weißer Apfel, ein Hauch von Limettenzesten. Saftig, elegant, weißer Apfel auch am Gaumen, frischer Säurebogen, feine Fruchtsüße, ausgewogen und trinkanimierend, ein lebendiger Speisenbegleiter.

93 Traminer Ried Fuxberg 2020
13,5 Vol.-%, DV, 500-l-Fass, €€€€€
Helles Goldgelb, Silberreflexe. Zart nach Rosenduft, weißer Pfirsich, feine Tropenfrucht, etwas Marshmallows und Grapefruitzesten. Saftig, elegant, reife Ananas und Steinobstnuancen, ausgewogen, gut eingebundene Fruchtsüße, zart nach Honig im Abgang, gutes Reifepotenzial.

(91) Traminer Wagramlöss 2021
13 Vol.-%, DV, großes Holzfass, €€€
Helles Gelbgrün, Silberreflexe. Zarte Rosennuancen, ein Hauch von gelber Tropenfrucht und Marshmallows, einladendes Bukett. Mittlerer Körper, weißes Steinobst, ausgewogen, dezente Fruchtsüße im Abgang, gute Länge, floraler Nachhall.

93 Weißburgunder Engilmar Grosse Reserve 2020
13,5 Vol.-%, DV, 500-l-Fass, €€€€€
Helles Goldgelb, Silberreflexe. Feine reife Birnenfrucht, ein Hauch von Wiesenkräutern, zart nach Limetten und Walnuss, mineralischer Touch, facettenreiches Bukett. Saftig, feine gelbe Tropenfrucht, etwas Ananas, feine Fruchtsüße, salziger Nachhall, zeigt Länge, verfügt über Entwicklungspotenzial.

92 Weißburgunder Ried Mittersteig 2021
13,5 Vol.-%, DV, Holzfass, €€€€
Helles Gelbgrün, Silberreflexe. Nuancen von frischer weißer Tropenfrucht, ein Hauch von Birne und Limetten, mineralisch unterlegt. Saftig, elegant, weißes Kernobst, feiner Säurebogen, mineralisch-zitroniger Nachhall, ein animierender Speisenbegleiter.

92 Roter Veltliner Ried Eisenhut 2021
13,5 Vol.-%, DV, großes Holzfass, €€€€
Mittleres Grüngelb, Silberreflexe. Feine Nuancen von reifer Quitte, dazu reife Stachelbeeren und Blütenhonig. Saftig, kraftvoll, gelber Apfel, feiner Säurebogen, weißes Kernobst im Nachhall, gute Frische, ein vielseitiger Speisenbegleiter mit Reifepotenzial.

92 Herrn Greanz GV/RM
13,5 Vol.-%, NK, 500-l-Fass, €€€€
Sehr zart getrübtes leuchtendes Orangegelb. Einladender Duft nach Mandarinen und Marillenkonfitüre, feine Kräuterwürze, attraktives Bukett. Straff, feiner Gerbstoff, weißer Apfel, gute Frische, dunkle Mineralik, ein gutes Beispiel für die Stilistik maischevergorener Weine.

90 Riesling Wagramschotter 2021
13 Vol.-%, DV, Stahltank, €€€
Leuchtendes helles Gelbgrün, Silberreflexe. Zart floral unterlegte weiße Pfirsichfrucht, ein Hauch von Limettenzesten. Mittlerer Körper, weiße Tropenfrucht, finessenreicher Säurebogen, ein Hauch von Litschis und Zitrone, mineralischer Nachhall.

★

WINZERHOF OBENAUS

Der Wagram mit meterhohem tiefgründigem Löss ist die Heimat, der Arbeitsplatz sowie das Zuhause der Familie Obenaus. Inmitten von Großriedenthal nördlich der Donau, das auch »Tal der guten Weine« genannt wird, werden jedes Jahr Weine mit besonderer Handschrift gekeltert. Betriebsinhaberin, Winzerin bzw. Dirigentin ist Luisa Obenaus. Wohlbedacht, mit viel Engagement und einer gewissen Zielstrebigkeit hat sie in den letzten Jahren die Weinstilistik verfeinert, erweitert und ausgebaut, ganz nach ihrem Geschmack und ihren Vorstellungen.

Grüner Veltliner, Riesling und Roter Veltliner sind die Hauptdarsteller des Winzerhofs. Finessenreich und vielschichtig, fokussiert auf Sorte und Lage – das beschreibt ihre Weine wohl am besten. Doch ein Rezept gibt es nicht, sondern das Gespür für Natur und Rebstöcke lässt jedes Jahr die ganz eigenständigen und gebietstypischen Weine entstehen – sorgfältig gelenkt, denn ganz ohne geht's natürlich auch nicht.

Zusätzlich findet man auf dem Winzerhof auch noch zwei liebevoll eingerichtete Genießerzimmer, benannt nach den Rebsorten Riesling und Zweigelt. Unter dem Motto »Schlafen, wo der Wein wächst« lässt sich der Weingenuss mit allen Sinnen erleben.

92 Riesling * Ried Spielberg 2021
13 Vol.-%, DV, Stahltank, €€
Helles Grüngelb, silberfarbene Reflexe. Zarte Kräuternoten, ein Hauch von Guaven, etwas nach Bergamotte, weißer Pfirsich, mit Blütenhonig unterlegt. Saftig, facettenreiches Säurespiel, lebendig, weißes Steinobst, Zitrus im Abgang, bleibt gut haften, frischer Speisenbegleiter.

91 Grüner Veltliner * Ried Hinterberg 2021
13 Vol.-%, DV, Stahltank, €€
Helles Grüngelb, Silberreflexe. Zarte Kräuternoten, ein Hauch von Pfirsich, dezente Grapefruitnuancen, etwas Apfel, mineralische Anklänge. Saftig, elegant, frische Säurestruktur, extraktsüß nach Birnen, würziges Finish, guter Speisenbegleiter.

90 Grüner Veltliner * Ried Eisenhut 2021
13 Vol.-%, DV, Stahltank, €€
Helles Grüngelb, silberfarbene Reflexe. Feine Kräuternoten, weißes Kernobst, zart nach Limetten, ein Hauch von Maracuja, frisches Bukett. Saftig, leichtfüßig, gut eingebundene Säurestruktur, mineralisch-salzig, Apfelfrucht auch im Abgang, zitroniger Nachhall, bereits gut antrinkbar.

© Sabine_Klimpt

WINZERHOF OBENAUS
3471 Großriedenthal
Hauptstraße 53
T: +43 (664) 9288455
info@winzerhof-obenaus.at
www.winzerhof-obenaus.at

Kellermeister/Kontakt:
Luisa Obenaus
Produktion: 92 % weiß, 8 % rot, 12 Hektar

Luisa Obenaus

* Wagram DAC

89 Grüner Veltliner * 2021
12,5 Vol.-%, DV, Stahltank, €€

91 Roter Veltliner * Ried Hinterberg 2021
13 Vol.-%, DV, Stahltank, €€
Helles Grüngelb, Silberreflexe. Mit Blütenhonig unterlegte Papaya, floraler Touch, zarte Mandarinenzesten, Tropenfrucht klingt an. Saftig, elegant, lebendige Struktur, mineralisch, etwas nach Quitte im Abgang, salziger Nachhall, guter Speisenbegleiter.

★★★★

WEINGUT BERNHARD OTT

BIO

Will man Terroir, also das, was den Wein und seinen Geschmack grundlegend prägt, muss man auf Interventionen verzichten. Das ist vor allem Vertrauenssache: In das eigene Potenzial und darin, dass sich die Natur auch aus eigener Kraft entwickeln kann, wenn man sie nur lässt. Davon ist Bernhard Ott überzeugt. Mit dem Umstieg auf die Biodynamie im Jahr 2006 hat sich der Wagramer Winzer voll und ganz dem Rhythmus der Natur angepasst: kompromisslos und offen für das, was der jeweilige Jahrgang für ihn bereithält.
Seit Bernhard Ott das elterliche Weingut Anfang der 1990er-Jahre übernommen hat, setzt er fast ausschließlich auf Grünen Veltliner. Der tiefgründige Löss am Wagram und im Kamptal bekommen der Rebsorte besonders gut. Bei der Bewirtschaftung der Weingärten nach den Prinzipien der Biodynamie erfolgt vieles von Hand: Die Weinlese, das Rühren der biodynamischen Präparate, die Herstellung von biologischem Kompost. Man setzt auf eine intensive Begrünung, schonende Bodenbearbeitung mit leichten Maschinen und eine spontane Gärung durch Hefen, die von Natur aus in den Weingärten vorhanden sind. Vieles an der Art, mit der Bernhard Ott heute seinen Wein macht, erinnert an seine Vorfahren. Im Keller benutzt er längst handbetriebene Traubenmühlen und eine Korbpresse und mazeriert die Trauben mit Stiel. Die Spontangärung sowie die Lagerung auf der Vollhefe erfolgen in großen Holzfässern. Sie sind Otts größte Hommage an die Tradition, die er mit Respekt vor der Vergangenheit, aber mit dem Wissen von heute in die Zukunft trägt. Für eigenständige Weine, die mehr denn je für kompromisslose Qualität und einen unverwechselbaren Geschmack stehen. Das Weingut Ott ist Mitglied bei respekt-BIODYN und den Österreichischen Traditionsweingütern sowie Partner der JRE Jeunes Restaurateurs Österreichs.

WEINGUT BERNHARD OTT
3483 Feuersbrunn
Neufang 36
T: +43 (2738) 2257
bernhard@ott.at
www.ott.at

Kellermeister: Günter Weisböck
Kontakt: Bernhard Ott
Anbauweise: Biodynamisch (respekt)
Produktion: 100 % weiß
Vereinszugehörigkeit: respekt-BIODYN, Traditionsweingüter Österreich
Messen: ProWein Düsseldorf, VieVinum

95 Grüner Veltliner Kamptal DAC Engabrunn Ried Stein 1ÖTW 2019
13 Vol.-%, DV, großes Holzfass, €€€€€ B
Mittleres Grüngelb, Silberreflexe. Feine Tabakwürze, etwas nach Blütenhonig, ein Hauch von Tropenfrucht und Ringlotten, karamelliger Touch. Saftig, gute Komplexität, gut eingebundene Säurestruktur, gelber Apfel im Abgang, salziger Nachhall, feinwürziger Rückgeschmack, gute Länge, finessenreicher Speisenbegleiter.

96 Grüner Veltliner Wagram Feuersbrunn Ried Rosenberg 1ÖTW 2019
13,5 Vol.-%, DV, großes Holzfass, €€€€€€ B
Mittleres Grüngelb, silberfarbene Reflexe. Kandierte

Orangenzesten, Golden-Delicious-Apfelfrucht, etwas Honigmelone, facettenreiches fruchtiges Bukett. Engmaschig, salzig, komplex und kraftvoll, gut integrierte Säurestruktur, mineralischer Abgang, gelbe Tropenfrucht im Nachhall, lang anhaltend, würziger Speisenbegleiter mit Reifepotenzial.

94 Grüner Veltliner Wagram Feuersbrunn Ried Kirchthal Edition JRE 2019
13,5 Vol.-%, DV, großes Holzfass, €€€€€ B
Mittleres Grüngelb, Silberreflexe. Zarte Marillennoten, etwas Apfelfrucht, ein Hauch von Orangenzesten, Blütenhonig klingt an, tabakig unterlegt. Saftig, elegant, gut eingebundene Säurestruktur, zart nach Pfirsich, mineralisch-salzig, feinwürziger Nachhall, facettenreicher Speisenbegleiter.

94 Grüner Veltliner Wagram Feuersbrunn Ried Spiegel 1ÖTW 2019
13 Vol.-%, DV, großes Holzfass, €€€€€ B
Mittleres Grüngelb, silberfarbene Reflexe. Reife Tropenfrucht, zart nach Mango und Ananas, ein Hauch von Blütenhonig, kandierte Orangenzesten, floraler Touch. Komplex, saftig, extraktsüß nach gelber Tropenfrucht und Salzkaramell, gut integrierte Säurestruktur, dunkle Mineralik im Nachhall, sicheres Entwicklungspotenzial.

93 Grüner Veltliner Der Ott® 2019
13,5 Vol.-%, DV, großes Holzfass, €€€€€ B
Mittleres Grüngelb, Silberreflexe. Einladendes Bukett nach Mango und Blütenhonig, ein Hauch von Ananas, dezent nach kandierten Orangenschalen. Saftig, extraktsüß, balancierte Säurestruktur, Mangonoten im Abgang, salziger Nachhall, vielseitiger Speisenbegleiter mit Potenzial.

★

WEIN WERK POLSTERER

Nördlich der Donau, entlang einer mächtigen Geländekante, erstreckt sich die Weinbauregion Wagram. Die sanft hügelige Landschaft ist geprägt von sonnenverwöhnten Lagen und tiefgründigen Löss- und Lehmböden. Das charakteristische Terroir ist für eine Vielzahl von Sorten wie gemacht, allen voran für die Leitsorte Grüner Veltliner und die autochthone Rebsorte Roter Veltliner. Seit über 200 Jahren schreibt die Familie Polsterer in Feuersbrunn am Wagram Weingeschichte. Heute arbeiten hier zwei Generationen Seite an Seite: achtsam und respektvoll – sowohl im Umgang miteinander als

© Florian Schulte

WEIN WERK POLSTERER
3483 Feuersbrunn
Neufang 9
T: +436648459197
office@weinwerkwagram.at
www.weinwerkwagram.at

Kellermeister: Andreas und Jakob Polsterer
Kontakt: Jakob Polsterer
Produktion: 200.000 Flaschen
5 % Schaumwein, 60 % weiß, 5 % rosé, 30 % rot, 25+2 Hektar
Messen: Dornbirner Frühjahrs- und Herbstmesse

Andreas und Jakob Polsterer

auch mit der Natur. Seit 1. Mai 2020 verantworten Andreas und Jakob Polsterer neben ihren eigenen Weinen auch jene des benachbarten Weinguts Bründy. Das gesamte Sortiment wird seither unter dem neuen Namen »Polsterer Bründy – Wein Werk Wagram« gebündelt. Der Name ist Ausdruck dessen, wofür die Familie Polsterer steht: den »WEIN« als Quintessenz ihres täglichen Tuns und als ursprüngliches Gut, das seit Generationen und stets im Familienbund erzeugt wird, das »WERK«, stellvertretend für das Handwerk, das seit Jahrzehnten für Qualität bürgt, das bewahrt und behutsam weiterentwickelt wird, und den »WAGRAM« als Heimat und jenen Ort, an dem sowohl die Familie als auch ihre Rebstöcke tief wurzeln.
Die Weine folgen einer klaren Linie: Ihr Ausbau erfolgt im traditionellen Gewölbekeller klassisch im Stahltank. Kräftige Rotweine lagern im Holzfass. Das Ergebnis ist von besonderer Frucht und Frische – und immer so, wie es sich für die jeweilige Sorte gehört.

90 Grüner Veltliner * Jakob 2021
14 Vol.-%, DV, Stahltank, €€€
Mittleres Grüngelb, silberfarbene Reflexe. Gelbe Frucht, etwas Blütenhonig, zart nach Guaven, Gewürznuancen. Mittlerer Körper, extraktsüß, Marillentouch, gut eingebundene Säurestruktur, Mangonoten im Abgang, bereits gut antrinkbar.

89 Grüner Veltliner * Ried Rosenberg 2021
13 Vol.-%, DV, Stahltank, €€

87 Grüner Veltliner Upupa 2021
12,5 Vol.-%, DV, Stahltank, €€

91 Roter Veltliner Premium 2020
13 Vol.-%, DV, Stahltank, €€€
Mittleres Grüngelb, Silberreflexe. Blütenhonig und gelbe Tropenfrucht, mit zarter Kräuter-Holz-Würze unterlegt, feiner Nougattouch, Ananas klingt an. Mittlerer Körper, balancierter Säurebogen, zart laktisch, Mangonoten im Abgang, salziger Nachhall.

90 Roter Veltliner Roter Graben 2021
13 Vol.-%, DV, Stahltank, €€
Helles Grüngelb, silberfarbene Reflexe. Zarte Tabakwürze, weißes Kernobst, ein Hauch von Guaven, Kardamom, würziges Bukett. Mittlerer Körper, balancierte Säurestruktur, Birnenfrucht im Abgang, bleibt haften, unkomplizierter Speisenbegleiter.

90 Riesling Feuersbrunn Ried Rosenberg 2021
12,5 Vol.-%, DV, Stahltank, €€
Helles Grüngelb, silberfarbene Reflexe. Weißes Steinobst, unterlegt mit Kräuterwürze, zart nach Melisse, Ananas klingt an. Saftig, lebendige Säurestruktur, Marillenfrucht im Abgang, salziger Nachhall, guter Speisenbegleiter.

★★

WEINBAU FAMILIE REINBERGER

Unweit der Donau, wo sich die Felder gemächlich dem Wagram zuneigen, liegen die Weingärten der Familie Reinberger. Flugsandablagerungen der älteren Eiszeit bilden hier die Grundlage für den Weinbau. Diese mächtigen Lössanwehungen mit ihrem hohen Kalkgehalt und ihrer guten Wasserspeicherkapazität zeichnen den Boden aus und fördern das Wachstum und die Reife der Trauben, die in den sonnigen Hanglagen des Wagrams gedeihen. Das Kleinklima ist von den Ausläufern des warmen pannonischen Klimas im Wechselspiel mit kühlerer Luft aus dem Waldviertel bestimmt.

Hier bringt der Grüne Veltliner seine Würzigkeit, Rasse und Pikanz voll zur Geltung und wird deshalb auch auf mehr als der Hälfte der über zehn Hektar Rebfläche kultiviert. Mit Überzeugung behält man aber auch die »Altösterreicher« Roter und Frühroter Veltliner im Programm, an denen man die frische Frucht und zarte Eleganz besonders schätzt. Riesling, Chardonnay und Zweigelt runden die Sortenpalette ab.
Der Wein entsteht mit seiner Eigenart und Vielfalt bereits im Weingarten, jedes Bemühen im Keller kann nur ein Bewahren jener Kraft sein, die die Natur in Form von hochqualitativen Trauben liefert. Das Hauptaugenmerk

WEINBAU FAMILIE REINBERGER

3484 Grafenwörth
Kremser Straße 10
T: +43 (2738) 2795
weinbau@reinberger.at
www.reinberger.at

Kellermeister/Kontakt:
Ing. Alfred Reinberger
Produktion: 1 % Schaumwein, 89 % weiß, 1 % rosé, 8 % rot, 1 % süß, 10 Hektar
Vereinszugehörigkeit:
Weingüter Wagram
Messen: ProWein Düsseldorf, Vinobile Feldkirch, Vinobile Montfort, DAC-Präsentationen

Der Stupa zwischen Grafenwörth und Feuersbrunn

des Familienbetriebs liegt in der Weißweinbereitung, wobei traditionelle und moderne Kellertechnik in Einklang gebracht werden. Jedoch ist ein Höchstgrad an Fruchtigkeit und Eleganz noch nicht alles: Eigenständigkeit, bedingt durch Boden und Klima, und die Fantasie des Winzers zeichnen große Weine mit Seele und Charakter aus. Zahlreiche nationale und internationale Auszeichnungen bestätigen die Arbeit der dynamischen Winzerfamilie und zeugen von der Qualität der Weine.

91 Grüner Veltliner * Feuersbrunn Rose Grün 2021
13,5 Vol.-%, DV, Stahltank, €€
Mittleres Grüngelb, silberfarbene Reflexe. Zarte Kräuternoten, etwas nach Quitte, ein Hauch von Melisse, Mandarinenzesten klingen an. Mittlerer Körper, gut eingebundene Säurestruktur, stoffig, reife Apfelfrucht im Abgang, salziger Nachhall, bereits gut antrinkbar.

89 Grüner Veltliner * Feuersbrunn Ried Brenner 2021
12,5 Vol.-%, DV, Stahltank, €€ Ⓗ

93 Grüner Veltliner Fels Ried Scheiben Große Reserve 2019
14 Vol.-%, DV, 500-l-Fass, €€€€
Mittleres Grüngelb, Silberreflexe. Feiner Blütenhonig, etwas nach Pfirsich, zart nach gelber Tropenfrucht, Feigentouch, florale Nuancen. Saftig, feine Säurestruktur, Mango und Ananas im Abgang, mineralischer Touch, Extraktsüße im Nachhall, Holznuancen im Rückgeschmack, guter Speisenbegleiter mit Potenzial.

91 Grüner Veltliner Fels Ried Dorner Reserve 2020
13,5 Vol.-%, DV, 500-l-Fass, €€€
Leuchtendes Grüngelb, Silberreflexe. Zart nach Kräutern, etwas nach Blütenhonig, Mango, gelbe Tropenfrucht, Zitruszesten. Saftig, elegant, frische Säurestruktur, mineralisch-salzig, Apfelnuancen, stoffig, mineralischer Nachhall, kraftvoller Speisenbegleiter.

91 Roter Veltliner * Feuersbrunn Lössterrassen 2021
14 Vol.-%, DV, großes Holzfass, €€
Mittleres Grüngelb, silberfarbene Reflexe. Wiesenkräuter, etwas nach Williamsbirne, zart nach Quitte, Blütenhonig. Saftig, gut eingebundene Säurestruktur, extraktsüß nach Apfel, frischer Zitronentouch im Nachhall, balanciert, guter Speisenbegleiter.

92 Roter Veltliner Gösing Ried Fumberg Reserve 2020
13,5 Vol.-%, DV, 500-l-Fass, €€€
Leuchtendes Goldgelb, Grünreflexe. Reife Mango und kandierte Orangenschalen, unterlegt mit dunkler Mineralik, zart nach Ringlotten. Saftig, elegant, stoffig, zart nach Maracuja, reife Fruchtnoten, bereits gut entwickelt, unkompliziert antrinkbar.

* Wagram DAC

★★★

WEINGUT FRANZ SAUERSTINGL

»All you need is Löss« ist der Leitspruch des Weinguts Sauerstingl. Der Familienbetrieb befindet sich in Fels am Wagram und bewirtschaftet rund zwölf Hektar Rebfläche. Franz Sauerstingl junior ist für die Vinifikation der Weine verantwortlich, der Fokus liegt auf dem Grünen Veltliner. Dieser wird in vier verschiedenen Varianten angeboten: »LÖSS I«, »LÖSS II«, »LÖSS III« und »LÖSS IV«. Diese Bezeichnungen vereinen die geologischen Gegebenheiten am Wagram mit der Klassifizierung der Veltliner von leicht-fruchtig-unkompliziert (LÖSS I und LÖSS II) bis gehaltvoll-reif-ausdrucksstark (LÖSS III und LÖSS IV).

Die Weingärten liegen rund um Fels und reichen von der Wagramkante (lockere Schotterböden mit Lössauflage) bis knapp unter den Hengstberg, der mit 360 Metern Seehöhe die höchste Erhebung des Wagrams ist. Dort befinden sich die wichtigsten Lagen der Familie: Scheiben und Brunnthal. Beide Rieden zeichnen sich durch besonders tiefgründige Lössböden aus und sind mit bis zu 40 Jahre alten Reben bestockt. Zusätzlich vinifiziert man folgende Weißweine: Riesling, Weißburgunder sowie den regional sehr bedeutenden Roten Veltliner. Beim Rotwein setzt man auf Zweigelt sowie auf die Cuvée »Dark Red Löss«. Dass Franz Sauerstingl junior mit der Umsetzung seines anspruchsvollen Qualitätskonzepts auf dem richtigen Weg ist, bestätigt neben einer Vielzahl zufriedener Kunden auch die Aufnahme des Weinguts in renommierte Weinführer. Zahlreiche Auszeichnungen sowie die mehrmalige Aufnahme in den »SALON Österreich Wein« mit den Sorten Grüner Veltliner und Roter Veltliner spiegeln das Level der Weine wider.

WEINGUT FRANZ SAUERSTINGL
3481 Fels am Wagram
Parkstraße 11
T: +43 (2738) 3435
franz@sauerstingl.at
www.sauerstingl.at

Kellermeister/Kontakt:
Franz Sauerstingl
Produktion: 89 % weiß, 11 % rot, 12.5 Hektar
Vereinszugehörigkeit:
Wagramer Selektion
Messen: ProWein Düsseldorf

93 Grüner Veltliner * Ried Brunnthal Löss IV 2021
13,5 Vol.-%, DV, Stahltank/großes Holzfass, €€€
Mittleres Grüngelb, Silberreflexe. Zart tabakig, feine gelbe Tropenfrucht, ein Hauch von Mango und Papaya, mit kandierten Orangenzesten und Blütenhonig unterlegt. Komplex, engmaschig, feine Fruchtsüße, zartes Säurespiel, weißer Apfel im Nachhall, mineralisch, mit sicherem Reifepotenzial ausgestattet.

92 Grüner Veltliner * Ried Scheiben Löss III 2021
13,5 Vol.-%, DV, Stahltank, €€€€
Helles Goldgelb, Silberreflexe. Zarte Nuancen von Golden-Delicious-Apfel, ein Hauch von Wiesenkräutern, mineralisch unterlegt. Komplex, saftig und elegant, weißes Kernobst, feine, gut eingebundene Säurestruktur, zitroniger Touch, zeigt Länge, verfügt über Entwicklungspotenzial.

90 Grüner Veltliner * Löss II 2021
13 Vol.-%, DV, Stahltank, €€
Helles Goldgelb, Silberreflexe. Nuancen von frischer gelber Tropenfrucht, zart nach Mango, etwas Blütenhonig, florale Noten. Saftig, wirkt leichtfüßig, weißer Apfel, frischer Säurebogen, mineralisch-zitronig, bereits gut antrinkbar.

89 Grüner Veltliner * Löss I 2021
12,5 Vol.-%, DV, Stahltank, €€

93 Roter Veltliner ** Ried Schafflerberg 2021
14 Vol.-%, DV, Stahltank/500-l-Fass, €€€
Mittleres Goldgelb, Silberreflexe. Feine weiße Tropen-

frucht, feiner Blütenhonig, zart nach Litschis, Limettenzesten, facettenreiches Bukett. Komplex, saftig, Nuancen von süßem Steinobst, feiner Säurebogen, mineralisch-zitronig im Abgang, salzig im Rückgeschmack, ein delikater Speisenbegleiter.

91 Roter Veltliner * 2021
12,5 Vol.-%, DV, Stahltank, €€
Helles Goldgelb, Silberreflexe. Zart nach gelber Birne, reife Mango, dezenter Blütenhonig, einladendes Bukett. Mittlerer Körper, Nuancen von reifem weißem Kernobst, feine Säurestruktur, zitroniger Touch, lebendig und gut anhaftend.

★★

WEINGUT SCHABL

BIO

Das Weingut Schabl ist ein Familienbetrieb, dessen Weingärten sich in die sanften Hügellandschaften an den Südhängen des Wagrams einbetten. 1891 gelangte der Hof in den Besitz der Familie. Seither wird er stets weiterentwickelt und von den Eltern an die Kinder vererbt.
Momentan arbeiten Romana und Herbert Schabl, die das Weingut die vergangenen Jahre geprägt haben, mit Sohn Paul und seiner Partnerin Elena zusammen. Die beiden, als fünfte Generation und Zukunft, steuern großes Talent und viel önologisches Gespür bei. Die Weingärten bewirtschaftet Familie Schabl biologisch, denn Weinmachen sieht man hier als ein Handwerk an, das neben kreativem Schaffen auch die Verantwortung für die Natur und den Menschen beinhaltet. So entstehen Weine voll Seele, Herzblut und mit wohltuendem Gebietscharakter.

93 Pet Nat brut 2021
12 Vol.-%, KK, Flaschengärung, €€€€€ Ⓥ
Wolkiges Grüngelb, silberfarbene Reflexe. Feine Kräuternoten, ein Hauch von Apfelfrucht, zart nach Anis, dazu etwas Weingartenpfirsich, Limettenzesten, einladendes Bukett. Saftig, engmaschig, Marillentouch, gut eingebundene Säurestruktur, mineralisch, fruchtsüßer Abgang nach reifen Feigen, bleibt lange haften, vielschichtiger Speisenbegleiter mit Potenzial.

91 Grüner Veltliner * Ruppersthal 2021
12 Vol.-%, DV, Stahltank, €€ Ⓥ
Helles Grüngelb, silberfarbene Reflexe. Zart nach Kräutern, ein Hauch von Melisse, gelbe Apfelfrucht, reifes Kernobst klingt an. Saftig, feine Säurestruktur, mineralisch, leichtfüßig, Gewürznuancen, Noten von weißer Frucht im Abgang, bereits gut antrinkbar.

94 Grüner Veltliner Reserve 2020
13 Vol.-%, NK, 500-l-Fass, €€€€ Ⓥ
Mittleres Goldgelb, Grünreflexe. Feiner Blütenhonig, etwas nach Karamell, ein Hauch von Melone, nussige Nuancen, Kräuterwürze klingt an. Saftig, gute Komplexität, fruchtsüß nach Ananas, zart tabakig, bleibt gut haften, balancierte Säurestruktur, vielschichtiger Speisenbegleiter mit Potenzial.

91 Roter Veltliner * Ried Hochrain Slow Food Presidio 2021
12,5 Vol.-%, DV, Stahltank, €€€ Ⓥ
Helles Grüngelb, silberfarbene Reflexe. Etwas Blütenhonig, zart nach Birne, feine Guaven, Wiesenkräuter klingen an, floraler Touch. Mittlerer Körper, engmaschig, mineralisch-salzig, weiße Apfelfrucht, gut eingebundene Säurestruktur, bleibt gut haften, kraftvolles Finish, guter Speisenbegleiter.

WEINGUT SCHABL
3465 Königsbrunn am Wagram
Kremser Straße 13
T: +43 (2278) 2287
office@weingut-schabl.at
www.weingut-schabl.at

Kellermeister: Herbert Schabl
Kontakt: Paul Schabl
Anbauweise: Zertifiziert Biologisch
Produktion: 5 % Schaumwein, 85 % weiß, 5 % rosé, 5 % rot
Vereinszugehörigkeit: Slow Food Presidio
Messen: VieVinum

* Wagram DAC

93 Roter Veltliner Reserve Slow Food Presidio 2020

13,5 Vol.-%, NK, 500-l-Fass, €€€€ V

Leuchtendes Goldgelb. Feine Birnenfrucht, zart nach Quittengelee, kandierte Mandarinenzesten, floraler Touch, zart nussig-karamellig, einladendes Bukett. Saftig, straff, gut eingebundene und balancierte Säurestruktur, Mangonoten im Abgang, salzig, Papaya im Rückgeschmack, bleibt sehr gut haften, würzig im Finish, guter Speisenbegleiter.

92 Rebell Naturell 2021

12,5 Vol.-%, NK, Stahltank, €€€€€ O

Leuchtendes helles Bernstein, Goldreflexe. Frische Birnenfrucht, etwas nach Kamillenblüten, Orangenschalen und Blütenhonig, reife Apfelfrucht, Wiesenkräuter klingen an. Saftig, straffer Gerbstoff, lebendige Säurestruktur, mineralisch-salzig, weiße Apfelfrucht, etwas weitmaschig, zitroniger Nachhall, Nelkentouch im Rückgeschmack, feiner Speisenbegleiter.

★★

WEINGUT FAMILIE SCHUSTER

BIO

Das Bioweingut der Familie Schuster liegt in Großriedenthal am Wagram. Hier arbeiten zwei Generationen gemeinsam, die lieben, was sie tun. Seit 1772 beschäftigt man sich hier mit dem Weinbau, und in Sachen Roter Veltliner kann man einiges von Familie Schuster lernen, haben sie doch Pionierarbeit geleistet und sich schon lange Zeit mit dieser einzigartigen Sorte intensiv auseinandergesetzt. Der leidenschaftliche Einsatz für diese Sorte in allen Gewichtsklassen – vom klassischen Sortenvertreter bis zu den kräftigen Roten Veltlinern der Ried Altweingarten und der Ried Berg Eisenhut – macht sich bezahlt. Mit SALON-Sieger und Landessieger konnten sie Schusters bereits früh ihr Können erfolgreich unter Beweis stellen! Auch auf die Leitsorte des Wagrams, den Grünen Veltliner, kann man sich hier verlassen. Vom klassischen fruchtbetonten leichten Veltliner vom Wagram bis hin zum Riedenwein der Lage Eisenhut mit Tiefgang und großem Lagerpotenzial: Hier fühlt sich die Sorte überaus wohl. Im Weingarten nehmen sich Thomas Schuster und seine Familie viel Zeit für händische Arbeiten, die an jeden Weingarten individuell angepasst werden. Dabei spielt die biologische Bewirtschaftung der Reben eine große Rolle. Weniger ist oft mehr: So wird im Keller gerne auf große Technik verzichtet, und man gibt dem Wein ganz einfach Zeit zu reifen. »Wenn man die Natur arbeiten lässt, kann man als Winzer die Reben übers Jahr begleiten und bekommt so die Möglichkeit, die Individualität und Besonderheit jeder einzelnen Lage perfekt herauszuarbeiten«, so Thomas Schuster. Der Marienkäfer am Etikett ist für das Tun der Familie dabei sichtbares Symbol. Wie zu Hause fühlt man sich, wenn man auf dem Weingut zu Gast ist und ein paar Tage lang die Gelassenheit des Wagrams genießen kann – mit regionalem Frühstück und abends einer Weinverkostung in entspannter Atmosphäre. Und die neue Website lädt auch aus der Entfernung zum Stöbern durch die Weinvielfalt der Schusters ein.

WEINGUT FAMILIE SCHUSTER
3471 Großriedenthal
Hauptstraße 61
T: +43 (2279) 7203
office@weingut-schuster.at
www.weingut-schuster.at

Kellermeister/Kontakt:
Thomas Schuster
Anbauweise: Zertifiziert Biologisch
Produktion: 85 % weiß, 15 % rot, 12 Hektar
Vereinszugehörigkeit:
Weingüter Wagram
Messen: ProWein Düsseldorf, VieVinum

91 Grüner Veltliner * Grossriedenthal Alte Reben 2021

13,5 Vol.-%, DV, Stahltank, €€

Helles Gründgelb, silberfarbene Reflexe. Feine Kräuternoten, etwas nach Guaven, ein Hauch von Apfel, frisches Bukett. Mittlerer Körper, saftig, frische Säurestruktur, feinwürzig, weißes Kernobst, bereits gut antrinkbar.

93 Grüner Veltliner Gutsreserve 2019
13,5 Vol.-%, NK, gebrauchte Barriques, €€€€€ B
Mittleres Goldgelb, Grünreflexe. Feiner Marillentouch, zart nach Ananas, ein Hauch von Blütenhonig, Wiesenkräuter, kandierte Orangenzesten. Saftig, straff, balancierte Säurestruktur, feinwürzig, etwas tabakig, Dörrobst im Abgang, bleibt gut haften, vielseitig einsetzbar, verfügt über Potenzial.

91 Grüner Veltliner Ried Eisenhut 2020
13,5 Vol.-%, DV, 500-l-Fass, €€€€ B
Mittleres Grüngelb, silberfarbene Reflexe. Feine Tabak-Kräuter-Würze, etwas Blütenhonig, zart nach Quittengelee, nussige Nuancen, mit Karamell unterlegt. Mittlere Komplexität, feine Mangonoten, dazu etwas Papaya, feine Säurestruktur, mineralisch, kraftvolles Finish.

90 Roter Veltliner * Ried Altweingarten 2021
13 Vol.-%, DV, Stahltank, €€ B
Mittleres Grüngelb. Zarte Kräuternoten, gelbe Birnenfrucht, ein Hauch von Mandarinenzesten, feine Blutorangennote. Saftig, elegant, kraftvoll, feine Säurestruktur, gelbes Kernobst, zitroniger Nachhall, bereits gut antrinkbar.

92 Roter Veltliner Ried Berg Eisenhut 2020
13 Vol.-%, DV, großes Holzfass, €€€€ B
Mittleres Grüngelb, Silberreflexe. Feine Tabak-Kräuter-Würze, ein Hauch von Orangenzesten, zart nach Guaven, reife Apfelnoten, Blütenhonig. Saftig, elegant, balancierte Säurestruktur, seidige Textur, Mangonoten im Abgang, mineralischer Nachhall, guter Speisenbegleiter.

91 Pinot Noir Ried Eisenhut Reserve 2019
14 Vol.-%, DV, gebrauchte Barriques, €€€€ B
Mittleres Karmingranat, Ockerreflexe, breite Randaufhellung. Intensive Kräuterwürze, etwas Minze, schwarze Beerenfrucht, tabakige Nuancen. Mittlerer Körper, feine Fruchtsüße, zart animalisch-ledriger Touch, ein Hauch von Karamell und roten Beeren im Nachhall, bereits gut antrinkbar.

★

WEINHOF THOMAS STOPFER

Der Weinbau ist in der Familie Stopfer seit Generationen verankert. Für Thomas Stopfer bedeutet er mehr als nur gute alte Tradition. Wein vereint seine Liebe und Verbundenheit zur Natur mit der Freude am Genießen. Oberstes Ziel des Winzers ist es daher, die Qualität der übers Jahr behutsam gereiften Trauben in jede einzelne Flasche zu bringen.
Im Sortiment finden sich die fruchtig-pfeffrigen Grünen Veltliner »Classic«, der »Steinberg« – kräftig, würzig und mineralisch – sowie die »Reserve« für Liebhaber gereifter Weine. Die Sortenvielfalt reicht von Rosé-Weinen über Roten Veltliner und Riesling bis hin zu Gelbem Muskateller. Bei den Rotweinen setzt man auf die Sorten Zweigelt und Cabernet Sauvignon als Partner in den Cuvées, die zum größten Teil in Barrique-Fässern ausgebaut werden.
Wer die Stille sucht und gerne in der Natur seine Seele baumeln lässt, der wird den Wagram lieben. Genießen steht bei den Stopfers im Vordergrund, sei es kulinarisch, kulturell oder spirituell – gerne begleitet von einem guten Achterl Wein.

91 Roter Veltliner * Ruppersthal Vom Löss 2021
12,5 Vol.-%, DV, Stahltank, €€
Helles Grüngelb, silberfarbene Reflexe. Zart nach Maracuja, ein Hauch von Guaven, floraler Touch, feine Tabaknuancen, Brennnesselnoten. Mittlerer Körper, kraftvoll,

WEINHOF THOMAS STOPFER
3701 Ruppersthal
Ruppersthal 41
T: +43 (676) 6661188
office@weinhof-stopfer.at
www.weinhof-stopfer.at

Kellermeister/Kontakt:
Thomas Stopfer
Produktion: 80 % weiß, 20 % rot, 8+2 Hektar
Messen: ProWein Düsseldorf, Vinobile Feldkirch, Weinmesse München

saftig, Birnenfrucht im Abgang, mineralischer Nachhall, bereits gut antrinkbar.

92 Roter Veltliner Ried Mordthal Reserve 2020
13 Vol.-%, DV, 500-l-Fass, €€€
Mittleres Goldgelb, silberfarbene Reflexe. Zarte Birnenfrucht, mit Blütenhonig unterlegte kandierte Orangenschalen, etwas nach Kalamansi und Kokos, floraler Touch. Saftig, mittlere Komplexität, kraftvoll, fruchtsüß nach Mango, bleibt gut haften, gut integrierte Säurestruktur, nussiger Nachhall.

92 Grüner Veltliner * Ruppersthal Ried Steinberg 2021
13,5 Vol.-%, DV, großes Holzfass, €€€
Mittleres Grüngelb, silberfarbene Reflexe. Zarte Kräuterwürze, etwas nach Blütenhonig, ein Hauch von Golden-Delicious-Apfel, weißes Steinobst. Saftig, balancierte Säurestruktur, feinwürzig, salziger Abgang, Apfel auch im Rückgeschmack, guter Speisenbegleiter.

90 Grüner Veltliner * 2021
12,5 Vol.-%, DV, Stahltank, €€
Helles Grüngelb, Silberreflexe. Zarte gelbe Apfelfrucht, ein Hauch von Grapefruitzesten, zart nach Maracuja, einladendes Bukett. Mittlerer Körper, gut eingebundene Säurestruktur, weißes Kernobst im Abgang, kräutriges Finish, bereits gut antrinkbar.

90 Grüner Veltliner * Ruppersthal Vom Löss 2021
12,5 Vol.-%, DV, Stahltank, €€
Helles Grüngelb, silberfarbene Reflexe. Weiße Tropenfrucht, zart nach Wiesenkräutern, etwas Guaven, ein Hauch von Ringlotten. Saftig, etwas weitmaschig, fruchtsüß nach Maracuja, kraftvolles Finish, bereits gut antrinkbar.

(91) Riesling * Ruppersthal 2021
13 Vol.-%, DV, Stahltank, €€
Leuchtendes Goldgelb, Silberreflexe. Zart nach Mango und Blütenhonig, mit Limettenzesten unterlegt, ein Hauch von Quitte. Saftig, straff, frische Säurestruktur, mineralisch-salzig, Pfirsichfrucht im Abgang, extraktsüß, Limonentouch im Rückgeschmack, guter Speisenbegleiter.

★★

BIO WEINGUT URBANIHOF FAMILIE PASCHINGER

BIO

Das Weingut Urbanihof in Fels am Wagram, wo Tradition auf Moderne trifft, wird bereits in elfter Generation von Sonja und Franz Paschinger geführt. Jakob und Lisa Paschinger sind »The Next Generation«, daher befassen sich die Eltern jeden Tag aufs Neue mit Qualität und Nachhaltigkeit, um ihren Kindern guten Grund und Boden zu übergeben. Dies spiegelt sich in der seit 2016 zertifizierten Umstellung auf bio-organischen Weinbau wider. Der behutsamer Umgang mit der Natur und der Vinifikation sorgt für aussagekräftige, köstliche Weine.

90 Grüner Veltliner * 4U 2021
13 Vol.-%, DV, Stahltank, €€
Helles Gelbgrün, Silberreflexe. Zarte Kräuternoten, etwas nach Guaven und weißem Apfel, frische Zitrusnuancen. Frisch und leichtfüßig, zart nach Maracuja, extraktsüß im Abgang, unkompliziertes Trinkvergnügen.

93 Grüner Veltliner Grande Reserve 2017
14 Vol.-%, NK, Barrique, €€€€€ B
Leuchtendes Goldgelb, Grünreflexe. Nuancen von kandierten Früchten, etwas Mandarinenschalen, reife Honigmelone, Birnentouch, einladendes Bukett. Saftig, elegant, kraftvoll, feinwürzig, fruchtsüß nach Ananas und Papaya, gut eingebundene Säurestruktur, mineralisch-salzig, vielseitiger Speisenbegleiter mit Potenzial.

92 Grüner Veltliner Fels Ried Dorner »1598« 2020
13 Vol.-%, DV, Barrique, €€€€
Leuchtendes Gelb, Grünreflexe. Mit Blütenhonig unterlegte Ananas und Papaya, zart nach Wiesenkräutern, tabakige Nuancen, Salzkaramell klingt an. Saftig, kraftvoll, zarter Vanilletouch, gelbe Tropenfrucht im Abgang, nussiger Nachhall, bereits gut entwickelt, guter Speisenbegleiter.

BIO WEINGUT URBANIHOF – FAMILIE PASCHINGER
3481 Fels am Wagram
St.-Urban-Straße 3
T: +43 (2738) 234412
weingut@urbanihof.at
www.urbanihof.at

Kellermeister/Kontakt: Dipl.-HLFL-Ing. Franz Paschinger
Anbauweise: Zertifiziert Biologisch (Bio Austria)
Produktion: 80 % weiß, 20 % rot, 40 Hektar
Vereinszugehörigkeit: Wagramer Selektion
Messen: ProWein Düsseldorf, VieVinum

Familie Paschinger

91 Riesling * Fels 2021
13 Vol.-%, DV, Stahltank, €€
Mittleres Grüngelb, silberfarbene Reflexe. Mit Limettenzesten unterlegtes weißes Steinobst, frische Tropenfrucht, zart nach Guaven. Saftig, frische Säurestruktur, feinwürzig, etwas Pfirsich, kraftvolles Finish, bereits gut antrinkbar.

91 Roter Veltliner Ried Dorner 2020
13 Vol.-%, DV, Barrique, €€€
Leuchtendes Goldgelb. Zarte Kräuternoten, etwas Ringlotten, ein Hauch von reifer Birne, kandierte Orangenzesten, floraler Touch. Saftig, elegant, feine Säurestruktur, extraktsüß nach Birne, engmaschig, mineralischer Nachhall, nussiger Rückgeschmack, guter Speisenbegleiter.

★★★

WEINHOF ANTON UND ELFRIEDE WALDSCHÜTZ

Was Erde und Natur beginnen, wird auf dem Weinhof Waldschütz mit größter Sorgfalt vollendet. Dabei vertraut die Familie auf das Wissen der Generationen aus 150 Jahren Weinbau und auf ihr Fingerspitzengefühl. Die 18 Hektar Weingärten befinden sich auf vorwiegend sonnenverwöhnten Hängen in den bekannten Weinbaugebieten Wagram und Kamptal. Auf Urgestein, sandigen Lehm- und Löss-Schotter-Böden sowie auf tiefgründigen Lehm-Löss-Böden wachsen dort fruchtbetonte, elegante Weine. Im Umgang mit den Weinstöcken wird auf die optimale Pflege der Reben und die Erhaltung gesunder, lebendiger Böden Wert gelegt. Auch wenn jeder Jahrgang seine Eigenheiten hat, bleibt die Weinstilistik der Familie Waldschütz unverkennbar. Die sortenreinen Weine der Linien »Hof«, »Gebiet« und »Ort« sind klassisch ausgebaut und entfalten sich besonders fein und gebietstypisch. Vor allem Weine mit Riedenbezeichnungen wie Brunnthal, Anzenthal und Goldberg mit ihrer geradlinigen Stilistik und eleganten Frucht machen ihrer Herkunft alle Ehre. Bei der Serie »Winzer« erkennt man die Leidenschaft, mit der hier gearbeitet wird.
Viermal im Jahr betreibt die ganze Familie zudem einen eigenen Heurigen in Obernholz im Kamptal, wo die Weine umgeben von Rebstö-

* Wagram DAC

Ralph und Anton Schütz

WEINHOF ANTON UND ELFRIEDE WALDSCHÜTZ

3474 Sachsendorf, Sachsendorf 17
T: +43 (664) 3874076
wein@waldschuetz.at
www.waldschuetz.at
Kellermeister: Ralph Waldschütz
Kontakt: Anton und Elfriede Waldschütz
Produktion: 1 % Schaumwein, 70 % weiß, 7 % rosé, 21 % rot, 1 % süß, 18+10 Hektar
Zertifiziert: Nachhaltig Austria
Vereinszugehörigkeit: Traditionsweingüter Österreich, Wagramer Selektion
Messen: Austrian Tasting London, Igeho Basel, ProWein Düsseldorf, London Wine Fai VieVinum, Vinobile Feldkirch, DAC-Präsentationen

cken zu heurigentypischen Speisen und hausgemachten Mehlspeisen serviert werden. Verkostung und Kauf der Weine sind am besten nach telefonischer Voranmeldung auf dem Weinhof in Sachsendorf am Wagram sowie beim »TOP-Heurigen« in Obernholz möglich.

91 Riesling Kamptal DAC Strass im Strassertal 2021
13 Vol.-%, DV, Stahltank, €€
Mittleres Grüngelb, Silberreflexe. Mit zarter Würze unterlegte Zitrusnuancen, weißes Steinobst, ein Hauch von Mirabellen. Saftig, straff, frisch und lebendig, Noten von weißer Frucht im Abgang, salziger Nachhall, zitroniger Rückgeschmack, bereits gut antrinkbar.

93 Riesling Fels am Wagram Ried Anzenthal 2020
13,5 Vol.-%, DV, großes Holzfass, €€€€
Mittleres Grüngelb, Silberreflexe. Blütenhonig, etwas Ringlotten, Marillenfrucht, unterlegt mit Limettenzesten, ein Hauch von Papaya. Komplex, dunkle Mineralik, saftig, facettenreiche Säurestruktur, reife Pfirsichnoten im Abgang, würziger Nachhall, bleibt gut haften, sicheres Potenzial.

(92) Roter Veltliner * Gösing Ried Goldberg 2021
13,5 Vol.-%, DV, Teilbarrique, €€€€
Mittleres Grüngelb, Silberreflexe. Maracuja und Orangenzesten, zart nach reifen Birnen, etwas floral, feinwürzig, abwechslungsreiches Bukett. Saftig, gute Komplexität, kraftvoll, engmaschige Säurestruktur, Tropenfrucht, Tabakwürze im Nachhall, guter Speisenbegleiter, wird von Flaschenreife profitieren.

91 Roter Veltliner * von den Wagramer Terrassen 2021
13 Vol.-%, DV, Stahltank, €€€
Mittleres Grüngelb, Silberreflexe. Feine Kräuternoten, ein Hauch von Gewürzen, frische Apfelfrucht, zart nach Guaven, Grapefruitzesten klingen an. Saftig, elegant, lebendige Säurestruktur, mineralisch-salzig, Nuancen von weißer Frucht im Abgang, guter Speisenbegleiter.

91 Grüner Veltliner * Fels 2021
13,5 Vol.-%, DV, großes Holzfass, €€€
Mittleres Grüngelb, silberfarbene Reflexe. Feine Kräuternoten, zarte Apfelfrucht, ein Hauch von Melisse, gemahlener schwarzer Pfeffer. Mittlerer Körper, saftig, fruchtsüß nach gelbem Kernobst, balanciert, unkomplizierter Speisenbegleiter.

92 Grüner Veltliner Fels am Wagram Ried Brunnthal 1ÖTW 2020
14 Vol.-%, NK, Teilbarrique, €€€€€
Mittleres Grüngelb, Silberreflexe. Dezente gelbe Tropenfrucht, unterlegt mit Blütenhonig, ein Hauch von Karamell, dazu etwas Ananas, dunkle Mineralik. Saftig, gut eingebundene Säurestruktur, feiner Vanilletouch, kraftvoll, Honigmelone im Abgang, bereits entwickelt, gute Länge.

© www.leonhardhilzensauer.com

★★

WEINGUT GERALD WALTNER

Im Jahr 2003 übernahm Gerald Waltner, der in kurzer Zeit den Sprung an die Spitze der Wagramer Winzer geschafft hat, die Verantwortung im elterlichen Weingut in Engelmannsbrunn. Mithilfe seiner Familie bewirtschaftet er heute über elf Hektar der besten Weinrieden in Engelmannsbrunn und Gösing. Er ist aufgrund seiner Verbundenheit mit der Natur bestrebt, Nachhaltigkeit und Umweltschutz zu pflegen und zu fördern, und beschreibt sich als bodenständig und naturverbunden, aber trotzdem mit modernem Stil. »Es fasziniert mich, dem Wein meine eigene Sprache zu verleihen – meine Sprache des Duftes, meine Sprache des Gaumens, meine Handschrift. Ich möchte Technik und Erfahrung kombinieren, um das Produkt zu schaffen, das meinen Charakter widerspiegelt. Ich nutze die Frische und Freiheit meiner Gedanken als Motivation für Weinkreationen, die fordern«, so Gerald Waltner. Seine größte Aufmerksamkeit gilt dem Grünen Veltliner, der am Wagram mit seinem einzigartigen Terroir wohl beste Voraussetzungen vorfindet.
Zahlreiche Auszeichnungen, wie »SALON«-Sieger, Landessieger, »Vineus Newcomer Award« und die Aufnahme in verschiedene Weinguides in den letzten Jahren bestätigen die Arbeit des Winzers und zeugen von der Qualität seiner Weine. Auffallend ist auch der sehr hohe Exportanteil der Waltner-Weine. Neben dem Verkauf in Österreich werden bereits über 65 Prozent der Produktion nach Deutschland, Belgien, Irland, Italien, in die Schweiz und die Niederlande exportiert.

(93) Grüner Veltliner * Reserve Gösing Ried Dorner 2021
14 Vol.-%, DV, Stahltank, €€€€
Leuchtendes Grüngelb, Silberreflexe. Einladendes Bukett nach Papaya, zart nach Quitte, dunkle Mineralik, zart nach Blütenhonig, floraler Touch. Saftig, straff, balancierte Säurestruktur, gelbe Tropenfrucht im Abgang, Honig im Nachhall, bleibt gut haften, vielseitiger fruchtiger Speisenbegleiter.

92 Grüner Veltliner * Gösing Ried Dorner 2021
13,5 Vol.-%, DV, Stahltank, €€€
Mittleres Grüngelb, silberfarbene Reflexe. Reife Apfelfrucht, zart nach Guaven, feine Wiesenkräuter, einladendes Bukett. Saftig, elegant, balancierte Säurestruktur, weiße Apfelfrucht, feinwürzig, bleibt gut haften, guter Speisenbegleiter.

© Margarethe Lechner Gusenbauer Photography

WEINGUT GERALD WALTNER
3470 Engelmannsbrunn
Am Berg 18
T: +43 (2279) 2471
info@weingutwaltner.at
www.weingutwaltner.at

Kellermeister/Kontakt:
Gerald Waltner
Produktion: 80 % weiß, 5 % rosé, 15 % rot, 11 Hektar
Messen: ProWein Düsseldorf

Gerald und Theresa Waltner

* Wagram DAC

91 Grüner Veltliner * Gösing Ried Steinberz 2021
13 Vol.-%, DV, Stahltank, €€
Helles Grüngelb, Silberreflexe. Mit feinen Wiesenkräutern unterlegte gelbe Apfelfrucht, ein Hauch von Orangenschalen und Maracuja. Saftig, feine Säurestruktur, weißes Kernobst, mittlerer Körper, Tabakwürze im Nachhall, kraftvolles Finish, bereits gut antrinkbar.

89 Grüner Veltliner * Engelmannsbrunn Ried Hochrain 2021
12,5 Vol.-%, DV, Stahltank, €€

90 Chardonnay * 2021
13 Vol.-%, DV, Stahltank, €€
Mittleres Grüngelb, silberfarbene Reflexe. Zart nach Blütenhonig und Maracuja, Ananas klingt an, feine Papayanoten, kandierte Orangenzesten. Mittlerer Körper, salzig, frisch und lebendig, seidige Textur, Maracuja im Abgang, weiße Frucht im Nachhall.

(92) Weißburgunder 2021
13,5 Vol.-%, DV, Stahltank, €€€
Mittleres Grüngelb, Silberreflexe. Zart nach Birnen und Guaven, ein Hauch von Zitrusnuancen, tabakiger Touch. Saftig, leichtfüßig, balancierte Säurestruktur, Birnenfrucht auch im Abgang, salzig-mineralisch, guter Speisenbegleiter mit Potenzial.

★★

WEINGUT JOSEF ZEITLBERGER & JOSEF ZEITLBERGER

Wenn man sich einen Platz an der Spitze der österreichischen, aber auch internationalen Weinwelt erobern möchte, ist die konsequente Qualitätsproduktion Voraussetzung, davon ist die Familie Zeitlberger überzeugt.
Derzeit werden rund vierzehn Hektar Weingartenfläche bewirtschaftet. Dem Urgedanken der traditionellen Weißweinproduktion in diesem Gebiet zum Trotz hat sich Familie Zeitlberger auf die Produktion hochwertiger Rotweine spezialisiert. Basis ist die Ried Himmelreich, eine Lage, die aufgrund ihrer Bodenbeschaffenheit, der Sonneneinstrahlung und der luftigen Südlage beste Voraussetzungen für die Herstellung qualitativer Weine bietet. Hier gedeiht der Blaue Zweigelt ganz vorzüglich. Selbstverständlich kommt dabei die Weißweinlinie nicht zu kurz: Zeitlberger & Zeitlberger bieten auch den regionaltypischen Grünen Veltliner sowie etwas Riesling, Chardonnay und Gelben Muskateller.

92 Grüner Veltliner * Ried Hohenberg 2021
13,5 Vol.-%, DV, Stahltank, €€
Mittleres Goldgelb, Silberreflexe. Feine Wiesenkräuter, gelber Apfel, einladende Würze, zarte gelbe Tropenfrucht, nach Mango und Papaya. Saftig, elegant, weißes Kernobst, feine Säurestruktur, balanciert und gut anhaftend, Limetten im Nachhall, ein vielseitiger Begleiter bei Tisch.

90 Gelber Muskateller * 2021
12 Vol.-%, DV, Stahltank, €€
Helles Gelbgrün, Silberreflexe. Zart nach Muskatnuss, Holunderblüten und etwas Nelken, mit Limettenzesten un-

WEINGUT JOSEF ZEITLBERGER & JOSEF ZEITLBERGER
3701 Großweikersdorf
Tiefenthal 4
T: +43 (2955) 70369
office@zeitlberger.at
www.zeitlberger.at

Kellermeister/Kontakt:
Josef Zeitlberger
Produktion: 50 % weiß, 50 % rot, 14 Hektar
Messen: ProWein Düsseldorf

Geländestufe bei Großriedenthal

terlegt. Schlank, saftig, feine weiße Tropenfrucht, leichtfüßig und frisch, zitronig im Abgang, feiner Terrassenwein.

90 Chardonnay * 2021
13 Vol.-%, DV, Stahltank, €€
Helles Grüngelb, Silberreflexe. Zarte gelbe Tropenfrucht, ein Hauch von frischem Apfel und Orangen. Saftig, elegant, zart nach Kernobst und Marillen, feiner Säurebogen, mineralischer Touch, etwas Blütenhonig im Nachhall.

89 Sauvignon Blanc * 2021
13 Vol.-%, DV, Stahltank, €€

93 Himmelreich Privat Edition 2019 ME/ZW
14,5 Vol.-%, DV, Barrique, €€€€€
Dunkles Rubingranat, opaker Kern, violette Reflexe, zarte Ockerrandaufhellung. Reife Zwetschken, ein Hauch von Feigen, schokoladiges Bukett, etwas Dörrobst im Hintergrund. Stoffig, dunkle Beerenfrucht, reife, tragende Tannine, angenehme Extraktsüße im Abgang, gute Länge, ein kraftvoller Speisenbegleiter mit Entwicklungspotenzial.

92 Zweigelt Himmelreich Reserve 2019
14,5 Vol.-%, DV, Barrique, €€€€
Dunkles Rubingranat, opaker Kern, violette Reflexe, zarte Ockerrandaufhellung. Schwarze Kirschen, ein Hauch von Zwetschken, etwas Nougat, feiner Edelholztouch. Saftig, komplex, reife Brombeeren, gut integrierte Tannine, schokoladig-würziger Nachhall, salziges Finish.

* Wagram DAC

Die Burgruine Falkenstein befindet sich nahe der tschechischen Grenze ganz im Norden der größten Weinregion Österreichs, des Weinviertels

© WSNA

NIEDERÖSTERREICH

WEINVIERTEL

DAC

Retzbach, Kultplatz beim Heiligen Stein

WEITES VELTLINERLAND MIT NEUEM PROFIL

Das Weinviertel ist ein vielfältiges, offenes und einladendes Land. Weingärten auf sanften Hügeln wechseln sich ab mit im Wind wogenden Kornfeldern. Außergewöhnliche Kulturdenkmäler und verträumte Kellergassen prägen die weite Landschaft.

Mehr als 13.858 Hektar sind hier mit Reben bepflanzt. Ungefähr die Hälfte der Weingärten birgt das wahre Erfolgsrezept des Weinviertels in sich: Grünen Veltliner, namentlich bezeichnet in der gebietstypischen Ausprägung als »Weinviertel DAC«. Von der Donau im Süden bis zur tschechischen Grenze im Norden, vom Manhartsberg im Westen bis zur slowakischen Grenze im Osten erstreckt sich das mächtige Weinbaugebiet. Wichtigste Rebsorte ist der Grüne Veltliner, der als wahrer Sortenstar auf rund 8.500 Hektar Rebfläche fest verwurzelt ist. Dazu kommen sein fruchtbetontes Bukett und die frische Säure. Dieser spezifische Weincharakter findet seit 2002 in der ersten kontrollierten Herkunftsbezeichnung (DAC) in Österreich seinen Ausdruck. Damit wurde der »Weinviertel DAC« zum Vorreiter des neuen österreichischen Herkunftsmarketings.

In der Gegend um die Weinstadt Wolkersdorf wächst neben dem Grünen Veltliner auch der Weißburgunder. Eine weitere Weißweinsorte, der Riesling, ist an den Hängen des Bisambergs zu Hause. Bei Mannersdorf an der March herrschen bei pannonischem Klimaeinfluss beste Bedingungen für Rieslinge, Burgunder und Traminer. Die Winzer im nordöstlichen Teil des Weinviertels um Poysdorf keltern vor allem Welschriesling und Grünen Veltliner. An der Nordgrenze ist Falkenstein ein Fixpunkt für fruchtbetonte Weißweine. Im Westen des Weinviertels zwischen Retz und Röschitz warten Grüne Veltliner und Rieslinge mit mineralischer Finesse und tiefer Würze auf. Das Retzer Land ist eine »Klimainsel«

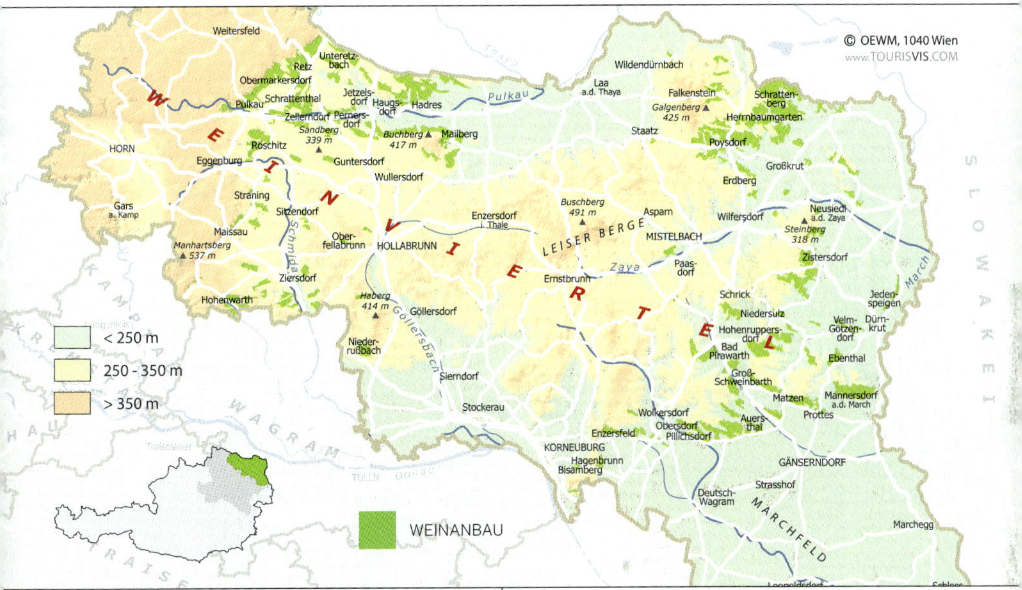

mit glühend heißen und trockenen Sommern sowie sehr kalten Wintern. Die Sonnenscheindauer ist hier eine der längsten in ganz Österreich, und das wirkt sich aus: Die Weine sind konzentrierter, kräftiger und körperreicher. Die Rotweininsel Haugsdorf ist aufgrund des trockenen Klimas prädestiniert für fruchtige, gehaltvolle Zweigelt und Blaue Portugieser.

AUSGEWÄHLTE WEINGÜTER

>

★★★★

Dürnberg, Falkenstein
Weingut Ebner-Ebenauer, Poysdorf
Weingut Gschweicher, Röschitz
Weingut R. & A. Pfaffl, Stetten
Weingut Setzer, Hohenwarth
Weingut Zull, Schrattenthal

★★★

Weingut Bannert, Obermarkersdorf
Weingut Christoph Bauer, Jetzelsdorf
Weinhof Hannes Edlinger, Röschitz
Weingut Rudolf Fidesser, Platt
Weingut Frank, Herrnbaumgarten
Weingut Ingrid Groiss, Breitenwaida
Bio Weingut Gruber Röschitz, Röschitz
Weingut Hagn, Mailberg
Graf Hardegg, Seefeld-Kadolz
Respiz-Hof Kölbl, Röschitz
Weingut Jordan, Pulkau
Hofkellerei des Fürsten von Liechtenstein, Wilfersdorf

★★★

Weingut Gerhard J. Lobner, Mannersdorf a. d. March
Weingut »RM« Roland Minkowitsch, Mannersdorf a. d. March
Weingut Prechtl, Zellerndorf
Weingut Wolfgang Seher, Platt
Winzerhof Stift, Röschitz
Weingut Sutter, Hohenwarth
Weingut Taubenschuss, Poysdorf
Weingut Niki Windisch, Groß-Engersdorf

★★

Weingut Norbert Bauer, Jetzelsdorf
Weingut Gerald und Andrea Diem, Obermarkersdorf
Weingut Hirtl, Poysdorf
Weingut Hofbauer-Schmidt, Hohenwarth
Winzer Christian Jassek, Ragelsdorf
Schlossweingut Malteser Ritterorden, Mailberg
Weingut Martinshof, Neusiedl an der Zaya
Weingut Maurer, Röschitz
Weingut Pass, Etzmannsdorf

<

AUSGEWÄHLTE WEINGÜTER

★★

Weingut Pröglhöf, Retz-Obernalb
Weingut Schneider, Röschitz
Weingut Schwarz, Schrattenberg
Weingut Schwarzböck, Hagenbrunn
Weingut Studeny, Obermarkersdorf
Weingut Georg Toifl, Kleinhöflein
Weingut Urban, Wullersdorf
Weingut Wannemacher, Hagenbrunn
Weingut Zens, Mailberg
Weingut Zuschmann-Schöfmann, Martinsdorf

★

Gut Altenberg – NÖ Landesweingut Retz, Retz
Schlossweingut Bockfliess, Stetten
Weingut Ecker, Grafenberg
Weingut Eichberger, Eibesbrunn
Weinbau Willi Eminger, Niedersulz
Weingut Gilg, Hagenbrunn
Weingut Andreas Ott, Hagenbrunn
Weingut Pesau, Falkenstein
Weingut Pleil, Wolkersdorf
Weber Bioweingut, Roseldorf
Weingut Leo und Dagmar Wunderer, Oberfellabrunn

—

Weingut Doktor Wunderer, Straning
Weingut Hahn, Hohenruppersdorf
Weingut Reckendorfer, Ollersdorf
Weingut Zimmermann, Ziersdorf

★

GUT ALTENBERG NÖ LANDESWEINGUT RETZ

Das Landesweingut Gut Altenberg liegt in Retz, der bekannten Weinstadt im nordwestlichen Niederösterreich, direkt an der tschechischen Grenze. Die Weingärten befinden sich in den besten Retzer Rieden Altenberg und Züngel an den Ausläufern des Manhartsbergs. Sie liegen in geschützter Südlage und profitieren einerseits vom mineralreichen, durchlässigen Urgesteinsboden sowie andererseits von einem besonders sonnenreichen, pannonisch beeinflussten Klima. Die reifen, gesunden Trauben werden schonend verarbeitet und je nach Weintyp ausgebaut. Bei den Weißweinen wird vor allem auf Fruchtigkeit und Frische Wert gelegt. Die Rotweine werden generell in großen Holzfässern ausgebaut, bei St. Laurent, Cabernet Sauvignon, Merlot und Pinot Noir erfolgt der Ausbau zum Teil auch in Barriques.
Dank der hohen Qualität der Produkte darf sich das Landesweingut immer wieder über Auszeichnungen freuen, die die Leistungen des Musterbetriebs unterstreichen. Im Jahr 2019 wurde die Gewürztraminer Auslese 2018 beim »SALON Österreich Wein« zum Bundessieger gekürt. 2012 wurde der Betrieb vom »Regionalen Weinkomitee Weinviertel« zertifiziert. Das Weingut verfügt über ein Winzerhaus mitten in den Weinbergen, das sich für herrliche Feste und Events anbietet.

90 Grüner Veltliner * 2021
12,5 Vol.-%, DV, Stahltank, €€
Helles Gelbgrün, Silberreflexe. Feine Kräuternote, etwas nach Quitte, feines Pfefferl, gelbe Fruchtnoten klingen an. Mittlerer Körper, balancierte Säurestruktur, feinwürzig, etwas nach Apfel, bereits gut antrinkbar.

88 Grüner Veltliner leicht und trocken 2021
11,2 Vol.-%, DV, Stahltank, €€

88 Grüner Veltliner Klassik 2021
13 Vol.-%, DV, Stahltank, €€

90 Riesling 2021
12,5 Vol.-%, DV, Stahltank, €€
Helles Gelbgrün, Silberreflexe. Mit feinen Zitrusnuancen unterlegtes gelbes Steinobst, zart floral, ein Hauch von

GUT ALTENBERG
NÖ LANDESWEINGUT RETZ
2070 Retz
Seeweg 2
T: +43 (2942) 2202
lwg.retz@diefachschule.at
www.diefachschule.at

Kellermeister/Kontakt:
Leopold Wurst
Produktion: 5 % Schaumwein, 60 % weiß, 5 % rosé, 25 % rot, 5 % süß, 12 Hektar
Messen: VieVinum

Retzer Windmühle

Kräutern. Mittlerer Körper, frisch, leichtfüßig, zitroniger Abgang, feiner Säurebogen, Melisse im Nachhall.

90 Gelber Muskateller 2021
12 Vol.-%, DV, Stahltank, €€
Helles Gelbgrün, Silberreflexe. Feine Kräuternoten, etwas nach Muskatnuss, zart nach Holunderblüten. Feine Säurestruktur, traubig, etwas nach Wiesenkräutern im Nachhall, bereits gut antrinkbar.

89 Sauvignon Blanc 2021
13 Vol.-%, DV, Stahltank, €€

★★★

WEINGUT BANNERT

Das Weingut Bannert ist ein international prämierter Traditionsbetrieb und wird bereits in sechster Generation geführt – Weinwirtschaft und Kulturerbe seit 1856. Schon im Jahr 1926 war das Weingut unter dem Vorfahren Rudolf Bauer vom Staat zu einer Beispielkellerei des Landes ernannt worden. Und auch heute ist das Weingut Bannert ein Vorzeigebetrieb auf dem modernsten Stand der Technik. Mittlerweile findet man die Weine fast weltweit, und auch in Österreich schmücken sie zahlreiche Weinkarten. Doch der Betrieb ist nicht nur als Vertreter höchster Weinqualität bekannt. Das romantische Weingut mit seiner idyllischen Lage ist zudem ein Geheimtipp für Feste aller Art, vor allem für Hochzeiten.

91 Grüner Veltliner * Ried Geyern 2021
12,5 Vol.-%, DV, Stahltank, €€
Helles Gelbgrün, Silberreflexe. Dezente Kräuternoten, weiße Apfelfrucht, ein Hauch von Limetten, frisches Bukett. Saftig, elegant, lebendige Säurestruktur, Kernobst und Zitrusnoten im Abgang, bereits gut antrinkbar.

88 Grüner Veltliner Classic 2021
12 Vol.-%, DV, Stahltank, €€ H V

92 Weißburgunder Reserve Ried Sündlasberg 2020
13,5 Vol.-%, DV, Teilbarrique, €€€ F
Helles Gelbgrün, silberne Reflexe. Intensiver Duft nach Blütenhonig und gelben Birnen, ein Hauch von kandierten Orangenzesten, floraler Touch. Saftig, mittlerer Körper, frische Säurestruktur, Tropenfrucht im Abgang, mineralischer Nachhall, guter Speisenbegleiter.

WEINGUT BANNERT
2073 Obermarkersdorf
Obermarkersdorf 198
T: +43 (2942) 8337
office@weingutbannert.com
www.weingutbannert.com

Kellermeister: Manfred Bannert
Kontakt: Manfred und Nici Bannert
Produktion: 45+10 Hektar
Messen: ProWein Düsseldorf, VieVinum, DAC-Präsentationen

91 Chardonnay Ried Nussberg 2021
13,5 Vol.-%, DV, großes Holzfass, €€
Mittleres Gelbgrün, Silberreflexe. Feine Tropenfrucht, zart nach Mango, ein Hauch von Orangenschalen, Ananas klingt an. Saftig, feine Struktur, engmaschig, extraktsüß nach Papaya, bleibt gut haften, unkomplizierter Speisenbegleiter.

91 Riesling vom Urgestein Sündlasberg 2021
12,5 Vol.-%, DV, Stahltank, €€ H
Helles Gelbgrün, Silberreflexe. Feiner Pfirsichtouch, etwas nach Blütenhonig, zart nach Quitten-Chutney. Saftig, straff, frischer Säurebogen, extraktsüß nach Steinobst, lebendig, feine Struktur, anhaftender Abgang.

(90) Sauvignon Blanc Nussberg 2021
12 Vol.-%, DV, Stahltank, €€
Helles Gelbgrün, silberne Reflexe. Zarte Birnennote, etwas nach Zitrusfrüchten, feiner Litschitouch, mineralisch. Mittlerer Körper, feine Säurestruktur, leichtfüßig, Stachelbeeren im Abgang, unkomplizierter Speisenbegleiter.

(92) Cuvée Schatzberg Reserve 2018 CS/ME/ZW
14,5 Vol.-%, NK, Teilbarrique, €€€€
Dunkles Rubingranat, violette Reflexe, zarte Randaufhellung. Feine Tabakwürze, etwas nach Kardamom, schwarze Beerenfrucht, Lakritze klingt an. Saftig, Extraktsüße, kraftvoll nach Brombeeren, schokoladiger Nachhall, bleibt gut haften, vielseitig einsetzbar.

91 St. Laurent Reserve 2018
14 Vol.-%, DV, gebrauchte Barriques, €€€
Dunkles Rubingranat, violette Reflexe, breitere Randaufhellung. Einladender Duft nach Kirschen und Kräuterwürze, etwas Zwetschken, tabakig unterlegt. Saftig, elegant, gut integrierte Tanninstruktur, zart nach Vanille, Brombeernoten klingen an.

★★★

WEINGUT CHRISTOPH BAUER

BIO

Das Weingut Christoph Bauer steht für handwerkliche Weine mit klarem Sorten- und Jahrgangscharakter. Bewusstes Arbeiten im Weingarten ist dabei Voraussetzung: Seit 2015 bewirtschaftet die Familie ihre Weingärten organisch-biologisch. Reife Trauben und schonende Verarbeitung sind die Basis für die Weine von Christoph Bauer.
Der Winzer überzeugt seit Jahren mit charakteristischen Weiß- und Rotweinen. Dass beides auf hohem Niveau möglich ist, liegt an den einzigartigen Rieden der Winzerfamilie: Jetzelsdorf bei Haugsdorf bietet einerseits sehr gute Lagen und Böden für Weißweine sowie andererseits warme Kessellagen, in denen rote Sorten optimal heranreifen.

94 Grüner Veltliner ** Privat 2019
15,5 Vol.-%, NK, Barrique, €€€€€
Leuchtendes mittleres Goldgelb. Einladender Duft nach Vanille, zart nach reifer Mango, etwas nussig, mit Blütenhonig unterlegt. Saftig, gute Komplexität, feinwürzig, ebenfalls unterschiedliche Tropenfruchtnoten im Abgang, mineralischer Nachhall, Holzwürze im Rückgeschmack, vielschichtiger Speisenbegleiter.

90 Grüner Veltliner * 2021
12,5 Vol.-%, DV, Stahltank, €€
Helles Gelbgrün, silberfarbene Reflexe. Feiner Blütenhonig, etwas nach Guaven, zart nach Apfel, feine Wiesenkräuternoten, Clementinenzesten. Saftig, leichtfüßig, zart nach Birne, salziger Nachhall, bereits gut antrinkbar.

92 Grüner Veltliner Spezial 2021
13,5 Vol.-%, DV, Stahltank, €€
Helles Grüngelb, silberfarbene Reflexe. Einladender Duft nach weißem Steinobst, unterlegt mit Zitruszesten, ein Hauch von Ananas. Saftig, straff, lebendige Säurestruktur, dunkle Mineralik, feinwürzig, Apfelfrucht im Abgang, wird von Flaschenreife profitieren.

89 Grauer Burgunder 2021
13 Vol.-%, DV, Stahltank, €€

(93) Zweigelt Privat 2019
14 Vol.-%, NK, Barrique, €€€€€
Tiefdunkles Rubingranat, violette Reflexe, zarte Randaufhellung. Feine Noten von Lakritze, etwas nach Brombeeren, Kardamom und Sternanis klingen an, zart blättrige Nuancen. Saftig, kraftvoll, lebendig, frische süße Tanninstruktur, feine rote Beerenfrucht, trinkanimierender Stil, guter Speisenbegleiter.

91 Zweigelt Reserve 2019
13,5 Vol.-%, DV, Barrique, €€€
Tiefdunkles Rubingranat, violette Reflexe, zarte Randaufhellung. Feine Tabakwürze, etwas nach dunklem Beerenkonfit, zart nach Pflaumen, Orangenzesten, Veilchentouch. Saftig, elegant, feine Tanninstruktur, mineralisch, dunkle Kirschfrucht im Abgang, bleibt gut haften, vielseitig einsetzbar.

WEINGUT CHRISTOPH BAUER
2053 Jetzelsdorf
Jetzelsdorf 49
T: +43 (2944) 2304
office@bauerwein.at
www.bauerwein.at

Kellermeister/Kontakt: Christoph Bauer
Anbauweise: Zertifiziert Biologisch (Austria Bio Garantie)
Produktion: 60 % weiß, 40 % rot, 20 Hektar
Vereinszugehörigkeit: Nordwein Österreich
Messen: Millésime Bio, VieVinum

★★

WEINGUT NORBERT BAUER

Das Weingut Norbert Bauer liefert mit seinen Weinen die zeitgemäße Interpretation einer langen Tradition, die auf tiefem Respekt vor dem Gleichgewicht der Natur und auf einer klaren Linie von naturnahem Weinbau mit Wissen, Erfahrung und Gespür basiert. 2021 feierte das Weingut sein 300-jähriges Jubiläum. Seit 1721 besteht der Familienbetrieb in Jetzelsdorf im Weinviertel und wird bereits in 13. Generation bewirtschaftet. Die Trauben kommen aus mehr als 100 Einzellagen, die auf rund 90 Hektar im Pulkautal bewirtschaftet werden. Norbert und Gisela Bauer führen das Weingut gemeinsam mit ihrem Sohn, dem Jungwinzer Willy. Traditionelles Handwerk und die Liebe zum Detail in Verbindung mit moderner Technik lassen die Ideen von Vater und Sohn reifen und die edlen Tropfen jener außergewöhnlichen Weinlinie entstehen, die das Weingut ausmacht. Neben Grünem Veltliner, Riesling und Chardonnay gehört das Weingut Norbert Bauer mit Zweigelt, Blaufränkisch und Cabernet Sauvignon zu den Rotweinspezialisten im Pulkautal. Die Weinviertler Rotweininsel Jetzelsdorf-Haugsdorf ist reich an Licht, Wärme und fruchtbarem Löss. Hier gedeihen die außergewöhnlichen Rotweine an den Hängen des Schatzbergs und der Ried Bergsatz. Die Weißweine bevorzugen ausgeprägtes Lehm-Schotter-Terroir und Urgestein. Sie reifen in den Lagen Haidberg, Diermannsee/Kellerberg und Parapluiberg. Bis zur optimalen Reife ruhen die Weine in den weitläufigen Sandkellern.
Das Winzer-Duo Norbert und Willy Bauer vertraut dabei auf den Faktor Zeit und greift in den Ausbau der Weine nur sehr zurückhaltend ein. Genussmenschen, die die Balance von Natur und Winzer mögen, fühlen sich hier perfekt aufgehoben. Eintauchen in die besondere Stimmung der Landschaft und die schöpferische Energie, die man hier auf dem Weingut überall spürt – das kennzeichnet eine perfekte Auszeit. Man fühlt

WEINGUT NORBERT BAUER
2053 Jetzelsdorf, Jetzelsdorf 180
T: +43 (2944) 2565
office@bauer-wein.com
www.bauer-wein.com
Kellermeister: Norbert und Wilfried Bauer, Markus Glanz
Kontakt: Norbert und Gisela Bauer
Produktion: 60 % weiß, 40 % rot, 90 Hektar
Zertifiziert: Nachhaltig Austria
Vereinszugehörigkeit: Weinstraße Weinviertel, Weinviertel DAC, Premium Weingüter Weinviertel
Messen: ProWein Düsseldorf, VieVinum, WEINmesse Berlin, DAC-Präsentationen

sich wohl in den fünf liebevoll ausgestatteten Zimmern, die von Künstlern der Region mitgestaltet wurden, und nimmt noch einen guten Schluck der edlen Tropfen in der Genießersuite zu sich, bevor der Tag zu Ende geht.

92 Grüner Veltliner ** vom Retzer Stein 2020
12,5 Vol.-%, DV, Stahltank, €€€
Mittleres Gelbgrün. Feine Tropenfrucht, etwas nach Ananas, ein Hauch von Vanille, mit Blütenhonig und kandierten Orangenzesten unterlegte Papaya. Saftig, elegant, feine Struktur, extraktsüß nach gelber Birnenfrucht, bleibt gut haften, vielseitig einsetzbarer Speisenbegleiter.

90 Grüner Veltliner * Ried Diermannsee Alte Rebe 2021
13 Vol.-%, DV, Stahltank, €€€
Helles Gelbgrün, Silberreflexe. Zarte gelbe Apfelfrucht, etwas Kräuternoten, dezente Mandarinenzesten, etwas Melisse. Mittlerer Körper, feine Struktur, etwas verhalten, Apfelfrucht im Abgang, bereits gut antrinkbar.

89 Riesling Ried Diermannsee 2021
12,5 Vol.-%, DV, Stahltank, €€

88 Mischsatz vom Alten Weingarten 2021
12,5 Vol.-%, DV, Stahltank, €€

90 Rotweincuvée Schatzberg® 2018 CS/ME/SL/CF/ZW/SY
14 Vol.-%, NK, Barrique, €€€
Tiefdunkles Rubingranat, violette Reflexe, zarte Randaufhellung. Feines dunkles Waldbeerenkonfit, etwas nach Kräuter-Holz-Würze, ein Hauch von Orangenzesten. Mittlerer Körper, kraftvoll, Pflaumen und reife Feigen im Abgang, gut integrierte Tanninstruktur, bleibt gut haften.

89 Zweigelt Reserve Ried Schatzberg 2016
14,5 Vol.-%, NK, Barrique, €€€

★

SCHLOSSWEINGUT BOCKFLIESS

Hinter den Toren des Schlossweinguts Bockfliess gibt es einiges zu entdecken: Den Schlosskeller zieren zwei große, 300 Jahre alte barocke Weinpressen, deren Erscheinungsbild spannende Geschichten vom mittelalterlichen Kriegsgeschehen erzählt. Rund um das Anwesen breiten sich die Weingärten der Ried Hochfeld auf mächtigem Lössboden aus. Mit Blick auf das südliche Marchfeld profitieren die Trauben vom pannonischen Klima. Vom Norden her werden die Rebberge durch den mächtigen Hochleithenwald vor kalten Winden geschützt – unglaubliche Voraussetzungen also für die Produktion der hier ansässigen Rebsorten. Frischfruchtige Weißweine, aber auch ganz große Rotweine bringen die Weingärten des Schlossweinguts Bockfliess hervor. Vielleicht haben gerade die historische Vergangenheit und die perfekten Gegebenheiten den Winzer Roman Josef Pfaffl dazu inspiriert, hier regionaltypische Weinviertler Weine von höchster Güte zu kreieren. Den »majestätischen« Charakter und den historischen Hintergrund des Schlosses möchten der Winzer und die Familie Pfaffl bewahren, es wird daher viel Wert auf Qualität und unverkennbaren Genuss gelegt. So sind ihre Weine gut behütete Schätze.

91 Grüner Veltliner Vom Löss 2021
13 Vol.-%, DV, Stahltank, €€ V
Helles Gelbgrün, Silberreflexe. Noten von gelbem Apfel, et-

was nach Wiesenkräutern, Orangen und Blütenhonig klingen an. Mittlerer Körper, gut integrierter Säurebogen, feinwürzig, Ananastouch im Abgang, bereits gut antrinkbar.

91 Riesling Kies 2021
13,5 Vol.-%, DV, Stahltank, €€ V
Mittleres Gelbgrün, silberfarbene Reflexe. Zart nach Marille und Melone, ein Hauch von Honig, zart nach Clementinen. Mittlerer Körper, feine Säurestruktur, leichtfüßig, zart nach reifem Pfirsich, mineralisch, unkompliziertes Trinkvergnügen.

90 Muskateller 2021
13,5 Vol.-%, DV, Stahltank, €€ V
Helles Gelbgrün, Silberreflexe. Frisches Bukett nach weißem Kernobst, zart zitroniger Touch, Kräuter, Kiwinoten klingen an. Mittlerer Körper, balancierte Säurestruktur, Brennnesseltouch, frisch und lebendig, etwas weitmaschig, bereits gut antrinkbar.

90 Gemischter Satz 2021
12,5 Vol.-%, DV, Stahltank, €€ V
Helles Gelbgrün, Silberreflexe. Feine Tabakwürze, etwas nach Melisse, weißer Apfel, Limettenzesten klingen an. Feine Noten von Guaven, ein Hauch von Zitrus, gut integrierter Säurebogen, frisches Finish, bereits gut antrinkbar.

88 Rosé 2021 SL/ZW
13 Vol.-%, DV, Stahltank, €€ V

SCHLOSSWEINGUT BOCKFLIESS
2100 Stetten
Schulgasse 21
T: +43 (2262) 67 34 23
wine@schlossweingutbockfliess.at
www.schlossweingutbockfliess.at

Kellermeister: Roman Josef Pfaffl
Kontakt: Heidemarie Fischer
Produktion: 115 Hektar

91 St. Laurent 2021
14 Vol.-%, DV, Stahltank, €€
Mittleres Rubingranat, violette Reflexe, breitere Randaufhellung. Feinwürzig, etwas nach Kirschfrucht, rotbeerige Nuancen, Holzwürze, unterlegt mit Orangenschalen. Mittlerer Körper, zart nach Ribiseln, frisches Bukett, gut eingebundenes Tannin, leichtfüßig, fruchtiger Speisenbegleiter.

★★

WEINGUT GERALD UND ANDREA DIEM

BIO

Seit 1848 sind die Mitglieder der Familie Diem aus Obermarkersdorf bei Retz als innovative Winzer der Weinkultur verbunden. Im Jahr 2000 haben Gerald und Andrea Diem in fünfter Generation das traditionelle Familienunternehmen übernommen.
Die Passion für den Weinbau wurde bei Gerald schon in frühester Jugend geweckt. Nach der Handelsakademie absolvierte er den Weinmanagementlehrgang in Krems, schließlich erweiterte er seine Kenntnisse in Anbau, Pflege und Kellertechnik während eines sechsmonatigen Praxisaufenthalts auf Château Haut-Chatain in Lalande-de-Pomerol in Bordeaux.
Die Diems vinifizieren im nördlichsten Weinbaugebiet Österreichs sortentypische würzige Veltliner auf den kalkarmen Urgesteins- und Molasseböden der Böhmischen Masse. Die sehr vielfältige Bodenbeschaffenheit erlaubt es außerdem, ein breites Spektrum anderer Rebsorten wie Chardonnay, Riesling, Gelber Muskateller, Sauvignon Blanc und einige andere Sorten mehr zu kultivieren. Seit dem Jahrgang 2018 ist das Weingut biozertifiziert. Ein großer Schritt, denn »bio« bedeu-

Gerald und Andrea Diem

WEINGUT GERALD UND ANDREA DIEM

2073 Obermarkersdorf
Obermarkersdorf 87
T: +43 (2942) 8208
office@diem-weine.at
www.diem-weine.at

Kellermeister: Gerald Diem
Kontakt: Gerald und Andrea Diem
Anbauweise: Zertifiziert Biologisch
Produktion: 80 % weiß, 20 % rot, 30 Hektar
Vereinszugehörigkeit: Weingüter Retzer Land
Messen: Dornbirner Frühjahrs- und Herbstmesse, Vinobile Feldkirch, Vinobile Montfort, DAC-Präsentationen

tet umzudenken, noch mehr auf die Natur zu hören und diese zu antizipieren, um schlussendlich Weine zu ernten, die noch intensiver die Sorte und den Boden ausdrücken.

92 Grüner Veltliner * Ried Nußberg 2021
13 Vol.-%, DV, Stahltank, €€ B H V
Mittleres Gelbgrün, silberfarbene Reflexe. Feine Kräuternoten, etwas nach Blütenhonig, ein Hauch von Ananas, Papaya klingt an. Saftig, balancierte Struktur, cremige Textur, Mango im Abgang, bleibt gut haften, mineralischer Rückgeschmack, vielseitig einsetzbar.

90 Grüner Veltliner Greener 2021
12 Vol.-%, DV, Stahltank, €€ B H V
Mittleres Grüngelb, silberfarbene Reflexe. Zarte Kräuternoten, ein Hauch von Quitte, zart nach Anis, etwas Orangenzesten. Mittlerer Körper, feine Säurestruktur, mineralisch-salzig, feine Gewürznoten im Abgang, Apfelfrucht im Nachhall, bereits gut antrinkbar.

92 Chardonnay Ried Triftberg 2021
13,5 Vol.-%, DV, Stahltank, €€ B H V
Helles Grüngelb, Silberreflexe. Einladendes Bukett nach reifem Steinobst, zart nach Feigen, ein Hauch von Blütenhonig, mit einem Vanilletouch unterlegt. Saftig, elegant, wirkt leichtfüßig, feine Würze, gelbe Apfelfrucht im Abgang, guter Speisenbegleiter mit Reifepotenzial.

91 Sauvignon Blanc Ried Rosenhügel 2021
13 Vol.-%, DV, Stahltank, €€ B H V
Mittleres Gelbgrün, Silberreflexe. Feine Kräuternoten, ein Hauch von Cassis, zart nach Orangenzesten, gelbe Paprika klingt an. Mittlerer Körper, gut integrierter Säurebogen, etwas nach weißem Kernobst, würziger Speisenbegleiter.

91 Weißer Riesling vom Urgestein 2021
12,5 Vol.-%, DV, Stahltank, €€ H V
Helles Gelbgrün, Silberreflexe. Mit dezentem Blütenhonig unterlegte gelbe Tropenfrucht, ein Hauch von Karamell, mit Wiesenkräutern unterlegt. Saftig, feine Struktur, balanciert, dunkle Mineralik, Marillentouch im Nachhall, bereits gut antrinkbar.

90 Gelber Muskateller Ried Nußberg 2021
12 Vol.-%, DV, Stahltank, €€ B H V
Helles Gelbgrün, Silberreflexe. Feine Wiesenkräuter, zart nach Holunderblüten, Tabakwürze, weißes Steinobst. Saftig, frische Säurestruktur, mineralisch, feiner Mandarinentouch, bereits gut antrinkbar, vielseitiger Sommerwein.

© Flo Moshammer

WEINGUT DOKTOR WUNDERER

NEU

Das Weingut Doktor Wunderer bietet einen Blick in unsere Zukunft – und zwar einen schönen, inspirierenden und verantwortungsvollen. In einer der kühlsten Regionen Österreichs gelegen – im nördlichen Weinviertel und im Westen direkt angrenzend an das raue Waldviertel – nützt es die klimatische Veränderung und entwickelt hier Weine, die von jener Frische und mineralischen Straffheit getragen sind, für die Österreich in der Weinwelt berühmt ist. Dr. Gerald Wunderer, im Hauptberuf Arzt, hat hier einen Traum seiner Familie wahr gemacht und gemeinsam mit seinem Partner Matthias Lobner rund zehn Hektar Weinberge zu einem anspruchsvollen und nachhaltigen Weinprojekt entwickelt. In diesem kühlen Landstrich können nun Sauvignon Blanc und Grüner Veltliner auf den Urgesteins- und Lössböden zu schönster Aromatik ausreifen, ohne je schwer oder mächtig zu geraten. Weinmacher Bernd Karaus kreiert eine duftige Cuvée, die trotz ihrer leichtfüßigen Erscheinung mit beeindruckender Vielschichtigkeit und Ernsthaftigkeit überzeugt und damit den Begriff »Trinkigkeit« auf eine ganz neue Ebene hebt. Faszinierend auch die Lagenweine vom Grünen Veltliner, die gleichzeitig durch Frische und Tiefgang geprägt sind und damit eine selbstbewusste Gelassenheit ausstrahlen, die besonders attraktiv wirkt.

Überhaupt ist Attraktivität ein wichtiges Element auf dem Weingut Doktor Wunderer. Liebevoll wurde für die elegante und doch frische Stilistik der Reserve-Weine eine eigene Flaschenform ausgewählt – und vor allem ein Etikett, das den medizinischen Hintergrund der Familie mit unübersehbarem Augenzwinkern ausspielt: Die Sinne für Genuss und Lust sowie die lebenswichtigen Instinkte und das Zentrum für Erotik werden in einem abgebildeten Torso verortet. Damit wird auf das ewige Zusammenspiel zwischen dem kultivierten Weingenuss und der harmonischen Sinnlichkeit des Menschen hingewiesen. Wer könnte über diese essenziellen Interaktionen besser Bescheid wissen als ein Mediziner? Von diesem gesamtheitlichen Blickwinkel aus betrachtet ist es dem Team des Weinguts Doktor Wunderer auch ganz wichtig, dass die Weine vornehmlich als Begleiter zu Speisen serviert werden, wo wiederum die Wechselwir-

WEINGUT DOKTOR WUNDERER
3722 Straning
Straning 62
T: +43 (2984) 49901
office@doktorwunderer.at
www.doktorwunderer.at

Kellermeister: Bernd Karnaus
Kontakt: Dr. Gerald Wunderer
Anbauweise: Umstellung auf bio
Produktion: 26.667 Flaschen
100 % weiß, 4.2 Hektar

Das Team vom Weingut Doktor Wunderer

kung zu einem harmonischen Ganzen führt. Das Weingut wird übrigens nach biologischen Richtlinien (derzeit in Umstellung) bewirtschaftet. Der Bau einer eigenen Kellerei mit nachhaltigem Konzept ist in Planung.

(92) Grüner Veltliner ** Ried Steinperz 2021
13,5 Vol.-%, DV, großes Holzfass/Stahltank, €€€€€
Mittleres Grüngelb, Silberreflexe. Mit Wiesenkräutern unterlegtes reifes Kernobst, dunkle Würze, ein Hauch von Clementinen, etwas nach Mango. Saftig, gute Komplexität, kraftvoll, reife gelbe Apfelfrucht im Abgang, mineralisch, bleibt gut haften, engmaschig, vielschichtiger Speisenbegleiter.

(91) Grüner Veltliner * Straning 2021
12,5 Vol.-%, DV, Stahltank, €€€
Helles Gelbgrün, silberfarbene Reflexe. Dezente Tropenfrucht, etwas nach Blütenhonig, mit etwas Orangenzesten unterlegte Papaya, Kardamom klingt an. Leichtfüßig, elegant, Apfelnoten im Abgang, feinwürziger Nachhall, filigraner Rückgeschmack, guter Speisenbegleiter.

90 Grüner Veltliner Animus 2021
11,5 Vol.-%, DV, Stahltank, €€
Mittleres Gelbgrün, Silberreflexe. Feine Kräuternoten, etwas nach Quitte, ein Hauch von Birne, mit Blütenhonig unterlegt. Mittlerer Körper, balancierte Säurestruktur, feinwürzig, gelber Apfel im Abgang, salziger, leichtfüßiger Nachhall, guter Speisenbegleiter.

(89) Anima Cuvée 2021 GV/MT/SB
11,5 Vol.-%, DV, Stahltank, €€€

★★★★

DÜRNBERG

Sucht man – im schönsten Sinne des Begriffs – nach einem absolut typischen Vertreter des Weinviertels, so wird man zweifellos auf das Weingut Dürnberg stoßen, dessen Weine alle Tugenden verkörpern, die der anspruchsvolle Weinliebhaber in aller Welt mit österreichischem Wein an sich verbindet: glasklare Frucht, mit Fokus auf Frische und Eleganz.

Gut die Hälfte der Weinberge ist mit Grünem Veltliner bestockt, der in dieser Region die besten Voraussetzungen vorfindet. Ein weiterer Schwerpunkt sind die Burgundersorten, die auf den besonders kalkreichen, mageren Höhenlagen bis Ende Oktober voll ausreifen können. Am Anfang stand Christoph Körner mit einem geerbten kleinen Weingarten und der Vision, im traditionsreichen Falkenstein einen Leitbetrieb mit internationalem Charakter aufzubauen. Ausgestattet mit gutem Instinkt für beste Lagen wurden die Flächen stetig erweitert, wobei der Fokus auf die Übernahme gepflegter Altweingärten gelegt wurde.

Da die Produktion immer mehr Zeit beanspruchte, wurde schließlich der Aufbau eines professionellen Vertriebs notwendig. Hier kam Matthias Marchesani ins Spiel, der sich mit viel Leidenschaft einbrachte und seit dieser Zeit als unermüdlicher Botschafter der Weine Dürnbergs unterwegs ist. Für den nächsten notwendigen Schritt in Richtung Modernisierung und Qualitätssicherung kam Georg Klein an Bord, der wertvolles Knowhow in Sachen Organisation einbrachte und 2017 mittels publikumswirksamen Crowdfundings den notwendigen Ausbau des Weinguts ermöglichte. Michael Preyer bringt seit Anfang 2020 jungen Schwung in das Weingut und ist seit Kurzem als Partner und Kellermeister für Weine und Weingärten verantwortlich. Er steuert das Weingut mit viel Kreativität, unterstützt von Christoph Körners Erfahrung. Das Quartett Klein/Marchesani/Preyer/Körner ist weltweit sehr dynamisch unterwegs, hat die Zukunft eines der vielversprechendsten österreichischen Weingüter fest in der Hand und managt es ebenso professionell wie mit freundschaftlicher Gelassenheit.

93 Grüner Veltliner ** Ried Rabenstein 2020
13,5 Vol.-%, NK, großes Holzfass, €€€€€ V
Mittleres Gelbgrün, Silberreflexe. Feine Tabak-Holz-Würze, etwas nach Wiesenkräutern, Ananas und Anis klingen an, facettenreiches Bukett. Gute Komplexität, saftig, engmaschig, feine Säurestruktur, mineralisch, bereits gut antrinkbar, vielseitiger Speisenbegleiter.

DÜRNBERG
2162 Falkenstein
Neuer Weg 284
T: +43 (2554) 85355
weingut@duernberg.at
www.duernberg.at

Kellermeister: Christoph Körner, Michael Preyer
Kontakt: Matthias Marchesani
Produktion: 85 % weiß, 7 % rosé, 7 % rot, 1 % süß, 58 Hektar
Zertifiziert: Nachhaltig Austria
Messen: Austrian Tasting London, ProWein Düsseldorf, VieVinum, DAC-Präsentationen

Georg Klein, Michael Preyer, Matthias Marchesani und Christoph Körner

(92) Grüner Veltliner ** Tradition 2021
13 Vol.-%, DV, großes Holzfass/Stahltank, €€€
Helles Gelbgrün, Silberreflexe. Frische Kräuterwürze, Nuancen von gelber Tropenfrucht, ein Hauch von Papaya und Mango, mit etwas Blütenhonig unterlegt. Kräftig, zarte Birnenfrucht, frischer Säurebogen, mineralisch-salziger Touch im Abgang, bleibt gut haften, dezente Fruchtsüße im Nachhall.

91 Grüner Veltliner * Alte Reben 2021
12,5 Vol.-%, DV, Stahltank, €€€
Helles Gelbgrün, Silberreflexe. Zart nach frischem gelbem Apfel, ein Hauch von Birne und Mango im Hintergrund, zart nach Wiesenkräutern. Mittlere Komplexität, weißes Kernobst, frischer Säurebogen, mineralisch-zitronig im Abgang, vielseitig einsetzbar.

90 Grüner Veltliner * Falkenstein 2021
12,5 Vol.-%, DV, Stahltank, €€
Helles Gelbgrün, Silberreflexe. Feine Kräuternoten, etwas nach frischer gelber Apfelfrucht, zart nach Maracuja. Saftig, elegant, feine Säurestruktur, mineralisch-salzig, gut eingebundene Säurestruktur, bereits gut antrinkbar.

94 Grüner Veltliner Endlos Grande Reserve 2020
14 Vol.-%, NK, 500-l-Fass, €€€€€€
Leuchtendes Goldgelb, silberne Reflexe. Einladendes Bukett nach Holzwürze und Vanille, ein Hauch von Mango, zart nach Gewürzen, kandierte Orangenzesten klingen an. Gute Komplexität, würzig, Blütenhonig, etwas nach reifem Apfel im Abgang, vielseitiger Speisenbegleiter, gutes Potenzial.

92 Grüner Veltliner Elementum 2020
13 Vol.-%, NK, 500-l-Fass, €€€€€
Leuchtendes Goldgelb, Silberreflexe. Feine Zigarrenwürze, etwas nach weißem Apfel, zart nach Gewürznelken, ein Hauch von Papaya. Saftig, elegant, feine Textur, mineralisch-salzig, gut eingebundener Säurebogen, weiße Fruchtnoten, grüner Tee, etwas verhalten im Abgang, wird von Flaschenreife profitieren.

93 Gemischter Satz Ried Kirchberg Reserve 2020
13,5 Vol.-%, NK, großes Holzfass, €€€€€
Mittleres Gelbgrün, Silberreflexe. Kandierte Veilchen, etwas nach Zitruszesten, ein Hauch von Weingartenpfirsich, Lemongrass. Saftig, elegant, gute Komplexität, frisches Bukett, kandierte Grapefruitzesten, lebendig, facettenreicher Speisenbegleiter mit Potenzial.

93 Grauburgunder Reserve 2020
14 Vol.-%, NK, 500-l-Fass, €€€€€
Mittleres Goldgelb, Kupferreflexe. Dezente Holzwürze, etwas nach Kardamom, ein Hauch von roter Apfelfrucht, etwas Kamille. Saftig, straff, engmaschig, balancierter Säurebogen, extraktsüß nach Maracuja, bleibt gut haften, finessenreicher Speisenbegleiter.

92 Weißburgunder Falkenstein Reserve 2021
13 Vol.-%, DV, Stahltank/großes Holzfass, €€€
Mittleres Gelbgrün, Silberreflexe. Zarte weiße Tropenfrucht, ein Hauch von Birnen, Nuancen von Mandarinenzesten, tabakige Noten. Mittlerer Körper, zart nussig, weißer Apfel, dezente Säurestruktur, feinwürziger Nachhall, wird von Flaschenreife profitieren, ein vielschichtiger Speisenwein.

*** Weinviertel DAC   ** Weinviertel DAC Reserve**

92 Traminer Elementum 2020
12,5 Vol.-%, NK, großes Holzfass, €€€€
Leuchtendes Gold, Orangereflexe. Einladendes Bukett nach Honig und Rosenessenz, etwas nach Eibisch, mit Salzkaramell und eingelegtem Pfirsich unterlegt. Saftig, straff, facettenreiche Säurestruktur, extraktsüß nach Quitte, Hagebutte im Nachhall, vielschichtig mit Entwicklungspotenzial.

92 Ortolan Cuvée Prestige Reserve 2020 CH/WB/PG
13,5 Vol.-%, NK, 500-l-Fass, €€€€€
Mittleres Goldgelb, Silberreflexe. Mit dezenten Honignoten unterlegtes gelbes Steinobst, zart nach Vanille, etwas Marille und reife Mango. Komplex, saftig, frische Struktur, würzig, weißes Kernobst im Nachhall, vielseitig einsetzbar.

90 Zweigelt Blanc de Noir 2021
12 Vol.-%, DV, Stahltank, €€
Mittleres Weißgold, Silberreflexe. Feine Kräuternoten, etwas nach Kardamom und Guave, zart nach Tabakwürze. Mittlerer Körper, gut eingebundene Säurestruktur, Zitrustouch, weiße Obstnoten im Abgang.

89 Chardonnay Falkenstein 2021
13 Vol.-%, DV, Stahltank, €€€

(91) Rosé aus der Provinz 2021 PN/CS/ME
13 Vol.-%, DV, 500-l-Fass, €€€€
Helles Lachsrosa, Orangereflexe. Ein Hauch von Kirschen, rotes Waldbeerenkonfit, zart nach Pfirsich, einladendes Bukett. Saftig, eingelegte Kirschen, zartes Erdbeeraroma, mittlere Komplexität, feine Fruchtsüße, harmonisch, zarte Mineralik im Nachhall.

91 Pinot Noir Ried Kirchberg Grande Reserve 2018
14 Vol.-%, NK, 500-l-Fass, €€€€€
Mittleres Rubingranat, violette Reflexe, breitere Ockerrandaufhellung. Feine Holzwürze, etwas nach Orangen, feine Kirschfrucht, unterlegt mit Räuchernoten. Saftig, elegant, feine Tanninstruktur, präsentes Holz auch im Abgang, rotbeeriger Rückgeschmack, bleibt gut haften.

93 Grüner Veltliner Eiswein 2020
9 Vol.-%, NK, Stahltank, €€€€€
Mittleres Goldgelb, Silberreflexe. Einladender Duft nach Honig und Toffee, ein Hauch von Marillen, Akazien, Orangenmarmelade. Süß, gute Komplexität, gut eingebundene Säurestruktur, Ananastouch im Abgang, mineralisch, bleibt gut haften, Pfirsich im Rückgeschmack.

★★★★

WEINGUT EBNER-EBENAUER

BIO

Im Jahr 2007 legten Marion Ebner und Manfred Ebenauer den Grundstein für ihr gemeinsames Schaffen. Erst haben sie geheiratet, dann wurden Marions »Negociant«-Weinhaus und Manfreds Weingut zusammengelegt und schlussendlich die Weinmacherkapazitäten der beiden gebündelt. Das Herzstück des Sortiments bilden ausschließlich Einzellagenweine, die aus den Trauben von mindestens 30 Jahre alten Rebstöcken gekeltert werden. Die ältesten (Grüner Veltliner, Weißburgunder, Riesling, St. Laurent) sind zwischen 50 und 72 Jahre alt und werden als solche auch auf dem Etikett betitelt.
Bereits seit dem Jahrgang 2016 sind alle Weingärten in biologischer Bewirtschaftung, und nun wird auf Biodynamie umgestellt. Für die beiden war es an der Zeit, die Stilistik erneut zu schärfen, und so präsentiert sich das gesamte Sortiment noch feiner, mineralischer, mit noch tieferer Würze und Spannung am Gaumen – Attribute, die auch auf die international anerkannten Jahrgangssekte ohne Dosage zutreffen.
Geerntet wird auf dem 17 Hektar umfassenden Weingut ausschließlich händisch, selektioniert wird direkt im Weingarten in 25-Kilogramm-Kisten. Im Keller wird auf große Technik verzichtet, dem Wein wird die Zeit zugestanden, die er benötigt. Der Großteil der Weine bekommt Maischestandzeit, wird spontan und ohne Temperaturkontrolle im Holzfass oder Stahltank vergoren und anschließend auf der Feinhefe gelagert. So sieht sich Manfred Ebner-Ebenauer nicht als Weinmacher, sondern als Weinbegleiter: »Unsere Weine sind unbeeinflusst und brauchen Zeit, um sich zu entwickeln, sie sind keine Blender, wirken nachhaltig und sind langlebig. Die Na-

© Christof Wagner

WEINGUT EBNER-EBENAUER
2170 Poysdorf
Laaer Straße 3-5
T: +43 (2552) 2653
office@ebner-ebenauer.at
www.ebner-ebenauer.at

Kellermeister: Manfred Ebner-Ebenauer
Kontakt: Marion Ebner-Ebenauer
Anbauweise: Zertifiziert Biologisch (Bio Austria)
Produktion: 80 % weiß, 20 % rot, 17 Hektar
Messen: Millésime Bio, ProWein Düsseldorf, VieVinum

Marion und Manfred Ebner-Ebenauer

tur schreibt das Drehbuch unserer Weine, wir führen Regie!« Für diese Regieleistung erhält das Weingut heuer den österreichischen Oscar für Winzer: Marion und Manfred Ebner-Ebenauer sind Falstaff-Winzer des Jahres 2022!

92 Grüner Veltliner * 2021
12 Vol.-%, DV, Stahltank, €€€ B
Helles Gelbgrün, Silberreflexe. Mit einem Hauch von Wiesenkräutern unterlegte feine Apfelfrucht, weiße Blüten, zart nach Orangenzesten. Mittlerer Körper, zarte Kernobstnuancen, finessenreiche Struktur, mineralisch und gut anhaftend, zitroniger Nachhall, salziger Abgang.

(95) Grüner Veltliner Black Edition 2020
13 Vol.-%, NK, Barrique, €€€€€ B
Helles Gelbgrün, Silberreflexe. Zart nach hellem Karamell und gelbem Apfel, florale Nuancen, mit zartem Nougat unterlegt. Saftig, elegant, feine Birnenfrucht, gut integrierte Säure, feine fruchtige Süße im Abgang, mineralisch und frisch im Nachhall, ein Hauch von Limetten im Abgang, sicheres Reifepotenzial.

(94) Grüner Veltliner Ried Sauberg 2021
13 Vol.-%, DV, Holzfass/Stahltank, €€€€ B V
Helles Gelbgrün, Silberreflexe. Zarte Gewürznuancen, ein Hauch von Ringlotte, frischer Apfel, ein Hauch von Orangenzesten, mineralischer Touch. Gute Komplexität, seidige Textur, feiner Säurebogen, ein Hauch von Birne, finessenreich und lange, sehr trinkanimierender, komplexer Stil.

(94) Grüner Veltliner Alte Reben 2021
13 Vol.-%, DV, Stahltank/Holzfass B V
Helles Grüngelb, Silberreflexe. Würzig, ein Hauch von Mango und Nashi-Birne, mineralischer Touch, zarte florale Nuancen. Saftig, elegant, feine Fruchtsüße, zart nach Ananas, stoffig, feiner Säurebogen, zart nach Golden-Delicious-Apfel, sehr gute Länge, sicheres Entwicklungspotenzial.

(93) Grüner Veltliner Ried Hermannschachern 2021
12,5 Vol.-%, DV, Stahltank, €€€€
Helles Gelbgrün, Silberreflexe. Feine tabakige Nuancen, ein Hauch von Grapefruitzesten und Wiesenkräutern, etwas Golden-Delicious-Apfel, zitroniger Touch. Mittlerer Körper, feine Nuancen von weißem Kernobst, salzig-zitronig im Nachhall, gute Länge, ein Hauch von Süße im Rückgeschmack, kalkige Noten im Finish.

(93) Grüner Veltliner Ried Bürsting 2021
13 Vol.-%, DV, Holzfass/Stahltank, €€€€ B V
Helles Gelbgrün, Silberreflexe. Frische Wiesenkräuter, florale Nuancen, weißer Apfel, zart nach Orangenzesten, tabakige Würze. Saftig, feine gelbe Tropenfrucht, ein Hauch von Mango, feine Säurestruktur, saftig und elegant, bleibt lange haften, ein balancierter Speisenbegleiter mit sicherem Reifepotenzial.

92 Grüner Veltliner Ried Ebenthal 2021
12,5 Vol.-%, DV, Stahltank, €€€€ B
Helles Gelbgrün, Silberreflexe. Zarte Aromen von weißen Blüten, frischer Apfel, zart nach Mango und Orangenzesten. Saftig, feine Note von weißem Apfel, frischer Säurebogen,

mineralisch-salzig im Abgang, leichtfüßig mit Limettentouch im Nachhall, ein leichtfüßiger Speisenbegleiter. (Exklusiv bei Wein & Co.)

91 Grüner Veltliner Poysdorf 2021
11 Vol.-%, DV, €€€ B
Helles Gelbgrün, Silberreflexe. Zarte Mandarinenzesten, weißer Apfel, ein Hauch von Ringlotte und Zitronenverbene. Leichtfüßig, straff, engmaschig, frischer Säurebogen, salzig und präzise, ein finessenreicher Sommerwein.

(94) Chardonnay Black Edition 2020
13 Vol.-%, NK, Barrique, €€€€€
Helles Grüngelb, Silberreflexe. Zarte Holznuancen, etwas Blütenhonig, zart nach Kernobst, frische Orangenzesten, ein Hauch von Mango und gelbem Apfel, mineralischer Touch. Stoffig, elegant, seidige Textur, weißer Pfirsich, finessenreicher Säurebogen, lange anhaftend, salziges Finale, großes Zukunftspotenzial.

(91) Chardonnay 2021
12,5 Vol.-%, DV, Stahltank, €€€€ B
Helles Gelbgrün, Silberreflexe. Ein Hauch von gelbem Apfel, zart tabakige Nuancen, gelbe Tropenfrucht, frische Orangenzesten. Saftig, weiße Frucht, feiner Säurebogen, zitroniger Touch, klassischer Stahltankausbau, mineralischer Speisenbegleiter.

(94) Riesling Alte Reben 2021
13 Vol.-%, DV, Stahltank, €€€€€ B
Helles Gelbgrün, Silberreflexe. Nuancen von frischem weißem Steinobst, weiße Blüten, mineralisch, zitronige Aspekte, etwas Melisse und Limette, sehr einladendes Bukett. Saftig, elegante gelbe Pfirsichfrucht, ein Hauch von frischen Feigen, feiner Säurebogen, straff, mineralisch im Nachhall, sehr gute Länge, sicheres Reifepotenzial.

(92) Riesling 2021
12,5 Vol.-%, DV, Stahltank, €€€€ B
Helles Gelbgrün, Silberreflexe. Zarte Noten von weißem Pfirsich, ein Hauch von Litschis, Limettenzesten. Straff, weißer Apfel, knackige Struktur, lebendig, salzig-mineralisch, zitroniger Touch, feine Fruchtsüße, animierend und leichtfüßig.

(93) Weißburgunder Alte Reben 2021
13 Vol.-%, DV, Holzfass, €€€€ B
Helles Grüngelb, Silberreflexe. Zart nach Orangenzesten, feine Birnenfrucht, zart nussig, weiße Blütenaromen. Stoffig, feine Fruchtsüße, zarte gelbe Fruchtexotik, gut integrierte Mineralik, harmonisch, gute Länge, ein vielseitiger Speisenbegleiter mit Reifepotenzial.

92 Rosa Kalk 2021 ME
12,5 Vol.-%, DV, Holzfass, €€€€ B
Helles Altrosa, Silberreflexe. Zart nach roten Kirschen, ein Hauch von Marille, feine florale Nuancen. Mittlerer Körper, feiner weißer Apfel, finessenreiche Struktur, zitronig-salzig im Abgang, delikater, animierender Stil, kirschiger Nachhall.

(93) Pinot Noir Black Edition 2018
13,5 Vol.-%, NK V
Mittleres Karmingranat, Ockerreflexe, breite Randaufhellung. Zart kräuterwürzig unterlegte feine rote Waldbeerenfrucht, zart nach Himbeeren, dazu Preiselbeeren und kandierte Mandarinenzesten. Mittlere Komplexität, eingelegte Kirschen, feine Extraktsüße, gut integrierte Tannine, feine Mineralik, zart salzig, bereits gut antrinkbar, verfügt über Reifepotenzial.

(93) St. Laurent Alte Reben 2019
13 Vol.-%, DV, Barrique , €€€€€ B
Kräftiges Karmingranat, violette Reflexe. Zart nach Gewürznelken, eingelegte Kirschen, rotes Beerenkonfit, Mandarinenzesten. Saftig, zart nach Preiselbeeren, feine, gut integrierte Tannine, salzige Mineralik, straff, feinwürzig und lange anhaftend, sicheres Reifepotenzial.

★

WEINGUT ECKER

Der Betrieb der Familie Ecker liegt im westlichen Teil des Weinviertels, in der Nähe von Eggenburg und Röschitz. Die Eckers versuchen, die Qualität ihrer Produkte im Weingarten zu optimieren, deshalb werden die Anlagen mit selektioniertem und ausgesuchtem Rebmaterial eng bepflanzt, darüber hinaus setzt man auf eine hohe Laubwand und eine geringe Stockhöhe. Die Rieden Kogeln und Sätzen befinden sich in den besten Lagen auf Lehm- und Lössböden.
Im Keller wird eine fruchtige, sortentypische Weinlinie unter kontrollierter Gärung angestrebt. Im Hause Ecker werden drei Linien angeboten: Klassik- und Lagenweine sowie die Reservelinie für Barriqueweine. Die Rotweine werden stets im kleinen Holzfass ausgebaut.
Der Betrieb füllt ausschließlich Bouteillenweine ab, für die man bereits zahlreiche Auszeichnungen entgegennehmen konnte. Außerdem steht ein historisches Kellerstüberl für Weinverkostungen gegen telefonische Anmeldung zur Verfügung.

WEINGUT ECKER
3730 Grafenberg
Grafenberg 11
T: +43 (699) 12614066
office@weingut-ecker.com
www.weingut-ecker.com

Kellermeister: Josef Ecker
Kontakt: Florian Ecker
Produktion: 80 % weiß, 20 % rot, 2 Hektar

91 Grüner Veltliner ** 2019
14 Vol.-%, DV, gebrauchte Barriques, €€€ F
Helles Gelbgrün, Silberreflexe. Feine Kräuterwürze, zart nach Maracuja, ein Hauch von Birnenfrucht, Blütenhonig klingt an. Saftig, elegant, extraktsüß nach Apfelfrucht, zart nach Karamell, bereits gut antrinkbar.

89 Grüner Veltliner * 2021
12,5 Vol.-%, DV, Stahltank, €€ F

89 Grüner Veltliner * Alte Reben 2021
13 Vol.-%, DV, Stahltank, €€ F

90 Riesling Ried Kogeln 2021
12,5 Vol.-%, DV, Stahltank, €€ F
Helles Gelbgrün, Silberreflexe. Feine Kräuternoten, etwas weißes Steinobst, ein Hauch von Zitruszesten, frisches Bukett. Saftig, mittlerer Körper, Papaya im Abgang, würziger Nachhall, bereits gut antrinkbar.

90 Sauvignon Blanc Ried Kogeln 2021
12,5 Vol.-%, DV, Stahltank, €€ F
Helles Gelbgrün, Silberreflexe. Zart nach Cassis, ein Hauch von Limetten, floraler Touch, Wiesenkräuter klingen an. Mittlerer Körper, feine Struktur, mineralisch, extraktsüß nach reifen Stachelbeeren, unkomplizierter Speisenbegleiter.

92 Kogelstein rot Reserve 2019 ME/CS
14 Vol.-%, DV, Barrique, €€€€ F
Tiefdunkles Rubingranat, violette Reflexe, zarte Randaufhellung. Feiner Duft nach dunkler Schokolade, Kaffeeröstaromen, ein Hauch von schwarzer Brombeere, mit Holzwürze unterlegt. Saftig, elegant, ebenfalls Schokolade, feine Tanninstruktur, dunkles Waldbeerenkonfit im Abgang, bleibt gut haften, vielseitig einsetzbar.

★★★

WEINHOF HANNES EDLINGER

Wenn der Grüne Veltliner zur Familie gehört, dann wächst er nicht nur in den Weingärten, sondern er »wohnt« hier, und zwar gerne, denn schließlich bietet der Röschitzer Weinhof Edlinger genau das, was der typische Österreicher unter den Weinen am meisten mag: Böden aus Urgestein und Löss, kalte Waldviertler Nächte, warme Weinviertler Tage – und die kundigen Hände von Hannes Edlinger, der mit dem Wissen von Generationen von Veltliner-Machern ans Werk geht. Sieben Veltliner-Persönlichkeiten finden sich auf der feinen Weinkarte: vom frech-fruchtigen »Emma« bis zur »Weinviertler Reserve GV extrem«, ein Statement aus Kräuterwürze und Tropenfrüchten. Sie sind in guter Gesellschaft mit herrlichen Rieslingen und anderen ausdrucksstarken Weißweinen wie Gelbem Muskateller und Chardonnay, allesamt aus Röschitzer Toplagen.
Als Besucher spürt man sofort die familiäre Energie auf dem schönen, typischen Weinviertler Weinhof der Edlingers, der unter Kennern gerne »Oase« genannt wird – ein Ort, an dem Einzigartiges entsteht, in einem liebevoll gepflegten Ambiente aus Stein, Wasser, Blumen und stilvollen Rosenkugeln aus der Werkstatt von Birgit Edlinger. Drei schöne und komfortable Zimmer sind ein zusätzlicher Grund zum Bleiben.
Die Kraft der Natur nutzt die Veltliner-Familie auch, um unter »Einfach Edl« Hochprozentiges, Marmeladen, Chutneys und andere Köstlichkeiten zu produzieren. Der Weinhof von Hannes und Birgit Edlinger ist auf alle Fälle eine Reise wert.

93 Grüner Veltliner * Ried Hundspoint 2021
12,5 Vol.-%, DV, Stahltank, €€
Mittleres Gelbgrün, silberfarbene Reflexe. Zarte Tabak-Kräuter-Würze, reife Apfelfrucht, dunkle Mineralik, Blütenhonig klingt an, floraler Touch. Saftig, elegant, leichtfüßig, balanciert, weiße Tropenfrucht im Abgang, wird von Flaschenreife profitieren.

92 Grüner Veltliner * Ried Galgenberg 2021
13 Vol.-%, DV, Stahltank, €€
Leuchtendes Gelbgrün, silberfarbene Reflexe. Einladender Duft nach gelber Tropenfrucht, zart nach Papaya, etwas Ananas, kandierte Clementinen, floraler Touch. Saftig, straff, feine, balancierte Säurestruktur, Weingartenpfirsich, unterlegt mit dunkler Mineralik, vielschichtige Länge, gutes Potenzial.

Hannes und Birgit Edlinger

WEINHOF HANNES EDLINGER
3743 Röschitz
Granitzstr. 15
T: +43 (664) 45 23 124
office@edlinger-wein.at
www.edlinger-wein.at

Kellermeister/Kontakt:
Hannes Edlinger
Produktion: 5 % Schaumwein, 93 % weiß, 2 % rot, 13 Hektar
Messen: DAC-Präsentationen

© WWW.POV.AT

(93) Grüner Veltliner Ried Galgenberg plus 2021
14 Vol.-%, DV, Stahltank, €€€
Mittleres Gelbgrün, Silberreflexe. Zarte Wiesenkräuternote, mit etwas Limettenzesten unterlegte weiße Apfelfrucht, Guave klingt an, frisches Bukett. Saftig, elegant, feiner Säurebogen, zart nach Pfirsich, bleibt gut haften, vielseitiger Speisenbegleiter mit Potenzial.

91 Grüner Veltliner granit pur 2021
12,5 Vol.-%, DV, Stahltank, €€
Helles Gelbgrün, Silberreflexe. Zarte Kräuternoten, etwas nach gelber Apfelfrucht, ein Hauch von Quitte, frisches Bukett. Saftig, engmaschig, feine Säurestruktur, mineralisch, fruchtsüß nach Maracuja, bleibt gut haften, unkomplizierter Speisenbegleiter.

(93) Riesling Mathäa 2021
13,7 Vol.-%, DV, Stahltank, €€
Mittleres Gelbgrün, Silberreflexe. Zarte Zitrusnoten, Pfirsichtouch klingt an, ein Hauch von Melisse, mit Maracuja unterlegt. Saftig, fruchtsüß, lebendig, frische Säurestruktur, mineralisch, bleibt sehr gut haften, Ananas im Abgang, zitroniger Nachhall, vielschichtiger Speisenbegleiter.

(90) Gemischter Satz Julius 2021
13,5 Vol.-%, DV, Stahltank, €€
Helles Gelbgrün, Silberreflexe. Zart nach Guaven und Cayennepfeffer, ein Hauch von Grapefruit, mit Stachelbeeren unterlegt. Mittlerer Körper, kraftvoll, feine Struktur, würzig, intensiver Sauvignon-Touch, bleibt gut haften.

★

WEINGUT EICHBERGER

Das Familienweingut Eichberger liegt rund zehn Kilometer nördlich von Wien, am Rande des Marchfeldes und des Weinviertler Hügellands. Mit größtem Respekt gegenüber der Natur werden hier die Weingärten, die sich im Umkreis von fünf Kilometern befinden, nachhaltig und naturnah bewirtschaftet. Bodengesundheit sowie der Verzicht auf Herbizide und Insektizide sind Familie Eichberger ein großes Anliegen. Gebietsbedingt gibt hier der Grüne Veltliner den Ton an, der in seiner unglaublichen Charaktervielfalt in sieben verschiedenen Spielarten – vom angenehm leichten bis hin zum komplexen Lagenveltliner – mit gebietstypischen Feinheiten, Charme und Raffinesse vinifiziert wird. Gelber Muskateller, Welschriesling, Riesling und Chardonnay, Zweigelt, Blauburger und St. Laurent ergänzen das Weinsortiment.
Die Leidenschaft des Winzers und das Engagement für den Wein fließen auch geschmacklich in jedes seiner Produkte ein und spiegeln die unverwechselbare Handschrift von Gotthard Eichberger in seinen präzisen Weinen wider. Beständigkeit in der Qualität und die unermüdliche Suche nach Verbesserung prägen das Handwerk der Winzerfamilie. Zahlreiche Prämierungen der letzten Jahre wie Landessieger und »SALON«-Weine bestätigen ihr Tun und Denken. Genuss hat viele Seiten, daher nimmt man auch heuer wieder am äußerst beliebten »Tafeln im Weinviertel« teil, wo Weinviertler Spitzenköche und Winzer Gäste direkt im Weingarten verwöhnen.

91 Grüner Veltliner * Ried Kirchthal 2021
13 Vol.-%, DV, Stahltank, €€
Helles Gelbgrün, Silberreflexe. Zarte gelbe Apfelfrucht, etwas nach Wiesenkräutern, ein Hauch von Birnen, Orangenzesten klingen an. Saftig, lebendige Säurestruktur, mi-

WEINGUT EICHBERGER
2203 Eibesbrunn
Großebersdorfer Straße 12
T: +43 (2245) 2476
office@weinguteichberger.at
www.weinguteichberger.at

Kellermeister/Kontakt:
Gotthard Eichberger
Produktion: 80 % weiß, 5 % rosé, 15 % rot, 20 Hektar
Zertifiziert: Nachhaltig Austria
Vereinszugehörigkeit:
So schmeckt NÖ,
Weinstraße Südliches Weinviertel
Messen: Weintage Südliche Weinstraße

neralisch, balanciert, fruchtiger Abgang nach gelbem Kernobst, guter Speisenbegleiter.

89 Grüner Veltliner * Ried Oberes Feld 2021
13 Vol.-%, DV, Stahltank, €€

(92) Grüner Veltliner Ried Hundspoint 2021
13,5 Vol.-%, DV, Stahltank, €€
Helles Gelbgrün, Silberreflexe. Mit Zitrusnuancen unterlegter Blütenhonig, ein Hauch von Guave, zart nach gelbem Apfel. Saftig, engmaschig, extraktsüß nach Birnen, etwas nach Maracuja, vielseitig einsetzbar.

(91) Chardonnay Große Reserve »Ich bin Ich« 2020
13,5 Vol.-%, DIAM, Barrique, €€€€€
Mittleres Gelbgrün, Silberreflexe. Dezente Holzwürze, etwas nach Vanille und Veilchen, ein Hauch von Orangenzesten, mit Mangonoten unterlegt. Saftig, gute Komplexität, gut eingebundene Säurestruktur, Tropenfruchtnoten im Abgang, salziger Rückgeschmack, gutes Reifepotenzial.

89 Zweigelt Rosé 2021
12 Vol.-%, DV, Stahltank, €€

90 St. Laurent 2019
13,5 Vol.-%, DIAM, Barrique, €€€
Kräftiges Rubingranat, violette Reflexe, breitere Randaufhellung. Feine Cassisnoten, tabakig unterlegt, ein Hauch von Herzkirschen, Kardamom klingt an. Mittlerer Körper, zarte Vanillenote, Walderdbeeren im Abgang, guter Speisenbegleiter.

★

WEINBAU WILLI EMINGER

Qualitativ hochwertige Weine, die ein hohes Maß an Trinkvergnügen bieten: Dafür ist die Weinhauerfamilie Eminger bekannt. Geführt wird dieser Familienbetrieb von Ing. Wilhelm Eminger und seiner Frau Miriam. Aus dem ehemals gemischten Betrieb entwickelte sich in den letzten zwanzig Jahren ein Leitbetrieb der Region. Ertragsbegrenzung und intensive Pflege der Rebflächen sowie schonende Traubenverarbeitung und Vergärung bei optimalen Bedingungen sind hier die qualitative Basis. Eine im Jahr 2001 neu erbaute Kellerei, die sich die Schwerkraft zunutze macht, erleichtert das Erreichen der angestrebten Ziele. Ein großes Sortiment lädt zum Degustieren ein: Der Grüne Veltliner ist hier natürlich die Hauptsorte und nimmt mehr als ein Drittel der Rebflächen ein, aber auch Riesling, Sauvignon Blanc, Muskateller, Welschriesling, Pinot Blanc und Traminer werden mit Erfolg gekeltert. Einen guten Namen hat sich Familie Eminger auch aufgrund ihrer Rotweine gemacht, die ein Drittel der Gesamtproduktion einnehmen.

WEINBAU WILLI EMINGER
2224 Niedersulz
Niedersulz 90–91
T: +43 (664) 1218691
weinbau@willi-eminger.at
www.weinbau.willi-eminger.at

Kellermeister/Kontakt:
Ing. Wilhelm Eminger
Produktion: 70.000 Flaschen
2 % Schaumwein, 65 % weiß,
3 % rosé, 30 % rot, 13 Hektar
Messen: Weinmesse Innsbruck

90 Grüner Veltliner * Sulz 2021
12,5 Vol.-%, DV, Stahltank, €€
Helles Gelbgrün, Silberreflexe. Feine Kräuternoten, unterlegt mit gelber Tropenfrucht, zart nach Mango, etwas Kumquats. Mittlerer Körper, feine Säurestruktur, Apfelnoten im Abgang, kraftvoll im Rückgeschmack.

(90) Grüner Veltliner * Niedersulz Ried Steinbergen Exklusiv 2021
13 Vol.-%, DV, Stahltank, €€
Mittleres Gelbgrün, silberfarbene Reflexe. Etwas nach

Orangenzesten und Maracuja, ein Hauch von Ananas, floraler Touch. Mittlerer Körper, feine Struktur, balanciert, etwas Papaya im Abgang, Honigtouch im Rückgeschmack, unkomplizierter Speisenbegleiter.

89 Gemischter Satz 2021
12 Vol.-%, DV, Stahltank, €€

89 Gelber Muskateller 2021
12 Vol.-%, DV, Stahltank, €€

88 Trio Cuveé Reserve 2018 ME/CS/ZW
13 Vol.-%, DV, gebrauchte Barriques, €€€

★★★

WEINGUT RUDOLF FIDESSER

BIO

Der im westlichen Weinviertel gelegene Familienbetrieb bewirtschaftet sein Weingut nach biologisch-dynamischen Anbaumethoden. Gleichzeitig arbeitet Norbert Fidesser – ein ursprünglicher Winzer mit Leib und Seele – mit einer großen Bandbreite an Böden und Lagen, um authentische und regionaltypische, aber dennoch individuelle Weine zu produzieren. Norbert und Gerda Fidesser beschreiben dies mit der »Konzentration auf das Wesentliche«. Die Weine sollen Böden und Klima sprechen lassen, daher ist es für die leidenschaftlichen Winzer wichtig, viel Zeit im Weingarten zu verbringen und »auf die Trauben und die Natur zu hören«. Die »Demeter«-Zertifizierung des Betriebs in der kleinen Weinbaugemeinde Platt südlich von Retz ist da nur die logische Folge. Das Resultat dieser ehrlichen Arbeit der Familie Fidesser ist ein hochwertiges Sortiment von großer Vielfalt.

(92) Weißer Traminer Ried Höhweingarten 2021
15 Vol.-%, NK, Stahltank, €€€€ B V
Mittleres Goldgelb, leuchtende Reflexe. Einladender Duft nach Rosenöl, etwas nach Wiesenkräutern, ein Touch von Eukalyptus, reifes Steinobst. Saftig, elegant, fruchtsüß nach Marille, unterlegt mit zurückhaltenden Zitrusnoten, feinwürziges Finish, stoffiger Speisenbegleiter.

(92) Weißer Traminer Ried Sandberg 2021
14,5 Vol.-%, NK, Stahltank, €€€€ B V
Mittleres Gelbgrün, Silberreflexe. Feiner floraler Touch, etwas nach Eibisch, zart nach weißen Rosen, Limettenzesten klingen an. Saftig, straff, kraftvoll, fruchtsüß nach gelbem Apfel, eingelegtes Obst im Nachhall, guter Speisenbegleiter.

(92) Sauvignon Blanc Ried Sandberg 2021
13,5 Vol.-%, NK, Stahltank, €€€€ B V
Helles Gelbgrün, silberne Reflexe. Mit feinen Zitrusnoten unterlegte reife Stachelbeeren, etwas nach Blütenhonig, ein Hauch von Ananas. Saftig, feine Säurestruktur, elegant, ein Hauch von Melisse, Pfirsichnoten im Abgang, salziger Nachhall, vielseitig einsetzbar, verfügt über Reifepotenzial.

(91) Grüner Veltliner Obernalb Ried Sonnleiten 2021
13,5 Vol.-%, NK, Stahltank, €€€€ B V
Mittleres Goldgelb, Silberreflexe. Feiner Blütenhonig, etwas nach Maracuja, Orangenschalen, zart nach Papaya. Saftig, elegant, zart salzig, etwas nach gelbem Apfel, Zitrus im Nachhall, bereits gut antrinkbar.

WEINGUT RUDOLF FIDESSER
2051 Platt, Platt 39
T: +43 (2945) 2592
weingut@fidesser.at
www.fidesser.at

Kellermeister/Kontakt:
Norbert Fidesser
Anbauweise: Biodynamisch (Bio Austria, Demeter)
Produktion: 75 % weiß, 25 % rot, 15 Hektar
Vereinszugehörigkeit:
Premium Weingüter Weinviertel, Tu Felix Austria
Messen: VieVinum

(91) Grüner Veltliner Ried Kapellenberg 2021
13,5 Vol.-%, NK, Stahltank, €€€€ Ⓑ Ⓥ
Mittleres Goldgelb, Silberreflexe. Feine Kräuternoten, etwas nach Maracuja, weißes Steinobst, engmaschig, Zitrusnuancen. Saftig, elegant, feine Säurestruktur, mineralisch-salzig, zart nach Golden-Delicious-Apfel, bereits gut antrinkbar.

92 Syrah Parapluie 2017
13,5 Vol.-%, NK, großes Holzfass, €€€€€ Ⓥ
Tiefdunkles Rubingranat, violette Reflexe, zarte Randaufhellung. Einladender Duft mit Tabak-Kräuter-Noten, etwas Herzkirschen, zart nach Cassis, ein Hauch von Nelken, mit Orangenschalen unterlegt. Saftig, elegant, filigran, gut eingebundene Tannine, lebendige Säurestruktur, feinwürzig, dunkle Beerenfrucht im Finish.

★★★

WEINGUT FRANK

Das Weingut Frank liegt in Herrnbaumgarten im nordöstlichen Weinviertel und steht für handwerkliche Grüne Veltliner, die trotz Kraft und Tiefgang niemals opulent wirken. Besonders hervorzuheben sind die Veltliner von den Lagen Johannesbergen und Hoher Weg. Daneben werden auch fruchtige, trinkanimierende Weine, wie der Grüne Veltliner Weinviertel DAC vinifiziert. Die Mineralik der kalkreichen Lössböden bringt hervorragende Rieslinge hervor. Der Weißburgunder aus der Nordlage Adamsbergen sowie eine hervorragende Rotwein-Cuvée aus der kargen, sandigen Lage Hannbuch runden das Programm ab. Die Finesse der Weine ist dem kühlen Klima zuzuschreiben. Auf diesem Weingut hat man erkannt, dass die Zukunft den gebietsgeprägten, eleganten Weinen gehört.

WEINGUT FRANK
2171 Herrnbaumgarten
Kellergasse 5
T: +43 (2555) 2300
frank@weingutfrank.at
www.weingutfrank.at

Kellermeister/Kontakt: Harald Frank
Produktion: 75 % weiß, 5 % rosé, 20 % rot, 23 Hektar
Vereinszugehörigkeit: Weinviertel DAC, Weinstraße Weinviertel
Messen: ProWein Düsseldorf, VieVinum, DAC-Präsentationen

92 Grüner Veltliner ** Ried Johannesbergen 2021
13 Vol.-%, DV, Stahltank, €€€ Ⓥ
Helles Gelbgrün, Silberreflexe. Feine Wiesenkräuter, etwas nach Grapefruit, zart pfeffrig, weißes Kernobst, lebendiges Bukett. Saftig, straff, gut integrierter Säurebogen, etwas nach Maracuja, würzig, bleibt gut haften, vielseitig einsetzbar.

(92) Grüner Veltliner ** Ried Hoher Weg 2021
13 Vol.-%, DV, großes Holzfass, €€€€ Ⓥ
Helles Grüngelb, silberfarbene Reflexe. Reife Kräuternoten, etwas nach Ananas und gelbem Apfel, etwas nach Toffee, feinwürzig. Saftig, lebendig, mineralisch, feine Säurestruktur, extraktsüß nach weißem Apfel, mineralisch, bleibt sehr gut haften, guter Speisenbegleiter.

90 Grüner Veltliner * 2021
12,5 Vol.-%, DV, Stahltank, €€ Ⓥ
Helles Gelbgrün, Silberreflexe. Feine Kräuterwürze, etwas nach Apfel, ein Hauch von Orangenzesten, frisches Bukett. Saftig, elegant, feine Säurestruktur, mineralisch-salzig, weißes Kernobst, bereits gut antrinkbar.

93 Riesling Herrnbaumgarten Ried Krainholz 2019
13 Vol.-%, DV, Stahltank, €€€€ Ⓥ
Hell leuchtendes Gelbgrün, silberfarbene Reflexe. Dunkle Mineralik, etwas nach Pfirsich, zart nach Gewürzen, einladendes Bukett. Saftig, gute Komplexität, lebendig und engmaschig, facettenreiche Säurestruktur, dezente Fruchtnuancen nach gelber Apfelfrucht, vielschichtiger Speisenbegleiter.

91 Riesling Herrnbaumgarten 2021
12,5 Vol.-%, DV, Stahltank, €€ V
Helles Gelbgrün, Silberreflexe. Dezente weiße Frucht etwas nach Wiesenkräutern, Maracuja und Limetten klingen an. Mittlerer Körper, lebendige Säurestruktur, Pfirsichnoten, mineralisch, bleibt gut haften.

90 Merlot Herrnbaumgarten 2019
13 Vol.-%, DV, gebrauchte Barriques, €€€ V
Dunkles Rubingranat, violette Reflexe, zarte Randaufhellung. Etwas nach Kräutern und Zwetschken, ein Hauch von rotem Waldbeerenkonfit, zart nach Räucherwürze. Mittlerer Körper, feine Säurestruktur, gut eingebundene Tannine, fruchtsüß nach Kirschen, bereits gut antrinkbar.

★

WEINGUT GILG

Das Weingut Gilg befindet sich in Hagenbrunn vor den Toren Wiens. Bewirtschaftet werden rund zehn Hektar Rebfläche an den Südhängen des Bisambergs. 75 Prozent der Weingärten sind mit Weißweinsorten bepflanzt, wobei das Hauptaugenmerk auf Grünem Veltliner, Riesling sowie Sauvignon Blanc liegt. Neu im Sortiment hat man einen Gelben Traminer, die Lieblingssorte von Jungwinzer Stefan Gilg. Bereits mit der vierten Ernte vom Gelben Traminer konnte man den begehrten Titel des Bundessiegers gewinnen. Die Rotweinflächen teilen sich die Sorten Zweigelt, Merlot und Cabernet Sauvignon. Mit dem Jahrgang 2019 gibt es zum ersten Mal auch zwei Süßweine. Besonders stolz ist man auf den Welschriesling Eiswein aus der Riede Hofmauer – den ersten jemals in Hagenbrunn gekelterten Eiswein. Im neu gebauten Weinkeller auf der Hagenbrunner Hauptstraße kann Familie Gilg seit der Ernte 2017 auf modernste Kellertechnik vertrauen. Seit April 2018 ist auch der neue Verkaufsraum in Betrieb, Verkostung und Verkauf sind jeden Freitag von 13 bis 18 Uhr möglich. Im Heurigenlokal in der Schlossgasse 33 bieten die Gilgs ein traditionelles, heurigentypisches Buffet, saisonale Schmankerln und vegetarische Speisen sowie hausgemachte Mehlspeisen an. Alle Weine kann man dort auch glasweise bestellen.

WEINGUT GILG
2102 Hagenbrunn
Schlossgasse 33
T: +43 (2262) 672781
weingut@gilg.at
www.weingut-gilg.at

Kellermeister/Kontakt:
Ing. Stefan Gilg
Produktion: 5 % Schaumwein, 70 % weiß, 5 % rosé, 18 % rot, 2 % süß, 10 Hektar
Messen: VieVinum, DAC-Präsentationen

© Werbeagentur www.gi17.com

Weingut Gilg

91 Grüner Veltliner ** Ried Tagnern 2020
14 Vol.-%, DV, großes Holzfass, €€
Helles Grüngelb, silberfarbene Reflexe. Einladendes Bukett nach Ananas und Blütenhonig, etwas kandierte Orangenschalen, Passionsfrucht klingt an. Saftig, mittlere Komplexität, feiner Säurebogen, Mangonoten im Abgang, wirkt leichtfüßig, vielseitig einsetzbar.

89 Grüner Veltliner Ried Hofmauer 2021
13,5 Vol.-%, DV, Stahltank, €€

91 Riesling Ried Aichleiten 2021
13 Vol.-%, DV, Stahltank/großes Holzfass, €€
Helles Gelbgrün, Silberreflexe. Feine Kräuternoten, etwas nach Pfirsich, ein Hauch von Salzkaramell, frisches Bukett, mit Minze unterlegt. Mittlerer Körper, gut eingebundene Säurestruktur, mineralisch, salzig, Tropenfrucht im Abgang, Litschis im Rückgeschmack, bereits gut antrinkbar.

90 Gelber Traminer 2021
13,5 Vol.-%, DV, Stahltank, €€
Helles Gelbgrün, Silberreflexe. Reife Tropenfrucht, etwas nach Honigmelone, Wiesenkräuter, zart nach Melisse, kandierte Limettenzesten, floraler Touch. Saftig, elegant, fruchtsüß nach Williamsbirne, leichtfüßig, mineralisch, guter Speisenbegleiter.

89 Sauvignon Blanc 2021
12 Vol.-%, DV, Stahltank, €€

(92) Zweigelt Privat 2019
13,5 Vol.-%, DV, Barrique, €€€€
Dunkles Rubingranat, violette Reflexe, zarte Randaufhellung. Mit feinem Nougattouch unterlegter Powidl, ein Hauch von Waldbeerenkonfit, feine Holzwürze. Saftig, straff, zart nach Edelholz, Brombeeren im Abgang, balancierte Tanninstruktur, Vanille im Nachhall, vielseitig einsetzbar.

★★★

WEINGUT INGRID GROISS

BIO

Ingrid Groiss definiert sich selbst mit diesen drei Begriffen: Leidenschaft, Gefühl und Zielstrebigkeit. Seit 2010 führt sie den Familienbetrieb ihrer Eltern weiter – mit Bravour, wie man sieht. Angefangen hat die junge Weinviertler Winzerin mit klassischen, sortentypischen Weinen, die ihre Persönlichkeit, den Ausdruck der Region und deren Lagen widerspiegeln. Ihrer Linie ist sie bis heute treu geblieben. Ihr ist es ein besonderes Anliegen, naturnahe und individuelle Weine mit Herkunftsprofil und Sortencharakteristik zu produzieren. Ihre persönliche Handschrift unterstreicht und hebt die biologische Bewirtschaftung der Weingärten hervor. In den letzten Jahren hat sie sich durch ihre Konstanz auch international einen Namen gemacht, und ihre Weine werden von vielen Sommeliers sehr geschätzt. Den bisher größten Erfolg hat sie mit ihrem Gemischten Satz, der sowohl alte Traditionen als auch moderne Weinproduktion verbindet und für jeden Konsumenten ein Genuss ist.
Ein weiteres Augenmerk richtet Ingrid Groiss auf die Rebsorte Grüner Veltliner. Hier zeigen die weingutseigenen Einzellagen ausdrucksstark die markanten bodentypischen Besonderheiten der mineralischen Urgesteins-, Konglomerat- und vom Urmeer geprägten Kalkböden.
Für die junge Winzerin steht die Arbeit im Einklang mit der Natur an erster Stelle. Ihr Markenzeichen, der Feldhase, symbolisiert den behutsamen Umgang mit dem Habitat Weingarten und die Verbundenheit mit dem Weingartenleben. Die besonderen Lagen rund um Breitenwaida und Fahndorf und die alten Rebstöcke kommen ihr und ihrer Philosophie sehr entgegen. 2016 erfolgte die Umstellung auf biologische Bewirtschaftung – ein für sie essenzieller Schritt, das Profil der Weine noch weiter zu perfektionieren.
Neben der händischen Weinlese bilden perfektes Traubenmaterial und ausreichend Zeit im Keller für eine gelungene Entwicklung der Weine die weiteren Eckpfeiler.
An Wochenenden führt die Familie Groiss in Breitenwaida in der Nähe von Hollabrunn einen ausgezeichneten Heurigenbetrieb, wo man auch die Weine der aufstrebenden Kel-

WEINGUT INGRID GROISS

2014 Breitenwaida
Tullnerstraße 472
T: +43 (676) 3927703
info@ingrid-groiss.at
www.ingrid-groiss.at

Kellermeister/Kontakt: Ingrid Groiss
Anbauweise: Zertifiziert Biologisch
Produktion: 90 % weiß, 10 % rosé, 18 Hektar
Messen: ProWein Düsseldorf, VieVinum, DAC-Präsentationen

lermeisterin kennenlernen kann. Groiss ist auf alle Fälle ein Name, den man sich für die Zukunft merken sollte.

(92) Grüner Veltliner ** Ried In der Schablau 2021
13,5 Vol.-%, DV, großes Holzfass, €€€€ B
Mittleres Gelbgrün, Silberreflexe. Feine Kräuternoten, etwas nach kandierten Orangenzesten, Guave, etwas Pfirsich. Saftig, gute Komplexität, feine Tabakwürze, leichtfüßig, wird von Flaschenreife profitieren.

91 Grüner Veltliner * Braitenpuechtorff 2021
12,5 Vol.-%, DV, Stahltank, €€€ B
Helles Grüngelb, Silberreflexe. Einladender Duft nach gelbem Apfel und frischen Wiesenkräutern, zart nach Grapefruit. Saftig, engmaschig, weißes Kernobst im Abgang, würziger Nachhall, bleibt gut haften, guter Speisenbegleiter.

(94) Grüner Veltliner Ried Sauberg 2021
13,5 Vol.-%, NK, 500-l-Fass, €€€€€ B
Mittleres Gelbgrün, Silberreflexe. Saftig nach Honigmelone und Ananas, ein Hauch von Blütenhonig, zart nach Orangenzesten. Gute Komplexität, saftig, feine Noten von Guaven, salzig, feine Mineralik, weißer Pfirsich im Nachhall, vielschichtig, mit Potenzial ausgestattet.

(93) Grüner Veltliner Ried Pankraz Reserve 2021
13,5 Vol.-%, NK, 500-l-Fass, €€€€€ B
Mittleres Goldgelb, Silberreflexe. Reife Tropenfrucht, unterlegt mit Tabak und Blütenhonig, ein Hauch von Golden-Delicious-Apfel, saftiges Bukett. Gute Komplexität, straff, feine Mineralik, zart nach Kräutern, weißes Kernobst im Nachhall, vielschichtiger Speisenbegleiter.

(93) Riesling Ried Auf der Henne 2021
13 Vol.-%, NK, großes Holzfass, €€€€€ B
Mittleres Gelbgrün, Silberreflexe. Feine Tabakwürze, unterlegt mit Blütenhonig, zart nach Honigmelone, Mango, floraler Touch. Saftig, gute Komplexität, mineralisch, Zitrusnoten im Abgang, salzig, Pfirsichnoten im Nachhall, vielschichtiger Speisenbegleiter, sicheres Potenzial.

92 Riesling Braitenpuechtorff 2021
12,5 Vol.-%, DV, Stahltank, €€€ B
Leuchtendes helles Gelbgrün. Dezente gelbe Tropenfrucht, zart nach Quitte, Mandarinenzesten klingen an, frisches Bukett. Saftig, elegant, feine Säurestruktur, mineralisch, Marillentouch im Abgang, klassischer Sortenvertreter und guter Speisenbegleiter.

91 Gemischter Satz Braitenpuechtorff 2021
12,5 Vol.-%, DV, Stahltank, €€
Helles Gelbgrün, Silberreflexe. Feine Kräuternoten, ein Hauch von Orangenzesten, zart nach Kumquats, floraler Touch. Saftig, engmaschig, feine Säurestruktur, mineralisch-salzig, weiße Birnenfrucht, guter Speisenbegleiter.

Mühlberg, Röschitz

BIO WEINGUT GRUBER RÖSCHITZ
3743 Röschitz, Winzerstraße 46
T: +43 (2984) 2765, office@gruber-roeschitz.a
www.gruber-roeschitz.at
Kellermeister: Ewald Gruber
Kontakt: Maria Wegscheider
Anbauweise: Zertifiziert Biologisch (Austria Bio Garantie)
Produktion: 70 % weiß, 30 % rot
Zertifiziert: Nachhaltig Austria
Vereinszugehörigkeit: Nordwein Österreich
Messen: Austrian Tasting London, Forum Vini München, Millésime Bio, Prodexpo Moskau, ProWein Düsseldorf, London Wine Fair, The Shanghai International Wine & Spirits Expo, VieVinum, Vinexpo Bordeaux, Vinitaly, DAC-Präsentationen, Hong Kong Internationa Wine & Spirits Fair

★★★

BIO WEINGUT GRUBER RÖSCHITZ

BIO

»Zusammen erreichen wir mehr!« Wir, das sind Maria, Ewald und Christian, die an einem Strang ziehen, sich die Arbeit teilen und ein gemeinsames Ziel verfolgen: authentische Weine in ihrer Heimat Röschitz zu keltern. Schon ihr Großvater wusste, dass am Rande des Weinviertels, in und um Röschitz, die besten Bedingungen für qualitätsbewussten Weinbau gegeben sind: großartige Urgesteins-, Granit- und Lössböden sowie ein kühles kontinentales Klima mit wenig Niederschlag. Die Eigenheiten der Böden versuchen die Geschwister den Weinen mitzugeben, sei es im würzigen Klassiker Grüner Veltliner, beim mineralischen Riesling oder den kühlen, fruchtbetonten Rotweinen wie Sankt Laurent und Pinot Noir. Die Lagencharakteristik liegt ihnen genauso am Herzen wie die Trinkfreude, die die Gruber-Weine vermitteln sollen. Maria, Ewald und Christian Gruber bearbeiten die vielen Parzellen ihres Weinguts seit einigen Jahren biologisch-organisch. Das tun sie aus Überzeugung! Sie lassen der Natur freien Lauf, fördern die Selbstheilungskräfte der Reben und bewahren dabei die wertvollste Ressource – den Boden ihrer Heimat! Dadurch hat sich etwas geändert: Die Trauben werden früher reif, bilden weniger Zucker und Alkohol, benötigen weniger Schwefel und sorgen so für frische, langlebige und geradlinige Weine – Weine, wie die Geschwister sie lieben. Die »Weingeister«, die ihre Etiketten schmücken, sind das Ergebnis einer konsequent verfolgten Strategie, immer am Zahn der Zeit zu agieren und die Sprache des Weines nach außen zu tragen sowie mit und nicht gegen die Natur zu arbeiten. Es sind Mikroorganismen, die natürliche Schädlingsbekämpfung betreiben, Mineralstoffe aufspalten und die Gärung anregen. Die biologische Bearbeitung bietet ihnen beste Bedingungen, dafür helfen sie den Grubers, gesunde Trauben zu ernten und unverwechselbare Weine zu keltern.

92 Grüner Veltliner * Ried Reipersberg 2021
13 Vol.-%, DV, Stahltank, €€€
Leuchtendes Grüngelb, silberne Reflexe. Etwas nach Mango und Papaya, unterlegt mit Blütenhonig, feines Quittengelee und Orangenzesten vervollständigen ein harmonisches Bukett. Saftig, elegant, balancierter Säurebogen, leichtfüßig im Abgang, gelbes Kernobst im Nachhall, guter Speisenbegleiter.

92 Grüner Veltliner * Ried Hundspoint 2021
13 Vol.-%, DV, Stahltank, €€€ B
Leuchtendes mittleres Grüngelb. Zarte gelbe Apfelnoten, etwas nach Wiesenkräutern, ein Hauch von Melisse, mit Blütenhonig unterlegt. Saftig, straff, gut eingebundener Säurebogen, mineralisch, Pfirsichnuancen im Abgang, tabakiger Rückgeschmack, trinkanimierender Speisenbegleiter mit Potenzial.

92 Grüner Veltliner ** Ried Mühlberg 2020
13 Vol.-%, DV, Eichenfass, €€€€€
Mittleres Grüngelb, Goldreflexe. Dezente Holzwürze, etwas nach Vanille und Papaya, zart nach Bergamotte, ein feiner Steinobsttouch klingt an. Mittlerer Körper, kraftvoll, etwas nach Birnen, stoffig, Honigmelone im Abgang, bereits gut antrinkbar.

90 Grüner Veltliner * Klassik 2021
12,5 Vol.-%, DV, Stahltank, €€
Helles Grüngelb, Silberreflexe. Zarte Apfelfrucht, etwas nach Limettenzesten, ein Hauch von Guaven, frisch und einladend. Saftig, feine Säurestruktur, weißes Kernobst und Kräuternoten im Abgang, unkompliziertes Trinkvergnügen.

90 Grüner Veltliner * 2021
12,5 Vol.-%, DV, Stahltank, €€ B
Mittleres Gelbgrün, Silberreflexe. Feine Wiesenkräuter, etwas nach Granny-Smith-Apfel, ein Hauch von Clementinen, grüne Fruchtnuancen. Mittlerer Körper, balancierte Säurestruktur, leichtfüßig, Birnenfrucht im Abgang, bereits gut antrinkbar.

95 Riesling Black Vintage 2019
12 Vol.-%, NK, Stahltank, €€€€€€ B I
Mittleres Gelbgrün, dezente Silberreflexe. Zart nach Honigmelone und kandierter Blutorange, etwas nussig, mit Gewürznuancen unterlegt, facettenreiches Bukett. Saftig, gute Komplexität, feine Kräuternoten, engmaschige Säurestruktur, Pfirsichnuancen im Abgang, dunkle Mineralik im Rückgeschmack, vielschichtiger Speisenbegleiter, mit Potenzial.

92 Riesling Ried Königsberg 2020
12,5 Vol.-%, DV, Stahltank, €€€ B
Mittleres Grüngelb. Intensiver Duft nach Mandarinenzesten, etwas nach reifem Pfirsich, zarter Birnentouch, lebendiges Bukett. Saftig, straff, gut eingebundener Säurebogen, dezente Fruchtsüße nach Honigmelone, bleibt gut haften, vielseitiger Speisenbegleiter.

91 Riesling 2021
12,5 Vol.-%, DV, Stahltank, €€ B
Helles Gelbgrün, Silberreflexe. Zarte Pfirsichnuancen, etwas nach Kräuterwürze, zart nach Limetten, frisches Bukett. Fruchtsüß, zitronig, gut eingebundene Säurestruktur, weißes Steinobst im Abgang, salziger Nachhall, bereits gut antrinkbar.

91 Gelber Muskateller 2021
11 Vol.-%, DV, Stahltank, €€ B
Helles Grüngelb, Silberreflexe. Dezente Grapefruitnoten, etwas nach Muskatnuss, ein Hauch von eingelegten Birnen, floraler Touch. Mittlerer Körper, elegant, gut integrierter Säurebogen, extraktsüß nach weißem Steinobst, bleibt gut haften.

★★★★

WEINGUT GSCHWEICHER

Lebendiger Boden, alte Rebstöcke, außergewöhnlicher Wein – dafür steht der Name Gschweicher aus Röschitz. Das Weingut der Familie Gschweicher verfolgt seinen eigenen Stil und eine klare Linie mit Präzision und Sortentypizität. Seit jeher ist das Weingut ein Weißweinbetrieb, spezialisiert auf Grünen Veltliner und verschiedene Aromasorten in unterschiedlichen Ausbaustufen. Der »Weinviertel Plus«-Leitbetrieb erzeugt aber auch Riesling in drei Charakteren. Ohne großen technischen Aufwand werden mit den Gegebenheiten der Lagen und den unterschiedlichen Reifezuständen die verschiedenen Ausbaustufen komponiert. Ein lebendiger Boden ist das wichtigste Fundament für den Stil der Weine. Drei Viertel der Grüner-Veltliner-Rebstöcke sind über 50 Jahre alt. Premiumwein des Hauses ist der kräftige, mineralische »Primary Rocks«, ein Grüner Veltliner aus Trauben von knapp 90-jährigen Reben, die auf kargem Urgesteinsboden rund um Röschitz heranwachsen.

(94) Grüner Veltliner * Ried Kellerberg 2021
14 Vol.-%, DV, großes Holzfass/Stahltank, €€€ H
Leuchtendes Goldgelb, Silberreflexe. Mit feinem Blütenhonig unterlegte reife Ananas, etwas nach Guave, kandierte Orangenzesten. Saftig, komplex, facettenreiche Säurestruktur, mineralisch, kraftvoll nach reifer Mango, bleibt lange haften, vielschichtiger Speisenbegleiter mit Potenzial.

* Weinviertel DAC ** Weinviertel DAC Reserve

Bernhard Gschweicher

WEINGUT GSCHWEICHER

3743 Röschitz
Winzerstraße 29
T: +43 (2984) 3800
office@gschweicher.at
www.gschweicher.at

Kellermeister/Kontakt:
Bernhard Gschweicher
Produktion: 100 % weiß, 15 Hektar
Vereinszugehörigkeit:
Weingüter Retzer Land
Messen: ProWein Düsseldorf, VieVinum

90 Grüner Veltliner * GrooVee 2021

12,5 Vol.-%, DV, Stahltank, €€ Ⓗ
Helles Gelbgrün. Feine Kräuternoten, etwas nach Golden-Delicious-Apfel, zart nach Orangenschalen. Saftig, balanciert, dezente weiße Tropenfrucht im Abgang, mineralischer Nachhall.

(94) Grüner Veltliner Primary Rocks 2021

14 Vol.-%, DV, großes Holzfass, €€€€ Ⓗ
Mittleres Gelbgrün, Silberreflexe. Feine Wiesenkräuter, gelbe Tropenfrucht, zart nach Honigmelone, etwas nach Vanille, mit tabakigen Nuancen unterlegt. Saftig, komplex, eleganter Säurebogen, lange anhaftend, mineralisch, Tropenfruchtnoten im Abgang, salziger Nachhall, vielschichtiger Speisenbegleiter mit Potenzial.

93 Grüner Veltliner Ried Königsberg 2021

13 Vol.-%, DV, großes Holzfass/Stahltank, €€ Ⓗ
Mittleres Gelbgrün, Silberreflexe. Feine Kräuternoten, dezente weiße Tropenfrucht, Grapefruitzesten, mit Melisse unterlegt. Gute Komplexität, saftig, straffe Säurestruktur, extraktsüß nach Apfelfrucht, mineralischer Nachhall.

92 Grüner Veltliner Ried Galgenberg 2021

13 Vol.-%, DV, Stahltank, €€ Ⓗ
Helles Gelbgrün, Silberreflexe. Zart nach gelbem Apfel und Kardamom, etwas nach Orangen, Wiesenkräuter klingen an. Saftig, elegant, feine Struktur, gelbe Fruchtnoten im Abgang, guter Speisenbegleiter.

90 Grüner Veltliner Urkristall 2021

11,5 Vol.-%, DV, Stahltank, €€ Ⓗ
Helles Grüngelb, silberne Reflexe. Feine Kräuternoten, etwas nach grünem Apfel, frisches Bukett, etwas nach Limetten. Saftig, straff, feine Säurestruktur, Kernobst im Abgang, leichtfüßiger Nachhall, bereits gut antrinkbar.

(93) Riesling Ried Mühlberg Reserve 2021

13,5 Vol.-%, DV, Stahltank, €€€€ Ⓗ
Leuchtendes Gelbgrün, Silberreflexe. Feine Zitrusnoten, Blütenhonig, Quitte klingt an, mit Wiesenkräutern unterlegt. Saftig, fruchtsüß nach Marille, engmaschig, balancierte Säurestruktur, vielschichtig.

92 Riesling Ried Reipersberg Urgestein 2021

12,5 Vol.-%, DV, großes Holzfass/Stahltank, €€ Ⓗ
Helles Gelbgrün, Silberreflexe. Feine Kräuternoten, etwas nach weißem Pfirsich, dezente Zitrusnuancen, engmaschiges Bukett. Saftig, elegant, feine Säurestruktur, Zitrus im Abgang, mineralisch, facettenreiches Bukett, frisches Finish, guter Speisenbegleiter.

91 Sauvignon Blanc Ried Reipersberg 2021

12,5 Vol.-%, DV, Stahltank, €€ Ⓗ
Helles Gelbgrün, Silberreflexe. Dezenter Duft nach gemähtem Gras und Stachelbeeren, ein Hauch von Gewürzen, frisches Bukett. Saftig, straff, facettenreiche Säurestruktur, extraktsüß nach gelbem Apfel, frisch und lebendig.

91 Grauburgunder Ried Gebirg 2021

13,5 Vol.-%, DV, Stahltank/großes Holzfass, €€ Ⓗ
Mittleres Gelbgrün, Silberreflexe. Feiner Blütenhonig und reife Mango, zart nach Guave, etwas Eibisch. Saftig, elegant, feine Säurestruktur, feinwürzig, fruchtsüß nach Tropenfrucht, bereits gut antrinkbar.

★★★

WEINGUT HAGN

Mehr als 300 Jahre Erfahrung hat die Familie Hagn bereits im Weinbau. Frischen Wind bringen die Juniorchefs Leo und Wolfgang ein. Nachhaltigkeit und Zukunftsorientierung sind ihnen ein besonderes Anliegen. Das beweisen die kürzlich erfolgte Zertifizierung für die Verarbeitung von Biotrauben, die hauseigene Fotovoltaikanlage und die E-Tankstelle für Gäste des »Weindomizils«, des Restaurants der Hagns mit Gästezimmern und fantastischem Fernblick über das »Mailberg Valley«. Die Weine gehören zu den besten des Weinviertels. Zahlreiche Auszeichnungen holt das Weingut Hagn jedes Jahr nach Mailberg, und das für Weißweine, Rotweine und ebenso für den Betrieb an sich. »Wir wollen mit unseren Weinen ein unvergleichliches und gleichzeitig rundum nachhaltiges Genusserlebnis bieten. Mit einem wachen Blick nach vorne können wir das kontinuierlich garantieren«, so die beiden Cousins.

(93) Grüner Veltliner ** Green Hunter 2020
13,5 Vol.-%, DV, großes Holzfass, €€€ B
Leuchtendes Gelbgrün, Silberreflexe. Feine Holzwürze, etwas nach Karamell, reife Ananas und Passionsfrucht, einladendes Bukett. Saftig, extraktsüß, balancierte Säurestruktur, etwas nach Marille, zart nach Kräutern und weißem Nougat im Nachhall, guter Speisenbegleiter mit sicherem Potenzial.

(94) Grüner Veltliner Unique 2021
14 Vol.-%, NK, Barrique, €€€€€ B
Mittleres Gelbgrün, Silberreflexe. Dezenter Blütenhonig, etwas nach Mango und Melone, ein Hauch von Wiesenkräutern, floraler Touch. Gute Komplexität, straff, facettenreiche Säurestruktur, mineralisch, Mango im Abgang, lange anhaltend, sicheres Potenzial.

91 Grüner Veltliner Ried Antlasbergen 2021
13 Vol.-%, DV, Stahltank, €€
Helles Gelbgrün, Silberreflexe. Feine Kräuternoten, ein Hauch von Apfel und Maracuja, Limettenzesten klingen an. Saftig, elegant, lebendige Säurestruktur, würzig, extraktsüß nach Kernobst, bleibt gut haften, vielseitig einsetzbar.

91 Grüner Veltliner Ried Hundschupfen 2021
13 Vol.-%, DV, Stahltank, €€
Mittleres Gelbgrün, Silberreflexe. Mit Wiesenkräutern unterlegte weiße Apfelfrucht, zart nach Melisse und Clementinenzesten. Saftig, elegant, komplex, feine Säurestruktur, mineralisch, Steinobst im Abgang, vielseitig einsetzbar.

(92) Chardonnay Unique 2021
14 Vol.-%, NK, Barrique, €€€€€ B V
Leuchtendes Gelbgrün, Silberreflexe. Feine Tabakwürze, etwas nach Maracuja, ein Hauch von Papaya, zart nach Vanille, Orangenschalen. Komplex, saftig, feine Fruchtsüße nach reifem Pfirsich, Blütenhonig, feine Holzwürze, gut integrierte Tannine, sicheres Entwicklungspotenzial.

90 Riesling classic 2021
13 Vol.-%, DV, Stahltank, €€
Helles Gelbgrün, Silberreflexe. Frisches Bukett nach Limetten und weißem Steinobst, zart nach Kiwi, Wiesenkräuter. Mittlerer Körper, feine Säurestruktur, Tropenfrucht im Abgang, bereits gut antrinkbar.

WEINGUT HAGN
2024 Mailberg
Hauptstraße 154
T: +43 (2943) 2256
info@hagn-weingut.at
www.hagn-weingut.at

Kellermeister: Leo Hagn
Kontakt: Wolfgang Hagn
Produktion: 80 % weiß, 20 % rot, 50 Hektar
Vereinszugehörigkeit: Mailberg Valley
Messen: Alles für den Gast Salzburg, VieVinum, DAC-Präsentationen

* Weinviertel DAC ** Weinviertel DAC Reserve

WEINGUT FAMILIE HAHN

Mit Liebe und Leidenschaft: »Wenn der Beruf zugleich Hobby ist, dann ist die Arbeit mit der Natur die schönste Herausforderung. Liebe und Leidenschaft zum Wein können mit jedem Schluck ausgedrückt werden.« So lautet das Betriebsmotto. Das traditionsreiche Weingut Hahn ist seit 1638 im Familienbesitz und wird von Paul Hahn geführt. Aus rund 20 Hektar Rebfläche werden die edlen Tropfen national und international erfolgreich vermarktet. Die naturnahe, streng qualitätsorientierte Traubenverarbeitung kombiniert mit moderner Kellertechnologie ergibt duftige, spritzige Weißweine und fruchtige, volle Rotweine. Verschiedenste Auszeichnungen sind der Lohn für Feingefühl und permanente Qualitätsorientierung – unter anderem zehnmal »SALON«, fünfmal »Weinviertel Champion«, »Lecher Festwein« sowie 2019 Bundessieger im »SALON Österreich Wein«.

92 Grüner Veltliner * Große Reserve 2019
13,5 Vol.-%, DV, großes Holzfass, €€€€€
Mittleres Gelbgrün, Silberreflexe. Dezente Tabak-Holz-Würze, etwas nach Tropenfrucht, ein Hauch von Ananas, etwas nach weißem Nougat. Saftig, komplex, elegant, finessenreiche Säurestruktur, Maracuja im Abgang, salziger Nachhall, vielseitig einsetzbar.

WEINGUT FAMILIE HAHN
2223 Hohenruppersdorf
Marktplatz 13
T: +43 (2574) 8296
verkauf@weinguthahn.at
www.weinguthahn.at

Kellermeister/Kontakt:
Paul Hahn
Produktion: 5 % Schaumwein, 60 % weiß, 35 % rot, 20 Hektar
Messen: Forum Vini München, ProWein Düsseldorf, VieVinum, Weinmesse Innsbruck, WeinMüchen

90 Grüner Veltliner * Ried Gaisrupp 2021
13 Vol.-%, DV, Stahltank, €€
Helles Gelbgrün, Silberreflexe. Feine Kräuternoten, etwas nach Mandarinenzesten, ein Hauch von Apfelfrucht. Mittlerer Körper, elegant, balancierte Säurestruktur, Kernobst im Abgang, bereits gut antrinkbar.

90 Grüner Veltliner ** 2020
13,5 Vol.-%, DV, großes Holzfass, €€€
Helles Goldgelb, Silberreflexe. Mit etwas Blütenhonig unterlegtes reifes Kernobst, zart nach Ananas, Cayennepfeffer klingt an. Saftig, elegant, kraftvoll, gut eingebundene Säurestruktur, extraktsüß nach Tropenfrucht, guter Speisenbegleiter.

91 Pinot Blanc Exklusiv 2019
13,5 Vol.-%, NK, 500-l-Fass, €€€€
Helles Gelbgrün, Silberreflexe. Feine Kräuternoten, etwas nach Birnen, zart nussige Nuancen, Papaya klingt an. Saftig, cremige Textur, Maracuja im Abgang, Nougat im Nachhall, vielseitig einsetzbar.

91 Hahn 1 Exklusiv 2018 ME/CS
14 Vol.-%, NK, Barrique, €€€€€
Tiefdunkles Rubingranat, violette Reflexe, zarte Randaufhellung. Feine Tabakwürze, nach schwarzem Cassis, reife rote Kirschfrucht, etwas nach Datteln, Mandarinen klingen an. Saftig, elegant, gut integrierte Tannine, frisches Bukett, Herzkirschen, guter Speisenbegleiter.

91 Pinot Noir Exklusiv 2017
14 Vol.-%, NK, 500-l-Fass, €€€€€
Kräftiges Karmingranat, violette Reflexe, breite Ockerrandaufhellung. Feine Edelholzwürze, rotes Waldbeerenkonfit, ein Hauch von kandierten Orangenzesten. Am Gaumen süße Feigen, samtige Tannine, gute Frische, schokoladig-nussig im Abgang, würziger Nachhall, ein saftiger Speisenbegleiter.

GRAF HARDEGG
2062 Seefeld-Kadolz
Großkadolz 1
T: +43 (2943) 2203
office@guthardegg.at
www.grafhardegg.at

Kellermeister: Andreas Gruber
Kontakt: DI Maximilian Hardegg und Andreas Gruber
Anbauweise: Zertifiziert Biologisch (Bio Austria)
Produktion: 65 % weiß, 33 % rot, 2 % süß, 30 Hektar
Messen: VieVinum

Maximilian Hardegg

★★★

GRAF HARDEGG

BIO

Das 30 Hektar große Weingut Graf Hardegg ist Teil des namhaften Guts Hardegg im nördlichen Weinviertel an der Pulkau. Für den Eigentümer Dipl.-Ing. Maximilian Hardegg steht die Schaffung eines hochwertigen Ökosystems in einer renaturierten Kulturlandschaft im Mittelpunkt seines Tuns. Dieser ganzheitliche Ansatz steht unter dem Motto »gelebte Artenvielfalt« und wird auch auf dem gutseigenen Weingut spürbar. Durch Kompost aus der betriebsinternen Kreislaufwirtschaft sind die kargen Sand-Rohgesteins-Böden mit hohem Kalkanteil voller Leben und stärken so die Rebstöcke. In den Weingärten finden sich unzählige Feldvögel, Insekten und andere Nützlinge – sogar Wildbienen. Es wachsen Wildkräuter und Leguminosen. Seit 2006 wird kontrolliert organisch-biologisch bewirtschaftet.

Die Weinkeller und Rieden liegen in unmittelbarer Umgebung von Schloss Seefeld, dem Wohnsitz der Familie Hardegg. Herzstück ist der barocke Hofkeller aus dem Jahr 1640 mit seinen beeindruckenden Gewölben und verzweigten Kellergängen, die Aufschluss über die jahrhundertelange gräfliche Weinbautradition geben. Aufgrund des perfekten »Kellerklimas« wird der Hofkeller heute für die Reifung von Spitzengewächsen genutzt und beherbergt die hauseigene Sektmanufaktur. Der Pioniergeist und der Einsatz von Maximilian Hardegg und seinem Team haben sich bewährt, zählt doch das Weingut mit seiner exklusiven Produktpalette seit Jahren zu den heimischen Spitzenbetrieben und Vorreitern. Boden, Weingartenarbeit und Klima finden hier zusammen. Speziell das stark kontinental geprägte Klima mit wenig Niederschlag, heißen Tagen, aber kühlen Spätsommernächten ermöglicht es, Weine mit viel Eleganz, Finesse und feinem Säurerückgrat zu keltern.

92 Ⓖ Graf Hardegg Sekt Austria g.U. brut Große Reserve 2018 CH/PN
12 Vol.-%, NK, Flaschengärung, €€€€€ Ⓑ
Mittleres Gelbgrün, silberfarbene Reflexe, feines Mousseux. Dezente Apfelfrucht, etwas nach Blütenhonig, unterlegt mit Kräutern und Quitte, Kumquats klingen an. Saftig, elegant, feine Säurestruktur, würzig, Maracuja klingt an, feine Textur, mineralischer Nachhall, vielseitig einsetzbar.

© Robert A. Herbst

Grüner Veltliner

91 Graf Hardegg Sekt Austria g.U. rosé brut Große Reserve 2018 PN/ZW
12 Vol.-%, NK, Flaschengärung, €€€€€
Helles Roségold, Kupferreflexe, zart moussierend. Feine Tabakwürze, etwas nach Mandarinenzesten, ein Hauch von Walderdbeeren, Wiesenkräuter, frisches Bukett. Mittlere Komplexität, lebendig, frische Struktur, Feigentouch im Abgang, salziger Nachhall, jugendlicher Stil.

(93) Riesling Ried Steinbügel 2021
13,5 Vol.-%, DV, großes Holzfass, €€€€€ Ⓑ
Mittleres Gelbgrün, silberfarbene Reflexe. Feiner Blütenhonig, etwas nach Marille, dunkle Mineralik, kandierte Grapefruitzesten. Saftig, straff, vielschichtig, frischer Säurebogen, weißer Pfirsich im Abgang, Limetten im Nachhall, gutes Potenzial.

(91) Riesling vom Schloss 2021
13,5 Vol.-%, DV, großes Holzfass, €€€ Ⓑ
Mittleres Gelbgrün, silberfarbene Reflexe. Dezente Marillennote, Orangenschalen, ein Hauch von Kräutern, floraler Touch, attraktives Bukett. Saftig, elegant, facettenreiche Säurestruktur, mineralisch-salzig, feine weiße Tropenfrucht im Abgang, etwas nach Litschis, vielseitiger Speisenbegleiter.

93 Viognier V 2020
14 Vol.-%, DV, Barrique, €€€€€
Helles Gelbgrün, silberfarbene Reflexe. Feine Tabakwürze, mit etwas nussigen Aromen unterlegte gelbe Tropenfrucht, zart nach Vanille, einladendes Bukett. Saftig, gute Komplexität, rauchige Nuancen, Honigmelone im Abgang, würziger Nachhall, vielschichtig, kraftvoller Speisenbegleiter.

(92) Grüner Veltliner Ried Steinbügel 2021
13,5 Vol.-%, DV, gebrauchte Barriques, €€€€ Ⓑ
Leuchtendes mittleres Gelbgrün, Silberreflexe. Einladender Duft nach Passionsfrucht, etwas Blütenhonig, mit Ananas und Wiesenkräutern unterlegt. Mittlerer Körper, balancierte Säurestruktur, samtige Textur, Mangonoten im Abgang, Vanilletouch im Nachhall, vielseitig einsetzbar, mit Potenzial ausgestattet.

91 Grüner Veltliner vom Gut 2021
13 Vol.-%, DV, Stahltank, €€ Ⓑ
Helles Gelbgrün, Silberreflexe. Feine Wiesenkräuter, Kernobstnoten, zart nach Orangenschalen, tabakiger Touch. Mittlerer Körper, fruchtsüß, feine Kräuternoten, etwas Maracuja im Abgang, salziger Nachhall, unkomplizierter Speisenbegleiter.

(91) Grüner Veltliner vom Schloss 2021
13,5 Vol.-%, DV, großes Holzfass, €€€ Ⓑ
Mittleres Gelbgrün, silberne Reflexe. Einladender Duft nach Blütenhonig und etwas kandierter Zitrusfrucht, Steinobsttouch, Maracuja klingt an. Mittlere Komplexität, feine Säurenuancen, tabakig, ein Hauch von Melisse, Tropenfruchtnoten im Abgang, bleibt gut haften.

89 Grüner Veltliner Edition Girlitz 2021
12,5 Vol.-%, DV, Stahltank, €€ Ⓑ

90 Rosé Edition Gimpel 2021 PN/ME
12 Vol.-%, DV, Stahltank, €€
Mittleres Altrosa, Kupferreflexe. Feine Kräuternoten, etwas rote Apfelfrucht, ein Hauch von Himbeeren, zarte Zitrusnoten. Mittlerer Körper, feine Struktur, Erdbeerkonfit im Abgang, bleibt gut haften, unkomplizierter Sommerwein.

92 Pinot Noir Ried Steinbügel 2018
13,5 Vol.-%, DV, gebrauchte Barriques, €€€€€ Ⓑ
Mittleres Karmingranat, ockerfarbene Reflexe, breitere Randaufhellung. Mit feinen Kräuternoten unterlegtes frisches Nougat, etwas nach roter Waldbeerenfrucht, feinwürzige Nuancen. Mittlerer Körper, feine Säurestruktur, mineralisch, rotbeeriger Abgang, tabakiger Nachhall, wird von Flaschenreife profitieren.

93 Blauer Zweigelt Forticus 2015
17 Vol.-%, NK, gebrauchte Barriques, €€€€€
Dunkles Rubingranat, Ockerreflexe, zarte Randaufhellung. Feine Dörrobstnoten, unterlegt mit getrockneten Orangen, Zartbitterschokolade, schwarzes Beerenkonfit, mit Holznuancen unterlegt. Saftig, gute Komplexität, gut eingebundene Tannine, samtige, gut integrierte Fruchtsüße, feine Röstaromatik im Abgang, facettenreiches Finish nach Honig und Lebkuchen, vielschichtiger Wein mit langem Reifepotenzial.

★★

WEINGUT HIRTL

Wenn es in den letzten Jahren um die Spitzenplatzierungen bei nationalen und internationalen Weinevents ging, tauchte der Name des Weinguts Hirtl aus Poysdorf immer wieder ganz vorne auf. Zu verdanken ist das nicht nur dem konsequenten Qualitätsstreben des niederösterreichischen Traditionsbetriebs, sondern vor allem dem natürlichen Zugang zur Weinproduktion, den sich Andrea und Martin Hirtl seit ihrer Betriebsübernahme im Jahr 2001 bewahrt haben. Der persönliche Kontakt und Austausch mit den Kunden steht dabei ebenso im Vordergrund wie der Respekt vor den natürlichen Ressourcen einer einzigartigen Weinregion. Die geologischen und klimatischen Besonderheiten des Weinviertels werden mit Know-how, Erfahrung und viel Gespür kombiniert und eins zu eins in die Flasche gebracht. Die Qualität zieht sich dementsprechend durch den gesamten Sortenspiegel, der zahlreiche prämierte Vertreter aufzuweisen hat. Insgesamt steht das Weingut Hirtl für fruchtig-spritzige Weißweine, legendäre Rotweine und ausgezeichnete Prädikatsweine, von denen man sich gerne ein Glas nachschenkt und – was in Zeiten wie diesen besonders wichtig ist – die nicht nur kostbar, sondern auch leistbar sind.

WEINGUT HIRTL
2170 Poysdorf
Brunngasse 72
T: +43 (2552) 2182
office@weingut-hirtl.at
www.weingut-hirtl.at

Kellermeister: Martin Hirtl
Kontakt: Andrea Hirtl
Produktion: 3 % Schaumwein, 70 % weiß, 2 % rosé, 25 % rot, 25 Hektar
Messen: ProWein Düsseldorf, VieVinum, Weinmesse München, DAC-Präsentationen

91 Grüner Veltliner * Ried Waldberg 2021
12,5 Vol.-%, DV, Stahltank, €€
Helles Grüngelb. Ein Hauch von Blütenhonig, unterlegt mit Wiesenkräutern, zart nach Ananas und roter Apfelfrucht. Mittlerer Körper, feiner Säurebogen, etwas nach Melisse, Apfelnoten auch im Abgang, bereits gut antrinkbar.

91 Grüner Veltliner ** 2019
13,5 Vol.-%, DV, Stahltank, €€€
Mittleres Gelbgrün, Silberreflexe. Etwas nach Vanille und reifer Tropenfrucht, ein Hauch von Gewürzen, mit Blütenhonig unterlegter Melonentouch. Mittlerer Körper, kraftvoll, nach Papaya, balancierter Säurebogen, feinwürziger Nachhall, guter Speisenbegleiter.

90 Grüner Veltliner * Franz 2021
12,5 Vol.-%, DV, Stahltank, €€
Helles Gelbgrün, Silberreflexe. Feine Kräuternoten, weißes Kernobst, ein Hauch von Grapefruit, mineralischer Touch, lebendiges Bukett. Mittlerer Körper, gut integrierte Säurestruktur, Apfelfrucht, extraktsüß, zartes Pfefferl im Abgang, guter Speisenbegleiter.

89 Grüner Veltliner * Ried Kirchberg 2021
12,5 Vol.-%, DV, Stahltank, €€

90 Grüner Veltliner Ried Bürsting 2021
13 Vol.-%, DV, Stahltank, €€
Helles Gelbgrün, Silberreflexe. Feine Birnenfrucht, ein Hauch von Kardamom, mit reifer Apfelfrucht unterlegt, zart nach Melisse. Saftig, feiner Säurebogen, etwas zurückhaltend, feine Tropenfrucht, Orangentouch im Rückgeschmack, vielseitig einsetzbar.

89 Riesling Exklusiv 2021
12,5 Vol.-%, DV, Stahltank, €€

* Weinviertel DAC ** Weinviertel DAC Reserve

★★

WEINGUT HOFBAUER-SCHMIDT

Gemeinsam arbeiten, entscheiden, lachen – dafür stehen Petra, Leopold und Johannes. Ihre gemeinsame Leidenschaft gehört dem Weingut in Hohenwarth im »Dreiländereck« von Kamptal, Wagram und Weinviertel, einem Familienbetrieb, wo die Leidenschaft Wein bereits seit acht Generationen gelebt wird. Alle Entscheidungen in Weingarten und Keller selbst zu treffen gibt der Familie die Möglichkeit, ihre Weine so zu gestalten, wie es ihren Qualitätsansprüchen entspricht. Petra und Leopold prägten das Weingut in den letzten 30 Jahren. Sie erweiterten die Rebfläche, bauten ein neues Presshaus und erarbeiteten sich eine anspruchsvolle, spannende Weinstilistik ganz nach ihrem Geschmack. Seit 2016 sorgt ihr Sohn Johannes Hofbauer-Schmidt – nach abgeschlossener Weinbauausbildung an der Weinbauschule Klosterneuburg und einem Wirtschaftsstudium – für neuen Drive. Die enge Zusammenarbeit der Generationen ist für das Weingut Hofbauer-Schmidt ein großer Vorteil, denn der Mix aus langjähriger Erfahrung und jungen Ideen ist ausgezeichnet. Die Leitsorten sind Grüner Veltliner aus den Einzellagen Hochstrass, Kronberg und Kellerberg sowie die autochthone Sortenrarität Roter Veltliner, die einen besonders hohen Stellenwert hat. 2017 setzte sich das Weingut gegen die starke Konkurrenz durch und gewann mit der internationalen Rebsorte Sauvignon Blanc die Bundesmeisterschaft des österreichischen Weines. Die Liebe zum Sauvignon brachte Johannes vom Praktikum in Neuseeland mit, das er in Marlborough auf dem Weingut von Welt-Kameramann Michael Seresin absolvierte. 2018 holte er den Titel »VINEUS Newcomer Winzer des Jahres« nach Hause und ist somit einer der erfolgreichsten Jungwinzer Österreichs.

92 Grüner Veltliner ** Ried Kellerberg 2020
13 Vol.-%, NK, Teilbarrique, €€€
Mittleres Gelbgrün, silberfarbene Reflexe. Feine Tabakwürze, ein Hauch von Pfirsich, Wiesenkräuter, Apfeltouch klingt an. Mittlere Komplexität, saftig, engmaschig, extraktsüß nach Birne, mineralischer Nachhall, guter Speisenbegleiter.

(91) Grüner Veltliner ** Alte Reben 2021
13,5 Vol.-%, DV, großes Holzfass, €€€
Helles Gelbgrün, Silberreflexe. Einladender Duft nach kandierten Zitruszesten und weißer Tropenfrucht, etwas nach Kalamansi, würzig unterlegt. Saftig, straff, gut integrierter Säurebogen, zart nach Kräutern und gelber Apfelfrucht im Abgang, guter Speisenbegleiter.

Petra, Johannes und Leopold Hofbauer-Schmidt

WEINGUT HOFBAUER-SCHMIDT
3472 Hohenwarth
Hauptstraße 54
T: +43 (2957) 221
weingut@hofbauer-schmidt.at
www.hofbauer-schmidt.at

Kellermeister: Leopold und Ing. Johannes Hofbauer-Schmidt
Kontakt: Petra, Leopold und Ing. Johannes Hofbauer-Schmidt
Produktion: 95 % weiß, 5 % rot, 15+10 Hektar
Zertifiziert: Nachhaltig Austria
Messen: VieVinum, DAC-Präsentationen

© Martin Sommer

90 Grüner Veltliner * Ried Hochstrass 2021
13 Vol.-%, DV, Stahltank, €€
Helles Gelbgrün, silberfarbene Reflexe. Feine Würze, etwas dunkle Mineralik, ein Hauch von weißem Kernobst, Quitte klingt an. Mittlerer Körper, feine Säurestruktur, dezente gelbe Fruchtnuancen im Abgang, unkompliziertes Trinkvergnügen.

(92) Roter Veltliner Alte Reben 2021
13,5 Vol.-%, DV, Stahltank/500-l-Fass, €€€
Mittleres Gelbgrün, silberfarbene Reflexe. Etwas nach Kardamom und gelber Tropenfrucht, zart nach Orangenschalen, mit Tabakwürze unterlegt. Saftig, elegant, balancierter Säurebogen, stoffig, zart nach Birne, fruchtiger Nachhall, Honig im Rückgeschmack, gutes Entwicklungspotenzial.

90 Roter Veltliner Ried Hochstrass 2021
13 Vol.-%, DV, Stahltank, €€
Mittleres Gelbgrün. Zart nach Birnen und Blütenhonig, etwas nach Guave, ein Hauch von Melisse, feinwürzig unterlegt. Saftig, elegant, feine Kräuternoten, kraftvoll, Apfelfrucht im Abgang, extraktsüßer Nachhall, unkomplizierter Speisenbegleiter.

90 Sauvignon Blanc Ried Mühlweg 2021
12,5 Vol.-%, DV, Stahltank, €€
Helles Gelbgrün, Silberreflexe. Feine Cassisnoten, Wiesenkräuter, zart nach grünen Paprikaschoten, Zitruszesten klingen an. Mittlerer Körper, lebendige Struktur, zart nach Stachelbeeren, zitroniger Nachhall, bereits gut antrinkbar.

★★

WINZER CHRISTIAN JASSEK

»Wein zu machen ist für mich eine Sache, die in Summe einfach irrsinnig Spaß macht«, so Christian Jassek. »Es ist Beruf und Berufung, immer eine Herausforderung, Arbeit in, mit und für die Natur – mit Spaß, Freude und Erfolg. Für mich ein Lebensgefühl. Es gibt jährlich etwas Neues, nie sind die Abläufe gleich, immer musst du am Drücker sein – wenn möglich, schon einen Schritt voraus, um zwei Wochen später zu merken, dass zwei Schritte weiter hinten besser gewesen wären. Kein Rezept, nur die Idee im Kopf, nach vielen Schweißperlen das Ergebnis im Glas und dann noch der Aha-Effekt beim Verkosten – einfach darum! Regionales als Grundlage, als Basis, um darauf aufzubauen. Internationales als Draufgabe – Weiß als Vorgabe und Rot als Passion. Wenn es das Jahr erlaubt, Süß als Zugabe. Die Natur dient als Grundlage, sie gibt vor. Erhalten, veredeln, umsetzen – Weine erzeugen, die Charakter haben, mit wenig Schnick und noch weniger Schnack. Dem Motto folgend: Guten Wein zu machen ist eine Fertigkeit, feinen Wein zu machen ist eine Kunst.« Dieser Aussage kann man sich nur anschließen.

(92) Grüner Veltliner ** Ried Schatzberg 2019
13,5 Vol.-%, NK, Teilbarrique, €€€€
Mittleres Gelbgrün, silberne Reflexe. Mit feiner Räucherwürze unterlegte gelbe Apfelfrucht, dunkle Mineralik, etwas reduktiv, einladendes Bukett. Saftig, kraftvoll, gute Komplexität, weiße Tropenfrucht im Abgang, salziger Nachhall, guter Speisenbegleiter.

(90) Grüner Veltliner * 2021
13 Vol.-%, DV, Stahltank, €€
Helles Gelbgrün, Silberreflexe. Feine Kräuternoten, etwas gelber Apfel, zart pfeffrig, ein Hauch von Clementinen. Mittlerer Körper, feine Säurestruktur, weißes Kernobst im Abgang, mineralischer Nachhall, bereits gut antrinkbar.

WINZER CHRISTIAN JASSEK
2053 Ragelsdorf
Ragelsdorf 16
T: +43 (664) 4650798
office@winzer-jassek.at
www.winzer-jassek.at

Kellermeister/Kontakt:
Christian Jassek
Produktion: 40.000 Flaschen
50 % weiß, 5 % rosé, 44 % rot, 1 % süß, 9 Hektar

92 Weißburgunder Ried Schatzberg Cru Reserve 2019
14 Vol.-%, NK, kleines Holzfass, €€€€
Helles Gelbgrün, Silberreflexe. Feine Kräuternoten, ein Hauch von Vanille, etwas Papaya, Birnen-Chutney klingt an, dazu ein Hauch von kandierten Orangenschalen. Saftig, elegant, balancierter Säurebogen, Melone im Abgang, dunkle Mineralik im Nachhall, vielseitig einsetzbar.

(88) Summa 2021 WR/GV/SB
11,5 Vol.-%, DV, Stahltank, €€

92 Merlot Reserve Ried Schatzberg 2016
14,5 Vol.-%, NK, kleines Holzfass, €€€€€
Dunkles Rubingranat, violette Reflexe, zarte Randaufhellung. Feine Kirschfrucht, etwas nach Gewürzen, mit Nougat unterlegte Pflaumen. Saftig, kraftvoll, feine, gut integrierte Tanninstruktur, Tabakwürze im Abgang, dunkle Waldbeerenfrucht im Rückgeschmack, bleibt gut haften, gutes Potenzial.

91 Quercus Reserve 2016 ZW/ME
14,5 Vol.-%, DV, kleines Holzfass, €€€
Dunkles Rubingranat, violette Reflexe, zarte Randaufhellung. Mit feiner Tabakwürze unterlegte reife Zwetschkennoten, etwas nach dunklem Beerenkonfit, Orangenschalen klingen an. Mittlerer Körper, feine Struktur, gut eingebundene Tannine, rote Kirschfrucht im Abgang, guter Speisenbegleiter.

★★★

WEINGUT JORDAN

Dort, wo die Böhmische Masse des Waldviertels auf die Molassezone des Weinviertels trifft, an den Ausläufern des Manhartsbergs, liegt die alte Weinbaustadt Pulkau. Nur einen Steinwurf davon entfernt, in der kleinen Ortschaft Groß-Reipersdorf, befindet sich das Weingut Jordan. Seit 1858 wird hier Weinbautradition großgeschrieben, und seit 2010 führt Simone Hiller-Jordan das Weingut – gemeinsam mit ihrem Partner Hannes sowie mit tatkräftiger Unterstützung ihrer Eltern. Winzerin zu sein bedeutet für Simone Hiller-Jordan, die Faszination der Natur einzufangen und die besten Qualitäten, die die Natur zulässt, in den Keller zu bringen. Die vorherrschenden Böden aus Urgestein sowie Lehm und Löss, gepaart mit dem Aufeinandertreffen der rauen Waldviertler Winde und dem pannonischen Klima des Weinviertels, schaffen die besten Voraussetzungen für ihre ausdrucksstarken Weine. Im von Weißwein dominierten Weinviertel bilden die Pulkauer Lagen, insbesondere die Ried Haselparz, eine Rotweininsel. Besonders die alten österreichischen Sorten Zweigelt und St. Laurent haben es Simone Hiller-Jordan angetan. Frei nach dem Motto »Weingüter entstehen nicht von heute auf morgen, sie werden von Generationen zu dem gemacht, was sie heute sind« nutzt die junge Winzerin die Erkenntnisse der vorangegangenen Generationen, und lässt sich ganz bewusst auf die Natur ein, um mit viel Liebe und Leidenschaft Weine zu keltern, die Lust auf mehr machen.

WEINGUT JORDAN
3741 Pulkau
Groß-Reipersdorf 12
T: +43 (2946) 2464
office@weingut-jordan.at
www.weingut-jordan.at

Kellermeister/Kontakt:
Ing. Simone Hiller-Jordan
Produktion: 50 % weiß, 50 % rot, 12 Hektar
Vereinszugehörigkeit:
Weingüter Retzer Land
Messen: ProWein Düsseldorf, VieVinum, Vinobile Feldkirch, DAC-Präsentationen

92 Grüner Veltliner Brut Reserve 2020
11,5 Vol.-%, NK, Flaschengärung, €€€€ V
Mittleres Grüngelb, silberne Reflexe, feines Mousseux. Feine Kräuternoten, etwas Golden-Delicious-Apfel, Mandarinenzesten, Melisse klingt an. Mittlerer Körper, feine Säure-

struktur, extraktsüß, bleibt gut haften, Birnenfrucht im Abgang, vielseitig einsetzbar.

92 Grüner Veltliner ** Ried Reipersberg Alte Reben 2020
13,5 Vol.-%, NK, 500-l-Fass, €€€€ Ⓥ
Mittleres Gelbgrün, Silberreflexe. Feine florale Nuancen, Mandarinenzesten, gelbe Apfelfrucht, einladendes Bukett. Feine Säurestruktur, Vanilletouch, Birnennoten im Abgang, salziger Nachhall, bereits gut antrinkbar.

93 Grüner Veltliner Reserve Steinzeit 2020
13,5 Vol.-%, NK, Granitfass, €€€€€ Ⓥ
Mittleres Gelbgrün, silberne Reflexe. Feiner Blütenhonig, etwas nach Wiesenkräutern, ein Hauch von Mango, Quittengelee klingt an. Saftig, elegant, feine Säurestruktur, mineralisch-salzig, dezente Maracujafrucht, zitroniger Nachhall, vielseitig einsetzbar.

90 Grüner Veltliner Simone I. Wine & Queen 2021
12,5 Vol.-%, DV, Stahltank, €€ Ⓥ
Helles Gelbgrün, silberne Reflexe. Einladender Duft nach Blütenhonig und gelbem Apfel, ein Hauch von Papaya, Orangenzesten klingen an. Mittlerer Körper, saftig, feine Säurestruktur, mineralisch, Tropenfruchtnoten im Abgang, bereits gut antrinkbar.

93 Zweigelt Große Reserve 42 2017
13,5 Vol.-%, NK, Barrique, €€€€€ Ⓥ
Dunkles Rubingranat, violette Reflexe, dezente Ockerrandaufhellung. Zart nach Nougat und Edelholz, ein Hauch von Nelken und Vanille, mit reifer Zwetschkenfrucht unterlegt. Saftig, elegant, süße Textur, geprägt von Bourbonvanille, harmonisch, seidige Tannine, schokoladiger Touch im Abgang, bereits gut entwickelt und vielseitig einsetzbar.

91 Zweigelt Rubin Reserve 2019
13,5 Vol.-%, NK, Barrique/ge. Barriques, €€€€ Ⓥ
Dunkles Rubingranat, violette Reflexe, zarte Randaufhellung. Feine Tabakwürze, etwas nach dunklem Beerenkonfit, schokoladig, kandierte Orangenzesten. Saftig, elegant, feine Struktur, mineralisch, rote Beerenfrucht, gut eingebundene Tannine, feinwürziger Nachhall.

★★★

RESPIZ-HOF KÖLBL

An den Ausläufern des Manhartsberges im nordwestlichen Weinviertel liegt Röschitz, erstmals urkundlich erwähnt im Jahre 1198 unter dem Namen »Respiz« (Rebspitz). Die Familie Kölbl ist seit 1660 dort ansässig, und seit damals gehört der Weinbau zur Familientradition. 1998 wurde der Betrieb von Johannes Kölbl übernommen und trägt seit dieser Zeit den Namen »Respiz-Hof«. Hauptsorte ist traditionellerweise der Grüne Veltliner. Auf dem verwitterten Granitmassiv und den fruchtbaren, angewehten Flugsandablagerungen (Lössboden) gedeihen besonders fruchtige und mineralische Weine. Im Keller wird das Traubenmaterial schonend verarbeitet. Das Ergebnis der Bemühungen sind elegante, fruchtig-duftige Weine. Mit Liebe und Sorgfalt keltert die Familie Kölbl Weine gemäß ihrem Motto »Qualität ist nie Zufall, sondern das Zusammenwirken von Natur und Mensch«. Mit dem Weinviertel DAC Himmelreich 2013 erreichte Johannes Kölbl den zweiten Platz beim »Falstaff Grüner Veltliner Grand Prix«, und mit dem Weinviertel DAC Reipersberg 2015 wurde er zum Landessieger gekürt.

92 Grüner Veltliner * Ried Himmelreich 2021
13 Vol.-%, DV, Stahltank, €€
Mittleres Gelbgrün, Silberreflexe. Zarte Kräuternoten, ein Hauch von Apfel, etwas nach Grapefruit und Melisse, attraktives Bukett. Saftig, gute Komplexität, zart nach Mango im Abgang, salziger Rückgeschmack, Zitrus im Nachhall, vielschichtiger Speisenbegleiter.

91 Grüner Veltliner * Ried Reipersberg 2021
12 Vol.-%, DV, Stahltank, €€
Helles Gelbgrün, Silberreflexe. Feine Wiesenkräuter, etwas nach Maracuja, ein Hauch von Papaya, tabakige Nuancen. Saftig, elegant, frische Säurestruktur, mineralisch-salzig, Apfelfrucht im Abgang, einladender Sortenvertreter.

94 Riesling vom Urgestein Reserve 2019
13 Vol.-%, DV, Stahltank, €€€
Mittleres Gelbgrün, Silberreflexe. Zart nach Karamell, etwas nach Marillenfrucht, ein Hauch von Gewürznelken, Papaya klingt an. Komplex, elegant, zart nach Honigmelo-

Familie Kölbl

RESPIZ-HOF KÖLBL
3743 Röschitz
Winzerstraße 5
T: +43 (2984) 2779
weingut@respiz-hof.at
www.respiz-hof.at

Kellermeister: Johannes Kölbl
Kontakt: Margit und Johannes Kölbl
Produktion: 90 % weiß, 10 % rot, 15 Hektar
Vereinszugehörigkeit: Weinstraße Weinviertel
Messen: DAC-Präsentationen

ne, Orangen-Touch im Abgang, Blütenhonig im Nachhall, vielschichtiger Speisenbegleiter mit Reifepotenzial.

90 Riesling Dessert 2020
9,5 Vol.-%, DV, Stahltank, €€
Helles Gelbgrün, Silberreflexe. Feiner Marillentouch, etwas nach Blütenhonig, Babyananas unterlegt mit Kräutern, zarter Karamelltouch. Saftig, mit Restsüße, weiße Pfirsichnoten, mineralisch, straffe Säurestruktur, bleibt gut haften, attraktiver Sortenvertreter.

90 Gelber Muskateller 2021
12 Vol.-%, DV, Stahltank, €€
Helles Gelbgrün, Silberreflexe. Zarte gelbe Tropenfrucht, ein Hauch von Holunderblüten und Honig. Straff, engmaschig, grüner Apfel, zart nach Litschi und Limette, frisch strukturiert, dezente Fruchtsüße, zitroniger Abgang.

89 Neuburger Ried Galgenberg 2021
12,5 Vol.-%, DV, Stahltank, €€

★★★

HOFKELLEREI DES FÜRSTEN VON LIECHTENSTEIN

Seit Jahrhunderten ist der Name der Familie Liechtenstein untrennbar mit dem Weinbau im nördlichen Weinviertel verbunden. Heute engagiert sich Prinzessin Marie gemeinsam mit dem innovativen und erfahrenen Team um Stefan Tscheppe und Josef Stumvoll in der Hofkellerei.
Die Weine der Hofkellerei stehen in enger Beziehung zu den besonderen Rieden, wie Karlsberg und Johannesbergen, und der einmaligen Kultur der Familie. Frische, Präzision, Authentizität und Inspiration prägen die Arbeit von den Rieden bis zu den fertig gereiften Weinen. In den jahrhundertealten Kellergewölben reifen Grüner Veltliner, Riesling, Zweigelt und Merlot in kleinen Chargen geruhsam zu Weinen mit feiner Struktur, ausgeprägter Jahrgangscharakteristik und Ausdruck heran.
Im Herzen der Produktion, in Wilfersdorf, führen die Wege den Besucher durch das neue Presshaus in die Kellergewölbe, wo in der Vinothek Jahrgänge ab 1957 gelagert werden. Im

© Reinhard Podolsky

modernen Empfangssaal kann man die Weine gemeinsam mit lokaler Kulinarik genießen. In der neu gestalteten Hofkellerei im Gartenpalais, der Vinothek und Bar in der Fürstengasse im 9. Wiener Bezirk, im prachtvollen Park des Gartenpalais Liechtenstein, werden die Weine gemeinsam mit lokalen Spezialitäten zur Verkostung und zum Verkauf angeboten.

90 F.L. Premier Brut 2020 RR/GV
12,5 Vol.-%, NK, Stahltank, €€€€
Helles Gelbgrün, Silberreflexe, feines Mousseux. Mit dezenter Kräuterwürze unterlegtes weißes Kernobst, ein Hauch von Karamell, zart nach Mandarinenzesten. Saftig, elegant, feine Säurestruktur, mineralisch, etwas nach Gewürzen, Apfelfrucht im Abgang, guter Aperitif-Schaumwein.

93 Riesling Ried Karlsberg Privat 2020
13,5 Vol.-%, NK, Tonneaux Fass, €€€€€
Mittleres Gelbgrün, silberne Reflexe. Floraler Touch, Noten von Marille, unterlegt mit Lindenblütenhonig, ein Hauch von Wiesenkräutern. Saftig, elegant, feine Säurestruktur, salzig, leichtfüßig, Apfelfrucht im Abgang, guter Speisenbegleiter mit Reifepotenzial.

91 Riesling Ried Karlsberg 2020
12,5 Vol.-%, DV, Tonneaux Fass/Stahltank, €€€€
Helles Gelbgrün, Silberreflexe. Feine Kräuternoten, Weingartenpfirsich, zart nach Clementinen, mit Blütenhonig unterlegt. Saftig, frische Säurestruktur, salzig, weißes Steinobst im Abgang, bereits gut antrinkbar.

92 Grüner Veltliner Ried Karlsberg 2020
13 Vol.-%, DV, Stahltank/Tonneaux Fass, €€€
Leuchtendes mittleres Gold. Zart nach Blütenhonig und reifer Apfelfrucht, etwas Melisse, ein Hauch von Mango, einladendes Bukett. Saftig, elegant, balancierte Säurestruktur, zart nussig, Papaya im Abgang, guter Speisenbegleiter.

92 Herrnbaumgarten Cuvée 2020 RR/GV
12,5 Vol.-%, DV, Tonneaux Fass/Stahltank, €€€
Leuchtendes Goldgelb, Silberreflexe. Zarter Duft nach gelber Tropenfrucht, etwas nach Wiesenkräutern, kandierte Mandarinenzesten, mit Litschi unterlegt. Saftig, elegant, gut eingebundene Säurestruktur, mineralisch, zart nach Apfelfrucht im Abgang, guter Speisenbegleiter.

91 Zweigelt Profundo 2019
13 Vol.-%, NK, Stahltank/Barrique, €€€€
Dunkles Rubingranat, violette Reflexe, breitere Randaufhellung. Feine Tabakwürze, etwas nach Orangenzesten, ein Hauch von Kardamom und rotem Waldbeerenkonfit. Saftig, feine Tanninstruktur, würzig, etwas nach Cassis im Abgang, Holzwürze im Nachhall.

HOFKELLEREI DES FÜRSTEN VON LIECHTENSTEIN
2193 Wilfersdorf, Brünnerstraße 8
T: +43 (2573) 221927
c.fritz@hofkellerei.at
www.hofkellerei.com
Kellermeister: Josef Stumvoll
Kontakt: Stefan Tscheppe
Anbauweise: Umstellung auf bio
Produktion: 160.000 Flaschen
5 % Schaumwein, 60 % weiß,
5 % rosé, 30 % rot, 35 Hektar
Vereinszugehörigkeit:
Premium Weingüter Weinviertel, Leithaberg DAC
Messen: ProWein Düsseldorf, VieVinum, Vinobile Feldkirch, Weintage im Museumsquartier, DAC-Präsentationen

© Hofkellerei des Fürsten von Liechtenstein

Sommelière Prinzessin Marie und Weingutsleiter Stefan Tscheppe

★★★

WEINGUT GERHARD J. LOBNER

»Der perfekte Wein schmeckt nicht einfach nur gut, er erzählt eine Geschichte«, ist Winzer Gerhard J. Lobner überzeugt. Der erfolgreiche Weingutsleiter der Wiener Weingüter »Mayer am Pfarrplatz« und »Rotes Haus« ist seit dem Jahrgang 2014 auch für die Geschicke des Familienweinguts in Mannersdorf an der March verantwortlich. Auf zehn Hektar Rebfläche wird hier der Fokus auf Grünen Veltliner und Riesling gelegt, wobei Riesling Lobner besonders am Herzen liegt und seine große Leidenschaft ist. Riesling findet an der March auf den in Terrassen angelegten Weinbergen ideale Bedingungen und lässt hier Weine entstehen, die einen ausdrucksstarken Charakter besitzen. Der Weinviertel DAC ist geprägt von Würze, Saftigkeit und Mineralik. Lobner beschäftigt sich unter anderem auch mit dem im Weinviertel ebenso typischen, aber unterschätzten Welschriesling. Diese Rebsorte wird hier vollreif geerntet und als kräftiger, vielschichtiger und eleganter Wein abgefüllt. »Die Möglichkeit, einerseits ein Weingut wie ›Mayer am Pfarrplatz‹ zu leiten und gestalten zu können, andererseits in dem kleinen Familienbetrieb dem Handwerk des Winzers nachzugehen, ist eine große Herausforderung, aber macht mich sehr glücklich«, so Gerhard J. Lobner.

WEINGUT
GERHARD J. LOBNER
2261 Mannersdorf an der March
Hauptstraße 62
T: +43 (664) 4635085
gerhard@weingut-lobner.at
www.weingut-lobner.at

Kellermeister: Gerhard J. Lobner
Kontakt: Gerhard J. Lobner, Benita Sophie Lobner
Produktion: 90 % weiß, 10 % rot, 10 Hektar
Zertifiziert: Nachhaltig Austria

90 Grüner Veltliner * 2021
12,5 Vol.-%, DV, Stahltank, €€
Helles Gelbgrün, Silberreflexe. Feine Kräuternoten, etwas nach Apfelfrucht, ein Hauch von Melisse, zart nach Kardamom. Saftig, frisch und lebendig, feine weiße Fruchtnoten, würziger Nachhall, bereits gut antrinkbar.

90 Grüner Veltliner * Mannersdorf 2021
13,5 Vol.-%, DV, Stahltank, €€€
Helles Gelbgrün, Silberreflexe. Einladender Duft nach gelber Tropenfrucht, etwas nach Maracuja, zart nach Mandarinen, floraler Touch. Saftig, straff, feine Würze, Apfelnoten im Abgang, frischer Nachhall.

92 Grüner Veltliner Ried Rochusberg 2021
13,5 Vol.-%, DV, Stahltank, €€€
Mittleres Gelbgrün, silberne Reflexe. Feine Kräuternoten, zart nach Kamille, etwas frischer Apfel, lebendiges Bukett. Saftig, straff, feine Struktur, elegant, etwas Zitrus, weiße Frucht im Nachhall, guter Speisenbegleiter.

92 Riesling Ried Gelsenberg Unterm Kirschbaum 2021
11,5 Vol.-%, DV, Stahltank, €€€€
Helles Grüngelb, Silberreflexe. Feine Kräuternoten, ein Hauch von Mango, zart nach Papaya, zitroniger Touch. Saftig, fruchtsüß, feine dunkle Mineralik, Marillentouch im Abgang, bleibt gut haften, vielseitiger Speisenbegleiter.

91 Riesling Ried Gelsenberg 2021
13,5 Vol.-%, DV, Stahltank, €€€
Leuchtendes Gelbgrün, silberne Reflexe. Feine Kräuter-Tabak-Würze, etwas nach weißem Pfirsich, zart nach Limetten, frisches Bukett. Straff, elegant, feine, gut integrierte Säurestruktur, mineralisch, weißes Steinobst, bereits gut antrinkbar.

90 Riesling An Der March 2021
13,5 Vol.-%, DV, Stahltank, €€
Mittleres Gelbgrün, Silberreflexe. Feine Tropenfrucht, etwas nach Blütenhonig, zart nach Mandarinenzesten, Guave klingt an. Saftig, feine Struktur, würzig, zitroniger Touch, lebendiger Nachhall, bereits gut antrinkbar.

91 Ried Rochusberg Terra Aurea 2021
13,5 Vol.-%, DV, Stahltank, €€€€
Helles Grüngelb. Feine gelbe Tropenfrucht, etwas nach Melone, ein Hauch von Orangenzesten, floraler Touch. Saftig, elegant, feine Säurestruktur, mineralisch-salzig, weißes Steinobst im Abgang, vielseitig einsetzbar.

90 Welschriesling Ried Gelsenberg 2021
13 Vol.-%, DV, Stahltank, €€
Helles Gelbgrün, Silberreflexe. Zart nach Kräutern und Tabak, ein Hauch von Kiwi, zart nach Grapefruit. Saftig, elegant, frische, engmaschige Säurestruktur, mineralisch, zitroniger Nachhall, bereits gut antrinkbar.

★★

SCHLOSSWEINGUT MALTESER-RITTER-ORDEN

Seit nahezu 900 Jahren lautet der Leitsatz des Souveränen Malteser-Ritter-Ordens »Optimus quisque«, was so viel wie »Einfach das Beste« bedeutet. Seit 1969 bewirtschaftet die Weinkellerei Lenz Moser das Schlossweingut. Seither wurde der Rebenbestand in den rund 50 Hektar Weingärten in den besten Lagen Mailbergs erneuert, sodass heute die typischen Österreicher wie Grüner Veltliner und Blauer Zweigelt dominieren. Daneben finden aber auch Chardonnay, Cabernet Sauvignon, Merlot und Blauer Burgunder ideale Bedingungen vor. Viele Pionierleistungen haben im Mailberger Traditionsweingut ihren Ursprung, wie zum Beispiel der Ausbau von Rotweinen im Barrique, der biologische Säureabbau oder die kontrollierte gekühlte Vergärung. Seit 2012 gibt es mit dem Schlosshotel »Mailberg« ein noch besseres Angebot. Das Hotel und der benachbarte Pfarrhof bieten Platz für neun großzügige Doppelzimmer und zwölf elegante Suiten. Von den Zimmern reicht der Blick hinaus in den Schlossgarten und über die Weinberge von Mailberg bis hin zu den Nachbarorten des Weinviertels.

89 Grüner Veltliner * 2021
12,5 Vol.-%, DV, Stahltank, €€

90 Grüner Veltliner Ried Hundschupfen 2021
13 Vol.-%, DV, Stahltank, €€
Helles Gelbgrün, silberne Reflexe. Intensive Kräuterwürze, weißes Kernobst, ein Hauch von Wiesenblumen, einladendes Bukett. Saftig, feine Säurestruktur, Extraktsüße nach gelbem Apfel, bereits gut antrinkbar.

88 Chardonnay 2020
13 Vol.-%, DV, Stahltank, €€

91 Kommende Mailberg 2019 CS/ME
14 Vol.-%, NK, Barrique, €€€
Dunkles Rubingranat, violette Reflexe, zarte Randaufhellung. Feine dunkle Beerenfrucht, etwas nach Orangenschalen, zart nach Vanille. Saftig, feine Struktur, gut integrierte Tannine, etwas nach Brombeeren, bereits gut antrinkbar.

90 Merlot 2019
14 Vol.-%, NK, Barrique, €€€
Dunkles Rubingranat, violette Reflexe, zarter Ockerrand. Feine Zwetschkenfrucht, unterlegt mit etwas Zartbitterschokolade, kandierte Orangenzesten klingen an. Saftig, feiner Gerbstoff, nach Walnüssen, etwas rotes Beerenkonfit, bereits gut antrinkbar.

88 Blauer Zweigelt 2019
13 Vol.-%, DV, großes Holzfass, €€

SCHLOSSWEINGUT MALTESER-RITTER-ORDEN
2024 Mailberg
Schaflerhof 199
T: +43 (2732) 85541
office@lenzmoser.at
www.lenzmoser.at

Kellermeister: Ing. Michael Rethaller
Kontakt: Christoph Bierbaum
Produktion: 56 % weiß, 44 % rot, 43 Hektar
Messen: Alles für den Gast Salzburg, Anuga, ProWein Düsseldorf, VieVinum

★★

WEINGUT MARTINSHOF

Die Zeit der Kraftlackel ist vorbei. Weniger Alkohol, dafür mehr Charakter: Solche Weine bevorzugt man heute. Für das Weingut Martinshof passt das perfekt. Genau darin liegen nämlich dort die Stärken. Man macht die leichten Weine, die mit vollerem Duft und reiferem Geschmack daherkommen. Ecken und Kanten sind ausdrücklich erwünscht. Es lebe der Eigensinn! Schon der Urgroßvater hat Weißburgunderreben ausgepflanzt. Die Sorte brachte damals leider zu wenig Ertrag und musste wieder verschwinden. Die Familie Martin bringt den Burgunder wieder ins Spiel und setzt auf den »Österreichischen Burgunder«, weil man hier an seine Qualitäten glaubt.

Mittlerweile bewirtschaftet das Weingut 16 Hektar in den besten Lagen von St. Ulrich: Hausberg, Sonnberg und Galgenberg. Man möchte dezidiert besondere Kunden ansprechen – Individualisten eben, mit dem typischen Hang zum Burgunder. Natürlich wissen diese Genießer, dass burgundische Weine kompliziert und mitunter auch kapriziös sind. Aber was sich im Kopf oft gar nicht ausgeht, das ergibt einen tieferen Sinn, wenn das Herz mitspricht – und plötzlich passt's. Seit Kurzem gibt es auch einen Wermut in der Steingutflasche.

WEINGUT MARTINSHOF
2183 Neusiedl an der Zaya
Hauptstraße 28
T: +43 (664) 3567360
offie@zummartinsepp.at
www.martinshof.at

Kellermeister/Kontakt:
Michael Martin
Produktion: 70 % weiß, 30 % rot, 16 Hektar
Messen: ProWein Düsseldorf, DAC-Präsentationen

90 Grauburgunder 2021
12 Vol.-%, DV, Stahltank, €€
Mittleres Gelb, silberne Reflexe. Feine nussige Nuancen, ein Hauch von Kräutern, Maracuja, floraler Touch, etwas nach Ananas. Mittlerer Körper, feine Säurestruktur, mineralisch, leichtfüßig, bereits gut antrinkbar.

90 Weißburgunder Reserve 2020
13 Vol.-%, NK, großes Holzfass, €€€€
Mittleres Gelbgrün, silberne Reflexe. Feine Kräuternoten, unterlegt mit Zitruszesten, ein Hauch von weißer Birnenfrucht, frisches Bukett. Mittlerer Körper, feine Säurestruktur, weitmaschig, Zitrus im Abgang, salziger Nachhall, unkompliziert antrinkbar.

89 Weißburgunder Ried Hausberg 2019
13 Vol.-%, DV, Stahltank, €€

90 Grüner Veltliner Reserve 2018
13 Vol.-%, NK, großes Holzfass, €€€€
Leuchtendes Goldgelb, Silberreflexe. Intensiver Duft nach Honig und weißer Tropenfrucht, Gewürznuancen, kandierte Orangenzesten. Kraftvoll, restsüß, gut eingebundene Säurestruktur, Mangonoten im Abgang, bereits gut antrinkbar.

89 Friends 2016 PN/CS/ZW
13 Vol.-%, NK, großes Holzfass, €€€€

★★

WEINGUT MAURER

Das Weinviertel ist Heimat, Wein die Berufung. Die Familie Maurer aus Röschitz ist mit Leib und Seele mit dem Weinviertel verwurzelt. Leo Maurer führt das fort, was Vater Alfred sowie Generationen von Winzern zuvor als Vision verfolgt haben: unverkennbare mineralische und authentische Weine mit großem Lagerpotenzial zu keltern. Der Grüne Veltliner bietet dem Weißweinfreund die Möglichkeit, aus dem Vollen zu schöpfen: In vier Kategorien gibt es neben den großen Klassikern Weinviertel DAC, Grüner Veltliner »Urkristall« und Grüner Veltliner Stoitzenberg auch den Grünen Veltliner »MLM«, der national wie international stets Höchstbewertungen erzielt. Die Ried Hiataberg mit ihrem kalkhaltigen Boden ist die Basis für feinfruchtige Chardonnays und Pinot Blancs. Die Ried Stoitzenberg mit ihrem Urgesteinsverwitterungsboden bietet den idealen Standort für elegante Rieslinge. Weiters ergänzen Gelber Muskateller und Zweigelt das Sortiment. Auszeichnungen wie Landessieger oder »Ö1-Wein des Jahres«, Falstaff-Empfehlungen und »SALON«-Nominierungen bestätigen die hohe Qualität der Weine.

90 Grüner Veltliner * 2021
12,5 Vol.-%, DV, Stahltank, €€
Helles Gelbgrün, Silberreflexe. Mit kandierten Orangenzesten unterlegtes weißes Steinobst, ein Hauch von Golden-Delicious-Apfel, mit Wiesenkräutern unterlegt. Mittlerer Körper, gut integrierte Säurestruktur, Birnentouch im Abgang, würziger Nachhall, bereits gut antrinkbar.

(93) Grüner Veltliner Ried Himmelreich MLM 2021
13,5 Vol.-%, DV, Stahltank, €€€
Leuchtendes mittleres Goldgelb, grüne Reflexe. Einladender Duft nach Ananas und Wiesenkräutern, ein Hauch von Papaya, zart nach Melisse. Saftig, fruchtsüß nach Mango, Blütenhonig im Abgang, bleibt gut haften, vielschichtiger, kraftvoller Speisenbegleiter.

92 Grüner Veltliner Ried Stoitzenberg Granitjuwel 2021
13 Vol.-%, DV, Stahltank, €€
Mittleres Gelbgrün, Silberreflexe. Feine Tabakwürze, etwas nach gelbem Apfel, ein Hauch von Wiesenkräutern, zart nach Kumquats, Quitte klingt an. Saftig, straff, frische Säurestruktur, feinwürzig, weißes Kernobst im Abgang, dunkle Mineralik, gutes Reifepotenzial.

90 Grüner Veltliner Urkristall 2021
12,5 Vol.-%, DV, Stahltank, €€
Helles Grüngelb, silberne Reflexe. Feine Apfelfrucht, etwas nach Passionsfrucht, zart nach Anis und Grapefruitzesten. Saftig, feiner Säurebogen, Tropenfruchtanklänge, etwas Kamille im Nachhall, bereits gut antrinkbar.

91 Chardonnay Ried Hiataberg 2021
13,5 Vol.-%, DV, Stahltank, €€
Mittleres Gelbgrün, Silberreflexe. Zarter Vanilletouch, etwas nach gelber Tropenfrucht, ein Hauch von gerösteten Mandeln, Orangenzesten klingen an. Saftig, dezente Fruchtsüße nach Maracuja, frische Säurestruktur, lebendig und anhaftend, guter Speisenbegleiter.

90 Pinot Blanc Ried Hiataberg 2021
13 Vol.-%, DV, Stahltank, €€
Helles Gelbgrün, silberne Reflexe. Feine Kräuternoten, dezente Apfelfrucht, zart nach Williamsbirne, Bergamotte klingt an. Mittlere Komplexität, straff, feine Maracujanoten, etwas nach Pfirsich im Nachhall, mineralischer Rückgeschmack.

WEINGUT MAURER
3743 Röschitz
Winzerstraße 19
T: +43 (676) 3583807
info@maurerwein.at
www.maurerwein.at

Kellermeister/Kontakt:
Leo Maurer
Produktion: 90 % weiß, 10 % rot, 12 Hektar
Messen: ProWein Düsseldorf, DAC-Präsentationen, Vinorell Hamburg

★★★

WEINGUT »RM« ROLAND MINKOWITSCH

Seit 1620 ist Familie Minkowitsch in Mannersdorf an der March beheimatet. Das Weingut ist eines der letzten weltweit, das die gesamte Produktion mit einer Baumpresse aus dem Jahr 1820 verarbeitet. Die Trauben werden zu 100 Prozent handverlesen geerntet. Diese nachhaltige Art der Traubenverarbeitung garantiert durch die schonende Pressung und die geringere Ausbeute höchste Weinqualität. Die gekelterten Weine sind dadurch einzigartig. Nachhaltigkeit ist das Fundament aller Tätigkeiten: minimale Eingriffe für maximale Schonung, damit die Zukunft allen eine gesunde Lebensgrundlage bietet. Es werden Technologien genutzt, die mehrere Jahrhunderte alt sind. Altes wird nicht abgelöst, wenn das Neue nicht besser ist. Erkenntnisse aus vielen Generationen werden wie Schätze bewahrt und aufgehoben. Schätze widersetzen sich Trends; sie bleiben zeitlos wertvoll – so wie die Weine des Weinguts Roland Minkowitsch.

WEINGUT »RM« ROLAND MINKOWITSCH
2261 Mannersdorf/March
Kirchengasse 64
T: +43 (2283) 3639
weingut@roland-minkowitsch.at
www.roland-minkowitsch.at

Kellermeister: Martin Minkowitsch
Kontakt: Martin und Blandine Minkowitsch
Produktion: 5 % Schaumwein, 92 % weiß, 3 % süß, 13 Hektar
Zertifiziert: Nachhaltig Austria
Vereinszugehörigkeit: Premium Weingüter Weinviertel
Messen: VieVinum

(93) Riesling Ried Lange Lissen 2021
13 Vol.-%, DV, Stahltank, €€€
Leuchtendes Gelbgrün, Silberreflexe. Feine Tabakwürze, etwas nach Blütenhonig, Marillentouch, mit Orangen und Kräutern unterlegt. Saftig, elegant, facettenreiche Säurestruktur, mineralisch, komplex, feinwürzig, Pfirsichnoten im Abgang, bleibt gut haften, wird von Flaschenreife profitieren.

92 Riesling de vite 2021
12,5 Vol.-%, DV, Stahltank, €€€
Mittleres Gelbgrün, Silberreflexe. Einladender Duft nach Maracuja und Ananas, ein Hauch von Grapefruit, Weingartenpfirsich klingt an. Saftig, mittlere Komplexität, engmaschig, extraktsüß nach kandierter Zitrusfrucht, bleibt gut haften, vielseitig einsetzbar, hat Potenzial.

(92) Grüner Veltliner rochus 2021
13 Vol.-%, DV, Stahltank, €€
Helles Gelbgrün, Silberreflexe. Feine Tabakwürze, ein Hauch von gelbem Apfel, zart nach Orangenzesten, mit Blütenhonig unterlegt. Saftig, straff, feine Tropenfruchtnoten, engmaschig, gut eingebundener Säurebogen, Zitrus im Nachhall, guter Speisenbegleiter.

(92) Gewürztraminer Premium 2021
13,5 Vol.-%, DV, Barrique/Stahltank, €€€
Mittleres Goldgelb, Silberreflexe. Einladendes Bukett nach Mango und Kräutern, ein Hauch von Blütenhonig, Ananas klingt an, mit nussigen Nuancen unterlegt. Saftig, kraftvoll, balanciert, feinwürzig, tabakig, reife Honigmelone im Abgang, lang anhaltender Rückgeschmack, guter Speisenbegleiter.

91 Gelber Muskateller 2021
12,5 Vol.-%, DV, Stahltank, €€
Helles Gelbgrün, Silberreflexe. Floraler Touch, zart nach Hibiskus, Litschi und weißen Tropenfrüchten, attraktives Bukett. Saftig, elegant, frisch strukturiert, Nuancen von Pfirsich und Limetten, gut eingebundene Süße im Nachhall, bleibt haften.

WEINGUT ANDREAS OTT
2102 Hagenbrunn
Schlossgasse 9
T: +43 (2262) 672120
office@andreasott.at
www.andreasott.at

Kellermeister/Kontakt:
Andreas Ott
Produktion: 70 % weiß, 30 % rot,
10 Hektar

Gelber Muskateller

★

WEINGUT ANDREAS OTT

Der Heurigen und das Weingut Andreas Ott liegen im bekannten Heurigenort Hagenbrunn im südlichen Weinviertel. Die zehn Hektar große Rebfläche wird auf der niederösterreichischen und auf der Wiener Seite des Bisambergs bewirtschaftet. Dem Winzer Andreas Ott ist es ein Anliegen, im Einklang mit der Natur hochwertige Weine mit Substanz und Charakter zu erzeugen. Natürlich liegt das Hauptaugenmerk beim Weißwein und hier insbesondere beim Grünen Veltliner, schließlich ist man hier im Weinviertel zu Hause. Doch immerhin fast ein Drittel der bewirtschafteten Fläche ist für Rotwein reserviert. Selektive Handlese in mehreren Erntedurchgängen ist ebenso Standard wie der schonende Ausbau in traditionellen großen Holzfässern. Am besten kombiniert man den Weineinkauf mit einem Heurigenbesuch. Hier kann man die Top-Qualitätsweine sowie das umfangreiche Heurigenbuffet perfekt genießen.

93 Grüner Veltliner ** Ried Sätzen 2021
14 Vol.-%, DV, großes Holzfass, €€€
Helles Gelbgrün, Silberreflexe. Feine Tabaknuancen, etwas nach Ananas, ein Hauch von Passionsfrucht, zart nussiger Touch, einladendes Bukett. Saftig, elegant, facettenreiche Säurestruktur, mineralisch-salzig, extraktsüß nach Tropenfrucht im Nachhall, nussiger Rückgeschmack, sicheres Potenzial.

90 Grüner Veltliner * Ried Aichleiten 2021
13 Vol.-%, DV, Stahltank, €€
Helles Gelbgrün, Silberreflexe. Feine Kräuternoten, etwas nach Bergamotte, ein Hauch von Guave, zart nach Quitte. Saftig, straff, balancierter Säurebogen, leichtfüßig, Birnenfrucht im Abgang, kräuterwürziger Nachhall, bereits gut antrinkbar.

91 Gemischter Satz 2021
13 Vol.-%, DV, Stahltank, €€
Helles Gelbgrün, Silberreflexe. Feine Kräuternoten, etwas nach weißem Obst, zart nach Gewürzen, frisches Bukett. Saftig, elegant, feine Säurestruktur, frisch und lebendig, Apfeltouch im Abgang, Zitrus im Nachhall, bereits gut antrinkbar.

89 Gelber Muskateller 2021
12,5 Vol.-%, DV, Stahltank, €€

91 Merlot Reserve 2020
14 Vol.-%, DV, Barrique, €€€
Dunkles Rubingranat, violette Reflexe, zarte Randaufhellung. Feine Tabakwürze, zart nach Nougat, etwas Brom-

* Weinviertel DAC   ** Weinviertel DAC Reserve

beeren. Saftig, elegant, gut integrierte Tannine, mineralisch, rote Herzkirschfrucht, bereits gut antrinkbar.

90 Cuvée Reserve 2020 ZW/ME/SL
14 Vol.-%, DV, Barrique, €€€€
Dunkles Rubingranat, violette Reflexe, zarte Randaufhellung. Etwas nach Brombeeren und Holzwürze, zart nach Cassis, feine Räuchernoten, florale Anklänge mit Orangenzesten. Saftig, straff, zart nach roter Waldbeere, Vanille im Nachhall, guter Speisenbegleiter.

★★

WEINGUT PASS

Gerald Pass führt in vierter Generation das Weingut Pass in Etzmannsdorf im westlichen Weinviertel. Es sind die Begeisterung und die Faszination für das Kulturgut Wein, die tagtäglich sein Schaffen begleiten. Die Einzigartigkeit der Weine liegt im besonderen Zusammenspiel von Natur und Handwerk. Die vom Manhartsberg geprägten Urgesteinsböden aus verwittertem Granit und Gneis verleihen den Weinen Mineralik und Tiefgang. Mit jahrzehntelanger Erfahrung, modernem Wissen und vor allem mit Liebe zur Natur und zum Detail bringt der Winzer den Geschmack der Traube in die Flasche. Die Natur mit all ihren Besonderheiten ist der Taktgeber der Pass-Weine. Qualität liegt im Detail. Nur wer es schafft, den natürlichen Kreislauf der Weinrebe mit Gefühl, Intuition und Verständnis zu begleiten, kann besten Geschmack garantieren. Die Erwartungen, die Zufriedenheit und die Freude der Kunden des Weinguts stehen für die Familie Pass hierbei im Mittelpunkt und motivieren sie Jahr für Jahr aufs Neue.

WEINGUT PASS
3722 Etzmannsdorf
Etzmannsdorf 11
T: +43 (2984) 3381
office@weingut-pass.at
www.weingut-pass.at

Kellermeister/Kontakt: Gerald Pass
Produktion: 1 % Schaumwein, 90 % weiß, 1 % rosé, 8 % rot, 8.5 Hektar
Messen: VieVinum, DAC-Präsentationen

92 Grüner Veltliner ** Ried Hinterberg 2019
14 Vol.-%, DV, großes Holzfass, €€€
Helles Gelb, Silberreflexe. Einladender Duft nach Blütenhonig und Mango, zart nach kandierten Orangenzesten, reife Feigen. Saftig, straff, balancierte Säurestruktur, fruchtsüß nach Honigmelone, würziger Nachhall, gutes Reifepotenzial.

90 Grüner Veltliner * Alte Rebe 2021
13 Vol.-%, DV, Stahltank, €€
Helles Gelbgrün, Silberreflexe. Grüne Apfelfrucht, etwas nach Kräutern, zart nach Limettenzesten, frisches Bukett. Leichtfüßig, elegant, balancierter Säurebogen, zart nach gelbem Kernobst, unkomplizierter Sortenvertreter.

93 Grüner Veltliner Privat Reserve 2019
14 Vol.-%, VL, 500-l-Fass, €€€€
Mittleres Gelbgrün, Silberreflexe. Reife Tropenfrucht, unterlegt mit Blütenhonig, zart nach Ananas, ein Hauch von Papaya, weißes Nougat klingt an. Saftig, gute Komplexität, Mangotouch im Abgang, mineralisch, etwas tabakig im Rückgeschmack, vielschichtig, straffer Speisenbegleiter.

91 Grüner Veltliner Ried Sätzen 2021
13,5 Vol.-%, DV, Stahltank, €€
Helles Gelbgrün, Silberreflexe. Dezente Apfelfrucht, zart nach Blütenhonig, etwas nach Anis, ein Hauch von Quitte. Saftig, kraftvoll, gut integrierter Säurebogen, Tropenfrucht im Abgang, guter Speisenbegleiter.

89 Grüner Veltliner Ried Steinperz 2021
12,5 Vol.-%, DV, Stahltank, €€

89 Sauvignon Blanc 2021
13,3 Vol.-%, DV, Stahltank, €€

★

WEINGUT PESAU

Die Brüder Andreas und Georg Pesau führen gemeinsam das Weingut mit einer mehr als 300-jährigen Tradition. Vor 400 Jahren wurde der Name Pesau erstmals in Zusammenhang mit Wein und Falkenstein erwähnt. Die Weingärten der Familie liegen auf den Hügeln rund um den historischen Weinort. Dieser bietet beste geologische und naturräumliche Voraussetzungen für den Weinbau: Einzigartige Böden, geprägt von Muschelkalk und entstanden vor rund 17 Millionen Jahren, schaffen seit Jahrhunderten die Grundlage für mineralische Weine. Die bewaldete Hügelkette um Falkenstein bietet den Reben nicht nur Schutz vor rauen Nord- und Westwinden, sondern auch ein ausgewogenes Mikroklima, das dazu beiträgt, die für Falkenstein typischen eleganten Weine reifen zu lassen. Im Weinberg ist man um ein nachhaltiges, stabiles und ökologisches Gleichgewicht bemüht. Um dieses zu erreichen, bedient man sich eines modernen Begrünungsmanagements nach ökologischen Gesichtspunkten und eines ausgewogenen Einsatzes von Nützlingen. Im Keller rücken Gefühl, Erfahrung und Zeit in den Vordergrund. Der Charakter der Weine spiegelt Boden, Jahrgang und Rebsorte wider. Die Handschrift des Winzers ist dabei ausschlaggebend: Sie ist gekennzeichnet durch einen sensiblen Umgang mit der Natur und schonenden Einsatz von Ressourcen.

89 Grüner Veltliner * Falkenstein 2021
12,5 Vol.-%, DV, Stahltank, €€ V

93 Grüner Veltliner Unter Brüdern 2019
14 Vol.-%, NK, kleines Holzfass, €€€€€
Mittleres Gelbgrün, silberne Reflexe. Mit dezenten Karamellnoten unterlegtes weißes Steinobst, ein Hauch von Maracuja, Gewürznoten klingen an. Saftig, gute Komplexität, einladendes Bukett, seidig, zart nussig, Maracuja im Abgang, sicheres Entwicklungspotenzial.

(92) Grüner Veltliner Ried Ekartsberg 2021
13 Vol.-%, VL, großes Holzfass, €€€
Helles Gelbgrün, Silberreflexe. Einladendes Bukett nach reifem Apfel, zart nach Honigmelone, unterlegt mit Zitrusnuancen, floral. Saftig, straff, lebendige Säurestruktur, mineralisch, bleibt gut haften, Kernobst im Abgang, vielseitiger Speisenbegleiter.

(92) Riesling Ried Rosenberg 2021
12,5 Vol.-%, VL, großes Holzfass, €€€ V
Helles Gelbgrün, Silberreflexe. Weißes Steinobst, zart nach Guaven, ein Hauch von Bergamotte, frische Zitrusnoten, Pfirsich klingt an. Saftig, feinwürzig, lange anhaltend, feine weiße Fruchtnoten, dunkle Mineralik, bleibt gut haften, vielseitig einsetzbar.

91 Riesling Falkenstein 2021
12 Vol.-%, DV, Stahltank, €€ V
Helles Gelbgrün, Silberreflexe. Dezente Pfirsichfrucht, unterlegt mit Melisse, ein Hauch von Papaya, würziger Touch. Saftig, elegant, mittlerer Körper, frischer, gut integrierter Säurebogen, weißes Steinobst im Abgang, bereits gut antrinkbar.

(91) Weißburgunder Ried Ebersleithen 2021
13 Vol.-%, VL, großes Holzfass, €€€ V
Helles Gelbgrün, Silberreflexe. Etwas nach Honigmelone und Birnen, ein Hauch von Gewürzen, floraler Touch, mineralische Anklänge. Mittlerer Körper, lebendige Säurestruktur, feinwürzig, Kernobst im Abgang, guter Speisenbegleiter.

WEINGUT PESAU
2162 Falkenstein
Wiagasse 253
T: +43 (2554) 6705
office@pesau.at
www.pesau.at

Kellermeister: Andreas Pesau
Kontakt: Georg Pesau
Anbauweise: Umstellung auf bio (Austria Bio Garantie)
Produktion: 80.000 Flaschen
1 % Schaumwein, 95 % weiß, 4 % rot, 15 Hektar

★★★★

WEINGUT R. & A. PFAFFL

Als Roman Pfaffl im Jahr 1996 den Titel »Falstaff Winzer des Jahres« verliehen bekam, wurde ein Traum für ihn wahr, den er gar nicht zu träumen gewagt hatte. In knapp 20 Jahren hatte er mithilfe seiner Frau Adelheid aus einem landwirtschaftlichen Betrieb mit 0,75 Hektar Weinbau ein 20 Hektar großes Weingut mit großen Ambitionen geschaffen. Weitere 20 Jahre folgten, in denen auch schon die nächste Generation kräftig mitwirkte – ein Zusammenspiel, das offensichtlich funktioniert: Das US-amerikanische Magazin »Wine Enthusiast« kürte das Weingut zur »European Winery of the Year 2016«. Zum ersten Mal ging dieser begehrte Titel damit nach Österreich.
Seit etwa 40 Jahren stehen die Pfaffls also für hochwertigen Grünen Veltliner, Riesling, Chardonnay, Zweigelt und St. Laurent. Die mittlerweile 110 Hektar Weingärten des Guts sind im südlichen Weinviertel über zehn verschiedene Gemeinden verstreut und reichen sogar bis nach Wien. Diese Verteilung bringt eine Vielfalt an Böden und Kleinklimazonen mit sich, die Roman Josef Pfaffl gekonnt zu nutzen weiß. Er versteht es, die Charakteristika der einzelnen Lagen herauszuarbeiten und seine Weine in den unterschiedlichsten Spielarten von leicht und verspielt bis dicht und kräftig zu präsentieren. Selbstverständlich gilt dies besonders für die Paradesorte Grüner Veltliner, die gar in sechs Varianten ausgebaut wird. Aber auch bei den Rotweinen ist das Weingut sehr stark unterwegs. »Einige unserer Weingärten profitieren von den milden pannonischen Einflüssen, die es über das Marchfeld bis zu uns schaffen«, meint Roman Josef Pfaffl dazu nicht ohne Ehrgeiz, denn die Roten sind ihm besonders ans Herz gewachsen.

87 ❸ Secco blanc trocken RR/GM/GV
12,5 Vol.-%, DV, Stahltank, €€ Ⓥ

87 ❸ Secco rosé trocken SL/ZW
12,5 Vol.-%, DV, Stahltank, €€ Ⓥ

94 Grüner Veltliner ** Hommage 2021
14,5 Vol.-%, DIAM, großes Holzfass, €€€€€ Ⓥ
Mittleres Gelbgrün, Silberreflexe. Mit Kräuterwürze und etwas Blütenhonig unterlegte gelbe Apfelfrucht, ein Hauch von Bergamotte, Pfirsichnuancen klingen an. Saftig, feine Säurestruktur, mineralisch, engmaschig, extraktsüß nach Tropenfrucht, vielschichtig, bleibt gut haften, gutes Potenzial.

93 Grüner Veltliner ** Hund 2021
14 Vol.-%, DV, Stahltank/Holzfass, €€€ Ⓥ
Helles Gelbgrün, Silberreflexe. Feine Kräuternoten, etwas nach Zitrus, frische Orangenzesten, Birnentouch. Kraftvoller Körper, feine Säurestruktur, balanciert, gelbe Tropenfrucht im Abgang, salziger Nachhall, eleganter Speisenbegleiter.

93 Grüner Veltliner ** max. 2021
14 Vol.-%, DV, Stahltank/großes Holzfass, €€€€ Ⓥ
Helles Gelbgrün, silberfarbene Reflexe. Einladender Duft nach Mango und Ananas, ein Hauch von Wiesenkräutern, mit Blütenhonig unterlegt. Saftig, straff, gut integrierter Säurebogen, weiße Steinobstfrucht, pfeffrige Nuancen, bleibt gut haften, vielseitig einsetzbar.

93 Grüner Veltliner ** Golden 2021
14 Vol.-%, DIAM, großes Holzfass, €€€€€ Ⓥ
Mittleres Gelbgrün, Silberreflexe. Reife Apfelfrucht, dunkle Mineralik, feine Wiesenkräuter, kandierte Orangenzesten, mit Honigmelone unterlegt. Saftig, gute Komplexität, würzig, feine Mangonoten im Abgang, tabakig im Nachhall, vielseitiger Speisenbegleiter.

91 Grüner Veltliner * Selection 2021
13 Vol.-%, DV, Stahltank, €€ Ⓥ
Helles Gelbgrün, Silberreflexe. Mit etwas Blütenhonig unterlegtes gelbes Kernobst, ein Hauch von Papaya, Kardamom. Mittlerer Körper, saftig, frischer Säurebogen, Orangentouch, Apfelfrucht im Abgang, würziger Nachhall, kraftvoller Speisenbegleiter.

91 Grüner Veltliner * Lössdiamant 2021
13 Vol.-%, DV, Stahltank, €€€ Ⓥ
Helles Gelbgrün, Silberreflexe. Feine Tabak-Kräuter-Würze, etwas nach Maracuja, ein Hauch von Melisse, weiße Tropenfrucht. Saftig, balanciert, ausgewogene Säurestruktur, mineralisch, extraktsüß nach Apfel, guter Speisenbegleiter.

90 Grüner Veltliner * Zeisen 2021
13 Vol.-%, DV, Stahltank, €€ Ⓥ
Helles Gelbgrün, Silberreflexe. Mit Blütenhonig unterlegte gelbe Apfelfrucht, etwas nach Maracuja, Clementinen-

WEINGUT R. & A. PFAFFL

2100 Stetten
Schulgasse 21
T: +43 (2262) 673423
wein@pfaffl.at
www.pfaffl.at

Kellermeister: Roman Josef Pfaffl
Kontakt: Familie Pfaffl
Produktion: 65 % weiß, 35 % rot, 110 Hektar
Zertifiziert: Nachhaltig Austria
Vereinszugehörigkeit: Premium Weingüter Weinviertel
Messen: ProWein Düsseldorf, VieVinum

Roman Josef Pfaffl

touch. Feine Struktur, elegant, gelbes Kernobst im Abgang, extraktsüßer Nachhall, unkomplizierter Speisenbegleiter.

90 Grüner Veltliner * Haiden 2021
13 Vol.-%, DV, Stahltank, €€
Helles Gelbgrün, Silberreflexe. Zarte Kräuternoten, unterlegt mit Blütenhonig, ein Hauch von Maracuja und Papaya. Saftig, feine Säurestruktur, weitmaschig, zart nach Apfelfrucht, würziger Nachhall, bereits gut antrinkbar.

88 Grüner Veltliner vom Haus 2021
12,5 Vol.-%, DV, Stahltank, €€ V

94 Riesling Reserve Passion 2021
13,5 Vol.-%, DIAM, großes Holzfass, €€€€€ V
Helles Gelbgrün, Silberreflexe. Feine Kräuternoten, etwas nach gelbem Pfirsich, Limettenzesten, etwas nach Ringlotten. Saftig, gute Komplexität, feinwürzig, mineralisch, Marillentouch im Abgang, vielschichtig, facettenreicher Säurebogen, vielseitig einsetzbar mit Potenzial.

92 Riesling Sonne 2021
14 Vol.-%, DV, Stahltank, €€€ V
Mittleres Gelbgrün, Silberreflexe. Floraler Touch, etwas nach Guaven und Quittengelee, zart nach kandierten Clementinenzesten. Saftig, mittlere Komplexität, straff, gut integrierte Säurestruktur, weiße Pfirsichfrucht, Tabakwürze im Nachhall, guter Speisenbegleiter.

91 Riesling Selection 2021
13,5 Vol.-%, DV, Stahltank, €€ V
Mittleres Gelbgrün, Silberreflexe. Einladender Duft nach Mango und Marille, mit dezenter Kräuterwürze unterlegt, Blutorangenzesten klingen an, frisches Bukett. Saftig, extraktsüß, Pfirsichnoten, Limetten im Abgang, lebendige Säurestruktur, Wiesenkräuter im Nachhall, bereits gut antrinkbar.

93 Chardonnay Reserve Vision 2018
14,5 Vol.-%, Barrique, €€€€€ V
Mittleres Gelbgrün, silberfarbene Reflexe. Einladendes Bukett nach gelber Tropenfrucht, etwas nach Honigmelone, ein Hauch von Melisse, kandierte Mandarinenzesten, floraler Touch. Straff, facettenreiche Säurestruktur, feinwürzig, Passionsfrucht im Abgang, mineralisch-würzig im Nachhall, vielschichtig, Holznuancen im Rückgeschmack, sicheres Entwicklungspotenzial.

91 Chardonnay Exklusiv 2021
14,5 Vol.-%, DV, Barrique/Stahltank, €€€ V
Mittleres Gelbgrün, Silberreflexe. Feine Tabakwürze, etwas nach Blütenhonig, Maracuja und Ananas klingen an. Saftig, extraktsüß, nach Honigmelone, feine Säurestruktur, mineralisch, bleibt gut haften, vielseitig einsetzbar.

91 Sauvignon Blanc Terroir 2021
13,5 Vol.-%, DV, Stahltank, €€€ V
Helles Gelbgrün, Silberreflexe. Feine Stachelbeernoten, weißes Kernobst, zart nach Drachenfrucht, mit Kräuternoten unterlegt. Saftig, frische Säurestruktur, mineralisch, feinwürzig, extraktsüß nach Pfirsich, bleibt gut haften, würziger Nachhall, bereits gut antrinkbar.

91 Weissburgunder Nuss 2021
14 Vol.-%, DV, gebrauchte Barriques/Stahltank, €€€ V
Mittleres Gelbgrün. Kandierte Orangenzesten, etwas Wie-

senkräuter, Williamsbirne, Pistaziennote, floraler Touch. Mittlerer Körper, kraftvoll, feine Säurestruktur, würzig, Quitte, etwas tabakig, bereits gut antrinkbar.

90 Wien.1 2021 RR/WB/GV
12,5 Vol.-%, DV, Stahltank, €€ V
Helles Gelbgrün, Silberreflexe. Feine Kräuternoten, weißes Kernobst, Limettenzesten, etwas Anis, frisches Bukett. Mittlerer Körper, feine Säurestruktur, extraktsüß, dezente Apfelfrucht, bereits gut antrinkbar.

88 Junior 2021 MT/GV
12,5 Vol.-%, DV, Stahltank, €€ V

87 Ganz Zart 2021 GV/SB/GM
9,5 Vol.-%, DV, Stahltank, €€ V

90 Muskateller Sand 2021
13,5 Vol.-%, DV, Stahltank, €€ V
Helles Gelbgrün, Silberreflexe. Mit zarten Zitrusnuancen unterlegte Holunderblüten, ein Hauch von Kumquats, Quitte klingt an. Mittlerer Körper, fruchtsüß, feinwürzig, kraftvoll, weiße Tropenfrucht im Abgang, bereits gut antrinkbar.

89 Gemischter Satz Harmony 2021
12,5 Vol.-%, DV, Stahltank, €€ V

89 Grauburgunder La Vita 2021
14 Vol.-%, DV, Stahltank, €€ V

93 Rosé La Grande 2021 ZW/SL
14 Vol.-%, DIAM, großes Holzfass, €€€ V
Helles Roségold, silberfarbene Reflexe. Feine Tabakwürze, etwas nach Kräutern, Feigentouch, Mirabellen, frisches Bukett, Karamell und Orangenschalen klingen an. Saftig, gute Komplexität, engmaschig, facettenreicher Säurebogen, fruchtsüß, nach Erdbeeren, bleibt sehr gut haften, stoffiger Speisenbegleiter mit Potenzial.

90 Rosé Hasen 2021 SL/ZW
12,5 Vol.-%, DV, Stahltank, €€ V
Leuchtendes Altrosa, Kupferreflexe. Feine Kräuternoten, etwas nach Weichseln, ein Hauch von Ringlotten, Orangenschalen klingen an. Mittlerer Körper, feine Säurestruktur, mineralisch, zart nach reifen Himbeeren, fruchtsüß, Wiesenkräuter im Nachhall, vielseitig einsetzbar.

87 Rosé Ganz Zart 2021 ZW/SL/RÖ
9,5 Vol.-%, DV, Stahltank, €€ V

94 Heidrom Grand Reserve 2019 ME/CS
14 Vol.-%, DIAM, Barrique, €€€€€ V
Tiefdunkles Rubingranat, violette Reflexe, zarte Randaufhellung. Feine Kräuternoten, schwarze Brombeeren, etwas Orangenzesten, zart nach Gewürzen, einladendes Bukett. Gute Komplexität, samtige, präsente Tanninstruktur, feinwürzig, etwas Edelholznoten, reife Kirschfrucht im Abgang, bleibt gut haften, vielseitig einsetzbar, wird von Flaschenreife profitieren.

93 Excellent Reserve 2020
14,5 Vol.-%, DIAM, Barrique/gebr. Barriques, €€€€€ V
Tiefdunkles Rubingranat, schwarzer Kern, violette Reflexe, zarte Ockerrandaufhellung. Einladender Duft nach schwarzen Waldbeeren und reifen Kirschen, ein Hauch von Kräuter-Holz-Würze, etwas Lakritze, schokoladiger Touch. Saftig, gute Komplexität, extraktsüß, gut integrierte Tannine, frisch, balanciert, dunkle Beerenfrucht, Röstaromatik im Nachhall, ein würziger, vielseitig einsetzbarer Speisenbegleiter, hat Potenzial.

92 Cuvée Privat 2020 ME/SL
14 Vol.-%, DIAM, Barrique, €€€ V
Tiefdunkles Rubingranat, opaker Kern, violette Reflexe, zarte Randaufhellung. Mit Edelholzwürze unterlegte reife schwarze Beerenfrucht, etwas Tabak, kandierte Orangenzesten klingen an, etwas nach Zwetschken. Saftig, elegant, lebendig, extraktsüß, nach Waldbeerenkonfit, präsente Tanninstruktur, feinwürziger Nachhall, tabakiger Rückgeschmack, vielseitiger Speisenbegleiter.

88 Wien.2 2021 ZW/PN
13,5 Vol.-%, DV, Stahltank/gebr. Barriques, €€ V

92 St. Laurent Reserve Alten 2020
14 Vol.-%, DIAM, gebr. Barriques/Barrique, €€€€€ V
Tiefdunkles Rubingranat, violette Reflexe, zarte Randaufhellung. Feiner Duft nach Zwetschkenröster, unterlegt mit Holz-Röst-Noten, dazu ein Hauch von Schokolade. Mittlere Komplexität, fruchtsüß, etwas nach Vanille, gut eingebundene Tannine, Feigen im Abgang, würziger Nachhall, bereits gut antrinkbar.

90 St. Laurent Wald 2021
14 Vol.-%, DV, Stahltank/gebrauchte Barriques, €€ V
Kräftiges Rubingranat, violette Reflexe, zarte Randaufhellung. Etwas Pflaumen, ein Hauch von Kräutern, mineralisch, Tabakwürze, dunkles Beerenkonfit. Mittlerer Körper, fruchtsüß nach Ribiseln, etwas Holz-Kräuter-Würze, rotbeeriges Finish, bereits gut antrinkbar.

91 Zweigelt Reserve Burg 2020
14 Vol.-%, DIAM, Barrique/gebr. Barriques, €€€€€ V
Tiefdunkles Rubingranat, opaker Kern, violette Reflexe, zarte Randaufhellung. Feine Holzwürze, etwas nach Nougat, ein Hauch von Brombeeren, Gewürznuancen. Saftig, elegant, feine Tanninstruktur, Tabakwürze, Kirschfrucht, schwarzes Beerenkonfit im Abgang, Vanilletouch im Nachhall, guter Speisenbegleiter.

90 Zweigelt Selection 2021
14 Vol.-%, DV, Barrique, €€
Kräftiges Rubingranat, violette Reflexe, zarte Randaufhellung. Feine Tabakwürze, ein Hauch von reifer Kirschfrucht, floraler Touch, Vanillenoten. Mittlerer Körper, fruchtsüß nach Himbeeren, Holzwürze im Abgang, gut eingebundene Tannine, bereits gut antrinkbar.

90 Zweigelt Sandstein 2021
14 Vol.-%, DV, Stahltank/gebrauchte Barriques, €€
Kräftiges Rubingranat, violette Reflexe, breitere Randaufhellung. Etwas nach Holzwürze und Herzkirschfrucht, zart nach weißem Nougat, ein Hauch von Karamell, dezent nach Kräutern. Mittlerer Körper, feine Säurestruktur, mineralisch, etwas nach Kirschen, frisches Bukett, Kirschen auch im Abgang, unkomplizierter Speisenbegleiter.

88 Zweigelt vom Haus 2021
13,5 Vol.-%, DV, gebr. Barriques/Stahltank, €€

91 Pinot Noir Reserve 2020
14 Vol.-%, DIAM, Barrique, €€€€€
Dunkles Rubingranat, violette Reflexe, breitere Randaufhellung. Etwas nach Kirschen und Datteln, ein Hauch von Orangenschalen, unterlegt mit Zimt, floraler Touch. Kraftvoll, feine Tannine, mittlerer Körper, dunkle Beerenfrucht, feine Tabakwürze im Abgang, bleibt gut haften, vielseitig einsetzbar.

WEINGUT PLEIL

In der Familie Pleil wird seit Generationen Weinbau betrieben. So absolvierte auch Christian Pleil die Weinbauschule in Klosterneuburg. Dass der Wein seine Berufung sein würde, war für ihn immer klar. Und so sammelte er bei Praktika in Deutschland, Kalifornien, Südafrika und Australien Erfahrung und Wissen, bevor er das elterliche Weingut in Wolkersdorf übernahm. Der Grüne Veltliner genießt den Status der Lieblingssorte: Rund 40 Prozent der Rebfläche sind damit bepflanzt. Ebenfalls wichtige Weißweinsorten sind Chardonnay und Riesling, bei den Rotweinen dominiert der Zweigelt. Die Weißweine werden in Tanks mit gekühlter Gärung ausgebaut, um die Fruchtigkeit und den Sortencharakter zu erhalten. Die Rotweine werden mit biologischem Säureabbau im Holzfass ausgebaut und teilweise auch im »Barrique« gelagert. Christian Pleil forciert einen glockenklaren und erfrischenden Weinstil – vom leichten

WEINGUT PLEIL
2120 Wolkersdorf
Adlergasse 32
T: +43 (2245) 2407
weingut@pleil.at
www.pleil.at

Kellermeister/Kontakt:
Ing. Christian Pleil
Produktion: 133.333 Flaschen
75 % weiß, 25 % rot, 18 Hektar
Zertifiziert: Nachhaltig Austria
Vereinszugehörigkeit:
Premium Weingüter Weinviertel
Messen: ProWein Düsseldorf, VieVinum, DAC-Präsentationen, Vinexpo New York

Einstiegswein bis zur komplexen Reserve. Wichtig ist ihm, ein Maximum an authentischer Sorten- und Herkunftscharakteristik in die Flasche zu füllen. Wie das gelingt? »Alles zum richtigen Zeitpunkt machen«, meint der Winzer in seiner unkonventionellen Art.

(92) Grüner Veltliner ** 2021
13,5 Vol.-%, DV, Stahltank, €€€
Helles Gelbgrün, Silberreflexe. Einladendes Bukett nach gelber Tropenfrucht, etwas Ananas und Mango, mit Orangenzesten unterlegt, floraler Touch. Saftig, elegant, feine Struktur, zart cremig, extraktsüß nach Honigmelone, bleibt gut haften, vielseitig einsetzbar.

91 Grüner Veltliner * Ried Sonnleiten 2021
13 Vol.-%, DV, Stahltank, €€
Helles Gelbgrün, Silberreflexe. Mit feinen Zitrusnoten unterlegtes weißes Kernobst, zart nach Birnen, ein Hauch von Melisse, frisch-fruchtig. Saftig, straff, feiner Säurebogen, floraler Touch, Maracuja im Abgang, guter Speisenbegleiter.

89 Grüner Veltliner * Klassik 2021
12,5 Vol.-%, DV, Stahltank, €€

90 Gemischter Satz Ried Wienerfeld 2021
12,5 Vol.-%, DV, Stahltank, €€
Helles Gelbgrün, Silberreflexe. Dezente Kräuternoten, etwas nach Anis, ein Hauch von gelber Apfelfrucht, zart nach Grapefruit, frisches Bukett. Mittlerer Körper, saftig, feine Struktur, mineralisch-salzig, gut eingebundener Säurebogen, bereits gut antrinkbar.

90 Blütenmuskateller 2021
13 Vol.-%, DV, Stahltank, €€
Sehr helles Gelbgrün, Silberreflexe. Zart nach Limettenzesten und Litschi, mit weißer Tropenfrucht unterlegt. Saftig, elegant, feinfruchtige Aromatik, frisch, dezente Süße, zitroniger Nachhall, vielseitiger Sommerwein.

88 Sauvignon Blanc 2021
12 Vol.-%, DV, Stahltank, €€

★★★

WEINGUT PRECHTL

Das Weingut Prechtl liegt in Zellerndorf im Retzer Land und hat sich vor allem auf die Rebsorte Grüner Veltliner spezialisiert. Die Hälfte davon wird mittlerweile in zehn Länder exportiert. Der Winzer Dipl.-Ing. Franz Prechtl legt größten Wert auf naturnahen Weinbau. Zur Düngung wird Stiermist verwendet, und auf Herbizide wird gänzlich verzichtet. Kühle Nächte und heiße Tage sorgen für das Aroma, die Kraft und die Eleganz im Wein. Blattarbeit von Mai bis August, konsequente Traubenreduktion, händische Weintraubenernte mit zehn Helfern und Weinverarbeitung im freien Gefälle in der neuen Kellerei sind nur ein paar Punkte, die hier erwähnt werden müssen.
Die Weinakademikerin Petra Prechtl verwöhnt im alten Bauernhaus mit wunderbarem Innenhof sowie im gemütlichen Stadl mit Gartenblick ihre Gäste mit Schmankerln der Region und Selbstgebackenem. Außerdem kann man einzigartige Accessoires und Deko im Shabby-Chic-Style erwerben. Die neue Kellerei mit Vinothek und Barriquekeller kann ebenso besichtigt werden. Weinkauf und Verkostungen sind von Montag bis Freitag gegen Voranmeldung möglich. Im neu umgebauten Sommerladen & Café direkt auf dem Weingut werden von März bis Weihnachten jeden Samstag von 10 bis 19 Uhr ein herrliches Frühstück, handgerührte Eiscreme und allerlei Pikantes serviert.

93 Grüner Veltliner * Ried Längen 2021
13 Vol.-%, DV, Stahltank, €€
Helles Gelbgrün, Silberreflexe. Zart nach Ananas und feinem Kernobst, ein Hauch von Clementinenzesten, mit etwas Blütenhonig unterlegt. Saftig, elegant, feine Säurestruktur, extraktsüß nach gelber Tropenfrucht im Abgang, guter Speisenbegleiter.

92 Grüner Veltliner * Ried Altenberg 2021
13 Vol.-%, DV, Stahltank, €€
Mittleres Gelbgrün, Silberreflexe. Feine Kräuterwürze, unterlegt mit feinem Zitrustouch, gelbe Apfelfrucht, ein Hauch von Melisse. Saftig, frisch, feine Säurestruktur, Kernobst im Abgang, würziges Finish, wird von Flaschenreife profitieren.

WEINGUT PRECHTL
2051 Zellerndorf, Zellerndorf 12
T: +43 (2945) 2297
weingut@prechtl.at, www.prechtl.at
Kellermeister: Franz Prechtl
Kontakt: Franz und Petra Prechtl
Produktion: 1 % Schaumwein, 90 % weiß, 2 % rosé, 6 % rot, 1 % süß, 17+5 Hektar
Vereinszugehörigkeit: Weinstraße Weinviertel, Weingüter Retzer Land, Premium Weingüter Weinviertel, Nordwein Österreich
Messen: Austrian Tasting London, Merano WineFestival, ProWein Düsseldorf, VieVinum, DAC-Präsentationen, MondoVino

Das Team vom Weingut Prechtl

91 Grüner Veltliner * Alte Reben 2021
13 Vol.-%, DV, Stahltank, €€
Helles Gelbgrün, Silberreflexe. Feine Tabakwürze, weiße Apfelfrucht, ein Hauch von Orangenzesten, Wiesenkräuter klingen an. Saftig, elegant, gut integrierte Säurestruktur, zart nach Ananas, frisches Bukett, bereits gut antrinkbar.

91 Grauburgunder Reserve 2021
13,5 Vol.-%, DV, Stahltank, €€€
Mittleres Gelbgrün, Silberreflexe. Feine Kräuternoten, etwas nach Zitrus, ein Hauch von Maracuja, frisches, würziges Bukett. Saftig, kraftvoll, feine Säurestruktur, Birnentouch im Abgang, mineralisch, Orangentouch im Nachhall, guter Speisenbegleiter.

89 Gelber Muskateller Ried Maulavern 2021
12,5 Vol.-%, DV, Stahltank, €€

89 Sauvignon Blanc Ried Altenfeld 2021
13,5 Vol.-%, DV, Stahltank, €€

★★

WEINGUT PRÖGLHÖF

Alles begann 1771. Fast 250 Jahre später werden rund 50.000 Reben mit viel Liebe und Respekt gegenüber der Natur familiär von den Pröglhöfs bewirtschaftet. Das Handwerk des Winzers Markus wird mit Bedacht und Feingefühl ausgeführt. Kontinuierliche Weiterbildung und Förderung der Vielfalt in der Natur sind ihm dabei sehr wichtig. So sollen fruchtbare Böden und vitale Rebstöcke für die nächste Generation erhalten bleiben. Der Stolz, in Österreich Wein anzubauen, schlägt sich auch in der Sortenwahl nieder: Man setzt auf autochthone Rebsorten wie Grünen Veltliner und Blauen Zweigelt. Arbeit im Einklang mit der Natur spielt eine zentrale Rolle, wie z. B. minimaler Einsatz von Pflanzenschutzmitteln, genügend Raum für die Reben sowie Bodenverbesserung über Begrünungsvarianten. Durch gezielte Laubarbeit und Ertragsreduktion wird es den Rebstöcken ermöglicht, optimale Ergebnisse zu liefern. Die schonend gelesenen und gepressten Trauben werden im Keller schließlich temperaturgeführt vergoren. Das Ziel sind gut »begleitete« Weine mit viel Charakter und großem Potenzial. Seit der Ernte

* Weinviertel DAC ** Weinviertel DAC Reserve

WEINGUT PRÖGLHÖF

2070 Retz-Obernalb, Brunnwinkl 11
T: +43 (2942) 2174
office@proeglhoef-weine.at
www.proeglhoef-weine.at

Kellermeister: Markus Pröglhöf
Kontakt: Marianne und Markus Pröglhöf
Anbauweise: Umstellung auf bio (Austria Bio Garantie)
Produktion: 70 % weiß, 2 % rosé, 28 % rot, 12 Hektar
Vereinszugehörigkeit: Nordwein Österreich, Weingüter Retzer Land
Messen: ProWein Düsseldorf, VieVinum, WEINmesse Berlin, DAC-Präsentationen, WeinMüchen,

2019 werden die Weingärten offiziell biologisch bewirtschaftet.

92 Grüner Veltliner * Obermarkersdorf Ried Hangenstein 2020
13 Vol.-%, DV, Stahltank, €€ V
Mittleres Gelbgrün, Silberreflexe. Dezente Kräuternoten, etwas nach kandierten Mandarinenzesten, etwas Mango und Ananas, dunkle Mineralik. Saftig, straff, balancierter Säurebogen, etwas nach Kumquats und Papaya im Abgang, bleibt gut haften, unkomplizierter Speisenbegleiter.

91 Grüner Veltliner * vom Quarzsand 2021
12,5 Vol.-%, DV, Stahltank, €€ V
Leuchtendes helles Gelbgrün. Zarte Wiesenkräuter, gelbe Apfelfrucht, etwas pfeffrig, Grapefruitzesten klingen an. Saftig, elegant, feine Struktur, mineralisch, Melisse, Pfirsichnoten im Abgang, bleibt gut haften, salziger Nachhall.

91 Tegel & Mergel 2020 CH/WB/GV
13 Vol.-%, DV, 500-l-Fass/Stahltank, €€ V
Leuchtendes Gelbgrün, Silberreflexe. Feine Kräuternoten, etwas nach Birnen, zart nach Guaven, ein Hauch von Maracuja, floraler Touch. Mittlerer Körper, extraktsüß, nach Tropenfrucht, feinwürzig, kraftvolles Finish, lang anhaltend, bereits gut antrinkbar.

90 Gelber Muskateller 2021
11,5 Vol.-%, DV, Stahltank, €€ V
Helles Gelbgrün, Silberreflexe. Feine Kräuternoten, etwas nach Blütenhonig, ein Hauch von Melisse, zart nach Quitte, frisches Bukett. Mittlerer Körper, feine Säurestruktur, mineralisch, weißes Steinobst, Holundernoten im Abgang, bereits gut antrinkbar.

88 Weißer Riesling 2020
12,5 Vol.-%, DV, Stahltank, €€ V

88 Rosé vom Zweigelt 2021
12 Vol.-%, DV, Stahltank, €€ V

WEINGUT RECKENDORFER

NEU

Der Ollersdorfer Matthias Reckendorfer ist begeisterter Jungwinzer und auf einem sehr guten Weg, sich mit seinen Weinen in der österreichischen Weinszene zu etablieren. Dies konnte er bereits beim großen Falstaff-Voting zum beliebtesten Nachwuchswinzer anklingen lassen, bei dem er den ersten Platz in Niederösterreich belegen konnte. Nach dem Abschluss der Wein- und Obstbauschule Klosterneuburg und Absolvierung wertvoller Praktika im In- und Ausland, wie zum Beispiel in Neuseeland und Deutschland, übernahm er den aufstrebenden Betrieb bereits mit 20 Jahren.
Die Philosophie von Matthias Reckendorfer folgt dem Thema »Musik am Gaumen«, was man sofort an den Etiketten mit den bunten Tonspuren erkennen kann. Dabei wird der Kaiserwalzer von Johann Strauß Sohn verbildlicht. Seine ersten eigenständigen Kompositionen entstanden im Jahr 2018 und tragen die Namen »Spargelphilharmonie« (Pinot Blanc) und »Papagena« (Muskateller). Hinzu kommt das große Projekt »Sekt Ma-

WEINGUT RECKENDORFER

2252 Ollersdorf
Wintergasse 3
T: +43 (676) 4239149
matthias@weingut-reckendorfer.at
www.weingut-reckendorfer.at

Kellermeister/Kontakt:
Matthias Reckendorfer
Anbauweise: Umstellung auf bio
Produktion: 7 % Schaumwein, 90 % weiß, 3 % rosé, 11 Hektar
Zertifiziert: Nachhaltig Austria
Messen: VieVinum, DAC-Präsentationen

Rochuskapelle bei Mannersdorf

estoso«, das Matthias Reckendorfer im Jahr 2018 gestartet hat. Dieses umfasst einen vielschichtigen Blanc de Blancs, der über 25 Monate auf der Hefe reifen darf und handgerüttelt nach traditioneller Flaschengärung hergestellt wird.
Eine besonders große Rolle spielt für den Jungwinzer die Arbeit in und mit der Natur. Aus diesem Grund befindet sich sein Betrieb seit August 2021 in Umstellung auf biologische Landwirtschaft. Das Weingut Reckendorfer befindet sich übrigens dort, wo die Felder des Marchfelds, die weltweit für den Spargel berühmt sind, enden und die weitläufigen Hügel des Weinviertels beginnen: in Ollersdorf im Weinviertel.

90 Weißburgunder Sekt Austria Reserve brut Niederösterreich g.U. 2019
12 Vol.-%, NK, Flaschengärung, €€€€
Helles Gelbgrün, silberfarbene Reflexe, feines Mousseux. Feine Kräuternoten, etwas nach Mango, zart nach Birnenfrucht. Feine Säurestruktur, extraktsüß, etwas nach Papaya, Orangentouch im Nachhall, bereits gut antrinkbar.

90 Grüner Veltliner * 2021
12,5 Vol.-%, DV, Stahltank, €€
Helles Gelbgrün, Silberreflexe. Feine Kräuternoten, weiße Apfelfrucht, pfeffrige Nuancen, mit Papaya unterlegt. Mittlerer Körper, feine Säurestruktur, salzig, weiße Fruchtnoten, unkomplizierter Speisenbegleiter.

90 Grüner Veltliner Selektion 2021
13 Vol.-%, DV, Stahltank, €€
Mittleres Gelbgrün, Silberreflexe. Zart nach Blütenhonig und Ananas, etwas nach Gewürzen, feine Maracujanoten. Saftig, balancierte Struktur, gelbe Apfelfrucht im Abgang, salzig-mineralisch, guter Speisenbegleiter.

91 Riesling Drei Mäderlhaus 2021
12 Vol.-%, DV, Stahltank, €€
Helles Gelbgrün, Silberreflexe. Mit Zitrusnuancen unterlegte weiße Pfirsichfrucht, Kräuternoten, Papayatouch. Mittlerer Körper, saftig, extraktsüß nach Marille, feinwürzig, bleibt gut haften, vielseitig einsetzbar.

89 Weißburgunder Spargelphilharmonie 2021
13 Vol.-%, DV, Stahltank, €€

89 Muskat-Ottonel Papagena 2021
11,5 Vol.-%, DV, Stahltank, €€

★★

WEINGUT SCHNEIDER

Gerald Schneider legt bei der Vinifikation höchsten Wert auf elegante, feingliedrige Weine mit klarer Frucht und Finessenreichtum. Die Trinkfreude soll dabei aber nie verloren gehen. Der Weinort Röschitz, im westlichen Weinviertel an den Ausläufern des Manhartsberges gelegen, bietet mit einer Mischung aus Löss und Urgestein beste Böden für außergewöhnliche Weißweine. Besonders der Grüne Veltliner erreicht bei kühlen Nächten und heißen Sommertagen in den renommierten Lagen von Röschitz wie Galgenberg und Königsberg höchste Qualität und unverkennbaren Geschmack, weshalb er für das Weingut die mit Abstand wichtigste Sorte darstellt und in sechs verschiedenen Ausbaustufen angeboten wird. Aber auch Riesling, Chardonnay und Weißburgunder reifen hier beständig zu Top-Qualitäten heran. Ein sensibler Umgang der Familie Schneider mit den natürlichen Gegebenheiten der einzelnen Rieden bringt von Jahr zu Jahr das jeweils typische Terroir vom Rebstock bis ins Glas.

88 Grüner Veltliner * Classic 2021
12,5 Vol.-%, DV, Stahltank, €€

92 Grüner Veltliner Alte Reben 2021
13,5 Vol.-%, DV, Stahltank, €€
Mittleres Gelbgrün, Silberreflexe. Feine Tropenfrucht, etwas Blütenhonig, mit kandierten Orangenblüten unterlegte Papaya. Saftig, elegant, feine Würze, dezente Säurestruktur, mineralisch, Apfelnoten im Abgang, guter Speisenbegleiter.

92 Grüner Veltliner Reserve vom Granit 2021
13,5 Vol.-%, DV, großes Holzfass, €€
Mittleres Grüngelb. Zarte Kräuter-Tabak-Würze, ein Hauch von Mango und Passionsfrucht, zart nach Guaven, mit Orangenzesten unterlegt. Saftig, balancierte Säurestruktur, mineralisch, Apfelfrucht im Abgang, dezente Fruchtnoten im Nachhall, vielseitig einsetzbar.

91 Grüner Veltliner Ried Königsberg 2021
13,5 Vol.-%, DV, Stahltank, €€
Mittleres Gelbgrün, silberfarbene Reflexe. Zart nach Maracuja, ein Hauch von Mandarinen, mit Blütenhonig unterlegte feine Würze. Mittlerer Körper, kraftvoll, gut integrierter Säurebogen, zartwürzig, Papaya klingt an, stoffiger Speisenbegleiter.

90 Grüner Veltliner Ried Galgenberg 2021
13 Vol.-%, DV, Stahltank, €€
Helles Gelbgrün, Silberreflexe. Feine Kräuternoten, etwas

Grüner Veltliner

WEINGUT SCHNEIDER
3743 Röschitz
Granitz 9
T: +43 (664) 1701974
weingutschneider@aon.at
www.weingutschneider.at

Kellermeister/Kontakt:
Gerald Schneider
Produktion: 100 % weiß, 9 Hektar
Messen: Vinobile Feldkirch, Weinmesse Innsbruck

nach Quitte, dezentes Pfefferl, etwas nach Melisse, gelbes Kernobst. Saftig, feine Struktur, weiße Tropenfrucht, feinwürzig, zart zitroniger Nachhall, bereits gut antrinkbar.

89 Chardonnay 2021
13 Vol.-%, DV, großes Holzfass, €€

★★

WEINGUT SCHWARZ

BIO

Wo einst der Eiserne Vorhang Europa teilte, herrscht heute grenzüberschreitender Tourismus. Hier in Schrattenberg – der bedeutendsten Rotweinanbaugemeinde im östlichen Weinviertel – wird von Familie Schwarz seit Generationen Wein gemacht. Im Mittelpunkt des Handelns stehen die organisch-biologische Bewirtschaftung der Weingärten sowie die behutsame Begleitung der Weine im Keller. So entstehen Jahr für Jahr sehr eigenständige Kostbarkeiten in allen Kategorien: rot, weiß, rosé, süß und prickelnd. Bei einem persönlichen Besuch auf dem Weingut der Familie Schwarz erfahren Weininteressierte alle Details zur Philosophie des Hauses. Tipp: Man sollte genügend Zeit einplanen, denn das Portfolio ist umfangreich und die Region kulturell wie historisch spannend.

92 Chardonnay Premium 2019
14 Vol.-%, VL, Teilbarrique
Leuchtendes Goldgelb, silberfarbene Reflexe. Einladender Duft nach Karamell und Marshmallows, ein Hauch von Banane, zart nach Orangenschalen, rauchige Nuancen. Saftig, kraftvoll, lebendige Fruchtnuancen nach Ananas, mineralisch, Marille im Nachhall, vielseitig einsetzbar.

91 Sauvignon Blanc 2021
13 Vol.-%, DV, Stahltank
Helles Gelbgrün, Silberreflexe. Intensiver Duft nach Stachelbeeren und Tabakwürze, ein Hauch von frischen Gräsern und Brennnesseln. Mittlerer Körper, feine Extraktsüße, etwas nach Birnen, frisches Bukett.

92 Syrah Premium 2017
13,5 Vol.-%, VL, Teilbarrique
Dunkles Rubingranat, violette Reflexe, zarte Randaufhellung. Einladendes dunkles Waldbeerenkonfit, ein Hauch von Holzwürze, dezenter Vanilletouch, ein Hauch von Orangenschalen. Saftig, elegant, feine süße Tanninstruktur, mineralisch, rote Kirschfrucht im Abgang, bleibt gut haften, engmaschiger Speisenbegleiter.

91 Zweigelt Premium 2018
13 Vol.-%, VL, Teilbarrique
Dunkles Rubingranat, violette Reflexe, zarte Ockerrandaufhellung. Dunkle Beerenfrucht, etwas nach Lakritze, dazu Cassis, unterlegt mit einem Hauch von Kräuterwürze. Saftig, elegant, feine Säurestruktur, extraktsüß, zitroniger Touch, Herzkirschen im Abgang, vielseitig einsetzbar.

90 Pinot Noir Premium 2019
13 Vol.-%, VL, Teilbarrique
Mittleres Karmingranat, Ockerreflexe, breiterer Wasserrand. Etwas nach Schießpulver und Kardamom, ein Hauch von Gewürzen, rote Beerenfrucht. Mittlerer Körper, feine Säurestruktur, gut eingebundene Tannine, Waldbeerenkonfit im Abgang, Tabakwürze im Nachhall, bereits gut antrinkbar.

89 St. Laurent Premium 2019
13 Vol.-%, VL, Teilbarrique

WEINGUT SCHWARZ
2172 Schrattenberg, Kleine Zeile 8
T: +43 (2555) 2544
office@schwarzwines.com
www.schwarzwines.com
Kellermeister/Kontakt: Familie Schwarz
Anbauweise: Zertifiziert Biologisch
Produktion: 2 % Schaumwein, 22 % weiß, 3 % rosé, 72 % rot, 1 % süß, 23.5 Hektar
Vereinszugehörigkeit: Weinstraße Weinviertel, Weinviertel DAC
Messen: Alles für den Gast Salzburg, Igeho Basel, ÖGW Zürich, ProWein Düsseldorf, VieVinum, DAC-Präsentationen

Anita und Rudolf Schwarzböck

WEINGUT SCHWARZBÖCK
2102 Hagenbrunn, Hauptstraße 56–58
T: +43 (2262) 672740
weingut@schwarzboeck.at
www.schwarzboeck.at
Kellermeister: Rudolf Schwarzböck
Kontakt: Anita Schwarzböck
Anbauweise: Zertifiziert Biologisch (Austria Bio Garantie)
Produktion: 2 % Schaumwein, 80 % weiß, 2 % rosé, 15 % rot, 1 % süß, 23 Hektar
Zertifiziert: Nachhaltig Austria
Vereinszugehörigkeit: Premium Weingüter Weinviertel
Messen: Austrian Tasting London, ÖGW Zürich, ProWein Düsseldorf, VieVinum, DAC-Präsentationen

★★

WEINGUT SCHWARZBÖCK

BIO

Leidenschaft für Wein und für den Weinbau, dafür sind Rudi und Anita Schwarzböck ständig in Bewegung. Die beiden erzeugen präzise wie auch authentische Weine, die das Terroir des südlichen Weinviertels perfekt widerspiegeln. Ihre Weiß-, Rot- und Süßweine sowie der nach der traditionellen Methode erzeugte Sekt präsentieren sich elegant, ausdrucksstark und trinkfreudig. Das Logo, der springende Bock, visualisiert nicht nur den Familiennamen, sondern steht für die Agilität und Zukunftsorientiertheit des Betriebs. Auf den Hängen des Bisambergs werden Grüner Veltliner, Riesling und Zweigelt kultiviert. Beachtlich ist dabei die Sortenvielfalt des Weinguts. Die Böden sind sehr unterschiedlich: Flyschgestein (Schichten von Sandstein und tonigem Mergel), Löss, Schotter und Sand wechseln sich ab. Der pannonische Klimaeinfluss sorgt für eine gute Ausreifung der Trauben und für harmonische Säure in den Weine. Den Lagenweinen wird dabei Zeit gegeben. Die Weißweine werden im Stahltank oder im großen Holzfass ausgebaut, die Rotweine reifen in großen Holzfässern und in Barriques. Es sind langlebige Weine, die nach einigen Jahren Flaschenreife zur Hochform auflaufen.

92 Grüner Veltliner ** Ried Aichleiten 2020
13,5 Vol.-%, DV, großes Holzfass, €€€
Mittleres Grüngelb, Silberreflexe. Mit feiner Tabakwürze unterlegte gelbe Tropenfrucht, zart nach Quitte, ein Hauch von Orangenzesten. Elegant, engmaschig, dezente Fruchtsüße, Marille im Abgang, salziger Nachhall, bereits gut antrinkbar, vielseitiger Speisenbegleiter.

92 Gemischter Satz Premium Ried Aichleiten 2021
13,5 Vol.-%, DV, Stahltank, €€€
Mittleres Goldgelb, Grünreflexe. Feine Wiesenkräuter, etwas nach Bergamotte, ein Hauch von Kiwi, zart nach Papaya. Saftig, elegant, feine Struktur, mineralisch, balanciert, Apfelnoten im Abgang, bleibt gut haften, sicheres Potenzial.

91 Weißburgunder Stützenhofner Hohe Ried 2020
13,5 Vol.-%, DV, Stahltank, €€€
Helles Grüngelb, silberne Reflexe. Zarte Birnenfrucht, etwas nach Maracuja, ein Hauch von Clementinen, zart nach Blütenhonig. Saftig, elegant, lebendige Säurestruktur, mineralisch, extraktsüß nach Mango, balancierter Speisenbegleiter.

91 Grauburgunder Reserve Ried Aichleiten 2020
13,5 Vol.-%, DV, Barrique, €€€
Leuchtendes Goldgelb, Messingreflexe. Einladendes Bukett von Kräutern und Karamell, zart nach Banane und Papaya, floraler Touch. Saftig, elegant, feine Säurestruktur, zart nach gelber Tropenfrucht im Abgang, bleibt gut haften, bereits gut antrinkbar.

91 Grande Reserve Ried Fürstenberg Kabinett 2018 ME/CS
14 Vol.-%, DV, Barrique, €€€€
Tiefdunkles Rubingranat, violette Reflexe, opaker Kern, zarte Randaufhellung. Feine Tabakwürze, etwas nach dunklem Beerenkonfit, ein Hauch von Kardamom, mit zarten Räuchernuancen unterlegt. Saftig, gut eingebundene Tannine, feine Fruchtsüße nach Brombeeren, einladendes Finish, bereits gut antrinkbar.

★★★

WEINGUT WOLFGANG SEHER

Das Weingut Seher wird seit 2001 von Wolfgang Seher geleitet. Die Anbaufläche von 18 Hektar ist mit den Weißweinsorten Grüner Veltliner, Riesling, Sauvignon Blanc, Weißburgunder und Gelber Muskateller sowie mit den Rotweinsorten Zweigelt, Pinot Noir, Barbera, Merlot und Cabernet Sauvignon bestockt. Trotz dieser Vielfalt liegt der Schwerpunkt naturgemäß auf dem Grünen Veltliner. Etwa zwei Drittel der Weingärten liegen in Platt. Hier befinden sich auch die wichtigsten Lagen: Kapellenberg, Sandberg, Faustberg und Kirchleithen. Sieben weitere Top-Lagen des Weinguts befinden sich in Obermarkersdorf und heißen Feuerberg, Nussberg, Rosenhügel, Geyern, Triftberg, Hochberg und Hangenstein.

91 Grüner Veltliner * Ried Nussberg 2021
12,5 Vol.-%, DV, Stahltank, €€
Helles Gelbgrün, Silberreflexe. Gelbes Kernobst, zart nach Kräutern, Limettenzesten, Maracuja, ein Hauch von Guaven. Saftig, straff, feine Säurestruktur, mineralisch-salzig, feine Tabakwürze im Abgang, Apfelfrucht im Nachhall, bereits gut antrinkbar.

91 Grüner Veltliner * Ried Sandberg 2021
12,5 Vol.-%, DV, Stahltank, €€
Helles Grüngelb, silberne Reflexe. Feine Tabakwürze, etwas nach Kräutern, ein Hauch von Maracuja, zart nach Melisse, frisches Bukett. Saftig, balancierte Säurestruktur, weißer Apfel im Abgang, Zitrusnuancen im Nachhall, bereits gut antrinkbar.

90 Grüner Veltliner * 2021
12 Vol.-%, DV, Stahltank, €€
Helles Gelbgrün, Silberreflexe. Feine Kräuternoten, gelbe Apfelfrucht, zart nach Orangenzesten, pfeffrige Nuancen. Saftig, frisch, dunkle Mineralik, grüne Apfelfrucht im Abgang, bereits gut antrinkbar.

95 Grüner Veltliner Neue Zeit Nr.5 2018
14 Vol.-%, DV, 500-l-Fass, €€€€€
Leuchtendes Goldgelb, grüne Reflexe. Zarter Vanilletouch, etwas nach Blütenhonig, dezente Ananas- und Melonennoten, feinwürzig. Saftig, gute Komplexität, straff, mineralisch, extraktsüß nach Mango, bleibt gut haften, vielschichtiger Speisenbegleiter mit Potenzial.

93 Weißer Burgunder Platt Ried Kirchleithen 2020
13 Vol.-%, DV, 500-l-Fass, €€€€
Leuchtendes Goldgelb, Silberreflexe. Feiner Blütenhonig,

WEINGUT WOLFGANG SEHER
2051 Platt, Platt 28
T: +43 (2945) 27138
office@weingutseher.at
www.weingutseher.at

Kellermeister/Kontakt: Wolfgang Seher
Anbauweise: Umstellung auf bio (Austria Bio Garantie)
Produktion: 133.333 Flaschen
9 % Schaumwein, 70 % weiß, 20 % rot, 1 % süß, 18 Hektar
Vereinszugehörigkeit: Nordwein Österreich
Messen: ProWein Düsseldorf, VieVinum

dezente Limettenzesten, etwas nach Bergamotte, Apfelfrucht, einladendes Bukett. Saftig, engmaschig, mineralisch-salzig, gut eingebundene Säurestruktur, Birnentouch im Abgang, guter Speisenbegleiter.

90 Weisser Burgunder Mergel 2021
12,5 Vol.-%, DV, Stahltank/Teilbarrique, €€
Helles Gelbgrün, Silberreflexe. Mit feiner Tabakwürze unterlegte gelbe Birnenfrucht, dezente Kräuternoten, Melisse klingt an. Saftig, balancierte Säurestruktur, mineralisch, Kernobst im Abgang, bereits gut antrinkbar.

92 Sauvignon Blanc Silt 2021
13,5 Vol.-%, DV, Stahltank, €€
Helles Gelbgrün, Silberreflexe. Noten von Cassis und gelber Paprika, mit Wiesenkräutern unterlegt, zart nach Guaven, sortentypisches Bukett. Saftig, komplex, frisch nach Limetten, gut eingebundene Säurestruktur, mineralisch, bleibt gut haften.

92 Sauvignon Blanc Platt Ried Faustberg 2020
13,5 Vol.-%, DV, 500-l-Fass, €€€€
Mittleres Gelbgrün, Silberreflexe. Einladender Duft nach Ananas und Honigmelone, zart nach kandierten Orangenschalen, Holunderblüten klingen an. Saftig, kraftvoll, feine Säurestruktur, würzig, Cassis im Abgang, mineralisch im Nachhall, facettenreicher Speisenbegleiter.

90 Riesling Tonstein 2021
12,5 Vol.-%, DV, Stahltank, €€
Helles Gelbgrün, Silberreflexe. Mit dezenten Zitrusnoten unterlegtes weißes Steinobst, zarter Kräutertouch, feinwürzig. Elegant, balancierter Säurebogen, feinmaschig, Kumquats und Pfirsich im Abgang, unkomplizierter Sortenvertreter.

88 Rosé Cabernet & Zweigelt 2021 CS/ZW
12 Vol.-%, DV, Stahltank, €€

92 Barbera Rote Kapelle 2016
14 Vol.-%, DV, Barrique, €€€€€
Tiefdunkles Rubingranat, violette Reflexe, zarte Randaufhellung. Feine Cassisnoten, unterlegt mit Nougat, ein Hauch von schwarzer Kirschfrucht, einladendes Bukett. Saftig, gute Komplexität, feine Tanninstruktur, Brombeernoten im Abgang, Holzwürze im Nachhall, sehr gut ausbalanciert.

90 Roter Oktober Cuvee 2018 ZW/ME/PN
13,5 Vol.-%, DV, gebrauchte Barriques/500-l-Fass/Barrique, €€
Dunkles Rubingranat, violette Reflexe, zarte Randaufhellung. Feine Tabakwürze, dunkles Beerenkonfit, ein Hauch von Holzwürze, schokoladiger Touch. Saftig, mittlere Komplexität, gut eingebundene Tannine, zarter Nougattouch, Brombeeren im Abgang, guter Speisenbegleiter.

★★★★

WEINGUT SETZER

Seit 1705 ist das Weingut im Familienbesitz und wird mit Stolz und großem Verantwortungsgefühl von Generation zu Generation weitergegeben. Waren es bis vor Kurzem Hans und Ulrike Setzer, die die Geschicke des Weinguts leiteten, so werden sie heute bereits von ihren Kindern Marie-Theres und Eugen unterstützt. Beide sind bereits im Weinbau ausgebildet und ebenso mit Leidenschaft dabei. Hohenwarth am Manhartsberg, am Rande des westlichen Weinviertels, ist aufgrund seiner Lage besonders für Grünen und Roten Veltliner prädestiniert. Diese beiden Rebsorten bilden das Herzstück des Weinguts und werden sowohl im leichten Segment wie auch als gehaltvolle Lagenweine ausgebaut. Die Flaggschiffe des Hauses sind Weinviertel DAC Reserve »8000« und Roter Veltliner Ried Kreimelberg. Aufgrund der Höhenlage des Ortes Hohenwarth auf fast 400 Metern bilden die Temperaturunterschiede zwischen Tag und Nacht ein ausgeprägtes Fruchtaroma der Trauben. Die alten Rebstöcke wiederum versorgen die Trauben mit Mineralik aus den Tiefen der Braunerdeböden (mit Schotter im Untergrund) und gewährleisten auch in Trockenperioden eine perfekte Wasserversorgung. Rebstöcke mit mehr als 60 Jahren sind in den Weingärten der Setzers keine Seltenheit. Der Setzer in Pink verströmt als fruchtig-leichter Rosé Nizza-Flair, angelehnt an die Roséweine der Provence, nur etwas leichter im Alkohol – ideal zu Meeresfrüchten oder Nudelgerichten. Setzer-Weine sind seit vielen Jahren weltweit

© Matthias Hausdorf (MHI.at)

WEINGUT SETZER

3472 Hohenwarth
Hauptstrasse 64
T: +43 (2957) 228
setzer@weingut-setzer.at
www.weingut-setzer.at

Kellermeister/Kontakt:
Hans Setzer
Produktion: 85 % weiß, 15 % rot, 30+15 Hektar
Zertifiziert: Nachhaltig Austria
Vereinszugehörigkeit:
Premium Weingüter Weinviertel
Messen: ProWein Düsseldorf, VieVinum, DAC-Präsentationen, MondoVino

Weingut Setzer

erfolgreich. Zu finden sind sie in der Topgastronomie von San Francisco im Westen bis Shanghai im Osten. Auch in Australien oder auf Urlaubsinseln wie den Malediven schätzt man Setzer-Weine. Edle Tropfen heranreifen zu lassen, das liebt das Weingut Setzer, eine »Insel der Seligen« mitten im bedeutendsten Weinbaugebiet Österreichs. Hier vereint sich die niederösterreichische Lebensfreude mit der Leidenschaft für Genuss und dem Streben nach Perfektion – eine Mischung, die offenbar nur das Feinste hervorbringt.

(95) Grüner Veltliner * Große Reserve 2020

14 Vol.-%, DIAM, Barrique, €€€€€ V
Mittleres Gelbgrün, Silberreflexe. Einladendes Bukett nach Marille und etwas Ananas, ein Hauch von Karamell, feine Kräuternoten, Mandarinenzesten klingen an. Feinwürzig, engmaschig, dezente Holznuancen, weißes Steinobst im Abgang, mineralischer Nachhall, vielschichtiger Speisenbegleiter.

(94) Grüner Veltliner * Hohenwarth Ried Laa 8000 2021

13,5 Vol.-%, DIAM, Stahltank, €€€€€ V
Mittleres Grüngelb, Silberreflexe. Dezente Apfelfrucht, etwas nach Tabakwürze, ein Hauch von Mango, zart nach Melisse, mit Blütenhonig unterlegt. Straff, gute Komplexität, feiner Säurebogen, salzig, gelbe Tropenfrucht im Abgang, sicheres Potenzial.

(93) Grüner Veltliner ** Ried Kirchengarten 2021

13,5 Vol.-%, DIAM, Stahltank, €€€€ V
Leuchtendes Gelbgrün, silberne Reflexe. Reife Tropenfrucht, unterlegt mit Wiesenkräutern, dezente Blütenhonignoten, feiner Quittentouch. Gute Komplexität, straff, engmaschige Säurestruktur, mineralisch, Zitrus und reifes Kernobst im Abgang, lang anhaltend, gutes Potenzial.

(92) Grüner Veltliner ** Ried Kronberg 2021

13,5 Vol.-%, DIAM, Stahltank, €€€ V
Helles Gelbgrün, Silberreflexe. Feine Kräuternoten, weiße Tropenfrucht, zart nach Orangenzesten, frisches Bukett. Saftig, mittlere Komplexität, straff, feine Struktur, mineralisch, kraftvoll, reife Apfelnoten im Abgang, bleibt gut haften, vielseitiger Speisenbegleiter.

91 Grüner Veltliner * Ausstich 2021

12,5 Vol.-%, DV, Stahltank, €€ V
Helles Gelbgrün, silberne Reflexe. Einladende gelbe Tropenfruchtnoten, ein Hauch von Blütenhonig, zarte Gewürznoten. Saftig, elegant, mineralisch, gut integrierter Säurebogen, Maracuja im Abgang, guter Speisenbegleiter.

(92) Roter Veltliner Ried Kreimelberg Spätlese 2021

13,5 Vol.-%, DIAM, Stahltank, €€€€ V
Helles Gelbgrün, Silberreflexe. Zarter Duft nach Birnen und Kumquats, dezente Würze, etwas dunkle Mineralik, Papaya klingt an. Saftig, straff, gut eingebundene Säurestruktur, etwas zurückhaltend, sehr trinkanimierend, Apfeltouch im Abgang, bleibt gut haften, vielseitig einsetzbar.

Franz-Joseph, Franz und Regina Stift

WINZERHOF STIFT
3743 Röschitz
Lange Zeile 6
T: +43 (2984) 31 44
office@winzerhof-stift.at
www.winzerhof-stift.at

Kellermeister: Franz Stift
Kontakt: Franz und Regina Stift
Produktion: 90 % weiß, 5 % rosé, 5 % rot
Zertifiziert: Nachhaltig Austria
Vereinszugehörigkeit: Weingüter Retzer Land
Messen: DAC-Präsentationen, MondoVino

★★★

WINZERHOF STIFT

Der Winzerhof der Familie Stift liegt in Röschitz, südlich der Weinstadt Retz. Franz Stift nutzt die besonderen klimatischen und geologischen Gegebenheiten rund um Röschitz geschickt, um Weine mit prägnantem Charakter zu keltern. So wird jeder Weingarten als eigenes Individuum betrachtet, und mit Umsicht und Sorgfalt werden die Trauben zur Reife geführt. Im Einklang mit der Natur und durch einfühlsame Arbeit im Keller entstehen finessenreiche, ausdrucksvolle und sortentypische Weine. Urgesteinsinseln zwischen Lösshängen bringen markante Mineralik und fruchtige Fülle in die Weine, für jede Rebsorte finden sich an den Abhängen des Manhartsberges ideale Bedingungen. Neben der Leitsorte Grüner Veltliner, den es in mannigfaltiger Auslegung und Abstufung gibt, werden hier auch sehr erfolgreich Riesling, Sauvignon Blanc, Gelber Muskateller, Chardonnay und ein Rosé vom Cabernet Sauvignon vinifiziert. Diese Weine zeigen Klarheit, Brillanz und Ausdrucksstärke und spiegeln das Weinviertel auf das Schönste wider. Bestätigt wird dies durch zahlreiche Auszeichnungen. Neben den bekannten Weinen »Tante Mitzi«, »Methusalem« und natürlich dem Riesling vom Urgestein wurde das Sortiment um zwei verschiedene Frizzanteweine erweitert: »Franzis Frizzi Muskateller« und »Franzis Frizzi Rosé«. Eine Degustation auf dem Winzerhof Stift, der ein nettes mediterranes Flair ausstrahlt, wird durch sein Ambiente zu einem wahren Erlebnis. Großer Beliebtheit erfreuen sich die Jazzabende, die alljährlich auf dem Weingut stattfinden.

91 Grüner Veltliner * vom Urgestein 2021
13 Vol.-%, DV, Stahltank, €€
Helles Gelbgrün, Silberreflexe. Feine Kräuternoten, etwas nach Blütenhonig und Kernobst, ein Hauch von Clementinen. Saftig, elegant, balancierte Struktur, mineralisch, weißes Kernobst, bereits gut antrinkbar.

93 Grüner Veltliner Methusalem 2021
13,5 Vol.-%, DV, Stahltank, €€
Mittleres Gelbgrün, Silberreflexe. Mit feiner Holzwürze unterlegter Blütenhonig und Ananas, ein Hauch von gelber Tropenfrucht. Saftig, straff, kraftvoll, mit Kräuternoten unterlegte Honigmelone im Abgang, zitroniger Nachhall, sicheres Potenzial.

© Martin Lifka

92 Grüner Veltliner Ried Galgenberg 2021
13,5 Vol.-%, DV, Stahltank, €€
Helles Gelbgrün, Silberreflexe. Feine Apfelfrucht, unterlegt mit etwas dunkler Mineralik, zart nach Mango, zitronige Noten. Saftig, gute Komplexität, gut integrierter Säurebogen, Golden-Delicious-Apfelfrucht im Abgang, vielseitiger Speisenbegleiter.

92 Grüner Veltliner Ried Reipersberg 2021
13 Vol.-%, DV, Stahltank, €€
Helles Grüngelb, silberne Reflexe. Zarte Apfelnoten, etwas nach Wiesenkräutern, zart nach Melisse, etwas nach Papaya. Gute Komplexität, saftig, straff, lebendige Säurestruktur, mineralisch, Ananas im Abgang, guter Speisenbegleiter mit Potenzial.

93 Riesling vom Urgestein 2021
13 Vol.-%, DV, Stahltank, €€
Helles Grüngelb, Silberreflexe. Mit Zitrusnuancen unterlegtes weißes Steinobst, etwas nach Guave, ein Hauch von Grapefruit. Komplex, feine Extraktsüße, zart nach Zitrus und Pfirsich, mineralischer Nachhall, sicheres Potenzial.

93 Riesling Lampelschweif 2021
12,5 Vol.-%, DV, Stahltank, €€€
Mittleres Gelbgrün, Silberreflexe. Dezente Marillenfrucht, etwas nach Kräutern, zart nach kandierten Limettenzesten. Vielschichtig, saftig, engmaschig, fruchtsüß nach Mango, Zitrus im Nachhall, lange anhaltend, guter Speisenbegleiter mit Potenzial.

★★

WEINGUT STUDENY

Als Familienbetrieb in dritter Generation bewirtschaftet Herbert Studeny 16 Hektar Weingärten im traditionsreichen Weinbauort Obermarkersdorf. Das Retzer Land im Weinviertel mit seiner Weinstadt Retz ist das nördlichste Weinbaugebiet Österreichs und bekannt für seine charaktervollen, würzigen Grünen Veltliner. Der wohl wichtigste Charaktergeber der Region ist der Manhartsberg, der aus dem Muttergestein Granit besteht und den Weißweinen eine mineralische Note verleiht. Diesem Bergrücken verdanken die Winzer in dieser Gegend auch die hohen Temperaturunterschiede zwischen Tag und Nacht sowie die Waldviertler Fallwinde – eine Besonderheit, die lebendige und aromatische Weine hervorbringt.
Als eines der ersten Weingüter in dieser Region hat das Weingut Studeny den Sauvignon Blanc etabliert, der sich durch eine ganz besondere Feingliedrigkeit und Finesse auszeichnet. Nicht nur im Weingarten beweist Herbert Studeny sein feines Gespür für Top-Weine. Mittels behutsam eingesetzter Kellertechnik und langer Reifung auf der Feinhefe zaubert er feingliedrige, komplexe Spitzenweine mit hoher Lagerfähigkeit. Ab dem Jahrgang 2020 werden die meisten weißen Lagenweine spontan vergoren. 2011 wurde ein attraktiver Degustationsraum angebaut, der für den Ab-Hof-Verkauf und für Verkostungen ganz besonders gerne besucht wird.

93 Grüner Veltliner ** Ried Nussberg 2020
13,5 Vol.-%, NK, Holzfass, €€€€€
Mittleres Gelbgrün, silberne Reflexe. Mit feinen Wiesenkräutern und Blütenhonig unterlegte reife Mango, etwas nach Ananas, tabakige Anklänge. Gute Komplexität, lebendiger Säurebogen, kraftvoll, Maracuja im Abgang, minera-

WEINGUT STUDENY
2073 Obermarkersdorf
Obermarkersdorf 174
T: +43 (2942) 8252
office@studeny.at
www.studeny.at

Kellermeister/Kontakt:
Herbert Studeny
Produktion: 75 % weiß, 5 % rosé, 15 % rot, 5 % süß, 16 Hektar
Vereinszugehörigkeit: Nordwein Österreich, Weinviertel DAC, Weingüter Retzer Land, Weinstraße Weinviertel
Messen: VieVinum, Vinobile Feldkirch, DAC-Präsentationen, Vinorell Hamburg

lisch im Rückgeschmack, stoffiger Speisenbegleiter mit Potenzial.

88 Grüner Veltliner * Obermarkersdorf 2021
12 Vol.-%, DV, Stahltank, €€

(91) Grüner Veltliner Ried Atschbach 2021
13,1 Vol.-%, DV, Teilbarrique, €€
Helles Gelbgrün, Silberreflexe. Feine Kräuternoten, etwas nach weißem Kernobst, zart nach Quitte, Blutorangenzesten. Saftig, elegant, gut integrierter Säurebogen, Tropenfrucht im Abgang, würziger Nachhall, bereits gut antrinkbar.

(92) Riesling Obermarkersdorf Ried Triftberg Urgestein 2021
12,5 Vol.-%, DV, Stahltank, €€
Helles Gelbgrün, Silberreflexe. Mit Lindenblütenhonig unterlegte Mango, zart nach Pfirsich, Karamell und Limetten klingen an. Saftig, elegant, mittlerer Körper, fruchtsüß nach Passionsfrucht, zitroniger Nachhall, leichtfüßig wirkender Speisenbegleiter.

91 Sauvignon Blanc Ried Sündlasberg 2021
13,5 Vol.-%, DV, Stahltank, €€
Helles Gelbgrün, Silberreflexe. Einladender Duft nach Wiesenkräutern und Granny-Smith-Apfel, zart nach Cassis und gelber Paprika. Saftig, mittlerer Körper, gut integrierter Säurebogen, mineralisch, Limetten im Abgang, salziger Nachhall, bereits gut antrinkbar.

90 Pinot Noir Pulkau Ried Hinter der Kirche 2019
13 Vol.-%, DV, gebrauchte Barriques, €€
Mittleres Rubingranat, violette Reflexe, breitere Ockerrandaufhellung. Feinwürzig, etwas nach Kirschen, ein Hauch von Räucheraromen, Johannisbeeren und Zitrus klingen an. Mittlerer Körper, feine Tanninstruktur, würzig, Walderdbeeren im Abgang, stoffiger Speisenbegleiter.

★★★

WEINGUT SUTTER

Doris und Leopold Sutter führen ihr traditionsreiches Weingut in Hohenwarth im südwestlichen Weinviertel, wo das Kamptal an den Wagram grenzt, bereits in zehnter Generation. Die Weine des Großvaters August standen früher auf den besten Weinkarten des Landes. Nun gibt es neuen Schwung im Betrieb, und es wird sicher nicht lange dauern, bis man das Weingut Sutter wieder in den besten Restaurants findet. So stark wie die Mauern des Weinguts, das 1671 errichtet und liebevoll restauriert wurde, präsentiert sich auch das Sortiment der Sutters. Der Fokus liegt ganz klar auf dem Grünen Veltliner, den es in sechs Spielarten gibt: Der Weinviertel DAC ist ein klassischer Gebietswein, dazu gesellen sich Lagenweine und ein Grüner Veltliner Alte Reben. Auf Kies, Sand, Ton und kalkreichem Schotter der Ur-Donau wurzeln ihre Rebstöcke und sorgen für mineralische, eigenständige Weine, die ihre Herkunft zeigen. Drei Rote Veltliner, eine rare Sorte, die nur von wenigen Winzern gepflegt wird, und ein Frühroter Veltliner sorgen ebenfalls für die vielen Gesichter, die ein Veltliner haben kann.

93 Grüner Veltliner ** Privat 2018
13 Vol.-%, DV, großes Holzfass, €€€€€ V
Mittleres Gelbgrün, leuchtende Reflexe. Mit feiner Würze unterlegte weiße Tropenfrucht, dunkle Mineralik, etwas nach Orangenzesten. Saftig, elegant, kraftvoll nach Maracuja, mineralisch, stoffiger Speisenbegleiter.

(92) Grüner Veltliner ** Ried Kellerberg 2021
13 Vol.-%, DV, großes Holzfass, €€€€ V
Mittleres Gelbgrün, Silberreflexe. Zarte Tropenfrucht, etwas nach Orangenschalen, zart nach Lindenblüten und gelbem Apfel. Saftig, straff, engmaschig, mit feinen Kräuternoten unterlegtes weißes Kernobst im Abgang, vielseitig einsetzbar.

(91) Grüner Veltliner * Alte Reben 2021
13 Vol.-%, DV, Stahltank, €€€ V
Mittleres Gelbgrün, silberne Reflexe. Feine Apfelfrucht, zart nach Holzwürze, etwas nach Kräutern, ein Hauch von Orangenzesten. Saftig, elegant, reife Mango im Abgang, salzig im Nachhall, guter Speisenbegleiter.

89 Grüner Veltliner * Klassik 2021
12,5 Vol.-%, DV, Stahltank, €€ V

© Martin Sommer

WEINGUT SUTTER
3472 Hohenwarth
Weinviertler Straße 6
T: +43 (2957) 200
office@weingut-sutter.at
www.weingut-sutter.at

Kellermeister: Leopold Sutter
Kontakt: Doris Sutter
Produktion: 20 Hektar
Zertifiziert: Nachhaltig Austria
Messen: ProWein Düsseldorf, VieVinum, Vinexpo, DAC-Präsentationen

Leopold und Doris Sutter

92 Roter Veltliner Privat 2018
13 Vol.-%, DV, großes Holzfass, €€€€€ V
Mittleres Gelbgrün, Silberreflexe. Mit feiner Tabakwürze unterlegter Touch von Birnen, ein Hauch Bratapfel, etwas Anis, einladendes Bukett. Saftig, elegant, feine Säurestruktur, mineralisch, weißer Apfel im Abgang, etwas zurückhaltendes Finish, wird von Flaschenreife profitieren.

(91) Roter Veltliner Alte Reben 2021
13 Vol.-%, DV, großes Holzfass, €€€ V
Helles Gelbgrün, Silberreflexe. Feiner Blütenhonig, etwas nach Kräutern, zarte kandierte Mandarinenzesten, Kernobst klingt an. Saftig, balancierter Säurebogen, Kalamansi und Papaya im Abgang, bleibt gut haften, bereits gut antrinkbar.

★★★

WEINGUT TAUBENSCHUSS

Das Weingut Taubenschuss ist ein Monolith in der Weinviertler Weinlandschaft und besteht bereits seit 1670. Heute wird der Betrieb von Markus und Thomas Taubenschuss geführt – unter tatkräftiger Mithilfe der Eltern Monika und Helmut, die immer noch aktiv in den Bereichen Produktion und Marketing mitwirken. Die Vorfahren haben sich die besten Lagen rund um die Weinstadt Poysdorf gesichert, der Fokus liegt auf den gebietstypischen Sorten Grüner Veltliner und Weißburgunder. Bereits 1941 wurde mit der Abfüllung in Bouteillen begonnen, aber dies ist nur ein Grund für die Pionierstellung dieser Weinviertler Winzerdynastie.

Damals wie heute findet die Ernte traditionell ausschließlich per Hand statt. Oberstes Credo ist naturnaher, nachhaltiger Weinbau, wobei man bewusst auf den Einsatz von Pestiziden, Herbiziden, Insektiziden und Handelsdüngern verzichtet und stattdessen auf eigene Kompostproduktion zur organischen Düngung der Weingärten setzt. Auch nachhaltige Weingartenbeweidung mithilfe von speziellen Schafen wird seit einigen Jahren erfolgreich betrieben und sorgt so langfristig für weniger maschinellen Einsatz im Weinberg. Momentan befindet sich das Weingut in der Umstellungsphase zur Bio-Zertifizierung. Der historische Winzerhof mit einer Ausstellung von Kunstskulpturen sowie

Familie Taubenschuss

WEINGUT TAUBENSCHUSS

2170 Poysdorf, Körnergasse 2
T: +43 (676) 3566901
www.taubenschuss.at

Kellermeister: Helmut und Markus Taubenschuss
Kontakt: Monika und Thomas Taubenschuss
Anbauweise: Umstellung auf bio
Produktion: 100 % weiß, 22 Hektar
Vereinszugehörigkeit:
Premium Weingüter Weinviertel
Messen: Merano WineFestival, ProWein Düsseldorf, VieVinum, Vinitaly

regelmäßig stattfindenden Bilderausstellungen nationaler und internationaler Künstler ist ein häufiger Treffpunkt für Weinfreunde und Kunstliebhaber.

93 Grüner Veltliner ** Ried Tenn 2019

13 Vol.-%, NK,DV, großes Holzfass, €€€
Mittleres Gelbgrün, Goldreflexe. Einladender Duft nach Blütenhonig und Marillen, etwas nach Ananas, ein Hauch von Grapefruitzesten. Komplex, straff, gut integrierte Süße, balancierter Säurebogen, wirkt leichtfüßig, guter Speisenbegleiter.

(91) Grüner Veltliner * Ried Weißer Berg 2021

12,5 Vol.-%, DV, Stahltank, €€
Helles Gelbgrün, Silberreflexe. Feine Tabakwürze, etwas nach reifer Golden-Delicious-Apfelfrucht, Papaya, Blütenhonig klingt an. Saftig, elegant, feine Säurestruktur, mineralisch, engmaschig, Quitte im Abgang, sehr guter Trinkfluss.

90 Grüner Veltliner * Poydorf 2021

12 Vol.-%, DV, Stahltank, €€
Helles Gelbgrün, Silberreflexe. Zarte Apfelfrucht, unterlegt mit Kräutern, zart nach Cayennepfeffer. Saftig, straff, feine Säurestruktur, gelbes Kernobst im Abgang, fruchtiger Nachhall, guter Speisenbegleiter.

94 Grüner Veltliner Große Reserve MX Alte Reben 2017

13 Vol.-%, NK, großes Holzfass, €€€€€
Leuchtendes Goldgelb, Silberreflexe. Einladender Duft nach Mango, etwas nach Akazienhonig, feiner Vanilletouch, Ananas klingt an. Komplex, saftig, straff, facettenreiche Säurestruktur, mineralisch, dezente Apfelfrucht, jugendliche Frische, bleibt gut haften, vielschichtiger Speisenbegleiter mit Potenzial.

91 Sauvignon Blanc Reserve -S- 2019

14 Vol.-%, NK,DV, Stahltank, €€€
Mittleres Gelbgrün, Silberreflexe. Feine Tabakwürze, etwas nach Limettenzesten, ein Hauch von Pfirsich, zart nach Melisse. Saftig, elegant, feine Extraktsüße nach reifer Birnenfrucht, bleibt gut haften, bereits gut antrinkbar.

91 Chardonnay Reserve -S- 2019

13 Vol.-%, NK,DV, großes Holzfass, €€€
Leuchtendes Gelbgrün, Silberreflexe. Feine Kräuternoten, zart nach Mango und reifem Steinobst, Kumquats klingen an. Saftig, elegant, feine Säurestruktur, mineralisch-salzig, Apfelfrucht im Abgang, bereits gut antrinkbar, vielseitig einsetzbar.

★★

WEINGUT GEORG TOIFL

Die Kunst des Weinmachens ist wie die Natur ein stetiger Kreislauf, der sich permanent verändert. Was bleibt, ist der Versuch, das Beste aus seinen Gegebenheiten zu machen, diese in eine Idee zu gießen und zu hoffen, dass es gelingt«, meint Georg Toifl. Von J. R. R. Tolkien stammt folgende Aussage: »Es ist eine gefährliche Sache, aus deiner Tür hinauszugehen. Du betrittst die Straße, und wenn du nicht auf deine Füße aufpasst, kann man nicht wissen, wohin sie dich tragen.« Wenn alles gut geht, dann landet man in Retz im Weinviertel, wo gleich nebenan in Kleinhöflein das Weingut Georg Toifl liegt. Im neuen »Wein I Kultur I Gut« verarbeitet der kunstaffine Winzer nicht nur wertvolle Weintrauben, die ab 2022 biologisch-organisch zertifiziert sind, sondern verwöhnt seine Gäste auch mit kulturellen Veranstaltungen – von Rieden-Radtouren bis zu Konzerten ausgewählter nationaler und internationaler Künstler. Hier kann man also so einiges erleben. Das Weinviertel hat absolut nichts Oberflächliches, nichts, was einfach zu verstehen wäre. Deshalb lohnt es sich umso mehr, in die Gegend einzutauchen, sich inspirieren zu lassen und vielleicht mit einer einzigartigen Geschichte wieder nach Hause zu kommen.

(93) Grüner Veltliner ** Ried Wolfsthaler GE.ORG 2021
14 Vol.-%, NK, großes Holzfass, €€€
Leuchtendes Grüngelb, Silberreflexe. Frische Wiesenkräuter, zart pfeffrig, gelber Apfel, Nuancen von Mango und Orangenzesten. Engmaschig, straff, elegant, feine Kernobstnuancen, finessenreich strukturiert, würzig und gut anhaftend, sicheres Reifepotenzial.

(90) Grüner Veltliner * Kleinriedenthal Ried Zwergluss Wanted 2021
12,5 Vol.-%, DV, Stahltank, €€
Helles Grüngelb, Silberreflexe. Zart rauchig unterlegte Kräuterwürze, gelber Apfel, zart nach Orangenzesten, tabakige Nuancen. Straff, engmaschig, grüner Apfel, frischer Säurebogen, mineralisch-zitroniger Abgang, ein lebendiger Speisenbegleiter.

(89) Grüner Veltliner * GEO 2021
12 Vol.-%, DV, Stahltank, €€

(91) Riesling Ried Galgenberg GE.ORG 2021
13,5 Vol.-%, NK, kleines Holzfass, €€€
Leuchtendes Grüngelb, Silberreflexe. Zart nach Grapefruitzesten, ein Hauch von gelbem Pfirsich, Nuancen von Blütenhonig, einladendes Bukett. Saftig, gute Komplexität, zart nach Marille, frischer Säurebogen, dezente Fruchtsüße im Abgang, mineralischer Nachhall.

(91) Weißburgunder Ried Seeleiten GE.ORG 2021
14 Vol.-%, NK, großes Holzfass, €€€
Helles Grüngelb, Silberreflexe. Zarte Nuancen von reifer Birne, ein Hauch von Blütenhonig, zart nach Walnuss. Kraftvoll, dezente Apfelnote, feine Säurestruktur, zart nach Wiesenkräutern, mineralisch, ein balancierter Speisenbegleiter.

(88) Gelber Muskateller GEO 2021
12 Vol.-%, DV, Stahltank, €€

WEINGUT GEORG TOIFL
2074 Kleinhöflein
Dreiquantenweg 14
T: +43 (676) 6142074
mail@georgtoifl.wine
www.georgtoifl.wine

Kellermeister/Kontakt: Georg Toifl
Anbauweise: Umstellung auf bio
Produktion: 70 % weiß, 30 % rot, 24 Hektar
Messen: ProWein Düsseldorf, VieVinum, DAC-Präsentationen, Vinexpo Explorer

★★

WEINGUT URBAN

Als Andreas Urban im Jahr 2002 den elterlichen Betrieb übernahm, hatte er eine klare Vorstellung, wie seine Weine schmecken sollten, nämlich auf alle Fälle auf der höchsten Qualitätsstufe, die ein Jahrgang zulässt. Jede Sorte soll unverfälscht (sortentypisch) in die Flasche gelangen. Auf 22 Hektar Rebfläche werden die Sorten Grüner Veltliner, Riesling, Gelber Muskateller, Sauvignon Blanc, Roter Traminer, Rivaner, Roesler, Pinot Noir, Zweigelt und Merlot gekeltert. Die Reben gedeihen auf fruchtbaren Braunerde-Lehm-Böden in Schalladorf, Immendorf und Oberstinkenbrunn, Katastralgemeinden in der Großlage Retzer Weinberge. Die Qualität der Weine hängt nicht nur vom Terroir, sondern auch von der Pflanzengesundheit, der händischen Arbeit und nicht zuletzt vom Gefühl des Winzers ab. Daher gilt: »Jeder Wein spiegelt den Winzer wider.« Bei der Arbeit in den Weingärten und im Keller hält sich Andreas Urban streng an das Motto »Nicht zu viel und nicht zu wenig«. Bei der Verarbeitung der Trauben verbindet er neueste Erkenntnisse mit modernster Technologie und altem Know-how. Die Weißweine werden zum Großteil reduktiv in Edelstahltanks ausgebaut und stehen je nach Sorte und Ausbauart zwischen November nach der Lese und spätestens bis Mai des darauffolgenden Jahres für die Kunden zum Kauf bereit. Die Rotweine werden teilweise in Barriques und in großen Holzfässern vinifiziert. Dass Andreas Urban auf dem richtigen Weg ist, bestätigen ihm seine Erfolge.

WEINGUT URBAN
2041 Wullersdorf
Parkgasse 34a
T: +43 (2951) 8354
office@weingut-urban.at
www.weingut-urban.at

Kellermeister/Kontakt:
Andreas Urban
Produktion: 80 % weiß, 20 % rot, 22 Hektar

92 Grüner Veltliner ** Ried Vogelsang 2020
13,5 Vol.-%, DV, gebrauchte Barriques, €€€
Leuchtendes Goldgelb, silberfarbene Reflexe. Feiner Duft nach gelber Tropenfrucht, ein Hauch von Maracuja, zart nach Blütenhonig, etwas nach Karamell, einladendes Bukett. Saftig, elegant, gut integrierte Säurestruktur, etwas Holzwürze, Ananas im Abgang, sicheres Reifepotenzial.

91 Grüner Veltliner Selection 2021
13 Vol.-%, DV, Stahltank, €€
Helles Grüngelb, silberfarbene Reflexe. Feine Kräuternoten, zart nach weißem Kernobst, tabakig, Birnentouch. Mittlerer Körper, saftig, extraktsüß, nach gelbem Apfel, zart pfeffrig, Tropenfruchtaromen im Nachhall, guter Speisenbegleiter.

92 Sauvignon Blanc Ried Leitenberg 2021
13 Vol.-%, DV, Stahltank, €€€
Helles Grüngelb, Silberreflexe. Cassis, unterlegt mit Grapefruitzesten, etwas nach Brennnesseltee, ein Hauch von Kräutern. Straff, elegant, extraktsüß nach reifen Stachelbeeren, balancierter Säurebogen, bleibt gut haften, facettenreicher Speisenbegleiter.

91 Sauvignon Blanc 2021
12,5 Vol.-%, DV, Stahltank, €€
Helles Gelbgrün, silberfarbene Reflexe. Frische Kräuternoten, etwas nach Guaven, zart nach Stachelbeeren, sortentypisches, würziges Bukett. Lebendig, straff, gut integrierte Säurestruktur, Limettenzesten, weißes Kernobst im Abgang, salziger Nachhall, guter Speisenbegleiter.

92 Weißburgunder Reserve Ried Zeiselbergen 2020
13,5 Vol.-%, DV, Stahltank/gebrauchte Barriques, €€€
Leuchtendes Goldgelb, grüne Reflexe. Feiner Blütenhonig, etwas nach Ananas, ein Hauch von kandierten Orangenzesten, gelbe Birnenfrucht, mit Quitte unterlegt. Saftig, elegant, rauchige Nuancen, zart nussig, gelbe Tropenfrucht im Abgang, salziger Nachhall, bleibt gut haften, vielseitiger Speisenbegleiter mit Potenzial.

91 Gemischter Satz Alte Tradition 2021
12,5 Vol.-%, DV, Stahltank, €€
Helles Grüngelb, Silberreflexe. Feine Kräuternoten, ein Hauch von Apfel, zart nach Kardamom, frische Grapefruitzesten, Gewürznoten. Mittlerer Körper, frische Säurestruktur, mineralisch, Apfel auch im Abgang, leichtfüßig, etwas nach Liebstöckel, bleibt gut haften, vielseitig einsetzbar.

★★

WEINGUT WANNEMACHER

Nur einen Katzensprung von der Wiener Innenstadt entfernt liegt das Weingut Wannemacher im idyllischen Ort Hagenbrunn. Dort betreiben Elisabeth und Josef Wannemacher sehr engagiert und dynamisch ein Weingut und einen Heurigen. Josef Wannemacher versteht es, Weine mit absoluter Klarheit und Sortentypizität zu vinifizieren. Auch in schwierigen Jahren schafft er es, mit Feingefühl und Kompetenz eine beeindruckende Weinpalette zu präsentieren. Besonderes Augenmerk – wie könnte es im Weinviertel auch anders sein – wird auf den Grünen Veltliner und den Riesling gelegt. Beide Sorten werden in mehreren Spielarten ausgebaut. Natürlich darf auch ein Gemischter Satz nicht fehlen. Der Gemischte Satz ist besonders fruchtig und herrlich trinkfreudig. Sehr sortentypisch sind auch der Gelbe Muskateller, der Chardonnay und der Sauvignon Blanc. Sicherlich ein Highlight ist der Traminer – diese alte Rebsorte wird von den Wannemachers seit jeher gepflegt. Der Blaue Zweigelt wird ebenso wie der St. Laurent ganz klassisch in gebrauchten Barriquefässern ausgebaut, die »Erfüllung« (Cabernet Sauvignon, St. Laurent, Merlot und Zweigelt) hingegen wird in neuen Barriquefässern gelagert. Zu verkosten gibt es die Weine natürlich alle auch beim Heurigen der Familie Wannemacher, der mit einem umfangreichen Buffet mit saisonalen und traditionellen Gerichten überzeugt. Im Sommer bietet der wunderschöne, große Innenhof den idealen Rahmen für gemütliche und genussreiche Stunden.

92 Grüner Veltliner ** 2021
14,5 Vol.-%, DV, kleines Holzfass, €€€
Helles Gelbgrün, Silberreflexe. Feine Tabak-Kräuter-Noten, zart nach Papaya, etwas pfeffrig, Quittenfrucht, Melisse klingt an. Saftig, straff, facettenreiche Säurestruktur, mineralisch, gelbe Apfelfrucht im Abgang, lebendig, bleibt sehr gut haften, vielseitig einsetzbar.

© Friedrich Spitzbart Ges.m.b.H.

WEINGUT WANNEMACHER
2102 Hagenbrunn
Hauptstraße 41
T: +43 (2262) 672795
wein@weingut-wannemacher.at
weingut-wannemacher.at

Kellermeister/Kontakt:
Josef Wannemacher
Produktion: 75 % weiß, 25 % rot, 10 Hektar

Josef Wannemacher

91 Grüner Veltliner Ried Hofmauer 2021
14 Vol.-%, DV, Stahltank, €€
Helles Gelbgrün, Silberreflexe. Dezente Kräuternoten, ein Hauch von reifer Apfelfrucht, zart nach Orangenschalen, Tabakwürze. Mittlere Komplexität, feine Maracuja, kraftvoll, extraktsüß nach Mango, mineralischer Nachhall, guter Speisenbegleiter.

92 Riesling Exclusive 2021
12,5 Vol.-%, DV, Stahltank, €€
Helles Gelbgrün, silberfarbene Reflexe. Reife Tropenfrucht, unterlegt mit Orangenzesten, ein Hauch von Pfirsich, Anis klingt an. Saftig, elegant, feine Säurestruktur, mineralisch-salzig, ein Hauch von Maracuja, bleibt gut haften, ein vielseitiger Speisenbegleiter.

91 Riesling Ried Hölle 2021
13 Vol.-%, DV, Stahltank, €€
Helles Gelbgrün, Silberreflexe. Feine Kräuternoten, zart nach Tabak, ein Hauch von Blutorangenzesten, etwas Pfirsich klingt an. Saftig, mittlerer Körper, mineralisch, wirkt leichtfüßig, zart nach Marille, bleibt gut haften, vielseitig einsetzbar.

91 Traminer 2020
14 Vol.-%, DV, Stahltank, €€
Mittleres Gelbgrün, Silberreflexe. Mit Zitrusnuancen unterlegter Eibisch und Karamell, Papaya klingt an, frisches Bukett. Saftig, elegant, feiner Birnentouch, Honignoten im Abgang, bleibt gut haften, vielseitig einsetzbar, verfügt über Potenzial.

92 Die Erfüllung 2018 ZW/ME/CS/SL
14,5 Vol.-%, DV, Barrique, €€€
Tiefdunkles Rubingranat, violette Reflexe, zarte Randaufhellung. Etwas Brombeernoten, ein Hauch von Cassis, Orangenzesten, etwas Kardamom, Holznuancen. Saftig, gut eingebundene Tannine, etwas Schokolade, tabakiger Nachhall, bleibt gut haften, vielseitig einsetzbar.

★

WEBER BIOWEINGUT

BIO

Das Bioweingut der Familie Weber liegt in Roseldorf im westlichen Weinviertel an den Südhängen des Schmidatales. Auf den Lagen Schlossberg, Sandberg, Mitterberg, Hiessbeet und Berg baut man seit dem Jahr 2000 nach strengen biologischen Richtlinien an – das ergibt eigenständige, sortenreine Weine. Das Hauptaugenmerk liegt dabei auf den regionaltypischen Sorten Grüner Veltliner, Welschriesling, Sauvignon Blanc und Zweigelt. Im Keller wird so schonend wie möglich gearbeitet, deshalb verzichtet man zur Gänze auf den Einsatz von Pumpen und nutzt für jegliche Arbeitsschritte die natürliche Schwerkraft aus. Durch gezielte oxidative Mostverarbeitung und Gärung kann der Schwefeleinsatz ebenfalls auf ein Minimum reduziert werden. Das Ergebnis sind Jahr für Jahr bekömmliche Weine mit ausgeprägter terroirbezogener Stilistik. »Die Natur ist unsere Lebensgrundlage«, so das Motto der engagierten Winzerfamilie. Das Ökosystem Weingarten in seinem natürlichen Gleichgewicht zu erhalten hat für die Webers höchste Priorität. Bei Pflanzenschutz und Schädlingsbekämpfung setzt man auf natürliche Methoden. Besondere Pflanzen und Nützlinge helfen, die Bodenfruchtbarkeit zu bewahren.

91 Grüner Veltliner * Klassik 2021
12 Vol.-%, DV, Stahltank, €€ B
Helles Grüngelb, silberne Reflexe. Mit zartem Blütenhonig unterlegte reife gelbe Apfelfrucht, ein Hauch von Kardamom, Melone klingt an, einladendes Bukett. Saftig, gut eingebundene Säurestruktur, mineralisch, gelbe Tropenfrucht im Abgang, guter Speisenbegleiter.

91 Grüner Veltliner Sandberg Keltenwein 2021
12,5 Vol.-%, DV, Stahltank, €€ B H V
Leuchtendes Gelbgrün, Silberreflexe. Dezente Mango-Ananas-Note, unterlegt mit Wiesenkräutern, kandierte Orangenzesten, florales Bukett. Saftig, gut integrierter Säurebogen, feinwürzig, gelber Apfel im Abgang, wirkt kraftvoll, vielseitig einsetzbar.

(92) Riesling Vinotheksfüllung 2019
14 Vol.-%, DV, gebrauchte Barriques, €€€€ H
Leuchtendes Grüngelb, silberne Reflexe. Einladendes Bukett nach Marille und Quitte, zart nach Ringlotten, ein Hauch von kandierten Orangenzesten, lebendiges Bukett. Saftig, lebendiger Säurebogen, fruchtsüß nach Melone, balanciert, guter Speisenbegleiter, wird von Flaschenreife profitieren.

90 Riesling Ried Braunsdorfer Platte 2021
13 Vol.-%, DV, Stahltank, €€ B
Leuchtendes Gelbgrün, Silberreflexe. Feinwürzig, etwas

WEBER BIOWEINGUT
3714 Roseldorf
Roseldorf 30
T: +43 (676) 7166606
info@biowein-weber.at
www.biowein-weber.at

Kellermeister/Kontakt:
Andreas Weber
Anbauweise: Zertifiziert Biologisch (Austria Bio Garantie)
Produktion: 10 % Schaumwein, 75 % weiß, 5 % rosé, 10 % rot, 10.5 Hektar
Messen: VieVinum, Weinmesse Innsbruck

nach Marille, zart nach Guaven, ein Hauch von Bergamotte. Mittlerer Körper, feine Struktur, mineralisch, extraktsüß nach Pfirsich, fruchtiges Trinkvergnügen.

91 Blütenmuskateller 2021
12 Vol.-%, DV, Stahltank, €€ B H V
Helles Gelbgrün, Silberreflexe. Frische Limettenzesten, Holunderblüten, weißer Apfel, intensives Bukett. Stoffig, weißer Pfirsich, angenehmer Säurebogen, fruchtige Süße, bleibt gut haften, ein eleganter Stil, gutes Potenzial.

90 Sauvignon Blanc 2021
12 Vol.-%, DV, Stahltank, €€ B H V
Helles Gelbgrün, silberne Reflexe. Mit feinen Kräuternoten unterlegtes weißes Kernobst, zart nach Paprikaschoten und reifen Stachelbeeren. Saftig, balanciert, straffer Säurebogen, weiße Frucht im Abgang, zitroniger Nachhall, bereits gut antrinkbar.

★★★

WEINGUT NIKI WINDISCH

Weinbauer aus Leidenschaft, Qualitätsfanatiker, Querdenker, Arbeitstier: Besser kann man Niki Windisch, zu Hause im südlichen Weinviertel, nicht beschreiben. Er sieht Weinbau als »Handwerk wie jedes andere«. Den Unterschied, der dazu führt, dass er unverwechselbare eigenständige Weine mit viel Charakter, Tiefgang und Gebietstypizität erzeugt, machen seine Liebe zum Beruf, sein Engagement und das nötige Gespür für seine Weingärten und Trauben. Neben unkomplizierten Weißweinen wie etwa Weinviertel DAC, Gelber Muskateller, Welschriesling oder Chardonnay werden sehr charaktervolle Lagenweißweine (Hofweingärten, Satzen, Holzberg und Hundspoint) und vor allem für das Weinviertel außerordentliche Rotweine gekeltert. Mit dem Merlot Sandwühler war Niki Windisch schon zweimal Zweiter und einmal Sortensieger bei der Falstaff-Rotweinprämierung, mit dem Blaufränkisch Leiten 2015 Zweitbester in der Kategorie Blaufränkisch und zugleich »3. Falstaff-Sieger«. Auch zahlreiche Top-Platzierungen bei anderen heimischen Medien mit weiteren Weinen unterstreichen die hohe Qualität seines Sortiments. Sechs- bis siebenmal im Jahr ist im »TOP-Heurigen« ausgesteckt: Ge-

WEINGUT NIKI WINDISCH
2212 Groß-Engersdorf
Kurze Zeile 66
T: +43 (699) 12867471
niki@weingut-windisch.at
www.weingut-windisch.at

Kellermeister/Kontakt:
Niki Windisch
Produktion: 60.000 Flaschen
5 % Schaumwein, 58 % weiß,
5 % rosé, 30 % rot, 2 % süß,
11.5 Hektar
Vereinszugehörigkeit:
Weinstraße Südliches Weinviertel,
TOP-Heurige

meinsam mit seinem Team konzipiert der Winzer regionale Speisen, abgestimmt auf die eigenen Weine, die es natürlich alle zum Verkosten und auch glasweise zum Genießen gibt.

(92) Grüner Veltliner ** Ried Sonnleithen 2021
13,5 Vol.-%, DV, großes Holzfass, €€€
Mittleres Gelbgrün, silberfarbene Reflexe. Dezente Kräuternoten, etwas nach Orangenzesten, zarte Apfelfrucht, Quitte klingt an, etwas zurückhaltend. Saftig, elegant, gelbe Kernobstnoten, balancierte Säurestruktur, mineralisch, wird von Flaschenreife profitieren.

(92) Grüner Veltliner Ried Hofweingärten 2021
13,5 Vol.-%, DV, Stahltank, €€
Mittleres Gelbgrün, Goldreflexe. Mit zartem Blütenhonig unterlegte gelbe Apfelfrucht, zart nach Ananas, Wiesenkräuter klingen an. Saftig, elegant, gut integrierte Säurestruktur, fruchtsüß nach Birnen, bleibt gut haften, vielseitig einsetzbar.

(94) Gelber Muskateller Ried Satzen Privat 2021
13 Vol.-%, DV, gebrauchte Barriques, €€€
Helles Gelbgrün, Silberreflexe. Einladender Duft nach Wiesenkräutern und weißen Rosen, ein Hauch von Traubensaft, Muskatnuancen und Litschis klingen an. Komplex, saftig, straff, balancierte Säurestruktur, mineralisch-salzig, einladender Speisenbegleiter mit Potenzial.

90 Gelber Muskateller 2021
11,5 Vol.-%, DV, Stahltank, €€
Helles Gelbgrün, Silberreflexe. Zarter Blütenhonig, ein Hauch von Macis, feine Holunderblüte, weißer Pfirsich, attraktives Bukett. Saftig, elegant, frischer Apfel, finessenreiche Struktur, ausgewogen und bereits gut antrinkbar.

(91) E.M.M.A 2021 GM/GV/RR/CH
13 Vol.-%, DV, Stahltank/gebrauchte Barriques, €€€€
Mittleres Gelbgrün, Silberreflexe. Feine Kräuternoten, etwas Blütenhonig, unterlegt mit dezenter Tabakwürze, zart nach Brioche, Guave und reifer Apfel klingen an. Mittlerer Körper, Zitrusnuancen, lebendig und frisch, weißes Kernobst im Abgang, vielseitig einsetzbar.

93 Blaufränkisch one step more 2019
13,5 Vol.-%, DV, Eichenfass, €€€€€€
Tiefdunkles Rubingranat, opaker Kern, violette Reflexe, zarte Randaufhellung. Feines Nougat, etwas Velours, ein Hauch von Edelholz und Gewürzen, mit dunklen Waldbeeren und Kirschen unterlegt. Kraftvoll, saftig, reife Herzkirschen, etwas Lakritze, feine Tannine, gute Länge, mineralisch und anhaftend, wird von weiterer Flaschenreife profitieren.

(91) Blaufränkisch Ried Leiten 2020
13,5 Vol.-%, DV, 500-l-Fass, €€€€
Tiefdunkles Rubingranat, violette Reflexe, zarte Randaufhellung. Zart rauchig-kräuterwürzig, Nuancen von schwarzen Kirschen, Pflaumen, angenehmes Brombeerkonfit, etwas Nougat. Saftig, zart nach Vanille und Edelholz, dezente Tannine, salziger Abgang, mittlere Länge, feine Kirschnote im Nachhall.

(91) Anaconda 2020 ZW/BF/ME
13,5 Vol.-%, DV, Barrique, €€€
Tiefdunkles Rubingranat, violette Reflexe, zarte Randaufhellung. Feine Kräuterwürze, dunkle Beeren, ein Hauch von Brombeeren und Lakritze, zartes Nougat. Mittlere Komplexität, rote Kirschen, feine Tannine, mineralisch, zarte Zwetschkenfrucht, ein lebendiger Speisenbegleiter.

(91) Merlot Sandwühler 2020
14,5 Vol.-%, DV, Barrique, €€€€€
Tiefdunkles Rubingranat, violette Reflexe, zarte Randaufhellung. Zart blättrig, frische Zwetschken, ein Hauch von Heidelbeeren, tabakige Nuancen, mit kandierten Orangenzesten unterlegt. Kraftvoll, stoffig, dunkle Beeren, präsente, noch fordernde Tannine, dunkles Nougat im Abgang, braucht noch Zeit.

92 Beerenauslese 2020 WR/RR
12,5 Vol.-%, DV, Stahltank, €€€€
Mittleres Gelbgold, Silberreflexe. Zart nach frischen Feigen, Marillenkonfitüre und Honig, zart nach weißer Tropenfrucht, mit Mandarinenzesten unterlegt. Saftig, elegant, gelber Pfirsich, feine Säurestruktur, gut eingebundene Süße, balanciert und bereits gut entwickelt.

★

WEINGUT LEO UND DAGMAR WUNDERER

Das Weingut von Leo und Dagmar Wunderer befindet sich in Oberfellabrunn im Herzen des westlichen Weinviertels, 30 Minuten nordwestlich von Wien und vier Kilometer von Hollabrunn entfernt. Die Erfahrungen des Weinanbaus reichen hier bis ins 18. Jahrhundert zurück. Moderne Erkenntnisse wurden getreu dem Motto »Tradition verbindet Moderne« mit altem Wissen verknüpft. Die Weißweine werden kontrolliert, gekühlt und in Stahltanks vergoren. Der Erntezeitpunkt wird nach der physiologischen Reife bestimmt. So entstehen harmonische, fruchtbetonte, lagerfähige Weine. Die Rotweine werden nach altbewährter Methode vergoren. Vor Jahren wurden die »Woman«-Weine ins Leben gerufen – mit der Idee, eine Weinlinie für die Frau umzusetzen. In dieser Linie gibt es drei Weine, die als patentrechtliche Wortmarken geschützt wurden: »White Woman«, »Pink Woman« und »Red Woman«. 2020 wurde das Weingut mit Zweigelt Limited Grande Reserve 2015 zum Bundessieger gekürt, 2021 waren die Wunderers Salonwinzer, und man ist inzwischen dreifacher Preis-Leistungs-Sieger (2020 und 2021 mit zwei Weinen).

92 Grüner Veltliner * Limited Große Reserve 2019
14 Vol.-%, DV, 500-l-Fass, €€€€€ Ⓕ
Leuchtendes mittleres Goldgelb. Feine Tabakwürze, ein Hauch von Karamell, etwas nach Blütenhonig, reife gelbe Tropenfrucht, ein Hauch von Mango. Mittlerer Körper, fruchtsüß, zart nussig, Papayanoten im Abgang, guter Speisenbegleiter.

91 Grüner Veltliner * Ried Altenberg 2021
12,5 Vol.-%, DV, Stahltank, €€
Helles Gelbgrün, Silberreflexe. Zarte Tropenfrucht, unterlegt mit Blütenhonig und etwas Tabakwürze, feine Noten von Guaven. Saftig, leichtfüßig, Apfel im Abgang, leicht und fruchtig, feinwürziger Nachhall.

90 Grüner Veltliner * Ried Greuberg 2021
12 Vol.-%, DV, Stahltank, €€
Mittleres Grüngelb, silberfarbene Reflexe. Etwas gelber Apfel, zart nach Wiesenkräutern, ein Hauch von Cayennepfeffer, Birnentouch. Mittlerer Körper, balancierte Säurestruktur, weißes Kernobst, würziger Rückgeschmack, unkompliziert antrinkbar.

(90) Grüner Veltliner Alte Rebe 2021
13 Vol.-%, DV, Stahltank, €€
Mittleres Gelbgrün, Silberreflexe. Ein Hauch von Kräutern und Melisse, etwas nach Bergamotte, Apfelnoten klingen an. Mittlerer Körper, etwas zerfließend, Tropenfrucht im Abgang, kraftvoller Nachhall, bereits gut antrinkbar.

(92) Altenberg Limited Grande Reserve 2017 CS/BB/ZW
14 Vol.-%, DV, 500-l-Fass, €€€€
Kräftiges Rubingranat, violette Reflexe, zarte Randaufhellung. Feine Tabakwürze, etwas nach Cassis, ein Hauch von Brombeeren, frisches Bukett, Orangenzesten klingen an. Saftig, straff, samtige Tanninstruktur, dunkles Waldbeerenkonfit im Abgang, bleibt gut haften, vielseitig einsetzbar.

91 Zweigelt Limited Grande Reserve 2018
14 Vol.-%, DV, 500-l-Fass, €€€€
Kräftiges Rubingranat, violette Reflexe, zarter Wasserrand. Feine Kirschfrucht, etwas nach Kardamom, ein Hauch von Vanille, etwas kandierte Veilchen. Mittlerer Körper, kräftig, feine Tanninstruktur, samtig, schwarze Kirschen im Abgang, guter Speisenbegleiter.

WEINGUT
LEO UND DAGMAR WUNDERER
2020 Oberfellabrunn
Oberfellabrunn 7
T: +43 (676) 7074467
leo.wunderer@aon.at
www.wein-leo-dagmar-wunderer.at

Kellermeister/Kontakt:
Leo Wunderer
Produktion: 2 % Schaumwein, 70 % weiß, 2 % rosé, 26 % rot, 7 Hektar
Messen: DAC-Präsentationen

★★

WEINGUT ZENS

Josef Zens hat entscheidend dazu beigetragen, dass der kleine Weinbauort Mailberg etwas besser bekannt ist als der Großteil der Weinviertler Weinorte. Als Obmann hat er die Gründung der Qualitätsvereinigung »Mailberg Valley« vorangetrieben, die sich zum Ziel gesetzt hat, das gute Potenzial des Mailberger Kessels mit seinem speziellen Mikroklima einem breiteren Publikum vorzustellen. Die Bewirtschaftung erfolgt nach ökologischen Grundsätzen. Die Mailberger Böden sind sehr kalkhaltig, mit lehmigen Sanden und Löss bedeckt und tragen zur Individualität der Weine in Form von Frische, Würze und kräftiger, gehaltvoller Struktur bei. Auch in der Kellerwirtschaft wird streng auf Qualität geachtet. Vergärung im Tank und sortenspezifischer Ausbau im Stahltank oder großen Holzfass sind Tradition im Betrieb. Josef Zens erzeugt vielschichtige Weißweine, unter denen der trockene Traminer immer eine interessante Stellung einnimmt. Seine kräftigen, als langlebig bekannten Produkte entwickeln sich sehr gut mit zunehmender Flaschenreife. Der Eigenständigkeit jedes Jahrganges wird hohe Bedeutung beigemessen. Mit den besonderen Jahrgängen 2015, 2017 und 2018 wurden neben den traditionellen Reserveweinen auch mächtige »Große Reserven« ausgebaut. Bei den Jahrgängen 2019, 2020 und 2021 liegt der Fokus auf fruchtigen und konzentrierten DAC- und Reserveweinen. Eine einladende Ferienwohnung mit der Bezeichnung »Hundschupfen 314« steht Weinfreunden und Gästen jederzeit zur Verfügung.

91 Grüner Veltliner * Ried Alte Bonder Mailberger Bündnis 2021
13 Vol.-%, DV, Stahltank, €€
Helles Gelbgrün, Silberreflexe. Feine Tabakwürze, etwas nach gelbem Apfel, ein Hach von Lemongrass, zart nach Melone. Saftig, elegant, feine Struktur, balanciert, zarte Extraktsüße, Apfeltouch auch im Abgang, guter Speisenbegleiter.

(90) Grüner Veltliner Ried Hundschupfen Reserve 2021
13,5 Vol.-%, DV, Stahltank/großes Holzfass, €€
Mittleres Gelbgrün, silberne Reflexe. Mit Holzwürze unterlegte feine gelbe Apfelfrucht, etwas nach Limonen, zart nach Guaven, ein Hauch von Pfeffer. Mittlerer Körper, feine Struktur, etwas zurückhaltend, Apfelfrucht im Abgang, bereits gut antrinkbar.

Michael und Markus Zens

WEINGUT ZENS
2024 Mailberg
Holzgasse 66
T: +43 660-5322843, +43 664-805741612
office@weingutzens.at
www.weingutzens.at

Kellermeister: Josef Zens
Kontakt: Josef und Michael Zens
Produktion: 100 % weiß, 7 Hektar
Vereinszugehörigkeit: Mailberg Valley
Messen: VieVinum, Weintage im Museumsquartier

92 Cuvèe Ried Antlasbergen Reserve 2021 CH/WB
13,5 Vol.-%, DV, großes Holzfass/Stahltank, €€
Helles Gelbgrün, Silberreflexe. Feiner Vanilletouch, etwas weiße Schokolade, ein Hauch von Ananas, mit Zitrus unterlegt. Saftig, elegant, feine Säurestruktur, mineralisch, fruchtsüß, gut eingebundene Säurestruktur, Maracuja im Abgang, vielseitiger Speisenbegleiter.

91 Gewürztraminer Ried Antlasbergen Reserve 2020
13 Vol.-%, DV, Stahltank/großes Holzfass, €€
Helles Gelbgrün, Silberreflexe. Feine Tropenfrucht, etwas nach Eisbergzuckerl, ein Hauch von Orangenzesten, floraler Touch. Saftig, feine Säurestruktur, Maracuja im Abgang, Zitrus im Rückgeschmack, eleganter Speisenbegleiter.

90 Riesling Ried Hundschupfen Reserve 2021
13 Vol.-%, DV, Stahltank, €€
Helles Gelbgrün, Silberreflexe. Feine Kräuternoten, etwas dunkle Mineralik, ein Hauch von verhaltenem Pfirsichduft. Frische Struktur, elegant, gut eingebundener Säurebogen, feine Grapefruitnoten, bereits gut antrinkbar, vielseitig einsetzbar.

89 Gelber Muskateller Ried Antlasbergen 2021
12 Vol.-%, DV, Stahltank, €€

WINZERHOF ZIMMERMANN

NEU

Der Winzerhof Zimmermann ist ein familiengeführtes Weingut in sechster Generation. Der Weinbaubetrieb befindet sich in Radlbrunn im westlichen Weinviertel und steht für höchste Qualität und nachhaltigen Anbau. Die Reben gedeihen größtenteils auf Löss-Lehm-Böden auf sonnigen Südhängen rund um den Ort Radlbrunn. Familie Zimmermann bewirtschaftet eine Fläche von rund elf Hektar und ist spezialisiert auf den Ausbau frisch-fruchtiger und klar strukturierter Weine. Das Credo des Jungwinzers: ein respektvoller Umgang mit der Natur, individuelle Anpassung an die unterschiedlichen Lagen, penible Handarbeit im Weingarten und eine schonende und moderne Verarbeitung. Nur so ist es möglich, das ganze Potenzial der Traube in die Flasche zu bekommen. Leidenschaft, Wissen, Engagement, Tradition und Moderne – all das kombinieren die beiden Winzer Paul und Gerhard Zimmermann. Gemeinsam brennen sie dafür, das Weingut weiter auszubauen und sich jedes Jahr neue Ziele zu setzen. Motivation bekommen die beiden Winzer von ihren treuen Kunden und Partnern, die diese Leidenschaft für frische, fruchtige und klar strukturierte Weine teilen.

92 Petillant Naturel - Ogrosl 2021
12,5 Vol.-%, NK, Flaschengärung, €€€€
Mittleres Gelbgrün, silberne Reflexe, zartes Mousseux. Feine Kräuternoten, etwas nach Stachelbeeren, Clementinenzesten, feine Apfelnoten. Saftig, elegant, dezente Fruchtsüße, balancierter Säurebogen, mineralisch, Birnentouch im Abgang, straffer Schaumwein.

92 Grüner Veltliner ** Ried Lehlen 2019
14 Vol.-%, DV, Teilbarrique, €€€
Leuchtendes Gelbgrün, Silberreflexe. Frische Zitrusnoten, unterlegt mit etwas Vanille, gelbes Kernobst, ein Hauch von Grapefruit. Saftig, kraftvoll, gut eingebundene Säurestruktur, feinwürzig, Honigmelone im Abgang, bleibt gut haften, vielseitiger Speisenbegleiter.

WINZERHOF ZIMMERMANN
3710 Ziersdorf, Radlbrunn 18
T: +43 (+43664) 9284803
wein.zimmermann@gmail.com
www.winzerhof-zimmermann.com

Kellermeister: Paul Zimmermann
Kontakt: Paul & Gerhard Zimmermann
Produktion: 66.667 Flaschen
3 % Schaumwein, 82 % weiß, 5 % rosé, 10 % rot, 11 Hektar
Vereinszugehörigkeit: Weinstraße Weinviertel
Messen: VieVinum, Vinobile Feldkirch, Vinobile Montfort, Weinmesse Innsbruck, DAC-Präsentationen

90 Grüner Veltliner * Ried Galgenberg 2021
13 Vol.-%, DV, Stahltank, €€
Helles Gelbgrün, Silberreflexe. Gelbe Apfelnoten, Wiesenkräuter, feinwürzig, ein Hauch von Melisse, Quitte klingt an. Saftig, elegant, balancierte Struktur, Tropenfruchttouch im Abgang, bereits gut antrinkbar.

90 Grüner Veltliner * Ried Steiningen 2021
12,5 Vol.-%, DV, Stahltank, €€
Helles Gelbgrün, silberne Reflexe. Zarte Kräuternoten, etwas nach Kumquats und Golden-Delicious-Apfel, ein Hauch von Tabak. Saftig, feiner Säurebogen, mittlere Komplexität, Apfeltouch im Abgang, unkompliziertes Trinkvergnügen.

(92) Sauvignon Blanc Ried Fellingen Ausobsky 2021
13,5 Vol.-%, NK,DIAM, großes Holzfass, €€€€
Mittleres Weißgold, Silberreflexe. Mit Tabak-Kräuter-Würze unterlegtes weißes Kernobst, ein Hauch von Guaven, Melisse klingt an, etwas nach Holunderblättern. Gute Komplexität, dunkle Mineralik, feine Kräuternoten, Stachelbeeren im Abgang, zitroniger Nachhall, gutes Potenzial.

89 Sauvignon Blanc Ried Galgenberg 2021
13 Vol.-%, DV, Stahltank, €€

★★★★

WEINGUT ZULL

Egal, wohin man schaut: Überall sind malerische Weinberge, die sich kilometerweit aneinanderschmiegen – das ist das Weinviertel. Mitten in dieser Idylle und unweit der tschechischen Grenze liegt Schrattenthal, die kleinste Weinstadt Österreichs. Und dort findet man das Weingut Zull, das mit 19 Hektar Lagen zwar nicht wirklich groß ist, aber große Weine erzeugt. Alles an diesem Weingut ist Familie. Anfang der 1980er-Jahre, Werner Zull wollte gerade sein Studium beginnen, verunglückte sein Bruder tödlich. Die Familie hielt in dieser schweren Zeit zusammen, und Werner Zull tauschte das Studium gegen die Arbeit im Weinberg. Seit damals wird auf dem Weingut Zull Qualitätswein erzeugt und – das war neu – in Flaschen abgefüllt. Mittlerweile ist das kleine Weingut längst bekannt und für seine Weine berühmt. Das liegt zum einen am besonderen Mikroklima der Gegend: Hitze und Sonne verhelfen den Trauben zu einer optimalen Reifung, der nahe gelegene Manhartsberg hält kalte Winde aus dem benachbarten Waldviertel ab. Zum anderen holen die tief verankerten Wurzeln der Weinstöcke das Beste aus dem Boden heraus. Und nicht zuletzt trägt die naturnahe Arbeitsweise der Zulls ein Übriges zu den unverkennbaren eleganten und gleichzeitig vielschichtigen Weinen bei: Statt großer Gesten und übertriebenem Technologieeinsatz besinnt man sich auf Fingerspitzengefühl, Ausdauer und viel Geduld mit Mut zum Experiment. Sohn Phillip führt das fort, was Vater Werner schon immer als Vision verfolgt hat: charaktervolle Weine mit Brillanz und großem Lagerpotenzial zu produzieren – wie etwa den Grünen Veltliner »Äußere Bergen«, den Riesling »Innere Bergen« oder den gesuchten Pinot Noir.

WEINGUT ZULL
2073 Schrattenthal, Schrattenthal 9
T: +43 (2946) 8217
office@zull.at
www.zull.at

Kellermeister/Kontakt:
Phillip Zull
Produktion: 5 % Schaumwein, 69 % weiß, 10 % rosé, 15 % rot, 1 % süß, 19 Hektar
Zertifiziert: Nachhaltig Austria
Vereinszugehörigkeit:
Premium Weingüter Weinviertel
Messen: Austrian Tasting London, ProWein Düsseldorf, VieVinum, DAC-Präsentationen

90 Ancestrale Rosé 2021 ZW/PN
11 Vol.-%, DV, €€€
Feines Pink, Silberreflexe, zart moussierend. Feine Tabakwürze, unterlegt mit Kräutern, etwas nach Walderdbeeren, dazu Orangenzesten. Mittlere Komplexität, fruchtsüß, feine Säurestruktur, Himbeernoten im Abgang, bereits gut antrinkbar.

94 Grüner Veltliner * Ried Äußere Bergen 2021
13,5 Vol.-%, DV, €€€€
Mittleres Gelbgrün, Silberreflexe. Dezente Apfelfrucht, ein Hauch von Melisse, etwas pfeffrig, mit gelbem Kernobst und Orangenzesten unterlegt. Saftig, elegant, feine Säurestruktur, mineralisch-salzig, Mangonoten im Abgang, bleibt gut haften, vielschichtiger Speisenbegleiter mit Potenzial.

91 Grüner Veltliner * Schrattenthal 2021
12,5 Vol.-%, DV, €€
Helles Gelbgrün, Silberreflexe. Feine Tabakwürze, ein Hauch von Mango, zart nach gelbem Apfel, mit Melisse unterlegt. Saftig, elegant, feine Säurestruktur, mineralisch, Apfelfrucht auch im Abgang, guter Speisenbegleiter.

89 Grüner Veltliner Lust & Laune 2021
11,5 Vol.-%, DV, €€

94 Riesling Ried Innere Bergen 2021
13 Vol.-%, DV, €€€
Helles Gelbgrün, Silberreflexe. Facettenreiches Bukett, nach weißem Pfirsich, Limettenzesten, ein Hauch von Quitte, Wiesenkräuter klingen an. Saftig, gute Komplexität, straff, elegant, mineralisch, Papaya, zitroniger Nachhall, sicheres Potenzial.

90 Weites Land 2021 GM/WR/CH/RR
12,5 Vol.-%, DV, €€
Helles Gelbgrün, Silberreflexe. Feine Wiesenkräuter, reife Golden-Delicious-Apfelfrucht, ein Hauch von Birnen, kandierte Orangenschalen. Saftig, straff, feiner Säurebogen, weißes Kernobst, würziger Nachhall, bereits gut antrinkbar.

90 Chardonnay Ried Kalvarienberg 2020
13,5 Vol.-%, DV, €€€
Mittleres Gelbgrün, Silberreflexe. Zart nach Banane und gelber Tropenfrucht, etwas Salzkaramell, tabakig. Saftig, fruchtsüß, Maracuja im Abgang, mineralisch im Nachhall, bereits gut antrinkbar.

90 Lust & Laune Rosé 2021 CS/ME/PN/ZW
12 Vol.-%, DV, €€
Helles Lachsrosa, Silberreflexe. Feine Kräuternoten, etwas nach Kirschen, zart nach Orangenzesten, rote Beerenfrucht. Saftig, elegant, feine Säurestruktur, Tropenfrucht, bereits gut antrinkbar.

90 Zweigelt 2021
13 Vol.-%, DV, €€
Kräftiges Rubingranat, violette Reflexe, zarte Randaufhellung. Feine Tabakwürze, rote Beerenfrucht, ein Hauch von Herzkirschen, Orangenzesten klingen an. Saftig, feine Tanninstruktur, mineralisch, Himbeeren im Abgang, bereits gut antrinkbar.

89 Lust & Laune Rot 2021 ZW/PN
13 Vol.-%, DV, €€

★★

WEINGUT ZUSCHMANN-SCHÖFMANN

BIO

Else Zuschmann und Peter Schöfmann führen seit dem Jahr 2000 mit viel Engagement ein Weingut mit Genießerappartements sowie eine Greißlerei mit regionalen Produkten in Martinsdorf im Weinviertel, nur 20 Minuten nördlich der Wiener Stadtgrenze. Das Paar bewirtschaftet 15 Hektar Weingärten biologisch, die Weine sind ab dem Jahrgang 2015 auch biozertifiziert. Wie in dieser Gegend üblich, steht der Grüne Veltliner mit rund 60 Prozent der Gesamtproduktion im Zentrum ihres Schaffens. Die beiden beweisen aber auch kein minder gutes Händchen bei der Vinifizierung ihrer Rotweine und haben neben dem Zweigelt auch eher weiter südlich verortete Konsorten wie St. Laurent und Pinot Noir im Programm. Mit dem Jahrgang 2012 schufen Else und Peter eine neue Gliederung ihrer Weine. Gemäß ihrem Geschmacksbild werden die Weine als Paar in drei Lebensphasen eingeteilt, und die Etiketten stellen das Paar im jeweiligen Alter bildlich dar. So zählen zur frisch-fröhlichen Kollektion der »Ersten Freude« zwei unkomplizierte reinsortige Weißweine sowie ein Rosé. Fünf mittelgewichtige Weißweine und zwei milde Rotweine sind unter »Mitten im Leben« zusammengefasst. Die kräftigsten Weine des Hauses nennen sich »Lauf der Zeit«. Sie be-

* Weinviertel DAC ** Weinviertel DAC Reserve

Peter Schöfmann und Else Zuschmann-Schöfmann

WEINGUT ZUSCHMANN-SCHÖFMANN
2223 Martinsdorf, Winzerstraße 52
T: +43 (2574) 8428
office@zuschmann.at
www.zuschmann.at

Kellermeister: Peter Schöfmann
Kontakt: Else Zuschmann-Schöfmann
Anbauweise: Zertifiziert Biologisch (Austria Bio Garantie)
Produktion: 45 % Schaumwein, 45 % weiß, 10 % rot, 15 Hektar
Messen: ProWein Düsseldorf, VieVinum

stehen aus zwei gehaltvollen Weißweinen sowie zwei vollmundigen Rotweinen. Das neueste Standbein ist die Sekterzeugung. Man vinifiziert flaschenvergorene Sekte nach traditioneller Art – Flaschenlagerung auf der Feinhefe für mindestens 18 Monate ist die Vorgabe. Diese Methode wird auch »sur lie« (französisch für »auf der Hefe«) genannt.

92 Rosé Reserve g.U. brut 2019 PN/ZW/SY
11,5 Vol.-%, NK, Flaschengärung, €€€€€
Helles Lachsrosa, Orangereflexe, feines Mousseux. Zarte Erdbeernoten, etwas nach Wiesenkräutern, kandierte Mandarinenzesten, floraler Touch. Saftig, extraktsüß, gut eingebundene Säurestruktur, mineralisch, reife Tropenfrucht, bleibt sehr gut haften, vielschichtiger Speisenbegleiter.

93 Weisser Burgunder Selektion 2019
13 Vol.-%, NK, 500-l-Fass, €€€€€
Leuchtendes Gelb, Weißgoldreflexe. Einladendes Bukett nach reifer Tropenfrucht, zart nach Mandarinenzesten, etwas Honigmelone, kandierte Früchte. Saftig, straff, facettenreiche Säurestruktur, mineralisch, floraler Touch, Mangonoten im Abgang, bleibt gut haften, sicheres Potenzial.

92 Grüner Veltliner Selektion 2020
13 Vol.-%, NK, 500-l-Fass, €€€€€
Mittleres Gelbgrün, Silberreflexe. Mit feinem Blütenhonig unterlegte gelbe Tropenfrucht, zart nach Mango, ein Hauch von Wiesenkräutern. Saftig, fruchtsüß nach Honigmelone, balancierter Säurebogen, zart nach Babybanane im Nachhall, eleganter Speisenbegleiter.

92 Sauvignon blanc Selektion 2020
13 Vol.-%, NK, 500-l-Fass, €€€€€
Helles Gelbgrün, silberne Reflexe. Zarte Apfelfrucht, etwas nach Grapefruitzesten, ein Hauch von Melisse, Blütenhonig klingt an. Saftig, elegant, feine Säurestruktur, würzig, zart nach Kalamansi, bleibt gut haften, facettenreiches Finish.

91 Sankt Laurent Selektion 2019
13 Vol.-%, NK, 500-l-Fass, €€€€€
Kräftiges Rubingranat, violette Reflexe, breitere Randaufhellung. Feine Kirschfrucht, etwas rauchige Nuancen, ein Hauch von Lakritze, floraler Touch. Saftig, elegant, zart nach frischen Weichseln, tabakig im Abgang, wird von Flaschenreife profitieren.

90 Pinot Noir Muschelkalk Selektion 2018
13 Vol.-%, NK, 500-l-Fass, €€€€€
Mittleres Rubingranat, violette Reflexe, breitere Randaufhellung. Feine Tabakwürze, etwas nach dunklen Waldbeeren, jodig. Mittlerer Körper, etwas nach Kirschen, feine Tanninstruktur, nussig im Nachhall, bereits gut antrinkbar.

© Michael Reidinger

PLATZ FÜR IHRE
WEINNOTIZEN

Die Parndorfer Platte zwischen Weiden am See und Gols

© WSNA

BURGENLAND

BESTE VORAUSSETZUNGEN FÜR GROSSE WEISS-, ROT- UND SÜSSWEINE

Klein Tschater bei Kohfidisch, bestockt mit Blaufränkisch

WEINTRILOGIE AUS DEM LAND DER SONNE

Unter dem Einfluss des pannonischen Klimas wachsen auf insgesamt 13.100 Hektar Rebfläche im östlichsten Bundesland elegante Weißweine, die körperreichsten Rotweine Österreichs und Süßweine von Weltruf. Dabei gibt es bei den natürlichen Voraussetzungen nicht zu unterschätzende Unterschiede.

Ganz im Süden des Burgenlandes beispielsweise bietet der Eisenberg mit seinem speziellen Boden und einem etwas kühleren Klima optimale Voraussetzungen für elegante, feingliedrige und charaktervolle Blaufränkische, die von feinster Mineralik getragen werden. Auf den schwereren Lehmböden des Mittelburgenlands, aber auch nördlich des Rosaliagebirges wachsen ebenfalls Blaufränkisch-Trauben, die Weine mit besonderer Fruchttiefe und Länge hervorbringen. Am Leithaberg, westlich des Neusiedler Sees, kann dazu eine ausgeprägte Mineralnote kommen. In den letzten Jahren erreichten auch Weine aus internationalen Rebsorten und Cuvées höchste Anerkennung. Das Leithagebirge mit seinen Kalk- und Schieferböden ist außerdem ein einzigartiges Terroir für komplexe Weißweine, vor allem Weißburgunder und Chardonnay, aber auch Grünen Veltliner. Feine Prädikatsweine wie der legendäre »Ruster Ausbruch« komplettieren die Dreifaltigkeit der burgenländischen Weinkompetenz. Östlich des Neusiedler Sees dominiert der Blaue Zweigelt mit kraftvollen, saftigen Rotweinen, auch wenn Blaufränkisch und St. Laurent ebenfalls hervorragende Ergebnisse liefern.

Der Seewinkel im südlichen Teil mit seinem speziellen Mikroklima zählt zu den wenigen

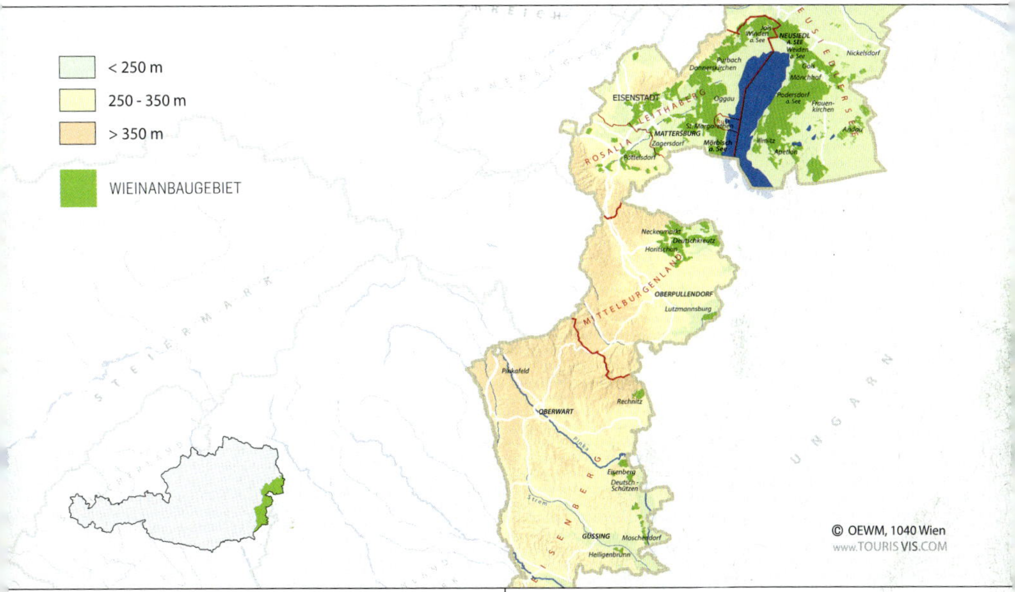

großen Süßweinhochburgen der Welt. Hier begünstigt die hohe Luftfeuchtigkeit aufgrund der zahlreichen »Zicklacken« im Herbst die Bildung der Edelfäule (Botrytis cinerea). Somit können hier regelmäßig große Beeren- und Trockenbeerenauslesen gewonnen werden. Die große Bodendiversität lässt eine ebenso vielfältige Rebsortenpalette gedeihen. Neben einigen anderen Sorten wie Chardonnay, Scheurebe, Muskat Ottonel oder Traminer erreicht in dieser Form besonders der Welschriesling höchstes Qualitätsniveau, ob mit oder ohne Einsatz von Holz.

Mit Ruster Ausbruch DAC und der Eingliederung der Stadt mit den trockenen Weinen bei Leithaberg DAC sowie mit Neusiedlersee DAC auch für Prädikatsweine werden nun im gesamten Burgenland DAC-Weine vinifiziert.

WEINBAUGEBIET BURGENLAND

Österreich gesamt:	**46.752 ha**	
Weinbaugebiet Burgenland:	**13.100 ha**	**(28 %)**

SPEZIFISCHE WEINBAUGEBIETE:

Leithaberg DAC	3097 ha
Eisenberg DAC	515 ha
Mittelburgenland DAC	2104 ha
Neusiedlersee DAC	6675 ha
Rosalia DAC	297ha
Ruster Ausbruch DAC	410 ha

Weißweinfläche insgesamt:	**5818 ha**	**(44 %)**
Grüner Veltliner:	1365 ha	(10 %)
Welschriesling:	1255 ha	(10 %)
Chardonnay:	656 ha	(5 %)
Weißburgunder:	510 ha	(4 %)
Müller-Thurgau:	300 ha	(2 %)
Rotweinfläche insgesamt:	**7282 ha**	**(56 %)**
Blaufränkisch:	2843 ha	(22 %)
Zweigelt:	2513 ha	(19 %)
St. Laurent:	368 ha	(3 %)
Merlot:	435 ha	(3 %)
Cabernet Sauvignon:	365 ha	(3 %)

Ried Saybritz am Südhang des Eisenbergs

© Robert Herbst

BURGENLAND

EISENBERG

DAC

IDYLLISCHE LANDSCHAFT FEURIGE BLAUFRÄNKISCHE

Das idyllische Südburgenland ist die ursprünglichste Weinlandschaft des Burgenlands und erstreckt sich von Rechnitz im Norden bis nahe Güssing im Süden. Im Norden herrschen Urgesteinsböden vor, weiter südlich überwiegen mittelschwere Lehmböden, die zum Teil einen hohen Eisengehalt aufweisen. Die Rebfläche beträgt insgesamt etwa 515 Hektar.

Vor allem der Eisenberg hat große historische Bedeutung und fungiert zusammen mit dem Deutsch-Schützener Weinberg als weinbaulicher Mittelpunkt des Gebiets. Die klassischen Rotweine des Südburgenlands sind von der Sorte Blaufränkisch und werden seit dem Jahrgang 2009 unter der Bezeichnung »Eisenberg DAC« (»Eisenberg DAC Reserve« seit dem Produktionsjahrgang 2008) vermarktet.

Neben den klassisch-fruchtigen Sortenvertretern zählen die dichten Reserven zu Österreichs großen gebietstypischen Rotweinen. Sie sind von einer ganz besonderen mineralischen Würze geprägt. Rund um Rechnitz im Norden und Moschendorf im Süden entstehen außerdem besonders fruchtige und spritzige Welschrieslinge und Weißburgunder. Auch am Csaterberg nahe Kohfidisch und entlang der Pinkataler Weinstraße vom Wintener über den Kulmer und Gaaser Weinberg werden in schöner idyllischer Umgebung mit vielen Kellerstöckeln sehr elegante Weine gekeltert.

Die schöne Umgebung lädt überdies zu erholsamen Spaziergängen und Radtouren ein. Um Heiligenbrunn und Moschendorf im äußersten Süden begegnet man dem »Uhudler«, einer besonderen Weinspezialität, die aus Direktträger-Hybriden gekeltert wird und mit ihrem Duft nach wilden Erdbeeren viele Liebhaber gefunden hat.

AUSGEWÄHLTE WEINGÜTER

★★★★★
Weingut Krutzler, Deutsch Schützen

★★★★
Weingut Jalits, Badersdorf
Weingut Kopfensteiner, Deutsch Schützen
Weingut schiefer.pur, Welgersdorf
Weingut Schützenhof, Deutsch Schützen

★★★
Groszer Wein, Burg

★★
StephanO Das-Wein-Gut, Deutsch Schützen

★
Weingut Batthyány, Rechnitz

★

WEINGUT BATTHYÁNY

BIO

Die 400 Jahre alte Familientradition von Graf Ivan Batthyány und seiner Frau, Gräfin Carolin Batthyány, wurde im Jahr 2015 wiederbelebt. Ihr kleines Boutique-Weingut zeichnet sich heute durch eine aufwendige, selektive Produktion von Weinen auf kleinem Terrain und durch stark reduzierten Mengenertrag aus. Unter der Ägide von Rudolf Krizan wurden Reben auf Streuobstwiesen ausgesetzt, die 30 Jahre lang nicht bearbeitet wurden und deren Böden vor Kraft strotzten.
Das Mikroklima und die mineralischen Böden ergeben einen eigenen Weintyp. Die Lage »Rindler« wurde bereits um 1700 von den Vorfahren des heutigen Besitzers bebaut und geschätzt. Davon zeugt die noch heute in situ vorzufindende »Weinbergkapelle«, die da-

Weingebirge Rechnitz

WEINGUT BATTHYÁNY

7471 Rechnitz
Waldgebiet 636
T: +43 (664) 4443928
wein@weingut-batthyany.at
www.weingut-batthyany.at

Kellermeister: Ing. Rudolf Krizan
Kontakt: DI Zitterer Petra
Anbauweise: Biodynamisch
Produktion: 3.5 Hektar
Messen: VieVinum, Weintage Südliche Weinstraße

mals von Àdám II. Graf Batthyány erbaut wurde. In dieser Zeit scheint es zahllose Unwetter gegeben zu haben, die oftmals die Ernte zerstörten. Um seine Lieblingsweine zu schützen, baute der Graf diese Kapelle, die den Wetterheiligen gewidmet wurde. Derzeit verfügt das Weingut über dreieinhalb Hektar Rebfläche, wovon zweieinhalb Hektar mit Chardonnay und Sauvignon Blanc sowie ein Hektar hauptsächlich mit Blaufränkisch und Merlot bepflanzt sind.
Das südburgenländische Klima ist geprägt durch seine einzigartige geografische Lage – Österreich liegt auf demselben Breitengrad wie das Burgund. Die Weinberge rund um Rechnitz bestehen aus tiefgründigen Urgesteins-Verwitterungsböden mit einer Lehm-Humus-Schicht. Die Weingärten sind von kleiner Fläche, dazwischen findet man zahlreiche alte Obst- und Maronenbäume. Diese sehr alte Anbaustruktur beherbergt stark gefährdete Insekten wie zum Beispiel die Holzbiene, die größte heimische Bienenart. Sie findet in den Weinbergen den perfekten Lebensraum. Daher hat sich die Familie ein großes Ziel gesetzt und bewirtschaftet ihre Weingärten ökologisch, um moderne Spitzenweine im Einklang mit der Natur zu erzeugen.

91 Blaufränkisch * 2020

14 Vol.-%, NK, Holzfass/Eichenfass, €€€

Dunkles Rubingranat, violette Reflexe, breitere Randaufhellung. Frische Schwarze Johannisbeeren, etwas nach Kirschen, feine Kräuterwürze, ein Hauch von Nougat. Mineralisch, reife Kirschen, feine Tannine, salzig im Abgang, ein lebendiger, fruchtbetonter Speisenwein.

92 Rote Cuvée 2020 BF/ME

14,5 Vol.-%, NK, kleines Holzfass, €€€€

Kräftiges Rubingranat, violette Reflexe, breitere Randaufhellung. Feines Nougat, schwarze Kirschen, ein Hauch von Brombeeren und Edelholz, einladendes Bukett. Saftig, elegant, rotbeerige Nuancen, gut integrierte Tannine, frisch und anhaftend, bereits gut entwickelt.

90 Pinot Noir 2020

14 Vol.-%, NK, großes Holzfass, €€€€

Kräftiges Rubingranat, violette Reflexe, breite Ockerrandaufhellung. Mittlerer Körper, reife Waldbeeren, feine Fruchtsüße, seidige Tannine, mineralisch-salzig im Abgang, ein Hauch von Karamell im Rückgeschmack, bereits gut antrinkbar, ein frischer Begleiter bei Tisch.

★★★

GROSZER WEIN

»Groszer Wein« hat es sich zum Ziel gesetzt, den Eisenberg im Südburgenland mit seinem einmaligen Terroir in Flaschen zu füllen und somit Weine zu vinifizieren, die das Aroma ihrer Herkunft in sich tragen – Weine für moderne, aufgeschlossene Weinliebhaber. Die Lagen Saybritz, Szapary, Hummergraben, Königsberg, Kroatische Ried, also Weinberge, in denen »Groszer Wein« reift, lesen sich wie das »Who's who« der besten Rebhänge am Eisenberg. Es sind besondere Lagen die unter einer dünnen Humusschicht Schiefer mit Eiseneinschlüssen und Lehm enthält. Auf diesen Filetstücken des Eisenbergs wachsen alte Rebstöcke, die ihre Wurzeln tief in den Boden graben. 2015 sind auch einige Top-Lagen vom benachbarten Csaterberg hinzugekommen. Der Csaterberg steht für Weißweine mit einzigartigem Terroir, das von Schiefer und Süßwasser-Opalen geprägt ist. Seit 2019 kreieren Markus Bach und der Önologe Edgar Brutler die Weine. Zusätzlich zum klassischen Sortiment gibt es mit dem Jahrgang 2020 eine zweite Linie: Natural Wine – eine finessenreiche Neuinterpretation des Eisenbergs. Die Lagen sind das größte Kapital und liefern die Grundlage für wahrhaft unverwechselbare Herkunftsweine, die das »Groszer Wein«-Duo mit unverkrampfter Lässigkeit in die Flasche bringt.

(91) Erdödy 2021 WR/CH/CS
12,5 Vol.-%, NK, 500-l-Fass, €€€
Leuchtendes mittleres Grüngelb, Silberreflexe. Frische Orangenzesten, ein Hauch von reifer Mango, weißer Apfel, zart nach frischen Kräutern, einladendes Bukett. Saftig, frische weiße Tropenfrucht, lebendige Struktur, zitronig im Abgang, bleibt gut haften, verfügt über Reifepotenzial.

(90) Gemischter Satz 2021
12 Vol.-%, DV, großes Holzfass/Stahltank, €€
Helles Gelbgrün, Silberreflexe. Zart kräuterwürzig unterlegte weiße Kernobstnuancen, ein Hauch von Walnuss, zart nach Mandarinenzesten und Papaya, etwas Blütenhonig. Saftig, elegant, feine Fruchtsüße, mineralisch, nussig im Abgang, bleibt haften, gelbe Birnenfrucht im Nachhall.

(92) Blaufränkisch * Ried Saybritz 2020
13 Vol.-%, NK, 500-l-Fass, €€€€€
Dunkles Rubingranat, opaker Kern, violette Reflexe, dezente Ockerrandaufhellung. Frische Herzkirschen, zart nach Preiselbeeren und Nougat, frische Orangenzesten. Stoffig, elegant, feine rote Kirschen, zarte, tragende Tannine, nussig, mineralisch im Abgang, feinwürzig und anhaftend.

(90) Blaufränkisch * 2020
12 Vol.-%, DV, großes Holzfass, €€
Tiefdunkles Rubingranat, violette Reflexe, zarte Randaufhellung. Reife Zwetschken, ein Hauch von Brombeeren und Lakritze, tabakige Nuancen. Mittlerer Körper, rotbeerig, florale Nuancen, frisch strukturiert, salzig-zitronig im Nachhall.

(91) Rotburger 2020
12,5 Vol.-%, NK, 500-l-Fass/großes Holzfass, €€€
Tiefdunkles Rubingranat, opaker Kern, violette Reflexe, zarte Randaufhellung. Frische Brombeeren, etwas Lakritze, würzig, schokoladiger Touch. Saftig, rotbeerig und frisch, lebendiger Stil, zitronig-salziger Nachhall, animierender Speisenbegleiter.

(90) Rote Küvee 2020 BF/ZW/CS
12,5 Vol.-%, DV, großes Holzfass, €€ Ⓥ
Tiefdunkles Rubingranat, violette Reflexe, dezente Randaufhellung. Feine Brombeeren, ein Hauch von Preiselbeeren, tabakig unterlegte Kräuterwürze, mineralische Nuancen. Mittlere Komplexität, rote Waldbeeren, feine Tannine, zart nussig, salziger Abgang, bereits gut antrinkbar.

GROSZER WEIN
7473 Burg
Burg 95
T: +43 (664) 3863777
kanzlei@groszerwein.at
www.groszerwein.at

Kellermeister: Edgar Brutler
Kontakt: Markus Bach
Anbauweise: Umstellung auf bio
Produktion: 100.000 Flaschen
20 % weiß, 80 % rot, 21 Hektar
Vereinszugehörigkeit:
Eisenberg DAC
Messen: ProWein Düsseldorf

Mathias Jalits

WEINGUT JALITS
7512 Badersdorf
Untere Dorfstraße 16
T: +43 (664) 3303827
office@jalits.at
www.jalits.at

Kellermeister/Kontakt: Mathias Jalits
Produktion: 20 % weiß, 80 % rot, 16 Hektar
Vereinszugehörigkeit: Eisenberg DAC
Messen: Alimentaria, ProWein Düsseldorf, VieVinum

★★★★

WEINGUT JALITS

Der Eisenberg ist für Mathias Jalits etwas Besonderes, ein Gebiet mit unvergleichlichen Vorzügen und Eigenschaften. Und genau so sollen seine Weine schmecken. »Man soll den Eisenberg am Gaumen haben, wenn man unsere Weine trinkt«, lautet das Credo des Südburgenländers. Sandiger, toniger, schwerer Lehm und der nach Südosten offene Kessel, der eisige Nordwinde abhält, sorgen für ideale Bedingungen und für das Gedeihen eines kraftvollen, mineralischen Blaufränkisch, der Hauptsorte des Weinguts. Auch Cabernet Sauvignon, Pinot Noir, Merlot und Zweigelt sowie eine geringe Menge an Welschriesling wachsen auf den Hängen des Eisenbergs. In fünfter Generation widmet sich die Familie nun schon dem Weinbau. 2001 hat Mathias Jalits die Betriebsführung übernommen, und seither vergrößert er stetig die Anbaufläche mit Fokus auf Qualität und Regionalität. »Die Bodenständigkeit der Region soll sich in meinen Weinen widerspiegeln. So bin ich, so ist das Südburgenland, so sollen unsere Weine sein.« Dass Mathias Jalits mit seiner Philosophie richtig liegt, zeigen die ausgezeichneten Falstaff-Bewertungen. Man darf gespannt sein, welche edlen Tropfen in den kommenden Jahren noch zu verkosten sein werden.

93 Weißburgunder Kalk und Schiefer 2020
13 Vol.-%, NK, gebrauchte Barriques, €€€€
Mittleres Grüngelb, Silberreflexe. Zartes Nougatkaramell, reife gelbe Kernobstnuancen, etwas Blütenhonig, einladendes Bukett, ein Hauch von Schiefer im Hintergrund. Elegant, saftig, weiße Fruchtnuancen, feines, pikantes Säurespiel, zeigt Länge, gutes Reifepotenzial.

96 Blaufränkisch ** Ried Reihburg 2019
14 Vol.-%, NK, gebrauchte Barriques, €€€€€
Dunkles Rubingranat, opaker Kern, violette Reflexe, zarte Ockerrandaufhellung. Kühles Bukett nach schwarzen Beeren und etwas Grafit, dunkle Mineralik, im Hintergrund etwas Nougat und frische Orangenzesten. Saftig, elegant, feine Süße, reife Kirschen, gut integrierte, tragende Tannine, salziger Nachhall, große Länge, sehr vielversprechend.

95 Blaufränkisch ** Diabas 2019
14 Vol.-%, NK, gebrauchte Barriques, €€€€€
Tiefdunkles Rubingranat, opaker Kern, violette Reflexe, breitere Ockerrandaufhellung. Frische Herzkirschen, rote Waldbeeren, ein Hauch von Nougat, mineralischer Touch,

facettenreiches Bukett. Saftig, frische Herzkirschen, feine Fruchtsüße, reife Tannine, mineralisch-salzig, gut anhaftend, sicheres Reifepotenzial.

(92) ** Ried Szapary 2020
13,5 Vol.-%, NK, gebr. Barriques/großes Holzfass, €€€
Kräftiges Rubingranat, violette Reflexe, breitere Ockerrandaufhellung. Ein Hauch von Veilchen, Orangenzesten, tabakige Nuancen, frische Kirschen, zart nach Brombeeren. Mittlerer Körper, rotbeerige Frucht, seidige Textur, feine Tannine, Preiselbeeren im Abgang, zitroniger Nachhall.

93 Cabernet Sauvignon Reserve 2019
14 Vol.-%, NK, großes Holzfass/Barrique, €€€€€
Dunkles Rubingranat, opaker Kern, violette Reflexe, zarte Ockerrandaufhellung. Dunkles Nougat, feine Kräuterwürze, tabakige Nuancen, Brombeerkonfitüre und reife Zwetschken klingen an. Kraftvoll, schwarze Kirschen, präsente Tannine, schokoladig, mineralisch-salzig im Abgang, wird von Flaschenreife profitieren.

(91) Pinot Noir Ried Szapary 2019
13 Vol.-%, NK, gebrauchte Barriques, €€€ V
Kräftiges Karmingranat, violette Reflexe, breite Ockerrandaufhellung. Frische rote Beerenfrucht, ein Hauch von Sanddornfrucht, frische Orangenzesten, kräuterwürzig unterlegt. Mittlerer Körper, reife Kirschen, gut integrierte Tannine, dunkle Mineralik, feinwürziger Nachhall.

Eisenberg, Ried Saybritz

(91) Cuvée Kontur 2020 BF/CS/ME
14 Vol.-%, NK, Stahltank, €€€€
Dunkles Rubingranat, violette Reflexe, breitere Ockerrandaufhellung. Feine Kräuterwürze, Preiselbeeren, frische Herzkirschen, zarte Edelholznuancen. Mittlere Komplexität, rotbeerig, Ribiseln, dezente Tannine, salzig-zitronig im Nachhall.

★★★★

WEINGUT KOPFENSTEINER

Das Weingut der Familie Kopfensteiner liegt im Weinbaugebiet »Weinidylle Südburgenland« nahe der ungarischen Grenze, wird von Astrid und Thomas Kopfensteiner in dritter Generation geführt und wurde bis vor einigen Jahren noch im Nebenerwerb betrieben. In den 1990er-Jahren wurde die Weinanbaufläche stetig vergrößert, zurzeit werden etwa 16 Hektar Weingärten in Deutsch Schützen und am Eisenberg bearbeitet. Der Sortenspiegel reicht von Welschriesling über Weißburgunder, Zweigelt und Blaufränkisch bis hin zu Cabernet Sauvignon und Merlot. Das Hauptaugenmerk gilt dabei dem Blaufränkisch, der auch die Leitsorte im Südburgenland ist und in diesem Gebiet am besten gedeiht. Dabei haben die Kopfensteiners kompromissloses Qualitätsdenken und gewissenhaftes Arbeiten für ein gebietstypisches Endprodukt zur obersten Prämisse erkoren.

Aushängeschilder des Betriebs sind die Blaufränkisch-Weine von den Lagen am Eisenberg und sicher auch die Cuvée »Border«, ein Wein, der in seiner Jugend schon beeindruckt, sein großes Format aber mit ein paar Jahren Reife noch besser zeigt. Die Weingärten werden mit höchster Sorgsamkeit und großer Liebe gepflegt. Exaktes Ausdünnen und Entblättern sind neben Klima und Boden die Garanten für reifes und perfektes Traubenmaterial. »Nur Trauben, die physiologisch reif und frei von grünen Tanninen sind, werden zu Qualitätsweinen verarbeitet – nicht durch übermotivierten Arbeitseinsatz und schon gar nicht durch die sogenannten ›neuen Kellertechnologien‹«, so die Kopfensteiners einstimmig.

Historischer Weinkeller Kopfensteiner

WEINGUT KOPFENSTEINER

7474 Deutsch Schützen
Untere Hauptstraße 31
T: +43 (3365) 2236
weingut@kopfensteiner.at
www.kopfensteiner.at

Kellermeister: Thomas Kopfensteiner
Kontakt: Astrid Kopfensteiner
Produktion: 5 % Schaumwein, 10 % weiß, 5 % rosé, 80 % rot, 16 Hektar
Messen: Wein Burgenland Präsentationen

92 Saybritz weiss 2020 WB/GV
13 Vol.-%, NK, 500-l-Fass, €€€€
Leuchtendes Goldgelb, Silberreflexe. Zart nach reifer Birne und Kletzen, etwas Blütenhonig, kandierte Orangenzesten, tabakige Würze. Mittlerer Körper, weißer Apfel, feiner Säurebogen, mineralisch-salzig im Abgang, ein facettenreicher Speisenbegleiter.

(95) ** Ried Reihburg 2019
13,5 Vol.-%, NK, Barrique
Kräftiges Rubingranat, violette Reflexe, dezente Randaufhellung. Einladendes dunkles Beerenkonfit, frische Kirschen, feine Nuancen von Orangenzesten und etwas Nougat, Lakritze, ein Hauch von Kräuterwürze im Hintergrund. Komplex, saftig, feine Fruchtsüße, elegant, tragende seidige Tannine, finessenreich strukturiert, mineralisch und lange anhaftend, verfügt über sicheres Reifepotenzial.

(94) ** Ried Saybritz 2019
13,5 Vol.-%, NK, großes Holzfass, €€€€€
Dunkles Rubingranat, violette Reflexe, dezente Randaufhellung. Zart floral mit Nuancen von Veilchen, Lakritze, zart nach Johannisbeeren, einladendes, tabakig unterlegtes Bukett. Saftig, seidige Textur, feine Extraktsüße, reife Herzkirschen, rote Beeren, mineralisch und lange anhaftend, wirkt leichtfüßig, ein finessenreicher Speisenbegleiter mit Reifepotenzial.

(93) ** Ried Szapary 2019
13,5 Vol.-%, NK, großes Holzfass, €€€€€
Kräftiges Rubingranat, violette Reflexe, dezente Randaufhellung. Nuancen von Brombeeren, etwas Nougat, schwarze Herzkirschen, ein Hauch von Orangenzesten, facettenreiches Bukett. Saftig, elegant, frische Kirschen am Gaumen, dezente Fruchtsüße, feine, ausgereifte Tannine, mineralisch und würzig im Abgang, bleibt haften, gutes Entwicklungspotenzial.

(92) ** Deutsch Schützen 2019
13,5 Vol.-%, NK, 500-l-Fass, €€€
Dunkles Rubingranat, opaker Kern, violette Reflexe, dezente Randaufhellung. Tabakig-kräuterwürzig unterlegte schwarze Waldbeerenfrucht, ein Hauch von Kirschen und Zwetschken, zartes Nougat. Mittlere Komplexität, rote Kirschen, feine Tannine, frische Struktur, salzig-zitronig im Abgang, ein lebendiger Speisenbegleiter.

(90) Eisenberg DAC 2019
13 Vol.-%, DV, großes Holzfass, €€
Dunkles Rubingranat, violette Reflexe, dezente Ockerrandaufhellung. Schwarze Waldbeeren, dunkle Kirschen, ein Hauch von Lakritze, zart blättrige Würze. Mittlerer Körper, rotbeerige Textur, zarte Tannine, frischer Säurebogen, zitroniger Nachhall.

95 Border 2019 BF/ME/CS
13,5 Vol.-%, NK, Barrique, €€€€€
Dunkles Rubingranat, opaker Kern, violette Reflexe, zarte Randaufhellung. Einladendes Bukett nach Brombeeren und schwarzem Waldbeerenkonfit, ein Hauch von Nougat, zarter Vanilletouch, kandierte Veilchen klingen an. Saftig, elegant, komplexe Tanninstruktur, engmaschig, sehr lebendig strukturiert, feine Mineralik, Kirschfrucht und rote Beeren im Abgang, sicheres Potenzial.

★★★★★

WEINGUT KRUTZLER

Das Weingut Krutzler wird mittlerweile in fünfter Generation geführt. Bereits 1966 hat man die ersten Qualitätsweine abgefüllt, und bis heute sieht man sich nur dem Besten verpflichtet. So arbeitet der Familienbetrieb auf etwa 13 Hektar Rebflächen rund um Deutsch Schützen und den Eisenberg traditionell fast ausschließlich mit Rotweinen. Hier steht vor allem einer im Mittelpunkt: der Blaufränkisch. Nicht Modeweine ohne Ecken und Kanten, sondern die Stilistik der Sorte, die klimatischen Besonderheiten und das prägende Terroir stehen in der Krutzler'schen Weinmacherphilosophie an erster Stelle. Die Rebflächen befinden sich alle in einer nach Südsüdosten ausgerichteten Kessellage, die von Wald umgeben ist. In diesem Kleinklima finden sich mineralische, eisenhaltige Lehm- und Schieferböden. Das Terroir, niedrige Erträge und eine lange Vegetationsperiode bringen Weine mit Eigenständigkeit und Charakter. Allerbeste Rieden in Deutsch Schützen und am nahen Eisenberg sind die Grundlage für den Eisenberg DAC Reserve; mindestens 25 Jahre alte Reben und extralange Fasslagerung sind die Basis für diesen kräftig-würzigen, mineralischen Charakterwein. Aus sorgfältiger Selektion der jeweils besten Blaufränkischtrauben des Jahrgangs wird der Blaufränkisch »Perwolff«, das renommierte Flaggschiff des Hauses, in Eichenfässern ausgebaut. Dieser sehr aufwendig verarbeitete, extrem lagerfähige Spitzenwein von Weltruf hat seinen Namen nach einer alten Bezeichnung für Deutsch Schützen. Mit zunehmender Flaschenreife erfreut er den Gaumen mit Geschmeidigkeit und Eleganz.

93 Welschriesling Ried Ratschen 2020
13 Vol.-%, NK, Barrique, €€€€€
Helles Grüngelb, Silberreflexe. Zart nach gerösteten Haselnüssen, etwas Grapefruitzesten, einladender floraler Duft. Mittlerer Körper, weißer Apfel, feine Reduktionsnuancen nach Feuerstein und Nougat, leichtfüßig und elegant, ein facettenreicher Speisenwein.

94 Blaufränkisch ** Ried Weinberg 2017
13,5 Vol.-%, NK, Holzfass, €€€€€€
Kräftiges Rubingranat, violette Reflexe, dezente Randaufhellung. Reife Kirschfrucht, feine florale Nuancen, zart nach Tabak, dunkle Mineralik, facettenreiches Bukett. Saftig, elegant und ausgewogen, Herzkirschen, rote Beeren, feine Tannine, salzig und bereits gut entwickelt, zeigt gute Frische und Länge.

WEINGUT KRUTZLER
7474 Deutsch Schützen
Winzerstraße 68
T: +43 (3365) 21868
weingut@krutzler.at
www.krutzler.at

Kellermeister/Kontakt: Reinhold Krutzler
Produktion: 5 % weiß, 95 % rot, 13 Hektar
Zertifiziert: Nachhaltig Austria
Vereinszugehörigkeit: Renommierte Weingüter Burgenland
Messen: ProWein Düsseldorf, VieVinum

Blaufränkisch

(92) Blaufränkisch ** 2020
13,5 Vol.-%, NK, Teilbarrique, €€€€
Dunkles Rubingranat, violette Reflexe, zarte Randaufhellung. Schwarze Waldbeeren, Brombeerkonfitüre, Orangenzesten, dunkle Mineralik. Straff, saftig, schwarze Beeren, kandierte Veilchen, etwas Nougat, nussiger Touch im Nachhall, mineralisch im Rückgeschmack, gutes Entwicklungspotenzial.

91 Blaufränkisch * 2020
13 Vol.-%, DIAM, großes Holzfass, €€€
Dunkles Rubingranat, violette Reflexe, zarte Randaufhellung. Zart kräuterwürzig unterlegte dunkle Beeren, reife Zwetschken, Tabak, kandierte Orangenzesten. Saftig, rote Kirschen, feine Tannine, frisch strukturiert, zitronig-salziger Nachhall, ein vielseitiger Speisenbegleiter.

(95) Blaufränkisch Perwolff 2020
13,5 Vol.-%, NK, 500-l-Fass, €€€€€€ Ⓗ
Kräftiges Rubingranat, violette Reflexe, dezente Randaufhellung. Feine Nuancen von Brombeeren, schwarze Kirschen, etwas Lakritze, mit süßen Gewürzen unterlegt, vielschichtiges Bukett. Mittlerer Körper, rote Kirschen, feine Beerenfrucht, finessenreich strukturiert, elegant, runde Tannine, bleibt haften, ein lebendiger Speisenbegleiter mit Entwicklungspotenzial.

(94) Merlot 2020
13,5 Vol.-%, NK, Barrique, €€€€€ Ⓗ
Dunkles Rubingranat, violette Reflexe, zarte Randaufhellung. Reife schwarze Herzkirschen, etwas Brombeeren, feine Edelholznuancen, etwas Vanille und Orangenzesten. Saftig, rote Kirschen, etwas Preiselbeeren, feine Tannine, salziger Abgang, pikanter Stil, gutes Zukunftspotenzial.

(93) Alter Weingarten 2020 BF/ZW
13,5 Vol.-%, NK, Holzfass, €€€€€ Ⓗ
Kräftiges Rubingranat, violette Reflexe, zarte Ockerrandaufhellung. Sehr zarte animalische Würze, reife Zwetschken und Kirschen, tabakige Nuancen, etwas Velours, facettenreiches Bukett. Mittlere Komplexität, rotbeerige Textur, gut integrierte reife Tannine, salziger Nachhall, gute Frische, ein finessenreicher Begleiter bei Tisch.

★★★★

WEINGUT SCHIEFER.PUR

»Less is more« ist die Philosophie, der sich Uwe Schiefer von Anfang an verschrieben hat. Im Weingarten und bei der Vinifizierung wird so gut wie keine Technik eingesetzt, um den Charakter des Terroirs und der Sorte herauszustreichen. »Der Wein definiert sich ausnahmslos im Weingarten selbst«, so Uwe Schiefer, der damit zu den absoluten Vorreitern einer feingliedrigen und puren Blaufränkisch-Stilistik zählt. Schiefer rekultiviert uralte Steillagen am Eisenberg, aber auch gebietstypische Weißweinlagen am Tschaterberg und in Markt Neuhodis, wo er besonders mit dem Welschriesling neue Geschmacksqualitäten erschließt. Flaggschiff ist der extrem lagerfähige »Blaufränkisch Ried Reihburg«, der aus bis zu 80-jährigen Reben selektioniert und in großen Holzfässern ausgebaut wird. René Gabriel hat im Juni 2020 den Jahrgang 2011 mit 20 von 20 Punkten bewertet und somit die Höchstpunktezahl vergeben! Weitere Topweine sind unter anderem »Blaufränkisch Ried Szapary«, »Blaufränkisch vom blauen Schiefer« oder »Blaufränkisch Lutzmannsburg v.v.«. Neben den namhaften südburgenländischen Lagen bearbeitet der umtriebige Winzer auch einige Toplagen, wie zum Beispiel in Lutzmannsburg im Mittelburgenland.

93 weisser schiefer »m« 2017 WR/WB/GV
13,5 Vol.-%, NK, großes Holzfass, €€€€€ Ⓞ
Kräftiges Goldgelb, Orangereflexe. Zart nussig, ein Hauch von gerösteten Haselnüssen, mit weißer Tropenfrucht unterlegt, ein Hauch von Rancio. Straff, engmaschig, feine Apfelfrucht, zart nach Karamell und Salz, mineralisch, gut anhaftend, gutes, trockenes Finish, toller Speisenbegleiter.

(92) weisser schiefer »s« 2019 WR/WB
12,5 Vol.-%, NK, großes Holzfass, €€€€€
Helles Goldgelb, Silberreflexe. Zart nach Haselnuss und Grapefruit, Flint und Feuerstein, feuchter Kies, weiße Blüten, vielschichtiges, animierendes Bukett. Saftig, weißer Pfirsich, zart nussig im Abgang, bleibt haften, ein eleganter, leichtfüßiger Speisenbegleiter.

(92) Chardonnay 2020
13 Vol.-%, NK, gebrauchte Barriques, €€€
Helles Goldgelb, Silberreflexe. Feine gelbe Tropenfrucht,

© www.ikonodule.de

WEINGUT SCHIEFER.PUR
7503 Welgersdorf, Welgersdorf 3
T: +43 (664) 5219047
office@weinbau-schiefer.at
www.weinbau-schiefer.at
Kellermeister: Uwe Schiefer
Kontakt: Uwe Schiefer, Mark Matisovits
Anbauweise: Umstellung auf bio
Produktion: 10 % weiß, 90 % rot, 25 Hektar
Vereinszugehörigkeit: Leithaberg DAC, Eisenberg DAC
Messen: Austrian Tasting London, FHA Singapore, ProWein Düsseldorf, VieVinum, DAC-Präsentationen, ProWine Asia, Wein Burgenland Präsentationen

Uwe Schiefer

zart nach frischen Orangenzesten, ein Hauch von Blütenhonig und Mango. Saftig, seidig, weiße Apfelfrucht, zart nussiger Touch, zitronig-mineralisch, bereits zugänglich, ein vielseitiger Speisenbegleiter.

(91) Welschriesling weisser schiefer 2020
12 Vol.-%, DV, großes Holzfass
Mittleres Gelbgrün, Silberreflexe. Frische Kräuterwürze, Grapefruitzesten, weißer Apfel, mineralisch, mit Limetten unterlegt. Saftig, leichtfüßig, frischer Säurebogen, zitroniger Touch, balanciert, ein finessenreicher Sommerwein.

(96) Blaufränkisch Ried Reihburg 2018
13,5 Vol.-%, NK, großes Holzfass, €€€€€€
Kräftiges Rubingranat, violette Reflexe, breitere Ockerrandaufhellung. Feine Kräuterwürze, dunkle Waldbeeren, schwarze Kirschen, dunkle Mineralik, facettenreiches Bukett. Saftig, elegant, feine Fruchtsüße, ganz zarte nussige Aromen, salzig-mineralisch, ein Hauch von Nougat im Abgang, große Länge, ein sicheres Zukunftsversprechen.

(94) Blaufränkisch Ried Szapary 2018
12,5 Vol.-%, NK, großes Holzfass, €€€€€
Dunkles Rubingranat, violette Reflexe, breitere Ockerrandaufhellung. Zart nussig, frische Feigen, ein Hauch von Heidelbeeren und schwarzen Kirschen, mit Orangenzesten unterlegt. Saftig, rote Kirschen, etwas Nougat, frischer Säurebogen, dunkle Mineralik, salziger Nachhall, ein komplexer Essensbegleiter.

(92) Blaufränkisch Burgenland 2019
13 Vol.-%, DV, großes Holzfass, €€€
Kräftiges Rubingranat, violette Reflexe, breitere Ockerrandaufhellung. Tabakig, zart nach schwarzen Waldbeeren, etwas Lakritze, mineralischer Touch. Mittlerer Körper, rotbeerige Nuancen, zart nach Kirschen, feine Tannine, dezente Süße im Abgang, vielseitig einsetzbar.

(94) Merlot »m« 2019
14 Vol.-%, NK, gebrauchte Barriques, €€€€€
Tiefdunkles Rubingranat, opaker Kern, violette Reflexe, zarte Randaufhellung. Feine Edelholzwürze, Nuancen von Nougat und schwarzen Kirschen, zarte Feigennote, einladendes Bukett. Kraftvoll, saftig, straff und frisch, reife Tannine, salziger Nachhall, bordeleske Züge, sicheres Reifepotenzial.

(94) Pinot Noir 2020
13,5 Vol.-%, NK, gebrauchte Barriques, €€€€€
Mittleres Karmingranat, violette Reflexe, breite Ockerrandaufhellung. Intensive Nuancen von kandierten Veilchen, rote Waldbeeren, sehr einladendes, typisches Bukett. Saftig, elegant und floral, feine süße Kirschfrucht, mineralisch und gut anhaftend, ein finessenreicher Sortenvertreter mit Entwicklungspotenzial.

90 Zweigelt 2020
12 Vol.-%, DV, großes Holzfass, €€
Dunkles Rubingranat, violette Reflexe, zarter Ockerrand. Mit einem Hauch von Nougat unterlegte reife Zwetschkenfrucht, feine Kräuterwürze. Saftig, elegant, frische Kirschen, zarte Tannine, frisch, vielseitig einsetzbar.

★★★★

WEINGUT SCHÜTZENHOF

BIO

In den über 200 Jahren seines Bestehens hat das Weingut Schützenhof die Entwicklung des Südburgenlandes hin zu einer der führenden und interessantesten Weinregionen Österreichs entscheidend mitgeprägt. Schon in den 1950er-Jahren füllte man – als einer der ersten Betriebe der Gegend – Weine in Flaschen.
Zwei Generationen später fühlen sich Markus und Kristina Faulhammer der Pionierarbeit ihrer Vorfahren immer noch verpflichtet. Um den Wert der Böden und Rebanlagen für ihre Nachkommen nachhaltig zu schützen und um den unverfälschten Charakter ihrer Heimat in den Wein zu bekommen, setzten die jungen Winzer zuerst auf biologischen Weinbau und in einem weiteren Schritt auf die Biodynamie. Derzeit befindet man sich in Umstellung auf Demeter. Der damit verbundene konsequent handwerkliche Weg soll den eigenständigen Geschmack der Böden des Südburgenlandes mit ihrer markanten Mineralik unterstützen und als Vehikel zu schmeckbar höherer Qualität sämtlicher Weine dienen. Das Sortiment setzt sich aus vollends naturbelassenen, ungeschönten, tiefgründigen Weiß- und Rotweinen zusammen, alle mit fester Struktur und nachvollziehbarem Fokus auf Tradition und Purismus, wobei es nie an Trinkfluss fehlen darf. Ein paar weitere Ideen wie der knochentrockene und herb duftende »Wermutstropfen« oder der erfrischend sprudelnde Pétillant Naturel »Randale« runden das Sortiment ab – eine Vielzahl frisch gepflanzter Apfelbäume soll künftig als Grundlage für Cidre dienen. Neben dem architektonisch interessanten Weingut und den malerischen Weingärten verfügt man über ein paar liebevoll eingerichtete Gästezimmer, die es Weinfreunden ermöglichen, die Weine des Schützenhofs genauer zu erkunden.

92 Funkelbunt 2020
11,5 Vol.-%, NK, Stahltank, €€€
Mittleres Goldgelb, Messingreflexe. Mit einem Hauch von Dörrobst und Honig unterlegte Kräuterwürze, Noten von Kletzen und Nougat. Saftig, weiße Apfelfrucht, frisch strukturiert, zart nussig, feines Rancio im Abgang, mineralisch, salzig, ein feinwürziger Speisenbegleiter.

95 Blaufränkisch * Ried Ratschen Sonne, Mond & Erde 2019
14,5 Vol.-%, NK, Tonneaux Fass, €€€€€€
Tiefdunkles Rubingranat, opaker Kern, violette Reflexe,

Markus und Kristina Faulhammer

WEINGUT SCHÜTZENHOF
7474 Deutsch Schützen, Winzerstr. 41
T: +43 (664) 1099333
office@weingut-schuetzenhof.at
www.weingut-schuetzenhof.at

Kellermeister: Markus Faulhammer
Kontakt: Kristina und Markus Faulhammer
Anbauweise: Zertifiziert Biologisch (Bio Austria)
Produktion: 10 % Schaumwein, 15 % weiß, 5 % rosé, 70 % rot, 8.5 Hektar
Vereinszugehörigkeit: Weinidylle Südburgenland, Eisenberg DAC
Messen: ProWein Düsseldorf, VieVinum, DAC-Präsentationen

© #viewitlikejenni

zarte Ockerrandaufhellung. Feine, zart balsamische Würze, dunkles Waldbeerenkonfit, ein Hauch von Velours und Trockenkräutern. Kraftvoll, straff, schwarze Kirschen, etwas Cassis, lebendiger Säurebogen, saliner Touch, mineralischer Anklang, zitroniger Nachhall, sehr puristischer Sortenvertreter mit Reifepotenzial.

(92) Blaufränkisch * Pur 2019
13 Vol.-%, DV, großes Holzfass/Stahltank, €€€ B V
Tiefdunkles Rubingranat, opaker Kern, violette Reflexe, zarte Ockerrandaufhellung. Schwarze Kirschen, ein Hauch von Brombeerkonfitüre, zarte florale Nuancen, tabakige Würze im Nachhall. Saftig, frisch strukturiert, rote Kirschen, zart nach Ribiseln und Zitrone, salziger Nachhall, lebendiger Speisenbegleiter.

92 Pinot Noir 2020
13 Vol.-%, NK, großes Holzfass, €€€ B V
Kräftiges Karmingranat, violette Reflexe, breitere Ockerrandaufhellung. Intensive Kräuterwürze, ein Hauch von Soja, dunkle Waldbeeren, feine balsamische Nuancen. Mittlerer Körper, rotbeerig, präsente, gut eingebundene Tannine, zart nussig, mineralisch im Abgang, feiner Umamitouch im Nachhall, ein vielseitiger Speisenwein.

90 Róka 2021 RÖ/PN
11,5 Vol.-%, NK, Amphore/Stahltank, €€€ V
Kräftiges Rubingranat, violette Reflexe, breitere Ockerrandaufhellung. Klassisches Uhudler-Bukett nach grüne Walderdbeeren, ein einladender »Foxton«, wie er im Buche steht. Schlank, rassig, erdbeerig, zitroniger Touch im Abgang, ein lebendiger Sommerspaß für heiße Tage, blitzsauber vinifiziert.

Eisenberg, Hummergraben

90 Rotburger 2019
14 Vol.-%, DV, Stahltank/Tonneaux Fass, €€€ B V
Tiefdunkles Rubingranat, opaker Kern, violette Reflexe, zarte Randaufhellung. Rauchig-würzig unterlegte Note von schwarzen Beeren, ein Hauch von Ruß, tabakige Nuancen. Kraftvoll, rote Beerenfrucht, sehr straffe Säurestruktur, salzig-zitronig im Abgang.

★★

STEPHANO DAS-WEIN-GUT

In den sieben Hektar Weingärten im Südburgenland setzt Stephan Oberpfalzer sorgfältig und behutsam einen gezielten Schnitt nach dem anderen: Stock für Stock, ohne den sofortigen Ertrag im Kopf zu haben, hat er das Ziel im Blick, die Gesundheit und die ausgewogene und langsame Entwicklung seiner Weingärten zu sichern. Moderne Weingartenbewirtschaftung, die es ermöglicht, gesunde, selektionierte Rebstöcke zu schaffen, ist nicht nur Ehrensache, sondern die Grundlage für naturnahen Weinbau und eine möglichst schonende Verarbeitung der besten Trauben. Die alte Philosophie der Weingartenarbeit, die den alten Reben hohen Wert zuschreibt und so die Qualität des Ertrags erhöht, vertritt er bis ins kleinste Detail. Die konsequente Fortführung dieser Arbeitsweise auch bei der Vinifizierung führt dazu, dass die Weine des Weinguts StephanO die Sortentypizität und das Terroir des Südburgenlands auf sehr hohem Niveau widerspiegeln.
Entsprechend dem hohen Qualitätsanspruch bei der Weinbereitung werden ausschließlich Weine von Rebsorten produziert, die am besten mit den klimatischen Bedingungen und Bodenformationen des Südburgenlands zurechtkommen, allen voran natürlich Blaufränkisch. »trinculo«, »gonzalo« und »prospero«, benannt nach Figuren aus dem Stück »Der Sturm« von William Shakespeare, sind hier die Flaggschiffe, sie werden flan-

STEPHANO DAS-WEIN-GUT
7474 Deutsch Schützen
Unterer Weinweg 11
T: +43 (664) 2636939
office@stephano.at
www.stephano.at
Kellermeister/Kontakt:
Dr. Stephan Oberpfalzer
Produktion: 24.000 Flaschen
30 % weiß, 10 % rosé, 60 % rot,
7+1 Hektar
Zertifiziert: Nachhaltig Austria
Vereinszugehörigkeit:
Leithaberg DAC, Eisenberg DAC
Messen: ProWein Düsseldorf, VieVinum, Vinobile Feldkirch, DAC-Präsentationen, Wein Burgenland Präsentationen

kiert von »StephanO rot«, dem Herzstück des Winzers, einer Cuvée aus den typischen Rebsorten des Bordeaux-Gebiets. Seit 2017 wird auch eine eigenständige »Orangewine-Linie« produziert. Diese Weine werden – wie alle anderen Weine auch – spontan im offenen Holzbottich vergoren und dann mit besonderer Sorgfalt unfiltriert abgefüllt. Seit dem Jahrgang 2017 ist der Betrieb nun auch offiziell mit dem »Nachhaltig Austria«-Gütesiegel ausgezeichnet.

93 Pinot Blanc SL 2018
14 Vol.-%, DV, 500-l-Fass, €€€€€
Leuchtendes mittleres Goldgelb, Silberreflexe. Rauchig-nussig unterlegte Apfelfrucht, zart nach Vanille, Limettenzesten und Karamell im Hintergrund. Stoffig, feine Süße, reifes Kernobst, ein Hauch von Röstaromen im Nachhall, zitroniger Touch, ein eleganter Begleiter bei Tisch.

92 Pinot Blanc Betonei 2019
14 Vol.-%, DV, Beton, €€€€
Helles Goldgelb, Silberreflexe. Feine gelbe Tropenfrucht, zart nach Mango und Ananas, frische Orangenzesten, mineralischer Touch, einladendes Bukett. Komplex, kräftig, weißer Pfirsich, feiner Säurebogen, salzig und anhaftend, ein finessenreicher Speisenbegleiter.

92 Welschriesling ceres 2019
14 Vol.-%, DV, Beton, €€€€
Helles Goldgelb, Silberreflexe. Zart rauchig-kräuterwürzig, reifer gelber Apfel, nussiger Touch, mineralisch. Kraftvoll feinwürzig, feiner Blütenhonig, Nuancen von Birne, salzig im Abgang, ein Power-Welschriesling mit zitronigem Nachhall.

(93) ** Ried Fasching 2018
14 Vol.-%, NK, 500-l-Fass, €€€€€
Dunkles Rubingranat, violette Reflexe, zarte Randaufhellung. Mineralisch, rote und schwarze Beeren, feine Kräuternuancen, facettenreiches Bukett. Mittlerer Körper, zart nach Brombeeren, seidige, gut integrierte Tannine, bleibt haften, sehr gute Frische, ein eleganter Speisenbegleiter mit Reifepotenzial.

93 stephano rot 2018 ME/CS/CF
14,5 Vol.-%, NK, Barrique, €€€€€
Dunkles Rubingranat, violette Reflexe, zarte Randaufhellung. Feine Kräuterwürze, tabakige Nuancen, schwarze Waldbeeren, zart nach Lakritze und dunklen Kirschen, mit Orangenzesten unterlegt. Saftig, reife Beeren, frisch strukturiert, samtige Tannine, etwas Nougat im Nachhall, animierender Stil, Cassis im Rückgeschmack.

92 stephano reloaded 2018 BF/ZW/ME
14,5 Vol.-%, DV, 500-l-Fass/Barrique, €€€
Dunkles Rubingranat, violette Reflexe, zarte Randaufhellung. Feine Kräuterwürze, einladende Nuancen von Schwarzen Johannisbeeren, etwas Brombeeren. Saftig, würzig und dunkelbeerig, feine Tannine, mineralisch, Nougat im Abgang, gut antrinkbar.

PLATZ FÜR IHRE
WEINNOTIZEN

Ried Lehmgruber mit Blick auf den Joiser Jungen- und Hackelsberg

© WSNA

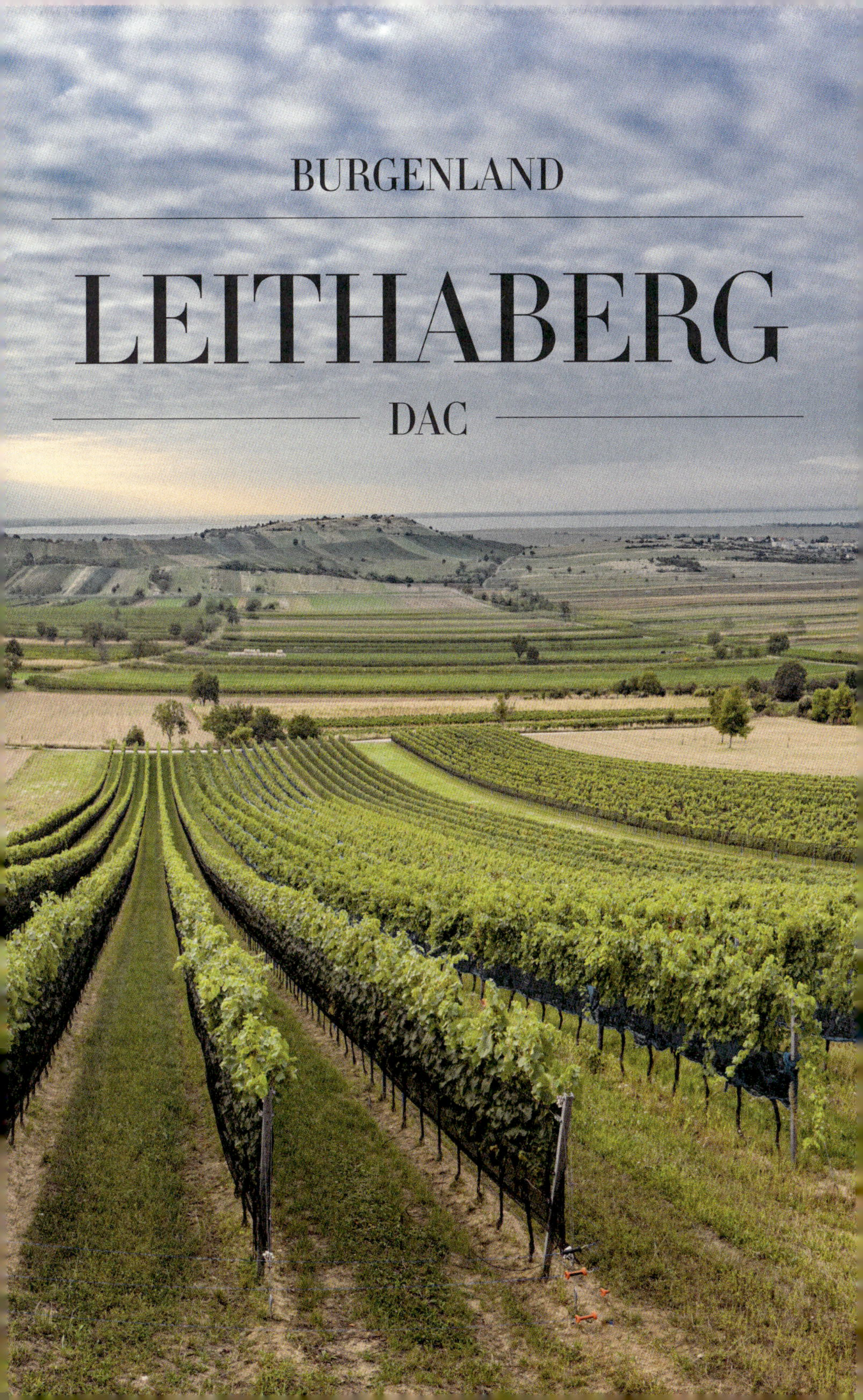
BURGENLAND
LEITHABERG
DAC

Rieden am Goldberg, südlich von Schützen am Gebirge

FULMINANTE QUALITÄT BEI WEISS, ROT UND SÜSS

Am Leithagebirge sind die Allrounder zu Hause. Kaum ein anderes Weinbaugebiet erlaubt eine solche Vielfalt an Weintypen wie die rund 3.100 Hektar am Westufer des Neusiedler Sees. Hier entstehen auch die weißen und roten Weine mit der Herkunft Leithaberg DAC.

Die trockenen Weine sind geprägt von den mineralischen Böden am Leithagebirge, wo zwischen kalkreichen Schichten immer wieder auch Urgesteinsinseln durchbrechen. Die besonders gebietstypischen Weine werden unter der Bezeichnung »Leithaberg DAC« vermarktet. Das gesetzlich definierte Produktionsgebiet für den Leithaberg DAC umfasst den politischen Bezirk Eisenstadt Umgebung, die Freistadt Eisenstadt und die politischen Gemeinden Jois und Winden. Weißwein mit der Herkunftsangabe Leithaberg DAC darf aus den Sorten Weißburgunder, Chardonnay, Neuburger oder Grüner Veltliner erzeugt werden. Zugelassen sind auch Cuvées aus diesen Sorten. Der rote Leithaberg DAC besteht aus der in der Region dominierenden Sorte Blaufränkisch, wobei ein Verschnitt mit insgesamt maximal 15 Prozent Zweigelt, St. Laurent oder Pinot Noir möglich ist. Die Leithaberg DACs sind immer mineralisch und nicht übertrieben kräftig.

Daneben wird im Gebiet westlich des Neusiedler Sees eine große Vielfalt anderer Rebsorten und Stile gepflegt, die meist unter der Bezeichnung »Burgenland« vermarktet werden. Das Gebiet mit vielen leistungsfähigen Weingütern ist auch ein weintouristisches Mekka. (Wein-)Kultur als Rahmenprogramm bieten unter anderen die Landeshauptstadt Eisenstadt mit dem Schloss Esterházy, Mörbisch mit den Seefestspielen, Sankt Margarethen mit den Musikfestspielen im Römersteinbruch, die Weinakademie in Rust oder die Genussakademie in Donnerskirchen.

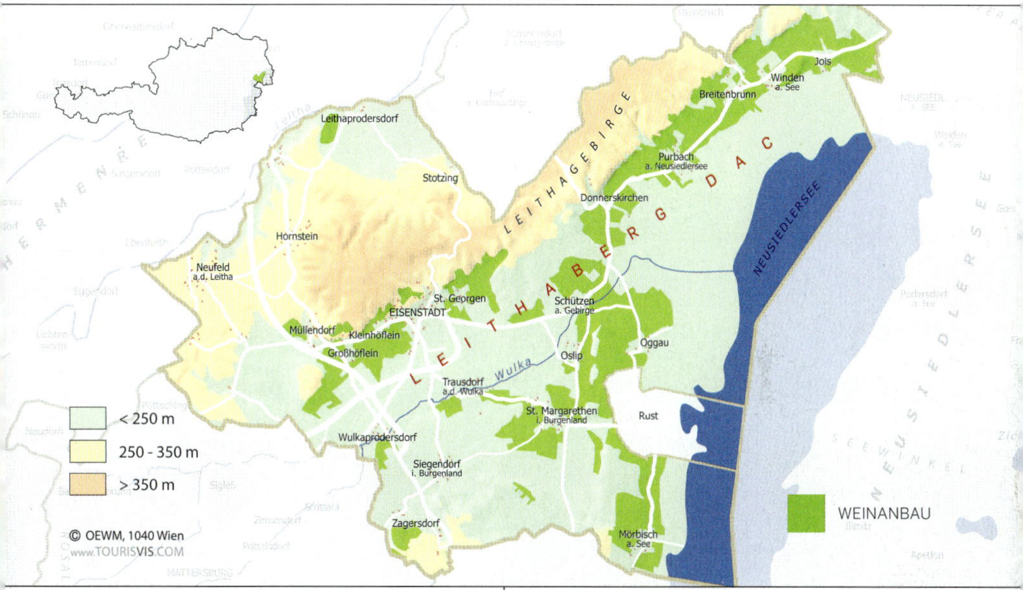

AUSGEWÄHLTE WEINGÜTER

★★★★★

Weingut Kollwentz, Großhöflein
Weingut Moric, Großhöflein

★★★★

Weingut Markus Altenburger, Jois
Weingut Prieler, Schützen am Gebirge
Weingut Tinhof, Trausdorf

★★★

Weingut Bayer – Erbhof, Donnerskirchen
Weingut Birgit Braunstein – Purbach
Weingut Esterházy, Trausdorf an der Wulka
Weingut Toni Hartl, Reisenberg
Weingut Leo Hillinger, Jois
Winzerhof Kiss, Jois
Weingut Leberl, Großhöflein
Weingut Liegenfeld, Donnerskirchen
Weingut Mad, Oggau
Weingut Nehrer, Eisenstadt
Weingut Franz Schindler, Mörbisch
Thomas Schwarz, Purbach
Weingut Sommer, Donnerskirchen
Weingut Wagentristl, Großhöflein
Weingut Stefan Zehetbauer, Schützen am Gebirge

★★

Klosterkeller der Barmherzigen Brüder, Eisenstadt
Weingut Grenzhof-Fiedler, Mörbisch
Winzerschlössl Kaiser, Eisenstadt
Weingut Kirchknopf, Eisenstadt
Weingut Hans Moser, Eisenstadt
Weingut Pasler, Jois
Weingut Sattler, Jois
Weingut HST – Hannes Steurer, Jois

★

Weingut Lentsch – Pinots vom Leithaberg, Donnerskirchen
Nené – Terroir Wein Österreich, Vomp
Klosterkeller Siegendorf, Siegendorf

Jungenberg bei Jois

WEINGUT MARKUS ALTENBURGER
7093 Jois
Untere Hauptstraße 62
T: +43 (2160) 71089
halloservusgriasdi@markusaltenburger.com
www.markusaltenburger.com

Kellermeister/Kontakt: Markus Altenburger
Anbauweise: Zertifiziert Biologisch
Produktion: 5 % Schaumwein, 30 % weiß, 65 % rot, 17 Hektar
Vereinszugehörigkeit: Club Batonnage, Leithaberg DAC
Messen: Karakterre

★★★★

WEINGUT MARKUS ALTENBURGER

BIO

Mit viel persönlichem Einsatz und Gefühl hat Markus Altenburger das Weingut innerhalb weniger Jahre zu einem international anerkannten und einem der spannendsten Betriebe am Leithaberg gemacht. Ein klarer Fokus auf interventionsarmer Vinifikation in Kombination mit Trauben von den typischen Schiefer- und Leithakalkböden in Jois macht seinen Stil unverwechselbar.
Die Paraderotweine des Weinguts bestehen aus Blaufränkisch: Die puristischen Lagenweine von alten Reben in den Rieden Jungenberg und Gritschenberg werden nur in den besten Jahrgängen und in geringen Mengen erzeugt. Für den perfekten Einstieg sorgt der trinkfreudige Blaufränkisch vom Kalk, und die Riedencuvée »Markus Altenburger rot« zeigt den Stil der kommenden Jahre. In Sachen Weißwein befassen sich die Altenburgers in erster Linie mit Chardonnay, Grünem Veltliner und Neuburger. Ausgebaut werden eine leichtfüßige Variante von Kalkböden – bezeichnenderweise mit dem Namen »Chardonnay vom Kalk« – und eine komplexe Lagenversion aus der schieferdominierten Riede Jungenberg. Die Liebe zu selten gewordenen Rebsorten drückt sich etwa im »Neuburger betont« aus – ein Wortspiel, da der Ausbau des Weines betont zurückhaltend und in eiförmigen Betontanks erfolgt. Seit einigen Jahren werden auch ein lagenreiner Grüner Veltliner von der kalkreichen Riede Ladisberg und eine naturbelassene Cuvée aus heimischen Rebsorten – »Markus Altenburger weiß« – erfolgreich vinifiziert.

(92) Markus Altenburger Weiß Skin and Stones 2021
12,5 Vol.-%, DIAM, Beton/großes Holzfass, €€€€
Helles Gelbgold, Silberreflexe. Reife gelbe Apfelfrucht, Nuancen von Bauernbirnen, ein Hauch von Walnuss und Wiesenkräutern, mit Orangenzesten unterlegt. Mittlerer Körper, weißes Kernobst, dezentes Säurespiel, zart nussig im Abgang, ein leichtfüßig-salziger Speisenbegleiter.

92 Neuburger betont. 2021
11,5 Vol.-%, DIAM, Beton, €€€€
Helles Grüngelb, Silberreflexe. Zart nussig, feine gelbe Tropenfruchtanklänge, mineralisch, mit einem Hauch von Kräuterwürze unterlegt. Mittlere Komplexität, weiße Birne, mineralisch, dezenter Säurebogen, feine Fruchtsüße im Abgang, bereits gut antrinkbar.

96 Blaufränkisch * Ried Gritschenberg 2019
13 Vol.-%, NK, großes Holzfass, €€€€€
Kräftiges Rubingranat, violette Reflexe, dezente Ockerrandaufhellung. Zart nach Lakritze und Preiselbeeren, feine Trockenkräuter, tabakige Nuancen, kandierte Orangenzesten. Straff, engmaschig, reife rote Kirschen, feine, tragende Tannine, mineralisch, feine Süße im Abgang, sehr gute Länge, sicheres Reifepotenzial.

95 Blaufränkisch * Ried Jungenberg 2019
12,5 Vol.-%, NK, großes Holzfass, €€€€€€
Kräftiges Rubingranat, violette Reflexe, dezente Ockerrandaufhellung. Tabakig-kräuterwürzig unterlegte rote Waldbeerenfrucht, eingelegte Kirschen, rauchige Mineralik. Mittlere Komplexität, rotbeerig, frisch strukturiert, feine Tannine, zart salzig, bereits gut entwickelt, leichtfüßiger Stil.

93 Blaufränkisch * Markus Altenburger Rot Helden 2019
13 Vol.-%, DIAM, großes Holzfass, €€€€
Kräftiges Rubingranat, violette Reflexe, breitere Ockerrandaufhellung. Zart balsamisch unterlegte rote Kirschfrucht, Waldbeeren, zart nach Zwetschken und Lakritze, mineralischer Touch. Saftig, komplex, feine Fruchtsüße, seidige Tannine, frisch und anhaftend, mineralisch, ein eleganter Speisenbegleiter, bereits gut antrinkbar.

94 Cuvée Altenburger Jois 2018 BF/CS/ME
13,5 Vol.-%, NK, 500-l-Fass/großes Holzfass, €€€€€
Kräftiges Rubingranat, violette Reflexe, dezente Randaufhellung. Zart kräuterwürzig unterlegte rote Kirschen, dunkle Waldbeeren, zart tabakige Nuancen, mineralischer Touch. Straff, engmaschig, rote Kirschen, feine Tannine, salzig-zitronig im Abgang, balanciert, ein finessenreicher Speisenbegleiter.

★★

KLOSTERKELLER DER BARMHERZIGEN BRÜDER

Die Geschichte des Klosterkellers der Barmherzigen Brüder in Eisenstadt begann vor über 260 Jahren, als Fürst Paul II. Anton Esterházy den Barmherzigen Brüdern ein Hospital, eine Kirche und eine Apotheke stiftete. Dazu gehörten auch landwirtschaftliche Flächen zur Versorgung des Krankenhauses inklusive einiger Flächen, die mit Reben bepflanzt waren. Hier begannen die Brüder, Wein zu keltern – eine Tradition, die bis heute fortgeführt wird. Damit ist der Eisenstädter Konvent der einzige des weltweit vertretenen Ordens, der Weinbau betreibt. Trotz mehrmaliger Standortüberlegungen blieb der Weinkeller bis heute in seinem ursprünglichen Bereich als echter Klosterkeller erhalten – befindet er sich doch im Klosterkonvent, im sogenannten Spitzerhaus in der Esterházystraße in Eisenstadt. An den südwestlichen Ausläufern des Leithagebirges und am Föllig in der Gemeinde Großhöflein finden die Reben vorwiegend warme, kalkhaltige Böden vor. Traditionell werden im Klosterkeller der Barmherzigen Brüder Eisenstadt die Sorten Blaufränkisch, Zweigelt, Cabernet Sauvignon, Welschriesling und Sauvignon Blanc abgefüllt. Die Premiumline – die Brüder-Weine – erweitert das Sortiment um Chardonnay, Merlot und Blauburgunder.

Seit mehr als 30 Jahren tragen Weine, die den Eisenstädter Klosterkeller verlassen, die geschmackliche Handschrift von Ing. Rudolf Krizan. Mit viel Handwerk und geringstmöglichem Technikeinsatz holt der erfahrene Kellermeister

KLOSTERKELLER DER BARMHERZIGEN BRÜDER
7000 Eisenstadt
Esterházystraße 26
T: +43 (2682) 6011675
klosterkeller@bbeisen.at
www.klosterkeller.at

Kellermeister/Kontakt:
Ing. Rudolf Krizan
Produktion: 41.333 Flaschen
40 % weiß, 5 % rosé, 55 % rot,
8.54 Hektar
Vereinszugehörigkeit:
Haydnwein

das Beste aus jeder Traube unter Berücksichtigung der jeweiligen Lage und des jeweiligen Jahrgangs. Eine unschlagbare Kombination aus Erfahrung, besonderen Lagen, Kontinuität der Qualität, ausgewogenem Preis-Leistungs-Verhältnis und dem besonderen Service im Ab-Hof-Verkauf zeichnen den Klosterkeller der Barmherzigen Brüder in Eisenstadt aus.

91 Sauvignon Blanc 2021
13 Vol.-%, DV, Stahltank, €€
Helles Goldgelb, Silberreflexe. Zart nach Stachelbeeren und Holunderblüten, Nuancen von frischen Litschis, Zitruszesten. Saftig, elegant, fruchtiger Kern, finessenreicher Säurebogen, Limetten im Abgang, ein lebendiger Speisenbegleiter.

90 Gemischter Satz 2021
12,5 Vol.-%, DV, Stahltank, €€
Helles Gelbgrün, Silberreflexe. Limettenzesten, feinwürzig unterlegte Kernobstnuancen, mineralischer Touch. Saftig, frischer grüner Apfel, zarte Fruchtsüße, lebendig strukturiert, mineralisch, ein animierender Sommerwein.

89 Welschriesling 2021
13 Vol.-%, DV, Stahltank, €€

89 Blauer Burgunder Rosé 2021
13 Vol.-%, DV, Stahltank, €€

93 Merlot Ried Langsatz 2020
14,5 Vol.-%, NK, Barrique, €€€€
Dunkles Rubingranat, violette Reflexe, zarte Randaufhellung. Einladende dunkle Beerenfrucht, reife Herzkirschen, unterlegt mit Nougat und Vanille, feiner Edelholztouch. Saftig, elegant, süße Frucht, seidige Tannine, schokoladiger Schmelz im Abgang, bereits sehr harmonisch und zugänglich.

92 Blaufränkisch Ried Langsatz 2020
14,5 Vol.-%, NK, großes Holzfass, €€€
Dunkles Rubingranat, violette Reflexe, dezente Randaufhellung. Reife Zwetschken, Brombeeren klingen an, ein Hauch von Kardamom, zart nach Cassis, kandierte Orangenzesten. Saftig, rotbeerig, frische Kirschen, seidige Tannine, feine Fruchtsüße im Abgang, ein eleganter Speisenbegleiter mit Reifepotenzial.

★★★

WEINGUT BAYER – ERBHOF

»Weintradition am Leithaberg« ist das Motto der Familie Bayer, die den »Erbhof«, eines der ältesten Weingüter in Donnerskirchen, bewirtschaftet. Seine faszinierende Geschichte reicht bis ins Jahr 1741 zurück. Das Weingut ist einer der ersten Betriebe Österreichs, die als »nachhaltig« zertifiziert wurden, und das kommt nicht von ungefähr, denn die Familie Bayer produziert sehr naturbewusst und geht mit den Ressourcen im Weinbau sehr verantwortungsvoll um. Die Lagen an den südlichen Ausläufern des Leithagebirges waren schon immer Garant für würzige Weiß- und Rotweine. Die Bayers nutzen diesen Standortvorteil und vinifizieren auf insgesamt 22 Hektar eine erstaunliche Weinvielfalt, entsprechend den Unterschieden, die die einzelnen Lagen ermöglichen. Muschelkalk und Schiefer, diese Böden sind der größte Schatz, den die Region Leithaberg ihren Winzern bietet. Die Winzerfamilie, die sehr puristisch an den Ausbau der autochthonen Sorten herangeht, produziert Weine mit Charakter und Wiedererkennungswert. Welschriesling und Grüner Veltliner, die Burgundersorten Pinot Blanc und Chardonnay sowie die Aromasorten Sauvignon Blanc, Gelber Muskateller und Muskat Ottonel sind feste Bestandteile des Sortiments. Diese aromatischen Weißweine mit ihrer prägnanten Frucht und Textur gehören schon länger zu den besten im Lande und erzielen regelmäßig Höchstbewertungen. Der Erbhof Bayer hat sich aber in den vergangenen Jahren mit dichten und würzigen Rotweinen auch als erstklassiger Rotweinproduzent einen Namen gemacht. »Unser Ziel ist es, ein einzigartiges Trinkerlebnis zu bieten, für das es sich lohnt, das ganze Jahr hart zu arbeiten!«

93 Grüner Veltliner * Ried Himmelreich 2020
13,5 Vol.-%, NK, Stahltank/kleines Holzfass, €€€€€
Mittleres Goldgelb, Silberreflexe. Zart mit Honig und Karamell unterlegte gelbe Tropenfrucht, reife Mango, einladendes Bukett. Saftig, elegant, weiße Fruchtnuancen, zart nach Birne, feiner Säurebogen, angenehme Fruchtsüße im Abgang, ausgewogen und anhaftend, bereits zugänglich, zeigt gute Länge und Mineralik, sicheres Reifepotenzial.

(91) Grüner Veltliner * 2021
13 Vol.-%, DV, kleines Holzfass/Stahltank, €€€
Leuchtendes Goldgelb, Silberreflexe. Zart tabakig, ein Hauch von Wiesenkräutern und weißem Apfel, mit Orangenzesten unterlegt. Saftig, feine Mangofrucht, gut integrierter Säurebogen, zitroniger Touch, vielseitig einsetzbar.

93 Weißburgunder * Ried Kapellenjoch 2020
14 Vol.-%, NK, Stahltank/kleines Holzfass, €€€€€
Helles Gelbgold, Silberreflexe. Feine nussige Anklänge, Limettenzesten, ein Hauch von frischer Birne, florale Nuancen, facettenreiches Bukett. Saftig, gut strukturiert, dezente Süße, Nougat im Abgang, bleibt haften, ein komplexer Speisenbegleiter.

(90) Weißburgunder * 2021
13,5 Vol.-%, DV, kleines Holzfass/Stahltank, €€€
Helles Goldgelb, Silberreflexe. Zart nussig unterlegte Kräuterwürze, weißes Kernobst, etwas Ananas, frische Orangenzesten. Mittlerer Körper, weiche Textur, feine Apfelnote, bietet unkompliziertes Trinkvergnügen.

(92) Chardonnay * 2021
13,5 Vol.-%, DV, kleines Holzfass/großes Holzfass/ Stahltank, €€€
Helles Grüngelb, Silberreflexe. Frische gelbe Birnenfrucht, ein Hauch von Golden-Delicious-Apfel, frische Wiesenkräuter. Straff, weißes Kernobst, finessenreich strukturiert, zitronig-mineralisch im Abgang, ein lebendiger Speisenbegleiter.

91 Chardonnay Kalk & Lehm 2021
13 Vol.-%, DV, Stahltank, €€
Helles Grüngelb, Silberreflexe. Noten von Wiesenkräutern, ein Hauch von Mandarinenzesten, mit Mangofrucht unterlegt, zarter Blütenhonig. Saftig, elegant, ein Hauch von Fruchtsüße, gelber Pfirsich, bleibt haften, verfügt über Entwicklungspotenzial.

90 Pinot Blanc Kalk & Schiefer 2021
13 Vol.-%, DV, Stahltank, €€
Helles Gelbgrün, Silberreflexe. Feine weiße Kernobstnuancen, ein Hauch von frischer Birne und Wiesenkräutern, zitronige Noten. Straff, frischer Apfel, lebendige Säurestruktur, etwas Limette auch im Nachhall, animierender Speisenbegleiter.

90 Gelber Muskateller Ried Wolfsbach 2021
12,5 Vol.-%, DV, Stahltank, €€
Helles Gelbgrün, Silberreflexe. Zart nach Muskatnuss und Litschi, mit weißen Fruchtnuancen unterlegt, ein Hauch von Limette. Straff, feinwürzig, grüner Apfel, rassige Struktur, salzig-zitronig im Abgang, ein vielseitiger Sommerwein.

WEINGUT BAYER – ERBHOF

7082 Donnerskirchen
Hauptstraße 50
T: +43 (2683) 8550
weingut@bayer-erbhof.at
www.bayer-erbhof.at

Kellermeister/Kontakt:
Josef Bayer
Produktion: 85 % weiß, 13 % rot, 2 % süß, 22 Hektar
Zertifiziert: Nachhaltig Austria
Vereinszugehörigkeit:
Weinquartett Donnerskirchen, Leithaberg DAC
Messen: ProWein Düsseldorf, VieVinum, DAC-Präsentationen, Wein Burgenland Präsentationen

90 Sauvignon Blanc Ried Kreuzweingarten 2021
12,5 Vol.-%, DV, Stahltank, €€
Helles Gelbgrün, Silberreflexe. Deutliche Kräuterwürze, Grapefruitzesten, mit Noten von Stachelbeeren unterlegt, typisches Bukett. Frisch strukturiert, zart nach Brennnesseln und Apfel, feine Süße im Abgang, mineralisch-zitronig, flotter Stil.

(92) Blaufränkisch * 2020
13,5 Vol.-%, DV, kleines Holzfass, €€€
Dunkles Rubingranat, violette Reflexe, dezente Randaufhellung. Zarte Röstnuancen, etwas Karamell, Brombeeren und Zwetschken. Saftig, frische Herzkirschen, feine Tannine, lebendiger Stil, mineralisch-zitroniger Abgang.

94 Carabus Rot 2018 BF/ME/CS
14,5 Vol.-%, NK, Barrique, €€€€€
Dunkles Rubingranat, tiefer Farbkern, violette Reflexe, dezente Randaufhellung. Zedrige Edelholznote, schwarze Waldbeeren, etwas Cassis und Lakritze, tabakige Nuancen. Komplex, saftig, schwarze Kirschen, feine, tragende Tannine, ein Hauch von Nougat, verfügt über Länge und Reifepotenzial.

(92) Phönix 2020 BF/CS
13,5 Vol.-%, DV, kleines Holzfass, €€€€
Dunkles Rubingranat, opaker Kern, violette Reflexe, dezente Randaufhellung. Zart tabakig, Noten von frischen Herzkirschen, feine Edelholznuancen. Saftig, elegant, zarte Fruchtsüße, rote Beeren, gut integrierte Tannine, mineralischer Nachhall, salziges Finale.

*** Leithaberg DAC**

★★★

WEINGUT BIRGIT BRAUNSTEIN

BIO

So, wie sich die Reben im Laufe des Jahres entwickeln und sich an den Jahreszeiten orientieren, sich ihr Wuchs mit der Witterung verändert, so verändert und entwickelt sich auch das Weingut von Birgit Braunstein. Nach der Umstellung 2006 auf biologische Bewirtschaftung im Jahr 2006 folgte 2009 der Schritt zum Demeter-Verbund. Neben all den Entwicklungen im Weingut bleibt doch eine fixe Konstante im Leben der Winzerin bestehen, nämlich der Ort und der Boden, wo ihre Reben wurzeln und ihre Trauben reifen: in diesem Fall das Leithagebirge hinter Purbach, wo Schiefer, Muschelkalk und kristalliner Quarz die perfekte Basis für große Weine bilden. Mit viel Freude und Engagement arbeitet Birgit Braunstein an ihrem Lebenstraum.
Die Anbaufläche beträgt 22 Hektar, der Schwerpunkt liegt auf terroirspezifischen Weinen. Die Hauptsorten sind Blaufränkisch, Zweigelt und Pinot Noir bei den Rotweinen und Pinot Blanc und Chardonnay bei den Weißweinen. Zusammen mit ihren Mitarbeitern und Mitarbeiterinnen versucht sie, die einzigartige Vielfalt des Leithabergs in die Weine zu bringen. Besonders freut sie die weltweite Anerkennung für ihre Weine, die sie bei vielen Verkostungen persönlich entgegennehmen darf, aber auch die exzellenten Bewertungen in nationalen und internationalen Weinjournalen. Es ist ihr auch ein sehr großes Anliegen, Grenzen zu erweitern, bisherige Grundsätze und Methoden zu hinterfragen und neue Wege zu gehen. Mit dem Pinot Blanc »Brigid« und den Amphorenweinen hat sie alte Methoden und moderne Erkenntnisse zu einem unverwechselbaren neuen Stil der Vinifikation vereint und zum Erfolg gebracht. Es bestätigt sie, dass dieser unbändige Wille zur Qualität und die Offenheit für Neues ihr Erfolgsrezept für eine neue Generation von Weinen sind. Mit dem Beitritt zu Demeter und der damit einhergehenden gesamtheitlichen Betrachtungsweise des Weinguts wagte sie den nächsten Schritt. Ihr Leitspruch lautet: »Lebe Freude.«

WEINGUT BIRGIT BRAUNSTEIN
7083 Purbach, Hauptgasse 16
T: +43 (2683) 5913
office@weingut-braunstein.at
www.weingut-braunstein.at

Kellermeister/Kontakt: Birgit Braunstein
Anbauweise: Biodynamisch (Demeter)
Produktion: 90.000 Flaschen
30 % weiß, 5 % rosé, 65 % rot, 22 Hektar
Vereinszugehörigkeit: Leithaberg DAC
Messen: ProWein Düsseldorf, VieVinum, RAW – The Artisan Wine Fair Berlin, Karakterre

94 Chardonnay * Ried Guttenberg 2019
14 Vol.-%, NK, 500-l-Fass, €€€€€ B V
Leuchtendes mittleres Goldgelb, Silberreflexe. Rauchige Kräuterwürze, feine weiße Apfelfrucht, ein Hauch von Birnen, dunkle Mineralik. Kraftvoll, saftiges Kernobst, feiner Säurebogen, gut balanciert, gelber Apfel im Abgang, zart salzig, sehr gute Länge, ein vielseitiger Speisenbegleiter mit Reifepotenzial.

(92) Purbach Weiss 2020 CH/WB
13 Vol.-%, NK, 500-l-Fass, €€€€ V
Helles Goldgelb, Silberreflexe. Zart tabakig, feine Kräuterwürze, ein Hauch von Birne, Nuancen von Orangenzesten, mineralischer Touch. Mittlerer Körper, feine weiße Apfelfrucht, straff, mineralisch, feiner Zitrustouch, salziger Nachhall, ein facettenreicher Speisenbegleiter.

94 Blaufränkisch * Ried Thenau 2018
13,5 Vol.-%, NK, 500-l-Fass, €€€€€€ B V
Kräftiges Rubingranat, Ockerreflexe, breite Randaufhellung. Zart nach dunklen Waldbeeren, etwas Nougatkaramell, reife Zwetschken, kandierte Orangenzesten. Saftig, reife rote Herzkirschen, finessenreiche Struktur, feine Tannine, lebendig und mineralisch, salzig im Abgang, zeigt gute Länge, sicheres Reifepotenzial.

92 Blaufränkisch * Ried Glawarinza 2018
13,5 Vol.-%, NK, 500-l-Fass, €€€€€ B V
Kräftiges Rubingranat, violette Reflexe, breitere Ockerrandaufhellung. Etwas Nougat, reife Waldbeerenfrucht, zarte Kräuterwürze, rauchige Nuancen, ein Hauch von Wacholder. Mittlere Komplexität, rotbeerig, gut integrierte, feine Tannine, frisch strukturiert, zitronig-mineralisch im Abgang, bereits gut antrinkbar.

93 Oxhoft 2018 CH/ME/BF
14 Vol.-%, NK, Barrique, €€€€€ B V
Kräftiges Rubingranat, violette Reflexe, breitere Ockerrandaufhellung. Zart tabakig unterlegte Nuancen von frischen Herzkirschen, ein Hauch von Zwetschken, Lakritze, kandierte Orangenzesten und etwas Nougat. Saftig, elegant, zarte Extraktsüße, reife, gut integrierte Tannine, frisch strukturiert, rotbeeriger Abgang, salziger Touch im Nachhall, ein facettenreicher Speisenbegleiter.

(92) Purbacher Reben Rot 2020 ZW/BF/ME
13,5 Vol.-%, NK, gebrauchte Barriques, €€€€€ B V
Kräftiges Rubingranat, violette Reflexe, breitere Randaufhellung. Nuancen von roten Waldbeeren, ein Hauch von Zwetschken und kandierten Orangenzesten. Mittlere Komplexität, zart nach Himbeeren, Rote Johannisbeeren, frisch strukturiert, mineralisch-salzig, zitroniger Touch im Nachhall, ein finessenreicher Speisenbegleiter.

★★★

WEINGUT ESTERHÁZY

BIO

Die Geschichte des Weinguts beginnt vor über 300 Jahren, als mit der Errichtung eines Schlosskellers im Eisenstädter Schloss Esterházy ein Neubeginn der Weinproduktion im gesamten Gebiet des heutigen nördlichen Burgenlandes eingeläutet wurde. Monsieur LeBon, ein Kellermeister aus dem Burgund, pflanzte im Jahr 1758 erstmals Pinot Noir im Burgenland und baute zum ersten Mal Weine rebsortenrein aus. Die Fertigstellung des neuen Kellereigebäudes in Trausdorf im Jahre 2006 stellt den zweiten Meilenstein in der Geschichte des Weingutes dar. Über 50 Hektar wurden nach unzähligen Boden- und Standortanalysen mit den besten Rebsortenklonen und Rebunterlagen bestockt. Dafür wurden aus den ältesten Anlagen die besten Rebstöcke selektioniert. Im Kel-

WEINGUT ESTERHÁZY
7061 Trausdorf an der Wulka
Trausdorf 1, T: +43 (2682) 63348
weingut@esterhazywein.at
www.esterhazywein.at
Kellermeister: Robert Krammer
Kontakt: Frank Schindler
Anbauweise: Zertifiziert Biologisch (Bio Austria)
Produktion: 400.000 Flaschen
40 % weiß, 59 % rot, 1 % süß, 65 Hektar
Vereinszugehörigkeit:
Leithaberg DAC
Messen: Alles für den Gast Salzburg, Dornbirner Frühjahrs- und Herbstmesse, ProWein Düsseldorf, VieVinum, DAC-Präsentationen

Blaufränkisch

* **Leithaberg DAC**

ler geht man unvoreingenommen neue Wege und experimentiert mit Weinbehältern wie Eiern, Amphoren, Tonnen und Holzfässern aus heimischer Leithaberg-Eiche. Zudem nutzt man neben Holz und Edelstahl auch Materialien wie Granit, Beton, Keramik und Ton für den Ausbau der Weine, die gebiets- und sortentypisch sind und eine klare Esterházy-Handschrift aufweisen. Die Weinlinien auf absolutem Topniveau umfassen frisch-fruchtige Klassiker ebenso wie charakterstarke Lagenweine. Das Flaggschiff ist der »Tesoro«, eine Cuvée aus Blaufränkisch und Merlot, die das einzigartige Zusammenspiel aus Klima, Boden, Lage und Rebsorten unvergleichlich zum Ausdruck bringt. Die Weine des Weinguts Esterházy sind zu herausragenden Botschaftern der österreichischen Weinkultur avanciert. Neben dem Heimatmarkt erzielte man nachhaltige Erfolge in Europa, Asien und Nordamerika. Esterházy zählt zu den größten Biobetrieben Österreichs, sodass Feinkostprodukte aus den eigenen Gärten sowie Wildspezialitäten aus der Eigenjagd die Produktpalette in der modernen Genussvinothek auf dem Weingut perfekt ergänzen. Den Gästen werden ganzjährig ein vielfältiges Weinerlebnisprogramm sowie ausgezeichnete Verkostungsmöglichkeiten geboten.

93 Chardonnay * Ried Lamer 2020
14 Vol.-%, NK, Tonneaux Fass, €€€€€
Helles Goldgelb, Silberreflexe. Zart nach Nougat und Karamell, Nuancen von reifer gelber Tropenfrucht, etwas Mango, floraler Touch. Saftig, seidig und elegant, feine Kernobstnoten, dezente Süße im Abgang, ein facettenreicher Begleiter bei Tisch.

92 Chardonnay * Sankt Margarethen 2020
13,5 Vol.-%, DV, Tonneaux Fass, €€€
Helles Goldgelb, Silberreflexe. Dezente Holzwürze, Nuancen von Kräutern, weiße Tropenfrucht, ein Hauch von Limetten. Kraftvoll, etwas Akazienhonig und frische Birne, mineralisch-salzig im Abgang, bereits gut antrinkbar.

90 Sauvignon Blanc Estoras 2021
12,5 Vol.-%, DV, Stahltank, €€€
Helles Gelbgrün, Silberreflexe. Weiße Blüten, ein Hauch von Johannisbeeren, etwas Grapefruitzesten, Nuancen von Stachelbeeren. Mittlerer Körper, weißer Apfel, rassiger Säurebogen, mineralisch-zitroniger Abgang.

94 Blaufränkisch * Ried Schildten 2019
14,5 Vol.-%, NK, Tonneaux Fass, €€€€€
Dunkles Rubingranat, violette Reflexe, breitere Randaufhellung. Feinwürzig unterlegte schwarze Kirschfrucht, reife Zwetschken, dunkle Waldbeeren, Nougat, zart mit Edelholz unterlegt. Komplex, saftig, reife Kirschen auch am Gaumen, reifes, tragendes Tannin, elegant und mit guter Länge und Frische ausgestattet, sicheres Zukunftspotenzial.

94 Tesoro 2018 BF/ME
14,5 Vol.-%, NK, Barrique, €€€€€€
Dunkles Rubingranat, opaker Kern, violette Reflexe, zarte Randaufhellung. Feine Cassisnoten, etwas Holzwürze, ein Hauch von Toffee, Zwetschken und Nougat klingen an. Saftig, komplex, elegant, zart nach Waldbeeren, feine Säurestruktur, engmaschig, Kirschfrucht im Abgang, mineralischer Nachhall, guter Speisenbegleiter mit Potenzial.

★★

WEINGUT GRENZHOF-FIEDLER

Bernhard Fiedler vom Weingut Grenzhof ist Weinbauer mit Leib und Seele. Wie seine Reben ist er tief in der Region verwurzelt, und seine Weine sind wie er keine oberflächlichen Blender, sondern eigenständige Charakterköpfe mit Tiefgang und Eleganz. Der Weinakademiker, der auch als Vortragender an der Weinakademie tätig ist, versucht, auf die Besonderheiten der Region einzugehen und Tradition und Moderne miteinander zu verbinden. Von zehn Hektar Rebfläche an den nach Osten ausgerichteten Hängen rund um Mörbisch keltert er elegante Weißweine und ausdrucksstarke Rotweine. Edle Süßweine aus besonderen Jahren ergänzen sein Sortiment. Pinot Blanc, Chardonnay und Muskat-Ottonel sind die Schwerpunkte beim Weißwein, Blaufränkisch, Zweigelt und Cabernet Sauvignon beim Rotwein. Bernhard Fiedler pflegt einen eleganten, ausgewogenen

WEINGUT GRENZHOF-FIEDLER
7072 Mörbisch
Weinzeile 2
T: +43 (2685) 8276
weingut@grenzhof-fiedler.at
www.grenzhof-fiedler.at

Kellermeister/Kontakt:
Bernhard Fiedler
Produktion: 50 % weiß, 47 % rot, 3 % süß, 11 Hektar
Zertifiziert: Nachhaltig Austria
Vereinszugehörigkeit:
Leithaberg DAC
Messen: VieVinum, DAC-Präsentationen, Wein Burgenland Präsentationen

Weinberge bei Mörbisch

Stil, allzu markanter Barrique-Einsatz ist seine Sache nicht. Der Winzer ist Mitglied der Gruppe »Leithaberg DAC« und stellt mit seinen Leithaberg-Weinen aus Blaufränkisch und Weißburgunder das Potenzial der Mörbischer Rieden unter Beweis. Bernhard Fiedler gilt als einer der aktivsten Blogger unter den österreichischen Winzern. Auf www.bernhard-fiedler.at gibt es laufend Neues und Wissenswertes aus der Welt des Weines im Allgemeinen und vom eigenen Weingut im Speziellen zu lesen.

91 Weißburgunder * Mörbisch Ried Wieser 2020
13,5 Vol.-%, DV, Holzfass, €€
Helles Grüngelb, Silberreflexe. Mit Limetten unterlegte frische weiße Birnenfrucht, ein Hauch von Wiesenkräutern, mit etwas Ananas unterlegt. Mittlerer Körper, feine Nuancen von Kernobst, dezentes Säurespiel, wieder Ananas im Abgang, vielseitig einsetzbar.

92 Chardonnay Mörbisch Reserve 2020
14 Vol.-%, DV, Barrique, €€€
Helles Grüngelb, Silberreflexe. Zart nussig unterlegte gelbe Apfelfrucht, weiße Blüten, mineralischer Touch. Feine Tropenfrucht, weißer Pfirsich, etwas Walnuss, frisch und gut anhaftend, Orangen und etwas Karamell im Nachhall, ein vielseitiger Speisenbegleiter.

89 Chardonnay Duett 2021
13,5 Vol.-%, DV, Teilbarrique, €€

92 Traminer 2021
13 Vol.-%, DV, Holzfass, €€
Helles Goldgelb, Silberreflexe. Feine Nuancen von Marshmallows und Eibischteig, ein Hauch von Litschis. Mittlerer Körper, weiße Frucht, feine Süße, mineralisch und frisch, leichtfüßiger Stil, ein raffinierter Speisenbegleiter.

91 Rote Trilogie 2019 ZW/BF/CS
13,5 Vol.-%, DV, gebrauchte Barriques, €€€
Dunkles Rubingranat, violette Reflexe, dezente Ockerrandaufhellung. Zart floral, rote Kirschen, Waldbeerenkonfit, ein Hauch von kandierten Orangenzesten. Saftig, reife Kirschen, feine Tannine, rotbeerige Nuancen im Abgang, mineralischer Nachhall, bereits gut antrinkbar, ein frischer Speisenbegleiter.

90 Zweigelt Reserve 2020
13 Vol.-%, DV, gebrauchte Barriques, €€
Dunkles Rubingranat, violette Reflexe, dezente Ockerrandaufhellung. Zarte Kräuterwürze, frische Zwetschken, ein Hauch von Brombeeren. Mittlere Komplexität, feine Fruchtsüße, zarte Tannine, Zwetschken und Nougat im Abgang.

*** Leithaberg DAC**

★★★

WEINGUT TONI HARTL

BIO

Das Weingut Toni Hartl bewirtschaftet rund 25 Hektar Rebfläche in zwei Weinbaugebieten: in der Thermenregion und am Leithaberg. Diese Flächen setzen sich aus 50 Prozent Rotwein-, 38 Prozent Weißwein- (davon zehn Prozent Schaumwein-), 10 Prozent Rosé- und zwei Prozent Süßweinanteil zusammen.
Das Wissen über die unterschiedlichen Klimaverhältnisse auf beiden Seiten des Leithagebirges und die Vielfalt der Weingartenböden in Reisenberg und Purbach ermöglichen es, jeder Weinsorte den optimalen Platz zum Gedeihen zukommen zu lassen. Den jeweiligen Gebietstypus und die Eigenständigkeit herauszuarbeiten ist ein wesentliches Ziel der Vinifikation. Neu im Sortiment sind die Natural Wines: Amphore Ena, Dyo, Furmint und Petnat (Perlwein-Flaschengärung). Ein weiterer Schaumwein aus dem Sortiment »Brut Klassik« wird nach klassischer Gärung etwa zwei Jahre auf der Hefe gelagert und anschließend per Hand gerüttelt und degorgiert. Neben den Lagenweinen werden inzwischen im Reservebereich Pinot Noir aus der Einzellage Reysenperg in Reisenberg sowie Chardonnay aus der Lage Thenau in Purbach, die sich beide durch ihren hohen Kalkgehalt auszeichnen, ausgebaut. Die Weine kommen erst nach dreijähriger Lagerung und nur in außergewöhnlich guten Jahren auf den Markt. Zum Reservebereich zählt auch der Blaufränkisch Eisner, der, wie sein Name verrät, von Reben einer eisenhaltigen Top-Lage am Leithaberg stammt. Die Böden im optimalen Zusammenspiel mit dem jeweiligen Mikroklima bilden die Grundlage, um gebietstypische, physiologisch vollreife, klare und ausdrucksstarke Weine zu keltern.
Unter dem Leitspruch »Es ist alles nur geliehen« wird nach neuesten ökologischen Erkenntnissen gearbeitet. Um das biologisch-organische Gleichgewicht zu erhalten, wird auf schonende Bodenpflege und gezielte Erhaltung der Nützlinge geachtet. Das Weingut ist seit 2010 biozertifiziert und Gründungsmitglied der Vereinigung »Leithaberg DAC«. Seit 2021 ist das Weingut »Demeter«-zertifiziert.

WEINGUT TONI HARTL
2440 Reisenberg, Florianigasse 7
T: +43 (2234) 80636
wine@toni-hartl.at
www.toni-hartl.at
Kellermeister: Toni Hartl
Kontakt: Toni Hartl, Moni Eder
Anbauweise: Biodynamisch (Demeter)
Produktion: 10 % Schaumwein, 28 % weiß, 10 % rosé, 50 % rot, 2 % süß, 25 Hektar
Vereinszugehörigkeit: Leithaberg DAC
Messen: Millésime Bio, ProWein Düsseldorf, VieVinum, DAC-Präsentationen, Wein Burgenland Präsentationen

(93) Chardonnay * 2020
13,5 Vol.-%, NK, großes Holzfass, €€€€
Leuchtendes mittleres Gelbgrün, Silberreflexe. Zart nach Feuerstein und Haselnuss, ein Hauch von Biskuit, reduktive Fruchtnuancen, gelbes Kernobst. Saftig, elegant, frischer Apfel, feine Säurestruktur, dezente Süße im Nachhall, ein ausgewogener Speisenbegleiter.

(93) Chardonnay Ried Thenau 2019
13,5 Vol.-%, NK, 500-l-Fass, €€€€€€
Mittleres Grüngelb, Silberreflexe. Zart nach Biskuit, ein Hauch von Birne und frischer Feige, einladendes Bukett, mit etwas Nougat unterlegt. Saftig, feine Fruchtsüße, seidige Textur, zarte Säurestruktur, ein Hauch von Karamell im Nachhall, bereits gut entwickelt, ein Hauch von Marille im Rückgeschmack.

(93) Furmint 2020
13,5 Vol.-%, NK, 500-l-Fass/Amphore, €€€€€
Leuchtendes Goldgelb, Silberreflexe. Nuancen von frischer Quitte, gelbe Birne, etwas Walnuss und Nougat, kandierte Orangenzesten. Stoffig, weißer Apfel, feine Säurestruktur, dezente Süße, wieder Kernobstnuancen, elegant und ausgewogen, mineralisch, bleibt haften, ein feiner Speisenwein.

(94) Blaufränkisch * Ried Rosenberg 2020
13,5 Vol.-%, NK, 500-l-Fass, €€€€€ Ⓑ
Tiefdunkles Rubingranat, opaker Kern, violette Reflexe, zarter Wasserrand. Zarte Kräuterwürze, dunkle Waldbeeren, schwarze Kirschen, tabakige Nuancen, mit Brombeerkonfit unterlegt. Mittlere Komplexität, etwas Nougat, rote Kirschen, seidige, reife Tannine, schokoladiger Touch, mineralisch und lange, gutes Reifepotenzial.

(92) Blaufränkisch Ried Edelberg 2020
13,5 Vol.-%, NK, gebrauchte Barriques, €€€€€
Dunkles Rubingranat, violette Reflexe, zarte Ockerrandaufhellung. Zarte Edelholzwürze, reife Herzkirschen, dunkle Beeren, mineralischer Touch, zart mit Lakritze unterlegt. Mittlere Komplexität, Brombeerkonfit, feine Säurestruktur, frisch, gut integrierte Tannine, etwas Nougat, mineralisch-kalkiger Nachhall.

(94) Inkognito 2020 BF/CS/SY
14 Vol.-%, NK, gebrauchte Barriques, €€€€€ Ⓑ
Tiefdunkles Rubingranat, opaker Kern, violette Reflexe, zarte Randaufhellung. Nuancen von Edelholz und Gewürzen, dunkle Beeren und etwas Nougat, einladendes Bukett. Saftig, stoffig, reife Zwetschken, feine Fruchtsüße, elegant, schokoladiger Touch, mineralischer Nachhall, würzig, schwarze Kirschen im Rückgeschmack.

(94) Pinot Noir Ried Reysenperg 2019
13,5 Vol.-%, NK, 500-l-Fass, €€€€€€ Ⓑ
Kräftiges Rubingranat, violette Reflexe, dezente Ockerrandaufhellung. Zart nach Kirschen und Edelholz, mineralische Nuancen, ein Hauch von Tabak, etwas verhaltenes Bukett. Saftig, straff, rote Waldbeeren, gut integrierte Tannine, zarte Süße, ein kraftvoller Speisenbegleiter, wird von Flaschenreife profitieren.

(93) Syrah Ried Thenau 2020
14 Vol.-%, NK, gebrauchte Barriques, €€€€€ Ⓑ
Tiefdunkles Rubingranat, opaker Kern, violette Reflexe, zarte Randaufhellung. Reife Zwetschken, feine Brombeernuancen, schwarzer Pfeffer, etwas Kardamom, kandierte Orangenzesten. Saftig, feine Fruchtsüße, zarte Säurestruktur, reife Tannine, nussiger Touch im Abgang, bleibt haften, verfügt über Reifepotenzial.

★★★

WEINGUT LEO HILLINGER

BIO

Seit Leo Hillinger den kleinen Weinhandel seiner Eltern übernahm, entwickelte er sein Weingut durch den Zukauf bester Lagen rund um die Gemeinden Jois, Rust und Oggau zu einem österreichischen Musterbetrieb. Naturnähe lautete die Philosophie. Die hohe Qualität der Weine basiert auf der seit 2010 vollständig biologischen Bewirtschaftung und modernster Kellertechnik. Rebflächen in den besten Lagen in der Region Leithaberg im Nordburgenland und die für das Leithagebirge typischen Bodenformationen lassen Weine entstehen, die ihre Herkunft stolz vor sich hertragen.
Leo Hillinger unterteilt sein Weinsortiment in fünf Kategorien: »prickelnd«, »frisch und fruchtig«, »trendy«, »erdverbunden« und »Premium«. Geprägt durch seine Herkunft und gereift unter sorgfältiger Pflege, trägt jeder Wein seinen persönlichen Charakter in sich. Im Einklang mit der Natur entstehen so unverwechselbare Weine, die sich als ideale Begleiter für alle Lebenslagen präsentieren und die Vielfalt des Nordburgenlands widerspiegeln. Leo Hillinger – more than wine!

93 Hill2 2017 CH/SB
13 Vol.-%, NK, gebrauchte Barriques/Stahltank, €€€€€ Ⓑ
Mittleres Goldgelb, Silberreflexe. Frische weiße Tropenfrucht, ein Hauch von Litschis und Bourbonvanille, frische Limetten, einladendes Bukett. Saftig, elegant, zart nach Feuerstein, seidige Textur, ein Hauch von Ananas und Blütenhonig im Abgang.

92 Hill2 2018 CH/SB
13 Vol.-%, NK, Stahltank/gebrauchte Barriques, €€€€€ Ⓑ
Mittleres Grüngelb, Silberreflexe. Zart nach Vanille, gelbe Tropenfrucht, etwas Maracuja, Mandarinenzesten, etwas Blütenhonig, attraktives Bukett. Saftig, elegant, reife Mango, zartes Nougatkaramell im Abgang, ein stoffiger Speisenbegleiter mit Reifepotenzial.

* Leithaberg DAC

Weingut Leo Hillinger

WEINGUT LEO HILLINGER
7093 Jois
Hill 1
T: +43 (2160) 8317
office@leo-hillinger.com
www.leo-hillinger.com

Kellermeister/Kontakt:
Paul Rittsteuer
Anbauweise: Zertifiziert Biologisch (Austria Bio Garantie)
Produktion: 1.333.333 Flaschen
40 % weiß, 10 % rosé, 45 % rot, 5 % süß, 100 Hektar
Vereinszugehörigkeit:
Leithaberg DAC
Messen: ProWein Düsseldorf

91 Small Hill White 2020 WR/SB/GM
12 Vol.-%, DV, Stahltank, €€€
Helles Grüngelb, Silberreflexe. Feine gelbe Tropenfrucht, Nuancen von Mango und Ananas, ein Hauch von Wiesenkräutern, einladendes Bukett. Saftig, weißes Kernobst, feine Fruchtsüße, angenehme Säurestruktur, bleibt gut haften, bereits gut entwickelt, vielseitig einsetzbar.

91 Small Hill White 2021 WR/SB/GM
12 Vol.-%, DV, Stahltank, €€€
Helles Grüngelb, Silberreflexe. Zart nach weißen Blüten, ein Hauch von Tropenfrucht, Maracuja und Blütenhonig. Mittlerer Körper, zart nach Mango, feine Fruchtsüße, mineralisch und balanciert, ein leichtfüßiger Speisenbegleiter.

92 Sauvignon Blanc 2021
13 Vol.-%, DV, Stahltank, €€€€€ B
Helles Gelbgrün, Silberreflexe. Frische Nuancen von Stachelbeeren, Pfirsich und Limettenzesten. Saftig, elegant, feine weiße Fruchtnuancen, dezente Süße, von einer frischen Säure balanciert, Noten von reifen Guaven im Abgang, bleibt haften.

94 Hill1 2015 ME/ZW/BF
14 Vol.-%, NK, Barrique, €€€€€
Dunkles Rubingranat, violette Reflexe, zarter Ockerrand. Feine Edelholzwürze, Nuancen von Cassis und Lakritze, attraktive Frucht, mit zartem Nougat und Mandarinenzesten unterlegt. Saftig, dezente Extraktsüße, reife, gut integrierte Tannine, verfügt über gute Frische, gute Länge, eingelegte Kirschen im Abgang, Nougat, mineralisch, sehr gut anhaftend, bereits zugänglich.

94 Hill1 2016 ME/BF/ZW
13 Vol.-%, NK, Barrique, €€€€€
Tiefdunkles Rubingranat, opaker Kern, violette Reflexe, dezente Randaufhellung. Feine Edelholznuancen, frische Heidelbeeren, ein Hauch von Vanille und Minze, etwas Gewürze wie Kardamom. Saftig, reife Zwetschken, reife Herzkirschen, gut integrierte, tragende Tannine, feines Nougat im Nachhall, ein stoffiger Speisenbegleiter, bereits gut antrinkbar.

92 HILLSide Red 2018 SY/ZW/ME
13,5 Vol.-%, NK, Holzfass/Flaschengärung, €€€€ B
Dunkles Rubingranat, violette Reflexe, zarter Ockerrand. Zart tabakig, Brombeernuancen, reife Kirschen, feine, zart balsamische Kräuterwürze. Saftig, elegant reife Frucht, feine Süße, ausgewogene Tannine, ein Hauch von Honig im Finale, vielseitig einsetzbar.

91 Small Hill Red 2020 ME/SL/PN
13 Vol.-%, DV, Stahltank, €€€
Kräftiges Rubingranat, violette Reflexe, dezente Randaufhellung. Zart nach Vanille und Cassis, frische Orangenzesten, Kräuterwürze. Mittlerer Körper, reife Zwetschken, schokoladiger Touch, etwas Karamell im Nachhall, vielseitig einsetzbar.

★★

WINZERSCHLÖSSL KAISER

BIO

Genuss-Tipp – Terroir – Tiefgang am Leithaberg: Das umschreibt das Winzerschlössl Kaiser. Bereits in vierter Generation werden hier hochwertige Weine vinifiziert. Direkt am Leithagebirge, einer genialen Lage, liegt das liebevoll restaurierte Gebäude aus dem Jahr 1492 und spiegelt die lange Tradition der Familie wider. Ihre Leidenschaft liegt darin, elegante, ausdrucksstarke und finessenreiche Weine nach biologischen Richtlinien zu produzieren, denn: »Nur wenn ich mit der Rebe lebe, weiß ich, was sie braucht.« Besonderen Wert legt Familie Kaiser auf bodenständige Sorten wie Blaufränkisch und Zweigelt, aber auch den Burgundersorten gilt ihr großes Interesse. Top-Wein ist »Tenno«, eine Cuvée aus Cabernet Sauvignon, Blaufränkisch und Syrah, den es auch nur in den besten Jahren gibt. Hierfür werden nur die besten Trauben und die besten Fässer verwendet. Dieser Wein ist eine Hommage an Kurt Kaisers Großvater, der 1938 in Japan Wein kelterte und sogar an das japanische Kaiserhaus lieferte. Mit dem Jahrgang 2017 feiert das Winzerschlössl Kaiser den 20. Geburtstag dieser Top-Cuvée! »Ried Katterstein« hingegen ist eine Cuvée aus Weißburgunder und Chardonnay und zugleich eine Selektion aus den besten Trauben der Riede Katterstein in Kleinhöflein.

Unter dem Motto »Wein & Wild« genießt man die kalten Spezialitäten vom Wild und Ausgewähltes aus der Region gemeinsam mit den hochwertigen Qualitätsweinen. Bei Schönwetter kann man bereits im April gemütlich auf der überdachten und windgeschützten Terrasse sitzen und sich am Panoramablick vom Neusiedler See über die Wulkatalebene bis hin zum Schneeberg erfreuen. Im Mai 2021 wurde das »Wein-Apart im Winzerschlössl« neu eröffnet und lädt zum gemütlichen Urlaub direkt auf dem Weingut ein. Tradition, Qualität, Eleganz, Finesse, Leidenschaft – Attribute, die vereint in den Weinen, im Heurigen und in der Ferienwohnung zu finden sind.

90 Grüner Veltliner St. Georgen 2021
13 Vol.-%, DV, Stahltank, €€ Ⓑ
Helles Grüngelb, Silberreflexe. Feine Apfelfrucht nach Golden Delicious, ein Hauch von Wiesenkräutern, mit Orangenzesten unterlegt. Saftig, frisches Kernobst, lebendig strukturiert, zitronig-mineralischer Nachhall.

WINZERSCHLÖSSL KAISER
7000 Eisenstadt
Satzriedgasse 1
T: +43 (2682) 67100
wein@winzerschloessl.at
www.winzerschloessl.at

Kellermeister/Kontakt:
Kurt Kaiser
Anbauweise: Zertifiziert Biologisch
Produktion: 20 % weiß, 80 % rot, 24 Hektar
Vereinszugehörigkeit:
Leithaberg DAC

Grüner Veltliner

90 Sauvignon Blanc Sonnenberg 2021
13 Vol.-%, DV, Stahltank, €€€
Helles Gelbgrün, Silberreflexe. Rauchig, grüne Paprikaschoten, intensive Nuancen von rosa Grapefruit. Mittlerer Körper, frische Stachelbeeren, lebendig strukturiert, zitroniger Touch, feinwürzige Stilistik.

89 Grauburgunder Ried Kräutergarten 2021
13,5 Vol.-%, DV, Stahltank, €€ Ⓑ

92 Cabernet Sauvignon Kastanienfass 2019
13,5 Vol.-%, DV, Barrique, €€€ Ⓑ
Dunkles Rubingranat, violette Reflexe, zarte Randaufhellung. Zart rauchige Edelholznuancen, schwarze Waldbeeren, zart nach Cassis und Brombeeren. Saftig, feine Fruchtsüße, gut integrierte Tannine, zarter Schokotouch im Abgang, vielseitig einsetzbar.

92 Tenno 2017 CS/BF/ZW
14 Vol.-%, NK, Barrique, €€€€€ Ⓑ
Kräftiges Rubingranat, violette Reflexe, breitere Randaufhellung. Reife Zwetschken, rote Waldbeeren, kandierte Orangenzesten und Nougat. Saftig, elegant und ausgewogen, reife Tannine, dezente Fruchtsüße im Abgang, bereits entwickelt und gut antrinkbar.

91 Blaufränkisch Perfektion 2017
13,5 Vol.-%, DV, Teilbarrique, €€€ Ⓑ
Dunkles Rubingranat, violette Reflexe, zarte Randaufhellung. Dunkles Waldbeerenkonfit, reife Zwetschken, feine Kräuterwürze, etwas Nougat. Saftig, feinwürzig, rote Kirschen, präsente Tannine, mineralischer Abgang, ein vielseitiger Speisenbegleiter.

★★

WEINGUT KIRCHKNOPF

In sorgfältiger Handarbeit bewirtschaftet Familie Kirchknopf kleine Parzellen bester Leithaberg-Lagen rund um ihren Heimatort Kleinhöflein. Geprägt vom einzigartigen Kalk- und Schieferterroir entstehen kostbare Weine als eindrucksvolle Botschafter ihrer Herkunft – unverfälscht, wie es Natur und Boden Jahr für Jahr vorgeben. Die Leidenschaft des jungen Winzers Michael Kirchknopf gilt den Leithaberg-Sorten Chardonnay und Blaufränkisch. Tief verwurzelte vitale Reben bilden das Rückgrat, Kalk- und Schiefergestein den mineralischen Ausgangspunkt. Das Begleiten der Rebstöcke auf ihrem Weg durch die Jahreszeiten ist für ihn tägliche Freude und Handwerk zugleich. Das Reifezentrum ist der Keller, Zurückhaltung ist dort oberstes Gebot und die Zeit der wesentlichste Faktor. Die Rückbesinnung auf die Stärken der Lagen, den Geschmack der Trauben und das Handwerk des Winzers beschreibt den Zugang der Kichknopfs, um authentische Weine zu vinifizieren. Um diese Eigenständigkeit hervorzubringen, werden nur perfekt ausgereifte, von Hand gelesene Trauben verarbeitet und mit Naturhefen vergoren, danach wird den Weinen die nötige Zeit zur Entfaltung des vollen Geschmacks gegeben.
Neben den weißen Burgundersorten liegt der Fokus seit heuer ganz klar auf Blaufränkisch von Top-Lagen am Leithaberg. Die rote Leitsorte des Betriebs glänzt seit heuer auch in Rosé! Zu einem klassischen Blaufränkisch Rosé gesellt sich im Portfolio eine neue Kreation nach französischem Vorbild: reif geerntete Blaufränkisch-Trauben, spontan vergoren

WEINGUT KIRCHKNOPF
7000 Eisenstadt
Johann-Kodatsch-Straße 15
T: +43 (2682) 62837
office@weingut-kirchknopf.at
www.kirchknopf.at

Kellermeister/Kontakt:
Michael Kirchknopf
Produktion: 14 Hektar
Zertifiziert: Nachhaltig Austria
Vereinszugehörigkeit:
Leithaberg DAC
Messen: ProWein Düsseldorf, VieVinum, MondoVino

und im Tonneau-Holzfass ausgebaut – ein Rosé mit Tiefe und Charakter, ein wahrer Kompagnon für genussvolle Stunden.

93 Chardonnay * Ried Tatschler 2020
13,5 Vol.-%, NK, 500-l-Fass, €€€€€
Helles Grüngelb, Silberreflexe. Reife gelbe Fruchtnuancen, ein Hauch von Papaya, Apfel und Mango, zart nach Wiesenkräutern, Blütenhonig im Hintergrund. Stoffig, reife Apfelfrucht, mineralisch, zarter Honigtouch im Abgang, salzig, gutes Entwicklungspotenzial.

92 Chardonnay * Kalk & Schiefer 2020
14 Vol.-%, DV, 500-l-Fass, €€€
Helles Gelbgold, Silberreflexe. Zart nach Mandarinen und Karamell, gelbes Kernobst, einladendes Bukett. Kraftvoller Körper, feine Fruchtsüße, zarter Blütenhonig, etwas Holzwürze, salziger Nachhall.

(90) Compagnon Rosé 2021
13,5 Vol.-%, NK, 500-l-Fass, €€€
Helles Lachsrosa, orange Reflexe. Zart nach Birne, weiße Beeren, ein Hauch von roten Kirschen, frische Orangenzesten. Ausgewogen, dezente Apfelfrucht, mineralisch, zart blättrig und trocken im Nachhall.

(95) Blaufränkisch * Ried Reisbühl 2019
14 Vol.-%, NK, 500-l-Fass, €€€€€
Dunkles Rubingranat, violette Reflexe, zarte Randaufhellung. Frische schwarze Herzkirschen, ein Hauch von Nougat, Anklänge von frischen Zwetschken, einladendes Bukett. Saftig, feine Fruchtsüße, elegant und frisch, feine Tannine, mineralisch im Abgang, bleibt gut haften, sicheres Reifepotenzial.

94 Blaufränkisch * Ried Föllikberg 2019
14 Vol.-%, NK, 500-l-Fass, €€€€
Dunkles Rubingranat, violette Reflexe, zarte Ockerrandaufhellung. Ein Hauch von Nougat, dunkle Kirschfrucht, zarte Kräuterwürze, noch etwas verhalten. Saftig, elegant, Nuancen von Waldbeeren, seidige Tannine, mineralisch-salzig im Abgang, ein balancierter Speisenwein mit süßem Abgang, attraktiver Stil.

92 Blaufränkisch * Kalk & Schiefer 2019
14 Vol.-%, DV, 500-l-Fass, €€€
Dunkles Rubingranat, violette Reflexe, dezente Ockerrandaufhellung. Feine Kirschfrucht, ein Hauch von Heidelbeeren, dezente Kräuterwürze, mineralischer Touch. Mittlere Komplexität, frische Zwetschken, dezente Süße im Abgang, feine salzige Nuancen im Rückgeschmack.

★★★

WINZERHOF KISS

Der Winzerhof Ronny Kiss hat sich in den vergangenen Jahren zu einer Top-Adresse für Weinliebhaber entwickelt. Ronny Kiss weiß sich das Terroir in Jois zunutze zu machen, denn hier entstehen verführerisch fruchtbetonte, muskulöse Rotweine und herrlich frisch-fruchtige Weißweine. Im Mittelpunkt des Sortiments stehen die Sorten Blaufränkisch und Cabernet Sauvignon. Mit seinem Cabernet Sauvignon Neuberg konnte sich der engagierte Winzer schon viermal (2014, 2015, 2018 und 2019) den Titel »Falstaff-Sortensieger« holen. Aber auch der Blaufränkisch Jungenberg erzielt jedes Jahr Top-Bewertungen und war ebenfalls schon einmal »Falstaff-Sortensieger«. Mit diesem Wein wurde Ronny Kiss außerdem zum »3. Falstaff-Sieger« gekürt. Mit dem Blaufränkisch Jungenberg konnte man zudem eine ganz besondere Auszeichnung erlangen, nämlich die »Goldene Traube«. Durch die Auszeichnung »Bundessieger« in der Kategorie Chardonnay stellte Ronny Kiss außerdem unter Beweis, dass er nicht nur in der Rotwein-, sondern auch in der Weißweinliga mitspielen kann. Heuer wird auf dem Winzerhof Kiss etwas Besonderes gefeiert: das 20. Jubiläum des »Stuamandl«, einer Cuvée aus Blaufränkisch, Zweigelt und Pinot Noir, 12 Monate im Holz gereift. Der »Stuamandl« überzeugt durch sein hervorragendes Preis-Leistungs-Verhältnis und ist so Jahr für Jahr im absoluten Spitzenfeld der Best-Buy-Bewertung zu finden.
Schließlich seien hier auch noch die liebevoll eingerichteten Gästezimmer erwähnt, die mit viel Herzlichkeit von Ehefrau Gerda Kiss geführt werden. Gemäß ihrem Leitspruch »Nur das Beste für unsere Gäste« wurden sie renoviert und sehr geschmackvoll neu gestaltet.

* Leithaberg DAC

Familie Kiss

WINZERHOF KISS
7093 Jois
Joseph-Haydn-Gasse 1
T: +43 (2160) 8256
kiss@winzerhof-kiss.at
www.winzerhof-kiss.at

Kellermeister: Michael Kiss
Kontakt: Ronald Kiss
Produktion: 40 % weiß, 55 % rot, 5 % süß, 14 Hektar
Vereinszugehörigkeit: Leithaberg DAC, Joiser Renommee

Durchatmen, entspannen und sich mit herrlichen Weinen verwöhnen lassen: Das bietet der Winzerhof Ronny Kiss.

93 Chardonnay * Ried Gritschenberg 2020
14,5 Vol.-%, DV, gebrauchte Barriques, €€€€
Helles Gelbgrün, Silberreflexe. Zart nach Vanille und gelber Tropenfrucht, ein Hauch von Mango und Babybanane, einladendes Bukett. Kraftvoll, saftig, feine Fruchtsüße, zarte Holzwürze, dezent nach Nougat im Abgang, mineralisch, mit Reifepotenzial ausgestattet.

92 Grauer Burgunder by Michael 2021
13,5 Vol.-%, DV, gebrauchte Barriques, €€€
Sehr helles Goldgelb, Silberreflexe. Feine Nuancen nach Birne und Mango, ein Hauch von Pfirsich, etwas Blütenhonig. Saftig, ausgewogen, feine Fruchtsüße, gelber Apfel, bleibt haften, vielseitig einsetzbar, zeigt Entwicklungspotenzial.

(93) Blaufränkisch * Jois Ried Jungenberg 2020
14 Vol.-%, NK, Barrique, €€€€€
Dunkles Rubingranat, violette Reflexe, dezente Ockerrandaufhellung. Frische Brombeeren, dunkle Kirschen, ein Hauch von Kräuterwürze, mineralisch-schiefrige Nuancen. Feine Fruchtsüße, elegant, reife Kirschen, seidige Tannine, etwas Nougat, bleibt gut haften, sicheres Reifepotenzial.

92 Blaufränkisch * Jois Ried Auflange by Michael 2020
14 Vol.-%, NK, 500-l-Fass, €€€
Dunkles Rubingranat, violette Reflexe, dezente Ockerrandaufhellung. Feines Nougat, ein Hauch von Vanille, reife schwarze Kirschfrucht, zart nach Lakritze. Saftig, süße Textur, reife Tannine, holzwürziger Abgang, schokoladiger Nachhall.

(94) Cabernet Sauvignon Reserve Ried Neuberg 2020
14,5 Vol.-%, NK, Barrique, €€€€€
Dunkles Rubingranat, violette Reflexe, dezente Ockerrandaufhellung. Zarte Edelholzanklänge, Cassis und Vanille, mit feinem Nougat unterlegt. Saftig, frische Herzkirschen, gut integrierte, tragende Tannine, mineralisch und gut anhaftend, Gewürznelkentouch im Nachhall, gutes Reifepotenzial.

(92) Falke by Michael 2020 ME/CS/BF
14 Vol.-%, NK, 500-l-Fass, €€€€
Kräftiges Rubingranat, violette Reflexe, dezente Ockerrandaufhellung. Zart nach Vanille und Gewürznelken, dunkle Kirschen, reife Zwetschken, röstige Edelholznote. Stoffig, zart nach Cassis und Zwetschkenröster, gut integrierte Tannine, vanillig-schokoladig im Abgang.

★★★★★

WEINGUT KOLLWENTZ

Das macht die wirklich Großen unter den Winzern aus: Ob kleiner oder grandioser Jahrgang, auf sie ist immer Verlass. Und mit der Familie Kollwentz ist bereits seit Jahren bei jeder Verkostung zu rechnen – egal, welche Ausbauart oder welche Sorte gerade Thema ist. Bei der jährlich im Sommer vom Falstaff-Magazin durchgeführten Bewertung von weißen Burgundern sind sich die Verkoster bei diesem Weingut immer ganz einig. Nicht nur der klassisch ausgebaute Chardonnay Leithakalk zählt Jahr für Jahr zu den Sortenbesten, auch die beiden Chardonnays aus den Rieden Tatschler und Neusatz waren schon des Öfteren Sieger der Burgunder-Barrique-Trophy. Und der Chardonnay Gloria hat die Reserve-Trophy quasi gepachtet. Besondere Beachtung verdient der Sauvignon Blanc von der Ried Steinmühle, deren Feuersteinboden optimale Voraussetzungen für diese würzige Sorte bietet. Nicht anders als bei den Weißweinen sind die Bewertungen bei den Rotweinen: Holte mit dem Jahrgang 2009 und 2011 der Cabernet Sauvignon den Sortensieg in seiner Kategorie, so wählten die Juroren die Cuvée Steinzeiler 2008 zum Sieger. Und der Blaufränkisch Point 2015 erhielt großartige 98 Punkte. Anton Kollwentz, der Senior, ist der Pionier des Cabernet Sauvignon in Österreich und hat durch seine Falstaff-Siege 1984 und 1985 einen regelrechten Cabernet-Boom ausgelöst. Junior Andi Kollwentz ist der Zehnkämpfer unter Österreichs Winzern, denn er versteht sich auf die unterschiedlichsten Disziplinen und ist in jeder Kategorie im Spitzenfeld zu finden. Unterstützt wird er von seiner Frau Heidi und den beiden Töchtern Barbara und Christina sowie einem eingespielten Team, deren Mitglieder schon über 25 Jahre auf dem Weingut mitarbeiten. Neben der peniblen weinbaulichen Arbeit liegen die Erfolge der Familie Kollwentz in deren Weinbergsbesitz (25 Hektar) begründet. Die Lagen am Südhang des Leithagebirges tragen klingende Namen wie Steinzeiler, Point, Setz, Dürr, Steinmühle, Neusatz, Tatschler, Katterstein sowie Gloria und zählen zu den ältesten und besten des Landes. Die Weingärten erstrecken sich von 170 bis 325 Meter Seehöhe. In den wärmsten Lagen dominiert der Blaufränkisch. Die Rieden Point und Setz bilden das Filetstück der Großhöfleiner Rotweingärten, aus ihnen stammen die Blaufränkisch-Trauben für den »Steinzeiler«, den Top-Wein des Weinguts. Über 200 Meter Seehöhe beginnt das

© Bernhard Angerer

WEINGUT KOLLWENTZ
7051 Großhöflein
Hauptstraße 120
T: +43 (2682) 65158
kollwentz@kollwentz.at
www.kollwentz.at

Kellermeister: Andi Kollwentz
Kontakt: Heidi Kollwentz
Anbauweise: Umstellung auf bio
Produktion: 110.000 Flaschen
54 % weiß, 5 % rosé, 40 % rot,
1 % süß, 25 Hektar
Zertifiziert: Nachhaltig Austria
Vereinszugehörigkeit:
Renommierte Weingüter
Burgenland
Messen: ProWein Düsseldorf,
VieVinum, véritable St.Martin

Fasskeller im Weingut Kollwentz

* Leithaberg DAC

Reich des Chardonnays. Die Höhenlage und der Einfluss der Wälder, welche die höchsten Erhebungen des Leithagebirges bedecken, bedingen ein kühles Kleinklima, was sich in der Finesse der Aromen und der Intensität des Geschmacks widerspiegelt. Die Chardonnay-Crus »Gloria«, »Tatschler«, »Katterstein« und »Neusatz« gedeihen hier ebenso auf Kalkböden wie der Pinot Noir in der Riede Dürr.

96 Chardonnay Ried Katterstein 2020
14 Vol.-%, NK, kleines Holzfass, €€€€€€
Helles Gelbgrün, Silberreflexe. Feiner Hauch von Wiesenkräutern, gelbe Tropenfrucht, Nuancen von Mango und Apfel, mineralisch, feine nussige Note, ein Hauch von Blütenhonig. Komplex und stoffig, reife Birnenfrucht, feine Säurestruktur, bleibt haften, sicheres Entwicklungspotenzial, ein vielseitiger, kraftvoller Speisenbegleiter.

96 Chardonnay Gloria 2020
14 Vol.-%, NK, kleines Holzfass, €€€€€€
Helles Gelbgrün, Silberreflexe. Feine gelbe Tropenfrucht, zart nach Ananas und frischer Mango, ein Hauch von Vanille und Blütenhonig, dazu etwas Litschis und Papaya. Komplex, stoffig, weißer Pfirsich, finessenreich strukturiert, seidig und mineralisch, wirkt leichtfüßig, sehr gut anhaftend, gelber Apfel im Nachhall, sicheres Reifepotenzial.

95 Chardonnay Ried Tatschler 2020
14 Vol.-%, NK, kleines Holzfass, €€€€€€
Helles Gelbgrün, Silberreflexe. Zart floral, ein Hauch von frischen Orangenzesten, gelber Apfel, Nuancen von Tropenfrucht, ein Hauch von gerösteten Haselnüssen im Hintergrund. Saftig, elegant, cremig, ein Hauch von gelbem Pfirsich, dezente Fruchtsüße, seidige Textur, etwas Karamell im Nachhall, ein stoffiger Speisenbegleiter, bereits gut antrinkbar.

94 Chardonnay Ried Neusatz 2020
14 Vol.-%, NK, kleines Holzfass, €€€€€€
Helles Grüngelb, Silberreflexe. Zarte gelbe Tropenfrucht, weiße Blüten, ein Hauch von Mango und Papaya, frische Orangenzesten. Straff, engmaschig, ein Hauch von Feuerstein, weißer Pfirsich, feine Fruchtsüße im Finale, ein feiner Speisenbegleiter.

92 Chardonnay Leithakalk 2021
13,5 Vol.-%, NK, großes Holzfass, €€€€€
Helles Gelbgrün, Silberreflexe. Zart floral, ein Hauch von weißem Pfirsich, mit Nuancen von frischen Limettenzesten unterlegt. Mittlerer Körper, frische Wiesenkräuter, zart nach Apfel, mineralischer Abgang, ein unkomplizierter Begleiter bei Tisch.

95 Sauvignon Blanc Ried Steinmühle Methusalemreben 2020
13,5 Vol.-%, NK, kleines Holzfass, €€€€€
Helles Grüngelb, Silberreflexe. Feine Kräuterwürze, zart nach Grapefruitzesten und Guaven, reife Stachelbeeren, ein Hauch von Mango und Blütenhonig. Saftig, komplex, weiße Tropenfrucht, feine Fruchtsüße, Limetten und Honig im Abgang, cremige Textur, finessenreicher Säurebogen, bleibt lange haften, ein komplexer, lagerfähiger Speisenbegleiter.

94 Sauvignon Blanc Ried Steinmühle 2021
13 Vol.-%, NK, großes Holzfass, €€€€€ Ⓑ
Helles Gelbgrün, Silberreflexe. Feine weiße Beerenfrucht, frische Johannisbeeren, ein Hauch von Blüten und Grapefruitzesten, mit weißem Apfel unterlegt. Saftig, nach Orangen, frisch strukturiert, dezente Fruchtsüße im Abgang, etwas Holunder im Nachhall, delikat, ein facettenreicher Sortenvertreter.

97 Blaufränkisch Ried Point 2019
14 Vol.-%, NK, kleines Holzfass, €€€€€€
Dunkles Rubingranat, violette Reflexe, zarte Randaufhellung. Zart nach Edelholz, feine dunkle Kirschnote, etwas Brombeeren, zart tabakig, facettenreiches, junges Bukett. Saftig, elegant, reife Herzkirschen, zarte Süße, tragende Tannine, mineralisch und gut anhaftend, sicheres Entwicklungspotenzial.

96 Blaufränkisch Ried Setz 2019
14,5 Vol.-%, NK, kleines Holzfass, €€€€€€
Dunkles Rubingranat, opaker Kern, violette Reflexe, zarte Randaufhellung. Etwas zurückhaltend, feine Beerenfrucht, zart tabakig, ein Hauch von schwarzen Kirschen und dunkler Mineralik. Saftig, süße Kirschfrucht, präzise Tannine, mineralisch-salzig, zeigt gute Länge, verfügt über großes Zukunftspotenzial.

93 Blaufränkisch Leithakalk 2019
14 Vol.-%, NK, kleines Holzfass, €€€€
Dunkles Rubingranat, violette Reflexe, zarte Randaufhellung. Frische Brombeeren, dunkle Kirschen, zart nach Tabak und Trockenkräutern, mineralischer Touch. Mittlerer Körper, feine rote Kirschen, gut integrierte Tannine, gute Frische, zarter Schokotouch im Abgang, ein vielseitiger Speisenbegleiter.

96 Steinzeiler 2019 BF/ZW/CS
14 Vol.-%, NK, kleines Holzfass, €€€€€€
Dunkles Rubingranat, violette Reflexe, zarte Randaufhellung. Zart floral unterlegte dunkle Herzkirschfrucht, feine Holzwürze, zart nach Vanille und Nougat, einladendes Bukett. Saftig, elegant, reife Herzkirschen, feine Tannine, ausgewogen und lange anhaftend, dabei leichtfüßig wirkend, süßer Nachhall, ein sehr vielseitiger Speisenbegleiter, bereits gut antrinkbar.

93 Eichkogel 2019 BF/ZW
14 Vol.-%, NK, kleines Holzfass, €€€€€
Dunkles Rubingranat, violette Reflexe, breitere Randaufhellung. Zarte Edelholznuancen, schwarze Kirschen, dunkle Waldbeeren, ein Hauch von Röstaromen. Saftig, elegant und ausgewogen, reife Zwetschken, etwas Nougat, tragende, runde Tannine, schokoladiger Abgang.

95 Cabernet Sauvignon 2019
14 Vol.-%, NK, kleines Holzfass, €€€€€€
Dunkles Rubingranat, violette Reflexe, zarte Randaufhellung. Feine Edelholzwürze, zart nach Kardamom, Nuancen von Cassis und kandierten Veilchen, zart nach Karamell. Saftig, engmaschig, rotbeerige Nuancen, stramme Tannine, schokoladig, ein Hauch von Vanille, gutes Entwicklungspotenzial.

94 Pinot Noir Ried Dürr 2019
13,5 Vol.-%, NK, kleines Holzfass, €€€€€
Mittleres Karmingranat, Ockerreflexe, breite Randaufhellung. Zart floral unterlegte Nuancen von Himbeeren und Lakritze, ein Hauch von Röstkaramell, einladendes Bukett. Saftig, süße Kirschfrucht, feine Tannine, ein Hauch von Nougat, straffe Mineralik im Abgang, zeigt Länge, sicheres Reifepotenzial.

92 Zweigelt Leithakalk 2019
13,5 Vol.-%, NK, großes Holzfass, €€€
Dunkles Rubingranat, violette Reflexe, zarte Randaufhellung. Reife Zwetschken, ein Hauch von Brombeeren, etwas Tabak und Nougat. Mittlerer Körper, feine Zwetschkenfrucht, dezente Süße, würzige Tannine, mineralischer Abgang, bereits gut entwickelt, salziger Nachhall.

★★★

WEINGUT LEBERL

Das Weingut Leberl, ein seit Generationen bestehender Familienbetrieb, bewirtschaftet rund um die Weinbaugemeinde Großhöflein 22 Hektar Weingärten. Der Senior des Hauses, Josef Leberl, machte bereits in den frühen 1980er-Jahren mit seinen eleganten und langlebigen Blaufränkischen auf sich aufmerksam. Etwas später folgten seine mächtigen Cabernet Sauvignons und 1996 die Cuvée »Peccatum«. Seit 2012 führt Alexander Leberl den Betrieb. Er legt größten Wert auf Herkunftstypizität und kann in diesem Punkt aus dem Vollen schöpfen, denn an den sonnenreichen Hängen des Leithagebirges und des Föllikbergs findet man viele unterschiedliche Böden aus Schwarzerde, Lehm

WEINGUT LEBERL
7051 Großhöflein
Hauptstraße 91
T: +43 (2682) 67800
weingut@leberl.at
www.leberl.at

Kellermeister/Kontakt:
Alexander Leberl
Produktion: 26 % weiß, 2 % rosé, 70 % rot, 2 % süß, 22 Hektar
Vereinszugehörigkeit:
Renommierte Weingüter Burgenland
Messen: ProWein Düsseldorf, VieVinum

Blick auf Kleinhöflein bei Eisenstadt

und Ton, leichter Braunerde, Muschelkalk, Glimmerschiefer oder Kalkfels. Aufgrund dieser Vielfalt gibt es auch eine große Auswahl an Sorten: Welschriesling, Sauvignon Blanc, Weißburgunder, Chardonnay und Sämling bei den Weißweinen und Blaufränkisch, Zweigelt, Merlot und Cabernet Sauvignon bei den Rotweinen. Den Leberl'schen Lagen gemeinsam ist ein hoher Kalkanteil, der den Weinen eine herkunftstypische Würze und eine elegante Struktur verleiht. Der prominenteste Rotwein aus dem Hause Leberl trägt den Namen »Peccatum« (lat. Sünde). Wirklich große Rotweine erzielt man laut Leberl-Philosophie nur bei rigoroser Ertragsreduktion. »Eine Sünde ist das!«, mahnten noch die Vorfahren, als Josef Leberl im Jahr 1996 seinen ersten »Peccatum« kelterte. Der Erfolg gab ihm aber später recht. Das restliche Rotweinsortiment steht der Qualität des Vorzeigeweines kaum nach: Der Blaufränkisch Glorienstein von der höchsten Riede am Leithagebirge beeindruckt durch seine intensive Terroirnote. Der Cabernet Sauvignon und der Merlot bestechen durch ihre Bordelaiser Aromatik – bei Blindverkostungen mit namhaften Bordeaux-Weinen wird nicht selten gestaunt, wenn sich ein Leberl-Wein unter den Besten befindet. Ein Detail am Rande: Die Leberls garantieren für ihre besten Rotweine 20 Jahre Trinkvergnügen.

(93) Chardonnay Ried Reisbühel 2020
14 Vol.-%, DV, Eichenfass, €€€
Mittleres Grüngelb, Silberreflexe. Zarte Holzwürze, etwas Vanille, gelber Apfel, noch etwas scheu. Mittlere Komplexität, seidige Textur, weiße Frucht, ein Hauch von Süße, salzig-zitronig im Abgang, ein eleganter Speisenbegleiter.

93 Chardonnay Ried Katterstein 2020
14 Vol.-%, NK, Eichenfass, €€€€€
Mittleres Grüngelb, Silberreflexe. Zartes Nougatkaramell, mit gelber Tropenfrucht unterlegt, Nuancen von reifer Mango, kandierte Orangenzesten. Saftig, weißer Apfel, feine Holzstütze, mineralisch und straff im Abgang, feine salzige Nuancen im Rückgeschmack, wird von Flaschenreife profitieren.

92 Chardonnay & Weissburgunder 2021
12,5 Vol.-%, DV, Stahltank, €€
Helles Gelbgrün, Silberreflexe. Feine weiße Tropenfrucht, florale Nuancen, mit rosa Grapefruitzesten unterlegt. Mittlerer Körper, schwungvoll strukturiert, weißer Apfel, zitroniger Nachhall, leichtfüßiger Sommerwein.

92 Sauvignon Blanc Ried Tatschler 2021
13 Vol.-%, DV, Stahltank, €€€
Helles Gelbgrün, Silberreflexe. Frische Wiesenkräuter, ein Hauch von Stachelbeeren, etwas Cassis, mit Holunderblüten unterlegt. Saftig, elegant, grüner Apfel, feine Fruchtsüße im Abgang, würziger Nachhall.

94 Peccatum 2019 BF/ME/CS
14 Vol.-%, NK, Barrique, €€€€€
Dunkles Rubingranat, violette Reflexe, breitere Randaufhellung. Zart nach Nougat und Kakao, reife Zwetschken, dunkle Herzkirschen, einladendes Bukett. Saftig, fruchtig, feine Süße, reife, seidige Tannine, Herzkirschen und etwas Cassis im Abgang, bleibt haften, ein vielseitiger Speisenbegleiter mit Potenzial.

91 Kleine Sünde 2019 BF/CS/ME
14 Vol.-%, DV, gebrauchte Barriques, €€€
Dunkles Rubingranat, violette Reflexe, zarte Randaufhellung. Reifes Brombeerkonfit, Zwetschkenröster, feine Kafferöstaromen, kräuterwürzig, Karamell. Saftig, feine Tanninstruktur, süße Kirschfrucht im Abgang, mittlere Länge, bereits gut antrinkbar.

94 Cabernet Sauvignon Calx 2019
14 Vol.-%, NK, Barrique, €€€€€€
Kräftiges Rubingranat, violette Reflexe, breitere Ockerrandaufhellung. Nuancen von Dörrzwetschken und Brombeeren, tabakige Noten, mit einem Hauch von Nougat und Edelholz unterlegt. Saftig, elegant, frisch strukturiert, gut eingebundene Tannine, rote Kirschen und etwas Cassis im Nachhall, ein ausgewogener Speisenbegleiter, bereits zugänglich, salziger Rückgeschmack.

93 Blaufränkisch Ried Reisbühel 2019
14 Vol.-%, DV, Barrique, €€€
Dunkles Rubingranat, violette Reflexe, zarte Ockerrandaufhellung. Attraktive Nuancen von schwarzen Kirschen, Cassis und Nougat, feiner Vanilletouch. Saftig und süß, zarte Röstaromen, frisch und anhaftend, ein vielseitiger, stoffiger Speisenbegleiter.

94 Sämling Trockenbeerenauslese 2020
11,5 Vol.-%, NK, Barrique, €€€€€
Helles Gelbgrün, Silberreflexe. Feiner Honigtouch, frische gelbe Tropenfrucht, zart nach reifer Maracuja, kandierte Limettenzesten, attraktives Bukett. Saftig, elegant, fruchtbetont, nach Ananas und Honig, lebendiger Säurebogen, mineralisch-zitronig unterlegter süßer Abgang.

★

WEINGUT LENTSCH – PINOTS VOM LEITHABERG

Die von Muschelkalk und Glimmerschiefer geprägten Böden am Leithagebirge bestimmen die Hänge um Donnerskirchen und spiegeln die Einzigartigkeit dieser Region wider. Diese von Menschenhand nicht beeinflussbaren geologischen und klimatischen Gegebenheiten stellen den großen Schatz dieser Region dar, den es zu bewahren und zu pflegen gilt. Im Einklang mit den natürlichen Voraussetzungen und mit einer gewissen Demut gegenüber den Launen der Natur hat es sich die Familie Lentsch zum Ziel gesetzt, die seit jeher am Leithaberg beheimateten Sorten der Burgunderfamilie zu kultivieren. Die einzigartigen Bedingungen ermöglichen es, Pinots mit eleganter Frucht, Finesse und tiefgründiger Mineralik zu keltern. Der Fokus der Lentschs liegt klar auf den Sorten Pinot Noir, Grauburgunder und Pinot Blanc. Neben diesen Leitsorten wird das Angebot im Weißweinbereich durch Grünen Veltliner, Neuburger und Sauvignon Blanc abgerundet. Im Rotweinbereich werden, neben der Hauptsorte Pinot Noir auch Zweigelt und Blaufränkisch kultiviert. Gerade diese beiden autochthonen Weine können durch den Ausbau im großen Holzfass ihr Potenzial voll zur Geltung bringen und das einzigartige Terroir des Leithabergs widerspiegeln. Komplettiert wird das Sortiment durch Cabernet Sauvignon. Unter der Marke »Pinozzante – Die Perle vom Leithaberg« werden Schaumweine ausschließlich aus Trauben von Pinot Noir, Pinot Gris und Pinot Blanc gekeltert.

90 Grauburgunder Classic 2021
13,5 Vol.-%, DV, großes Holzfass, €€
Helles Gold mit Messingtouch. Nuancen von gelber Birne, etwas Blütenhonig, etwas Mango, einladendes Bukett. Mittlere Komplexität, weißes Kernobst, dezente Säurestruktur, zitronig, mineralischer Touch im Nachhall, bereits gut antrinkbar.

89 Pinot Blanc Bergweingarten 2021
12,5 Vol.-%, DV, großes Holzfass, €€

93 Blaufränkisch Ried Goldberg 2019
13,5 Vol.-%, DV, 500-l-Fass, €€€€
Dunkles Rubingranat, violette Reflexe, breitere Ockerrandaufhellung. Nuancen von Nougat und Bourbonvanille, schwarze Beerenfrucht, etwas Cassis, attraktives süßes Bukett. Saftig, komplex, frisch strukturiert, reife Kirschen, tragende, runde Tannine, schokoladiger Nachhall, ein stoffiger Speisenbegleiter.

92 Blaufränkisch Purbach Ried Thenau 2020
13,5 Vol.-%, DV, Barrique, €€€
Dunkles Rubingranat, violette Reflexe, breitere Ockerrandaufhellung. Zart floral unterlegte frische Herzkirschfrucht, ein Hauch von Vanille, einladendes Bukett. Saftig, süße Textur, reife Tannine, etwas Gewürznelken, ein Hauch von Nougat im Nachhall, bereits zugänglich.

91 Pinot Noir Ried Vogelsang 2020
13,5 Vol.-%, DV, 500-l-Fass, €€€
Mittleres Karmingranat, violette Reflexe, breite Ockerrandaufhellung. Zart blättrig unterlegte schwarze Kirschfrucht, ein Hauch von Zwetschken, kandierte Orangenzesten. Mittlere Komplexität, feine Süße, ein Hauch von Feigen, runde Tannine, bleibt haften, etwas Karamell im Nachhall.

WEINGUT LENTSCH – PINOTS VOM LEITHABERG
7082 Donnerskirchen
Hauptstraße 68b
T: +43 (2683) 8108
info@weingut-lentsch.at
www.weingut-lentsch.at

Kellermeister/Kontakt:
Berthold und Dominik Lentsch
Produktion: 10 % Schaumwein, 40 % weiß, 50 % rot, 8.5 Hektar

★★★

WEINGUT LIEGENFELD

Die Liegenfelds sind heimatverbunden. Seit Generationen wird ausschließlich in Donnerskirchen Wein angebaut. Gerda und Andi Liegenfeld sind stolze Donnerskirchner und engagieren sich auch im öffentlichen Leben. Egal, ob im Weingarten oder Keller: Ständig sind sie getrieben von ihrer Neugier auf Grenzen, auf Verbesserung und Perfektion. Die beiden wollen ihren Kindern eine Zukunft bieten und Sohn Michael ist schon fest am Werken. Sie nehmen deshalb auch nicht mehr, als die Natur hergibt. Das ist nachhaltig, und der Betrieb ist einer der ersten, die in Österreich zertifiziert wurden. Mit 90 Prozent Weißweinanteil ist das Weingut Liegenfeld einer der größten und wichtigsten Weißweinbetriebe des Burgenlands. Tipp: Die Veltliner-Spezialisten keltern am Leithaberg von der Top-Lage Himmelreich Veltliner von internationalem Format.

93 Grüner Veltliner * Ried Himmelreich 2020
13 Vol.-%, NK, 500-l-Fass, €€€€€
Helles Goldgelb, Silberreflexe. Zart mineralisch unterlegte gelbe Tropenfrucht, feine Mangonote, feine Wiesenkräuter, zart nach Blütenhonig und Orangenzesten. Saftig, feine Fruchtsüße, elegant, cremige Textur, Nuancen von Birnen, bleibt haften, bereits gut entwickelt und antrinkbar.

(91) Grüner Veltliner * Donnerskirchen 2021
13 Vol.-%, DV, 500-l-Fass, €€€
Helles Gelbgrün, Silberreflexe. Frische gelbe Apfelfrucht, ein Hauch von Wiesenkräutern, zart nach Orangenzesten. Mittlere Komplexität, dezente Säurestruktur, mineralisch, zart nach Apfel auch im Abgang, ein vielseitiger Speisenbegleiter.

90 Grüner Veltliner Ried Bergweingarten 2021
13 Vol.-%, DV, Stahltank, €€
Sehr helles Goldgelb, Silberreflexe. Frischer weißer Apfel, Limettenzesten, ein Hauch von Wiesenkräutern, mineralischer Touch. Mittlere Komplexität, dezente Fruchtsüße, Birne im Abgang, unkomplizierte Stilistik.

(92) Weißburgunder * Donnerskirchen 2021
13 Vol.-%, DV, 500-l-Fass, €€€
Helles Gelbgrün, Silberreflexe. Zart rauchige Kräuterwürze, Orangenkonzentrat, gelbe Frucht, mineralisch unterlegt. Ausgewogen, zart nach Birnen, ein Hauch von Mango, salzige Nuancen, bleibt haften, zitronige Aspekte im Nachhall, verfügt über Entwicklungspotenzial.

90 Pinot Blanc Ried Bergweingarten 2021
13 Vol.-%, DV, Stahltank, €€
Helles Goldgelb, Silberreflexe. Zarte gelbe Birnenfrucht, etwas Mango, ein Hauch von Wiesenkräutern. Mittlerer Körper, weißes Kernobst, etwas Honigmelone, bietet unkompliziertes Trinkvergnügen.

91 Chardonnay Ried Vogelsang 2021
13 Vol.-%, DV, Stahltank, €€
Sehr helles Goldgelb, Silberreflexe. Zarte gelbe Tropenfrucht, Nuancen von Mango, frische Apfelfrucht, ein Hauch von Orangenzesten. Mittlerer Körper, elegant, feiner Säurebogen, harmonisch und gut antrinkbar, ein ausgewogener Speisenbegleiter.

WEINGUT LIEGENFELD
7082 Donnerskirchen
Johannesstraße 25
T: +43 (2683) 8307
weingut@liegenfeld.at
www.liegenfeld.at

Kellermeister: Andi Liegenfeld, Manuel Kreiler
Kontakt: Andi Liegenfeld
Produktion: 200.000 Flaschen
85 % weiß, 15 % rot, 35 Hektar
Zertifiziert: Nachhaltig Austria
Vereinszugehörigkeit: Weinquartett Donnerskirchen, Leithaberg DAC
Messen: ProWein Düsseldorf, VieVinum, Vinobile Feldkirch

WEINGUT MAD
7063 Oggau, Antonigasse 1
T: +43 (2685) 7207
office@weingut-mad.at
www.weingut-mad.at
Kellermeister: Tobias Siess
Kontakt: Sebastian Siess
Produktion: 1 % Schaumwein, 34 % weiß, 4 % rosé, 60 % rot, 1 % süß, 34 Hektar
Zertifiziert: Nachhaltig Austria
Vereinszugehörigkeit: Leithaberg DAC
Messen: Forum Vini München, ÖGW Zürich, ProWein Düsseldorf, VieVinum, DAC-Präsentationen, Wein Burgenland Präsentationen

Sebastian und Tobias Siess

★★★

WEINGUT MAD

Stark verwurzelt – und frei nach dem Namen des Betriebes auch ein wenig verrückt – lebt man seit 235 Jahren auf dem Weingut Mad und betreibt Weinbau in bereits achter Generation. Ein wenig verrückt anmutende Visionen und ihre Umsetzung prägen seit jeher die Arbeit der Großfamilie in Oggau, verwurzelt in einer der schönsten Weinbauregionen der Welt zwischen Leithaberg und Neusiedler See. Man ist zukunftsorientiert, aber ohne auf Tradition und altes Handwerk zu vergessen. Stets steht der Qualitätsgedanke im Fokus. Sebastian und Tobias Siess haben das Weingut mit rund 34 Hektar im Jahr 2018 übernommen und arbeiten mit großem Engagement und der Unterstützung der gesamten Familie an ihrem Ziel, Weine mit Charakter und Tiefgang zu keltern, Weine, die vom Klima, den Böden und von den Menschen, die sie produzieren, erzählen. Die Brüder sind davon überzeugt, dass ein großer Wein lebendig ist, sich verändert und reifen muss.

(92) * Hochenperg 2020 CH/WB/NB
14 Vol.-%, NK, Barrique, €€€€€ V
Helles Goldgelb, Silberreflexe. Zart tabakig unterlegte feine gelbe Kernobstnuancen, zart nach Birne und Orangenzesten. Saftig, feine Fruchtsüße, mineralisch und frisch strukturiert, salzig-zitronig im Abgang, bereits gut entwickelt und mit Reifepotenzial ausgestattet.

89 Grüner Veltliner Seestern 2021
12,5 Vol.-%, DV, Stahltank, €€ V

91 Blaufränkisch Ried Marienthal Rosé 2021
13,5 Vol.-%, NK, Barrique, €€€€ V
Helles Altrosa, Silberreflexe. Zart nach Vanille und Erdbeeren, frische rote Herzkirschen, mit weißem Pfirsich und Ananas unterlegt. Saftig, elegant, seidige Textur, zarter Holzkuss, nach Zitronen und Nelken im Abgang, bleibt haften, vielseitig einsetzbar.

89 Pink Bliss 2021 BF/SL/PN/CF
13 Vol.-%, DV, Stahltank, €€ V

91 Merlot Ried Loisland 2020
13,5 Vol.-%, DV, 500-l-Fass, €€€ V
Dunkles Rubingranat, violette Reflexe, dezente Randaufhellung. Feine Holzwürze, zart nach Vanille, schwarze Beeren, dunkle Herzkirschen, mit etwas Heidelbeeren unterlegt. Saftig, elegant, rotbeerige Nuancen, seidige Tannine, gute Frische, trinkiger Stil, bereits gut zugänglich.

89 Zweigelt Seestern 2020
13 Vol.-%, DV, Stahltank, €€ V

© Maria Hollunder

* Leithaberg DAC

★★★★★

WEINGUT MORIC

Nur wenige andere Winzer haben in den letzten Jahren für so viel Gesprächsstoff gesorgt wie Roland Velich. Er hat sich zum erklärten Ziel gesetzt, der Sorte Blaufränkisch ein neues, eigenständiges Profil zu verleihen, das es möglich macht, diese typisch österreichische Rebsorte in eine Reihe mit den großen Rotweinen der Welt zu stellen. Velich sieht im Burgenland ähnlich hervorragende Bedingungen, um großartige Rotweine zu machen, wie im Burgund oder nördlichen Rhônetal. Dabei strebt er keine stilistischen Kopien an, sondern es ist der »cool climate«-Charakter, den er in seinen Weinen darsteilen will.
Velich geht es also um Originale und nicht um Kopien, er vertraut ganz auf die Stärken des Burgenlandes und versucht, das ganze Potenzial der Sorte Blaufränkisch und der unterschiedlichen Böden zu nutzen. Roland Velich fand die entsprechenden Parzellen für sein Konzept im Mittelburgenland. In Neckenmarkt und Lutzmannsburg entdeckte er uralte Weingärten, manche Stöcke haben über hundert Jahre auf dem Buckel und stehen in großer Pflanzdichte von bis zu 8.000 Reben pro Hektar. Hier wachsen in idealer Exposition und auf bestens geeignetem Terroir jene kleinbeerigen Trauben, welche die Basis für die Moric-Linie bilden. So entsteht der feine, von floralen Nuancen geprägte mineralische Wein aus Lutzmannsburg; aus der Nachbargemeinde Neckenmarkt kommt ein würziger, vom Schieferboden dunkel gefärbter Blaufränkisch der Extraklasse. Kleine Erträge im Weingarten und extrem zurückhaltende Verarbeitung sowie ein langer Ausbau in gebrauchten 500- und 1.000-Liter-Holzfässern lassen den speziellen Sorten- und Bodencharakter der einzelnen Terroirs besonders in den Vordergrund treten. Aus St. Georgen bei Eisenstadt kommt auch in kleiner Menge ein finessenreicher Grünen Veltliner.
Im Laufe der letzten Jahre rückten die alten Blaufränkisch-Parzellen in Lutzmannsburg immer mehr in den Fokus, wo Roland Velich sich beginnend mit dem Jahrgang 2019 einen lange gehegten Wunsch erfüllt hat. Er hat mehrere unterschiedliche Terroirs einzeln abgefüllt, dank deren er nun die Diversität und Nuancen des Blaufränkisch noch präziser zum Ausdruck bringen kann. An der Spitze des Sortiments thronen die »Alten Reben« aus Lutzmannsburg als Synthese der besten Trauben, die dem Ausnahmewinzer ein Jahrgang zu bieten hat. Mehr Blaufränkisch geht nicht. Der internationale Sekundärmarkt hat dem bereits Rechnung getragen: Kein anderer österreichischer Rotweinwinzer erfreut sich einer größeren Nachfrage, wie die jüngsten Charts der Londoner Weinbörse Liv-ex zeigen.

95 Grüner Veltliner Sankt Georgen Ried Krainer 2020
13 Vol.-%, €€€€€€
Helles Gelbgrün, Silberreflexe. Zart nach Orangenzesten, feine Nuancen von gelbem Kernobst, Mandarinenschalen, feine tabakige Nuancen, Verveine, mineralisch unterlegt. Saftig, straff, engmaschig, Noten von weißem Kernobst, finessenreicher Säurebogen, würzig, kalkig-zitronig im Nachhall, gute Länge, sicheres Reifepotenzial.

94 Grüner Veltliner Sankt Georgen 2020
13 Vol.-%, €€€€€€
Helles Grüngelb, Silberreflexe. Zart mit Walnuss unterlegte gelbe Apfelfrucht, feine Nuancen von Wiesenkräutern, ein Hauch von Marzipan, einladendes Bukett. Komplex, saftig, feine Extraktsüße, Noten von gelber Birne, seidig und elegant, mineralisch-salzig im Abgang, ein balancierter Speisenbegleiter, bereits gut antrinkbar, sicheres Reifepotenzial.

92 Hausmarke weiss 2021
13,5 Vol.-%, €€€€
Helles Gelbgrün, Silberreflexe. Zart reduktive Würze, zarte Zitrusnuancen, weißer Apfel, ein Hauch von Orangenzesten. Saftig, elegant, Golden-Delicious-Apfel, feine Fruchtsüße, ausgewogen und mineralisch, zitroniger Touch im Nachhall.

99 Blaufränkisch Lutzmannsburg Alte Reben 2019
€€€€€€
Kräftiges Rubingranat, violette Reflexe, breitere Randaufhellung. Feine rote Herzkirschen, ein Hauch von Lakritze, zart tabakig-mineralisch unterlegt, im Hintergrund auch rote Beeren, ein Hauch von Bergamotte. Komplex, saftig,

WEINGUT MORIC
7051 Großhöflein
Kirchengasse 3
T: +43 (664) 4003231
office@moric.at
www.moric.at

Kellermeister/Kontakt:
Roland Velich
Produktion: 5 % weiß, 95 % rot

rotbeerige Nuancen, straffe Tannine, finessenreiche Struktur, ausgewogen, mineralisch, salziger Nachhall, sehr große Länge, subtil und nuanciert, sicheres Reifepotenzial, eine Blaupause für großen Blaufränkisch.

97 Blaufränkisch Lutzmannsburg Ried Maissner 2019

13,5 Vol.-%, €€€€€€
Kräftiges Rubingranat, violette Reflexe, dezente Randaufhellung. Zart kräuterwürzig unterlegte schwarze Herzkirschen, ein Hauch von Lakritze, tabakige Nuancen, etwas Nougat und Heidelbeeren. Straff, engmaschig, pfeffrige Würze, rassig strukturiert, frisch und gut anhaftend, salziger Nachhall, etwas Darjeeling-Tee im Rückgeschmack, noch sehr jung, braucht seine Zeit.

96 Blaufränkisch Lutzmannsburg Ried Kirchberg 2019

13,5 Vol.-%, €€€€€€
Kräftiges Rubingranat, violette Reflexe, dezente Randaufhellung. Zart rotbeerig unterlegte Herzkirschen, ein Hauch von Himbeeren, zart nach Kumquats, facettenreiches Bukett. Stoffig, frisch, engmaschige Textur, rotbeeriger Touch, feine Tannine, zitronig und filigran im Abgang, lebendige Stilistik, zeigt Länge, verfügt über sehr gutes Potenzial.

96 Blaufränkisch Lutzmannsburg Ried Schwemmer 2019

13,5 Vol.-%, €€€€€€
Kräftiges Rubingranat, violette Reflexe, dezente Randaufhellung. Feine Nuancen von dunklen Herzkirschen, ein Hauch von Lakritze, Himbeeren, kandierte Orangenzesten, rotbeerige Noten, tabakige Würze. Saftig, rotbeeriger Touch, mineralisch, feine Tannine, salziger Nachhall, bleibt lange haften, gut integrierter Gerbstoff, rotbeeriger Abgang.

95 Blaufränkisch Zagersdorf Krcsi 2012

14 Vol.-%, €€€€€€
Kräftiges Karmingranat, Ockerreflexe, breite Randaufhellung. Zart ätherisch unterlegte Brombeernuancen, ein Hauch von Earl Grey, feiner Cassistouch. Saftig, komplex, dunkle Kirschfrucht, feine Fruchtsüße im Kern, mineralisch, lebendig, elegant und lange anhaftend, gut entwickelt, ein ausgereifter Speisenbegleiter.

94 Blaufränkisch Raiding Ried Raga 2011

14 Vol.-%, €€€€€€
Kräftiges Rubingranat, violette Reflexe, breitere Ockerrandaufhellung. Reife Kirschen, ein Hauch von Brombeeren, zart nach Lakritze, kandierte Orangenzesten, vielschichtig und gut entwickelt. Straff, engmaschig, rotbeerige Textur, präsente, fordernde Tannine, zart blättrig im Abgang, etwas schwarzer Tee, ein würziger Speisenbegleiter.

94 Blaufränkisch Moric Reserve 2019

13,5 Vol.-%
Kräftiges Rubingranat, violette Reflexe, dezente Randaufhellung. Tabakig-kräuterwürzig unterlegte schwarze Beerenfrucht, ein Hauch von Weichseln, Wacholderbeeren und Lakritze, facettenreiches Bukett. Stoffig, dunkle Kirschen, feine, gut integrierte Tannine, frischer Säurebogen, salzig-mineralischer Touch, sehr gute Länge, gutes Reifepotenzial, feine Süße, lebendiger Stil.

93 Blaufränkisch Burgenland 2020

12,5 Vol.-%, €€€€
Kräftiges Rubingranat, violette Reflexe, dezente Randaufhellung. Feine dunkle Herzkirschfrucht, Brombeeren, feine tabakige Nuancen, rotbeerig-floral unterlegt. Saftig, elegant, feine Würze, straffe Tannine, frischer Säurebogen, kühler Stil, salzig im Abgang, vielseitig einsetzbar, sicheres Entwicklungspotenzial.

93 Hausmarke rot Solera 2020

12,5 Vol.-%, €€€
Kräftiges Rubingranat, violette Reflexe, breitere Randaufhellung. Feine Waldbeerenfrucht, ein Hauch von Kirschen, zarte florale Noten, Nuancen von frischen Orangenzesten. Saftig, gute Komplexität, straff, engmaschig, rotbeeriger Touch, gut integrierte Tanninwürze, bleibt haften, mineralischer Nachhall.

★★

WEINGUT HANS MOSER

Hans Moser vereint in seinen Weinen Sortencharakter und Lagenausdruck. Welschriesling, Gemischter Satz, Sauvignon Blanc und Chardonnay machen insgesamt 60 Prozent seiner Weinproduktion aus. Neben den heimischen Rebsorten Blaufränkisch und Zweigelt werden Cabernet, Syrah und Merlot angebaut. Die Basis sind »Classic«-Weine. Die »Mittelklasse« wird durch die »Leithakalk-Linie« (Sauvignon Blanc, Chardonnay Blaufränkisch und Cabernet-Merlot) hervorgehoben. Die Top-Lagenweine sind: Leithaberg DAC Scheibenberg Chardonnay, Leithaberg DAC Hummelbühel Blaufränkisch, St. Georgener Blaufränkisch Reserve sowie Merlot Joachimstal. Eine fruchtsüße Spätlese und ein hochwertiger Ausbruch runden das Programm ab. Die beiden Leithaberg-DAC-Lagenweine Scheibenberg Chardonnay und Hummelbühel Blaufränkisch werden seit dem Jahrgang 2015 in großen Fässern (2.000, 1.200 und 600 Liter) aus Leithagebirgseiche von den eigenen Wäldern in St. Georgen ausgebaut.

WEINGUT HANS MOSER
7000 Eisenstadt
St. Georgener Hauptstraße 13
T: +43 (2682) 66607
weingut@hans-moser.at
www.hans-moser.at

Kellermeister: Hans Moser
Kontakt: Sabine und Hans Moser
Produktion: 80.000 Flaschen
60 % weiß, 38 % rot, 2 % süß,
16 Hektar
Vereinszugehörigkeit:
Leithaberg DAC
Messen: ProWein Düsseldorf,
DAC-Präsentationen

92 Chardonnay * Ried Scheibenberg 2019
14 Vol.-%, NK, großes Holzfass, €€€
Helles Gelbgold, Silberreflexe. Feine Holzwürze, ein Hauch von Karamell und Vanille, geröstete Ananas, etwas Kokos und Pfirsich. Mittlerer Körper, cremig, elegant, feine Textur, zarter Säurebogen, ein Hauch von hellem Nougat, ein balancierter Speisenbegleiter.

92 Blaufränkisch * Ried Hummelbühel 2017
13,5 Vol.-%, NK, Eichenfass, €€€€
Kräftiges Rubingranat, violette Reflexe, dezente Randaufhellung. Mit feiner Kräuterwürze unterlegte Nuancen von dunklen Kirschen, zart nach Tabak und Orangenzesten. Mittlerer Körper, rotbeerige Nuancen, gut integrierte Tannine, zart salzig-mineralisch, ein ausgewogener, zugänglicher Speisenbegleiter.

90 Blaufränkisch Leithakalk 2018
13,5 Vol.-%, DV, großes Holzfass, €€
Kräftiges Rubingranat, violette Reflexe, dezente Ockerrandaufhellung. Feine Brombeerfrucht, zarte Zwetschkenfrucht, dezente Kräuterwürze, kandierte Orangenzesten. Mittlerer Körper, feine Kirschfrucht, dezente Tannine, zartes Säurespiel, bietet unkompliziertes Trinkvergnügen.

89 Cabernet - Merlot Leithakalk 2018 CF/CS/ME
13,5 Vol.-%, NK, Eichenfass, €€€

90 Chardonnay Aus den Rieden Spätlese 2019
12,5 Vol.-%, DV, Stahltank, €€
Mittleres Gelbgrün, Silberreflexe. Kandierte Limettenzesten, ein Hauch von Pfirsich, frischer Apfel, florale Nuancen, etwas Blütenhonig. Saftig, süße Tropenfrucht, dezenter Säurebogen, elegant, feiner Honigtouch im Abgang, leichtfüßig, bereits gut entwickelt.

★★★

WEINGUT NEHRER

Auf dem Weingut Nehrer stehen Qualität und Terroir an oberster Stelle. Naturnah, nachhaltig und mit dem Auge auf Biodiversität werden Weine mit viel Eleganz und Charakter vinifiziert. In den von Kalk geprägten Lagen an den Hängen St. Georgens liegt der Fokus vor allem auf Leithaberg-DAC-Weinen aus Blaufränkisch und Chardonnay. Hier sind es vor allem die Weine aus den Lagen Feurer, Poschen und Krainer, die durch ihre einzigartige Stilistik hervorstechen. Auf den wärmsten, tiefgründigeren Rieden wachsen Cabernet Sauvignon und Merlot in außergewöhnlicher Qualität. Mit dem Merlot Reserve 2007 konnte 2009 auch der Sortensieg bei der Falstaff Rotweinprämierung errungen werden. Die besten Zweigeltanteile finden sich in der Cuvée Hummelbühel wieder – assembliert mit Merlot und Pinot Noir. Seit 2020 führt Johannes, die jüngste Generation der langen Weinbautradition der Nehrers mit viel Liebe und Engagement den Betrieb weiter. Er kennt das große Potenzial der Lagen um St. Georgen und versucht mit möglichst wenig Intervention das einzigartige Terroir des Leithabergs in seinen Weinen herauszuarbeiten.

92 Chardonnay * 2020
13 Vol.-%, DV, Stahltank/500-l-Fass, €€ Ⓥ
Helles Goldgelb, Silberreflexe. Zart nach gelbem Pfirsich und reifem Apfel, Noten von Blütenhonig, ein Hauch von Orangenzesten. Saftig, zarte Fruchtsüße, ein Hauch von Honigmelone, feiner Säurebogen, mineralisch-zitronig im Abgang, bereits gut antrinkbar.

93 Blaufränkisch * Ried Poschen 2019
13,5 Vol.-%, NK, 500-l-Fass, €€€€€ Ⓥ
Kräftiges Rubingranat, violette Reflexe, breitere Ockerrandaufhellung. Feine Kräuterwürze, schwarze Kirschen, ein Hauch von Brombeeren, zart nach Nougat. Saftig, rote Frucht, feine Tannine, frisch strukturiert, salziger Abgang, ein lebendiger Speisenwein, wird von Flaschenreife profitieren.

(92) Blaufränkisch * 2020
13,5 Vol.-%, DV, 500-l-Fass/großes Holzfass, €€€ Ⓥ
Kräftiges Rubingranat, violette Reflexe, dezente Randaufhellung. Zart tabakig, feine Kräuterwürze, mineralischer Touch, mit roten Kirschen unterlegt, florale Nuancen. Mittlere Komplexität, rote Waldbeeren, frisch strukturiert, wirkt leichtfüßig, bereits gut entwickelt.

92 Hummelbühel 2019 ZW/ME/PN
13,5 Vol.-%, NK, gebrauchte Barriques/500-l-Fass, €€€€ Ⓥ
Dunkles Rubingranat, violette Reflexe, breitere Randaufhellung. Reife Brombeernoten, unterlegt mit Nougat, ein Hauch von Zwetschkenröster, zarte Holzwürze klingt an, tabakige Note. Saftig, elegant, feine Säurestruktur, reifer Herzkirschtouch, Mandarinenzesten, schokoladiger Rückgeschmack, fruchtiger Speisenbegleiter mit Potenzial.

91 Merlot Oslip Ried Flachgraben 2020
13,5 Vol.-%, DV, großes Holzfass/gebrauchte Barriques, €€€ Ⓥ
Tiefdunkles Rubingranat, violette Reflexe, zarte Ockerrandaufhellung. Frische Kräuter, rote Kirschen, ein Hauch von Ribiseln, tabakige Nuancen. Mittlerer Körper, rote Frucht, gut integrierte Tannine, frischer Säurebogen, kalkig-zitronig im Abgang, ein lebendiger Speisenbegleiter.

WEINGUT NEHRER
7000 Eisenstadt
St. Georgener Hauptstraße 16
T: +43 (2682) 64380
weingut@nehrer.at
www.nehrer.at

Kellermeister/Kontakt:
Johannes Nehrer
Anbauweise: Umstellung auf bio
Produktion: 80.000 Flaschen
40 % weiß, 5 % rosé, 55 % rot,
24 Hektar
Zertifiziert: Nachhaltig Austria
Vereinszugehörigkeit:
Leithaberg DAC
Messen: ProWein Düsseldorf, VieVinum, DAC-Präsentationen, Wein Burgenland Präsentationen

* Leithaberg DAC

Merlot

NENE
TERROIR WEIN ÖSTERREICH
6134 Vomp
Au 50
T: +43 (5242) 63230
www.nene-wein.at

Kellermeister/Kontakt: Christian Neururer und Johannes Nehrer
Anbauweise: Umstellung auf bio
Produktion: 1.500 Flaschen

Messen: ProWein Düsseldorf, VieVinum

★

NENE – TERROIR WEIN ÖSTERREICH

Weinhändler Christian Neururer und Hans Nehrer schufen bereits in den frühen 2000ern die Marke »nene«, die den Lauf der Zeit am Leithagebirge widerspiegeln und den Charakter der Region hochhalten sollte. In den folgenden Jahren erkannte man, dass diese Eigenschaften besonders bei reinsortigen Weinen hervorstechen. So entschlossen sich Hans Nehrers Sohn Johannes und Christian Neururer im Jahr 2019, gemeinsam die Idee von Nené wieder aufzugreifen und sie so umzusetzen, wie es dem Zeitgeist entspricht: drei Weine, drei Charaktere – und alles reinsortig. Vor allem die Geologie der Region mit ihren Glimmerschiefer und Leithakalk war für das Projekt entscheidend. Es wurden die ältesten Anlagen aus den mineralischen Böden rund um St. Georgen gewählt. Zahlreiche Sonnentage, kühle Nächte, der nahe Neusiedler See und die bewaldeten Hänge des Leithagebirges verleihen den Weinen außerdem eine besondere, lebendige Frische – eine Konstellation, die man kein zweites Mal findet.

93 Chardonnay Reserve by nene 2019
13,5 Vol.-%, NK, Barrique, €€€€€€
Mittleres Grüngelb, Silberreflexe. Mit feiner Kräuterwürze unterlegtes Nougatkaramell, zart buttrig, frische weiße Tropenfruchtnuancen, ein Hauch von Litschis und Limetten. Saftig, gute Komplexität, weiße Kernobstnuancen, zarte Süße, feiner Säurebogen, ein Hauch von hellem Nougat im Nachhall, ein balancierter, zugänglicher Speisenwein mit weiterem Entwicklungspotenzial.

93 Blaufränkisch Reserve by nene 2018
13,5 Vol.-%, NK, Barrique, €€€€€€
Kräftiges Rubingranat, violette Reflexe, breitere Ockerrandaufhellung. Zart floral unterlegte feine Zwetschkenfrucht, ein Hauch von Lakritze, Nuancen von Kirschen und Mandarinenzesten. Saftig, rotbeerig, zart nach Ribiseln, feine Fruchtsüße, reife Tannine, frisch strukturiert, zitroniger Touch, bereits gut antrinkbar.

92 Merlot Reserve by nene 2018
14,5 Vol.-%, NK, Barrique, €€€€€€
Kräftiges Rubingranat, violette Reflexe, breitere Ockerrandaufhellung. Zart blättrig-nussig unterlegte rote Kirschfrucht, zarte Kräuterwürze, tabakige Note. Mittlere Komplexität, elegant, rote Waldbeeren, frischer Säurebogen, gut integrierte Tannine, zarte Fruchtsüße im Abgang, bereits antrinkbar.

★★

WEINGUT PASLER

BIO

Im Einklang mit der Natur setzt Familie Pasler auf eine nachhaltige Wirtschaftsweise in ihren Weingärten. Diese sind eingebettet zwischen dem nördlich liegenden Leithagebirge mit seinen Muschelkalk- und Glimmerschiefer-Böden und dem südlich liegenden Neusiedler See mit Einflüssen der Pannonischen Tiefebene. Es ist der Familie, allen voran den Brüdern Michael und Johannes Pasler, ein Anliegen, schonend mit der Natur und ihren Gegebenheiten umzugehen, denn was an Sorgfalt und liebevoller Handarbeit in die Natur investiert wird, gibt diese mit hochwertigen Weinen wieder zurück, davon sind die beiden überzeugt. Die Ausbringung von natürlichem Kompost und wechselnde Begrünung garantieren eine optimale Versorgung der Rebstöcke. Gezielte Laubarbeit und wiederholtes Ausdünnen gewährleisten für den letzten Reifeabschnitt beste Bedingungen für die Trauben. Nach der Ernte folgen lange Maischestandzeiten und spontane Vergärung, die Lagerung findet in Eichenfässern auf der Hefe statt. In der Reife überlässt man die Weine sich selbst und gibt ihnen jede Freiheit. Das Resultat sind authentische, finessenreiche Weine, die mehr als nur Spannung bieten.

92 Chardonnay * Ried Lindauer 2020

13 Vol.-%, DIAM, großes Holzfass, €€€€

Mittleres Grüngelb, Silberreflexe. Rauchig, kräuterwürzig, gelbe Tropenfrucht, mit frischen Orangenzesten unterlegt. Mittlerer Körper, zart nach Nougat, dezente Säurestruktur, ausgewogen, weißer Pfirsich, bereits zugänglich, vielseitig einsetzbar.

92 Traminer Textura 2020

12,5 Vol.-%, NK, gebrauchte Barriques, €€€€€

Helles Gelbgold, Silberreflexe. Rosenduftig, Nuancen von Litschis, etwas Marshmallows, mit reifer Marillenfrucht unterlegt. Mittlerer Körper, weißer Apfel, frischer Säurebogen, mineralisch-salzig im Abgang, bereits gut entwickelt.

(91) Kalk & Schiefer weiß 2020 GV/WR

12 Vol.-%, DIAM, gebrauchte Barriques, €€€

Mittleres Grüngelb, Silberreflexe. Zart nach Orangenzesten, gelbe Tropenfrucht, feine nussige Nuancen. Mittlerer Körper, weiße Apfelfrucht, dezente Säurestruktur, lebendig strukturiert, zitroniger Touch im Nachhall.

91 Grauburgunder Graue Gans 2020

13 Vol.-%, DIAM, großes Holzfass, €€€

Leuchtendes Gold mit Kupfertouch, orange Reflexe. Rauchig, ein Hauch von Kletzen, etwas Honig, facettenreiches Bukett. Mittlerer Körper, feine Birnenfrucht, dezente Süße, mineralischer Nachhall, seidiger Speisenwein.

94 Blaufränkisch * Ried Gritschenberg 2018

13 Vol.-%, NK, 500-l-Fass, €€€€€

Kräftiges Rubingranat, violette Reflexe, breitere Ockerrandaufhellung. Frische Kirschfrucht, etwas nach Wiesenkräutern, ein Hauch von Brombeeren, einladendes Bukett, Lakritze und Orangenzesten klingen an. Saftig, straff, reife Kirschen, gute Komplexität, leichtfüßig, samtige Tannine, kalkige Frische, Kräutertouch im Abgang, extraktsüßer Nachhall, eleganter Speisenbegleiter, bereits gut antrinkbar.

92 Blaufränkisch Ried Joiser Hoflagen 2020

12,5 Vol.-%, DIAM, gebrauchte Barriques, €€€

Kräftiges Karmingranat, violette Reflexe, breite Ockerrandaufhellung. Florales Bukett, kandierte Veilchen, ein Hauch von Himbeeren, rotbeeriger Touch. Nuancen von Erdbeeren, seidige Tannine, gute Frische, bietet leichtfüßigen Trinkspaß.

WEINGUT PASLER
7093 Jois
Untere Hauptstraße 29
T: +43 (2160) 7385
office@franzpasler.at
www.paslerwein.com

Kellermeister: Michael & Johannes Pasler
Kontakt: Michael Pasler
Anbauweise: Zertifiziert Biologisch (Bio Austria)
Produktion: 43 % weiß, 5 % rosé, 52 % rot
Vereinszugehörigkeit: Leithaberg DAC
Messen: VieVinum, DAC-Präsentationen

* Leithaberg DAC

★★★★

WEINGUT PRIELER

BIO

»Wein ist Poesie in Flaschen.« Treffender könnte man die Weine des kleinen, aber feinen Familienweinguts nicht beschreiben. Der Hauptteil davon liegt in Schützen am Gebirge, wobei sich auch ein beträchtlicher Teil der Rebflächen in der Nachbarortschaft Oggau befindet. In jeder Himmelsrichtung gibt es eine andere Bodenzusammensetzung, und so ist es einfach zu erklären, dass für die einzelnen Sorten die besten Lagen gewählt werden konnten. Um allerdings schon seit vielen Jahren feinste Weiß- und Rotweine zu erzeugen, benötigt man einiges an Fingerspitzengefühl. Georg Prieler, der junge Önologe mit Auslandserfahrung, verfügt über diese Gabe. Er trifft seine Entscheidungen stets intuitiv, und das ist gut so, denn hier werden Weine erzeugt, die im Gedächtnis bleiben. Boden und Terroir sind für die Prielers jedenfalls kein leeres Gerede: Kalkböden findet man in den Rieden Seeberg und Sinner, die Richtung Neusiedler See liegen und die Trauben für die großen Weißweine liefern. Ungerbergen steht für sandigen Lehm mit Kieselsteinen und ist ein idealer Standort für spät reifende Sorten wie Cabernet Sauvignon. Goldberg, die unbestritten beste Lage des Hauses, bietet kargen Glimmerschiefer und ist prädestiniert für Blaufränkisch, die traditionsreichste und wichtigste Sorte. Die Familie Prieler orientiert sich beim Ausbau der Weine immer an der Charakteristik der jeweiligen Lage. Dementsprechend vergärt der Pinot Blanc Seeberg nach ausgiebiger Maischestandzeit ausschließlich im Edelstahltank, damit Feinheit und Frische erhalten bleiben. Der Blaufränkisch Johanneshöhe wird hingegen im großen Holzfass »geschult«. Und der sehr bekannte Blaufränkisch Goldberg erhält seine unglaubliche Geschmeidigkeit während seines bis zu 26 Monate langen Aufenthalts in 500-Liter-Fässern. Letztgenannter Blaufränkisch Goldberg ist ein Wein der Superlative, der bereits zweimal – 2005 und 2008 – die »Falstaff Reserve Trophy« für sich entscheiden konnte. Aber auch mit den Weißweinen konnten die Prielers bei der »Falstaff Burgunder Trophy« bereits kräftig zugeschlagen: Zwei Trophys wurden mit dem Pinot Blanc Seeberg 2004 und dem außergewöhnlich ge-

Georg Prieler

WEINGUT PRIELER
7081 Schützen am Gebirge
Hauptstraße 181
T: +43 (2684) 2229
weingut@prieler.at
www.prieler.at

Kellermeister/Kontakt:
Georg Prieler
Anbauweise: Zertifiziert Biologisch (Bio Austria)
Produktion: 90.667 Flaschen
40 % weiß, 60 % rot, 23 Hektar
Vereinszugehörigkeit:
Leithaberg DAC
Messen: Austrian Tasting London, ProWein Düsseldorf, VieVinum, DAC-Präsentationen, MondoVino, véritable St.Martin, Wein Burgenland Präsentationen

© Regina Hügli

reiften Chardonnay Seeberg 2001 geholt. Kein Wunder also, dass die Familie 2009 als »Winzer des Jahres« ausgezeichnet wurde.

(95) Pinot Blanc * Ried Steinweingarten 2020
13,5 Vol.-%, NK, großes Holzfass, €€€€€€
Mittleres Gelbgrün, Silberreflexe. Dunkle Mineralik, ein Hauch von Schiefer, mit zarter gelber Tropenfrucht unterlegt, etwas Limetten, feiner Blütenhonig, facettenreiches Bukett. Stoffig, elegant und ausgewogen, ein Hauch von Fruchtsüße, feines Säurekleid, zart nach Karamell im Abgang, bleibt haften, sicheres Zukunftspotenzial, ein leichtfüßiger Speisenwein mit großem Tiefgang.

(94) Pinot Blanc * Ried Haidsatz 2020
13,5 Vol.-%, NK, Eichenfass, €€€€€
Mittleres Grüngelb, Silberreflexe. Zart rauchig-nussig unterlegte feine gelbe Birne, etwas Mango, ein Hauch von Haselnuss und Blütenhonig. Komplex, stoffig, cremige Textur, weiße Tropenfrucht, zitronig-salzige Nuancen im Abgang, ein finessenreicher Speisenwein mit gutem Entwicklungspotenzial, ein Hauch von Nougat im Nachhall.

(93) Pinot Blanc * 2020
13,5 Vol.-%, NK, Holzfass, €€€€ Ⓑ
Mittleres Gelbgrün, Silberreflexe. Zart tabakig unterlegte Würze von Wiesenkräutern, weißes Kernobst, zarte nussige Anklänge. Saftig, weißes Steinobst, etwas Honigmelone, feiner Säurebogen, etwas Karamell im Abgang, reife Quittenfrucht im Nachhall, ein eleganter Begleiter bei Tisch.

(92) Pinot Blanc Ried Seeberg 2021
13 Vol.-%, DV, Stahltank, €€€ Ⓑ
Helles Grüngelb, Silberreflexe. Zart kräuterwürzig unterlegte feine gelbe Birnenfrucht, ein Hauch von Walnuss, frische Orangenzesten. Saftig, feines Kernobst, dezente Süße, die von einer pikanten Säurestruktur gekontert wird, balanciert, zeigt sehr gutes Trinkanimo, vielseitig einsetzbar.

(92) Chardonnay Sinner 2021
13,5 Vol.-%, DV, Stahltank, €€€ Ⓑ
Helles Grüngelb, Silberreflexe. Frische Wiesenkräuter, ein Hauch von weißem Pfirsich und Honigmelone, mineralischer Touch. Saftig, reifer weißer Apfel, feiner Säurebogen, wirkt leichtfüßig, mineralisch-zitronig, lebendiger Speisenbegleiter.

90 Rosé vom Stein 2021
13 Vol.-%, DV, Stahltank, €€
Helles Altrosa, Silberreflexe. Rote Beeren, weißer Pfirsich, ein Hauch von Limetten, mineralischer Touch. Schlank, rote Kirschen, zart nach Ribiseln, dezent salzig im Abgang, vielseitig einsetzbar.

Schützen am Gebirge

(96) Blaufränkisch * Ried Goldberg 2019
13,5 Vol.-%, NK, 500-l-Fass, €€€€€€
Dunkles Rubingranat, opaker Kern, violette Reflexe, zarte Randaufhellung. Feine Kirschfrucht, ein Hauch von Brombeerkonfitüre, Nougat und Veloursleder, mit kandierten Orangenzesten unterlegt. Saftig, rote Kirschen, finessenreicher Säurebogen, seidige Tannine, saliner Touch, lange anhaftend, leichtfüßiger Stil, sicheres Reifepotenzial.

(94) Blaufränkisch * Ried Pratschweingarten 2019
13,5 Vol.-%, NK, großes Holzfass, €€€€€
Tiefdunkles Rubingranat, opaker Kern, violette Reflexe, zarte Randaufhellung. Schwarze Waldbeeren, nach Brombeeren und Holunder, feine Edelholznuancen, mineralischer Touch, facettenreiches Bukett. Saftig, rote Kirschen, zart nach Preiselbeeren, frisch strukturiert, feine Tannine, mineralisch-salzige Nuancen, zitronig, ein Hauch von Ribiseln, ein lebendiger Speisenbegleiter.

(93) Merlot Schützner Stein 2019
14 Vol.-%, NK, Barrique, €€€€€ Ⓑ
Tiefdunkles Rubingranat, opaker Kern, violette Reflexe, zarte Randaufhellung. Zart tabakig-kräuterwürzig unterlegte schwarze Herzkirschfrucht, ein Hauch von Brombeeren, tabakige Nuancen, mit frischen Orangenzesten unterlegt. Saftig, elegant und frisch strukturiert, feinwürzige Tannine, mineralisch, rotbeerige Nuancen, salziger Nachhall, wird von Flaschenreife profitieren.

* Leithaberg DAC

★★

WEINGUT SATTLER

Die Joiser Winzer verfügen über hervorragende Rieden direkt vor der Haustür, so auch das Weingut Sattler, das stolz darauf ist, in den allerbesten Lagen von Jois seine Weingärten zu besitzen. Jede Lage mit ihrer besonderen Struktur in diesem Gebiet gibt den Weinen einen typischen Geschmack und sorgt für unvergessliche Momente bei Weinliebhabern. Rund um das Leithagebirge, wo die Böden sehr kalkhaltig und die Nächte durch den Wald sehr kühl sind, gedeihen die Sorten Merlot, Welschriesling und Chardonnay besonders gut.
Die Lage am Jungenberg ist geprägt von mineralischem Urgestein. Speziell am Südhang finden die Sorten Blaufränkisch, Cabernet Sauvignon, Syrah und Sauvignon Blanc optimale Bedingungen vor. Die Rieden am Ladisberg und Wurmtristel beeindrucken durch ihre tiefgründige Bodenbeschaffenheit, geprägt von Ton- und Schwarzerde. Die Weine der Linie »Classic« zeichnen sich durch eine elegante Note aus, sie sind sehr fruchtbetont und wirken animierend auf die Geschmacksnerven. Bei der Linie »Exklusiv« vereinen sich Frucht und Holz in einer harmonischen Komposition. Das Ergebnis sind Weine mit vollem Körper, einer kräftigen Struktur und Zukunftspotenzial. Die Linie »Jungenberg« besticht mit einer feinen Mineralik, die sich am Gaumen vielschichtig ausbreitet und eine außergewöhnlich elegante Note verbreitet. Doris und Karl Sattler haben 2012 neben dem Weinbau auch die Pension »Zum Seeblick« übernommen.

WEINGUT SATTLER
7093 Jois
Klausenberg 3
T: +43 (2160) 8206
info@sattler-seeblick.at
www.sattler-seeblick.at

Kellermeister/Kontakt:
Sattler Karl
Produktion: 40 % weiß, 60 % rot, 15.5 Hektar
Vereinszugehörigkeit:
Joiser Renommee

92 Chardonnay * 2020
13,5 Vol.-%, DV, großes Holzfass, €€
Helles Gelbgrün, Silberreflexe. Zarte Wiesenkräuter, ein Hauch von frischer Birne, tabakige Nuancen, zart nach Orangenzesten. Mittlerer Körper, frische Apfelnuancen, dezente Fruchtsüße, etwas Honigmelone im Abgang, elegant und bereits gut entwickelt.

93 Cabernet Sauvignon N°1 2019
14,5 Vol.-%, NK, Barrique, €€€€€
Dunkles Rubingranat, violette Reflexe, zarte Randaufhellung. Dezente Holznuancen, feines dunkles Waldbeerenkonfit, ein Hauch von Lakritze, Kräuternoten, Orangenzesten klingen an, einladendes würziges Bukett. Gute Komplexität, saftig, gut integrierte Tannine, feine Tabakwürze, schwarze Beerenfrucht im Abgang, Kirschen im Nachhall, vielseitiger Speisenbegleiter, bereits antrinkbar, hat Potenzial.

90 Cabernet Sauvignon Ried Jungenberg 2020
13,5 Vol.-%, NK, kleines Holzfass, €€
Dunkles Rubingranat, violette Reflexe, dezente Ockerrandaufhellung. Ein Hauch von Gewürznelken, dunkle Waldbeeren, angenehme Röstaromen, etwas Nougat und Cassis. Straff, dunkle Kirschen, präsente Tannine, mineralischer Abgang, rotbeerige Nuancen im Nachhall.

92 Renommee 2020 CS/ZW
13,5 Vol.-%, NK, Barrique, €€€
Dunkles Rubingranat, violette Reflexe, dezente Ockerrandaufhellung. Noten von frischem Cassis, Brombeeren, feine Edelholznuancen, etwas Nougat, einladendes Bukett. Gute Komplexität, dunkle Kirschen, feine Tannine, mineralisch-salzig im Abgang, feiner Schokotouch, ein vielseitiger Speisenbegleiter.

90 Waasensteffl 2020 ZW/BF/ME
13 Vol.-%, DV, gebrauchte Barriques, €€
Kräftiges Rubingranat, violette Reflexe, breite Randaufhellung. Frische dunkle Kirschen, ein Hauch von Erdbeerkonfitüre, blumiger Touch, zart tabakig. Mittlerer Körper, frische Kirschen, zarte Holznuancen, mineralisch und gut anhaftend, ein unkomplizierter Speisenbegleiter.

91 Syrah Ried Jungenberg 2020
13,5 Vol.-%, NK, kleines Holzfass, €€€
Kräftiges Rubingranat, dunkler Kern, dezente Ockerrandaufhellung. Feine Gewürznuancen nach Kardamom und Pfeffer, reife Zwetschken, schwarze Kirschen, kandierte Orangenzesten. Mittlere Komplexität, rotbeeriger Touch, gut integrierte, reife Tannine, würziger Nachhall, bereits gut entwickelt.

★★★

WEINGUT FRANZ SCHINDLER

Mit der Kreation seiner »Cuvée d'Or« hat Franz Schindler aus Mörbisch bereits vor über 30 Jahren Pionierarbeit in Sachen österreichischer Rotwein geleistet. Von Beginn an hat sich dieser edle Tropfen in der Weinszene einen Namen gemacht und zählt seit vielen Jahren zu den besten Weinen in Österreich. 1985 wurde die Idee umgesetzt, den heimischen Blaufränkisch nach internationalem Vorbild zu vinifizieren. Der Grundstein für die heutige »Cuvée d'Or« war damit gelegt. In zwei Etappen wurde dieser Wein dann mit zwei Cuvéepartnern ergänzt: im Jahr 1989 mit der Sorte Cabernet Sauvignon, die damals im Burgenland noch sehr selten war, und im Jahr 2000 schließlich zusätzlich noch mit Merlot. Mit dem Jahrgang 1999 wurde dann erstmals eine Luxusausführung dieses Weins als »Grande Cuvée d'Or« vorgestellt, ein Prestigewein, der nur in den besten Rotweinjahrgängen aufgelegt wird. Für immer mehr Furore sorgt im Hause Schindler aber auch ein reinsortiger Merlot, der sich durch Kraft und Potenzial auszeichnet. Auch Cabernet Sauvignon und naturgemäß Blaufränkisch gibt es von Franz Schindler in reinsortiger und bestechender Form. Die Süßweine glänzen durch Harmonie, Kraft, Fruchttiefe und eine feine Säure. Die Philosophie des Hauses, den großen Gewächsen mehr Fassreife zu gönnen und sie erst später in Flaschen zu füllen und in den Verkauf zu geben, wird durch

WEINGUT FRANZ SCHINDLER
7072 Mörbisch
Neustiftgasse 6
T: +43 (2685) 8326
office@weingut-schindler.at
www.weingut-schindler.at

Kellermeister/Kontakt:
Franz Schindler
Produktion: 70.000 Flaschen
35 % weiß, 60 % rot, 5 % süß,
15 Hektar
Vereinszugehörigkeit:
Mörbischer Wein
Messen: VieVinum, Wein Burgenland Präsentationen

Weingut Franz Schindler

Spitzenplätze bei Verkostungen immer wieder bestätigt.

93 Cuvée d'Argent 2018 CH/SB
14,5 Vol.-%, NK, Barrique, €€€€
Helles Gelbgrün, Silberreflexe. Frischer weißer Apfel, ein Hauch von Birne, zart nach Walnuss, mit Limettenzesten unterlegt. Kraftvoll, saftig, gelbe Tropenfrucht, feine Holzwürze, mineralisch, Blütenhonig und Karamell im Nachhall.

97 Grande Cuvée d'Or 2017 ME/CS
14 Vol.-%, NK, Barrique, €€€€€€
Kräftiges Rubingranat, violette Reflexe, dezente Randaufhellung. Zart nach Lakritze und Vanille, schwarze Waldbeeren, Cassis, feine Edelholzwürze, ein Hauch von Nougat, sehr einladendes Bukett. Stoffig, feine Nuancen von Gewürznelken, reife Kirschen, schwarze Beeren, zart nach Karamell, stoffige Tannine, mineralisch und anhaftend, gute Frische, sicheres Entwicklungspotenzial.

95 Cuvée d'Or 2019 BF/CS/ME
14 Vol.-%, NK, Barrique, €€€€€
Dunkles Rubingranat, violette Reflexe, zarte Randaufhellung. Einladender Duft nach schwarzen Kirschen und dunklem Nougat, ein Hauch von roten Walderdbeeren, vielschichtiges Bukett, Orangenzesten. Saftig, süße Kirschen, elegant, feine Tanninstruktur, würzig-mineralisch, etwas nach Cassis, engmaschig, bleibt haften, sicheres Entwicklungspotenzial.

94 Blaufränkisch Ried Lehmgrube 2019
13,5 Vol.-%, NK, Barrique, €€€€€
Kräftiges Rubingranat, violette Reflexe, breitere Ockerrandaufhellung. Feine Edelholznote, etwas Nougat, reife Herzkirschfrucht, Karamell, floraler Touch, einladendes Bukett. Saftig, rotbeerig, süße Frucht, frisch strukturiert, gut integrierte Tannine, gute Frische, mineralisch-salzig im Abgang, Kirschen im Nachhall, ein feiner Speisenbegleiter mit Potenzial.

93 Blaufränkisch Ried Goldberg 2019
13,5 Vol.-%, NK, Barrique, €€€€€
Dunkles Rubingranat, violette Reflexe, breitere Ockerrandaufhellung. Feine reife Herzkirschfrucht, zarte Kräuterwürze, ein Hauch von Brombeeren und Orangenzesten. Saftig, elegant, frischer Säurebogen, feine Tannine, ein Hauch von Nougat, bereits gut entwickelt und antrinkbar.

93 Merlot Ried Wieser 2019
14 Vol.-%, NK, Barrique, €€€€€
Dunkles Rubingranat, violette Reflexe, dezente Ockerrandaufhellung. Zart nach Edelholz und Kräuterwürze, reife Kirschen, ein Hauch von Zwetschken und Nougat, tabakige Würze. Saftig, elegant, dunkle Beeren, präsente Tannine, dunkler Schokotouch im Abgang, wird von Flaschenreife profitieren.

★★★

THOMAS SCHWARZ

BIO

Thomas Schwarz ist 1972 geboren und in Purbach aufgewachsen. Um das Weinmachen zu lernen, hat er nach der Matura in Eisenstadt noch eineinhalb Jahre in Krems verbracht, am liebsten erkundet er aber immer noch den Leithaberg. Warum an einen anderen Ort fahren, so lange es hier noch so viel gibt, was er nicht kennt? Und während sein Wein sich mehr und mehr selbst macht, kann Thomas Schwarz andere schöne Dinge tun: Zeit mit seiner Tochter verbringen, zum Beispiel. Endurofahren, Downhillen mit dem Mountainbike, Stand-up-Paddeln oder einfach Heavy Metal hören. Wenn er noch besser wird im »Den-Wein-sich-selbst-machen-Lassen«, dann kann er eines Tages vielleicht seinen Traum verwirklichen und eigenes, gutes Bier brauen. Das, fürchtet er nämlich, braut sich selbst wohl viel schwieriger als guter Wein sich selbst macht. Das Ziel von Thomas Schwarz ist es, sich selbst möglichst überflüssig zu machen – im Weingarten und im Keller. Seine Reben und der Boden, auf dem sie wachsen, sollen so gesund sein, dass sie kaum Hilfe von Menschen benötigen, die Weine sollen spontan vergären und sich ohne Intervention entwickeln und reifen, in großen Fässern, die ihren Geschmack möglichst wenig verändern. Am liebsten wäre es ihm, wenn sich sein Wein auch selbst in Flaschen füllen würde. Entsprechend definiert er sich mehr über das, was er nicht hat und macht: kein Barrique, keine Zuchthefen, keine synthetischen Pestizide und Insektizide, kein Kunstdünger. Bei einem Sekt, dem Rosé Brut »ZZ«, verzichtet er sogar auf Dosage und Schwefel. Schon deshalb, weil ein ge-

THOMAS SCHWARZ
7083 Purbach
Waldsiedlung 2b
T: +43 (676) 9608875
weingut@klosteramspitz.at
thomasschwarz.at

Kellermeister/Kontakt:
Thomas Schwarz
Anbauweise: Zertifiziert Biologisch (Austria Bio Garantie)
Produktion: 40 % Schaumwein, 30 % weiß, 30 % rot, 6 Hektar

Thomas Schwarz

sunder, lebendiger Weingarten viel selbstständiger ist als ein konventioneller. Seit 2016 verzichtet Thomas Schwarz auf die Bezeichnung Qualitätswein und verkauft seine Weine als Landwein beziehungsweise Wein – auch und gerade jene aus den besten Lagen. Seiner Meinung nach ist der beste Qualitätsbeweis, wenn er versehentlich am Abend allein eine Flasche austrinkt. Vor allem mit seinem »Rosé Brut« passiert ihm das immer wieder.

92 Muschelkalk Brut 2017 CH/WB/PG
12,5 Vol.-%, NK, Stahltank, €€€€€ Ⓑ
Helles Goldgelb, Silberreflexe, feines, anhaltendes Mousseux. Weiße Blüten, ein Hauch von Johannisbeeren, Nuancen von Limetten, frischer weißer Apfel, attraktives Bukett. Straff, weiße Beeren, frischer Säurebogen, zitronig-kalkig im Abgang, ein lebendiger Speisenbegleiter.

92 Grauburgunder 2018
13,5 Vol.-%, DV, 500-l-Fass, €€€€ Ⓑ
Helles Gelbgold, Silberreflexe. Zart reduktive Feuersteinnuancen, weißer Pfirsich, Limettenzesten und Mandeln, rauchige Würze. Komplex, stoffig, nussige Textur, feine Kräuternote im Abgang, zarter Rancio-Touch im Nachhall, individueller Sortenstil.

95 Blaufränkisch Rohrwolf 2015
13,5 Vol.-%, DV, 500-l-Fass, €€€€€€ Ⓑ
Tiefdunkles Rubingranat, opaker Kern, violette Reflexe, zarter Ockerrand. Feine Kräuterwürze, schwarze Waldbeeren, etwas Veloursleder, mit Nuancen von Cassis und Lakritze unterlegt. Saftig, süße Zwetschken, schwarze Kirschen, reife Tannine, feine Säurestruktur, ein komplexer Speisenbegleiter mit süßem Finale und großem Potenzial.

94 Syrah 2016
13,5 Vol.-%, DV, großes Holzfass, €€€€€ Ⓑ
Kräftiges Rubingranat, violette Reflexe, breitere Ockerrandaufhellung. Zart animalisch-würzig unterlegte schwarze Kirschen, ein Hauch von Brombeeren, tabakige Nuancen. Stoffig, dunkle Beerenfrucht, gut integrierte Tannine, etwas Nougat, mineralisch, ein facettenreicher Begleiter bei Tisch.

94 Megalith 2012
13,5 Vol.-%, NK, 500-l-Fass, €€€€€€ Ⓑ
Dunkles Rubingranat, violette Reflexe, breitere Ockerrandaufhellung. Zart nach Kakao, dunkle Beerenfrucht, ein Hauch von Unterholz, feinwürziges Bukett. Saftig, elegant, eingelegte Kirschen, gut eingebaute, tragende Tannine, betont mineralisch im Abgang, hat die erste Genussreife erreicht, salziger Nachhall.

92 Rosenmuskateller 2020
11,5 Vol.-%, DV, Stahltank, €€€€ Ⓑ
Helles Lachsrosa, orange Reflexe. Feiner Hauch von Rosolio, getrocknete Blütenblätter, rote Waldbeeren, zitronige Aspekte. Saftig, elegante Fruchtsüße, feiner Säurebogen, rassig unterlegt, bleibt haften, Walderdbeeren und Honig im Abgang.

Rieden bei Eisenstadt

KLOSTERKELLER SIEGENDORF
7011 Siegendorf
Lenz-Moser-Straße 1
T: +43 (2732) 85541
office@lenzmoser.at
www.lenzmoser.at

Kellermeister: Ing. Michael Rethaller
Kontakt: Christoph Bierbaum
Produktion: 13 % weiß, 87 % rot, 24 Hektar
Messen: Alles für den Gast Salzburg, Anuga, ProWein Düsseldorf, VieVinum

★

KLOSTERKELLER SIEGENDORF

Der Winzerort Siegendorf, 60 Kilometer südlich von Wien und nur wenige Kilometer von der ungarischen Grenze entfernt, wurde 1254 erstmals urkundlich erwähnt. Seit 1988 wird das Weingut Klosterkeller Siegendorf von Lenz Moser bewirtschaftet. Der Weingarten hat eine bemerkenswerte Einzellage. Er ist bei leichter Hangneigung nach Südsüdwest ausgerichtet und mit mehr als 600 Reihen Rebstöcken in vertikaler Richtung nach dem System der Lenz-Moser-Hochkultur bepflanzt. Seine Größe von 24 Hektar ist für österreichische Verhältnisse einzigartig. Die Nähe des Neusiedler Sees, die südwestliche Ausrichtung der Weingärten und das pannonische Klima begünstigen hier den Weinbau. Die warmen, sandighumosen Böden eignen sich ideal für den Anbau von mächtigen Rotweinen und charaktervollen Weißweinen. Gekeltert wird hier vor allem Rotwein: Bis 1990 wurde der Weingarten mit den Sorten Cabernet Sauvignon, Cabernet Franc und Merlot neu ausgepflanzt. Diese Rebstöcke sind heute im richtigen Alter und geben den Rotweinen ordentlich Kraft. Mit etwa 87 Prozent Rotweinreben zählt das Weingut zu den Vorzeigebetrieben im heimischen Rotweinanbau. Als einzige Weißweinrebsorte ist Weißburgunder gepflanzt. Gelesen wird per Hand.

90 Weißburgunder 2020
13 Vol.-%, DV, Stahltank, €€
Helles Gelbgrün, Silberreflexe. Feine Birnenfrucht, etwas nach Wiesenkräutern, zart nach Mandarinenzesten, frisches Bukett. Mittlerer Körper, saftig, feine gelbe Tropenfrucht, bleibt gut haften, vielseitig einsetzbar.

91 Klosterkeller Siegendorf O'Dora 2019 CS/CF
14 Vol.-%, NK, Barrique, €€€
Dunkles Rubingranat, violette Reflexe, zarte Randaufhellung. Feiner Vanilletouch, mit Karamell unterlegtes dunkles Waldbeerenkonfit, etwas nach Wiesenkräutern. Saftig, elegant, feine Tanninstruktur, gut integrierter Säurebogen, reife Beerenfrucht im Abgang, bereits sehr gut antrinkbar.

89 Cabernet Sauvignon 2017
14 Vol.-%, NK, Barrique, €€

★★★

WEINGUT SOMMER

Seit 1698 betreibt die Familie Sommer Weinbau in Donnerskirchen, an den Südosthängen des Leithagebirges. Das kontinental-pannonisch geprägte Klima am Leithaberg mit warmen Sommern und kühlen Nächten bildet die Voraussetzung für ihre Weinkultur. Darauf zu achten, was passt, was stimmt, was angemessen ist und was verändert werden muss, darin besteht die Herausforderung im Winzerhandwerk. Dabei Traditionen zu bewahren, Grenzen auszuloten und Neues zu erschaffen, funktioniert nur im Vertrauen auf das breite Wissen im Umgang mit Lagen, Böden und Reben. Die Familie Sommer beherrscht diese Kunst, und so gedeihen aus einer Vielzahl von Sorten authentische Weine – Weine, die intensiv-fruchtbetont, würzig-mineralisch, elegant wie kraftvoll und mit vielschichtigen Aromen ausgestattet sind. Mitten im Spannungsfeld zwischen Kalk und Schiefer entstehen herkunftsgeprägte Weine, die ein ausdrucksstarkes Beispiel für Identität und Tradition darstellen.
Der nationale und internationale Erfolg ist die Anerkennung für die kontinuierliche Weiterentwicklung des Betriebs. Sowohl in Österreich als auch über die Grenzen hinweg sind die Weine Garant für Charakter und Eigenständigkeit. Den Leithaberg-DAC-Lagenweinen, die in der zukünftigen Entwicklung immer stärker in den Fokus gerückt werden, kann dabei ein besonderes Potenzial zugesprochen werden. Die »Handwerk«-Linie wird von Leo Sommer senior und Leo junior individueller betreut, im Weingarten wie im Ausbau. So entstehen auf den kargen Böden präzise Weine mit subtilen Aromen und bleibenden Eindrücken.

(94) Grüner Veltliner * Ried Himmelreich 2020
13,5 Vol.-%, NK, großes Holzfass, €€€€€
Mittleres Gelbgold, Silberreflexe. Frische Wiesenkräuter, reife Birne, etwas Mango, ein Hauch von Haselnuss, etwas Nougat. Saftig, straff, elegant und ausgewogen, gute Frische, weißer Apfel, saliner Nachhall, ein stoffiger Speisenbegleiter, gutes Reifepotenzial.

(93) Grüner Veltliner * Ried Halser 2020
13 Vol.-%, NK, großes Holzfass, €€€€€
Leuchtendes mittleres Gelbgold, Silberreflexe. Mit einem Hauch von Karamell unterlegte frische Kräuterwürze, tabakige Nuancen, reife gelbe Tropenfrucht, nussiger Touch. Saftig, elegant, mineralisch, weiße Frucht im Kern, ein Hauch von Nougat, zitronig-salziger Nachhall, gutes Potenzial.

91 Grüner Veltliner * Schiefer 2021
14 Vol.-%, DV, Stahltank, €€
Helles Grüngelb, Silberreflexe. Zarte Birnennote, ein Hauch von Mango und Wiesenkräutern. Feine weiße Apfelfrucht, finessenreich strukturiert, wirkt relativ leichtfüßig, zitronig-salzig im Abgang.

90 Chardonnay * Kalkschicht 2021
13,5 Vol.-%, DV, Stahltank, €€
Helles Goldgelb, Silberreflexe. Feine gelbe Apfelfrucht, ein Hauch von Honigmelone, zarte Wiesenkräuter. Mittlerer Körper, weißes Kernobst, feiner Säurebogen, balanciert, ein vielseitiger Speisenbegleiter.

93 Sauvignon Blanc Handwerk 2020
13,5 Vol.-%, NK, Stahltank/500-l-Fass, €€€€
Helles Goldgelb, Silberreflexe. Ein Hauch von Orangenblüten, reife gelbe Tropenfrucht, etwas Mango und Maracuja,

WEINGUT SOMMER
7082 Donnerskirchen
Johannesstraße 26
T: +43 (2683) 8504
info@weingut-sommer.at
www.weingut-sommer.at
Kellermeister/Kontakt:
Leo Sommer
Produktion: 150.000 Flaschen
80 % weiß, 18 % rot, 2 % süß,
30 Hektar
Zertifiziert: Nachhaltig Austria
Vereinszugehörigkeit:
Leithaberg DAC, Weinquartett Donnerskirchen
Messen: ProWein Düsseldorf, VieVinum, Vinobile Montfort, DAC-Präsentationen, Vinexpo New York

kandierte Limettenzesten, etwas Karamell. Saftig, cremig, elegante Textur, finessenreicher Säurebogen, ausgewogen, vielschichtig, ein ansprechender Begleiter bei Tisch.

90 Sauvignon Blanc Sandstein 2021
12,5 Vol.-%, DV, Stahltank, €€
Sehr helles Goldgelb, Silberreflexe. Intensive Nuancen von frischen Stachelbeeren und Holunderblüten, Grapefruitzesten. Saftig, würzig, Weiße Johannisbeeren, rassig, Limetten im Abgang, ein lebendiger Sommerwein.

92 Riesling Handwerk 2020
13 Vol.-%, NK, großes Holzfass/Stahltank, €€€€
Leuchtendes helles Goldgelb, Silberreflexe. Feiner Blütenhonig, ein Hauch von weißer Tropenfrucht, Pfirsich, zart nach Grapefruitzesten. Stoffig, gute Komplexität, lebendig strukturiert, mineralisch, fruchtig im Abgang, etwas Blutorange im Nachhall, ein facettenreicher Speisenbegleiter.

89 Riesling Quarz 2021
12,5 Vol.-%, DV, Stahltank, €€

92 Welschriesling Handwerk 2020
13 Vol.-%, NK, 500-l-Fass/Beton, €€€€
Leuchtendes helles Gelbgold, Silberreflexe. Mit einem Hauch von Blütenhonig unterlegte gelbe Apfelfrucht, zarte Wiesenkräuter, dezentes Bukett. Mittlere Komplexität, weiße Birnenfrucht, feiner Säurebogen, ein eleganter Sortenvertreter, feine Süße im Nachhall.

93 Camer Reserve 2018 CS/ME
14,5 Vol.-%, NK, gebrauchte Barriques/Barrique, €€€€€
Dunkles Rubingranat, violette Reflexe, dezente Randaufhellung. Reife dunkle Frucht, Nuancen von Heidelbeeren, etwas Nougat und Vanille, einladendes Bukett, mit feinem Edelholz unterlegt. Saftig, feine Fruchtsüße, gut integrierte, reife Tannine, gute Frische, schokoladig im Abgang, bereits gut antrinkbar.

89 Gewürztraminer Spätlese 2020
11,5 Vol.-%, DV, Stahltank, €€

★★

WEINGUT HST – HANNES STEURER

Das Weingut Steurer liegt in Jois und wird als Familienbetrieb engagiert geführt. Während Hannes Steurer von der Rebpflege bis zur Vinifizierung für alle Arbeiten rund um den Wein verantwortlich zeichnet, unterstützt ihn seine Frau Emma in der Verwaltung und beim Verkauf. Auch Sohn Michael ist schon tatkräftig dabei und hat bereits zwei eigene Weine, einen Pet Nat und einen Chardonnay, vinifiziert, aber er sammelt zurzeit auch noch bei anderen Betrieben Erfahrung. Das Weingut besitzt 13 Hektar Weingärten, wovon 75 Prozent mit Rotwein- (Zweigelt, Blaufränkisch, Shiraz und Cabernet Sauvignon) und 25 Prozent mit Weißweinsorten (Welschriesling, Grüner Veltliner, Traminer, Sauvignon Blanc und Pinot Blanc) bepflanzt sind. Zusätzlich werden auch einige Hektar Trauben von Vertragswinzern vinifiziert.

In bester Lage zwischen Hügeln des Leithagebirges und dem Neusiedler See belohnen die Reben den Winzer mit optimalem Traubenmaterial für kräftige Rot- und fruchtige Weißweine. Der Grundphilosophie des Betriebs, keine Berührungsängste gegenüber Modernem zu haben, jedoch dabei die Tradition nicht aus den Augen zu verlieren, vertraut Steurer auch bei der Vinifizierung. Die Weißweine vergären in elektronisch gesteuerten Kühltanks und lagern danach im Edelstahl – dadurch kann die Traubenfrucht optimal bis in die Flasche transportiert werden. Aber es gibt auch verschiedene Versuche im Orange-Bereich: Hier werden die Weine ein Jahr auf der Feinhefe ohne Schwefelzugabe gelagert. Bei den Rotweinen vergären die Trauben aus Top-Lagen in Holzgärständern, damit sie noch eleganter erscheinen. Ein Gutteil der Roten reift aber in französischen 225-Liter- und 500-Liter-Fässern heran, wodurch sie feine Röst-, Vanille- und Schokoladearomen aufweisen. Besonders wichtig ist es dem Winzer, dass seine Weine Spaß machen und das Gebiet im Wein erkennbar wird. Zahlreiche Auszeichnungen untermauern die Qualität der Weine, drei ganz besondere Erfolge bedeuteten der ausgezeichnete »3. Falstaff-Sieger« 2012, der »AWC Trophy-

WEINGUT HST – HANNES STEURER

7093 Jois
Bahnstraße 28
T: +43 (664) 5511780
hst@hannessteurer.at
www.hannessteurer.at

Kellermeister/Kontakt:
Hannes Steurer
Produktion: 100.000 Flaschen
3 % Schaumwein, 27 % weiß,
2 % rosé, 65 % rot, 3 % süß,
13+5 Hektar
Vereinszugehörigkeit:
Leithaberg DAC, Joiser Renommee

Blauer Zweigelt

Sieger« 2018 sowie der »3. Falstaff-Sortensieger« 2018 mit dem »M1«. Zudem wurde der Familienbetrieb bei der Burgenländischen Weinprämierung als Weingut des Jahres 2020 ausgezeichnet. Neben dem Weingut betreibt die Familie auch einen Heurigen. Wer etwas länger verweilen möchte, kann im neuen »Schlafgut«, ausgestattet mit einem eigenen Pool, direkt bei der Seezufahrt in einem der fünf Gästezimmer nächtigen.

91 Chardonnay Buschenberg 2021

14 Vol.-%, DV, 500-l-Fass, €€
Helles Grüngelb, Silberreflexe. Feine Nuancen von Ananas und Mango, zart nach Orangenzesten, ein Hauch von Blütenhonig. Saftig, weißer Apfel, frisch strukturiert, mineralisch-salzig im Nachhall, Limetten im Rückgeschmack.

93 Blaufränkisch Bakobel 2020

14 Vol.-%, NK, 500-l-Fass, €€€€
Dunkles Rubingranat, violette Reflexe, breitere Ockerrandaufhellung. Zart nach Lakritze, feine Brombeernote, Heidelbeeren, zart nach Vanille, ein Hauch von Schiefer. Saftig, reife Herzkirschen, gut integrierte, feine Tannine, etwas Nougat, mineralisch-salzig im Abgang, wird von Flaschenreife profitieren.

93 Cabernet Sauvignon M1 2020

13,5 Vol.-%, NK, Barrique, €€€€€
Dunkles Rubingranat, violette Reflexe, dezente Ockerrandaufhellung. Feine Röstaromen, würziges Bukett, dunkle Waldbeeren, Kirschen, tabakige Nuancen. Saftig, elegant, reife Herzkirschen, gut integrierte Tannine, frisch, mineralisch, feine salzige Nuancen, zeigt Länge, ein lebendiger Speisenbegleiter.

92 Renommee 2020 CS/ZW/BF

13,5 Vol.-%, NK, 500-l-Fass, €€€
Dunkles Rubingranat, violette Reflexe, breitere Ockerrandaufhellung. Intensive Edelholzwürze, Kardamom, etwas Gewürznelken, schwarze Kirschen, ein Hauch von Lakritze und Cassis. Saftig, dunkle Beerenfrucht, feine Tannine, frisch strukturiert, Brombeeren im Abgang, bereits gut antrinkbar.

91 HST 2020 CS/ZW

13,5 Vol.-%, NK, Barrique, €€€
Dunkles Rubingranat, violette Reflexe, breitere Ockerrandaufhellung. Zedernholz, intensive Würze, ein Hauch von Preiselbeeren, Cassis, Nuancen von Vanille. Reife Herzkirschen, deutliche Holzwürze, mittlere Komplexität, frische Säure, zart blättrig im Nachhall, ein Hauch von Grafit im Abgang.

91 Zweigelt 2021

13,5 Vol.-%, DV, Stahltank, €€
Dunkles Rubingranat, violette Reflexe, breitere Ockerrandaufhellung. Frische Zwetschken, rote Kirschen, Nuancen von Orangenzesten. Saftig, elegant, süße Frucht, feine Tannine, würziger Nachhall, salziger Rückgeschmack.

★★★★

WEINGUT TINHOF

BIO

In Eisenstadt, an den Hängen des Leithagebirges, liegen die Weingärten von Erwin Tinhof, der aus Überzeugung fast ausschließlich österreichische Rebsorten anpflanzt. Bereits seit elf Generationen fühlt man sich dem Weinbau verpflichtet. Die Weingärten liegen alle auf Seehöhen von 150 bis 280 Metern und sind geprägt vom Mikroklima der einzelnen Lagen. Manche Weingärten liegen am Waldrand, manche in ganz offenen Rieden. Diese Kleinstrukturiertheit des Leithagebirges findet sich in der Vielfalt der Weine wieder. Bepflanzt sind diese Weingärten mit bis zu 7.000 Rebstöcken pro Hektar, die durch die biologisch-organische Bewirtschaftung nachhaltig vital sind. Sie sind bis zu 55 Jahre alt und bestehen aus Sorten wie Neuburger und Weißburgunder sowie Blaufränkisch und Sankt Laurent. Handlese und Vergärung nur mit natürlichen Hefen sind Standard. Das Resultat sind feine, elegante, strukturierte und aussagekräftige Weine mit unverwechselbarem Charakter. Voraussetzung dafür sind widerstandsfähige Reben und gesunde Trauben. Das Weingut Tinhof ist nach jahrelanger Vorarbeit seit 2012 biologisch-organisch zertifiziert. Die Leithaberg-DAC-Weine und die Einzellagenweine werden in Holzfässern ausgebaut, bekommen viel Zeit zur Reifung und sind besonders präzise und facettenreiche Vertreter der Leithaberg-Terroirs.

WEINGUT TINHOF
7061 Trausdorf
Eisenstädter Straße 10
T: +43 (2682) 62648
wein@tinhof.at
www.tinhof.at

Kellermeister/Kontakt:
Erwin Tinhof
Anbauweise: Zertifiziert Biologisch
Produktion: 90.000 Flaschen
45 % weiß, 50 % rot, 5 % süß,
18 Hektar
Vereinszugehörigkeit:
Leithaberg DAC
Messen: Millésime Bio, ProWein Düsseldorf, VieVinum, DAC-Präsentationen, Summa Margreid

95 Neuburger * Eisenstadt Ried Oberberg 2020
13 Vol.-%, NK, gebrauchte Barriques, €€€€€€
Helles Gelbgold, Silberreflexe. Nuancen von Zitronenmelisse, kandierte Limettenzesten, mit zarter weißer Birnenfrucht unterlegt. Straff, frisch und präzise, finessenreicher Säurebogen, zitroniger Touch, ein Hauch von Nougat, wirkt sehr leichtfüßig, pikanter Sortenvertreter mit Reifepotenzial.

94 Neuburger * Eisenstadt Ried Golden Erd 2020
13,5 Vol.-%, NK, gebrauchte Barriques, €€€€€
Helles Gelbgold, Silberreflexe. Florale Nuancen, weißes Kernobst, ein Hauch von frischen Litschis, einladendes Bukett. Stoffig, sehr elegant, feinfruchtig, mineralisch-salzige Textur, bleibt lange haften, zeigt gute Frische und Balance, ein facettenreicher Speisenbegleiter.

94 Weißburgunder * Eisenstadt Ried Golden Erd 2020
14 Vol.-%, NK, 500-l-Fass, €€€€€
Helles Goldgelb, Silberreflexe. Zarte Nuancen von weißem Kernobst, etwas Walnuss, ein Hauch von kandierten Orangenzesten, mineralischer Touch. Saftig, frischer Apfel, finessenreicher Säurebogen, mineralisch und lange anhaftend, zeigt Länge und verfügt über sicheres Reifepotenzial.

93 Weißburgunder * Großhöflein Ried Tatschler 2020
14 Vol.-%, NK, 500-l-Fass, €€€€€
Helles Gelbgold, Silberreflexe. Zarte Limettenzesten, weißer Apfel, feine Wiesenkräuter, ein Hauch von Zitronenmelisse. Saftig, elegant und komplex, dezente Fruchtsüße, feiner Säurebogen, ein Hauch von Nougat im Nachhall, vielseitig einsetzbar.

92 Neuburger & Weißburgunder * Eisenstadt 2020
13,5 Vol.-%, NK, großes Holzfass, €€€€
Helles Goldgelb, Silberreflexe. Zart nussig, ein Hauch von Wiesenkräutern, Noten von Birne und Orangenzesten. Saftig, weiße Frucht, frisch strukturiert, etwas Blütenhonig im Abgang, bereits gut entwickelt.

95 Blaufränkisch * Kleinhöflein Ried Kirchberg Gloriette® 2019
14 Vol.-%, NK, gebrauchte Barriques, €€€€€€
Kräftiges Rubingranat, violette Reflexe, breitere Randaufhellung. Florale Nuancen, etwas Hibiskus, kandierte Veilchen, ein Hauch von Minze und roten Beeren, einladendes Bukett. Saftig, feine Fruchtsüße, mineralisch und frisch, feine Tannine, bleibt lange haften, delikater Stil, sicheres Potenzial.

94 Blaufränkisch * Kleinhöflein Ried Setz 2019
14 Vol.-%, NK, gebrauchte Barriques, €€€€€ B
Dunkles Rubingranat, violette Reflexe, zarte Randaufhellung. Fische schwarze Kirschen, feine Nuancen von Waldbeeren, zarte Kräuterwürze, mineralisch unterlegt. Saftig, komplex, elegant, dunkle Beerenfrucht, feine, tragende Tannine, ein Hauch von Minze und dunklem Nougat, gute Länge, verfügt über Reifepotenzial.

93 Blaufränkisch * Eisenstadt 2019
14 Vol.-%, NK, großes Holzfass, €€€€ B
Dunkles Rubingranat, violette Reflexe, dezente Randaufhellung. Zarte Brombeernote, dunkle Kirschen, etwas zurückhaltendes Bukett, frische Mandarinenzesten. Saftig, süße Kirschen, reife Tannine, frischer Säurebogen, mineralisch und anhaftend, bereits gut antrinkbar, finessenreicher Stil.

93 St. Laurent Eisenstadt Ried Feiersteig 2019
12,5 Vol.-%, NK, gebrauchte Barriques, €€€€€ B
Kräftiges Rubingranat, violette Reflexe, breitere Randaufhellung. Zart nach Erdbeerkonfit und eingelegten roten Kirschen, dezente Kräuterwürze, floraler Touch. Saftig, rotbeerig und frisch, zarte Tannine, ein Hauch von Nougat, mineralischer Nachhall, ein lebendiger Speisenbegleiter.

★★★

WEINGUT WAGENTRISTL

Den Grundstein für das heutige Weingut legten die Ururgroßeltern Johann und Julianna Wagentristl im Jahr 1888. Sie übernahmen mit ihrer Hochzeit den damaligen »Hof Nr. 135« in Großhöflein. Dazu gehörten neben landwirtschaftlichen Flächen auch Weingärten. In den folgenden Jahrzehnten widmete sich die Familie verstärkt dem Weinbau. Nach und nach verschwanden Viehwirtschaft und Feldbau, der Weinbau hingegen rückte immer mehr in den Mittelpunkt. So wurde im Laufe der Zeit aus dem »Hof Nr. 135« das heutige Weingut in der Rosengasse mit Weingärten an den sanften Hängen des Leithagebirges und dessen Ausläufern. Die besondere Zusammensetzung der Böden sorgt gemeinsam mit dem speziellen Kleinklima der Region für ein einzigartiges Terroir, das in dieser Beschaffenheit nirgendwo sonst zu finden ist. »Ich bin ein Freund klarer Linien, und diese verfolge ich auch bei der Kelterung meiner Weine. So entstehen Weine mit unverwechselbarem Charakter – Weine mit Kraft und Finesse. Mit diesen Weinen will ich andere, aber auch mich selbst glücklich machen!«, so Winzer Rudi Wagentristl.

93 Weißburgunder * Müllendorf Ried Kreidestein 2020
14 Vol.-%, NK, 500-l-Fass, €€€€€ V
Helles Gelbgrün, Silberreflexe. Feine Limetten, weiße Blüten, Nuancen von frischer Tropenfrucht, sehr einladendes Bukett. Stoffig, elegant, feine Fruchtsüße, cremig, fines-

WEINGUT WAGENTRISTL
7051 Großhöflein
Rosengasse 2
T: +43 (2682) 61415
weingut@wagentristl.com
www.wagentristl.com

Kellermeister: Rudolf Wagentristl
Kontakt: Familie Wagentristl
Produktion: 60.000 Flaschen
33 % weiß, 65 % rot, 2 % süß,
14 Hektar
Vereinszugehörigkeit:
Leithaberg DAC
Messen: VieVinum

senreich strukturiert, ein Hauch von Nougat, ein sehr balancierter, animierender Wein mit sicherer Zukunft.

92 Weißburgunder * Ried Tatschler 2020
13,5 Vol.-%, NK, 500-l-Fass, €€€€€ Ⓥ
Helles Gelbgrün, Silberreflexe. Zarte Nuancen von gelbem Steinobst, ein Hauch von Pfirsich und Ringlotte, dezent nach Karamell. Elegant, leichtfüßig, Noten von hellem Nougat im Abgang, bereits gut antrinkbar.

90 Weißburgunder * 2021
13,5 Vol.-%, DV, Stahltank/500-l-Fass, €€ Ⓥ
Mittleres Gelbgrün, Silberreflexe. Mit einem feinen Karamelltouch unterlegte Note von gelbem Kernobst. Mittlere Komplexität, feine Fruchtsüße, elegant und ausgewogen, seidig, bereits gut antrinkbar.

91 Chardonnay * 2021
13 Vol.-%, DV, großes Holzfass/500-l-Fass, €€ Ⓥ
Helles Gelbgrün, Silberreflexe. Feine weiße Tropenfrucht, ein Hauch von Litschis und Babyananas, mit frischen Orangenzesten unterlegt, florale Nuancen. Saftig, seidige Textur, feine Süße, ausgewogen und elegant, bereits gut antrinkbar.

94 Blaufränkisch * Ried Point 2019
14 Vol.-%, NK, 500-l-Fass, €€€€€ Ⓥ
Dunkles Rubingranat, violette Reflexe, zarte Ockerrandaufhellung. Mit einem Hauch von Lakritze unterlegte schwarze Kirschfrucht, Preiselbeeren, mineralisch, feiner Nougatton, frische Orangenzesten. Straff, elegant, frische Beerenfrucht, rote Kirschen, gut integrierte Tannine, salzig und anhaftend, wirkt noch sehr jugendlich, sicheres Reifepotenzial.

(93) Blaufränkisch * 2020
13,5 Vol.-%, DV, großes Holzfass/500-l-Fass, €€€ Ⓥ
Dunkles Rubingranat, violette Reflexe, dezente Randaufhellung. Feine Nuancen von frischen schwarzen Herzkirschen, ein Hauch von Zwetschken, kandierte Orangenzesten, einladend. Saftig, elegant, gute Komplexität und Frische, feine Tannine, lebendiger, animierender Stil, bereits gut antrinkbar.

93 Blaufränkisch * Ried Reisbühl 2019
14 Vol.-%, NK, 500-l-Fass, €€€€€ Ⓥ
Dunkles Rubingranat, violette Reflexe, zarte Ockerrandaufhellung. Schwarze Beerenfrucht, Brombeeren, reife Herzkirschen, Orangenzesten, ein Hauch von Tabak, mit dunkler Mineralik unterlegt. Saftig, elegant, engmaschiger Stil, feste, gut integrierte Tannine, kreidig-mineralisch unterlegt, zeigt gute Länge, feiner Schokotouch im Abgang.

92 Pinot Noir Kreideberg® 2019
14 Vol.-%, NK, 500-l-Fass, €€€€ Ⓥ
Kräftiges Rubingranat, violette Reflexe, breite Randaufhellung. Rote Kirschen, frische Waldbeeren, ein Hauch von Mandarinenzesten, zurückhaltendes Bukett. Mittlere Komplexität, feine Fruchtsüße, gut integrierte Tannine, mineralisch-salzig im Abgang, schwarze Kirschen im Nachhall.

★★★

WEINGUT STEFAN ZEHETBAUER

Das Weingut Stefan Zehetbauer befindet sich in Schützen am Gebirge, mitten im Gebiet Leithaberg, und wird von Stefan Zehetbauer in zehnter Generation geführt. Die Rieden stehen am und rund um den Schützner Stein und sind von den schiefer- und kalkreichen Böden der Region geprägt. Stefan Zehetbauers Anliegen ist es, Weine mit Tiefe, einer markanten Mineralik und Entwicklungspotenzial zu keltern. Die Weingärten haben dabei für den Winzer oberste Priorität, denn dort wird der Grundstein für die Qualität gelegt. Die Eingriffe im Keller werden dagegen auf ein notwendiges Minimum reduziert. Auf Reinzuchthefen und Enzyme wird verzichtet, die Vergärung erfolgt spontan, die Weine bleiben lange auf der Hefe. Die weißen Reserven und sämtliche Rotweine kommen zudem ohne Schönung aus; an erster Stelle steht stets der Terroirgedanke.

Die Leithaberg-Sorten Blaufränkisch, Pinot Blanc und Chardonnay machen den Großteil des Sortiments aus. Die Top-Weine kommen aus der Riede Steinberg, die mit ihrem kargen Glimmerschiefer zu den besten Lagen dieser Region zählt. Die Familie hat aber auch immer über den Tellerrand hinausgeblickt. Mit ihrem einzigartigen Cabernet Franc vom Steinberg – mit dem die Zehetbauers Ende der 1980er-Jahre in Österreich Pionierarbeit leis-

WEINGUT STEFAN ZEHETBAUER
7081 Schützen am Gebirge
Hauptstraße 3
T: +43 (2684) 2523
office@zehetbauerwein.at
www.zehetbauerwein.at

Kellermeister/Kontakt:
Stefan Zehetbauer
Produktion: 30 % weiß, 70 % rot, 15 Hektar
Vereinszugehörigkeit:
Leithaberg DAC
Messen: ProWein Düsseldorf, VieVinum, Wein Burgenland Präsentationen

Ried Steinberg in Oslip

teten – haben sie sich mittlerweile einen sehr guten Namen gemacht.

93 Pinot Blanc * Spätfüllung 2020
13,5 Vol.-%, DIAM, Stahltank/gebrauchte Barriques, €€€
Mittleres Goldgelb, Silberreflexe. Feine Nuancen von gelbem Kernobst, zart nach Ananas und Blütenhonig, etwas Karamell. Saftig, elegant und frisch, ein Hauch von Kokos, finessenreich strukturiert, mineralisch und anhaftend, vielseitig einsetzbar.

93 Chardonnay * Ried Steinberg 2019
14,5 Vol.-%, DIAM, 500-l-Fass, €€€€
Helles Goldgelb, silberfarbene Reflexe. Zart rauchige Holzwürze, nussiger Anklang, reife gelbe Tropenfrucht, mit einem Hauch von Kokos und Nougat unterlegt. Saftig, kraftvoll, feine Fruchtsüße, zart nach Ananas, mineralisch, kompaktes Finale, gutes weiteres Entwicklungspotenzial.

90 Gewürztraminer Ried Hölzlstein 2020
13 Vol.-%, DV, Stahltank, €€
Helles Gelbgrün, Silberreflexe. Intensives typisches Bukett nach Rosenöl und Marshmallows. Am Gaumen schlank, dezente weiße Tropenfrucht, etwas nach Litschis, feiner Säurebogen, zitronig und leichtfüßig im Abgang.

94 Blaufränkisch * Ried Steinberg 2019
13,5 Vol.-%, DIAM, 500-l-Fass, €€€€€
Dunkles Rubingranat, tiefer Farbkern, violette Reflexe, zarte Randaufhellung. Zart nach Nougat und Kräutern, dunkle Herzkirschen, Brombeeren, kandierte Orangenzesten. Saftig, feine Fruchtsüße, gute Frische, reife, seidige Tannine, mineralisch, Herzkirschen auch im Abgang, schokoladiger Rückgeschmack, gutes Potenzial.

93 Blaufränkisch * Ried Reckenschink 2019
13,5 Vol.-%, DIAM, 500-l-Fass, €€€€€
Dunkles Rubingranat, violette Reflexe, breitere Ockerrandaufhellung. Dunkle Waldbeeren, frische Kirschen, feines Nougat, tabakige Würze klingt an. Komplex, saftige Textur, Nuancen von Herzkirschen, mineralisch-frisch im Abgang, ein facettenreicher Speisenbegleiter.

90 Blaufränkisch Sonnenberg 2020
13,5 Vol.-%, DV, Stahltank/500-l-Fass, €€
Dunkles Rubingranat, violette Reflexe, breitere Ockerrandaufhellung. Tabakig-kräuterwürzig unterlegte Kirschfrucht, reife Zwetschken, rauchige Nuancen. Saftig, süße Kirschfrucht, frisch strukturiert, rotbeeriger Nachhall, ein unkomplizierter, feinwürziger Speisenbegleiter.

93 Cabernet Franc Ried Steinberg 2019
13,5 Vol.-%, DIAM, Barrique, €€€€
Dunkles Rubingranat, violette Reflexe, breitere Ockerrandaufhellung. Zart floral unterlegte reife Kirschnote, ein Hauch von Zwetschken und Nougat, mit frischen Orangenzesten unterlegt. Stoffig, feine Süße, präsente, gut integrierte Tannine, nussiger Touch, mineralisch, gute Länge, sicheres Reifepotenzial, bereits antrinkbar.

© Mathias Heister

* Leithaberg DAC

Das Lutzmannsburger Hochplateau, die Rotweininsel im Blaufränkischland

BURGENLAND

MITTEL-BURGENLAND

DAC

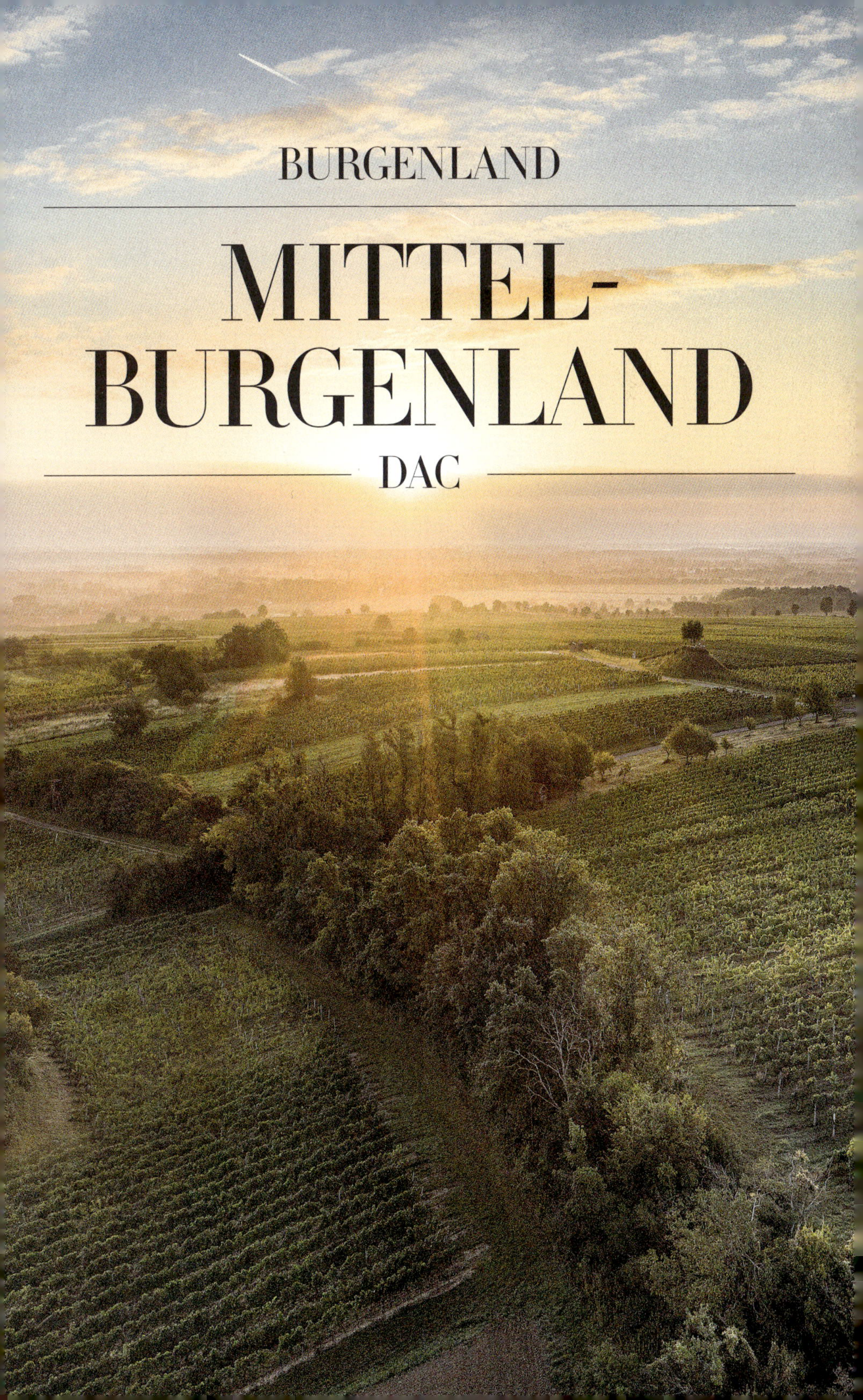

Schloss Deutschkreutz vor dem alten Weingebirge

BLAUFRÄNKISCH MIT VIEL CHARAKTER

Eine Rotweinsorte spielt auf den rund 2.100 Hektar Rebfläche des Weinbaugebiets Mittelburgenland die Hauptrolle: der Blaufränkisch, der in Form von DAC-Weinen seine Herkunft idealtypisch repräsentiert. Vier Gemeinden geben den Ton an: Deutschkreutz, Horitschon, Lutzmannsburg sowie Neckenmarkt. Und zwei moderne Genossenschaften beweisen, dass Größe sehr wohl mit höchster Qualität konform gehen kann.

Die topografischen und klimatischen Voraussetzungen sind günstig: Die Weingärten werden von der Buckligen Welt im Westen, dem Ödenburger Gebirge im Norden und dem Günser Gebirge im Süden geschützt. Aus der Pannonischen Tiefebene im Osten kann der warme, trockene Wind ungehindert einströmen. Die Böden sind ziemlich einheitlich, meist schwere, tiefgründige Lehmböden mit großer Wasserspeicherfähigkeit, was sich vor allem in trockenen Jahren positiv auswirkt. So können Blaufränkisch, aber auch Zweigelt, Cabernet Sauvignon und Merlot Kraft und Struktur gewinnen. In einzelnen Abschnitten findet man auch Gneis, Schiefer und vereinzelt Kalk und sandigen Lehm.

Ob reinsortige Weine oder Cuvées das bessere Ergebnis liefern, darüber lässt sich streiten. Unbestritten ist aber mit Sicherheit, dass der Blaufränkisch auf dem Weg in die Weinzukunft weiterhin eine führende Rolle spielen wird. Qualitätsgarant dafür ist eine aufstrebende Winzerschaft. Aber auch zwei moderne Winzergenossenschaften, eine in Horitschon, die andere in Neckenmarkt, verstärken die Erfolgsstrategie. Sie haben frühzeitig erkannt, dass beim Rot-

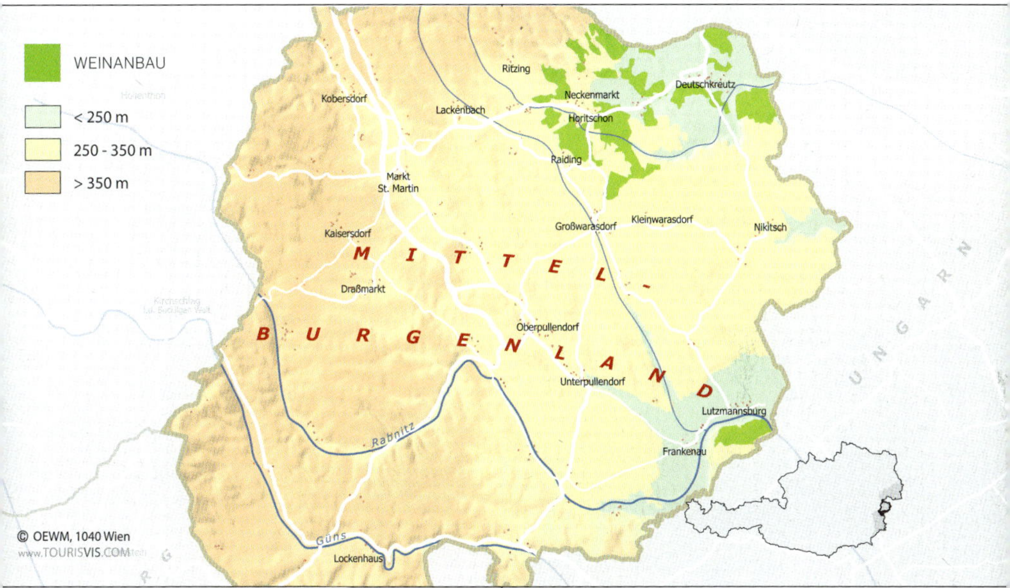

wein zeitgemäße Investitionen unerlässlich für Markterfolg und Exportchancen sind. Touristisch ist das Mittelburgenland ebenfalls zum attraktiven Ziel geworden, nicht zuletzt durch die zahlreichen Thermen, die hier in den letzten Jahren aus dem Boden geschossen sind. Ein buntes Freizeitangebot für alle Altersgruppen, manch uriger Heuriger und auch kulturelle Sehenswürdigkeiten sind weitere Pluspunkte.

AUSGEWÄHLTE WEINGÜTER

★★★★★

Weingut Gesellmann, Deutschkreutz

★★★★

Heribert Bayer Kellerei In Signo Leonis, Neckenmarkt
Weingut Gager, Deutschkreutz
Weingut Silvia Heinrich, Deutschkreutz
Iby Bio Rotweingut, Horitschon
Weingut Hans Igler, Deutschkreutz
Weingut Kerschbaum, Horitschon
Weingut Josef Tesch, Neckenmarkt
Weingut Wellanschitz, Neckenmarkt

★★★

Weinhof Bauer-Pöltl, Horitschon-Unterpetersdorf
Weingut Hundsdorfer, Neckenmarkt
Rotweingut Prickler, Lutzmannsburg
Grenzlandhof – Reumann, Deutschkreutz
Weingut Strehn, Deutschkreutz
Weingut Familie Weber, Lutzmannsburg
Weingut Juliana Wieder, Neckenmarkt

★★

Weingut Ernst, Deutschkreutz
Winzerkeller Neckenmarkt, Neckenmarkt
Weingut Gerhard Pfneisl, Deutschkreutz

—

Eichenwald Weine, Horitschon

Ried Raga mit Blick auf Horitschon

WEINHOF BAUER-PÖLTL
7312 Horitschon-Unterpetersdorf
Brunnenweg 1
T: +43 (2610) 43226
weinhof@bauerpoeltl.at
www.bauerpoeltl.at

Kellermeister: Daniel Bauer-Lang
Kontakt: Daniel und Kathrin Bauer-Lang
Anbauweise: Zertifiziert Biologisch
Produktion: 10 % weiß, 90 % rot, 16 Hektar
Vereinszugehörigkeit: Verband Blaufränkisch Mittelburgenland
Messen: VieVinum, Vinobile Feldkirch, Weinmesse Innsbruck

★★★

WEINHOF BAUER-PÖLTL

BIO

Die Weine vom Weinhof Bauer-Pöltl sind typisch und doch einzigartig. In Horitschon im Mittelburgenland gelegen, wird hier Wein von schweren Lehmböden gemacht. Kathi und Daniel setzen seit einigen Jahren schnörkellos ihre Ideen zum Thema Rotweingenuss um. Daniel absolvierte eine klassische Weinbauausbildung mit Auslandspraktika in Italien, den USA und Südafrika. Kathi kommt ursprünglich aus Tirol und ist Mikrobiologin und Genetikerin. Sie bringt mit vielen Ideen Schwung in den Betrieb.
Handwerk, Nachhaltigkeit und biologische Arbeitsweise sind die Grundwerkzeuge zur Erreichung der hohen Qualität der Weine. Leitsorte ist der Blaufränkisch, der 60 Prozent der gesamten Rebfläche von 16 Hektar einnimmt. Die bekanntesten Weine sind »Domus Petri«, Blaufränkisch Hochäcker, Blaufränkisch Vom Lehm, »Christania« und »Altes Weingebirge«.

93 Blaufränkisch ** Altes Weingebirge 2019
13,5 Vol.-%, NK, 500-l-Fass, €€€€€ B V
Kräftiges Rubingranat, violette Reflexe, breitere Ockerrandaufhellung. Etwas scheues Bukett, dunkle Herzkirschen, ein Hauch von Brombeeren, zart mit Vanille und Nougat verbrämt. Saftig, elegant, seidige Textur, reife Kirschen, runde Tannine, mineralisch, gut anhaftend, balanciert, ein ausgewogener Speisenwein mit gutem Reifepotenzial.

91 Blaufränkisch ** Vom Lehm 2019
13 Vol.-%, NK, 500-l-Fass, €€€€ B V
Kräftiges Rubingranat, violette Reflexe, dezente Ockerrandaufhellung. Zarte animalische Aspekte, etwas Velours, schwarze Kirschen, tabakig unterlegt. Mittlerer Körper, rote Kirschen, feine Tannine, mineralisch-salzig, zugänglicher, leichtfüßiger Stil.

93 Blaufränkisch Natur 2019
13 Vol.-%, NK, 500-l-Fass, €€€€€ B I
Dunkles Rubingranat, violette Reflexe, breitere Ockerrandaufhellung. Reife Beeren und schwarze Kirschen, eingebettet in Nuancen von Kräutern und Edelholz, zarter Lakritz-Touch. Saftig, rote Kirschen, wirkt leichtfüßig, samtige Tannine, frischer Säurebogen, animierend und gut anhaftend.

90 Blaufränkisch Natur H.äcker 2019
13 Vol.-%, NK, 500-l-Fass, €€€ B
Kräftiges Rubingranat, violette Reflexe, breitere Ockerrandaufhellung. Rauchige Kräuterwürze, schwarze Beerenfrucht, ein Hauch von Schießpulver, dunkles Nougat. Saftig, rotbeerig und frisch, feine Tannine, mineralisch-zitronig im Abgang, trinkiger Stil.

92 Christania 2019 ME/CS
13,5 Vol.-%, NK, 500-l-Fass, €€€€€ B
Kräftiges Rubingranat, violette Reflexe, breitere Ockerrandaufhellung. Tabakig, Nuancen von Cassis und Brombeeren, zart nach Rosmarin, dunkle Mineralik. Mittlere Komplexität, frische Brombeeren, feine Tannine, salzig-zitronig im Abgang, lebendiger Stil, rote Kirschen, würziger Nachhall.

89 Domus Petri 2019 ZW/ME
13 Vol.-%, DV, gebrauchte Barriques, €€ B V

★★★★

HERIBERT BAYER KELLEREI IN SIGNO LEONIS

Patrick Bayer teilt mit seinem Vater Heribert Bayer die gleiche Leidenschaft: das Schaffen hervorragender Weine, die Sorte, Herkunft und Jahrgang, aber auch die persönliche Handschrift kompromisslos verkörpern. Als einer der wenigen Négociants Österreichs geht Patrick Bayer bereits seit über 15 Jahren den eingeschlagenen Weg seines Vaters Heribert weiter und produziert dort seine Weine, wo er die Ausdruckskraft und Typizität der Rebsorten für beispielhaft erachtet.
Neben dem großartigen Lagerpotenzial ihrer Weine ist das Haus vor allem für seine verfügbare Jahrgangstiefe und seine gereiften Rotweine bekannt. Denn Heribert und Patrick Bayer geben ihren Weinen besonders viel Zeit und Fürsorge. Dank dieser Philosophie kann heute bei ihren vielfach prämierten Weinen der In-Signo-Serie aus bis zu zehn verschiede-

HERIBERT BAYER KELLEREI IN SIGNO LEONIS
7311 Neckenmarkt
Wirtschaftspark 5
T: +43 (2610) 42644
bayer@weinfreund.at
www.weinfreund.at

Kellermeister/Kontakt: Patrick Bayer
Produktion: 100.000 Flaschen
3 % Schaumwein, 12 % weiß, 85 % rot, 20 Hektar
Vereinszugehörigkeit: Verband Blaufränkisch Mittelburgenland
Messen: VieVinum

Blauburger

Donatuskapelle, Neckenmarkt

nen Jahrgängen gewählt werden. Die Weine sind dabei nach den Sternzeichen der Familie – Löwe, Schütze, Wassermann und Stier – benannt und präsentieren sich vielschichtig, fruchtkonzentriert und mit samtig eingebundenen Tanninen.

Zu den Aushängeschildern des Hauses zählen unter anderem die Cuvée »In Signo Leonis«, die bereits seit 1997 regelmäßig in den Bestenlisten aufscheint, sowie der reinsortiger Parade-Blaufränkisch »In Signo Sagittarii«, dessen Trauben aus über 70 Jahre alten Rebanlagen der Top-Lage Hochberg in Neckenmarkt stammen. Seit einigen Jahren reiht sich auch die Weißwein-Rarität »Albatros« unter die besten Chardonnays des Landes ein und lässt dabei die Herzen von Burgunder-Fans höherschlagen.

Seit März 2020 lädt das Weingut auch regelmäßig zu Online-Themenverkostungen via Facebook und Instagram. Dabei können Weinfreunde aus aller Welt sich die Weine vorab zusenden lassen und sie dann direkt von zu Hause aus live mitverkosten. Mit dabei sind viele Gäste, darunter Winzerkollegen, Sommeliers und auch Musiker. Auch private und virtuelle Weinverkostungen für Gruppen und Teams werden laufend veranstaltet.

93 ❸ Pinot Noir Sekt g.U. Große Reserve In Signo Aquarii 2017
12 Vol.-%, NK, Flaschengärung, €€€€€
Mittleres Lachsrosa mit Orangereflexen, lebendiges Mousseux. Feine Nuancen von frischen Ringlotten, Kirschen und Erdbeerkonfitüre, zarter Biskuit-Touch, einladendes Bukett. Stoffig, gelber Pfirsich, etwas Blütenhonig, frische Struktur, gut anhaftend, mineralisch im Abgang, ein subtiler Speisenbegleiter.

(96) In Signo Leonis 2019 BF/CS/ZW
14 Vol.-%, NK, kleines Holzfass, €€€€€
Dunkles Rubingranat, violette Reflexe, dezente Randaufhellung. Feine Edelholzwürze, Brombeernuancen, Heidelbeeren, Cassis, kandierte Orangenzesten. Saftig und komplex, süße Waldbeeren, feines Nougat, samtige, tragende Tannine, elegant und lange anhaftend, großes Zukunftspotenzial.

(94) Blaufränkisch In Signo Sagittarii 2019
14 Vol.-%, NK, kleines Holzfass, €€€€€
Dunkles Rubingranat, violette Reflexe, breitere Randaufhellung. Zart tabakig-kräuterwürzig unterlegte reife Zwetschken, eingelegte Kirschen, Mandarinenzesten. Saftig, feine rotbeerige Nuancen, gut integrierte Tannine, zart nach Vanille, mineralisch und mit Länge ausgestattet, bereits gut entwickelt.

92 Blaufränkisch Ex·qui·sit 2020
14,5 Vol.-%, NK, Barrique, €€€€
Kräftiges Rubingranat, violette Reflexe, breitere Ockerrandaufhellung. Dunkle Waldbeeren, Brombeertouch, etwas Cassis, florale Nuancen nach Hibiskus, tabakiger Anklang. Saftig, rote Kirschen, Preiselbeeren, lebendiger Säurebogen, gut integrierte Tannine, salziger Nachhall, Ribiseln und Limetten im Nachhall.

92 Merlot Ex·qui·sit 2020
14 Vol.-%, NK, Barrique, €€€€
Kräftiges Rubingranat, violette Reflexe, breitere Ockerrandaufhellung. Frische Kräuterwürze, rote Kirschen, mineralisch, mit einem feinen Edelholztouch unterlegt. Saftig, elegant, zarte Fruchtsüße, seidige Tannine, gut Frische im Abgang, ein balancierter Speisenwein mit Entwicklungspotenzial.

92 Pinot Noir In Signo Tauri 2019
13,5 Vol.-%, NK, kleines Holzfass, €€€€€
Kräftiges Rubingranat, violette Reflexe, breitere Ockerrandaufhellung. Rote Kirschen, zart nach Zwetschken, kandierte Orangenzesten. Mittlere Komplexität, Herzkirschen, frischer Säurebogen, etwas Nougat im Nachhall, zart nach Feigen im Rückgeschmack, ein eleganter Speisenbegleiter.

EICHENWALD WEINE

Mit Passion und Leidenschaft – und das seit 1962: Eichenwald Weine hat die Mission, gemeinsam als Team mit allen Traubenlieferanten und Partnern die Qualität zu forcieren. Eichenwald Weine steht für Qualität und stete Weiterentwicklung, für feine Genussmomente und unvergessliche Events.

Rotweine machen den Großteil des Sortiments aus, allen voran die für die Region typische Sorte Blaufränkisch. Die Vinifikation der Weine erfolgt in drei verschiedenen Linien: Neben der Klassik-Linie werden Weine der Premium-Linie, die in großen Holzfässern reifen, sowie Reserve-Weine, die sich in aller Ruhe im 225-Liter-Barriquefass entwickeln dürfen, angeboten. Sie begeistern vor allem mit viel Frucht, Kraft und Sortentypizität und sind vielschichtig mit Herkunft, Tiefgang und Struktur. Das Weingut selbst ist imposant und modern – und liegt inmitten der Riede Gfanger in Horitschon. Das einmalige Gebäude ist von Weitem sichtbar und dank der Sandsteinfassade dennoch perfekt in die Landschaft integriert. Der Weinkeller ist Heimat für bis zu 1.000 Eichenfässer, Inspiration für Genießer und eine der außergewöhnlichsten Eventlocations im Burgenland.

(92) Blaufränkisch ** Ried Dürrau Der Geistesblitz 2019

14 Vol.-%, DIAM, Barrique/gebrauchte Barriques, €€€€

Kräftiges Rubingranat, violette Reflexe, dezente Ockerrandaufhellung. Zart floral unterlegte rote Kirschnoten, zart nach Vanille, mit etwas Brombeeren und Zwetschken unterlegt. Saftig, elegant und ausgewogen, reife Tannine, etwas Schokolade im Abgang, bereits gut antrinkbar, ein feinwürziger Speisenbegleiter.

89 Blaufränkisch Klassik Der Traubendieb 2020

13,5 Vol.-%, DV, Stahltank/Eichenfass, €€

(93) The Oak 2019 BF/ME/ZW/CS

14,5 Vol.-%, DIAM, Barrique/gebrauchte Barriques, €€€€€ V

Tiefdunkles Rubingranat, opaker Kern, dezente Randaufhellung. Feine Edelholznuancen, zarte Kräuterwürze, etwas Vanille, mit dunklen Beeren und reifen Kirschen unterlegt. Kraftvoll, straff, feine Fruchtsüße, gut integrierte Tannine, etwas Nelken, mineralisch, gute Frische, wird von Flaschenreife profitieren.

© Eichenwald Weine

EICHENWALD WEINE
7312 Horitschon
Kellerei: Günser Straße 54
T: +43 (2610) 42321
office@eichenwald.at
www.eichenwald.at

Kontakt: Geschäftsführer DI Johannes Forauer, Leitung Sales & Marketing Johannes Berger
Produktion: 4.000.000 Flaschen
8 % weiß, 20 % rosé, 82 % rot,
380 Hektar
Messen: VieVinum, Weinmesse Innsbruck, Weinmesse Salzburg, DAC-Präsentationen

Eichenwald Weine – das Weingut in der Ried Gfanger

* Mittelburgenland DAC ** Mittelburgenland DAC Reserve

90 Die Zeitreise 2019 BF/ZW/CS
14 Vol.-%, DV, großes Holzfass, €€
Kräftiges Rubingranat, violette Reflexe, dezente Ockerrandaufhellung. Zarte Kräuterwürze, Nuancen von Brombeeren und dunklen Kirschen, tabakige Noten. Mittlerer Körper, dunkelbeerige Textur, gut integrierte Tannine, feinwürziger Abgang.

(91) Zweigelt Reserve Das Federvieh 2019
14 Vol.-%, DIAM, Barrique/gebr.Barriques, €€€€
Tiefdunkles Rubingranat, violette Reflexe, dezente Ockerrandaufhellung. Tabakig-kräuterwürzig unterlegte Pflaumenfrucht. Komplex, frische Brombeeren und Zwetschken, gut integrierte Tannine, mineralisch, zeigt Frische und gute Länge.

88 Zweigelt Klassik Die Ritterehre 2020
13,5 Vol.-%, DV, Stahltank/Eichenfass, €€

★★

WEINGUT ERNST

»Ernsthaft« ist ein Adjektiv, das Bernhard Ernst seit seinem Start 2005 stets begleitet hat. Ernsthafte Weine zu keltern war bereits damals sein Ziel. Das Rundherum allerdings war mehr improvisiert, ein Experiment in der Garage der Eltern – jung und wild eben, wie er war.
Am Ziel, ernsthafte Weine zu produzieren, hat sich bis heute nichts geändert. Sehr wohl geändert haben sich allerdings die Rahmenbedingungen: Ein geschmackvolles neues Weingut und eine Frau, die »seinen Traum nun mitträumt«, kamen dazu. Struktur, Ordnung und ein Hauch weiblicher Eleganz hielten Einzug. Mit Sylvia Ernst entschloss sich eine Vorarlbergerin, fortan nicht ganz im Westen, sondern im Osten Österreichs zu leben und ihr ganzes Herzblut dieser neuen Aufgabe zu widmen.
Gemeinsam leben die beiden nun den Winzeralltag mit einem Ziel: ihre Heimat bestmöglich in den Weinen abzubilden. »Herkunft zählt« ist Motto und Botschaft zugleich. In ihren Flaggschiffen, den drei Lagen-Blaufränkischen Fabian, Goldberg und Hochberg, aber auch in den beiden Cuvées »ZION« und »La Mission«, lässt sich eben diese Herkunft des Winzerpaares – Deutschkreutz im Mittelburgenland – und ihre damit verbundene Botschaft ganz deutlich herausschmecken.

Girm bei Deutschkreutz

WEINGUT ERNST
7301 Deutschkreutz
Neubaugasse 21
T: +43 (664) 3860220
info@weinguternst.at
www.weinguternst.at

Kellermeister/Kontakt: Bernhard Ernst
Anbauweise: Umstellung auf bio (Bio Austria)
Zertifiziert: Nachhaltig Austria
Vereinszugehörigkeit: Verband Blaufränkisch Mittelburgenland, Junge Wilde Winzer
Messen: VieVinum, Vinobile Feldkirch, Weinmesse Innsbruck

94 La Mission 2019 ME/CS
15 Vol.-%, NK, Barrique, €€€€€
Dunkles Rubingranat, schwarzer Kern, violette Reflexe, zarte Randaufhellung. Feine Holzwürze, tabakig, etwas Cassis, Lakritze klingt an, ein Hauch von Valrhona-Schokolade, mineralischer Touch. Saftig, straff, feine Nougatnoten, zitroniger Touch, samtiges Tannin, das gut trägt, feine Brombeernoten, bleibt gut haften, Röstnuancen im Abgang, ein würziger Speisenbegleiter mit Potenzial.

91 Zion 2019 BF/ZW/CS/ME
14,5 Vol.-%, NK, Barrique, €€€€
Dunkles Rubingranat, violette Reflexe, breitere Ockerrandaufhellung. Tabakig-kräuterwürzig, zart nach reifen Zwetschken und Brombeerkonfit, ein Hauch von Holzwürze, Hibiskus klingt an, etwas Edelholz. Mittlerer Körper, feine Säurestruktur, fruchtsüß, zart nach Nougat im Abgang, Walderdbeeren im Nachhall, ein saftiger, gut entwickelter Speisenbegleiter.

93 Blaufränkisch Reserve Ried Goldberg 2019
15 Vol.-%, NK, 500-l-Fass, €€€€
Tiefdunkles Rubingranat, opaker Kern, violette Reflexe, zarte Randaufhellung. Zedernholz, Grafit, reife Brombeerfrucht, schwarze Kirschen, etwas Lakritze und Mandarinenzesten. Stoffig, rote Frucht nach Preiselbeeren, reife Tannine, elegant und mineralisch, angenehme Frische, zeigt Länge, gutes Reifepotenzial, ein saftiger Speisenbegleiter.

92 Blaufränkisch Reserve Ried Fabian 2019
14,5 Vol.-%, NK, 500-l-Fass, €€€€
Dunkles Rubingranat, violette Reflexe, zarte Randaufhellung. Noten von Edelholz, zart nach Feigen und Nougat, mit schwarzer Kirschfrucht unterlegt, kandierte Orangenzesten. Saftig, frische Brombeeren, reife Tannine, zart nach Nougat, mineralisch-salziger Touch im Abgang, bereits gut antrinkbar.

92 Blaufränkisch Reserve Ried Hochberg 2019
14,5 Vol.-%, NK, 500-l-Fass, €€€€
Dunkles Rubingranat, violette Reflexe, zarte Randaufhellung. Zart kräuterwürzig unterlegte reife rote Kirschfrucht, Nuancen von Lakritze, ein Hauch von kandierten Orangenzesten. Elegant, feine rote Beerenfrucht, etwas schlanker, samtige Tannine, frisch strukturiert, mineralisch, ein vielseitiger Speisenbegleiter.

90 Blaufränkisch Deutschkreutz 2020
13,5 Vol.-%, DV, großes Holzfass, €€
Dunkles Rubingranat, violette Reflexe, breitere Randaufhellung. Feine Nuancen von Brombeeren und Kirschen, angenehme Kräuterwürze, ein Hauch von Nougat. Mittlere Komplexität, feine Kirschfrucht, etwas Lakritze, feine Fruchtsüße, frisch und ausgewogen, bereits gut antrinkbar.

★★★★

WEINGUT GAGER

Die Quadratur des Weines ist das Ziel des Weinguts Gager im burgenländischen Deutschkreutz. Genau dieses Quadrat in unterschiedlichen Farbzusammensetzungen ziert auch die Etiketten der Gager-Weine, die schon seit Beginn verwendet werden. Hier setzt man alles daran, ganz genau diese Quadratur zu erreichen: Perfektion im Wein. Was in den 1980er-Jahren für seine Eltern als Hobby begann, führt Horst Gager in zweiter Generation fort, und auch die Zukunft scheint gesichert, denn Sohn Jonas packt als Schüler der Weinbauschule Klosterneuburg im Familienbetrieb bereits kräftig mit an.
Mit der Kelterung von ausschließlich Rotwein hat sich das Weingut Gager bereits weit über die Landesgrenzen hinaus als Spezialist für ebensolchen positioniert. Wenn es um den Bezug von Rohstoffen geht, muss der Weg aber kein weiter sein, denn diese finden sich in Form perfekter Trauben direkt vor der Tür. Und weil das Unternehmen viel Wert auf Regionalität und einen ressourcenschonenden Umgang mit der Natur legt, wurde es bereits als »nachhaltig« zertifiziert. Aktuell werden 38 Hektar Weingärten bewirtschaftet. Insgesamt umfasst das Sortiment acht Rebsorten, darunter auch die regionale Hauptrebsorte und zugleich das Steckenpferd der Gagers: den Blaufränkisch. Aushängeschilder sind neben der Leitsorte der Region auch Zweigelt, Cabernet Sauvignon und Merlot. Charakteristisch für die Gager-Weine sind neben der tiefdunklen Farbe vor allem der kompakte Körper und das enorme Lagerpotenzial – Qualitäten, die gemeinsam schon für eine lange Liste an Erfolgen gesorgt haben.

(95) Blaufränkisch * Ried Mitterberg 2020
14,5 Vol.-%, NK, 18 Monate Barrique, €€€€€
Tiefdunkles Rubingranat, opaker Kern, violette Reflexe,

WEINGUT GAGER

7301 Deutschkreutz, Karrnergasse 2, 8
T: +43 (2613) 80385
info@weingut-gager.at, www.weingut-gager.at
Kellermeister: Josef Gager, Horst Gager, Manuel Wieder
Kontakt: Josef und Paula Gager, Ing. Horst Gager, Daniela Dostal
Produktion: 100 % rot, 38 Hektar
Zertifiziert: Nachhaltig Austria
Vereinszugehörigkeit: Verband Blaufränkisch Mittelburgenland
Messen: ÖGW Zürich, ProWein Düsseldorf, VieVinum, Vinobile Feldkirch, WEINmesse Berlin, Weinmesse Innsbruck, Weinmesse München, Weinmesse Salzburg, Weintage im Museumsquartier, Wein Burgenland Präsentationen

zarte Ockerrandaufhellung. Feine Edelholznuancen, zart nach Gewürznelken und Vanille, mit schwarzen Beeren unterlegt, etwas Lakritze. Saftig, elegant, reife Kirschen, reife, samtige Tannine, Nougat im Abgang, bereits gut ausgewogen und anhaftend, ein stoffiger Speisenbegleiter, sicheres Entwicklungspotenzial.

(96) Blaufränkisch BFG 2020

14,5 Vol.-%, NK, Barrique, €€€€€€
Tiefdunkles Rubingranat, opaker Kern, violette Reflexe, zarte Ockerrandaufhellung. Süße Gewürze, ein Hauch von Zeder und Bourbonvanille, reife Herzkirschen, Brombeeren und Zwetschken, kandierte Orangenzesten, etwas Nougat. Saftig, samtig und kraftvoll, süße Beeren, präsentes, gut integriertes Tannin, mineralisch-salzig im Abgang, noch etwas unterentwickelt, wird von Flaschenreife profitieren.

(92) Blaufränkisch Ried Fabian 2020

13,5 Vol.-%, DV, gebrauchte Barriques, €€€
Dunkles Rubingranat, violette Reflexe, zarte Randaufhellung. Zart tabakig unterlegte schwarze Beerenfrucht, ein Hauch von Vanille und Brombeeren. Saftig, reife Zwetschken, süße Herzkirschen, feinwürzige Tannine, schokoladiger Touch im Abgang.

(94) Tycoon 20 BF/CS/TA

14,5 Vol.-%, NK, Barrique, €€€€€€
Tiefdunkles Rubingranat, opaker Kern, violette Reflexe, zarte Ockerrandaufhellung. Würzig, tabakig, schwarze Beeren, dunkle Kirschen, feine Edelholznuancen, mineralischer Touch, etwas Vanille im Hintergrund. Kraftvoll, schokoladig, präsente, etwas fordernde Tannine, dezente Süße, gut anhaftend, portweinhafte Aromen nach Dörrzwetschken im Abgang, zeigt Länge, braucht noch seine Zeit.

(93) Cablot 2020 CS/ME/CF

14,5 Vol.-%, NK, Barrique, €€€€€
Tiefdunkles Rubingranat, opaker Kern, violette Reflexe, zarte Ockerrandaufhellung. Etwas verhalten, zart nach Cassis, Brombeeren, feiner Edelholzanklang, Vanille und Nougat im Hintergrund. Saftig, elegant, reife Tannine, süße Kirschen, mineralisch und straff im Abgang, feine Röstaromen im Nachhall, braucht noch etwas Zeit, ein Stück weit Bordeaux im Mittelburgenland.

(92) Quattro 2020 CS/BF/ZW/ME

14 Vol.-%, NK,DV, Barrique, €€€€€
Dunkles Rubingranat, violette Reflexe, zarte Ockerrandaufhellung. Tabakig, feine Edelholzwürze, ein Hauch von Brombeeren und Nougat, zart nach Bergamotte. Mittlere Komplexität, feine Kirschfrucht, angenehme Säurestruktur, zart nussig im Abgang, vielseitig einsetzbar.

(91) Q2 2020 BF/CS/SY

14 Vol.-%, DV, gebrauchte Barriques, €€€
Tiefdunkles Rubingranat, opaker Kern, violette Reflexe, zarte Ockerrandaufhellung. Schwarze Beeren, Kräuterwürze, zart nussig unterlegte Dörrzwetschken, schokoladiger Touch. Saftig, mittlere Komplexität, rotbeerige Nuancen, runde Tannine, gute Frische, mineralisch, zart blättrig im Finish, ein würziger Speisenbegleiter.

★★★★★

WEINGUT GESELLMANN

BIO

Im Einklang mit der Natur wollen wir jedes Jahr charakterreiche, gebietstypische Weine kreieren.« Dieser Leitsatz begleitet Albert Gesellmann seit Jahren. Mit dem Jahrgang 2015 war die Umstellung abgeschlossen und die ersten Bio-zertifizierten Weine kamen in den Verkauf. 45 Hektar sind eine exklusive Größe, die gezielt darauf ausgerichtet ist, nicht den Weltmarkt, sondern Weinfreunde in aller Welt limitiert zu beliefern.

Auf dem Weingut Gesellmann stehen vor allem die heimischen Rotweinsorten im Vordergrund. Der »Opus Eximium«, der die autochthonen Sorten Blaufränkisch, Zweigelt und St. Laurent zu einem idealen Speisenbegleiter vereint, ist die Benchmark des Weinguts. Eine weitere tragende Rolle spielt die Cuvée »G«: Aus den Sorten Blaufränkisch und St. Laurent gekeltert, begeistert sie mit präziser Klarheit, die durch neunzigjährige Rebstöcke eine tiefgründige Veredelung erfährt. Seit 2005 wird der »hochberc« vinifiziert, ein reinsortiger Blaufränkisch, der mit großer Finesse Winzer, Sorte und Gebiet in sich verdichtet. Eine weitere Spitzencuvée ist der »Bela Rex«, eine Zusammensetzung aus Merlot und Cabernet Sauvignon, bei welcher der Winzer sein Können mit den internationalen Rebsorten unter Beweis stellt. Auch für die Genese der weißen Kostbarkeiten bieten die Lagen der Gesellmanns beste Voraussetzungen: Der Chardonnay Steinriegel besticht durch eine spannende Aromenvielfalt mit feinen mineralischen Tönen, und auch der klassisch ausgebaute Chardonnay lässt die Leidenschaft des Winzers am Gaumen aufblitzen.

94 Chardonnay Ried Steinriegel 2020
14 Vol.-%, DV, kleines Holzfass, €€€€€ Ⓑ
Helles Goldgelb, Silberreflexe. Zart nach Feuerstein und Grapefruitzesten, ein Hauch von Honigmelone und Vanille, facettenreiches Bukett. Stoffig, kraftvoll, weiße Tropenfrucht, Nashi-Birne und Karamell, mineralisch im Abgang, zitronig-salzig im Rückgeschmack.

92 Chardonnay 2021
14 Vol.-%, DV, Teilbarrique, €€€ Ⓑ
Mittleres Grüngelb, Silberreflexe. Zart nach Karamell, ein Hauch von Babyananas, reifer Pfirsich, mit Limettenzesten unterlegt. Saftig, kraftvoll, weiße Tropenfrucht, feiner Blütenhonig, ein Hauch von Nougat im Nachhall, gutes Entwicklungspotenzial.

WEINGUT GESELLMANN
7301 Deutschkreutz, Langegasse 65
T: +43 (2613) 80360
weingut@gesellmann.at
www.gesellmann.at

Kellermeister: Albert Gesellmann
Kontakt: Albert und Silvia Gesellmann
Anbauweise: Zertifiziert Biologisch (Bio Austria)
Produktion: 9 % weiß, 90 % rot, 1 % süß, 45 Hektar
Zertifiziert: Nachhaltig Austria
Vereinszugehörigkeit: Renommierte Weingüter Burgenland
Messen: ProWein Düsseldorf, VieVinum, DAC-Präsentationen, MondoVino, véritable St.Martin, Wein Burgenland Präsentationen

Altes Weingebirge, Deutschkreutz

93 Gemischter Satz hochberc weiß 2020
13,5 Vol.-%, DV, Teilbarrique, €€€€ B
Helles Goldgelb, Silberreflexe. Zart nach Karamell und weißer Birne, ein Hauch von Wiesenkräutern, feine Tropenfrucht, etwas Litschis. Straff, elegant, frischer Apfel, feines Säurespiel, mineralisch und gut anhaftend, zart nussiger Nachhall.

92 Sauvignon Blanc 2021
13,5 Vol.-%, DV, Stahltank, €€€ B
Mittleres Gelbgrün, Silberreflexe. Feine Kräuterwürze, rauchig unterlegte Noten von Guaven und reifen Stachelbeeren. Saftig, komplex, feine Fruchtsüße, etwas Mango, gut integrierter Säurebogen, fruchtiger Nachhall, salzig-zitroniges Finale.

(93) Blaufränkisch ** Creitzer 2020
13,5 Vol.-%, DV, gebrauchte Barriques, €€€€ B
Dunkles Rubingranat, opaker Kern, violette Reflexe, zarte Ockerrandaufhellung. Zart gewürzig unterlegte reife Zwetschken, Brombeernuancen, mit dunklen Kirschen und etwas Tabak unterlegt. Saftig, elegant, feine Kirschfrucht, feine Tannine, frische Struktur, kräuterwürzig im Abgang, bleibt haften, bereits gut antrinkbar.

(97) Blaufränkisch hochberc 2019
14,5 Vol.-%, NK,DV, 500-l-Fass, €€€€€€ B
Dunkles Rubingranat, opaker Kern, violette Reflexe, zarte Randaufhellung. Schwarze Waldbeeren, Brombeeren und Lakritze, ein Hauch von Zedernholz und Vanille, zart nach Velours. Saftig, reife Herzkirschen, rotbeerige Nuancen, reife, tragende Tannine, feiner Säurebogen, mineralisch im Abgang, salziger Touch im Rückgeschmack, sicheres Entwicklungspotenzial.

(97) Blaufränkisch hochberc Stockkultur 2018
14,5 Vol.-%, NK, kleines Holzfass, €€€€€€ B
Dunkles Rubingranat, opaker Kern, violette Reflexe, zarte Randaufhellung. Reife Herzkirschen, Nuancen von Zwetschken und Brombeeren, feine Edelholzwürze, feine Röstaromen, mit kandierten Orangenzesten unterlegt. Saftig, rote Herzkirschen, gut integrierte Tannine, dunkles Nougat im Kern, finessenreich, elegant, Herzkirschen im Abgang, Karamell im Rückgeschmack, große Länge, sicheres Entwicklungspotenzial.

91 Blaufränkisch vom Lehm 2020
13,5 Vol.-%, DV, großes Holzfass, €€€ B
Dunkles Rubingranat, violette Reflexe, breitere Ockerrandaufhellung. Zart nach Nougat und reifen Zwetschken, ein Hauch von schwarzen Kirschen, feine Kräuterwürze. Saftig, rote Frucht, dunkle Beeren, frisch strukturiert, bereits ausgewogen und zugänglich.

(97) Bela Rex 2019 ME/CS
14 Vol.-%, NK,DV, kleines Holzfass, €€€€€ B
Dunkles Rubingranat, violette Reflexe, zarte Ockerrandaufhellung. Feine Kräuterwürze, Noten von Edelholz, Nougat und dunklen Beeren, reife Zwetschken, ein Hauch von Feigen. Kraftvoll, saftig, reife dunkle Beeren, dunkles Nougat, feines Rancio im Abgang, bleibt lange haften, mineralischer Nachhall, sicheres Reifepotenzial.

(97) G 2018 BF/SL
14,5 Vol.-%, NK,DV, kleines Holzfass, €€€€€€ B
Kräftiges Rubingranat, violette Reflexe, breitere Randaufhellung. Feine Edelholznuancen, zart nach Brombeeren, Heidelbeeren und ein Hauch von Lakritze, Anklänge von Nougat und Orangenzesten, facettenreiches Bukett. Komplex, reife rote Herzkirschen, feine Tannine, finessenreiche Struktur, dezente Süße im Abgang, mineralisch und lange anhaftend, großes Reifepotenzial.

94 Opus Eximium No 32 2019 BF/ZW/SL
14,5 Vol.-%, NK,DV, kleines Holzfass, €€€€€ B
Dunkles Rubingranat, opaker Kern, violette Reflexe, zarte Ockerrandaufhellung. Ein Hauch von Edelholz, schwarze Waldbeeren, dunkle Kirschen, feines Veloursleder, facettenreiches Bukett. Saftig, elegant, rote Herzkirschen, feine Tannine, zeigt gute Länge und Frische, bereits gut antrinkbar.

(96) Merlot 2017
Kräftiges Rubingranat, violette Reflexe, breitere Ockerrandaufhellung. Rauchige Kräuterwürze, ein Hauch von Nougat, etwas Dörrpflaumen, Vanille, schwarze Kirschen und etwas Tabak. Saftig, komplex, reife dunkle Kirschen, gut integrierte Tannine, mineralisch und frisch im Abgang, feine Süße im Nachhall, schokoladig und mit Reifepotenzial ausgestattet, bereits gut antrinkbar.

94 Syrah 2019
14,5 Vol.-%, NK,DV, kleines Holzfass, €€€€€ B
Dunkles Rubingranat, violette Reflexe, zarte Randaufhellung. Feine rote Waldbeerenfrucht, reife Feigen, ein Hauch von Nougat, Orangenzesten, Kardamom und Gewürznelken, floraler Touch. Saftig, elegant, feine Tannine, Cassis, zarte Kräuterwürze, pfeffriger Nachhall, bleibt gut haften, stoffiger Speisenbegleiter mit Reifepotenzial.

93 Pinot Noir Ried Siglos 2019
13,5 Vol.-%, NK,DV, kleines Holzfass, €€€€€ B
Kräftiges Rubingranat, violette Reflexe, breitere Randaufhellung. Einladendes zart rauchiges Bukett nach reifer roter Waldbeerenfrucht, Edelholzwürze, Pflaumen klingen an, mit hellem Karamell unterlegt. Saftig, elegant, engmaschig, samtiges Tannin, Fruchtextrakt von dunklem Beerenkonfit, mineralisch und anhaltend, gutes Entwicklungspotenzial.

★★★★

WEINGUT SILVIA HEINRICH

»Weingärten sind für mich wie Kinder. Und wie Kinder möchte ich sie begleiten, unterstützen und mein Bestmögliches für sie tun. Nur so können sie sich entfalten, ihre Persönlichkeit entwickeln und ihr ganzes Potenzial zeigen«, so sieht Silvia Heinrich ihre Arbeit. Der Weinbau wurde ihr schon in die Wiege gelegt und bedeutet für die leidenschaftliche Winzerin keinen Achtstundentag, sondern ihr Leben. Fast 80 Prozent der Rebflächen sind mit Blaufränkisch bepflanzt, einer Sorte, die für die Region steht, mit Eigenständigkeit besticht und vom renommierten »Wine and Spirits Magazine« als »Österreichs noble Rotweinsorte« bezeichnet wurde. Familie Heinrich vinifiziert den typischen Mittelburgenländer in sieben Ausbaustufen und aus verschiedenen Lagen. Die Spielarten reichen von elegant und mineralisch bis hin zu intensiv und kräftig. Das Herzstück der insgesamt 38 Hektar Rebfläche bildet der Goldberg mit acht Hektar Blaufränkisch, drei davon stehen seit 1947, dem Hochzeitsjahr der Großeltern, im Ertrag. Die unverwechselbar authentischen und sortentypischen Blaufränkischweine dieser Top-Lage zählen regelmäßig zu den besten des Landes. Silvia Heinrichs Motto lautet: »Weniger ist mehr.« Wenige ausgewählte Rebsorten, naturnaher Anbau, händische Lese, spontane Vergärung: Das sind die Zutaten, aus denen kompromisslose Qualität in der Flasche entsteht – Qualität, die anerkannt wird, denn mit »terra o.«, »elegy« oder »Cupido« hat das Weingut schon mehrfach nationale und internationale Auszeichnungen erhalten. Die außerordentliche Qualität der Weine belegen auch immer neue Erfolge im In- und Ausland: Neben den gewohnt guten Falstaff-Bewertungen erklärte das »Wine and Spirits Magazine« den Mittelburgenland DAC 2009 in einer Verkostung von mehr als 200 österreichischen Weinen im April 2013 mit 94 Punkten zum Sieger. Beim »Wine Enthusiast« schaffte es der Blaufränkisch vom Weingebirge als einziger Blaufränkisch Österreichs unter die »100 Best Buys«! Und seit der chinesische Staatspräsident bei seinem Österreichbesuch den »Goldberg Reserve« für sich entdeckte, florieren die Exporte ins Reich der Mitte.

Mit der neuen Fotovoltaikanlage setzt man neben einer Solaranlage und Hackschnitzel-

WEINGUT SILVIA HEINRICH
7301 Deutschkreutz
Karrnergasse 59
T: +43 (2613) 89615
office@weingut-heinrich.at
www.weingut-heinrich.at

Kellermeister/Kontakt:
Silvia Heinrich
Produktion: 100 % rot, 38 Hektar
Vereinszugehörigkeit:
Verband Blaufränkisch Mittelburgenland, Vitikult
Messen: ProWein Düsseldorf, VieVinum, Hong Kong International Wine & Spirits Fair, Interwine China Guangzhou

Deutschkreutz

heizung einen weiteren Schritt in Richtung erneuerbare Energie und leistet zugleich einen Beitrag zum Klimaschutz. In den Weingärten geht das Weingut Heinrich einen weiteren Schritt in Richtung nachhaltiger Landwirtschaft, verzichtet seit Jahren auf Insektizide und Herbizide und setzt Pheromone ein. Der sensible Umgang mit den Ressourcen der Natur und die Stärkung der rebstockeigenen Abwehrkräfte stehen an oberster Stelle.

(96) elegy 2019 CS/ME
14,5 Vol.-%, NK, Barrique, €€€€€€
Dunkles Rubingranat, violette Reflexe, dezente Ockerrandaufhellung. Süßer Tabak, Nelken und Vanille, reife Kirschen, Orangenzesten, ein Hauch von Kardamom, facettenreiches junges Bukett. Straff, feine Fruchtsüße, seidige Tannine, mineralisch, frischer Säurebogen, salzig-zitronig, schokoladiger Touch, pfeffrige Würze im Nachhall, vielversprechendes Zukunftspotenzial.

(93) terra o. 2019 BF/CS/ME/SY
14 Vol.-%, NK, Eichenfass, €€€€€
Dunkles Rubingranat, violette Reflexe, zarte Randaufhellung. Tabakig-kräuterwürzig unterlegte schwarze Beerenfrucht, ein Hauch von Zedernholz, schokoladiger Touch. Stoffig, komplex, Brombeerfrucht, süße Textur, präsente, gut integrierte Tannine, mineralischer Abgang, Nougat im Nachhall, zeigt gute Länge.

(95) Blaufränkisch Alte Reben – Silvia Heinrich Edition 2018
14,5 Vol.-%, NK, Eichenfass, €€€€€€
Dunkles Rubingranat, violette Reflexe, zarte Randaufhellung. Feine Röstanklänge, ein Hauch von Nougatkaramell, Nelken, schwarze Beerenfrucht, dunkle Kirschen, einladendes Bukett. Saftig, elegant, Herzkirschen, gut integrierte Tannine, feiner Schokotouch im Abgang, bereits antrinkbar, sicheres Reifepotenzial.

94 Blaufränkisch V-Max 2018
13,5 Vol.-%, NK, Eichenfass, €€€€€€
Dunkles Rubingranat, violette Reflexe, zarte Randaufhellung. Süße Würze, ein Hauch von Lakritze, florale Nuancen, mit schwarzen Waldbeeren unterlegt, frische Orangenzesten. Kräftig, frische Kirschen, feine, seidige Tannine, zartes Nougat im Abgang, ausgewogen, bereits gut entwickelt.

(93) Blaufränkisch Ried Goldberg Reserve 2019
13,5 Vol.-%, NK, Eichenfass, €€€€€
Dunkles Rubingranat, violette Reflexe, dezente Ockerrandaufhellung. Feine Röstaromen, etwas Karamell, schwarze Beerenfrucht, dunkle Kirschen, mit Gewürznelken unterlegt. Komplex, saftig, süßer Körper, Brombeerkonfitüre, reife Tannine, schokoladiger Touch, gute Länge, sicheres Reifepotenzial.

(92) Blaufränkisch Vitikult 2021
13,5 Vol.-%, DV, Eichenfass, €€€
Dunkles Rubingranat, violette Reflexe, zarte Randaufhellung. Zart nach Vanille und Gewürznelken, rauchige Kräuterwürze, mineralischer Touch. Mittlere Komplexität, rote Waldbeeren, präsente Tannine, würzig im Abgang, feiner Süßetouch im Nachhall, ein straffer Speisenwein.

(91) Blaufränkisch Deutschkreutz 2021
15,9 Vol.-%, DV, gebrauchte Barriques, €€
Dunkles Rubingranat, violette Reflexe, zarte Randaufhellung. Zart tabakig unterlegte Brombeernote, schwarze Kirschen, zarte Kräuterwürze. Saftig, reife Herzkirschen, feine Süße in der Textur, frisch strukturiert, gut eingebundene Tannine, mineralisch-salzig, vielseitig einsetzbar.

(90) Blaufränkisch Burgenland 2021
12,5 Vol.-%, DV, gebrauchte Barriques, €€
Kräftiges Rubingranat, violette Reflexe, breitere Ockerrandaufhellung. Blumig, zart mit Hibiskus unterlegte frische rote Kirschfrucht, zart nach Orangenzesten. Saftig, süße Frucht, zarte Tannine, schokoladig im Abgang, bietet unkomplizierten Trinkspaß.

★★★

WEINGUT HUNDSDORFER

Auf einer Rebfläche von 20 Hektar in den Neckenmarkter Rieden wird eine breite Palette von Rotweinsorten gekeltert. Besonderes Augenmerk legt Familie Hundsdorfer auf die riedenreine Verarbeitung der Trauben, um so ein optimales Ausgangsmaterial zu erzielen. Das Terroir optimal auszudrücken sowie die feinen Nuancen der unterschiedlichen Rieden »kostbar« zu machen ist das Ziel im Hause Hundsdorfer. Den Kunden hochwertige Qualitätsweine zu fairen Preisen anzubieten ist ebenfalls ein großes Anliegen.

In einem großzügigen, gemütlichen Degustationsraum kann man sich von den Weinen der Hundsdorfers persönlich überzeugen. Zwei Linien werden bei den Rotweinen zum Verkauf angeboten: einerseits die traditionell klassisch ausgebauten Weine aus großen Eichenfässern und Tanks, andererseits die Top-Schiene der Weine, die im Barrique reifen. Erfolge bei diversen Verkostungen unterstreichen das Qualitätsbewusstsein, das im Hause Hundsdorfer herrscht.

93 Blaufränkisch ** 2019

14,5 Vol.-%, DIAM, Barrique, €€€€

Dunkles Rubingranat, violette Reflexe, zarte Randaufhellung. Frisches schwarzes Waldbeerenkonfit, zart nach roten Kirschen und Lakritze, feines Nougatkaramell, einladendes Bukett. Komplex, saftig, feine Fruchtsüße, gut integrierte Tannine, mineralisch-salzig im Abgang, schokoladiger Rückgeschmack, ein kraftvoller Speisenbegleiter, wird von Flaschenreife profitieren.

94 Cuvée Canis Reserve 2019 ZW/BF/CS/ME

14,5 Vol.-%, DIAM, Barrique, €€€€€

Tiefdunkles Rubingranat, violette Reflexe, zarte Randaufhellung. Attraktive Edelholznuancen nach Zeder und Vanille, dunkle Beerenfrucht, schokoladig, etwas Karamell, facettenreiches Bukett. Saftig, komplex und elegant, seidige Tannine, feines Nougat, zeigt Länge, sicheres Reifepotenzial.

92 Zweigelt Reserve 2019

14,5 Vol.-%, DIAM, Barrique, €€€€

Dunkles Rubingranat, opaker Kern, violette Reflexe, zarte Randaufhellung. Zart nach Nougatkaramell, mit reifer Zwetschkenfrucht unterlegt, zartes Brombeerkonfit, feine Kräuterwürze, Orangenzesten. Komplex, saftig, süße Kirschen, Zwetschken, schokoladige Textur, präsente Tannine, bleibt haften, ein kraftvoller Speisenwein.

92 Cabernet Sauvignon Reserve 2019

14 Vol.-%, DIAM, Barrique, €€€€

Dunkles Rubingranat, opaker Kern, violette Reflexe, breitere Ockerrandaufhellung. Edelholz, nach Zeder, Gewürznelkentouch, schwarze Kirschen, zarte Nougat-Lakritze-Nuancen. Kraftvoll, saftig, schwarze Kirschen, mineralisch und gut anhaftend, schokoladig im Nachhall, verfügt über Frische und Reifepotenzial.

92 Merlot Reserve 2019

14,5 Vol.-%, DIAM, Barrique, €€€€

Dunkles Rubingranat, violette Reflexe, dezente Randaufhellung. Tabakig, reife Zwetschken, schwarze Kirschen, unterlegt mit Kräutern, ein Hauch von Edelholzwürze und Nougat. Saftig, gute Komplexität, Kirschen, gut integrierte Tannine, feiner Vanilletouch im Abgang, Brombeeren im Nachhall, ein samtiger Speisenbegleiter.

WEINGUT HUNDSDORFER
7311 Neckenmarkt
Lange Zeile 10
T: +43 (2610) 42034
info@hundsdorfer.at
www.hundsdorfer.at

Kellermeister: Lukas Hundsdorfer
Kontakt: Lukas und Elisabeth Hundsdorfer
Produktion: 2 % weiß, 98 % rot, 20 Hektar
Vereinszugehörigkeit: Verband Blaufränkisch Mittelburgenland
Messen: Dornbirner Frühjahrs- und Herbstmesse, ProWein Düsseldorf, VieVinum, Vinobile Feldkirch

*** Mittelburgenland DAC** **** Mittelburgenland DAC Reserve**

91 St. Laurent Reserve 2019
13,5 Vol.-%, DIAM, Barrique, €€€€
Kräftiges Rubingranat, violette Reflexe, dezente Ockerrandaufhellung. Edelholz, Zedern, mit einem Schokotouch unterlegt, frisches Waldbeerenkonfit, Tabakwürze, ein Hauch von Cassis. Saftig, elegant, frische Säurestruktur, gut integrierte Tannine, Erdbeeren und Herzkirschen im Abgang, nussiger Nachhall, bleibt gut haften, bereits gut antrinkbar.

91 Syrah Reserve 2019
14 Vol.-%, DIAM, Barrique, €€€€
Dunkles Rubingranat, violette Reflexe, breitere Randaufhellung. Zarte Tabak-Holz-Würze, roter Pfeffer, etwas nach schwarzem Beerenkonfit, ein Hauch von Röstaromen, nussige Nuancen. Mittlerer Körper, präsentes Tannin, kräuterwürzig, Oliventouch im Abgang, schwarze Kirschen im Nachhall, bereits gut antrinkbar.

★★★★

IBY ROTWEINGUT BIO

BIO

Die Familie Iby aus Horitschon betreibt seit 1884 Weinbau, vor mehr als zehn Jahren wurde auf biologische Bewirtschaftung umgestellt. Wichtigstes Ziel ist für die Ibys immer höchste Qualität: »Diese können wir nur mit biologischer Bewirtschaftung erreichen. Für mich schließt Qualität das Thema Nachhaltigkeit ein«, so Anton M. Iby. »Wir sind eine ganz normale Familie, mit lebhaften Kindern, sich sorgenden Müttern und Großmüttern und selbstbewussten Vätern und Großvätern, die natürlich das tun, was ihre Frauen sagen.« Zwei Dinge gibt es allerdings im Hause Iby, die hier – im Vergleich zu anderen Familien – eine herausragende Rolle spielen: der Blaufränkisch und der Name Anton. Vor über 100 Jahren begründete Anton Iby I. die Weindynastie in Horitschon. Und es war immer ein Anton, der die Liebe zum Wein, das Handwerk sowie die Erfahrung in Weingarten und Keller von einer Generation in die nächste trug. Anton Iby IV. war es, der dem Blaufränkisch zum Durchbruch verhalf. Mittlerweile ist Anton M. Iby V. am Werk. »Das Schöne daran – wenn ich mir den Rebstock anschaue – ist ja, wenn man mit all seinen Sinnen und Möglichkeiten versucht, das zu erfassen, was stattfindet. Jedes Jahr, jeden Moment«, meint er.
Stolz sind die Ibys auf ihre Lagen Dürrau, Hochäcker, Gfanger und Rager, die in ihrer Beschaffenheit unterschiedlicher nicht sein könnten. Und so, wie eine Mutter ein jedes ihrer Kinder gleich lieb hat, so schätzen sie jede ihrer Lagen. Sie haben eine sehr klare Vorstellung davon, was sie dem Rebstock abverlangen und was nicht. Da kommt ihnen zugute, dass sie ihre Böden sehr gut kennen und daher wissen, welche Betreuung die Reben im Weingarten und später ein jeder ihrer Weine brauchen. »Wir gehen dem Blaufränkisch auf den Grund, im wahrsten Sinne des Wortes, denn wir leben Blaufränkisch!«, so Eva M. Iby. Das Resultat sind fruchtige, geschmeidig-elegante und äußerst finessenreiche Rotweine, die von Beginn an begeistern.

IBY ROTWEINGUT BIO
7312 Horitschon
Am Blaufränkischweg 3
T: +43 (2610) 42292
weingut@iby.at
www.iby.at

Kellermeister: Ing. Anton M. Iby
Kontakt: Ing. Eva M. Iby
Anbauweise: Zertifiziert Biologisch
Produktion: 180.000 Flaschen
100 % rot, 40 Hektar
Messen: ProWein Düsseldorf, VieVinum, Wein Burgenland Präsentationen

90 Blaufränkisch Rosé 2021
13 Vol.-%, DV, Stahltank, €€ H S V
Helles Altrosa, zarte Kupferreflexe. Ein Hauch von roten Waldbeeren, frische Kirschen, zart nach Wiesenkräutern,

feiner Blütenhonig. Saftig, angenehme Fruchtsüße, reife Zwetschken, bleibt haften, stoffiger Stil.

94 Blaufränkisch ** Horitschon Ried Dürrau 2017
14 Vol.-%, VL, großes Holzfass/gebrauchte Barriques, €€€€€€ B F H S V
Dunkles Rubingranat, violette Reflexe, breitere Ockerrandaufhellung. Mit angenehmer Kräuterwürze unterlegte Nuancen von Brombeerkonfit und reifen Zwetschken, gewürziger Nougattouch, etwas Velours, einladendes Bukett. Saftig, elegant, rote Kirschen, gute Fruchtsüße, feine, gut integrierte Tannine, frisch strukturiert, mineralisch-salzig im Abgang, zeigt Länge, gutes Reifepotenzial.

(92) Blaufränkisch ** Horitschon Ried Hochäcker 2020
13,5 Vol.-%, VL, gebrauchte Barriques, €€€ F H S V
Dunkles Rubingranat, violette Reflexe, breitere Ockerrandaufhellung. Reife Herzkirschen, frische Zwetschken, kandierte Orangenzesten, zart nach Nougat. Komplex, rotbeerige Nuancen, Kirschen, feine, runde Tannine, frisch strukturiert, feine Mineralik im Abgang, ein eleganter Speisenwein mit Reifepotenzial.

94 Merlot Reserve 2020
14,5 Vol.-%, VL, Barrique, €€€€ B F H S V
Dunkles Rubingranat, violette Reflexe, dezente Ockerrandaufhellung. Zarte Edelholznuancen, etwas Nougat, Vanille und Karamell, mit dunklen Waldbeeren und Zwetschken unterlegt, feiner Gewürztouch. Saftig, seidig, reife Herzkirschen, rotbeerige Textur, feine, samtige Tannine, mineralisch-salzig im Abgang, gute Länge, ein facettenreicher Speisenbegleiter.

93 Vin Anton 2019 BF/ME
14 Vol.-%, VL, kleines Holzfass, €€€€€ B F H S V
Dunkles Rubingranat, violette Reflexe, dezente Ockerrandaufhellung. Zart tabakig, schwarze Waldbeeren, ein Hauch von Lakritze, Nuancen von Orangenzesten, zart nach Cassis. Kraftvoll, dunkle Waldbeeren, frisch strukturiert, gut integrierte Tannine, mineralisch-salzig im Abgang, wird von Flaschenreife profitieren.

91 Big Blend 2020 ZW/ME
13,5 Vol.-%, VL, Teilbarrique, €€€ B F H S V
Dunkles Rubingranat, violette Reflexe, dezente Ockerrandaufhellung. Zart rotbeerig unterlegte Zwetschkenfrucht, feine Kräuterwürze, tabakige Nuancen. Saftig, elegant, feine Fruchtsüße, runde Tannine, samtig und anhaftend, salziger Nachhall, ein vielseitiger Speisenbegleiter.

92 Zweigelt Reserve 2020
13,5 Vol.-%, VL, Teilbarrique, €€€ B F H S V
Dunkles Rubingranat, violette Reflexe, dezente Ockerrandaufhellung. Zarte Holzwürze, rote Kirschen, dezente Kräuternuancen, tabakiger Anklang. Saftig, feine Fruchtsüße, Nougat, frische Säurestruktur, dunkle Kirschen, schokoladiger Touch im Abgang, ein balancierter Begleiter bei Tisch.

★★★★

WEINGUT HANS IGLER

Das Weingut Hans Igler ist seit über 50 Jahren ein österreichischer Familienbetrieb. Als Schnittstelle zwischen Tradition und Moderne wird es seit Anfang 2021 bereits in dritter Generation von Clemens und seiner Frau Anna geführt. Gemeinsam bewirtschaften sie rund 36 Hektar Rebfläche in einem der sonnigsten Teile Österreichs: dem Weinbaugebiet Mittelburgenland. Das Zusammenspiel von Boden, klimatischen Bedingungen, naturnahem Anbau und sorgfältiger Bearbeitung der Weingärten ist die Grundlage für die erstklassige Qualität der Weine. Es gilt, neue Geschmackswelten zu erschaffen – mit generationenübergreifendem Wissen und steter Pionierarbeit. Eine zentrale Rolle im Sortiment des Weinguts Hans Igler spielt der Blaufränkisch. Das pannonische Subkontinentalklima kombiniert mit sandigen Lehm- und Schotterböden unterstützt die charakteristischen Eigenschaften der Sorte und das Gedeihen der Weinreben. In der Dependance des Weinguts, im Schaflerhof, werden alle Weine zur Verkostung angeboten. Der ehemalige Gutshof des Schlosses Deutschkreutz wurde aufwendig restauriert und beherbergt nun rund 600 Barriquefässer und die »Vulcano-Vinothek«. Als beliebtes Ausflugsziel bietet er eine traumhafte Location für Hochzeiten und Veranstaltungen. Mit dem Jahrgang 2018 tre-

* Mittelburgenland DAC ** Mittelburgenland DAC Reserve

WEINGUT HANS IGLER
7301 Deutschkreutz
Schaflerhof 1
T: +43 (2613) 80365
info@hans-igler.com
www.hans-igler.com

Kellermeister/Kontakt:
Clemens Reisner
Produktion: 200.000 Flaschen
2 % weiß, 98 % rot, 36 Hektar
Vereinszugehörigkeit:
Verband Blaufränkisch Mittelburgenland, Renommierte Weingüter Burgenland
Messen: VieVinum

ten die Weinflaschen in einem neuen Look in Erscheinung. Die Neugestaltung der Etiketten schafft eine Verbindung zwischen Vergangenheit, Gegenwart und Zukunft des Weinguts, wobei der Bezug zu den ikonischen Kunstwerken Anton Lehmdens erhalten geblieben ist. Weiterhin sind die Liebe zum Detail und die Qualität des Weins mit jeder Flasche greifbar.

92 Chardonnay Ried Goldberg 2019
13,5 Vol.-%, NK, Barrique, €€€€
Helles Goldgelb, Silberreflexe. Frische Wiesenkräuter, ein Hauch von Ananas und gelbem Pfirsich, kandierte Limettenzesten, etwas Blütenhonig. Mittlerer Körper, elegant, weiße Kernobstnuancen, feines Karamell, salziger Touch im Nachhall.

93 Blaufränkisch ** Biiri 2019
14 Vol.-%, NK, Barrique/gebrauchte Barriques, €€€€€
Dunkles Rubingranat, violette Reflexe, breitere Ockerrandaufhellung. Ein Hauch von Veilchen und Lakritze, Bourbonvanille, angenehme dunkle Frucht, zarte Edelholzwürze, attraktives Bukett. Saftig, gute Komplexität, frische Brombeeren, Preiselbeeren, straffe Tannine, mineralisch im Abgang, bleibt haften, salziger Rückgeschmack.

90 Blaufränkisch Classic 2020
13 Vol.-%, DV, großes Holzfass, €€
Kräftiges Rubingranat, violette Reflexe, breitere Ockerrandaufhellung. Frische Brombeeren, ein Hauch von Minze und Preiselbeeren, feine Kräuterwürze. Mittlere Komplexität, rote Kirschen, frisch strukturiert, ein Hauch von Nougat im Abgang.

95 Ab Ericio 2019 ME/BF/ZW
13,5 Vol.-%, NK, Barrique, €€€€€
Dunkles Rubingranat, violette Reflexe, zarte Randaufhellung. Feines Brombeerkonfit, schwarze Kirschen, zart tabakig, Nuancen von Gewürzen und Nougat, ein Hauch von Kardamom. Saftig, komplex, süße Textur, reife Zwetschken und Kirschen, reife Tannine, mineralisch und lange anhaftend, großes Zukunftspotenzial.

93 Vulcano 2019 BF/ZW/CS/ME
13,5 Vol.-%, NK, Barrique, €€€€€
Dunkles Rubingranat, violette Reflexe, breitere Randaufhellung. Zart tabakig-kräuterwürzig unterlegte schwarze Beerenfrucht, zart nach Lakritze, Brombeeren, feines Velours und Nougat. Saftig, elegant, feine rote Kirschfrucht, gut integrierte Tannine, frischer Säurebogen, anhaftend, mineralisch, bereits zugänglich, gutes Reifepotenzial.

91 Ricciolino 2019 BF/ZW/ME
13,5 Vol.-%, DV, gebrauchte Barriques, €€€
Kräftiges Rubingranat, violette Reflexe, dezente Randaufhellung. Feine Edelholznuancen, etwas Bergamotte, schwarze Kirschen, ein Hauch von Lakritze. Straff, engmaschig, rote Fruchtnuancen, etwas Preiselbeeren, nussiger Touch im Abgang, ein feinwürziger Speisenbegleiter.

94 Cabernet Sauvignon Ried Kart 2019
14 Vol.-%, NK, Barrique, €€€€€
Dunkles Rubingranat, violette Reflexe, breitere Ockerrandaufhellung. Dezente Edelholznote, zart nach Zeder, etwas Lakritze und Minze, schwarze Waldbeerenfrucht, ein Hauch von Cassis, kandierte Orangenzesten. Saftig, komplex, feine Fruchtsüße, gut integrierte Tannine, ein Hauch von Nougat, zeigt Frische und Länge, sicheres Reifepotenzial.

91 Pinot Noir Ried Fabian 2019
13,5 Vol.-%, NK, gebrauchte Barriques, €€€€
Kräftiges Rubingranat, violette Reflexe, breitere Ockerrandaufhellung. Schwarze Waldbeeren, frische Kirschen, zart nach Veilchen, mit etwas Nougat und Vanille unterlegt. Saftig, Brombeeren, frisch strukturiert, präsente Tannine, zart blättrige Würze im Abgang.

90 St. Laurent Classic 2019
13 Vol.-%, DV, großes Holzfass, €€
Kräftiges Rubingranat, violette Reflexe, dezente Randaufhellung. Tabakig, rauchige Würze, Brombeerkonfit, feine Kirschfrucht, mineralischer Touch. Mittlere Komplexität, zart nach Preiselbeeren, salzig, zitroniger Nachhall, frisch und rotbeerig, ein lebendiger Speisenbegleiter.

★★★★

WEINGUT KERSCHBAUM

Das Weingut Kerschbaum erzeugt Weine mit Perfektion und Verantwortung. Als Pioniere in Sachen Blaufränkisch in Österreich und als Botschafter für das Mittelburgenland produziert Familie Kerschbaum terroirtypische Top-Weine. Kompromissloses Qualitätsstreben und die Leidenschaft für den Blaufränkisch zeichnen das Weingut aus. Das milde Klima, viel Sonne und der besondere Boden in Horitschon beeinflussen den Geschmack der Weine, die zu den besten Rotweinen Österreichs gehören. Mit größtem Respekt und im Einklang mit der Natur werden die Weingärten bearbeitet. In den Top-Lagen im Mittelburgenland fühlen sich Rebsorten wie Blaufränkisch und Zweigelt besonders wohl. Perfektion in allen Bereichen sorgt für Weine mit Reife und Charakter. Im November 2018 holte sich das Weingut Kerschbaum den Sieg bei der Falstaff-Rotweinprämierung in der Kategorie »Reserve Trophy«.

93 Chardonnay Reserve 2020
13,5 Vol.-%, NK, Teilbarrique, €€€€
Mittleres Goldgelb, Silberreflexe. Zart nach gelber Tropenfrucht, ein Hauch von Ananas und Birne, Noten von Blütenhonig, zarte Wiesenkräuter. Saftig, elegant, gelber Pfirsich, ein Hauch von Süße, mineralisch und gut anhaftend, salziger Touch im Rückgeschmack, ein eleganter Speisenbegleiter.

96 Blaufränkisch Ried Dürrau 2019
13,5 Vol.-%, NK, 500-l-Fass/Barrique, €€€€€
Dunkles Rubingranat, violette Reflexe, zarte Randaufhellung. Feine Brombeernuancen, etwas nach rauchigen Gewürzen und Kardamom, ein Hauch von Zwetschken, Orangenzesten klingen an, facettenreiches Bukett. Saftig, dunkle Beerenfrucht, elegant, facettenreiche Säurestruktur, süße Kirschfrucht, bleibt gut haften, feste Tannine, engmaschiger Speisenbegleiter mit sicherem Potenzial, bereits antrinkbar.

93 Blaufränkisch Ried Hochäcker 2019
13,5 Vol.-%, DV, 500-l-Fass/gebrauchte Barriques, €€€
Dunkles Rubingranat, violette Reflexe, zarter Wasserrand. Feinwürzig, etwas nach schwarzen Kirschen, Lakritze, ein Hauch von Cassis, Zitrusnuancen, Kräutertouch. Elegant, gute Komplexität, straff, reife Kirschfrucht, Extraktsüße nach Brombeeren, zarte Röstnuancen im Nachhall, guter Speisenbegleiter mit Entwicklungspotenzial.

91 Blaufränkisch 2019
13,5 Vol.-%, DV, großes Holzfass, €€
Kräftiges Rubingranat, opaker Kern, violette Reflexe, zarte Randaufhellung. Feine Würze, reife Herzkirschen, ein Hauch von Brombeeren und Nougat, einladendes Bukett. Mittlere Komplexität, rote Frucht, feine Tannine, frisch und gut anhaftend, vielseitig und zugänglich.

96 Cuvée Impresario 2019 BF/ZW/ME/CS
13,5 Vol.-%, NK, Barrique, €€€€€
Dunkles Rubingranat, violette Reflexe, dezente Ockerrandaufhellung. Feine Brombeernuancen, etwas nach Kräutern, ein Hauch von kandierten Orangenzesten, Cassis, Tabaknuancen, Röstaromatik, zart nach Vanille. Saftig, straff, elegant, feine Säurestruktur, gut eingebundene Tannine, schwarze Fruchtnoten, Nougat im Nachhall, bleibt gut haften, vielschichtiger Speisenbegleiter, tolles Potenzial.

92 Zweigelt 2019
13,5 Vol.-%, DV, großes Holzfass, €€
Dunkles Rubingranat, violette Reflexe, zarter Wasserrand. Feine Kräuternoten, etwas nach roten Kirschen, ein Hauch von kandierten Veilchen und Orangenzesten. Saftig, elegant, feine frische Säurestruktur, gut eingebundene Tannine, Kirschen im Abgang, rotes Beerenkonfit im Nachhall, bereits gut antrinkbar, besitzt gute Länge.

WEINGUT KERSCHBAUM
7312 Horitschon
Hauptstraße 111
T: +43 (2610) 42392
weingut@kerschbaum.at
www.kerschbaum.at

Kellermeister/Kontakt:
Paul und Michael Kerschbaum
Produktion: 5 % weiß, 95 % rot, 35 Hektar
Vereinszugehörigkeit:
Verband Blaufränkisch Mittelburgenland, Renommierte Weingüter Burgenland
Messen: VieVinum

★★★

ROTWEINE LANG

Was genau das Geheimnis hinter ihrem mehrfach ausgezeichneten Weingut im Mittelburgenland ist, behalten Andrea und Stefan Lang für sich. Ihr Augenmerk legen sie jedenfalls auf die Sorte Blaufränkisch – Stefan Lang wird nicht umsonst als »Blaufränkischkünstler« bezeichnet – und eine lange Reifung der Weine ausschließlich im Holzfass. Denn wie heißt es so schön: »Guter Wein braucht Lang.« Auf dem 30 Hektar großen Rotweingut reifen viele große Rotweine.
Nachdem die Familie den über 300 Jahre alten ehemaligen Streckhof umstrukturiert hat, verbindet sie hier Tradition und Moderne. Mit viel Herzblut aller Familienmitglieder entstand ein modernes Rotweingut, das »Altes« nutzt und neue Erkenntnisse sowie Methoden passend und innovativ dazu einsetzt. All das liegt Familie Lang am Herzen – nicht nur im privaten Bereich, sondern in allen Belangen rund um den Wein und im Sinne der Umwelt, ihrer Böden und natürlich auch im Sinne der Weinliebhaber, die ihre Tropfen schätzen.

93 Blaufränkisch ** Neckenmarkt Ried Hochberg L1 2019
14,5 Vol.-%, NK, Barrique, €€€€ V
Dunkles Rubingranat, violette Reflexe, breitere Randaufhellung. Kräuterwürzig unterlegte Brombeerfrucht, schwarze Herzkirschen, Orangenzesten, tabakige Nuancen im Hintergrund. Saftig und komplex, reife, süße Kirschen am Gaumen, gut eingebaute Tannine, mineralisch und anhaftend, verfügt über sicheres Reifepotenzial.

90 Blaufränkisch * Classic 2020
13 Vol.-%, DV, großes Holzfass, €€ V
Dunkles Rubingranat, violette Reflexe, zarte Ockerrandaufhellung. Kräuterwürzig unterlegte Brombeernote, schwarze Kirschen, Weichseln, tabakiger Touch. Mittlerer Körper, dezente Fruchtsüße, gut integrierte Tannine, mineralisch, gut anhaftend, ein vielseitiger Speisenbegleiter.

91 Blaufränkisch Vitikult 2019
14 Vol.-%, NK, gebrauchte Barriques, €€€ V
Dunkles Rubingranat, opaker Kern, violette Reflexe, breitere Randaufhellung. Intensives schwarzes Beerenkonfit, zart nach Lakritze und Wacholder, etwas Nougat und Tabak. Kräftig, mittlere Komplexität, süße Kirschen und Zwetschken, mineralisch im Abgang, bleibt haften, ein würzig-schokoladiger Speisenwein.

Andrea, Stefan Andreas und Stefan Lang

ROTWEINE LANG
7311 Neckenmarkt
Lange Zeile 11
T: +43 (2610) 42384
office@rotweinelang.at
www.rotweinelang.at

Kellermeister: Stefan Lang
Kontakt: Andrea und Stefan Lang
Produktion: 100 % rot, 30 Hektar
Vereinszugehörigkeit:
Vitikult, Verband Blaufränkisch Mittelburgenland
Messen: Dornbirner Frühjahrs- und Herbstmesse, Forum Vini München, ProWein Düsseldorf, VieVinum, Vinobile Montfort

94 Cuvée Excelsior 2019 BF/ME/CS/SY
14,5 Vol.-%, NK, Barrique, €€€€€ Ⓥ
Dunkles Rubingranat, violette Reflexe, breitere Randaufhellung. Feine Edelholznuancen, nach Zeder und Grafit, schwarze Waldbeeren und dunkle Kirschen, ein Hauch von Lakritze. Kraftvoll, stoffig, dunkle Waldbeeren, gut integrierte Tannine, salzig-mineralisch, zeigt Länge und Reifepotenzial.

92 Fusion One 2020 ME/BF
14,5 Vol.-%, NK, gebrauchte Barriques, €€€ Ⓥ
Dunkles Rubingranat, opaker Kern, violette Reflexe, breitere Randaufhellung. Mit einem Hauch von Karamell unterlegte Nuancen von eingelegten Kirschen, etwas Erdbeerkonfit, zart nach Feigen, kandierte Orangenzesten. Saftig, reife Zwetschken, präsente, tragende Tannine, mineralisch, etwas Schokolade im Abgang, würziger Stil, bereits entwickelt.

90 St. Laurent Classic 2021
13,5 Vol.-%, DV, großes Holzfass, €€ Ⓥ
Dunkles Rubingranat, violette Reflexe, zarte Ockerrandaufhellung. Frische Kräuterwürze, schwarze Beeren, ein Hauch von Lakritze, mit Orangenzesten unterlegt. Leichtfüßig, rotbeerige Nuancen, würzige Tannine, mineralisch, etwas Nougat im Nachhall.

★★

NECKENMARKT DIE WINZER

Die Winzer Neckenmarkt produzieren Weine von höchster Qualität im Mittelburgenland. Als eines der modernsten Weingüter des Landes bewirtschaftet die Genossenschaft mit rund 100 Mitgliedern insgesamt 280 Hektar Weingärten. Die ausgezeichneten Spitzenweine »Potio Magica« und »Via Romana« zählen zu den bekanntesten Weinen des Unternehmens.
Die Winzer Neckenmarkt machen aus vielen das Beste! Durch gewissenhafte Handarbeit werden Trauben von höchster Qualität produziert. Diese bilden die Grundlage für hervorragende, gebietstypische Rotweine aus dem Mittelburgenland. Ein strenges und ehrgeiziges Qualitätsprogramm garantiert, dass naturnaher Weinbau, modernste Produktion und alte Traditionen im alltäglichen Tun ihren Platz finden. Ganz bewusst mit der Natur und nicht alleine von ihr zu leben, ist eines der Erfolgsrezepte der Winzer Neckenmarkt. Der sorgfältige Umgang mit den Ressourcen, die schonende Bearbeitung der Weingärten und höchste Qualitätsansprüche sichern die Zukunft und den Erfolg des Unternehmens. Handlese und modernste Produktionsverfahren sorgen für die hohe Qualität, Innovation und Zusammenhalt für die nachhaltige Entwicklung des Weinguts. Wein aus gutem Grund und Boden – das ist es, wofür die Winzer Neckenmarkt stehen.

92 Blaufränkisch ** Ried Himmelsthron 2019
13,5 Vol.-%, NK, Barrique, €€€ Ⓗ
Dunkles Rubingranat, violette Reflexe, zarte Randaufhellung. Feine Edelholzwürze, Vanille und Nougat, Brombeerkonfitüre, tabakige Nuancen. Saftig, elegant, frische Kirschen, feine Tannine, mineralisch, frisch und ausgewogen, ein facettenreicher Speisenbegleiter.

89 Blaufränkisch * Sonnenfürst 2019
13,5 Vol.-%, DV, großes Holzfass, €€ Ⓗ

NECKENMARKT DIE WINZER
7311 Neckenmarkt
Harkauerweg 2
T: +43 (2610) 42388
diewinzer@neckenmarkt.at
www.neckenmarkt.at

Kellermeister: Gerald Wieder
Kontakt: Margit Wieder
Produktion: 500.000 Flaschen
100 % rot, 280 Hektar
Vereinszugehörigkeit:
Verband Blaufränkisch Mittelburgenland
Messen: ProWein Düsseldorf, VieVinum

90 Blaufränkisch Classic 2020
13 Vol.-%, DV, Stahltank, €€ **H**
Kräftiges Rubingranat, violette Reflexe, zarte Randaufhellung. Zart tabakig, kräuterwürzig unterlegte Herzkirschen, Orangenzesten. Saftig, reife Kirschen und Zwetschken, samtige Tannine, feine Süße, Nougat und Feigen im Nachhall, bereits gut antrinkbar.

90 Blaufränkisch Terra Cognita 2020
13,5 Vol.-%, DV, gebrauchte Barriques, €€ **H**
Dunkles Rubingranat, violette Reflexe, zarte Randaufhellung. Zartes Bukett, feine Kräuterwürze, dezenter Holztouch, Nuancen von Brombeeren und Zwetschken. Mittlere Komplexität, dunkle Kirschen, etwas Kokos und Karamell, bereits gut antrinkbar.

92 Via Romana 2019 BF/CS/ZW
14 Vol.-%, NK, Barrique, €€€ **H**
Dunkles Rubingranat, violette Reflexe, zarte Randaufhellung. Reife Herzkirschen, Zwetschken, feiner Brombeertouch, zart nach Nougat, einladendes Bukett. Saftig, komplex, feine Fruchtsüße, reife Tannine, schokoladig im Abgang, ein feinwürziger Speisenbegleiter.

90 Zweigelt Reserve Terrania 2018
13,5 Vol.-%, NK, Barrique, €€€€ **H**
Dunkles Rubingranat, violette Reflexe, zarte Randaufhellung. Kandierte Orangenzesten, reife Zwetschken, mit dunkler Beerenfrucht unterlegt. Mittlere Komplexität, frisch strukturiert, rote Kirschen, wirkt etwas weitmaschig, zitroniger Nachhall.

★★

WEINGUT GERHARD PFNEISL

Das Erfolgsrezept des Weinguts Pfneisl lautet »Tradition, Innovation, Liebe zum Wein und Verbundenheit mit der Natur« – oder vereinfacht gesagt: »Born 2make wine.« Mit jahrhundertelanger Tradition im Rücken ist hier auch schon die neue Generation, Tochter Lisa, mit Herzblut dem Weinbau verpflichtet. Sie gründete im Jahr 2015 ihre eigene Weinlinie »Offspring by Pfneisl«. Diese Serie steht für vegan, nachhaltig und nach strengsten ökologischen Richtlinien hergestellt – ungeschönte Weine von höchster Qualität also, dazu ein auffälliges und stylishes Outfit. Mit größtem Qualitätsbewusstsein werden von den Pfneisls in den besten und bekanntesten Lagen im Mittelburgenland nationale und internationale Sorten handverlesen, von Gerhard und Tochter Lisa vinifiziert und klassisch im Stahltank oder im kleinen oder großen Eichenfass ausgebaut. Der Großteil der insgesamt 23 Hektar Weingärten wird in der Heimatgemeinde Deutschkreutz bewirtschaftet. Im Jahr 1999 schuf die Familie zudem ihre eigene Cru im 18 Kilometer entfernten Kleinmutschen – dem geografischen Mittelpunkt des Burgenlands.
In den Top-Lagen wachsen neben den österreichischen Paradesorten Blaufränkisch und Zweigelt vor allem auch die internationalen Sorten Shiraz, Merlot, Pinot Noir, Cabernet Sauvignon und Cabernet Franc sowie die Weißweinsorten Viognier, Grüner Veltliner und Gelber Muskateller. Die Top-Cuvées »Platinum«, »Pentagon«, »Hexenberg« und »Ego« runden das Angebot ab, und die junge Weinlinie »Offspring by Pfneisl« stellt eine wunderbare Ergän-

WEINGUT GERHARD PFNEISL
7301 Deutschkreutz
Karrnergasse 30–32
T: +43 (2613) 80048
wein@weingut-pfneisl.at
www.weingutpfneisl.at

Kellermeister: Gerhard Pfneisl
Kontakt: Lisa Kölly-Pfneisl
Produktion: 5 % Schaumwein, 10 % weiß, 5 % rosé, 80 % rot, 23 Hektar
Zertifiziert: Nachhaltig Austria
Vereinszugehörigkeit: Verband Blaufränkisch Mittelburgenland
Messen: VieVinum

zung zum etablierten Sortiment dar. Gäste heißt die Familie Pfneisl seit dem Sommer 2018 im aufwendig renovierten Stammhaus direkt im Zentrum der Blaufränkisch-Gemeinde Deutschkreutz willkommen.

94 Hexenberg 2019 ME/SY
14,5 Vol.-%, NK, Barrique, €€€€€
Dunkles Rubingranat, opaker Kern, violette Reflexe, zarte Randaufhellung. Zart nach Cassis und Vanille, mit Brombeeren und dunklen Kirschen unterlegt, zarte Röstaromen, attraktives Bukett. Saftig, elegant, feine Extraktsüße, reife, präsente Tannine, gute Länge, dunkles Nougat im Abgang, wird von Flaschenreife profitieren.

(93) Pentagon 2020 BF/CS/SY/ME
15 Vol.-%, NK, Barrique, €€€€€
Dunkles Rubingranat, violette Reflexe, zarte Randaufhellung. Frische dunkle Waldbeeren, zart floral, reife Zwetschken, ein Hauch von Feigen und Vanille. Stoffig, kraftvoll, reife rote Kirschen, dezente Süße, tragende Tannine, zeigt Länge und Potenzial, ein komplexer Speisenbegleiter.

(91) Platinum 2020 BF/SY/ME
14,5 Vol.-%, DIAM, gebrauchte Barriques, €€€
Dunkles Rubingranat, violette Reflexe, zarte Randaufhellung. Zart blättrig unterlegte Zwetschkenfrucht, Brombeerkonfitüre, tabakige Nuancen. Mittlere Komplexität, dunkle Waldbeeren, präsente Tannine, zartes Nougat, ein würziger Speisenbegleiter.

(93) Shiraz Maria's vineyard 2020
15 Vol.-%, NK, Barrique, €€€€€
Dunkles Rubingranat, opaker Kern, violette Reflexe, zarte Randaufhellung. Roter Pfeffer, Kardamom, schwarze Kirschen, feine Edelholznuancen, einladendes, typisches Bukett. Komplex, engmaschig, schwarze Beeren, feine Süße im Kern, schokoladige Nuancen im Abgang, bereits antrinkbar, mit Reifepotenzial ausgestattet.

(92) Cabernet Sauvignon 2020
14,5 Vol.-%, DIAM, gebrauchte Barriques, €€€
Dunkles Rubingranat, violette Reflexe, zarte Randaufhellung. Zart nach Vanille und Kräutern, schwarze Kirschen, Brombeeren, etwas Cassis, tabakige Würze. Saftig, kraftvoll, dunkle Beerenfrucht, gut integrierte Tannine, mineralisch, feiner Schokonachhall.

(91) Blaufränkisch Liz' churchill 2020
14 Vol.-%, DV, gebrauchte Barriques, €€€
Kräftiges Rubingranat, violette Reflexe, dezente Randaufhellung. Zart nach reifen Zwetschken, etwas Nougat und Kräuter, einladendes Bukett. Mittlerer Körper, feine Fruchtsüße, reife Tannine, frisch und mineralisch, schokoladiger Touch, vielseitig einsetzbar.

★★★

ROTWEINGUT PRICKLER

Das Rotweingut Prickler liegt in Lutzmannsburg, der ältesten urkundlich erwähnten Weinbaugemeinde des Burgenlandes, und sieht sich als Hüter des Lutzmannsburger Terroirs. Der Wein ist die große Leidenschaft der Familie Prickler. Jeder Rebstock wird liebevoll umsorgt, die Qualität im Weingarten und bei der Kellerarbeit wird großgeschrieben und die Aufmerksamkeit jedem Detail gewidmet.
Mildes pannonisches Klima mit den meisten Sonnenstunden des Burgenlandes verwöhnen die Weingärten auf dem Lutzmannsburger Hochplateau, wo ein besonderes Mikroklima, abseits von Durchzugsstraßen, herrscht. 50 Meter Höhenunterschied zur Ebene bzw. zum Ort selbst weist dieses beeindruckende Bodenmassiv aus Lehm, Tonmergel, Tegel und Quarzsanden auf. Die schweren Böden bieten optimale Bodenverhältnisse für hochqualitative Trauben mit viel Frucht und Tannin. Ein idealer Standort für große Weine mit eigenständiger Stilistik und Eleganz.
Praktisch aus dem Nichts haben Elfi und Herbert Prickler begonnen, Wein zu produzieren. Heute gilt ihr Weingut als Leuchtfeuer der Blaufränkisch-Hochburg Lutzmannsburg. Unübersehbar sind hier einige Weingärten besonders schön gepflegt. Sie sind das Werk von Elfi Prickler, die sich ganz der Pflege der Reben verschrieben hat. »Ein Rebstock muss sich wohlfühlen, ein gesundes Umfeld haben«, lautet ihr Rezept für die hohe Qualität der Trauben.

Familie Prickler

ROTWEINGUT PRICKLER

7361 Lutzmannsburg, Birkenhain 1
T: +43 (2615) 87742
rotweingut@prickler.at
www.prickler.at

Kellermeister: Christian Prickler
Kontakt: Herbert Prickler, Christian Prickler, Christina Prickler
Produktion: 1 % Schaumwein, 3 % weiß, 1 % rosé, 95 % rot, 25 Hektar
Zertifiziert: Nachhaltig Austria
Vereinszugehörigkeit: Verband Blaufränkisch Mittelburgenland, Vitikult
Messen: ProWein Düsseldorf, VieVinum, Weinmesse Innsbruck, DAC-Präsentationen, Wein Burgenland Präsentationen

Die akribische Arbeit in den Weingärten kommt Sohn Christian zugute, der seit einigen Jahren die Vinifikation verantwortet. Gemeinsam mit Herbert Pricklers langjähriger Erfahrung prägt er die Handschrift der Prickler-Weine. Bei Verkostungen und im Büro versorgt Schwiegertochter Christina liebevoll ihre Gäste und Kunden. Die oftmaligen Prämierungen der Weine bezeugen die qualitätsorientierte Arbeit der Familie. Gesundes Traubengut, limitierter Ertrag, schonende und moderne Verarbeitung ergeben fruchtige und gehaltvolle Rotweine von hoher Qualität und einem außergewöhnlichen Trinkvergnügen!

(92) Blaufränkisch * Ried Sonnberg 2021
13,5 Vol.-%, NK, Barrique, €€€

Dunkles Rubingranat, violette Reflexe, dezente Ockerrandaufhellung. Würzige Kräuternote, schwarze Herzkirschen, etwas Zwetschken, tabakiger Anklang. Saftige Kirschen, rotbeerig, wirkt leichtfüßig, samtige Tannine, salziger Nachhall, ein vielseitiger Speisenbegleiter.

(90) Blaufränkisch * Classic 2021
13 Vol.-%, DV, Stahltank, €€

Kräftiges Rubingranat, violette Reflexe, breitere Ockerrandaufhellung. Zart kräuterwürzig, reife Kirschen, zart nach Brombeeren, einladendes Bukett. Mittlerer Körper, rotbeerig und frisch, feine Tannine, zarte Süße im Abgang, vielseitig einsetzbar.

(92) Blaufränkisch Vitikult 2021
13,5 Vol.-%, NK, Teilbarrique, €€€

Kräftiges Rubingranat, violette Reflexe, breitere Ockerrandaufhellung. Rauchig-kräuterwürzig unterlegte Brombeernuancen, ein Hauch von Edelholz, mit schwarzen Kirschen unterlegt. Saftig, gute Komplexität, eingelegte Kirschen am Gaumen, dezente Fruchtsüße, mineralischer Nachhall, verfügt über Entwicklungspotenzial.

(90) Blaufränkisch Ried Alt Satz 2021
13 Vol.-%, DV, Stahltank, €€

Kräftiges Rubingranat, violette Reflexe, breitere Ockerrandaufhellung. Zart kräuterwürzig unterlegte Zwetschkenfrucht, feiner Kirschtouch, tabakige Nuancen. Mittlere Komplexität, feine Fruchtsüße, zarte Tannine, ausgewogen und zugänglich, charmanter Stil.

(89) Zweigelt Classic Kirchner 2021
13 Vol.-%, DV, Stahltank, €€

(89) Cuvée Prickler 2021 BF/ZW/ME
13,5 Vol.-%, DV, gebrauchte Barriques, €€

© Rotweingut Prickler, Simone Kantz

★★★

GRENZLANDHOF WEINGUT FAMILIE REUMANN

Im mittelburgenländischen Blaufränkischland bewirtschaften Birgit und Christian Reumann mit ihrem Sohn Mario in Deutschkreutz 25 Hektar Weingärten. Das Flaggschiff auf dem Weingut ist der Blaufränkisch, außerdem reifen Zweigelt, Cabernet Sauvignon, Merlot, Pinot Noir und St. Laurent hervorragend auf den kräftigen Böden des Mittelburgenlandes. Immer wieder kommen neue Ideen und somit Abwechslung in das Sortiment.
Mario mit seinem jugendlichen Elan entwickelte eine neue Weinlinie namens Urkraft, natürlich mit eigenem Design! Die Besucher des Weingutes informieren sich sehr gerne über die Vinifizierung im theoretischen und natürlich auch im praktischen Bereich, daher gibt es gegen Voranmeldung Weinverkostungen sowie Führungen durch Keller und Weingärten.

94 Blaufränkisch ** 2018
14 Vol.-%, NK, Barrique, €€€€€
Dunkles Rubingranat, tiefer Kern, violette Reflexe, zarte Randaufhellung. Reife Zwetschken, feiner Edelholztouch, dunkle Kirschen, kandierte Orangenzesten. Komplex, saftig, feine Extraktsüße, seidige Tannine, sehr gute Frische und Länge, mineralischer Nachhall, sicheres Reifepotenzial.

91 Blaufränkisch Ried Hochbaum 2019
14 Vol.-%, DV, gebrauchte Barriques, €€€
Dunkles Rubingranat, violette Reflexe, dezente Randaufhellung. Zarte Holzaromen, frische Zwetschken, ein Hauch von Brombeerkonfit, tabakige Nuancen. Straff, reife schwarze Kirschen, Lakritze, gut integrierte Tannine, angenehme Frische, schokoladig im Abgang, ein Hauch von Feigen im Nachhall, hat Potenzial.

90 Blaufränkisch Urkraft 2020
13,5 Vol.-%, DV, Eichenfass, €€
Dunkles Rubingranat, violette Reflexe breitere Ockerrandaufhellung. Feine Gewürznuancen, Noten von Kirschen, ein Hauch von Brombeeren, mit Orangenzesten unterlegt, tabakige Würze. Saftig, elegant, feine Tannine, Erdbeernuancen, dezente Süße, bereits gut antrinkbar.

94 Argo 2018 BF/CS
14,5 Vol.-%, NK, Barrique, €€€€€
Dunkles Rubingranat, tiefer Kern, violette Reflexe, zarte

GRENZLANDHOF
WEINGUT FAMILIE REUMANN
7301 Deutschkreutz
Friedlbrunngasse 1
T: +43 (2613) 89847
mail@grenzlandhof-reumann.at
www.grenzlandhof-reumann.at

Kellermeister: Christian und Mario Reumann
Kontakt: Christian, Birgit und Mario Reumann
Produktion: 15 % weiß, 5 % rosé, 80 % rot, 25 Hektar
Zertifiziert: Nachhaltig Austria
Vereinszugehörigkeit: Verband Blaufränkisch Mittelburgenland
Messen: DAC-Präsentationen

Mario und Christian Reumann

* Mittelburgenland DAC   ** Mittelburgenland DAC Reserve

Randaufhellung. Reife dunkle Beerenfrucht, Nuancen von Zwetschken und Lakritze, ein Hauch von Nougat und Tabak, kandierte Orangenzesten. Saftig, elegant, reife Herzkirschen, feine Tannine, frischer Säurebogen, mineralisch-salzig im Abgang, zeigt gute Länge, bereits zugänglich, mit Entwicklungspotenzial ausgestattet.

92 Mariela 2019 BF/CS/ZW/ME
14,5 Vol.-%, DV, Barrique, €€€ Ⓗ Ⓥ
Dunkles Rubingranat, violette Reflexe, breitere Randaufhellung. Zarter Gewürztouch, eingelegte Kirschen, ein Hauch von reifen Zwetschken, etwas Nougat, mit kandierten Orangenzesten unterlegt. Mittlere Komplexität, süße Kirschen, gut integrierte Tannine, feiner Schokonachhall, gut entwickelt.

(90) Zweigelt Ried Hölzl 2020
14 Vol.-%, DV, gebrauchte Barriques, €€ Ⓗ Ⓥ
Kräftiges Rubingranat, violette Reflexe, breitere Randaufhellung. Zart nach Zwetschken, frische Kirschen, mit einem Hauch von Kräutern unterlegt. Mittlere Komplexität, feine Fruchtsüße, dezente Tannine, ausgewogen und gut zugänglich.

★★★

WEINGUT STREHN

Im traditionellen Rotweingut Strehn weht seit einigen Jahren ein neuer Wind – ein rosaroter. Und er weht immer stärker. 60 Prozent der Ernte von 2020 wurden mittlerweile zu Rosé verarbeitet.
Am Beginn stand der Versuch, einen Gegenentwurf zu Rosé-Weinen mit mäßigen Popularitätswerten zu schaffen. Vorbild waren dabei französische Rosé-Ikonen, die schon lange den Weinhimmel erklommen hatten. 2017 war es dann so weit: Der mittlerweile berühmte »Elefant im Porzellanladen« stellte als Senkrechtstarter die österreichische Rosé-Welt auf den Kopf. Mittlerweile umfasst die Strehn'sche Rosé-Palette sechs Weine: vom leichten Sprudel bis zum Statement-Rosé, der im Fass vergoren wird.
Basis dafür sind aber immer die biologisch und nachhaltig bewirtschafteten Rotweine aus Deutschkreutz. Und da steht natürlich der Blaufränkisch im Mittelpunkt, der als Lagenwein oder auch in der Spitzencuvée »Pandur« angeboten wird.

WEINGUT STREHN
7301 Deutschkreutz
Weinbergweg 1
T: +43 (664) 1636570
office@strehn.at
www.strehn.at

Kellermeister: Patrick & Andy Pfneisl-Strehn
Kontakt: Pia Strehn
Anbauweise: Umstellung auf bio
Produktion: 15 % weiß, 85 % rot
Zertifiziert: Nachhaltig Austria
Vereinszugehörigkeit: Verband Blaufränkisch Mittelburgenland
Messen: ProWein Düsseldorf

94 Pia Pur 2020 CS/SY
13,5 Vol.-%, NK, Barrique, €€€€€
Helles Kupferrosa, Orangereflexe. Ein Hauch von Gewürznelken und Vanille, feiner Holzkuss, zarter Anis-Touch, mit rotbeerigen Aspekten unterlegt. Komplex, saftig, elegant, dezente Birnenfrucht, feine Säurestruktur, mineralisch und anhaftend, saliner Touch im Nachhall, vinöser Stil, pikantes zitroniges Finale, hat Klasse.

92 Pia und die starken Männer 2021 ME/CS/BF
13 Vol.-%, NK, Teilbarrique, €€€€ Ⓑ
Mittleres Lachsrosa, Silberreflexe. Zart nach Vanille, ein Hauch von Erdbeerkonfitüre, reifer Pfirsich, mit etwas Banane unterlegt. Stoffig, rote Beeren, elegant, seidige Textur, gut integrierter Säurebogen, feiner Blütenhonig im Abgang, ein ausgewogener Speisenbegleiter.

(92) Sushi Rosé 2021 BF/CS
13 Vol.-%, NK, Beton, €€€€
Helles Lachsrosa, Orangereflexe. Zarte Gewürznuancen, rote Waldbeeren, ein Hauch von eingelegten Kirschen und Blütenhonig. Saftig, feine Apfelfrucht, dezenter Säurebogen, mineralisch-zitronige Nuancen im Abgang, balanciert, vielseitig einsetzbar.

91 Seerosé 2021 ME/BF/CS
12,5 Vol.-%, DV, Stahltank/großes Holzfass, €€€
Helles Lachsrosa, Silberreflexe. Ein Hauch von Anis und eingelegten roten Kirschen, zarte Würze, etwas Lemongrass. Saftig, seidig, ein Hauch von Babybanane, seidige Textur, zart kalkig-zitronig im Abgang, animierender Stil.

(93) Blaufränkisch Der Elefant im Porzellanladen 2021
13 Vol.-%, NK, 500-l-Fass, €€€€€
Mittleres Lachsrosa, Silberreflexe. Zarte gelbe Tropenfrucht, etwas Ribiseln, ein Hauch von Vanille, Lemongrass im Hintergrund, facettenreiches, einladendes Bukett. Straff, gute Komplexität, weiße Birnenfrucht, zart nach Litschis, rotbeerig, salzig im Abgang, ein finessenreicher Stil mit guter Länge.

91 Blaufränkisch Rosé 2021
12,5 Vol.-%, DV, Stahltank, €€
Helles Lachsrosa, Silberreflexe. Zart nach roten Waldbeeren, ein Hauch von Kirschen, mineralisch, zarter Limettentouch. Mittlerer Körper, feine Fruchtsüße, zarter Erdbeertouch, angenehmes Säurespiel, balanciert, zitronig-salziger Nachhall.

★★★★

WEINGUT JOSEF TESCH

Die Familie Tesch hat es sich zum Beruf und zur Berufung gemacht, exzellente Weine zu vinifizieren. In der Gemeinde Neckenmarkt im Mittelburgenland mit ihren tiefgründigen, lehmhaltigen Böden findet sie dafür die besten natürlichen Voraussetzungen. Und dennoch bestimmen nicht nur Terroir und Klima die Qualität eines Weines. Es braucht darüber hinaus ein harmonisches Zusammenspiel von handwerklichem Wissen, Erfahrung und intensiver Arbeit, um Weine höchster Güte zu erzeugen. Diese »Winzerkunst« ist für Familie Tesch mehr als »nur« Arbeit. Für sie ist es Ausdruck von Lebensfreude und Lebenskultur, und das schmeckt man auch – in exzellenten Weinen, in denen der Charakter von Region und Traube »verflüssigt« wurde.
Die Weingärten der Familie Tesch umfassen insgesamt rund 26 Hektar an den Ausläufern des Ödenburger Gebirges. Bis zu 70 Jahre alte Rebstöcke mit regionaltypischen Sorten gedeihen in den Weingärten am Hochberg, am Weissen Weg und in weiteren Top-Lagen.

© Fotostuio ROZSENICH A7350 Oberpulendorf Austria

WEINGUT JOSEF TESCH
7311 Neckenmarkt, Herrengasse 26
T: +43 (2610) 43610
titan@tesch-wein.at
www.tesch-wein.at

Kellermeister: Josef Christian Tesch
Kontakt: Josef, Carmen und Helene Tesch
Produktion: 3 % weiß, 97 % rot, 26 Hektar
Zertifiziert: Nachhaltig Austria
Vereinszugehörigkeit: Verband Blaufränkisch Mittelburgenland, WBV Neckenmarkt
Messen: ProWein Düsseldorf, VieVinum, DAC-Präsentationen, Wein Burgenland Präsentationen

Josef Christian Tesch

Die Bodenbeschaffenheit ist vielschichtig, und jeder Weingarten hat sein eigenes Mikroklima und seine Besonderheiten. Durch sortentypischen und klaren Ausbau werden gerade diese Unterschiede und Typizitäten in den Weinen von Tesch hervorgebracht. Mit rund 60 Prozent spielt die Sorte Blaufränkisch anteilsmäßig die Hauptrolle in den Weingärten der Teschs. Die naturnahe Pflege, die Ertragslimitierung für qualitativ beste Trauben und die behutsame Handlese bilden die Basis für die erstklassigen Weine. Seit einigen Jahren sind der Name Tesch und insbesondere die Weine des Hauses in aller Munde. Beim Ausbau der Weine sieht man sich dem Mittelburgenland verpflichtet und setzt auf Authentizität. So entstehen Weine, in denen man die enge Verbundenheit mit der Region schmecken kann.

90 Rosé 2021 BF/ZW
13 Vol.-%, DV, Stahltank, €€ V
Helles Lachsrosa, Pinkreflexe. Zart mit Limetten und weißem Apfel unterlegte Kirschfrucht. Mittlere Komplexität, fruchtig, zart nach Erdbeerkonfitüre, zarter Blütenhonig im Abgang, harmonischer Stil.

(94) Blaufränkisch ** 2019
14 Vol.-%, NK, 500-l-Fass, €€€€ V
Tiefdunkles Rubingranat, opaker Kern, violette Reflexe, zarte Randaufhellung. Zart nach Edelholz und dunklen Herzkirschen, mit Brombeerkonfitüre unterlegt, etwas Nougat und kandierte Orangenzesten. Komplex, saftig, feine Fruchtsüße, reife, tragende Tannine, frisch und mineralisch, zeigt gute Länge, sicheres Reifepotenzial.

(91) Blaufränkisch * Neckenmarkt Ried Hochberg 2020
13,5 Vol.-%, DV, 500-l-Fass, €€€ V
Dunkles Rubingranat, violette Reflexe, zarte Randaufhellung. Zart tabakig-kräuterwürzig unterlegte reife Zwetschken, Brombeerkonfit, etwas Nougat. Saftig, mittlerer Körper, reife Herzkirschen, mineralisch und anhaftend, vielseitig einsetzbar.

(90) Blaufränkisch * Classic 2021
13 Vol.-%, DV, Stahltank, €€ V
Dunkles Rubingranat, violette Reflexe, zarte Randaufhellung. Schwarze Beerenfrucht, Nuancen von dunklen Herzkirschen, etwas Nougatkaramell. Saftig, elegant, frisch strukturiert, runde Tannine, mineralisch im Abgang, ein lebendiger Speisenbegleiter.

(95) Blaufränkisch Patriot 2018
14,5 Vol.-%, NK, Barrique, €€€€€€ V
Kräftiges Rubingranat, violette Reflexe, zarte Randaufhellung. Feine Edelholznote, zart nach Vanille, schwarze Waldbeeren, feiner Kirschtouch, facettenreiches Bukett. Gute Komplexität, etwas Nougat, reife Tannine, lebendige Struktur, etwas Kakao im Abgang, verfügt über Reifepotenzial.

(95) Titan 2020 BF/CS/ME
13,5 Vol.-%, NK, 500-l-Fass, €€€€€ V
Dunkles Rubingranat, violette Reflexe, zarte Randaufhellung. Feine Holznuancen, etwas Vanille und Nougat, schwarze Kirschen, reife Brombeeren, zart nach Cassis und Orangenzesten. Komplex, saftig, süße Kirschfrucht, straffe, tragende Tannine, gute Frische, noch sehr jung und sehr vielversprechend, zeigt gute Länge und sicheres Reifepotenzial.

(93) Jana Paulina 2018 ME/CS
14 Vol.-%, NK, 500-l-Fass, €€€€€ V
Dunkles Rubingranat, violette Reflexe, zarte Randaufhellung. Feine Kräuterwürze, tabakige Nuancen, zart nach Cassis, frische Brombeeren, dezenter Holzkuss. Komplex, ausgewogen, schwarze Kirschen, präsente Tannine, Nougat im Abgang, würziger Nachhall.

(92) Kreos 2019 SY/BF/ME/ZW
13,5 Vol.-%, NK, 500-l-Fass, €€€€
Tiefdunkles Rubingranat, violette Reflexe, zarte Randaufhellung. Feine Gewürznuancen, zart nach Kräutern, dunkle Waldbeeren, tabakig, schwarze Kirschen klingen an. Saftig, elegant, zeigt gute Frische, reife Tannine, schokoladige Nuancen, mineralischer Nachhall, bereits zugänglich.

(91) Cuvée 2020 BF/ZW/ME
13,5 Vol.-%, DV, 500-l-Fass, €€€ V
Tiefdunkles Rubingranat, opaker Kern, violette Reflexe, zarte Randaufhellung. Einladende schwarze Waldbeerenfrucht, reife Brombeeren, Nuancen von Kirschen, zarte Edelholzwürze. Kraftvoll, reife Frucht, gut integrierte Tannine, frisch strukturiert, süße Beerenfrucht, mineralisch im Abgang, ein facettenreicher Speisenbegleiter mit Potenzial.

(94) Merlot Enya 2020
13,5 Vol.-%, NK, 500-l-Fass, €€€€€ V
Dunkles Rubingranat, violette Reflexe, zarte Randaufhellung. Zart tabakig-kräuterwürzig unterlegte Herzkirschfrucht, zart nach Zwetschken und Feigen, mit kandierten Orangenzesten unterlegt. Saftig, komplex, feine Fruchtsüße, tragende Tannine, mineralisch und anhaftend, wird von Flaschenreife profitieren.

(92) Cabernet Sauvignon Tabea 2019
14 Vol.-%, NK, 500-l-Fass, €€€€€
Dunkles Rubingranat, violette Reflexe, zarte Randaufhellung. Etwas verhalten, rote Herzkirschen, feine Edelholznuancen, Gewürze und Mandarinenzesten im Hintergrund. Mittlere Komplexität, rote Waldbeerenfrucht, straffe Tannine, würziger Abgang, zart vegetal im Nachhall, salziger Rückgeschmack.

(91) Pinot Noir Ried Hochäcker 2020
13 Vol.-%, DV, €€€€
Kräftiges Rubingranat, violette Reflexe, breitere Randaufhellung. Kräuterwürzig unterlegte schwarze Waldbeeren, etwas Lakritze, kandierte Orangenzesten. Mittlere Komplexität, frische Kirschen, feine Tannine, dunkle Mineralik, etwas Nougat, verfügt über Entwicklungspotenzial.

★★★

WEINGUT FAMILIE WEBER

Die Qualität beginnt im Weingarten«, sagte sich einst Rudolf Weber, der Senior des Hauses. Die mächtigen, dichten Weine, die heute von der nächsten Generation, Helmut und Günther Weber, produziert werden, beweisen, dass Begriffe wie konsequente Ertragsbeschränkung und Rebschnitt hier keine Lippenbekenntnisse sind. Während man im Weingarten ein besonderes Augenmerk auf intensive Rebpflege legt, wird im Keller möglichst wenig in die Entwicklung der Weine eingegriffen.
Drei Viertel des Rotweinbetriebs sind mit der Leitsorte Blaufränkisch bestockt, der Rest verteilt sich auf Zweigelt, Cabernet Sauvignon, Merlot, Pinot Noir und Shiraz. Die Weine werden entweder in großen Holzfässern oder in Barriques (30 Monate) ausgebaut.
Dass man auf dem Weingut Weber ein echtes Erfolgskonzept gefunden hat, beweisen zahlreiche Auszeichnungen, darunter zwei Bundessiege und die einzigen beiden Goldmedaillen Österreichs für die Rotweinjahrgänge 1997 und 1998 in Paris sowie jede Menge Falstaff-Auszeichnungen. Bei der Rotweinprämierung im Herbst 2007 verwies man mit dem Mittelburgenland DAC Reserve 2005 in der Gruppe Blaufränkisch die Konkurrenz auf die Plätze und erreichte damit bei der Gesamtwertung auch den dritten Platz.

(92) Blaufränkisch ** 2020
13,5 Vol.-%, NK, Barrique, €€€
Dunkles Rubingranat, violette Reflexe, breitere Randaufhellung. Zarte Gewürznelken, dunkle Waldbeeren, frische Herzkirschen, süßer Tabak. Saftig, elegant, feine Fruchtsüße, gut integrierte Tannine, ein Hauch von Karamell im Abgang, gut balanciert, mineralisch-salzig im Nachhall.

93 Avus 2018 CS/ZW/BF/ME
14 Vol.-%, NK, Barrique, €€€€€
Dunkles Rubingranat, violette Reflexe, dezente Randaufhellung. Zart kräuterwürzig, reife Kirschen, Zwetschken, ein Hauch von Brombeerkonfitüre, mit Vanille und Karamell unterlegt. Komplex, stoffig, wieder Brombeeren und süße Kirschen, gut integrierte, tragende Tannine, mineralisch im Nachhall, gutes Reifepotenzial.

(92) Merlot 2020
13,5 Vol.-%, NK, Barrique, €€€€
Kräftiges Rubingranat, violette Reflexe, breitere Randaufhellung. Zarte Edelholzwürze, schwarze Beeren, Nuancen von Lakritze, etwas Vanille und Schokolade. Ausgewogen, feine Fruchtsüße, charmanter, fruchtiger Stil ohne Ecken und Kanten, bereits gut entwickelt.

WEINGUT FAMILIE WEBER
7361 Lutzmannsburg
Neustiftgasse 15
T: +43 (664) 5032378
info@weingut-fam-weber.at
www.weingut-fam-weber.at

Kellermeister: Helmut und Günther Weber
Kontakt: Günther Weber
Produktion: 100 % rot, 12 Hektar
Vereinszugehörigkeit: Verband Blaufränkisch Mittelburgenland
Messen: Weinmesse Innsbruck, DAC-Präsentationen

* Mittelburgenland DAC ** Mittelburgenland DAC Reserve

(91) Cabernet Sauvignon 2020
13,5 Vol.-%, NK, Barrique, €€€
Dunkles Rubingranat, violette Reflexe, dezente Randaufhellung. Zart rauchig-kräuterwürzig, schwarze Beeren, nach feinem Cassis, mit kandierten Orangenzesten unterlegt. Saftig, rotbeerige Nuancen, seidige Tannine, frischer Säurebogen, mineralisch-zitronig im Abgang, bereits antrinkbar.

(90) Pinot Noir 2020
13,5 Vol.-%, DV, Barrique, €€
Mittleres Rubingranat, violette Reflexe, breite Ockerrandaufhellung. Rotbeeriger Touch, zarte Kräuterwürze, etwas Karamell. Zarte Kirschfrucht, schlank, feine Fruchtsüße, ein charmanter, zugänglicher Speisenbegleiter mit Nougatfinish.

★★★★

WEINGUT WELLANSCHITZ

BIO

Wie man ein kleines Familienweingut erfolgreich in die Moderne führt, ohne dabei Tradition und Ehrfurcht vor dem kostbaren Land, das man bearbeitet, über Bord zu werfen, zeigen wenige Winzerfamilien so eindrucksvoll wie die »Wells«, die damit Neckenmarkter Grundwerte erfüllen. Seit der Übernahme von den Eltern und Großeltern haben sie das Weingut mit Bedacht erweitert und sich gleichzeitig einer Philosophie verschrieben, die darauf beruht, dem wertvollen Glimmerschiefer, dem Granitgneis, den kargen Kalkböden und dem Lehm die Aufgabe zu überlassen, den Wein zu gestalten. Die biologische Bewirtschaftung (Zertifizierung abgeschlossen) und das klare Bekenntnis zur Zurückhaltung im Keller sind ein tragendes Element der Wellanschitz-Weine. Die Weingärten liegen an den letzten Ausläufern der Alpen, im Ödenburger Gebirge, direkt an der Grenze zu Ungarn. Die hoch gelegenen Weinberge (bis 480 Meter Seehöhe) sind die Besonderheit im Mittelburgenland und ermöglichen den Ausbau komplexer Weine.
Mit ihrem umfangreichen Blaufränkisch-Sortiment, das bei Familie Wellanschitz eine zentrale Rolle spielt, zeigt man die Unterschiede der einzelnen Lagen des Mittelburgenlands auf und leistet damit einen wertvollen Beitrag zur Erhaltung der Blaufränkisch-Tradition in der Region. Das Weingut Wellanschitz ist bekannt für seine Einzellagen-Blaufränkischen vom Hochberg, vom Sonnensteig, vom Hussi und vom Alten Weingebirge sowie für den Blaufränkisch Well Alte Reben vom ältesten Weingarten der Familie. Die Lage Rüsselgrund garantiert hochreifen Cabernet Sauvignon, und mit der Cuvée Fraternitas wird die Zusammenarbeit der Wellanschitz-Brüder Stefan, Paul und Georg gefeiert.

WEINGUT WELLANSCHITZ
7311 Neckenmarkt
Lange Zeile 28
T: +43 (2610) 42302
info@wellanschitz.at
www.wellanschitz.at

Kellermeister: Stefan Wellanschitz, Georg Wellanschitz
Kontakt: Familie Wellanschitz
Anbauweise: Zertifiziert Biologisch (Bio Austria)
Produktion: 1 % Schaumwein, 7 % weiß, 92 % rot, 39 Hektar
Messen: ProWein Düsseldorf, VieVinum

98 Blaufränkisch Ried Sonnensteig 2018
13,5 Vol.-%, NK, 500-l-Fass, €€€€€€
Dunkles Rubingranat, opaker Kern, violette Reflexe, zarte Randaufhellung. Intensive frische dunkle Beerenfrucht, Herzkirschen, Brombeeren und ein Hauch Lakritze, feine Holzwürze, Zesten klingen an, facettenreiches Bukett. Saftig, feine Fruchtsüße, elegant, ausgewogen, seidige Tannine, angenehme Frische, sehr gut entwickelt, ein nahtloser Wein mit großer Länge und Präzision, salziger Nachhall.

95 Blaufränkisch Well Alte Reben 2019
13,5 Vol.-%, NK, 500-l-Fass, €€€€€
Dunkles Rubingranat, violette Reflexe, zarte Randaufhellung. Zart nach Kräutern, ein Hauch von Kirschen, Zwetschken, kandierte Orangenzesten klingen an, florale Aspekte. Saftig, elegant, Pflaumenfrucht, rote Kirschen, frische Struktur, gut integrierte Tannine, mineralisch, zart salzig im Abgang, vielschichtiger Speisenbegleiter mit Potenzial, elegant und bereits gut antrinkbar.

91 Blaufränkisch klassisch 2021
13 Vol.-%, DV, großes Holzfass, €€
Kräftiges Rubingranat, violette Reflexe, breitere Ockerrandaufhellung. Feiner Gewürztouch, reife Kirschen, ein Hauch von Zwetschken, zart nach süßem Tabak. Mittlerer Körper, rotbeeriger Touch, feine Tannine, gute Frische, bereits gut antrinkbar.

91 Blaufränkisch Central Schiefer&Lehm 2020
13 Vol.-%, DV, großes Holzfass, €€€ V
Kräftiges Rubingranat, violette Reflexe, dezente Ockerrandaufhellung. Frische Kräuterwürze, Brombeeren, dunkle Herzkirschen, mit Orangenzesten unterlegt. Mittlere Komplexität, rote Beeren, ein Hauch von Erdbeeren, frischer Säurebogen, salzig-zitroniger Nachhall, schlanker Stil.

92 HA5NG 2020 BF/ZW/ME/CS
13,5 Vol.-%, DV, gebr. Barriques/ großes Holzfass, €€€
Kräftiges Rubingranat, violette Reflexe, breitere Ockerrandaufhellung. Zart nach Herzkirschen, feine tabakige Würze, frische Brombeeren, ein Hauch von kandierten Orangenzesten. Saftig, kirschig, feine Fruchtsüße, seidige Tannine, lebendig und anhaftend, ein vielseitiger Begleiter bei Tisch.

(91) Hotta 2020 ME/ZW/CS/SY
13,5 Vol.-%, DV, großes Holzfass/gebr. Barriques, €€€ V
Kräftiges Rubingranat, violette Reflexe, dezente Ockerrandaufhellung. Schwarze Waldbeeren, etwas Cassis, feine Kräuterwürze, floraler Touch. Saftig, elegant, reife Kirschen, lebendig strukturiert, mineralisch-zitronig im Abgang, ein animierender Speisenbegleiter.

92 Cabernet Sauvignon Ried Rüsselsgrund 2019
13,5 Vol.-%, NK, großes Holzfass, €€€€€
Dunkles Rubingranat, opaker Kern, violette Reflexe, zarte Randaufhellung. Tabakig-kräuterwürzig unterlegte schwarze Kirschen, ein Hauch von Cassis und Brombeeren, zartes Nougat, Orangenzesten. Saftig, mittlere Komplexität, elegant, frische Kirschen, straffe Tannine, finessenreich strukturiert, rotbeerig und salzig im Nachhall, zart blättrig, gutes Potenzial.

★★★

WEINGUT JULIANA WIEDER

Die Wieders sind Weinbauern im wahrsten Sinn des Wortes. Viele Generationen waren sie Landwirte, seit den 1980er-Jahren wird auf Wein gesetzt. So wurden Äcker gegen Weingärten, Rinderhalle gegen Abfüllraum, Schweinestall gegen Barriquekeller und Heulager gegen Buschenschank getauscht. Inzwischen haben sich die Weine an der österreichischen Rotweinspitze etabliert. Georg Wieder stellt seit seiner Jugend mit großer Leidenschaft die gebietstypischen Weine her, unterstützt wird er dabei von seiner Schwester Burgi. Zusammen mit Betriebsgründerin und Mutter Juliana Wieder erkannten sie früh das Potenzial der einzelnen Rieden. In dem Bewusstsein, dass charakteristischer Wein nicht erst im Keller gemacht wird, sondern im Weingarten entsteht, sicherten sie sich die besten Lagen der Region: Spiegelberg, Bodigraben, Sonnensteig, Hochberg, Pollesgraben, Kronberg, Hussy, Kohlenberg, Hochäcker und Gfanger. Mittlerweile werden rund 42 Hektar Weingärten bearbeitet, die überwiegend 50 Jahre und älter sind. Der Blaufränkisch steht im Betrieb natürlich im Mittelpunkt und wird je nach Lage und Alter der Rebstöcke in verschiedenen Varianten ausgebaut. Aber auch andere Reben werden kultiviert: Welschriesling und Chardonnay sowie Zweigelt, St. Laurent, Merlot, Syrah, Pinot Noir und Cabernet Sauvignon stellen eine spannende Herausforderung dar. Die internationalen Rotweinsorten werden nur in ausgezeichneten Jahrgängen sortenrein abgefüllt, ansonsten runden sie die Cuvées »Georg«, »Morandus« und »Sempre« ab. Die Wieders legen nicht nur viel Wert auf Qualität, sondern stecken auch viel Herz in die Produktion. Die Bewahrung von Tradition und Natur schließen die Offenheit für Neues nicht aus. So schafft es Georg immer wieder, das Beste aus den Trauben herauszuholen.

Ried Bodigraben

WEINGUT JULIANA WIEDER

7311 Neckenmarkt, Lange Zeile 76
T: +43 (2610) 42438
info@weingut-juliana-wieder.at
www.weingut-juliana-wieder.at

Kellermeister/Kontakt: Georg Wieder
Produktion: 1 % Schaumwein, 4 % weiß, 1 % rosé, 94 % rot, 42 Hektar
Zertifiziert: Nachhaltig Austria
Vereinszugehörigkeit: Verband Blaufränkisch Mittelburgenland, WBV Neckenmarkt
Messen: ProWein Düsseldorf, VieVinum, DAC-Präsentationen, Wein Burgenland Präsentationen

(94) Blaufränkisch ** Ried Bodigraben 2019
14 Vol.-%, NK,DV, Barrique, €€€€
Tiefdunkles Rubingranat, opaker Kern, violette Reflexe, zarte Randaufhellung. Attraktive schwarze Kirschfrucht, Brombeeren und zart nach Lakritze, ein Hauch von Orangenzesten, einladendes Bukett. Saftig, komplex, feine Fruchtsüße, reife Tannine, elegant und anhaftend, zeigt gute Frische und Länge, ein toller, bereits antrinkbarer Speisenbegleiter.

92 Blaufränkisch ** Ried Kohlenberg 2019
14 Vol.-%, NK, kleines Holzfass, €€€
Dunkles Rubingranat, violette Reflexe, dezente Ockerrandaufhellung. Feine Kräuterwürze, tabakige Nuancen, reife Zwetschken, mit etwas Nougat unterlegt. Mittlere Komplexität, straff, frische Kirschen, gut integrierte Tannine, zart salzig-mineralisch im Nachhall.

92 Blaufränkisch ** Glimmerschiefer 2018
14 Vol.-%, DV, 500-l-Fass, €€€€
Dunkles Rubingranat, opaker Kern, violette Reflexe, zarte Randaufhellung. Zart nach frischen Feigen, mit Brombeerkonfitüre unterlegt, zart nach kandierten Veilchen. Saftig, wirkt leichtfüßig, rote Kirschen, reife Tannine, mineralisch im Abgang, zitroniger Nachhall, ein lebendiger Speisenbegleiter.

(90) Blaufränkisch * Ried Hochberg 2020
13,5 Vol.-%, DV, großes Holzfass, €€
Dunkles Rubingranat, violette Reflexe, zarte Randaufhellung. Frische Zwetschken, mit etwas Vanille und kandierten Orangenzesten unterlegt. Mittlerer Körper, rote Kirschen, dezente Tannine, gute Frische, bereits gut antrinkbar.

90 Blaufränkisch Fahnenschwinger 2019
13,5 Vol.-%, DV, gebr. Barriques/großes Holzfass, €€€
Kräftiges Rubingranat, violette Reflexe, breitere Randaufhellung. Eingelegte Kirschen, ein Hauch von Kräutern, mit roten Beeren unterlegt, etwas tabakige Unterholznoten. Mittlerer Körper, wirkt leichtfüßig, feine Säurestruktur, rote Kirschen im Nachhall, bietet unkompliziertes Trinkvergnügen.

93 Cuvée 2020 BF/CS/ME
14 Vol.-%, DV, 500-l-Fass/Barrique, €€€€€
Dunkles Rubingranat, opaker Kern, violette Reflexe, dezente Randaufhellung. Zart nach Nougat und Vanille, schwarze Waldbeeren, ein Hauch von Karamell und Edelholz, vielschichtiges Bukett. Saftig, dunkelbeerig, frischer Säurebogen, feine, reife Tannine, Cassis im Nachhall, ein animierender Speisenbegleiter mit Entwicklungspotenzial.

92 Cuvée Morandus 2018 BF/ME/CS/ZW
14,5 Vol.-%, NK, Barrique/500-l-Fass, €€€€€
Dunkles Rubingranat, tiefer Kern, violette Reflexe, dezente Ockerrandaufhellung. Schwarze Beeren, reife Zwetschken, ein Hauch von Feigen und Nougat, einladendes Bukett. Saftig, reife Kirschen, frisch, dezente Süße, präsente, würzige Tannine, mineralisch-salziger Nachhall, gutes Reifepotenzial.

90 Cuvée da'Wida 2020 BF/ZW
13,5 Vol.-%, DV, großes Holzfass, €€€
Dunkles Rubingranat, violette Reflexe, zarte Randaufhellung. Zart kräuterwürzig unterlegte dunkle Kirschfrucht, dazu etwas Brombeerkonfitüre. Mittlere Komplexität, rote Kirschen, zart nach Feigen, feine Tannine, ein Hauch von Nougat im Nachhall, vielseitiger Speisenbegleiter.

PLATZ FÜR IHRE
WEINNOTIZEN

Nördlich und östlich des Neusiedler Sees befindet sich die Region, die dem zweitgrößten Steppensee Europas ihren Namen verdankt und für Rot- und Süßweine prädestiniert ist

© WSNA

BURGENLAND
NEUSIEDLERSEE
DAC

Bei Illmitz gibt es zahlreiche kleinere und größere salzhaltige Lacken, die ein einzigartiges Klima erzeugen

VIELFALT DES ZWEIGELTS UND GROSSE SÜSSWEINE

Auf 6.675 Hektar Rebfläche reift an den Ufern des flachen Steppensees eine Sortenvielfalt in Weiß, Rot und Süß heran – von frischen Weinen über Gehaltvolles und Aromatisches bis zu den weltberühmten Süßweinen, die seit dem Jahrgang 2020 die Bezeichnung Neusiedlersee DAC tragen dürfen. Dabei ist in den letzten Jahren insbesondere die Vielfalt des Zweigelts immer mehr in den Vordergrund getreten, der schon seit 2012 als Neusiedlersee DAC bezeichnet werden darf.

Mit 1812 Hektar stellt der Zweigelt hier die Hauptsorte dar. Für den klassischen Neusiedlersee DAC kommt er wenige Monate nach der Ernte auf den Markt, bei der Reserve-Kategorie erfolgt der Ausbau im Holz, und der Wein wird zumindest ein Jahr später gefüllt. Sonne pur können die Reben in den weitläufigen geschlossenen Weingärten speichern. Das voll wirksame pannonische Klima mit seinen heißen, trockenen Sommern und kalten Wintern sorgt gemeinsam mit dem Neusiedler See als Temperaturregler für eine lange Vegetationsperiode. Hohe Luftfeuchtigkeit und herbstliche Nebeleinfälle begünstigen die hier regelmäßig auftretende Edelfäule (Botrytis cinerea) als Basis für höchste Prädikatsweine wie Beerenauslesen und Trockenbeerenauslesen. Diese Spezialitäten haben wesentlich dazu beigetragen, dass der im Vergleich zu traditionsreicheren österreichischen Weinbaugebieten noch relativ junge Seewinkel in der ganzen Welt bekannt wurde. Ab dem Jahrgang 2020 wird diesem Ruf mit der Einführung in die DAC-Pyramide Rechnung getragen. Die sehr differenzierte Bodenstruktur – von Löss und Schwarzerde bis zu Schotter und Sand – lässt eine ebenso vielfältige Rebsortenpalette gedeihen. Sind es beim Weißwein neben der Leitsorte Welschriesling vor

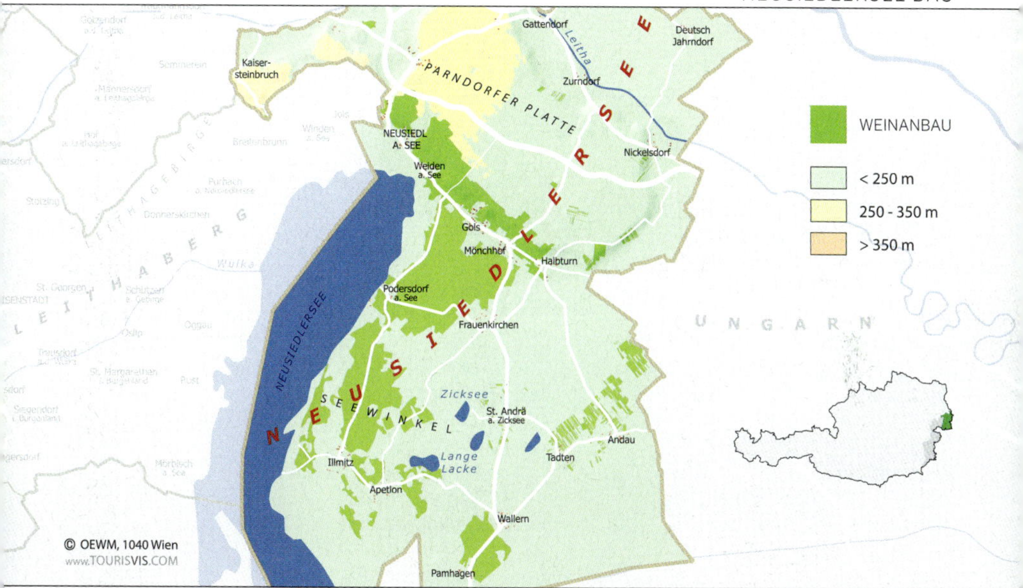

allem Weißburgunder und Chardonnay sowie aromatische Sorten, so steht im roten Segment der Blaue Zweigelt an der Spitze, begleitet von Blaufränkisch, St. Laurent und Blauburgunder sowie internationalen Zuwanderern. Ob fruchtcharmant ausgebaut, im Holzfass oder Barrique gereift, ob reinsortig oder als Cuvée: Die Rotweine vom Neusiedler See sind eindeutig auf Erfolgskurs. Einen wahren Genussfeldzug hat auch die regionale Gastronomie gestartet, die mit einer spannenden Kombination aus kreativer, moderner Küche und bodenständigen Produkten punktet. Gemüsespezialitäten, Fisch oder alte Rinderrassen bereichern die Speisekarten, kongenial begleitet von passenden Weinen für jeden Geschmack.

Als Ausgleich zum weinkulinarischen Verwöhnprogramm bieten sich Radtouren, Reiten oder Wassersport an, auch die Auswahl an Gästezimmern in jeder Kategorie lässt keine Wünsche offen – von Neusiedl am See, Gols und Mönchhof am Nordufer über Podersdorf, Illmitz, Apetlon und Pamhagen im Süden bis nach Wallern, Tadten, St. Andrä, Andau oder Frauenkirchen im Osten des Gebiets.

AUSGEWÄHLTE WEINGÜTER

>

★★★★★

Weingut Paul Achs, Gols
Weingut Gernot und Heike Heinrich, Gols
Weinlaubenhof Kracher, Illmitz
Weingut Anita und Hans Nittnaus, Gols
Weingut Pöckl, Mönchhof
Hans Tschida – Angerhof, Illmitz
Weingut Velich, Apetlon

★★★★

Weingut Werner Achs, Gols
Weingut Juris, Gols
Weingut Pittnauer, Gols
Weingut Scheiblhofer, Andau
Schwarz Wein, Andau

★★★

A-Nobis Sektkellerei Norbert Szigeti, Zurndorf
Allacher Vinum Pannonia, Gols
Weingut Zur Dankbarkeit, Podersdorf am See
Weingut Robert Goldenits, Tadten
Weingut Andreas Gsellmann, Gols
Weingut Haider, Illmitz
Weingut Horvath, Gols
Weingut Keringer, Mönchhof

< AUSGEWÄHLTE WEINGÜTER

★★★

Weingut Markus Iro, Gols
Weingut Leitner, Gols
Weingut Münzenrieder, Apetlon
Weingut PMC Münzenrieder, Apetlon
Weingut Gebrüder Nittnaus, Gols
Weingut Helmut Preisinger, Gols
Weingut Hannes Reeh, Andau
Weingut Salzl – Seewinkelhof, Illmitz
Weingut Horst und Georg Schmelzer, Gols
Zantho, Andau

★★

Weingut Amsee, Gols
Weingut Jacqueline Klein, Andau
Weingut Erich Sattler, Tadten
Weingut Gernot Schuhmann, Gols
Weingut Wurzinger, Tadten
Weingut Ziniel, St. Andrä am Zicksee

★

Bio-Weingut Bernthaler + Bernthaler, Gols
Weingut Alexander Egermann, Illmitz
Schaller vom See, Podersdorf am See
Weingut Fabian Sloboda, Podersdorf am See
Weingut Unger, Halbturn

—

Achs-Wendelin Weine, Gols
Domaine Andau, Andau
Weingut Stadler, Halbturn

★★★

A-NOBIS SEKTKELLEREI NORBERT SZIGETI

A-NOBIS – dahinter stehen Norbert und Birgit Szigeti mit ihrem hochmotivierten Team aus Mitarbeitern und Partnern. Die mehr als drei Jahrzehnte lange Erfahrung von Norbert Szigeti rund um höchstwertige Versektung bildet das Fundament – die tragenden Säulen sind die hoch geschätzten Mitarbeiter, Partner und Gastronomen. Sekte mit originärem Geschmacksprofil und klarer Herkunft sind die mit großer Freude gelebte Berufung. Das Unternehmerehepaar eröffnete im September 2020 im burgenländischen Zurndorf eine der modernsten und innovativsten Sektkellereien Österreichs.

95 Ⓑ A-Nobis Grand Cuvée Extra Brut Sekt Austria Burgenland g.U. 2013 CH/PN
Deg. 7/21, 12,5 Vol.-%, NK, Eichenfass, €€€€€€ Ⓗ
Leuchtendes Goldgelb, Silberreflexe, feines, anhaltendes Mousseux. Zart nussig, ein Hauch von Brioche, Nuancen von gelber Frucht, frischer Pfirsich, zart nach Orangenzesten und Blütenhonig, einladendes Bukett. Straff, engmaschig, mineralische Textur, finessenreich strukturiert, weiße Frucht im Nachhall, ein vielseitiger Speisenbegleiter, besitzt Länge und Potenzial.

95 Ⓑ A-Nobis Grand Cuvée Blanc de Blancs Extra Brut Sekt Austria Burgenland g.U. 2013
Deg. 7/21, 12,5 Vol.-%, NK, Eichenfass, €€€€€€ Ⓗ
Mittleres Goldgelb, Silberreflexe, zartes, anhaltendes Mousseux. Zart nach Nougat, ein Hauch von Vanille, reife gelbe Frucht nach Mango und Apfel, zart nach weißen Blüten, ein Hauch von Biskuit. Komplex, kraftvoll, feiner Touch von Gewürznelken, gelber Pfirsich und etwas Ananas, mineralisch und lange anhaftend, salzig-mineralisch im Nachhall, zart nach Limetten, weiteres Entwicklungspotenzial.

95 Ⓑ A-Nobis Grand Cuvée Rosé Extra Brut Sekt Austria Burgenland g.U. 2013 PN/CH
Deg. 7/21, 12,5 Vol.-%, NK, Eichenfass, €€€€€€ Ⓗ
Leuchtendes mittleres Lachsrosa, Silberreflexe. Nuancen von Biskuit, kandierte Mandarinenzesten, gelbe Tropenfrucht, Mango, ein Hauch von roten Waldbeeren, facettenreiches Bukett. Saftig, elegant, feine Textur, dezente Himbeerfrucht, feines Säurekleid, zeigt gute Länge, Blutorangenzesten und Ribiseln im Nachhall, animierender Stil.

93 **A-Nobis Cuvée 1217 Blanc de Blanc Extra Brut Sekt Austria Burgenland g.U. 2018 CH/WR**

Deg. 10/21, 12,5 Vol.-%, NK, Stahltank, €€€€€ Ⓗ

Helles Gelbgrün, Silberreflexe, feines, lebendiges Mousseux. Ein Hauch von Grapefruitzesten und Quitte, zarte Wiesenkräuter, ein Hauch von Limetten. Saftig, weiße Tropenfrucht, frisch und straff strukturiert, zitronig-mineralisch im Abgang, ein lebendiger Speisenbegleiter mit weiterem Entwicklungspotenzial.

93 **A-Nobis Cuvée 1217 Cuvée Extra Brut Sekt Austria Burgenland g.U. 2018 CH/PN/BF/SL**

Deg. 2/21, 12,9 Vol.-%, NK, Stahltank, €€€€€ Ⓗ

Mittleres Goldgelb, Silberreflexe, sehr feines, anhaltendes Mousseux. Noten von feinem Blütenhonig, zarte Nuancen von gelber Frucht, ein Hauch von Ananas, zart nach Orangenzesten. Saftig, elegant, frischer gelber Apfel, Ananas, feiner Säurebogen, zitronig im Abgang, ausgewogen, mineralisch, verfügt über Länge, eleganter Begleiter bei Tisch.

92 **A-Nobis Cuvée 1217 Rosé Extra Brut Sekt Austria Burgenland g.U. 2018 PN/ZW/SL/BF**

Deg. 8/21, 12,8 Vol.-%, NK, Stahltank, €€€€€ Ⓗ

Helles Lachsrosa, Kupferreflexe, feines, lebendiges Mousseux. Zart nach gelber Tropenfrucht, ein Hauch von Pfirsich, mit Nuancen von roten Beeren unterlegt, etwas Ringlotten und Erdbeeren. Elegant, leichtfüßig, feine Fruchtsüße, feiner Säurebogen, ein Hauch von rote Kirschen im Nachhall, ausgewogen, etwas Honig im Finish, eher zarter Stil.

A-NOBIS SEKTKELLEREI
NORBERT SZIGETI

2424 Zurndorf
Am Eichenwald 3
T: +43 (2173) 20899
sekt@a-nobis.at
www.a-nobis.at

Kellermeister: Norbert Szigeti
Kontakt: Dipl. Ing. Birgit Szigeti
Messen: Wein Burgenland Präsentationen

92 **A-Nobis Cuvée 1217 Blanc de Noirs Extra Brut Sekt Austria Burgenland g.U. 2018 PN/BF/ZW/SL**

Deg. 11/21, 12,6 Vol.-%, NK, Stahltank, €€€€€ Ⓗ

Zartes Lachsrosa, feine Kupferreflexe, feines Mousseux. Nuancen von frischen roten Kirschen, ein Hauch von Ringlotten, etwas Biskuit und Kräuterwürze. Saftig, fruchtig, weißer Pfirsich, feines Säurespiel, mineralisch-zitronig im Abgang, ein vielseitiger Speisenbegleiter.

★★★★★

WEINGUT PAUL ACHS

BIO

Der Golser »Pannobile«-Winzer Paul Achs ist mit der Ernte 1991 voll in den elterlichen Betrieb eingestiegen: Schon vier Jahre später wurde er als »Falstaff Winzer des Jahres« ausgezeichnet. Seither ist aus dem einst dem Weißwein verschriebenen Betrieb, der seit jeher Tradition mit moderner Kellertechnologie verbindet, ein Produzent ausgezeichneter Rotweine geworden. Mittlerweile hat der Rotweinanteil bereits 90 Prozent erreicht. Paul Achs produziert keine Show-Weine, er setzt auf Eleganz und Finessenreichtum. Der größte Teil der Weine wird in Barriques ausgebaut. Das gilt sowohl für Chardonnay und Sauvignon Blanc als auch für die Rotweinspezialitäten – von Pinot Noir über Blaufränkisch »Ungerberg« bis hin zur Cuvée »Pannobile«. Als Voraussetzung für höchste Qualität wird eine extreme Erntebeschränkung auf maximal 3000 Kilogramm Trauben pro Hektar angesehen – Bemühungen, die sich längst ausgezahlt haben, denn heute zählen die Weine von Paul Achs zu den besten in der österreichischen Rotweinszene, was auch die jährlichen Falstaff-Rotweinprämierungen belegen: Die Weine von Paul Achs sind immer im absoluten Spitzenfeld zu finden.

Ungerberg bei Gols

WEINGUT PAUL ACHS

7122 Gols, Neubaugasse 13
T: +43 (2173) 2367
office@paul-achs.at
www.paul-achs.at

Kellermeister/Kontakt: Paul Achs
Anbauweise: Biodynamisch (respekt)
Produktion: 100.000 Flaschen 20 % weiß, 80 % rot, 27 Hektar
Vereinszugehörigkeit: Pannobile, Tu Felix Austria, respekt-BIODYN, Renommierte Weingüter Burgenland
Messen: ProWein Düsseldorf, VieVinum

94 Chardonnay Alte Reben 2020

14 Vol.-%, NK, gebrauchte Barriques, €€€€€ V

Helles Gelbgrün, Silberreflexe. Zarte Nuancen von gelber Frucht, ein Hauch von Apfel und Mango, feine nussige Aromen, ein Hauch von kandierten Orangenzesten. Saftig, elegant, straff strukturiert, wirkt trotz Kraft sehr feingliedrig, salzig, ein Hauch von Walnuss und Zitrone im Abgang, ein finessenreicher Speisenbegleiter mit Entwicklungspotenzial.

92 Chardonnay 2021

13 Vol.-%, DV, Stahltank, €€€ V

Helles Goldgelb, Silberreflexe. Mit frischen Orangenzesten unterlegte Nuancen von Birne und Mango, weiße Blüten. Schlank, feine Pfirsichfrucht, lebendiger Säurebogen, salzig, ein Hauch von Limetten, ein zarter, animierender Speisenbegleiter.

90 Rosé 2021 BF/SL

13 Vol.-%, DV, Stahltank, €€ V

Helles Lachsrosa, Orangereflexe. Mit einem Hauch von Trockenkräutern unterlegte feine rote Waldbeerenfrucht, zart nach Kirschen, etwas Blütenhonig, mineralischer Touch. Saftig, zarter weißer Apfel, frisch strukturiert, ein Anklang von Ribiseln, zitroniger Nachhall.

(96) Blaufränkisch Altenberg 2019

14 Vol.-%, NK, gebrauchte Barriques, €€€€€€ V

Dunkles Rubingranat, violette Reflexe, zarte Ockerrandaufhellung. Zarte schwarze Waldbeeren, Nuancen von Brombeeren und Lakritze, ein Hauch von Cassis, mineralisch unterlegt. Saftig, stoffig, dunkle Frucht, frisch strukturiert, reife, gut eingebundene Tannine, mineralisch und lange anhaftend, sicheres Reifepotenzial, komplexer Speisenbegleiter.

94 Blaufränkisch Ungerberg 2020

13,5 Vol.-%, NK, gebrauchte Barriques, €€€€€€ V

Kräftiges Rubingranat, violette Reflexe, zarte Ockerrandaufhellung. Etwas verhalten, feine Kräuterwürze, Nuancen von Brombeeren, tabakige Note, mit schwarzer Kirschfrucht unterlegt. Mittlerer Körper, Noten von roter Frucht, feine Tannine, frischer Säurebogen, zitroniger Touch im Nachhall, finessenreicher, leichtfüßig wirkender Stil, insgesamt noch etwas unterentwickelt.

94 Blaufränkisch Spiegel 2020

13 Vol.-%, NK, gebrauchte Barriques, €€€€€€ V

Kräftiges Rubingranat, violette Reflexe, zarte Ockerrandaufhellung. Mit roter Waldbeerenfrucht unterlegte Kräuterwürze, frische Kirschen, feine tabakige Noten, dunkle Mineralik. Mittlere Komplexität, rotbeerig und frisch strukturiert, zarte Tannine, salzig, leichtfüßiger Stil, zitroniger Touch im Nachhall, ein delikater Speisenbegleiter.

94 Pinot Noir Reserve Selektion P 2020

13,5 Vol.-%, NK, gebrauchte Barriques, €€€€€ V

Kräftiges Karmingranat, violette Reflexe, breite Ockerrandaufhellung. Rote Waldbeeren, florale Nuancen, ein Hauch von Bergamotte, mit Ribiseln unterlegt. Mittlerer Körper, feine Kirschfrucht, zarte, reife Tannine, leichtfüßiger, delikater Stil, mineralisch im Abgang, bleibt gut haften, vielversprechendes Entwicklungspotenzial.

(93) Pannobile 2020 BF/ZW
13 Vol.-%, NK, gebrauchte Barriques/großes Holzfass, €€€€€ Ⓥ
Kräftiges Rubingranat, violette Reflexe, dezente Randaufhellung. Feine Kräuterwürze, frische rote Herzkirschen, zart nach Lakritze, mit rotbeerigen Nuancen unterlegt. Mittlerer Körper, frisch strukturiert, mineralisch, eingelegte rote Kirschen im Abgang, zitroniger Touch im Nachhall, ein vielseitiger Speisenbegleiter.

93 Syrah 2020
13,5 Vol.-%, NK, gebrauchte Barriques, €€€€€ Ⓥ
Kräftiges Rubingranat, violette Reflexe, zarte Ockerrandaufhellung. Rauchig-pfeffrig, schwarze Beeren, tabakige Würze, Nuancen von Oliven klingen an, zart nach Tapenade. Saftig, reife rote Kirschen, feine, gut integrierte Tannine, dezente Süße, mineralisch-salzig im Nachhall, bereits gut entwickelt.

(91) St. Laurent 2021
13 Vol.-%, DV, gebrauchte Barriques, €€€ Ⓥ
Kräftiges Rubingranat, violette Reflexe, dezente Ockerrandaufhellung. Dunkle Waldbeeren, ein Hauch von Holunderkoch, dezente Kräuterwürze, tabakig, zart nach Orangenzesten. Mittlerer Körper, rotbeerige Frucht, frisch strukturiert, lebendiger, fruchtiger Stil, bietet unkompliziertes Trinkvergnügen.

(91) Zweigelt Alte Reben 2021
13 Vol.-%, DV, gebrauchte Barriques, €€€ Ⓥ
Kräftiges Rubingranat, violette Reflexe, zarte Ockerrandaufhellung. Feine Kräuterwürze, ein Hauch von Karamell, mit roten Kirschen unterlegt, tabakige Nuancen. Mittlere Komplexität, feine Fruchtsüße, frisch strukturiert, mineralisch, ein Hauch von Nougat im Nachhall, vielseitig einsetzbar.

(90) Zweigelt 2021
13 Vol.-%, DV, großes Holzfass, €€€ Ⓥ
Tiefdunkles Rubingranat, violette Reflexe, zarte Ockerrandaufhellung. Frische rote Waldbeeren, ein Hauch von Kirschen, intensive Fruchtnuancen. Lebendig, mittlerer Körper, feine Fruchtsüße nach Erdbeeren, mineralisch unterlegt, schwungvoll, vielseitig einsetzbar.

★★★★

WEINGUT WERNER ACHS

Den Weg zum Wein fand Werner Achs über Alois Kracher, den er während seiner Schulzeit zu internationalen Messeveranstaltungen begleitete. Die dort entstandenen Kontakte nützte er, um einige Zeit in Frankreich und Italien zu verbringen. Ab diesem Zeitpunkt war eines für ihn klar: Er wollte Wein machen – und an diesem Ziel sollte er festhalten. Das Weingut wurde im Jahr 2000 mit 1,27 Hektar gegründet, seit 2011 stehen Weinparzellen mit etwas mehr als 14 Hektar im Ertrag.
Werner Achs' Weinsortiment ist sehr gestrafft und setzt sich aus dem klassischen Zweigelt vom Goldberg und der Cuvée »XUR«, die nur aus autochthonen Sorten besteht, zusammen. Die Beschränkung auf nur zwei Weine – bzw. in besonders guten Weinjahren auf drei, denn in solchen kommt die Top-Cuvée »Werner Achs Reserve« hinzu – drückt jene Klarheit aus, die fasziniert: Weniger ist mehr. Am besten zum Ausdruck kommt das mit den 100 Falstaff-Punkten, die Werner Achs im Herbst 2020 für seinen Reservewein erzielte, aber auch durch seine mehrfachen Falstaff-Siege und Top-Platzierungen mit »XUR« und seinem klassischen Zweigelt Goldberg. Die Reduktion auf wenige Weine ermöglicht ihm ganz klar eine Fokussierung auf das Wesentliche.

(97) Werner Achs Reserve 2019 BF/ME
14 Vol.-%, NK, Barrique, €€€€€€
Dunkles Rubingranat, violette Reflexe, zarte Ockerrandaufhellung. Ein Hauch von Nougatkaramell, dunkle Kirschfrucht, mit feinem Brombeerkonfit unterlegt, ein zarter Hauch von Cassis, facettenreiches, einladendes Bukett. Saftig, komplex und elegant, feine Fruchtsüße, reife Kirschfrucht, seidige Tannine, mineralisch und balanciert, bereits gut antrinkbar, sicheres Reifepotenzial für viele Jahre.

(93) XUR 2020 BF/ZW/SL
14 Vol.-%, NK, Barrique, €€€€€
Dunkles Rubingranat, opaker Kern, violette Reflexe, dezente Randaufhellung. Zart schokoladig unterlegte schwarze

Blauer Zweigelt

WEINGUT WERNER ACHS
7122 Gols
Goldberg 5
T: +43 (2173) 23900
kontakt@wernerachs.at
www.wernerachs.at

Kellermeister/Kontakt:
Werner Achs
Produktion: 100 % rot, 14.5 Hektar

Waldbeeren, dunkle Kirschen, Nougat und Vanille klingen an. Kraftvoll, komplex und saftig, gut integrierte Tannine, gute Frische, Zwetschken im Abgang, süßer Nachhall, vielseitig einsetzbar, gutes Reifepotenzial.

(92) Blauer Zweigelt Goldberg 2021
13,5 Vol.-%, DV, gebrauchte Barriques, €€
Tiefdunkles Rubingranat, opaker Kern, violette Reflexe, zarte Randaufhellung. Zarte Gewürznuancen nach Kardamom und Nelken, etwas Nougat, reife Pflaumen, zart nach Brombeeren, einladendes Bukett. Saftig, feinwürzig, reife Kirschen, runde Tannine, feiner Vanille-Karamell-Touch im Nachhall, ein vielseitiger Speisenbegleiter.

ACHS-WENDELIN WEINE

NEU

»Wines made with all our heart and soul« – nicht nur auf der Visitenkarte des Weinguts Achs-Wendelin ist dieser Satz zu finden. Die Leidenschaft sowie die Liebe zur Natur und zum Wein wurden Maria Achs-Wendelin und Paul Achs bereits in die Wiege gelegt, und das sieht und spürt man. Beide wuchsen in einem familiär geführten Weinbaubetrieb im Osten Österreichs in Gols auf. Da ging immer alles Hand in Hand. »Wir sind aufeinander angewiesen, jeder macht das, was er am besten kann.« Die Jungwinzer kennen sich schon lange. Sie teilen ihre Passion für die Natur und die Traube. Aus Freundschaft wurde Liebe, und 2018 folgte die Hochzeit. Seit 2019 haben die beiden nun mit ihrem eigenen Betrieb ihre gemeinsame Lebensaufgabe gefunden. Topmotiviert, voller Leidenschaft und mit bester Unterstützung beider Familien wird das Weingut vom jungen Winzerpaar geführt. Sie greifen auf den großen, jahrelangen Erfahrungsschatz ihrer Familien zurück und fügen junge Leichtigkeit, neue Visionen und modernes Wissen hinzu. Neben erfrischenden, fruchtigen Weißweinen umfasst das Sortiment gehaltvolle, dichte Rotweine, Rosé, Frizzante und Traubensaft. Die Trauben für ihre Qualitätsprodukte reifen in Top-Lagen wie Ungerberg, Goldberg und Gabarinza.

© Stiefkind Fotografie

Seit Jahrzehnten im Familienbesitz, werden sie mit viel Liebe gehegt und gepflegt. »Vitale und lebendige Böden sind die Grundlage für gesunde Trauben und somit auch die Basis für hochwertigen Wein« – das ist ein wichtiger Leitsatz der beiden. Die Weingärten werden mit Bedacht und Hingabe im Einklang mit der Natur gepflegt und bearbeitet – und das, soweit es geht, händisch. Von der Ernte der Trauben über die Vinifizierung im 200 Jahre alten Gewölbekeller bis hin zum Abfüllen: Keine Flasche verlässt den Familienbetrieb, ohne die eigenen hoch angesetzten Qualitätskontrollen bestanden zu haben. Davon können sich auch Besucher selbst überzeugen: In einer kleinen angeschlossenen Frühstückspension können Weinliebhaber übernachten und das Leben auf dem Weingut miterleben.
Auch bei Verpackung und Design wird auf eine möglichst ressourcenschonende Herstellung geachtet. Recyclingmaterialien, wieder befüllbare Flaschen und Kartons, die zurückgegeben werden können, sind Beispiele für ihr Handeln. Trotz Fusion und Expansion wollen die beiden einen Familienbetrieb führen, in dem man sich von Herzen über Gäste freut – Gäste, die es zu schätzen wissen, ein so sorgfältig hergestelltes Produkt zu kaufen, und die genau wissen wollen, woher die Weine kommen.

89 Pinot Gris 2021
14 Vol.-%, DV, Stahltank, €€

88 Pinot Blanc 2021
12 Vol.-%, DV, Stahltank, €€

92 Blauer Zweigelt ** Ried Gabarinza2019
14 Vol.-%, NK, Barrique, €€€€€
Dunkles Rubingranat, violette Reflexe, dezente Ockerrandaufhellung. Zart nach Nougat und reifen Zwetschken, feine Brombeernote, ein Hauch von Orangenzesten. Saftig, reife Herzkirschen, frischer Säurebogen, feine Tannine, zarter Schokotouch, elegant und ausgewogen, bereits gut antrinkbar, verfügt über Reifepotenzial.

90 Zweigelt Ried Ungerberg 2020
13,5 Vol.-%, DV, großes Holzfass, €€
Kräftiges Rubingranat, violette Reflexe, dezenter Ockerrand. Frische Herzkirschen, zart tabakig unterlegt, Nuancen von Zwetschken und kandierten Orangenzesten. Mittlerer Körper, saubere Kirschfrucht, angenehmer Säurebogen, lebendiger Speisenbegleiter.

(90) St. Laurent 2021
12,5 Vol.-%, DV, gebrauchte Barriques, €€
Kräftiges Rubingranat, violette Reflexe, zarte Randaufhellung. Zart kräuterwürzig unterlegte dunkle Kirschfrucht, ein Hauch von Brombeeren, tabakige Nuancen. Mittlerer Körper, eingelegte Kirschen, ein Hauch von Zwetschken und Erdbeeren, mittlere Länge, bietet unkomplizierten Trinkspaß.

89 Blaufränkisch Ried Ungerberg 2020
13,5 Vol.-%, DV, Holzfass, €€

ACHS-WENDELIN WEINE
7122 Gols, Neustiftgasse 77
T: +43 (699) 19924284
office@achs-wendelin.at
www.achs-wendelin.at

Kellermeister: Paul Achs
Kontakt: Maria Achs-Wendelin und Paul Achs
Produktion: 3 % Schaumwein, 30 % weiß, 5 % rosé, 60 % rot, 2 % süß, 16 Hektar
Vereinszugehörigkeit: Neusiedlersee DAC
Messen: Vinobile Feldkirch, DAC-Präsentationen, Wein Burgenland Präsentationen

Paul Achs und Maria Achs-Wendelin

* Neusiedlersee DAC ** Neusiedlersee DAC Reserve

★★★

ALLACHER VINUM PANNONIA

Der Rebstock steht am Anfang – die Liebe davor. Seit jeher arbeitet die Familie Allacher im Einklang mit der Natur und versucht, die Elemente nicht zu bändigen, sondern mit ihnen zu leben und sie zu ihrem Vorteil zu nutzen. Um Wein erzeugen zu können, muss man die Natur und ihre Launen lieben. Die Jahreszeiten kennzeichnen den Fortlauf des Lebens und erinnern an die Vergänglichkeit des Seins. Die Freude am Wein, etwas mit den eigenen Händen zu schaffen, das so wunderbar und einzigartig ist, motiviert die Allachers jeden Tag dazu, in die Rieden zu gehen und die Rebstöcke zu pflegen. Die Weinlese verstehen sie als den Dank der Natur an den Menschen: Er erntet, was er ein Jahr lang gezogen und gepflegt hat. Es ist die Traube, die zu neuen, speziellen Kreationen anregt und immer wieder neue Lust fördert. Mannigfaltige Prämierungen bestärken das Weingut in seiner Arbeit und seinem Wirken. Die Allachers erzeugen eine breite Palette an Weinen – von trockenen Weißweinen über Rotweine bis hin zu edelsüßen Dessertweinen. Speziell mit den Rotweinen hat sich der Golser Betrieb einen sehr guten Ruf erworben, der Zweigelt aus der Spitzenlage Salzberg ist etwa immer unter den besten Sortenvertretern zu finden.

ALLACHER VINUM PANNONIA
7122 Gols, Salzbergweg 4
T: +43 (2173) 3380
wein@allacher.com
www.allacher.com
Kellermeister/Kontakt:
Michael Allacher
Produktion: 40 % weiß, 60 % rot, 37 Hektar
Vereinszugehörigkeit:
Neusiedlersee DAC
Messen: Dornbirner Frühjahrs- und Herbstmesse, fafga Innsbruck, ProWein Düsseldorf, VieVinum, Vinobile Feldkirch, Weinmesse Innsbruck, Wein Burgenland Präsentationen

92 Chardonnay Reserve 2020
13 Vol.-%, VL, Barrique, €€€
Helles Grüngelb, Silberreflexe. Zart nach Vanille und Ananas, ein Hauch von Blütenhonig, zarte Holzwürze im Hintergrund. Saftig, elegant, nach Honigmelone, zarter Säurebogen, harmonisch und ausgewogen, zart nach Karamell im Nachhall, ein vielseitiger Speisenbegleiter.

89 Chardonnay 2021
13 Vol.-%, DV, Stahltank, €€

90 Sauvignon Blanc 2021
12,5 Vol.-%, DV, Stahltank, €€
Helles Gelbgrün, Silberreflexe. Weiße Blüten, zart nach frischen Stachelbeeren, feine grasige Würze, etwas Grapefruitzesten. Mittlerer Körper, weißer Apfel, feine Fruchtsüße, Weiße Johannisbeeren im Nachhall, lebendiger Sommerwein.

90 Weissburgunder 2021
13 Vol.-%, DV, Stahltank, €€
Helles Gelbgrün, Silberreflexe. Zarte Nuancen von frischer Birne, ein Hauch von Zitruszesten, feine Mineralik. Leichtfüßig, frisches Kernobst, lebendig strukturiert, Limetten im Nachhall, sommerlicher Stil.

93 Blauer Zweigelt ** Ried Salzberg 2019
14,5 Vol.-%, VL, Barrique, €€€€€
Tiefdunkles Rubingranat, opaker Kern, violette Reflexe. Mit feinem Vanilletouch und Holzwürze unterlegte Brombeeren, tabakige Nuancen, florale Note, Zwetschkentouch. Saftig, kraftvoll, feinwürzig, dunkles Waldbeerenkonfit, reife Tannine, mineralisch und anhaftend, stoffiges Finish, gutes Potenzial.

(92) Blauer Zweigelt ** Ried Salzberg 2020
14,5 Vol.-%, VL, Barrique, €€€€€
Tiefdunkles Rubingranat, violette Reflexe, opaker Kern, zarte Randaufhellung. Rote Kirschfrucht, feinwürzig, ein Hauch von Orangenschalen, Brombeernoten, Gewürznelken, schwarzes Bukett. Saftig, gute Komplexität, gut eingebundenes Tannin, fruchtsüß, Zwetschken im Abgang, mineralischer Nachhall, Holznuancen im Finish, vielseitig einsetzbar.

93 Ried Altenberg 2019 CS/ME/SL
14,5 Vol.-%, VL, Barrique, €€€€€
Tiefdunkles Rubingranat, opaker Kern, violette Reflexe, zarte Randaufhellung. Mit zart rauchigen Nuancen unterlegtes schwarzes Waldbeerenkonfit, Cassis, würzige Nuancen, Orangenzesten. Saftig, feine Tanninstruktur, Holzwürze, reife Zwetschken, kraftvoll, Nougat im Nachhall, lange anhaltend, wird von Flaschenreife profitieren.

90 Cuvée Gérard 2019 ZW/BF
14,5 Vol.-%, VL, Barrique, €€€
Dunkles Rubingranat, violette Reflexe, zarte Ockerrandaufhellung. Feine Holzwürze, reife Kirschfrucht, ein Hauch von kandierten Orangenschalen, Lakritze und Brombeeren klingen an. Mittlerer Körper, feine Säurestruktur, reife Zwetschken, kraftvoll, präsente Tannine, würziger Nachhall, bereits gut antrinkbar.

93 Blaufränkisch Ried Salzberg 2019
14,5 Vol.-%, VL, Barrique, €€€€
Dunkles Rubingranat, Ockerreflexe, zarte Randaufhellung. Mit etwas Kräuternoten unterlegte reife Kirschen und Gewürznuancen, weißes Nougat, feinwürziges Bukett. Saftig, straff, reifes Tannin, Brombeernoten, Nougat und Orangenzesten im Nachhall, verfügt über Länge, guter Speisenbegleiter.

92 Merlot 2019
14,5 Vol.-%, VL, Barrique, €€€
Tiefdunkles Rubingranat, violette Reflexe, zarte Randaufhellung. Feine Edelholzwürze, etwas nach Cassis, dunkle Waldbeerenfrucht, tabakig, Pflaumen. Saftig, gute Komplexität, salzig, feine Tabakwürze, süßes Tannin, dunkle Beerenfrucht im Abgang, Brombeernoten, Holzwürze im Nachhall, guter Speisenbegleiter.

(90) Merlot 2020
14,5 Vol.-%, VL, Barrique, €€€
Tiefdunkles Rubingranat, violette Reflexe, zarte Randaufhellung. Dezente Zwetschkenfrucht, ein Hauch von Mandarinenzesten, schokoladiger Touch, Wiesenkräuter, Holzwürze klingt an. Saftig, elegant, gut eingebundenes Tannin, Brombeernoten, etwas weitmaschige Süße, vegetale Nuancen im Nachhall, Holznuancen im Rückgeschmack.

91 St. Laurent Apfelgrund 2020
14,5 Vol.-%, VL, Barrique, €€€
Dunkles Rubingranat, violette Reflexe, zarte Randaufhellung. Feine Zwetschkenfrucht, ein Hauch von Kräutern, schwarzes Waldbeerenkonfit, feinwürzig, Tabaknoten. Saftig, elegant, facettenreiche Säurestruktur, süßes Tannin, Herzkirschfrucht im Abgang, tabakig, guter Speisenbegleiter.

★★

WEINGUT AMSEE

Franz Pirker, Neowinzer und ehemaliger Manager im Bereich der Elektromobilität, ist ein langjähriger Freund von Winzer Helmut Preisinger aus Gols. Schon lange schlummerte in ihm der Traum vom eigenen Wein, den er 2012 gemeinsam mit Helmut Preisinger verwirklichte. Mittlerweile hat das Weingut mit vielen Auszeichnungen auf sich aufmerksam gemacht und ist ein Geheimtipp für Weinliebhaber. Nach dem Motto »Freude am Wein und Genuss« werden nur sortenreine Weine von höchster Qualität mit charakteristischer Frucht erzeugt. Dafür wurden nur ausgesuchte Lagen mit den passenden Rebsorten gewählt, denn Lage und Rebe müssen harmonieren, damit die gewünschte Charakteristik erreicht werden kann. Alle Trauben werden selektioniert, von Hand gelesen und schonend verarbeitet. Aufwendige Produktionsmethoden tragen wesentlich zum unverkennbaren

WEINGUT AMSEE
7122 Gols
Neubaugasse 19
T: +43 (664) 75038676
office@wein-amsee.at
www.wein-amsee.at

Kellermeister: Helmut Preisinger
Kontakt: Franz Pirker und Helmut Preisinger
Produktion: 5 % weiß, 95 % rot

fruchtigen Geschmack der Weine bei: Kirsche, Brombeere, Banane, Vanille, Schokolade und vieles mehr lassen sich in den Weinen finden.

(94) Blaufränkisch V36 2019
14,5 Vol.-%, VL, Barrique, €€€€€
Tiefdunkles Rubingranat, violette Reflexe, zarte Randaufhellung. Zart nach Powidl, etwas nach Brombeerkonfit, feine Kräuternoten, Dörrpflaumen, kandierte Orangenzesten, facettenreiches Bukett. Saftig, komplex, elegante Tanninstruktur, mineralisch, fruchtsüß nach Pflaumen, Lakritze im Nachhall, tabakiger Rückgeschmack, sicheres Entwicklungspotenzial.

(93) Cabernet Sauvignon Alter Satz 2019
14,5 Vol.-%, VL, Barrique, €€€€€
Tiefdunkles Rubingranat, violette Reflexe, opaker Kern, zarte Randaufhellung. Feine Tabakwürze, reife Zwetschken, schwarze Oliven, feine Cassisnuancen, floraler Touch. Saftig, straff, süßes Tannin, Brombeerkonfit im Abgang, salziger Nachhall, Nougat und Holzwürze im Rückgeschmack, sicheres Potenzial.

DOMAINE ANDAU

Die Domaine Andau ist mit ihrer Gründung im Jahr 1959 der älteste Betrieb von Andau und mit knapp 630 Hektar Rebfläche der größte Betrieb des Burgenlandes. Knapp 80 Familien bewirtschaften die Weingärten, die sich vornehmlich in und um Andau befinden und eine große Vielfalt an verschiedenen Bodenformationen bieten. Die Weine der Domaine werden exklusiv in Andauer Rieden selektioniert. Dorfweine der heimischen Sorten Zweigelt, Blaufränkisch, Sankt Laurent sowie Grüner Veltliner und Sauvignon Blanc bilden die Basis des Sortiments. Die Weine werden schonend im Stahltank und in gebrauchten Holzfässern ausgebaut und sind charaktervolle Sortenvertreter in Rot, Weiß, Rosé und Süß. Die Spitze des Sortiments bilden ab 2021 Lagenweine von Zweigelt und Sankt Laurent, die in neuen und gebrauchten Holzfässern geschult wurden und für hochwertige und charaktervolle Vertreter ihrer Art mit Lagerpotenzial stehen. Streng begrenzte Hektarerträge, nachhaltige Bewirtschaftung und rigorose Selektion des Traubenguts garantieren eine hohe Qualität der Weine. Bei der Vinifikation wird auf schonendste Verarbeitung Wert gelegt. Das Ziel ist

DOMAINE ANDAU
7163 Andau
Dammweg 1
T: +43 (2176) 2181
office@domaine-andau.at
www.domaine-andau.at

Kellermeister: Christopher Eisinger
Kontakt: Johannes Pelzer
Produktion: 40 % weiß, 3 % rosé, 55 % rot, 2 % süß, 630 Hektar
Zertifiziert: Nachhaltig Austria
Messen: ProWein Düsseldorf, VieVinum, ProWine China, ProWine Asia

die Produktion von eleganten, sortentypischen Weinen, die ihre Herkunft zeigen und ausgezeichnete Speisenbegleiter sind. Die Domaine Andau ist seit vielen Jahren IFS-zertifiziert und gerade in Umstellung auf »Nachhaltig Austria«.

90 Grüner Veltliner 2021
12 Vol.-%, DV, Stahltank, €€
Helles Grüngelb, Silberreflexe. Frische Wiesenkräuter, ein Hauch von Marille und gelbem Apfel, Nuancen von Orangenzesten. Mittlerer Körper, feine Fruchtsüße, balanciertes Säurespiel, ein Hauch von Limetten, ein leichtfüßiger Sommerwein.

89 Sauvignon Blanc 2021
12 Vol.-%, DV, Stahltank, €€

91 Zweigelt Entensee 2020
13,5 Vol.-%, DV, Eichenfass, €€€
Kräftiges Rubingranat, violette Reflexe, zarte Ockerrandaufhellung. Zart nach Hibiskus, eingelegte rote Kirschen, Nuancen von Erdbeeren, attraktives Bukett. Saftig, elegant, feine Fruchtsüße, runde, samtige Tannine, etwas Nougat im Abgang, bleibt haften, verfügt über Entwicklungspotenzial.

90 Zweigelt 2020
13 Vol.-%, DV, Stahltank, €€
Dunkles Rubingranat, violette Reflexe, zarte Ockerrandaufhellung. Zart floral unterlegte rote Kirschfrucht, ein Hauch von Preiselbeeren, fruchtiges Bukett. Mittlerer Körper, saftig und süß, gut integrierte Tannine, ausgewogen und vielseitig einsetzbar.

90 Sankt Laurent Rotsee 2020
13 Vol.-%, DV, Eichenfass, €€€
Kräftiges Karmingranat, violette Reflexe, dezente Ockerrandaufhellung. Erdbeerkonfit, Herzkirschen, tabakige Kräuternuancen. Saftig, rotbeerig, frische Kirschen, samtige Tannine, eingelegte Kirschen, feinwürziger Nachhall.

89 Blaufränkisch 2020
13 Vol.-%, DV, Stahltank, €€

★

BIO-WEINGUT BERNTHALER + BERNTHALER

BIO

Das Bioweingut Bernthaler + Bernthaler der Brüder Helmut und Herbert Bernthaler erntet regelmäßig neben Prämierungen in Österreich auch internationale Auszeichnungen, etwa in Deutschland. Der Umstieg auf zertifizierte organisch-biologische Arbeitsweise erfolgte bereits 2007 und soll die Herkunft der Weine weiter unterstreichen. Dabei setzen die Brüder Bernthaler das spezielle Potenzial alter Weingärten ein, um elegante Weine nach dem Vorbild des Burgunds zu erzeugen, die sich hervorragend als Speisenbegleiter eignen.
Der Anteil an Altanlagen (über 44 Jahre) ist für die Region ungewöhnlich hoch; dazu gehören die Golser Top-Lagen Unger- und Altenberg. Der älteste Weißweingarten wurde in den 1930er-Jahren als Gemischter Satz ausgepflanzt, und bei den Rotweinen kann man auf Rebbestände aus der Zeit von 1955 bis 1976 zurückgreifen. Diese Rotweinlagen bilden die Basis für die Weine: St. Laurent »Alte Reben«, Zweigelt »Alte Reben Bonum« und »Rother« sind eine Hommage an die klassische Weinbereitung: »von der Beere zum Wein ohne Konzentration«. Die puristische Weinbereitung führte auch zu einem Chardonnay namens »Chastanie«, der in kleinen Fässern aus Kastanienholz für ein Jahr auf der Hefe ausgebaut wird. Die dritte Weinfarbe »Rosé« wird verstärkt mit »Rosé von alten Reben« und einem Frizzante, der in Normal- und Kleinflaschen ausgebaut wird. Der stete Innovationsgeist auf dem Weingut beschert dem Weinliebhaber eine weitere Weinfarbe: »Gülden«. Der »Gülden« ist ein goldfarbener Wein aus Weißweintrauben, der sich geschmacklich wie ein Rotwein präsentiert und sich hervorragend als Einstieg in die Welt der »Orange Wines« eignet.

Helmut und Herbert Bernthaler

BIO-WEINGUT BERNTHALER + BERNTHALER

7122 Gols, Untere Hauptstraße 116
T: +43 (664) 9208660
bernthaler@gmx.at
www.bio-wein-bernthaler.at

Kellermeister/Kontakt: Mag. Helmut Bernthaler
Anbauweise: Zertifiziert Biologisch (Bio Austria)
Produktion: 50.000 Flaschen 5 % Schaumwein, 45 % weiß, 5 % rosé, 40 % rot, 5 % süß, 10 Hektar
Vereinszugehörigkeit: Austria Bio Garantie
Messen: Wein Burgenland Präsentationen

Für »histamingeplagte« Weinfreunde gibt es ein großes Angebot an Weinen mit einem Histamingehalt von unter 0,1 mg pro Liter (Weiß- und Rotweine).
Das Weingut leistet auch einen großen Beitrag zum Klimaschutz: Es gibt keine Bewässerung der Weingärten, die Gärkühlung erfolgt mit Brunnenwasser und die Weinsteinstabilisierung durch natürliche Kälte, denn das Kellereigebäude ist bestens isoliert und benötigt keinerlei Kühlung, weil das Grundstück selbst eine geringe Bodenversiegelung aufweist. Auch Wiederverwendung wird großgeschrieben. Das Motto lautet: »Wir nehmen alles zurück, bis auf den Inhalt der Flasche« (Stichwort: abwaschbare Etiketten, Flascheneinsatz).

(91) Gemischter Satz Gülden Alte Reben 2020

13,5 Vol.-%, DV, gebrauchte Barriques, €€€ B V
Zart getrübtes helles Goldgelb, Silberreflexe. Zart nach Blütenhonig, Anklänge von Marille und Mango, fruchtiges Bukett. Komplex, straff, feiner Gerbstoff, Nuancen von Grapefruit, salzige Mineralik, bleibt haften, ein feinwürziger Speisenbegleiter mit salinem Nachhall.

(90) Gemischter Satz Gols Ried Ungerberg Alte Reben 2021

13,5 Vol.-%, DV, gebrauchte Barriques, €€€ B V
Helles Gelbgrün, Silberreflexe. Zart floral unterlegte Nuancen von weißer Tropenfrucht, frischer Apfel, Limettenzesten. Mittlerer Körper, weißes Kernobst, feiner Säurebogen, salzig, wirkt leichtfüßig, frischer Apfel auch im Abgang, ein lebendig strukturierter Speisenbegleiter.

(89) Chardonnay Chastanie 2021

13,5 Vol.-%, DV, gebrauchte Barriques, €€€ H V

88 Weißburgunder Heideboden 2021

13 Vol.-%, DV, Stahltank, €€ B H V

(90) Zweigelt Alte Reben 2020

13 Vol.-%, DV, gebrauchte Barriques, €€€ B V
Kräftiges Rubingranat, violette Reflexe, breitere Ockerrandaufhellung. Frische Zwetschken, ein Hauch von Brombeeren, dezente Kräuterwürze. Saftig, frische Kirschen, rotbeerig, zarte Tannine, frisch strukturiert, mineralisch, Limetten im Abgang.

90 St. Laurent Alte Reben 2020

13 Vol.-%, DV, gebrauchte Barriques, €€€ V
Kräftiges Karmingranat, violette Reflexe, dezente Ockerrandaufhellung. Frische Herzkirschen, ein Hauch von Nougat, Anklänge von Zwetschken, frische Orangenzesten. Mittlerer Körper, rotbeerig, frisch strukturiert, feine Tannine, zitroniger Touch im Nachhall.

© Christian Teske

★★★

WEINGUT ZUR DANKBARKEIT

Das »Gasthaus zur Dankbarkeit« und das dazugehörige Weingut sowie der Heurige »Podersdorfer Weinstuben« blicken auf eine lange Familientradition zurück. Vom Urgroßvater aufgebaut, wurde der Betrieb über Generationen weitergegeben. Das traditionelle Handwerk wurde nicht aus den Augen verloren, und es wird weiterhin auf das Wissen von Generationen erfahrener Winzer zurückgegriffen. Josef Lentsch III übergab 2019 das Weingut in die Hände von Tochter Christine Glück. Gemeinsam mit ihrem Mann Andreas bringt sie frischen Wind in das klassische Dankbarkeits-Repertoire und führt den traditionsreiche Betrieb nun in vierter Generation weiter. Die beiden überzeugen mit ihrer fachlichen Qualifikation, die sich ganz besonders im Ausbau und der Pflege der Weine zeigt.
Das Weingut bewirtschaftet eine Rebfläche von zehn Hektar. Interessant sind vor allem der Pinot Gris und der Pinot Noir, die in guten Jahren beide auch als Prädikatsweine ausgebaut werden. Die Ried Karmarzik, unter Einheimischen »Schrammel« genannt, ist ihre Lieblingsriede. Sie liegt direkt am See Richtung »Hölle« (der tiefste Punkt Österreichs) und ist reiner heller Schwemmsand, der die klare Frucht zum Ausdruck bringt. Trotz moderater Säure sind die Weine sehr gut haltbar und harmonisch. Die Lage befindet sich mitten im Nationalpark, besonders gut gedeihen hier auch Welschriesling und Weißburgunder. 1989 wurden diese Weingärten ausgepflanzt, und seit 1998 werden aus dem dort gewachsenen Traubenmaterial jedes Jahr Prädikatsweine erzeugt.
Das »Gasthaus zur Dankbarkeit«, das Christines Bruder Markus Lentsch führt, ist seit Jahrzehnten eine Institution. Seit 2016 gibt es auch Gästezimmer im sogenannten »Nachtquartier«, das von Christines Schwester geführt wird.

92 Chardonnay Barrique 2020
14 Vol.-%, DV, 500-l-Fass, €€€€
Leuchtendes mittleres Grüngelb, Silberreflexe. Feine Röstaromen, gelbe Tropenfrucht, zart nach Mango, feine Kräuterwürze. Saftig, elegant, ein Hauch von Apfel und Karamell, mineralisch und anhaftend, frisch strukturiert, zarte Pfirsichnuancen im Abgang.

90 Welschriesling 2021
12 Vol.-%, DV, Stahltank, €€
Helles Gelbgrün, Silberreflexe. Mit einem Hauch von frischen Wiesenkräutern unterlegte Apfelfrucht, zart nach Honigmelone und Orangenzesten. Mittlerer Körper, weißes Kernobst, frisch und knackig strukturiert, salzig, lebendiger Sommerwein mit zitronigem Nachhall.

89 Grüner Veltliner 2021
13,5 Vol.-%, DV, Stahltank, €€

89 Dankbarkeit weiss 2020 WB/PG/NB
12 Vol.-%, DV, Stahltank, €€

88 Sauvignon Blanc 2021
13 Vol.-%, DV, Stahltank, €€

90 Blauer Zweigelt * 2020
13 Vol.-%, DV, großes Holzfass, €€
Kräftiges Rubingranat, violette Reflexe, zarte Randaufhellung. Feine Tabaknuancen, etwas nach Weichseln, Kräuterwürze, unterlegt mit Zitrusnuancen, frisches

WEINGUT ZUR DANKBARKEIT
7141 Podersdorf am See
P. A. Winklergasse 30
T: +43 (2177) 2829
weingut@dankbarkeit.at
www.weingutzurdankbarkeit.at

Kellermeister/Kontakt:
Christine & Andreas Glück
Produktion: 40 % weiß, 30 % rot, 30 % süß, 10+2 Hektar
Messen: MondoVino, Wein Burgenland Präsentationen

* Neusiedlersee DAC ** Neusiedlersee DAC Reserve

Bukett. Mittlerer Körper, saftig, fruchtsüß nach Kirschen, gut integriertes Tannin, feinwürziger Nachhall, guter Speisenbegleiter.

92 Pinot Noir 2019
13,5 Vol.-%, DV, Teilbarrique, €€€€
Kräftiges Karmingranat, Ockerreflexe, breiterer Wasserrand. Mit zarter Kirschfrucht unterlegte Kräuterwürze, etwas rotes Beerenkonfit, Veilchentouch, einladendes Bukett. Saftig, straff, elegant, leichtfüßig wirkend, mineralisch, Kirschfrucht im Abgang, salziger Nachhall mit Substanz, vegetaler Rückgeschmack, guter Speisenbegleiter mit Potenzial.

91 Dankbarkeit rot 2018 ZW/PN
13 Vol.-%, DV, Eichenfass, €€
Kräftiges Rubingranat, violette Reflexe, zarte Randaufhellung. Feine Tabakwürze, etwas Herzkirschen, Kardamom, dunkle Beerenfrucht, Orangentouch, frisches Bukett. Mittlerer Körper, fruchtsüß, Zwetschkenfrucht im Abgang, mineralisch-salzig, burgundischer Stil, bleibt gut haften, sicheres Potenzial.

★

WEINGUT ALEXANDER EGERMANN

Jungwinzer Alexander Egermann zählt zu den vielversprechenden Nachwuchstalenten im Weinbaugebiet Neusiedlersee. Die Region und auch sich selbst möglichst originell in die Flasche zu bringen, ist das erklärte Ziel für jeden Wein. Kompromisslose Arbeit im Weingarten ist eines der Leitelemente seiner Weine. Saubere Laubarbeit, entsprechende Traubenreduktion, warme Böden mit geringem Wasserspeicher sowie das pannonische Klima, geprägt durch den Neusiedler See, lassen Trauben von höchster Güte heranreifen. Diese mit Feingefühl weiterzuverarbeiten und ihnen anschließend Zeit zum Reifen zu geben macht dem jungen Winzer einfach großen Spaß.

WEINGUT ALEXANDER EGERMANN
7142 Illmitz
Apetloner Straße 28
T: +43 (2175) 3293
wein@alexander-egermann.at
www.alexander-egermann.at

Kellermeister/Kontakt: Alexander Egermann
Produktion: 20 Hektar
Vereinszugehörigkeit: Neusiedlersee DAC
Messen: VieVinum, DAC-Präsentationen, Wein Burgenland Präsentationen

91 Chardonnay reserve 2020
13,5 Vol.-%, NK, 500-l-Fass/Stahltank, €€€
Helles Gelbgold, Silberreflexe. Zart nach frischem Pfirsich, ein Hauch von Apfel, Nuancen von Vanille im Hintergrund. Mittlere Komplexität, weißes Kernobst, feiner Karamelltouch, dezente Fruchtsüße im Abgang, harmonisch und anhaftend, ein vielseitiger Begleiter bei Tisch.

92 Blauer Zweigelt ** Ried Römerstein 2018
13,5 Vol.-%, NK, Barrique, €€€€€
Dunkles Rubingranat, violette Reflexe, zarte Randaufhellung. Feine Edelholznuancen, ein Hauch von Zeder, Brombeeren, etwas Cassis und Lakritze, attraktives Bukett. Saftig, elegant, schwarze Beeren, feine Tannine, frisch und lebendig strukturiert, salziges Finish, gute Länge, rote Frucht im Finale, ein röstwürziger, ausgewogener Speisenbegleiter.

92 Cabernet Sauvignon Reserve 2019
13,5 Vol.-%, NK, Barrique, €€€€
Dunkles Rubingranat, violette Reflexe, zarte Ockerrandaufhellung. Zarte Edelholzwürze, ein Hauch von Nougat und dunklen Beeren, etwas Lakritze und Nelken, mit kandierten Orangenzesten unterlegt. Saftig, mittlere Komplexität, frische Zwetschken, würzige Tannine, mineralischer Nachhall, zart nach Nougat und Cassis, bereits antrinkbar.

WEINGUT ROBERT GOLDENITS
7162 Tadten
Untere Hauptstraße 8
T: +43 (2176) 2294
robert@goldenits.at
www.goldenits.at

Kellermeister: Robert Goldenits
Kontakt: Robert und Birgit Goldenits
Produktion: 26 % weiß, 13 % rosé, 60 % rot, 1 % süß, 33 Hektar
Zertifiziert: Nachhaltig Austria
Vereinszugehörigkeit: Neusiedlersee DAC
Messen: VieVinum

Salzlacken bei Illmitz

★★★

WEINGUT ROBERT GOLDENITS

Tadten im Seewinkel ist eine kleine Weinbaugemeinde am südlichen Rand der Großlage Heideboden, östlich des Neusiedler Sees. Klassische, fruchtige Weißweine und gehaltvolle, kräftige, dabei aber elegante Rotweine stehen im Fokus der Winzerfamilie. Die Serie »Tetuna« ist nach dem historischen Namen für Tadten – erste urkundliche Erwähnung im Jahr 1230 – benannt und umfasst Weine in Weiß, Rosé und Rot. Diese Cuvées zeigen vor allem die Bandbreite an Möglichkeiten, die der Heideboden hergibt, wobei die Herkunft immer spürbar bleibt. Unter der geschützten Bezeichnung »Mephisto®« gibt es eine Cuvée aus Syrah, Merlot und Cabernet Sauvignon, die sich mit einem ungewöhnlichen Etikett präsentiert und nur in guten Jahrgängen auf die Flasche gefüllt wird, ebenso wie der Zweigelt Neusiedlersee DAC Reserve »65«. Nur dann, wenn die Tannine hochreif und die Trauben gesund sind, werden diese beiden Aushängeschilder des Weinguts produziert. Der Betrieb legt sehr viel Wert auf nachhaltiges Arbeiten in den Reben, im Keller und im gesamten Betrieb. Robert und Birgits Leitsatz lautet: »Die Qualität wächst immer noch im Weingarten.«

91 Tetuna weiß 2019 PG/CH
14 Vol.-%, NK, 500-l-Fass, €€€ V
Helles Goldgelb, Silberreflexe. Zarte Nuancen von Mango und Karamell, ein Hauch von reifer Quitte, kandierte Orangenzesten. Mittlerer Körper, saftig-seidige Textur, dezente Süße, ein Hauch von Nougat, ein gut entwickelter Speisenbegleiter.

89 Sauvignon Blanc 2021
13 Vol.-%, DV, Stahltank, €€ V

94 Blauer Zweigelt ** 65 2019
14 Vol.-%, DIAM, Barrique, €€€€€ V
Tiefdunkles Rubingranat, opaker Kern, violette Reflexe, zarte Randaufhellung. Mit Lakritze und Kräuterwürze unterlegtes dunkles Waldbeerenkonfit, feine schwarze Kirschfrucht, mineralisch, engmaschiges Bukett. Gute Komplexität, kraftvoll, fruchtsüß nach Brombeeren, salzig-mineralisch, Gewürznuancen, lange anhaltend, facettenreiche Struktur, samtiges Tannin, sicheres Reifepotenzial.

90 Zweigelt Heideboden 2019
13 Vol.-%, DV, gebrauchte Barriques, €€€ V
Tiefdunkles Rubingranat, violette Reflexe, zarte Randaufhellung. Zart tabakig, etwas nach Kardamom, feine dunkle

Kirschfrucht, ein Hauch von Brombeeren, Orangenschalen. Saftig, balancierte Tanninstruktur, feinwürzig, dunkles Waldbeerenkonfit, schokoladiger Nachhall, Holznuancen im Rückgeschmack, bereits gut antrinkbar.

(93) Mephisto 2019 SY/CS/ME
14 Vol.-%, DIAM, Barrique, €€€€€ Ⓥ
Tiefdunkles Rubingranat, opaker Kern, violette Reflexe, zarte Randaufhellung. Mit Kräuter-Holz-Würze unterlegtes dunkles Beerenkonfit, ein Hauch von Orangenzesten, Zwetschkentouch, zart vegetal, mit Lakritze unterlegt. Gute Komplexität, straff, dunkle Mineralik, feine Tanninstruktur, Brombeernoten im Abgang, schokoladiger Nachhall, vielschichtiger Speisenbegleiter mit Potenzial.

92 Cabernet Sauvignon Reserve 2019
13,5 Vol.-%, DIAM, Barrique, €€€€ Ⓥ
Dunkles Rubingranat, violette Reflexe, zarte Ockerrandaufhellung. Reife Zwetschken und Brombeeren, ein Hauch von Cassis, Nougat, kandierte Orangenzesten. Saftig, elegant, reife Kirschen auch am Gaumen, feine Tannine, frisch strukturiert, rotbeerige Nuancen im Abgang, etwas schokoladig, ein lebendiger Speisenbegleiter.

90 Blaufränkisch 2019
13,5 Vol.-%, DV, gebrauchte Barriques, €€€ Ⓥ
Kräftiges Rubingranat, violette Reflexe, breitere Ockerrandaufhellung. Frische Herzkirschen, ein Hauch von Brombeeren, floraler Touch, tabakige Nuancen. Saftig, rotbeerig, zart nach Erdbeerkonfitüre, frischer Säurebogen, zitronig-salziger Abgang.

90 Pinot Noir 2020
14 Vol.-%, DIAM, 500-l-Fass, €€€ Ⓥ
Mittleres Karmingranat, Ockerreflexe, breiterer Wasserrand. Feine Tabakwürze, rote Kirschfrucht, ein Hauch von Orangenzesten, Veloursleder klingt an. Mittlerer Körper, würzig, balancierte feine Tanninstruktur, rote Kirschfrucht auch am Gaumen, nussiger Nachhall, bleibt gut haften, bereits gut antrinkbar.

★★★

WEINGUT ANDREAS GSELLMANN

BIO

Andreas Gsellmanns Weine entstehen in Handarbeit und tiefer Verbundenheit zu deren Herkunft. Seine Etiketten zeigen die Hände des Winzers, deren Gesten auf die wesentlichen Elemente seiner Arbeit verweisen: zum einen die geöffnete Hand, die behutsam den Schriftzug »Gols« trägt, den sie gleichsam aus dem Boden zu schöpfen scheint, zum anderen die hinweisende Hand, die auf diese Herkunft deutet. So unterstreicht der Winzer seine zentralen Anliegen: Bewusstsein um die Herkunft sowie Fokus auf limitierte, im Handschlag mit der Natur entstandene Vinifikation.

(93) Weißburgunder Pannobile 2020
13 Vol.-%, NK, 500-l-Fass, €€€€ Ⓑ
Helles Goldgelb, Silberreflexe. Mit einem feinen Karamelltouch unterlegte Birnenfrucht, zart nach Mango und Orangenzesten, einladendes Bukett. Komplex, frisches weißes Kernobst, animierende Säurestruktur, weißer Apfel im Abgang, bleibt haften, saliner Nachhall, gutes Entwicklungspotenzial.

90 Weißburgunder 2020
13 Vol.-%, DV, 500-l-Fass, €€ Ⓑ
Mittleres Goldgelb, Silberreflexe. Feine Kräuterwürze, reife Birnenfrucht, zart nussig-tabakig unterlegt. Mittlere Komplexität, feiner Gerbstoff, gute Frische, salzig und anhaftend, ein vielseitiger Speisenbegleiter, weißes Kernobst im Nachhall.

(91) Zu Tisch weiss 2021 WB/SÄ/TR/SB
12,5 Vol.-%, DV, Amphore, €€€ Ⓑ ⓘ
Zart getrübtes Goldgelb, Messingreflexe. Zart mit Nougat unterlegte reife gelbe Tropenfrucht, ein Hauch von Marille, etwas Biskuit. Mittlerer Körper, weiße Birnenfrucht, etwas Apfel, lebendiger Säurebogen, mineralisch und straff, ein pikanter Begleiter bei Tisch.

(91) Grauburgunder 2021
13 Vol.-%, DV, Stahltank, €€€ Ⓑ
Helles Kupfergelb, Silberreflexe. Rauchig-kräuterwürzig unterlegter reifer gelber Apfel, zart nach Kletzen, mit dunklem Nougat unterlegt, würziges Bukett. Mittlerer Körper, feines Kernobst, finessenreiche Säurestruktur, salzig-zitroniger Touch, zart rotbeerig im Nachhall, vielseitig einsetzbar.

WEINGUT ANDREAS GSELLMANN

7122 Gols
Obere Hauptstraße 38
T: +43 (2173) 2214
wein@gsellmann.at
www.gsellmann.at

Kellermeister/Kontakt: Andreas Gsellmann
Anbauweise: Biodynamisch (respekt)
Produktion: 30 % weiß, 70 % rot, 18.5 Hektar
Vereinszugehörigkeit: Pannobile, respekt-BIODYN
Messen: Wein Burgenland Präsentationen

Weißburgunder

93 Blaufränkisch Astral 2020
12,5 Vol.-%, NK, 500-l-Fass, €€€€ B
Dunkles Rubingranat, violette Reflexe, breitere Randaufhellung. Feines Brombeerkonfit, schwarze Kirschen, ein Hauch von Kräuterwürze, mineralisch unterlegt. Saftig, elegant, rote Kirschen, zarte, reife Tannine, frisch strukturiert, salzig-zitronig im Abgang, bleibt haften, bietet leichtfüßiges Trinkvergnügen.

(93) Pannobile 2020 ZW/BF
13 Vol.-%, NK, 500-l-Fass, €€€€€ B
Dunkles Rubingranat, violette Reflexe, dezente Randaufhellung. Mit Orangenzesten unterlegte schwarze Kirschen, ein Hauch von Brombeerkonfit, zart nach Lakritze, tabakiger Anklang. Saftig, rote Kirschen, feine, reife Tannine, gute Frische und Länge, mineralischer Nachhall, vielseitig einsetzbar, gutes Reifepotenzial.

★★★

WEINGUT HAIDER

»Für uns ist Weinmachen Lebenskunst, die sich auf den Freund und Genießer unserer Weine übertragen soll. Unsere Weine sollen dabei vor allem eines sein: ehrlich und unverfälscht. Die Zielsetzung sind puristische, geradlinige Weine, die ihre Herkunft sowie unsere Energie und Lebensfreude widerspiegeln«, so Gerhard Haider und Ehefrau Theresa, die den Familienbetrieb in vierter Generation führen. Von der Spätlese über Eiswein bis hin zur Trockenbeerenauslese: Das Weingut Haider ist national wie auch international ein Begriff für Spitzenprädikatsweine vom Seewinkel. Dreizehn verschiedene Rebsorten sind auf Sand-, Schotter- und Schwarzerdeböden ausgepflanzt. Die Böden und auch das einzigartige Klima sind das große Kapital für die Produktion ebensolcher Weine. Die gesamte Linie des Weinguts Haider glänzt durch besondere Feinheit, Eleganz, Frucht und Sortentypizität. Botrytis- und Honignoten akzentuieren die Einmaligkeit des Weinbaugebiets. Was einige aber vielleicht noch nicht wussten: Auch Rotweine und Weißweine von höchster Qualität werden auf dem Weingut Haider bereits seit jeher vinifiziert.

96 Welschriesling TBA Nektaressenz 2018
6,5 Vol.-%, NK, Stahltank, €€€€€
Helles Kupfergold, Orangereflexe. Süße Pfirsichfrucht, zart nach frischen Orangenzesten, reifer gelber Apfel, feiner Blütenhonig. Sehr saftig, cremige Konsistenz, ein Hauch von frischen Feigen, intensive Fruchtsüße, sehr

WEINGUT HAIDER
7142 Illmitz
Seegasse 16
T: +43 (664) 5007906
office@weinguthaider.at
www.weinguthaider.at

Kellermeister: Gerhard Haider
Kontakt: Theresa Haider
Anbauweise: Umstellung auf bio
Produktion: 10 % weiß, 35 % rot, 55 % süß
Vereinszugehörigkeit: Wine Growing Characters
Messen: ProWein Düsseldorf, VieVinum

komplex und lange anhaltend, feine salzige Nuancen im Rückgeschmack, blitzsauber und für ein sehr, sehr langes Leben angelegt, wird mit Reife noch an Charakter zulegen.

95 Blauer Zweigelt TBA 2018
11 Vol.-%, NK, Stahltank, €€€€€
Leuchtendes Kupfergold, Orangereflexe. Zarte Kräuterwürze, Nuancen von Dörrzwetschken, rauchiger Honigtouch. Komplex, Nuancen von Nougat und Feigen, saftiger Stil, gute Würze, zeigt Länge, gut eingebundene Süße, bereits entwickelt, auch zur feinen Zigarre gut denkbar.

94 Grüner Veltliner Eiswein 2020
12 Vol.-%, NK, Stahltank, €€€€
Mittleres Gelbgold, Silberreflexe. Zart nach eingelegten Litschis, Blütenhonig, weiße Tropenfrucht, kandierte Mandarinenzesten. Mittlere Komplexität, gelber Apfel, gut integrierte Süße, feiner Säurebogen, finessenreicher Stil, bereits entwickelt.

91 Riesling Spätlese 2021
11,5 Vol.-%, DV, Stahltank, €€
Helles Gelbgold, Silberreflexe. Zarte Nuancen von Pfirsich und Maracuja, dazu etwas Limettenzesten. Straff, lebendig, frisches Steinobst, gut eingebundene Säurestruktur, Honig und Limetten, bietet leichtfüßiges Trinkvergnügen.

90 Chardonnay Spätlese 2020
10 Vol.-%, DV, Stahltank, €€
Helles Goldgelb, Silberreflexe. Zarte Noten von weißem Steinobst, ein Hauch von Blütenhonig, frischem Apfel und Orangenzesten. Mittlere Komplexität, zart nach reifer Birne, feiner Säurebogen, fruchtige Süße im Abgang.

★★★★★

WEINGUT GERNOT UND HEIKE HEINRICH

BIO

Einfühlsame Naturbeobachtung, biodynamische Bewirtschaftung, ungezügelte Biodiversität über und unter der Erde: Gernot und Heike Heinrichs Idee terroirgeprägter Weine baut auf einem tiefen Verständnis der vielfältigen Lebenswelten innerhalb ihrer Weingärten. Ziel ist es, ein natürliches Gleichgewicht zu schaffen, in dem Reben, Menschen und Tiere in Symbiose miteinander agieren und die entscheidenden Elemente ein großes Ganzes bilden. Die natürlichen Voraussetzungen dafür sind kühle Kalksteilhänge am Leithaberg, eine modulierte Topografie mit wärmerem Klima rund um das Weingut in Gols und eine Handvoll autochthoner Rebsorten mit dem Blaufränkisch als Speerspitze. Undogmatische handwerkliche Vinifikationen geben den Weinen die Freiheit, unverfälscht und klar von ihrer Herkunft zu erzählen. Sie legen die Basis für eine fortwährende Evolution. Der Austausch mit den Freunden von Pannobile, Demeter und respekt eröffnet zusätzliche Perspektiven. Das Resultat sind pulsierende und vitale Weine, die puristisch und charakterstark die Essenz ihres Entstehungsortes offenlegen. Undogmatische handwerkliche Vinifikationen geben den Weinen die Freiheit, unverfälscht und klar von

WEINGUT GERNOT UND HEIKE HEINRICH

7122 Gols, Baumgarten 60
T: +43 (2173) 3176
weingut@heinrich.at
www.heinrich.at
Kellermeister: Gernot Heinrich und Harald Lehner
Kontakt: Heike Heinrich
Anbauweise: Biodynamisch (Demeter, respekt)
Produktion: 15 % weiß, 85 % rot, 100 Hektar
Vereinszugehörigkeit: Leithaberg DAC, respekt-BIODYN, Pannobile
Messen: ProWein Düsseldorf, VieVinum, Summa Margreid

Parndorfer Platte bei Gols

ihrer Herkunft zu erzählen. Sie legen die Basis für eine fortwährende Evolution. Der Austausch mit den Freunden von Pannobile, Demeter und respekt eröffnet zusätzliche Perspektiven. Das Resultat sind pulsierende und vitale Weine, die puristisch und charakterstark die Essenz ihres Entstehungsortes offenlegen, ob am Leithaberg oder rund um Gols.

94 Roter Traminer Freyheit 2021
13 Vol.-%, NK, Amphore, €€€€€ Ⓑ Ⓘ
Zart getrübtes Goldgelb, Silberreflexe. Nuancen von Rosenöl, dazu ein Hauch von Hopfenwürze, feine gelbe Fruchtexotik, ein Hauch von Kumquats, mineralischer Touch. Straff, engmaschig, weiße Birnenfrucht, finessenreicher Säurebogen, zart nach Eibischteig im Abgang, zitronig und frisch im Rückgeschmack, toller Amphorenwein.

93 Graue Freyheit 2020 WB/PG/CH/NB
12,5 Vol.-%, NK, 500-l-Fass/Amphore, €€€€€ Ⓑ Ⓘ
Leuchtendes helles Kupferrot, Orangereflexe. Zartes Bukett, frische rote Waldbeeren, etwas Birne, Nuancen von schwarzem Tee, ein Hauch von Orangenzesten. Elegant, weißes Kernobst, frischer Säurebogen, mineralisch-salzig im Abgang, feiner Zitrustouch, ein lebendiger Speisenbegleiter.

(96) Blaufränkisch Leithaberg DAC Winden Ried Alter Berg 2018
13 Vol.-%, VL, 500-l-Fass/Amphore, €€€€€€ Ⓑ Ⓥ
Tiefdunkles Rubingranat, violette Reflexe, zarte Ockerrandaufhellung. Zarte Gewürznuancen, kandierte Orangenzesten, dunkle Beerenfrucht, schwarze Kirschen, facettenreich, attraktives Bukett. Saftig, Nuancen von roter Frucht, mineralisch, seidige Tannine, frisch strukturiert, Kirschen im Nachhall, salziger Abgang, bereits gut entwickelt und antrinkbar, gutes Reifepotenzial.

95 Blaufränkisch Leithaberg DAC Breitenbrunn Ried Edelgraben 2018
13 Vol.-%, VL, 500-l-Fass/Amphore, €€€€€€ Ⓑ Ⓥ
Tiefdunkles Rubingranat, violette Reflexe, zarte Ockerrandaufhellung. Schwarze Waldbeeren, Brombeerkonfit, ein Hauch von Tabak, feine Röstaromen, einladendes Bukett. Saftig, elegant, reife Kirschfrucht, seidige Tannine, mineralisch und lange anhaftend, süße Kirschen im Nachhall, ein ausgewogener Speisenbegleiter, sehr gutes Reifepotenzial.

(97) Ried Salzberg 2018 BF/ME
13,5 Vol.-%, NK, 500-l-Fass, €€€€€€ Ⓑ
Kräftiges Rubingranat, violette Reflexe, dezente Randaufhellung. Zartes Nougat, feine Edelholz- und Kräuterwürze, reife schwarze Herzkirschen, etwas Pflaumen und Lakritze, einladendes Bukett. Komplex, saftig, angenehme Extraktsüße, feine, reife Tannine, mineralisch und sehr lange anhaftend, salziger Touch im Abgang, sicheres Reifepotenzial für viele Jahre.

(94) Ried Gabarinza 2018 ZW/ME/BF
13,5 Vol.-%, NK,VL, 500-l-Fass, €€€€€ Ⓑ
Kräftiges Rubingranat, violette Reflexe, dezente Ockerrandaufhellung. Zart tabakig unterlegte Nuancen von schwarzen Waldbeeren, kandierte Orangenzesten, ein Hauch von Kräutern und Tabak, Lakritze klingt an. Saftig, elegant, reife Pflaumenfrucht, feine, runde Tannine, fruchtige Süße im Abgang, zugänglich und bereits gut antrinkbar.

Günter Horvath

WEINGUT HORVATH
7122 Gols
Untere Hauptstraße 165
T: +43 (676) 923 66 52
info@weingut-horvath.at
www.weingut-horvath.at

Kellermeister/Kontakt: Günter Horvath
Produktion: 45 % weiß, 5 % rosé, 50 % rot, 14.5+2.5 Hektar
Vereinszugehörigkeit: Select Gols
Messen: VieVinum, DAC-Präsentationen

★★★

WEINGUT HORVATH

Das Weingut Horvath ist seit Generationen in Gols beheimatet. Auf unterschiedlichsten Grundlagen wie Löss-, Schwarzerde- und Sandböden in unmittelbarer Nähe zum Neusiedler See und dessen Nationalpark entstehen hier besonders vielschichtige Weine. Günter Horvath übernahm 1992 den elterlichen Betrieb und führte die Ausrichtung komplett in die Qualitätsweinerzeugung über. Respekt vor der Natur, schonender Umgang mit dem Traubenmaterial, Genauigkeit und Wissen sowie Erfahrung über Generationen sind die Garanten für die gleichbleibend hohe Qualität der charaktervollen, vom Terroir geprägten und mit persönlicher Note gekelterten Weine. Auch optisch zeigt man an der Produktausstattung die Verbundenheit mit der Region: eine vereinfachte, modernisierte Turmdarstellung des Wappensymbols von Gols – Tradition und Moderne sozusagen. Die Hauptsorte des Weinguts ist der Zweigelt, gefolgt von Blaufränkisch und Chardonnay. Das Traubenmaterial für den klassischen Zweigelt und den Blaufränkisch Heideboden, der teilweise im Barrique ausgebaut wird, stammt von jenen Weingärten, deren Rebstöcke unter 15 Jahre alt sind. Die Trauben der älteren Rebstöcke und Top-Lagen stellen das Grundmaterial für den Blaufränkisch vom Gabarinza, den Zweigelt vom Goldberg, für »Gols« sowie den Merlot vom Altenberg. Beim Weißwein konzentriert sich das Weingut auf den Chardonnay, der klassisch vergoren die Bezeichnung Chardonnay Heideboden trägt und in der Premiumvariante Chardonnay Gabarinza heißt. Relativ neu im Weißweinsortiment ist der Weißburgunder vom Apfelgrund.

(92) Chardonnay Reserve Ried Gabarinza 2021
14,5 Vol.-%, DV, 500-l-Fass, €€€€
Mittleres Gelbgrün, Silberreflexe. Zart nach Wiesenkräutern, rauchig, dezente reduktive Würze, weißer Apfel, frische Orangenzesten. Saftig, gelbe Tropenfrucht, zart nach Ananas, feine Fruchtsüße im Abgang, ausgewogen und bereits gut antrinkbar.

90 Chardonnay Heideboden 2021
13,5 Vol.-%, DV, Stahltank, €€
Helles Gelbgrün, Silberreflexe. Zart nach Wiesenkräutern und weißem Apfel, ein Hauch von Limettenzesten, mineralischer Touch. Saftig, frisches weißes Kernobst, lebendiger Säurebogen, mineralisch-zitronig im Abgang, ein vielseitiger Speisenbegleiter.

90 Weissburgunder Ried Apfelgrund 2021
12,5 Vol.-%, DV, Stahltank, €€
Helles Gelbgrün, Silberreflexe. Zart floral unterlegte weiße Apfelfrucht, ein Hauch von Blütenhonig, Limettenzesten klingen an. Straff, engmaschig, feine Fruchtsüße, lebendiger Säurebogen, ein ausgewogener, leichtfüßiger Speisenbegleiter mit Entwicklungspotenzial.

(92) Blauer Zweigelt ** Gols Ried Goldberg 2020
14 Vol.-%, VL, Barrique, €€€€
Kräftiges Rubingranat, violette Reflexe, zarte Randaufhellung. Zart animalische Würze, reife Kirschen, ein Hauch von Zwetschken, feine Kräuterwürze, etwas Nougat. Saftig, elegant, rotbeerig, frisch strukturiert, reife Tannine, mineralisch im Nachhall, ein lebendiger Speisenbegleiter.

(93) Blaufränkisch Ried Gabarinza Reserve 2020
14 Vol.-%, VL, Barrique, €€€€€
Dunkles Rubingranat, violette Reflexe, zarte Randaufhellung. Zart mit Vanille und Nougat unterlegte reife Herzkirschfrucht, reife Zwetschken, kandierte Orangenzesten. Saftig, elegant, feinfruchtige Textur, gut integrierte Tannine, mineralisch, frischer Abgang, zart rotbeeriger Nachhall, gutes Reifepotenzial.

(93) Merlot Ried Altenberg Reserve 2020
14,5 Vol.-%, VL, Barrique, €€€€€
Tiefdunkles Rubingranat, violette Reflexe, zarte Randaufhellung. Zart kräuterwürzig-tabakig unterlegte schwarze Waldbeerenfrucht, reife Herzkirschen, etwas Nougat. Saftig, elegant, süße Kirschen, reife Tannine, frisch und mineralisch im Abgang, fruchtiger Nachhall, ein lebendiger Begleiter bei Tisch.

★★★

WEINGUT MARKUS IRO

In Österreich hat Markus Iro aus Gols bereits einen Fixplatz unter den besten Winzern der Region. Im Neusiedlersee-DAC-Gebiet baut der dynamische Winzer, der 2011 das elterliche Weingut in Eigenregie übernommen hat, auf rund 20 Hektar nationale und internationale Traubensorten an. Aufhorchen lässt er mit seinem präzisen Gespür für die einzelnen Rebsorten. Nicht nur Konsumenten, auch die Fachpresse weiß seine Intuition und sein Gefühl für den Wein zu schätzen und bezeugt ihm regelmäßig die Qualität seines täglichen Schaffens: Unter anderem ist Markus Iro bereits Sieger des Falstaff Rotwein Grand Prix in der Kategorie Cuvée, Sortensieger in der Kategorie St. Laurent und mehrfach in den Top drei der Falstaff-Rotweinprämie-

WEINGUT MARKUS IRO
7122 Gols
Neubaugasse 55
T: +43 (2173) 2139
wein@markusiro.at
www.markusiro.at

Kellermeister/Kontakt:
Markus Iro
Produktion: 30 % weiß, 70 % rot, 22 Hektar
Messen: Weintage im Museumsquartier

Ingrid und Markus Iro

© Matthias Heisler

rung. Markus Iro versteht es mit einer verspielten Herangehensweise, den jeweils typischen Charakter der Traubensorten herauszuarbeiten und reintönige und unverwechselbare Weine zu keltern. Dass er seine Leidenschaft und Neugierde für das Arbeiten mit dem Wein zum Beruf machen würde, war ihm schon immer klar. Nach dem erfolgreichen Besuch der Weinbauschule sammelte er Praxiserfahrung in Deutschland und Neuseeland, um schließlich 2006 seine erste eigene Weinkollektion vorzustellen und nur fünf Jahre später das Familienweingut eigenhändig zu führen.

89 Neuburger Splitterfasernackt 2021
12,5 Vol.-%, NK, Stahltank, €€€ (I)

94 Meisterwerk 2020 CF/ZW/ME
14 Vol.-%, NK, Barrique, €€€€€ (V)
Dunkles Rubingranat, violette Reflexe, zarte Randaufhellung. Feine Edelholzwürze, schwarze Beerenfrucht, reife Kirschen, zart nach Kräutern und Tabak, mit etwas Cassis unterlegt. Saftig, elegant, feine Fruchtsüße, seidige Tannine, zart nach Karamell, bleibt haften, ausgewogen und bereits zugänglich, ein vielseitiger Speisenbegleiter.

90 Special Blend 2021 ZW/PN
13 Vol.-%, DV, gebrauchte Barriques, €€ (V)
Dunkles Rubingranat, violette Reflexe, zarte Randaufhellung. Frische Zwetschken, zart rauchig unterlegte Brombeernuancen, Orangenzesten klingen an. Saftig, fruchtig, nach süßen Kirschen, mineralisch und frisch im Abgang, rotbeeriger Nachhall.

93 Pinot Noir Ried Hochreit 2020
13,5 Vol.-%, NK, Teilbarrique, €€€€ (V)
Kräftiges Karmingranat, violette Reflexe, breite Randaufhellung. Floral unterlegte rote Kirschfrucht, zart nach Mandarinenzesten, Himbeeren und etwas Lakritze. Saftig, gute Komplexität und Fruchtsüße, feine Tannine, mineralisch-salzig, reife Kirschen im Nachhall, gutes Entwicklungspotenzial.

93 St. Laurent Ried Herrschaftswald 2020
13,5 Vol.-%, NK, Barrique, €€€€ (V)
Dunkles Rubingranat, opaker Kern, violette Reflexe, zarte Randaufhellung. Zart kräuterwürzig-tabakig unterlegte schwarze Waldbeeren, ein Hauch von Zwetschken und Brombeeren, etwas Nougat, kandierte Orangenzesten. Saftig, elegant, süße Kirschen, reife Tannine, frisch, ein Hauch von Schokolade im Abgang, bereits gut antrinkbar.

92 Zweigelt Ried Ungerberg 2020
14 Vol.-%, NK, Barrique, €€€€ (V)
Dunkles Rubingranat, violette Reflexe, zarte Randaufhellung. Feine Edelholzwürze, dunkle Waldbeerenfrucht, frische Herzkirschen, ein Hauch von Nougat und Orangen. Saftig, elegant, feine Fruchtsüße, gut integrierte Tannine, frisch, mineralisch im Abgang, gute Länge, verfügt über Entwicklungspotenzial.

★★★★

WEINGUT JURIS

Jedes Weingut hat seine Geschichte, die von Juris reicht ganz besonders weit zurück: bis ins Jahr 1571. Seit vielen Generationen bereitet Familie Stiegelmar im burgenländischen Gols hochwertige Weine und war auch maßgeblich am österreichischen Rotweinwunder beteiligt. Seit 1995 knüpfen Axel und Herta Stiegelmar an die Tradition des Weinmachens an und stehen heute vor allem für herausragend vielfältige Weine.
Dass auch die Moderne fester Bestandteil des bekannten Golser Weinguts ist, wird besonders an der zeitgemäßen Kellerarchitektur augenscheinlich. Die moderne Ausstattung ermöglicht unter Einbeziehung der Schwerkraft einen schonenden Umgang mit dem Lesegut, und dank optimaler Isolierung erreicht man die passende Lagertemperatur ohne jegliche Fremdenergie. »Es ist unser reichhaltiges Sortiment, das Juris auszeichnet«, sagt Axel Stiegelmar. Bei genauer Betrachtung entdeckt man, dass er und seine Frau neben den heimischen Rebsorten eine Vorliebe für Burgunder haben, so etwa für Pinot Noir und St. Laurent, die sie aus den besten Rebstöcken selektioniert haben; dabei kommen kleinbeerige Qualitätsklone zum Einsatz.
Von den Top-Rotweinen überzeugen die Cuvées »St. Georg«, »Ina'mera« und »Tricata« – komplexe Charakterweine, die im warmen pannonischen Klima wunderbar gedeihen. Besonderes Augenmerk wird auf die einzeln ver-

WEINGUT JURIS

7122 Gols, Marktgasse 12–18
T: +43 (2173) 2748
office@juris.at, www.juris.at

Kellermeister: Axel Stiegelmar
Kontakt: Axel und Herta Stiegelmar
Produktion: 120.000 Flaschen
3 % Schaumwein, 15 % weiß, 4 % rosé, 75 % rot, 3 % süß, 20 Hektar
Vereinszugehörigkeit: Renommierte Weingüter Burgenland
Messen: ProWein Düsseldorf, VieVinum, Wein Burgenland Präsentationen

Axel, Georg und Gregor Stiegelmar

gorenen Lagenweine gelegt. Die neuen Riedenweine der Burgundersorte Pinot Noir von Haide, Hochreit und Breitenteil sowie der charmante St. Laurent Goldberg oder der kräftige Blaufränkisch Ungerberg und – ganz neu – der exotische Chardonnay Altenberg runden die Vielfalt ab. Bei der Weißweinbereitung stehen neben dem griffigen Chardonnay Alte Reben auch der duftige Sauvignon Blanc sowie die aromatischen Sorten Muskat Ottonel und Gewürztraminer auf der Beliebtheitsskala ganz oben. Typisch für das Burgenland ist auch der rote Strohwein. Seine verführerische Restsüße wird von der Fruchtigkeit der Blaufränkisch-Traube wunderbar ergänzt. Ganz neu im Sortiment sind auch die einmal vergorenen Pétillants Naturels der Sorten Blaufränkisch und Muskat Ottonel.

93 Chardonnay Ried Altenberg 2020

14 Vol.-%, NK, Barrique, €€€€€ V

Helles Goldgelb, Silberreflexe. Zarte Holznuancen, ein Hauch von Vanille, feine gelbe Tropenfrucht, ein Hauch von Kräuterwürze und Orangenzesten. Mittlerer Körper, frische Steinobstnuancen, dezente Fruchtsüße, etwas Mango im Abgang, ausgewogen, wirkt erstaunlich leichtfüßig und balanciert.

92 Chardonnay Alte Reben 2020

13,5 Vol.-%, DV, großes Holzfass, €€€ V

Helles Grüngelb, Silberreflexe. Frische gelbe Tropenfrucht, zart nach Mango und Ananas, mit einem Hauch von Blütenhonig unterlegt. Mittlere Komplexität, feine Nuancen von weißem Kernobst, angenehmer Säurebogen, zarte Fruchtsüße im Abgang, ein zugänglicher Speisenbegleiter.

94 St. Laurent Ried Goldberg 2019

13,5 Vol.-%, NK, Barrique, €€€€€ V

Kräftiges Karmingranat, violette Reflexe, dezente Ockerrandaufhellung. Zart florale Nuancen, rotbeeriger Touch, ein Hauch von Lakritze und Minze, Johannisbeeren klingen an. Mittlerer Körper, rotbeerige Frucht, zart nach eingelegten Kirschen, feine Tannine, mineralisch-salzig, bereits antrinkbar, ein finessenreicher Speisenbegleiter.

94 Pinot Noir Ried Hochreit 2019

13,5 Vol.-%, NK, 500-l-Fass, €€€€€ V

Kräftiges Karmingranat, violette Reflexe, breitere Ockerrandaufhellung. Zarte Holzwürze, rote Waldbeeren, Nuancen von Kirschen und Himbeeren, einladendes, facettenreiches Bukett. Komplex, saftig, rote Waldbeerenfrucht, gut integrierte Tannine, mineralisch-salzig im Abgang, zeigt Länge, Kirschen im Rückgeschmack, gutes Reifepotenzial.

93 Pinot Noir Ried Breitenteil 2019

12,5 Vol.-%, NK, 500-l-Fass, €€€€€ V

Kräftiges Karmingranat, violette Reflexe, breitere Ockerrandaufhellung. Etwas verhalten, rote Waldbeeren, zarte florale Nuancen, ein Hauch von Limettenzesten, scheues Bukett. Schlank, rote Kirschen, feine, gut integrierte Tannine, rotbeeriger Abgang, mineralisch-zitroniger Nachhall, bereits gut antrinkbar, filigraner Stil.

92 Pinot Noir Ried Haide 2019
13 Vol.-%, NK, 500-l-Fass, €€€€€
Mittleres Karmingranat, violette Reflexe, breitere Ockerrandaufhellung. Schwarze Kirschen, ein Hauch von Brombeeren, zart ätherische Nuancen nach Minze, frische Mandarinenzesten. Mittlere Komplexität, rote Kirschen, feine Tannine, gute Frische, ein Hauch von Himbeeren im Abgang, bereits gut entwickelt und antrinkbar.

94 Blaufränkisch Ried Ungerberg 2019
15 Vol.-%, NK, Barrique, €€€€€
Dunkles Rubingranat, violette Reflexe, zarte Ockerrandaufhellung. Dunkle Beerenfrucht, feine Kräuterwürze, ein Hauch von Edelholz, mit Brombeeren und Pflaumen unterlegt. Kraftvoll, saftig, rote Kirschen, tragende, reife Tannine, etwas Nougat im Abgang, bleibt gut haften, ein stoffiger Speisenbegleiter mit Reifepotenzial.

★★★

WEINGUT KERINGER

Außergewöhnliche Kreationen mit klingenden Namen wie »Aviator«, »Commander«, »100 Days« und »Massiv« sind einige der zahlreichen Erfolgsweine von Robert und Marietta Keringer, einem jungen und aufstrebenden Winzerpaar aus Mönchhof. Nach seiner Tätigkeit bei einem renommierten Spirituosenhersteller kam Robert über Umwege und seine einige Jahre andauernde Tätigkeit als Weinbauberater schließlich zurück zum elterlichen Betrieb. Innerhalb kurzer Zeit schaffte er es, diesen zunächst im Nebenerwerb zu einem mehrfach ausgezeichneten Weinbaubetrieb auszubauen. Mit dem Jahrgang 2011 rief Robert Keringer eine neue, innovative Weinserie ins Leben: die »100 Days«-Weine. Diese entstehen durch eine spezielle Vinifikationsart: Die besten Trauben der jeweiligen Sorten verbleiben dabei für etwa 100 Tage zusammen mit den Kernen und Schalen im Gärtank. Das ist einzigartig. Die so gewonnenen Weine sind besonders vielschichtig. Doch nicht nur bei den Rotweinen überzeugt der dynamische Winzer mit konstanter Qualität.

WEINGUT KERINGER
7123 Mönchhof
Wiener Straße 22a
T: +43 (2173) 80380
weingut@keringer.at
www.keringer.at

Kellermeister/Kontakt:
Ing. Robert Keringer
Produktion: 5 % Schaumwein, 10 % weiß, 5 % rosé, 75 % rot, 5 % süß, 40+80 Hektar
Zertifiziert: Nachhaltig Austria
Messen: Weinmesse München

92 Blauer Zweigelt ** 100 Days 2019
14,5 Vol.-%, NK, Barrique, €€€€
Kräftiges Rubingranat, violette Reflexe, dezente Ockerrandaufhellung. Reife schwarze Beerenfrucht, feine Kräuterwürze, dunkle Kirschen, gut integrierte Holzwürze. Saftig, elegant, zarte Fruchtsüße, feine Tannine, mineralisch und anhaftend, ein frischer Speisenbegleiter mit Reifepotenzial.

94 Massiv Toprotweincuvée 2019 BF/RA/ZW/CS
14,5 Vol.-%, NK, Barrique, €€€€€
Tiefdunkles Rubingranat, opaker Kern, violette Reflexe, zarte Randaufhellung. Zart nach Nougat und Vanille, reife schwarze Beerenfrucht, Zwetschken, feine Kräuterwürze, tabakige Noten. Kraftvoll, komplex, süße Kirschen, reife Tannine, gute Frische, ausgewogen und lange anhaftend, verfügt über sicheres Reifepotenzial.

93 Merlot 100 Days 2019
15,5 Vol.-%, NK, Barrique, €€€€
Dunkles Rubingranat, violette Reflexe, zarte Ockerrandaufhellung. Feine Edelholznuancen, zarte Kräuterwürze, dunkle Kirschen, einladendes Bukett. Kraftvoll, saftig, reife Zwetschken, feine Extraktsüße, runde Tannine, bleibt haften, würziger Nachhall, bereits gut antrinkbar, verfügt über Reifepotenzial.

92 Shiraz 100 Days 2019
14,5 Vol.-%, NK, Barrique, €€€€
Dunkles Rubingranat, violette Reflexe, zarte Randaufhellung. Zart nach Vanille und Holzwürze, reifes rotes Wald-

beerenkonfit, ein Hauch von Kirschen, zart nach Karamell, einladendes Bukett. Saftig, seidige Textur, feine Fruchtsüße, runde Tannine, bleibt haften, bereits gut entwickelt, ein stoffiger, zugänglicher Speisenbegleiter.

92 Cabernet Sauvignon 100 Days 2019

14,5 Vol.-%, NK, Barrique, €€€€

Dunkles Rubingranat, violette Reflexe, zarte Randaufhellung. Reife schwarze Kirschen, ein Hauch von Cassis, zart nach Gewürzen und Nougat, zarte Minze, einladendes Bukett. Komplex, feine Fruchtsüße, gut integrierte Tannine, zarte Holzwürze im Abgang, rotbeerig-mineralischer Nachhall.

91 Sankt Laurent Commander 2020

14 Vol.-%, DV, Teilbarrique, €€€

Kräftiges Karmingranat, violette Reflexe, dezente Ockerrandaufhellung. Zarte Röstaromen, dunkle Beeren, ein Hauch von Lakritze, mit etwas Nougat unterlegt. Mittlerer Körper, rote Waldbeeren, feine Tannine, zarte Fruchtsüße im Abgang, bereits gut antrinkbar.

★★

WEINGUT JACQUELINE KLEIN

Klein macht Wein« – und das mit Herz und Leidenschaft. Dieser Slogan des Weinguts beschreibt in drei Worten, was Jacqueline Klein am liebsten macht: Wein. In Andau im sonnigen Nordburgenland hat sie 2010 ihr eigenes Weingut gegründet und es mit Können und harter Arbeit zu einer der führenden Rotwein-Adressen Österreichs ausgebaut. Der Zweigelt ist ihre ganz große Leidenschaft. Rund 80 Prozent der Rebfläche entfallen auf die Rotweinsorten Zweigelt, Merlot, Syrah und Cabernet Sauvignon. »Der Zweigelt ist die Leitsorte unseres Betriebs«, so Jacqueline Klein, »und wird sowohl reinsortig wie auch als spannender Cuvéepartner angeboten. Die Vielfalt seiner Geschmacksnuancen bei gleichzeitiger klarer Charakteristik begeistern mich immer wieder aufs Neue.« Die Flächen im östlichen Seewinkel gelten seit März 2012 als Neusiedlersee-DAC-Gebiet, das weit über die Grenzen Österreichs für seine eleganten Zweigelt-Weine bekannt ist. Doch bleibt es nicht ausschließlich bei aufregenden Rotweinen – auch das Weißweinsortiment der Winzerin ist beeindruckend. Es herrschen ideale klimatische Bedingungen am Neusiedler See. Das Gebiet rund um den größten Steppensee Mitteleuropas wurde daher bereits zur Zeit der Römer für den Weinanbau genutzt. Das einzigartige Mikroklima mit seinen heißen, trockenen Sommertagen, den kühlen Nächten sowie verhältnismäßig milden Wintern bietet in Verbindung mit den mineralisch-warmen Rotschotter- und Braunerdeböden ideale Voraussetzungen für den Weinbau. »Die Bodenverhältnisse unserer rund um Andau liegenden Weingärten sind sehr unterschiedlich. Beim Anbau habe ich genau abgestimmt, welche Sorte zu welchem unserer Weingärten passt«, gibt Jacqueline Klein Einblick in ihre Arbeitsweise. »Mein Ziel ist es, die Kraft der Traube in die Flasche zu bekommen. Dafür arbeite ich jeden Tag mit meinem Team.«

90 Chardonnay 2021

14,5 Vol.-%, DV, Stahltank, €€

Helles Goldgelb, Silberreflexe. Zarte Steinobstnuancen, ein Hauch von Tropenfrucht, floraler Touch, zart nach Ringlotten. Saftig, elegant, weißer Apfel, frisch strukturiert, gute Balance, ein lebendiger, unkomplizierter Speisenbegleiter.

WEINGUT JACQUELINE KLEIN
7163 Andau
Baumhöhäcker 10
T: +43 (664) 75124505
info@klein-wein.at
www.klein-wein.at

Kellermeister/Kontakt:
Jacqueline Klein
Produktion: 15 % weiß, 85 % rot, 40 Hektar
Zertifiziert: Nachhaltig Austria
Vereinszugehörigkeit:
Neusiedlersee DAC
Messen: ProWein Düsseldorf, VieVinum, Vinobile Feldkirch, DAC-Präsentationen

92 Zweigelt Exklusiv 2020
14 Vol.-%, NK, Barrique, €€€
Dunkles Rubingranat, opaker Kern, violette Reflexe, zarte Ockerrandaufhellung. Schwarze Waldbeeren, ein Hauch von Feigen, Dörrzwetschken, Nougat, kandierte Orangenzesten. Saftig, reife Herzkirschen, frische Säurestruktur, elegant und ausgewogen, feinwürzig im Abgang, feines Nougat im Nachhall, ein stoffiger Speisenbegleiter.

92 Syrah 2018
14 Vol.-%, NK, Barrique, €€€€
Dunkles Rubingranat, violette Reflexe, dezente Ockerrandaufhellung. Mit Edelholznuancen unterlegte schwarze Kirschfrucht, reife Zwetschken, zart nach Lakritze, ein Hauch von Kardamom und Schokolade. Saftig, frische Kirschen, gut integrierte Tannine, etwas Vanille im Abgang, mittlere Länge, bereits zugänglich, ein saftiger Speisenbegleiter.

91 Aridus 2019 ZW/SY
14,5 Vol.-%, DV, gebrauchte Barriques, €€€
Tiefdunkles Rubingranat, opaker Kern, violette Reflexe, zarte Ockerrandaufhellung. Feine Holzwürze, Nuancen von Cassis und Brombeeren, zart gewürzig, ein Hauch von Nougat, kandierte Orangenzesten. Saftig, rotbeerige Nuancen, frisch strukturiert, mineralisch-salzig im Abgang, ein lebendiger Speisenbegleiter.

91 Crassus 2019 CF/ZW/SY
14 Vol.-%, NK, Barrique, €€€€
Tiefdunkles Rubingranat, opaker Kern, violette Reflexe, zarte Randaufhellung. Feine Holzwürze, tabakig, etwas nach Kardamom, Brombeerkonfit, ein Hauch von reifen Zwetschken, zart nach Nougat. Saftig, feine Struktur, präsentes Tannin, Zitrustouch, schwarze Kirschfrucht und Brombeeren, leicht austrocknend im Abgang, guter Speisenbegleiter.

90 Merlot 2020
14,5 Vol.-%, DV, gebrauchte Barriques, €€
Dunkles Rubingranat, opaker Kern, violette Reflexe. Schwarze Waldbeeren, ein Hauch von Feigen, etwas Nougat, zart nach Dörrobst. Saftig, elegant, reife Frucht, feine Tannine, schokoladig im Abgang, bietet unkompliziertes Trinkvergnügen.

★★★★★

WEINLAUBENHOF KRACHER

Im Jahr 1981, als Alois Kracher gerade die Vinifizierung von seinem Vater übernommen hatte, wurde mit Gerhard Kracher bereits die nächste vielversprechende Generation der burgenländischen Winzerfamilie geboren. Nach einer betriebswirtschaftlichen Ausbildung begann Gerhard aktiv im Weingut mitzuarbeiten, Kontakte zu knüpfen und seine Ideen und Vorstellungen einzubringen und umzusetzen. Gemeinsam mit seinem Vater hat er den Umbau des Weinguts geplant und durchgeführt, Schritt für Schritt übernahm er die Verantwortung in einzelnen Märkten, repräsentierte das Weingut bei diversen Veranstaltungen weltweit und sammelte wichtige Erfahrungen beim Distributionspartner in den USA. Die guten Kontakte seines Vaters Alois haben wesentlich dazu beigetragen, dass Gerhard Kracher in der Weinszene rasch die richtigen Ansprechpartner fand. So konnte er sich sehr schnell ein fundiertes Weinwissen aneignen und fand Gelegenheit, seinen Gaumen zu schulen und unterschiedlichste Weine und Weinstile zu degustieren und unterscheiden zu lernen. Heute leitet er das Weingut mit Unterstützung seiner Frau Yvonne. Der Name Kracher steht nicht mehr nur für Süßwein allein. Zusammen mit befreundeten Herstellern hat Alois Kracher eine ganze Reihe von Produkten des gehobenen Genusses geschaffen. Gerhard Kracher führt diese erfolgreichen Kooperationen fort. Es ist ein spannendes Erbe, das der 40-Jährige weiterträgt. Dazu zählen nicht nur ein weltberühmtes Weingut, gesuchte Weine mit Top-Ratings und die Verantwortung, dies weiterzuführen, sondern auch Charaktereigenschaften wie der Spirit, die Stärke und der unbeugsame Wille, die Gerhard von seinem berühmten Vater übernommen hat.

90 Pinot Gris 2019
13 Vol.-%, DV, Stahltank, €€
Helles Goldgelb, Silberreflexe. Zart nach Feigen und Quittengelee, kandierte Zesten, ein Hauch von Kletzen im Hintergrund. Mittlerer Körper, weiße Tropenfrucht, gute Frische, dezente Kräuterwürze im Nachhall, bereits gut entwickelt.

89 Zweigelt 2018
13,5 Vol.-%, DV, gebrauchte Barriques, €€€

93 Muskat-Ottonel Auslese 2020
10 Vol.-%, DV, Stahltank, €€
Mittleres Goldgelb, Silberreflexe. Feine Nuancen von Honig und Quitte, zarte Anklänge von gelber Tropenfrucht, ein Hauch von Dörrfeigen. Saftig, reifes Steinobst, weißer Pfirsich, ein Hauch von kandierten Früchten, feiner Säurebogen, mineralisch im Abgang, ein Hauch von Rosinen im Nachhall.

92 Zweigelt Beerenauslese 2019
10,5 Vol.-%, NK, Barrique, €€€€
Helles Kupfergold, rötliche Nuancen, breite Ockerrandaufhellung. Kräuterwürzig, kandierte Orangenzesten, Dörrzwetschken, feiner Honigtouch, würzige Noten. Saftig, reife Pfirsichfrucht, gut eingebaute Süße, wieder Dörrpflaumen im Abgang, harmonisch und gut antrinkbar.

91 Spätlese Cuvée 2020 CH/WB/WR
9 Vol.-%, DV, Stahltank, €€
Helles Goldgelb, Silberreflexe. Süße Babyananas, frische Mango, mit einem Hauch von weißer Tropenfrucht und Honig unterlegt. Mittlerer Körper, frischer Pfirsich, feine Süße im Abgang, ein Hauch von gelbem Pfirsich und Honig im Nachhall.

90 Merlot Spätlese Rosé 2021
9 Vol.-%, DV, Stahltank, €€
Helles Altrosa, Pinktouch, Silberreflexe. Frisches Erdbeerkonfit, eingelegte rote Kirschen, ein Hauch von Marille, florale Nuancen. Süße Beerenfrucht, ein Hauch von reifen Ringlotten, Honig im Nachhall, ein fruchtiger, leichtfüßiger Sommerwein.

WEINLAUBENHOF KRACHER
7142 Illmitz
Apetloner Straße 37
T: +43 (2175) 3377
office@kracher.at
www.kracher.at

Kellermeister/Kontakt:
Gerhard Kracher
Produktion: 15 % weiß, 15 % rot, 70 % süß, 33 Hektar
Messen: ProWein Düsseldorf, Vinexpo

★★★

WEINGUT LEITNER

BIO

Das Weingut Leitner ist seit Generationen im Familienbesitz. 1975 übernahmen Melitta und Matthias Leitner den Betrieb, der bis 1990 noch im Nebenerwerb geführt wurde. Die entscheidende Neuorientierung begann bereits Anfang der Achtzigerjahre. Erste nationale und internationale Bestätigungen ab dem Jahr 1985 zeigten, dass die eingeschlagene Qualitätsstrategie erfolgreich war. Die nächste große Wende fand 1991 statt, als Matthias Leitner seinen Beruf als Handelsreisender aufgab, um sich ausschließlich dem Weinbau zu widmen. In diesen Jahren wuchs auch die bewirtschaftete Fläche des Weinguts an. Seit 1. Jänner 2003 arbeitet Gernot Leitner hauptberuflich im elterlichen Betrieb, im Jahr 2010 hat er die alleinige Verantwortung im Weingut übernommen. Der Kern der Betriebsphilosophie ist das Streben, charaktervolle, vom Terroir geprägte Weine höchster Qualität zu vinifizieren. Um dies zu erreichen, werden die Weingärten naturnah bewirtschaftet. Was die Natur dem Winzer schenkt, wird im Keller mit akribischer Genauigkeit und bei schonendstem Umgang mit Traube und Wein bis in die Flasche gebracht. Die Rieden Altenberg, Ungerberg, Salzberg sowie Schafleiten zählen zu den besten Lagen in Gols, und genau dort befinden sich auch die Weingärten der Familie. Das Weingut Leitner ist Gründungsmitglied der »Pannobile«-Gruppe.

92 ❸ Blanc de Noirs Ried Schafleiten Sekt Austria Große Reserve brut nature Burgenland g.U. 2017
13 Vol.-%, NK, Stahltank/Flaschengärung, €€€€€
Helles Goldgelb, Messingreflexe, zartes, anhaltendes Mousseux. Ein Hauch von Biskuit, Nuancen von gelben Rin-

Ried Ungerberg bei Gols

WEINGUT LEITNER
7122 Gols
Quellengasse 33
T: +43 (2173) 2593
weingut@leitner-gols.at
www.leitner-gols.at

Kellermeister/Kontakt: Gernot Leitner
Anbauweise: Zertifiziert Biologisch (Bioveritas)
Produktion: 5 % Schaumwein, 20 % weiß, 5 % rosé, 65 % rot, 5 % süß, 11 Hektar
Vereinszugehörigkeit: Pannobile
Messen: Austrian Tasting London, ÖGW Zürich, ProWein Düsseldorf, VieVinum

glotten, etwas Pfirsich und Blütenhonig. Mittlerer Körper, kraftvoll, reifer gelber Apfel, dezenter Säurebogen, zart nach Karamell im Abgang, mineralischer Nachhall, ein stoffiger Speisenbegleiter.

(92) Pinot Blanc Ried Salzberg Pannobile 2020
13 Vol.-%, NK, kl. Holzfass/500-l-Fass/Stahltank, €€€€€
Helles Goldgelb, Silberreflexe. Feine Birnenfrucht, ein Hauch von Wiesenkräutern, zart nach Nougat, kandierte Orangenzesten, einladendes Bukett. Saftig, rund und komplex, ein Hauch von Karamell, dezente Süße im Abgang, ein ausgewogener Speisenbegleiter.

(91) Pinot Blanc Ried Salzberg 2021
DV, Stahltank, €€
Mittleres Gelbgrün, Silberreflexe. Zart nach gelbem Kernobst, ein Hauch von Apfel und Birne, Nuancen von Orangenzesten, etwas Blütenhonig. Saftig, zart nussig unterlegte Frucht, feiner Säurebogen, mineralisch-zitronig im Abgang, dezente Süße im Nachhall.

(91) Gemischter Satz Shake Me! 2021
12 Vol.-%, NK, Holzfass, €€€
Zart getrübtes mittleres Goldgelb, Silberreflexe. Feine Kräuterwürze, ein Hauch von Safran und Orangenmarmelade, einladendes Bukett. Straff, mineralisch, gelbe Tropenfrucht, feiner Gerbstoff im Abgang, bleibt haften, zart nach Pfirsich im Rückgeschmack.

(93) Zweigelt Ried Altenberg 2019
13,5 Vol.-%, NK, Holzfass, €€€€€
Dunkles Rubingranat, violette Reflexe, breitere Ockerrandaufhellung. Dunkle Waldbeerenfrucht, feine Edelholzwürze, Nuancen von Mandarinenzesten und Lakritze, tabakig. Gute Komplexität, dunkle Beerenfrucht, frische Kirschen, feine reife Tannine, mineralisch-salziger Nachhall, dezente Fruchtsüße, gute Länge, ein facettenreicher Speisenbegleiter, sicheres Entwicklungspotenzial.

(91) Zweigelt Heideboden 2020
13 Vol.-%, DV, Holzfass, €€
Dunkles Rubingranat, violette Reflexe, dezente Ockerrandaufhellung. Zart tabakig unterlegte reife Zwetschkenfrucht, rote Kirschen, frische Orangenzesten. Saftig, rotbeerig, frischer Säurebogen, zarte Tannine, mineralisch-zitronig, animierender Speisenbegleiter.

(93) Syrah Ried Schafleiten 2019
13 Vol.-%, NK, Holzfass, €€€€€
Tiefdunkles Rubingranat, violette Reflexe, zarte Ockerrandaufhellung. Feinwürzig unterlegtes Bukett nach schwarzen Kirschen und Brombeeren, etwas Pfeffer und Nelken, ein Hauch von Edelholz. Saftig, elegant, reife Kirschen, seidige Tannine, frisch und anhaftend, mineralischer Nachhall, zeigt Länge und verfügt über Potenzial.

(93) Blaufränkisch Ried Ungerberg 2019
13,5 Vol.-%, NK, Holzfass, €€€€€
Dunkles Rubingranat, violette Reflexe, dezente Ockerrandaufhellung. Einladende Brombeerfrucht, ein Hauch von Cassis, blumige Nuancen, Mandarinenzesten im Hintergrund, feinwürziges Bukett. Saftig, elegant, schwarze Kirschen, feine Tannine, frische Struktur, rotbeerige Nuancen, mineralischer Nachhall, gut entwickelt, verfügt über Reifepotenzial.

★★★

WEINGUT MÜNZENRIEDER

Das Weingut Münzenrieder liegt in Apetlon, in unmittelbarer Nähe zahlreicher Salzlacken, die für diese Gegend äußerst typisch sind. Heute ist dieser Betrieb alles andere als unbekannt – vor allem, was seine Prädikatsweine anbelangt, deren Ausgewogenheit eines der wichtigsten Anliegen des Winzers ist. Der typische Terroircharakter spiegelt sich in den Weinen der engagierten Weinbaufamilie wider. Johannes Münzenrieder, der den Betrieb im Jahr 2005 übernahm, konnte mit seiner Rotweincuvée »Mavie« ebenso neue Impulse setzen wie mit dem Umbau des Kellers und dem neuen Verkaufsraum.
Die Rebsorten Sämling, Welschriesling und Grüner Veltliner sind aufgrund ihrer Fruchtigkeit und Konzentration am besten dafür geeignet, gebietstypische Beerenauslesen, Trockenbeerenauslesen und Eisweine hervorzubringen, die vor allem eine harmonische Verbindung von Süße und Säure mit den Fruchtkomponenten des Weines zum Ausdruck bringen. Genauso überzeugen kann das Weingut inzwischen mit Zweigelt, Blaufränkisch und den Cuvées aus Zweigelt, Cabernet Franc und Merlot. Immer mehr widmet sich die Familie Münzenrieder aber auch den trockenen Weißweinen, die sowohl in Stahltanks als auch in kleinen Holzfässern ausgebaut werden. Internationale Auszeichnungen und die oftmalige Aufnahme in den »Salon Österreich Wein« bezeugen die Qualität ebenso wie die Exporterfolge in Übersee.

(91) Chardonnay Reserve C14
14 Vol.-%, NK, 500-l-Fass, €€€
Helles Goldgelb, Silberreflexe. Zart nach Röstaromen, ein Hauch von Gewürznelken, reife Mangofrucht, feiner Honigtouch. Saftig, mittlere Komplexität, weißer Pfirsich, elegant und ausgewogen, weißer Apfel im Nachhall, bereits gut antrinkbar.

90 Chardonnay Heideboden 2021
13,5 Vol.-%, DV, Teilbarrique, €€
Helles Grüngelb, Silberreflexe. Zarte Apfelfrucht, ein Hauch von Orangenzesten, Nuancen von Blütenhonig, zitroniger Touch. Mittlerer Körper, etwas Pfirsich, ein Hauch von Karamell, mineralisch, frisch und ausgewogen, bereits gut antrinkbar.

89 Sauerstoff 2021 GV/GM/SB/CH
13 Vol.-%, DV, Stahltank, €€

(90) Blauer Zweigelt ** Ried Römerstein 2020
14 Vol.-%, NK, Barrique, €€€
Dunkles Rubingranat, violette Reflexe, breitere Ockerrandaufhellung. Zarte Kräuterwürze, dunkle Beeren, reife Zwetschken, kandierte Orangenzesten, etwas Nougat. Mittlere Komplexität, Zwetschken und dunkle Kirschen, feine Tannine, würziger Nachhall, bereits antrinkbar.

(91) Mavie 2020 ME/CF
14 Vol.-%, NK, Barrique, €€€€
Dunkles Rubingranat, violette Reflexe, dezente Ockerrandaufhellung. Zarte Holzwürze, etwas Vanille, reife Kirschen, mit dunklen Waldbeeren unterlegt. Mittlerer Körper, reife Zwetschken, feine, gut integrierte Tannine, frisch strukturiert, etwas Nougat im Abgang, ein vielseitiger Speisenbegleiter.

(89) Grande Cuvée Reserve 2020 ME/ZW
14 Vol.-%, DV, Barrique, €€

WEINGUT MÜNZENRIEDER
7143 Apetlon
Wallerner Straße 27
T: +43 (2175) 2259
info@muenzenrieder.at
www.muenzenrieder.at

Kellermeister/Kontakt:
Johannes Münzenrieder
Produktion: 30 % weiß, 5 % rosé, 60 % rot, 5 % süß, 33+15 Hektar
Zertifiziert: Nachhaltig Austria
Messen: VieVinum

94 Welschriesling ** TBA Siddhartha 2018
8,5 Vol.-%, NK, 500-l-Fass, €€€€
Kräftiges Goldgelb, Silberreflexe. Zarte Botrytisnuancen, Orangenzesten, zarte Holzwürze, mit gelber Tropenfrucht unterlegt, Honiganklang. Saftig, reife gelbe Apfelfrucht, gut integrierte Süße, feiner Säurebogen, balanciert und entwickelt, vielseitig einsetzbarer Süßwein mit Reifepotenzial.

93 Blauer Zweigelt Beerenauslese 2020
9 Vol.-%, NK, Stahltank, €€€
Mittleres Kupfergold, Silberreflexe. Zarte Nuancen von Dörrfeigen, zarter Blütenhonig, ein Hauch von reifen Zwetschken, eingelegte Kirschen klingen an. Mittlere Komplexität, weiche Textur, rotbeeriger Touch, zitronig unterlegte Süße im Abgang.

★★★

WEINGUT PMC MÜNZENRIEDER

Unmittelbar neben der Langen Lacke in Apetlon, dem Herzstück des Nationalparks Neusiedler See – Seewinkel, findet man das Weingut der Brüder Peter und Christoph Münzenrieder. Steht man davor, lässt sich eine architektonische Interpretation des einprägsamen Etiketts nicht leugnen. Die Verkostungsräume bieten einen Einblick in den imponierenden Barriquekeller, in dem die Lagenweine bei optimaler Temperatur heranreifen können. Mit ihrer Lagenphilosophie und ihrem Terroirfeeling liegen die Brüder richtig. Von den Einzellagen sind vier Weine besonders zu erwähnen: Pinot Noir, Chardonnay, Sauvignon Blanc und Zweigelt vom Neubruch, einer der besten Burgunderlagen in Apetlon. Die Hauptsorte ist der Zweigelt. In der Region Neusiedler See fühlt er sich besonders wohl und dankt es mit hervorragenden Qualitäten. Nach sortenreiner und lagenseparater Ernte und Vinifikation werden die Top-Cuvées des Weinguts – »Diabolus«, der rote Teufel, und »Auratum TBA«, das flüssige Gold – erst nach ausreichender Reifezeit in französischen Barriques verschnitten und in die Flasche gefüllt. Einige der besten Süßweinproduzenten der Welt stammen aus dem Seewinkel. Mit ihren unzähligen internationalen Goldmedaillen und anderen hohen Auszeichnungen für ihre weißen und roten Prädikatsweine gehören die beiden Brüder dazu. PMC-Weine findet man auf zahlreichen Weinkarten der Spitzengastronomie rund um den Globus.

WEINGUT PMC MÜNZENRIEDER
7143 Apetlon
Triftgasse 31
T: +43 (2175) 26700
office@weingut-pmc.at
www.weingut-pmc.at

Kellermeister: Christoph Münzenrieder
Kontakt: Peter Münzenrieder
Produktion: 30 % weiß, 50 % rot, 20 % süß, 26 Hektar
Zertifiziert: Nachhaltig Austria
Vereinszugehörigkeit: Neusiedlersee DAC
Messen: ProWein Düsseldorf, VieVinum, DAC-Präsentationen

(92) Chardonnay Ried Neubruch 2020
14 Vol.-%, DIAM, 500-l-Fass, €€€€€
Leuchtendes Gelbgold, Silberreflexe. Feine Tropenfrucht, zart nach Mango und Papaya, ein Hauch von Karamell und Vanille, kandierte Orangenzesten. Saftig, Nuancen von gelber Frucht, reifer Pfirsich, Honignoten im Abgang, ein stoffiger, kraftvoller Speisenbegleiter.

(92) Sauvignon Blanc Ried Neubruch 2020
14 Vol.-%, DIAM, 500-l-Fass, €€€€€
Zart getrübtes helles Goldgelb, Silberreflexe. Feine Wiesenkräuter, zart nach Grapefruitzesten, reife Stachelbeeren, etwas Cassis, mineralischer Touch. Komplex, feine Holzwürze, weißer Pfirsich, frischer Säurebogen, zitronig im Abgang, salzig und anhaftend, gutes Reifepotenzial.

(91) Zweigelt ** Ried Neubruch 2020
14 Vol.-%, DIAM, 500-l-Fass, €€€€€
Dunkles Rubingranat, violette Reflexe, dezente Ocker-

randaufhellung. Feinwürzig unterlegte schwarze Waldbeeren, frische Zwetschken und Brombeeren, tabakige Nuancen. Saftig, elegant, reife Herzkirschen, feine Tannine, frisch strukturiert, zitronig-salzig im Abgang, bereits gut antrinkbar.

(91) Merlot 2020
14 Vol.-%, DIAM, 500-l-Fass, €€€€€
Dunkles Rubingranat, tiefer Kern, violette Reflexe, dezente Ockerrandaufhellung. Mit Nougat unterlegte rote Kirschfrucht, ein Hauch von Zwetschken, feine tabakige Würze. Saftig, elegant, rotbeeriger Touch, gut eingebundene Tannine, mineralisch, frischer Abgang, ein vielseitiger Speisenbegleiter.

(91) Pinot Noir Ried Neubruch 2020
14 Vol.-%, DIAM, 500-l-Fass, €€€€€
Kräftiges Rubingranat, Ockerreflexe, breitere Randaufhellung. Zart kräuterwürzig unterlegte Brombeerfrucht, zart nach Himbeeren und Kirschen. Mittlerer Körper, rotbeerig und frisch strukturiert, gut integrierte Tannine, salzig-zitroniger Abgang, rote Kirschen im Nachhall.

(90) Diabolus 2020 ZW/ME/BF
14 Vol.-%, DIAM, 500-l-Fass, €€€
Dunkles Rubingranat, violette Reflexe, dezente Ockerrandaufhellung. Zarte Holznuancen, schwarze Waldbeeren, frische Zwetschken, ein Hauch von Lakritze. Saftig, elegant, zart nach Gewürznelken, Kirschen und Nougat im Abgang, ein würziger Speisenbegleiter.

(94) Scheurebe ** TBA 2020
8 Vol.-%, DIAM, Eichenfass, €€€€
Kräftiges Gelbgold, Silberreflexe. Reifer Weingartenpfirsich, Nuancen von Honig und Blüten, zart nach Maracuja, Mandarinenzesten, Botrytiswürze. Saftig, gelber Apfel, gut integrierte Süße, dezente Dörrobstnuancen, mittlere Komplexität, bereits weit entwickelt, vielseitige Einsatzmöglichkeiten.

(96) Welschriesling TBA 2020
9,5 Vol.-%, DIAM, 500-l-Fass, €€€€
Mittleres Gelbgold, Silberreflexe. Frische weiße Tropenfrucht, zarte Botrytiswürze, Zesten und Honig, attraktive Nuancen von reifem Pfirsich. Saftig, ausgewogen, weißes Steinobst, frischer Säurebogen, seidig und balanciert, verfügt über Länge, vielseitig einsetzbar, tolles Preis-Leistungs-Verhältnis.

(95) Chardonnay TBA 2020
9,5 Vol.-%, DIAM, 500-l-Fass, €€€
Mittleres Goldgelb, Silberreflexe. Zart nach gelbem Pfirsich und reifem Apfel, feiner Honigtouch, Nuancen von Karamell, einladendes Bukett. Saftig, komplex, feine Noten von Dörrfeigen, ein Hauch von Nougat, elegant, bleibt haften, bereits gut antrinkbar.

★★★★★

WEINGUT ANITA UND HANS NITTNAUS

BIO

Das Weingut Nittnaus liegt in Gols an der Ostseite des Neusiedler Sees zwischen der höher gelegenen Platte im Norden und dem flachen Heideboden im Süden und ist seit jeher dem Weinbau eng verbunden. Das 1927 errichtete Anwesen wurde von Anita und Hans »John« Nittnaus im Jahr 1985 übernommen und modernisiert. Die 36 Hektar umfassende Rebfläche teilt sich auf den Nordrand des Sees von Mönchhof bis Purbach auf, mit Schwerpunkt Gols und Jois. 90 Prozent der Fläche sind mit Rotwein- (Blaufränkisch, Zweigelt, Merlot, St. Laurent) und knapp 10 Prozent mit Weißweinsorten (Weißburgunder, Chardonnay, Grüner Veltliner, Furmint) bepflanzt. Ein wichtiger Grundsatz im Betrieb lautet: »Wir ›machen‹ den Wein nicht, sondern wir versuchen, ihn in seiner Entwicklung zu unterstützen.« Aus diesem Grund wurde 2006 auch auf biodynamische Wirtschaftsweise umgestellt. An der Spitze des Sortiments stehen zwei Cuvées: der mächtige »Comondor« (Merlot/Blaufränkisch) und der elegante »Pannobile« (Zweigelt/Blaufränkisch). Seit einigen Jahren sind auch die Top-Blaufränkisch vom Leithaberg – der »Jungenberg« (ehemals »Tannenberg«) und der »Gritschenberg« – wichtige Flaggschiffe. Große Erfolge und erste Plätze wurden anlässlich der Falstaff-Rotweinprämierung mit »Comondor« 2006, »Pannobile« 2010 sowie Leithaberg DAC Ried Joiser Gritschenberg 2015, 2016 und 2017 und Leithaberg DAC Ried Joiser Jungenberg 2017 eingefahren. Das immer bedeutender werdende Blaufränkisch-Sortiment wird durch

WEINGUT
ANITA UND HANS NITTNAUS

7122 Gols, Untere Hauptstraße 49
T: +43 (2173) 2248
office@nittnaus.at, www.nittnaus.at

Kellermeister: Hans Nittnaus
Kontakt: Anita und Hans Nittnaus
Anbauweise: Biodynamisch (respekt)
Produktion: 8 % weiß, 1 % rosé, 90 % rot, 1 % süß, 36 Hektar
Vereinszugehörigkeit:
respekt-BIODYN, Pannobile, Leithaberg DAC
Messen: Austrian Tasting London, Gast Klagenfurt, Millésime Bio, VieVinum, DAC-Präsentationen, MondoVino, Summa Margreid, Wein Burgenland Präsentationen, Karakterre, 501 Bio-Dyn

einen etwas leichteren Blaufränkisch »Kalk & Schiefer« ergänzt. Besonders wichtig im Portfolio ist auch die mittelpreisige weiche und fruchtige Rotweincuvée »Heideboden«. Das Weißweinangebot wird durch Chardonnay von den Joiser Leithaberg-Lagen Freudshofer und Bergschmallister komplettiert.

94 Chardonnay Leithaberg DAC Jois Ried Freudshofer 2020
13 Vol.-%, NK, großes Holzfass, €€€€€ B
Helles Goldgelb, Silberreflexe. Zarte Birnenfrucht, ein Hauch von Kräuterwürze, Nuancen von Blütenhonig, zart nussig unterlegt, kandierte Orangenzesten. Saftig, elegant, feine Apfelfrucht, dezenter Säurebogen, mineralisch-salzig, bleibt gut haften, ein eleganter Speisenbegleiter, sicheres Reifepotenzial.

93 Chardonnay Leithaberg DAC Jois Ried Bergschmallister 2020
13 Vol.-%, NK, großes Holzfass, €€€€€ B
Helles Goldgelb, Messingreflexe. Zarte Nuancen von gelbem Kernobst, ein Hauch von Tabak und Wiesenkräutern, mineralisch, verhaltenes Bukett. Mittlerer Körper, helles Karamell, dezente Fruchtsüße, salzig und ausgewogen, bleibt gut haften, etwas Mango im Nachhall, ein ruhiger Speisenbegleiter, vielseitig einsetzbar.

93 Grüner Veltliner Leithaberg DAC Jois Ried Altenberg 2020
13 Vol.-%, NK, großes Holzfass, €€€€€
Leuchtendes Grüngelb, Silberreflexe. Zart nach Grapefruitzesten, zart nach Haselnuss, weißer Pfirsich, ein Hauch von Litschis, floraler Touch. Mittlere Komplexität, frische Birnenfrucht, feine Textur, zarte Fruchtsüße im Abgang, dezent salzige Mineralik, kühle Stilistik.

97 Blaufränkisch Leithaberg DAC Jois Ried Jungenberg 2019
13,5 Vol.-%, NK, 500-l-Fass, €€€€€€ B
Kräftiges Rubingranat, violette Reflexe, dezente Ockerrandaufhellung. Feine Noten von Herzkirschen, zarte Nuancen von Brombeeren und Lakritze, ein Hauch von Orangenzesten und Edelholz, attraktives Bukett. Saftig, elegant, rotbeerige Textur, dezente Extraktsüße, seidige Tannine, finessenreich strukturiert und lange anhaftend, großes Zukunftspotenzial, vermittelt Leichtfüßigkeit und Frische, toller Begleiter bei Tisch.

96 Blaufränkisch Leithaberg DAC Jois Ried Gritschenberg 2019
13,5 Vol.-%, NK, 500-l-Fass, €€€€€€ B
Kräftiges Rubingranat, violette Reflexe, dezente Ockerrandaufhellung. Mit frischen Orangenzesten unterlegte reife schwarze Kirschen, saftige Pflaumen, feine Kräuterwürze, mineralisch unterlegt. Straff, engmaschig, elegant, rote Kirschen, feine Tannine, salzige Nuancen, lebendiger Säurebogen, frisch und anhaftend, delikater Stil, vielversprechendes Potenzial.

(94) Blaufränkisch Leithaberg DAC Neusiedl am See Ried Lange Ohn 2020
13,5 Vol.-%, NK, 500-l-Fass, €€€€€ B
Dunkles Rubingranat, violette Reflexe, zarte Randaufhel-

lung. Rauchig-würzig unterlegte schwarze Kirschfrucht, Nuancen von Wacholder und Kräutern, zart nach Lakritze. Saftig, elegant, rote Kirschfrucht, feine Tannine, frisch strukturiert, mineralisch-kalkig im Abgang, zitroniger Touch, salziger Nachhall.

(93) Blaufränkisch Leithaberg DAC Jois Ried Altenberg 2020
13,5 Vol.-%, NK, 500-l-Fass, €€€€€
Tiefdunkles Rubingranat, opaker Kern, violette Reflexe, zarte Randaufhellung. Feine Brombeernuancen, mit reifen schwarzen Kirschen unterlegt, floraler Touch, zart nach Lakritze. Saftig, rotbeeriger Touch, präsente, reife Tannine, etwas Nougat, salziger Touch im Finale, kräuterwürziger Abgang, mineralischer Nachhall.

(96) Comondor 2019 ME/BF/CS
14 Vol.-%, NK, 500-l-Fass/gebr. Barriques, €€€€€€
Dunkles Karmingranat, opaker Kern, violette Reflexe, zarter Ockerrand. Reife Zwetschken, feines Brombeerkonfit, zart nach Nougat und Edelholzwürze, mit kandierten Orangenzesten unterlegt. Saftig, kraftvoll, dunkle Beeren, etwas Cassis, schwarze Kirschen, reifes, tragendes Tannin, mineralisch unterlegter Abgang, bleibt haften, sicheres Reifepotenzial.

(93) Pannobile 2020 ZW/BF
13 Vol.-%, NK, 500-l-Fass, €€€€€
Dunkles Rubingranat, violette Reflexe, zarte Randaufhellung. Frische Pflaumen, schwarze Waldbeeren, Nuancen von Lakritze, zart nach Nougat und Tabak. Saftig, elegante Textur, rote Kirschen, feine Tannine, salzig-mineralisch im Abgang, ein frischer, animierend-zitroniger Speisenwein mit Entwicklungspotenzial.

★★★

WEINGUT GEBRÜDER NITTNAUS

Das Weingut Gebrüder Nittnaus aus Gols am Neusiedler See steht für exzellente Weinqualitäten, nachhaltiges Engagement und Handschlagqualität. Das Familienweingut fokussiert sich seit Jahrzehnten auf das Potenzial und die Vielfalt der Rieden der Region Neusiedlersee. Diese kalkreichen, fruchtbaren Lagen mit ihrem besonderen Klima lassen Weine entstehen, welche die berühmte Fruchtigkeit burgenländischer Weine besonders eindrucksvoll repräsentieren. Somit stehen die Gebrüder Nittnaus für ausgezeichnete burgenländische Weinpersönlichkeiten in Rot, Weiß und Süß.

(92) Chardonnay Reserve 2021
13,5 Vol.-%, DIAM, Holzfass, €€€
Helles Gelbgold, Silberreflexe. Zarte gelbe Apfelfrucht, ein Hauch von Vanille und Blütenhonig, reife Ananas, einladendes Bukett. Saftig, elegant, gelber Pfirsich, ein Hauch von Gewürznelken, zarter Honigtouch, bleibt haften, ein saftiger Begleiter bei Tisch.

(92) Grüner Veltliner Reserve 2021
13,5 Vol.-%, DIAM, Stahltank, €€€
Zart getrübtes helles Gelbgrün, Silberreflexe. Frische Birnenfrucht, ein Hauch von Apfel, Mandarinenzesten, florale Nuancen. Mittlerer Körper, feine Fruchtsüße von Kernobst, angenehmer Säurebogen, elegant und ausgewogen, ein facettenreicher Speisenbegleiter.

90 Sauvignon Blanc Obere Heide 2021
12,5 Vol.-%, DV, Stahltank, €€
Helles Gelbgrün, Silberreflexe. Feine Nuancen von Cassis, zart nach Guaven und Grapefruitzesten, mit weißer Tropenfrucht unterlegt. Mittlerer Körper, grüner Apfel, frisch strukturiert, Limetten im Abgang, ein lebendiger Speisenbegleiter.

WEINGUT GEBRÜDER NITTNAUS
7122 Gols
Untere Hauptstraße 105
T: +43 (2173) 2186
weingut@nittnaus.net
www.nittnaus.net

Kellermeister: Hans Michael Nittnaus
Kontakt: Andreas und Hans Michael Nittnaus
Produktion: 30 % weiß, 60 % rot, 10 % süß, 50 Hektar
Zertifiziert: Nachhaltig Austria
Messen: ProWein Düsseldorf, VieVinum, DAC-Präsentationen

(92) Blauer Zweigelt ** Ried Luckenwald 2020
13,5 Vol.-%, DIAM, Barrique, €€€€
Dunkles Rubingranat, violette Reflexe, zarte Ockerrandaufhellung. Feine Edelholzwürze, reife Herzkirschen, rote Waldbeeren, tabakige Nuancen. Saftig, elegant, frischer Säurebogen, feine Tannine, zart nach Nougat, rote Kirschen im Abgang, ausgewogen und gut antrinkbar.

(92) Blauer Zweigelt ** Ried Goldberg 2020
14 Vol.-%, DIAM, Barrique, €€€€
Kräftiges Rubingranat, violette Reflexe, zarte Ockerrandaufhellung. Zart tabakig unterlegte rote Herzkirschen, etwas Nougat und Brombeeren, zart nach Lakritze. Saftig, rote Kirschen, feine Textur, wirkt relativ leichtfüßig, rotbeerig, zitroniger Touch im Nachhall, bereits gut entwickelt.

(91) Blaufränkisch Ried Altenberg Reserve 2019
13,5 Vol.-%, DIAM, Barrique, €€€€
Tiefdunkles Rubingranat, opaker Kern, violette Reflexe, zarte Ockerrandaufhellung. Tabakig unterlegte schwarze Waldbeeren, reife Kirschen, deutliche Kräuterwürze. Saftige rote Kirschen, gut integrierte Tannine, frische Struktur, mineralisch-salzig, bereits gut antrinkbar.

(90) Heideboden Premium 2020 ZW/ME/CS/BF
13,5 Vol.-%, DV, Barrique, €€
Dunkles Rubingranat, violette Reflexe, dezente Ockerrandaufhellung. Frische Herzkirschen, ein Hauch von Zwetschken und Orangenzesten, mit etwas Nougat unterlegt. Mittlerer Körper, rote Kirschfrucht, zarte Tannine, frisch und zugänglich, bietet unkompliziertes Trinkvergnügen.

90 Pinot Noir Reserve 2020
13 Vol.-%, DIAM, gebrauchte Barriques, €€€
Mittleres Karmingranat, Ockerreflexe, breite Randaufhellung. Zart tabakig unterlegte Holzwürze, rote Kirschen, feine Beerenfrucht. Mittlere Komplexität, zart nach Himbeeren und Kirschen, feine Tannine, mineralischer Nachhall, bereits gut antrinkbar.

90 Muskat Ottonel * Spätlese 2021
10 Vol.-%, DIAM, Stahltank, €€€
Helles Grüngelb, Silberreflexe. Zart nach Jasmin und Limetten, ein Hauch von Tropenfrucht und Blütenhonig. Saftig, zart nach süßem Pfirsich und Ananas, angenehmer Säurebogen, fruchtiger Abgang, bereits gut entwickelt.

93 Trockenbeerenauslese Exquisit 2018 WR/GV/SÄ/WB
10,5 Vol.-%, DIAM, Stahltank, €€€
Kräftiges Goldgelb, Silberreflexe. Nuancen von gelber Tropenfrucht, ein Hauch von Apfel und gelbem Pfirsich, dezente Botrytiswürze. Mittlere Komplexität, feiner Honigtouch, dezenter Säurebogen, gut integrierte Süße, feine Dörrobstnuancen im Nachhall, zugänglicher Stil.

(89) Spätlese Exquisit 2021 CH/MO/WB/TR
9,5 Vol.-%, DV, Stahltank, €€

★★★★

WEINGUT PITTNAUER

BIO

Handwerklich top, mit viel Erfahrung und einer Menge Leidenschaft loten Brigitte und Gerhard Pittnauer Gols und seine Rebenwelt aus. Mittels einer beeindruckenden Anzahl an mutigen und abwechslungsreichen Weinen erzählen sie vom nahen Neusiedler See, dem milden pannonischen Klima, von ihren erstaunlich heterogenen Böden und der weichen, leicht hügeligen Topografie des nördlichen Burgenlands. Schon früh war den beiden klar, dass diese Geschichte einzig und allein im Zusammenspiel mit der sie umgebenden Natur funktionieren würde. Also stellten sie vor gut 15 Jahren auf biologische und wenig später auf biodynamische Bewirtschaftung um und verwandelten ihre Rebflächen in üppige und vitale Biotope. Die sprechen – je nach Exposition, Rebsorte und Untergrund – ihre ganz eigene Sprache, weshalb jedes für sich gedacht und individuell interpretiert wird.
Um die subtilen und leisen Stimmen ihres Terroirs auch punktgenau einzufangen, tun die beiden im Keller genau das, was gute Winzer tun – und das ist viel und wenig zugleich: Zum einen fügen sie den Weinen außer ein wenig SO_2 – und auch das nicht immer – nichts hinzu und nehmen ihnen auch nichts weg. Sie vergären spontan, aber schönen, klären und filtern nicht. Andererseits treffen sie jedes Jahr aufs Neue eine Vielzahl an Entscheidungen: über den richtigen Lesezeitpunkt und die Länge des Schalenkontakts, die Gär- und Ausbaugebinde, die Zeit auf der Hefe,

WEINGUT PITTNAUER

7122 Gols
Neubaugasse 90
T: +43 (2173) 3407
weingut@pittnauer.com
www.pittnauer.com

Kellermeister: Gerhard Pittnauer
Kontakt: Brigitte Pittnauer
Anbauweise: Biodynamisch (respekt)
Produktion: 200.000 Flaschen
15 % weiß, 15 % rosé, 70 % rot,
18+18 Hektar
Vereinszugehörigkeit:
Pannobile, respekt-BIODYN
Messen: Interwine China Guangzhou

Brigitte und Gerhard Pittnauer

die endgültige Assemblage oder die Ausbauzeit, um nur ein paar wenige zu nennen. So entstehen Weine, die – nie identisch – ganz bewusst auf Unterschiede setzen, die Tiefe und Finesse vereinen, leichtfüßig sind und erfreulich niedrig im Alkohol liegen und doch vor Energie, Substanz und Lebendigkeit strotzen.

92 Pitt Nat Rosé 2021 BF/SL
12,5 Vol.-%, KK, Flaschengärung, €€€€ Ⓥ
Helles Karminrot, Orangereflexe, zarte Perlage. Zart nach Weichseln und Rhabarber, ein Hauch von Zitruszesten, Blütenhonig, floraler Touch. Saftig, straff, engmaschig, frische Säure, extraktsüß nach Walderdbeeren im Abgang, bleibt gut haften, vielschichtiger Speisenbegleiter.

91 Pitt Nat Blanc 2021 WB/GV/GM/WR/CH/SB/RR
12 Vol.-%, KK, Flaschengärung, €€€€ Ⓥ
Wolkiges Grüngelb, silberfarbene Reflexe, lebendige Perlage. Reife weiße Apfelfrucht, zart nach Pfirsich, ein Hauch von Kräutern und Bergamotte. Mittlerer Körper, saftig, gut eingebundene Säurestruktur, Quitte, dunkle Mineralik, bleibt haften, frisch und lebendig.

(92) Perfect Day 2021 SB/MO/GM/CH
12 Vol.-%, NK, Amphore, €€€ Ⓑ Ⓥ
Trübes Bernstein, silberfarbene Reflexe. Einladender Duft nach Wiesenkräutern und Litschis, etwas nach Kamillenblüten, ein Hauch von Marille. Saftig, engmaschig, gut integrierte Säurestruktur, mineralisch, weiße Tropenfrucht im Abgang, seidige Textur, nussiger Nachhall, trinkanimierender Stil.

(90) Blonde by nature 2021 CH/RR/WR/WB/GV/NB
12,5 Vol.-%, NK, Amphore, €€€ Ⓕ Ⓥ
Wolkiges helles Bernstein, silberfarbene Reflexe. Feine Tabak-Kräuter-Würze, getrocknete Orangenzesten, reifer gelber Apfel, ein Hauch von Nelken, vegetaler Touch. Mittlerer Körper, frisch, feinwürzig, gerbstoffig, weißes Kernobst, etwas adstringierend im Nachhall, bereits gut antrinkbar.

(92) Blaufränkisch Rosé Dogma 2021
13 Vol.-%, NK, Amphore, €€€ Ⓕ Ⓥ
Helles Karminrot, Orangereflexe. Mit frischen Kräuternoten unterlege Himbeeren, zart nach Heidelbeeren, Clementinenzesten, etwas Tropenfrucht. Saftig, straff, fruchtsüß nach reifen Kirschen, mineralisch, zart tabakig, bleibt gut haften, eigenständiger Roséwein.

(94) Merlot Ried Altenberg Reserve 2018
13,5 Vol.-%, NK, 500-l-Fass, €€€€€ Ⓑ Ⓥ
Kräftiges Rubingranat, violette Reflexe, breitere Randaufhellung. Reife dunkle Beerenfrucht, schwarze Kirschen, ein Hauch von Kräutern, kandierte Orangenzesten, mit rotbeerigen Nuancen unterlegt. Saftig, elegant, süße Herzkirschen, seidige Tannine, feiner Säurebogen, elegant und bereits gut entwickelt, bleibt haften, ein seidiger Speisenbegleiter.

(93) Pannobile 2020 BF/ZW
12,5 Vol.-%, VL, großes Holzfass, €€€€€ Ⓑ Ⓥ
Dunkles Rubingranat, violette Reflexe, zarte Randaufhellung. Floraler Touch, kandierte Veilchen, ein Hauch von Cassis, attraktives fruchtiges Bukett. Mittlerer Körper, rotbeerig, zart nach Kirschen und Hibiskus, feine Tannine, mineralisch-frisch, leichtfüßiger, trinkanimierender Stil.

* Neusiedlersee DAC ** Neusiedlersee DAC Reserve

(93) St. Laurent Ried Rosenberg 2020
12,5 Vol.-%, NK, kleines Holzfass, €€€€€ Ⓥ
Dunkles Rubingranat, violette Reflexe, zarte Randaufhellung. Feine Kräuterwürze, schwarze Waldbeeren, mit einem Hauch von Brombeeren und Cassis unterlegt, kandierte Orangenzesten. Schlank, rotbeerig, frischer Säurebogen, zarte Tannine, salziger Touch im Abgang, feine Kirschnoten im Nachhall, bereits zugänglich, zitronig und sommerlich im Finish.

(92) Blaufränkisch Ried Ungerberg 2020
12,5 Vol.-%, VL, kleines Holzfass, €€€€€ Ⓑ Ⓥ
Kräftiges Rubingranat, violette Reflexe, breitere Randaufhellung. Frische Orangenzesten, ein Hauch von Pflaumen, zart nach frischen Feigen. Mittlere Komplexität, rotbeerig, zart nach Johannisbeeren, frischer Säurebogen, Kirschen im Nachhall, ein lebendiger Speisenbegleiter, sehr zarter, fast filigraner Blaufränkisch-Stil.

★★★★★

WEINGUT PÖCKL

Rotwein ist die Leidenschaft von René und Eva Pöckl. Ihr Ziel ist es, die Qualität immer weiter zu steigern und den bestmöglichen Pöckl-Wein zu produzieren. Im Weingarten wird sehr naturnah gearbeitet, die Böden sind dauerbegrünt, und das Doppelstocksystem generiert kleinbeerige, konzentrierte Trauben. Diese bilden die perfekte Grundlage für die einzigartigen, langlebigen Pöckl-Weine.
Die Geschichte des Weinguts Pöckl beginnt bereits 1910, als Albert Pöckl aus den USA nach Österreich zurückkehrte und den Grundstein für den landwirtschaftlichen Betrieb legte. Über die Jahre spezialisierte sich die Familie Pöckl zuerst auf Weinbau im Allgemeinen und dann insbesondere auf Rotwein. Und der Erfolg gibt ihnen recht, denn die Gegend in und um Mönchhof bietet den idealen Nährboden für Zweigelt und St. Laurent, aber auch für internationale Sorten wie zum Beispiel Merlot, Cabernet Sauvignon und Syrah. Zwei Zitate des viel zu früh verstorbenen Josef und seines Sohns René Pöckl bringen die Philosophie des Weinguts auf den Punkt: »Ein Winzer, der seinen Boden, seine Reben und seine Klimaverhältnisse nicht ganz genau kennt, kann nie einen großen Wein machen.« Und: »Was man versäumt, im Weingarten zu erarbeiten, kann man im Keller nicht mehr nachholen.« Das schmecken auch die Konsumenten, denn Pöckl-Weine lassen die regionale Typizität, das Klima, die Lage sowie die Sorgfalt der Weingartenarbeit und der Vinifizierung schön erkennen. René Pöckl konnte sich schon als junger Mann mit seinem »Rêve de Jeunesse« in Szene setzen und mehrmals bei der Falstaff-Rotweinprämierung erfolgreich auftreten. Neben dem vielfach ausgezeichneten »Admiral« stellt er einen der Top-Weine des Weinguts dar. Ein weiterer qualitativ hochwertiger Teil des Sortiments ist der Pinot Noir, der bei den Falstaff-Prämierungen immer wieder einen Podestplatz erreicht. Er wird in geringen Mengen vinifiziert und zählt wegen seiner vitikulturellen Herausforderungen zu den Liebkindern der Pöckls. Außerdem überrascht das Weingut immer wieder mit neuen Weinkonzepten, die oft die gute Kooperation mit seinen Partnern unter Beweis stellen. Der bekannteste Nischenwein ist der »Mystique«, er kann es durchaus mit den ganz Großen der Weinwelt aufnehmen. Der »Mystique« ist eigentlich ein Forschungswein, mit dem das Weingut die Möglichkeiten im Weingarten und bei der Vinifizierung auslotet. Die daraus gewonnenen Erkenntnisse fließen dann in die Produktion des gesamten Sortiments ein. Das ist mit ein Grund, warum das Potenzial der großen Weine aus dem Hause Pöckl kaum zu übertreffen ist und sie mit einiger Flaschenreife für höchsten Trinkgenuss stehen. Für das tägliche Trinkvergnügen wird im Hause Pöckl ebenfalls gesorgt, und zwar mit dem »Solo Rosso«, dem Zweigelt Classique oder – für gehobenere Ansprüche – mit der Cuvée »Rosso e Nero«. In geeigneten Jahren werden auch hervorragende Prädikatsweine erzeugt. Aufgrund der kontinuierlich herausragenden Leistungen über viele Jahre und des rastlosen Tüftelns an noch elaborierteren Weinen ist das Weingut stolzer Träger von fünf Sternen und somit Teil der obersten Winzerelite.

WEINGUT PÖCKL
7123 Mönchhof
Zwergäcker 1
T: +43 (2173) 80258
info@poeckl.com
www.poeckl.com

Kellermeister: René Pöckl
Kontakt: Eva Pöckl
Produktion: 1 % weiß, 99 % rot, 42 Hektar
Messen: ProWein Düsseldorf, VieVinum, DAC-Präsentationen, Wein Burgenland Präsentationen

Sankt Laurent

(95) Blauer Zweigelt ** 2020
14,5 Vol.-%, NK, Barrique
Tiefdunkles Rubingranat, opaker Kern, violette Reflexe, zarte Randaufhellung. Zart nach Nougat, reife Pflaumen, Brombeerkonfit und Karamell, mit etwas Vanille unterlegt. Saftig, komplex und süß, Nuancen von reifen Feigen, gut eingebundene Tannine, mineralisch, reife Herzkirschen im Abgang, zeigt große Länge, sicheres Reifepotenzial.

(97) Rêve de Jeunesse 41 2020 ME/CS/SY/ZW
15 Vol.-%, NK, Barrique, €€€€€€
Tiefdunkles Rubingranat, opaker Kern, violette Reflexe, zarter Wasserrand. Feine Kräuterwürze, Lakritze, schwarze Beeren, kandierte Orangen und Vanille, zart nach süßen Pflaumen, tabakige Nuancen. Stoffig, schokoladig, reife, runde Tannine, zart nach Feigen, süßer Nachhall, Nougatnuancen, sehr ausgewogen, gute Länge, gute Frische, bereits zugänglich, ein facettenreicher Speisenbegleiter mit großem Entwicklungspotenzial.

(96) Admiral 2020 ZW/CS/ME/CF
14 Vol.-%, NK, Barrique, €€€€€
Tiefdunkles Rubingranat, opaker Kern, violette Reflexe, zarter Wasserrand. Zart nussig unterlegte schwarze Beerenfrucht, dunkle Kirschen, reife Zwetschken, frische Orangenzesten, etwas Nougat und Edelholz, mit Kräuterwürze unterlegt. Saftig, komplex, reife Waldbeeren, gut integrierte, reife Tannine, stoffig, feine Pflaumenfrucht, mineralisch und anhaftend, süßer Nachhall, großes Potenzial.

(93) Rosso e Nero 2020 ZW/CS/ME/BF
14 Vol.-%, NK, Barrique, €€€€€
Tiefdunkles Rubingranat, opaker Kern, violette Reflexe, zarter Wasserrand. Zart rauchig-tabakig unterlegte schwarze Kirschen, zart nach Lakritze, kandierte Orangenzesten. Mittlere Komplexität, dunkle Frucht, stramme Tannine, mineralisch und anhaftend, etwas Nougat im Abgang, wird von Flaschenreife profitieren.

92 Solo Rosso 2019 BF/ME/CS
14,5 Vol.-%, NK, gebrauchte Barriques, €€€
Kräftiges Rubingranat, violette Reflexe, zarte Ockerrandaufhellung. Feine Nuancen von Schwarzen Johannisbeeren, ein Hauch von schwarzen Oliven, kandierte Orangenzesten. Saftig, frisch, elegant, süße Zwetschken, feine Tannine, bleibt haften, Nougat im Abgang, süße Frucht im Nachhall.

(93) Pinot Noir Reserve 2020
14 Vol.-%, NK, Teilbarrique, €€€€€
Kräftiges Rubingranat, violette Reflexe, dezente Ockerrandaufhellung. Feine Edelholzwürze, schwarze Waldbeeren, ein Hauch von Lakritze, zart nach Bergamotte. Saftig, süße Frucht, feine Röstaromen, kräftige Tannine, mineralisch, dezente Süße im Abgang, noch etwas unterentwickelt, zeigt einiges Potenzial.

91 Blaufränkisch Classique 2019
14 Vol.-%, NK, gebrauchte Barriques, €€€
Kräftiges Rubingranat, violette Reflexe, zarte Ockerrandaufhellung. Frische Orangenzesten, schwarze Waldbeeren, dunkle Herzkirschen. Mittlerer Körper, rotbeeriger Touch, feine, reife Tannine, wirkt leichtfüßig, mineralisch und frisch, bereits gut antrinkbar.

★★★

WEINGUT HELMUT PREISINGER

Helmut Preisinger besitzt kreatives Potenzial. Er agiert bodenständig und gleichzeitig international, er ist innovativ und ständig in Bewegung und von neuen Ideen beseelt. Vielleicht sind es gerade die Unwägbarkeiten der Natur, das stetige Arbeiten in den Weingärten und letztlich die Freude über das edle Resultat, die die Leidenschaft in ihm wecken. Eigentlich ist es für Familie Preisinger nie nur Arbeit, sondern viel Spaß und Freude und gleichzeitig Lebensinhalt, Liebhaberei, Passion und Ausgleich. Wenn der Boden zu sprechen beginnt, erzählt der Wein die Geschichte zu Ende: Die Kapitel einer natürlichen Geschichte berichten von behutsamer Bodenpflege, Schonung der Nützlinge und Erhaltung der Artenvielfalt. Lehmige Schluff- und Schotterböden geben den Reben die nötige Kraft und Ausdauer, um beste Trauben für großartige Weine reifen zu lassen. Neben ausdrucksstarken Rotweinen produziert Helmut Preisinger auch sortentypische Weißweine wie Welschriesling, Muskat Ottonel, Sauvignon Blanc und »S.EX« (steht für sehr extrem), also eine Palette von spritzig-frischen bis hin zu kräftigen und fruchtbetonten Weinen mit langem Lagerpotenzial. Ob rot oder weiß: Hier werden Weine von hoher Qualität erzeugt, die auch jedes Essen bestens begleiten.

WEINGUT HELMUT PREISINGER
7122 Gols
Neubaugasse 19
T: +43 (2173) 2362
office@weingut-preisinger.at
www.weingut-preisinger.at

Kellermeister: Helmut Preisinger
Kontakt: Helmut und Gabriele Preisinger
Produktion: 30 % weiß, 70 % rot
Vereinszugehörigkeit: Select Gols

93 Pinot Gris Golden League 2019
15,5 Vol.-%, VL, Barrique, €€€€€
Leuchtendes Kupferrot, Goldreflexe. Zart nach Dörrobst, rauchige Würze, ein Hauch von Feigen und Nuss, rotbeerige Nuancen, mit kandierten Orangenzesten unterlegt. Sehr kraftvoll, mineralisch und straff, dezente Honigsüße, engmaschig und anhaftend, ein feinwürziger Speisenbegleiter, individueller Stil, etwas Kokos im Nachhall.

92 Chardonnay Ried Goldberg Episode III 2020
13 Vol.-%, VL, Amphore, €€€€
Leuchtendes Gelbgrün, Silberreflexe. Zart nach Vanille und Karamell, ein Hauch von Nougat, mit reifer gelber Tropenfrucht unterlegt, Nuancen von Guaven. Saftig, komplex, weißes Kernobst, mineralisch, trockener Abgang, zart salzig-zitronig im Nachhall, ein kerniger Amphorenwein.

91 Grauburgunder 2021
13,5 Vol.-%, DV, Stahltank, €€€
Helles Gelbgrün, Silberreflexe. Mit einem Hauch von Limetten unterlegte frische weiße Birnenfrucht, floraler Touch, einladendes Bukett. Saftig, elegant, feine Fruchtsüße, frischer Säurebogen, reifer Apfel, mineralisch-salziger Nachhall, ein stoffiger Speisenbegleiter.

90 Neuburger Kalbskopf 2021
13 Vol.-%, DV, Stahltank, €€€
Helles Goldgelb, Silberreflexe. Zart nach Mandarinenzesten, etwas Blütenhonig, mit gelber Tropenfrucht unterlegt, einladendes Bukett. Mittlerer Körper, weißes Kernobst, frischer Säurebogen, zitroniger Touch im Abgang, lebendig und gut anhaftend.

(92) Blauer Zweigelt * Gols 2020
13 Vol.-%, VL, Barrique, €€€€
Dunkles Rubingranat, violette Reflexe, zarte Randaufhellung. Zart tabakig, reife Herzkirschen, etwas nach Lakritze, feine Edelholzwürze, Orangenzesten klingen an. Saftig, fruchtsüß nach Brombeeren und Schokolade, reifes Tannin, bleibt sehr gut haften, nussiger Nachhall, trinkanimierender Stil.

(93) Mithras Ried Altenberg 2020 CS/ME
14 Vol.-%, VL, Barrique, €€€€€
Tiefdunkles Rubingranat, violette Reflexe, zarte Randaufhellung. Feine Kräuterwürze, schwarzes Waldbeerenkonfit,

reife Kirschfrucht, mit Nougatnuancen unterlegte kandierte Orangenzesten. Komplex, saftig, feine Holzwürze, gut integrierte Tannine, fruchtsüß nach Brombeeren, bleibt gut haften, mineralischer Nachhall, vielseitig einsetzbar.

(92) Merlot Ried Altenberg 2020
13,5 Vol.-%, VL, Barrique, €€€€€
Tiefdunkles Rubingranat, violette Reflexe, zarte Randaufhellung. Zarte Röstaromatik, Zwetschkenfrucht, floraler Touch, kandierte Orangenzesten, schwarze Beerenfrucht, mit Holzwürze unterlegt. Saftig, samtiges, jugendliches Tannin, fruchtsüß, dunkle Beerenfrucht, schokoladiger Touch, schwarze Kirschen klingen an, guter Speisenbegleiter.

★★★

WEINGUT HANNES REEH

Es muss eine Leidenschaft sein, keine Wissenschaft«, sagt Hannes Reeh immer gerne, wenn er übers Weintrinken spricht. Der Winzer kombiniert langjährige Familientradition und die Authentizität eines echten Burgenländers mit der Weinerfahrung aus der Neuen Welt. Das Resultat seines Schaffens: zugängliche Weine, die sowohl Laien als auch eingefleischte Kenner überzeugen. Unter der Sonne Andaus lässt es sich gut leben – als Mensch und als Rebe. Mit rund 2400 Sonnenstunden pro Jahr ist Andau der sonnenreichste Ort Österreichs – weniger als 500 Millimeter jährlicher Niederschlag machen ihn gleichzeitig zu einem der regenärmsten Plätze des Landes. Das pannonische Klima ist wie gemacht für guten Wein, denn unter diesen Umständen wachsen außerordentlich reife Trauben heran, die Weine von eleganter Kraft und Fülle hervorbringen.

Wie man es sich bei der pannonischen Steppe erwarten würde, sind die Böden unter Hannes Reehs Weingärten zum Großteil karg und schottrig. Einige Dinge treffen auf alle Hannes-Reeh-Weine zu: Sie weisen keinen unnötigen Ballast auf, sind stark im Charakter und bringen den Geschmack des Heidebodens in die Flasche. Und trotzdem hat jede Sorte ihre Besonderheiten. Die Weine des Andauer Winzers sind in vier Gruppen eingeteilt: Die »Haus und Hof«-Weine sind reinsortig und bieten völlig unkomplizierten Trinkgenuss, sie sind einfach die Klassiker des Weinguts. Die Weine unter dem Titel »Heideboden« vereinen Aromatik und dichten Körper mit feiner Frische. Die »Unplugged«-Weine kommen hingegen ohne jeglichen Schnickschnack aus, also ohne Schönung und Kosmetik. Und die neue Linie »In Bloom« kommt intensiv und komplex daher – eben »in voller Blüte«, wie der Nirvana-Song.

(91) Heideboden Cuvée weiss 2021 GV/SB/WB/CH
13,5 Vol.-%, DV, Stahltank, €€
Helles Goldgelb, Silberreflexe. Zart floral unterlegte Nuancen von weißem Kernobst, zart nach Limetten, einladendes Bukett. Saftig, elegant, feine Apfelfrucht, frisch strukturiert, wirkt leichtfüßig, balanciert, fruchtiger Nachhall, ein vielseitiger Speisenbegleiter.

(91) In Bloom Rosé 2021 BF/CS
13,5 Vol.-%, DV, Stahltank, €€
Helles Lachsrosa, Silberreflexe. Einladende rote Beerenfrucht, floraler Touch, zart nach Erdbeeren und eingeleg-

WEINGUT HANNES REEH
7163 Andau, Augasse 11a
T: +43 (2176) 27011
wein@hannesreeh.at
www.hannesreeh.at

Kellermeister: Hannes Reeh, Herbert Götzinger, Daniel Tschida
Kontakt: Marina Würz
Produktion: 18 % weiß, 2 % rosé, 80 % rot, 80+40 Hektar
Zertifiziert: Nachhaltig Austria
Vereinszugehörigkeit: Neusiedlersee DAC
Messen: ProWein Düsseldorf, VieVinum, Weinmesse Innsbruck, Weinmesse München, Weinmesse Salzburg

*** Neusiedlersee DAC** **** Neusiedlersee DAC Reserve**

ten Kirschen. Saftig, gute Komplexität, zart nach Pfirsich, frischer Säurebogen, fruchtiger Abgang, Limetten im Nachhall, vielseitig einsetzbar.

(90) Blauer Zweigelt * 2021
13 Vol.-%, DV, Stahltank, €€
Kräftiges Rubingranat, violette Reflexe, zarte Randaufhellung. Zart nach Nougat, reife dunkle Kirschen, Nuancen von Zwetschken, tabakige Kräuterwürze. Saftig, elegant, feine Fruchtsüße, dezente Tannine, schokoladiger Touch, gut entwickelt und bereits antrinkbar.

93 Zweigelt Unplugged 2020
14 Vol.-%, NK, Barrique, €€€€€ V
Tiefdunkles Rubingranat, opaker Kern, violette Reflexe, zarte Randaufhellung. Feinwürzig, schwarze Waldbeeren, tabakig, Nuancen von Cassis, reife Zwetschken. Komplex, saftig, Brombeeren, präsente Tannine, mineralisch, rote Kirschen, ein Hauch von Feigen im Abgang, salziger Rückgeschmack.

92 Merlot Unplugged 2019
15 Vol.-%, NK, Barrique, €€€€€ V
Dunkles Rubingranat, violette Reflexe, dezente Ockerrandaufhellung. Intensive Kräuterwürze, schwarze Beerenfrucht, Nougat und Minze, dunkle Herzkirschen, einladendes Bukett. Saftig, komplex, dunkle Beerenfrucht, gut integrierte Tannine, mineralisch, würzig im Nachhall, schokoladiger Abgang, gutes Reifepotenzial.

92 Cabernet Sauvignon Unplugged 2019
14 Vol.-%, NK, Barrique, €€€€€ V
Tiefdunkles Rubingranat, opaker Kern, violette Reflexe, zarte Randaufhellung. Feine Edelholzwürze, Nuancen von Cassis und Brombeerkonfitüre, mit einem Hauch von Nougat unterlegt. Komplex, feinwürzig, schokoladige Textur, präsente Tannine, bleibt haften, schwarze Kirschen und Schokotouch im Nachhall, bereits gut antrinkbar.

91 Heideboden Cuvée rot 2019 ZW/SL/CS/ME
13,5 Vol.-%, DV, Teilbarrique, €€€
Dunkles Rubingranat, violette Reflexe, zarte Randaufhellung. Reife Brombeeren, ein Hauch von Feigen, zart nach Nougat, kandierte Orangenzesten, etwas Minze. Saftig, elegant, reife Zwetschken, feine Kräuterwürze, gut integrierte Tannine, schokoladiger Touch, mineralisch-salzig im Nachhall.

★★★

WEINGUT SALZL – SEEWINKELHOF

Genuss, das ist für Familie Salzl ein gutes Glas Wein, das die Wärme, die Lebensfreude und die Einzigartigkeit des Seewinkels widerspiegelt. Das burgenländische Illmitz ist nicht nur Heimat der Salzls, auch ihre Reben wachsen hier am Nationalpark Neusiedler See, in einer Welterbe-Region. Für Christoph Salzl ist dies Verpflichtung, Auftrag und Ehre zugleich, denn Heimat bedeutet für die Salzls nicht nur, hier zu leben, sondern dieses Privileg aus vollem Herzen zu schätzen und zu schützen. Drei Generationen arbeiten mit viel Erfahrung und noch mehr Herzblut daran, guten Wein voll Leidenschaft zu keltern. Aushängeschild ist der Regionalmatador Zweigelt, weitere nationale und internationale Sorten in Weiß, Rot und Süß ergänzen das Portfolio. Ein Besuch vor Ort offenbart erstklassige Weine, eine beindruckende Architektur und herzliche Menschen, denn Genuss heißt für die Salzls auch, Gastgeber zu sein und Erlebnisse für Gaumen und Seele zu schaffen. Die angeschlossene 4-Sterne-Pension ermöglicht dabei Urlaube der besonderen Art.

(92) Blauer Zweigelt ** Ried Lüss Sacris 2019
14 Vol.-%, DIAM, Barrique, €€€€€ H
Tiefdunkles Rubingranat, opaker Kern, violette Reflexe, zarte Randaufhellung. Intensive dunkle Waldbeerenfrucht, Nuancen von Brombeeren und Lakritze, frische Orangenzesten, etwas Vanille und Nougat. Saftig, komplex, schwarze Kirschen, reife Zwetschken, tragende Tannine, schokoladiger Nachhall.

(91) Zweigelt Reserve 2019
13,5 Vol.-%, DV, gebrauchte Barriques, €€€ H
Dunkles Rubingranat, violette Reflexe, zarte Randaufhellung. Reife Zwetschken, Brombeernoten, feine Würze, kandierte Orangenzesten. Stoffig, elegant, feine Fruchtsüße, reife Pflaumen, Nougat, mineralischer Nachhall, bleibt gut haften.

WEINGUT SALZL – SEEWINKELHOF

7142 Illmitz, Zwischen den Reben 1
T: +43 (2175) 24342
weingut@salzl.at
www.salzl.at

Kellermeister/Kontakt: Christoph Salzl
Produktion: 1 % Schaumwein, 25 % weiß, 2 % rosé, 70 % rot, 2 % süß, 30+70 Hektar
Zertifiziert: Nachhaltig Austria
Vereinszugehörigkeit: Neusiedlersee DAC
Messen: Austrian Tasting London, ProWein Düsseldorf, VieVinum, DAC-Präsentationen, Wein Burgenland Präsentationen

Weinbau bei Illmitz

(93) 3-5-8 Premium 2019 ME/CS
14 Vol.-%, DIAM, Barrique, €€€€€ Ⓗ
Tiefdunkles Rubingranat, opaker Kern, violette Reflexe, zarte Randaufhellung. Feine Edelholznuancen, Brombeeren, dunkle Kirschen, schokoladiger Touch, mit tabakigen Noten unterlegt. Komplex, kraftvoll, frisch strukturiert, präsente, feinwürzige Tannine, schokoladig unterlegte Kirschfrucht im Abgang.

(92) Pannoterra 2019 ZW/ME/CS
14 Vol.-%, DIAM, Barrique, €€€€€ Ⓗ
Tiefdunkles Rubingranat, opaker Kern, violette Reflexe, zarte Randaufhellung. Zart nach Nougat, dunkle Waldbeeren, ein Hauch von Lakritze, mit dezenter Holzwürze unterlegt. Kraftvoll, saftig, dunkle Kirschen, gut integrierte Tannine, frisch strukturiert, salzig im Abgang, ein vielseitiger Speisenbegleiter.

(91) Josanna 2019 ZW/ME/CS
13,5 Vol.-%, DIAM, gebrauchte Barriques, €€€ Ⓗ
Tiefdunkles Rubingranat, opaker Kern, violette Reflexe, zarte Randaufhellung. Reife Zwetschken, Orangenzesten, ein Hauch von Nougat, zart nach Kirschen. Saftig, mittlere Komplexität, dezente Tannine, mineralisch, bereits entwickelt, bietet unkomplizierten Trinkspaß.

(92) Cabernet Franc Premium 2019
14 Vol.-%, DIAM, Barrique, €€€€€ Ⓗ
Tiefdunkles Rubingranat, opaker Kern, violette Reflexe, zarte Randaufhellung. Mit rotbeerigen Aspekten unterlegtes Bukett, Vanille, Nougat, schwarze Kirschen klingen an, ein Hauch von Kardamom. Saftig, Herzkirschen, frischer Säurebogen, gut integrierte, tragende Tannine, bleibt haften, ein lebendiger Speisenbegleiter.

(91) Cabernet Sauvignon Reserve 2019
14 Vol.-%, DIAM, Barrique, €€€€ Ⓗ
Dunkles Rubingranat, opaker Kern, violette Reflexe, zarte Randaufhellung. Zart nach Cassis und Edelholz, zartes Nougat, feine Kräuterwürze. Saftig, rotbeerige Nuancen, präsente Tannine, frischer Säurebogen, zitronig-salziger Touch im Nachhall.

(91) Syrah Reserve 2019
14 Vol.-%, DIAM, Barrique, €€€€ Ⓗ
Dunkles Rubingranat, opaker Kern, violette Reflexe, zarte Randaufhellung. Saftige schwarze Kirschen, ein Hauch von süßen Gewürzen, reife Zwetschken, kandierte Orangenzesten. Saftig, rotbeeriger Touch, frische Kirschen, gut integrierte Tannine, mineralisch, fruchtiger Nachhall, ein lebendiger Speisenbegleiter.

(90) Merlot Reserve 2019
14 Vol.-%, DIAM, Barrique, €€€€ Ⓗ
Tiefdunkles Rubingranat, opaker Kern, violette Reflexe, zarte Randaufhellung. Zart balsamisch unterlegte schwarze Beerenfrucht, schokoladiger Touch, ein Hauch von Dörrpflaumen. Zart nussig, kraftvoll, Brombeerkonfit, dezente Tannine, präsenter Säurebogen, Kirschen im Nachhall, noch etwas unbalanciert.

★★

WEINGUT ERICH SATTLER

BIO

Der Familienbetrieb wird seit dem Jahr 2000 von Erich Sattler geleitet und bewirtschaftet. Er hat an der Universität für Bodenkultur in Wien studiert und Erfahrung in Kalifornien gesammelt. Auf einer Fläche von zwölf Hektar rund um Tadten produziert das Weingut vorwiegend St. Laurent und Zweigelt. Die vielschichtigen Böden bestehen vor allem aus Schotter und einer dünnen Auflage Braunerde, dazwischen gibt es auch Sand- und Lehmeinschlüsse. Die Weingärten gehören zu den sonnenreichsten in Österreich. Strenge Ertragsbeschränkung, Laubarbeit und eine gewissenhafte Auslese sind die Grundlage für die hohe Qualität der Weine. Beim Großteil der Reben wird die Anzahl der Trauben auf fünf bis sieben Stück pro Stock reduziert, und die Ernte erfolgt ausschließlich händisch sowie möglichst schonend.

Der Betrieb widmet sich der Produktion von regionalen Rotweinen auf höchstem internationalem Niveau. St. Laurent und Zweigelt werden als klassische Weine in großen Fässern und Stahltanks ausgebaut oder bleiben als Reserve für 12 bis 18 Monate in kleinen Eichenfässern. Die Weine zeichnen sich durch hohe Dichte, elegante Frucht, samtige Tannine, Sortentypizität und sehr gutes Lagerpotenzial aus. Der Großteil der Produktion geht in den Export, der Rest wird in Österreich vertrieben.

Die Weine werden in Restaurants wie dem »Wallsé« (New York), dem »Four Seasons« (Amsterdam) oder dem »La Maison Blanche« (Paris) angeboten und erhielten schon sowohl lokale als auch internationale Auszeichnungen. Im Herbst 2020 belegte Erich Sattler mit seinem St. Laurent Reserve den 3. Platz in der Kategorie der St. Laurents bei der Falstaff-Rotweinprämierung.

WEINGUT ERICH SATTLER
7162 Tadten
Obere Hauptstraße 10
T: +43 (699) 11658571
erich@erichsattler.at
www.erichsattler.at

Kellermeister/Kontakt: Erich Sattler
Anbauweise: Zertifiziert Biologisch (Austria Bio Garantie)
Produktion: 10 % weiß, 15 % rosé, 75 % rot, 12 Hektar
Vereinszugehörigkeit: Austria Bio Garantie, Neusiedlersee DAC
Messen: ProWein Düsseldorf, VieVinum

88 Zweigelt Rosé 2021
12,5 Vol.-%, DV, Stahltank, €€

92 Blauer Zweigelt ** 2019
13,5 Vol.-%, NK, Barrique, €€€
Dunkles Rubingranat, violette Reflexe, dezente Ockerrandaufhellung. Zart nach Nougat, feinwürzig, reife Zwetschken und etwas Lakritze, Holznuancen klingen an. Mittlerer Körper, schwarze Kirschen, frisch strukturiert, ausgewogen und gut anhaftend, präsente Tannine, verfügt über Potenzial, vielseitig einsetzbar.

89 Zweigelt 2020
13 Vol.-%, DV, Stahltank, €€

93 St. Laurent Reserve 2019
13,5 Vol.-%, NK, Barrique, €€€
Dunkles Rubingranat, violette Reflexe, zarte Randaufhellung. Feine Holznuancen, dunkle Schokolade, ein Hauch von Brombeeren, Hagebuttenkonfitüre, Orangenzesten klingen an. Saftig, straff, gute Komplexität, mineralisch, reife Feigen im Abgang, feinwürziger Nachhall, sicheres Reifepotenzial.

90 St. Laurent 2020
13 Vol.-%, DV, Stahltank, €€
Kräftiges Rubingranat, violette Reflexe, zarte Randaufhellung. Mit einem dezenten Schokotouch unterlegtes dunkles Waldbeerenkonfit, ein Hauch von Cassis, vegetaler Touch. Saftig, fruchtsüß nach Brombeeren, gut eingebundene Tannine, feinwürzig, samtige Textur, bleibt gut haften, vielseitig einsetzbar.

91 Heideboden 2019 ZW/SL/CS/SY
13,5 Vol.-%, DV, gebrauchte Barriques, €€€
Dunkles Rubingranat, violette Reflexe, zarte Randaufhellung. Mit zarter Nuss-Nougat-Aromatik unterlegtes schwarzes Waldbeerenkonfit, etwas Herzkirschen, Tabakwürze, Lakritze klingt an. Saftig, elegant, frische Struktur, gut eingebundenes Tannin, Feigennoten im Abgang, salziger Nachhall, guter Speisenbegleiter.

★

SCHALLER VOM SEE

Inmitten der perfekten Urlaubsidylle in Podersdorf am Ostufer des Neusiedler Sees machen Gerhard und Brigitte Schaller Weine, die Leichtigkeit und scheinbare Uferlosigkeit für sich gepachtet haben. Das pannonische Klima sorgt mit seinen heißen, trockenen Sommern und kalten Wintern gemeinsam mit dem Neusiedler See als Temperaturregler für lange Vegetationsperioden. Auf zehn Hektar Weingartenfläche mit sandigen, leichten Böden gedeihen frisch-fruchtige Weine, aber auch komplexe und kräftigere Vertreter. Vor allem die Cuvées »Swingin' White« und »Swingin' Rosé« sowie »Red Fred« sind leicht im Alkoholgehalt, aber dennoch voll im Geschmack. Diese Weine bringen frischen Wind unter die oftmals recht mächtigen Vertreter vom Neusiedler See. Mit entsprechendem Gespür, Erfahrung und Wissen bei der Vinifizierung gelingt es, fröhliche Unbeschwertheit in diesen Weinen einzufangen.
Damit die Liebhaber von klassisch burgenländischen Weinen nicht zu kurz kommen, hat das Weingut aber auch kräftigere Weine im Angebot. Die Premiumlinie mit der »Uferlos«-Serie Grüner Veltliner, Chardonnay, Zweigelt, Cabernet Sauvignon und Sankt Laurent sind ausgezeichnete Beispiele dafür, dass das Winzerpaar mehr als »nur« leichte Weine draufhat. Unbedingt probieren sollte man bei Verkostungen zudem den Zweigelt Heideboden mit saftigen Weichsel- und feinen Röstaromen sowie die Cuvée »Patfalu« aus Zweigelt und Cabernet Sauvignon, die ihre Bezeichnung dem altungarischen Namen des Ortes Podersdorf verdankt. Die »Schaller vom See«-Weine sind perfekte Speisebegleiter, aber auch ganz einfach für den Genuss mit Freunden an einem entspannten Abend gemacht.

90 Chardonnay Uferlos 2021
13,5 Vol.-%, DV, großes Holzfass, €€
Helles Grüngelb, Silberreflexe. Zarter weißer Apfel, ein Hauch von Honigmelone, floraler Touch, Mandarinenzesten. Mittlerer Körper, mineralisch und frisch, weißes Kernobst, salzig-zitroniger Nachhall, ein vielseitiger Speisenbegleiter.

90 Grüner Veltliner Uferlos 2021
13,5 Vol.-%, DV, großes Holzfass, €€
Helles Grüngelb, Silberreflexe. Mit Limetten und weißen Blüten unterlegte frische Apfelfrucht, mineralischer Touch. Saftig, feine Tropenfrucht, lebendiger Säurebogen, mineralisch, Limetten im Abgang, animierender Stil.

91 Sankt Laurent Uferlos 2019
13,5 Vol.-%, DV, Barrique, €€€€
Dunkles Rubingranat, violette Reflexe. breitere Ockerrandaufhellung. Zarte Holzwürze, reife Kirschen, Brombeerkon-

SCHALLER VOM SEE
7141 Podersdorf am See
Frauenkirchner Straße 20
T: +43 (650) 2177225
wein@schallervomsee.at
www.schallervomsee.at

Kellermeister/Kontakt:
Gerhard Schaller
Produktion: 40 % weiß, 60 % rot, 10 Hektar
Vereinszugehörigkeit:
Neusiedlersee DAC
Messen: ProWein Düsseldorf, Vinobile Feldkirch, DAC-Präsentationen, Wein Burgenland Präsentationen

fit, feine Kräuterwürze. Mittlerer Körper, rote Waldbeeren, saftig, zarte Tannine, gute Frische, mineralisch-zitronig im Nachhall, ein lebendiger Speisenbegleiter.

90 Cabernet Sauvignon 2020
13,5 Vol.-%, DV, Stahltank, €€
Kräftiges Rubingranat, violette Reflexe, breitere Ockerrandaufhellung. Zart tabakig, reife Zwetschken, mit einem Hauch von Dörrobst unterlegt. Mittlerer Körper, rotbeerige Frucht, zarte Tannine, frisch strukturiert, salzig-zitroniger Nachhall.

90 Patfalu 2020 CS/ZW/SL
14 Vol.-%, DV, gebrauchte Barriques, €€
Kräftiges Rubingranat, violette Reflexe. breitere Ockerrandaufhellung. Reife Herzkirschen, frische Zwetschken, ein Hauch von Mandarinen. Mittlerer Körper, rote Kirschen, feine Tannine, frisch strukturiert, mineralisch-salzig, bereits gut antrinkbar.

89 Heideboden 2020 ZW/SL
14 Vol.-%, DV, gebrauchte Barriques, €€

★★★★

WEINGUT SCHEIBLHOFER

Das Weingut Scheiblhofer befindet sich in Andau im Bezirk Neusiedl am See und zählt mit seinen 85 Hektar Eigenfläche zu den größten Weingütern im Burgenland. Der für den edlen Rotwein »Big John« bekannte Betrieb wurde von Johann Scheiblhofer aufgebaut und im Jahr 2000 von Sohn Erich übernommen. Neben der Produktion von hochwertigen Weinen zeichnet sich der Familienbetrieb durch Modernität, Innovation, Nachhaltigkeit und soziale Kompetenz aus. Als erstem Winzer in Österreich wurde Scheiblhofer im Jahr 2017 daher das »Leitbetriebe Austria«-Zertifikat verliehen. Doch damit nicht genug: Im Mai 2017 wurde das Weingut von der Tageszeitung »Die Presse« gemeinsam mit dem Bankhaus Spängler, der BDO Austria und der Österreichischen Notariatskammer zum besten Familienunternehmen des Burgenlandes sowie im Rahmen der Weinprämierung 2019 »Best of Burgenland« der Landwirtschaftskammer Burgenland zum »Weingut des Jahres« gekürt. Im Vorjahr wurde Erich Scheiblhofer dann auch von Falstaff zum »Winzer des Jahres 2021« gekürt. Scheiblhofer zählt zu den Pionieren im Bereich Nachhaltigkeit und zeichnet sich bereits seit Jahren durch seine energieautarke Weinproduktion aus. Möglich macht dies die eigene Fotovoltaikanlage, die größte privat betriebene des Burgenlandes. Im Frühjahr 2020 erfolgte ein weiterer Ausbau auf insgesamt 668 kWp. Auch die mobile Fortbewegung der Mitarbeiterinnen und Mitarbeiter soll künftig energieeffizient erfolgen. Aus diesem Grund wurden bereits Elektrofahrzeuge angeschafft, und es wurde eine entsprechende Ladestation errichtet. Gelegen an einem der idealsten Weinstandorte Österreichs und im Besitz der meisten Barriquefässer des Landes, gilt Scheiblhofer als wichtiger Arbeitgeber der Region sowie als Unterstützer und Förderer von sozialen Projekten. Das Weingut ist als Wohlfühlort weit über die heimischen Grenzen hinweg bekannt und mit dem gerade eben eröffneten »The Resort«, einem Spa-Hotel der Superlative, ist nun auch endlich mehr Platz für die zahlreichen Besucher des Weinguts. Der Erfolg des Weinguts kommt natürlich nicht von ungefähr: Nur durch den unermüdlichen Einsatz aller Mitarbeiterinnen und Mitarbeiter und durch den enormen Zusammenhalt der Familienmitglieder ist das alles möglich.

92 The Chardonnay 2020
13 Vol.-%, DIAM, Barrique, €€€ Ⓗ
Helles Gelbgrün, Silberreflexe. Zart nach Wiesenkräutern, gelber Apfel, frische Birne, mit einem Hauch von Orangenzesten und etwas Karamell unterlegt. Saftig, feiner Holzwürzetouch, weißes Kernobst, frisch strukturiert, etwas Vanille und helles Nougat, Ananas im Abgang, vielseitig einsetzbar.

90 Chardonnay Classic 2021
12,5 Vol.-%, DV, Stahltank, €€ Ⓗ
Helles Gelbgrün, Silberreflexe. Zart nach weißen Blüten, ein Hauch von frischem Apfel, Wiesenkräuter, Zitrustouch. Saftig, weißer Pfirsich, lebendig strukturiert, feine Fruchtsüße, ausgewogen, ein leichtfüßiger, fruchtiger Speisenbegleiter.

89 Gelber Muskateller 2021
12 Vol.-%, DV, Stahltank, €€ Ⓗ

89 Sauvignon Blanc 2021
12 Vol.-%, DV, Stahltank, €€ Ⓗ

WEINGUT SCHEIBLHOFER
7163 Andau
Halbturner Straße 1a
T: +43 (2176) 2610
office@scheiblhofer.at
www.scheiblhofer.at

Kellermeister/Kontakt:
Erich Scheiblhofer
Produktion: 25 % weiß, 75 % rot, 85 Hektar
Zertifiziert: Nachhaltig Austria
Vereinszugehörigkeit:
Club Batonnage
Messen: ProWein Düsseldorf, VieVinum, DAC-Präsentationen, ProWine China, Wein Burgenland Präsentationen

Erich Scheiblhofer

89 Big John White 2021 CH/SB
13 Vol.-%, DV, Stahltank, €€

92 Blauer Zweigelt * 2021
13 Vol.-%, DV, Barrique, €€
Dunkles Rubingranat, violette Reflexe, dezente Randaufhellung. Zarte Würze von Holz und Kräutern, Brombeerkonfit, ein Hauch von Kirschen, zart tabakig, einladendes Bukett. Mittlerer Körper, reife Kirschen, feine Zwetschkenfrucht, gut integrierte Tannine, balanciert, feines Nougat im Nachhall, bereits gut entwickelt.

93 The Zweigelt Ried Prädium 2020
14,5 Vol.-%, DIAM, Barrique, €€€€
Tiefdunkles Rubingranat, opaker Kern, violette Reflexe, dezente Randaufhellung. Zarte Kräuterwürze, etwas Edelholz, schwarze Beerenfrucht, ein feiner Hauch von Kardamom und Lakritze. Saftig, würzig und gut anhaftend, Nelken, Nougat, elegant und mit Länge ausgestattet, ein kraftvoller Roter zum BBQ.

91 Zweigelt Heideboden Selection 2020
13,5 Vol.-%, DV, Barrique, €€
Dunkles Rubingranat, violette Reflexe, dezente Randaufhellung. Einladende Noten von reifen Kirschen und Zwetschken, zarte florale Nuancen, ein Hauch von Erdbeeren und frischen Orangenzesten. Saftig, rund und elegant, Herzkirschen, feine Fruchtsüße, seidige Tannine, zarter Schokotouch im Abgang, ein ausgewogener Speisenwein, mittlere Länge.

94 The Great Bustard 2019 ZW/CS/ME
14,5 Vol.-%, DIAM, Barrique, €€€€€
Tiefdunkles Rubingranat, opaker Kern, violette Reflexe, zarte Randaufhellung. Feine Edelholzwürze, zart nach Kardamom und Nelken, schwarze Beerenfrucht, Nuancen von Nougat, einladendes Bukett. Saftig, elegant, schwarze Kirschen, Nougat auch am Gaumen, präsente, gut eingebundene Tannine, würzig-mineralisch im Abgang, ein kraftvoller Speisenwein mit Länge und Potenzial.

93 The Peak of Glory 2020 ZW/ME/CS
14 Vol.-%, DIAM, Barrique, €€€€
Tiefdunkles Rubingranat, opaker Kern, violette Reflexe, dezente Randaufhellung. Nuancen von Heidelbeeren und schwarzen Herzkirschen, zart nach Nougat und Vanille, feine Kräuterwürze, kandierte Orangenzesten. Saftig, süße Waldbeeren, reife Kirschen, runde Tannine, angenehme Frische, elegant und anhaftend, zeigt Länge, bereits gut antrinkbar, mit Reifepotenzial ausgestattet.

92 Mordor 2020 BF/ME/CS/SY
14 Vol.-%, DIAM, Barrique, €€€€
Tiefdunkles Rubingranat, opaker Kern, violette Reflexe, dezente Randaufhellung. Zart nach Schokolade, reife Kirschen, dunkle Beerenfrucht, feine tabakige Würze. Komplex, saftig, würziger Körper, etwas dunkle Schokolade und Herzkirschen im Abgang, ein kräftiger Speisenwein mit Reifepotenzial.

91 The Legends 2020 ME/CS
14 Vol.-%, DIAM, Barrique, €€
Dunkles Rubingranat, opaker Kern, violette Reflexe, dezente Randaufhellung. Helles Nougat, feine Holzwürze, Brombeeren, zart nach Lakritze, schwarze Kirschen, einladendes Bukett. Saftig und süß, mittlere Komplexität, schokoladiger Nachhall, bietet unkompliziertes Trinkvergnügen.

91 Premium Cuvée 2021 ZW/CS/ME
13,5 Vol.-%, DV, Barrique, €€ H
Dunkles Rubingranat, opaker Kern, violette Reflexe, dezente Randaufhellung. Reife Zwetschken, etwas Nougat, ein Hauch von Feigen, kandierte Orangenzesten. Saftig, seidige Textur, süße Beerenfrucht, ein kraftvoller Speisenbegleiter, schokoladig-würziger Nachhall, bereits gut zu trinken.

91 Big John Cuvée Reserve 2020 ZW/CS/PN
14 Vol.-%, DIAM, Barrique, €€€ H
Tiefdunkles Rubingranat, opaker Kern, violette Reflexe, dezente Randaufhellung. Feine Kirschfrucht, dunkle Waldbeeren, florale Nuancen, ein Hauch von Heidelbeeren, einladendes Bukett. Saftig, reife Zwetschken, feinwürziger Körper, reife Tannine, etwas Nougat, vielseitiger Speisenwein.

93 The Cabernet Sauvignon 2020
14,5 Vol.-%, DIAM, Barrique, €€€€€ H
Tiefdunkles, tintiges Rubingranat, opaker Kern, violette Reflexe, zarte Randaufhellung. Zart nach Grafit, tabakige Würze, schwarze Beeren, etwas Cassis, schokoladiger Touch, mineralisch unterlegt, ein Hauch von Velours und Kräutern. Kraftvoll, süße Textur, reife Kirschen und Zwetschken, runde Tannine, mineralisch-salzig im Abgang, zeigt Länge und verfügt über Potenzial.

91 Cabernet Sauvignon Selection 2021
13,5 Vol.-%, DV, Barrique, €€ H
Dunkles Rubingranat, violette Reflexe, dezente Randaufhellung. Zart nach Brombeeren und Cassis, feine Kräuterwürze, Orangenzesten, mit etwas Nougat unterlegt. Stoffig, Brombeeren auch am Gaumen, reife Tannine, saftige Kirschfrucht im Abgang, zart salzig, vielseitig einsetzbar.

93 The Shiraz 2019
14,5 Vol.-%, DIAM, Barrique, €€€€€ H
Tiefdunkles, fast schwarzes Rubingranat, opaker Kern, violette Reflexe, zarte Randaufhellung. Frische schwarze Frucht, Nuancen von Cassis und Lakritze, Brombeerkonfit, ein Hauch von Oliven und Feigen. Komplex, kräftig, reife Zwetschken, tragende Tannine, schokoladiger Nachhall, gute Länge, bereits zugänglich, ein stoffiger Speisenbegleiter.

(93) The Cabernet Franc 2019
14,5 Vol.-%, DIAM, Barrique, €€€€€ H
Tiefdunkles Rubingranat, opaker Kern, violette Reflexe, zarte Randaufhellung. Zart nach schwarzen Oliven, dunkles Beerenkonfit, ein Hauch von Süßholz, kandierte Orangenzesten, intensives Bukett. Saftig, nach reifem Cassis, kraftvolle Tannine, schokoladige Textur, Gewürztouch im Abgang, mineralischer Nachhall, ein stoffiger Speisenbegleiter, sicheres Reifepotenzial.

92 The Merlot 2020
14,5 Vol.-%, DIAM, Barrique, €€€€€ H
Tiefdunkles, tintiges Rubingranat, opaker Kern, violette Reflexe, zarte Randaufhellung. Zarter Edelholztouch, ein Hauch von Gewürzen, Heidelbeeren, Nougat, intensives Bukett. Kraftvoll, dunkle Frucht, Nougat, präsente, etwas fordernde Tannine, mineralisch, straffer Abgang, wird von Flaschenreife profitieren.

90 Merlot Selection 2020
14 Vol.-%, DIAM, Barrique, €€€ H
Tiefdunkles Rubingranat, opaker Kern, violette Reflexe, dezente Randaufhellung. Reife Herzkirschen, zart nach Lakritze, Nuancen von Beeren und Kräuterwürze, zarte florale Noten. Mittlere Komplexität, rotbeerig, etwas weitmaschig, frisch strukturiert, zitronig-salziger Nachhall, ein samtiger Speisenwein.

91 Syrah Selection 2020
14 Vol.-%, DIAM, Barrique, €€€ H
Tiefdunkles Rubingranat, opaker Kern, violette Reflexe, dezente Randaufhellung. Schwarze Beerenfrucht, ein Hauch von Dörrzwetschken, mit Feigen und Nougat unterlegt. Saftig, reife Herzkirschen, frisch strukturiert, runde Tannine, mineralisch, feine Holzwürze im Nachhall, bereits sehr zugänglich.

91 Blaufränkisch Jois 2019
14,5 Vol.-%, DIAM, Barrique, €€€€€ H
Tiefdunkles Rubingranat, opaker Kern, violette Reflexe, zarte Randaufhellung. Zart nach Nougat und Cassis, mit Lakritze unterlegt, rauchige Kräuterwürze. Saftig und süß, dunkle Schokonote, präsente Tannine, Vanille und Schokolade im Abgang, würziger Nachhall.

90 Blaufränkisch 2021
14 Vol.-%, DV, Barrique, €€ H
Dunkles Rubingranat, violette Reflexe, dezente Randaufhellung. Reife Zwetschken, dunkle Waldbeeren, etwas Nougat, feine Kräuterwürze. Mittlere Komplexität, reife Frucht, runde Tannine, zarte Fruchtsüße im Abgang, bietet unkompliziertes Trinkvergnügen.

90 The Pinot Noir 2020
14,5 Vol.-%, DIAM, Barrique, €€€€ H
Dunkles Rubingranat, opaker Kern, violette Reflexe, dezente Randaufhellung. Zarte Röstaromen, etwas Vanille, Nuancen von Heidelbeeren, dezent nach Nougat. Saftig, kraftvoll, süße Zwetschken, runde, würzige Tannine, schokoladiger Touch, ein stattlicher Wein, allerdings kaum Sortencharakter, hat Kraft und Länge.

(89) Pinot Noir 2021
13,5 Vol.-%, DV, Barrique, €€ H

★ ★ ★

WEINGUT HORST UND GEORG SCHMELZER

Das Weingut Schmelzer bewirtschaftet 15 Hektar in den besten Lagen rund um Gols, wovon ein großer Teil mit der Sorte Zweigelt bepflanzt ist. Für diese Sorte sind die Brüder Horst und Georg Schmelzer seit vielen Jahren auch als absolute Spezialisten bekannt. Das wird durch die Falstaff-Rotweinprämierungen der letzen 20 Jahre bestätigt, im Rahmen deren kontinuierlich Top-Platzierungen erzielt wurden. Mit dem Sieg 2005 gelang es den beiden nach 1999 bereits zum zweiten Mal, die Zweigelt-Konkurrenz zu übertrumpfen. Auch in der Cuvée »Gols« spielt der Zweigelt die Hauptrolle. Hier werden die traditionellen Sorten aus Gols – also Zweigelt, Blaufränkisch und St. Laurent – verwendet, um Gebietstypizität in Form eines hochwertigen, im kleinen Eichenfass gereiften Rotweins zu transportieren. Die Top-Cuvée aus den Sorten Zweigelt, Blaufränkisch und Cabernet Sauvignon trägt den Namen »Barcaso«. Die Brüder Schmelzer erzeugen aber auch sehr bemerkenswerte Süßweine und fruchtbetonte Weißweine: Mit dem Welschriesling wurden sie im Jahr 2005 sogar Landes- und Bundessieger und mit dem Blaufränkisch 2019 und dem Grüner Veltliner 2016 Landessieger. Seit Jahren finden die engagierten Schmelzers auch bei der internationalen Presse immer mehr Beachtung.

90 Sauvignon Blanc 2021
13 Vol.-%, DV, Stahltank, €€
Helles Gelbgrün, Silberreflexe. Frische Kräuterwürze, ein Hauch von Stachelbeeren und Grapefruitzesten, mit Limetten unterlegt. Saftig, weiße Tropenfrucht, ein Hauch von Cassis, feine Säurestruktur, ausgewogen und vielseitig einsetzbar.

(92) Blauer Zweigelt ** Barrique 2020
13,5 Vol.-%, NK,DV, Barrique, €€€€
Dunkles Rubingranat, violette Reflexe, zarter Wasserrand. Etwas nach Brombeeren und Edelholzwürze, zart nach Kräutern, ein Hauch von Herzkirschen, frisches Bukett. Saftig, straff, gut integriertes Tannin, Zwetschkentouch, Nougat im Nachhall, guter Speisenbegleiter, wird von Flaschenreife profitieren.

(90) Blauer Zweigelt * 2021
13 Vol.-%, DV, großes Holzfass, €€
Tiefdunkles Rubingranat, violette Reflexe, opaker Kern, zarte Randaufhellung. Mit zart nussigen Nuancen unterlegtes schwarzes Beerenkonfit, ein Hauch von Lakritze, Gewürznuancen klingen an. Saftig, elegant, leichtfüßig, zart nach Zwetschken, lebendig, gut eingebundenes Tannin, fruchtsüß im Abgang, bereits gut antrinkbar.

(92) Gols 2020 ZW/BF/SL
13,5 Vol.-%, NK,DV, Barrique, €€€€
Dunkles Rubingranat, violette Reflexe, zarte Randaufhellung. Reife Kirschfrucht, ein Hauch von Wiesenkräutern, zarter Nougattouch, frische Orangenzesten klingen an. Saftig, kraftvoll, gut eingebundenes Tannin, fruchtsüß nach Brombeeren, bleibt gut haften, engmaschig strukturiert, vielseitig einsetzbar.

(92) Barcaso 2020 BF/ZW/CS/RÖ
13,5 Vol.-%, NK,DV, Barrique, €€€€
Dunkles Rubingranat, violette Reflexe, zarte Randaufhellung. Mit feinem Nougat und Edelholzwürze unterlegte Herzkirschen, ein Hauch von Cassis, kandierte Mandarinenzesten. Saftig, gut eingebundenes Tannin, feinwürzig, rot-

WEINGUT HORST UND GEORG SCHMELZER
7122 Gols
Neubaugasse 29
T: +43 (2173) 3490
info@wein-schmelzer.at
www.wein-schmelzer.at

Kellermeister: Horst und Georg Schmelzer
Kontakt: Georg Schmelzer
Produktion: 30 % weiß, 60 % rot, 10 % süß, 15 Hektar
Vereinszugehörigkeit: Select Gols, Neusiedlersee DAC
Messen: ProWein Düsseldorf, VieVinum

* Neusiedlersee DAC ** Neusiedlersee DAC Reserve

beeriger Abgang, kraftvoll, fruchtsüß im Nachhall, bleibt gut haften, ausgewogener Speisenbegleiter.

(90) Blaufränkisch 2021
13 Vol.-%, DV, großes Holzfass, €€
Tiefdunkles Rubingranat, violette Reflexe, zarte Randaufhellung. Etwas Brombeeren und Vanille, ein Hauch von Orangenschalen, tabakige Nuancen. Mittlerer Körper, frisch und lebendig, gut eingebundenes Tannin, rote Kirschfrucht im Abgang, unkomplizierter jugendlicher Speisenbegleiter.

★★

WEINGUT GERNOT SCHUHMANN

Das seit 1974 als Familienbetrieb geführte Weingut liegt im Herzen der größten Weinbaugemeinde Österreichs: in Gols im Nordburgenland. Das einzigartige Mikroklima um den Neusiedler See und die vielfältigen fruchtbaren Böden schaffen perfekte Voraussetzungen für die Produktion hervorragender Rot- und Weißweine. Nach seiner Ausbildung zum Weinbau- und Kellermeister übernahm Gernot Schuhmann 1997 die Verantwortung für die Kellerwirtschaft und die Vermarktung der Weine und setzte damit einen Prozess der Umstrukturierung und Qualitätssteigerung in Gang. Die Rebfläche wurde kontinuierlich aufgestockt und umfasst heute etwa 15 Hektar, wobei die Anteile von Weiß- und Rotwein in etwa ausgeglichen sind. Das Weingut setzt auf jahrzehntelange Erfahrung in der Kellerwirtschaft, kombiniert mit modernsten Technologien und naturnaher Bewirtschaftung. Es wird penibel darauf geachtet, dass nur heimische Rebsorten ausgepflanzt werden. Kontrolliert integrierter Pflanzenschutz, intensive Laubarbeit und Traubenausdünnung sind weitere wichtige Maßnahmen. Weißweine werden temperaturgesteuert vergoren und in Edelstahltanks ausgebaut. Rotweine werden offen auf der Maische vergoren und reifen nach erfolgtem biologischem Säureabbau klassisch im Edelstahltank oder im kleinen Eichenfass (rund 14 Monate). Engagement und Perfektionsdrang des Winzers Gernot Schuhmann haben eines zum Ziel: eine große Palette an hochwertigen Weinen mit unterschiedlichen Charakteren und Ausbaustilen zu vinifizieren.

WEINGUT GERNOT SCHUHMANN
7122 Gols
Marktgasse 2–6
T: +43 (2173) 2612
info@weingut-schuhmann.at
www.weingut-schuhmann.at

Kellermeister/Kontakt: Gernot Schuhmann
Produktion: 40 % weiß, 40 % rot, 20 % süß, 15 Hektar
Messen: Dornbirner Frühjahrs- und Herbstmesse

(92) Traminer Barrique 2020
13 Vol.-%, DV, Barrique, €€€
Mittleres Goldgelb, Silberreflexe. Feiner Rosenduft, zarter Honig, reifer Pfirsich, etwas nach Litschis, einladendes Bukett. Straff, gelbe Tropenfrucht, mineralisch und würzig, klassischer trockener Stil, feine Honignuancen auch im Nachhall, bereits gut entwickelt.

(89) Pinot Blanc 2020
13 Vol.-%, DV, Barrique, €€

(93) St. Laurent Ried Herrschaftswald 2020
13,5 Vol.-%, DV, Barrique, €€€
Dunkles Rubingranat, violette Reflexe, zarte Randaufhellung. Feine Nougatnoten, mit Röstaromen unterlegtes dunkles Waldbeerenkonfit, Mandarinenzesten und Bourbon-Vanille klingen an. Saftig, komplex, reife Kirschfrucht, gut integriertes süßes Tannin, feinwürziger Abgang, balanciert und auswogen.

92 Syrah Ried Altenberg 2020
14,5 Vol.-%, DV, Barrique, €€€
Kräftiges Rubingranat, violette Reflexe, zarte Randaufhel-

lung. Dezente Holz-Kräuter-Würze, schwarzes Waldbeerenkonfit, etwas Pflaumen, Lakritze, floraler Touch. Saftig, elegant, samtiges Tannin, feiner Oliventouch, Brombeernoten, bleibt sehr gut haften, vielseitiger Speisenbegleiter.

(91) Zweigelt Ried Goldberg 2020
13,5 Vol.-%, DV, Barrique, €€€€
Dunkles Rubingranat, violette Reflexe, zarte Randaufhellung. Zart nach Zwetschken und Oliventapenade, Kräuterwürze, schokoladiger Nachhall. Saftig, elegant, gut eingebundene Tanninstruktur, Holzwürze, schwarze Beerenfrucht im Abgang, tabakiger Nachhall, guter Speisenbegleiter.

(90) COS No. 20 2020 ZW/BF
14 Vol.-%, DV, gebrauchte Barriques, €€
Kräftiges Rubingranat, violette Reflexe, breitere Randaufhellung. Feine Kirschfrucht, dunkles Waldbeerenkonfit, ein Hauch von Tabakwürze, Orangenzesten klingen an. Mittlerer Körper, fruchtsüß nach Zwetschken, gut eingebundenes Tannin, feinwürziger Nachhall, guter Speisenbegleiter.

★★★★

WEINGUT SCHWARZ

Vor rund zwanzig Jahren wagte der gelernte Fleischhauer Hans Schwarz aus Andau etwas Ungewöhnliches: Er machte die Fleischerei zum Hobby und das bisherige Hobby, den Weinbau, zum Beruf. Doch das war die richtige Entscheidung. Andau bietet als wärmster Ort Österreichs die besten Voraussetzungen, um große Weine zu keltern. Nicht zuletzt wegen Hans' oft unorthodoxer Methoden wurden die Schwarz-Weine schnell Kult. Hans Schwarz setzte auf den autochthonen Zweigelt, der bis heute als »Schwarz-Rot« von Weinliebhabern, Weinjournalisten, Weinkennern und Weingastronomen gerühmt wird. Die Linie »The Butcher« ist eine Hommage an die Anfänge. Doch darf dabei keinesfalls die Zukunft vergessen werden, und so erweitert Michael Schwarz, der seit 2018 das Tagesgeschäft führt, den »Butcher« nun um internationale Rebsorten. Michael kehrte nach vielen Praktika im Ausland zurück, um das Werk seines Vaters fortzuführen. Für das kommende Jahr plant er zwei neue Linien im Premium- und Basisbereich. Das Weingut selbst wird um einen gemütlichen Verkostungsraum erweitert, wo man nicht nur die Kultweine selbst probieren kann, sondern auch burgenländische Schmankerl wie hausgemachten Speck oder

WEINGUT SCHWARZ
7163 Andau
Hauptgasse 21
T: +43 (2176) 3231
office@schwarz-weine.at
www.schwarz-weine.at

Kellermeister/Kontakt:
Michael Schwarz
Produktion: 29 Hektar
Zertifiziert: Nachhaltig Austria
Messen: ProWein Düsseldorf, VieVinum

Weingärten in Andau

Hans' berühmte Chili-Käsekrainer. Denn Essen und Trinken gehören bei Schwarz seit eh und je zusammen. Michael versucht so zu erreichen, was man von allen jungen Winzern verlangt: alles genauso wie der Vater zu machen – und dabei ganz anders.

93 Schwarz Weiß 2020 CH/GV
14 Vol.-%, DIAM, Barrique, €€€€€
Leuchtendes mittleres Goldgelb, Silberreflexe. Zart nach Orangenzesten, feine Holzwürze, reife gelbe Tropenfrucht, Anklänge von Mango und Papaya, zarter Blütenhonig. Komplex, weißer Pfirsich, finessenreiche Struktur, salzig-zitronig im Abgang, bleibt gut haften, verfügt über sehr gutes Reifepotenzial.

(90) The Butcher Cuvée Weiss 2021 GV/WR/SB
12,5 Vol.-%, DV, Stahltank, €€ Ⓥ
Helles Grüngelb, Silberreflexe. Feine gelbe Tropenfrucht, ein Hauch von Blütenhonig und Orangenzesten. Mittlere Komplexität, weißes Kernobst, dezenter Säurebogen, mineralisch-zitroniger Touch, salzig, ein schlanker Begleiter bei Tisch.

90 Kumarod Cuvée Weiss 2021 SÄ/WR
12 Vol.-%, DV, Stahltank, €€
Helles Goldgelb, zarter Messingtouch. Frische Birne, gelber Apfel, zarter Blütenhonig. Leichtfüßig, grüner Apfel, rassiger Säurebogen, Limettenzesten, mineralisch, ein sommerlicher Speisenwein.

91 Chardonnay The Butcher 2021
13 Vol.-%, DV, Stahltank, €€ Ⓥ
Helles Goldgelb, Silberreflexe. Nuancen von frischem gelbem Apfel, zart nach Marille, mineralische Noten, ein Hauch von Mandarinenzesten. Straff, Noten von weißem Kernobst, finessenreiche Säurestruktur, Limettenzesten, ein schlanker, vielseitiger Speisenbegleiter.

90 Blauer Zweigelt * 2020
13 Vol.-%, DV, Teilbarrique, €€
Kräftiges Rubingranat, violette Reflexe, dezente Randaufhellung. Floral unterlegte schwarze Kirschfrucht, zart nach Hibiskus, rotbeerige Nuancen. Mittlerer Körper, reife Kirschen, frisch strukturiert, präsente Tannine, etwas Nougat im Nachhall.

94 Zweigelt Schwarz Rot 2020
13 Vol.-%, DIAM, Barrique, €€€€€€
Dunkles Rubingranat, violette Reflexe, zarte Randaufhellung. Feine Edelholzwürze, schwarze Beeren und frische Kirschen, zart floral unterlegt, facettenreiches Bukett. Saftig, elegant, dezente Fruchtsüße, zart würzig unterlegtes Brombeerkonfit, Orangenzesten, ausgewogen und gut anhaftend, tabakige Nuancen im Abgang, im Vergleich zu früheren Jahren eher leichtfüßiger Stil.

90 Zweigelt The Butcher 2020
12,5 Vol.-%, DV, gebrauchte Barriques, €€ Ⓥ
Kräftiges Rubingranat, violette Reflexe, dezente Randaufhellung. Mit einem Hauch von Lakritze unterlegte Herzkirschen, Waldbeeren, Mandarinenzesten. Saftig, frisch strukturiert, rote Kirschen, zarte Tannine, lebendig und gut antrinkbar.

92 Tiefschwarz Cuvée 2020 ZW/BF
13,5 Vol.-%, DIAM, gebrauchte Barriques, €€€€€
Dunkles Rubingranat, violette Reflexe, zarte Randaufhellung. Zarte Edelholznuancen, schwarze Waldbeeren, reife Zwetschken, ein Hauch von Nougat und Orangenzesten. Saftig, reife Feigen, gute Frische, lebendiger Säurebogen, schokoladig-würziger Nachhall, bleibt haften, bereits gut antrinkbar.

91 Blaufränkisch The Butcher 2020
13,5 Vol.-%, DIAM, großes Holzfass, €€€
Kräftiges Rubingranat, violette Reflexe, breitere Randaufhellung. Feinwürzig unterlegte schwarze Kirschfrucht, etwas Brombeeren und Lakritze, tabakig, kandierte Orangenzesten, floraler Touch. Saftig, elegant und frisch, gut integrierte Tannine, bleibt gut haften, ein stoffiger Begleiter bei Tisch, zitronig, vielseitiger Speisenbegleiter.

(91) Pinot Noir The Butcher 2021
13 Vol.-%, DIAM, großes Holzfass, €€€ Ⓥ
Kräftiges Rubingranat, violette Reflexe, breitere Randaufhellung. Zart floral unterlegte reife Pflaumenfrucht, ein Hauch von Brombeeren, Noten von Hibiskus, kandierte Mandarinenzesten. Mittlerer Körper, rotbeerig, feine Fruchtsüße, gut integrierte Tannine, mineralischer Nachhall, bereits gut antrinkbar.

97 Muskat Ottonel Schwarz Gold 2020
10 Vol.-%, DIAM, Barrique, €€€€€€
Mittleres Gelbgold, Silberreflexe. Zart rauchige Kräuterwürze, Nuancen von Maracuja und Muskatnuss, etwas weißer Pfeffer und Mandarinenzesten, Anklänge von Honig. Komplex, zartwürzig, weiße Tropenfrucht, etwas Litschis und Mango, feiner Säurebogen, mineralische Nuancen, gute Länge, bereits zugänglich, individueller Stil.

96 Zweigelt Schwarz Schwarz 2020
12 Vol.-%, DIAM, Barrique, €€€€€€
Kräftiges Rubingranat, violette Reflexe, breitere Ockerrandaufhellung. Nougat und Dörrpflaumen, feine Kräuterwürze, Brombeerfrucht, tabakige Nuancen. Komplex, saftig, reife schwarze Kirschen, frischer Säurebogen, dezente Röstaromen und Holzwürze, schokoladiger Touch, bleibt sehr lange haften, Kardamom im Rückgeschmack, der Süßwein zu Zigarre oder dunkler Schokolade.

WEINGUT FABIAN SLOBODA
7141 Podersdorf am See
Alte Satz 1
T: +43 69911950313
weingut@sloboda.at
www.sloboda.at

Kellermeister/Kontakt:
Fabian Sloboda
Produktion: 50 % weiß, 40 % rot, 10 % süß, 12 Hektar

Windmühle Podersdorf

★

WEINGUT FABIAN SLOBODA

Wer Sloboda sagt, der muss auch Podersdorf sagen: ein traumhafter Ort mit wunderbaren Menschen. Direkt neben dem Weingut kann man hier burgenländische Heurigen- und Weinkultur in bester Lage genießen. »Unsere Weine sind sortentypisch, experimentelle Weine wie der Wellentänzer (in einer eigens konstruierten Boje im See gelagert) widmen sich der großen Geschichte des Weines und den Möglichkeiten, diese neu zu erzählen. Wir bringen das in die Flasche, was Freunde und Bewohner des Burgenlandes rund um das Weltkulturerbe Neusiedler See so schätzen: die Seele dieses unvergleichlichen Landstriches, die heißen Sommertage, die kühlen Herbstnächte, die fruchtbaren Böden und all die Kostbarkeiten, die für einen starken Charakter – für das Terroir der weltweit begehrten burgenländischen Weine – sorgen.« Einen Heurigen kann man nicht digital oder als Lesestoff genießen, deshalb wird hier nur Appetit gemacht auf das, was es dann im analogen Leben gibt: Speis und Trank, größtenteils aus der Region, von Lieferanten, die Fabian Sloboda persönlich kennt und schätzt und auf deren Qualität er vertraut. Die vinophile Empfehlung vom Winzer kommt dort persönlich mit großem Unterhaltungswert: Fabians Kostquartette, jeweils vier Weine (rot, weiß oder süß) als Kostproben, und dazu passende Schmankerl. Der Gastgarten bietet am Abend den Blick aus der ersten Reihe auf eine eindrucksvolle Kulisse, wenn die Sonne im See versinkt. In der direkt an den Heurigen angeschlossenen Vinothek kann zu attraktiven Ab-Hof-Preisen eingekauft werden. Für alle kulinarischen Abenteurer bietet der Winzer zudem eine Reise zum Mittelpunkt der Weine an: »Fabians fabelhafte Weintour.« Mit dem umweltfreundlichen Golfcaddy werden die besten Lagen rund um Podersdorf besucht. Nach etwa 90 Minuten und viel Wissenswertem über Region und Weinbau kehrt man zurück zum Ausgangspunkt, wo bei Interesse schon ein Tisch im Heurigen bereitsteht und für den perfekten Ausklang sorgt.

92 Grauburgunder Wellentänzer 2020
14 Vol.-%, DIAM, Stahltank, €€€€€
Helles Gelbgold, Silberreflexe. Zarte Kräuterwürze, tabakig unterlegte Noten von gelbem Kernobst, ein Hauch

Traminer

von reifer Birne, etwas Mango, kandierte Orangenzesten. Saftig, elegant und seidig, Nuancen von reifer Frucht, zarter Honig im Abgang, ausgewogen und gut anhaftend, ein feinwürziger Speisenbegleiter.

91 Grauburgunder fassgereift 2020
14,5 Vol.-%, DV, kleines Holzfass, €€€
Helles Gelbgold, Silberreflexe. Feines Karamell, gelbe Tropenfrucht, reife Birnen, helles Nougat im Hintergrund. Kraftvoll, Noten von gelber Frucht auch am Gaumen, dezente Süße, Nuancen von reifem Kernobst im Abgang, salzig-mineralisch im Rückgeschmack.

90 Chardonnay 2021
14 Vol.-%, DV, Stahltank, €€
Sehr helles Gelbgrün, Silberreflexe. Frische Wiesenkräuter, ein Hauch von Apfel, zarter Mangotouch. Kraftvoll, saftig, gelbe Birnennote, zart nach Blütenhonig, Orangenzesten im Abgang, dezente Fruchtsüße im Nachhall, unkomplizierter Speisenbegleiter.

90 Grüner Veltliner Ried Georgskirchen 2021
14 Vol.-%, DV, Stahltank, €€
Helles Goldgelb, Silberreflexe. Mit frischen Kräutern unterlegte gelbe Apfelfrucht, ein Hauch von Honigmelone und Mango, tabakige Nuancen. Kraftvoll, feine Fruchtsüße, zart nach Birnen, mineralisch, bleibt haften, zitroniger Touch im Rückgeschmack.

88 Blauer Zweigelt klassik 2021
13 Vol.-%, DV, Stahltank, €€

90 Traminer Spätlese 2021
10,5 Vol.-%, DV, Stahltank, €€
Helles Goldgelb, Silberreflexe. Zarte gelbe Tropenfrucht, Nuancen von Birne, feiner Honigtouch. Leichtfüßig, süße Textur, seidig und balanciert, gelbe Frucht und Blütenhonig im Nachhall, ein feiner Sommerwein, mit Entwicklungspotenzial ausgestattet.

WEINGUT STADLER

NEU

Günther Neukamp und Thomas Stadler bringen seit der Ernte 2019 unter den Markennamen »NESTOR« und »NEUKAMP & STADLER« burgundisch ausgebaute reinsortige Chardonnay-, Cabernet-Franc- und Pinot-Gris-Weine in die Flasche, deren einzigartige Charakter den Kenner begeistern.
Die 39 Hektar Weingärten rund um Halbturn liefern seit mehr als 40 Jahren exzellentes Traubenmaterial. Die besten Lagenweine finden unter der Marke »NESTOR« den Weg zu Weinliebhabern.
Bewusste Mengenreduktion in den nachhaltig bewirtschafteten Lagenweingärten, konsequente Selektion während der Weinernte sowie aufwendige und handwerklich anspruchsvolle Vinifizierungsprozesse schaffen außergewöhnliche und lagerfähige Weine mit besonderem Charakter.
Fast alle Premiumweine werden in limitierter Menge von 2.000 bis 3.000 Flaschen pro Sorte in französischen Barriques und 500-Liter-Eichenfässern renommierter Fassbindereien auf der Feinhefe ausgebaut. Batonnage und 12 (weiß) bzw. 18 (rot) Monate Fasslagerung schaffen elegante Weinraritäten, die bereits zwei Jahre nach der Ernte ihr Trink-

© Aslan Kudrofsky

WEINGUT STADLER
7131 Halbturn
Frauenkirchner Straße 8
T: +43 (1) 9418333
office@neukampundstadler.at
www.neukampundstadler.at

Kellermeister/Kontakt: Thomas Stadler
Produktion: 38 % weiß, 60 % rot, 2 % süß, 39 Hektar
Zertifiziert: Nachhaltig Austria
Vereinszugehörigkeit: Winzerwerk Weinverein Halbturn, Neusiedlersee DAC
Messen: ProWein Düsseldorf

Neukamp & Stadler

fenster öffnen. Jahrgangs- und Sortentypizität bestimmen die Charakteristik der »NESTOR«-Weine. Insbesondere die Rebfläche der Sorten Cabernet Franc und Pinot Gris wird seit 2019 wegen der sehr guten Nachfrage weiter vergrößert.

93 Chardonnay Ried Lehendorf Nestor 2020
13,5 Vol.-%, NK, 500-l-Fass, €€€€€
Mittleres Gelbgold, Silberreflexe. Zart gewürzig unterlegte gelbe Apfelfrucht, zart nach Honigmelone, etwas Vanille und Nelken, facettenreiches Bukett. Komplex, saftig, gelbe Tropenfrucht, Nuancen von Pfirsich, angenehmer Säurebogen, verfügt über Länge, zarte Fruchtsüße im Nachhall, ein stoffiger Speisenbegleiter.

90 Chardonnay Ried Kaiserberg Reserve 2019
13,5 Vol.-%, NK, Barrique, €€€€
Mittleres Goldgelb. Zart nussig-kräuterwürzig unterlegte gelbe Kernobstnoten, kandierte Orangenzesten, ein Hauch von Nougat im Hintergrund. Mittlerer Körper, dezente Fruchtsüße, reife Apfelfrucht, Dörrobst und Blütenhonig im Nachhall, bereits entwickelt und gut antrinkbar.

93 Pinot Gris Ried Lehendorf Nestor 2020
13,5 Vol.-%, NK, 500-l-Fass, €€€€
Mittleres Goldgelb, Silberreflexe. Zarte Holzwürze, feine Noten von gelbem Kernobst, zart nach Nougat und Karamell, attraktives Bukett. Saftig, komplex, elegante Textur, feiner Säurebogen, gelbe Frucht im Nachhall, bereits harmonisch und gut antrinkbar, ein stoffiger Speisenbegleiter.

91 Pinot Gris Ried Lehendorf Reserve 2019
14 Vol.-%, NK, Barrique, €€€€
Helles Goldgelb, silberfarbene Reflexe. Feine gelbe Tropenfrucht, zart nach Nashi-Birnen, kandierte Orangenzesten, noch etwas verhalten. Kraftvoll, seidig, feiner Honigtouch, mineralische Nuancen im Abgang, reife gelbe Frucht im Nachhall, ein opulenter, zugänglicher Speisenbegleiter.

93 Cabernet Franc Ried Kaiserberg Reserve 2019
14 Vol.-%, NK, Barrique, €€€€€
Dunkles Rubingranat, violette Reflexe, zarte Ockerrandaufhellung. Frische Herzkirschen, dunkle Waldbeeren, tabakig-schokoladig unterlegt, einladendes Bukett. Saftig, elegant, feine Fruchtsüße, runde Tannine, feiner Säurebogen, mineralisch-salzig, bereits sehr gut antrinkbar.

92 Cuvée Nestor 01 Reserve Neukamp & Stadler 2019 ME/CF/ZW
14 Vol.-%, NK, Barrique, €€€€€
Dunkles Rubingranat, violette Reflexe, zarte Randaufhellung. Feiner Vanilletouch, etwas nach reifen Kirschen und Feigen, ein Hauch von roter Beerenfrucht, zart nach Wiesenkräutern, frisches Bukett. Saftig, elegant, kraftvoll, fruchtsüß nach Brombeeren, engmaschig, bleibt sehr gut haften, ein vielschichtiger Speisenbegleiter.

★★★★★

HANS TSCHIDA - ANGERHOF

Einige der weltbesten Süßweinwinzer stammen aus dem Burgenland und einer davon ist Hans Tschida aus Illmitz. Sein Qualitätsstreben bei der Traubenproduktion und sein feinsinniges Gespür im Keller bestimmen seine vielfach ausgezeichneten Weine. 70 Prozent seiner Weinproduktion sind im Prädikatsweinbereich angesiedelt. Das Klima am Neusiedler See hilft ihm dabei, denn es könnte für die Erzeugung von Botrytisweinen kaum besser sein. Wenn im Herbst die Trauben schon eine ausreichend hohe Zuckergradation haben und die Frühnebel einsetzen, werden die Beeren fast über Nacht von dem gewünschten Edelschimmel befallen – ein Albtraum für die Rotweinwinzer im nördlichen Burgenland, ein Geschenk der Natur an die Süßweinproduzenten. Stilistisch bestechen die Weine vom Angerhof durch ihre Sortentypizität und Eleganz. Sie sind eher reduktiv angelegt, und bei den Zuckergraden bevorzugt Hans Tschida meist den unteren Bereich – dickflüssige, sirupartige Essenzen sind nicht seine Sache. Enorm wichtig ist ihm der Trinkfluss seiner Produkte. Seine Weine sind niemals klebrig, und er ist ein Fan der Lage Lüss, weil die Weine von dort meist einen um ein Promille höheren Säuregehalt aufweisen. Der Sämling ist die Sorte, mit der sich das Weingut einen exzellenten Ruf erarbeitet hat. Angetan haben es ihm aber auch ganz speziell seine Spät- und Auslesen. Sie sind die Einstiegsweine, wenn man sich dem Thema Süßwein nähern will. Und wer dies einmal probiert, der kann ohnehin die Finger nicht mehr davon lassen.

HANS TSCHIDA - ANGERHOF
7142 Illmitz
Angergasse 5
T: +43 (2175) 3150
weingut@angerhof-tschida.at
www.angerhof-tschida.at

Kellermeister: Hans Tschida
Kontakt: Hans und Lisa Tschida
Produktion: 20 % rot, 80 % süß, 35 Hektar
Messen: ProWein Düsseldorf, VieVinum

97 Sämling 88 ** Ried Lüss TBA 2019
8,5 Vol.-%, VL, Stahltank, €€€€€
Mittleres Gelbgold, Silberreflexe. Zarte gelbe Tropenfrucht, ein Hauch von Maracuja und gelbem Pfirsich, kandierte Mandarinenzesten und feiner Honig. Mittlere Komplexität, seidig und elegant, feiner Säurebogen, zitronige Nuancen, gute Länge, bereits entwickelt, gutes Reifepotenzial.

92 Sämling 88 Illmitz Spätlese 2021
8 Vol.-%, DV, Stahltank, €€
Helles Gelbgold, Silberreflexe. Weiße Blüten, etwas Limettenzesten, weißer Pfirsich, ein Hauch von Muskatnuss, einladendes Bukett. Straff, weiße Tropenfrucht, frisch strukturiert, mineralisch-salzig, fruchtsüßer Nachhall, vielseitig einsetzbar.

98 Muskat Ottonel Schilfwein 2019
8 Vol.-%, VL, Stahltank, €€€€€
Mittleres Gelbgold, Silberreflexe. Frische Zesten, weiße Tropenfrucht, Limettenöl, ein Hauch von Muskatnuss, facettenreiches, vielschichtiges Bukett, floral und attraktiv. Saftig, reifer Weingartenpfirsich, stoffige Süße, feine Säurestruktur, seidig und elegant, leichtfüßig, bleibt lange haften, bereits gut entwickelt, zart traubiger Nachhall, perfektes Trinkdessert.

94 Muskat Ottonel Auslese 2021
8 Vol.-%, DV, Stahltank, €€€
Mittleres Goldgelb, Silberreflexe. Zart nach Maracuja, Litschis und Muskat, saftige Tropenfrucht, traubige Nuancen. Stoffig und süß, lebendiger Säurebogen, weißer Pfirsich, gute Balance und Länge, mineralisch unterlegt im Abgang, gutes Reifepotenzial, bietet leichtfüßiges Trinkvergnügen.

96 Gelber Muskateller Eiswein 2020
8 Vol.-%, VL, Stahltank, €€€€€
Helles Gelbgold, Silberreflexe. Feiner weißer Pfirsich, ein Hauch von Muskatnuss, angenehmer Blütenhonig, gewürzige Nuancen, zart nach Holunderblüten. Straff, leichtfüßig und elegant, weiße Tropenfrucht, finessenreiche Säurestruktur, mineralisch, gut integrierte Süße, reife Maracuja im Abgang, attraktiv und verführerisch.

94 Grüner Veltliner Beerenauslese 2018
8 Vol.-%, VL, Stahltank, €€€
Mittleres Goldgelb, Silberreflexe. Zarte weiße Tropenfrucht, ein Hauch von Blütenhonig, Nuancen von Wiesenkräutern, Mandarinenzesten. Saftig, seidig, sehr elegant, weißer Apfel, feiner Säurebogen, mineralisch und balanciert, facettenreicher und leichtfüßiger Stil, bereits trinkfertig.

94 Grüner Veltliner Eiswein 2020
8 Vol.-%, VL, Stahltank, €€€€€
Helles Goldgelb, Silberreflexe. Zart nussig unterlegter Blütenhonig, zart nach reifer Mango, mit Pfirsich und Limettenzesten unterlegt. Saftig, elegant, reife Apfelfrucht, feine, gut integrierte Süße, feiner Säurebogen, harmonisch und bereits gut antrinkbar.

94 Blaufränkisch Eiswein 2020
8 Vol.-%, VL, Stahltank, €€€€€
Mittleres Gelbgold, zarte Kupferrotreflexe. Feiner Frostton nach Litschis, ein Hauch von Erdbeerkonfitüre und eingelegten Kirschen, zarte Honignuancen. Saftig, elegant, rotbeerige Frucht, feine Süße, zarter Säurebogen, balanciert, fruchtiger Nachhall, gut entwickelt.

91 Spätlese 2021 SÄ/GV/WR/CH
8 Vol.-%, DV, Stahltank, €€
Helles Gelbgold, Silberreflexe. Zart nach Limetten und Wiesenkräutern, frischer Apfel, zarte Muskatnuancen. Leichtfüßig, fruchtig, gut integrierte Süße, lebendig strukturiert, zitroniger Nachhall, toller Sommerwein.

★

WEINGUT UNGER

Das Weingut von Josef und Maria Unger liegt im Herzen von Halbturn, einer kleinen Gemeinde, die sich am Übergang der Parndorfer Platte in den Seewinkel erstreckt. Seit einigen Jahren ist auch Andreas Unger als Önologe im elterlichen Betrieb tätig. Sein enges Sortiment ermöglicht den Fokus auf das Wesentliche. Ungers Weißweine: Saftig sollen sie sein, aber dennoch Frische und Eleganz versprühen und bei jedem Schluck aufs Neue begeistern. Ungers Rotweine: komplex, mit vielen unterschiedlichen Facetten ausgestattet, dicht und dennoch nicht üppig, eigenständig, würzig und fruchtig, vom pannonischen Klima geprägt. Mit der Natur gemeinsam zu arbeiten, das bedeutet jedes Jahr aufs Neue, die Herausforderung anzunehmen, nicht uniform zu agieren, sondern mit den Höhen und

WEINGUT UNGER
7131 Halbturn
Quergasse 25
T: +43 (2172) 8080
info@weingut-unger.at
www.weingut-unger.at

Kellermeister: Andreas und Josef Unger
Kontakt: Andreas Unger
Produktion: 30 % weiß, 70 % rot, 10 Hektar
Messen: ProWein Düsseldorf, VieVinum, Vinobile Feldkirch

Merlot

Tiefen des jeweiligen Jahrgangs zurechtzukommen: So entstehen Unger-Weine pur.

91 Chardonnay 2021
13,5 Vol.-%, DV, gebrauchte Barriques/Stahltank, €€
Helles Grüngelb, Silberreflexe. Frischer weißer Apfel, zart nach Wiesenkräutern, ein Hauch von Limettenzesten, einladendes frisches Bukett. Mittlerer Körper, feine Tropenfrucht, lebendig strukturiert, mineralisch-zitroniger Nachhall.

89 Sauvignon Blanc 2021
12,5 Vol.-%, DV, Stahltank, €€

90 Blauer Zweigelt * Donauschotter 2020
13 Vol.-%, DV, Holzfass, €€
Dunkles Rubingranat, violette Reflexe, dezente Randaufhellung. Ein Hauch von Cassis und Lakritze, feines Brombeerkonfit, zarte Tabakwürze. Saftig, dunkle Beerenfrucht, feine Tannine, frisch strukturiert, zitronig-mineralisch im Abgang, ein lebendiger Speisenbegleiter.

92 Zweigelt Distelwiese 2018
13,5 Vol.-%, NK, Barrique, €€€€
Tiefdunkles Rubingranat, violette Reflexe, zarter Ockerrand. Nuancen von Cassis, Lakritze und Holunderbeeren, feine Edelholznote, Brombeerkonfit, einladendes Bukett. Komplex, engmaschig, schwarze Kirschen, Johannisbeeren, gut integrierte, präsente Tannine, mineralisch und straff, zarter Gerbstoff im Nachhall, feine Adstringenz im Abgang, braucht noch weitere Zeit.

90 Merlot Distelwiese 2019
13,5 Vol.-%, NK, Barrique, €€€€
Kräftiges Rubingranat, violette Reflexe, zarte Ockerrandaufhellung. Zarte Edelholzwürze, ein Hauch von Kräutern, dunkle Waldbeeren, frische Kirschen. Mittlerer Körper, saftig, engmaschiges Tannin, seidig, rote Beerenfrucht, zart austrocknend im Abgang, blättriges Finale.

★★★★★

WEINGUT VELICH

Das Weingut der Familie Velich liegt im Herzen des Naturschutzgebiets Neusiedler See – Seewinkel in Apetlon. Der Ort ist umgeben von zahlreichen Seen – hier Lacken genannt. Durch diese entsteht ein spezielles Kleinklima, das sich für den Weinbau als besonders förderlich erwiesen hat. Heinz Velich bewirtschaftet zurzeit zwölf Hektar Rebfläche, die ausschließlich mit Weißweinsorten bepflanzt sind. 45 Prozent davon nimmt der Chardonnay ein, etwa ein Viertel der Fläche ist mit Welschriesling bestockt, den Rest teilen sich Muskat-Ottonel und Bouvier.
Die leichten, fruchtigen Weine wie Welschriesling und Muskat-Ottonel werden im Stahltank vinifiziert. Chardonnay als Vertreter der extrakt-, aber finessenreichen Weine wird bevorzugt im gebrauchten Barrique vergoren und ausgebaut. Der Chardonnay mit dem Namen »Tiglat« gilt seit Jahren als einer der besten Sortenvertreter des Landes. Ihm zur Seite stehen der zweite trockene Chardonnay des Hauses, der »Darscho«, und eine Cuvée aus Chardonnay, Welschriesling und Sauvignon Blanc mit der Bezeichnung »TO« (was auf Ungarisch »See« bedeutet). Süßweine werden nur in geeigneten Jahren gekeltert und zum größten Teil im Barrique vinifiziert.
Der Betrieb legt besonderen Wert auf eine hohe Reife und regionaltypischen Charakter der Weine. Das Falstaff-Magazin zeichnete Heinz Velich als »Winzer des Jahres 2012« aus.

(97) Chardonnay Tiglat 2019
14 Vol.-%, DIAM, kleines Holzfass, €€€€€€
Mittleres Goldgelb, Silberreflexe. Feine Nuancen von kandierten Mandarinenzesten, ein Hauch von gelber Tropenfrucht, zart nach Haselnussmehl, Noten von Blütenhonig, mit weißem Pfirsich unterlegt. Saftig, elegant, feine Steinobstnuancen, finessenreich strukturiert, mineralisch und lange anhaftend, sehr in sich ruhend, zeigt Länge, verfügt über großes Entwicklungspotenzial.

96 Chardonnay Darscho 2019
13,5 Vol.-%, DIAM, großes Holzfass, €€€€€
Mittleres Grüngelb, Silberreflexe. Feine Holzwürze, ein Hauch von Wiesenkräutern, zart nussige Reduktionsnote, mit Limettenzesten unterlegt. Saftig, weiße Pfirsichfrucht, engmaschig und straff, zitronig-mineralisch unterlegt, der Puligny-Montrachet des Burgenlandes, seidig-salzig im Abgang, bereits zugänglich, ein facettenreicher Speisenbegleiter.

93 TO 2019 CH/SB/WR
13,5 Vol.-%, DIAM, großes Holzfass, €€€
Leuchtendes Goldgelb, Messingreflexe. Zart kräuterwürzig unterlegte Nuancen von reifer Marille, etwas gelber Pfirsich, kandierte Orangenzesten. Saftig, elegant und ausgewogen, reifer gelber Apfel, feine Säurestruktur, zarter Honig im Abgang, bleibt haften, ein vielseitiger Speisenbegleiter.

93 Welschriesling Alte Reben 2020
12,5 Vol.-%, DIAM, großes Holzfass, €€€€
Leuchtendes mittleres Goldgelb, Silberreflexe. Zartes Bukett, ein Hauch von reifer gelber Tropenfrucht, Nuancen von Mandarinenzesten, sehr scheues Bukett. Mittlerer Körper, feine gelbe Apfelfrucht, finessenreicher Säurebogen, mineralisch und gut anhaftend, reife Säure, zarte Zitruskomponente im Nachhall, eleganter Speisenbegleiter.

92 Muskat Ottonel 2020
12,5 Vol.-%, DIAM, Stahltank, €€
Helles Goldgelb, Silberreflexe. Zart rauchig unterlegte gelbe Tropenfrucht, nach Ananas und Muskatnuss, traubig-würziges Bukett. Saftig, leichtfüßig, zart nach weißem Apfel, feiner Blütenhonig, frischer Abgang, ein animierender Sommerwein.

97 Sämling TBA 2009
7 Vol.-%, NK, kleines Holzfass, €€€€€€
Getrübtes Mahagoni mit Ockerrandaufhellung. Nuancen von Nougat und Dörrpflaumen, dazu etwas dunkles Karamell, mit einem Hauch von Marillenkonfitüre und Milchschokolade unterlegt, zartes Rancio klingt an. Am Gaumen komplex, feiner Rosinentouch, seidige Textur, die Süße wird von einer rassigen Säure gekontert, zart salzig im Finale, bleibt lange haften, schnörkelloser, authentischer Süßweinstil, bietet ein besonderes Trinkerlebnis, kann es mit jedem Pedro Ximénez aufnehmen.

WEINGUT VELICH
7143 Apetlon
Seeufergasse 12
T: +43 (2175) 3187
weingut@velich.at
www.velich.at

Kellermeister/Kontakt:
Heinz Velich
Produktion: 50.000 Flaschen
80 % weiß, 20 % süß, 12+8 Hektar
Messen: ProWein Düsseldorf, VieVinum

★★

WEINGUT WURZINGER PIA

BIO

Josef Wurzinger ist als der Weißweinwinzer des Seewinkels im Burgenland bekannt. Fruchtigkeit, Finesse und Frische seiner Weißweine überraschen viele Weinfreunde, die solche Kreszenzen eher der Steiermark zuordnen würden. Aber auch seine Rotweine stehen ganz hoch im Kurs, allen voran der Zweigelt Heideboden, mit dem Josef Wurzinger schon einmal den zweiten Platz beim »Falstaff Zweigelt Grand Prix« belegte, und die Cuvée vom Kreuzjoch aus Zweigelt, Blaufränkisch, Cabernet Sauvignon und Merlot, die besonders durch eine saftige Frucht, reife und weiche Tannine sowie eine besondere Trinkanimation besticht. Bei den reinsortig ausgebauten Rotweinen zeigt der engagierte Winzer ebenfalls ein gutes Gefühl für die Vinifikation und den richtigen Holzeinsatz. Josef Wurzinger legt besonders viel Wert auf den richtigen Lesezeitpunkt und die Sortierung des gesunden Traubenmaterials, das die Basis für gute Weine darstellt. Besonders viel Zeit und Leidenschaft investiert er in die Vinifikation und den Ausbau seiner Weine. Das kommt auch den Freunden der Wurzinger-Weine zugute, die sich über beständige Qualität und deshalb über jede Menge Trinkspaß freuen können.

93 Chardonnay Royal 2020
14 Vol.-%, NK, kleines Holzfass, €€€€ B
Leuchtendes Goldgelb, Silberreflexe. Feine Vanille, ein Hauch

WEINGUT WURZINGER PIA
7162 Tadten
Obere Hauptstraße 11
T: +43 (676) 4868757
office@weingut-wurzinger.at
www.weingut-wurzinger.at

Kellermeister: Josef Wurzinger
Kontakt: Pia Lisa Wurzinger
Anbauweise: Zertifiziert Biologisch (Bio Austria)
Produktion: 240.000 Flaschen 45 % weiß, 3 % rosé, 52 % rot, 25 Hektar
Messen: fafga Innsbruck, VieVinum, Wein Burgenland Präsentationen

von gelber Tropenfrucht, reife Mango, Nuancen von Safran im Hintergrund, facettenreiches Bukett. Stoffig, kraftvoll und elegant, gelber Pfirsich, gut integrierte Holzwürze, feine Fruchtsüße, gute Länge, verfügt über Reifepotenzial.

91 Chardonnay Granit 2020
13 Vol.-%, NK, Granitfass, €€€€ B
Leuchtendes mittleres Gelbgrün, Silberreflexe. Frischer Hauch von Golden-Delicious-Apfel, zart nach Orangenzesten, dezentes Bukett. Mittlerer Körper, feine Pfirsichfrucht, etwas Honigmelone, zarter Säurebogen, salzige Mineralik, ein vielseitiger Speisenbegleiter.

93 Merlot Reserve M+ 2019
15 Vol.-%, NK, kleines Holzfass, €€€€ B
Dunkles Rubingranat, opaker Kern, violette Reflexe, zarte Randaufhellung. Schokoladig unterlegte reife Kirschfrucht, feine Edelholznuancen, saftig, elegant, feine Fruchtsüße, mineralisch, schokoladiger Touch im Abgang, zeigt Länge, verfügt über Reifepotenzial.

93 Blaufränkisch Reserve M+ 2019
14 Vol.-%, NK, kleines Holzfass, €€€€ B
Dunkles Rubingranat, opaker Kern, violette Reflexe, zarte Randaufhellung. Zart tabakig-kräuterwürzig unterlegte Brombeerfrucht, schwarze Kirschen, kandierte Orangenzesten, einladendes Bukett. Saftig, elegant und frisch, kräftig, runde Tannine, mineralisch-zitronig im Abgang, bereits gut entwickelt, ein facettenreicher Speisenbegleiter.

92 Ried Kreuzjoch Reserve 2019 BF/ME/ZW/CS
13,5 Vol.-%, NK, kleines Holzfass, €€€ B
Tiefdunkles Rubingranat, opaker Kern, violette Reflexe, zarte Randaufhellung. Mit Nougat unterlegte schwarze Waldbeeren, dunkle Kirschen, dezente Holzwürze. Saftig, elegant, reife Herzkirschen und Zwetschken, gut integrierte Tannine, mineralischer Nachhall, guter Speisenbegleiter.

91 King Lui I Reserve 2019 ZW/BF/ME
13,5 Vol.-%, NK, kleines Holzfass, €€€ B
Dunkles Rubingranat, opaker Kern, violette Reflexe, zarte Randaufhellung. Feines Brombeerkonfit, zart nach Cassis und Nougat, dezente Edelholzwürze. Mittlere Komplexität, rotbeerige Nuancen, frischer Säurebogen, salziger Touch, zitroniger Abgang, ein lebendiger Begleiter bei Tisch.

★★★

ZANTHO

Mit »Zantho« beschreiten Spitzenwinzer Josef Umathum und Wolfgang Peck neue Wege im burgenländischen Qualitätsweinbau. Der Betrieb kann auch als perfekte Symbiose von langjähriger Erfahrung, bester technischer Ausstattung und optimalen natürlichen Bedingungen bezeichnet werden. Produziert wird in der Domaine Andau, einem der modernsten Weinkellereien Österreichs. Das Traubengut liefert eine kleine Gruppe ausgewählter Mitglieder, die – von Josef Umathum speziell geschult und kontrolliert – die Weingärten bearbeiten. »Zantho«, der Name des kleinen burgenländischen Ortes Andau in dessen erster urkundlicher Erwähnung, ist zugleich Bezeichnung der Weinlinie, die pannonische Waldeidechse dient als einprägsames Symbol. Erzeugt werden vornehmlich Rotweine aus den heimischen Sorten Zweigelt, Sankt Laurent und Blaufränkisch. Daneben runden Muskat, Sauvignon Blanc, Welschriesling und Grüner Veltliner in Weiß, Zweigelt in Pink sowie Brut Rosé, ein hochwertiger Schaumwein

© Weingut Zantho

ZANTHO

7163 Andau, Dammweg 1a
T: +43 (2176) 27077
office@zantho.com, www.zantho.com

Kellermeister: Wolfgang Peck und Christopher Eisinger
Kontakt: Thomas Gratzer
Produktion: 30 % weiß, 65 % rot, 5 % süß, 80 Hektar
Zertifiziert: Nachhaltig Austria
Messen: Austrian Tasting London, FHA Singapore, Foodex Japan, Hofex Hongkong, ProWein Düsseldorf, VieVinum, Vinexpo, Vinexpo Bordeaux, Vinexpo Shanghai, DAC-Präsentationen, ProWine China, ProWine Asia, Hong Kong International Wine & Spirits Fair, Wein Burgenland Präsentationen, Vinexpo Explorer

Fasskeller von Zantho

nach traditioneller Methode, das Sortiment ab. Die Spitze bilden die Reserve-Weine aus Zweigelt, Sankt Laurent, Pinot Noir, Cabernet und Merlot, die nur in herausragenden Jahren aus den besten Trauben selektioniert und schonend im kleinen Holzfass ausgebaut werden. Neu im Portfolio ist die Cuvée »1487«, deren Name eine Referenz an die erste urkundliche Erwähnung von Andau im Jahre 1487 darstellt. Diese hochwertige Cuvée aus Cabernet Sauvignon, Zweigelt und Merlot vereint burgenländische Tradition mit internationalem Flair auf höchstem Niveau. Alle Weine von Zantho sind mit dem exklusiven Vino-Lok-Glasverschluss ausgestattet, um höchste Qualität zu garantieren. Die »Eidechsen-Weine« werden in über 40 Länder exportiert und sind im gut sortierten Fachhandel sowie ab Hof und im Onlineshop erhältlich.

92 Grüner Veltliner Reserve 2020
13 Vol.-%, VL, Stahltank/Barrique, €€€
Helles Goldgelb, Silberreflexe. Nuancen von Marille und Golden-Delicious-Apfel, zart nach Wiesenkräutern und Blütenhonig. Stoffig, elegant, weiße Frucht, zarte Süße, lebendige Struktur, ein saftiger Begleiter für viele Anlässe.

90 Grüner Veltliner 2021
12 Vol.-%, VL, Stahltank, €€
Helles Goldgelb, Silberreflexe. Einladende gelbe Apfelfrucht, zart nach Honigmelone, ein Hauch von Limettenzesten. Leichtfüßig, aber saftig, weißes Kernobst, frisch strukturiert, mineralisch und gut anhaftend.

90 Welschriesling 2021
12 Vol.-%, VL, Stahltank, €€
Helles Goldgelb, Silberreflexe. Zart nach Kernobst, apfeliger Touch, zart nach Zitruszesten. Saftig, feine frische Apfelfrucht, lebendiger Säurebogen, feine Wiesenkräuter im Abgang, mineralisch, ein feinwürziger Sommerwein.

90 Muskat Ottonel 2021
12 Vol.-%, VL, Stahltank, €€
Helles Goldgelb, Silberreflexe. Feine weiße Tropenfrucht, ein Hauch von Litschi und Honigmelone, floraler Touch. Leichtfüßig, feine traubige Würze, gelber Pfirsich, etwas Ananas, frisch und mineralisch im Abgang, Limetten im Rückgeschmack.

89 Sauvignon Blanc 2021
12 Vol.-%, VL, Stahltank, €€

89 Pink 2021 ZW/BF
12,5 Vol.-%, VL, Stahltank, €€

91 Sankt Laurent 2019
13 Vol.-%, VL, Stahltank, €€
Kräftiges Rubingranat, violette Reflexe, dezente Ockerrandaufhellung. Zart rauchig-würzig unterlegtes Waldbeerenkonfit, reife Kirschen, Brombeeren, tabakiger Anklang. Mittlerer Körper, zart nach Preiselbeeren, feine Fruchtsüße, runde Tannine, elegant, etwas Nougat, ein facettenreicher Speisenbegleiter.

90 Blaufränkisch 2020
13 Vol.-%, VL, Stahltank, €€ V
Kräftiges Rubingranat, violette Reflexe, dezente Ockerrandaufhellung. Zarte Kräuterwürze, Nuancen von Brombeeren und Zwetschken, kandierte Orangenzesten. Saftig, mittlere Komplexität, reife Herzkirschen, würzig-mineralischer Nachhall.

90 Zweigelt 2020
13 Vol.-%, VL, Stahltank, €€ V
Dunkles Rubingranat, violette Reflexe, dezente Ockerrandaufhellung. Zart floral unterlegte Kirschnote, ein Hauch von dunklen Waldbeeren, feine Kräuterwürze, Orangenzesten. Saftig, ausgewogen, rote Kirschen, feine Tannine, gute Frische, vielseitig einsetzbar.

92 Grüner Veltliner TBA 2019
6,5 Vol.-%, VL, Stahltank, €€€€
Kräftiges Orangegold, Silberreflexe. Feine Nuancen von Honig, Dörrobst und Quittengelee. Saftig, deutliche Süße, exotische Fruchtnuancen nach Mango und Papaya, Honigtouch auch im Abgang, bereits gut entwickelt, ein Trinkdessert.

★★

WEINGUT ZINIEL

Im tiefsten Seewinkel wird von Familie Ziniel eine kühne und zugleich kühle Linie gezogen, die sich spannungsreich von weißer Klassik über Rotweine rund um die Leitsorte St. Laurent bis hin zum herausragenden Schilfwein spannt – komplex und spannend wie feinster »Cool Jazz«, nicht zeitgeistig, sondern konsequent mit handgelesenem Traubenmaterial traditioneller Sorten aus eigenen Weingärten. In Anbetracht der Tatsache, dass die Ziniels eher zu den Newcomern als zum Urgestein zählen, ist es legitim zu fragen, woher diese selbstsichere Leichtigkeit kommt – wohl auch von der Erfahrung, die der junge Winzer Andreas im In- und Ausland gesammelt hat. Sicher spielt es aber eine Rolle, dass sich die Ziniels nicht nach dem Markt richten müssen. Bis auf Kellermeister Andreas stehen alle fest in anderen Berufen, die es ihnen erlauben, beim Wein kompromisslos zu sein: Patron Alfred ist Landwirt und für die Böden und Weingärten zuständig. Bruder Wolfgang ist Wissenschaftler und unterstützt Andreas bei der Vinifikation und Stilistik. Mutter Elisabeth kümmert sich um Kommunikation und Vertrieb sowie um den familiären Zusammenhalt.

Sankt Laurent

Die Ziniels setzen übrigens auf Nachhaltigkeit. So pflegt man langjährige Partnerschaften und verzichtet schon einmal auf einen schnellen Abschluss. Diese persönliche Aufmerksamkeit schätzen auch die Ab-Hof-Stammkunden, die den Ziniels besonders wichtig sind. Unmittelbares Feedback von Kunden fließt dann in die Arbeit der Familie durchaus ein. Apropos: Das winzige St. Andrä am Zicksee befindet sich geografisch exakt dort, wo das Z im Alphabet steht: ganz am Ende. Oder ganz am Anfang – es kommt bloß auf den Standpunkt an.

92 Chardonnay Ried Heulage 2020
12,5 Vol.-%, NK, großes Holzfass, €€€€€
Leuchtendes Gelbgrün, Silberreflexe. Zarte gelbe Tropen-

WEINGUT ZINIEL

7161 St. Andrä am Zicksee
Hauptstraße 47
T: +43 (676) 9333604
office@ziniel.at
www.ziniel.at

Kellermeister: Andreas Ziniel
Kontakt: Elisabeth, Andreas und Wolfgang Ziniel
Anbauweise: Umstellung auf bio
Produktion: 50 % weiß, 45 % rot, 5 % süß, 16 Hektar
Messen: ProWein Düsseldorf, VieVinum

Oberer Stinkersee

frucht, nach Ananas und Mango, ein Hauch von Blütenhonig. Mittlerer Körper, weißes Kernobst, frisch strukturiert, zarter Nougattouch im Abgang, bleibt haften, bereits gut antrinkbar.

91 Weissburgunder St. Andräer 2021

12,5 Vol.-%, DIAM, großes Holzfass, €€€
Helles Goldgelb, Silberreflexe. Zarte Kräuterwürze, Nuancen von Karamell, mit feiner Birnenfrucht unterlegt, kandierte Orangenzesten. Mittlerer Körper, weißes Kernobst, frischer Säurebogen, zitroniger Touch, ein leichtfüßiger Speisenbegleiter mit nussigem Nachhall.

(93) St. Andräer Zicksee Cuvée Reserve 2020 ME/CS/ZW

13 Vol.-%, NK, gebrauchte Barriques, €€€€€
Dunkles Rubingranat, violette Reflexe, dezente Ockerrandaufhellung. Feines Brombeerkonfit, reife Zwetschken, ein Hauch von Nougat und Edelholzwürze. Saftig, elegante Textur, reife Kirschen, feine Tannine, gute Frische, bereits zugänglich, ein balancierter Speisenbegleiter mit Reifepotenzial.

92 Zweigelt Ried Hutweide 2020

12,5 Vol.-%, NK, großes Holzfass, €€€€€
Kräftiges Rubingranat, violette Reflexe, dezenter Ockerrand. Ein Hauch von Gewürznelken, eingelegte rote Kirschen, etwas Zwetschken, kandierte Orangenzesten. Saftig, elegant, rotbeeriger Touch, frisch strukturiert, lebendiger, trinkfreudiger Stil, rote Kirschen im Nachhall, ein schlanker, animierender Speisenbegleiter.

91 St. Laurent Ried Johannishöhe 2020

11,5 Vol.-%, NK, 500-l-Fass, €€€€€
Kräftiges Rubingranat, violette Reflexe, dezente Ockerrandaufhellung. Zart rauchig-kräuterwürzig unterlegtes Brombeerkonfit, dunkle Kirschen, zart tabakige Nuancen. Saftig, rotbeerig, feiner Säurebogen, reife Tannine, frisch und mineralisch, zitroniger Touch, ein animierender, leichtfüßiger Speisenwein.

Pöttelsdorf – hier die Ried Buchgraben – ist einer der bekanntesten Orte der vom kühlen Klima der nahen Voralpen geprägten Region Rosalia DAC.

© Robert Herbst

BURGENLAND
ROSALIA
DAC

Es sind eher sanfte Hügel, wie hier der Kogelberg, die das Gebiet landschaftlich prägen

SANFTE HÜGELLANDSCHAFT, EXTRAKTREICHE WEINE

Südlich an das Gebiet Leithaberg schließt das DAC-Gebiet Rosalia mit dem Hauptort Pöttelsdorf an, dessen schwerere Böden einen kräftigen Blaufränkisch-Typ ähnlich dem des Mittelburgenlands hervorbringen.

Die sanfte Hügellandschaft der Region Rosalia eignet sich vorzüglich für den Weinbau. Die Gründe dafür sind das pannonische Klima und die fruchtbaren Braunerdeböden mit Lössuntergrund. Das Rosaliengebirge ist ein Ausläufer der Alpen an der niederösterreichisch-burgenländischen Landesgrenze. Im Norden grenzt die Region an das Weinbaugebiet Leithaberg DAC und im Süden an das Weinbaugebiet Mittelburgenland DAC. Zwischen den sanften Hügeln fließt die Wulka in den Neusiedler See. Das DAC-Gebiet Rosalia liegt am Osthang des Rosaliengebirges, umfasst den politischen Bezirk Mattersburg und ist bekannt für die Burg Forchtenstein, die Festivals in Wiesen oder den Kurort Bad Sauerbrunn. Auch die Nähe zu Eisenstadt und zum Neusiedler See macht die Gegend zu einem beliebten Ausflugsziel. Durch große landwirtschaftlich genutzte Flächen hat sie sich viel von ihrer Beschaulichkeit und Natürlichkeit bewahrt, weite Teile sind daher auch als Naturpark ausgewiesen.

Die Erdbeere, der Wein, die Edelkastanie und verschiedene andere köstliche Produkte haben diesem Landstrich den Beinamen »süße Region« eingebracht. Schon die Kelten erkannten vor mehr als 2.500 Jahren, dass sich dieses Terroir vorzüglich für den Weinbau eignet. Heute stehen in der Region Rosalia 450 Hektar Weinberge im Ertrag, die Hauptsorte ist mit 60 Prozent der Blaufränkisch, gefolgt vom Zweigelt. Merlot, Cabernet Sauvignon, Pinot Noir und weitere Sorten ergänzen die Liste der angebauten Rotweine. An Weißweinen findet man vor allem Grünen Veltliner und Weißburgunder. Bereits zur Mitte des 19. Jahrhunderts hatten die Rotweine der Region einen grenzüberschreitenden Ruf. Die ehemalige Großlage »Rosalia« südlich des Leithagebirges wurde 2018 zu Österreichs nächstem DAC-Wein-

AUSGEWÄHLTE WEINGÜTER

★★★

Weingut Migsich, Antau

★★

Weingut Piribauer, Neudörfl
Domaine Pöttelsdorf Familymade, Pöttelsdorf

★

Weingut Alfred Fischer, Stöttera
Weingut Lassl, Sigleß

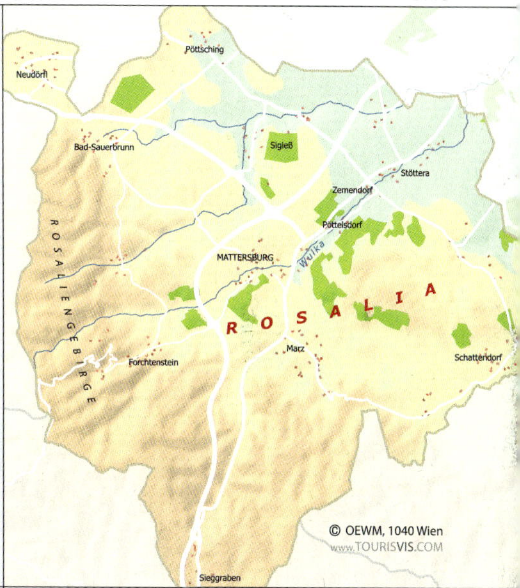

baugebiet. Die gebietstypischen Rebsorten Blaufränkisch und Zweigelt dürfen auf Basis der nun unterzeichneten DAC-Verordnung rückwirkend ab dem Jahrgang 2017 reinsortig zu Rosalia DAC vinifiziert werden, sofern die Weine einen Alkoholgehalt von mindestens 12 Vol.-% sowie einen Restzuckergehalt von höchstens 4 g/l aufweisen. Der Ausbau muss im Stahltank oder Holzfass erfolgen, die Weine sollen ein vielschichtiges und regionaltypisches Bukett sowie einen finessenreichen, fruchtigen und würzigen Geschmack aufweisen.

★

WEINGUT ALFRED FISCHER

Das Weingut Alfred Fischer wird seit 1931 als Familienbetrieb geführt. Bewirtschaftet werden zwölf Hektar in den besten Lagen in Pöttelsdorf, einem seit jeher bekannten Weinort im Herzen der Großlage Rosalia. Im Ertrag stehen die roten Sorten Blaufränkisch, Blauer Zweigelt, Merlot und Cabernet Sauvignon. Für die Weißweine werden die Trauben von ausgesuchten Produzenten vom Leithaberg zugekauft, der Fokus liegt hierbei auf den Sorten Grüner Veltliner, Welschriesling und Pinot Blanc. Qualität ist oberstes Gebot. Dass diese Betriebsphilosophie eingehalten wird, zeigen die vielen Auszeichnungen, die das Weingut im In- und Ausland erhält.
Seit 2002 engagiert sich die Familie Fischer auch in Ungarn: Am Plattensee wurde ein neues Weingut gebaut, circa 80 Hektar wurden dort neu bepflanzt. Auch hier bestätigen die zahlreichen internationalen Auszeichnungen die konsequente Qualitätsphilosophie der Familie Fischer.

(90) Pinot Blanc limited 2021
12,4 Vol.-%, DV, Stahltank, €€
Helles Gelbgrün, Silberreflexe. Zart nach Ananas, etwas Blütenhonig, feiner Birnentouch. Mittlerer Körper, weißer Apfel, zarte Säurestruktur, ausgewogen, dezente Fruchtsüße im Nachhall.

90 Grüner Veltliner limited 2021
12,5 Vol.-%, DV, Stahltank, €€
Helles Gelbgrün, Silberreflexe. Zarte Wiesenkräuter, feine Kernobstnuancen, etwas Marille. Saftig, zarte weiße Apfelfrucht, ein Hauch von Honigmelone, dezentes Säurespiel, ein harmonischer Speisenbegleiter.

Blaufränkisch

WEINGUT ALFRED FISCHER

7023 Stöttera
Rosenthalgasse 2–6
T: +43 (2626) 5238
alex@alfredfischer.at
www.alfredfischer.com

Kellermeister: Thomas Fischer
Kontakt: Mag. Alex Fischer
Produktion: 40 % weiß, 55 % rot, 5 % süß, 12 Hektar
Vereinszugehörigkeit: Rosalia DAC
Messen: ProWein Düsseldorf, VieVinum

90 Rosalia DAC Rosé 2021 BF/ZW
12,4 Vol.-%, DV, Stahltank, €€
Helles Lachsrosa, Silberreflexe. Zart nach roten Kirschen, ein Hauch von frischer Birne, Nuancen von Erdbeeren, einladendes Bukett. Saftig, elegant, ausgewogen, angenehmer Säurebogen, fruchtiger Nachhall, feiner Sommerwein.

(91) Blaufränkisch * 2020
13,3 Vol.-%, DV, Stahltank, €€
Dunkles Rubingranat, violette Reflexe, zarte Ockerrandaufhellung. Dunkle Frucht nach Brombeeren und Zwetschken, etwas Nougat, zarte Lakritze und kandierte Orangenzesten. Saftig, florale Nuancen auch am Gaumen, seidige Textur, mineralischer Nachhall, bereits gut antrinkbar, vielseitig einsetzbar.

(90) Blaufränkisch limited 2019
13,3 Vol.-%, DV, Stahltank, €€
Dunkles Rubingranat, violette Reflexe, zarte Ockerrandaufhellung. Zart mit Nougat unterlegte Brombeernote, reife Zwetschken, dezente Kräuterwürze. Mittlerer Körper, kandierte Veilchen, süße rote Beeren, ausgewogen, bereits gut antrinkbar, schokoladiger Abgang.

(89) Zweigelt limited 2019
13,3 Vol.-%, DV, Stahltank, €€

★

WEINGUT LASSL

Auf dem Weingut Lassl fügen sich nicht nur die verschiedenen Charaktere einer Winzerfamilie stimmig zusammen, sondern auch die jeweilige Typizität zweier Weinbaugebiete: Rosalia DAC und Leithaberg DAC. Der Betrieb und der Großteil der Weingärten liegen in Sigleß im Weinbaugebiet Rosalia DAC, aber man bewirtschaftet auch einige Rieden in Klingenbach im Leithaberg-DAC-Gebiet. Die schweren Böden des Rosalia-DAC-Gebiets begünstigen kräftige Rotweine sowie klassisch-frische Weiß- und Roséweine, während mit der Leithaberg-DAC-Linie puristische, strukturierte und mineralische Weine gekeltert werden. Das bewusste Bekenntnis zu Qualität, die Freude in und mit der Natur zu arbeiten, Genuss und Regionalität zu leben sowie Tradition mit Moderne zu verbinden, begeistern die Familie nun schon seit Generationen. Ganz neu ist der Genussheurige namens »Weinwirtschaft« im ehe-

WEINGUT LASSL
7032 Sigleß, Wr. Neustädter Straße 60
T: +43 (2626) 71381
office@weingut-lassl.at
www.weingut-lassl.at

Kellermeister: Herbert u. Stefan Lassl
Kontakt: Herbert Lassl
Produktion: 5 % Schaumwein, 40 % weiß, 15 % rosé, 40 % rot, 9 Hektar
Vereinszugehörigkeit: Rosalia DAC, Leithaberg DAC
Messen: Dornbirner Frühjahrs- und Herbstmesse, Vinobile Feldkirch, Weinmesse Innsbruck, Weintage im Museumsquartier, DAC-Präsentationen, Wein Burgenland Präsentationen

maligen Dorfgasthaus Krenn, das von der Familie Lassl mit viel Herzblut behutsam aus seinem Dornröschenschlaf geholt wurde. Dort bietet man eine zeitgemäße Version des klassischen Heurigen mit kalten Speisen – selbst gemacht bzw. von ausgesuchten regionalen Produzenten, liebevoll angerichtet, saisonal wechselnd und von den eigenen Weinen und guten Gesprächen begleitet.

91 Grüner Veltliner Tradition 2020
13 Vol.-%, DIAM, 500-l-Fass, €€
Helles Grüngelb, Silberreflexe. Feine Kräuterwürze, weiße Tropenfrucht, ein Hauch von Ananas und Maracuja, zart nach Vanille. Mittlere Komplexität, elegant, weiße Melonenfrucht, finessenreiche Struktur, zarte Limettennote im Nachhall.

89 Grüner Veltliner 2021
12 Vol.-%, DV, Stahltank, €€

89 Gelber Muskateller 2021
12 Vol.-%, DV, Stahltank, €€

91 Blauburgunder * 2021**
13 Vol.-%, DV, Stahltank, €€
Helles Lachsrosa, Silberreflexe. Süße Kirschen, ein Hauch von Melone und Orangenzesten, rotbeerig unterlegt. Saftig, elegant und frisch strukturiert, wirkt leichtfüßig, mineralisch, ein toller Sommerwein.

90 Blaufränkisch ** Sigless 2020
13,5 Vol.-%, DIAM, 500-l-Fass, €€€
Dunkles Rubingranat, violette Reflexe, schwarzer Kern, zarte Randaufhellung. Feine Tabakwürze, Zwetschkenfrucht, ein Hauch von Johannisbeeren, Eukalyptus. Mittlerer Körper, feine Säurestruktur, gut eingebundene Tannine, leicht animalische Noten, Kirschen im Nachhall, bereits gut antrinkbar.

90 Cuvée ultimo 2018 ZW/BF
13,5 Vol.-%, DIAM, gebrauchte Barriques, €€€
Dunkles Rubingranat, violette Reflexe, zarte Randaufhellung. Edelholzwürze und dunkles Waldbeerenkonfit, unterlegt mit etwas Brombeeren, zart nach Orangenschalen. Mittlerer Körper, feine Kräuterwürze, dezente Tanninstruktur, mineralisch, Kirschfrucht im Abgang, vielseitiger Speisenbegleiter.

★★★

WEINGUT MIGSICH

Größer, breiter, länger: Besser kann man die neue Feinweinlinie der Familie Migsich unter dem Motto »Slow Winemaking« nicht beschreiben. Erich und Mario Migsich zählen zu den aufstrebenden Winzern im Burgenland, die mit ihren Weinen Persönlichkeiten geschaffen haben, von denen man noch in vielen Jahren sprechen wird. Auf 28 Hektar Rebfläche schafft es das Brüderpaar, unter enormer Ertragsreduktion Unikate mit bleibendem Eindruck zu kreieren. Ohne technischen Schnickschnack konzentriert man sich auf das Wesen des Sortentypus in Kombination mit dem Terroir – ganz im Trend der Zeit. Mit dem Flaggschiff »Fat Boy« landete man bereits mit dem ersten Jahrgang im In- und Ausland unter den höchstbewerteten Weinen in der Kategorie Blaufränkisch. Das liegt vor allem daran, dass eine Kombination aus schweren Lehmböden, bis zu 50-jährigen Reben, kleinbeerigen Trauben und der selbst auferlegten Beschränkung, »ihn« nur in den besten Jahrgängen zu vinifizieren, extrem »wenig hergibt«. Dafür ist

Erich und Mario Migsich

WEINGUT MIGSICH

7042 Antau, Kleine Zeile 66
T: +43 (2687) 62253
office@migsich.at
www.migsich.at

Kellermeister: Erich Migsich
Kontakt: Mag. Mario Migsich
Produktion: 40 % weiß, 5 % rosé, 50 % rot, 5 % süß, 28 Hektar
Zertifiziert: Nachhaltig Austria
Vereinszugehörigkeit: Rosalia DAC
Messen: Alles für den Gast Salzburg, Dornbirner Frühjahrs- und Herbstmesse, fafga Innsbruck, ProWein Düsseldorf, Wein Burgenland Präsentationen

dieses bisschen, das die Migsich-Brüder in Mikrovinifikation – nahezu ohne Technik, Zusätze, Filtration oder anderen Firlefanz – entstehen lassen, die Quintessenz dessen, was einen ganz besonderen Wein ausmacht.

91 Rosalia DAC Rosé 2021 BF/ZW

12,5 Vol.-%, DV, Stahltank, €€
Mittleres Lachsrosa, Orangereflexe. Zart floral, rote Beerenfrucht, eingelegte Kirschen, ein Hauch von Orangenzesten und Blütenhonig. Saftig, feine weiße Tropenfrucht, elegante Textur, mineralisch-salzig im Abgang, etwas Honigmelone im Nachhall, zitroniges Finish.

95 Merlot Nobody 2019

15 Vol.-%, DIAM, Barrique, €€€€€
Tiefdunkles Rubingranat, schwarzer Kern, violette Reflexe, zarte Randaufhellung. Dezent nach schwarzem Waldbeerenkonfit, mit Holz-Kräuter-Würze unterlegte kandierte Orangenzesten, Brombeernoten klingen an. Saftig, elegant, balancierte Tanninstruktur, mineralisch, fruchtsüß, Zwetschkenröster im Abgang, lange anhaltend, vielschichtiger Speisenbegleiter.

94 Strangers 2020 BF/ME

15,58 Vol.-%, DIAM, Barrique, €€€€€€
Dunkles Rubingranat, violette Reflexe, zarte Randaufhellung. Zart mit Wiesenkräuternoten unterlegtes Dörrobst und reife Feigen, etwas nach Eukalyptus, Mandarinenzesten. Saftig, elegant, feine Säurestruktur, mineralisch, Brombeeren, gut integrierte reife Tannine, Holzwürze im Nachhall, gutes Entwicklungspotenzial.

92 Ried Herrschaftsfelder Grande Reserve Rot 2019 BF/ZW/ME/CS

14 Vol.-%, NK, gebrauchte Barriques, €€€€
Tiefdunkles Rubingranat, violette Reflexe, zarte Randaufhellung. Feine Kräuternoten, etwas nach Holzwürze, dunkles Waldbeerenkonfit klingt an. Saftig, straff, feine Struktur, mineralisch, zart nach Nougat, samtige Tannine, Brombeernoten im Abgang, guter Speisenbegleiter.

93 Blaufränkisch Grande Reserve 2018

14,5 Vol.-%, DIAM, gebrauchte Barriques, €€€€
Dunkles Rubingranat, violette Reflexe, zarte Ockerrandaufhellung. Feine Kräuternoten, etwas balsamische Noten, dunkle Beerenfrucht, Kirschtouch, Orangenschalen klingen an. Saftig, komplex, fruchtsüß, Nougattouch, gut integrierte Tannine, Schwarze Johannisbeeren im Abgang, sicheres Entwicklungspotenzial.

92 Blaufränkisch Franco Blue 2019

15 Vol.-%, DIAM, Barrique, €€€€€
Tiefdunkles Rubingranat, opaker Kern, violette Reflexe, zarte Randaufhellung. Feiner Zwetschkentouch, unterlegt mit Zartbitterschokolade, Wiesenkräutern und Lakritze. Saftig, elegant, balancierte Tanninstruktur, dezent nach Zitrus, rote Kirschfrucht im Abgang, Röstaromen im Nachhall, bleibt gut haften.

92 Blauer Zweigelt Mister Zweigelt 2019

14,5 Vol.-%, DIAM, Barrique, €€€€€
Tiefdunkles Rubingranat, violette Reflexe, zarte Randaufhellung. Mit feiner Tabakwürze unterlegte dunkle Beerenfrucht, etwas nach Zwetschken, ein Hauch von Nougat. Saftig, straff, feine Tanninstruktur, samtig, schokoladig, Holzwürze klingt an, vielseitiger Speisenbegleiter.

★★

WEINGUT PIRIBAUER

Bereits Mitte des 19. Jahrhunderts kamen die Vorfahren der Familie Piribauer als Freibauern nach Neudörfl. Mit Liebe und Leidenschaft haben sie sich hier ein Leben geschaffen, das den Grundstein für die Wirtschaft und das Weingut legte. 1930 eröffnete die Familie den Heurigen. Weingut und Heuriger sind mit der Familie gewachsen, weil alle zusammenhelfen, den Traum weiterleben zu lassen. Die Hingabe, mit der die Piribauers diese Visionen verfolgen, hat aus ihrer Familien- eine Erfolgsgeschichte gemacht, deren Erbe gesichert ist – denn es wächst bereits die vierte Generation heran, die diese Historie weiterschreiben wird.

Topografisch, klimatisch und geologisch ist im Anbaugebiet Rosalia für Abwechslung gesorgt. Finesse zeigen bei den Weißweinen Chardonnay, Sauvignon Blanc sowie die Traditionssorte Grüner Veltliner, bei den Rotweinen Blaufränkisch, Zweigelt, St. Laurent, Cabernet Sauvignon und Merlot. Noch handelt es sich hierbei um wohlbehütete Geheimtipps, die man am besten genussvoll beim Heurigen der Familie lüftet.

91 Sauvignon Blanc 2021
12,5 Vol.-%, DV, Stahltank, €€
Helles Grüngelb, Silberreflexe. Zart nach Stachelbeeren, Weiße Johannisbeeren, Limettenzesten. Mittlerer Körper, weißer Apfel, frische Säurestruktur, zitronige Nuancen, ein ausgewogener Speisenbegleiter.

91 * Reserve 2021 ME/BF/CF**
13,5 Vol.-%, DV, Holzfass, €€€ F
Mittleres Lachsrosa, Silberreflexe. Frische Kirschen, weißer Apfel, etwas Steinobst, florale Nuancen. Saftig, elegant, kraftvoll, rotbeerig, zart nach Nougat im Abgang, bleibt haften, ein stoffiger Speisenbegleiter.

89 Rosalia DAC Rosé 2021 CS/BF
13 Vol.-%, DV, Stahltank, €€

92 Blaufränkisch * Ried Kogelhuth 2019
13,5 Vol.-%, DIAM, Barrique, €€€€€
Tiefdunkles Rubingranat, violette Reflexe, schwarzer Kern, zarte Randaufhellung. Feine Nuss-Nougat-Noten, mit einem Hauch von Orangenzesten unterlegtes dunkles Brombeerkonfit. Saftig, elegant, feine Tanninstruktur, mineralisch, Kirschfrucht im Abgang, gutes Entwicklungspotenzial.

© Maria Hollunder

WEINGUT PIRIBAUER
7201 Neudörfl, Hauptstraße 71
T: +43 (2622) 77291
office@piribauer.net
www.piribauer.net

Kellermeister: Anton Piribauer jun.
Kontakt: Anton Piribauer jun. und Klemens Piribauer
Produktion: 80.000 Flaschen
50 % weiß, 5 % rosé, 45 % rot,
18 Hektar
Vereinszugehörigkeit:
Rosalia DAC
Messen: DAC-Präsentationen

Michi, Clemens, Lukas und Anton Piribauer

* Rosalia DAC ** Rosalia DAC Reserve *** Rosalia DAC Rosé

91 Blaufränkisch Ried Rosenberg 2019
13,5 Vol.-%, DIAM, Barrique, €€€€€
Tiefdunkles Rubingranat, violette Reflexe, opaker Kern, zarte Randaufhellung. Dezente Kräuternoten, etwas Zitrus, ein Hauch von schwarzen Oliven, dunkle Beerenfrucht. Saftig, feine Säurestruktur, mineralisch, schwarze Frucht, Holzwürze im Nachhall, Lakritze im Rückgeschmack, würziger Speisenbegleiter.

91 Wurthberg Cuvée 2019 ME/BF/CS
13,5 Vol.-%, DIAM, Barrique, €€€€€
Tiefdunkles Rubingranat, violette Reflexe, zarte Randaufhellung. Etwas nach Brombeeren und Tabak-Kräuter-Würze, etwas nach Datteln, Salzkaramell. Saftig, elegant, feine Nougatnoten, Cassis im Abgang, leichtfüßiges Finish, vielseitig einsetzbar.

★★

DOMAINE PÖTTELSDORF FAMILYMADE

Das Familienweingut »Domaine Pöttelsdorf Familymade« ist auf Rot- und Roséweine spezialisiert, die Trinkfreude vermitteln und Spaß machen. Verantwortlich für die Vinifizierung der »Familymade«-Weine ist Markus Kurz, ein Verfechter fruchtiger, sortentypischer Weine mit Herkunftscharakter.
An den Hängen des Rosaliengebirges, am Rande des Einflussbereichs des pannonischen Kontinentalklimas, fühlen sich Zweigelt und vor allem die Leitsorte Blaufränkisch auf den Braunerdeböden mit Lössuntergrund und hohem Kalkanteil besonders wohl. Das Wissen rund um diese autochthonen Rebsorten wurde von Generation zu Generation weitergegeben und wird noch heute mit jeder Flasche perfektioniert. Das Ergebnis sind unverwechselbare, charaktervolle Rotweine, die auf der ganzen Welt geschätzt werden.
»Familymade« beinhaltet nicht nur einen verantwortungsbewussten und nachhaltigen Umgang mit der Natur, sondern auch die Garantie, dass in jeder Flasche genau das drinnen ist, was außen draufsteht: Wein mit Freude gemacht.

DOMAINE PÖTTELSDORF FAMILYMADE
7025 Pöttelsdorf, Kellerweg 15
T: +43 (2626) 5200
office@familymade.at
www.domaine-pöttelsdorf.at

Kellermeister: Markus Kurz
Kontakt: Sabine Schandl
Produktion: 1 % weiß, 2 % rosé, 97 % rot, 85 Hektar
Vereinszugehörigkeit: Rosalia DAC
Messen: Alles für den Gast Salzburg, ProWein Düsseldorf, VieVinum, Weintage im Museumsquartier, DAC-Präsentationen, Wein Burgenland Präsentationen

92 Chardonnay Edel Weiss fassgereift 2019
14,5 Vol.-%, NK, gebrauchte Barriques, €€€
Mittleres Grüngelb, Silberreflexe. Zart nach Vanille und Karamell, gelbe Tropenfrucht, etwas Mango und Guaven, einladendes Bukett. Saftig, kraftvoll, buttriger Touch, ein Hauch von Kokos, feines helles Nougat im Rückgeschmack.

90 Blaufränkisch * 2021**
13 Vol.-%, DV, Stahltank, €€
Helles Lachsrosa, Silberreflexe. Zart kräuterwürzig unterlegtes rotes Waldbeerenkonfit, ein Hauch von Zwetschken. Saftig, weißes Kernobst, elegant, frisch strukturiert, zitronig-rotbeeriger Nachhall.

89 Love Bird Rosé 2021
12,5 Vol.-%, DV, Stahltank, €€

93 Blaufränkisch ** Avatar 2017
15 Vol.-%, Barrique, €€€€€€
Dunkles Rubingranat, violette Reflexe, breitere Ockerrandaufhellung. Feine Tabakwürze, etwas Brombeeren, zart nach Kardamom, ein Hauch von Röstaromen, Mandarinenzesten. Saftig, elegant, feine Struktur, gut integriertes Tannin, Brombeer- und Heidelbeernoten im Abgang, lange anhaltend, ein vielschichtiger Speisenbegleiter.

89 Blaufränkisch * Landfisch 2020
13 Vol.-%, DV, Stahltank, €€

89 Zweigelt * Landfisch 2020
13 Vol.-%, DV, Stahltank, €€

PLATZ FÜR IHRE
WEINNOTIZEN

Aus den Trauben, die rund um Rust reifen, entstehen Weiß-, Rot- und mit dem Ruster Ausbruch DAC Süßweine, die in der ganzen Welt geschätzt werden

© WSNA

BURGENLAND

RUST

Die Weinstadt Rust liegt direkt am Neusiedler See und hat auch touristisch einiges zu bieten

ERSTKLASSIGE SÜSSWEINE

Die wunderschöne Freistadt Rust am Westufer des Neusiedler Sees ist eine viel besuchte Touristenattraktion. In den Kellern der Winzer reift eine spezielle Rarität, der »Ruster Ausbruch«. Dieser edle Süßwein hat die Stadt reich und weit über ihre Grenzen hinaus bekannt gemacht.

Die sanften Hänge des Ruster Hügellandes umschließen die Stadt wie ein natürliches Amphitheater und verfügen über ein für den Weinbau optimales Kleinklima. Es wachsen hier sowohl erstklassige Weiß- als auch Rotweine, und das traditionell in einer enormen Sortenvielfalt. Diese Weine unterliegen nun auch den Leithaberg-DAC-Richtlinien. Der bekannteste Wein wird allerdings aus Trauben erzeugt, die im Herbst vom Edelschimmel Botrytis cinerea befallen werden und dadurch einschrumpfen, was zu einer natürlichen Konzentration von Säure, Extrakt, Aromen und Zucker führt. Dieser Wein wurde schon im Mittelalter als »Ruster Ausbruch« bezeichnet und wird nun als Ruster Ausbruch DAC vermarktet. Er geht auf das Vorbild der edelsüßen Weine aus Tokaj zurück, in jener Zeit wahrscheinlich die teuersten Weine der Welt. Auch die Ruster Winzerfamilien machte der Ausbruch reich, und so konnten sie sich zahlreiche Privilegien erkaufen, um ihre gesuchte Spezialität auch über die ungarischen Landesgrenzen hinaus verkaufen zu können. 1524 erteilte Königin Maria von Ungarn die Erlaubnis, die Ruster Ausfuhrfässer mit einem eingebrannten »R« zu kennzeichnen. Ein wichtiger Schritt für die Stadt, denn seit jeher ist Ruster Wein ein Garant für höchste Qualität. Auch heute noch findet man das »R« auf den Korken und Etiketten der Ruster Winzer. Die Stadt erkaufte sich im Jahr 1681 bei Kaiser Leopold I. das Stadtrecht, das sie mit »60.000 Gulden sowie 500 Eimern Ruster Ausbruch«, also mit umgerechnet 30.000 Litern des hochwertigen Weins bezahlte. Seit 1991 steht in Rust die Weinakademie Österreich als Tochtergesellschaft der Österreich Wein Marketing mit eigenen Seminar- und Fortbildungsprogrammen Interessierten aus aller Welt offen.

AUSGEWÄHLTE WEINGÜTER

★★★★★
Weingut Ernst Triebaumer, Rust

★★★★
Weingut Feiler-Artinger, Rust
Günter + Regina Triebaumer, Rust

★★★
Weingut Ceel, Rust
Weingut Giefing, Rust
Hammer Wein Rust, Rust

★★
Kraft aus Rust, Rust
Weingut Georg Seiler, Rust
Weinbau Tremmel, Rust

★★★

WEINGUT CEEL

Ceel (ungar. Szil) – so hieß der Ort Rust in der ersten urkundlichen Erwähnung im Jahr 1317. Ceel ist auch der Name eines der aufstrebendsten Weingüter der letzten Jahre. Ausgangspunkt ist ein traditionsreiches Gebäude im Stadtkern von Rust, gepaart mit einer Vision und Innovationsgeist von Markus Fischl, Franz Raith und Martin Kern. Perfekte geologische und klimatische Rahmenbedingungen in Kombination mit echtem Handwerk bei der Vinifikation lassen hier Weine auf Weltniveau entstehen. Herz und Kern des Weinguts sind Blaufränkisch auf Lehm, Syrah auf Schiefer-Verwitterungsböden und Chardonnay auf Kalk. Aus diesen handgeernteten Trauben werden durch puristische Vinifikation Weine mit einem Anspruch an höchste Qualität – dabei aber immer finessenreich, elegant und mit Trinkfreude ausgestattet. Diese Handschrift und Herkunft spiegelt sich in jeder Flasche von Ceel wider. Das Weingut kann bereits auf viele nationale und internationale Erfolge, wie den Sortensieg bei der Falstaff Rotweinprämierung mit ihrem Syrah Alte Reben 2015, zurückblicken und man findet die Weine auf den Karten der besten Restaurants in Österreich und der Welt. Tradition gepaart mit Innovation – das Weingut Ceel ist ein großes Zukunftsversprechen.

(93) Chardonnay Alte Reben 2020
13,5 Vol.-%, NK, Teilbarrique, €€€€€
Mittleres Grüngelb, Silberreflexe. Feine Kräuternuancen, etwas nach Kardamom, weiße Tropenfrucht, etwas nach Guaven, ein Hauch von Tabakwürze, straffes Bukett. Engmaschig, straff, feine, balancierte Säurestruktur, Papaya im Abgang, Vanilletouch im Nachhall, bereits gut antrinkbar, vielschichtiger Speisenbegleiter.

(90) Chardonnay Reserve 2020
13,5 Vol.-%, DV, 500-l-Fass, €€€
Mittleres Goldgelb, Silberreflexe. Feiner Duft nach Tropenfrucht und Vanille, etwas Gewürznoten, etwas Orangenschalen. Mittlerer Körper, feine Säurestruktur, reifer Apfel, kraftvoll, nussiger Nachhall, bereits gut antrinkbar.

(95) Syrah Alte Reben 2020
14 Vol.-%, NK, Teilbarrique, €€€€€
Tiefdunkles Rubingranat, violette Reflexe, zarte Randaufhellung. Einladender Duft nach Herzkirschen und reifer Feigenfrucht, etwas nach Kräutern, Mandarinenzesten klingen an. Saftig, komplex, nach Vanille und Amarenakirschen, straff, gut integrierte Tannine, facettenreich, sicheres Entwicklungspotenzial.

*** Ruster Ausbruch DAC**

WEINGUT CEEL
7071 Rust
Hauptstraße 2
T: +43 (699) 10069331
office@weingut-ceel.at
www.weingut-ceel.at

Kellermeister/Kontakt:
Markus Fischl
Produktion: 80.000 Flaschen
30 % weiß, 65 % rot, 5 % süß
Messen: ProWein Düsseldorf

(92) Syrah Reserve 2020
13,5 Vol.-%, DV, 500-l-Fass, €€€
Tiefdunkles Rubingranat, violette Reflexe, zarte Randaufhellung. Mit etwas Tabak-Kräuter-Würze unterlegte rote Fruchtnuancen, etwas nach Cassis, Lakritze klingt an, ein Hauch von Toffee. Mittlere Komplexität, samtige Tannine, fruchtsüß nach Brombeeren, feiner Gerbstoff im Abgang, bleibt gut haften, sicheres Potenzial.

(94) Blaufränkisch Alte Reben 2020
14 Vol.-%, NK, Teilbarrique, €€€€€
Tiefdunkles Rubingranat, violette Reflexe, zarte Randaufhellung. Feine Kräuternoten, etwas nach dunklem Beerenkonfit, zart nach Pflaumen, mit Röstaromatik unterlegt. Saftig, elegant, lebendiger Säurebogen, feine Tanninstruktur, mineralisch-salzig, rotbeeriger Touch im Nachhall, vielschichtiger Speisenbegleiter.

(93) Blaufränkisch Reserve 2020
13,5 Vol.-%, DV, 500-l-Fass, €€€
Dunkles Rubingranat, violette Reflexe, zarte Randaufhellung. Zarte Brombeernoten, etwas nach Kardamom, ein Hauch von Feigen, Nougat und kandierte Orangenzesten klingen an. Straff, feine Säurestruktur, süßes Tannin, Herzkirschen im Abgang, rotbeerige Frucht im Nachhall, Holzwürze im Rückgeschmack, vielseitig einsetzbar.

94 Eiswein 2020 GM/WR/SB
6 Vol.-%, DV, Stahltank, €€€€€
Mittleres Gelbgold, Silberreflexe. Intensive Tropenfrucht, reife Mangonote und Papaya, frische Babyananas, einladendes Bukett, etwas Blütenhonig. Mittlere Komplexität, weißer Pfirsich, frischer Säurebogen, zitronig-salzig, frische Ananas im Abgang, bereits gut antrinkbar.

★★★★

WEINGUT FEILER-ARTINGER

BIO

Das Weingut Feiler-Artinger ist ein tief in der Region und der Freistadt Rust verwurzelter Familienbetrieb. 1936 legten Gustav und Karoline Feiler den Grundstein mit dem Kauf des barocken Bürgerhauses in der Hauptstraße 3. Mit viel Fleiß und Geschick wurde aus fast nichts ein wachsender und florierender Betrieb, der in den 1980er-Jahren schon 18 Hektar Rebfläche umfasste. In zweiter Generation führte Hans Feiler den Betrieb mit seiner Gattin Inge und seiner Schwester Gertrude Artinger, daher auch ab 1985 der Doppelname. Seit 1994 arbeitet auch Sohn Kurt Feiler im Betrieb mit. Gemeinsam mit seiner Frau Katrin ist er seit 2013 für das Weingut hauptverantwortlich. Die Liebe zur Natur und deren Bewahrung und Erhaltung prägen seit jeher Denken und Handeln der Feilers. Eine naturnahe Bewirtschaftung der Weingärten ohne Herbizide und Pestizide war immer Standard. 2008 wurde dann mit der Umstellung auf biodynamische Bewirtschaftung (respekt-BIODYN) ein weiterer Schritt hin zu noch mehr Nachhaltigkeit und Naturverbundenheit gesetzt. Einzigartig ist auch die Mutterkuhhaltung im Weingarten. Die Kühe beweiden im Winter die Weingärten. Sie düngen und liefern auch Mist für eigenen Kompost sowie das biodynamische Präparat »Horn-Mist«. Weltberühmt ist das Weingut Feiler-Artinger mit seinen herrlichen edelsüßen Kreszenzen, allen voran dem Ruster Ausbruch, geworden. Aber in Rust fühlt man sich der ganzen Weintrilogie Weiß-,

Rot- und Süßwein verpflichtet, denn die klimatischen Voraussetzungen erlauben beste Ergebnisse auch bei trockenen Weiß- und Rotweinen. Die Spitze im Sortiment stellt der Ruster Ausbruch DAC dar. In einem großen Botrytis-Jahr wird es stets eine Trilogie der Süße geben: Vom exzellenten fruchtbetonten Ruster Ausbruch spannt sich der Bogen über den finessenreichen, eleganten Ruster Ausbruch »Pinot Cuvée« bis hin zum Ruster Ausbruch »Essenz«.

93 Neuburger Leithaberg DAC Ried Umriss 2020
13,5 Vol.-%, NK, 500-l-Fass, €€€€ V
Mittleres Gelbgrün, Silberreflexe. Reifes gelbes Kernobst, ein Hauch von Maracuja, etwas nach Birnenkompott, Gewürze, einladendes Bukett. Saftig, gute Komplexität, gut integrierte Säurestruktur, mineralisch, weißes Steinobst im Abgang, bleibt gut haften, vielseitiger Speisenbegleiter.

95 Welschriesling O.S. OLÉ 2020
12,5 Vol.-%, NK, 500-l-Fass/gebr. Barriques, €€€€ B V O
Mittleres trübes Goldgelb, Orangereflexe. Feine Kräuternoten, mit etwas rauchigen Nuancen unterlegte Rosenblüten, ein Hauch von Blutorangen, attraktives Bukett. Gute Komplexität, engmaschig, feine Säurestruktur, nussiger Touch, dezente gelbe Fruchtnoten im Nachhall, vielschichtiger Speisenbegleiter mit sicherem Entwicklungspotenzial.

92 Gustav 2020 CH/NB
13,5 Vol.-%, DV, Barrique, €€€€€ B V
Mittleres Goldgelb, grüne Reflexe. Einladendes Bukett nach reifer Tropenfrucht, mit etwas Blütenhonig unterlegte kandierte Orangenzesten, Papaya klingt an. Saftig, straff, kraftvoll, nach Birnen, etwas würzig im Abgang, weißes Steinobst im Rückgeschmack, wird von Flaschenreife profitieren.

94 Blaufränkisch Leithaberg DAC Ried Oberer Wald 2019
13,5 Vol.-%, NK, Barrique, €€€€€ V
Kräftiges Rubingranat, violette Reflexe, breitere Ockerrandaufhellung. Attraktive Nase, rauchig-nussig unterlegt, schwarze Beerenfrucht, dunkle Kirschen, etwas Nougat und Kräuterwürze. Saftig, zarte Reduktionsnoten, elegant, feine Tannine, rote Kirschen im Nachhall, mineralisch-salzig, wird von Flaschenreife profitieren.

92 Cabernet Franc 2019
14 Vol.-%, DV, Barrique, €€€€€ V
Dunkles Rubingranat, violette Reflexe, dezente Ockerrandaufhellung. Reife Zwetschken, rote Kirschen, zart nach Lakritze, mit einem Hauch von Edelholz unterlegt. Komplex, Brombeeren, zart nach Vanille, präsente Tannine, mineralisch-salzig im Abgang, ein würziger Speisenbegleiter.

95 Gelber Muskateller * 2020
11,5 Vol.-%, DV, gebrauchtes Barriques/Stahltank, €€€€€ B V
Kräftiges Goldgelb, Silberreflexe. Feine gelbe Tropenfrucht, zarter Dörrfruchthauch, kandierte Orangenzesten, floraler Touch nach weißen Blüten, Limetten. Saftig, elegant, feine Süße, angenehmer Säurebogen, zitronig-mineralisch im Abgang, besitzt Länge und sicheres Entwicklungspotenzial.

WEINGUT FEILER-ARTINGER
7071 Rust, Hauptstraße 3, T: +43 (2685) 237
office@feiler-artinger.at
www.feiler-artinger.at
Kellermeister: Kurt Feiler
Kontakt: Katrin und Inge Feiler, Brigitte Conrad
Anbauweise: Biodynamisch (respekt)
Produktion: 120.000 Flaschen
7 % Schaumwein, 25 % weiß, 3 % rosé, 50 % rot, 15 % süß, 26 Hektar
Vereinszugehörigkeit:
Cercle Ruster Ausbruch, Renommierte Weingüter Burgenland, Leithaberg DAC, respekt-BIODYN
Messen: Millésime Bio, VieVinum, DAC-Präsentationen, Summa Margreid, Wein Burgenland Präsentationen

Kurt Feiler

* Ruster Ausbruch DAC

★★★

WEINGUT GIEFING

Erich und Claudia Giefing bewohnen ein prächtiges »Weinbürgerhaus« im Zentrum von Rust. Das überaus dynamische Weingut wurde in den letzten Jahren aufgrund seiner Top-Qualität schnell an die Rotweinspitze Österreichs herangeführt. Besonders lagerfähige und ausdrucksstarke Reserveweine unterstreichen die Qualität des Angebots. Mit seinen Weinen von bis zu 60 Jahre alten Rebstöcken hat das Weingut bereits etliche nationale und internationale Preise gewonnen. Die Weinberge verfügen über exzellente, besonders lockere Böden, die großteils mit Kalksandstein und dem Ruster Schotter unterzogen sind. Die Trauben sind kleiner, die Schalen dicker, der Extrakt an Farbe und Geschmack ist dadurch höher. Die Top-Linie wird nur in besonders guten Jahren produziert. Hier werden keine Billigweine erzeugt, hier entsteht eine individuelle, charaktervolle Stilistik abseits jeglichen Mainstreams. Die Giefings bieten eine Idee, eine Vorstellung und den Geschmack ihrer Region.

94 Chardonnay Contessa 2019
14,5 Vol.-%, DV, Barrique, €€€€€
Mittleres Gelbgrün, Silberreflexe. Feinwürziges Bukett, zarte Röstaromen und Karamell, mit weißer Tropenfrucht und Pfirsich unterlegt, attraktives Bukett. Kraftvoll, feine Holzwürze, gelbe Tropenfrucht, salzige Mineralik, feines Nougat im Nachhall, ein stoffiger Speisenbegleiter.

WEINGUT GIEFING
7071 Rust, Hauptstraße 13
T: +43 (2685) 379
giefing@wein-rust.at
www.wein-rust.at

Kellermeister: Claudia Giefing
Kontakt: Erich und Claudia Giefing
Produktion: 10 % weiß, 2 % rosé, 83 % rot, 5 % süß, 16 Hektar
Zertifiziert: Nachhaltig Austria
Vereinszugehörigkeit: Cercle Ruster Ausbruch, Renommierte Weingüter Burgenland
Messen: ProWein Düsseldorf, VieVinum

90 Chardonnay vom Muschelkalk 2021
14 Vol.-%, DV, Stahltank, €€€ H
Helles Grüngelb, Silberreflexe. Zarte Kräuterwürze, ein Hauch von Banane, etwas Mango, zart nach Karamell. Mittlerer Körper, weißer Apfel, schlank und frisch, salzig im Abgang, ein unkomplizierter Speisenbegleiter.

91 Furmint Ried Rieglband 2021
13 Vol.-%, DV, Stahltank, €€€ H
Helles Goldgelb, Silberreflexe. Zart tabakig, ein Hauch von Wiesenkräutern, etwas Walnuss, mit weißer Birnenfrucht unterlegt, frische Orangenzesten. Mittlerer Körper, weißer Apfel, wirkt leichtfüßig, zitroniger Touch, schlank, unkomplizierter Begleiter bei Tisch.

94 Blaufränkisch Reserve Ried Oberer Wald 2018
13,5 Vol.-%, NK, Barrique, €€€€€
Dunkles Rubingranat, violette Reflexe, breitere Ockerrandaufhellung. Attraktive reife Herzkirschfrucht, zart nach Nougat und Vanille, Lakritze, Brombeerkonfitüre, sehr verführerisch. Saftig, elegant, feine Fruchtsüße, reife, gut integrierte Tannine, schokoladig, frischer Abgang, sehr gute Länge, sicheres Reifepotenzial.

(94) Cardinal 2018 BF/SL/CS
13,5 Vol.-%, NK, Barrique, €€€€€
Dunkles Rubingranat, violette Reflexe, breitere Ockerrandaufhellung. Tabakig, feine Kräuterwürze, dunkle Waldbeeren, frische Herzkirschen, mit einem Hauch von Vanille und Edelholz unterlegt. Komplex, saftig, feine Fruchtsüße, gut integrierte Tannine, reife Zwetschken im Abgang, Nougat im Rückgeschmack, gutes Reifepotenzial.

90 St. Laurent Ried Umriss 2018
12,5 Vol.-%, DV, gebrauchte Barriques, €€
Kräftiges Rubingranat, violette Reflexe, breitere Ockerrandaufhellung. Frische Kirschen, etwas Preiselbeeren, Himbeeren, zart nach Mandarinenzesten, floraler Touch. Mittlerer Körper, rotbeerig, frisch strukturiert, feine Fruchtsüße im Abgang, salzig im Rückgeschmack.

HAMMER WEIN RUST
7071 Rust, Hauptstraße 9
T: +43 (2685) 231
info@hammerwein.at
www.hammerwein.at

Kellermeister/Kontakt:
Mag. Markus Hammer
Anbauweise: Zertifiziert Biologisch
Produktion: 18.000 Flaschen
70 % weiß, 20 % rot, 10 % süß,
5 Hektar
Vereinszugehörigkeit:
Cercle Ruster Ausbruch, Ruster Ausbruch DAC

Freistadt Rust

★★★

HAMMER WEIN RUST

BIO

Ursprung der Hammer Weine sind fünf Hektar Rebfläche rund um Rust, wo die eigene Handarbeit im Weingarten der Weg der Familie Hammer ist, den Weinen einen präzisen terroirspezifischen Ausdruck zu verleihen. Biologisch zertifiziert seit 2014, hat sich die Familie auf einprägsame, balancierte Weißweine mit hohem Entwicklungspotenzial spezialisiert. Welschriesling und Muskateller bilden die Basis des Sortiments, die Lagen Vogelsang, Ludmaisch und Umriss die solide Mitte, und an der Spitze rangieren Geyer und Chardonnay Selection sowie eine Cuvée aus 40-jährigen Reben von Weiß- und Grauburgunder. Insgesamt drei verschiedene Sauvignon Blancs (vier mit dem Ausbruch) vinifiziert Markus Hammer, jeder mit einer präzisen Stilistik. Der oberste Gedanke ist die Reduktion aufs Wesentliche, der richtige Erntezeitpunkt und alte Techniken wie Gäransätze, um den Ausdruck der Weingärten herauszuarbeiten. Bei den Rotweinen spiegeln drei alte Blaufränkisch-Lagen, vereint als Rusterberg, die Eleganz der kühlen Waldlagen des Ruster Hügellandes wider. Aus der Lage Kleiner Wald wird mit hoher Sorgfalt ein einzigartiger Merlot gewonnen. Hier wird Wein mit herausragender individueller Herkunft auf höchst beachtlichem Niveau gemacht.

91 Hammer Brut CH/BF
12 Vol.-%, NK, gebr. Barriques, abgefüllt L-2020, €€€€
Helles Goldgelb, Silberreflexe, feines, sehr lebendiges Mousseux. Zarte gelbe Tropenfrucht, etwas Ananas und Pfirsich, ein Hauch von Biskuit. Frischer weißer Apfel, frisch strukturiert, mineralisch-salziger Abgang, zitroniger Touch im Nachhall.

94 Chardonnay Ried Umriss 2019
14,5 Vol.-%, NK, Barrique, €€€€€
Mittleres Goldgelb, Grünreflexe. Dezente Papaya- und Melonennoten, ein Hauch von Orangenzesten, nussige Nuancen, attraktives Bukett. Komplex, mineralisch, feine Kräuternoten, reife Marillenfrucht im Abgang, weißes Nougat im Nachhall, bleibt gut haften, vielseitig einsetzbar.

(93) Alte Reben Burgundercuvée 2019 PG/WB
14 Vol.-%, DV, gebr. Barriques/Stahltank, €€€€€
Mittleres Gelbgrün, Silberreflexe. Feiner Duft nach Banane und Ananas, ein Hauch von Blütenhonig, etwas Kräuternoten und Salzkaramell klingen an. Saftig, gute Komplexität, mineralisch, feine reife Tropenfrucht, nach Maracuja, etwas nach gelbem Apfel im Abgang, guter Speisenbegleiter mit Potenzial.

* **Ruster Ausbruch DAC**

93 Sauvignon Blanc Ried Geyer 2019
14 Vol.-%, NK, 500-l-Fass, €€€€€
Mittleres Gelbgrün, Silberreflexe. Mit feinem Blütenhonig unterlegte reife Tropenfrucht, zart nach Quitte, kandierte Orangenschalen, mit Holzwürze unterlegt. Komplex, straff, frische Säurestruktur, mineralisch, zart nach weißer Frucht, extraktsüßer Nachhall, facettenreicher Speisenbegleiter.

91 Sauvignon Blanc Ried Ludmaisch 2020
14 Vol.-%, DV, Stahltank, €€€
Mittleres Gelbgrün, Silberreflexe. Feine Räucherwürze, etwas nach reifen Stachelbeeren, etwas nach Guaven, Almwiesenkräuter. Saftig, feine Struktur, balanciert, würzig, weiße Fruchtnoten, abwechslungsreicher Speisenbegleiter.

(91) Blaufränkisch Rusterberg 2018
14 Vol.-%, DV, Stahltank/gebrauchte Barriques, €€€
Kräftiges Rubingranat, violette Reflexe, breitere Ockerrandaufhellung. Frische rote Kirschen, ein Hauch von Waldbeeren, Brombeeren, tabakige Würze, mit kandierten Orangenzesten unterlegt. Mittlerer Körper, rotbeerige Frucht, feine Tannine, zarte Süße im Abgang, ausgewogener Speisenbegleiter.

★★

KRAFT AUS RUST

»Jedem Jahrgang seine Eigenheiten – jeder Sorte ihre Besonderheiten.« Unter diesem Motto produzieren die Mitglieder der Familie Kraft seit 1749 in ihrem Familienweingut im Herzen von Rust Weine, die sie als Produkt der Natur, nicht als Design des Kellermeisters sehen. Sie lassen der Natur freie Hand, verzichten auf künstliche Bewässerung, Herbizide und Kunstdünger, stattdessen setzen sie auf intensive Handarbeit – vom Rebschnitt über das Traubenteilen bis zur Handlese. In den Keller selbst kommen ihnen ausschließlich eigene Trauben aus eigenen Weingärten, sie arbeiten puristisch und halten sich zurück – es gibt keinen Vakuumverdampfer und keine Umkehrosmose. Die Weine reifen bis zu drei Jahre lang ausschließlich im Edelstahltank oder in Fässern aus zentraleuropäischer Eiche. Ihre Liebe zur Abwechslung lässt sie jährlich ein breites Repertoire abfüllen. In einigen der besten Lagen mit Seeblick am Hügelland, wie Geyer, Mariental, Bandkräften und Vogelsang, reifen traditionsreiche Sorten wie Furmint, Blaufränkisch, Chardonnay und Grauburgunder, aber auch Exoten, denen eine Vorreiterrolle zukommt, etwa Malbec und Rosenmuskateller, zu außergewöhnlichen Trauben mit ehrlichem Charakter heran. Am besten lassen sich die Weine bei einem Ausflug nach Rust im neuen Shop am Conradplatz probieren. Man kann aber auch das Weingut besuchen und in aller Ruhe ein informatives Gespräch mit den Familienmitgliedern führen, während man die Störche bei ihrem Flug über die Dächer von Rust bewundern kann.

KRAFT AUS RUST
7071 Rust
Conradplatz 11
T: +43 (664) 1206630
info@kraftausrust.at
www.kraftausrust.at

Kellermeister: Christoph Kraft
Kontakt: Christoph Kraft, Christine Kraft, Harald Kraft
Produktion: 45 % weiß, 45 % rot, 10 % süß, 10 Hektar
Messen: VieVinum

(92) Furmint Weisse Erde 2021
12 Vol.-%, DV, Holzfass, €€€€
Mittleres Grüngelb, Silberreflexe. Mit frischen Orangenzesten unterlegte weiße Birnenfrucht, ein Hauch von Honigmelone, etwas Blütenhonig. Straff, mineralisch, saftige weiße Tropenfrucht, zitroniger Touch, lebendiger, leichtfüßiger Stil, salziger Nachhall, ein animierender Speisenbegleiter.

(91) Sauvignon Blanc Mana 2021
12,5 Vol.-%, DV, Holzfass, €€€€
Helles Grüngelb, Silberreflexe. Zart nach Holunderblüten,

Stachelbeeren und Grapefruitzesten, mineralischer Touch. Mittlerer Körper, frisch strukturiert, weißer Apfel, zitronige Nuancen, ein leichtfüßiger Stil, vielseitig einsetzbar.

(93) Plateau Gertberg 2019
14 Vol.-%, DV, 500-l-Fass, €€€€€
Tiefdunkles Rubingranat, violette Reflexe, opaker Kern, zarte Randaufhellung. Schwarze Kirschfrucht, etwas nach Orangenzesten, Nougat klingt an, etwas nach Kräutern. Mittlere Komplexität, kraftvoll, gut eingebundene Tannine, fruchtsüß nach schwarzen Waldbeeren im Abgang, würziger Nachhall, schokoladiger Rückgeschmack, vielschichtiger Speisenbegleiter.

(92) Malbec Xbec 2018
13,5 Vol.-%, DV, 500-l-Fass, €€€€
Dunkles Rubingranat, violette Reflexe, zarte Randaufhellung. Zart nach eingelegten Kirschen und Zwetschken, kandierte Orangenzesten klingen an, mit Holzwürze unterlegt. Mittlere Komplexität, kraftvoll, präsente Tanninstruktur, schwarze Fruchtnoten, etwas Tabak-Kräuter-Noten im Nachhall, guter Speisenbegleiter.

(92) Kraft-Werk No.18 2019 ME/CS
14,5 Vol.-%, DV, kleines Holzfass, €€€€
Tiefdunkles Rubingranat, opaker Kern, violette Reflexe, zarte Randaufhellung. Feine Brombeernoten, unterlegt mit Nougat und etwas Orangenzesten, dazu etwas Holzwürze. Saftig, feine Tannine, dunkle Beeren, tabakig im Abgang, guter Speisenbegleiter.

(93) Ruster Ausbruch DAC 2021 SÄ/PG
10 Vol.-%, DV, Stahltank, €€€€€
Helles Gold, Messingtouch. Feine Kräuterwürze, ein Hauch von Botrytis, reife Birne, tabakige Nuancen, individuelles Bukett. Saftig, deutliche Süße, reife Birnenfrucht auch am Gaumen, seidige Mineralik, gute Länge, kandierte Orangenzesten im Nachhall, noch etwas unfertig.

★★

WEINGUT GEORG SEILER

BIO

Die Familie Seiler ist seit über 400 Jahren in Rust ansässig und war mit dem Weinbau immer eng verbunden. Es steht eine breite Palette von Sorten im Anbau. Bei den Weißweinen sind insbesondere die für Rust seit jeher typischen Sorten Furmint und Gelber Muskateller hervorzuheben, denen sich die Familie Seiler besonders verpflichtet fühlt. Aber auch mit dem Chardonnay Rieglband konnte man schon tolle Erfolge verbuchen. Im Rotweinbereich liegt der Schwerpunkt auf den typisch österreichischen Sorten Zweigelt und Blaufränkisch. St. Laurent, Pinot Noir, Cabernet Sauvignon und Cabernet Franc sowie neuerdings auch ein reinsortiger Merlot gehören ebenfalls zum Programm. Natürlich gibt es auch edelsüße Weine, allen voran den Ruster Ausbruch. Im Weingarten wird möglichst schonend gearbeitet, um optimales Lesegut für die Weinbereitung zu ernten. Da das Weingut in der Setzgasse schon aus allen Nähten platzte, wurde 2004 ein Bürgerhaus in der Altstadt von Rust restauriert und für weinbauliche Zwecke adaptiert. Neben der Buschenschank beheimatet es jetzt die Räumlichkeiten für die Traubenverarbeitung und den Weinausbau. Die lange Liste der nationalen und internationalen Erfolge des Weinguts Georg Seiler würde hier den Rahmen sprengen.

WEINGUT GEORG SEILER
7071 Rust
Conradplatz 10
T: +43 (699) 12293228
office@weingut-seiler.at
www.weingut-seiler.at

Kellermeister/Kontakt:
Georg Seiler
Anbauweise: Zertifiziert Biologisch (Austria Bio Garantie)
Produktion: 40 % weiß, 5 % rosé, 45 % rot, 10 % süß, 10.5 Hektar
Vereinszugehörigkeit:
Cercle Ruster Ausbruch
Messen: VieVinum

* Ruster Ausbruch DAC

92 Chardonnay Ried Rieglband 2020
13 Vol.-%, DV, großes Holzfass, €€ B
Helles Gelbgrün, silberne Reflexe. Reife Kräuterwürze, gelber Apfel, ein Hauch von Maracuja, Orangenzesten, zart tabakig. Saftig, straff, feine Säurestruktur, weiße Tropenfrucht, frisch und lebendig, mineralisch, bleibt gut haften, vielseitig einsetzbar.

89 Gelber Muskateller 2021
13 Vol.-%, DV, Stahltank, €€ B

90 St. Laurent 2020
12 Vol.-%, DV, großes Holzfass, €€
Dunkles Rubingranat, violette Reflexe, zarte Randaufhellung. Zart kräuterwürzig unterlegte Zwetschkenfrucht, dunkle Kirschen, ein Hauch von Nougat. Mittlerer Körper, rote Frucht, feine Tannine, mineralisch und frisch, bereits gut antrinkbar.

90 Merlot 2020
13 Vol.-%, DV, gebrauchte Barriques, €€€
Kräftiges Rubingranat, violette Reflexe, breitere Ockerrandaufhellung. Zart tabakig, frische Herzkirschen, ein Hauch von Preiselbeeren und Orangenzesten. Mittlerer Körper, rotbeeriger Touch auch am Gaumen, feine Tannine, mineralisch, bietet unkompliziertes Trinkvergnügen.

93 Ruster Ausbruch DAC 2020 SÄ/GM/FU
12 Vol.-%, DV, Stahltank, €€€€€
Mittleres Goldgelb, Silberreflexe. Zart rauchige Nuancen, kandierte Grapefruitzesten, gelbe Tropenfrucht, feiner Honigtouch. Saftig, gute Komplexität, weißer Pfirsich, würzig-mineralisch im Abgang, bleibt haften, gutes Reifepotenzial, Dörrzwetschken im Nachhall.

90 Traminer Spätlese 2021
12,5 Vol.-%, DV, Stahltank, €€
Helles Gelbgrün, Silberreflexe. Feine Birnenfrucht, zart nach Rosenblüten, feiner Toffeetouch, zart nach Marille. Saftig, straff, etwas nach Eibisch, reife Mango, bleibt gut haften, individuell einsetzbar.

★★

WEINBAU TREMMEL

Wer nach Rust kommt, merkt: Dieser Ort ist etwas Besonderes. Vorgängergenerationen haben hier ein kleines Juwel geschaffen. Von der Familie Tremmel werden hier zurzeit zehn Hektar Rebfläche in den verschiedensten Ruster Rieden bewirtschaftet. Das Mosaik an unterschiedlichen Böden ist Grundlage der Vielfalt. Seit jeher wird auf den Einsatz von Herbiziden verzichtet. Durch die Anwendung der Verwirrungsmethode bei der Bekämpfung des Traubenwicklers kann auch auf die Verwendung von Insektiziden verzichtet werden (»no sex for butterflies«). Einige Sorten sind die besonderen Lieblinge des Betriebs und typisch für Rust: Furmint, Muskateller, Grauburgunder, Pinot Noir, Blaufränkisch (speziell aus den Rieden Bandkreftn und Mitterkreftn) sowie die edlen Ruster-Ausbruch-Weine. Eine Laune der Natur begünstigt die Entwicklung der Edelfäule in den Ruster Weingärten in einer einzigartigen Weise. Der geschichtsträchtige Süßwein hat den Bürgern schon viel Ansehen, Freiheit und Reichtum gebracht und ist dazu prädestiniert, den Ruster Weinen auch weiterhin Weltgeltung zu verleihen. Durch die ausgezeichnete Lagerfähigkeit baut er Brücken zwischen der Vergangenheit und der Zukunft. Die Familie Tremmel zeigt aber auch immer wieder ihr Können bei der Bereitung ihrer trockenen Weiß- und Rotweine.

92 Sauvignon Blanc 2021
14 Vol.-%, DV, Stahltank, €€
Helles Grüngelb, Silberreflexe. Feine Nuancen von frischen reifen Stachelbeeren, ein Hauch von Guaven, etwas Mango, einladendes Bukett. Saftig, weißer Apfel, zitronige Nuancen, mineralisch-salzig im Abgang, ein lebendiger Speisenbegleiter.

91 Grauburgunder 2020
13,5 Vol.-%, DV, Teilbarrique, €€
Helles Goldgelb, Silberreflexe. Feine gelbe Fruchtnuancen, ein Hauch von Birne und Marille, zart nach Biskuit, Orangenzesten. Mittlerer Körper, mineralisch, weißer Apfel, salziger Touch im Abgang, dezente Fruchtsüße im Nachhall.

90 Furmint 2021
13 Vol.-%, DV, Stahltank, €€
Helles Grüngelb, Silberreflexe. Feine Kräuterwürze, weiße Tropenfruchtnuancen, ein Hauch von Apfel und Limette. Straff, engmaschig, grüner Apfel, zitronig und schlank, ein unkomplizierter Speisenbegleiter.

WEINBAU TREMMEL
7071 Rust, Weinberggasse 19
T: +43 (2685) 368
tremmel@weinbau-tremmel.at
www.weinbau-tremmel.at
Kellermeister/Kontakt:
Harald Tremmel
Produktion: 40.000 Flaschen
45 % weiß, 45 % rot, 10 % süß,
10 Hektar
Zertifiziert: Nachhaltig Austria
Vereinszugehörigkeit:
Ruster Ausbruch DAC
Messen: Dornbirner Messe, Forum Vini München, VieVinum, Vinobile Montfort, Weinmesse München, Starnberg, Vinessio, DAC- u. Wein Burgenland Präsentationen

Harald Tremmel

91 Pinot Noir 2020
13 Vol.-%, DV, gebrauchte Barriques, €€
Kräftiges Rubingranat, violette Reflexe, zarte Randaufhellung. Dezente Kirschfrucht, ein Hauch von Orangenzesten, zart nach rotem Beerenkonfit, fruchtiges Bukett. Saftig, elegant, leichtfüßig, gut eingebundene Tanninstruktur, Walderdbeeren im Abgang, guter Speisenbegleiter.

90 Merlot 2019
14 Vol.-%, DV, gebrauchte Barriques, €€€
Tiefdunkles Rubingranat, violette Reflexe, zarte Randaufhellung. Feine frische Kräuterwürze, rote Beerenfrucht, ein Hauch von Brombeeren, Fruchtnuancen. Saftig, elegant, balanciertes Tannin, schwarze Beeren, Tabakwürze im Nachhall, bereits gut antrinkbar.

94 Eiswein 2020 WB/RR/CH
11 Vol.-%, DV, Stahltank, €€€€
Helles Gelbgold, Silberreflexe. Feiner Blütenhonig, frische Maracuja, etwas Litschis, florale Nuancen. Saftig, elegant, weiße Tropenfrucht, frischer Säurebogen, zitronig-salzig, feine Süß im Nachhall, delikater, frischer Stil.

★★★★★

WEINGUT ERNST TRIEBAUMER

Die Familie Triebaumer hat mit dem Blaufränkisch Mariental aus dem Jahr 1986 vor über 30 Jahren eine neue Ära des österreichischen Rotweins eingeläutet. Heute steht ihnen das Wissen zur Verfügung, die Landwirtschaft als einen tragenden Teil einer enkeltauglichen Wirtschaftsweise zu entwickeln. Großzügige Steigerung der Artenvielfalt und die dadurch angekurbelte Biomasseproduktion auf der Fläche beruhigen das monokulturelle »Bauchweh« auf allen Ebenen. Durch ihr Zulassen kommt der natürliche Kreislauf von sich aus wieder in Schwung. Der ganzjährige Arbeitseinsatz ihrer Schafherde hebt den Energiepegel in den Anlagen auf ein ganz neues Niveau. Vielfalt bedingt eine Stabilität, von der die Reben und die darauf reifenden Trauben voll erfasst werden. Diese Wachstumsbedingungen für die Trauben, das Herausfinden des perfekten Erntezeitpunkts, selektive Handlese mit höchstem Anspruch und Naturhefen sind die Grundlage für eine Vinifikation, die auf Handwerk, Zeit und Urvertrauen beruht und vor Lebensfreude und Eigenständigkeit strotzende Weine für Jahrzehnte

* Ruster Ausbruch DAC

Die Schafe im Weingarten der Familie Triebaumer sorgen ganzjährig für einen gesunden Boden

WEINGUT ERNST TRIEBAUMER
7071 Rust, Raiffeisenstraße 9
T: +43 (2685) 528
office@ernst.triebaumer.com
www.triebaumer.com

Kellermeister: Herbert und Gerhard Triebaumer
Kontakt: Claudia und Stephanie Triebaumer
Produktion: 133.333 Flaschen
20 % weiß, 75 % rot, 5 % süß, 18 Hektar
Vereinszugehörigkeit:
Cercle Ruster Ausbruch, Renommierte Weingüter Burgenland
Messen: Wein Burgenland Präsentationen

hervorbringt. Um die innere Schönheit der Jungweine ohne jegliches Eingreifen zu entwickeln und zu erhalten, nutzt Familie Triebaumer in ihren traditionellen Kellern größtenteils Holzfässer. Diese haben ein Fassungsvolumen von 300 bis 5.000 Litern und ermöglichen es den Weinen, aus eigenem Antrieb ihre Entwicklungsprozesse zu durchschreiten, um zu ihrer Mitte zu finden. Nach der jeweiligen Ausbauzeit werden sie schonend zusammengezogen. Alle Rotweine und die »Urwerk«-Linie können unfiltriert gefüllt werden, da sie ausreichend Zeit zur Sedimentation hatten. Mit der Gesamtheit ihrer Arbeit legen die Triebaumers das Fundament für Weine, mit denen das volle Spektrum der Ruster Böden und ihrer Rebsorten – allen voran des Blaufränkisch – ungeschönt mit der vollen inneren Spannung, Struktur und Tiefgründigkeit Schluck für Schluck erlebbar wird.

92 Chardonnay Ried Bandkräftn 2019
13 Vol.-%, NK, Holzfass, €€€€€ Ⓗ
Leuchtendes Goldgelb, Silberreflexe. Feine Kräuterwürze, ein Hauch von gelber Tropenfrucht, zart nach Mango und Papaya, mit kandierten Orangenzesten unterlegt. Saftig, komplex, feine Reduktionsnote nach Feuerstein, elegant, nussiger Touch im Abgang, bleibt haften, ein stoffiger, bereits zugänglicher Speisenbegleiter.

98 Blaufränkisch Ried Mariental 2019
13,5 Vol.-%, VL, Eichenfass, €€€€€€ Ⓗ
Tiefdunkles Rubingranat, opaker Kern, violette Reflexe, zarte Randaufhellung. Feine Kräuterwürze nach Rosmarin, Zitronenmelisse und Kardamom, schwarze Kirschen, ein Hauch von Lakritze, mineralisch, Limetten und Cassis im Hintergrund. Saftig, straff, sehr puristisch, rote Frucht, feine, reife Tannine, seidige Textur, finessenreiche Struktur, bleibt lange haften, sicheres Entwicklungspotenzial.

95 Blaufränkisch Ried Oberer Wald 2019
13,5 Vol.-%, NK, Eichenfass, €€€€€
Dunkles Rubingranat, violette Reflexe, zarte Randaufhellung. Zart nach Nougat und frischen Zwetschken, feines Brombeerkonfit, mineralisch und würzig, einladendes Bukett. Straff, engmaschig, dunkle Beerenfrucht, gut integrierte, tragende Tannine, salziger Abgang, noch sehr jung, gutes Entwicklungspotenzial.

92 Blaufränkisch Ried Gemärk 2019
13 Vol.-%, NK, Eichenfass/Holzfass, €€€
Dunkles Rubingranat, violette Reflexe, zarte Randaufhellung. Zart tabakig unterlegte schwarze Waldbeeren, florale Nuancen, kandierte Veilchen. Mittlere Komplexität, feine Brombeernuancen, dunkle Kirschen, reife Tannine, mineralisch, salziger Nachhall.

92 Tridendron 2019 ME/CS/BF
13,5 Vol.-%, NK, Holzfass, €€€
Dunkles Rubingranat, violette Reflexe, zarte Randaufhellung. Zart floral unterlegte Brombeernuancen, etwas Cassis und Lakritze, Noten von Trockenkräutern. Mittlerer Körper, rote Herzkirschen, frisch strukturiert, gut integrierte Tannine, saliner Abgang, ein feinwürziger Begleiter bei Tisch.

© Mang Stefan

★★★★

GÜNTER + REGINA TRIEBAUMER

»Low tech – high effort«, so lautet die Devise von Günter und Regina Triebaumer. Aufbauend auf der Ruster Kernkompetenz – Blaufränkisch, Furmint und Gelber Muskateller sowie Ruster Ausbruch – wird hier in der altehrwürdigen Freistadt Rust Weinbau mit Vernunft, Herzblut und Bodenhaftung betrieben. Die Triebaumers produzieren Weine, die dem Burgenland stets eindeutig zuordenbar sind und auch bleiben. Dabei setzen sie Erfahrungen aus vielen Jahren im internationalen Wein- und Gastronomie-Fachhandel, in Import und Export, in der Weinakademie Österreich sowie von ausgedehnten Weinreisen um. Die »burgundischen« Strukturen – 24 Hektar auf 45 Parzellen – sind historisch bedingt. Der Blaufränkisch ist mit acht Hektar der souveräne »Chef«: sowohl klassisch, feinkirschfruchtig als auch vielschichtig-gewürzig in Form der Blaufränkisch-Reserve. Mit dem ersten Ertrag der kalkigen Spitzenriede Oberer Wald stand gleich einmal der Gewinn der »Falstaff Reserve Trophy« für den Jahrgang 2009 ins Haus. Und mit der kalkfreien Silikatlage Plachen haben die Triebaumers auch noch einen zweiten großen Blaufränkisch im Sortiment. Ohne Zweifel ist der Ruster Ausbruch die älteste, ohne Unterbrechung gepflegte Herkunftsbezeichnung für Wein in Österreich. Im Hause Triebaumer wird dieser konzentrierte Charaktersüßwein stets aus dem verlässlichen Welschriesling angestrebt. Aber auch der »Muscato« – ein leichter, beschwingter Perlwein aus Gelbem Muskateller nach der Asti-Methode – verdient gewiss besondere Erwähnung.

93 Furmint Ried Geyerumriss 2020
13,5 Vol.-%, DV, Stahltank, €€€€€
Helles Grüngelb. Feine Holzwürze, etwas nach Kardamom, ein Hauch von Birne, zart nach Quitte, dunkle Mineralik. Saftig, elegant, straffer Säurebogen, extraktsüß nach Papaya, zart nach Muskatnuss im Nachhall, bleibt gut haften, vielschichtiger Speisenbegleiter mit Potenzial.

91 Furmint 2021
13,5 Vol.-%, DV, Stahltank, €€€
Mittleres Gelbgrün, silberne Reflexe. Feine Tropenfruchtnoten, unterlegt mit Orangenzesten, ein Hauch von Birnen, floraler Touch. Elegant, facettenreich, feiner Säurebogen, mineralisch, zart nussig, Tropenfrucht, würziger Nachhall, guter Speisenbegleiter.

GÜNTER + REGINA TRIEBAUMER
7071 Rust
Neuegasse 18
T: +43 (676) 4728288
weingut@triebaumer.at
www.triebaumer.at

Kellermeister: Günter Triebaumer
Kontakt: Günter und Regina Triebaumer
Produktion: 130.000 Flaschen
30 % weiß, 60 % rot, 10 % süß, 24 Hektar
Zertifiziert: Nachhaltig Austria
Messen: ProWein Düsseldorf, VieVinum

Regina und Günter Triebaumer

© Hauer Steve

* Ruster Ausbruch DAC

90 Sauvignon Blanc 2021
13,5 Vol.-%, DV, Stahltank, €€€ Ⓥ
Helles Gelbgrün, Silberreflexe. Reife Kräuternoten, etwas nach Stachelbeeren, ein Hauch von Wiesenkräutern, zart nach Limetten. Saftig, straff, frische Säurestruktur, mineralisch, Granny-Smith-Apfel im Abgang, bereits gut antrinkbar.

96 Blaufränkisch Ried Oberer Wald 2018
14,5 Vol.-%, DV, Stahltank/Barrique, €€€€€€ Ⓥ
Tiefdunkles Rubingranat, schwarzer Kern, violette Reflexe. Einladendes Bukett nach kandierten Mandarinenzesten und dunklem Waldbeerenkonfit, etwas balsamisch, mit Tabakwürze unterlegt. Facettenreich, gute Komplexität, straff, gut integrierte, samtige Tannine, Herzkirschen im Abgang, Nougat im Nachhall, vielschichtig und mit Entwicklungspotenzial ausgestattet.

95 Blaufränkisch Ried Plachen 2019
14 Vol.-%, DV, Stahltank/Barrique, €€€€€€ Ⓥ
Tiefdunkles Rubingranat, violette Reflexe, opaker Kern, zarte Randaufhellung. Mit zarten Röstaromen unterlegte feine schwarze Beerenfrucht, etwas nach Brombeeren, ein Hauch von Nougat. Saftig, engmaschig, balancierte, feste Tanninstruktur, fruchtsüß nach Kirschen, Holzwürze im Abgang, bleibt sehr gut haften, vielseitig einsetzbar, sicheres Potenzial.

94 Blaufränkisch Reserve 2019
14,5Vol.-%,DV,Stahltank/gr.Holzfass/Barrique,€€€€€
Tiefdunkles Rubingranat, opaker Kern, violette Reflexe, zarte Randaufhellung. Feine Kräuternoten, etwas nach Brombeeren, ein Hauch von Zwetschken, mit Schokolade unterlegt. Saftig, straff, balancierte Tanninstruktur, fruchtsüß nach Kirschen im Abgang, tabakiger Nachhall, facettenreicher Speisenbegleiter.

93 Weite Welt 2019 CF/CS/SY
14,5 Vol.-%, DV, Barrique, €€€€€ Ⓥ
Tiefdunkles Rubingranat, violette Reflexe, schwarzer Kern, zarte Randaufhellung. Feine Brombeernoten, etwas balsamisch, zart nach Cassis, Orangenschalen klingen an. Saftig, elegant, gut eingebundene Tanninstruktur, zarter Holztouch, schokoladiger Nachhall, vielseitiger Speisenbegleiter mit Potenzial.

93 Cabernet Franc Ried Gillesberg 2019
14,5 Vol.-%, DV, Barrique, €€€€€ Ⓥ
Tiefdunkles Rubingranat, violette Reflexe, zarte Randaufhellung. Etwas zurückhaltender Duft nach dunklem Waldbeerenkonfit und Schwarzen Johannisbeeren, ein Hauch von Orangenzesten, mit Lakritze unterlegt. Straff, komplex, frisch, feine Tanninstruktur, würzig im Abgang.

96 Gelber Muskateller * 2020
10,5 Vol.-%, DV, Stahltank, €€€€€
Helles Goldgelb, Silberreflexe. Feine Nuancen von reifer Maracuja, ein Hauch von Holunderblüten, Mandarinenzesten, weißer Pfirsich, facettenreiches Bukett. Saftig, dabei engmaschig, frische Orangen, feiner Honigtouch, finessenreich und lange anhaftend, sehr präzise, salziger Nachhall, großes Reifepotenzial.

93 Geistreich NV Lot. 2021 ME/SY/CS/CF
20,5 Vol.-%, DV, kleines Holzfass, €€€€€
Tiefdunkles Rubingranat, opaker Kern, violette Reflexe, zarte Randaufhellung. Zart nach Nougat und schwarzem Beerenkonfit, reife Zwetschken, feine tabakige Würze, zurückhaltendes Bukett. Kraftvoll, schokoladig und konzentriert, Dörrzwetschken, etwas Kardamom und Schokolade im Abgang, noch sehr jung, wird von Flaschenreife profitieren.

93 Petit Manseng Le Petit Man Sang 2021
13 Vol.-%, DV, kleines Holzfass, €€€€€
Helles Goldgelb, Silberreflexe. Mit zarter Kräuterwürze unterlegter weißer Apfel, ein Hauch von Blütenhonig, etwas Heublumen. Mittlere Komplexität, frische Birne, feine Säurestruktur, straff und mineralisch, dezente Süße im Abgang, eigenständig, feiner salziger Abschluss.

92 Traminer Spätlese 2021
11 Vol.-%, DV, Stahltank, €€€
Helles Gelbgrün, Silberreflexe. Dezente Mangonote, etwas nach Gewürzen, Clementinenzesten, floraler Touch. Saftig, süß, gut eingebundene, straffe Säurestruktur, mineralisch, Honigmelone im Abgang, salziger Nachhall, guter Speisenbegleiter.

91 Chardonnay Spätlese 2021
10,5 Vol.-%, DV, Stahltank, €€€
Helles Roségold, Silberreflexe. Einladendes Bukett nach Sportgummi und Rosenöl, etwas nach Mirabellen. Saftig, fruchtsüß, zart nach Pfirsich, mineralisch, Honig im Nachhall, bereits gut antrinkbar.

PLATZ FÜR IHRE
WEINNOTIZEN

* Ruster Ausbruch DAC

Wegen der hügeligen Landschaft, hier bei Leutschach, wird die Südsteiermark auch »Steirische Toskana« genannt

© WSNA

STEIERMARK

STEILE HÜGEL UND KÜHLES KLIMA

Schloss Kapfenstein im Vulkanland Steiermark

DAS MEKKA DER FRISCHEN WEISSEN

Es gibt sicherlich Weinbaugebiete, in denen wuchtigere und vor allem alkoholischere Weine reifen. Aber es gibt auf der ganzen Welt keine frischeren, brillanteren und daher auf elegante Weise herkunftstypischeren Gewächse als im Süden der Steiermark. Damit sind übrigens alle drei steirischen Weinbaugebiete mit ihren unvergleichlichen Spezialitäten auf 4633 Hektar gemeint, die mehr oder weniger im Süden des Bundeslands liegen.

Im Westen dieses auch landschaftlich einzigartigen Hügellands dominiert der Schilcher, jener pikante Rosé, der mit seiner typischen Schiefernote einer der ausgeprägten Terroirweine des Landes ist. Im Sausal und an der Südsteirischen Weinstraße geben Sauvignon Blanc und Muskateller den Ton an, während im südöstlichen Vulkanland neben den Burgundern und dem Sauvignon Blanc der Traminer als echtes Juwel für den Kenner funkelt. Der am weitesten verbreitete steirische Wein, der Welschriesling, hat mit seinem an grüne Äpfel erinnernden Bukett viel mehr Anhänger, als sich so mancher Weinkritiker träumen lässt. Wer etwas mehr Körper will, ist mit der Pinotfamilie gut beraten. Hier überzeugt der Weißburgunder von kalkreichen Böden mit raffinierter Mineralik. Der Chardonnay, in der Steiermark auch Morillon genannt, kann bei aller Frische mitunter schon kräftig ausfallen und wie die besten Grauburgunder (Ruländer, Pinot Gris) auch durch längere Lagerung zulegen.

Beginnend mit dem Weinjahrgang 2018 verfügt die Steiermark nun über ein neues Herkunftssystem. Dieses gliedert sich nun entsprechend den drei steirischen Weinbaugebieten in Südsteiermark DAC, Vulkanland Steiermark DAC und Weststeiermark DAC.

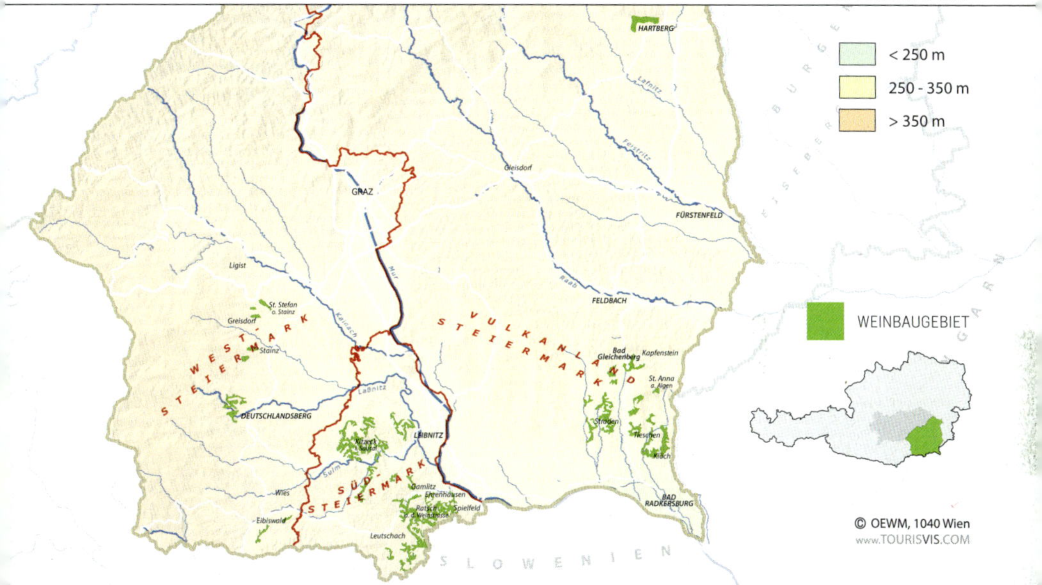

Innerhalb der jeweiligen DAC-Gebiete sind die Weine in einer Pyramide – gebildet von Gebietsweinen, Ortsweinen und Riedenweinen – gegliedert, denen wiederum sowohl entsprechende Rebsorten und Erstausgabetermine zugeordnet sind. Für alle DAC-Weine ist Handlese verpflichtend!

Von Haubenrestaurants bis hin zu urigen Buschenschanken in bezaubernder Landschaft hat die Steiermark auch einiges zu bieten, und in den letzten Jahren kommen auch immer mehr Hotels und Gästezimmer dazu, die auf sehr hohem Niveau einen wunderbaren Urlaub garantieren. Die bezaubernde Landschaft lädt zu schönen Wanderungen und Radtouren ein, aber auch kulturell gibt es einige Attraktionen, die man sich nicht entgehen lassen sollte. Auf www.gutfinden.at entdeckt man viele Adressen, die die Steiermark zu einem sehr attraktiven Ziel für Genussfreunde macht.

WEINBAUGEBIET STEIERMARK

Österreich gesamt:	**46.752 ha**	
Weinbaugebiet Steiermark:	**4633 ha**	**(9%)**
SPEZIFISCHE WEINBAUGEBIETE:		
Südsteiermark DAC	2563 ha	
Vulkanland Steiermark DAC	1524 ha	
Weststeiermark DAC	546 ha	

Weißweinfläche insgesamt:	**3594 ha**	**(78 %)**
Welschriesling:	752 ha	(16 %)
Weißburgunder:	576 ha	(12 %)
Sauvignon Blanc:	683 ha	(15 %)
Chardonnay:	328 ha	(7 %)
Müller-Thurgau:	245 ha	(5 %)
Rotweinfläche insgesamt:	**1040 ha**	**(22 %)**
Blauer Wildbacher:	457 ha	(10 %)
Zweigelt:	351 ha	(8 %)
Blauburger:	18 ha	(0,4 %)
Blaufränkisch:	14 ha	(0,3 %)
Pinot Noir:	18 ha	(0,4 %)

© WSNA

STEIERMARK

SÜD-STEIERMARK

DAC

Eichberg-Trautenburg in Leutschach an der Weinstraße

Silberberg mit Blick auf den Sulmsee und Frauenberg bei Leibnitz

SAUVIGNON BLANC & CO AUS DEM SÜDLICHEN HÜGELLAND

Die Südsteiermark steht für duftige, frische Weine, vor allem aus der Leitsorte Sauvignon Blanc. Doch auf den 2.563 Hektar Rebfläche ist genügend Platz für ein breites Sortenspektrum vom Welschriesling über Morillon und Muskateller bis zum Traminer. Hier ist Weinbau allerdings Schwerarbeit, sind doch die meisten Weingärten extreme Steilhänge. So vielschichtig wie die Rebsorten sind auch die Böden, die im Weinbaugebiet Südsteiermark zur Verfügung stehen, von Sand und Schiefer bis zu Mergel und Muschelkalk.

Feuchtwarmes mediterranes Klima bestimmt den langen Vegetationsverlauf, kühle Nächte fördern die Entwicklung einer reichhaltigen Aromatik, die den Weißweinsorten zu Nuancenreichtum und Noblesse verhilft. Vom schlanken, fruchtbetonten Jungwein – als »Junker« einer der Vorboten des neuen Jahrgangs – über die elegante Klassiklinie bis zu hochreifen, extraktreichen Lagenweinen spielen die Winzer ihre Stärken aus. Speziell die Rebsorte Sauvignon Blanc konnte sich im Zuge der kontinuierlichen Weiterentwicklung an die Spitze emporarbeiten, und heute gehören Sortenvertreter aus der Südsteiermark zur Weltklasse. Dass dies auch in Zukunft so bleibt, garantiert eine äußerst aufgeschlossene Winzerschaft, die auf Reisen und bei Praxisaufenthalten in der Weinwelt Erfahrungen gesammelt hat. Doch auch die Weinbauschule in Silberberg trägt in Theorie und Praxis dazu bei, Nachwuchswinzer mit besten Qualifikationen auszustatten.

Das Gebiet ist nun ebenfalls in den erlauchten Kreis der DAC-Herkünfte aufgenommen worden und verfügt mit Sauvignon Blanc, Morillon, Weißburgunder, Grauburgunder, Welschriesling, Gelbem Muskateller, Riesling

und Traminer über eine tolle Sortenvielfalt. Als Ortsweine dürfen solche aus Ehrenhausen, Gamlitz, Leutschach, Eichberg oder Kitzeck-Sausal vermarktet werden. Klingende Namen von Lagen wie Czamillonberg, Pössnitzberg, Kranachberg, Hochgrassnitzberg, Steinriegel, Kittenberg, Nussberg, Obegg oder Zieregg wecken Assoziationen zu den entsprechenden Top-Weinen. Diese haben mittlerweile längst auf den Weinkarten der regionalen Gastronomie Einzug gehalten und sorgen auch international für Aufsehen. Erzherzog Johann, ein Enkel der Kaiserin Maria Theresia und Weinbaupionier mit für seine Zeit »europäischem« Weitblick in Sachen Weinkultur und dessen Spuren bis heute im Gebiet nachvollziehbar sind, wäre stolz auf seine südsteirischen Winzer.

AUSGEWÄHLTE WEINGÜTER

>

★★★★★
Weingut Gross, Ratsch an der Weinstraße
Weingut Sattlerhof, Gamlitz
Weingut Tement, Berghausen

★★★★
Weingut Kodolitsch, Leibnitz
Weingut Lackner-Tinnacher, Gamlitz
Weingut Wolfgang Maitz, Ehrenhausen
Weingut Muster.gamlitz, Gamlitz
Weingut Erich und Walter Polz, Strass in der Steiermark
Weingut Erwin Sabathi, Leutschach a. d. Weinstraße
Weingut Hannes Sabathi, Gamlitz
Weingut Skoff Original, Gamlitz

★★★★
Weingut Wohlmuth, Kitzeck im Sausal
Ewald Zweytick Wein, Ratsch a. d. Weinstraße

★★★
Dreisiebner Stammhaus, Sulztal a. d. Weinstraße
Weingut Elsnegg, Gamlitz
Weingut R & R Gerngross, Sausal
Weingut Harkamp, Leibnitz
Domaines Kilger, Gamlitz
Weingut Masser, Leutschach
Weingut oberGuess, Leutschach
Weingut Pongratz, Gamlitz - Kranachberg
Weingut Stefan Potzinger, Gabersdorf
Weingut Primus, Grassnitzberg-Spielfeld
Weingut Regele, Ehrenhausen a. d. Weinstraße

< AUSGEWÄHLTE WEINGÜTER

★★★
Weingut Schauer, Kitzeck im Sausal
Weingut Peter Skoff – Domäne Kranachberg, Gamlitz
Weingut Tschermonegg, Glanz a. d. Weinstraße

★★
Weingut Branigg, Kitzeck im Sausal
Weingut Brolli-Arkadenhof, Gamlitz
Weingut Felberjörgl, Kitzeck
Hirschmugl – Domaene am Seggauberg, Leibnitz
Kollerhof am Eichberg, Leutschach a. d. Weinstraße
Weingut Noemi, Fresing
Weingut Repolusk, Leutschach
Landesweingut Silberberg, Leibnitz

★★
Weingut J. und A. Skringer, Leutschach an der Weinstraße
Weingut Bernd Stelzl, Leutschach
Weingut Strauss Gamlitz, Gamlitz
Weingut Warga-Hack, Sankt Andrä im Sausal
Domaine Wolf, Gamlitz

★
Weingut Firmenich, Ehrenhausen
Weingut Johann Schneeberger, Heimschuh

—
Weingut Michi Lorenz, Kitzeck
Weingut Wruss, Gamlitz

★★

WEINGUT BRANIGG

Das Weingut Branigg wurde im Stiftsregister der Herrschaft Grottenhofen von 1674 erstmals erwähnt und ist somit einer der ältesten Weinbaubetriebe des Sausals. Es wechselte in seiner Geschichte sechsmal den Besitzer und war bereits zwischen den Jahren 1874 und 1920 im Besitz der Familie Wohlmuth. Durch Erbschaften kam es leider abhanden und konnte erst Ende des 20. Jahrhunderts durch Gerhard Wohlmuth wieder erworben werden. Aufgrund des besonderen Mikroklimas und der langen Geschichte des Weinbaubetriebs Branigg hat sich Gerhard Wohlmuth dazu entschlossen, die Marke Branigg auf den Markt zu bringen.
Gerhard Wohlmuth ist sowohl im Weinbau als auch in der Vinifikation ein Perfektionist. Eine möglichst naturnahe Pflege der Reben und selektive Lese sind für ihn die Basis großer Weinerlebnisse. Die händisch durchgeführte Lese, die oft in mehreren Durchgängen vollzogen wird, garantiert physiologisch reife Trauben. Im Keller versucht der Winzer, möglichst wenig einzugreifen, und legt großes Augenmerk auf eine langsame und schonende Gärung. Durch das Fingerspitzengefühl von Gerhard Wohlmuth entstehen fruchtintensive, finessenreiche und komplexe Weine. Eines ist ihm besonders wichtig: »Das Terroir muss sich auch in den Branigg-Weinen widerspiegeln.«

92 Morillon Steiermark 2021
12 Vol.-%, DV, Stahltank, €€€
Helles Gelbgrün, Silberreflexe. Zarte Kernobstnuancen, ein Hauch von Mango, zart nach Orangenzesten, einladend. Saftig, salzig unterlegte weiße Apfelfrucht, mineralisch, zitroniger Touch, feine Fruchtsüße im Abgang, verfügt über Reifepotenzial.

92 Sauvignon Blanc Steiermark 2021
12,5 Vol.-%, DV, Stahltank, €€€
Helles Gelbgrün, Silberreflexe. Feine gelbe Tropenfrucht, zart nach Paprikaschoten, ein Hauch von Limettenzesten, einladender Duft. Straff, engmaschig und lebendig, frischer Säurebogen, mineralisch, mit Zukunftspotenzial ausgestattet.

91 Weißburgunder Steiermark 2021
12,5 Vol.-%, DV, Stahltank, €€
Helles Gelbgrün, Silberreflexe. Feine Wiesenkräuter, zart nach Walnuss, ein Hauch von Birne und Orangenzesten. Leichtfüßig, weißer Apfel, lebendig, Limettentouch im Nachhall.

WEINGUT BRANIGG
8441 Kitzeck im Sausal
Fresing 24
T: +43 (3456) 2303
office@branigg.com
www.branigg.com

Kellermeister/Kontakt:
Gerhard Wohlmuth
Produktion: 80 % weiß, 20 % rot, 25 Hektar
Messen: ProWein Düsseldorf, VieVinum

Rieden bei Kitzeck

91 Gelber Muskateller Steiermark 2021
11,5 Vol.-%, DV, Stahltank, €€
Helles Gelbgrün, Silberreflexe. Ein Hauch Limetten, weiße Blüten, zart nach Holunder, feine Würze, etwas Pfirsich. Mittlerer Körper, weiße Frucht, frischer Säurebogen, zitroniger Touch, vielseitiger Speisenbegleiter.

90 Welschriesling Steiermark 2021
11,5 Vol.-%, DV, Stahltank, €€
Helles Gelbgrün, Silberreflexe. Zarte gelbe Tropenfrucht, dezente Mangonote, ein Hauch von Wiesenkräutern, frische Orangenzesten. Weißer Apfel, frisch, knackige Säure, Limetten im Abgang, lebendiger Sommerwein.

★★

WEINGUT BROLLI-ARKADENHOF

Mehr als 125 Jahre Tradition, Leidenschaft, Liebe zum Wein und ein bisschen mehr beschreiben das renommierte Weingut Brolli-Arkadenhof sehr gut. Das Weingut zählt ohne Zweifel zu Österreichs schönsten Weingütern. Nahe der bekannten Marktgemeinde Gamlitz im südlichsten Weinbaugebiet Österreichs liegt inmitten von Weingärten der Arkadenhof wie ein kleines Schlösschen, eingebettet in einem herrlichen Garten mit drei mächtigen Mammutbäumen. Das Familienwappen mit den zwei goldenen Löwen zeugt von langer Tradition und höchster Winzerkunst. Heute führen die Geschwister Reinhard Brolli, Weinbau- und Kellermeister, sowie Ing. Bettina Maria Brolli, Dipl.-Touristikkauffrau, gemeinsam das Weingut und vinifizieren fruchtige DAC-Weine und mehrfach prämierte Riedenweine.
Die beiden haben mit dem modernen Neubau der sehenswerten Weinkellerei architektonische Akzente in der Südsteiermark gesetzt. Mit den berühmten Rieden Oberer Kapaun und Pössnitzberg bewirtschaftet die Familie Brolli große zusammenhängende Weingärten in den besten Lagen im Naturpark Südsteirisches Weinland auf sonnenverwöhnten steilen Hanglagen in 400 bis 500 Metern Seehöhe. Die 100-prozentige Handarbeit setzt Liebe zur Tradition und leidenschaftliche Begeisterung voraus.
Der Sortenspiegel reicht von Welschriesling, Weißburgunder und Morillon über fruchtigen Gelben Muskateller, Sauvignon Blanc und

Bettina Maria und Reinhard Brolli

WEINGUT BROLLI-ARKADENHOF
8462 Gamlitz
Eckberg 43
T: +43 (3453) 2341
weingut@brolli.at
www.brolli.at

Kellermeister: Reinhard Brolli
Kontakt: Reinhard Brolli und Ing. Bettina Maria Brolli
Produktion: 93 % weiß, 5 % rot, 2 % süß, 17 Hektar
Vereinszugehörigkeit: Steirischer Junker, Wein Steiermark, GutFinden – Südsteiermark

Traminer bis hin zum Blauen Zweigelt. Die Weine tragen die persönliche Handschrift von Kellermeister Reinhard Brolli. Sie sind fein strukturiert, von tiefer Frucht geprägt und mit Finesse und zugleich südsteirischer Typizität ausgestattet. Die großen Riedenweine zeigen mineralische Eleganz und Einzigartigkeit. Mehrfach ausgezeichnete Weine mit internationaler Beachtung machen das Weingut Brolli-Arkadenhof zu einer der besten Adressen der Südsteiermark. Der Weineinkauf wird hier zum Erlebnis! Ein Besuch wird hier bereichert mit purer Lebensfreude an einem der eindrucksvollsten Plätze der Südsteirischen Weinstraße sowie mit einem Ausblick, den man selten findet.

92 Sauvignon Blanc * Ried Pössnitzberg 2020
13 Vol.-%, DV, großes Holzfass, €€€€€
Helles Gelbgrün, Silberreflexe. Zarte weiße Tropenfrucht, floraler Touch, Nuancen von Stachelbeeren, frische Orangenzesten. Mittlerer Körper, weißer Apfel, feiner Säurebogen, zitronig-salzig im Abgang, ein balancierter Speisenbegleiter.

89 Sauvignon Blanc Steiermark 2021
13 Vol.-%, DV, Stahltank, €€€

92 Grauburgunder * Ried Oberer Kapaun 2020
14 Vol.-%, DV, 500-l-Fass, €€€€€
Helles Gelbgold, Silberreflexe. Zart nach Heublumen und Wiesenkräutern, tabakig unterlegte Birnenfrucht, ein Hauch von Melone, kandierte Orangenzesten. Saftig, feine Fruchtsüße, reifer Apfel, dezente Säurestruktur, zarter Honigtouch, zitroniger Nachhall, salzig im Rückgeschmack.

91 Gelber Muskateller * Ried Pössnitzberg 2021
12,5 Vol.-%, DV, Stahltank, €€€€€
Helles Gelbgrün, Silberreflexe. Zarte Nuancen von gelber Frucht, floraler Touch, ein Hauch von Limettenzesten, Lavendel, Holundertouch. Saftig, leichtfüßig, frisch strukturiert, weißer Pfirsich, blumige Nuancen, zarter Stil, schlank und mineralisch im Nachhall.

90 Traminer * Ried Oberer Kapaun 2020
13,5 Vol.-%, DV, 500-l-Fass, €€€€€
Helles Gelbgold, Silberreflexe. Sehr zarter Rosenduft, ein Hauch von weißem Pfirsich, diskretes Bukett. Saftig, zarte Fruchtsüße, dezenter Säurebogen, etwas Karamell und Nougat im Abgang, ausgewogen, ein Hauch von Lindenblüten im Nachhall, bereits zugänglich.

92 Morillon Meisterstück 2019
12,5 Vol.-%, DV, 500-l-Fass, €€€€€
Helles Goldgelb, Silberreflexe. Zarte Wiesenkräuter, reifes gelbes Kernobst, ein Hauch von frischer Mango, etwas Blütenhonig. Stoffig, elegant, feine Fruchtsüße, seidige Textur, gut integrierte Tannine, zartes Nougat im Rückgeschmack, ein gereifter Speisenbegleiter.

★★★

DREISIEBNER STAMMHAUS

Nur wenige Weingüter in der Südsteiermark bieten eine so große Vielfalt wie das Dreisiebner Stammhaus. Seit dem Jahr 2000 baut Kellermeister Hannes Dreisiebner drei Weinlinien aus, die sich jetzt im aktuellen Herkunftssystem widerspiegeln. Die Gebietsweine brillieren durch ihre glockenklare, sortengerechte Ausbauweise. Speziell der Gelbe Muskateller ist über die Jahre durch seine elegante Frucht das Highlight der leichten Linie geworden.
Die Orts- und Riedenweine, die auch in kühleren Jahren eine hervorragende Reife erreichen, profitieren durch die konsequente Arbeit von Weinbaumeister Rudolf Dreisiebner. Das Flaggschiff der Lage Hochsulz ist der Sauvignon Blanc: Kalkhaltige Mergelböden sorgen für viel Würze und Charakter. Die größte Auszeichnung gab es im Jahr 2019 für die Ried Hochsulz mit »Best Sauvignon of the World« bei der größten internationalen Verkostung »Concours Mondial du Sauvignon«. Neu ist die Bezeichnung der Spitzengewächse aus der Ried Hochsulz. Aus dem Begriff »Reserve«, der bis zum Jahrgang 2017 verwendet wurde, wird ab sofort »Alte Reben« bei den Sorten Sauvignon Blanc und Chardonnay.
Das Gut, mitten im Zentrum der Südsteirischen Weinstraße gelegen, wurde im letzten Winter komplett ausgebaut. Die Familie sieht eine große Zukunft als Tourismusweingut. »Klein, aber fein«, so lautet dafür das Motto. 30 Gästebetten mit fantastischer Aussicht und großzügigen Weinlandterrassen laden zum mehrtägigen Aufenthalt ein. Die beste Möglichkeit zum Verkosten und Genießen gibt es in der ausgezeichneten Buschenschank vor Ort. Gastgeberin Michaela Dreisiebner bietet in diesem traditionsreichen Lokal südsteirische Kulinarik pur.

94 Traminer * Ried Hochsulz Seven Sense 2019
14,5 Vol.-%, DV, kleines Holzfass, €€€€€
Leuchtendes mittleres Grüngelb, Silberreflexe. Feine weiße Tropenfrucht, zart nach Kumquats, ein Hauch von Honig und Limettenöl, sehr vielschichtig und attraktiv. Saftig, kraftvoll, aber nicht fett, sondern gehaltvoll, feiner, trockener Stil, mineralisch, sehr gute Länge, sicheres Reifepotenzial, klassischer Sortenvertreter.

93 Sauvignon Blanc * Ried Hochsulz Alte Reben 2019
13,5 Vol.-%, DV, kleines Holzfass, €€€€€
Helles Goldgelb, Silberreflexe. Zart nach Nougat und Karamell, zarte Holzwürze, etwas Cassis, Nuancen von Stachelbeeren, facettenreiches, einladendes Bukett. Saftig, elegant, weißer Pfirsich, frischer Säurebogen, zitroniger Touch im Abgang, ein lebendiger Speisenbegleiter mit weiterem Reifepotenzial.

92 Sauvignon Blanc * Ried Hochsulz 2020
13,5 Vol.-%, DV, Stahltank, €€€€
Helles Grüngelb, Silberreflexe. Zart nach weißen Blüten, ein Hauch von Tropenfrucht, zart nach Cassis, ein Hauch von Stachelbeeren, mit feinem Blütenhonig unterlegt. Mittlere Komplexität, ein Hauch von Apfel und Pfirsich, dezenter Säurebogen, dunkle Mineralik, ein engmaschiger Speisenbegleiter, etwas Grapefruitzesten im Nachhall.

90 Sauvignon Blanc * Classic 2021
13 Vol.-%, DV, Stahltank, €€ F
Helles Gelbgrün, Silberreflexe. Zart tabakig-kräuterwürzig unterlegte weiße Tropenfrucht, mineralischer Touch. Mittlerer Körper, grüner Apfel, frischer Säurebogen, zart salzig, würziges Finish, bietet frischen Trinkspaß.

DREISIEBNER STAMMHAUS
8461 Sulztal an der Weinstraße
Sulztal 35
T: +43 (3453) 2590
stammhaus@dreisiebner.com
www.dreisiebner.com

Kellermeister/Kontakt:
Hannes Dreisiebner
Produktion: 100.000 Flaschen
90 % weiß, 8 % rot, 2 % süß,
17 Hektar
Vereinszugehörigkeit:
Wein Steiermark,
Marktgemeinschaft Steirischer Wein
Messen: VieVinum, DAC-Präsentationen

*** Südsteiermark DAC**

93 Chardonnay * Ried Hochsulz Alte Reben 2019
13 Vol.-%, DV, kleines Holzfass, €€€€€
Helles Gelbgrün, Silberreflexe. Zart mit Zitronenmelisse unterlegte frische Apfelfrucht, ein Hauch von Orangenzesten. Mittlerer Körper, feine Holznuancen, dezenter Säurebogen, salzige Mineralik, pikanter Abgang, bereits harmonisch und gut antrinkbar, vielseitig einsetzbar, kräuterwürziger Nachhall.

90 Gelber Muskateller * Ried Hochsulz 2020
13 Vol.-%, DV, Stahltank, €€€
Helles Grüngelb, Silberreflexe. Nuancen von Holunderblüten, zart nach frischen Marillen, mit einem Hauch von Muskatnuss unterlegt. Mittlere Komplexität, weißer Apfel, frisch und salzig, Limetten im Nachhall, ein frischer Sommerwein.

★★★

WEINGUT ELSNEGG

»Weine, die ihre Herkunft widerspiegeln und unvergesslich bleiben, sind unser Ziel.« Schon bei diesem Leitspruch wird eines sofort klar: Der Ehrgeiz der Familie ist groß. Die Elsneggs sind überzeugte Traditionalisten, jedoch sind sie ebenso davon überzeugt, dass das alleine nicht reicht: Es braucht ein ständiges Hinterfragen der einzelnen Arbeitsabläufe, der Betrieb muss stets behutsam weiterentwickelt werden, und man sollte offen für Neues sein, ohne mit dem, was sich bewährt hat, zu brechen.
Am Eckberg, wo sich die Kulisse der Südsteirischen Weinstraße mit den Weinbergen verbindet, erwartet den Weinliebhaber ein Familienbetrieb mit charakterstarken Tropfen.

WEINGUT ELSNEGG
8462 Gamlitz
Eckberg 26
T: +43 (3453) 4812
weingut@elsnegg.at
www.elsnegg.at

Kellermeister/Kontakt:
Regina Elsnegg
Produktion: 100 % weiß
Vereinszugehörigkeit:
Wein Steiermark, Steirischer Junker

Außergewöhnliche Rieden mit unterschiedlichen Mikroklimata sowie der Wechsel verschiedener Bodenformationen auf engstem Raum bilden die Grundlage für eigenständige Weine mit Tiefgründigkeit und Finesse – ob frisch-fruchtig wie die »Arte Styria«-Linie oder strukturiert wie die Lagengewächse.
Die eindrucksvolle und sonnenverwöhnte Kessellage Urlkogel thront majestätisch am Eckberg auf 524 Metern Seehöhe und bildet eine der tragenden Säulen dieser Kulturlandschaft. Seit rund 40 Jahren kultiviert die Familie Elsnegg an den steilen Hängen dieser Riede sehr erfolgreich Weine, die in Kleinmengen produziert die Spitze des Sortiments bilden, wie etwa der Sauvignon Blanc Urlkogel.
Auf einem der malerischen Hügel gelegen, eröffnet sich vom Weingut aus ein traumhafter Ausblick über die angrenzenden Weinberge, wobei der Genuss eines steirischen Weins, glasweise in der Buschenschank getrunken, das Leben schöner macht. Feinste Köstlichkeiten besonderer Art werden mit Begeisterung serviert, wobei besonders das Auge mitisst.

94 Sauvignon Blanc * Ried Urlkogel Reserve 2020
13,5 Vol.-%, NK, kleines Holzfass, €€€€€
Helles Gelbgold, Silberreflexe. Reife Stachelbeernuancen, ein Hauch von Guaven, dazu etwas Kokos und Karamell. Komplex, saftig, weiße Tropenfrucht, frischer Säurebogen, gute Länge, bereits zugänglich und gut antrinkbar, verfügt über Reifepotenzial.

93 Sauvignon Blanc * Ried Urlkogel 2021
14 Vol.-%, DV, großes Holzfass/Stahltank, €€€€
Helles Gelbgrün, Silberreflexe. Feine Stachelbeerfrucht, zart nach Mandarinenzesten, Limetten, weiße Tropen-

frucht im Hintergrund. Kraftvoll, stoffig, feine Fruchtsüße, gut eingebauter Säurebogen, elegant, zart würzig im Abgang, salziger Touch im Finale, verfügt über Reifepotenzial.

91 Sauvignon Blanc * Gamlitz 2021
13 Vol.-%, DV, Stahltank, €€€
Helles Gelbgrün, Silberreflexe. Zarte weiße Tropenfrucht, ein Hauch von Stachelbeeren und Limetten, mineralische Nuancen, einladendes Bukett. Mittlere Komplexität, weißes Kernobst, feiner Säurebogen, ausgewogen, bereits gut antrinkbar.

93 Grauburgunder * Ried Eckberg 2021
13,5 Vol.-%, DV, großes Holzfass, €€€
Leuchtendes Messinggold, Silberreflexe. Feine Karamellnote, gelbe Birnenfrucht, etwas Nougat, einladendes Bukett. Kraftvoll, komplex, feinwürzig unterlegte süße Tropenfrucht, mineralisch, gut integrierter frischer Säurebogen, salzig im Abgang, Ananasfrucht im Rückgeschmack, ein kräftiger Speisenbegleiter.

90 Gelber Muskateller * Gamlitz 2021
12,5 Vol.-%, DV, Stahltank, €€€
Sehr helles Gelbgrün, Silberreflexe. Feine Nuancen von Holunderblüten, Limettenzesten, zart nach weißem Pfirsich und Litschis, mineralischer Touch. Saftig, elegant, zarte Fruchtsüße, würzige Nuancen, ausgewogen, bereits gut entwickelt.

89 Riesling * Ried Urlkogel 2021
13 Vol.-%, DV, Stahltank, €€€

★★

WEINGUT FELBERJÖRGL

Das Weingut Felberjörgl befindet sich mitten in der Großlage Sausal in Höch am Demmerkogl. Zurzeit werden rund dreizehn Hektar Rebfläche auf Seehöhen von 550 bis 650 Metern bewirtschaftet. Die Weine unterscheiden sich deutlich von jenen aus anderen Weinbaugebieten und sind sehr stark vom phyllitischen Schiefer geprägt. Diese einzigartige Mineralik verleiht den Weinen eine vielschichtige Aromatik, eine gewisse Kühle und elegante Straffheit, verbunden mit einer salzig-nervigen Säurestruktur.
Alle für die Region wichtigen Rebsorten werden hier angebaut, dabei liegt das größte Augenmerk auf der Ausprägung der einzelnen Sorten und Lagen: Vom klassisch-leichten Bereich über die kräftigen Lagenweine bis hin zum Prädikatsweinbereich werden die Stärken der einzelnen Sorten hervorgehoben.
Die wichtigsten Lagen des Weinguts sind Höchleit'n und Kreuzegg. Erstere zählt mit bis zu 650 Metern Seehöhe zu den höchsten Lagen Österreichs und bietet Morillon, Riesling sowie Welschriesling sehr gute Bedingungen. Kreuzegg befindet sich auf Höhe des Weinguts – Sauvignon Blanc und Weißburgunder sind hier die herausragenden Sorten. Der Boden hat mehr Humusauflage als die Höchleit'n, wodurch die Weine etwas dichter und komplexer werden. Weitere Lagen sind Zwickl, Mosergut und Schrotter. Ein sehr wichtiger Bereich des Weinguts ist die Vinifikation von Süßwein, wobei das meiste Traubengut dafür ebenso von der Lage Höchleit'n stammt. Von der leichten Auslese über Eiswein und Trockenbeerenauslese bis zu den sehr konzen-

WEINGUT FELBERJÖRGL
8442 Kitzeck
Höch 47
T: +43 (3456) 3189
info@felberjoergl.at
www.felberjoergl.at

Kellermeister/Kontakt:
Hans-Peter Temmel
Produktion: 5 % Schaumwein, 90 % weiß, 3 % rot, 2 % süß, 13 Hektar
Vereinszugehörigkeit:
WBV Sausal

trierten Strohweinen gibt es eine reiche Auswahl. Verkosten und genießen kann man die Weine in der familienbetriebenen Buschenschank, wo neben den Weinen auch hausgemachte steirische Köstlichkeiten, Fruchtsäfte und Edelbrände angeboten werden.

92 Morillon * Ried Höchleit'n 2020
13 Vol.-%, DV, Stahltank, €€€
Helles Grüngelb, Silberreflexe. Zarte Nuancen von frischer Quitte, ein Hauch von Litschis und weißem Apfel, etwas Eisweinexotik im Bukett. Stoffig, weiße Tropenfrucht, frisch strukturiert, zitronig-salzig im Abgang, individueller Sortencharakter.

(92) Sauvignon Blanc * Ried Kreuzegg 2021
14,5 Vol.-%, DV, Stahltank, €€€
Helles Grüngelb, Silberreflexe. Zart rauchig nach Wiesenkräutern, ein Hauch von Cassis und Stachelbeeren, Nuancen von Grapefruitzesten, mineralischer Touch. Saftig, elegant, gelbe Tropenfrucht, feine Süße im Abgang, ein ausgewogener Speisenwein, Blütenhonig im Nachhall.

92 Riesling * Ried Höchleit'n Reserve 2019
13 Vol.-%, NK, Stahltank, €€€€€
Helles Grüngelb, Silberreflexe. Zart nach Marillen, etwas Ananas, ein Hauch von Blütenhonig, mit kandierten Orangenzesten unterlegt, zart nach Schiefer und Limetten. Saftig, ein Hauch von Dörrobst, weißer Pfirsich, mineralisch, dezenter Säurebogen, salziger Touch, bereits gut gereift und antrinkbar.

91 Weißburgunder * Ried Kreuzegg 2021
13,5 Vol.-%, DV, Stahltank, €€€
Helles Goldgelb, Silberreflexe. Mit etwas Blütenhonig unterlegte weiße Birnenfrucht, ein Hauch von Pfirsich, zart nach Orangenzesten. Saftig, feine Fruchtsüße, elegant, dezenter Säurebogen, Nuancen von reifem Kernobst, zart nach Karamell im Abgang, ein ausgewogener Speisenbegleiter.

89 Gelber Muskateller * Klassik 2021
12,5 Vol.-%, DV, Stahltank, €€€

93 Riesling Spätlese 2020
11,5 Vol.-%, DV, Stahltank, €€€€
Helles Grüngelb, Silberreflexe. Feiner Honigtouch, zarte Botrytiswürze, mit Orangen und Marillenfrucht unterlegt, einladendes Bukett. Saftig, fruchtsüß, ausgewogen, eleganter Stil, mit angenehmer Säure unterlegt, bleibt haften, zitronige Nuancen im Nachhall, gutes Entwicklungspotenzial.

★

WEINGUT BUSCHENSCHANK FIRMENICH

Das familiengeführte Weingut Firmenich mit Buschenschank, auch Steinberghof genannt und direkt an der Südsteirischen Weinstraße gelegen, besticht durch seine ruhige Lage am Steinberg. Die Zufahrt ist durch einen eindrucksvollen Buchenwald gesäumt. Vom Weingut aus genießt man einen Panoramablick auf die umliegenden Weingärten und die hügelige Landschaft der Oststeiermark bis hin zum Wechselgebiet.
Nachhaltige Bewirtschaftung, Handarbeit, niedrige Erträge und ein kompromissloser Qualitätsanspruch sind der Grundstein für elegante, herkunftsgeprägte Weine. Die Trauben stammen ausschließlich aus den gutseigenen Weingärten und werden behutsam gepflegt. Die Weingärten befinden sich auf einer Seehöhe von 400 bis 500 Metern und sind von Korallenkalk und Opok geprägt, woraus lebendige und mineralische Weine hervorgehen. Zu den wichtigsten Rebsorten des Betriebes gehören neben dem anbaustärksten Sauvignon Blanc auch der Gelbe Muskateller, Welschriesling und Morillon. Auf die Weißweinsorten entfallen über 90 Prozent der Anbaufläche.
Die südsteirischen Gebietsweine bilden die Basis des Sortiments und sind Ausdruck des südsteirischen Lebensgefühls: frisch und fruchtig, leichtfüßig, aber dennoch mit einem Hauch Mineralik. Beim Ortswein liegt der Fokus auf dem Boden und dessen Beschaffenheit. Die Riedenweine werden nur aus Trauben höchster Reife der Rieden Steinberg und Grassnitz-

© Stiefkind Fotografie

WEINGUT BUSCHENSCHANK FIRMENICH

8461 Ehrenhausen
Wielitsch 57
T: +43 (3453) 2435
weingut@firmenich.at
www.firmenich.at

Kellermeister/Kontakt:
Johannes Firmenich
Produktion: 10 % Schaumwein, 80 % weiß, 5 % rosé, 5 % rot, 5.5 Hektar

Johannes Firmenich

berg gewonnen. Diese charakterstarken und kräftigen Weine haben ein hohes Lagerpotenzial. Sie sind der Inbegriff von Herkunft, Handwerk und Selektion.
In der liebevoll eingerichteten Buschenschank wird am Steinberghof in gemütlicher Atmosphäre eine feine Buschenschank-Küche serviert. Neben typisch steirischen Schmankerln werden auch zahlreiche außergewöhnliche Gerichte sowie vegetarische und vegane Köstlichkeiten angeboten. Ein perfekter Ort um sich kulinarisch verwöhnen zu lassen. Insider-Tipp: Der Steinberghof ist auch die Heimat des »STIN – Styrian Gin«.

92 Sauvignon Blanc * Ried Steinberg 2018
13 Vol.-%, VL, Stahltank, €€€€€
Helles Gelbgrün, Silberreflexe. Frische weiße Tropenfrucht, ein Hauch von Blüten, zart nach Limetten, mineralischer Touch. Straff, elegant, weißer Pfirsich, lebendiger Säurebogen, zitroniger Touch, zart salzig, ausgewogen, ein gut gereifter Speisenbegleiter mit pikantem Finish.

89 Sauvignon Blanc * 2021
12 Vol.-%, DV, Stahltank, €€

93 Sauvignon Blanc Ried Grassnitzberg Reserve 2017
14 Vol.-%, DV, Barrique, €€€€€
Mittleres Gelbgrün, Silberreflexe. Zarter Blütenhonig, Weiße Johannisbeeren, zart rauchiger Kräuteranklang, mit Nuancen von Grapefruitzesten unterlegt. Saftig, elegant, weißer Pfirsich, mineralische Textur, frisch und zitronig, wirkt sehr jugendlich, ein würziger Speisenwein, weiteres Reifepotenzial garantiert.

92 Welschriesling * Ried Steinberg 2019
13 Vol.-%, VL, Barrique, €€€€
Helles Gelbgrün, Silberreflexe. Zarte Kräuterwürze, nussiger Touch, zart nach Apfel und Orangenzesten, einladendes Bukett. Saftig, elegant, weißer Pfirsich, mineralisch-salzig unterlegt, bleibt haften, ein stoffiger Speisenbegleiter mit Reifepotenzial.

90 Gelber Muskateller * 2021
11 Vol.-%, DV, Stahltank, €€
Helles Goldgelb, Silberreflexe. Zart floral nach Holunderblüten, ein Hauch von Pfirsich, etwas Muskatnuss. Schlank, leichtfüßig, etwas Litschis, harmonisch und frisch, vielseitig einsetzbar, salziger Nachhall.

89 Roter Muskateller 2020
12 Vol.-%, VL, großes Holzfass, €€€

* Südsteiermark DAC

★★★

WEINGUT R & R GERNGROSS

BIO

Hoch oben im Sausal, umringt von den steilsten Weingärten, befindet sich das Traditionsweingut Gerngross. Die Seehöhe von 600 Metern, karge Schieferböden und ein einzigartiges Kleinklima prägen diesen wunderbaren Landstrich. Die Familie Gerngross versteht es seit Generationen, die einmalige Beschaffenheit dieser Region für den Ausbau herkunftstypischer Qualitätsweine zu nutzen. Die Mineralik steht bei ihren Weinen im Vordergrund. Die von rotem und blauem Schiefer geprägten Weingärten sind die Grundlage einer straffen und salzig-mineralischen Typizität.
Ein respektvoller Umgang mit der Natur ist seit jeher Sinnbild für das Handwerk des Winzers. Um die Ursprünglichkeit der Böden zu bewahren, hat sich die Familie Gerngross dazu entschlossen die Weingärten biologisch zu bewirtschaften. Damit sollen vor allem die Fruchtbarkeit und die biologische Vielfalt erhalten werden. Die Rebstöcke bedanken sich für den behutsamen Umgang mit einer besonderen Komplexität und Eigenständigkeit der Weine.

WEINGUT R & R GERNGROSS
8441 Sausal
Rettenberg 11
T: +43 (3456) 2922
info@weingut-gerngross.at
www.weingut-gerngross.at

Kellermeister: Michael Gerngross
Kontakt: Michael und Reinhold Gerngross
Anbauweise: Zertifiziert Biologisch
Produktion: 90 % weiß, 8 % rot, 2 % süß, 8 Hektar

94 Grauburgunder * Ried Hochbrudersegg 2020
13 Vol.-%, NK, großes Holzfass, €€€€
Mittleres Goldgelb, Messingreflexe. Zart nach Orangenzesten, feine gelbe Tropenfrucht, ein Hauch von Litschis, kandierte Orangenzesten, frischer Apfel. Saftig, elegant, weißer Pfirsich, feine Säurestruktur, ausgewogen, mineralisch und gut anhaftend, zart salzig im Nachhall, gutes weiteres Reifepotenzial, pikanter Stil.

91 Grauburgunder * Kitzeck-Sausal 2020
13 Vol.-%, NK, großes Holzfass, €€€
Helles Messing, Goldreflexe. Zart nach Wiesenkräutern, weißes Kernobst, ein Hauch von Birne und Orangenschalen. Mittlerer Körper, zart nach Apfel und Karamell, weiße Frucht im Abgang, zitronig-frischer Nachhall.

(93) Sauvignon Blanc * Ried Hochbrudersegg 2021
14 Vol.-%, NK, Stahltank, €€€€
Helles Gelbgrün, Silberreflexe. Weiße Blüten, ein Hauch von Stachelbeeren und Limettenzesten, feinwürziges Bukett. Saftig, elegant, Nuancen von Grapefruitzesten, zitroniger Nachhall, mineralisch und anhaftend, ein kräftiger Speisenbegleiter, gutes Entwicklungspotenzial.

93 Sauvignon Blanc * Ried Theresienhöhe 2020
13 Vol.-%, NK, großes Holzfass, €€€€
Helles Gelbgrün, Silberreflexe. Feine gelbe Tropenfrucht, ein Hauch von Mango und Blütenhonig, zart nach reifen Stachelbeeren, etwas Limettenzesten. Saftig, weißer Apfel, finessenreiche Säurestruktur, mineralisch, feine Schieferwürze, zitroniger Nachhall, ausgewogen, ein eleganter Speisenbegleiter.

91 Sauvignon Blanc * 2021
12,5 Vol.-%, DV, Stahltank, €€€
Helles Grün, Silberreflexe. Zart floral unterlegte Wiesenkräuter, weißer Pfirsich, rauchige Würze, zart nach Grapefruit und Tabak. Straff, grüner Apfel, frische Säurestruktur, salzig-zitronig, hat guten Zug, ein knackiger Sommerwein, vielseitig einsetzbar.

93 Welschriesling Ungezwungen Amphore 2019
13 Vol.-%, NK, Amphore, €€€€€
Zart trübes Orangegelb, Silberreflexe. Mineralisch unterlegte Nuancen von reifem Steinobst, gelber Pfirsich, zarter Hefetouch, Anklänge von frischen Marillen. Komplex, stoffig, zarte Fruchtsüße, kristalliner Touch, zart kalkig-salzig im Abgang, wirkt leichtfüßig, frischer Apfel, ein balancierter, stimmiger Amphoren-Wein.

WEINGUT GROSS
8461 Ehrenhausen
Ratsch an der Weinstraße 26
T: +43 (3453) 2527
weingut@gross.at
www.gross.at
Kellermeister: Johannes Gross
Kontakt: Martina und Johannes Gross
Anbauweise: Umstellung auf bio (Bio Austria)
Produktion: 200.000 Flaschen
99 % weiß, 1 % süß, 37 Hektar
Zertifiziert: Nachhaltig Austria
Vereinszugehörigkeit:
Tu Felix Austria, Steirische Terroir- und Klassikweingüter, GutFinden – Südsteiermark
Messen: ProWein Düsseldorf, VieVinum

Martina und Johannes Gross

★★★★★

WEINGUT GROSS

»Fokussieren!«, so lautet die Devise von Martina und Johannes Gross – nämlich auf richtig gute Weine im Einstiegssegment sowie auf Riedenweine, die lange bei ihnen im Keller verweilen dürfen. Das gewisse Etwas verdanken ihre Gebietsweine wie Sauvignon Blanc oder Gelber Muskateller der eigenhändigen Pflege. So sind alle Weine des Hauses aus familieneigenen Weingärten, die eine hingebungsvolle Bewirtschaftung genießen. Der Welschriesling präsentiert sich in einem neuen, progressiven Stil. Das Winzerpaar nennt ihn »Welschriesling Pro.« und demonstriert, was die Sorte alles kann. Der reduzierte Traubenertrag und die höhere Reife machen ihn zu einem grandiosen Speisenbegleiter. Im Bereich der Riedenweine hat das Weingut Gross als erstes Weißweinweingut Österreichs einen mutigen Schritt gewagt: Alle Riedenweine dürfen in eigenem Tempo »groß werden«. Für Ausbau und Reife sind ihnen mindestens vier Jahre Zeit gegönnt, ehe sie in der ersten Phase ihrer Trinkreife präsentiert werden. Unter der Abkürzung FR für Fassreserve kommen diese Weine auf den Markt. Wie gut den Weinen die unforcierte Entwicklung und die Reifung unter besten Bedingungen tun, lässt sich schmecken.

94 Sauvignon Blanc * Ehrenhausen 2020
12,5 Vol.-%, DIAM, großes Holzfass/Stahltank, €€€€
Helles Goldgelb, Silberreflexe. Zart tabakig-kräuterwürzig unterlegte Nuancen von reifen Johannisbeeren, zart nach Stachelbeeren, ein Hauch von Zitruszesten, mineralischer Touch. Mittlere Komplexität, weißes Kernobst, feine Säurestruktur, feine salzige Frische, etwas karger und straffer, zeigt gute Länge, gutes Reifepotenzial.

93 Sauvignon Blanc * 2021
13,5 Vol.-%, DV, Stahltank, €€€ V
Helles Gelbgrün, Silberreflexe. Einladende gelbe Tropenfrucht, zart nach Guaven und Stachelbeeren, feine Kräuterwürze. Saftig, elegant, gute Komplexität, feine Fruchtsüße, unterlegt mit lebendiger Säurestruktur, bleibt gut haften, gelber Pfirsich im Nachhall, vielseitig einsetzbar, zart salziges Finish, sehr viel Wein in dieser Preisklasse.

93 Sauvignon Blanc * Gamlitz 2020
13 Vol.-%, NK, großes Holzfass/Stahltank, €€€€
Helles Goldgelb, Silberreflexe. Feine Nuancen von Stachelbeeren, ein Hauch von Cassis, zarte Kräuterwürze. Komplex, weißer Pfirsich, feiner Säurebogen, angenehme Fruchtsüße, elegant und balanciert, ein Hauch von Golden-Delicious-Apfel im Nachhall, bereits sehr gut entwickelt.

© Lupi Spuma

* Südsteiermark DAC

98 Sauvignon Blanc Privat FR 2017
14 Vol.-%, NK, kleines Holzfass/Stahltank, €€€€€€
Mittleres Goldgelb, Silberreflexe. Mit frischen Holunderblüten unterlegte Schwarze Johannisbeeren, feine Kräuterwürze, frische Mandarinenzesten, facettenreiches Bukett. Komplex, straff, feine Extraktsüße, zart pfeffrig, ein Hauch von gelber Tropenfrucht und Ingwer, Weiße Johannisbeeren im Nachhall, sehr salzig, große Länge und Frische, ein lebendiges Sauvignon-Konzentrat.

97 Sauvignon Blanc Ried Nussberg GSTK FR 2017
13,5 Vol.-%, NK, großes Holzfass/Stahltank, €€€€€€
Helles Goldgelb, Silberreflexe. Zart florale Nuancen, sehr feine gelbe Tropenfrucht, ein Hauch von reifen Stachelbeeren, kandierte Orangenzesten, feine rauchige Mineralik. Saftig, komplex, engmaschig, feine, seidige Textur, finessenreich strukturiert, dezente Mineralik, angenehme Fruchtsüße im Nachhall, sehr große Länge, in sich ruhend, bereits antrinkbar, sicheres Reifepotenzial.

97 Witscheiner Herrenberg FR Historischer Doppelbesitz 2017
14 Vol.-%, NK, Holzfass/Stahltank, €€€€€€
Helles Goldgelb, Silberreflexe. Nuancen von Orangenblüten, feine Stachelbeernoten, angenehme Kräuterwürze, mit Luft etwas Cassis, Johanniskraut, dunkle Mineralik. Komplex, stoffig, extraktsüßer Kern, Nuancen von Blutorangen, salzig, feiner Säurekern, saliner Nachhall, zeigt große Länge und Potenzial, individueller Charakter.

95 Sauvignon Blanc Ried Sulz 1STK FR 2017
13,5 Vol.-%, NK, großes Holzfass/Stahltank, €€€€€
Helles Goldgelb, Silberreflexe. Nuancen von gelber Tropenfrucht, zarte Kräuterwürze, feine rauchige Noten, ein Hauch von Zitronenmelisse, kandierte Orangenzesten. Saftig, komplex, feine Fruchtsüße, salzig im Abgang, ein Hauch von Birnen im Nachhall, sehr gute Länge, zarte Süße im Rückgeschmack, sehr in sich ruhend, ein kraftvoller Speisenbegleiter, großes Zukunftspotenzial.

92 Sauvignon Blanc Alte Reben 2020
13 Vol.-%, DV, €€€€
Helles Goldgelb, Silberreflexe. Zart rauchig unterlegte frische Kräuterwürze, Nuancen von Johannisbeeren, zarte gelbe Tropenfrucht, würziges Bukett. Mittlerer Körper, weißer Apfel, finessenreiche Struktur, zitronig und frisch, ein lebendiger Speisenbegleiter, saliner Nachhall, leichtfüßig und animierend.

93 Weißburgunder * Ehrenhausen 2020
12,5 Vol.-%, DIAM, großes Holzfass/Stahltank, €€€€
Helles Grüngelb, Silberreflexe. Nuancen von frischem gelbem Kernobst, ein Hauch von Birne und Mango, einladendes Bukett. Saftig, weiße Frucht, ein Hauch von Karamell, elegant und zugänglich, zart und finessenreich, ein ausgewogener Speisenbegleiter.

94 Weißburgunder Ried Kittenberg 1STK FR 2017
12,5 Vol.-%, NK, großes Holzfass/Stahltank, €€€€€
Helles Goldgelb, Silberreflexe. Dezente Nuancen von frischer Birne, floraler Touch, zart nach Mandarinenzesten, ein Hauch von Walnuss und Ingwer, mineralischer Touch. Saftig, elegant, ein Hauch von Akazienhonig, salziges Rückgrat, ausgewogen und mit dezenter Fruchtsüße im Abgang, Mandarinen im Nachhall.

93 Gelber Muskateller * Gamlitz 2020
11,5 Vol.-%, NK, Stahltank, €€€€
Helles Grüngelb, Silberreflexe. Zarter Limettentouch, weißer Pfirsich, ein Hauch von Muskatnuss, mineralischer Touch. Mittlerer Körper, weißer Apfel, angenehme reife Säurestruktur, lebendig, feine Stilistik, angenehme zitronige Nuancen im Nachhall, verfügt über gute Länge.

92 Gelber Muskateller * 2021
12 Vol.-%, DV, Stahltank, €€€
Helles Gelbgrün, Silberreflexe. Zart nach weißen Blüten, weiße Tropenfrucht, ein Hauch von Limettenzesten, etwas Mango. Saftig, elegant, gelber Apfel, gut integrierter Säurebogen, mineralisch und anhaftend, ein facettenreicher Sommerwein mit Entwicklungspotenzial.

93 Morillon * Ehrenhausen Startin 2019
12,5 Vol.-%, DIAM, Tonneaux Fass/Stahltank, €€€€
Helles Goldgelb, Silberreflexe. Zart floral unterlegte Kernobstnuancen, zart nach Birne, nussiger Touch, ein Hauch von Ananas, feine tabakige Noten, einladende Würze. Mittlere Komplexität, weißer Apfel, feine, reife Säure, zitroniger Touch, elegant, bereits gut antrinkbar, ein harmonischer und finessenreicher Speisenbegleiter.

92 * Bergwein 2020 SB/WR
12,5 Vol.-%, DIAM, großes Holzfass/Stahltank, €€€
Helles Goldgelb, Silberreflexe. Feine Kräuterwürze, Nuancen von Cassis, frischer weißer Apfel, ein Hauch von Limetten, einladendes Bukett. Mittlere Komplexität, weiße Tropenfrucht, mineralisch-salzig, harmonisch, zitroniger Touch im Abgang, eine schmackhafte Visitenkarte des Betriebes.

91 Welschriesling * Pro. 2020
11,5 Vol.-%, DIAM, großes Holzfass/Stahltank, €€€
Helles Gelbgold, Silberreflexe. Zarte gelbe Apfelfrucht, feine Kräuterwürze, ein Hauch von Orangenzesten. Zartes Kernobst, feine Säurestruktur, mineralisch-salzig, ein Hauch von Zitrus, ein dezenter Speisenbegleiter, bereits gut entwickelt, leichtfüßig-delikater Stil.

95 Sauvignon Blanc TBA 2017
10,5 Vol.-%, NK, Barrique/Stahltank, €€€€€
Goldgelb, Silberreflexe. Reife Quitte, ein Hauch von Blütenhonig, superfeine Botrytiswürze, mit etwas Marillenmarmelade unterlegt, zart nach Türkischem Honig. Elegant, saftig, gut eingebundene Süße, seidig und ausgewogen, helles Nougat im Nachhall, großes Zukunftspotenzial.

★★★

WEINGUT HARKAMP

BIO

Respektvoll, schlicht – ergreifend«, so lautet das Motto von Hannes und Petra Harkamp. Auf vielschichtigen Schiefer- und Kalksandsteinböden bewirtschaften die beiden 20 Hektar Weingärten nach biodynamischen Richtlinien. Ab dem Jahrgang 2019 ist das gesamte Sortiment an Sekten und Stillweinen Demeter-zertifiziert. Aufmerksam wurden die Weingärten natürlich schon davor bearbeitet. Biodynamische Bewirtschaftung ist im Sausal aufgrund von oft mehr als 1.000 Millimetern Niederschlag pro Jahr und extremen Steillagen eine echte Herausforderung. Petra und Hannes Harkamp stellen sich der Challenge, nachdem sie sich alle dafür nötigen Prozesse während der vergangenen Jahre intensiv angeschaut haben. Seit einigen Jahren tummeln sich Schaf Petzi und Hühner in den Weingärten. Dass sowohl die Reben als auch die Menschen und Tiere zufrieden und tief mit dem Sausal verwurzelt sind, schmeckt man in den Weinen immer klarer. Durch die Kreisläufe einer natürlichen, biodynamisch geführten Landwirtschaft entwickeln sich die Weine und Sekte in eine noch kompromisslosere und präzisere Richtung und drücken so das gesamte Potenzial ihrer Herkunft aus.
Aus den ausdrucksstarken Sausaler Top-Rieden Oberburgstall und Kogelberg entstehen straffe, mineralische Weine aus den steirischen Leitsorten Sauvignon Blanc, Morillon, Grauburgunder und Weißburgunder. Besonderes Talent besitzt Hannes Harkamp auch für das Produzieren eleganter Schaumweine. Das bezeugen zahlreiche konstant hohe Bewertungen und Prämierungen seiner Sekte nach der traditionellen Flaschengärmethode. Im Herbst darf man sich auf die neue Große Reserve 2015 freuen. Alle Weine und Sekte stehen in der Villa Hollerbrand in Leibnitz zum

WEINGUT HARKAMP
8430 Leibnitz
Hollerbrandweg 6
T: +43 (3452) 76420
weingut@harkamp.at
www.harkamp.at

Kellermeister: Hannes Harkamp
Kontakt: Petra und Hannes Harkamp
Anbauweise: Biodynamisch (Demeter)
Produktion: 90 % weiß, 10 % rot, 20 Hektar
Vereinszugehörigkeit: WBV Sausal, Meisterstraße Steiermark, Naturparkspezialitäten Südsteiermark, Wein Steiermark, GutFinden – Südsteiermark
Messen: Bio Österreich

Ried Oberburgstall

Welschriesling

Verkosten und Mitnehmen bereit. Wer mag, kann aber auch bei Bruder Heinz Harkamp im zauberhaft gelegenen Weingartenhotel samt Restaurant am Flamberg einkehren.

95 ⊖ Solera III Extra Brut ZW/WB

Deg. 11/21, 12 Vol.-%, DIAM, Flaschengärung, €€€€€ B V

Helles Goldgelb, Silberreflexe. Feine gelbe Tropenfrucht, ein Hauch von Ananas und Mango, zart nach Backwerk, etwas Nougat, mineralischer Touch, sehr einladendes Bukett. Komplex, frisches weißes Kernobst, finessenreicher Säurebogen, salziger Touch, Limetten im Nachhall, pikant und verführerisch, zeigt großes Trinkanimo, sicheres Entwicklungspotenzial.

94 ⊖ Zero Dosage Brut Nature PN/CH/WB

Deg. 11/21, 12 Vol.-%, DIAM, Flaschengärung, €€€€€ V

Helles Goldgelb, Silberreflexe, sehr zartes Mousseux. Feines Biskuit, Anklänge von Papaya und Mango, dezente Kräuterwürze, ein Hauch von hellem Nougat, etwas Kumquatzesten. Saftig, gelber Apfel, mineralisch, straff, vinöser Stil, reife Birnenfrucht im Abgang, Limetten im Nachhall.

94 ⊖ SOL Rosé Grosse Reserve Brut Nature 2016 PN/CH/WB

12 Vol.-%, DIAM, Flaschengärung, €€€€€€ V

Helles Lachsrosa, Orangereflexe, feines, anhaltendes Mousseux. Zart nach eingelegten Kirschen, feiner nussiger Touch, kandierte Orangenzesten, ein Hauch von Himbeeren und Erdbeeren. Straff, engmaschig, mineralisch, rassig strukturiert, zitroniger Nachhall, feiner Blütenhonig im Abgang, ein lebendiger Speisenbegleiter.

93 ⊖ Brut Reserve Sekt Austria Steiermark NV PN/CH/WB

Deg. 2/22, 2 Vol.-%, DIAM, Flaschengärung, €€€€€ V

Helles Goldgelb, Silberreflexe, feines, anhaltendes Mousseux. Zart nach Brioche und gelber Tropenfrucht, Nuancen von Mango und frischem Apfel, zarter Nougattouch. Saftig, elegant, etwas Biskuit und weiße Birne, feiner Säurebogen, nussiger Nachhall, salziger Rückgeschmack.

94 Morillon Kogelwenzel 2020

13 Vol.-%, NK, 500-l-Fass, €€€€€€ B I V

Mittleres Goldgelb, Silberreflexe. Zarte gelbe Tropenfrucht, ein Hauch von Kräuterwürze und Karamell, feiner Touch von Nougat und Pfirsich. Saftig, elegant, feine gelbe Apfelfrucht, finessenreich strukturiert, salziger Abgang, sehr gute Länge, feine Süße, mineralischer Nachhall.

92 Sauvignon Blanc Orange Nr. 1 2020

12 Vol.-%, NK, Amphore, €€€€€ B I I V

Zart getrübtes leuchtendes mittleres Orangegelb. Zart nach weißen Beeren, ein Hauch von Wiesenkräutern, etwas Marille und Mango, mineralischer Touch. Straff, feinwürzig, grüner Apfel, frischer Säurebogen, kalkige Mineralik, saliner Abgang, mittlere Länge.

91 Welschriesling Orange Nr. 2 2020

11 Vol.-%, NK, Amphore, €€€€€ B I I V

Zart getrübtes mittleres Orangegold. Frische weiße Apfelfrucht, zart nach Mandarinenzesten, mit Wiesenkräutern und Quitte unterlegt. Leichtfüßig, feines Kernobst, straffer Säurebogen, salzig, feiner Limettentouch, bietet unkompliziertes Trinkvergnügen.

94 Pinot Noir Kogelwenzel 2020

13 Vol.-%, NK, 500-l-Fass, €€€€€€ I V

Kräftiges Rubingranat, violette Reflexe, breiterer Ockerwasserrand. Frische rote Waldbeerenfrucht, unterlegt mit Zitrus, etwas nach Wiesenkräutern, ein Hauch von Herzkirschen. Gute Komplexität, extraktsüß, dunkle Mineralik, gut eingebundene Tannine, feinwürzig, rote Beerenfrucht, leichtfüßig, bleibt sehr gut haften, vielschichtiger Speisenbegleiter mit Potenzial.

★★

HIRSCHMUGL DOMAENE AM SEGGAUBERG

BIO

Ein malerisches Haus mit außergewöhnlicher Architektur und viel Liebe zum Detail, harmonisch umringt von wild wachsenden Blumen und Kräutern, dichten Wäldern, saftigen Obstanlagen und kraftvollen Weinreben: Mit herrlichem Ausblick, dem Summen der Bienen und herzhaftem Vogelgezwitscher lädt die Domaene am Seggauberg zum Ausatmen, Verweilen und Genießen ein. Vor mehr als 15 Jahren auf einem traditionellen Obstbauernhof aufgebaut, wird hier mit Selbstverständlichkeit und Konsequenz von Beginn an biologisch bewirtschaftet und mit viel Leidenschaft, Wertschätzung und Respekt vor der Natur vor allem Wein erschaffen, aber auch hochwertiger Honig, Gin, verschiedene Essige und vieles mehr.

Die 18 Hektar Weingärten verteilen sich über verschiedene Teile der Südsteiermark, wie den Seggauberg, das Sausalgebiet, die Lage Obegg in Spielfeld, den Kreuzberg in Eichberg-Trautenburg, und versprechen so charaktervolle Weine, geprägt von verschiedenen Böden und dem jeweiligen Mikroklima. Astrid und Toni Hirschmugl gelten zudem als Pioniere in der Steiermark, was PiWi-Rebsorten wie Muscaris, Cabernet Blanc oder Cabertin betrifft. Weiters runden Welschriesling, Weißburgunder, Sauvignon Blanc, Chardonnay, Traminer, Zweigelt und St. Laurent das Sortiment ab.

Die Mineralik des Bodens, das Wechselspiel der Temperaturen, das Mikroklima der Hirschmugl-Lagen, die Kreativität des talentierten Kellermeisters Alexander Scherübl und die Charakteristiken der Sorten ergeben die Finesse dieser außergewöhnlichen Weine. Sie sind Botschafter ihres ganz besonderen Terroirs und mit Eleganz, Spannung und filigraner Mineralik keinesfalls beliebig austauschbar. Trinkfluss und Lagerfähigkeit stehen bei allen Entscheidungen im Vordergrund, die Verarbeitung gesunder Trauben hat hier oberste Priorität.

Auf der Domaene am Seggauberg und in den Weingärten finden sich verschiedene Arten von Nattern. Diese ungiftigen Schlangen gelten als Anzeiger einer intakten Umwelt, die nur bei einer naturnahen Arbeitsweise gewährleistet ist. Um dieses Naturverständnis zu dokumentieren, wird die Natter auch auf dem Etikett verwendet.

93 Traminer * Ried Rettenberg Nobilis 2019
13 Vol.-%, DV, gebrauchte Barriques, €€€€€ B V
Mittleres Goldgelb, Silberreflexe. Ein Hauch von Rosolio, zart nach Marshmallows, mit feiner gelber Tropenfrucht und Mandarinenzesten unterlegt. Mittlerer Körper, weiße Frucht, florale Nuancen, ausgewogen und elegant, feine salzige Noten im Abgang, bereits gut entwickelt.

92 Sauvignon Blanc * Ried Wiesberg 2021
13 Vol.-%, VL, großes Holzfass, €€€€ B V
Helles Gelbgrün, Silberreflexe. Mit feinen Wiesenkräutern unterlegte Nuancen von Stachelbeeren und Litschis, ein Hauch von Limetten. Mittlerer Körper, saftig, elegant und ausgewogen, feiner Säurekern, zitroniger Touch, salzig im Nachhall, ein vielseitiger Speisenbegleiter.

HIRSCHMUGL - DOMAENE AM SEGGAUBERG
8430 Leibnitz
Am Plöckelberg 6
T: +43 (3452) 86300
info@hirschmugl-domaene.at
www.hirschmugl-domaene.at
Kellermeister: Alexander Scherübl
Kontakt: Victoria Sturm
Anbauweise: Zertifiziert Biologisch (Bio Austria)
Produktion: 53.333 Flaschen
10 % Schaumwein, 85 % weiß, 5 % rot,
18 Hektar
Vereinszugehörigkeit:
Wein Steiermark, Südherz, WBV Sausal
Messen: VieVinum, DAC-Präsentationen

92 Chardonnay * Ried Rettenberg Nobilis 2019
12,5 Vol.-%, DV, gebrauchte Barriques, €€€€€ B V
Helles Grüngelb, Silberreflexe. Zarte gelbe Apfelfrucht, mineralisch, zarte Kräuterwürze, zurückhaltendes Bukett. Mittlerer Körper, seidig, leichtfüßig und ausgewogen, zarte Fruchtsüße, ein harmonischer Begleiter bei Tisch, feine Birnenfrucht im Nachhall.

91 Weißburgunder * Ried Wiesberg 2020
12 Vol.-%, VL, großes Holzfass, €€€€ B V
Helles Gelbgrün, Silberreflexe. Feine Nuancen von weißem Kernobst, ein Hauch von Birne und gelbem Apfel, zart nach Wiesenkräutern. Mittlerer Körper, weißes Kernobst, feiner Säurebogen, zitroniger Nachhall, ein lebendiger Speisenbegleiter.

92 Cabernet Blanc SMC 2019
13 Vol.-%, VL, Barrique, €€€€€ B O V
Mittleres Goldgelb, Silberreflexe. Zart traminerhaft nach Eibischteig und Rosenblütenblättern, mit einem Hauch von Karamell und Vanille unterlegt, dezent nach Nougat. Mittlere Komplexität, weißer Pfirsich, dezenter Säurebogen, gut gereift, ein vielseitiger Begleiter bei Tisch.

91 Cabernet Blanc Nobilis 2019
13 Vol.-%, DV, kleines Holzfass, €€€€€ B V
Helles Goldgelb, Silberreflexe. Zart grasig unterlegte Stachelbeernuancen, ein Hauch von Guaven, Noten von Grapefruitzesten. Saftig, elegant, weiße Tropenfrucht, dezenter Säurebogen, mineralisch, Limetten im Nachhall, frisch, ein appetitlicher Speisenwein.

★★★

DOMAINES KILGER

Domaines Kilger ist ein Weingut, das feine Weinspezialitäten aus drei österreichischen Weinbaugebieten vinifiziert: Aus der Weststeiermark stammen die Blauer-Wildbacher-Trauben für die charakterstarken Rosé- und Schaumweine der Domaines. In der Südsteiermark bringen die Riede Sonneck mit Sauvignon-Blanc-Rebstöcken aus dem Jahre 1842 und die Riede Kranachberg mit 25 Jahre alten Reben faszinierende elegante Sauvignon Blancs hervor, und am Eisenberg im Südburgenland wachsen die Blaufränkisch- und Merlot-Trauben für grandiose Rotweine. Allen Weinen gemeinsam ist, dass sie unverwechselbar ihre Herkunft und das Terroir ausspielen und dabei von höchster Eleganz geprägt sind. Produkte pur und unverfälscht zu verarbeiten, um den besten Geschmack aus allem herauszuholen, ist die Philosophie der Domaines Kilger.

(95) Sauvignon Blanc * Ried Kranachberg Reserve 2020
13,5 Vol.-%, NK, 500-l-Fass, €€€€€
Helles Grüngelb, Silberreflexe. Zarter Blütenhonig, weiße Tropenfrucht, frischer Pfirsich, dezent nach Grapefruitzesten. Straff, elegant, engmaschig, lebendige Struktur, salzig-zitronig im Abgang, klar wie ein Gebirgsbach, sicheres Reifepotenzial.

94 Sauvignon Blanc * Ried Kranachberg Reserve 2019
13,5 Vol.-%, NK, 500-l-Fass, €€€€€
Mittleres Grüngelb, Silberreflexe. Zart nach Mandarinen und Kumquats, ein Hauch von Cassis, mit gelber Tropenfrucht unterlegt, feine Kräuterwürze, Zitronenmelisse klingt an. Saftig, kompakt, elegant, feine Fruchtsüße, guter Säurebogen, mineralisch und anhaftend, zart nach Honig und Limetten, sicheres Reifepotenzial.

93 Sauvignon Blanc * Gamlitz 2020
12,5 Vol.-%, DV, großes Holzfass, €€€
Helles Grüngelb, Silberreflexe. Feiner Blütenhonig, gelbe Fruchtnuancen, florale Noten. Saftig, elegant und frisch, feine weiße Apfelfrucht, finessenreich und anhaftend, sehr trinkig, ein toller Speisenbegleiter, Limetten im Nachhall, salziger Rückgeschmack.

(93) Sauvignon Blanc * Ried Sonneck 2020
13 Vol.-%, NK, großes Holzfass, €€€€
Helles Grüngelb, Silberreflexe. Weißer Pfirsich, Limettenzesten, frische Wiesenkräuter. Saftig, reifer Pfirsich, elegant, seidige Textur, gelbe Frucht im Abgang, zitroniger Touch im Nachhall, feine Süße im Rückgeschmack.

93 Sauvignon Blanc * Ried Kranachberg 2019
13 Vol.-%, NK, großes Holzfass, €€€€€
Mittleres Grüngelb, Silberreflexe. Reife gelbe Tropenfrucht, intensive Kräuterwürze, kandierte Orangenzesten, mit etwas Cassis unterlegt. Saftig, zart nussige Würze, weißer Pfirsich, feine Extraktsüße, elegant und anhaftend, saftiger Touch, bereits gut ausgewogen, ein vielseitiger Speisenbegleiter.

(92) Sauvignon Blanc * Ehrenhausen 2021
13 Vol.-%, DV, großes Holzfass, €€€€
Helles Gelbgrün, Silberreflexe. Feine Kräuterwürze, gelbe Paprikaschoten, zart nach Ananas und Grapefruitzesten. Stoffig, elegant, straffe Struktur, fleischig, weißer Apfel, mineralisch und gut anhaftend, ein finessenreicher Speisenbegleiter.

(92) Sauvignon Blanc * Ried Kranachberg 2020
13 Vol.-%, NK, großes Holzfass, €€€€€
Helles Gelbgrün, Silberreflexe. Zarte weiße Tropenfrucht, ein Hauch von Cassis und Kräutern. Mittlere Komplexität, feine gelbe Frucht nach Mango, gut integrierter Säurebogen, mineralisch, Blütenhonig im Abgang, ein saftiger Speisenbegleiter.

91 Sauvignon Blanc * Hans & Walter 2021
13 Vol.-%, DV, Stahltank, €€
Helles Gelbgrün, Silberreflexe. Feine Weiße Johannisbeeren, ein Hauch von Stachelbeeren, angenehme Kräuterwürze, einladendes Bukett. Saftig, feine gelbe Pfirsichfrucht, straff, engmaschig, balanciert, gutes Trinkanimo, Paprikaschoten im Nachhall.

93 Traminer * 2020
13 Vol.-%, NK, großes Holzfass, €€€€
Helles Goldgelb, zarte Silberreflexe. Zart nach Rosolio, ein Hauch von Litschis, straff, elegant, feine gelbe Frucht, mineralisch und anhaftend, angenehm trockener Stil, ein toller Speisenbegleiter mit sicherem Reifepotenzial, würziger Nachhall.

(92) Chardonnay * Gamlitz 2020
13 Vol.-%, DV, 500-l-Fass, €€€€
Helles Gelbgrün, Silberreflexe. Zart nach Ananas, zart rauchig, Papaya, ein Hauch von Vanille. Saftig, zarte Steinobstnuancen, feine Säurestruktur, elegant, Pfirsich, mineralisch und anhaftend, ein eleganter Speisenbegleiter, gutes Reifepotenzial.

93 Chardonnay Ried Kranachberg Reserve 2018
13,5 Vol.-%, NK, 500-l-Fass, €€€€€
Mittleres Goldgelb, Silberreflexe. Kandierte Orangen, reifer Golden-Delicious-Apfel, zart nach Birne, ein Hauch von hellem Nougat. Mittlere Komplexität, weißes Kernobst, mineralischer Kern, feine Fruchtsüße im Abgang, dezenter Karamelltouch im Nachhall, bereits gut gereift, ein facettenreicher Speisenbegleiter.

92 Weißburgunder * 2021
12,5 Vol.-%, DV, Stahltank, €€
Helles Grüngelb, Silberreflexe. Zarte Orangenzesten, feine gelbe Birnenfrucht, ein Hauch von Walnuss, feine Wiesenkräuter. Saftig, weißer Apfel, feine Säurestruktur, ausgewogen, ein leichtfüßiger Speisenbegleiter mit Entwicklungspotenzial.

DOMAINES KILGER

8462 Gamlitz
Eckberger Weinstraße 32
T: +43 (3453) 2363-11
wein@domaines-kilger.com
www.domaines-kilger.com

Kellermeister: Walter Polz
Kontakt: Peter Keller
Produktion: 533.333 Flaschen
15 % Schaumwein, 63 % weiß,
2 % rosé, 20 % rot, 60+30 Hektar
Zertifiziert: Nachhaltig Austria
Messen: ProWein Düsseldorf, VieVinum

91 Gelber Muskateller * 2021
13 Vol.-%, DV, Stahltank, €€€
Sehr helles Gelbgrün. Saftig, typischer Duft, Nuancen von Holunderblüten, etwas Pfirsich, Muskatnuss. Mittlerer Körper, würzig am Gaumen, kerniger, lebendiger Stil, straff und anhaltend, reife Säure, salziger Nachhall.

92 Cuwe 2018 BF/ME
13 Vol.-%, NK, großes Holzfass, €€€€
Dunkles Rubingranat, violette Reflexe, zarte Ockerrandaufhellung. Zart kräuterwürzig, etwas Nougat, ein Hauch von reifen Zwetschken und Cassis. Mittlerer Körper, rote Kirschen, frisch strukturiert, zitroniger Touch im Abgang, feiner Schokotouch im Rückgeschmack.

92 Zweigelt Burgenland Reserve2019
13,5 Vol.-%, NK, großes Holzfass, €€€€
Tiefdunkles Rubingranat, opaker Kern, violette Reflexe, zarte Randaufhellung. Zart nussig unterlegte schwarze Kirschfrucht, reife Pflaumen, feine Kräuterwürze, mineralischer Touch. Saftig, frische schwarze Waldbeeren, lebendig, bleibt haften, etwas Nougat und Heidelbeeren im Nachhall, ein vielseitiger Speisenbegleiter.

91 Blaufränkisch 2018
12,5 Vol.-%, DV, großes Holzfass, €€€€
Kräftiges Rubingranat, violette Reflexe, dezente Ockerrandaufhellung. Eingelegte Kirschen, ein Hauch von Pflaumen, zart tabakige Kräuterwürze. Saftig, mittlere Komplexität, rotbeeriger Touch, reife Tannine, frisch strukturiert, mineralischer Nachhall.

★★★★

WEINGUT KODOLITSCH

Das Weingut Kodolitsch umfasst etwa 16 Hektar Weingartenfläche in »kontrolliert-integriertem Weinbau« – eine naturnahe Methode für die Hervorbringung qualitativ hochwertiger Trauben. »Ein schonender Umgang mit unserer Produktionsgrundlage, der Natur, und bewusst zurückhaltende Einflussnahmen auf die Umwelt sind uns ein ebenso wichtiges Anliegen wie das Qualitätsbewusstsein in der Weinerzeugung.« Um die Qualität von Reben und Trauben so hoch wie möglich zu halten, werden die Traubenmengen reduziert. In den Weingärten am Rosengarten und am Kogelberg gedeihen die Sorten Welschriesling, Weißburgunder, Chardonnay, Sauvignon Blanc, Gelber Muskateller und Riesling.

(97) Sauvignon Blanc * Ried Rosengarten T.M.S 2019
13,5 Vol.-%, NK, 500-l-Fass, €€€€€€
Helles Grüngelb, Silberreflexe. Rauchig-kräuterwürzig unterlegte Cassisnuancen, zart nach Stachelbeeren und Grapefruit, ein Hauch von gelber Tropenfrucht. Komplex, saftig, ausgewogen, feiner gelber Pfirsich, finessenreicher Säurebogen, salzig-mineralisch, lange anhaftend, Limettentouch im Nachhall, sicheres Entwicklungspotenzial.

WEINGUT KODOLITSCH
8430 Leibnitz
Kodolitschweg 9
T: +43 (664) 4225919
weingut@kodolitsch.at
www.kodolitsch.at

Kellermeister/Kontakt:
Mario Weber
Produktion: 100 % weiß,
16+2.5 Hektar
Zertifiziert: Nachhaltig Austria
Vereinszugehörigkeit:
WBV Sausal, Wein Steiermark
Messen: VieVinum

95 Sauvignon Blanc * Ried Kogelberg Alte Reben 2019
13,5 Vol.-%, NK, 500-l-Fass, €€€€€€
Mittleres Gelbgrün, Silberreflexe. Nuancen von gelben Paprikaschoten, zart nach Guaven, feine Kräuterwürze, mit dunkler Mineralik unterlegt. Saftig, gelbe Tropenfrucht, nach Mango, frischer Säurebogen, straff und gut anhaftend, salziger Nachhall, finessenreicher Stil, zeigt Länge, verfügt über sicheres Reifepotenzial.

93 Sauvignon Blanc * Ried Rosengarten 2020
13,5 Vol.-%, NK, großes Holzfass, €€€€€
Helles Gelbgrün, Silberreflexe. Zart rauchig-dunkelwürzig unterlegte Stachelbeernuancen, zart nach Grapefruit, mit weißem Pfirsich unterlegt, mineralischer Touch. Saftig, feines Steinobst, elegant und frisch strukturiert, wirkt verhältnismäßig leichtfüßig, salzig im Abgang, bleibt haften, gutes Reifepotenzial.

90 Sauvignon Blanc * 2021
13 Vol.-%, DV, Stahltank, €€€
Helles Grüngelb, Silberreflexe. Zart nach Wiesenkräutern, frische Stachelbeeren, ein Hauch von Paprikaschoten. Rassig, zart vegetal, Nuancen von Johannisbeeren, frisch strukturiert, zitroniger Nachhall, mittlere Länge.

95 Chardonnay * Ried Kogelberg Alte Reben 2019
13,5 Vol.-%, NK, kleines Holzfass, €€€€€€
Leuchtendes Goldgelb, Silberreflexe. Feine Kräuterwürze, zart nach Vanille, gelber Apfel, ein Hauch von neuem Holz, burgundische Aromatik. Saftig, elegant, weiße Frucht, finessenreicher Säurebogen, salzige Mineralik, bleibt haften, zitroniges Finish, sicheres Reifepotenzial.

94 Chardonnay * Ried Rosengarten Alte Reben 2019
13,5 Vol.-%, NK, kleines Holzfass, €€€€€€
Helles Goldgelb, Silberreflexe. Zart nach Grapefruitzesten, weißer Apfel, ein Hauch von Pfirsich, feine Wiesenkräuter, Nuancen von Orangen, zarte rauchige Holznuancen. Straff, engmaschig, feines Kernobst, ein Hauch von Mango, mineralisch-kühler Stil, saliner Nachhall, gutes Reifepotenzial.

92 Gelber Muskateller * 2021
12,5 Vol.-%, DV, Stahltank, €€€
Helles Grüngelb, Silberreflexe. Frische Holunderblüten, zart nach Maracuja, einladendes, traubiges Bukett. Saftig, weißer Apfel, lebendiger Säurebogen, salzige Mineralik, Limetten im Abgang, frisch und knackig, toller Sommerwein.

92 Weißburgunder * Ried Rosengarten 2020
13,5 Vol.-%, NK, 500-l-Fass, €€€€€
Helles Goldgelb, Silberreflexe. Zart nussig, ein Hauch von frischer Birne, dezente Kräuterwürze, mit Orangenzesten unterlegt. Engmaschig, mineralisch, feine Holzwürze, salziger Touch, Limetten im Abgang, zarter weißer Apfel im Nachhall, noch etwas zurückhaltend.

91 Weißburgunder * 2021
13 Vol.-%, DV, Stahltank, €€€
Helles Grüngelb, Silberreflexe. Zarte Apfelfrucht, ein Hauch von Wiesenkräutern, zart nach Mango, mineralischer Touch. Straff, engmaschig, weißes Kernobst, lebendiger Säurebogen, salzig-zitroniger Nachhall.

92 Riesling * Ried Kogelberg 2020
13 Vol.-%, NK, großes Holzfass, €€€€€
Mittleres Grüngelb, Silberreflexe. Zarte Blütenaromen, weißer Weingartenpfirsich, ein Hauch von Limettenzesten, noch eher dezentes Bukett. Saftig, weißes Kernobst, sehr rassiger Säurebogen, zitroniger Touch im Nachhall, lebendiger Stil, gutes Entwicklungspotenzial.

★★

KOLLERHOF AM EICHBERG

Es ist der schönste Beruf der Welt! Birgit und Harald Lieleg haben nicht nur sich selbst gefunden, sondern auf dem Kollerhof auch ihre Erfüllung. Die Geschichte des Familienweinguts am Eichberg bei Leutschach geht bis ins 16. Jahrhundert zurück. Gut dreißig unterschiedliche Wege führen hinauf in diesen eigenwilligen Weinhimmel. Das etwas abseits der stark frequentierten Touristenrouten gelegene Gebiet ist ein kleines Paradies. In allen vier Himmelsrichtungen fallen die oft tiefen Schluchten des Eichbergs aus über 600 Metern Seehöhe steil in die umliegenden Täler hinab. In dieser urwüchsigen Landschaft mit ihren weitläufigen alten Mischwäldern werden auf dem Kollerhof nur die allerbesten Lagen für den Weinbau genützt.
Die Kessellagen und extremen Steilhangflächen im oberen Teil dieser canyonartigen Schluchten sind ideal für den Weinbau: Die Eichberger Konglomeratböden speichern die Energie der Sonne ab dem ersten Sonnenstrahl. Dann kommt der frische Koralmwind, hält diese Wärme ganz knapp über dem Boden und lässt dabei die darüber hängenden Trauben gut gekühlt reifen. Diese idealtypischen Voraussetzungen für aromatische, fein strukturierte Sauvignons, Muskateller und Co. machen die Weine vom Kollerhof so unvergleichlich.
Hier hat man auch noch Zeit für die Gäste – auf dem Weingut, im Buschenschank, im Weinmuseum oder im historischen Weinkeller. Viel Zeit nimmt sich Harald Lieleg auch für seine Weine, von den archetypischen Ortsweinen bis hin zur »Steinkogl«-Linie, aber auch für spannende und extravagante Weine aus der Amphore mit Schalengärung oder mit anderen Kellergeheimnissen. Darüber hinaus bieten kilometerlange Wanderwege wie auch der hauseigene kinderwagentaugliche Weinkulturweg viele Möglichkeiten, diese einzigartige Weinlandschaft zu genießen. Nehmen Sie sich also Zeit für die Weine vom Kollerhof!

(94) Sauvignon Blanc * Ried Steinkogl Reserve 2020
14,5 Vol.-%, DV, Barrique, €€€€€
Mittleres Grüngelb, Silberreflexe. Dezente Kräuternoten, Quitte, zart nach Clementinenzesten, frisches Bukett, Blütenhonig, etwas nach Cassis. Komplex, saftig, straff, gut

KOLLERHOF AM EICHBERG
8463 Leutschach
Eichberg-Trautenburg 39
T: +43 (3454) 439
weinbau@kollerhof.com
www.kollerhof.com

Kellermeister: Harald Lieleg
Kontakt: Birgit & Harald Lieleg
Produktion: 80.000 Flaschen
90 % weiß, 9 % rot, 1 % süß,
11+2 Hektar
Zertifiziert: Nachhaltig Austria
Vereinszugehörigkeit:
Wein Steiermark,
Naturparkspezialitäten
Südsteiermark
Messen: VieVinum, DAC-Präsentationen

* Südsteiermark DAC

integrierte Säurestruktur, feinwürzig, Passionsfrucht im Abgang, mineralisch im Rückgeschmack, vielschichtiger Speisenbegleiter mit Entwicklungspotenzial.

92 Sauvignon Blanc * Eichberg 2021
13,5 Vol.-%, DV, Stahltank, €€€ F H V
Helles Grüngelb, silberfarbene Reflexe. Feine Kräuterwürze, etwas nach gelben Stachelbeeren, ein Hauch von Limetten, Lorbeerblätter, floraler Touch. Saftig, kraftvoll, feine Säurestruktur, etwas nach gelber Paprika, extraktsüß, guter Speisenbegleiter, würziger Nachhall.

93 Welschriesling * Ried Steinkogl Reserve 2019
14,5 Vol.-%, NK, Barrique, €€€€
Leuchtendes Grüngelb, silberfarbene Reflexe. Feiner Blütenhonig, etwas nach Mango und reifer Ananas, ein Hauch von Karamell, fruchtiges Bukett. Saftig, elegant, feine Säurestruktur, mineralisch-salzig, kraftvoll, zarte Pfirsichnoten, samtige Textur, zarte Holzwürze, Orangenzesten klingen an.

92 Gelber Muskateller * Eichberg 2021
12,5 Vol.-%, DV, Stahltank, €€€ F H
Helles Gelbgrün, Silberreflexe. Feine Nuancen von Litschi und Holunderblütensirup, Limettenzesten, traubige Muskatwürze. Saftig, straff, weiße Tropenfrucht, lebendiger Säurebogen, zitronig-salzig im Abgang, fruchtig im Rückgeschmack.

92 Gelber Muskateller * Ried Steinkogl 2020
13 Vol.-%, DV, großes Holzfass, €€€ F V
Helles Goldgelb, Silberreflexe. Kandierte Limettenzesten, feine gelbe Tropenfruchtaromen, etwas Maracuja, zart nach Holunder und Blütenhonig. Mittlerer Körper, weißer Apfel, frische Struktur, Limetten im Nachhall, saliner Rückgeschmack, harmonisch und zugänglich.

93 Souvignier Gris Amphore 2019
14,5 Vol.-%, NK, Amphore, €€€€€ O O
Leuchtendes Goldgelb, silberfarbene Reflexe. Einladender Duft nach Limetten und Holunderblüten, etwas nach Guaven, zarte Oxidation, reifer Apfel, würziges Bukett. Saftig, straff, kraftvoll, feinwürzig, zarter Gerbstoff, dunkle Mineralik, Kardamom und weißes Kernobst im Abgang, vielseitig einsetzbar, wird von Flaschenreife profitieren.

★★★★

WEINGUT LACKNER-TINNACHER

BIO

Das Weingut Lackner-Tinnacher liegt inmitten von Weingärten auf einer Hügelkette in Steinbach bei Gamlitz. Seit Jahrhunderten wird auf dem Anwesen Weinbau betrieben, bereits 1787 wurden im Josephinischen Kataster ausführlich vier Weingartenstücke beschrieben. Heute wird das Weingut von Katharina Tinnacher bewirtschaftet. Rund 28 Hektar Weingärten befinden sich auf klimatisch idealen Seehöhen von 400 bis 500 Metern in besten Steillagen in den Weinbauorten Gamlitz und Kitzeck-Sausal.
Die Weingärten stehen im Mittelpunkt von Katharina Tinnachers Aufmerksamkeit. Sie werden sorgsam biologisch gepflegt. Drei- bis viermal wird der Rebstock ausgedünnt, und die Triebe werden behutsam händisch formiert, um eine hohe Reife der Trauben zu erreichen. Die Ernte erfolgt zumeist spät, auf präzise Handlese zum besten Reifezeitpunkt wird besonders geachtet. Ebenso ist es Standard, dass die Trauben rasch und unversehrt zur Presse gelangen und schonend gekeltert werden. Die traditionelle und behutsame Vinifikation bestimmt seit vielen Jahren die zeitlose elegante Linie des Weinguts.
Die Weine sind stets fein strukturiert, durchzogen von tiefer Frucht und geprägt von Boden, Klima und Jahrgang. Konsequent stammen alle Weine des Guts aus den eigenen Weingärten. Die einzelnen Lagen und Rieden verfügen über unterschiedliche Bodengegebenheiten, und Katharina Tinnacher ist es ein besonderes Anliegen, diese feinen strukturellen Unterschiede im Wein aufzuzeigen. Die Hauptsorte ist der Sauvignon Blanc, wobei die Trauben für den Ortswein Gamlitz Sauvignon Blanc auf überwiegend sandig-schottrigen Böden wachsen. Der Sauvignon Blanc Ried Welles hat ein steiniges, mineralhaltiges Schotterkonglomerat als Untergrund, und der Oberboden besteht aus roten und grauen Sanden. Ebenso im Fokus sind auf dem Weingut die Burgundersorten: Weißburgunder Ried Eckberg und Morillon Ried Eckberg stehen auf Kalkmergelböden, Weißburgunder Ried Stein-

bach und Grauburgunder Ried Steinbach gedeihen auf sandigen und schottrigen Böden. Weiters werden Welschriesling, Gamlitz Gelber Muskateller und Gelber Muskateller Ried Gamitz aus über fünfzig Jahre alten Rebstöcken gekeltert. Mit Anfang 2008 wurde das Weingut um Weingärten in der Ried Flamberg in der Gemeinde St. Nikolai im Sausal erweitert. Die fünf Hektar umfassenden kesselförmigen Süd- bis Südwesthänge bieten ein spezielles, vom Korallenkalkboden geprägtes Terroir und sind ein spannender Kontrast zu den Lagen in Steinbach. So verwundert es nicht, dass nun vor allem Flamberg besonders im Fokus von Katharina Tinnacher steht, die sich bereits während ihres Studiums an der Universität für Bodenkultur mit der Interaktion von Rebe, Boden und Klima beschäftigte. Neben der Erhaltung der wertvollen alten Rebstöcke setzt sie bei Flamberg auf die Kultivierung von Sauvignon Blanc und Burgundersorten. Ab dem Jahrgang 2016 sind alle Weine biozertifiziert.

WEINGUT LACKNER-TINNACHER
8462 Gamlitz
Steinbach 12
T: +43 (3453) 2142
weingut@tinnacher.at
www.tinnacher.at

Kellermeister/Kontakt:
Katharina Tinnacher
Anbauweise: Zertifiziert Biologisch
Produktion: 97 % weiß, 1 % rot, 2 % süß, 28 Hektar
Zertifiziert: Nachhaltig Austria
Vereinszugehörigkeit:
GutFinden – Südsteiermark, Steirische Terroir- und Klassikweingüter
Messen: ProWein Düsseldorf, VieVinum

95 Sauvignon Blanc * Ried Flamberg GSTK 2019
13 Vol.-%, VL, großes Holzfass, €€€€€ B V
Mittleres Gelbgrün, Silberreflexe. Rauchige Kräuterwürze, feine Cassisnoten, Mandarinenzesten, dunkle Mineralik, Nuancen von Melisse und Rosmarin. Saftig, elegant, feine Nuancen von weißer Frucht, finessenreiche Säurestruktur, salziger Abgang, bereits gut entwickelt, würziger Stil.

93 Sauvignon Blanc * Gamlitz 2021
12,5 Vol.-%, VL, Stahltank/Holzfass, €€€€ B V
Helles Gelbgrün, Silberreflexe. Zart rauchig-würzig unterlegte weiße Tropenfrucht, Cassis, reife Stachelbeeren, dunkle Mineralik. Saftig, elegant, Nuancen von gelber Frucht, etwas Mango, feine Säurestruktur, zeigt gute Länge, finessenreich und lange anhaftend, feine Mineralik im Nachhall, sicheres Reifepotenzial.

93 Sauvignon Blanc * Ried Steinbach 1STK 2020
13 Vol.-%, VL, großes Holzfass, €€€€€ B V
Helles Gelbgrün, Silberreflexe. Tabakig-kräuterwürzig unterlegte Nuancen von gelber Tropenfrucht, zart nach Ingwer, frische Mandarinenzesten, mit einem mineralischen Touch unterlegt. Saftig, elegant, feines Karamell, ausgewogen, zarte Säurestruktur, ein Hauch von reifem Cassis im Nachhall, zeigt gute Länge, bereits gut antrinkbar.

97 Sauvignon Blanc
Ried Welles Reserve GSTK 2017
13,5 Vol.-%, VL, großes Holzfass, €€€€€€ B V
Mittleres Gelbgrün, Silberreflexe. Dunkle Würze, frische Grapefruitzesten, tabakige Nuancen, weißes Steinobst, ein Hauch von gelben Paprikaschoten, Kräutertouch. Stoffig, elegant, weiße Frucht, zeigt großen Tiefgang, mineralisch und sehr lange anhaftend, salziger Nachhall, großes Zukunftspotenzial.

95 Grauburgunder Reserve *
Ried Steinbach 1STK 2019
13 Vol.-%, VL, großes Holzfass, €€€€€€ B V
Helles Goldgelb, Silberreflexe. Zart nach Grapefruitzesten, floraler Touch, Nuancen von weißem Kernobst, tabakig-kräutrige Würze, feiner Karamelltouch. Kraftvoll, saftig, sehr komplex, straffe Textur, feine Extraktsüße, ein Hauch von Birne im Abgang, dazu feines Nougat, große Länge, mineralisch, feine salzige Nuancen im Nachhall, bereits gut entwickelt, gutes Reifepotenzial.

94 Weißburgunder * Ried Steinbach 2020
13 Vol.-%, VL, großes Holzfass, €€€€€ B V
Helles Gelbgrün, Silberreflexe. Zart rauchig, feine Wiesenkräuter, weißes Kernobst, mineralisch, frische Orangenzesten, würziges Bukett. Komplex, engmaschig, weiße Birnenfrucht, frisch strukturiert, salziger Nachhall, bleibt gut haften, ein facettenreicher Speisenbegleiter.

92 Weißburgunder * Ried Eckberg 2020
12,5 Vol.-%, VL, großes Holzfass, €€€€ B V
Helles Gelbgrün, Silberreflexe. Frische weiße Birnenfrucht, mit etwas Mango unterlegt, ein Hauch von Mandarinenzesten, mineralischer Touch. Straff, elegant, feine Fruchtsüße, harmonisch, zart nach gelbem Pfirsich im Abgang, ausgewogen und bereits zugänglich, ein leichtfüßiger Speisenbegleiter.

94 Morillon * Ried Flamberg GSTK 2020
13 Vol.-%, VL, großes Holzfass, €€€€€ B V
Helles Gelbgrün, Silberreflexe. Zart nach Orangenzesten, ein Hauch von frischer Mango, Nuancen von Papaya, etwas Blütenhonig. Straff, engmaschig, kühle Stilistik, frischer Säurebogen, zitronige Nuancen, finessenreich, angenehme Würze im Abgang, salziger Nachhall, sicheres Entwicklungspotenzial.

93 Morillon * Ried Steinbach 1STK 2020
13 Vol.-%, VL, großes Holzfass, €€€€€ V
Helles Gelbgrün, Silberreflexe. Feine gelbe Tropenfrucht, mit einem Hauch von Limetten- und Orangenzesten unterlegt, mineralischer Touch. Saftig, engmaschig, elegant, feine Fruchtsüße, finessenreicher Säurebogen, salziger Touch im Abgang, ausgewogen, bleibt sehr gut haften, ein delikater, pikanter Speisenbegleiter.

93 Welschriesling Franz Lackner 2020
12,5 Vol.-%, VL, großes Holzfass, €€€€€ B
Helles Gelbgrün, Silberreflexe. Zart nach frischen Orangenzesten, ein Hauch von Mango, weißes Kernobst, mineralischer Touch, frische Wiesenkräuter. Straff, engmaschig, feine Apfelnote, frische Säurestruktur, feine salzige Nuancen im Abgang, zitronig im Nachhall, bereits sehr ausgewogen.

97 Welschriesling TBA 2017
12 Vol.-%, großes Holzfass/Stahltank, €€€€€€ B
Leuchtendes Goldgelb, Silberreflexe. Kandierte Orangenzesten, feine Botrytiswürze, ein Hauch von Marillenkonfitüre, dunkle Nuancen, einladendes Bukett. Stoffig, elegant, cremige Textur, gut eingebundene Süße, feiner Honig und Nougat im Abgang, schöne Länge, sicheres Reifepotenzial.

WEINGUT MICHI LORENZ

BIO

Weine mit Charakter gibt es viele, Weine mit Persönlichkeit nur in Kitzeck – genauer gesagt im Weingut Michi Lorenz. Denn dieser steirische Ausnahmewinzer macht Weine, die man nicht in eine Schublade stecken kann: Oft steht die Rebsorte als Stargast auf der Bühne, dann wieder spielt sie ob des Gesamtorchesters eine untergeordnete Rolle. Lorenz macht zurückhaltende Understatement-Weine, die anfangs leise sind, aber nach einer Zeit ordentlich aufhorchen lassen. Auf insgesamt 16 Hektar spiegeln seine Weine deutlich das Terroir rund um die Mineralik des Sausaler Schiefers wider. Der Komplexität des Winzers und seiner Weine wurde auch optisch Ausdruck verliehen: Sehenswert ist das Flaschendesign mit Herz-Logo bei seinen Klassik-, Orts- und Riedenweinen, beeindruckend sind die direkt weiß bedruckten Flaschen seiner vier Premium-Weine »Frauenversteher«, »Querdenker«, »Revoluzza« und »Seelenverwandter«. Nicht umsonst lautet das Motto »From Kitzeck in Love!« Das gilt übrigens auch für die Buschenschank und die Gästezimmer des Weinguts.

WEINGUT MICHI LORENZ
8442 Kitzeck
Einöd 8
T: +43 (3456) 2311
wein@michilorenz.at
www.michilorenz.at

Kellermeister/Kontakt:
Michi Lorenz
Anbauweise: Biodynamisch (Demeter)
Produktion: 3 % Schaumwein, 75 % weiß, 5 % rosé, 15 % rot, 2 % süß, 16 Hektar
Vereinszugehörigkeit:
Junge Wilde Winzer, WBV Sausal
Messen: ProWein Düsseldorf, VieVinum

(89) Sauvignon Blanc * Ried Steinriegel 2020
12 Vol.-%, NK,DV, Stahltank, €€€€€ B

92 Schist Happens
12,5 Vol.-%, DV, Holzfass, €€€€€ B O
Helles Grüngelb, Silberreflexe. Mit zarter Kräuterwürze unterlegte feine gelbe Tropenfrucht, ein Hauch von Mango und Grapefruitzesten, rauchige Schieferwürze. Saftig, engmaschig, weiße Tropenfrucht, straff und salzig, lebendig strukturiert, Limetten im Nachhall, animierender Speisenbegleiter.

92 Sauvignon Blanc Aura 2020
13 Vol.-%, NK,DV, 500-l-Fass, €€€€€ B O
Trübes Goldgelb. Anklänge von gelber Tropenfrucht, zart nach Pfirsich und Blütenhonig, frische Wiesenkräuter, mineralische Aspekte. Saftig, stoffig, weißes Kernobst, frischer Säurebogen, feiner Gerbstoff, apfelige Frucht im Abgang, bleibt haften, straffe Mineralik, zitroniger Nachhall, nicht geschönt, nicht filtriert und ungeschwefelt gefüllt.

91 Sauvignon Blanc Halo 2020
12 Vol.-%, NK,DV, 500-l-Fass, €€€€€ O
Zart getrübtes Goldgelb. Rauchig-reduktive Würze, mit Paprikaschoten und Cassis unterlegt, dunkle Mineralik von feuchtem Gestein. Leichtfüßig, gelbe Tropenfrucht, zart nach Maracuja, rassig strukturiert, lebendig und anhaftend, zitroniger Abgang, weiße Frucht im Nachhall, ein würziger Speisenbegleiter.

93 Chardonnay Naturel 2019
12,5 Vol.-%, DV, Holzfass, €€€€€ B O
Mittleres Goldgelb, Silberreflexe. Zart rauchig unterlegte gelbe Tropenfrucht, Nuancen von Papaya und Mango, zart nach Bergamotte, einladendes Bukett. Saftig, weißer Apfel, zitronig-mineralisch strukturiert, feine Schiefernuancen, salziger Abgang, leichtfüßig und energisch, Limetten im Nachhall, ein rassiger Speisenbegleiter, bereits gut antrinkbar.

91 Supergau 2017
12 Vol.-%, DV, Stahltank, €€€€€ O
Helles Goldgelb, Silberreflexe. Kandierte Limetten, weiße Blüten, Weiße Johannisbeeren, mineralisch, intensives helles Bukett. Straff, engmaschig, weißes Steinobst, zitronig-salzig, leichtfüßig, Limetten im Nachhall, bleibt haften, lebendige Stilistik.

★★★★

WEINGUT MUSTER.GAMLITZ

Bis 1973 wurde das Gut als gemischter landwirtschaftlicher Betrieb geführt. 1974 legten die beiden Familien Muster und Dreisiebner gemeinsam den Grundstein für die heutige Betriebsform und begannen mit Wein- und Obstbau. Diese einzigartige Partnerschaft dauerte 26 Jahre lang. In dieser Zeit wurden die grundlegenden Bausubstanzen geschaffen, acht Hektar Eigenflächen für den Weinbau vorbereitet, mit Reben bepflanzt sowie ein Ab-Hof-Verkauf und eine Buschenschank als Vermarktungsweg aufgebaut. Im Jahr 2000 endete aus gesundheitlichen Gründen diese Betriebsgemeinschaft. Seither führt die Familie Muster dieses Weingut als »Einfamilienbetrieb« und verfolgt weitere Ziele hinsichtlich Vermarktung und Betriebsgröße sowie auch eine umfassendere Philosophie beim Ausbau der Weine. Im Jahr 2002 wurde mit MUSTER.gamlitz eine neue Marke gegründet.
Terroir und Mineralik widerzuspiegeln ist der Familie sehr wichtig. Man arbeitet viel mit großen und kleinen Holzfässern – teilweise im Rückverschnitt, aber auch »pur«. Mit MUSTER.gamlitz wollte man extravagante Weine und eine ernst zu nehmende Weinmarke entstehen lassen, welche die zentraleuropäische Weinlandschaft mitgestaltet und formt. Eingeteilt werden die Weine in eine jugendliche, frische »Klassik«-Linie, eine »Reverenz«-Linie mit kräftigem und gehaltvollem Charakter sowie in Weine der Lage »Grubthal«. Letztere gilt als eine besonders wertvolle und außergewöhnliche Weinlage. Sehr spezielle Bodenbeschaffenheiten und Kleinklimabedingungen prägen diese Weine. In Ausnahmejahrgängen werden hier die besten Beeren pro Traube selektioniert, sorgfältig zu Wein verarbeitet und bis zum Beginn der Trinkreife in den Fässern belassen – mit großem Erfolg, wie die jüngst auf den Markt gekommenen Weine zeigen.

95 Chardonnay * Ried Grubthal 2019
13,5 Vol.-%, VL, kleines Holzfass, €€€€€
Helles Goldgelb, zarte Messingreflexe. Feine Holzwürze, süße Gewürze, ein Hauch von Blüten und Pfefferminze. Saftig, elegant, seidige Textur, ein Hauch von hellem Karamell, feine Säurestruktur, komplex und facettenreich, Nuancen von gelber Tropenfrucht, dezente Röstaromen im Nachhall, zeigt Länge, wird von Flaschenreife profitieren.

92 Chardonnay * Marienkreuz 2020
12,5 Vol.-%, DV, großes Holzfass, €€€
Helles Grüngelb, Silberreflexe. Reifer gelber Apfel, zart nach Mandarinenzesten, ein Hauch von Kräutern, dazu mineralische Aspekte. Saftig, elegant, zarte Fruchtsüße, Kernobst und Blütenhonig, mineralisch und frisch, ausgewogen und anhaftend, ein vielseitiger Begleiter bei Tisch.

* Südsteiermark DAC

Reinhard Muster

WEINGUT MUSTER.GAMLITZ
8462 Gamlitz
Grubtal 14
T: +43 (3453) 2300
weingut@muster-gamlitz.at
www.muster-gamlitz.at

Kellermeister: Reinhard Muster
Kontakt: Familie Muster
Produktion: 100 % weiß, 58 Hektar
Messen: ÖGW Zürich, ProWein Düsseldorf, VieVinum

95 Sauvignon Blanc * Ried Grubthal 2019
13,5 Vol.-%, VL, gebrauchte Barriques, €€€€€€
Mittleres Gelbgrün, Silberreflexe. Intensives Bukett, ein Hauch von Limetten, Grapefruit, frische Guaven, frische Kräuter, mit feiner Holzwürze unterlegt, mineralischer Touch. Saftig, elegant, Nuancen von ätherischen Ölen, etwas Eukalyptus, fein und ausgewogen, mineralisch, straff, sehr große Länge und Finesse.

93 Sauvignon Blanc * Reverenz 2020
13 Vol.-%, VL, kleines Holzfass, €€€€
Helles Gelbgold, Silberreflexe. Reife Stachelbeeren, Nuancen von Weißen Johannisbeeren, frischer Weingartenpfirsich, ein Hauch von Limettenzesten. Saftig, elegant, ein Hauch von Ananas und Litschis, feiner Säurebogen, mineralisch-salzig im Abgang, leichtfüßig und gut anhaftend, ein vielseitiger, straffer Speisenbegleiter.

92 Sauvignon Blanc * Klassik 2021
12 Vol.-%, DV, Stahltank, €€€
Helles Gelbgrün, Silberreflexe. Zart rauchig-würzig, feine Nuancen von dunklen Johannisbeeren, zart nach Stachelbeeren, ein Hauch von Grapefruitzesten. Mittlere Komplexität, weiße Apfelfrucht, lebendige Säurestruktur, mineralisch und straff, zitronig und kernig im Abgang, vielseitig einsetzbar.

93 Weißburgunder * Reverenz 2020
13 Vol.-%, VL, großes Holzfass, €€€
Helles Goldgelb, Silberreflexe. Zarte Nuancen von gelbem Kernobst, ein Hauch von Birne, etwas Blütenhonig. Mineralisch, salzig unterlegte Nuancen von feiner weißer Frucht, ein Hauch von Karamell, elegant und anhaftend, ein vielschichtiger Speisenbegleiter mit gutem Reifepotenzial.

91 Weißburgunder * Klassik 2021
12 Vol.-%, DV, Stahltank, €€
Helles Gelbgrün, Silberreflexe. Zarte Kernobstnuancen, ein Hauch von Orangenzesten. Mittlerer Körper, frischer Säurekern, feine Fruchtsüße, ein Hauch von Birne, ausgewogen, zart salzig im Nachhall, frischer Speisenbegleiter.

92 Grauburgunder * Reverenz 2020
12,5 Vol.-%, VL, großes Holzfass, €€€€
Helles Messing, Goldreflexe, Silbertouch. Zart tabakig, ein Hauch von gelber Tropenfrucht, dezente Kräuterwürze. Mittlere Komplexität, zart nach Birne, feine Extraktsüße, zarte Holznuancen, ein Hauch von Honig im Abgang, helles Nougat im Nachhall, ausgewogen, vielseitig einsetzbar.

90 Welschriesling * Retro 2021
11,5 Vol.-%, DV, Stahltank, €€
Helles Gelbgrün, Silberreflexe. Frischer grüner Apfel, ein Hauch von Wiesenkräutern, Nuancen von Limetten, einladendes Bukett. Saftig, weiße Fruchtexotik, lebendiger Säurebogen, knackiger Sommerwein, ideal für Terrasse und leichte Gerichte.

92 Gelber Muskateller Klassik 2021
11,5 Vol.-%, DV, Stahltank, €€€
Helles Gelbgrün, Silberreflexe. Florale Nuancen, ein Hauch von Holunderblüten, zart nach Muskatnuss, attraktive Nuancen. Mittlerer Körper, weiße Pfirsichfrucht, straff und engmaschig, Limettenzesten, frisch und anhaftend, zart nach Litschis, ein animierender Sommerwein.

© Karin Lernbeiß

★★★★

WEINGUT WOLFGANG MAITZ

Herkunft ist bodenständig«, so lautet das Motto des Winzeres Wolfgang Maitz. Auf seinem Weingut mit zehn Hektar Rebfläche vinifiziert er ausschließlich Weine mit einem klaren Herkunftscharakter. Hier gilt: 100 Prozent Südsteiermark und 100 Prozent Handlese. Es entstehen Weine mit der Herkunft Weinbaugebiet Südsteiermark DAC, die Ortsweine »Ehrenhausen« und Lagenweine der Einzelrieden Sulz, Krois 1STK, Schusterberg 1STK und der Topriede des Weinguts Hochstermetzberg GSTK.Behutsame Arbeit mit der Natur und Gelassenheit im Keller sind Garanten für ausdrucksstarke Herkunftsweine mit handwerklicher Prägung. Das Weingut ist Mitglied im Verein der Steirischen Terroir- und Klassikweingüter. Dem Weingut angeschlossen ist ein Wirtshaus mit Weinhotel als ideale Plattform für weinreisende Genießer.

94 Morillon * Ried Schusterberg 1STK 2020
13 Vol.-%, DV, gebrauchte Barriques, €€€€€
Helles Gelbgrün, Silberreflexe. Ganz zarte Holznuancen, feine Noten von Birne und Mango, zarte Kräuterwürze, ein Hauch von Mandarinenzesten. Straff, engmaschig und sehr lebendig strukturiert, wirkt ungemein leichtfüßig, weißes Kernobst, Limetten im Abgang, animierende, kühle Stilistik, sicheres Reifepotenzial.

(94) Sauvignon Blanc * Ried Schusterberg 1STK 2020
13 Vol.-%, DV, großes Holzfass, €€€€€
Helles Gelbgrün, Silberreflexe. Feine Nuancen von gelben Paprikaschoten, etwas Guaven, feine Kräuterwürze, Cassis im Hintergrund. Stoffig, feine Nuancen von Johannisbeeren, mineralische, straffe Textur, frischer Säurebogen, salzige Mineralik, finessenreich, knackig und lange anhaftend, ein facettenreicher Speisenbegleiter mit sicherem Reifepotenzial.

94 Sauvignon Blanc * Ried Hochstermetzberg GSTK 2019
13 Vol.-%, DV, Holzfass, €€€€€
Mittleres Gelbgrün, Silberreflexe. Mit feinem Blütenhonig unterlegte reife Stachelbeeren, etwas nach reifer Mango, ein Hauch von Karamell, kraftvolles Bukett. Komplex, saftig, elegant, feine Säurestruktur, mineralisch, würzig, extraktsüß im Abgang, bereits gut entwickelt, verfügt über weiteres Potenzial.

93 Sauvignon Blanc * Ehrenhausen 2020
12 Vol.-%, DV, großes Holzfass, €€€€
Mittleres Grüngelb, Silberreflexe. Nuancen von reifer gelber Tropenfrucht, ein Hauch von Stachelbeeren, kandierte Orangenzesten, weiße Blüten im Hintergrund. Straff, weiße Apfelfrucht, finessenreiche Säurestruktur, salzig-zitronig im Abgang, animierender Speisenbegleiter, leichtfüßig und druckvoll zugleich, sicheres Reifepotenzial.

92 Sauvignon Blanc * 2021
12,5 Vol.-%, DV, Stahltank, €€€
Helles Gelbgrün, Silberreflexe. Zarte gelbe Tropenfrucht, ein Hauch von Mango und Guaven, zart mit Orangenzesten unterlegt, mineralisch, feine Blütenaromen. Saftig, elegant, straffe Textur, finessenreiche Säurestruktur, feine salzige Nuancen im Abgang, gute Länge, ein facettenreicher Speisenbegleiter.

92 Welschriesling * Ried Sulz 2020
11 Vol.-%, DV, großes Holzfass, €€€€€
Helles Gelbgrün, Silberreflexe. Zart floral unterlegte feine Birnenfrucht, ein Hauch von Mandarinenzesten, Limetten im Hintergrund, mineralischer Touch. Straff, schlank, reifer grüner Apfel, feines Säuregerüst, zart salzig im Abgang, ein finessenreicher, leichter Speisenbegleiter mit breitem Einsatzgebiet.

WEINGUT WOLFGANG MAITZ
8461 Ehrenhausen an der Weinstraße, Ratsch 45
T: +43 (3453) 2153
weingut@maitz.co.at
www.maitz.co.at
Kellermeister/Kontakt: Wolfgang Maitz
Produktion: 2 % Schaumwein, 94 % weiß, 2 % rot, 2 % süß, 10+1 Hektar
Zertifiziert: Nachhaltig Austria
Vereinszugehörigkeit: GutFinden – Südsteiermark, Wein Steiermark, Steirische Terroir- und Klassikweingüter
Messen: VieVinum

* Südsteiermark DAC

94 Gewürztraminer * Ried Krois 1STK 2020
13,5 Vol.-%, DV, €€€€€
Mittleres Grüngelb, Silberreflexe. Feine Nuancen von Eibischteig, florale Elemente, nach getrockneten Rosenblättern, zart nach Minze und Limetten, einladendes, aber nicht überbordendes Bukett. Straff, engmaschig, weiße Birne, salzig-trockene Stilistik, getragen von einer sehr lebendigen Säurestruktur, sehr gastronomische Anlagen, ein saftiger, facettenreicher Begleiter bei Tisch, großes Reifepotenzial.

92 Gelber Muskateller Ried Krois 1STK 2020
11 Vol.-%, DV, €€€€€
Helles Gelbgrün, Silberreflexe. Feine Nuancen von Ananas, frischem Pfirsich und Muskatnuss, mit einem Hauch von Holunderblüten unterlegt, sehr attraktives Bukett. Mittlerer Körper, feine weiße Apfelfrucht, finessenreich strukturiert, mineralisch, Limetten im Abgang, straff und frisch, toller Sommerwein.

★★★

WEINGUT MASSER

Das Weingut von Peter Masser liegt in Fötschach unweit von Leutschach und ist bei Gourmets nicht nur für seine Weine, sondern auch für das zweite Standbein, die Zucht von schottischen Hochlandrindern, bekannt. Nahe der Südsteirischen Weinstraße finden die Massers ideale Bedingungen für die Erzeugung von Qualitätswein vor. In den Lagen Sernauberg, Oberglanz und der Monopollage Schlingelberg, wo die Hangneigung bis zu 50 Grad erreicht, sind die Bedingungen für die Reben ideal.
Die Palette deckt die typisch südsteirischen Rebsorten ab: knackiger Welschriesling, Morillon, diverse Burgunder, aber auch Sauvignon Blanc sowie Muskateller, und in geeigneten Jahren entstehen auch Süßweine (Eiswein, Ausbruch, Trockenbeerenauslese). »Stock« steht für einen frischen, fruchtig-leichten Wein mit animierendem Trinkfluss und prägnanter Sortentypizität des Rebstocks. »Bod'n« ist das klassische Spiegelbild von Herkunft und Typizität der Weinberge, die sich mit viel Charakter und eleganter Fülle in diesen Weinen wiederfinden. Und »Zeit+Ruh« bezeichnet ganz besondere Weine: Sie reifen sehr langsam zu ihrer wahren Größe heran und entwickeln ihr volles Potenzial in kleinen Holzfässern. Seit 2016 arbeiten Florian und Peter Masser als Vorreiter im Bereich der PIWI-Rebsorten und bewirtschaften die größte biologische PIWI-Rebfläche in Österreich. Die Experimentierfreude des Vater-Sohn-Duos hört dort jedoch noch lange nicht auf: Auch vier Steinfässer sind im Besitz der Massers und stehen für spannende Weine mit großem Potenzial.

92 ❸ Sauvignon Blanc Sekt Selektion Brut
Deg. 2020, 13 Vol.-%, NK, Flaschengärung, €€€€
Helles Grüngelb, Silberreflexe, zartes, lebendiges Mousseux. Feine Apfelnuancen, ein Hauch Limettenzesten, Anklänge von Stachelbeeren, etwas Biskuit. Mittlerer Körper, feine Birnenfrucht, angenehmer Säurebogen, feine Fruchtsüße, bleibt haften, ein facettenreicher Speisenbegleiter.

91 ❸ Chardonnay Sekt g.U. Klassik Brut NV
Deg. 2020, 12,5 Vol.-%, NK, Flaschengärung, €€€€
Helles Grüngelb, Silberreflexe, lebendiges, anhaltendes Mousseux. Frische weiße Tropenfrucht, ein Hauch von Apfelfrucht, weiße Blütenaromen, mit Zitruszesten unterlegt. Mittlerer Körper, feine Fruchtsüße, zart nach Litschis und Pfirsich, mineralisch im Abgang, animierender Stil.

94 Sauvignon Blanc * Ried Schlingelberg IC® Zeit&Ruh 2020
13 Vol.-%, NK, gebrauchte Barriques, €€€€€
Leuchtendes mittleres Grüngelb, Silberreflexe. Zarte Kräuterwürze, Zitruszesten, dunkle Mineralik, weiße Tropenfrucht, vielschichtiges Bukett. Engmaschig, straff, grüner Apfel, frische Stachelbeeren, mineralisch-zitronig im Abgang, etwas Cassis, salziger Nachhall, wird mit Reife noch an Länge gewinnen.

(94) Sauvignon Blanc * Ried Schlingelberg Fuhreg 2020
13,5 Vol.-%, NK, €€€€€€
Helles Goldgelb, Silberreflexe. Zarte Kräuterwürze, nach Zitronenmelisse, ein Hauch von Limettenzesten, dazu etwas Mango und Ananasfrucht, feiner Blütenhonig, facettenreiches Bukett. Stoffig, weiße Apfelfrucht, engmaschig und sehr in sich ruhend, feiner Säurebogen, mineralisch, feine Holznuancen im Abgang, ein eleganter Speisenbegleiter, wird von weiterer Flaschenreife profitieren.

92 Sauvignon Blanc * Gamlitz 2020
12,5 Vol.-%, DV, Stahltank, €€€
Helles Goldgelb, Silberreflexe. Feine gelbe Tropenfrucht, zart nach Stachelbeeren und Guaven, Nuancen von Oran-

WEINGUT MASSER

8463 Leutschach
Fötschach 41
T: +43 (3454) 467
weingut@masser.cc
www.masser.cc

Kellermeister: Peter & Florian Masser
Kontakt: Peter Masser
Anbauweise: Umstellung auf bio (Bio Austria)
Produktion: 83 % weiß, 15 % rot, 2 % süß, 30 Hektar
Vereinszugehörigkeit: Wein Steiermark
Messen: VieVinum

Weingut Masser, Ried Schlingelberg

genzesten, floraler Touch. Mittlerer Körper, weiße Apfelfrucht, frisch strukturiert, mineralisch-zitronig im Abgang, lebendiger Stil, verfügt über Reifepotenzial.

93 Grauburgunder * Leutschach 2020
13 Vol.-%, DV, Stahltank, €€€
Mittleres Goldgelb, Silberreflexe. Feine Wiesenkräuter, ein Hauch von weißen Blüten, zart nach Nashi-Birne, Orangenzesten im Hintergrund. Saftig, Nuancen von weißem Kernobst, sehr rassiger Säurebogen, Limetten im Abgang, salzig und anhaftend, ein sehr lebendiger Sortenvertreter, gutes Reifepotenzial.

93 Gelber Muskateller * Ried Oberglanz 2020
13 Vol.-%, NK, gebrauchte Barriques, €€€€€
Leuchtendes helles Goldgelb, Silberreflexe. Floraler Touch, zart nach Pfefferminze, ein Hauch von Muskatnuss, Limettenzesten, facettenreiches Bukett. Mittlerer Körper, weißer Pfirsich, frisch strukturiert, zitronig-salzig im Nachhall, besitzt gute Länge, kerniger Typus, gutes Potenzial.

92 Gelber Muskateller * Leutschach 2020
12,5 Vol.-%, DV, Stahltank, €€€
Helles Goldgelb, Silberreflexe. Zart nach Holunderblüten, ein Hauch von Pfefferminze, weiße Tropenfrucht im Hintergrund. Mittlerer Körper, frisch strukturiert, ein Hauch von Zitronenmelisse, minziger Touch im Abgang, schlank und kühl, salziger Nachhall.

(93) Welschriesling * Ried Sernauberg Wetterschütz® IC® Zeit & Ruh 2020
13 Vol.-%, NK, gebrauchte Barriques, €€€€€
Helles Goldgelb, Silberreflexe. Zarte Nuancen von gelbem Kernobst, ein Hauch von weißem Apfel, frische Wiesenkräuter, mit etwas Walnuss unterlegt, noch scheu im Bukett. Straff, feine Apfelnote, frischer Säurebogen, mineralisch und gut anhaftend, eleganter Stil, zart salzig im Nachhall, gutes Reifepotenzial.

89 Welschriesling * Gamlitz 2020
12,5 Vol.-%, DV, Stahltank, €€

90 Morillon * Leutschach 2020
13 Vol.-%, DV, Stahltank, €€€
Helles Goldgelb, Silberreflexe. Etwas zurückhaltend, zarte Kernobstnuancen, ein Hauch von gelben Früchten. Mittlerer Körper, zart kräuterwürzig, feine Fruchtsüße, salzige Mineralik, zitronig im Nachhall, wird von Flaschenreife profitieren.

92 Souvignier gris Sturmkogl 2020
13 Vol.-%, DV, Stahltank, €€€
Leuchtendes mittleres Gelbgold, Silberreflexe. Zart nach Limettenzesten, gelbe Tropenfrucht, florale Nuancen, einladendes Bukett. Saftig, grüner Apfel, rassige Struktur, frisch und zitronig, salziger Abgang, bleibt haften, ein feinwürziger Speisenbegleiter.

91 Muscaris Sturmkogl 2020
12 Vol.-%, DV, Stahltank, €€
Helles Goldgelb, Silberreflexe. Intensive weiße Tropenfrucht, ein Hauch von Guaven und Kapstachelbeeren, floral-zitroniger Touch, attraktives Bukett. Saftig, weißer Pfirsich, ein Hauch von Johannisbeeren und Muskatnuss, lebendig strukturiert, ein leichtfüßiger, animierender Sommerwein.

* Südsteiermark DAC

Sauvignon Blanc

WEINGUT NOEMI
8441 Kitzeck im Sausal
Fresing 24
T: +43 (3456) 2303
wein@wohlmuth.at
www.noemi.st

Kellermeister/Kontakt:
Gerhard Wohlmuth
Produktion: 100 % weiß, 12 Hektar
Messen: ProWein Düsseldorf

★★

WEINGUT NOEMI

Der Hofname Noemi bedeutet »die Liebliche« und bezieht sich auf die sanften Rebhügel dieser einzigartigen Region. Der Betrieb wird seit Generationen als Weinbaubetrieb geführt und verfügt über eine typisch steirische Sortenpalette. Durch das besondere Mikroklima und die kalkhaltigen Mergelböden entstehen komplexe, würzige Weine, welche die Rebsorte und ihre Herkunft widerspiegeln. Im Einflussbereich der mediterranen Klimazone entstehen hier durch das Zusammenspiel der milden südlichen Witterung mit den kühlen Lüften aus den Alpen nach Sonnenuntergang sehr große Temperaturunterschiede zwischen Tag und Nacht, die für eine intensive Aromenausprägung sorgen. Die Familie Wohlmuth versucht seit der Übernahme im Jahr 2012, die Typizität der einzelnen Lagen herauszuarbeiten. In atemberaubenden Steillagen gedeihen auf den sonnenverwöhnten und vom kalkhaltigen Mergelboden geprägten Lagen fruchtintensive, finessenreiche und komplexe Weine.

92 Morillon Steiermark 2021
12,5 Vol.-%, DV, Stahltank, €€
Helles Gelbgrün, Silberreflexe. Feine Apfelnote, Nuancen von Orangen, ein Hauch von Wiesenkräutern, einladendes Bukett. Komplex, feine Fruchtsüße, gut integrierte Säurestruktur, salzig-mineralisch, zeigt gute Länge, ein pikanter Speisenbegleiter.

92 Sauvignon Blanc Steiermark 2021
12,5 Vol.-%, DV, Stahltank, €€
Helles Gelbgrün, Silberreflexe. Zarte Kräuterwürze, ein Hauch von Stachelbeeren und Grapefruitzesten, floraler Touch. Lebendig, weiße Tropenfrucht, frischer Säurebogen, zitronige Nuancen, Limetten im Abgang, animierende Stilistik.

91 Weißburgunder Steiermark 2021
12,5 Vol.-%, DV, Stahltank, €€
Helles Gelbgrün, Silberreflexe. Ein Hauch von frischen Birnen und Orangenzesten, zarter Blütenhonig. Straff, engmaschig, grüner Apfel, feiner Limettentouch im Abgang, mineralisch unterlegt im Nachhall.

90 Welschriesling Steiermark 2021
11,5 Vol.-%, DV, Stahltank, €€
Sehr helles Gelbgrün, Silberreflexe. Frische Wiesenkräuter, ein Hauch von Birne und Quitte. Straff, knackig, grüner Apfel, frische Säurestruktur, mineralischer Nachhall.

90 Gelber Muskateller Steiermark 2021
12 Vol.-%, DV, Stahltank, €€
Sehr helles Gelbgrün, Silberreflexe. Zarte Holunderblüten, ein Hauch von Pfirsich, etwas Ananas, einladendes Bukett. Leichtfüßig, weißer Apfel, feine Kräuterwürze, zitroniger Touch im Abgang, salziger Nachhall.

★★★

WEINGUT OBERGUESS

BIO

Der »obere Khues am Walts« wurde 1495 erstmals schriftlich erwähnt. Mit Stolz und großer Verantwortung führt Christian Krampl gemeinsam mit seiner Freundin Birgit und seinen Eltern Walburga und Friedrich diesen einzigartigen Hof weiter. Biologische Bewirtschaftung, kleine Erträge in Verbindung mit später Ernte sowie Spontangärung und lange Reifung in Eichenholzfässern ermöglichen einzigartige, unverwechselbare Herkunfts- und Geschmacksimpressionen des auf Sauvignon Blanc, Gelben Muskateller und Chardonnay spezialisierten Weinguts.
Der wunderschön und abgeschieden gelegene Hof zwischen Posruck und Remschnigg, gerade einen Steinwurf von der slowenischen Grenze entfernt, und die revitalisierte feine Buschenschank laden zum Verweilen ein. Beim Mix aus Alt und Modern ist hier viel Feingefühl für kreative Gestaltung sichtbar. Feingefühl findet sich auch in den Lagenweinen wieder, die die Bezeichnung der Ried »Am Walts« und der Ried »Schlossberg« tragen.

97 Sauvignon Blanc Mathe Khueß 2019
14 Vol.-%, NK, großes Holzfass, €€€€€€ B
Mittleres Gelbgold, Silberreflexe. Nuancen von Karamell, reife gelbe Tropenfrucht, zart nach Ananas, etwas Nougat, zart rotbeerig unterlegt, nuancenreiches Bukett. Stoffig, seidige Textur, weißer Pfirsich, feine Säurestruktur, mineralisch und lange anhaftend, hocheleganter Wein mit klarem Jahrgangscharakter, in sich ruhend, leichtfüßig wirkend und mit großem Potenzial ausgestattet.

95 Sauvignon Blanc Ried Am Walts Reserve 2019
13 Vol.-%, NK, großes Holzfass, €€€€€ B
Mittleres Goldgelb, Silberreflexe. Reife Tropenfrucht, Nuancen von Cassis, Brombeeren, ätherische Noten, etwas Minze, rotbeeriger Touch, facettenreiches Bukett. Saftig, ein Hauch von Erdbeeren, dezente Fruchtsüße, finessenreiche Struktur, salzig, elegant und anhaftend, feine gelbe Pfirsichfrucht, ausgewogen und mit guter Länge ausgestattet.

93 Sauvignon Blanc Ried Am Walts 2020
13 Vol.-%, DV, großes Holzfass, €€€€€ B
Helles Grüngelb, Silberreflexe. Zart nach Pfirsich und gelber Tropenfrucht, ein Hauch von Ananas, zarter Blütenhonig, einladendes Bukett. Straff, engmaschig, feine weiße Frucht, finessenreiche Struktur, zitronige Nuancen, sehr lebendig und balanciert, salziger Abgang, ausgewogen und bereits gut antrinkbar.

92 Sauvignon Blanc Ried Schlossberg 2020
13 Vol.-%, DV, großes Holzfass, €€€€ B
Helles Goldgelb mit zartem Kupfertouch. Feine Nuancen von reifem Steinobst, ein Hauch von Guaven, zarte Wiesenkräuter, zurückhaltendes Bukett. Mittlerer Körper, weiße Apfelfrucht, feine Süße, elegant, finessenreich strukturiert, zitronige Nuancen, salziger Nachhall, ein balancierter Speisenbegleiter.

WEINGUT OBERGUESS
8463 Leutschach
Schlossberg 9
T: +43 (664) 4380838
office@oberguess.com
www.oberguess.com

Kellermeister: Christian Krampl
Kontakt: Christian Krampl,
Mag. M. Sc. Birgit Koch
Anbauweise: Zertifiziert Biologisch (Austria Bio Garantie)
Produktion: 6.5 Hektar

★★★★

WEINGUT POLZ

Das Weingut Polz definiert sich gerade wieder neu und kehrt zurück zu den Ursprüngen im Jahr 1912. Bereits in vierter Generation arbeitet die Familie heute tagtäglich daran, ihre Idee von Exzellenz ins Glas zu bringen.

Erich Polz jun. führt seit 2020 den Betrieb mit der Vision, das fabelhafte Potenzial und wertvolle Know-how, das in der langen Weinbautradition seiner Familie steckt, in eine fruchtbare, gesunde Zukunft zu geleiten. Erichs Bruder Christoph zeichnet für Keller und Vinifikation verantwortlich – mit großem Vertrauen in jede Traube. Denn die Leidenschaft der Brüder heißt Handwerk und dieses erwächst direkt aus der Herkunft Südsteiermark, einem einzigartigen Terroir. Dabei wird Nachhaltigkeit gelebt – sei es nun durch sanften Rebschnitt, Verzicht auf Insektizide und Glyphosate oder die sich bereits in Umsetzung befindliche Umstellung der Weingärten auf »Bio«.

In den Worten von Erich Polz jun. klingt das so: »Wir lernen seit 109 Jahren täglich dazu. Wir arbeiten mit vitalen Reben auf gesunden Böden. Wir streben nach Balance und Exzellenz in unseren Weinen. Und wir gehen nun vermehrt Wege, die unbeschritten sind. Schließlich ist nichts riskanter, als nichts zu riskieren.«

95 Sauvignon Blanc * Ried Grassnitzberg 1STK 2019
13 Vol.-%, NK, großes Holzfass, €€€€€
Mittleres Grüngelb, Silberreflexe. Zart floral, ein Hauch von gelben Tropenfrüchten, Nuancen von Orangenzesten, feiner Blütenhonig, tabakig unterlegt. Komplex, stoffig, feine weiße Apfelfrucht, feiner Säurebogen, ruhig und ausgewogen, Weiße Johannisbeeren, gute Länge, sicheres Reifepotenzial. Nach 2001 und 2010 wieder der erste Grassnitzberg-Sauvignon.

(95) Sauvignon Blanc * Ried Hochgrassnitzberg GSTK 2020
13,5 Vol.-%, NK, großes Holzfass, €€€€€
Mittleres Grüngelb, Silberreflexe. Frische Kräuterwürze, ein Hauch von Grapefruitzesten und Cassis, helle Mineralik, facettenreiche Aromatik. Saftig, würzig, weißer Apfel, etwas Pfirsich, lebendiger Säurebogen, Limetten im Abgang, zeigt gute Länge, straff, sicheres Entwicklungspotenzial.

(94) Sauvignon Blanc * Ried Witscheiner Herrenberg 2019
13,5 Vol.-%, DV, großes Holzfass, €€€€
Helles Grüngelb, Silberreflexe. Zart nach frischen Paprikaschoten, Nuancen von weißem Steinobst, dunkle Mineralik, ein Hauch von Grapefruitzesten. Straff, engmaschig, weißer Apfel, feine Struktur, mineralisch-salzig, bleibt sehr gut haften, Limetten im Finish, wirkt ungemein leichtfüßig, ein animierender Speisenbegleiter mit sicherem Reifepotenzial.

94 Sauvignon Blanc * Ried Theresienhöhe 1STK Therese 2020
13 Vol.-%, DV, Stahltank, €€€€€
Helles Gelbgrün, Silberreflexe. Zart rauchig, Nuancen von weißer Pfirsichfrucht, frische Stachelbeeren, ein Hauch von Grapefruitzesten, rauchige Schiefermineralik. Saftig, elegant, engmaschig, feine weiße Tropenfrucht, ein Hauch von Litschis, finessenreiche Säurestruktur, mineralisch-zitronig im Abgang, ein straffer, facettenreicher Speisenbegleiter.

(94) Sauvignon Blanc * Ried Grassnitzberg 1STK 2020
13 Vol.-%, DV, großes Holzfass, €€€€€
Helles Gelbgrün, Silberreflexe. Straff, weiße Tropenfrucht, feine Kräuterwürze, ein Hauch von Mandarinenzesten, mit Limetten unterlegt, mineralischer Touch. Straff, engmaschig, weiße Apfelfrucht, finessenreiche Säurestruktur, zitronig-salzig im Abgang, bleibt haften, sicheres Reifepotenzial.

(93) Sauvignon Blanc * Kitzeck Sausal 2021
12 Vol.-%, DV, Stahltank, €€€€
Helles Grüngelb, Silberreflexe. Zart kräuterwürzig, ein Hauch von Hefearomen, Nuancen von weißem Pfirsich, rauchiger Touch. Saftig, straff, engmaschig, weißer Apfel, knackige Säurestruktur, mineralisch-salzig im Abgang, zitroniger Nachhall, ein schlanker, feinwürziger Speisenbegleiter.

93 Sauvignon Blanc * Ehrenhausen 2020
13 Vol.-%, DV, großes Holzfass, €€€€
Helles Gelbgrün, Silberreflexe. Feine Nuancen von gelber Tropenfrucht, Orangenzesten, ein Hauch von Kräutern, zart nach Litschis, einladendes Bukett. Saftig, elegant, feiner Karamelltouch, dezente Nashi-Birne im Abgang, bleibt haften, ein ausgewogener Speisenbegleiter.

92 Sauvignon Blanc * 2021
12,5 Vol.-%, DV, Stahltank, €€€
Helles Gelbgrün, Silberreflexe. Frische Wiesenkräuter, ein

© Weingut Polz

WEINGUT POLZ
8472 Strass in der Steiermark
Am Grassnitzberg 39
T: +43 (3453) 2301
weingut@weingutpolz.at
www.weingutpolz.at

Kellermeister: Christoph Polz
Kontakt: Erich Polz jun.
Produktion: 93 % weiß, 7 % rot, 85 Hektar
Zertifiziert: Nachhaltig Austria
Vereinszugehörigkeit: GutFinden – Südsteiermark, Wein Steiermark, Steirische Terroir- und Klassikweingüter
Messen: ProWein Düsseldorf, VieVinum

Erich Polz jun.

Hauch von Cassis und Stachelbeeren, mit Nuancen von Grapefruitzesten unterlegt. Stoffig, elegant, wieder zarte Nuancen von Grapefruit, ein Hauch von Guaven, mineralisch-salzig im Abgang, balanciert, zitroniger Touch im Nachhall, vielseitig einsetzbar.

(95) Morillon * Ried Obegg GSTK 2020
13 Vol.-%, NK, Barrique, €€€€€€
Leuchtendes mittleres Grüngelb, Silberreflexe. Feine Nuancen von Grapefruitzesten, ein Hauch von Vanille, weißer Pfirsich, mineralischer Touch, zarte Gewürznote. Mittlere Komplexität, weiße Apfelfrucht, feine Säurestruktur, zarte Holzwürze, mineralisch-salziger Nachhall, bleibt lange im Abgang hängen, sehr ausgewogen, ein facettenreicher Speisenbegleiter mit sicherem Reifepotenzial.

(93) Morillon * Ried Grassnitzberg 2020
13 Vol.-%, DV, großes Holzfass, €€€€€
Helles Grüngelb, Silberreflexe. Feine gelbe Tropenfrucht, ein Hauch von Holzwürze, zart nach Vanille, mit Mango unterlegt, ein Hauch von Blütenhonig. Saftig, elegant, feiner Pfirsichtouch, finessenreich strukturiert, harmonisch und gut anhaftend, mineralisch, zeigt gute Länge, sicheres Reifepotenzial.

92 Morillon * 2021
12,5 Vol.-%, DV, Stahltank, €€€
Helles Grüngelb, Silberreflexe. Zarte Kernobstnuancen, weiße Blüten, ein Hauch von Orangenzesten, mineralische Noten, einladendes Bukett. Straff, engmaschig, weißer Apfel, dezente Säurestruktur, feine salzige Nuancen im Abgang, gelber Apfel im Nachhall, ein zarter Speisenbegleiter mit Entwicklungspotenzial.

(92) Morillon * Ehrenhausen 2020
13 Vol.-%, DV, großes Holzfass, €€€€
Helles Grüngelb, Silberreflexe. Reife gelbe Tropenfrucht, etwas Mango und Papaya, zitronig-florale Nuancen, ein Hauch von Mandarinenzesten. Komplex, straff, weiße Apfelfrucht, lebendiger Säurebogen, Limetten, vom Muschelkalk geprägter frischer Stil, animierender Speisenbegleiter.

(94) Weißburgunder * Ried Grassnitzberg 2020
13 Vol.-%, DV, großes Holzfass, €€€€€
Helles Grüngelb, Silberreflexe. Zart nach hellem Nougat, mit gelber Tropenfrucht unterlegt, feine Kräuterwürze, etwas Walnuss, kandierte Orangenzesten. Straff, elegant, weiße Apfelfrucht, feine Säurestruktur, ausgewogen und gut anhaftend, zarte Mandarinennuancen, mineralisch, ein Hauch von Limetten im Nachhall, sehr präzise und mit Potenzial ausgestattet.

91 Weißburgunder * 2021
12 Vol.-%, DV, Stahltank, €€
Helles Gelbgrün, Silberreflexe. Ein Hauch von Orangenzesten, weiße Birnenfrucht, Nuancen von Walnuss, mit dezenten Limettenzesten unterlegt. Mittlerer Körper, feine Apfelfrucht, finessenreich, gut integrierte Säurestruktur, dezente Süße im Abgang, zugänglicher, unkomplizierter Stil.

(93) Gelber Muskateller * Ried Grassnitzberg 1STK 2020
13 Vol.-%, DV, großes Holzfass, €€€€€
Helles Gelbgrün, Silberreflexe. Floraler Touch, ein Hauch von Holunderblüten, Limettenzesten, dezente Muskatnuss. Straff, grüner Apfel, wieder Muskatnuss in der Aro-

*** Südsteiermark DAC**

matik, dunkelwürzige Komponente, dezente Säurestruktur, ruhig und anhaftend, salziger Touch im Nachhall, feiner Speisenbegleiter.

91 Gelber Muskateller * 2021
12 Vol.-%, DV, Stahltank, €€€
Helles Gelbgrün, Silberreflexe. Rauchig, zarte Kräuterwürze, Nuancen von Pfirsich, ein Hauch von Traubenkernen und Muskatnuss, zart traubig, dunklere Muskatellerstilistik. Straff, engmaschig, zarte Apfelfrucht, feiner Säurebogen, mineralisch und anhaftend, zitronig-salziger Nachhall.

93 Chardonnay * Ried Theresienhöhe 1STK 2020
Mittleres Gelbgrün, Silberreflexe. Feine Schieferwürze, tabakige Nuancen, gelbe Apfelfrucht, kräutrig. Mittlere Komplexität, weißer Apfel, leichtfüßig, salzige Noten, mineralisch, rassige Struktur, zitroniger Touch, anregender Speisenwein mit Reifepotenzial.

91 Welschriesling * 2021
11,5 Vol.-%, DV, Stahltank, €€
Helles Gelbgrün, Silberreflexe. Frische Wiesenkräuter, ein Hauch von weißem Apfel, zart nach Orangenzesten, mit Nuancen von Birne unterlegt. Leichtfüßig, saftig, feine Nuancen von weißem Kernobst, frische Struktur, zitronig-mineralisch, salziger Nachhall, idealer Sommerwein.

★★★

WEINGUT PONGRATZ

Markus Pongratz überzeugt die Weinkenner und -kritiker im In- und Ausland mit seiner beständigen fruchtigen Linie schon seit einigen Jahren. Die Erfolge sind kein Zufall, sondern auf das gute Zusammenspiel vieler Faktoren zurückzuführen: Auf der einen Seite liefern die Top-Lagen am Kranachberg und am Hochberg mit den sandigen Böden den Grundstein für die gute Qualität der Weine aus dem Hause Pongratz. Ein weiterer wichtiger Punkt ist die hohe Reife der Trauben, die durch mehrmaliges händisches Lesen vorselektiert werden. Ebenso ein Kriterium dafür, dass jedes Jahr aufs Neue so hervorragende Weine entstehen, ist der neueste Stand der Kellertechnik, kombiniert mit dem Wissen von Kellermeister Markus Pongratz.
2008 haben Markus und Sabine Pongratz das Weingut von den Eltern übernommen. In der gemütlichen Buschenschank werden Hochzeiten gefeiert und Events aller Art veranstaltet. Im Mittelpunkt der Familie Pongratz steht die Rauchschwalbe. Jedes Jahr, wenn die Schwalben nach dem Winter zurückkehren, gibt es ein traditionelles Schwalbenfest mit der Jahrgangsverkostung auf dem Weingut. Ein sehr anerkannter Maler der Südsteiermark, nämlich Gerald Brettschuh, hat für das Weingut einige Schwalbenmotive entworfen und zwei Exemplare davon vorgestellt, die auf den Etiketten Verwendung finden. Das Beste aus dem Hause Pongratz heißt übrigens »Schwalbenhimmel«.

94 Chardonnay * Ried Hochberg Schwalbenhimmel 2019
13,5 Vol.-%, NK, kleines Holzfass, €€€€€
Mittleres Goldgelb, Silberreflexe. Zart nach Gewürznelken und hellem Karamell, gelber Pfirsich, ein Hauch von Honigmelone und Blütenhonig. Komplex, stoffig, feine Mangonote, finessenreicher Säurekern, mineralisch und lange anhaftend, ein stoffiger Speisenbegleiter mit sicherem Reifepotenzial.

(93) Chardonnay * Ried Kranachberg 2021
13 Vol.-%, DV, großes Holzfass, €€€ Ⓥ
Helles Grüngelb, Silberreflexe. Feine gelbe Tropenfrucht, ein Hauch von reifem Steinobst, mit Wiesenkräuterwürze unterlegt. Saftig, mittlere Komplexität, weißer Pfirsich, frische Säurestruktur, mineralisch-zitroniger Abgang, salziger Nachhall, ein feiner Speisenbegleiter.

94 Sauvignon Blanc * Ried Hochberg Schwalbenhimmel 2019
13,5 Vol.-%, NK, kleines Holzfass, €€€€€
Leuchtendes Goldgelb, Silberreflexe. Zart nach Kokos und Vanille, feine gelbe Tropenfrucht, Nuancen von Mango und Guaven, vielschichtiges Bukett. Kraftvoll, feine Holznuancen, weißer Pfirsich, etwas Honigmelone, mineralisch und straff, salzig im Nachhall, bleibt haften, gutes Reifepotenzial.

© © KarinBergmann.at

WEINGUT PONGRATZ

8462 Gamlitz - Kranachberg
Sonnleitenweg 73
T: +43 (3453) 4477
info@weingut-pongratz.at
www.weingut-pongratz.at

Kellermeister: Markus Pongratz
Kontakt: Familie Pongratz
Produktion: 90 % weiß, 7 % rot, 3 % süß, 10 Hektar
Zertifiziert: Nachhaltig Austria
Messen: Weintage im Museumsquartier

Markus und Sabine Pongratz

(93) Sauvignon Blanc * Ried Kranachberg 2021
13 Vol.-%, DV, großes Holzfass, €€€
Helles Gelbgrün, Silberreflexe. Zarte florale Noten, weißer Pfirsich, Nuancen von Stachelbeeren und Grapefruitzesten, mineralischer Touch. Saftig, grüner Apfel, straffe Struktur, salzig im Abgang, weißes Kernobst im Nachhall, lebendiger Stil.

93 Sauvignon Blanc * Ried Hochberg 2020
13 Vol.-%, DV, großes Holzfass, €€€€
Helles Grüngelb, Silberreflexe. Feinwürzig unterlegte weiße Tropenfrucht, zart nach Cassis, weißes Kernobst, mineralischer Touch, etwas zurückhaltendes Bukett. Komplex, zarte Holznuancen, feiner Säurebogen, mineralisch, erinnert stilistisch an weiße Bordeauxweine, bleibt haften, ein versatiler Begleiter bei Tisch.

92 Sauvignon Blanc * 2021
12,5 Vol.-%, DV, Stahltank, €€
Helles Gelbgrün, Silberreflexe. Zart nach frischen Wiesenkräutern, ein Hauch von Stachelbeeren, mit frischen Grapefruitzesten unterlegt. Saftig, weiße Apfelfrucht, frischer Säurebogen, rassig-zitronig im Abgang, ein lebendiger Speisenbegleiter mit Pfiff.

(92) Gelber Muskateller * Ried Kranachberg 2021
12,5 Vol.-%, DV, großes Holzfass, €€€
Helles Gelbgrün, Silberreflexe. Feine Tropenfruchtnuancen, zart nach Maracuja, ein Hauch von Muskatnuss, Limettenzesten, feines Bukett. Mittlere Komplexität, weißes Steinobst, feiner Säurebogen, saliner Nachhall, zitroniger Touch im Rückgeschmack, vielseitig einsetzbar.

90 Gelber Muskateller * Classic 2021
12 Vol.-%, DV, Stahltank, €€
Helles Gelbgrün, Silberreflexe. Frische Nuancen von Limetten und Holunderblüten, duftig, attraktives Bukett. Schlank, zarte grüne Apfelfrucht, leichtfüßig, feines Säurespiel, mineralisch im Abgang, zitronig, ein feiner Sommerwein.

(92) Grauburgunder * Ried Hochberg 2021
13,5 Vol.-%, DV, 500-l-Fass, €€€
Helles Gelbgold, feiner Kupfertouch. Zarte Birnenfrucht, ein Hauch von Blütenhonig, kandierte Orangenzesten. Saftig, Nuancen von weißer Frucht, feiner Säurebogen, zarte Süße im Abgang, bereits gut entwickelt, ein saftiger Speisenbegleiter mit pikantem Finale.

94 Welschriesling Eiswein Steiermark 2020
11 Vol.-%, DV, Stahltank, €€€€€
Helles Gelbgold, Silberreflexe. Feine süße Tropenfrucht, reife Mango, zart nach Maracuja und Blütenhonig, einladendes Bukett. Saftig, elegant, reife Ananas, weißer Pfirsich, frischer Säurebogen, ausgewogenes Spiel aus Säure und Süße, bereits gut entwickelt und antrinkbar.

*** Südsteiermark DAC**

WEINGUT STEFAN POTZINGER
8424 Gabersdorf
Gabersdorf 12
T: +43 (664) 5216444
potzinger@potzinger.at
www.potzinger.at

Kellermeister: Hans Peter Wippel
Kontakt: Heidi und Stefan Potzinger, Tim Maak
Produktion: 2 % Schaumwein, 90 % weiß, 1 % rosé, 5 % rot, 3 % süß, 17 Hektar
Vereinszugehörigkeit: Wein Steiermark
Messen: ProWein Düsseldorf, VieVinum

★★★

WEINGUT STEFAN POTZINGER

Seit 1860 ist die Familie Potzinger Weingutsbesitzer in der Südsteiermark und damit in Besitz eines der am längsten in Familienhand geführten Weingüter der Steiermark. Der große Trumpf sind die auf die gesamte Südsteiermark verteilten Weingärten in einigen der berühmtesten und besten Rieden dieser Region. Dazu zählen die Ried Sulz, die Ried Kaltenegg, die Ried Oberburgstall und die Ried Kainberg. Diese Vielfalt an großartigem Terroir, Erfahrung im Weinhandwerk seit mehr als 160 Jahren, die naturnahe Bewirtschaftung, eine höchst sorgsame Weinbereitung und ein eingespieltes Team sind die Bausteine, die den Erfolgslauf der letzten Dekaden erklären. Heidi und Stefan Potzingers Weine sind berühmt als hervorragende Speisenbegleiter und zeichnen sich durch ihr legendäres Reifepotenzial aus.

»Auf all meinen Reisen in die großen Weinbauländer dieser Erde wurde mir bewusst, welches Potenzial in den südsteirischen Weinen steckt: Mineralik, Frische und Eleganz. Dieses Potenzial voll auszuschöpfen und zutiefst südsteirische und naturbelassene Weine in höchster Qualität zu keltern ist die höchst erfolgreiche Mission unseres seit 1860 bestehenden Weinguts«, bringt es Stefan Potzinger auf den Punkt.

93 ❸ Chardonnay Sekt Austria Große Reserve 1860 brut Steiermark g.U. 2015
12,5 Vol.-%, NK, Flaschengärung, €€€€€
Helles Goldgelb, Silberreflexe, feines, anhaltendes Mousseux. Feine weiße Blütenaromen, Pfirsich, kandierte Limettenzesten, ein Hauch von Brioche, facettenreiches Bukett. Saftig, elegant, fruchtige Süße, reifes Steinobst, zarter Blütenhonig, zitronige Aspekte, etwas Feige im Nachhall.

95 Sauvignon Blanc * Ried Sulz Joseph 2020
13,5 Vol.-%, DV, Barrique, €€€€€
Mittleres Grüngelb, Silberreflexe. Rauchige Kräuterwürze, Nuancen von Cassis, frische Stachelbeeren, Grapefruitzesten, mineralisch, ein Hauch von Guaven. Saftig, feine weiße Tropenfrucht, weißer Pfirsich, mineralisch-salzig unterlegt, straff und zitronig, bleibt gut haften, kühle Stilistik, ein ausgewogener Speisenbegleiter mit Reifepotenzial.

94 Sauvignon Blanc * Ried Sulz Joseph 2019
13,5 Vol.-%, DV, Barrique, €€€€€
Mittleres Grüngelb, Silberreflexe. Feine gelbe Tropenfrucht, zart nach Vanille, ein Hauch von Holz, mit reifen

Stachelbeeren unterlegt, mineralischer Touch. Komplex, saftig, weiße Pfirsichfrucht, ein Hauch von Gewürznelken, bleibt gut haften, zarte Fruchtsüße im Abgang, ein eleganter Speisenbegleiter, gutes Reifepotenzial.

94 Sauvignon Blanc * Ried Sulz Fassreserve 2018
13,5 Vol.-%, DV, Barrique, €€€€€
Helles Goldgelb, Silberreflexe. Zart rauchig unterlegte Cassisnuancen, reife Stachelbeeren, gelbe Tropenfrucht, ein Hauch von Orangenzesten, facettenreiches Bukett. Saftig, feine Note von gelbem Pfirsich, reife Säurestruktur, dezente Fruchtsüße im Abgang, wirkt jugendlich, bereits gut antrinkbar, ein facettenreicher Speisenbegleiter.

93 Sauvignon Blanc * Ried Czamillonberg 2020
13 Vol.-%, DV, gebrauchte Barriques, €€€€
Helles Grüngelb, Silberreflexe. Nuancen von gelber Tropenfrucht, etwas Papaya, ein Hauch von Pfirsich und Blütenhonig, mit feiner Kräuterwürze und Limetten unterlegt. Saftig, elegante Textur, ruhig und ausgewogen, ein Hauch von gelber Frucht im Abgang, zarter Blütenhonig im Finale, straff, feiner Speisenwein.

93 Sauvignon Blanc * Ried Czamillonberg 2021
13 Vol.-%, DV, gebrauchte Barriques, €€€€
Helles Gelbgrün, Silberreflexe. Feine weiße Tropenfrucht, frische Stachelbeeren, zart nach Cassis, floraler Touch. Saftig, elegant, feine Würze, Paprikaschoten, zarte Süße im Abgang, mineralisch und gut anhaftend, dezente Kräuterwürze im Nachhall, Grapefruit im Rückgeschmack.

93 Sauvignon Blanc * Ried Steinriegel 2021
13 Vol.-%, DV, Stahltank, €€€€
Helles Gelbgrün, Silberreflexe. Zart nach Stachelbeeren und Wiesenkräutern, ein Hauch von Paprikaschoten, dunkle Mineralik. Saftig, elegant, weißer Pfirsich, frischer Säurebogen, feine Fruchtsüße im Abgang, mineralisch-zitronig, ein lebendiger Speisenbegleiter mit Entwicklungspotenzial.

92 Sauvignon Blanc * Herbstfüllung 2020
12,5 Vol.-%, DV, Stahltank, €€€
Helles Gelbgrün, Silberreflexe. Zart grasig-würzig unterlegte frische Stachelbeernuancen, Grapefruitzesten, rauchige Noten. Mittlerer Körper, weiße Apfelfrucht, frisch strukturiert, elegant, zart salziger Nachhall, ein animierender Speisenbegleiter.

92 Sauvignon Blanc * Ried Czamillonberg 2019
13 Vol.-%, DV, gebrauchte Barriques, €€€€
Mittleres Grüngelb, Silberreflexe. Zart tabakig, Nuancen von Trockenkräutern, gelbe Frucht, reife Stachelbeeren, schiefriger Terroirtouch. Mittlere Komplexität, feine Fruchtsüße, dezenter Säurebogen, zitronig im Nachhall, mineralisch und anhaftend, bereits gut entwickelt.

93 Morillon * Ried Wielitsch Kapelle 2020
13 Vol.-%, DV, Barrique, €€€€
Mittleres Goldgelb, Silberreflexe. Zarte gelbe Tropenfrucht, ein Hauch von Kumquats und Blütenhonig, mineralischer Touch. Saftig, weiße Tropenfrucht, elegant, dezenter Säurebogen, frisches Kernobst, salziger Touch, ausgewogen und bereits gut antrinkbar, balancierter Speisenbegleiter.

92 Weißburgunder * Ried Kittenberg 2020
13 Vol.-%, DV, Stahltank, €€€€
Helles Goldgelb, Silberreflexe. Feine gelbe Birnenfrucht, etwas Biskuit, ein Hauch von kandierten Orangenzesten, einladendes Bukett. Mittlere Komplexität, weißer Apfel, feine Säurestruktur, zitroniger Touch, ausgewogen, etwas Nougat im Nachhall.

93 Traminer Ried Kaltenegg Reserve 2017
13 Vol.-%, DV, Barrique, €€€€€
Mittleres Grüngelb, Silberreflexe. Feine Nuancen von Rosenöl, vom Traminer markiertes Bukett, weiße Tropenfrucht, etwas nach Litschis, facettenreiche Aromatik. Saftig, elegant, kraftvoll, nach Blutorangen, zarte Honigsüße im Abgang, mineralisch und lange anhaftend, individueller Wein mit sicherem weiterem Reifepotenzial.

91 Altsteirischer Mischsatz Alte Reben Steiermark 2021
13 Vol.-%, DV, Stahltank, €€€
Helles Grüngelb, Silberreflexe. Feine Kräuterwürze, weißes Kernobst, ein Hauch von Birnen, zart nach Ringlotten, mit Orangenzesten unterlegt. Mittlerer Körper, feine Säurestruktur, etwas Blütenhonig, gelbe Tropenfrucht im Nachhall, vielseitig einsetzbar.

95 Sauvignon Blanc Ried Czamillonberg TBA 2017
9 Vol.-%, DV, Stahltank, €€€€€
Leuchtendes Goldgelb, Messingreflexe. Feine Botrytiswürze, einladende Nuancen von Marillenmarmelade, zarte florale Noten, kandierte Kumquatzesten, rotbeeriger Hauch. Saftig, komplex, gut integrierte Süße, feiner Honigtouch, salzig unterlegt im Abgang, noch sehr jung, ist für viele Jahrzehnte angelegt, sehr gute Länge, ein Trinkdessert.

*** Südsteiermark DAC**

★★★

WEINGUT PRIMUS

Das Weingut Primus am Grassnitzberg gehört zu den Top-Adressen in der Südsteiermark. Seit Jahren arbeiten die Brüder kompromisslos an der Qualität ihrer Weine, sodass auch in vegetativ schwierigen Jahrgängen lagerfähige Kreszenzen mit enormem Potenzial gekeltert werden. So hat man in den vergangenen Jahren immer wieder mit Bewertungen im Spitzenfeld überzeugen können.
Der Betrieb verfügt über einige der besten Lagen in der Südsteiermark in den Rieden Grassnitzberg und Zieregg. Mit diesem Fundament bauen die beiden Brüder ein ausgewogenes Sortiment an, das mit dem Terroir bestens harmoniert und hier höchste Qualität entwickelt. Damit das so bleibt und noch besser wird, arbeiten sie mit größtem Engagement. Wie alle Jahre legt man auch heuer wieder Wert auf eine sortentypische, klare Weinlinie. Die Weine kann man vor Ort verkosten oder im Onlineshop bestellen.
Da die heimischen Flächen rar wurden, haben sich die Brüder entschlossen, auch im benachbarten Slowenien einen Weinberg zu kultivieren. Aus den Reben der slowenischen Weinanbaufläche gibt es einen frischen Sommer- oder Terrassenwein namens »Apollo« und einen sehr ausdrucksstarken, mineralischen Sauvignon Blanc Muschelkalk mit Lagenweincharakter.
Das Weingut verfügt über einige komfortable Gästezimmer mit herrlicher Aussicht in die südsteirische Hügellandschaft – eine Idylle für Genießer.

WEINGUT PRIMUS
8472 Grassnitzberg-Spielfeld
Am Grassnitzberg 15
T: +43 (3453) 3911
weingut@primus.cc
www.primus.cc

Kellermeister/Kontakt:
Christian und Thomas Polz
Produktion: 98 % weiß, 1 % rot, 1 % süß, 18 Hektar
Vereinszugehörigkeit:
Wein Steiermark
Messen: VieVinum

94 Sauvignon Blanc * Ried Zieregg 2019
13,5 Vol.-%, NK,DV, großes Holzfass, €€€€€
Helles Grüngelb, Silberreflexe. Feine Wiesenkräuter, etwas Cassis, weiße Tropenfrucht, Litschis, Orangenzesten, mit reifen Stachelbeeren unterlegt. Saftig, weiße Pfirsichnoten, frisch strukturiert, elegant, feine Fruchtsüße von Steinobst, elegant und anhaftend, gutes Zukunftspotenzial, bereits gut zu trinken.

93 Sauvignon Blanc * Ried Grassnitzberg »Nienaus« 2018
13,5 Vol.-%, NK, kleines Holzfass, €€€€€
Mittleres Grüngelb, Silberreflexe. Kräuterwürzig unterlegte Mangonuancen, mit feiner Holzwürze unterlegt, gelbe Frucht, Orangenzesten klingen an. Saftig, cremige Textur, feiner Pfirsich, dezente Säurestruktur, feine salzige Komponente, bereits ausgereift, vielseitig einsetzbar.

92 Sauvignon Blanc * Ried Grassnitzberg 2020
13,5 Vol.-%, DV, Stahltank, €€€€
Helles Grüngelb, Silberreflexe. Frische Kräuterwürze, zart nach Cassis und Stachelbeeren, ein Hauch von Grapefruitzesten. Straff, engmaschig, schwarze Beerenfrucht, frischer Säurebogen, zart nach Paprikaschoten, Blütenhonig im Nachhall.

94 Chardonnay * Ried Zieregg 2019
13,5 Vol.-%, DV, kleines Holzfass, €€€€€
Helles Goldgelb, Silberreflexe. Feine Holzwürze, reife gelbe Tropenfrucht, zart nach Mango und Papaya, ein Hauch von Mandarinen und Limettenzesten. Stoffig, cremige Textur, zart nach Karamell, zarte Fruchtsüße, elegant und gut antrinkbar, verfügt über Reifepotenzial.

92 Chardonnay * Ried Grassnitzberg 2020
13,5 Vol.-%, DV, großes Holzfass, €€€€
Helles Grüngelb, Silberreflexe. Zarte gelbe Tropenfrucht, ein Hauch von Mango, gelber Apfel, ein Hauch von Orangenzesten. Mittlerer Körper, zart nach Melone, feine Säurestruktur, zart nach Blütenhonig, Steinobst im Nachhall, ausgewogener Begleiter bei Tisch.

91 Chardonnay * Ehrenhausen 2020
13 Vol.-%, DV, Stahltank, €€
Helles Grüngelb, Silberreflexe. Zarte weiße Tropenfrucht, ein Hauch von frischen Litschis und Limetten, weiße Blüten, lebendiges Bukett. Mittlerer Körper, feine Fruchtsüße nach Pfirsich, feiner Säurebogen, mineralisch im Abgang, ein vielseitiger Speisenbegleiter.

★★★

WEINGUT REGELE

Die Familie Regele führt eines der traditionsreichsten Weingüter in der Südsteiermark. 1830 gegründet, verantworten heute Georg und Ingrid Regele mit Sohn Franz den renommierten Weinbaubetrieb. Georg Regele vergleicht die eindrucksvolle Erfolgsgeschichte gerne mit seinen Reben, denn nur starke Wurzeln sind Garanten für eine gesunde Entwicklung und stetige Qualitätssteigerung.
Kultiviert werden rund 25 Hektar Rebflächen, die ausnahmslos händisch gelesen werden. Herausragende Rieden sind Oberglanzberg, Sulz und die große Ried Zoppelberg, die bereits im 13. Jahrhundert urkundlich erwähnt wurde. Die daraus entstehenden DAC-Riedenweine genießen höchste Anerkennung und begeistern durch ihre terroirgeprägte Mineralik und trinkanimierende Balance. Mit der Produktion von finessenreichen Schaumweinen ist man dem Mythos der prickelnden Perlen auf der Spur. Klassifiziert in der anspruchsvollen österreichischen Sekt-Pyramide mit geschützter Ursprungsbezeichnung gibt es bei nationalen und internationalen Bewerben kontinuierlich Höchstbewertungen.
Der Weinbau ist nicht nur ein traditionsreiches, sondern auch ein extrem innovatives Fachgebiet. Es hat sich in seiner Vielfalt, Breite, Zuständigkeit, Orientierung und Bedeutung in den vergangenen Jahren dramatisch verändert. Junior Franz Regele bringt hier die nötige Qualifikation mit. Dem Absolventen der HBLA und BA Klosterneuburg gelingen sowohl ein verantwortungsvoller Umgang mit Neuerungen als auch das Festigen von Bewährtem. »Je prägnanter heute der technische Fortschritt ist, desto mehr spielt das Umfeld, in dem dies alles passiert, eine Rolle«, so Franz Regele. Spannende Innovationsfelder sind für

WEINGUT REGELE
8461 Ehrenhausen a.d. Weinstrasse
Ewitsch 34
T: +43 (3453) 2426
office@regele.com
www.regele.com

Kellermeister/Kontakt:
Ing. Georg Regele
Produktion: 10 % Schaumwein, 79 % weiß, 10 % rot, 1 % süß, 25 Hektar
Vereinszugehörigkeit: Wein Steiermark, Sieme
Messen: VieVinum, DAC-Präsentationen

© Mag. Fritz Sutter

Franz Regele

* Südsteiermark DAC

ihn auch der Ausbau seiner Weine in Amphoren oder im Beton-Ei sowie die Kultivierung von (pilzwiderstandsfähigen) PIWI-Rebsorten wie dem Souvignier Gris. Voraussetzung für innovatives Arbeiten im Weinbau ist und bleibt aber die konsequente nachhaltige Kultivierung der Rebflächen – und das immer im Einklang mit der Natur. »Im Reigen der Jahreszeiten ist das für mich nicht nur eine Herausforderung, sondern eine ständige Motivation.«

93 ❸ Brut Rosé Reserve Sekt g.U. Steiermark
Deg. 11/21, 12,5 Vol.-%, NK, Flaschengärung/gr. Holzfass, €€€€
Leuchtendes helles Lachsrosa, zarter Kupfertouch, feines Mousseux. Frische rote Waldbeeren, ein Hauch von Himbeeren und Ribiseln, Limettenzesten, mineralischer Touch. Saftig, elegant, rote Kirschen, frisch strukturiert, seidige Textur, gute Frische, mineralischer Touch, salzig-zitroniger Nachhall, animierender Stil.

92 ❸ Blanc de Noirs Brut Nature g.U. Steiermark Klassik
Deg. 1/22, 11 Vol.-%, NK, Flaschengärung, €€€€
Helles Goldgelb, Silberreflexe, feines, anhaltendes Mousseux. Zarte gelbe Tropenfrucht, etwas Ringlotten, ein Hauch von Mandarinenzesten, einladendes Bukett. Mittlerer Körper, Nuancen von weißer Frucht, seidige Textur, finessenreicher Säurebogen, ausgewogen und vielseitig einsetzbar.

(93) Weißburgunder * Unfiltriert 2020
13 Vol.-%, NK, gebrauchte Barriques/Stahltank, €€€€€
Zart getrübtes helles Gelbgrün, Silberreflexe. Zarte Nuancen von Wiesenkräutern, weiße Birnenfrucht, ein Hauch von Limettenzesten, mineralischer Touch. Saftig, elegant, feine süße Tropenfrucht, finessenreicher Säurebogen, Orangen im Abgang, salzig-mineralischer Nachhall, gute Länge, ein feiner Speisenbegleiter.

(92) Chardonnay * Ried Sulz Fassreserve 2020
12,5 Vol.-%, DV, großes Holzfass, €€€€
Helles Grüngelb, Silberreflexe. Zarte Nuancen von weißer Frucht, Kokos, ein Hauch von Stachelbeeren, Nuancen von Grapefruit und Limettenzesten. Straff, engmaschig, Noten von Cassis, saftige weiße Tropenfrucht, frisch strukturiert, Limettenzesten auch am Gaumen, lebendig und salzig, ein facettenreicher Speisenbegleiter.

(91) Chardonnay * Ehrenhausen 2021
12,5 Vol.-%, DV, großes Holzfass, €€€
Helles Goldgelb, Silberreflexe. Frische gelbe Apfelfrucht, ein Hauch von Mango, zart nach Mandarinenzesten. Mittlerer Körper, feine Fruchtsüße, mineralisch-zitronige Nuancen, lebendig und frisch, leichtfüßig, ein knackiger, leichtfüßiger Speisenbegleiter.

(92) Gelber Muskateller * Ried Oberglanz 2021
12 Vol.-%, DV, Stahltank, €€€
Noch zart trübes helles Gelbgrün, Silberreflexe. Intensives Bukett, frische Holunderblüten, Muskatnuss, weiße Tropenfrucht. Saftig, feinwürzig, traubige Nuancen, frischer Säurebogen, salziger Touch, Limetten im Nachhall, anregender Stil.

(91) Sauvignon Blanc * Ehrenhausen Die Sieme 2021
12,5 Vol.-%, DV, Stahltank, €€€
Helles Goldgelb, Silberreflexe. Frische weiße Tropenfrucht, Stachelbeeren, zart nach Mandarinenzesten. Saftig, angenehme Fruchtsüße, zart nach Litschis, frischer Säurebogen, mineralisch-zitronig, lebendiger, trinkfreudiger Stil.

91 Sauvignon Blanc * Ried Sulz 2019
12,5 Vol.-%, DV, Stahltank, €€€
Helles Gelbgrün, Silberreflexe. Zart nach Grapefruitzesten, floral unterlegte Weiße Johannisbeeren, Guaven, frische Limetten. Saftig, elegant, grüner Apfel, lebendiger, animierender Säurebogen, salzig-zitronig im Abgang, rassiger Speisenbegleiter.

90 Welschriesling * Ried Zoppelberg 2019
12 Vol.-%, DV, großes Holzfass, €€€
Helles Grüngelb, Silberreflexe. Frische Wiesenkräuter, ein Hauch von Mango, weißer Apfel, Nuancen von Zitruszesten. Frische Mango, lebendiger Säurebogen, Limetten im Abgang, salziger Nachhall, harmonisch und vielseitig einsetzbar.

92 Grauburgunder Orange 2019
11,5 Vol.-%, NK, Amphore/Stahltank, €€€€€ ❶
Leuchtendes trübes Orangegelb, Silberreflexe. Rauchig, zart nach Heublumen und Orangenkonfit, würziger Touch, mit weißer Birne unterlegt. Schlank, zarte Kernobstnuancen, kräuterwürzig, weiße Apfelfrucht, mineralisch, ein lebendiger Speisenbegleiter.

(90) Souvignier Gris 2021
11,5 Vol.-%, DV, Stahltank, €€
Helles Grüngelb, Silberreflexe. Frische Stachelbeeren, weiße Apfelfrucht, floraler Touch, zart nach Limettenzesten. Straff, lebendig, grüner Apfel, rassig strukturiert, zitronig-salzig, animierender Sommerwein, bietet leichtfüßiges Trinkvergnügen.

WEINGUT FAMILIE REPOLUSK
8463 Leutschach an der Weinstraße
Glanz 41
T: +43 (3454) 313
weingut@repolusk.at
www.repolusk.at

Kellermeister/Kontakt:
Roland und Karl-Philipp Repolusk
Produktion: 4 % Schaumwein, 91 % weiß, 1 % rosé, 2 % rot, 2 % süß, 11 Hektar
Zertifiziert: Nachhaltig Austria
Vereinszugehörigkeit:
Wein Steiermark
Messen: Weintage im Museumsquartier

Karl-Philipp und Roland Repolusk

★★

WEINGUT FAMILIE REPOLUSK

Roland und Karl-Philipp Repolusk haben beide das Winzerhandwerk von der Pike auf gelernt. Bei der Entstehung ihrer Weine ist das kleinste Detail von Bedeutung. Jeder ist von Anfang an eine Idee, die durch die schöpferische Auseinandersetzung mit den Rebstöcken entsteht. Sowohl Roland als auch Karl-Philipp arbeiten Tag für Tag mit viel Leidenschaft in ihren Weingärten. Handarbeit am Rebstock ist für sie ein wichtiger Faktor für die Qualität der Trauben, und so ist es selbstverständlich, dass die Trauben von Hand gelesen werden.
Als Weinbauern wollen die Repolusks natürlich Jahr für Jahr Volltreffer landen – die Weine sollen so authentisch wie möglich sein. Aromasorten wie Gelber Muskateller, die Hauptsorte des Weinguts, Sauvignon Blanc und Roter Traminer liegen den beiden besonders am Herzen und werden riedenrein ausgebaut. Auf dem wunderbaren Kalksandsteinboden der Riede Oberglanz entstehen diese tieffruchtigen, eleganten und zugleich sehr komplexen Weine. Die Riede Kaltenegg mit lehmigem Sandboden lässt sehr feinfruchtige, lebendige und vielschichtige Weine heranreifen.

Mit viel Leidenschaft betreibt die Familie auch eine ausgezeichnete Buschenschank. »Was gibt es Schöneres, als unsere Gäste mit hausgemachten Köstlichkeiten und einem guten Glas Wein zu erfreuen?«, so Gudrun Hernach und Ramona Repolusk, die die Buschenschank mit viel Herzblut und Engagement führen. Jeder, der durch die Südsteiermark tourt, sollte unbedingt beim Weingut und der Buschenschank der Familie Repolusk vorbeischauen.

93 Chardonnay * Ried Kaltenegg Lignum Große Reserve 2018
13,5 Vol.-%, NK, kleines Holzfass, €€€€
Leuchtendes mittleres Goldgelb, Silberreflexe. Feine Holzwürze, etwas nach Pfirsich, Honigmelone klingt an, zarter Kamillentouch. Saftig, gute Komplexität, kraftvoll, feine Säurestruktur, Apfeltouch, zart nussig im Nachhall, bleibt gut haften, zart nach Kokos im Finish, ein stoffiger Speisenbegleiter.

92 Sauvignon Blanc * Ried Oberglanz 2020
13,5 Vol.-%, DV, großes Holzfass, €€€
Helles Gelbgrün, Silberreflexe. Zart nach Limettenzesten, Weiße Johannisbeeren, ein Hauch von Guaven, einladendes Bukett. Saftig, elegant, weißer Pfirsich, feiner Säure-

* Südsteiermark DAC

bogen, ausgewogen und gut anhaftend, zitronig-salziger Nachhall, bereits gut antrinkbar.

90 Sauvignon Blanc * 2021
13,5 Vol.-%, DV, Stahltank, €€
Helles Gelbgrün, Silberreflexe. Zart nach frischen Stachelbeeren, ein Hauch von Cassis, Nuancen von gelber Paprikaschote, feinwürziges Bukett. Saftig, elegant, weiße Tropenfrucht, lebendiger Säurebogen, mineralisch, zitroniger Nachhall.

92 Gelber Muskateller * Ried Oberglanz 2020
12,5 Vol.-%, DV, großes Holzfass, €€€
Helles Gelbgrün, Silberreflexe. Feine Tropenfrucht, ein Hauch von Holunderblüten, Limettenzesten, facettenreiches Bukett. Saftig, elegant, fruchtige Süße, feines Säurespiel, weißer Apfel im Abgang, zeigt Länge, gutes Reifepotenzial.

91 Gelber Muskateller * 2021
12 Vol.-%, DV, Stahltank, €€
Helles Gelbgrün, Silberreflexe. Rauchig-kräuterwürzig unterlegte weiße Apfelfrucht, Limettenzesten, mineralischer Touch. Mittlerer Körper, grüner Apfel und Pfirsich, frisch strukturiert, mineralisch-zitronig im Nachhall.

91 Grauburgunder * Leutschach 2021
14 Vol.-%, DV, großes Holzfass, €€€
Helles Messinggold, Silberreflexe. Feine Birnenfrucht, etwas Mango, zart tabakige Kräuterwürze, mit feinem Blütenhonig unterlegt. Saftig, stoffig, Nuancen von weißem Kernobst, etwas Honigmelone, dezente Säurestruktur, mineralischer Abgang, ein kräftiger Speisenwein, bereits gut entwickelt.

★★★★

WEINGUT ERWIN SABATHI

BIO

Seit 1650 gibt es in der Familie Sabathi eine Tradition für Weinbau. Der große Aufschwung begann 1992 mit dem Einstieg von Erwin Sabathi jr. in den elterlichen Betrieb. Heute liegt das Familienweingut in den Händen von Erwin und seiner Frau Patrizia. Das Weingut ist ein biologisch zertifizierter Betrieb. Patrizia und Erwin Sabathi setzen in ihrer Philosophie auf die Herkunft des Weines und auf das Wirken der Natur: Alle Trauben werden handverlesen – allein aufgrund der Gegebenheit der Rebflächen (extrem steile Rieden) ist nur eine traditionelle manuelle Lese möglich. Ein weiteres und viel wichtigeres Argument ist für das Winzerpaar jedoch die Qualität: Man setzt hier ganz bewusst auf die Lese per Hand.
Die wichtigsten Rebsorten bei Erwin Sabathi sind Sauvignon Blanc und Chardonnay, diese genießen international den höchsten Stellenwert. Seine Sauvignon Blancs und Chardonnays der Ried Pössnitzberg (Große STK Ried) stehen gemeinsam mit den ganz großen Weißweinen der Welt auf einer Stufe – und damit ganz oben. Dabei gelten der Sauvignon Blanc Ried Pössnitzberg Alte Reben und der Chardonnay Ried Pössnitzberg Alte Reben als absolute Rarität: Die hierfür penibel selektierten Trauben stammen von den ältesten Rebstöcken am Pössnitzberg. Als äußerst präzise Weltklasseweine gelten der Chardonnay Ried Pössnitzberger Kapelle und der Sauvignon Blanc Ried Pössnitzberger Kapelle.
Im Jahr 2016 wählte Falstaff Erwin Sabathi zum »Winzer des Jahres«. Einer der Gründe dafür war sein Händchen für die Rebsorte Chardonnay. Der Chardonnay Ried Pössnitzberg Alte Reben GSTK wird Jahr für Jahr mit hohen Punkten ausgezeichnet. Wer zu diesem Wein noch eine potenzielle Steigerung sucht, hält nach dem grandiosen Chardonnay Ried Pössnitzberger Kapelle, dem rarsten Wein in Sabathis Angebot, Ausschau. Die Suche lohnt sich: Noch »mehr« Chardonnay hat die Alpenrepublik aktuell kaum zu bieten.

92 ⊖ Chardonnay Brut 2019
12,5 Vol.-%, NK, großes Holzfass, €€€€€ Ⓑ
Helles Gelbgrün, Silberreflexe, anhaltendes zartes Mousseux. Zart nach Biskuit und Orangenmarmelade, weiße Blüten, ein Hauch von Pfirsich, mineralischer Touch. Straff, engmaschig, weißer Apfel, frische Säurestruktur, mineralisch und zitronig, elegant, Nuancen von Kernobst im Abgang, Limettentouch im Rückgeschmack.

98 Sauvignon Blanc * Ried Pössnitzberger Kapelle GSTK 2019
13 Vol.-%, NK, großes Holzfass, €€€€€€ Ⓑ
Helles Gelbgrün, Silberreflexe. Kandierte Mandarinenzesten, feine reife Tropenfrucht, ein Hauch von gelben Stachelbeeren, floraler Touch, weiße Blüten, ein Hauch von Minze und

© Regina Hügli

WEINGUT ERWIN SABATHI

8463 Leutschach an der Weinstraße
Pössnitz 48
T: +43 (3454) 265
weingut@sabathi.com
www.sabathi.com
Kellermeister: Erwin Sabathi
Kontakt: Familie Erwin Sabathi
Anbauweise: Zertifiziert Biologisch (Austria Bio Garantie)
Produktion: 98 % weiß, 1 % rot, 1 % süß, 51 Hektar
Zertifiziert: Nachhaltig Austria
Vereinszugehörigkeit: Steirische Terroir- und Klassikweingüter, GutFinden – Südsteiermark
Messen: ProWein Düsseldorf, VieVinum, MondoVino

Patrizia und Erwin Sabathi

Limetten. Komplex, engmaschig, saftig, feine Fruchtsüße, elegant, finessenreiche Struktur, salziger Nachhall, bleibt sehr lange haften, entwickelt einen enormen Zug, feine Tropenfrucht im Rückgeschmack, Potenzial für viele Jahre.

96 Sauvignon Blanc * Ried Pössnitzberg GSTK Alte Reben 2020
13 Vol.-%, NK, großes Holzfass, €€€€€€ B
Mittleres Grüngelb, Silberreflexe. Zart nach Orangen- und Mandarinenzesten, reife gelbe Tropenfrucht, Nuancen von Stachelbeeren, feine Kräuterwürze, etwas Blütenhonig, mineralischer Touch, facettenreiches Bukett. Kraftvoll, würzig, feine Extraktsüße, gelbe Tropenfrucht, mineralisch, gut integrierter Säurebogen, ganz zartes Karamell, dunkle Würze im Abgang, sehr lange, großes Zukunftspotenzial.

95 Sauvignon Blanc * Ried Pössnitzberg GSTK 2020
13 Vol.-%, NK, großes Holzfass, €€€€€ B
Mittleres Gelbgrün, Silberreflexe. Feine Kräuterwürze, tabakige Nuancen, weiße Tropenfrucht, Anklänge von Guaven und reifen Stachelbeeren, ein Hauch von Blütenhonig. Komplex, stoffig, zart nach Karamell, weiße Pfirsichfrucht, salzige Mineralik, dezenter Blütenhonig im Abgang, elegant und lange anhaftend, ein Hauch von hellem Nougat im Rückgeschmack.

(94) Sauvignon Blanc * Leutschach 2021
13 Vol.-%, DV, großes Holzfass, €€€€ B
Helles Gelbgrün, Silberreflexe. Feine gelbe Tropenfrucht, zart nach Ananas und Papaya, ein Hauch von Honigmelone, Grapefruit und Stachelbeeren im Hintergrund. Saftig, elegant, gute Komplexität, weiße Apfelfrucht, finessenreich und anhaftend, mineralischer Nachhall.

(94) Sauvignon Blanc * Ried Poharnig 1STK 2021
13 Vol.-%, DV, großes Holzfass, €€€€€ B
Helles Gelbgrün, Silberreflexe. Feine Orangenzesten, ein Hauch von gelber Tropenfrucht, weißer Pfirsich, noch etwas zurückhaltend. Am Gaumen salzig und kühl, saftige Fruchtnuancen, frisch und sehr lange anhaftend, mineralisch, Limetten im Nachhall, ein facettenreicher Speisenbegleiter, sicheres Reifepotenzial.

92 Sauvignon Blanc * 2021
12,5 Vol.-%, DV, Stahltank, €€€ B
Helles Gelbgrün, Silberreflexe. Feine Stachelbeeraromen, ein Hauch von Cassis, angenehme Blütennuancen, mit dunklen Aromen unterlegt. Saftig, elegant, frische Stilistik, weißer Pfirsich, engmaschig, finessenreicher Säurebogen, zitroniger Touch im Nachhall, sehr animierend, lebendig und mit einigem Potenzial ausgestattet.

98 Chardonnay * Ried Pössnitzberger Kapelle GSTK 2019
13 Vol.-%, NK, 500-l-Fass, €€€€€€ B
Helles Grüngelb, Silberreflexe. Feine Nuancen von Haselnussmehl, gelbe Tropenfrucht, Noten von Guaven und reifen Stachelbeeren, sehr ansprechende Holzwürze. Saftig, weißer Pfirsich, gut integrierte Säurestruktur, die dem Wein viel Leben und Rasse vermittelt, salzig im Abgang, wirkt sehr leichtfüßig, bleibt lange haften, Limetten im Rückgeschmack, sicheres Reifepotenzial, steht einem Grand Cru nicht nach.

* Südsteiermark DAC

97 Chardonnay * Ried Pössnitzberg GSTK Alte Reben 2020
13 Vol.-%, NK, 500-l-Fass, €€€€€€ B
Mittleres Grüngelb, Silberreflexe. Kräuterwürze, ein Hauch von dunklem Nougat, zart nach Feuerstein, ein Hauch von Grapefruit, weiße Tropenfrucht, Pfirsich, kandierte Orangenzesten. Stoffig, komplex, reife Honigmelone, finessenreicher Säurebogen, zitronig-salzig im Abgang, dezente Extraktsüße im Nachhall, sehr gute Länge, balanciert, sicheres Zukunftspotenzial.

95 Chardonnay * Ried Pössnitzberg GSTK 2020
13 Vol.-%, NK, 500-l-Fass, €€€€€ B
Mittleres Grüngelb, Silberreflexe. Zarte Röstaromen, ein Hauch von Biskuit, rauchig-kräuterwürzig, feines Nougat klingt an. Kraftvoll, saftig, elegant, feine Extraktsüße, gut integrierter Säurebogen, zarte gelbe Tropenfrucht, harmonisch und lange anhaftend, Nuancen von Mango im Nachhall, saliner Touch, sicheres Reifepotenzial.

94 Chardonnay * Ried Saffran 2020
13 Vol.-%, NK, 500-l-Fass, €€€€€ B
Mittleres Gelbgrün, Silberreflexe. Feine Holzwürze, Mandarinenzesten, ein Hauch von Karamell, mit einem floralen Touch unterlegt. Komplex, saftig, gelber Pfirsich, finessenreicher Säurebogen, salzig, ein Hauch von hellem Nougat, zeigt sehr gute Länge, harmonisch und anhaftend, toller Speisenbegleiter.

(93) Chardonnay * Leutschach 2021
13 Vol.-%, DV, großes Holzfass, €€€€ B
Helles Grüngelb, Silberreflexe. Zarte Kräuterwürze, Nuancen von gelbem Apfel, ein Hauch von Orangenzesten, zart mit Gewürznelken unterlegt. Mittlerer Körper, reifes Kernobst, zart nach Anis, mineralisch, gute Frische, ausgewogen, lebendiger Speisenbegleiter, salzig im Rückgeschmack.

(95) Gelber Muskateller * Ried Krepskogel 1STK 2021
12,5 Vol.-%, DV, großes Holzfass, €€€€ B
Helles Gelbgrün, Silberreflexe. Feine Muskatnuss, mit einem Hauch von Holunderblüten unterlegt, ein Hauch von Anis, weiße Pfirsichfrucht, sehr überzeugendes Bukett. Straff, gewürzig, weiße Tropenfrucht, sehr finessenreich, salzig und anhaftend, ungemein feinziseliert, tolle Länge, nahe an der Perfektion.

93 Gelber Muskateller * 2021
12 Vol.-%, DV, Stahltank, €€€ B
Helles Gelbgrün, Silberreflexe. Zart kräuterwürzig unterlegte Nuancen von Muskat und Pfirsich, ein Hauch von Ananas und Blütenhonig, einladendes Bukett. Straff, saftig, zart nach Orange, grüner Apfel, lebendig, Limetten im Nachhall, toller Sommerwein.

(93) Weißburgunder * Ried Jägerberg 1STK 2021
13 Vol.-%, DV, großes Holzfass, €€€€ B
Mittleres Grüngelb, Silberreflexe. Feine Walnuss, kräuterwürzig unterlegte weiße Birnenfrucht, zart nach frischen Orangenzesten. Saftig, elegant, feine Pfirsichfrucht, lebendige Säurestruktur, ein Hauch von Limetten, pikanter Stil, zitroniger Nachhall.

92 Weißburgunder * 2021
12 Vol.-%, DV, Stahltank, €€€ B
Helles Grüngelb, Silberreflexe. Etwas zurückhaltendes Bukett, ein Hauch von Apfel, zarte Birnenfrucht, dezente Wiesenkräuter, mit Orangenzesten unterlegt. Mittlerer Körper, straff, engmaschig, weiße Tropenfrucht, frisch strukturiert, Limettenzesten im Abgang, salziger Nachhall.

(93) Grauburgunder * Ried Jägerberg 1STK 2021
13 Vol.-%, DV, großes Holzfass, €€€€€ B
Helles Grüngelb, Silberreflexe. Zart rauchig, feine Kräuterwürze, dezent nussige Aromen, ein Hauch von frischer Birne. Mittlerer Körper, feine Nuancen von weißem Kernobst, dezente Extraktsüße, mineralisch, salzig, gute Straffheit, ein lebendiger Speisenbegleiter.

92 Welschriesling * 2021
11,5 Vol.-%, DV, Stahltank, €€ B
Helles Gelbgrün, Silberreflexe. Mit weißen Blüten unterlegte frische Apfelfrucht, ein Hauch von Orangenzesten, dezente Kräuterwürze, einladendes Bukett. Mittlerer Körper, feine weiße Kernobstnuancen, frisch strukturiert, zitronig-salzig im Abgang, ein lebendiger Sommerwein.

91 * Sabathini 2021 WR/SB
12 Vol.-%, DV, Stahltank, €€ B
Helles Gelbgrün, Silberreflexe. Feines Steinobst, ein Hauch von Pfirsich, zarte Kräuterwürze, Mandarinenzesten klingen an. Saftig, elegant, feinfruchtig, ein Hauch von Melone, lebendig strukturiert, zitronig, etwas Grapefruit im Nachhall.

90 Sabathini Rosé 2021 CS/ZW/ME
11 Vol.-%, DV, Stahltank, €€ B
Mittleres Gelbgold mit zartem Roséschimmer. Frische Birnenfrucht, etwas Honigmelone, floraler Touch, feinfruchtiges Bukett. Leichtfüßig, weißer Apfel, feiner Säurebogen, mineralisch, ein schwungvoller Sommerwein mit zugegebenermaßen sehr heller Farbe für einen Rosé.

★★★★

WEINGUT HANNES SABATHI

Hannes Sabathi brennt für den Boden, denn von ihm bekommt der Wein seinen unverwechselbaren Charakter. »Das fasziniert mich, und hier liegt für mich auch die Wahrheit im Wein«, so der Winzer. Oder in anderen Worten: »Geiler Boden, geiler Wein«, wie es Sabathi auch gerne auf den Punkt bringt. Seine Weine zeigen stets Klarheit und Tiefe, eine präzise Bodencharakteristik sowie die Individualität des Jahrgangs. Man merkt, dass hier ein Winzer am Werk ist, der nicht nur bravourös sein Handwerk versteht, sondern sich auch zurücknehmen kann. Mit viel Gespür für das von Jahr zu Jahr unterschiedliche Zusammenspiel von Boden, Rebsorte und Wetter lässt Sabathi seine Weine entstehen: »Ich sehe mich nicht als Weinmacher, denn ich mache keine Weine. Der Boden und der Jahrgang machen den Wein«, erklärt er seinen Zugang als Winzer.

Wer wie Hannes Sabathi nach dem Prinzip »Weniger ist mehr« agiert, braucht viel Erfahrung und Vertrauen in die Natur – und vor allem Geduld. Schon immer war es sein Traum, Weine von unterschiedlichen Böden zu vinifizieren, denn jede Lage hat eine sehr spezifische geologische und mineralische Geschichte, die es zu verstehen gilt. Diesen individuellen Charakter will Sabathi in den Weinen weiterleben lassen. Dazu greift er möglichst wenig ein und lässt der Natur ihren Lauf. Ob es nun Weine mit der salzigen Eleganz vom Kranachberg, der dichten Mineralik vom Jägerberg, der tiefen Substanz der Ried Loren oder der kühlen Würze des Kehlbergs sind: Allen gemeinsam ist ihnen Jahr für Jahr ihre deutliche Lagencharakteristik. Das kann nur ein Bodenversteher wie Hannes Sabathi.

96 Sauvignon Blanc * Ried Kranachberg GSTK Reserve 2019

14,5 Vol.-%, VL, 500-l-Fass, €€€€€€

Helles Goldgelb, Silberreflexe. Zarte Holzwürze, etwas Vanille und Karamell, weiße Tropenfrucht, zart nach Guaven, weißer Pfirsich, ein Hauch von reifen Stachelbeeren. Kraftvoll, komplex, ein Hauch von Nougat, mineralisch-salzig unterlegte Textur, gelbe Tropenfrucht im Abgang, zeigt große Konzentration, dafür auch eine erstaunliche Frische und Trinkfreudigkeit, ein Wein mit Länge und Potenzial.

(95) Sauvignon Blanc * Ried Kranachberg GSTK 2020

13,5 Vol.-%, VL, großes Holzfass, €€€€€

Helles Grüngelb, Silberreflexe. Zart rauchig, feine Kräuterwür-

WEINGUT HANNES SABATHI
8462 Gamlitz, Kranachberg 51
T: +43 (3453) 2900
office@hannessabathi.at
www.hannessabathi.at
Kellermeister/Kontakt:
Hannes Sabathi
Produktion: 2 % Schaumwein, 96 % weiß, 1 % rosé, 1 % süß, 65 Hektar
Zertifiziert: Nachhaltig Austria
Vereinszugehörigkeit:
Steirische Terroir- und Klassikweingüter, Marktgemeinschaft Steirischer Wein, GutFinden – Südsteiermark
Messen: Austrian Tasting London, ÖGW Zürich, ProWein Düsseldorf, VieVinum, DAC-Präsentationen, Hong Kong International Wine & Spirits Fair

Rieden bei Gamlitz

* Südsteiermark DAC

ze, dunkle Fruchtnuancen, weißer Pfirsich, ein Hauch von Estragon. Straff, engmaschig, mineralisch-salzig, frischer Säurebogen, zitronig und gut anhaftend, Stachelbeeren und Limetten im Abgang, zeigt Länge und Entwicklungspotenzial.

(94) Sauvignon Blanc * Ried Loren 2020
13 Vol.-%, VL, großes Holzfass, €€€€€
Helles Gelbgrün, Silberreflexe. Zarte Kräuterwürze, ein Hauch von Paprikaschoten, Cassis, ein Hauch von Grapefruit, mineralisch, roter Pfeffer. Straff, engmaschig, feine weiße Frucht, lebendige Struktur, zeigt Tiefgang und Länge, feiner Gerbstoff und Zug im Finish, sicheres Reifepotenzial.

93 Sauvignon Blanc * Leutschach 2019
12,5 Vol.-%, VL, großes Holzfass, €€€
Helles Goldgelb, Silberreflexe. Dunkle Mineralik, ein Hauch von Cassis, feiner Grapefruittouch, weiße Blüten. Komplex, facettenreicher Aromen-Mix, zart nussig, ein Hauch von Nashi-Birne, zarte Kräuterwürze, wirkt leichtfüßig, bleibt gut haften, ein ruhiger Speisenbegleiter.

(93) Sauvignon Blanc Weststeiermark DAC Graz Falter Ego 2021
13 Vol.-%, VL, Stahltank, €€€€
Helles Grüngelb, Silberreflexe. Zart nach Johannisbeeren, frische Wiesenkräuter, ein Hauch von weißem Apfel. Komplex, saftig, frisches Kernobst, kühlerer Gesamteindruck, finessenreich strukturiert, gut konturiert, mineralisch im Abgang, wird von Flaschenreife profitieren.

(93) Sauvignon Blanc * Gamlitz 2021
13,5 Vol.-%, VL, großes Holzfass, €€€€
Helles Grüngelb, Silberreflexe. Zart nach Grapefruitzesten, ein Hauch von Guaven, angenehme Kräuterwürze, mit gelbem Pfirsich unterlegt. Saftig, fast opulent, finessenreich strukturiert, reife Frucht im Abgang, Mango im Nachhall, ein lebendiger Speisenbegleiter, dunkle Würze im Rückgeschmack.

93 Sauvignon Blanc Weststeiermark DAC Ried Kehlberg Falter Ego 2020
13,5 Vol.-%, VL, großes Holzfass, €€€€€
Helles Goldgelb, Silberreflexe. Rauchig-frische Kräuterwürze, zart nach Cassis, rosa Grapefruit, etwas Minze. Stoffig, elegant, kühler Stil, salzig und mineralisch, runde Säurestruktur, komplexer, individueller Stil, gute Länge, saftiger Speisenbegleiter.

92 Sauvignon Blanc * 2021
13 Vol.-%, DV, Stahltank, €€€
Helles Gelbgrün, Silberreflexe. Frischer grüner Apfel, zart nach Stachelbeeren, ein Hauch von gelben Paprikaschoten, feinwürziges Bukett. Saftig, weißes Kernobst, kräuterwürzig, zitronig, mineralisch, sehr stoffig, ganz klar vom Kranachberg geprägt.

92 Sauvignon Blanc * Ried Dirnbeck 2020
13 Vol.-%, DV, Stahltank, €€€€
Helles Goldgelb, Silberreflexe. Feine gelbe Tropenfrucht, ein Hauch von Mango, reife Stachelbeeren, ein Hauch von Litschis, mit Limettenzesten unterlegt. Saftig, straff, kühler Stil, feine Weiße Johannisbeeren, frisch strukturiert, zitroniger Touch, mineralischer-salziger Nachhall.

(93) Grauburgunder * Ried Jägerberg 1STK 2020
13,5 Vol.-%, VL, großes Holzfass, €€€€
Leuchtendes Goldgelb, Silberreflexe. Feine Kräuterwürze, zart nach Orangenzesten, gelbes Kernobst, mineralischer Touch. Elegant, saftig, weiße Birnenfrucht, feiner Säurebogen, wirkt leichtfüßig, finessenreich strukturiert, ein Hauch von Limetten im Abgang, salzig, vielseitig einsetzbarer Speisenbegleiter.

93 Grauburgunder Weststeiermark DAC Ried Kehlberg Falter Ego 2020
13,5 Vol.-%, VL, Holzfass, €€€€€
Helles Goldgelb, Silberreflexe. Zart reduktive Würze, Nuancen von Kräutern, gelbe Birnenfrucht, etwas Mango, mit einem nussigen Touch unterlegt. Saftig, weißes Kernobst, straffe Säure, eher knackiger Stil, zitronige Nuancen, seidig und gut anhaftend, ein facettenreicher Speisenbegleiter.

(92) Grauburgunder * Gamlitz 2021
13,5 Vol.-%, VL, großes Holzfass, €€€
Helles Goldgelb, Silberreflexe. Ein Hauch von gelbem Kernobst, etwas Nougat, zart nach Wiesenkräutern, kandierte Orangenzesten. Saftig, cremig, elegante Textur, feine Fruchtsüße, mit einem feinen Säurebogen unterlegt, mineralisch und anhaftend, seidiger Stil, vielseitig einsetzbar.

93 Welschriesling * Ried Kranachberg 2020
13,5 Vol.-%, VL, großes Holzfass, €€€€
Helles Goldgelb, Silberreflexe. Frische Wiesenkräuter, ein Hauch von Zitronenmelisse, etwas Grapefruitzesten, sehr feines, vielschichtiges Bukett. Saftig, elegant, zart minzig, reife Apfelfrucht, mineralisch, gut integrierte Säurestruktur, individuelle, hochspannende Sortendarstellung.

90 Welschriesling * 2021
11,5 Vol.-%, DV, Stahltank, €€
Helles Gelbgrün, Silberreflexe. Feine Kräuterwürze, frischer Apfel, zart nach Honigmelone, ein Hauch von Orangenzesten. Straff, lebendig, weiße Frucht, frisch und knackig, Limetten im Abgang, ein sommerlicher Speisenbegleiter.

(93) Chardonnay * Ried Jägerberg 1STK 2020
13,5 Vol.-%, VL, großes Holzfass, €€€€
Helles Goldgelb, Silberreflexe. Zart nach Pfirsich und Mango, ein Hauch von Blütenhonig und kandierten Zitruszesten. Elegant, zeigt guten Druck, weißer Apfel, feiner Säurebogen, zi-

tronig-salziger Nachhall, sehr ausgewogen und bereits gut antrinkbar, mit sicherem Reifepotenzial ausgestattet.

92 Chardonnay * Gamlitz 2019
13 Vol.-%, VL, großes Holzfass, €€€
Helles Goldgelb, Silberreflexe. Zart nach Ananas und Mango, ein Hauch von Blütenhonig, Nuancen von Orangenzesten. Saftig, elegant, zarte Fruchtsüße, feiner Säurebogen, mineralisch und straff im Abgang, bereits gut entwickelt, ein facettenreicher Speisenbegleiter.

92 Weißburgunder * Gamlitz 2020
13 Vol.-%, VL, großes Holzfass, €€€
Mittleres Grüngelb, Silberreflexe. Zart nussig unterlegte feine Birnenfrucht, ein Hauch von hellem Nougat, kandierte Orangenzesten, mit einem feinen Karamelltouch unterlegt. Mittlerer Körper, weißer Apfel, finessenreiche Struktur, zarte Extraktsüße, salziger Nachhall, zitroniger Touch im Abgang.

91 Weißburgunder * 2021
12,5 Vol.-%, DV, Stahltank, €€
Helles Gelbgrün, Silberreflexe. Mit einem Hauch von Limetten unterlegte frische Birnen, mineralischer Touch. Zarte Kräuterwürze, weißes Kernobst, frisch strukturiert, ausgewogen, feine Mineralik, apfeliger Touch im Nachhall.

(91) Gelber Muskateller Weststeiermark DAC Graz Falter Ego 2021
13 Vol.-%, VL, Stahltank, €€€
Helles Gelbgrün, Silberreflexe. Kräuterwürze, ein Hauch von Marille, Holunderblüten, einladendes Bukett. Straff, engmaschig, weiße Frucht, Limetten im Abgang, pikanter, animierender Stil, salziger Nachhall.

90 Gelber Muskateller * 2021
12 Vol.-%, DV, Stahltank, €€€
Helles Grün, Silberreflexe. Feine Blütenaromen nach Holunder, dazu Limetten, ein Hauch von frischem Apfel, feine Nuancen von Muskatnuss. Leichtfüßig, knackig, angenehme traubige Frucht, frisch und lebendig, feiner Sommerwein.

★★★★★

FAMILIENWEINGUT SATTLERHOF

BIO

Umgeben von steilen Hängen sitzt das Familienweingut seit 1887 auf einem kargen Hügel bei Gamlitz. Seit dem Jahr 2020 zählt der 35 Hektar bewirtschaftende Hof laut dem US-Weinmagazin »Wine & Spirits« zu den 100 besten Weingütern der Welt. Diese Auszeichnung ist nicht nur auf die biodynamische Arbeitsweise in blühenden Weingärten zurückzuführen, die von Andreas und Alexander Sattler eingeführt wurde, sondern auch auf die langjährigen Erfahrungen ihrer Eltern Maria und Willi Sattler. Perfekte physiologische Reife der Trauben, selektive Handlese und ein puristischer Ausbau mit texturgebendem Maischekontakt sind einige der handwerklichen Schritte, mit denen die Familie die Qualität der Weine seit Jahrzehnten hoch hält. Ziel der präzisen Arbeitsweise ist es, dem Charakter der ausgezeichneten Rieden Kranachberg, Pfarrweingarten, Sernauberg und Kapellenweingarten Raum zu geben, um sich zu entfalten. Mit bis zu 55-jährigen Rebstöcken auf extrem steilen Hängen sind die Weingärten von Quarz, Kalk und Kiesel geprägt. Es liegt wohl auch am Zusammenspiel der schonenden Wirtschaftsweise der jungen Generation und der Erfahrung der Eltern, dass die Top-Weine vom Sattlerhof jedes Jahr noch eigenständiger, langlebiger und authentischer werden.

(97) Sauvignon Blanc * Ried Kranachberg GSTK 2020
13,5 Vol.-%, VL, Stahltank, €€€€€€ B V
Helles Gelbgrün, Silberreflexe. Frische Johannisbeeren, feine Kräuterwürze, rauchige Nuancen, weiße Tropenfrucht, ein Hauch von Grapefruit, Walnuss und etwas Blütenhonig. Saftig, elegant, sehr gute Komplexität, Nuancen von weißem Steinobst, finessenreicher Säurebogen, salzig und frisch im Nachhall, zeigt bereits sehr gute Länge, wird von Flaschenreife nur profitieren, alles bestens angelegt.

95 Sauvignon Blanc * Ried Pfarrweingarten GSTK 2020
13 Vol.-%, VL, Stahltank, €€€€€€ B
Helles Gelbgrün, Silberreflexe. Zarte gelbe Paprikaschoten, florale Nuancen, dezente Tropenfrucht, mit einem Hauch von Cassis unterlegt. Elegant, mineralische Textur, weißer Pfirsich, saftiger Kern, feine Süße im Abgang, Limetten im Nachhall, kühler, vergleichsweise schlanker, trinkfreudiger Stil, bereits gut zugänglich.

* Südsteiermark DAC

Alexander, Willi, Maria und Andreas Sattler

FAMILIENWEINGUT SATTLERHOF

8462 Gamlitz, Sernau 2
T: +43 (3453) 2556
weingut@sattlerhof.at
www.sattlerhof.at

Kellermeister: Willi, Alex und Andreas Sattler
Kontakt: Alex und Andreas Sattler
Anbauweise: Biodynamisch (respekt)
Produktion: 95 % weiß, 3 % rot, 2 % süß, 35 Hektar
Zertifiziert: Nachhaltig Austria
Vereinszugehörigkeit: Steirische Terroir- und Klassikweingüter, respekt-BIODYN
Messen: ProWein Düsseldorf, Tag des Steirischen Weines im Museumsquartier, VieVinum, DAC-Präsentationen

(94) Sauvignon Blanc * Gamlitz 2021
12,5 Vol.-%, VL, Stahltank, €€€€ B V
Helles Gelbgrün, Silberreflexe. Feine Kräuterwürze, zart nach Orangenzesten, etwas Grapefruit, mit weißem Pfirsich unterlegt, einladende helle Mineralik. Komplex, straff, Nuancen von saftigem Kernobst, engmaschig, salziger Nachhall, bleibt sehr gut haften, ein finessenreicher Speisenbegleiter.

94 Sauvignon Blanc * Ried Marein 2020
12,5 Vol.-%, VL, Stahltank, €€€€€
Helles Gelbgrün, Silberreflexe. Zart tabakig-kräuterwürzig unterlegte gelbe Kernobstfrucht, reife Stachelbeernuancen, etwas Guaven, etwas Nashi-Birne. Saftig, elegant, salzige Textur, feine Säurestruktur, sehr straffer und gut anhaftender Stil, feine Süße im Nachhall, gutes Reifepotenzial.

92 Sauvignon Blanc * 2021
12,5 Vol.-%, DV, Stahltank, €€€ B
Helles Gelbgrün, Silberreflexe. Zart nach Limettenzesten, weißer Pfirsich, ein Hauch von Stachelbeeren, mineralischer Touch, weiße Blüten. Mittlerer Körper, saftig, weißer Apfel, finessenreiche Säure, mineralisch, engmaschig, lebendiger, animierender Stil.

99 Sauvignon Blanc Ried Trinkaus GSTK 2019
14 Vol.-%, VL, Stahltank, €€€€€€ B
Helles Grüngelb, Silberreflexe. Feine Nuancen von Grapefruitzesten und Weißen Johannisbeeren, ein Hauch von Pfirsich, feine Kräuterwürze. Komplex, sehr steinig und engmaschig, Nuancen von weißer Frucht, kerniger Stil, kraftvoll und straff, feine Frucht, die sich noch sehr im Hintergrund hält, verfügt über eine enorme Länge, sicheres Reifepotenzial, wird wohl erst 2023 zur Verfügung stehen und das nur sehr limitiert.

(94) Sauvignon Blanc Ried Kapellenweingarten 2020
13,5 Vol.-% B
Helles Grüngelb, Silberreflexe. Frische Kräuterwürze, ein Hauch von Cassis und weißem Apfel, steinige Nuancen, mit einem Hauch von Limettenzesten unterlegt. Saftig, elegant, weißes Kernobst, frische Säurestruktur, guter Druck und viel Dichte, mineralisch und mit guter Länge ausgestattet, feine salzige Nuancen, ein komplexer Speisenbegleiter.

95 Morillon * Ried Pfarrweingarten GSTK 2020
13,5 Vol.-%, VL, Barrique, €€€€€€
Helles Grüngelb, Silberreflexe. Zart nach Grapefruitzesten, weißes Kernobst, ein Hauch von Apfel, ein klein wenig Reduktion, ein Hauch von Karamell und Vanille. Saftig, weißes Kernobst, finessenreiche Säurestruktur, Limettentouch im Abgang, pikanter, gut anhaftender Stil, saliner Nachhall, ein facettenreicher Speisenbegleiter.

94 Morillon * Ried Kapellenweingarten 2020
12,5 Vol.-%, VL, großes Holzfass, €€€€€ B
Helles Gelbgrün, Silberreflexe. Feine Nuancen von Golden-Delicious-Apfel, ein Hauch von frischen Orangenzesten, feine Mineralik, ein Hauch von Birne. Engmaschig, straffe Textur, ein Hauch von Süße im Kern, die typischen steinigen Nuancen der Lage kommen schön zum Ausdruck, saliner Touch, zeigt Länge und Potenzial.

95 Weißburgunder * Ried Pfarrweingarten GSTK 2020
13,5 Vol.-%, VL, Barrique, €€€€€€
Helles Gelbgrün, Silberreflexe. Zarte Holznuancen, ein

Hauch von Gute-Luise-Birne, feiner Vanilletouch, Limettenzesten im Hintergrund. Stoffig, weißer Apfel, ein Hauch von Birne auch am Gaumen, zarte Fruchtsüße, sehr lebendig, mineralisch-salzig im Abgang, nussig-zitronige Nuancen im Nachhall, feiner Blütenhonig im Rückgeschmack.

(92) Gelber Muskateller * Eichberg 2021
12 Vol.-%, VL, Stahltank, €€€€ Ⓑ Ⓥ
Sehr helles Gelbgrün, Silberreflexe. Zart nach Wiesenkräutern, dazu etwas Muskatnuss, ein Hauch von Birne und Limettenzesten. Mittlerer Körper, Nuancen von weißem Kernobst, finessenreiche Säurestruktur, zitronig-salzig im Abgang, ein leichtfüßiger Speisenbegleiter.

93 Welschriesling Alte Rebstöcke 2020
13 Vol.-%, VL
Helles Gelbgrün, Silberreflexe. Frische Wiesenkräuter, zart nach Rosmarin, Nuancen von frischem Apfel, tabakige Noten, sehr facettenreiches Bukett. Straff, feine Kernobstnuancen, feine Säurestruktur, salzig, zitronige Noten, bleibt gut haften, attraktiver, individueller Charakterkopf.

93 Pinot Noir Freude am Leben 2019
12,5 Vol.-%, VL, kleines Holzfass, €€€€€ Ⓑ Ⓥ
Helles Karmingranat, violette Reflexe, breite Wasserrandaufhellung. Zart tabakig-kräuterwürzig unterlegte rote Kirschfrucht, florale Nuancen, zart nach Bergamotte, facettenreiches Bukett. Straff, mineralisch, feine rote Waldbeerenfrucht, finessenreicher Säurebogen, Ribiseln, salziger Nachhall, ein vielseitiger Speisenbegleiter.

93 Sauvignon Blanc Beerenauslese 2020
10,5 Vol.-%, VL, Stahltank, €€€€€ Ⓑ Ⓥ
Mittleres Goldgelb, Silberreflexe. Zart nach Honig und eingelegten gelben Paprikaschoten, ein Hauch von Quittengelee, eingelegte Mandarinenspalten. Mittlere Komplexität, saftig, feine Säurestruktur, blitzsauberer fruchtexotischer Stil, seidig, ein balancierter Süßwein, bereits gut zugänglich und entwickelt.

★★★

WEINGUT SCHAUER

Schieferböden, Steillagen und Handarbeit: In Kitzeck, einem Ort auf 564 Metern Seehöhe im südsteirischen Sausal, liegt das Weingut Schauer, ein traditionsreicher Familienbetrieb – seine Wurzeln reichen bis ins Jahr 1757 zurück – mit herausragenden Rieden, nachhaltiger Philosophie und Weinen voller Eleganz und Finesse. Die Zügel in der Hand haben heute die Brüder Stefan und Bernhard Schauer. Beide sind Weinbauern aus Leidenschaft und führen den Betrieb Seite an Seite.

Im Besitz des Weinguts befinden sich traditionsreiche und besonders begünstigte Rebflächen, die aufgrund ihrer beeindruckenden Hangneigung nur sehr arbeitsintensiv zu bewirtschaften sind. Handarbeit ist das Um und Auf, garantiert aber eine penible Selektion und allerbeste Qualität der geernteten Trauben.

Das Sausal unterscheidet sich vor allem geologisch vom großen Rest der Südsteiermark. Hier gibt der Schiefer den Ton an. Die Steillagen mit teils schwindelerregendem Gefälle sind vor 300 Millionen Jahren im Paläozoikum entstanden, ihre Böden bestehen aus phyllitischem Schiefer. Die das Sausal umgebende Südsteiermark lag zu jener Zeit unter einem Urmeer, aus dem das Sausal wie eine Insel herausragte. Deshalb gibt es hier keine kalkhaltigen Meeresablagerungen, sondern Tonschiefer, Serizitquarzite, Grünschiefer, roten und blauschwarzen Schiefer sowie Ein-

WEINGUT SCHAUER
8442 Kitzeck
Greith 21
T: +43 (3456) 3521
office@weingut-schauer.at
www.weingut-schauer.at

Kellermeister: Stefan Schauer
Kontakt: Bernhard Schauer
Produktion: 98 % weiß, 2 % rot
Zertifiziert: Nachhaltig Austria
Vereinszugehörigkeit: GutFinden – Südsteiermark, Wein Steiermark, WBV Sausal, Wine Growing Characters
Messen: ProWein Düsseldorf, VieVinum

* Südsteiermark DAC

sprengsel von Kalifeldspat. Nur vereinzelt finden sich Kalkablagerungen in tieferen Lagen. Den Schiefer schmeckt man in den Weinen der Schauers: Es sind die rauchigen, mineralischen und würzigen Noten, die auf diese Art von Böden hinweisen.

(94) Sauvignon Blanc * Kitzeck-Sausal Ried Steinriegl 2021
13 Vol.-%, VL, 500-l-Fass, €€€€€
Helles Grüngelb, Silberreflexe. Feine frische Pfirsichfrucht, ein Hauch von gelben Stachelbeeren und Guaven, zarte Schieferwürze, attraktives Bukett. Saftig, komplex, sehr präzise Säurestruktur, delikate weiße Pfirsichfrucht, zitronig im Nachhall, bereits gut antrinkbar, vielversprechendes Potenzial.

(94) Sauvignon Blanc * Kitzeck-Sausal Ried Gaisriegl 2020
13 Vol.-%, VL, 500-l-Fass, €€€€€
Mittleres Grüngelb, Silberreflexe. Zart kräuterwürzig unterlegte gelbe Tropenfrucht, zart nach Cassis, dunkle Schiefernuancen, einladendes Bukett. Komplex, straff, weißer Apfel, mineralische Textur, feiner Säurebogen, salzig im Abgang, kühle Stilistik, in sich ruhend, zeigt gute Länge, ein feiner Begleiter bei Tisch.

(93) Sauvignon Blanc * Ried Sulz 2021
13,5 Vol.-%, VL, 500-l-Fass, €€€€€
Mittleres Grüngelb, Silberreflexe. Reduktiv-rauchige gelbe Tropenfrucht, Nuancen von Schieferwürze, Zitronenzesten, facettenreiches Bukett. Komplex, straff, wieder zitronig, finessenreiche Säurestruktur, weißer Apfel, Limettentouch im Abgang, wirkt relativ leichtfüßig, animierender Speisenbegleiter.

(92) Sauvignon Blanc * Kitzeck-Sausal Ried Theresienhöhe 2021
12,5 Vol.-%, VL, großes Holzfass, €€€€
Helles Gelbgrün, Silberreflexe. Rauchig-reduktive Nuancen, Wiesenkräuter, Cassis, dunkler Schieferteint, mit gelber Tropenfrucht unterlegt. Saftig, weißer Pfirsich, frische Säurestruktur, zitronig-salzige Nuancen, leichtfüßig und trinkanimierend, vielseitig einsetzbar.

92 Grauburgunder * Kitzeck-Sausal 2021
13 Vol.-%, VL, großes Holzfass, €€€€
Helles Messing mit Kupferreflexen. Zarte Birnenfrucht, ein Hauch von hellem Karamell, gelber Pfirsich, einladendes Bukett. Saftig, seidig-cremige Textur, zart tabakige Würze, weißes Kernobst im Abgang, mineralisch, bleibt haften, ein gut entwickelter Speisenwein.

92 Riesling * Kitzeck-Sausal Ried Gaisriegl 2020
12,5 Vol.-%, VL, großes Holzfass, €€€€€
Helles Goldgelb, Silberreflexe. Feine Nuancen von gelbem Steinobst, ein Hauch von Marille und Mango, floraler Touch, ein Hauch von Limettenzesten. Komplex, stoffig, straffe Textur, weißer Pfirsich, feiner Säurebogen, mineralisch-salzig, bereits gut entwickelt.

★

WEINGUT JOHANN SCHNEEBERGER

Die Steiermark ist für Familie Schneeberger der ideale Ort, um einzigartige Wein entstehen zu lassen. Seit 1870 bauen die Schneebergers in der Südsteiermark Wein an. Das Wissen über Böden, Trauben, Wind und Wetter wurde von Generation zu Generation weitergegeben. Jeder in der Familie hat seine Funktion. Die gemeinsame Arbeit ist durch Respekt und Vertrauen geprägt. Die Familie hat durch viel Fleiß in den vergangenen Jahrzehnten neue Dimensionen im steirischen Weinbau erreicht.
In den vergangenen zehn bis zwanzig Jahren wurde der internationale Stellenwert gefestigt und die Qualität weiter gesteigert. Ein besonderes Kennzeichen eines erfolgreichen Weinguts ist die Zusammenarbeit von mehreren Generationen. Das garantiert die Weitergabe von Erfahrung ebenso wie die stetige Suche nach Verbesserungsmöglichkeiten.
Familie Schneeberger hat für sich den richtigen Weg gefunden: Entspanntes und doch konzentriertes Arbeiten, Wertschätzung für die Natur und die Liebe zum Genuss. Denn nur wer die Stärken der Südsteiermark zu schätzen weiß, ist auch ein guter Weinbauer und beliebter Gastgeber. Im Sausal, dem ältesten urkundlich erwähnten Weinbaugebiet der Steiermark, wird von den Schneebergers unter anderem ein wunderbarer Sauvignon, eine Lagen-Cuvée aus den Weingärten in Kitzeck-Sausal, ausgebaut. Die Böden sind meist karg

und steil, der Wein braucht mehr Zeit als anderswo. Die Rieden Hochbrudersegg und Flamberg sind durch sehr unterschiedliche Bodenbeschaffenheiten, Höhenlagen und Wetterverhältnisse charakterisiert – von dominierendem Schieferboden bis zu Sand und Muschelkalk reicht die Palette. Ein starker Faktor im Sausal sind die Temperaturunterschiede im Spätsommer und Herbst, die sich günstig auf die Aromenbildung auswirken.
Alle Weine tragen die Handschrift von Johann Schneeberger junior. Mit viel Liebe, Einsatz und Leidenschaft vinifiziert er typische, klare steirische Weine. »Mir geht es darum, in meinen Weinen die Herkunft zu schmecken: den Boden, das Klima und auch meine eigenen Wurzeln!«
Für Genießer und Weinkenner hat die Schneeberger-Buschenschank in Heimschuh fast das gesamte Jahr über geöffnet. Der eine greift zur hausgebeizten Lachsforelle mit Oberskren, der andere ist vernarrt in den Wacholderrohschinken, und am Nebentisch bestellt jemand feinste Mehlspeisen: Nach einem Besuch bei den Schneebergers fährt bestimmt niemand hungrig heim.

93 Sauvignon Blanc * Ried Hochbrudersegg 2020
13 Vol.-%, DV, großes Holzfass, €€€€
Mittleres Grüngelb, Silberreflexe. Zart kräuterwürzig unterlegte Nuancen von Tropenfrucht und gelben Paprikaschoten, ein Hauch von Röstkaramell, einladendes Bukett. Stoffig, elegant, feine Fruchtsüße, weißer Pfirsich, frischer Säurebogen, salziger Nachhall, ausgewogen und vielseitig einsetzbar, mineralischer Nachhall, gutes Reifepotenzial.

92 Sauvignon Blanc * Ried Kittenberg 2020
13,5 Vol.-%, DV, Barrique, €€€
Helles Grüngelb, Silberreflexe. Rauchig, zart reduktive Schieferwürze, Nuancen von Cassis und Wiesenkräutern, Grapefruitzesten klingen an. Saftig, elegant, Nuancen von weißer Frucht, frischer Säurebogen, reife Stachelbeeren im Abgang, bleibt haften, verfügt über Reifepotenzial.

(91) Sauvignon Blanc * Kitzeck-Sausal 2021
13 Vol.-%, DV, Stahltank, €€
Helles Grüngelb, Silberreflexe. Nuancen von rosa Grapefruitzesten, weißer Pfirsich, rauchige Kräuterwürze, zart nach Schiefer. Saftig, elegant, gelber Pfirsich, reife Stachelbeeren. Elegant und saftig, weiße Tropenfrucht, lebendiger Säurebogen, zitronige Nuancen im Abgang, salziger Nachhall.

WEINGUT JOHANN SCHNEEBERGER
8451 Heimschuh, Pernitschstraße 31
T: +43 (3452) 83934
office@weingut-schneeberger.at
www.weingut-schneeberger.at
Kellermeister: Johann Schneeberger jun.
Kontakt: Sarina Schneeberger
Produktion: 5 % Schaumwein, 75 % weiß, 10 % rosé, 10 % rot, 120 Hektar
Zertifiziert: Nachhaltig Austria
Messen: Alles für den Gast Salzburg, ProWein Düsseldorf, Tag des Steirischen Weines im Museumsquartier, Vinobile Montfort, DAC-Präsentationen

90 Sauvignon Blanc * 2021
13 Vol.-%, DV, Stahltank, €€
Helles Gelbgrün, Silberreflexe. Zart nach Limetten und Stachelbeeren, ein Hauch von weißem Apfel, mineralischer Touch. Saftig, elegant, feine Fruchtsüße, ein Hauch von Mango, lebendiger Säurebogen, zarter Blütenhonig, zitroniger Nachhall.

91 Muskateller * Kitzeck-Sausal 2020
12,5 Vol.-%, DV, Stahltank, €€
Mittleres Gelbgrün, silberfarbene Reflexe. Zarte Wiesenkräuter, ein Hauch von Stachelbeeren, Hibiskus und Grapefruitzesten, mineralischer Touch. Saftig, ausgewogen, feine Fruchtsüße, weißer Pfirsich, ein Hauch von Limetten im Abgang, straffe Mineralik, vielseitig einsetzbar.

91 Weißburgunder * Ried Kreuzegg 2020
13,5 Vol.-%, DV, großes Holzfass, €€€
Mittleres Grüngelb, Silberreflexe. Zart nach Blütenhonig, gelbe Tropenfrucht, ein Hauch von Birne und Wiesenkräutern. Mittlere Komplexität, weißes Kernobst, dezente Säurestruktur, seidig-mineralisch im Abgang, vielseitig einsetzbarer Speisenwein.

* Südsteiermark DAC

★★

LANDESWEINGUT SILBERBERG

Seit 120 Jahren am Puls der Zeit, innovativ und mit Begeisterung für den steirischen Winzernachwuchs aktiv: Dafür ist die Weinbaukaderschmiede Silberberg bekannt. Hier verbindet man Ausbildung im Bildungszentrum für Obst- und Weinbau mit solidem Handwerk im angeschlossenen Landesweingut. Seit 2014 trägt mit Klaus Fischer ein junger, dynamischer und weltoffener junger Kellermeister die Verantwortung für die Weine. Die Rebfläche, verteilt auf mehrere Standorte in der Südsteiermark, managt seit 2019 Weinbaumeister Gernot Lorenz. Seit dem Jahr 2020 hat der ehemalige Oenologe Ing. Reinhold Holler die Position des Direktors übernommen und Karl Menhart sorgt als sein Nachfolger für frischen Wind. Gemeinsam arbeitet man unermüdlich an neuen Impulsen und lässt keine kreative Idee unversucht.

In den Weingärten hat man sich von den Herbiziden verabschiedet, der Standort Schlossberg/Leutschach ist zur Gänze organisch-biologisch zertifiziert, und mehr als drei Viertel der Flächen werden durch Hagelnetze geschützt. Im Weinkeller wurde die Traubenverarbeitung mit moderner Technik ausgestattet, zunehmend setzt man auf Spontanvergärung. Bereits vor der Einführung des Gütesiegels Südsteiermark DAC waren die Silberberger Weine in ihrer Herkunftsbezeichnung klar strukturiert. Eine perfekte Serie an Gebietsweinen wird um Ortsweine aus Leutschach und Kitzeck erweitert. Von den Schieferböden des Sausals stammen die Weine der Rieden Trebien, Steinbruch und Annaberg. Mit Liebe pflegt man das Kleinod Riesling in Kitzeck. Im Gegensatz dazu stehen die Weine von den Opokböden in der Gemeinde Leutschach an der Weinstraße: Sämtliche Weingärten sind dort biozertifiziert. Im Keller werden diese Weine bewusst spontan vergoren und möglichst in Holzfässern ausgebaut. Dadurch unterscheiden sich diese Weine noch deutlicher von den Sausaler Weinen.

94 Sauvignon Blanc * Ried Trebien B.O.S. Best of Silberberg 2020
14 Vol.-%, NK, 500-l-Fass, €€€€€ V
Leuchtendes Goldgelb, Silberreflexe. Feine Kräuterwürze, helles Karamell, angenehme Aromen von gelber Tropen-

Karl Menhart, Reinhold Holler, Klaus Fischer

LANDESWEINGUT SILBERBERG
8430 Leibnitz, Silberberg 1
T: +43 (3452) 82339 45
weinkeller.lfssilberberg@stmk.gv.at
www.silberberg.at
Kellermeister: Klaus Fischer
Kontakt: Klaus Fischer und Menhart Karl
Produktion: 1 % Schaumwein, 92 % weiß, 6 % rot, 1 % süß, 35 Hektar
Zertifiziert: Nachhaltig Austria
Vereinszugehörigkeit: Wein Steiermark, Austria Bio Garantie, Sausal- Terroirweine Südsteiermark, Steirischer Junker
Messen: VieVinum, DAC-Präsentationen

© APRESVINO.AT

frucht, dezente Holznuancen. Komplex, saftig, feine Mango-Apfel-Frucht, mineralisch, dezenter Säurebogen, salziges Finish, Limetten im Nachhall, bereits gut herangereift, ein kraftvoller, eleganter Speisenbegleiter.

93 Sauvignon Blanc * Ried Steinbruch 2020
13,5 Vol.-%, VL, großes Holzfass, €€€€ V
Helles Grüngelb, Silberreflexe. Feine Schieferwürze, weißes Steinobst, ein Hauch von Stachelbeeren, zart nach Grapefruitzesten, mit Limetten unterlegt. Mittlerer Körper, weiße Apfelfrucht, frisch und elegant, finessenreich strukturiert, salzig-zitronig im Nachhall, schöne Länge, ein vielseitiger Speisenbegleiter.

93 Chardonnay * Ried Trebien 2019
13 Vol.-%, NK, 500-l-Fass, €€€€€ V
Mittleres Goldgelb, Silberreflexe. Reife gelbe Tropenfrucht, Nuancen von Mango und Blütenhonig, ein Hauch von reifen Guaven, helles Nougat im Hintergrund. Komplex, straff, mineralisch, feine Säurestruktur, ausgewogen und anhaftend, gelber Apfel im Abgang, verfügt über sicheres Reifepotenzial.

92 Welschriesling * Kitzeck-Sausal Ried Trebien
12,5 Vol.-%, DV, großes Holzfass, €€€ V
Helles Goldgelb, Silberreflexe. Frischer gelber Apfel, zart nach Wiesenkräutern, zarte nussige Aromen, ein Hauch von Blütenhonig im Hintergrund. Mittlerer Körper, weißes Kernobst, frisch strukturiert, elegant und ausgewogen, zitroniger Touch, feine salzige Nuancen im Nachhall.

91 Grauburgunder * Leutschach Bio 2019
13 Vol.-%, DV, 500-l-Fass, €€€ B V
Leuchtendes mittleres Goldgelb, Silberreflexe. Zart nussiger Biskuittouch, gelbe Birnenfrucht, ein Hauch von Mango, kandierte Orangenzesten. Feine gelbe Tropenfrucht, zarter Säurebogen, dezente Fruchtsüße, etwas nach Karamell, ausgewogener Speisenbegleiter.

90 Riesling * Kitzeck-Sausal 2020
11,5 Vol.-%, DV, Stahltank, €€€ V
Helles Goldgelb, Silberreflexe. Zarte Steinobstnuancen, ein Hauch von Pfirsich, Ananas und Blütenhonig. Mittlerer Körper, mineralisch, straff, weiße Frucht, lebendig strukturiert, Schiefertouch, zitroniger Nachhall, bereits gut antrinkbar.

★★★★

WEINGUT SKOFF ORIGINAL WALTER SKOFF

Walter Skoff führt das Familienweingut SKOFF ORIGINAL, das eine Anbaufläche von rund 60 Hektar umfasst, in vierter Generation. Das besondere Klima und die fruchtbaren Böden der Südsteiermark schaffen perfekte Rahmenbedingungen für Spitzenweine, die in internationalen Fachkreisen regelmäßig für Furore sorgen. Die Vielfalt an unterschiedlichen Rieden mit verschiedensten Terroirs, über die das Weingut verfügt, ist in dieser Form besonders in der Steiermark. So entstehen am Gamlitzer Eckberg Weine mit Persönlichkeit und von internationalem Rang.
Die Meisterstücke des Hauses wurden in den vergangenen 30 Jahren vielfach ausgezeichnet. Einen vorläufigen Höhepunkt des Medaillen-Reigens bildete im Jahr 2017 der Concours Mondial du Sauvignon Blanc, einer der wichtigsten Weißweinwettbewerbe der Welt. Unter 867 eingereichten internationalen Weinen wurde der Sauvignon Blanc Kranachberg (Jahrgang 2015) mit der »Denis-Dubourdieu-Trophäe« ausgezeichnet. Diese wird an den Wein mit dem reinsten und raffiniertesten Sauvignon-Charakter vergeben und gilt als Weltmeistertitel der Szene.
Der Grandseigneur des Weins versteht sein Handwerk, die Leidenschaft zum Weinbau ist es, die ihn Tag für Tag aufs Neue antreibt – sei es, wenn eine neue Lage mit viel Akribie und Liebe angelegt werden soll oder wenn es darum geht, die Arbeiten im Weingarten im Jahreskreis exakt am Pulsschlag der Natur auszurichten. Genauso wie sein Gespür für den Boden und das Klima sowie sein enormes Fachwissen steht ihm dabei auch sein Team zur Seite: langjährige Mitarbeiter, die den Wein mindestens genauso im Blut haben, wie der Chef persönlich. Nicht nur traditionelle und bewährte Wege werden da beschritten, auch innovative Zugänge – vom Ausbau im

* Südsteiermark DAC

Granitsteinfass bis zur Bio-Vinifikation – haben ihren Platz.

95 Sauvignon Blanc * Royal 2019
14 Vol.-%, DV, Barrique, €€€€€
Mittleres Grüngelb, Silberreflexe. Feine Nuancen von Röstaromen und Karamell, zart nach Cassis, weiße Tropenfrucht, reife Stachelbeeren, kandierte Grapefruitzesten, attraktives Bukett. Saftig, gute Komplexität, gut eingebundene Holzwürze, weiße Frucht im Abgang, zart nach Gewürznelken und Honig, gute Länge, sicheres Entwicklungspotenzial.

94 Sauvignon Blanc * Ried Kranachberg 2020
13,5 Vol.-%, DV, Stahltank, €€€€€
Helles Gelbgrün, Silberreflexe. Gelbe Tropenfrucht, zart nach Paprikaschoten, feine Kräuterwürze, Nuancen von Cassis im Hintergrund. Komplex, saftig, feine Fruchtsüße, elegante Textur, gut eingebundene Säurestruktur, weißer Apfel im Abgang, zitronig-mineralischer Nachhall.

94 Sauvignon Blanc * Ried Oberkranachberg 2019
13,5 Vol.-%, DV, großes Holzfass, €€€€€
Mittleres Grüngelb, Silberreflexe. Etwas verhaltenes Bukett, feine gelbe Tropenfrucht, zart nach Ananas und Guaven, kandierte Orangenzesten, feine Wiesenkräuter. Saftig, straff und engmaschig, weißer Apfel, feiner Säurebogen, mineralisch und mit Länge ausgestattet, zarte Nuancen von gelber Frucht im Nachhall, sicheres Reifepotenzial.

93 Sauvignon Blanc * Ried Hochsulz 2020
13,5 Vol.-%, DV, großes Holzfass, €€€€€
Helles Grüngelb, Silberreflexe. Frische Kräuterwürze, rauchig, frische Stachelbeeren und Cassis, mit Grapefruitzesten unterlegt. Kraftvoll, komplex, weißer Apfel, finessenreiche Säurestruktur, Limetten im Abgang, salziger Nachhall, bereits gut antrinkbar.

93 Sauvignon Blanc * Ried Obegg 2019
13,5 Vol.-%, DV, Teilbarrique, €€€€€
Mittleres Grüngelb, Silberreflexe. Attraktive gelbe Tropenfrucht, Weiße Johannisbeeren, zart nach Grapefruitzesten, mineralischer Touch, einladendes Bukett. Saftig, kraftvoll, Nuancen von gelber Frucht, gut integrierter Säurebogen, mineralisch und anhaftend, gutes Entwicklungspotenzial.

92 Sauvignon Blanc * Privat Selektion 2020
13 Vol.-%, DV, großes Holzfass, €€€€
Helles Grüngelb, Silberreflexe. Floral unterlegte weiße Frucht nach Pfirsich und Litschis, ein Hauch von reifen Stachelbeeren, zitroniger Touch. Mittlerer Körper, weiße Frucht, dezente Säurestruktur, feine Fruchtsüße im Abgang, etwas Mango im Nachhall, vielseitig einsetzbar.

92 Sauvignon Blanc * Ried Grassnitzberg 2020
13,5 Vol.-%, DV, Stahltank, €€€€
Helles Grüngelb, Silberreflexe. Zart nach Cassis, weiße Tropenfrucht, feiner Touch von Guaven, kandierte Grapefruitzesten. Mittlerer Körper, weiße Frucht nach Pfirsich am Gaumen, feiner Säurebogen, zitronig-mineralisch im Nachhall, eleganter Begleiter bei Tisch.

92 Sauvignon Blanc * Ried Sulz 2020
13,5 Vol.-%, DV, Stahltank, €€€€
Helles Grüngelb, Silberreflexe. Mit frischer Grapefruit unterlegte Wiesenkräuter, ein Hauch von Stachelbeeren und weißem Pfirsich. Mittlerer Körper, straff und engmaschig, lebendiger Säurebogen, zitronig-salzig im Abgang, ein feinwürziger Stil.

(91) Sauvignon Blanc * Gamlitz 2021
13 Vol.-%, DV, Stahltank, €€€€
Helles Grüngelb, Silberreflexe. Weiße Blüten, ein Hauch von Johannisbeeren, zart nach Guaven und Grapefruitzesten. Mittlerer Körper, weißer Apfel, frischer Säurebogen, mineralisch, Limetten im Nachhall, wirkt leichtfüßig und zugänglich.

91 Sauvignon Blanc * Ried Obegg-Stani 2020
13,5 Vol.-%, DV, DIAM, großes Holzfass, €€€€€ B
Mittleres Grüngelb, Silberreflexe. Zart rauchig-kräuterwürzig unterlegte feine Stachelbeernote, zart nach gelben Paprikaschoten, etwas Grapefruit. Mittlerer Körper, weißer Apfel, frisch strukturiert, zitroniger Touch, mineralischer Nachhall, dezente Länge, vielseitig einsetzbar.

90 Sauvignon Blanc * 2021
12,5 Vol.-%, DV, Stahltank, €€€
Helles Gelbgrün, Silberreflexe. Einladende frische Stachelbeernuancen, ein Hauch von Cassis und Grapefruit, feine Kräuterwürze. Mittlerer Körper, feine weiße Pfirsichnuancen, lebendig, zitroniger Nachhall.

90 Sauvignon Blanc * 2021
12,5 Vol.-%, DV, Stahltank, €€€ B
Helles Grüngelb, Silberreflexe. Zart nach Stachelbeeren, Weiße Johannisbeeren, etwas Pfirsich, zarte Kräuterwürze. Schlank, weiße Frucht, elegant und lebendig strukturiert, mineralisch-zitroniger Nachhall, kühle Stilistik.

94 Sauvignon blanc Stoan 2019
13,5 Vol.-%, DV, Granitfass, €€€€€€
Mittleres Gelbgrün, Silberreflexe. Gelbe Paprikaschoten, Cassis, feine Tropenfrucht, angenehme Kräuterwürze, vielschichtiges Bukett. Mittlerer Körper, weiße Fruchtnuancen, feiner, gut eingebundener Säurebogen, zart nach Pfirsich, dezente Fruchtsüße im Abgang, ein stoffiger Speisenbegleiter.

WEINGUT SKOFF ORIGINAL
WALTER SKOFF

8462 Gamlitz
Eckberg 16
T: +43 (3453) 4243
office@skofforiginal.com
www.skofforiginal.com

Kellermeister/Kontakt: Walter Skoff
Produktion: 90 % weiß, 8 % rot, 2 % süß
Zertifiziert: Nachhaltig Austria
Messen: ProWein Düsseldorf, VieVinum

Eva Skoff-Liebau und Walter Skoff

94 Chardonnay * Royal 2019
14 Vol.-%, DV, Barrique, €€€€€
Mittleres Grüngelb, Silberreflexe. Feine gelbe Tropenfrucht, zart nach Ananas und Mango, ein Hauch von reifer Maracuja, helles Karamell, feine Holznuancen, einladendes Bukett. Kraftvoll, etwas Nougat, gelber Pfirsich, feine Säurestruktur, dezente Süße im Abgang, ausgewogen und anhaftend, Birne im Nachhall, ein stoffiger Speisenbegleiter.

92 Morillon * Ried Grassnitzberg 2019
13,5 Vol.-%, DV, Teilbarrique, €€€€
Helles Goldgelb, Silberreflexe. Zarte Kräuterwürze, feine gelbe Apfelfrucht, ein Hauch von Banane, mit Nuancen von Orangenzesten unterlegt. Mittlere Komplexität, seidige Textur, zarte Mineralik, feine Kernobstnuancen im Abgang, bereits gut entwickelt und vielseitig einsetzbar.

90 Morillon * 2021
12,5 Vol.-%, DV, Stahltank, €€€
Helles Grüngelb, Silberreflexe. Reifer gelber Apfel, zarte Birnenfrucht, ein Hauch von Mango und Orangenzesten. Mittlere Komplexität, feine Fruchtsüße, zarter Säurebogen, harmonisch, ein vielseitiger Speisenbegleiter.

92 Gelber Muskateller * Ried Hohenegg 2020
12,5 Vol.-%, DV, Stahltank, €€€
Mittleres Grüngelb, Silberreflexe. Frische gelbe Tropenfrucht, Nuancen von Holunderblüten und Litschis, ein Hauch von Muskatnuss. Saftig, elegant, straffe Textur, frischer Säurebogen, würzig, Limetten im Abgang, präziser Stil mit Reifepotenzial.

91 Gelber Muskateller * 2021
12,5 Vol.-%, DV, Stahltank, €€€
Helles Gelbgrün, Silberreflexe. Traubig-duftiges Bukett nach Holunderblüten und weißem Pfirsich. Saftig, elegant, weiße Tropenfrucht, zarte Süße, feines Säurespiel, Johannisbeeren im Nachhall, ein lebendiger Sommerwein.

(92) Grauburgunder * Ried Kranach 2021
13,5 Vol.-%, DV, großes Holzfass, €€€€
Helles Gelb, Messingreflexe. Reife gelbe Birne, zart nach Karamell, ein Hauch von Kirschen. Saftig, weißes Kernobst, dezentes Säurespiel, elegant und anhaftend, dezente Fruchtsüße, etwas Nougat im Abgang, ein facettenreicher Speisenbegleiter mit Reifepotenzial.

90 Weißburgunder * 2021
13 Vol.-%, DV, Stahltank, €€€
Helles Grüngelb, Silberreflexe. Verhalten, feine Nuancen von gelbem Kernobst, ein Hauch von Apfel und Mango, zarter Blütenhonig, ein Hauch von Wiesenkräutern. Mittlere Komplexität, feine Fruchtsüße, dezenter Säurebogen, zart salzig-zitronig im Abgang, etwas scheuer Stil.

(89) Gewürztraminer Steiermark 2021
12,5 Vol.-%, DV, Stahltank, €€€

89 Rosé 2021
12 Vol.-%, DV, Stahltank, €€

* **Südsteiermark DAC**

★★★

WEINGUT PETER SKOFF DOMÄNE KRANACHBERG

Das Weingut der Familie Peter Skoff gehört zu den Top-Adressen in der südsteirischen Winzerszene. Beim Sauvignon Blanc, dem Steckenpferd des Betriebs, stehen gleich mehrere aktuelle Verkostungssiege zu Buche, unter anderem »Austria's Best Sauvignon 2021« (Concours Mondial). Zufriedene Weinkunden und zahlreiche weitere Auszeichnungen bestätigen das kompromisslose Qualitätsstreben. Das Weingut liegt inmitten der sehr hoch gelegenen Weingärten am Kranachberg mit wunderbarem Panoramablick über den Naturpark Südsteiermark.
Peter Skoff und seine beiden Söhne Markus und Peter junior bewirtschaften etwa 30 Hektar Rebfläche in einer der besten Weinlagen des Landes. Die mineralisch geprägten Weine punkten vor allem mit harmonischem Trinkvergnügen und als perfekte Speisenbegleiter. Genießer lassen sich den Wein in der beliebten Buschenschank schmecken und können es sich dann in einem der fünf gemütlichen Gästezimmer gemütlich machen. Seit dem Jahrgang 2014 werden auch zertifizierte Bioweine unter »Peter Skoff – Gut Kaspar« angeboten.

95 Sauvignon Blanc * Ried Kranachberg »Ex Baca« 2020
12,5 Vol.-%, DV, großes Holzfass, €€€€€
Leuchtendes mittleres Goldgelb, Silberreflexe. Frische Nuancen von gelben Stachelbeeren, etwas Litschis, ein Hauch von Guaven und Mandarinenzesten, feiner Blütenhonig, intensives Bukett. Straff, kernig und mineralisch, feine Gerbstoffnuancen, frische Struktur, weiße Apfelfrucht, salzig und lange anhaftend, ein IZ-Stil (interzellulare Vergärung) für den fortgeschrittenen Genießer.

94 Sauvignon Blanc * Ried Kranachberg 2019
12,5 Vol.-%, DV, großes Holzfass, €€€€ Ⓑ
Helles Goldgelb, Silberreflexe. Zart tabakig, Nuancen von Wiesenkräutern, ein Hauch von Grapefruitzesten, rauchige Würze. Saftig, komplex, weiße Frucht, feines Säurespiel, mineralisch, saliner Nachhall, delikater, gut entwickelter Speisenbegleiter mit terroirtypischem Ausdruck und guter Länge.

Peter und Markus Skoff

WEINGUT PETER SKOFF – DOMÄNE KRANACHBERG
8462 Gamlitz
Kranachberg - Sauvignonweg 50
T: +43 (3454) 6104
weingut@peter-skoff.at
www.peter-skoff.at
Kellermeister/Kontakt: Peter und Markus Skoff
Produktion: 1 % Schaumwein, 95 % weiß, 2 % rot, 1 % süß, 30 Hektar
Vereinszugehörigkeit: Wein Steiermark, GutFinden – Südsteiermark
Messen: Gast Klagenfurt, ÖGW Zürich, VieVinum, Weintage im Museumsquartier

© Gregor Schiefer

93 Sauvignon Blanc * Ried Jägerberg 2020
13 Vol.-%, DV, Stahltank, €€€
Helles Grüngelb, Silberreflexe. Feine Nuancen von gelber Tropenfrucht, ein Hauch von Stachelbeeren, weißer Pfirsich, etwas Limette, rauchige Nuancen. Mittlerer Körper, weißer Apfel, feiner Säurebogen, filigraner Stil, saliner Nachhall, bleibt haften, verfügt über Entwicklungspotenzial.

93 Sauvignon Blanc * Ried Kranachberg 2020
13,5 Vol.-%, DV, großes Holzfass, €€€€
Mittleres Gelbgrün, Silberreflexe. Feine Nuancen von frischen Stachelbeeren und Grapefruitzesten, mit gelber Tropenfrucht unterlegt, ein Hauch von Blütenhonig. Saftig, elegant, weiße Pfirsichfrucht, feiner Säurebogen, in sich ruhender Stil, feine Zitrusnuancen, gute Länge, facettenreicher Speisenbegleiter.

(92) Sauvignon Blanc * Ried Jungfernhang 2021
12,5 Vol.-%, DV, Stahltank, €€€
Helles Gelbgrün, Silberreflexe. Rauchig, kräuterwürzig, frische Grapefruitzesten, Brennnesselnote, mit Limetten unterlegt. Mittlerer Körper, schlanke Textur, grüner Apfel, frischer Säurebogen, zitroniger Touch, salzig im Abgang, vielseitig einsetzbar.

(92) Sauvignon Blanc * Gamlitz 2021
13 Vol.-%, DV, Stahltank, €€€ H
Helles Gelbgrün, Silberreflexe. Mit Limettenzesten und weißen Blüten unterlegte Nuancen von weißer Tropenfrucht, feine Kräuterwürze. Saftig, Noten von Cassis und weißem Apfel, rassige Struktur, zitronig-salzig, würzige Stilistik, bleibt haften, gutes Reifepotenzial.

90 Sauvignon Blanc * Klassik 2021
12,5 Vol.-%, DV, Stahltank, €€
Sehr helles Gelbgrün, Silberreflexe. Zart nach frischen gelben Paprikaschoten, dezente Kräuterwürze, ein Hauch von Stachelbeeren. Mittlerer Körper, weißer Apfel, rassiger Säurebogen, salziger Nachhall, bietet sommerliches Trinkvergnügen.

94 Morillon * Ried Kranachberg Reserve 2018
14 Vol.-%, DV, großes Holzfass, €€€€€
Leuchtendes Grüngelb, Silberreflexe. Feine Holzwürze, gelbe Tropenfrucht, Nuancen von Mango und Papaya, zarter Blütenhonig, einladendes Bukett, mit Mandarinenzesten unterlegt. Saftig, elegant, weiße Birnenfrucht, feine Mineralik, zarter Säurebogen, zeigt gute Länge, Fruchtsüße im Nachhall, ein ausgewogener Speisenbegleiter.

93 Morillon * Ried Kranachberg 2019
12,5 Vol.-%, DV, großes Holzfass, €€€€ B
Helles Grüngelb, Silberreflexe. Frischer Apfel, etwas Honigmelone, zart nach Marzipan, mit kandierten Orangenzesten unterlegt. Mittlere Komplexität, weißer Apfel, feine Säurestruktur, salzig, ausgewogen, bleibt gut haften, bereits entwickelt, ein angenehmer Speisenbegleiter.

(90) Morillon * Gamlitz 2021
12,5 Vol.-%, DV, großes Holzfass, €€€
Helles Grüngelb, Silberreflexe. Zart nach weißem Kernobst, ein Hauch von Orangenzesten, Nuancen von Birne, mineralischer Touch. Mittelgewichtig, gelber Apfel, frischer Säurebogen, salzig-zitroniger Abgang, trinkfreudiger Stil.

92 Gewürztraminer * Gamlitz 2020
13,5 Vol.-%, DV, Stahltank, €€€
Mittleres Gelbgrün, Silberreflexe. Zart mit Kräuterwürze unterlegte Nuancen von Rosenöl, gelbe Tropenfrucht klingt an. Komplex, engmaschig, weiße Birnenfrucht, trockener Stil, mineralisch und gut anhaftend, zart nach Mango, floraler Abgang, ein vielseitiger Speisenbegleiter.

92 Weißburgunder * Ried Kranachberg 2020
13,5 Vol.-%, DV, großes Holzfass, €€€
Helles Grüngelb, Silberreflexe. Zart rauchig unterlegte Nuancen von gelbem Obst, ein Hauch von Birne, zart nach Orangenzesten. Mittlere Komplexität, feine Fruchtsüße, dezenter Säurebogen, mit feiner Salzigkeit unterlegt, verfügt über Entwicklungspotenzial.

89 Weißburgunder * Klassik 2021
12 Vol.-%, DV, Stahltank, €€

89 Welschriesling * Klassik 2021
11,5 Vol.-%, DV, Stahltank, €€

93 Natural 2020 SB/CB
12,5 Vol.-%, NK, großes Holzfass, €€€€ O
Helles Grüngelb, Silberreflexe. Zart nach Wiesenkräutern und Golden-Delicious-Apfel, zart nach Mango und Vanille, einladendes Bukett. Straff, weiße Beerenfrucht, Johannisbeeren und Pfirsich, wirkt opulent und gut anhaftend, fruchtiger Nachhall, frisch und anregend, bereits gut entwickelt.

94 Gewürztraminer TBA 2018
13 Vol.-%, DV, Stahltank, €€€€
Leuchtendes Goldgelb, Kupferreflexe. Feine Nuancen von Türkischem Honig und reifer Marille, florale Noten, zart nach Pfirsich und Limetten, feine Botrytiswürze, einladende Aromatik. Kraftvoll, weiße Tropenfrucht, rassiger Säurebogen, süßer Abgang, zitronig unterlegt, stilistisch einer Beerenauslese näher, gutes Reifepotenzial.

★★

WEINGUT J. UND A. SKRINGER

Das Weingut Skringer verdankt seine besondere Qualität der außergewöhnlichen Lage auf der Sonnenterrasse des Eichbergs. Herausragende Flächen des insgesamt rund 13 Hektar großen Weinguts sind dabei die Rieden Trautenburg und Karsabathi, die das Weingut zur Gänze umschließen. Das Weinsortiment beginnt mit den fruchtbetonten Gebietsweinen Südsteiermark DAC der Sorten Welschriesling, Weißer Burgunder sowie Gelber Muskateller und Sauvignon Blanc. Mit den Ortsweinen Eichberg bringt man mit den Sorten Gelber Muskateller, Morillon/Chardonnay und Sauvignon Blanc sehr reife, kräftige Klassiker in die Flasche. Komplettiert wird die Weinpalette von charaktervollen, klar strukturierten Lagenweinen: Von der Ried Trautenburg kommen Gelber Muskateller, Grauer Burgunder und Sauvignon Blanc, und in der Ried Karsabathi gedeihen Klevner, Grauer Burgunder und ebenfalls ein feiner Sauvignon Blanc. Der Absatz der Weine erfolgt zum Großteil per Ab-Hof-Verkauf und über Zwischenhändler.
Das Weingut Skringer ist ein echter steirischer Geheimtipp, den zu entdecken sich lohnt.

WEINGUT J. UND A. SKRINGER
8453 Leutschach an der Weinstraße
Eichberg-Trautenburg 28
T: +43 (3456) 2666
weingut@skringer.at
www.skringer.at

Kellermeister: Johann Skringer
Kontakt: Johann und Anneliese Skringer
Produktion: 100 % weiß, 13 Hektar
Messen: VieVinum

(93) Sauvignon Blanc * Ried Karsabathi 2021
13 Vol.-%, NK,DV, 500-l-Fass, €€€€€
Helles Grüngelb, Silberreflexe. Frische Nuancen von Stachelbeeren, ein Hauch von Pfirsich, aber auch gelbe Paprikaschoten, zart nach Vanille, facettenreiches Bukett. Komplex, zart nach Honigmelone, feiner Säurebogen, zartwürzig und frisch strukturiert, salziger Nachhall, ein lebendiger Speisenbegleiter mit Reifepotenzial.

92 Sauvignon Blanc * Ried Karsabathi 2020
13 Vol.-%, NK,DV, großes Holzfass, €€€€€
Helles Goldgelb, Silberreflexe. Zart nach Zitronenmelisse, dezente Kräuterwürze, etwas Cassis, Nuancen von Grapefruitzesten. Mittlerer Körper, weißer Apfel, frischer Säurebogen, zitronig und rassig, saliner Nachhall, kühler Stil, gutes Reifepotenzial.

(91) Sauvignon Blanc * Eichberg 2021
12,5 Vol.-%, DV, Stahltank, €€€
Helles Gelbgrün, Silberreflexe. Zart floral unterlegte Nuancen von weißer Frucht, ein Hauch von Limetten, Pfirsich, zart nach Litschis, einladendes Bukett. Saftig, mittlere Komplexität, feiner grüner Apfel, lebendig strukturiert, salzig-zitronig, ein animierender, leichtfüßiger Speisenbegleiter.

89 Sauvignon Blanc * 2021
12 Vol.-%, DV, Stahltank, €€€

91 Weißer Burgunder * Ried Karsabathi 2020
13 Vol.-%, NK,DV, 500-l-Fass, €€€€€
Helles Grüngelb, Silberreflexe. Zarter Karamelltouch, floral unterlegt, ein Hauch von Ringlotten, dezent nach Walnuss. Schlank, weißer Apfel, wieder nussig, dezenter Säurebogen, harmonisch, feine Fruchtsüße im Abgang, ein balancierter Speisenbegleiter.

91 Grauer Burgunder * Ried Karsabathi 2020
13 Vol.-%, NK,DV, großes Holzfass, €€€€€
Helles Gelbgold, Messingtouch. Zart nach Heublumen, ein Hauch von reifer Birne, kandierte Orangenzesten. Mittlerer Körper, weißes Kernobst, frischer Säurebogen, zitroniger Touch, wirkt leichtfüßig, salziger Nachhall.

★★

WEINGUT BERND STELZL

Das Weingut von Bernd Stelzl befindet sich in Leutschach an der Weinstraße, dem südlichsten Teil der Südsteiermark. Bereits als 20-Jähriger hat er dort begonnen, die Qualitätsschraube nach oben zu drehen, und in den letzten Jahren dadurch einiges erreicht. Bernd Stelzl konzentriert sich vor allem auf herkunftsbetonte, individuelle Weine der Rieden Schlossberg, Hirritschberg und Hirritsch Hube, aber auch auf gebietstypische Qualitätsweine im klassischen Ausbaustil. Der wichtigste Weingarten des Betriebes liegt in der Lage Hirritschberg, perfekt nach Südosten ausgerichtet und von kalkhaltigen Opok-Böden geprägt. Auf den derzeit dort liegenden 3,5 Hektar Rebflächen, die ausschließlich von Bernd Stelzl bewirtschaftet werden, wachsen die besten Sauvignon Blancs und Burgundersorten des Betriebes, die ihre Herkunft nie verleugnen und immer mit Vielschichtigkeit, Tiefgründigkeit sowie mit sehr gutem Reifepotenzial ausgestattet sind.
Als weitere Steigerung dieses speziellen Weinberges gibt es die Monopollage Hirritsch Hube, eine nach Süden ausgerichtete Kessellage, geprägt von kalkigem Mergel-Schiefer und Sandstein – prädestiniert und reserviert für Chardonnay, der bereits seit einigen Jahren eine unverwechselbare und einzigartige Charakteristik aufweist. Mit den letzten Jahrgängen sind sowohl mit Sauvignon Blanc als auch mit Chardonnay außergewöhnliche Weine gelungen, die schon in früher Phase überzeugen konnten und eine daraus resultierende vielversprechende Zukunft mit sich bringen. Verkosten und genießen kann man die eigenständigen Weine am besten in der hauseigenen Buschenschank.

(93) Chardonnay * Ried Hirritsch Hube 2020
13,5 Vol.-%, DIAM, 500-l-Fass, €€€€€ Ⓗ
Mittleres Goldgelb, Silberreflexe. Feine gelbe Tropenfrucht, ein Hauch von Papaya und Mango, zart nach Vanille, ein Touch von hellem Karamell, einladendes Bukett. Saftig, frische Birne, etwas Gewürznelken, mit einem frischen Säurebogen unterlegt, weißer Apfel, wirkt leichtfüßig, Limetten und zarte Holzwürze im Nachhall.

90 Chardonnay * Leutschach 2020
12,5 Vol.-%, DV, großes Holzfass, €€€ Ⓗ
Helles Goldgelb, Silberreflexe. Zart nach Mandarinen und gelbem Apfel, ein Hauch von Wiesenkräutern, etwas Birne. Mittlerer Körper, dezente Säurestruktur, weißer Apfel, bereits entwickelt und gut antrinkbar.

(93) Sauvignon Blanc * Ried Hirritschberg 2020
13,5 Vol.-%, DIAM, 500-l-Fass, €€€€€ Ⓗ
Leuchtendes Grüngelb, Silberreflexe. Feine weiße Tropenfrucht, Nuancen von Guaven und Litschis, rosa Grapefruit, mit zartem Blütenhonig unterlegt. Saftig, elegant, ein Hauch von Mango und Honigmelone, feiner Säurebogen, mineralisch und balanciert, zitroniger Touch, finessenreich und gut anhaftend, verfügt über Reifepotenzial.

(92) Sauvignon Blanc * Ried Schloßberg 2021
13 Vol.-%, DV, großes Holzfass, €€€ Ⓗ
Helles Grüngelb, Silberreflexe. Zart floral unterlegte weiße Tropenfrucht, ein Hauch von Pfirsich und Limetten, mit rauchiger Würze unterlegt, einladendes Bukett. Mittlere Komplexität, kühler, frischer Stil, zart salzig im Abgang, wirkt leichtfüßig und bereits gut entwickelt, ein facettenreicher Speisenbegleiter.

WEINGUT BERND STELZL
8463 Leutschach an der Weinstraße
Schlossberg 119
T: +43 (3454) 340
weingut@berndstelzl.at
www.berndstelzl.at

Kellermeister/Kontakt:
Bernd Stelzl
Produktion: 5 % Schaumwein, 87 % weiß, 3 % rosé, 5 % rot, 8 Hektar
Vereinszugehörigkeit:
Wein Steiermark, Marktgemeinschaft Steirischer Wein, GutFinden – Südsteiermark

* Südsteiermark DAC

90 Sauvignon Blanc * 2021
12 Vol.-%, DV, Stahltank, €€ H
Helles Gelbgrün, Silberreflexe. Frische weiße Apfelnote, etwas Pfirsich und Stachelbeeren, zart nach Grapefruitzesten. Mittlerer Körper, frisch strukturiert, salzig-zitronig im Nachhall, ein lebendiger Speisenbegleiter.

92 Weißer Burgunder * Ried Hiritschberg 2020
13,5 Vol.-%, DIAM, 500-l-Fass, €€€€€ H
Helles Goldgelb, Silberreflexe. Zarte Holzwürze, Nuancen von Kräutern, Anklänge von weißem Kernobst, nussiger Touch. Saftig, weißer Apfel, seidige Textur, dezenter Säurebogen, mineralisch im Abgang, ausgewogen, vielseitig einsetzbar.

★★

WEINGUT STRAUSS GAMLITZ

In den Weinen der Brüder Karl und Gustav Strauss aus Gamlitz spiegelt sich eindrucksvoll die Südsteiermark: einmal elegant und harmonisch, ein anderes Mal ein bisschen wild, intensiv und voller Gegensätze. Eines haben alle Gewächse gemeinsam: Sie vereinen Kraft mit Frucht, Frische mit viel Eleganz, und sie alle glänzen mit großem Trinkfluss.
Jede Weinbauregion der Welt hat ihren eigenen Reiz – die Südsteiermark einen ganz besonderen. Hier keltert Gustav Strauss eine breite Sortenpalette an Qualitätsweinen: von den fruchtig-frischen Gebietsweine Südsteiermark DAC (Welschriesling, Weißburgunder, Morillon, Sauvignon Blanc und Gelber Muskateller) über die fruchtig-fülligen Ortsweine »Gamlitz« (vor allem aus den Sorten Sauvignon Blanc und Muskateller) bis hin zu den Riedenweine der Lagen Gamlitzberg und Hundsberg, die in großen neutralen Eichenfässern und im »Betonei« ausgebaut werden. In besonders guten Jahren keltert man die »Strauss Reserve Linie« von der Ried Gamlitzberg. Diese Trauben reifen bis zu 24 Monate in Barriquefässern ihrer Vollendung entgegen. Mit großem Potenzial kommen vor allem Sauvignon Blanc, Gelber Muskateller, Grauburgunder und Chardonnay in die Flasche.
Das Weingut ist bereits seit 1810 im Familienbesitz und bietet Besuchern Kellerführungen und Verkostungen mit einem tollen Ausblick auf den Gamlitzberg. Neben dem Stammhaus wurde 2019 auch ein zweites Standbein eröffnet: »schlafen | essen | trinken« in der Weinschmiede 18. Familie Strauss freut sich über jeden Besuch.

WEINGUT STRAUSS GAMLITZ
8462 Gamlitz, Steinbach 16
T: +43 (664) 4424128
office@weingut-strauss.at
www.weingut-strauss.at

Kellermeister: Gustav Strauss
Kontakt: Karl und Gustav Strauss
Produktion: 5 % Schaumwein, 80 % weiß, 5 % rosé, 9 % rot, 1 % süß, 30 Hektar
Zertifiziert: Nachhaltig Austria
Vereinszugehörigkeit: Wein Steiermark
Messen: Tag des Steirischen Weines im Museumsquartier, VieVinum

94 Sauvignon Blanc * Ried Gamlitzberg Reserve 2019
13,5 Vol.-%, DV, Barrique, €€€€€ V
Helles Grüngelb, Silberreflexe. Einladende weiße Tropenfrucht, reife Stachelbeeraromen, ein Hauch von frischen Guaven, attraktives Bukett. Saftig, elegant, weißer Pfirsich, finessenreich strukturiert, salzig-zitronig im Abgang, gute Länge, ein feiner Speisenbegleiter mit Reifepotenzial.

92 Sauvignon Blanc * Ried Gamlitzberg 2021
13 Vol.-%, DV, großes Holzfass/Stahltank, €€€ V
Helles Gelbgrün, Silberreflexe. Frische Stachelbeeren, Weiße Johannisbeeren, rauchige Würze, zart nach Cassis. Saftig, elegant, feine weiße Tropenfrucht, frisch strukturiert, salziger Abgang, mineralisch und anhaftend, ein facettenreicher Speisenbegleiter.

92 Chardonnay * Ried Gamlitzberg Reserve 2019
13 Vol.-%, DV, Barrique, €€€€ V
Leuchtendes Goldgelb, Silberreflexe. Attraktive Tropenfrucht, Nuancen von reifer Mango, einladender Blütenhonig. Saftig, mittlerer Körper, weiße Apfelfrucht, feiner Säu-

rebogen, mineralisch-salzig im Nachhall, gute Frische, bereits gut antrinkbar, verfügt über Reifepotenzial.

91 Gelber Muskateller * Ried Gamlitzberg 2021
12,5 Vol.-%, DV, Holzfass/Stahltank, €€€ V
Helles Gelbgrün, Silberreflexe. Grapefruitzesten, weiße Tropenfrucht, ein Hauch von Ananas, Limetten, feine Kräuterwürze. Mittlerer Körper, weißer Apfel, frisch strukturiert, mineralisch-zitronig im Nachhall, ein lebendiger Speisenbegleiter.

90 Grauburgunder * Ried Gamlitzberg 2021
12,5 Vol.-%, DV, Holzfass/Stahltank, €€€ V
Helles Goldgelb, Messingreflexe. Nuancen von reifem gelbem Kernobst, ein Hauch von Kräutern, zarter Blütenhonig klingt an. Saftig, feine Fruchtsüße, reife Birne, zart nach Kletzen, dezente Karamellnuancen im Abgang, bereits entwickelt.

89 Morillon * Klassik 2021
12,5 Vol.-%, DV, Stahltank, €€ V

★★★★★

WEINGUT TEMENT

BIO

Das Familienweingut Tement liegt auf einem kleinen Bergplateau über der imposanten Riede Zieregg. Von hier aus können Gäste und Besucher den herrlichen Rundblick genießen, der sich bis ins Nachbarland Slowenien und die südliche Oststeiermark erstreckt. Die Brüder Armin und Stefan arbeiten in dritter Generation Hand in Hand mit Vater Manfred zusammen und sind mehr als bestrebt, den Familienbetrieb mit dem gewohnten Qualitätsbewusstsein und Sinn für Tradition weiterzuführen. Biologisch bewirtschaftete Weingärten, niedrigste Erträge und selektive Handarbeit sind heute wie morgen die Eckpfeiler ihres Schaffens und die Voraussetzung für herkunftsbetonte, elegante Weine.
Mit dem EU-Beitritt Sloweniens konnte die Top-Lage Zieregg auch im benachbarten Slowenien mit neuen Rebstöcken bepflanzt werden. Die kleinklimatischen Bedingungen der Lage Ciringa (slowenisch für Zieregg) sind ideal für langlebige, elegant-mineralische Sauvignon Blancs. Als unverwechselbares Zeichen der Herkunft trägt das slowenische Weingut den Namen »Domaine Ciringa«, das heuer in einer eigenen Rubrik für Slowenien zu finden ist. Der Wein selbst wird seit 2009 unter dem Namen »Fosilni Breg« (»Fossilienberg«) vinifiziert. Beide Betriebe, das Weingut Tement und die Domaine Ciringa, sind biologisch-organisch zertifiziert und in Umstellung auf Biodynamie.

95 B Tement Blanc de Blancs Brut Nature Grosse Reserve
Deg. April 2022, 12 Vol.-%, NK, gebrauchte Barriques/Flaschengärung, €€€€€ V
Helles Grüngelb, sehr feines Mousseux. Feines Biskuit, zarte weiße Apfelfrucht, ein Hauch von weißem Nougat, sehr einladendes Bukett. Saftig, feines Kernobst, straff und engmaschig, zarte Apfelfrucht, finessenreich, eleganter, gut anhaftender Stil, ein Hauch von Feigen im Nachhall, zitronig und salzig im Finish.

(98) Sauvignon Blanc * Ried Zieregg GSTK 2020
13 Vol.-%, VL, großes Holzfass, €€€€€€ B V
Mittleres Grüngelb, Silberreflexe. Feine Nuancen von frischen Kräutern und Grapefruitzesten, ein Hauch von Stachelbeeren, mineralisch unterlegte feine Tropenfrucht, Guaven und Tabak, sehr facettenreiches Bukett. Komplex, saftig, elegant, feine Fruchtsüße, Nuancen von weißem Kernobst, finessenreich und lange anhaftend, bereits in dieser jugendlichen Phase sehr zugänglich, sicheres Reifepotenzial.

(97) Sauvignon Blanc * Ried Zieregg GSTK Dreieck 2020
13 Vol.-%, VL, großes Holzfass, €€€€€€ V
Helles Goldgelb, Silberreflexe. Feine Kräuterwürze, Nuancen von gelber Frucht, zart nach Orangenzesten. Straff, engmaschig, lebendig strukturiert, ein Hauch von roten Kirschen, zart nach Apfel, wirkt leichtfüßig, feine Limettenzesten im Abgang, finessenreich und lange anhaftend, delikater Stil.

(96) Sauvignon Blanc * Ried Zieregg GSTK Weisse Wand 2020
13 Vol.-%, VL, großes Holzfass, €€€€€€ V
Helles Goldgelb, Silberreflexe. Zart tabakig, dunkle Würze,

Stefan, Monika und Armin Tement

WEINGUT TEMENT
8461 Ehrenhausen, Zieregg 13
T: +43 (3453) 4101
weingut@tement.at
www.tement.at
Kellermeister: Manfred, Armin und Stefan Tement
Kontakt: Monika Tement, MA
Anbauweise: Zertifiziert Biologisch (Bio Austria, Demeter)
Produktion: 97 % weiß, 2 % rot, 1 % süß, 80 Hektar
Zertifiziert: Nachhaltig Austria
Vereinszugehörigkeit: respekt-BIODYN, Steirische Terroir- und Klassikweingüter
Messen: ProWein Düsseldorf, VieVinum

ein Hauch von Nougat, Nuancen von reifer gelber Frucht, dezenter Kräutertouch. Straff, weißes Kernobst, feine Säurestruktur, wirkt etwas schlanker, dezent nach Apfel im Abgang, ruhiger Stil, noch etwas zurückhaltend, wird von Flaschenreife profitieren.

(96) Sauvignon Blanc * Ried Zieregg GSTK Steinbruch 2020
13 Vol.-%, VL, gebrauchte Barriques, €€€€€€ Ⓥ
Mittleres Grüngelb, Silberreflexe. Feine Noten von gelber Tropenfrucht, Nuancen von Mango und Papaya, etwas Grapefruitzesten, gelbe Stachelbeeren, feine Mineralik. Komplex, engmaschig, weißer Apfel, frischer Säurebogen, mineralisch-zitroniger Nachhall, pikanter Stil.

(95) Sauvignon Blanc * Ried Grassnitzberg 1STK 2020
12,5 Vol.-%, VL, großes Holzfass, €€€€€ Ⓑ Ⓥ
Mittleres Gelbgrün, Silberreflexe. Frische Kräuterwürze, dunkle Beeren, etwas Cassis, rauchige Noten, feine Nuancen von Grapefruit. Saftig, gelber Apfel, frische Struktur, finessenreich, zitronig-mineralischer Touch im Abgang, besitzt überzeugende Frische, sehr kulinarischer Stil.

(95) Sauvignon Blanc * Ried Sernau König GSTK 2020
13 Vol.-%, VL, großes Holzfass, €€€€€ Ⓑ Ⓥ
Mittleres Gelbgrün, Silberreflexe. Feine gelbe Tropenfrucht, ein Hauch von Blütenhonig, zart nach kandierten Orangenzesten, mit reifen Stachelbeeren unterlegt. Saftig, weiße Apfelfrucht, finessenreicher Säurebogen, zitroniger Touch, engmaschig, saliner Nachhall, ein rassiger Speisenbegleiter.

94 Sauvignon Blanc * Gamlitz Sandstein 2020
12,5 Vol.-%, VL, großes Holzfass, €€€€ Ⓑ Ⓥ
Helles Grüngelb, Silberreflexe. Zart nach rosa Grapefruit, gelbe Tropenfrucht, etwas Mango, vom warmen Terroir geprägtes Bukett. Saftig, reife Stachelbeeren, elegant, finessenreich und bereits harmonisch, pikante Fruchtsüße im Nachhall, seidiger Stil.

94 Sauvignon Blanc * Ehrenhausen Korallenkalk 2020
12,5 Vol.-%, VL, großes Holzfass, €€€€ Ⓑ Ⓥ
Helles Grüngelb, Silberreflexe. Feinwürzig, rauchig, zart nach Cassis, einladendes Bukett. Saftig, dunkelfruchtige Nuancen, ein Hauch von Feigen, feiner Säurebogen, Umaminoten, ein toller Speisenbegleiter, gutes Reifepotenzial.

93 Sauvignon Blanc * Kalk & Kreide 2021
12,5 Vol.-%, VL, Stahltank, €€€€ Ⓑ Ⓗ Ⓥ
Helles Gelbgrün, Silberreflexe. Frische Kräuterwürze, Nuancen von Cassis und Grapefruit, attraktives Bukett. Saftig, elegant, weiße Frucht, Nuancen von Pfirsich, gute Konzentration, elegant, stoffige Säurestruktur, Limetten und Salz im Abgang, sehr gute Länge, perfekter Preis-Leistungs-Wein.

93 Sauvignon Blanc * Kitzeck Sausal Schiefergestein 2020
12,5 Vol.-%, VL, großes Holzfass, €€€€ Ⓑ Ⓥ
Helles Gelbgrün, Silberreflexe. Rauchig, starke Schieferwürze, zart vegetale Noten, Nuancen von weißer Frucht, tabakige Anklänge. Mittlerer Körper, Noten von weißem Apfel, frisch strukturiert, mineralisch, zitroniger Touch, kräuterwürziger Nachhall.

97 Sauvignon Blanc Ried Zieregg Vinothekreserve 2019
13,5 Vol.-%, VL, Eichenfass, €€€€€€ Ⓑ
Helles Goldgelb, Silberreflexe. Feine tabakige Nuancen, ein Hauch von Kletzen und Cassis, rauchige Noten, mineralisch, noch etwas zurückhaltendes Bukett. Saftig, komplex, feine Extraktsüße, helles Nougat, Nuancen von gelber Frucht, feiner Säurebogen, mineralisch und lange anhaftend, ein stoffiger Speisenbegleiter mit sicherem weiterem Reifepotenzial.

(97) Sauvignon Blanc Ried Zieregg GSTK IZ® 2018
13,5 Vol.-%, VL, großes Holzfass, €€€€€€ Ⓥ
Mittleres Goldgelb, Silberreflexe. Kandierte Orangenzesten, Kumquats, gelbe Tropenfrucht, ein Hauch von Blütenhonig, Nuancen von Melisse, feine Kräuterwürze. Saftig, elegant, weißer Pfirsich, zarte Nuancen von Feigen und Nougat, lange anhaftend, komplexer, sehr individueller Stil, zeigt große Länge, ein kraftvoller Speisenbegleiter, sicheres weiteres Entwicklungspotenzial.

(95) Morillon * Ried Zieregg GSTK 2020
13 Vol.-%, VL, gebrauchte Barriques/Stahltank, €€€€€€ Ⓑ Ⓥ
Mittleres Grüngelb, Silberreflexe. Feine gelbe Tropenfrucht, ein Hauch von Orangenzesten, zarter Blütenhonig, dezente Kräuterwürze, mineralischer Touch. Stoffig, weißes Kernobst, frischer Säurebogen, engmaschig-salzig im Abgang, lebendiger, feinwürziger Stil, sehr gute Länge und Definition, sicheres Reifepotenzial.

(94) Morillon * Ried Sulz 1STK 2020
13 Vol.-%, VL, gebrauchte Barriques, €€€€€ Ⓑ Ⓥ
Mittleres Grüngelb, Silberreflexe. Zarte Tropenfrucht, mit feiner Würze unterlegt, ein Hauch von Blütenhonig, noch etwas zurückhaltend. Stoffig, engmaschig, weißer Apfel, finessenreicher Säurekern, mineralisch-zitronig, gute Länge, wirkt leichtfüßig, vielseitig einsetzbar.

93 Morillon * Muschelkalk 2020
12,5 Vol.-%, VL, Stahltank/gr. Holzfass, €€€€ Ⓑ Ⓗ Ⓥ
Helles Gelbgrün, Silberreflexe. Zarte gelbe Apfelfrucht, ein Hauch von Mango, dezente Noten von Wiesenkräutern, Nuancen von Mandarinen. Mittlerer Körper, saftig, frisches Kernobst, feiner Säurebogen, zarte Fruchtsüße im Abgang, vielseitig einsetzbar.

(93) Morillon * Ried Rossberg 2020
13 Vol.-%, VL, gebrauchte Barriques, €€€€€ Ⓑ Ⓥ
Helles Grüngelb, Silberreflexe. Zarte Nuancen von Wiesenkräutern, ein Hauch von Apfel, tabakig, ein Hauch von Nougat. Komplex, engmaschig, frisch strukturiert, weißes Kernobst, mineralisch und mit gutem Reifepotenzial ausgestattet.

(93) Welschriesling * Weinstock Alte Reben 2020
12,5 Vol.-%, VL, kleines Holzfass, €€€€€€ Ⓑ Ⓥ
Helles Gelbgrün, Silberreflexe. Zarte Kräuterwürze, nussiger Touch, ein Hauch von Limetten, mineralischer Anklang. Straff, karg, engmaschige Textur, feine weiße Apfelfrucht, zarte zitronige Nuancen, balanciert und gut antrinkbar, zeigt gute Länge.

92 Welschriesling * Opok 2021
11,5 Vol.-%, DV, Stahltank, €€€ Ⓗ Ⓥ
Helles Gelbgrün, Silberreflexe. Frischer grüner Apfel, ein Hauch von Kräutern und Limetten, mineralischer Touch. Straff, weißes Kernobst, frische Struktur, zitronig und zugänglich, ein lebendiger Speisenbegleiter.

(92) Welschriesling * Ried Ottenberg Veitlhansl 2020
12 Vol.-%, VL, großes Holzfass, €€€€€ Ⓑ Ⓥ
Helles Gelbgrün, Silberreflexe. Zart nach gelber Tropenfrucht, ein Hauch von Orangenkonzentrat und Zesten, feine Kräuterwürze. Stoffig, weißer Apfel, zart nussig, frischer Säurebogen, zitronig-salzig im Nachhall, individueller Speisenbegleiter.

(93) Weißburgunder * Ried Sulz 1STK Pino.T 2020
13 Vol.-%, VL, großes Holzfass, €€€€€ Ⓑ Ⓥ
Helles Grüngelb, Silberreflexe. Zart rauchig-würzig, weiße Birnenfrucht, ein Hauch von Mango, einladendes Bukett. Saftig, Nuancen von Honigmelone, feiner Säurebogen, zitroniger Touch, lebendig und anhaftend, ein vielseitiger Speisenbegleiter.

92 Weißburgunder * Ton & Mergel 2021
12 Vol.-%, VL, Stahltank, €€€ Ⓑ Ⓗ
Helles Gelbgrün, Silberreflexe. Frische Kräuterwürze, nussiger Touch, weißes Kernobst, feine tabakige Nuancen. Mittlere Komplexität, harmonisch, zarte Apfelfrucht, mineralisch unterlegter Abgang, gastronomischer Stil.

93 Gelber Muskateller * Ried Hochkittenberg 1STK 2020
12 Vol.-%, VL, Stahltank, €€€€€ Ⓑ Ⓗ Ⓥ
Helles Gelbgrün, Silberreflexe. Intensiver Muskatnuss- und Blütentouch, ein Hauch von Schieferwürze, weiße Frucht. Straff, engmaschig, salzige Textur, frisch und lebendig, mit guter Länge ausgestattet.

93 Gelber Muskateller * Ried Steinbach Fürst 1STK 2020
12 Vol.-%, VL, Stahltank, €€€€€ Ⓑ Ⓗ Ⓥ
Helles Grüngelb, Silberreflexe. Zart nach gelber Tropenfrucht, ein Hauch von Grapefruit, feiner Blütenhonig, floraler Touch, einladende, zart würziges Bukett. Stoffig, weißer Apfel, rassi-

* Südsteiermark DAC

ger Säurebogen, frisch und energisch, gute Konzentration, zitroniger Touch im Nachhall, salziger Rückgeschmack.

91 Gelber Muskateller * Sand & Schiefer 2021
11,5 Vol.-%, VL, Stahltank, €€€ B H V
Helles Gelbgrün, Silberreflexe. Zarte Kräuterwürze, weiße Blüten, ein Hauch von Zitronenmelisse, mineralischer Touch. Mittlerer Körper, weißer Apfel, frisch strukturiert, zitroniger Nachhall, mineralisch und anhaftend, salzig unterlegt, feiner Speisenbegleiter.

92 Gelber Muskateller Gamlitz Ried Labitschberg »Peter Kraus« 2021
12 Vol.-%, VL, Stahltank, €€€€€ B
Helles Gelbgrün, Silberreflexe. Zart nach Limetten und Zitronenmelisse, etwas Holunderblüten und Pfirsich. Saftig, feinwürzig und elegant, dezenter Mangotouch, salzige Mineralik im Abgang, bleibt haften.

(93) Gewürztraminer * Ried Wielitschberg 1STK 2020
12,5 Vol.-%, VL, gr. Holzfass/Stahltank, €€€€€ B V
Helles Goldgelb, Silberreflexe. Zarte gelbe Tropenfrucht, feine Würze, ein Hauch von Rosenöl, eher dezentes Bukett. Mittlere Komplexität, Nuancen von weißer Frucht, frisch strukturiert, weißer Apfel, dezente Salzigkeit, bereits gut entwickelt, ein feiner Speisenbegleiter mit Reifepotenzial.

92 * Tement Blanc 2021 SB/WR/WB
12 Vol.-%, VL, Stahltank, €€€ H V
Helles Gelbgrün, Silberreflexe. Zart nach Grapefruit, ein Hauch von Stachelbeeren, weißer Pfirsich, Noten von Limetten. Mittlere Komplexität, frischer Säurebogen, weiße Birne, feine Kräuterwürze, mineralisch, zitroniger Nachhall, animierender Speisenbegleiter.

★★★

WEINGUT TSCHERMONEGG

Das höchstgelegene Weingut an der Südsteirischen Weinstraße besticht nicht nur durch ein traumhaftes Panorama, sondern vor allem durch seine aromatischen, ausdruckstarken sowie sauber vinifizierten Weine.
Seit fünf Generationen schlägt das Herz der Familie Tschermonegg für den Wein. Seit 2018 ist auch Franz-Josef, der ältere der beiden Söhne im Team und maßgeblich für den zukünftigen Erfolg des Weinguts mitverantwortlich. Gearbeitet wird an den steilen und sonnenverwöhnten Rebhängen wie auch im Keller ressourcensparend und mit vielen Verzichten, damit der ökologische Fußabdruck so klein wie möglich gehalten wird. Tschermonegg ist auch eines der ersten Weingüter in der Steiermark, die das Nachhaltigkeits-Zertifikat erlangt haben.
Die Böden und klimatischen Bedingungen sind sehr vielseitig. Unterschieden werden nach der Herkunftspyramide Regions-, Gebiets-, Orts- und Riedenweine, die auch stets von diversen nationalen und internationalen Challenges und Weinjournalisten hoch bewertet und hervorgehoben werden. Eine modern ausgestatte Presshaus- und Kelleranlage ermöglicht es, traditionelles Gedankengut und langjährige Erfahrung mit technischem Knowhow optimal zu verbinden.
Im Weingut selbst kann man die erlesenen Weine auch unter dem Begriff »Wohnen beim Wein« in Verbindung mit ausgezeichneten regionalen Schmankerln im angeschlossenen Buschenschank und den Genießerzimmern mit Panoramapool mitten in den Weinbergen genießen.

94 Sauvignon Blanc * Ried Lubekogel 2020
13,5 Vol.-%, NK, großes Holzfass, €€€€€
Helles Goldgelb, Silberreflexe. Feine Nuancen von Cassis und reifen Stachelbeeren, Anklänge von Grapefruitzesten, mineralischer Touch. Komplex, saftig, elegante Textur, feine Kräuterwürze, Weiße Johannisbeeren im Abgang, zart salziger Touch, gute Länge, vielseitig einsetzbar.

94 Sauvignon Blanc * Ried Oberglanzberg 2019
13,5 Vol.-%, NK, großes Holzfass, €€€€€
Helles Goldgelb, Silberreflexe. Schwarze Johannisbeeren, Stachelbeeren, ein Hauch von Pfirsich und Limetten. Saftig, weiße Tropenfrucht, zarte Fruchtsüße, feiner Säurebogen, elegant und gut anhaftend, bereits entwickelt, ein vielseitiger, zugänglicher Speisenbegleiter.

WEINGUT TSCHERMONEGG

8463 Leutschach
Glanz an der Weinstraße 50
T: +43 (3454) 3260
weingut@tschermonegg.at
www.tschermonegg.at

Kellermeister: Erwin und Franz-Josef Tschermonegg
Kontakt: Sonja und Erwin Tschermonegg
Produktion: 180.000 Flaschen
1 % Schaumwein, 97 % weiß, 1 % rot,
1 % süß, 32 Hektar
Zertifiziert: Nachhaltig Austria
Vereinszugehörigkeit:
Steirischer Junker, Wein Steiermark, GutFinden – Südsteiermark, Sieme
Messen: VieVinum, DAC-Präsentationen

Lubekogel bei Leutschach

(92) Sauvignon Blanc * Sieme 2021
13 Vol.-%, DV, großes Holzfass, €€€
Helles Grüngelb, Silberreflexe. Feine weiße Pfirsichfrucht, Stachelbeeren, ein Hauch von Muskat, florale Nuancen, dezente Kräuterwürze im Hintergrund. Mittlerer Körper, frisch strukturiert, grüner Apfel, salzig-zitronig im Nachhall.

91 Sauvignon Blanc * 2021
12,5 Vol.-%, DV, Stahltank, €€€
Helles Grüngelb, Silberreflexe. Floral unterlegte weiße Tropenfrucht, zart nach Stachelbeeren, Nuancen von Grapefruitzesten. Schlank, saftig und frisch strukturiert, lebendige Säurestruktur, zitronig im Nachhall, rund und zugänglich.

93 Morillon * Ried Oberglanzberg 2020
13 Vol.-%, NK, großes Holzfass, €€€€€
Helles Goldgelb, Silberreflexe. Feine gelbe Mango-Birnen-Frucht, zart nach Karamell, einladendes Bukett. Saftig, elegant, weißes Kernobst, ausgewogener Säurebogen, feine Apfelfrucht im Nachhall, elegant, gut anhaftend, sicheres Reifepotenzial.

92 Morillon * 2021
13 Vol.-%, DV, großes Holzfass, €€€
Helles Grüngelb, Silberreflexe. Zart nach Mandarinenzesten, feine Anklänge von weißem Kernobst, ein Hauch von Blütenhonig. Saftig, elegant, weißer Apfel, mineralisch und straff, zitronige Aspekte im Abgang, bereits entwickelt, ein lebendiger Speisenbegleiter.

(92) Gelber Muskateller * Gamlitz 2021
12,5 Vol.-%, DV, Stahltank, €€€
Sehr helles Goldgelb, Silberreflexe. Zart nach Limettenzesten, Anklänge von Holunderblüten, mit gelben Fruchtnuancen unterlegt. Knackig, weiße Tropenfrucht, frischer Säurebogen, zitronig-salzig, würzig im Abgang, ein lebendiger Sommerwein mit Reifepotenzial.

90 Gelber Muskateller * 2021
11,5 Vol.-%, DV, Stahltank, €€€
Helles Gelbgrün, Silberreflexe. Florale Nuancen, zart nach Holunderblüten, etwas Litschis, Grapefruitzesten. Schlank, weißer Pfirsich, frisch strukturiert, zitronig-mineralisch, lebendiger Sommerwein.

(92) Grauburgunder * 2021
13 Vol.-%, DV, großes Holzfass, €€€
Helles Goldgelb, Silberreflexe. Feine Orangenzesten, gelbes Kernobst, zarte Gewürznuancen, ein Hauch von Blütenhonig. Komplex, saftig, dezente Fruchtsüße, zarter Säurebogen, mineralischer Nachhall, mittlere Länge, bietet unkompliziertes Trinkvergnügen.

91 Roter Muskateller 2021
12 Vol.-%, DV, Stahltank, €€€
Helles Gelb mit zartem rötlichem Touch. Ein Hauch von roten Beeren, Nuancen von Muskatnuss und Limetten, finessenreiches Bukett. Straff, grüner Apfel, frisch strukturiert, saftig und anhaftend, ein lebendiger Terrassenspaß und feiner Speisenbegleiter.

*** Südsteiermark DAC**

WEINGUT WARGA-HACK
8441 Sankt Andrä im Sausal
Höch 60
T: +43 (664) 9216956
biowein@warga-hack.at
www.warga-hack.at

Kellermeister: Rainer Hack
Kontakt: Jasmin und Rainer Hack
Anbauweise: Biodynamisch (Demeter)
Produktion: 10 Hektar
Messen: Millésime Bio, VieVinum, Karakterre, 501 Bio-Dyn

★★

WEINGUT WARGA-HACK

BIO

Jasmin und Rainer Hack wissen um die Einzigartigkeit ihrer Weingärten im Sausal, einer geologischen Besonderheit in der Südsteiermark. Nur hier findet man phyllitischen Schiefer, der bis zu 350 Millionen Jahre alt ist. Ausschließlich Handarbeit, biodynamische »Demeter«-Kreislaufwirtschaft und hohe Biodiversität in den Weingärten mit ihren über 40 Jahre alten Rebstöcken zeichnen das Weingut aus. Primärfrucht sucht man bei Warga-Hack vergeblich. Die extrem steilen Schieferlagen in Kitzeck und am Demmerkogel, zur Hälfte in Terrassen angelegt, verleihen den Rieslingen, Sauvignon Blancs und Burgundern aus den Rieden Römerstraße, Pistor und Wilhelmshöhe eine unverwechselbare rauchige Mineralik.

93 Welschriesling SC 420-68-400 Phyllit 2019
12 Vol.-%, NK,DIAM, Holzfass, €€€€€
Leuchtendes, zart getrübtes Orangegold. Zart kräuterwürzig unterlegte feine Birnenfrucht, ein Hauch von Orangenmarmelade, etwas Walnuss im Hintergrund. Mittlerer Körper, frische Apfelfrucht, angenehmer Säurebogen, ein Hauch von Rancio und Nougat im Finale, vielseitiger Speisenbegleiter.

93 Muskateller SC 442-62-470 2020
11 Vol.-%, NK, Holzfass, €€€€€
Leuchtendes, zart getrübtes Orangegold, Silberreflexe. Frische Marillenkonfitüre, Nuancen von Kumquats, Blütenhonig, attraktives Bukett. Straff, leichtfüßig, Mandarinentouch, feiner Gerbstoff, mineralisch und anhaftend, gewürzige Nuancen im Nachhall, vielseitig einsetzbar.

92 Morillon 703-48-540 Schiefer 2020
12,5 Vol.-%, DV, Stahltank, €€€
Zart getrübtes Grüngelb, Silberreflexe. Feine Nuancen von gelbem Kernobst, zart nach Birne und Banane, hefiger Touch, zarte Schieferwürze. Weißer Apfel, frisch strukturiert, leichtfüßig und animierend, zarte salzige Nuancen im Abgang, ein schlanker, sommerlicher Speisenbegleiter.

92 Riesling 680-71-490 Quarzit 2019
12 Vol.-%, NK,DIAM, Holzfass, €€€€€
Leuchtendes, zart getrübtes Goldgelb. Zart nach Dörrmarillen, Nuancen von Tropenfrucht, zart nussiger Touch, kandierte Orangenzesten im Hintergrund. Straff, leichtfüßig, weißer Pfirsich, rassige Struktur, salzig-mineralisch im Abgang, individueller, lebendiger Stil.

91 Weißburgunder 703-45-540 Schiefer 2020
11 Vol.-%, DV, Stahltank, €€€
Zart getrübtes Grüngelb, Silberreflexe. Kandierte Orangenzesten, weißer Pfirsich, floraler Touch, einladendes Bukett. Engmaschig, grüner Apfel, rassige Säurestruktur, zitronig-salzig im Abgang, mittlere Länge, ein knackiger Sommerwein.

WEINGUT WRUSS

NEU

Das Weingut Wruss liegt in idyllischer Lage auf einem kleinen Bergplateau am Kranachberg, wo sich die Familie Wruss bereits in dritter Generation dem Weinbau widmet. Die neun Hektar Weingärten liegen ausschließlich auf den kalkhaltigen Sandböden des Kranachbergs. Sein günstiges Mikroklima und das besondere Terroir verleihen den Weinen ihre typische Mineralik. Die steilen Hänge werden von der Familie das ganze Jahr in liebevoller Handarbeit bewirtschaftet und die Trauben im Herbst mit der Hand gelesen.
Im Keller entstehen elegante und feingliedrige Weine, die ihre einzigartige Kranachberger Herkunft widerspiegeln. Das Sortiment umfasst die typisch steirischen Sorten Sauvignon Blanc, Gelber Muskateller, Weißburgunder, Welschriesling und Grauburgunder. »Bodenständigkeit, Weitblick und die nachhaltige Arbeit im Einklang mit der Natur sind die besten Voraussetzungen, um authentische und elegante Weine von höchster Qualität zu erzeugen«, so der Winzer Johannes Wruss.

93 Sauvignon Blanc * Ried Kranachberg 2019
13,5 Vol.-%, DV, großes Holzfass, €€€€
Helles Gelbgold, Silberreflexe. Reife gelbe Tropenfrucht, ein Hauch von Guaven und Mango, etwas Blütenhonig, kandierte Mandarinenzesten. Komplex, weiße Frucht, zartes helles Karamell, gut integrierter Säurebogen, kalkige Nuancen im Abgang, zitroniger Touch, Limetten im Nachhall, bereits gut entwickelt.

92 Sauvignon Blanc * Gamlitz 2021
13,5 Vol.-%, DV, Stahltank, €€€€
Helles Grüngelb, Silberreflexe. Feine Nuancen von gelbem Steinobst, kandierte Orangenzesten, ein Hauch von Blüten-

WEINGUT WRUSS
8462 Gamlitz
Am Kranachberg 74
T: +43 (345) 356 12
post@weingut-wruss.at
www.weingut-wruss.at

Kellermeister/Kontakt:
Johannes Wruss
Produktion: 46.667 Flaschen
90 % weiß, 10 % rosé, 9 Hektar
Zertifiziert: Nachhaltig Austria
Messen: VieVinum

Katharina und Johannes Wruss

* Südsteiermark DAC

honig, einladendes Bukett. Saftig, elegant, kühle, stoffige Stilistik, feiner Säurebogen, mineralisch und anhaftend, ein guter Speisenbegleiter mit salzigem Nachhall.

90 Sauvignon Blanc * 2021
13 Vol.-%, DV, Stahltank, €€
Helles Gelbgrün, Silberreflexe. Zart nach Wiesenkräutern, weiße Tropenfrucht, etwas nach Litschis, Nuancen von Grapefruitzesten. Mittlerer Körper, weißer Apfel, frischer Säurebogen, mineralisch-zitronig, elegant und anhaftend, feiner salziger Nachhall.

92 Grauburgunder * Ried Kranachberg 2018
13,5 Vol.-%, DV, großes Holzfass, €€€€
Leuchtendes mittleres Goldgelb, Silberreflexe. Reife gelbe Tropenfrucht, ein Hauch von Birne, feine Kräuterwürze, kandierte Orangenzesten. Saftig, komplex, dezente Holzwürze, kraftvoller Stil, zart nach Karamell im Abgang, bleibt haften, ein vielseitiger Speisenbegleiter.

90 Gelber Muskateller * 2021
12 Vol.-%, DV, Stahltank, €€
Helles Gelbgrün, Silberreflexe. Zart nach Holunderblüten, feine gelbe Tropenfrucht, Noten von Maracuja, Limettenzesten. Leichtfüßig, traubig, zarte Apfelfrucht, frischer Säurebogen, zitronig-mineralisch, sommerlicher Speisenbegleiter.

89 Weißburgunder * Gamlitz 2020
13 Vol.-%, DV, großes Holzfass, €€€

★★★★

WEINGUT WOHLMUTH

Seit 1803 keltert die Familie Wohlmuth im südsteirischen Kitzeck im Sausal, dem höchstgelegenen Weinbauort Österreichs, ihre Weine. Sehr viel hat sich seither an ihrer Arbeit im Weingarten nicht geändert: Nach wie vor müssen die massiven Schiefersteine der Bodenoberfläche mit Hämmern klein geschlagen werden, und jeder einzelne Rebstock muss mühselig in den kargen Boden gearbeitet werden. Aufwendigste Handarbeit – vom Rebschnitt über die gesamte Laubarbeit bis hin zur selektiven Handlese – ist die Basis der Qualität der Weine. Der Umgang mit natürlichen Ressourcen ist von Respekt geprägt, was einen Verzicht auf Herbizide und Insektizide selbstverständlich macht. Bewässerung gibt es hier keine, und die steilsten Einzellagen werden nach wie vor mit der Sense gemäht.
Die Weingärten liegen auf einer Seehöhe von 400 bis 600 Metern und zählen mit einer Steigung von bis zu 90 Prozent zu den steilsten Rebbergen Europas. Bis zu 1.200 Arbeitsstunden fließen jährlich in jeden Hektar dieser extremen Lagen, bis der fertige Wein in den Fässern liegt. Die prägnante Schiefermineralik findet sich in allen Weinen des Weinguts wieder und zeigt, wie fest der Rebstock mit dem vorherrschenden Boden in der Ortsappellation Kitzeck-Sausal verwurzelt ist.
Seit Generationen befinden sich einige der am frühesten erwähnten Einzellagen Österreichs im Besitz der Familie Wohlmuth, wie etwa die bereits 1322 urkundlich erwähnte Ried Edelschuh. Mit hohem Aufwand werden diese historisch bedeutsamen Einzellagen gepflegt und erhalten sowie teilweise mühselig rekultiviert. Diese Rieden sind letztendlich der Grundstock einer einzigartigen Qualität. Sie lassen Herkunftsweine entstehen, die durch das Spannungsverhältnis aus Wärme (illyrisches Klima, reife Trauben) und Kühle (alpiner Einfluss, karger Schieferboden, Höhenlage) geprägt sind.

93 ❺ Brut Nature NV
12 Vol.-%, NK, €€€€€ Ⓥ
Helles Gelbgold, Silberreflexe, feines, anhaltendes Mousseux. Feine Pfirsichfrucht, ein Hauch von Ananas, zart nach Biskuit und Limetten, mineralischer Touch. Straff, grüner Apfel, elegant und engmaschig, knackiger Stil, vinös und staubtrocken, salziger Touch, ein feiner Speisenbegleiter.

96 Sauvignon Blanc * Ried Edelschuh GSTK 2020
13 Vol.-%, NK, Holzfass/großes Holzfass, €€€€€€ Ⓥ
Helles Goldgelb, Silberreflexe. Zart nach Schiefer, Wiesenkräutern und weißer Tropenfrucht, zart mit Ananas und Grapefruitzesten unterlegt. Straff, engmaschig, feine Kernobstnuancen, lebendig und elegant, sehr gute Balance, seidiger Vieille-Vigne-Charakter, sicheres Reifepotenzial, bereits sehr verführerisch.

© KOENIGSHOFER MICHAEL

WEINGUT WOHLMUTH

8441 Kitzeck im Sausal
Fresing 24
T: +43 (3456) 2303
wein@wohlmuth.at
www.wohlmuth.at

Kellermeister/Kontakt:
Gerhard Wohlmuth
Produktion: 90 % weiß, 10 % rot, 65 Hektar
Zertifiziert: Nachhaltig Austria
Vereinszugehörigkeit:
WBV Sausal, Steirische Terroir- und Klassikweingüter
Messen: ProWein Düsseldorf, VieVinum, Vinexpo

Familie Wohlmuth

(95) Sauvignon Blanc * Ried Steinriegl 1STK 2021
13 Vol.-%, NK, gebrauchte Barriques, €€€€
Helles Gelbgrün, Silberreflexe. Feine gelbe Tropenfrucht, zart nach Ringlotte, feiner Pfirsich, dezenter Blütenhonig, vielschichtiges Bukett. Komplex, saftig, seidig und elegant, finessenreich strukturiert, ein Hauch von Steinobst, mineralisch und ausgewogen, ohne Ecken und Kanten, Limetten im Nachhall, bereits ungemein verführerisch.

(95) Sauvignon Blanc * Ried Sausaler Schlössl 2021
13 Vol.-%, NK, gebrauchte Barriques, €€€€€
Helles Gelbgrün, Silberreflexe. Zarte Kräuterwürze, weiße Tropenfrucht, etwas Pfirsich, feine Mineralik, dunkle Nuancen, zart nach Grapefruitzesten. Engmaschig, feine weiße Frucht, kühler Stil, feiner Säurebogen, zitronig-salzig, delikater, ausgewogener Stil, verfügt über Länge, bereits zugänglich.

95 Sauvignon Blanc * Ried Hochsteinriegl GSTK 2020
13 Vol.-%, NK, Holzfass/großes Holzfass, €€€€€
Helles Grüngelb, Silberreflexe. Einladende gelbe Tropenfrucht, zart nach Guaven, mit Ananas und etwas Limettenzesten unterlegt. Stoffig, weiße Frucht, zart nach Litschis, feiner Säurebogen, zitroniger Touch, seidige Textur, mineralisch-salziger Nachhall, bereits gut entwickelt und antrinkbar.

94 Sauvignon Blanc * Kitzeck-Sausal 2021
12,5 Vol.-%, DV, gebrauchte Barriques, €€€
Helles Grüngelb, Silberreflexe. Zart nach Pfirsich und reifen Stachelbeeren, ein Hauch von Grapefruit und Wiesenkräutern, einladendes Bukett. Saftig, komplex, engmaschig, weißer Apfel, feine Säurestruktur, sehr gut anhaftend, elegant und vielschichtig, perfekt balanciert, viel besser kann ein Ortswein kaum sein.

93 Sauvignon Blanc * 2021
12,5 Vol.-%, DV, Stahltank, €€€
Helles Gelbgrün, Silberreflexe. Floral unterlegte weiße Frucht, ein Hauch von weißen Stachelbeeren, feine Mineralik, ein Hauch von Orangenzesten, attraktiv. Saftig, elegant und ausgewogen, feine Fruchtsüße, weißer Pfirsich, mineralisch-zitronige Nuancen, typischer Sausaler Charakter, präzise und anhaftend. Tolles Preis-Leistung-Verhältnis.

93 Sauvignon Blanc * Meinhardt Hube 2021
12,5 Vol.-%, DV
Helles Grüngelb, Silberreflexe. Feine gelbe Apfelfrucht, zarte Wiesenkräuter, mineralisch, ein Hauch von Blütenhonig. Saftig, rund und ausgewogen, mittlerer Körper, feine Kernobstnuancen, dezenter Säurebogen, elegant und zugänglich, bereits gut entwickelt, sicheres Reifepotenzial.

92 Sauvignon Blanc * Schiefer 2021
12,5 Vol.-%, DV, Stahltank, €€€
Helles Gelbgrün, Silberreflexe. Feine gelbe Tropenfrucht, ein Hauch von Guaven und Mango, reife Stachelbeeren, floraler Touch. Saftig, elegant, finessenreich strukturiert, mineralisch, dezente Fruchtsüße im Abgang, feiner Speisenbegleiter mit salzigem Nachhall.

(94) Riesling * Ried Dr. Wunsch 2021
12,5 Vol.-%, NK, gebrauchte Barriques, €€€€
Helles Gelbgrün, Silberreflexe. Attraktive gelbe Tropen-

* **Südsteiermark DAC**

frucht, zart nach Ananas und Papaya, feiner Blütenhonig, mineralisch, zart nach Limettenzesten, facettenreiches Bukett. Komplex, weißer Pfirsich, feiner Säurebogen, ein Hauch von Fruchtsüße, salzig und anhaftend, sehr gutes Reifepotenzial.

94 Riesling * Ried Edelschuh GSTK 2020
13 Vol.-%, NK, gebrauchte Barriques, €€€€€€ Ⓥ
Mittleres Gelbgold, Silberreflexe. Feiner Blütenhonig, reifer Weingartenpfirsich, gelbe Frucht, ein Hauch von Ananas, zarte Mineralik. Elegant, saftig, weiße Frucht, feiner Säurebogen, ein Hauch von Salzkaramell im Abgang, ausgewogener Stil, lange anhaftend, mit Reifepotenzial ausgestattet.

93 Riesling * Kitzeck-Sausal 2021
12,5 Vol.-%, DV, gebrauchte Barriques, €€€ Ⓥ
Helles Gelbgrün, Silberreflexe. Zart nach Orangenzesten, frischer Pfirsich, ein Hauch von weißem Apfel, schiefrige Aspekte, ein Hauch von Blüten. Straff, weiße Frucht, finessenreicher Säurebogen, engmaschig und lebendig, mineralisch-zitroniger Touch im Nachhall, ein leichtfüßiger Speisenbegleiter.

94 Grauburgunder * Ried Gola 2020
12,5 Vol.-%, NK, großes Holzfass, €€€€ Ⓥ
Mittleres Grüngelb, Silberreflexe. Zart nach Wiesenkräutern, gelbe Apfelfrucht, ein Hauch von Schieferwürze, kandierte Orangenzesten. Saftig, elegant, feine Fruchtsüße, ausgewogen und mit einem Hauch von Honigmelone im Abgang, vielseitiger Speisenbegleiter mit Entwicklungspotenzial.

(92) Grauburgunder * Kitzeck-Sausal 2021
13 Vol.-%, DV, großes Holzfass, €€€ Ⓥ
Helles Grüngelb, Silberreflexe. Mittlerer Körper, weißes Kernobst, ein Hauch von Walnuss und frischen Orangenzesten. Mittlerer Körper, weißer Apfel, etwas Honigmelone, vom Schiefer engmaschig gehalten, feine reife Säure, sehr gastronomisch, bereits gut antrinkbar.

(94) Morillon * Ried Sausaler Schlössl 2019
13,5 Vol.-%, NK, gebrauchte Barriques/großes Holzfass, €€€€€ Ⓥ
Helles Goldgelb, Silberreflexe. Zart nach gerösteten Haselnüssen, ein Hauch von Birne und Marille, etwas Blütenhonig. Komplex, weiße Kernobstfrucht, ein Hauch von Karamell, elegant, gute Balance, zeigt gute Länge, saliner Touch im Rückgeschmack, Ananas im Nachhall.

93 Morillon * Ried Gola 2020
13 Vol.-%, NK, gebrauchte Barriques, €€€€ Ⓥ
Helles Grüngelb, Silberreflexe. Zart tabakig, ein Hauch von Walnuss, mit feinen Steinobstnuancen unterlegt, zart nach Honigmelone. Mittlerer Körper, frischer Apfel, finessenreiche Säurestruktur, elegant und gut anhaftend, ein toller Speisenbegleiter, verfügt über Reifepotenzial.

91 Morillon * 2021
12,5 Vol.-%, DV, Stahltank, €€€ Ⓥ
Helles Gelbgrün, Silberreflexe. Frische Birnenfrucht, ein Hauch von Gewürznelken und Wiesenkräutern, einladendes Bukett. Schlank, weißer Apfel, finessenreicher Säurebogen, zitronig-mineralischer Nachhall, lebendiger Begleiter bei Tisch.

(93) Gelber Muskateller * Ried Steinriegl 1STK 2021
12,5 Vol.-%, NK, gebrauchte Barriques, €€€€ Ⓥ
Helles Gelbgrün, Silberreflexe. Feine gelbe Fruchtnuancen, ein Hauch von gelbem Apfel, zarte Tropenfruchtnoten, noch etwas zurückhaltend im Bukett. Saftig, komplex, weißer Pfirsich, feiner Säurekern, salzige Mineralik, zeigt Länge, sicheres Reifepotenzial.

92 Gelber Muskateller * Schiefer 2021
12 Vol.-%, DV, Stahltank, €€€ Ⓥ
Helles Gelbgrün, Silberreflexe. Zarte weiße Pfirsichfrucht, ein Hauch von Wiesenkräutern, floraler Touch, Limettenzesten, zarte Muskatnote. Saftig, elegant, feine Fruchtsüße, salzig-schiefrige Nuancen, finessenreich und gut anhaftend, zitroniger Nachhall.

92 Gelber Muskateller * Kitzeck-Sausal 2021
12 Vol.-%, DV, großes Holzfass/Stahltank, €€€ Ⓥ
Helles Gelbgrün, Silberreflexe. Feine gelbe Tropenfrucht, ein Hauch von Holunderblüten, zart nach Ananas, mineralischer Touch. Straff, elegant, weiße Apfelfrucht, frischer Säurebogen, knackig und präzise, feine saline Nuancen im Nachhall, vielseitig einsetzbar.

91 Gelber Muskateller * 2021
12 Vol.-%, DV, Stahltank, €€€ Ⓥ
Helles Gelbgrün, Silberreflexe. Zarter Muskatton, dunkelmineralischer Touch, feine weiße Tropenfrucht, ein Hauch von Limetten. Mittlerer Körper, leichtfüßig, feine Fruchtsüße, ein Hauch von Pfirsich, zitronig-mineralischer Touch, salziger Rückgeschmack.

93 Gewürztraminer * 2020
13,5 Vol.-%, DV, Stahltank, €€€ Ⓥ
Mittleres Gelbgrün, Silberreflexe. Feine Noten von Eibischteig, zart nach Marshmallows, Nuancen von Litschis, typisches, nicht zu intensives Bukett. Eleganter trockener Stil, feine weiße Tropenfrucht, feine Mineralik im Abgang, feinwürzig, gute Länge, verfügt über Entwicklungspotenzial.

93 Weißburgunder * Ried Gola 2020
13 Vol.-%, NK, großes Holzfass, €€€€ Ⓥ
Helles Gelbgrün, Silberreflexe. Mineralisch, feine weiße Frucht, ein Hauch von Honigmelone, frische Orangenzesten, dunkle Mineralik. Saftig, feine Fruchtsüße, ausgewogen, zarter Blütenhonig, elegant und anhaftend, zart nussiger Nachhall, gutes Reifepotenzial.

92 Weißburgunder * 2021
13 Vol.-%, DV, Stahltank, €€ (V)
Helles Gelbgrün, Silberreflexe. Zarte gelbe Apfelfrucht, ein Hauch von frischer Birne und Orangenblüten. Saftig, weißes Kernobst, frisch strukturiert, mineralisch-salzig im Abgang, zitronige Nuancen im Rückgeschmack.

92 * Steirischer Panther 2021 CH/SB/RR/PG/GM
12,5 Vol.-%, DV, Stahltank, €€ (V)
Helles Gelbgrün, Silberreflexe. Zart nach Golden-Delicious-Apfel, ein Hauch von weißen Blüten und Orangenzesten, einladendes Bukett. Saftig, elegant, feine Apfelnuancen, finessenreich strukturiert, mineralisch im Abgang, ein leichtfüßiger Speisenbegleiter.

92 Chardonnay * Schiefer 2021
12,5 Vol.-%, DV, Stahltank, €€€ (V)
Helles Gelbgrün, Silberreflexe. Nuancen von Golden-Delicious-Apfel, zart nach kandierten Orangenzesten, feine Tropenfruchtnoten, nach Ananas, einladendes Bukett. Engmaschig, saftig, feine Fruchtsüße, frisches Kernobst im Nachhall, zitroniger Rückgeschmack.

91 Welschriesling * 2021
11,5 Vol.-%, DV, Stahltank, €€ (V)
Helles Gelbgrün, Silberreflexe. Feine Nuancen von gelber Birne und Mango, ein Hauch von Wiesenkräutern, Zitruszesten. Straff, feiner weißer Apfel, knackig-frischer Stil, mineralisch-zitronig im Abgang, ein lebendiger Sommerwein.

(91) Blaufränkisch Red Nek 2020
13 Vol.-%, DV, gebrauchte Barriques, €€€ (V)
Kräftiges Rubingranat, violette Reflexe, dezente Ockerrandaufhellung. Brombeeren, schwarze Kirschen, kandierte Orangenzesten. Saftig, feine Zwetschkenfrucht, dezente Fruchtsüße, mineralisch, rote Kirschen, ein Hauch von Nougat im Abgang, feine Kräuterwürze im Nachhall.

★★

DOMAINE WOLF

Das Weingut Wolf befindet sich auf einem historischen Weinberg in Steinbach bei Gamlitz, dessen erste geschichtliche Erwähnung in Bezug auf Weinbau aus dem Jahr 1196 datiert – das war vor 824 Jahren. Nach Jahrhunderten der Verwüstung war der Weinberg kaum mehr als solcher zu erkennen. Erst 1950 wurde wieder auf kleinen Teilflächen mit Weinbau begonnen. Seit 2015 ist das Weingut im Besitz der Familie Wolf, die es sich zur Aufgabe macht, diesen Weinberg ingesamt »wach zu küssen«. Nach umfangreichen Drainage- und Verschubarbeiten entstand einer der wohl beeindruckendsten Weinberge im illyrischen Klima, der inzwischen 27 Hektar umfasst und eine optimale Exposition in geschlossener Formation aufweist.
Zusätzlich verfügt das Weingut über rund zehn Hektar Rebfläche in Deutschkreutz im Mittelburgenland, wo hochwertigste Rotweine aus Blaufränkisch, Merlot und Cabernet Sauvignon entstehen. Begleitet wird die Familie Andrea und Siegfried Wolf in der Südsteiermark vom Winzer Reinhard Muster und im Mittelburgenland von Albert Gesellmann, womit höchster Qualitätsstandard garantiert ist.

94 Chardonnay * Ried Hoch Sernau Reserve 2019
13,5 Vol.-%, NK, Barrique, €€€€€€
Leuchtendes Goldgelb, Silberreflexe. Feine Holzwürze, Nuancen von reifem Apfel, mit etwas Mango unterlegt, zart

DOMAINE WOLF
8462 Gamlitz
Steinbach 35
T: +43 (3453) 2300
admin@domainewolf.com
www.domainewolf.com

Kellermeister/Kontakt:
Reinhard Muster
Produktion: 27 Hektar

* Südsteiermark DAC

nach Karamell und Orangenzesten. Straff, engmaschig und mineralisch, Nuancen von weißer Frucht, feiner Säurebogen, salziger Abgang, bleibt lange haften, verfügt über sicheres Reifepotenzial.

93 Sauvignon Blanc * Ried Steinbach 2020
13,5 Vol.-%, VL, gebrauchte Barriques, €€€€€
Helles Grüngelb, Silberreflexe. Zarte Wiesenkräuter, gelbe Stachelbeerfrucht, zart nach Cassis, ein Hauch von Grapefruitzesten, einladendes Bukett. Komplex, dunkle Beerenfrucht, zarte Würze, frisch strukturiert, saliner Nachhall, guter Druck im Abgang, Minze und Zitronenmelisse im Nachhall, Stachelbeerfrucht im Rückgeschmack.

92 Grauburgunder * Ried Steinbach 2020
12,5 Vol.-%, VL, Teilbarrique, €€€€€
Helles Goldgelb, Silberreflexe. Feine Kräuterwürze, ein Hauch von gelber Birnenfrucht, tabakige Nuancen, kandierte Orangenzesten. Mittlerer Körper, feine Nuancen von weißem Kernobst, feiner Säurebogen, salzig-zitronig, bleibt haften, ein vielseitiger Speisenbegleiter.

(95) Blaufränkisch Mittelburgenland DAC Ried Hochberg Reserve 2018
14,5 Vol.-%, NK, Barrique, €€€€€€
Dunkles Rubingranat, violette Reflexe, dezente Ockerrandaufhellung. Mit kandierten Orangenzesten und dunklen Beeren unterlegte Edelholznote, feines Nougat, reife Zwetschken im Hintergrund. Saftig, komplex, reife Herzkirschen, finessenreicher Säurebogen, feine, reife Tannine, zarter Schokotouch im Abgang, gutes Reifepotenzial.

93 Blaufränkisch Mittelburgenland DAC 2018
14,5 Vol.-%, NK, kleines Holzfass, €€€€€
Dunkles Rubingranat, opaker Kern, violette Reflexe, breitere Ockerrandaufhellung. Feine Edelholznote, reife Zwetschken, zart nach Brombeerkonfitüre und Lakritze, einladendes Bukett. Saftig, elegant, reife Kirschen, gut integrierte Tannine, stoffig und frisch im Abgang, ein saftiger Speisenbegleiter mit mineralischem Abgang.

92 Pannonica 2018 ZW/BF/ME
14 Vol.-%, DV, gebrauchte Barriques, €€€
Kräftiges Rubingranat, violette Reflexe, dezente Ockerrandaufhellung. Zarte Kräuterwürze, schwarze Kirschen, ein Hauch von Brombeeren, mit etwas Lakritze unterlegt. Saftig, elegant und frisch, feine Tannine, mineralisch-zitroniger Touch, ein lebendig-würziger Speisenbegleiter.

★★★★

EWALD ZWEYTICK WEIN

Ewald Zweytick ist Winzer aus Ratsch in der Südsteiermark und bewirtschaftet insgesamt elf Hektar Weingärten, die sich auf die Lagen Ried Stermetzberg, Sulz, Ried Höllriegl am Alten Pfarrweingarten in Gamlitz und den Witscheiner Herrenberg aufteilen. Seine Hauptsorten sind Sauvignon Blanc, Gelber Muskateller und Weißburgunder. Weiters baut er Welschriesling, Chardonnay und Grauburgunder an. Seit 2021 führt er auch einen Zweigelt Rosé im Repertoire. Mit großer Passion widmet er sich seinen Lagenweinen »Don't Cry« (Sauvignon Blanc), »November Rain« (Chardonnay) und »Tosca« (Grauburgunder). Seit 2008 beschäftigt er sich auch mit intrazellulärer Vergärung – Resultat ist sein »Heaven's Door«.
Genauso geradlinig wie der Mensch Ewald Zweytick ist auch seine Arbeit, vor allem, wenn es um seinen Lieblingswein geht: »Dass mein Herz generell für den Sauvignon Blanc

schlägt, weiß jeder, der mich kennt. Obwohl diese Weine generell jung getrunken werden, ist es mir ein Anliegen, langlebige, volle Weine zu produzieren.«

98 Sauvignon Blanc * Ried Stermetzberg Heaven's Door 2019
14 Vol.-%, NK, Barrique, €€€€€€
Leuchtendes mittleres Grüngelb, Silberreflexe. Mit Minze und Zitronenmelisse unterlegte Nuancen von Litschis, Weiße Johannisbeeren, auch rotbeerige Noten, floralätherisch unterlegtes Bukett. Straff, engmaschig, weiße Tropenfrucht, wirkt relativ leichtfüßig, salzig und anhaftend, gute Frische, tolle Länge, delikater Stil, bereits antrinkbar, sicheres Entwicklungspotenzial.

95 Sauvignon Blanc * Ried Stermetzberg Don't Cry 2019
13,5 Vol.-%, NK, Barrique, €€€€€€
Mittleres Gelbgrün, Silberreflexe. Feine weiße Tropenfrucht, ein Hauch von Stachelbeeren, zarte Holznuancen, etwas Vanille und Nougat, einladendes Bukett. Komplex, saftig, feine gelbe Pfirsichfrucht, gut integrierter Säurebogen, mineralisch-salzig im Nachhall, gute Länge, sicheres weiteres Reifepotenzial.

94 Sauvignon Blanc * Gamlitz Ried Höllriegl am Alten Pfarrweingarten 2020
13,5 Vol.-%, DV, großes Holzfass, €€€€€
Mittleres Grüngelb, Silberreflexe. Zart nach Limettenzesten und feiner Kräuterwürze, rauchige Nuancen, mit gelber Tropenfrucht und Paprikaschoten unterlegt. Straff, elegant, weißer Pfirsich, feiner Säurebogen, mineralisch-salzig im Abgang, bleibt haften, kühler Stil, bereits zugänglich, sicheres Reifepotenzial.

93 Sauvignon Blanc * Ehrenhausen 2020
13 Vol.-%, DV, großes Holzfass, €€€€€
Mittleres Grüngelb, Silberreflexe. Mit Kumquats unterlegte gelbe Tropenfrucht, zart nach Mango und Papaya, etwas Blütenhonig, reife Stachelbeeren im Hintergrund. Saftig, kraftvoll und elegant, reife Mangofrucht, dezente Süße im Abgang, gute Länge und Frische, ein facettenreicher Speisenbegleiter, dunkle Würze im Nachhall.

92 Sauvignon Blanc * 2021
13 Vol.-%, DV, Stahltank, €€€
Helles Grüngelb, Silberreflexe. Zart nach Stachelbeeren, dazu weißer Pfirsich und Grapefruitzesten, mit feinen Wiesenkräutern unterlegt. Mittlere Komplexität, weiße Frucht, straff und mineralisch, feine Fruchtsüße im Abgang, Steinobst im Nachhall, bereits gut antrinkbar, salziger Nachhall.

94 Chardonnay * Ried Stermetzberg November Rain 2019
14 Vol.-%, NK, Barrique, €€€€€€
Leuchtendes Goldgelb, Silberreflexe. Feines Nougat, ein Hauch von frischen Guaven, Anklang von gelber Tropenfrucht, zart nach Litschis und Blütenhonig, exotisches Bukett. Saftig, kraftvoll, frische Quitten, dezente Holzwürze, mineralisch und anhaftend, zeigt sehr gute Länge, zartes Karamell im Nachhall.

EWALD ZWEYTICK WEIN
8461 Ratsch an der Weinstraße
Ratsch an der Weinstraße 102
T: +43 (664) 2109189
office@ewaldzweytick.at
www.ewaldzweytick.at

Kellermeister/Kontakt:
Ewald Zweytick
Produktion: 95 % weiß, 5 % rosé, 11 Hektar
Messen: VieVinum

Muskateller

93 Chardonnay * Ehrenhausen 2020
13 Vol.-%, DV, großes Holzfass, €€€€
Leuchtendes Goldgelb, Silberreflexe. Frische Orangenzesten, ein Hauch von Mango und Apfel, feine tabakige Nuancen, zart nach Nougat. Saftig, elegant, ein Hauch von Fruchtsüße, ausgewogen, Golden-Delicious-Apfel im Abgang, zeigt gute Länge, ein stoffiger Begleiter bei Tisch.

94 Grauburgunder * Ried Stermetzberg Tosca 2019
13,5 Vol.-%, NK, Barrique, €€€€€€
Mittleres Goldgelb, Messingreflexe. Feine Kräuterwürze, Kumquats, gelbe Tropenfrucht, feiner Kräuteranklang, zart nach Blütenhonig. Saftig, elegant, zart nach Mango und Ananas, frischer Säurebogen, mineralisch, helles Karamell im Abgang, gute Länge, ein facettenreicher, bereits gut entwickelter Speisenbegleiter.

93 Gelber Muskateller * Ried Witscheiner Herrenberg 2019
12,5 Vol.-%, NK, großes Holzfass, €€€€€
Leuchtendes mittleres Grüngelb, silberfarbene Reflexe. Frische Kräuterwürze, kandierte Grapefruitzesten, etwas Mango, feiner Blütenhonig, facettenreiches, einladendes Bukett. Saftig, kraftvoll, feine gelbe Frucht, zarte fruchtige Süße, finessenreich und balanciert, mineralisch-salzig, gute Länge, sicheres Reifepotenzial.

92 Gelber Muskateller * Gamlitz Ried Höllriegl am Alten Pfarrweingarten 2020
11,5 Vol.-%, DV, großes Holzfass, €€€€€
Helles Gelbgold, Silberreflexe. Zart nach Muskatnuss, etwas Litschis, florale Noten, Limettenzesten klingen an. Saftig, weiße Tropenfrucht, ein Hauch von Pfirsich, frisch strukturiert, mineralisch und straff, leichtfüßig und trinkanimierend, salziger Nachhall, feine Stilistik.

90 Gelber Muskateller * 2021
12 Vol.-%, DV, Stahltank, €€
Helles Grüngelb, Silberreflexe. Zart nach Muskatnuss, florale Nuancen, etwas Holunderblüten, Limettenzesten, feines Bukett. Mittlerer Körper, elegant, weißer Apfel, feines Säurespiel, salziger Touch, ein lebendiger Sommerwein.

92 Weißburgunder * 2021
13 Vol.-%, DV, Stahltank, €€
Helles Gelbgrün, Silberreflexe. Zarte Wiesenkräuter, weißer Apfel, dezenter Orangentouch, etwas Blütenhonig. Saftig, elegant, gelber Apfel, zart würzig im Abgang, zitronige Nuancen im Rückgeschmack, ein vielseitiger Speisenbegleiter mit Reifepotenzial.

89 Welschriesling * 2021
11,5 Vol.-%, DV, Stahltank, €€

PLATZ FÜR IHRE
WEINNOTIZEN

Straden im Süden der Region liegt hoch auf einem erloschenen Vulkan

© WSNA

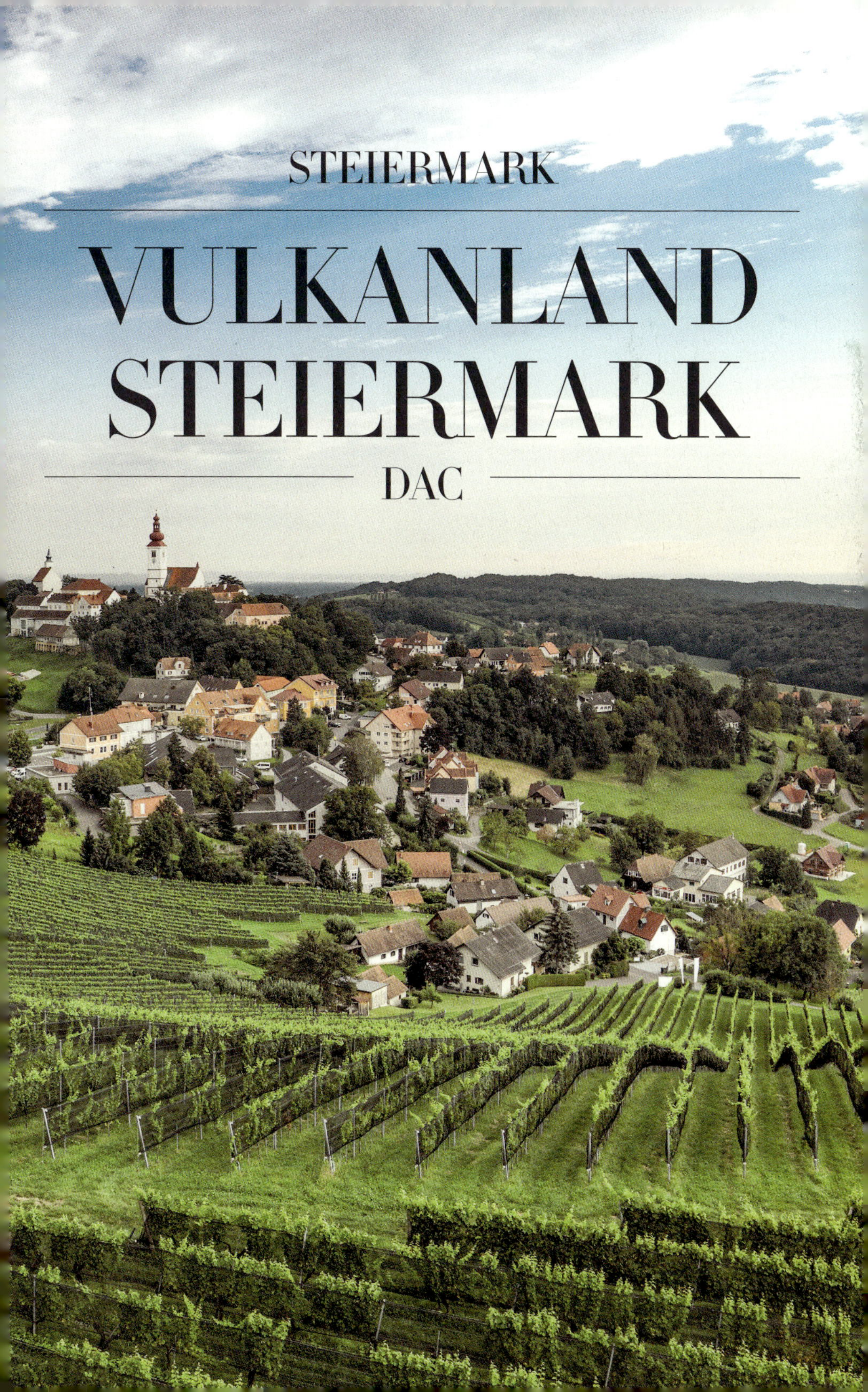
STEIERMARK
VULKANLAND
STEIERMARK
DAC

Burgruine Klöch am Klöcher Traminerweg

VULKANISCHE KLIPPEN, UNVERWECHSELBARE WEINE

Viele kleine Weininseln prägen das Weinbaugebiet Vulkanland Steiermark, vor allem an den Hängen erloschener Vulkane, die dem Landschaftsbild seine Eigenart verleihen. Es werden 1.524 Hektar Rebfläche bewirtschaftet, in konzentrierter Form rund um die Orte Klöch, St. Anna am Aigen und Straden.

Eine Rebsorte hat im Vulkanland Steiermark DAC besonderes Flair: der hocharomatische Traminer, in allen Spielarten. Bevorzugte Vermarktungsform ist dabei die Buschenschank. Die Region war über Jahrhunderte hinweg immer wieder heiß umstrittenes Grenzland, davon zeugen befestigte Burgen und Schlösser auf hoch aufragenden Basaltklippen. Heute sind die Grenzen offen, die Riegersburg, Schloss Kapfenstein und andere herrschaftliche Ansitze werden zu Schauplätzen friedlicher kultureller oder vielfach auch weinkulinarischer Ereignisse. Für solche bietet das Weinbaugebiet auch genügend Auswahl, denn eine Sortenvielfalt wie hier ist nur in wenigen anderen Weinbaugebieten anzutreffen: Welschriesling, Chardonnay beziehungsweise Morillon, Weiß- und Grauburgunder, Gelber Muskateller, Traminer, Sauvignon Blanc und sogar Riesling auf der weißen Seite, ergänzt von interessanten Rotweinen, vorzugsweise aus Blauem Zweigelt, aber auch anderen Rebsorten wie St. Laurent, Merlot oder Blauburgunder. Verbindendes Element ist eine feine, mineralische Würze, die auf die besonderen geologischen Bedingungen zurückzuführen ist.

Vier Weinstraßen führen durch die reizvolle Hügellandschaft, einen guten Überblick über die Produktion bietet die Gesamtsteirische Vinothek in St. Anna am Aigen, belieb-

te touristische Ziele sind die Thermenorte entlang der vulkanischen Bruchlinie. Die Zahl engagierter junger Winzer wächst, der Großteil des Weins wird in den Hunderten Buschenschanken verkauft. Die Ortsweine im neuen DAC-System kommen aus Oststeiermark, Riegersburg, Kapfenstein, St. Anna, Straden, Tieschen, Klöch und St. Peter. Eine Besonderheit innerhalb des neuen DAC-Regulativs ist wiederum der Traminer, der im Gegensatz zu den anderen Sorten auch etwas mehr Restzucker haben darf und als Ortswein in Klöch auch halbtrocken oder als Prädikatswein als DAC-Wein gefüllt werden darf. Klimatisch macht sich in der Region der Übergang vom heißen, trockenen pannonischen zum feuchtwarmen Mittelmeerklima stark bemerkbar. Die Reben wachsen vielfach auf warmen Böden aus Vulkanerde, Basalt, Sand, Lehm und Verwitterungsgestein.

AUSGEWÄHLTE WEINGÜTER

★★★★★

Weingut Neumeister, Straden

★★★★

Weingut Frauwallner, Straden
Weingut Krispel, Hof bei Straden

★★★

Weingut Frühwirth, Klöch
Weingut Pfeifer, Sankt Anna am Aigen
Ploder-Rosenberg, St. Peter am Ottersbach
Josef Scharl – Charakterweine, St. Anna am Aigen
Weingut Winkler-Hermaden, Kapfenstein

★★

Weingut Engel, Tieschen
Weinhof Gollenz, Tieschen
Müller Klöch, Klöch
Weinhof Platzer, Tieschen
Weingut Trummer, St. Veit in der Südsteiermark

★

Weinerlebnis Martin Wippel, Riegersburg

★★

WEINGUT ENGEL

Was macht man nicht alles aus Liebe? Man sucht nach Worten, schreibt Gedichte, komponiert Lieder, reist an entlegene Orte – oder macht einfach Wein. Die Liebe ist die Triebfeder für die Familie Engel – die Liebe zu den Rebstöcken und die Liebe zum Handwerk.
Der Engelhof hatte im Weinmachen keine große Tradition. Und am Anfang war es nicht mehr und nicht weniger als eine von Simon Engels verrückten Ideen, die zu stark war, um sie wieder loszuwerden.
Über die Jahre hat die Idee Gestalt angenommen und wurzelt nun tief in den vulkanischen Verwitterungsböden rund um den Königsberg. Die Weine des Hauses sind für die Engels Momentaufnahmen, in Flaschen gefüllt. Sie sind ihre Idee von Freiheit und Entwicklung. Der Boden, auf dem das geschieht, ist der Rahmen, der Wein ist sein Bild.

91 Riesling Brut 2020
13 Vol.-%, NK, Flaschengärung, €€€€
Helles Gelbgrün, Silberreflexe, lebendiges, anhaltendes Mousseux. Weiße Blüten, frisches Steinobst, ein Hauch von Limetten, attraktives Bukett. Stoffig, zarter grüner Apfel, trockene Stilistik, zitronig-salzig im Abgang, mineralischer Nachhall, wird von Flaschenreife profitieren.

90 Riesling PET NAT 2021
12 Vol.-%, KR, Flaschengärung, €€€
Getrübtes Gelbgrün, Silberreflexe, zarte Perlage. Frische gelbe Pfirsichnuancen, ein Hauch von Mango und Honigmelone, mit Limettenzesten unterlegt. Frisch, zitronig, mineralischer Kern, Limettenzesten auch im Nachhall, lebendiger Sommerspaß.

93 Sauvignon Blanc * Ried Seindl 2020
13 Vol.-%, DIAM, gebrauchte Barriques, €€€€
Mittleres Grüngelb, Silberreflexe. Zarte Cassisnote, unterlegt mit Blütenhonig, ein Hauch von weißem Steinobst, Tabakwürze, nussige Nuancen. Saftig, gute Komplexität, salzig, fruchtsüß, nach Maracuja, mineralischer Nachhall, facettenreiche Säurestruktur, Holzwürze klingt an, vielschichtiger Speisenbegleiter.

90 Sauvignon Blanc * 2021
13 Vol.-%, DV, Stahltank, €€
Helles Grüngelb, silberfarbene Reflexe. Zart nach Cassis und weißem Kernobst, etwas nach Sternanis, ein Hauch von Kumquats. Saftig, extraktsüß, feine gelbe Tropenfrucht, ein Hauch von Melisse, feinwürziger Nachhall, bereits gut antrinkbar.

93 Riesling Traminer Schale 2020
12,5 Vol.-%, DIAM, Amphore/gebrauchte Barriques, €€€€
Leuchtendes Gold, Bernsteinreflexe. Feine Eibischnoten, unterlegt mit Rosenöl, etwas nach reifen Orangen, mit Kardamom und Wiesenkräutern unterlegt. Saftig, engmaschig, salzig-mineralisch, facettenreiche Säurestruktur, roter Apfel im Abgang, würziger Nachhall, sicheres Potenzial.

93 Muscaris Beerenauslese 2020
11 Vol.-%, DV, Stahltank, €€€€
Helles Gelbgold, Silberreflexe. Intensive weiße Tropenfrucht, ein Hauch von Maracuja, weiße Blüten, etwas Gin Fizz, einladendes Bukett. Saftig, fruchtig, elegant, feiner Säurebogen, ein lebendiger Süßweinstil, auch als Aperitif gut einsetzbar.

WEINGUT ENGEL
8355 Tieschen
Pichla 20
T: +43 (3475) 2533
engel@engelweine.at
www.weingut-engel.at

Kellermeister/Kontakt:
Simon Engel
Anbauweise: Umstellung auf bio
Produktion: 100 % weiß
Vereinszugehörigkeit:
Winzer Vulkanland Steiermark DAC, TAU-Winzer

WEINGUT FRAUWALLNER
8345 Straden, Karbach 7
T: +43 (3473) 7137
weingut@frauwallner.com
www.frauwallner.com

Kellermeister/Kontakt: Walter Frauwallner
Produktion: 90 % weiß, 4 % rosé, 4 % rot, 2 % süß, 30 Hektar
Zertifiziert: Nachhaltig Austria
Vereinszugehörigkeit: Steirische Terroir- und Klassikweingüter, Winzer Vulkanland Steiermark DAC
Messen: ÖGW Zürich, ProWein Düsseldorf, VieVinum, DAC-Präsentationen

Petra und Walter Frauwallner

★★★★

WEINGUT FRAUWALLNER

Auf dem Weingut Frauwallner sprechen Winzer und Wein eine klare Sprache: Die Trauben stammen zu 100 Prozent aus dem Vulkanland Steiermark, die Weingartenpflege erfolgt mit viel Handarbeit, und jede einzelne Rebsorte wird auf ihre ganz individuelle Art vinifiziert. Ausschließlich Herkunftsweine werden hier produziert, und die Erfahrung sowie die Konsequenz von Walter Frauwallner führen zu einem Potpourri eigenständiger Charaktere, die gleichzeitig durch eine deutliche Handschrift und einen hohen regionalen Wiedererkennungswert gekennzeichnet sind. »Viel Wein im Glas, das Terroir klar erkennbar und immer mit Freude zu trinken«, so bringt der zweifache Familienvater seine Philosophie auf den Punkt und setzt diese auf beeindruckende Weise in drei Linien um.
Unter »Vulkanland Steiermark DAC« firmieren die klassisch im Stahltank vinifizierten Weine – einfach zu konsumieren, aber gleichzeitig elegant und facettenreich. Neu im Sortiment sind die »Stradener Ortsweine« – ausdrucksstarke Weine zwischen Gebietswein und Riedenwein. Und dann gibt es da noch die Weine der kalkigen 1STK Ried Stradener Rosenberg, der Ried Steintal und der basaltgeprägten Ried Altes Steinkreuz sowie die Weine aus dem Herzstück des Weinguts: der Große STK-Lage Ried Buch. Diese Tropfen zeigen sich tiefgründig und groß. Wer das Vulkanland Steiermark vinophil erleben will, kommt an diesen regionalen Botschaftern nicht vorbei.
Insbesondere Weiß- und Grauburgunder, Morillon, Sauvignon Blanc und Traminer haben das nationale und internationale Standing des familiengeführten Weinguts gefestigt. 100 Falstaff-Punkte im WeinGuide 2021/2022 für die Trockenbeerenauslese Gelber Muskateller Ried Stradener Rosenberg 2017 bestätigen diesen Weg.
Seit 2018 ist das Weingut Mitglied der »Steirischen Terroir und Klassikweingüter – STK«. Händisches Arbeiten, sensible Laubarbeit, Mengenreduzierung und selektive Traubenlese sind obligat. Den Ausbau bestimmen Geduld und Zeit. So entstehen in einem praktisch orientierten Keller fixe Weingrößen, deren unterschiedliche Zugänge eine spannende Gesamtpalette formen. Der Kar-

© KOENIGSHOFER MICHAEL

bacher Hofladen des Weinguts steht für Verkostungen bereit.

95 Morillon * Ried Buch GSTK 2020
13,5 Vol.-%, NK,DV, 500-l-Fass, €€€€€
Helles Goldgelb, Silberreflexe. Zart nach Nougat, feines Karamell, reife gelbe Tropenfrucht, Nuancen von Mandarinenzesten. Saftig, elegant, feine Nuancen von weißer Frucht, ein Hauch von Weingartenpfirsich, feine Würze vom Basalt, saliner Nachhall, frisch und lange anhaftend, sicheres Reifepotenzial.

93 Morillon * Straden 2021
13 Vol.-%, DV, Eichenfass/Stahltank, €€€€
Helles Goldgelb, Silberreflexe. Zart tabakig, ein Hauch von Birne, gelbem Apfel und Orangenzesten, einladendes Bukett. Straff, elegant, finessenreich strukturiert, ein Hauch von Karamell, feine Tropenfrucht nach Papaya, feine Holznuancen, ausgewogen, bleibt haften, zart salziger Nachhall, bereits gut antrinkbar.

92 Morillon * 2021
13 Vol.-%, DV, Stahltank, €€
Helles Gelbgrün, Silberreflexe. Feine Kräuterwürze, ein Hauch von gelbem Apfel, zart nach Mango, dazu etwas Orangenzesten, einladendes Bukett. Saftig, feinfruchtig, zarte Süße, elegant und mit angenehmer Frische unterlegt, feiner Blütenhonig im Nachhall.

95 Sauvignon Blanc * Ried Buch GSTK 2020
13,5 Vol.-%, NK,DV, Eichenfass, €€€€€ Ⓑ
Helles Goldgelb, Silberreflexe. Zart floral unterlegte Kräuterwürze, ein Hauch von Nougat und dunklen Beeren, zart nach kandierten Grapefruitzesten, mit etwas Mokka unterlegt. Würzig, komplex, finessenreiche Struktur, salzig-zitronig, dunkles Nougat-Toffee im Nachhall, sehr gute Länge, individueller Stil.

(93) Sauvignon Blanc * Straden 2021
13 Vol.-%, DV, Stahltank/Eichenfass, €€€€
Helles Gelbgrün, Silberreflexe. Zart nach gelber Tropenfrucht, ein Hauch von Pfirsich, florale Noten, zarte Kräuterwürze, Nuancen von Cassis. Straff, elegant, feine Noten von weißer Frucht, angenehmer Säurebogen, ein Hauch von Holz, mineralisch und gut anhaftend, zeigt Länge, verfügt über Reifepotenzial.

92 Sauvignon Blanc * 2021
12,5 Vol.-%, DV, Stahltank, €€€
Helles Gelbgrün, Silberreflexe. Feine Stachelbeernoten, feine gelbe Tropenfrucht, ein Hauch von Cassis. Straff, elegant, feine Fruchtsüße, gut integrierte Säurestruktur, zitroniger Touch, elegant und bereits sehr gut entwickelt.

94 Weißburgunder * Ried Buch GSTK 2020
13 Vol.-%, NK,DV, 500-l-Fass, €€€€€
Mittleres Grüngelb, Silberreflexe. Zarte Röstaromen, ein Hauch von Karamell, gelbe Birnenfrucht, ein Hauch von Feigen und Kletzen, facettenreiches Bukett. Komplex, saftig, feine Fruchtsüße, zarte Holzwürze, feine Mineralik, sehr gute Länge, zarte Würze im Nachhall, sicheres Entwicklungspotenzial.

93 Weißburgunder * Straden 2021
13 Vol.-%, DV, 500-l-Fass/Stahltank, €€€€
Helles Grüngelb, Silberreflexe. Zart nach frischen Orangenzesten, ein Hauch von Birne, etwas Mango, einladendes Bukett. Saftig, gute Komplexität, feine weiße Frucht, elegant und gut anhaftend, mineralisch-salzig unterlegt, ein stoffiger Speisenbegleiter, bereits gut antrinkbar.

92 Weißburgunder * 2021
12,5 Vol.-%, DV, Stahltank, €€
Helles Grüngelb, Silberreflexe. Feine Birnenfrucht, zart nussig, ein Hauch von Orangenzesten. Mittlere Komplexität, Noten von weißem Kernobst, feine Fruchtsüße, mineralisch unterlegt, feine Limettennuancen im Nachhall.

(94) Traminer * Ried Stradener Rosenberg 2021
13,5 Vol.-%, DV, Barrique/Stahltank, €€€€
Helles Goldgelb, Silberreflexe. Feine Nuancen von Rosenblättern, ein Hauch von weißem Pfirsich und Litschis, facettenreiches Bukett. Kraftvoll, stoffig, gut integrierte Fruchtsüße, stramm, sehr komplex und mineralisch, feinwürzig und mit sehr guter Länge ausgestattet, sicheres Zukunftspotenzial.

93 Grauburgunder * Ried Stradener Rosenberg 1STK 2020
13,5 Vol.-%, DV, 500-l-Fass, €€€€€
Helles Goldgelb, zarte Messingreflexe. Zarte gelbe Tropenfrucht, ein Hauch von frischer Quitte und kandierten Orangenzesten, dazu etwas Blütenhonig, mit Noten von Walnuss unterlegt. Komplex, saftig und elegant, feiner trockener Stil, dezente Säurestruktur, etwas Umami im Abgang, ein vielseitiger Speisenbegleiter.

92 Grauburgunder * Straden 2021
13 Vol.-%, DV, Eichenfass, €€€€
Helles Goldgelb, Silberreflexe. Frische Birne, zart tabakige Nuancen, mit etwas Nougat und Kräuterwürze unterlegt. Mittlerer Körper, weißes Kernobst, zarte Fruchtsüße, ruhiger Fluss, dezenter Säurebogen, kraftvoll im Abgang, bleibt haften, weißer Apfel im Nachhall.

91 Gelber Muskateller * 2021
11,5 Vol.-%, DV, Stahltank, €€
Helles Gelbgrün, Silberreflexe. Mit einem Hauch von frischer Ananas und Pfirsich unterlegte florale Nuancen, ein Anklang von Holunderblüten. Mittlerer Körper, weiße Frucht, frisch strukturiert, feiner zitroniger Nachhall.

96 Traminer Ried Stradener Rosenberg TBA 2017
7,5 Vol.-%, DV, Barrique, €€€€€
Leuchtendes mittleres Goldgelb. Sehr feine Botrytiswürze, zart nach Marillenkonfitüre, kandierte Orangenzesten, getrocknete Steinpilze im Hintergrund. Stoffig, von einer rasanten Säure getragene Süße, wirkt im Moment noch immer unterentwickelt, sehr salzig, toller Zug, enorm jugendlich, braucht noch viele Jahre, hält dann viele Jahrzehnte.

★★★

WEINGUT FRÜHWIRTH

Die Familie Frühwirth in Klöch sieht sich als Betrieb zwischen Tradition und Moderne, zwischen profundem Handwerk und zeitgemäßer Technologie. Authentische, unverwechselbare Weine, die ihre Herkunft zeigen, sind das wichtigste Anliegen der Winzerfamilie Frühwirth. Am besten kann man sich diesen in der gemütlichen Buschenschank annähern.
Die Bezeichnung »Koasasteffl«, der Vulgoname der Familie, tragen Premiumweine mit kräftiger und fülliger Statur, deren Trauben einer strengen Auslese unterzogen werden und teilweise auch in Barriques vergären und reifen. Der Top-Rotwein wird als »Roter Koasasteffl« bezeichnet und in einem speziellen Sandsteinkeller ausgebaut. Neben den bestehenden Paradesorten von Klöch, dem Traminer bzw. Gewürztraminer, wird die schon in Vergessenheit geratene Spielart des Traminers, der Gelbe Traminer, wieder vermehrt ausgepflanzt.
Die Böden am Hochwarth sind vulkanisch. Diese kräftige rote Erde und der dunkle Basalt sorgen dafür, dass die vielen Sonnentage auch in der Nacht wirken, indem sie die gespeicherte Tageswärme an die Stöcke abgeben. Dieses perfekte Terroir liebt der Traminer.
Besonders in Szene gesetzt werden die Weine im neuen »Weintheater« der Frühwirths. Als Bühne für den Wein fungiert der Weinberg selbst, wo nicht nur verkostet werden kann,

© Weingut Frühwirth

WEINGUT FRÜHWIRTH
8493 Klöch
Deutsch Haseldorf 46
T: +43 (3475) 2338
weingut@fruehwirth.at
www.fruehwirth.at

Kellermeister: Fritz Frühwirth jun.
Kontakt: Familie Frühwirth
Produktion: 80 % weiß, 3 % rosé, 15 % rot, 2 % süß, 13 Hektar
Zertifiziert: Nachhaltig Austria
Vereinszugehörigkeit: Wein Steiermark, Eruption, Klöcher Traminer, Winzer Vulkanland Steiermark DAC
Messen: VieVinum

Lisa und Fritz Frühwirth

* Vulkanland Steiermark DAC

sondern wo zudem der vulkanische Boden sichtbar und greifbar ist. Bewunderung finden auch die alte Baumpresse und der Gewölbekeller mit seinen gläsernen Weinregalen im neu renovierten Kellerstöckl. Seit 2021 ist das Weingut Mitglied bei den »Eruption«-Winzern, die nicht nur großartige »Eruption«-Weine hervorbringen, sondern ihre besten Lagen auch entsprechend klassifizieren und kontrolliert vermarkten.

94 Sauvignon Blanc * Ried Kratzer 1-Eruption Vinothekfüllung 2019
13,5 Vol.-%, DV, Teilbarrique, €€€€
Helles Grüngelb, Silberreflexe. Gelbe Stachelbeeren, ein Hauch von Guaven, zarte Holznuancen, einladendes würziges Bukett. Kraftvoll, komplex, saftige gelbe Tropenfrucht, frischer Säurebogen, elegant und anhaftend, mineralisch-salziger Nachhall, sehr gute Länge, bereits entwickelt, vielseitig einsetzbar bei Tisch, gutes Reifepotenzial.

93 Sauvignon Blanc * Ried Kratzer 2021
13,5 Vol.-%, DV, Stahltank, €€€
Helles Gelbgrün, Silberreflexe. Frische Wiesenkräuter, zart nach Stachelbeeren und Grapefruit, sehr typisches Bukett. Saftig, elegant, reife Pfirsich-Litschi-Frucht, frischer Säurebogen, feine Süße im Abgang, mineralisch und gut anhaftend, zeigt Länge, ein facettenreicher Speisenbegleiter.

91 Sauvignon Blanc * 2021
12,5 Vol.-%, DV, Stahltank, €€
Helles Gelbgrün, Silberreflexe. Zart nach Ananas, ein Hauch von Stachelbeeren, floraler Touch. Saftig, feine Fruchtsüße, weißer Pfirsich, lebendig strukturiert, bleibt gut haften, Weiße Johannisbeeren im Nachhall, ein schwungvoller Speisenbegleiter.

94 Gelber Traminer * Ried Hochwarth 2019
14 Vol.-%, DV, gebrauchte Barriques, €€€€€
Leuchtendes Gelbgold, Silberreflexe. Zart nach Rosen und Tropenfrucht, gelber Pfirsich, ein Hauch von Eibischteig, einladendes, typisches Bukett. Kraftvoll, komplex und mineralisch, trockene Stilistik, weiße Frucht im Abgang, salzig-mineralisch im Nachhall, gutes weiteres Reifepotenzial.

93 Gelber Traminer * Klöch 2021
13,5 Vol.-%, DV, Stahltank, €€€
Helles Goldgelb, Silberreflexe. Zart nach frischer Ananas, ein Hauch von Rosenöl, zart nach Pfirsich, mit feinem Blütenhonig unterlegt. Mittlere Komplexität, weiße Pfirsichfrucht, zart nach Litschis, mineralisch-zitronig im Abgang, gutes Entwicklungspotenzial.

93 Gewürztraminer * Klöch Extrem 2021
13 Vol.-%, DV, Stahltank, €€€
Helles Goldgelb, Silberreflexe. Zart nach frischen Orangenzesten, etwas Ananas und Papaya, zart nach Marshmallows, ein Hauch von Honig. Komplex, süße Textur, frischer Säurebogen, reifer weißer Pfirsich, bleibt haften, gelbe Apfelfrucht im Nachhall, wird von Flaschenreife profitieren.

92 Traminer * Klöch Hoch 3 2021
13,5 Vol.-%, DV, Stahltank, €€€
Helles Grüngelb, Silberreflexe. Zarte weiße Tropenfrucht, etwas Mango, ein Hauch von Rosenblüten, einladendes Bukett. Kraftvoll, saftig, mineralische Textur, gelbe Frucht, dezente Süße, salziger Nachhall, bereits zugänglich.

93 Morillon * Ried Rosenberg 1-Eruption Koasasteffl 2020
13,5 Vol.-%, DV, 500-l-Fass, €€€€
Mittleres Grüngelb, Silberreflexe. Frische Anklänge von weißer Tropenfrucht, ein Hauch von Mango und Litschis, attraktiver Blütenhonig, mit Mandarinenzesten unterlegt. Saftig, elegant, feine fruchtige Süße, gelber Pfirsich, zart nach Ananas, bleibt gut haften, ein fruchtiger Speisenbegleiter.

90 Morillon * Klöch 2021
13,5 Vol.-%, DV, Teilbarrique, €€€
Helles Gelbgrün, Silberreflexe. Zart nach reifer Quitte, weißes Kernobst, floraler Touch, ein Hauch von Mandarinenzesten. Saftig, gelbe Tropenfrucht, dezente Süße, lebendig strukturiert, etwas Honig im Nachhall, bietet unkompliziertes Trinkvergnügen.

92 Weißburgunder * Ried Hochwarth 2020
13 Vol.-%, DV, gebrauchte Barriques, €€€
Helles Grüngelb, Silberreflexe. Feine gelbe Tropenfrucht, zart nach Mango und gelbem Apfel, ein Hauch von Blütenhonig und frischen Orangenzesten. Saftig, elegant, feine Holzstütze, Nuancen von weißer Frucht, feiner Säurebogen, mineralisch-salzig im Abgang, Limetten im Nachhall.

90 Weißburgunder * 2021
12,5 Vol.-%, DV, Stahltank, €€
Helles Gelbgrün, Silberreflexe. Zarte Kernobstnuancen, ein Hauch von Wiesenkräutern, weißer Apfel. Saftig, elegant, frisch strukturiert, ein Hauch von Zitrone, mineralisch und gut anhaftend, ein lebendiger Speisenbegleiter.

90 Gelber Muskateller * 2021
11,5 Vol.-%, DV, Stahltank, €€
Helles Gelbgrün, Silberreflexe. Zarte Nuancen von Holunderblüten und Limetten, weiße Apfelfrucht, einladendes Bukett. Mittlerer Körper, frisch strukturiert, grüne Apfelnote, zitroniger Touch, traubiger Nachhall.

★★

WEINGUT GOLLENZ

Viele Weingüter definieren sich über eine lange Tradition und reiche Geschichte, auf dem Weingut Gollenz allerdings gibt man sich mit nichts Kürzerem als der Unendlichkeit zufrieden. Generationen von Winzern sind nur ein Augenblick im Vergleich zur Geschichte des steirischen Vulkanlands, die bis ins Unermessliche zurückreicht. So fließen die Erdzeitalter, die in jedem Quadratmeter der Region stecken, in die Trauben ein, die dort wachsen, wo früher heiße Lava die Hänge bedeckte. Die Unendlichkeit wird damit zur zentralen Eigenschaft von Land und Wein.
Mit dem Ziel, dieser Unendlichkeit ein Gesicht zu geben, startete Alois Gollenz in die komplette Neugestaltung des Familienbetriebs. Auch wenn die Namensgeber des steirischen Vulkanlands schon lange erloschen sind, befeuern die mineralischen Böden bis heute den einzigartigen Geschmack der hier reifenden Trauben. Die Bodenschichten, die hier vor Millionen Jahren durch Erschütterungen, flüssigen Stein und Feuer entstanden sind, prägen die Weine, lange bevor die Trauben gepresst sind. Zeitalter um Zeitalter fließen in jede Flasche mit ein und machen aus jedem Schluck ein Stück Unendlichkeit.

92 ❻ Der Gollenz Burgunder Extra Brut 2019 CH/WB/PN
Deg. 08/21, 12,5 Vol.-%, DIAM, großes Holzfass/Flaschengärung, €€€€€
Helles Goldgelb, Silberreflexe, sehr feines Mousseux. Feine gelbe Tropenfrucht, Nuancen von Mango und frischem gelbem Apfel, zart nach Brioche und Blütenhonig. Mittlere Komplexität, weiße Frucht, zart und frisch, Limetten im Nachhall, leichtfüßiger, delikater Stil.

93 Chardonnay * Ried Königsberg 2019
13 Vol.-%, DIAM, kleines Holzfass, €€€€€ ❺
Helles Grüngelb, Silberreflexe. Feine Holzwürze, zart nach Vanille und feinem Karamell, mit Anklängen von gelber Frucht unterlegt, ein Hauch von Orangenzesten, feiner Blütenhonig. Saftig, seidige Textur, weißer Pfirsich, elegant, finessenreicher Säurebogen, salziger Nachhall, bereits gut antrinkbar.

92 Grauburgunder * Ried Klöchberg 2019
13,5 Vol.-%, DIAM, großes Holzfass/kleines Holzfass, €€€€€
Helles Goldgelb, Kupferreflexe. Zarte Nuancen von gelbem

WEINGUT GOLLENZ
8355 Tieschen
Laasen 2
T: +43 (3475) 2519
info@dergollenz.at
www.dergollenz.at

Kellermeister/Kontakt: Alois Gollenz jun.
Produktion: 90 % weiß, 10 % rot, 10 Hektar
Zertifiziert: Nachhaltig Austria
Vereinszugehörigkeit: TAU-Winzer, Eruption
Messen: VieVinum

© Die Abbilderei Sajovic&Scherr GesbR

Alois Gollenz jun.

* Vulkanland Steiermark DAC

Kernobst, ein Hauch von Holzwürze, Anklänge von Orangen, mineralisch unterlegt. Saftig, elegant, feine Fruchtsüße, zarter Blütenhonig im Kern, mineralisch und ausgewogen, ein vielseitiger Speisenbegleiter, bereits sehr gut antrinkbar.

90 Grauburgunder * 2021
13 Vol.-%, DV, Stahltank, €€€
Helles Goldgelb, Messingreflexe. Zart tabakig, kräuterwürzig unterlegte Birnenfrucht, Nuancen von Limettenzesten, ein Hauch von Karamell. Mittlerer Körper, zarte Apfelfrucht, frisch strukturiert, bietet unkompliziertes Trinkvergnügen.

92 Burgundercuvée »Der Gollenz« * Tieschen 2020 WB/CH
13 Vol.-%, DIAM, großes Holzfass/Stahltank, €€€
Helles Gelbgrün, Silberreflexe. Feine gelbe Tropenfrucht, zart nach Birne, ein Hauch von frischen Orangenzesten. Saftig, weiße Apfelfrucht, frischer Säurebogen, cremiger Abgang, bleibt haften, bereits gut antrinkbar.

91 Sauvignon Blanc * Tieschen 2020
13 Vol.-%, DV, Stahltank, €€€
Helles Gelbgrün, Silberreflexe. Feine weiße Tropenfrucht, ein Hauch von Pfirsich und Stachelbeeren, mit zarter Kräuterwürze unterlegt, einladendes Bukett. Saftig, elegant, weiße Birnenfrucht, feiner Säurebogen, zart salzige Mineralik, bereits entwickelt.

★★★★

WEINGUT KRISPEL

Verlässt man die Südautobahn in Richtung Vulkanland, verwandelt sich die Landschaft. Die Straßen werden enger, und die Natur bekommt spürbar mehr Raum. Südlich von Bad Gleichenberg öffnet sich dann ein Paradies: das Weingut Krispel in Neusetz bei Straden. Die Verlockungen sind vielfältig: von großartigen Wollschweinprodukten bis hin zu Süßem aus der hauseigenen Patisserie. Absolut verführerisch ist vor allem aber der Krispel-Wein in allen Ausprägungen, typisch für das Vulkanland.
Das neue DAC-System für die Steiermark stärkt die Charakteristik der einzelnen Regionen. Die Gebietsweine von Stefan Krispel mit der Herkunft Vulkanland sind klassische, fruchtbetonte Weine voll Leichtigkeit und ausgeprägter Sortentypizität. Die zweite Stufe der Herkunftspyramide sind die Ortsweinen. Der Ausdruck der Charakteristik der Ortschaft ist der ganze Stolz von Stefan Krispel, der hier die Quintessenz der Gemeinde auszudrücken vermag. Die Weine werden im großen Holzfass bis zu zwölf Monate lang ausgebaut, sind spürbar strukturierter und durch ihre feine Würze lebendiger. Die dritte Stufe ist die Königsklasse: die Riedenweine. Sie sind Ausdruck des Bodens und des Mesoklimas eines Weingartens. Allen Lagen der Krispels gemeinsam ist das Vorherrschen von Basalt im oberen und von Basaltverwitterungsböden im unteren Bereich. Der Rosenberg hat den höchsten Kalkanteil in der Hangmitte, der Neusetzberg die höchste Rotlehmauflage auf kalkigem Untergrund, am Hochstrandl ist die Rotlehmauflage geringer und der Tonanteil höher.
Die unterschiedlichen Hangneigungen, Ausrichtungen und Böden eignen sich für unterschiedliche Rebsorten: Der Muskateller Rosenberg vibriert vor Mineralik, der Sauvignon Blanc vom Neusetzberg ist der Elegante, der Grauburgunder vom Hochstrandl der Mineralische mit Tiefgang. Der Weißburgunder vom Neusetzberg fühlt sich im Mund so wohlig weich an, dass man an einen Sonnenuntergang denkt. Und wo kann man all das genießen? Auf dem Genussgut, in vielen Restaurants oder per Webshop im trauten Heim.

95 Grauburgunder * Ried Hochstrandl Alte Reben 2019
13,5 Vol.-%, DIAM, kleines Holzfass/großes Holzfass, €€€€€
Helles Goldgelb, Silberreflexe. Zarte Holzwürze, gelbe Tropenfrucht, Nuancen von Kernobst, ein Hauch von Orangenzesten, Noten von Blütenhonig. Straff, engmaschig, frischer gelber Apfel, finessenreicher Säurebogen, elegant und anhaftend, mineralisch, saliner Nachhall, zeigt Länge, verfügt über großes Reifepotenzial.

93 Grauburgunder * Straden 2021
13,5 Vol.-%, DV, großes Holzfass, €€€€
Helles Kupfergold, Messingreflexe. Frisches Kernobst,

© Chris Rogl

WEINGUT KRISPEL

8345 Hof bei Straden, Neusetz 29
T: +43 (3473) 7862, office@krispel.at
www.krispel.at

Kellermeister: Stefan Krispel
Kontakt: Familie Krispel
Anbauweise: Umstellung auf bio (Bio Austria)
Produktion: 2 % Schaumwein, 96 % weiß, 2 % rot, 34 Hektar
Zertifiziert: Nachhaltig Austria
Vereinszugehörigkeit: Winzer Vulkanland Steiermark DAC, Steirischer Junker, Eruption, Wein Steiermark
Messen: Alles für den Gast Salzburg, ProWein Düsseldorf, DAC-Präsentationen, ProWine China

Stefan Krispel

zart nach Birne und Mango, dezente tabakige Kräuterwürze, ein Hauch von Nougat. Mittlere Komplexität, cremig-seidige Textur, weiße Frucht, gut integriertes Säurespiel, feine Süße, gute Länge, verfügt über Entwicklungspotenzial.

93 Grauburgunder * Ried Neusetzberg 2019

13,5 Vol.-%, DIAM, kleines Holzfass/großes Holzfass, €€€€€
Leuchtendes Gelbgold, Silberreflexe. Mit zartem Nougat unterlegte feine Birnenfrucht, ein Hauch von Nelken, zart nach Mandarinenzesten. Komplex, saftig, cremig-elegante Textur, zarte Holzwürze, feiner Karamelltouch im Abgang, fruchtige Süße im Nachhall, gutes Potenzial.

92 Grauburgunder * 2021

13 Vol.-%, DV, großes Holzfass, €€€
Helles Goldgelb, Silberreflexe. Zart floral, feine Birnenfrucht, zart nach Mandarinenzesten und Blütenhonig. Saftig, elegant, gut integrierte Fruchtsüße, gelbe Birne, bleibt haften, stoffig und mit einiger Länge ausgestattet, besitzt gutes Trinkanimo.

94 Sauvignon Blanc * Ried Neusetzberg Alte Reben 2019

13,5 Vol.-%, DIAM, großes Holzfass, €€€€€
Mittleres Gelbgrün, Silberreflexe. Mit feiner Kräuterwürze unterlegte Nuancen von reifen Stachelbeeren, etwas Guaven und Cassis, ein Hauch von Grapefruitzesten. Saftig, elegant, feine Fruchtsüße, ein Hauch von weißen Beeren, frisch und gut anhaftend, ein stoffiger Speisenbegleiter mit sicherem Reifepotenzial.

94 Sauvignon Blanc * Ried Hochstrandl Alte Reben 2019

13,5 Vol.-%, DIAM, großes Holzfass, €€€€€
Helles Gelbgrün, Silberreflexe. Feine Nuancen von Stachelbeeren und Grapefruitzesten, etwas gelbe Paprika, ein Hauch von Blütenhonig, mineralischer Nachhall. Saftig, weiße Tropenfrucht, rassige Struktur, zitronig-salzig, wirkt sehr leichtfüßig, Limetten im Nachhall, ein lebendiger Speisenbegleiter mit weiterem Reifepotenzial.

93 Sauvignon Blanc * Ried Neusetzberg 2020

13,5 Vol.-%, DIAM, großes Holzfass, €€€€€
Helles Gelbgrün, Silberreflexe. Schwarze Johannisbeeren, frische Stachelbeeren, Nuancen von Grapefruitzesten, weiße Blüten, Limettentouch. Saftig, elegant, weiße Pfirsichfrucht, lebendiger Säurebogen, straff, frische Tropenfrucht im Abgang, salzige Nuancen, präzise und mit Länge ausgestattet.

92 Sauvignon Blanc * Straden 2021

13 Vol.-%, DV, Stahltank, €€€
Helles Grüngelb, Silberreflexe. Zart nach gelben Paprikaschoten, etwas Guaven, ein Hauch von Blütenhonig. Mittlerer Körper, Nuancen von weißer Apfelfrucht, feiner Säurebogen, mineralisch, zarte Zitrusnuancen im Abgang, bereits gut entwickelt.

91 Sauvignon Blanc * 2021

12,5 Vol.-%, DV, Stahltank, €€€
Helles Gelbgrün, Silberreflexe. Frische Nuancen von Stachelbeeren und Cassis, zart nach Grapefruitzesten. Mittlere Komplexität, weiße Apfelfrucht, feiner Säurebogen, gut

* Vulkanland Steiermark DAC

integrierte Säure, zart salzig im Abgang, schlank und vielseitig einsetzbar.

94 Weißburgunder * Ried Neusetzberg Alte Reben 2019
13,5 Vol.-%, DIAM, kleines Holzfass/großes Holzfass, €€€€€
Helles Goldgelb, Silberreflexe. Zarte Holznuancen, ein Hauch von hellem Karamell, gelbes Kernobst, zart nach Mandarinenzesten. Saftig, elegant, straff, dezente Fruchtsüße, gelber Birnentouch, mineralisch-salzig im Abgang, balanciert, zeigt Länge, verfügt über gutes Reifepotenzial.

94 Weißburgunder * Ried Stradener Rosenberg 2019
13,5 Vol.-%, DIAM, kleines Holzfass/großes Holzfass, €€€€€
Helles Goldgelb, Silberreflexe. Zarte gelbe Tropenfrucht, ein Hauch von Mango und kandierten Orangenzesten, etwas Ananas, einladendes Bukett. Straff, engmaschig, Nuancen von saftigem Kernobst, feiner Säurebogen, mineralisch-salzig im Nachhall, elegant, weiße Frucht im Rückgeschmack, ein finessenreicher Speisenbegleiter.

93 Weißburgunder * Ried Neusetzberg 2019
13,5 Vol.-%, DIAM, kleines Holzfass/großes Holzfass, €€€€€
Helles Grüngelb, Silberreflexe. Zart nach Karamell, weißes Kernobst, ein Hauch von Birne, etwas Grapefruit, mineralischer Touch. Mittlere Komplexität, frisch strukturiert, ein Hauch von Limetten, gelbes Kernobst, nussiger Touch im Nachhall.

92 Weißburgunder * Straden 2020
13,5 Vol.-%, DV, großes Holzfass, €€€
Helles Grüngelb, Silberreflexe. Zart nussig unterlegte Wiesenkräuter, weißes Kernobst, eher scheues Bukett. Mittlerer Körper, feinwürzig, dezente Säurestruktur, dunkle Mineralik im Abgang, seidig und anhaftend, ein eleganter Begleiter bei Tisch.

90 Weißburgunder * 2021
12,5 Vol.-%, DV, Stahltank, €€
Helles Gelbgrün, Silberreflexe. Feine gelbe Birnenfrucht, zart nach Apfel, ein Hauch von Wiesenkräutern, einladendes Bukett. Mittlere Komplexität, feine Fruchtsüße, dezenter Säurebogen, mild und bekömmlich, ein saftig-seidiger Speisenbegleiter.

92 Welschriesling * Ried Stradener Rosenberg 2019
12,5 Vol.-%, DIAM, kleines Holzfass/großes Holzfass, €€€€
Helles Goldgelb, Silberreflexe. Feine gelbe Tropenfrucht, ein Hauch von Blütenhonig, floraler Touch, nach Rosen, facettenreiches Bukett. Mittlere Komplexität, salzig-mineralisch, dezente Säurestruktur, zitroniger Touch, ein Hauch von Karamell im Nachhall, rotbeeriger Anklang, individueller Stil.

(92) Gelber Muskateller * Ried Stradener Rosenberg 2021
12,5 Vol.-%, DV, Stahltank, €€€€
Helles Grüngelb, Silberreflexe. Floral, ein Hauch von Holunderblüten, zart nach Pfirsich, Limettenzesten, einladendes Bukett. Saftig, gelbe Tropenfrucht, frischer Säurebogen, dezente Fruchtsüße im Abgang, mineralisch-salzig im Nachhall.

91 Chardonnay * Straden 2020
13 Vol.-%, DV, großes Holzfass, €€€
Helles Goldgelb, Silberreflexe. Mit zarter Holzwürze unterlegte gelbe Apfelfrucht, Nuancen von Nelken, kandierte Orangenzesten. Mittlerer Körper, seidige Textur, cremig und mit zarter Fruchtsüße ausgestattet, bereits gut antrinkbar und entwickelt.

★★

MÜLLER KLÖCH

Seit 1973 fühlt sich die Winzerfamilie Müller in Klöch dem Weinbau verpflichtet. Auf den steilen Hängen erloschener Vulkane wurzeln die Reben in reichhaltigen Böden aus roter Erde und Basaltgestein. Hochwertige Trauben aus den besten Rieden, sorgfältiges Handwerk und respektvoller Umgang mit dem Kulturgut bilden die Grundlage für authentische Weine. Sie zeigen Charakter und Herkunft, tragen eine klare Handschrift und vermitteln Weingenuss mit Stil. Aus den Klöcher Top-Rieden Hochwarth und Seindl werden elegante Weißweine, tiefgründige Traminer und Gewürztraminer sowie würzig-delikate Rotweine gekeltert.

Am 1. Juni 2019 wurde auf dem Weingut die neue Vinothek eröffnet. Den Weinliebhaber erwartet dort eine wunderbare Mischung aus stilvoller Architektur und Bodenständigkeit. Das Bauwerk in seinen warmen, erdigen Rottönen fügt sich harmonisch in die umliegende Landschaft ein. Ein großzügiger Verkostungs- und Verkaufsraum, wo alle Weine ausgestellt sind, lädt zum Degustieren und Verweilen ein. Der Innenhof mit südländischer Atmosphäre ist ein besonderer Platz zum Genießen. Auf dem Aussichtsturm mit Loungebereich genießt man bei einem guten Glas Wein den herrlichen Blick über die Weinberge. Ein Besuch des Weinguts ist somit nicht nur für den Gaumen, sondern auch für das Auge ein Erlebnis.

Unweit vom Weingut betreibt die Familie Müller-Koschar das idyllisch-schön auf einem Hügel gelegene Hotel-Garni »Schöne Aussichten«. Zwölf stilvoll eingerichtete Zimmer mit Viersternekomfort, eine großzügige Gartenanlage und ein hauseigener Pool stehen den Gästen zur Verfügung. Wie schon der Name verrät, lädt die Aussicht zum Träumen und die Atmosphäre zum Verweilen ein. Umgeben von Weinbergen kann man die Ruhe und Natur genießen und das Vulkanland von seiner schönsten Seite kennenlernen.

94 Gewürztraminer * Ried Hochwarth G-Eruption 2020

13 Vol.-%, DIAM, 500-l-Fass, €€€€€

Leuchtendes Gelbgrün, Silberreflexe. Frische Ananasfrucht, gelbe Birne, zart nach Wiesenkräutern und Limettenzesten, mit feinem Rosenduft unterlegt. Saftig, elegant, weiße Frucht, feiner Säurebogen, sehr ausgewogen,

© Marion Luttenberger

MÜLLER KLÖCH
8493 Klöch, Klöch 51
T: +43 (3475) 7160
mail@weingut-mueller.at
www.weingut-mueller.at
Kellermeister: Stefan Müller
Kontakt: Familie Müller
Produktion: 80.000 Flaschen
85 % weiß, 10 % rot, 5 % süß,
13.5 Hektar
Zertifiziert: Nachhaltig Austria
Vereinszugehörigkeit:
Klöcher Traminer, Winzer Vulkanland Steiermark DAC, Eruption
Messen: Dornbirner Frühjahrs- und Herbstmesse, VieVinum, Weinmesse Innsbruck, DAC-Präsentationen

Vinothek Weingut Müller Klöch

* Vulkanland Steiermark DAC

sehr zarte Fruchtsüße im Abgang, zurückhaltender Stil, gute Länge, sicheres Reifepotenzial.

(92) Gewürztraminer * Klöch 2021
13,5 Vol.-%, DV, Stahltank, €€€
Helles Gelbgrün, Silberreflexe. Feine weiße Tropenfrucht, zarte Gewürznuancen, ein Hauch von Pfirsich und Grapefruitzesten, Nuancen von Marshmallows im Hintergrund. Saftig, elegant, kraftvoll, fruchtsüße Textur, reife Birne im Abgang, ein Hauch von Blütenhonig im Nachhall, gutes Reifepotenzial.

(92) Gelber Traminer * Klöch 2021
13,5 Vol.-%, DV, Stahltank, €€€
Helles Gelbgrün, Silberreflexe. Weiße Blüten, zart nach Rosen, ein Hauch von Tropenfrucht, Nuancen von Babybanane. Mittlere Komplexität, weißes Kernobst, feiner Säurebogen, zitronig-mineralisch, ausgewogen, bereits gut antrinkbar.

92 Chardonnay * Ried Seindl 1-Eruption 2020
13 Vol.-%, DIAM, 500-l-Fass, €€€€
Helles Gelbgrün, Silberreflexe. Feine gelbe Pfirsichfrucht, ein Hauch von Marille, mit zarter Holzwürze unterlegt, einladendes Bukett. Straff, elegant, Nuancen von weißem Kernobst, feiner Säurebogen, ein Hauch von Minze im Abgang, ein leichtfüßiger Speisenbegleiter.

91 Sauvignon Blanc * Ried Seindl 1-Eruption 2020
13 Vol.-%, DIAM, 500-l-Fass, €€€€
Helles Gelbgrün, Silberreflexe. Zart nach Wiesenkräutern, ein Hauch von Stachelbeeren und Cassis, mineralischer Touch. Mittlerer Körper, weißer Pfirsich, frisch strukturiert, dezente Süße im Abgang, harmonisch, ein vielseitiger Speisenbegleiter.

91 Riesling * Ried Seindl 1-Eruption 2020
13 Vol.-%, DIAM, Stahltank, €€€€
Helles Gelbgrün, Silberreflexe. Zarte weiße Pfirsichfrucht, ein Hauch von Limetten, mineralischer Touch, mit Blüten unterlegt. Saftige weiße Tropenfrucht, finessenreiche Struktur, mineralisch-zitronig, etwas Blütenhonig im Nachhall, delikater Speisenbegleiter.

★★★★★

WEINGUT NEUMEISTER

BIO

Christoph Neumeister führt in Straden das Weingut Neumeister in dritter Generation. Sein Zugang zum Weinbau und zur Weinbereitung sowie der Anspruch an die Weinqualität sind sehr nuanciert. In einer Zeit, wo sich sehr oft das Lauteste, Größte oder Schrillste in den Vordergrund drängt, verfolgt er bewusst eine langfristige, gesamtheitliche und aufwendige Arbeitsweise, um elegante, von innerer Ruhe und Komplexität geprägte und trotzdem animierende und befriedigend tiefgründige Weine zu keltern.
Straden liegt im Vulkanland Steiermark im Südosten von Österreich und ist geprägt von einem illyrisch-pannonischen Mischklima. Dieses bringt warme Tage und kühle Nächte sowie ausreichend Niederschläge von durchschnittlich 900 Millimetern pro Jahr, was wiederum eine lange Vegetationsperiode und späte Lese erlaubt. In dieser herausfordernden klimatischen Umgebung werden 31 Hektar bewirtschaftet, verteilt auf unzähligen kleinen Weingärten in Steillagen. Die Geologie dieser Weingärten ist geprägt von kalkreichen Sedimentböden aus zwei unterschiedlichen Herkünften: Sandstein und Muschelkalk, entstanden aus einem Wattmeer, sowie Sarmatschotter, der im Tertiär aus den Alpen kommend hier abgelagert wurde.
Viele dieser Weingärten haben ein Alter von 40 Jahren und mehr erreicht und sind zum Teil noch Stockkulturen, was aufwendige Handarbeit bedeutet. Darüber hinaus werden alle Weingärten seit 2013 organisch-biologisch bewirtschaftet. Das Resultat von sorgsamer Handlese, ausgedehnten Maischestandzeiten, einem schonenden und langsamen Ausbau im Keller, spontaner Vergärung, langen Hefekontaktzeiten und einer späten Flaschenfüllung sind gut strukturierte und elegante Weine mit einem hohen Maß an Komplexität und klarer Herkunft.
Die Premium-Rieden des Weinguts sind Saziani und Moarfeitl (GSTK) sowie Klausen und Steintal (1STK). Die Familie betreibt in unmittelbarer Nähe zum Weingut das Restaurant »Saziani

WEINGUT NEUMEISTER
8345 Straden
Straden 42
T: +43 (3473) 8308
weingut@neumeister.cc
www.neumeister.cc

Kellermeister/Kontakt:
Christoph Neumeister
Anbauweise: Zertifiziert Biologisch
Produktion: 92 % weiß, 7 % rot, 1 % süß, 31+4 Hektar
Vereinszugehörigkeit:
Winzer Vulkanland Steiermark DAC, Steirische Terroir- und Klassikweingüter
Messen: ProWein Düsseldorf, VieVinum, MondoVino

Blick auf Straden

Stub'n« und das Boutiquehotel »Schlafgut Saziani«. Christoph Neumeister wurde im Juni 2019 in der Wiener Hofburg der Titel »Falstaff-Winzer des Jahres« verliehen.

97 Sauvignon Blanc * Alte Reben 2019
13,5 Vol.-%, NK, großes Holzfass, €€€€€€
Mittleres Gelbgrün, Silberreflexe. Zart nach Cassis, feine gelbe Tropenfrucht, Nuancen von Pfirsich und Mango, ein Hauch von Wiesenkräutern, dunkle Mineralik, ein Hauch von Pfefferminze und Melisse im Hintergrund. Komplex, saftig, Nuancen von weißer Frucht, seidige, feine Textur, finessenreich strukturiert, Limettentouch im Nachhall, sehr lange, mit großem Reifepotenzial ausgestattet.

95 Sauvignon Blanc * Ried Moarfeitl GSTK 2020
13 Vol.-%, NK, großes Holzfass, €€€€€ B V
Helles Gelbgrün, Silberreflexe. Feine gelbe Stachelbeeren, feine Cassisanklänge, ein Hauch von Orangen, zarte florale Nuancen. Komplex, straff, weiße Frucht, feine Apfelnoten, zitroniger Touch, saliner Abgang, bleibt sehr gut haften, salziger Nachhall, sicheres Reifepotenzial.

94 Sauvignon Blanc * Ried Klausen 2020
13 Vol.-%, NK, großes Holzfass, €€€€€ B
Helles Gelbgrün, Silberreflexe. Noten von feinem Cassis, zart nach Grapefruit und Stachelbeeren, ein Hauch von Blütenhonig. Straff, dunkle Würze, feine Nuancen von weißer Frucht, sehr lebendig, kühler Stil, mineralisch, engmaschig im Abgang, zitroniger Touch im Nachhall.

93 Sauvignon Blanc * Straden 2021
12,5 Vol.-%, DV, großes Holzfass/Stahltank, €€€€ B V
Helles Gelbgrün, Silberreflexe. Weiße Blüten, zart nach Cassis, ein Hauch von Stachelbeeren, Nuancen von Wiesenkräutern. Stoffig, elegant, weißes Steinobst, finessenreiche Säurestruktur, salzig und frisch, ein Hauch von Orangen im Nachhall, lebendig, Limettentouch im Rückgeschmack.

95 Morillon * Ried Moarfeitl GSTK 2020
13 Vol.-%, NK, kleines Holzfass, €€€€€ B V
Helles Gelbgrün, Silberreflexe. Frische gelbe Tropenfrucht, ein Hauch von Mango, feiner Apfeltouch, mit einem Hauch von Nougat unterlegt, etwas Ananas. Stoffig, Nuancen von weißem Kernobst, feine Säurestruktur, saftig, ein Hauch von Kumquats, straff, feine zitronige Noten im Nachhall, gute Länge, bereits sehr gut antrinkbar, ein finessenreicher Speisenbegleiter.

93 Morillon * Straden 2021
12,5 Vol.-%, DV, Stahltank/großes Holzfass, €€€€ B V
Helles Gelbgrün, Silberreflexe. Frischer weißer Apfel, zart nach Mandarinenzesten, mit einem Hauch von Birne unterlegt. Mittlerer Körper, feines Kernobst, angenehmer Säurebogen, salzig und gut anhaftend, straff, ein facettenreicher Speisenbegleiter, vielseitig und mit Reifepotenzial ausgestattet.

94 Grauburgunder * Ried Saziani GSTK 2020
13 Vol.-%, NK, großes Holzfass, €€€€€ B V
Helles Gelbgrün, Silberreflexe. Feine gelbe Birnenfrucht, tabakig, zarte Kräuterwürze, ein Hauch von Mango, Nuancen von Orangenzesten, facettenreiches Bukett. Straff,

weißes Kernobst, ein Hauch von Karamell, feine Säurestruktur, mineralisch, harmonisch, wirkt leichtfüßig, ein feiner Begleiter bei Tisch.

(93) Grauburgunder * Straden 2021
13 Vol.-%, DV, großes Holzfass/Stahltank, €€€€ B V
Helles Grüngelb, Silberreflexe. Zarte Wiesenkräuter, gelbe Birnenfrucht, ein Hauch von Kletzen, tabakige Nuancen. Stoffig, saftig, feiner Gerbstoff, gute Frische, zitroniger Touch, lebendig, ein feinwürziger Speisenbegleiter, gutes Entwicklungspotenzial.

94 Traminer * Ried Steintal 2020
13 Vol.-%, NK, großes Holzfass, €€€€€ B
Helles Gelbgrün, Silberreflexe. Feine Nuancen von Rosenöl, ein Hauch von weißem Pfirsich und Eibischteig, Mandarinenzesten. Saftig, elegant, feine Fruchtsüße, gelbe Tropenfrucht, mineralisch, salzig-zitroniger Touch, zeigt Länge, gutes Reifepotenzial.

93 Weißburgunder * Ried Klausen 1STK 2020
13 Vol.-%, NK, großes Holzfass, €€€€€ B
Helles Gelbgrün, Silberreflexe. Feine gelbe Kernobstnuancen, zart nach Orangenzesten, ein Hauch von frischem Apfel und Mango, mineralischer Touch. Komplex, zarte Fruchtexotik, weißes Kernobst, feine Mineralik, harmonisch, seidig und anhaftend, ein facettenreicher Speisenwein.

92 Weißburgunder * 2021
12,5 Vol.-%, DV, Stahltank/großes Holzfass, €€€ B V
Helles Gelbgrün, Silberreflexe. Feine nussige Nuancen, ein Hauch von Wiesenkräutern, frische weiße Birnenfrucht, ein Hauch von Honigmelone, einladendes Bukett. Komplex, saftig, feine Fruchtsüße, mineralisch, finessenreicher Säurebogen, zitronig-pikanter Nachhall.

92 Gelber Muskateller * 2021
12 Vol.-%, DV, Stahltank, €€€ B V
Helles Gelbgrün, Silberreflexe. Zarte gelbe Tropenfrucht, ein Hauch von Holunderblüten, etwas Blütenhonig, einladendes Bukett. Saftig, elegant, feine Fruchtsüße, feiner Säurekern, weißer Pfirsich, bereits gut antrinkbar, ein fruchtiger Sommerwein, bleibt gut haften.

91 Welschriesling * 2021
12 Vol.-%, DV, Stahltank, €€ B V
Helles Gelbgrün, Silberreflexe. Zart tabakig-würzig, frischer gelber Apfel, ein Hauch von Orangenzesten, feine Mineralik. Saftig, elegant, frischer Säurebogen, weiße Apfelfrucht, zitroniger Touch, lebendiger, leichtfüßiger Sommerwein.

91 Gemischter Satz 2021
12 Vol.-%, DV, Stahltank/großes Holzfass, €€€ B V
Helles Gelbgrün, Silberreflexe. Zarte Kräuterwürze, ein Hauch von Cassis, Nuancen von Grapefruitzesten, mineralischer Touch. Mittlerer Körper, weißer Apfel, feine Säurestruktur, zitroniger Touch, ein lebendiger Sommerwein.

★★★

WEINGUT PFEIFER

Mitten im Herzen des steirischen Vulkanlandes liegt das Weingut Pfeifer im malerischen St. Anna am Aigen. Hier – direkt am Weinweg der Sinne – kann man als Urlauber im Gästehaus der Familie Pfeifer dem alltäglichen Trubel entfliehen und beim herrlichen Ausblick über das Vulkanland die schönen Momente des Lebens bei einem Glas Wein genießen.
Daniel Pfeifer hat die Führung des Familienbetriebes von seinen Eltern übernommen. Tief verwurzelt im Vulkanland sind Leidenschaft und Inspiration seine alltäglichen Begleiter bei der Arbeit im Weingarten oder im Keller. Sein Motto: »Richtige Entfaltung gelingt, wenn man Dinge auch mal sein lässt. Deshalb produziere ich unsere Weine so naturnah wie möglich: ohne Herbizide, handverlesen und mit besonderem Fokus auf das Terroir und auf Nachhaltigkeit.«
Die geologischen und klimatischen Bedingungen in St. Anna sind einzigartig für das Vulkanland. Wie eine Kalksteininsel aus dem Vulkanmeer erhebt sich die Ried Schemming, die Top-Lage des Weinguts. Die Böden sind geprägt von Lehm, Muschelkalk und dem vulkanischen Basalt. Die Trauben genießen im pannonisch-illyrischen Klima viele Sonnenstunden, abends jedoch kühlt es an den Hängen des Stradner Kogels früher ab. Dadurch entsteht das so typische ausgeprägte Frucht-Säure-Spiel, das diesen engmaschigen, mineralischen Gewächsen ihren ganz besonderen Charakter verleiht.

WEINGUT PFEIFER
8354 Sankt Anna am Aigen
Plesch 43a
T: +43 (3158) 29018
office@pfeifer-weingut.at
www.pfeifer-weingut.at

Kellermeister/Kontakt:
Daniel Pfeifer
Produktion: 53.333 Flaschen
85 % weiß, 15 % rot, 8+1 Hektar
Zertifiziert: Nachhaltig Austria
Vereinszugehörigkeit:
Eruption, Winzer Vulkanland Steiermark DAC, Wein Steiermark, Steirischer Junker
Messen: VieVinum, Weinmesse München, DAC-Präsentationen

Weingut Pfeifer

Vom verspielten Gebietswein über lokale und charaktervolle Ortsweine bis hin zu den tiefgründigen, mineralischen Weinen der Ried Schemming tragen alle die einzigartige Handschrift von Daniel Pfeifer und spiegeln das Terroir von St. Anna wider.

(94) Chardonnay * Ried Schemming G-Eruption 2019
13,5 Vol.-%, DIAM, kleines Holzfass, €€€€€
Helles Goldgelb, Silberreflexe. Zart nach hellem Nougat, feine gelbe Tropenfrucht, ein Hauch von Mango und Papaya, zarte Holzwürze, florale Aspekte. Saftig, komplex, Nuancen von weißer Frucht, finessenreich strukturiert, mineralisch und anhaftend, zitroniger Touch im Nachhall, sicheres Reifepotenzial.

93 Chardonnay * Ried Schemming G-Eruption Reserve 2018
13,5 Vol.-%, DIAM, kleines Holzfass, €€€€€
Helles Goldgelb, Silberreflexe. Feine Holzwürze, zart nach hellem Nougat, feine gelbe Tropenfrucht, mit kandierten Orangenzesten unterlegt. Kräftig, weißer Apfel, feiner Säurebogen, lebendig-zitronig im Nachhall, zeigt gute Frische, salziger Rückgeschmack, sicheres Reifepotenzial.

92 Chardonnay * St. Anna Sand & Muschelkalk 2020
12,7 Vol.-%, DIAM, großes Holzfass, €€€€
Helles Gelbgold, Silberreflexe. Zart nach Orangenzesten, feine gelbe Apfelfrucht, etwas Mango, mineralischer Touch. Saftig, cremig und elegant, zarte Karamellnuancen, weißer Pfirsich, finessenreich strukturiert, zitroniger Nachhall, ein vielseitiger Speisenbegleiter.

94 Sauvignon Blanc * Ried Schemming G-Eruption 2020
13,5 Vol.-%, DIAM, kleines Holzfass, €€€€€
Helles Goldgelb, Silberreflexe. Zarte Röstaromen, ein Hauch von feinem Karamell, zarte gelbe Tropenfrucht, ein Hauch von Paprikaschoten, einladendes Bukett. Saftig, feinwürzig, weißer Pfirsich, etwas nach Litschis, bleibt sehr gut haften, feiner Säurebogen im Abgang, salziger Nachhall, ein stoffiger Speisenbegleiter mit sicherem Reifepotenzial.

93 Sauvignon Blanc * Ried Schemming 2020
13 Vol.-%, DIAM, Holzfass, €€€€
Helles Goldgelb, Silberreflexe. Frische Kräuterwürze, ein Hauch von Cassis, dunkle Mineralik. Zart rauchig unterlegte Nuancen von weißer Frucht, frisch strukturiert, zitronig im Abgang, salzig, lebendiger, gut anhaftender Speisenbegleiter mit Reifepotenzial.

92 Sauvignon Blanc * St. Anna 2021
13 Vol.-%, DV, Stahltank, €€€
Helles Gelbgrün, Silberreflexe. Zart floral unterlegte Nuancen von weißem Pfirsich, ein Hauch von Limetten und Stachelbeeren, einladendes Bukett. Mittlerer Körper, weiße Tropenfrucht, lebendiger Säurebogen, zitronig im Abgang, ein knackiger Speisenbegleiter.

© The Flow | Alex Koch

* Vulkanland Steiermark DAC

★★

WEINHOF PLATZER

Idyllisch eingebettet zwischen den Hügeln des südoststeirischen Vulkanlandes befindet sich der Weinhof der Familie Platzer. Schon seit mehreren Generationen wird hier Weinbau betrieben. Die Weingärten liegen allesamt in der näheren Umgebung des Weinhofs. Die wichtigsten Rieden sind Aunberg, Königsberg, Klöchberg und Stadner Rosenberg. In diesen Top-Rieden bildet sich die hohe Qualität der Trauben, die behutsam bis in die Flasche transportiert wird. Die Rebstöcke werden während der Vegetationsperiode fortlaufend begleitet, um ein Maximum an Qualität und regionaler Stilistik zu erreichen. Von der Ernte bis zur Füllreife ist es den Platzers ein Anliegen, sehr schonend zu arbeiten, um das Bukett der Trauben bis ins Weinglas zu bringen. Selektive Handlese ist dabei eine Selbstverständlichkeit. Damit sich der Wein unbelastet bis zur Füllreife entwickeln kann, ist der Weinkeller sehr durchdacht angelegt.
Diese ganze Hingabe an den Wein wurde vielfach prämiert: Zahlreiche Auszeichnungen in den vergangenen Jahren wie Siege bei der »Steirischen Landesweinbewertung«, im »SALON Österreich Wein« und bei der »Austrian Wine Challenge« belegen die hohe Qualität der Platzer-Weine.

93 Sauvignon Blanc * Ried Aunberg 2021
13,5 Vol.-%, DV, Stahltank, €€€
Helles Gelbgrün, Silberreflexe. Frische Stachelbeeren, ein Hauch von Litschis, weiße Blüten und Grapefruitzesten, einladendes Bukett. Kraftvoll, saftig, nach feinem Cassis, finessenreicher Säurebogen, gute Komplexität und Länge, zitronige Nuancen, mineralisch und gut antrinkbar, sicheres Reifepotenzial.

93 Grauburgunder * Ried Klöchberg Privat 2020
13,5 Vol.-%, DV, kleines Holzfass, €€€€
Mittleres Goldgelb, Silberreflexe. Feine Holzwürze, zart nach Vanille und Karamell, mit gelber Tropenfrucht unterlegt, reife Marille, etwas Blütenhonig. Saftig, elegant, Nuancen von weißer Frucht, feine Süße, finessenreich strukturiert, harmonisch und bereits gut antrinkbar, verfügt über Reifepotenzial.

91 Grauburgunder * 2021
13,5 Vol.-%, DV, Stahltank, €€
Helles Goldgelb, Silberreflexe. Feine gelbe Tropenfrucht, etwas Mango und Papaya, ein Hauch von Wiesenkräutern und

Weinhof Platzer

WEINHOF PLATZER
8355 Tieschen
Pichla 25
T: +43 (3475) 2331
platzer@weinhof-platzer.at
www.weinhof-platzer.at

Kellermeister: Robert Platzer
Kontakt: Familie Platzer
Produktion: 80 % weiß, 20 % rot, 35 Hektar
Vereinszugehörigkeit: Steirischer Junker, Winzer Vulkanland Steiermark DAC, TAU-Winzer

Blütenhonig. Saftig, feine gelbe Tropenfrucht, zarte Fruchtsüße, elegant und ausgewogen, bereits gut antrinkbar.

92 Chardonnay * Ried Aunberg Privat 2020
13,5 Vol.-%, DV, kleines Holzfass, €€€€
Mittleres Grüngelb, Silberreflexe. Feine Holzwürze, zart nach gelber Tropenfrucht, Nuancen von Ananas, feine Mangofrucht, einladendes Bukett. Saftig, weißer Pfirsich, frischer Säurebogen, mineralisch, feine Salzigkeit, etwas Biskuit im Nachhall, ein gut antrinkbarer Speisenbegleiter.

90 Weißburgunder * 2021
12,5 Vol.-%, DV, Stahltank, €€
Helles Gelbgrün, Silberreflexe. Zart rauchige Wiesenkräuter, dunkle Mineralik, weiße Birnenfrucht, tabakige Nuancen. Saftig, weißer Apfel, frischer Säurebogen, finessenreich, dezente Süße, zitroniger Touch, vielseitig einsetzbar.

90 Gewürztraminer * 2021
13,5 Vol.-%, DV, Stahltank, €€
Helles Gelbgrün, Silberreflexe. Zart gewürzig unterlegte feine gelbe Tropenfrucht, Mandarinenzesten, Nelken. Saftig, kraftvoll, elegant, weißer Pfirsich, feine Säurestruktur, salzig und anhaftend, mineralisch und gut entwickelt, ein facettenreicher Speisenbegleiter.

★★★

PLODER-ROSENBERG

BIO

Das im Steirischen Vulkanland gelegene Weingut Ploder-Rosenberg mit seinen elf Hektar Weingärten ist eine Oase der Biodiversität und steht für charakterstarke Weine. Die bereits seit 2006 praktizierte biodynamische Wirtschaftsweise trägt spürbar Früchte.

Mit Manuel Ploder und Selina Weratschnig übernimmt die nächste Generation die Weiterentwicklung, und die Weine gewinnen an Charakter. Zeit spielt dabei eine wesentliche Rolle – oder vielmehr das Zeitgeben und Werdenlassen. Verantwortlich für das Entstehen der Weine sind Maischestandzeiten, natürliche Sedimentation, spontane Gärung (frei von Temperatureingriffen) sowie der biologische Säureabbau. Eine lange Kontaktzeit auf der Vollhefe bringt ausgewogene, in sich stimmige und bekömmliche Weine in die Flasche.

Drei Linien bieten Wahlmöglichkeiten, sie schälen facettenreiche Weinstile heraus: Den Einstieg bilden eigenständige trockene und leichte Cuveés mit Trinkspaß. Das Herzstück ist die »Linea«-Linie: Diese Weine vergären und reifen bei überjähriger Lagerung in 600-Liter-Eichenfässern mit langem Hefekontakt. Mit Tiefgang, Mineralik und ausdrucksstarker Vielschichtigkeit zeigen sie Charakter, Sorte und Boden am Gaumen und überzeugen mit Langlebigkeit. Bernsteinfarbig und doch flüssig ist die dritte Linie, bestehend aus wahren Kleinodien aus der Amphore. Als ganze Beeren und Trauben werden sie sehr lange auf der Maische vergoren, zu Essenzen ausgebaut und gelagert – bevorzugte Jahrgänge daraus ergeben hochwertige, mehrdimensionale »Weinwerke« mit den Namen »Aero«, »Tero«, »Fejro« und »Maro« (Luft, Erde, Feuer und Wasser).

95 Souvignier Gris Linea 2017
13,5 Vol.-%, NK, Holzfass, €€€€€
Kräftiges Bernstein, Orangereflexe. Floraler Touch, zart

PLODER-ROSENBERG
8093 St. Peter am Ottersbach
Unterrosenberg 86
T: +43 (3477) 3234
office@ploder-rosenberg.at
www.ploder-rosenberg.at
Kellermeister: Manuel Ploder
Kontakt: Manuel, Maria, Alfred Ploder und Selina Weratschnig
Anbauweise: Biodynamisch (Austria Bio Garantie, Demeter)
Produktion: 90 % weiß, 10 % rot, 11 Hektar
Vereinszugehörigkeit: Wein Steiermark, Winzer Vulkanland Steiermark DAC
Messen: RAW – The Artisan Wine Fair London, VieVinum, RAW – The Artisan Wine Fair Berlin, Weinsalon Natürel

*** Vulkanland Steiermark DAC**

nach Passionsfrucht, ein Hauch von Wiesenkräutern, zart nach Lorbeerblättern, weißes Nougat, Karamell klingt an. Gute Komplexität, straff, facettenreiche Säurestruktur, mineralisch-salzig, Pfirsich im Abgang, harmonisch und elegant, tabakig, zart nussiger Gerbstoff im Nachhall, vielschichtiger Speisenbegleiter mit Entwicklungspotenzial.

93 Cara 2019 BR/SOG/WB
12,5 Vol.-%, NK, großes Holzfass, €€€
Mittleres Goldgelb, orange Reflexe. Feine Tabakwürze, etwas nach Kräutern, zart nach Grapefruit, dazu rauchige Nuancen, ein Hauch von Birne, reduktives Bukett. Saftig, straff, facettenreiche Säurestruktur, dunkle Mineralik, weißer Pfirsich im Abgang, salziger Nachhall, feinwürziger Speisenbegleiter.

93 Blanca 2017 SOG/GM/MS/GV/BR
13 Vol.-%, NK, Holzfass, €€€€
Kräftiges Orange, Bernsteinreflexe. Zart nach Mandarinen und Wiesenkräutern, etwas nach weißer Tropenfrucht, zart nussig, ein Hauch von Feigen. Saftig, straff, zarter Gerbstoff, süß unterlegt, seidige Textur, gut integrierte Tannine, Maracuja im Abgang, vielschichtiger Speisenbegleiter mit Reifepotenzial.

92 Vivas 2019 SC/BLM/MS/GM
10 Vol.-%, NK, Stahltank, €€€
Leuchtendes Grüngelb, Goldreflexe. Reife Tropenfrucht, feiner Duft nach Litschis, kandierte Orangenschalen, floraler Touch, einladendes Bukett. Saftig, engmaschig, lebendige Säurestruktur, feinwürzig, Litschis auch im Abgang, Limettentouch im Rückgeschmack, facettenreiches Trinkvergnügen.

92 Linea Pinot Gris 2017
13,5 Vol.-%, NK, Holzfass, €€€€€
Blasses Kirschrot, Orangereflexe. Zart nach reifer Tropenfrucht, etwas nach Heidelbeeren, ein Hauch von Honig, mit Gewürzen wie Sternanis unterlegt, tabakig. Saftig, straff, Gerbstoff trägt eine feine Säurestruktur, mineralisch, Nuancen von weißer Frucht im Nachhall, guter Speisenbegleiter.

92 Linea Chardonnay 2017
13,5 Vol.-%, NK, Holzfass, €€€€€
Mittleres Goldgelb, Bernsteinreflexe. Feine Tabak-Holz-Würze, etwas nach Quitte und Melisse, reife Tropenfrucht, zarter Blutorangentouch. Engmaschig, salzig, straffer Säurebogen, weiße Birnenfrucht, feinwürzig im Abgang, nussiger Nachhall, bleibt gut haften, guter Speisenbegleiter.

★★★

JOSEF SCHARL CHARAKTERWEINE

Sankt Anna am Aigen in der hügeligen Südoststeiermark ist die Heimat des Weinhofs Scharl und eines der leidenschaftlichsten Winzer der Region. Josef Scharl ist mit seinen rund 20 Hektar Rebfläche aufgewachsen und – quasi seit er denken kann – mit diesem »Stückchen Glück« in seinen Fässern und Flaschen engstens verbunden. Und so wie der Wein seine einzigartige Präsenz und seinen Charakter aus dem Boden zieht, so dürfte auch Josef Scharl seine Leidenschaft und Kraft aus seiner Heimat inhaliert haben. Zusätzliche Motivation geben ihm die vielen Auszeichnungen, die weitere Energie in die Weine fließen und so das Weingut zu neuen Geschmackserlebnissen aufbrechen lassen.
Naturverbunden und stolz, mit tiefem Respekt vor Land und Leuten werden hier Jahr für Jahr die schönsten Weine erarbeitet. Die Kombination von Mut zu kreativen Ideen und einer großen Liebe zur Arbeit macht die Produkte aus dem Hause Scharl zu nachhaltig beeindruckenden Erlebnissen. Das betrifft Keller und Küche genauso wie die Gastlichkeit im eigenen, mietbaren Winzerhäuschen. Ausgezeichnete Weine gibt es in der regionalen Winzergemeinschaft »Eruption« – der natürlich auch Josef Scharl junior angehört – schon einige, und hier schließt sich dann auch der Kreis der gegenseitigen Befruchtung von Mensch und Land. Stimmig und intensiv wie die hauseigenen Weine präsentiert sich der Weinhof Scharl seinen Besuchern: ein Stück vom Glück im Steirischen Vulkanland.

92 Souvignier Gris Sekt Austria Reserve brut Steiermark g.U. 2019
13 Vol.-%, DIAM, großes Holzfass, €€€€€
Helles Gelbgrün, Silberreflexe, lebendiges Mousseux. Zart floral unterlegte feine Birnennuancen, ein Hauch von Honigmelone, zart nach Blüten und Zitruszesten. Straff, engmaschig, weißer Apfel, finessenreicher Säurebogen, salzige Mineralik, ein lebendiger, leichtfüßig wirkender Speisenbegleiter.

95 Sauvignon Blanc * Ried Schemming G-Eruption 2019
13 Vol.-%, DIAM, großes Holzfass, €€€€€ Ⓥ
Leuchtendes Goldgelb, silberfarbene Reflexe. Zarte Kräuternoten, reife Apfelfrucht, Papaya klingt an, etwas nach Edelholz-Tabak-Würze, kandierte Mandarinenzesten, einladendes fruchtiges Bukett. Gute Komplexität, frische und lebendige Säurestruktur, feinwürzig, weiße Tropenfrucht, kraftvolles Finish, bleibt sehr gut haften, mineralischer Nachhall, sicheres Entwicklungspotenzial.

92 Sauvignon Blanc * St. Anna am Aigen 2020
12,5 Vol.-%, DV, großes Holzfass, €€€
Helles Grüngelb, Silberreflexe. Frische Zitrusnuancen, etwas Wiesenkräuter, weiße Apfelfrucht, ein Hauch von Guaven, frisches Bukett. Saftig, straff, facettenreiche Säurestruktur, mineralisch-salzig, Maracuja im Abgang, gelbe Paprika im Nachhall, guter Speisenbegleiter.

94 Chardonnay * Ried Annaberg 1-Eruption 2019
13 Vol.-%, DIAM, großes Holzfass, €€€€
Mittleres Grüngelb, silberfarbene Reflexe. Zart nach Blütenhonig und Honigmelone, etwas nach Feigen, zart nach kandierten Orangenzesten. Komplex, elegant, samtige Textur, gut integrierte Säurestruktur, mineralisch-salzig, Mango im Abgang, Kräuterwürze im Nachhall, bleibt sehr gut haften, vielschichtiger Speisenbegleiter mit Potenzial.

94 Chardonnay * Ried Schemming G-Eruption 2019
13 Vol.-%, DIAM, großes Holzfass, €€€€€
Mittleres Grüngelb, silberfarbene Reflexe. Zarter Blütenhonig, etwas nach Karamell, Mango und Quittengelee, unterlegt mit Röstaromatik, facettenreiches Bukett. Gute Komplexität, saftig, gut integrierte Säurestruktur, engmaschig, salzig, Passionsfrucht im Abgang, mineralisch-zitroniger Nachhall, sicheres Entwicklungspotenzial.

92 Chardonnay * St. Anna am Aigen 2020
12,5 Vol.-%, DV, großes Holzfass, €€€
Helles Grüngelb, silberfarbene Reflexe. Kandierte Orangenzesten, etwas nach Mango, ein Hauch von Babybanane, frisches Bukett. Gute Komplexität, saftig, straff, mineralischer Abgang, weiße Tropenfrucht im Nachhall, engmaschiges Finish, guter Speisenbegleiter.

91 Chardonnay * 2020
12 Vol.-%, DV, großes Holzfass, €€
Helles Grüngelb, silberfarbene Reflexe. Mit feinem Blütenhonig unterlegte gelbe Tropenfrucht, zart nach Guaven und Kumquats, karamelliger Touch. Saftig, straff, feine Säurestruktur, fruchtsüß, etwas nach Melone im Abgang, salzig, zitroniger Nachhall, bleibt gut haften.

JOSEF SCHARL – CHARAKTERWEINE
8354 St. Anna am Aigen
Plesch 1
T: +43 (3158) 2314
josef@weinhof-scharl.at
www.weinhof-scharl.at

Kellermeister: Josef Scharl jun.
Kontakt: Josef Scharl jun.
Produktion: 80 % weiß, 19 % rot, 1 % süß, 20+5 Hektar
Zertifiziert: Nachhaltig Austria
Vereinszugehörigkeit: Wein Steiermark, Eruption
Messen: VieVinum

92 Weißburgunder * Ried Annaberg 1-Eruption 2018
12,5 Vol.-%, DIAM, großes Holzfass, €€€€
Mittleres Grüngelb, silberfarbene Reflexe. Zart nach Mango und Birne, etwas nach Blütenhonig, ein Hauch von Holzwürze, zart nach Ringlotten. Saftig, elegant, feine Säurestruktur, mineralisch-salzig, etwas nach Mango, mineralischer Rückgeschmack, nussiger Nachhall, gutes Potenzial.

90 Weißburgunder * St. Anna am Aigen 2020
12 Vol.-%, DV, großes Holzfass, €€€
Helles Gelbgrün, silberfarbene Reflexe. Feine Kräuternoten, ein Hauch von Maracuja, zart nach Papaya, floraler Touch, etwas kandierte Orangenschalen. Saftig, elegant, balancierte Säurestruktur, weißes Kernobst, lebendiges Finish, bereits gut antrinkbar.

90 Gelber Muskateller * Ried Annaberg 2020
12 Vol.-%, DV, Stahltank, €€€
Helles Gelbgrün, Silberreflexe. Feine Kräuternoten, etwas nach Mango und Rosenöl, ein Hauch von Kardamom, floraler Touch, einladendes Bukett. Saftig, elegant, lebendige Säurestruktur, feinwürzig, leichtfüßig, Pfirsich im Finish, trinkanimierender Stil.

91 Eruption Rot 2018 ZW/BW
13 Vol.-%, DIAM, Holzfass, €€€€
Kräftiges Rubingranat, violette Reflexe, breitere Randaufhellung. Zarte Zwetschkennote, unterlegt mit Röstaromatik und Nougat, ein Hauch von reifen Kirschen, kandierte Orangenschalen. Saftig, balancierte Tanninstruktur, feinwürzig, dunkle Waldbeerenfrucht, etwas Eukalyptus im Nachhall, feinwürziger Speisenbegleiter.

Matthias Trummer

WEINGUT TRUMMER
8422 St. Veit in der Südsteiermark
Pessaberg 26
T: +43 (664) 3967338
willkommen@weingut-trummer.at
www.weingut-trummer.at

Kellermeister/Kontakt:
Matthias Trummer
Produktion: 10 % Schaumwein, 90 % weiß, 7 Hektar
Vereinszugehörigkeit:
Winzer Vulkanland Steiermark DAC

★★

WEINGUT TRUMMER

Seit dem Jahrgang 2018 macht Matthias Trummer das, was er schon bisher gemacht hat – jedoch ganz anders, nämlich noch deutlicher, noch konsequenter, noch vielfältiger und noch lustvoller. Der Winzer hat seine Liebe zu den Sorten ganz offiziell zu seinem Motto gemacht. Das lautet nun: »Sorten. Typisch.« Und er lädt Jahrgang für Jahrgang auf eine Reise in die Faszination der Sorten ein, in die einzelnen, ganz präzise ausgedrückten Typizitäten mit ihren Merkmalen und Charakteren. Matthias Trummer ist davon überzeugt, dass Wein seinen wahren Charakter in der Sorte zeigt, aus der Entfaltung des typischen Geschmacks und der typischen Aromen. Sein Credo: »Der beste Wein ist seiner Sorte verpflichtet, nicht seiner Lage.« Die Lage ist ein wichtiges Hilfsmittel, aber eben für ihn nicht mehr! Das allerbeste Traubenmaterial baut er gemäß seiner Philosophie zur Top-Linie »Reine Seele« aus: Das bedeutet absolute Reife, absolute Konzentration, absolute Verdichtung, noch später gelesen, noch stärker im Ertrag reduziert, die besten Trauben des Jahrgangs als Essenz der Sorte.

Am stimmungsvollsten verkosten lassen sich die Weine in der prachtvoll gelegenen Buschenschank. An schönen Sommer- oder Herbsttagen genießt man hier unter Weinreben sitzend einen traumhaften Panorama-Fernblick über die Südsteiermark bis zur Koralpe sowie Trummers außergewöhnliche Weine und Herzhaftes von den hauseigenen Turopolje- und Schwäbisch-Hällischen Schweinen aus Freilandhaltung.

93 Grauburgunder Reine Seele 2021
13 Vol.-%, DV, Stahltank, €€€€€
Helles Grüngelb, Silberreflexe. Zart nach gelber Birnenfrucht, etwas Mango, kandierte Orangenzesten, einladendes Bukett. Komplex, saftig und elegant, feiner Säurebogen, gut eingebundene Fruchtsüße, bleibt gut haften, ausgewogener Speisenbegleiter.

92 Gelber Muskateller Reine Seele 2021
12,4 Vol.-%, DV, Stahltank, €€€
Sehr helles Gelbgrün, Silberreflexe. Zart traubig unterlegter Muskat-Touch, weiße Tropenfrucht, Nuancen von Mango und Apfel. Saftig, elegant, feine fruchtige Süße, finessenreich strukturiert, mineralisch und anhaftend, zeigt gute Länge und Entwicklungspotenzial.

© <Rupert Rauch>

92 Morillon Reine Seele 2021
13 Vol.-%, DV, Stahltank, €€€
Helles Gelbgrün, Silberreflexe. Zart mit Limetten unterlegte weiße Apfelfrucht, feine Blütenaromen. Saftig, elegant, feine Fruchtsüße, lebendiger Säurebogen, mineralisch, ein Hauch von Fruchtsüße im Nachhall, animierender Speisenbegleiter.

92 Gelber Traminer Reine Seele 2021
13 Vol.-%, DV, Stahltank, €€€
Helles Gelbgrün, Silberreflexe. Florale Nuancen von Rosenöl, ein Hauch von Marshmallows, mit feiner gelber Tropenfrucht unterlegt, attraktives Bukett. Saftig, ausgewogen, feine Gewürznuancen, dezenter Säurebogen, bleibt haften, salzig-mineralisch, verfügt über Reifepotenzial.

92 Sauvignon Blanc Reine Seele 2021
12,2 Vol.-%, DV, Stahltank, €€€
Helles Gelbgrün, Silberreflexe. Zarte Kräuterwürze, Nuancen von Stachelbeeren, ein Hauch von Grapefruitzesten, einladendes Bukett. Saftig, gelbe Tropenfrucht, elegant, finessenreicher Säurebogen, zart nach Guaven und Cassis im Rückgeschmack.

91 Weißburgunder Reine Seele 2021
12,5 Vol.-%, DV, Stahltank, €€€
Helles Gelbgrün, Silberreflexe. Frischer grüner Apfel, zart nach Wiesenkräutern, floraler Touch, mit Limettenzesten unterlegt. Saftig, mittlerer Körper, weiße Birnenfrucht, frisch, bietet unkompliziertes Trinkvergnügen, salziger Nachhall.

★★★

WEINGUT WINKLER-HERMADEN

BIO

Das Weingut Winkler-Hermaden liegt im Südosten der Steiermark, mitten im Vulkanland Steiermark, nur wenige Kilometer von der slowenischen und ungarischen Grenze entfernt. Seit 1918 wird die Landwirtschaft als Familienbetrieb geführt. Dabei stehen auf dem Weingut, im Hotel und im Restaurant Regionalität, Nachhaltigkeit und Gastfreundschaft im Mittelpunkt.
Von den 37 Hektar biologisch-organisch bewirtschafteter Weingärten (Ried Kirchleiten, Ried Schlosskogel, Ried Rosenleiten, Ried Winzerkogel) befinden sich rund 25 Hektar rund um den Kapfensteiner Kogel und 12 Hektar im 15 Kilometer südlich gelegenen Klöch (Ried Ölberg, Ried Hochwarth, Ried Grafenstückl). Im Fokus des Weinmachens stehen terroirbetonte, vielschichtige und salzige Weine mit langer Reifezeit. Die Devise: selektive Handlese, schonende Traubenverarbeitung und möglichst wenig Eingriffe beim darauffolgenden Ausbau der Weine. Ziel ist es, den typischen Charakter der Böden und der jeweiligen Sorten in den Weinen spürbar zu machen.
Das Gut wird seit 2009 biologisch-organisch bewirtschaftet, 2012 konnte die erste zertifizierte biologische Ernte eingefahren werden. Seit dem Jahr 2022 hat sich das Weingut der biologisch regenerativen Landwirtschaft verschrieben. Dabei geht es darum, Nährstoffungleichgewichte auszugleichen sowie Humus und das Bodenleben aufzubauen. Die Weingärten sind dauerbegrünt, man fördert die natürlichen Gegenspieler der Schädlinge und düngt mit selbst hergestelltem Kompost. Das Holz, aus dem die kleinen Eichenfässer gemacht werden, stammt aus dem eigenen Wald der Familie auf dem Kapfensteiner Kogel. Das Schloss selbst und auch die alten Weinkeller haben eine lange Geschichte, die bis ins 11. Jahrhundert zurückreicht. In den Jahren 1996 bis

WEINGUT WINKLER-HERMADEN
8353 Kapfenstein, Kapfenstein 106
T: +43 (3157) 2322
weingut@winkler-hermaden.at
www.winkler-hermaden.at
Kellermeister: Thomas Winkler-Hermaden
Kontakt: Georg und Christof Winkler-Hermaden
Anbauweise: Zertifiziert Biologisch (Bio Austria)
Produktion: 200.000 Flaschen
55 % weiß, 45 % rot, 37 Hektar
Zertifiziert: Nachhaltig Austria
Vereinszugehörigkeit:
Steirische Terroir- und Klassikweingüter
Messen: ProWein Düsseldorf, VieVinum

Die Riegersburg

1998 wurde ein weiterer Keller, der »Lange Keller«, renoviert. In dem 60 Meter langen und 350 Jahre alten Kreuzgewölbe lagert nun Rotwein in kleinen Eichenfässern.

92 ❶ Pinot Brut Sekt g.U. Reserve 2017 SL/PN
13 Vol.-%, NK, Flaschengärung, €€€€ Ⓥ
Helles Grüngelb, Silberreflexe. Ein Hauch von reifen Ringlotten, etwas Blütenhonig, zart nach Biskuit. Mittlerer Körper, weiße Apfelfrucht, trockener Stil, zitronig-mineralisch, ein frischer Aperitif und Begleiter leichter Speisen.

90 ❶ Muscaris Pet Nat 2021
13 Vol.-%, KR, Flaschengärung, €€€ Ⓥ
Zart getrübtes helles Gelbgrün, Silberreflexe. Frische gelbe Birnenfrucht, ein Hauch von Feigen und Holunderblüten. Mittlerer Körper, zarter Pfirsich, dezente Fruchtsüße, gelber Apfel, etwas Honig im Nachhall.

(93) Sauvignon Blanc * Klöch Ried Hochwarth 2019
13,5 Vol.-%, VL, Stahltank, €€€€ Ⓑ Ⓥ
Helles Gelbgrün, Silberreflexe. Zart nach Grapefruit, feine gelbe Tropenfrucht, tabakige Nuancen, mit dunklen Cassisanklängen unterlegt. Kraftvoll, saftig, mineralisch, straffe Textur, feine Gerbstoffwürze, lebendig, salziger Nachhall, ein Hauch von Limetten im Nachhall.

(93) Sauvignon Blanc * Kapfenstein Ried Kirchleiten GSTK 2019
13,5 Vol.-%, VL, Stahltank, €€€€€ Ⓑ Ⓥ
Mittleres Gelbgrün, Silberreflexe. Zart floral, ein Hauch von Akazien- und Lindenblüten, dunkle Würze, Noten von Apfelschalen, feiner Nougatton. Komplex, feine Noten von gelber Frucht, etwas Mango, feine Holznuancen, salziger Touch im Abgang, zitronig im Rückgeschmack.

90 Sauvignon Blanc * Kapfenstein 2020
12,7 Vol.-%, VL, Stahltank, €€€ Ⓑ Ⓥ
Helles Gelbgrün, Silberreflexe. Zart nach Stachelbeeren, ein Hauch von Grapefruitzesten, dezente Kräuterwürze. Mittlerer Körper, weißer Pfirsich, feines Säuregerüst, saliner Nachhall, vielseitiger Speisenbegleiter.

93 Morillon * Kapfenstein Ried Rosenleiten 2019
12,5 Vol.-%, VL, 500-l-Fass, €€€€ Ⓑ Ⓥ
Helles Grüngelb, Silberreflexe. Feine Kräuterwürze, ein Hauch von Karamell, zart nach Tabak und Birne, kandierte Orangenzesten. Saftig, elegant, ausgewogen, feine Fruchtsüße, ein Hauch von hellem Nougat, zarte Mineralik, bleibt gut haften, vielseitiger Speisenbegleiter.

93 Traminer * Kapfenstein Ried Kirchleiten 2019
12,8 Vol.-%, VL, kleines Holzfass, €€€€€ Ⓑ Ⓥ
Mittleres Gelbgrün, Silberreflexe. Floraler Touch, ein Hauch von Eibischteig, zart nach Tropenfrucht, einladendes Bukett. Elegant, zart nach Nuss, staubtrockener Stil, mineralisch, salziger Nachhall, zeigt im Moment eher mittlere Länge, ein Hauch von Rancio im Abgang.

92 Gewürztraminer * Klöch 2020
12,5 Vol.-%, VL, Stahltank, €€€ Ⓥ
Helles Gelbgrün, Silberreflexe. Feiner Rosenduft, ein Hauch von gelben Früchten, zart nach Honig. Saftig, gute Komplexität und Balance, gut eingebundene feinfruchtige Süße, angenehme Säurestruktur, trinkfreudiger Stil, gute Länge, bereits zugänglich.

90 Gewürztraminer Orange 2018
13,5 Vol.-%, VL, kleines Holzfass, €€€€€ ❶ Ⓥ
Leuchtendes Orangegold. Zart tabakig-würzige Noten, ein Hauch von Dörrobst, zart nach Hagebutten, rauchiger Touch. Mittlere Komplexität, gut eingebundener Gerbstoff, würziger Nachhall, mineralischer Rückgeschmack, wirkt relativ leichtfüßig.

(93) Olivin Reserve 2017
14 Vol.-%, VL, kleines Holzfass, €€€€€ Ⓑ Ⓥ
Dunkles Rubingranat, violette Reflexe, zarte Randaufhellung. Feine Edelholznuancen, schwarze Beerenfrucht, reife Zwetschken, facettenreiches Bukett. Komplex, straff, engmaschig, schwarze Kirschen, Amarenakirschen, gute Frische, würzig im Abgang, mineralischer Nachhall, gutes weiteres Reifepotenzial.

92 Zweigelt Olivin 2019
13,5 Vol.-%, VL, kleines Holzfass, €€€€ V
Dunkles Rubingranat, violette Reflexe, zarte Ockerrandaufhellung. Etwas Nougat, feine tabakige Würze, schwarze Beeren, etwas Vanille. Saftig, etwas würzig, dunkle Mineralik, frisch strukturiert, dezente Fruchtsüße im Abgang, Gerbstoffwürze im Nachhall, wird von Flaschenreife profitieren.

(88) Pinot Noir Reserve 2018
13 Vol.-%, VL, 500-l-Fass, €€€€ V

★

WEINERLEBNIS MARTIN WIPPEL

Im Familienbetrieb Wippel in der Südoststeiermark, eingebettet in eine wunderbare Landschaft, geben sich Kulinarik und Weingenuss die Hand. Höchste Qualität aus vulkanischer Erde, ein Schuss Ehrgeiz, schonende Weinbereitung und Individualität: So lassen sich die Weine von Martin Wippel am einfachsten beschreiben. Die Sortenpalette im »Weinerlebnis« reicht von fruchtigen und mit angenehmer Säure unterlegten leichten bis zu kräftigen, voluminösen Weinen mit hohem Reifepotenzial und feiner Frucht. Auszeichnungen und Prämierungen bei nationalen und internationalen Verkostungen sind ein sichtbarer Beweis für die qualitätsorientierte Arbeit im Keller.
Bruder Stefan Wippel führt die »Hofbergstubn«, wo Weinfreunde bei herrlichem Blick auf die Riegersburg zu kulinarischen Genüssen die Weine probieren können. Neben der bodenständigen steirischen kalten Jause serviert man auch warme Speisen. Diese werden dank hochwertiger Produkte aus der Region zu einem ganz besonderen Geschmackserlebnis. Bei Bestellung im neuen Onlineshop werden alle Produkte gerne auch nach Hause geliefert.

91 Weisser Burgunder * 2021
13 Vol.-%, DV, Stahltank, €€
Helles Grüngelb, Silberreflexe. Feine gelbe Tropenfrucht, ein Hauch von Birne, zart nach Orangenzesten. Mittlerer Körper, weißer Apfel, frischer Säurebogen, elegant und anhaftend, ein saftiger Speisenbegleiter.

92 Sauvignon Blanc 2021
13,5 Vol.-%, DV, Stahltank, €€
Helles Gelbgrün, Silberreflexe. Frische Stachelbeeren, ein Hauch von Guaven, mit weißem Pfirsich und Limettenzesten unterlegt. Kräftig, saftig, Nuancen von gelber Frucht, gut integrierter Säurebogen, zarte Süße, salzigzitronig im Nachhall, bleibt haften, ein stoffiger Speisenbegleiter.

90 Morillon Vulkanland Steiermark 2020
13 Vol.-%, DV, Stahltank, €€
Helles Grüngelb, Silberreflexe. Feine weiße Tropenfrucht, zart nach Mango und Blütenhonig, fruchtiges Bukett. Kraftvoll, saftig, zart nach Karamell, gelber Pfirsich, etwas Nougat im Abgang, bereits gut entwickelt.

88 Sämling Scheurebe 2021
12 Vol.-%, DV, Stahltank, €€

90 Mystica 2019 ZW/BB/RÖ
13 Vol.-%, DV, Holzfass, €€€
Dunkles Rubingranat, violette Reflexe, zarte Randaufhellung. Etwas nach Brombeeren und kandierten Orangenschalen, ein Hauch von Dörrpflaumen, feine Holzwürze. Gute Textur, gut eingebundene Tannine, extraktsüß nach Kirschen, etwas tabakig, leichtfüßig wirkend, unkomplizierter Speisenbegleiter.

89 St.Laurent 2021
12,5 Vol.-%, DV, Stahltank, €€

WEINERLEBNIS MARTIN WIPPEL
8333 Riegersburg, Hofberg 67
T: +43 (3153) 7360
office@weinerlebnis-wippel.at
www.weinerlebnis-wippel.at
Kellermeister/Kontakt:
Martin Wippel
Produktion: 60.000 Flaschen
78 % weiß, 20 % rot, 2 % süß, 10 Hektar
Zertifiziert: Nachhaltig Austria
Vereinszugehörigkeit:
Wein Steiermark, Marktgemeinschaft Steirischer Wein, Genuss Region Österreich, Steirisches Thermenland, Winzer Vulkanland Steiermark DAC
Messen: Alles für den Gast Salzburg

* Vulkanland Steiermark DAC

Weingärten bei Kothvogel an der Schilcher Weinstraße
im Bezirk Deutschlandsberg

©WSNA

STEIERMARK
WEST-
STEIERMARK
DAC

Blauer Wildbacher wird auch am Südhang des Stainzer Schlossbergs kultiviert

HEIMAT DES SCHILCHERS

Nur rund 550 Hektar sind in der Weststeiermark mit Reben bepflanzt, doch daraus schaffen die Winzerfamilien eine verblüffende Vielfalt an Produkten: rassige, säurebetonte Schilcher, kraftvolle, tanninbetonte Rotweine sowie elegante, charmante Schaumweine. Das alles kommt jedoch aus einer einzigen Rebsorte: dem Blauen Wildbacher. Beginnend mit dem Jahrgang 2018 gehört auch die Weststeiermark zur großen österreichischen DAC-Herkunftsweinfamilie.

Das kleinste Weinbaugebiet der Steiermark ist ein uraltes Weinland, in dem schon Illyrer, Kelten und später Römer Weinreben kultivierten. Die Weingärten ziehen sich in einem schmalen langen Band auf bis zu 600 Meter Seehöhe an den Ausläufern der Koralpe und des Reinischkogels nach Süden bis zur slowenischen Grenze hin. Die Lage bedingt tagsüber starke Erwärmung und schützt vor rauen Winden.

Steile Hänge mit malerischen kleinen Kellerstöckeln sind zu überwinden, tiefe Täler zu durchqueren auf dem Weg von Ligist im Norden über St. Stefan ob Stainz bis nach Deutschlandsberg und Eibiswald. Abstecher in Weinorte wie Greisdorf, Gundersdorf, Wildbach oder Wies bringen überraschende Perspektiven – beim Panorama ebenso wie beim Wein.

Ungewöhnlich sind auch die Bodenbeschaffenheit des Gebiets mit vorwiegend Gneis- und Schiefer-Urgestein sowie das sogenannte illyrische Klima mit südeuropäisch-mediterranen Einflüssen und relativ hohen Niederschlägen. Das natürliche Zusammenspiel all dieser Eigenheiten erklärt auch ein wenig die Einzigartigkeit des Weintyps, der einem hier auf Schritt und Tritt begegnet.

Die Weststeiermark ist das klassische Schilcherland, denn auf dem Großteil der Rebfläche wächst Blauer Wildbacher, eine uralte Rebsorte, die als Grundlage für den rosa- bis zwiebelfarbenen Wein dient, der eine beinahe unglaubliche Erfolgsgeschichte

< 250 m
250 - 350 m
> 350 m
WEINANBAU

AUSGEWÄHLTE WEINGÜTER

★★★

Weingut Langmann, Sankt Stefan ob Stainz

★★

Schilcherweingut Friedrich, Sankt Stefan ob Stainz

Schilcherei Weingut H. und L. Jöbstl, Wernersdorf bei Wies

Weingut Reiterer, Wies

erlebt hat. Ursprünglich ein rustikaler Bauernwein mit aggressiver Säure, verwandelte er sich durch kontinuierliche Qualitätsverbesserungen unter den Händen ambitionierter Winzer zu einem begehrten Getränk: vom frisch-fruchtigen Aperitif bis hin zu raffinierten Süßweinen. Auch Schaumweine werden aus dieser autochthonen Sorte erzeugt. Nicht zu unterschätzen sind die roten Varianten, die mit ihrer individuellen Stilistik eine Bereicherung auf dem Sektor Terroirwein aus Österreich darstellen.

Für den Weintourismus ist der Schilcher ein wesentlicher Erfolgsfaktor; er darf nur in der Weststeiermark den Zusatz DAC tragen. Beim Gebietswein ist bereits der 1. Dezember nach der Ernte als Premierentag erlaubt, Ortsweine dürfen aus Ligist, Eibiswald, Stainz oder Deutschlandsberg kommen. Neben dem Schilcher werden in der Weststeiermark aber auch fast alle anderen steirischen Rebsorten kultiviert, und es gilt, sie zu entdecken.

★★

SCHILCHERWEINGUT FRIEDRICH

Das Weingut Friedrich beschäftigt sich ausschließlich mit der Blauer-Wildbacher-Traube, aus der man verschiedene Ausbauvariationen keltert: von gleich gepresst über Schilcher »Klassik«, den Stainzer Schilcher als Ortswein, verschiedene Riedenschilcher und den Blauen Wildbacher als Rotwein ausgebaut bis hin zu Süßweinen (Spätlesen), Schilcherfrizzante sowie Schilchersekten. Weiters im Programm: »PIUS«, ein Schilcher, der mit seiner sehr trockenen und säurebetonten Ausbaustilistik an die Anfangszeiten des Schilchers erinnert. Gebietsweine, Ortsweine und Riedenweine werden als Herkunftsweine mit »Weststeiermark DAC« bezeichnet.

Heuer auch im Programm ist der Jahrgang 2019 des Schilchers Ried Pirkhofberg Barrique Reserve: hochreifes Traubenmaterial, Vergärung und 12-monatige Lagerung in neuen französischen Eichenfässern, biologischer Säureabbau, Rosé-Stilistik mit finessenreichem Abgang, ein Schilcher für Experimen-

SCHILCHERWEINGUT FRIEDRICH
8511 Sankt Stefan ob Stainz
Langegg 18
T: +43 (3463) 81252
info@friedrich-schilcher.at
www.friedrich-schilcher.at

Kellermeister: Christian Friedrich
Kontakt: Christian und Isabella Friedrich
Produktion: 8+2 Hektar
Vereinszugehörigkeit: Wein Steiermark

tierfreudige. Weiters bietet man hier die Möglichkeit an, bei einer informativen Betriebsführung hinter die Kulissen der Schilcherproduktion zu blicken und die Geheimnisse der verschiedenen Ausbauvariationen näher kennenzulernen.
Das Schilcherweingut Friedrich liegt auf einer Seehöhe von 570 Metern und bietet einen atemberaubenden Ausblick über das steirische Weinland. Im liebevoll eingerichteten Verkaufs- und Degustationsraum können alle näheren Informationen über die weststeirische Spezialität eingeholt werden. Durch die Spezialisierung auf diese einzige Rebsorte können hier Lagenspezifikationen, Lesetermine und Produktionsabläufe optimiert und auf den Punkt gebracht werden.
Zahlreiche Erfolge wie sechs Schilcherlandessiege, nicht weniger als zwölf verschiedene Schilcher im »SALON Österreich Wein« in den letzten sieben Jahren und zahlreiche Erfolge bei diversen Fachverkostungen zeugen von der Schilcherkompetenz dieses Betriebs. Auch der Jahrgang 2021 zeichnet sich durch feinfruchtige Aromatik und enorme Komplexität aus und wird viel Freude bereiten.

91 ❸ Schilchersekt Brut
12 Vol.-%, NK, Stahltank, €€€
Kräftiges Lachsrosa, Kupferreflexe, lebendiges Mousseux. Zarte Kräuterwürze, rote Waldbeeren, ein Hauch von Kirschen, dunkle mineralische Schieferwürze. Mittlerer Körper, Erdbeernoten, rassiger Säurebogen, fruchtige Süße im Abgang, zitroniger Nachhall.

(93) Schilcher * Ried Pirkhofberg Barrique Reserve 2019
13,5 Vol.-%, NK, Barrique, €€€€
Helles Zwiebelrosa, breitere Kupfergoldaufhellung. Zart nach Karamell und gelber Tropenfrucht, ein Hauch von Erdbeerkonfitüre, feine Kräuterwürze, Anklänge von Holz. Kraftvoll, komplex und würzig, gut integrierte Säure, feine Fruchtsüße von roten Kirschen im Nachhall, salzig, bereits gut entwickelt, verfügt über weiteres Reifepotenzial.

92 Schilcher * Ried Pirkhofberg 2021
12,5 Vol.-%, DV, Stahltank, €€
Leuchtendes helles Zwiebelrosa, breitere Orangeaufhellung. Zart kräuterwürzig unterlegte rote Waldbeeren, zart nach Himbeeren und Limetten, floraler Touch, ein Hauch von Johannisbeeren. Mittlere Komplexität, grüner Apfel, frischer Säurebogen, Ribiseln im Nachhall, Limetten im Rückgeschmack.

92 Schilcher * Ried Langegg 2021
12,5 Vol.-%, DV, Stahltank, €€
Leuchtendes helles Zwiebelrosa, breitere Orangeaufhellung. Feine rote Kirschfrucht, zart nach Ribiseln, Orangen- und Limettenzesten, mineralischer Touch, dunkle Mineralik. Stoffig, weißer Apfel, rote Beerenfrucht, rassiger Säurebogen, mineralisch-zitronig im Finale, bleibt haften, tolles Sommervergnügen.

92 Schilcher * Ried Kirchberg 2021
12,5 Vol.-%, DV, Stahltank, €€
Leuchtendes helles Zwiebelrosa, breitere Orangeaufhellung. Frische rote Waldbeeren, ein Hauch von Limetten und Wiesenkräutern, etwas Cassis. Saftig, rotbeerig, sehr gut balanciert, knackige Struktur, rote Kirschen im Abgang, salziger Nachhall.

91 Blauer Wildbacher Stainz * 2021
12 Vol.-%, DV, Stahltank, €€
Helles Zwiebelrosa, feine Pinkreflexe. Frische Kräuter, ein Hauch von Grapefruitzesten, mit roten Waldbeeren unterlegt. Rassig, zart nach Erdbeeren und grünem Apfel, rassige Struktur, mineralisch-zitronig im Nachhall, klassisches Schilcherbild, ein lebendiger Sommerwein.

WEINGUT
SCHILCHEREI® H. UND L. JÖBSTL
8551 Wernersdorf bei Wies
Am Schilcherweg 1
T: +43 (3466) 43210
info@joebstl.eu, www.joebstl.eu
Kellermeister: ÖkR Ing. Hannes Jöbstl
Kontakt: Hannes und Luise Jöbstl
Produktion: 15 % weiß, 70 % rosé, 10 % rot, 5 % süß, 7.8 Hektar
Vereinszugehörigkeit:
Genuss Region Österreich, Klassischer Weststeirischer Schilcher, Gutes vom Bauernhof, Steirischer Junker, Schilcherland-Spezialitäten, Wein Steiermark, Marktgemeinschaft Steirischer Wein, EmmausWinzer, Masters of Schilcher
Messen: Weinmesse Innsbruck

Weinbau bei Wies

★★

WEINGUT SCHILCHEREI® H. UND L. JÖBSTL

Durch selektive Handernte in kleinen Behältnissen und behutsame Kellerwirtschaft kreiert Johannes Jöbstl, der »Master of Schilcher«, bemerkenswerte Kreszenzen und garantiert persönlich für allerhöchste Qualität, Trinkvergnügen und perfekte Sortentypizität. Siebenmal steirischer Landessieger und achtzehnmal im »SALON Österreich Wein«: Dies zeugt von hoher Qualität.

Die Liebe der Jöbstls gehört der Sorte Blauer Wildbacher, aus welcher der Schilcher gewonnen wird. Wie kein anderer Wein transportiert dieser den Charme seiner Herkunft. Nur hier, im südweststeirischen Hügel- und Bergland, ist die Heimat des echten Schilchers. In der geschmackvoll eingerichteten »Schilcherei« kann man sich davon in gemütlicher Atmosphäre überzeugen. Der Stil des Weinguts Jöbstl und die Identität des Jahrgangs, vereint zu immer neuen Facetten, spiegeln sich in einer beeindruckenden Vielfalt wider. Nicht nur die unterschiedlichsten Schilcher-Varianten entstehen hier: Das Sortiment reicht vom duftig-feinstrahligen Muskateller über den eleganten Sauvignon Blanc, den fruchtigen Zweigelt und den dichten, samtigen Blauen Wildbacher bis hin zum einzigartigen, rubinrot glänzenden, süßen Schnürlwein. Auch das Thema »vegan« wird bei Johannes und Luise Jöbstl großgeschrieben, und so kann man ebenso vegane Weine und auch Natursäfte bei ihnen genießen. Beim aktuellen Weinjahrgang wurde sogar konsequent auf tierische Bestandteile in den Schönungsmitteln, Etikettenklebern etc. verzichtet. Jahrgangssekt und ein wie Portwein ausgebauter Schilcher runden das Angebot ab.

Das Verkostungsangebot vor Ort wurde ausgebaut: Zehn einzigartige Schilcher (weiß, rosé, rot, prickelnd oder still und trocken bis süß) können in Begleitung von zehn Affineur-Käsen probiert werden. Tauchen Sie ein in die einzigartige Welt der Schilcher-Traube!

91 Gelber Muskateller * Ried Schilcherberg 2021
12 Vol.-%, DV, Stahltank, €€ V
Sehr helles Gelbgrün, silberfarbene Reflexe. Zart nach Holunderblüten und Grapefruitzesten, mit etwas Mango und Ananas unterlegt. Mittlerer Körper, weißer Apfel, frisch strukturiert, fruchtige Süße im Abgang, ausgewogener Stil.

* Weststeiermark DAC

90 Sauvignon Blanc * Ried Schilcherberg 2021
12 Vol.-%, DV, Stahltank, €€ V
Helles Gelbgrün, Silberreflexe. Zart mit Grapefruitzesten und Limetten unterlegte Stachelbeernuancen, floraler Touch. Schlank, leichtfüßig, grüner Apfel, lebendig strukturiert, Limetten im Abgang, animierender Sommerwein.

90 Blauer Wildbacher * weiss gleichgepresst 2021
12 Vol.-%, DV, Stahltank, €€ V
Helles Gelbgrün, Silberreflexe. Zart nach Mandarinenzesten, ein Hauch von Wiesenkräutern, dezente gelbe Frucht. Mittlerer Körper, schlank, feine Apfelfrucht, frischer Säurebogen, salzig-zitronig im Nachhall, ein lebendiger Speisenbegleiter.

92 Schilcher No 5 2021
11,5 Vol.-%, DV, Stahltank, €€ V
Leuchtendes mittleres Zwiebelrot, Pinkreflexe. Feine Nuancen von Ribiseln, feine Kräuterwürze, dunkle Mineralik, mit Limettenzesten unterlegt. Straff, saftig, rote Waldbeeren, frischer Säurebogen, mit feiner Fruchtsüße unterlegt, rote Kirschen, ein Hauch von Honig im Nachhall, eleganter halbtrockener Stil.

95 Blauer Wildbacher TBA 2019
10 Vol.-%, DV, Stahltank, €€€€€ V
Helles Kupferrot, Orangereflexe. Florale Nuancen, rotbeerig unterlegte Honignuancen, zart nach Nougat und kandierten Orangenzesten, mineralischer Touch. Saftig, zart nach Himbeeren und Hibiskus, süße Ribiselfrucht, rassig strukturiert, bleibt haften, ein nuancenreicher, leichtfüßig wirkender Süßwein aus der weststeirischen Rarität.

★★★

WEINGUT LANGMANN

Eine malerische hügelige Weinlandschaft inmitten der Weststeiermark, so weit das Auge reicht – das ist der Arbeitsplatz von Stefan und Daniela Langmann. Dort, wo andere Urlaub machen, bewirtschaften sie Weingärten, in denen der Rohstoff für Weine voll Frische und Finesse entsteht. Hauptdarsteller ist die Rebsorte Blauer Wildbacher, aus dem die rare Sortenspezialität Schilcher gekeltert wird. Aber auch Sauvignon Blanc, Gelber Muskateller und viele weitere Sorten finden hier perfekte Bedingungen vor. Sorgfältig achtet das Winzerpaar darauf, den unverkennbaren Geschmack ihrer Herkunft, das Terroir, zum Ausdruck zu bringen – mit Erfolg, denn die Weine sind weltweit gefragt. Dazu tragen auch die Hingabe und die Bedachtsamkeit, mit denen sie ihre Weingärten pflegen, bei. Diese sind ein regelrechtes Biotop mit einer bunten Vielfalt an Flora und Fauna, zahlreiche Wildkräuter und selten gewordene Vogelarten fühlen sich hier sichtlich wohl.
Wofür das Weingut ebenfalls sehr geschätzt wird, sind seine Schaumweine. Ob erfrischender Schilchersekt, trendiger Pet Nat, eleganter Blanc de Blancs oder Brut Rosé: Die Kollektion von Stefan und Daniela Langmann lässt das Herz von Liebhabern prickelnder Genüsse definitiv höherschlagen. Wer die Möglichkeit hat, das Weingut zu besuchen, sollte dies unbedingt mit einem Besuch der angeschlossenen Buschenschank verbinden. Hier verkostet man gemütlich die Weine, wird mit hausgemachten Schmankerln verwöhnt und genießt dabei den Blick über die mit Reben gesäumte Landschaft.

93 Sauvignon Blanc * Ried Greisdorf Himmelreich 2019
14 Vol.-%, NK, Barrique, €€€€€ V
Helles Goldgelb, Silberreflexe. Feine Holzwürze, zart nach Nougat, Nuancen von reifem Cassis, mit gelber Tropenfrucht unterlegt, facettenreiches Bukett. Kraftvoll, saftig, ein Hauch von Kokos und Karamell, frischer Säurebogen, salzig und anhaftend, ein stoffiger Speisenbegleiter mit weiterem Reifepotenzial.

92 Sauvignon Blanc * Ried Greisdorf 2020
13 Vol.-%, NK, großes Holzfass, €€€€ V
Helles Gelbgrün, Silberreflexe. Dunkle mineralische Würze, reife Stachelbeeren, Wiesenkräuter, Grapefruitzesten, einladendes Bukett. Saftig, weiße Tropenfrucht, finessenreicher Säurebogen, ein Hauch von Karamell, Limetten im Nachhall, individueller Stil.

91 Weißburgunder * Ried Greisdorf 2020
13 Vol.-%, NK, 500-l-Fass, €€€€€ V
Helles Gelbgold, Silberreflexe. Feine reife Birnenfrucht, ein Hauch von hellem Nougat, zart nach Feigen, etwas Pfirsich. Saftig, elegant, weißes Kernobst, feiner Säurebogen,

WEINGUT LANGMANN
8511 Sankt Stefan ob Stainz
Langegg 23
T: +43 (3463) 6100
weingut@l-l.at
www.weingut-langmann.at

Kellermeister/Kontakt: Stefan Langmann
Produktion: 35 Hektar
Zertifiziert: Nachhaltig Austria
Vereinszugehörigkeit: Wein Steiermark
Messen: Austrian Tasting London, ProWein Düsseldorf, Tag des Steirischen Weines im Museumsquartier, VieVinum, DAC-Präsentationen

Hochgrail bei St. Stefan ob Stainz

mineralischer Nachhall, zitroniger Touch im Abgang, ein vielseitiger Speisenbegleiter.

89 Riesling * Ried Hochgrail 2020
13 Vol.-%, NK, 500-l-Fass, €€€€

(93) Schilcher * Ried Hochgrail Sonnenhang 2021
13,3 Vol.-%, NK, gebrauchte Barriques, €€€€€
Leuchtendes helles Zwiebelrosa, breitere Orangeaufhellung. Zart nach eingelegten Kirschen, rote Waldbeeren, etwas Grapefruit, mineralischer Touch. Komplex, engmaschig, feine rotbeerige Frucht, finessenreiche Säurestruktur, mineralisch-salzig im Abgang, zeigt Länge, gutes Entwicklungspotenzial.

92 Schilcher * Ried Edla 2021
13 Vol.-%, NK, großes Holzfass, €€€€€
Leuchtendes helles Zwiebelrosa, breitere Orangeaufhellung. Zart rauchig-speckig unterlegte rote Frucht, nach Waldbeeren und Roten Johannisbeeren, mit dezenten Wiesenkräutern unterlegt. Saftig, mineralisch, frischer Säurebogen, zarter Gerbstoff im Abgang, trockener Stil, ein facettenreicher Speisenbegleiter mit Potenzial.

★★

WEINGUT REITERER

Genuss – Eleganz – Lebensfreude: Das sind die Grundpfeiler der prickelnden Welt von Christian Reiterer. Er hat schon früh erkannt, dass sich die Blauer-Wildbacher-Traube mit ihrer intensiven Frucht und ihrer erfrischenden Säure perfekt für die Produktion von Schaumweinen eignet, und kelterte bereits vor drei Jahrzehnten als Erster Schilcher-Frizzante und Schilcher-Sekt. »Ich war immer schon von der Blauer-Wildbacher-Traube und ihren Möglichkeiten fasziniert«, erzählt der begeisterte Reiter Christian Reiterer, der in dieser Tradition auch die Zukunft für die Region sieht: »Wir haben hier ein einzigartiges Potenzial, das sich aus dem Zusammenspiel einer ausschließlich regional vertretenen Sorte mit unseren Böden und unserem speziellen, von der nahen Koralpe beeinflussten Klima ergibt!« Steile Lagen sorgen für die perfekte Sonneneinstrahlung und die kühlen Winde von der Koralpe für eine besonders intensive Aromenausprägung in den Trauben. Das kommt dem Schilcher, der hier klassisch und als Lagenwein von den Monopollagen

* Weststeiermark DAC

Christian Reiterer

WEINGUT REITERER

8551 Wies
Lamberg 11
T: +43 (3465) 3950
info@weingut-reiterer.com
www.weingut-reiterer.com

Kellermeister/Kontakt:
Christian Reiterer
Produktion: 30 % Schaumwein, 10 % weiß, 60 % rosé, 52 Hektar
Messen: ProWein Düsseldorf, VieVinum

Lamberg und Engelweingarten gekeltert wird, ebenso zugute, wie den duftig-trinkfreudigen Weißweinen vom Welschriesling, Morillon und Sauvignon Blanc.

93 Schilcher Sekt g. U. Reserve Engelweingarten Alte Reben Brut

11,5 Vol.-%, NK, Flaschengärung, €€€€€

Kräftiges Lachsrosa, Kupferreflexe, sehr feines Mousseux. Nuancen von Orangenzesten und Erdbeeren, feine Kräuterwürze, ein Hauch von Biskuit, facettenreiches Bukett. Straff, engmaschig, weißer Apfel, finessenreiche Säurestruktur, ein Hauch von Roten Johannisbeeren, salzig im Nachhall, hat Potenzial.

91 Schilcher Sekt Extra Dry

11,5 Vol.-%, NK, Stahltank, €€€

Kräftiges Lachsrosa, Kupferreflexe, lebendiges Mousseux. Reife rote Herzkirschen, ein Hauch von Ribiseln und Erdbeerkonfitüre, mit Limettenzesten unterlegt. Mittlerer Körper, rotbeerig, rassiger Säurebogen, von feiner Fruchtsüße gut balanciert, lebendig und anhaftend, ideal für die sommerliche Terrasse.

90 Rosé Schilcher Frizzante

11 Vol.-%, DV, Stahltank, €€

Mittleres Lachsrosa, Kupferorangereflexe, feines Mousseux. Zart nach Ananaserdbeeren, eingelegte Kirschen, ein Hauch von Kräuterwürze und Orangenzesten. Leichtfüßig, weißer Pfirsich, frischer Säurebogen, rotbeerig-zitroniger Nachhall, lebendiges Trinkvergnügen.

(92) Sauvignon Blanc * Ried Lamberg 2021

13 Vol.-%, NK, großes Holzfass, €€€€

Helles Goldgelb, Silberreflexe. Zarte Würze nach Wiesenkräutern, reife Stachelbeeren, ein Hauch von Mango und Blütenhonig, einladendes Bukett. Saftig, elegant, reife Tropenfrucht, feiner Säurebogen, mineralisch, etwas Karamell im Abgang, bereits gut antrinkbar.

92 Schilcher * Ried Engelweingarten Alte Reben 2021

12 Vol.-%, DV, Stahltank, €€€

Leuchtendes mittleres Zwiebelrosa, Orangereflexe. Rote Waldbeeren, zart nach Johannisbeeren, feine Kräuterwürze, dunkle Mineralik. Straff, rotbeerig und engmaschig, lebendiger Säurebogen, pikant und animierend, Limetten und Ribiseln im Abgang, salziger Nachhall, ein facettenreicher Sommerwein.

91 Schilcher * Ried Lamberg 2021

12,5 Vol.-%, DV, Stahltank, €€

Leuchtendes mittleres Zwiebelrosa, Pinkreflexe. Zart nach eingelegten Kirschen, Ribiseln und Erdbeerkonfit, Nuancen von Zitruszesten. Saftig, lebendig, weißer Apfel, Cassis, frischer Säurebogen, salzig-mineralischer Nachhall.

PLATZ FÜR IHRE
WEINNOTIZEN

Die Gegend rund um den Längsee
ist nur eine der Kärntner Weinbauzonen

BERGLAND

RENAISSANCE DES WEINBAUS

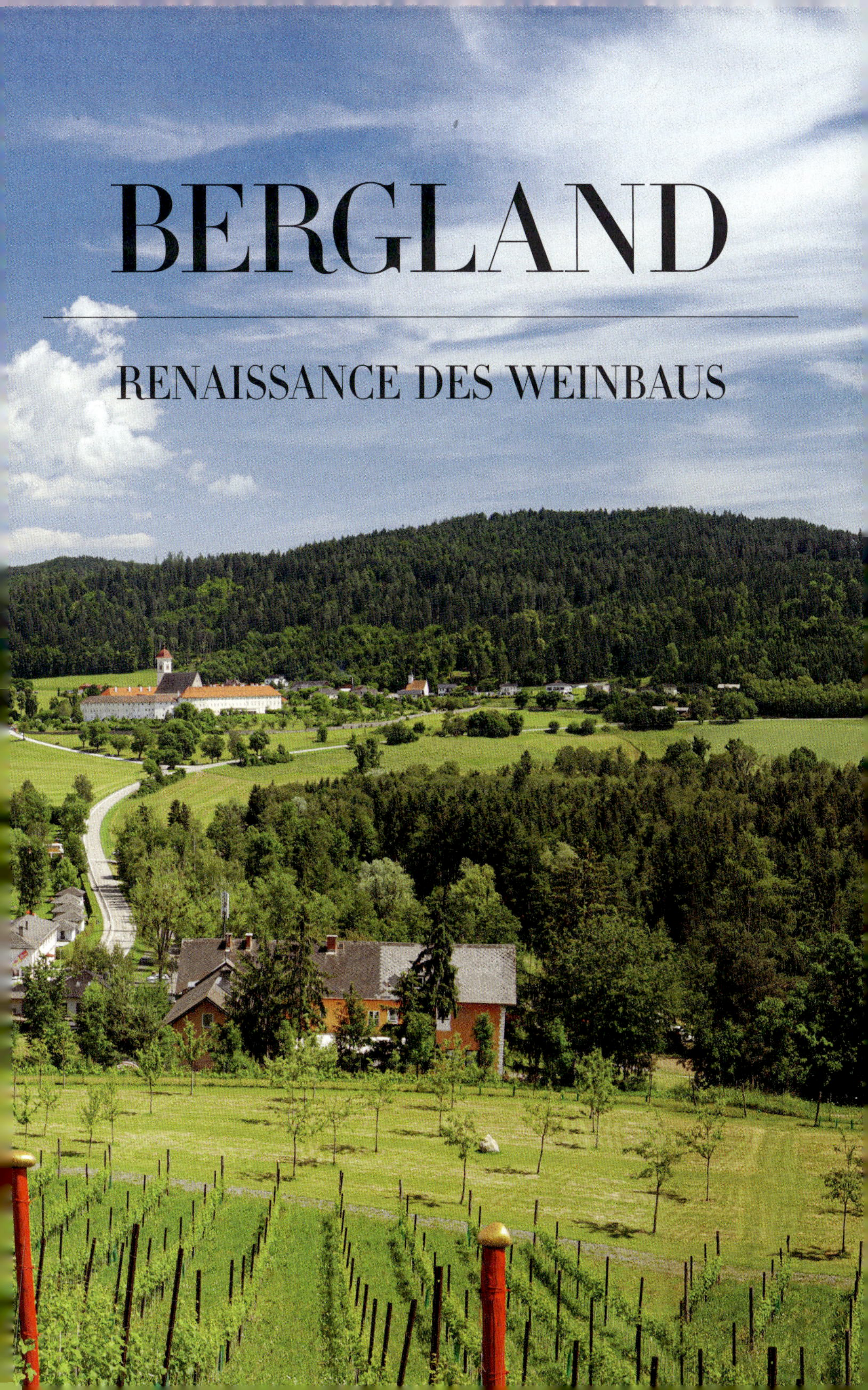

Weinbau auf der Seewiese in Klagenfurt

DER SÜDEN IM AUFSCHWUNG

Das Bundesland Kärnten im Süden Österreichs verfügte im Mittelalter über einen respektablen Weinbau. Im Jahr 1972 begann ein erster Winzer, im Lavanttal wieder an die alte Tradition anzuknüpfen.

Die Qualität des Weinbaus im südlichsten Bundesland hat sich in den vergangenen Jahren erstaunlich gesteigert. Kärnten blickt auf eine tausendjährige Weinbaugeschichte zurück. Die unter Kaiser Joseph II. durchgeführte Säkularisierung von kirchlichen Einrichtungen leitete den Abschwung im Weinbau ein, außerdem fügte Ende des 19. Jahrhunderts das katastrophale Auftreten des Mehltaus den Kärntner Rieden enormen Schaden zu. In der Zwischenkriegszeit kam der Weinbau völlig zum Erliegen.

Es dauerte bis zum Jahr 1972, dass man sich im Lavanttal wieder an die Geschichte des Weinbaus erinnerte. Damals beschloss der Klosterneuburg-Absolvent Herbert Gartner, in der Riede Oberer Weinzedl am St. Andräer Burgstall wieder Reben zu setzen. Der Weinbauverband Kärnten wurde im Jahr 2001 gegründet und baute mit dem Arbeitskreis »Wein aus Kärnten« eine offizielle Marketingplattform auf, die dazu dient, die Marke professionell zu bewerben und das Image des Kärntner Weins durch entsprechende Öffentlichkeitsarbeit und Qualitätssteigerung zu fördern. Kärnten wurde aus der österreichischen regionalen Reserve ein Pflanzkontingent von 100 Hektar zugesprochen, 2013 wurde um weitere 100 Hektar aufgestockt. Jeder, der hier anpflanzen will, muss beim Land Kärnten um die Bewilligung der Neuanlage von Weingärten ansuchen.

Kärnten ist heute ein gesetzlich anerkanntes Qualitätsweinbaugebiet und zählt zusammen mit Oberösterreich, Salzburg, Tirol und Vorarlberg zur Weinbauregion Bergland. Im Jahr 2011 wurden erstmals wieder mehr als 100.000 Flaschen Wein erzeugt. Die Zentren des Weinbaus sind die Regionen Feldkirchen-Ossiacher See, Klagenfurt-Wörther See, Lavanttal, St. Veit an der Glan, Sittersdorf und das Trixnertal.

WEINGUT BURG TAGGENBRUNN
9300 St. Veit an der Glan
Taggenbrunn 9
T: +43 (4212) 30200
info@taggenbrunn.at
www.taggenbrunn.at

Kellermeister/Kontakt: Hubert Vittori
Produktion: 45 Hektar

Weingut Burg Taggenbrunn

★

WEINGUT BURG TAGGENBRUNN

Taggenbrunn, das größte Weingut Kärntens, eingebettet in der malerischen Alpe-Adria-Landschaft, ist ein Refugium für alle Sinne. Die günstigen Schieferböden mit besonderer Mineralik und die sonnigen Südlagen der sanft hügeligen Weingärten bieten optimale Bedingungen für Weinbau in allerhöchster Qualität. Die hervorragenden Weine sind auf die besonderen natürlichen Gegebenheiten in Kombination mit der langjährigen Erfahrung und Leidenschaft des Winzermeisters Hubert Vittori zurückzuführen. Auf dem Burghang sind Sortenquartiere angelegt, die durch gut geplante, großzügige Wegesysteme miteinander verbunden sind, um Weinpflege und die ausschließlich händische Weinlese bestmöglich zu gestalten. Ausgepflanzt sind die Sorten Sauvignon Blanc, Pinot Blanc, Pinot Gris, Riesling, Chardonnay, Grüner Veltliner, Traminer, Muskateller, Zweigelt, Pinot Noir und Syrah. Die Eigentümer Andrea und Alfred Riedl vertrauen auf Nachhaltigkeit, Pflanzenvielfalt und kurze Transportwege, setzen aber zugleich auf modernste Weinproduktionstechnik.

Taggenbrunn ist ein beliebtes Ausflugsziel und für Veranstaltungen wie romantische Hochzeiten hervorragend geeignet. Das imposante Anwesen umfasst die Burg, das Weingut sowie das Heurigen-Restaurant mit alten Steingewölben, von dessen Panorama-Terrasse die Aussicht über die Berglandschaft bis hin zu den Karawanken reicht. In die perfekte Kulisse fügt sich ein edles Boutique-Hotel (31 Zimmer, Suiten und Appartements) mit exklusiver Einrichtung.

Taggenbrunn vereint charmant Wein, Genuss, Kultur und Geschichte: André Heller zeigt bereits bei der Anfahrt zum Weingut Burg Taggenbrunn seine kreative Handschrift mit der »Zeitgöttin«, die über dem gesamten Anwesen zu wachen scheint. Zudem prägt die von ihm kuratierte multimediale Ausstellung »Zeiträume« mit dem weltgrößten Kaleidoskop sowie Exponaten zu den Themen Umwelt, Bewegung, Licht, Klang und Zeit die aufwendig sanierte Burg Taggenbrunn. In deren beeindruckendem Konzertsaal finden jährlich die Taggenbrunner Festspiele statt.

92 Sauvignon Blanc »Opus 18« 2018
13,5 Vol.-%, DV, Holzfass, €€€€
Mittleres Gelbgrün, Silberreflexe. Dunkle Beerenfrucht, ein Hauch von Cassis, angenehme Kräuterwürze, mit gelbem Pfirsich unterlegt. Saftig, feine Fruchtsüße, reife Mango,

© Franz Gerdl

Pinot Blanc

feiner Säurebogen, bleibt haften, mineralisch und gut entwickelt, zeigt Länge, verfügt über Reifepotenzial.

91 Sauvignon Blanc 2020
12,5 Vol.-%, DV, Stahltank, €€€
Helles Goldgelb, Silberreflexe. Mit einem Hauch von frischen Wiesenkräutern unterlegte Cassisnuancen, zart nach Grapefruitzesten, ein Hauch von Paprikaschoten, einladendes Bukett. Saftig, gelbe Tropenfrucht, ein Hauch von Litschis, angenehme Säurestruktur, zitronig-mineralisch, bleibt haften, guter Sortencharakter.

91 Pinot Blanc 2020
12,5 Vol.-%, DV, Stahltank, €€€
Helles Gelbgrün, Silberreflexe. Zart nach Walnuss und frischer Birne, mit einem Hauch von Ananas und Kräutern unterlegt. Saftig, feine Nuancen von weißem Kernobst, finessenreich und gut anhaftend, ein ausgewogener Speisenbegleiter mit Reifepotenzial.

90 Serenade 2020 WB/TR
12,5 Vol.-%, DV, Stahltank, €€€
Helles Goldgelb, Silberreflexe. Zarter Blütenhonig, reife gelbe Tropenfrucht, floraler Touch. Saftig, elegante Textur, Nuancen von reifer weißer Frucht, frischer Säurebogen, leichtfüßig, zarte Süße im Abgang, vielseitig einsetzbar.

90 Chardonnay 2020
12 Vol.-%, DV, Stahltank, €€€
Helles Grüngelb, Silberreflexe. Zarte gelbe Tropenfrucht, ein Hauch von Mango, Nuancen von weißem Apfel, einladendes Bukett. Mittlere Komplexität, frisch strukturiert, mineralisch-zitronig im Abgang, ausgewogen, ein lebendiger Speisenbegleiter.

90 Cuvée Taggenbrunn 2018 ZW/PN
13,5 Vol.-%, DV, Holzfass, €€€€
Kräftiges Rubingranat, violette Reflexe, dezente Ockerrandaufhellung. Frische Waldbeeren, zart nach Vanille, ein Hauch von Gewürzen, rauchige Nuancen. Mittlere Komplexität, eingelegte Kirschen, ein Hauch von Schokolade und Karamell im Abgang, bereits gut antrinkbar.

DOMÄNE LILIENBERG

NEU - BIO

So außergewöhnlich kann Kärnten sein: 2010 hat Winzerin Mirjam Orasch ihre Leidenschaft zur Berufung gemacht und die Domäne Lilienberg gegründet. Was damals mit einer Lage und von Hand gepflanzten Weinreben begonnen hat, ist heute mit 23 Hektar und sechs Lagen das südlichste Weingut Österreichs. Die Domäne Lilienberg wird als nachhaltiger Bio-Betrieb geführt. Natur und Landwirtschaft sowie der Pflanzenschutz stehen im Einklang miteinander. In den Weingärten finden sich die Sorten Sauvignon Blanc, Gelber Muskateller, Weißer Burgunder, Grauer Burgunder, Chardonnay, Riesling und Roter Traminer. Überdurchschnittlich lange Lagerung im Stahltank oder Eichenfass, die die Weine besonders lebendig macht, ist einer der Eckpfeiler in der Herangehensweise der Winzerin.
Qualität ist oberste Prämisse, und die Weine bekommen ausreichend Zeit, um ihre Aromen zu entfalten. Rebschnitt, die Laubarbeiten sowie die Weinlese werden in Handarbeit durchgeführt. Die spezielle Bodenbeschaffenheit, der wenige Nebel und der Standort der Weingärten im Sü-

© Kurt Kuball

DOMÄNE LILIENBERG

9121 Tainach
Polzerweg 1
T: +43 (423) 920276
www.lilienberg.at

Kellermeister/Kontakt: Mirjam Orasch
Anbauweise: Zertifiziert Biologisch (Austria Bio Garantie)
Produktion: 4 % Schaumwein, 95 % weiß, 1 % süß, 20 Hektar
Messen: ProWein Düsseldorf, VieVinum

den Kärntens machen die Weine der Domäne Lilienberg zu echten Persönlichkeiten. In exklusiver Lage kreiert Mirjam Orasch mit Perfektion und Leidenschaft prämierte und unverwechselbare brillante Schaum- und Weißweine. Die harmonisch in die Natur integrierte Architektur betont die naturbelassene Schönheit der umliegenden Bio-Weingärten. Im Jahr 2021 hat Mirjam Orasch ein neues Kapitel aufgeschlagen. »DAS LILIENBERG« wurde als Genussoase für Liebhaber der gehobenen Küche eröffnet. Mediterrane Landschaftsimpressionen und erlesene Weine treffen hier auf gehobene Gourmetküche, die Domäne ist somit zu einer alle Sinne verführenden Genussadresse geworden.

90 Gelber Muskateller Südsteiermark DAC 2019
13 Vol.-%, DV, Stahltank, €€€
Leuchtendes Goldgelb, Silberreflexe. Feine Note von Holunderblüten, ein Hauch von Litschis und Muskatnuss, attraktives Bukett. Saftig, kraftvoller Stil, mit gelber Frucht unterlegt, feine Säurestruktur, mineralisch, ein Hauch von Ananas im Abgang, gutes Entwicklungspotenzial.

92 Sauvignon Blanc Ried Lilienberg 2020
12,5 Vol.-%, DV, Stahltank, €€€€€
Leuchtendes Goldgelb, Silberreflexe. Feine Nuancen von Guaven, reife Stachelbeeren, zarte Kräuterwürze, ein Hauch von Grapefruitzesten. Saftig, elegant, weiße Pfirsichfrucht, feine, gut integrierte Säure, fruchtige Süße im Abgang, ein balancierter Speisenbegleiter mit salzigem Nachhall.

91 Sauvignon Blanc Südsteiermark 2017
13 Vol.-%, DV, Stahltank, €€€€€
Mittleres Gelbgrün, Silberreflexe. Feine Nuancen von Weißen Johannisbeeren, ein Hauch von Stachelbeeren, rosa Grapefruit, mineralischer Touch. Komplex, saftig, weiße Tropenfrucht, etwas nach Litschis, Limettenzesten, salzig und anhaftend, ein Hauch von Pfirsich und Honig im Nachhall, eleganter Speisenbegleiter.

90 Sauvignon Blanc Ried Rosengartl 2019
13 Vol.-%, DV, Stahltank, €€€€€
Mittleres Gelbgrün, Silberreflexe. Feine, einladende Nuancen von Mango, ein Hauch von weißem Apfel, feiner Blütenhonig, etwas Maracuja. Mittlerer Körper, feine gelbe Fruchtnuancen, zarte Säurestruktur, ein schlanker, aber balancierter Stil, gut entwickelt.

92 Jade Burgunder-Cuvée 2019 CH/WB/PG
13 Vol.-%, DV, Barrique, €€€€€€
Leuchtendes Gelbgrün, Silberreflexe. Zart nach Kokos und Walnuss, ein Hauch von reifen Birnen und Kletzen, etwas Nougat und Biskuit, facettenreiches Bukett. Saftig, mineralisch, feine gelbe Apfelfrucht, zart nach Gute-Luise-Birne, zarter Säurebogen, Nougatkaramell im Abgang, ein feiner, balancierter Speisenbegleiter.

90 Weißer Burgunder Südsteiermark 2017
13 Vol.-%, DV, Stahltank, €€€€
Helles Gelbgrün, Silberreflexe. Feine Würze nach Kümmel und Anis, weiße Birnenfrucht, ein Hauch von Walnuss, einladendes Bukett. Mittlere Komplexität, weiße Birne, feine Säure, ausgewogen, ein vielseitiger Speisenbegleiter.

Pinot Noir

WEINGUT TRIPPELGUT
9560 Feldkirchen
Hubertusweg 4
T: +43 (4276) 93080
info@trippelgut.at
www.trippelgut.at

Kellermeister/Kontakt:
Nikolaus Trippel
Produktion: 60.000 Flaschen
15 % Schaumwein, 60 % weiß,
4 % rosé, 20 % rot, 1 % süß,
9.8 Hektar
Vereinszugehörigkeit:
Weinbauverband Kärnten
Messen: Alles für den Gast
Salzburg, Gast Klagenfurt,
VieVinum

★

WEINGUT TRIPPELGUT

Der Gutsbetrieb der Familie Trippel am Maltschacher See – ganz in der Nähe des Golfplatzes Moosburg in Pörtschach – ist eine der neuen Locations unweit vom Wörthersee zum Entschleunigen und Genießen. Von Wein und bester Kulinarik verwöhnt, stellt das »TrippelGUT« eine Ruheoase dar. Durch die erhöhte Lage inmitten der eigenen Weinberge (630 Meter Seehöhe) des zweitgrößten Weinguts Kärntens entspannt man auf den Aussichtsterrassen bis weit in die Nacht. Kulinarisch wird hier modern-kreativ ein klarer Fokus auf die Kombination aus besten Zutaten aus dem Alpe-Adria-Raum und den hauseigenen Weinen gelegt. Dadurch ergeben sich klassische Gerichte der Kärntner Küche, aber auch Degustationsmenüs, die sensorische Höhepunkte versprechen.
Die hauseigenen Kärntner Weine, die laufend bei internationalen Wettbewerben ausgezeichnet werden, stellen in Kombination mit den eigens produzierten Kräutern einen weiteren Anziehungspunkt dar. Vor allem als Schlechtwetteralternative sind die Führungen und Verkostungen mit anschließendem Essen in Kärntens größtem Schauweinkeller sehr beliebt. Zusätzlich hat man die Möglichkeit, die Weine auch zu einer regionalen Winzerjause zu genießen oder einfach nur auf der Aussichtsterrasse, von der man über das gesamte Klagenfurter Becken bis zum Pyramidenkogel sieht, zu verweilen.
Ein absoluter Geheimtipp ist das »SchlafGUT«. Es besteht aus 14 Winzersuiten, die durch ihre großzügige Dimensionierung, moderne Einrichtung und insbesondere die Ausrichtung nach Süden bestechen und einen atemberaubenden Blick über die Weingärten bieten. Nicht vergessen darf man, dass auf dem »TrippelGUT« auch geheiratet werden kann – standesamtlich in den Weingärten oder kirchlich in der Briefelsdorfer Kirche, die nur drei Minuten zu Fuß entfernt liegt.
Die Weine unterteilen sich hier in drei Linien: »Alpenwein« (leicht und trinkfreudig, belebend und fruchtbetont), »Privat« (Lagen- und Riedenweine) und »AndaS« (Natural/Orange Wine) – einfach probieren!

92 Weißer Burgunder Sand Schotter Alpenwein 2020
13 Vol.-%, DV, Stahltank, €€€ Ⓥ
Leuchtendes helles Goldgelb, Silberreflexe. Mit kandierten Orangenzesten unterlegter Hauch von Honigmelone, zart nach Blütenhonig, feines Bukett. Mittlerer Körper, elegant

und ausgewogen, feiner Säurebogen, zitronig-mineralisch im Abgang, vielseitig einsetzbar, gutes Reifepotenzial.

92 Weißer Burgunder Ried Kreuzfeld Privat 2018
13,5 Vol.-%, NK, Barrique, €€€€€
Leuchtendes Grüngelb, Silberreflexe. Zart nussig-kräuterwürzig unterlegte Nuancen von reifer Quitte, ein Hauch von Nougat und Biskuit, einladendes Bukett. Kraftvoll, saftig, extraktsüße Textur, feine Holzwürze, elegant und gut anhaftend, mineralisch-salzig im Nachhall, ein stoffiger Begleiter bei Tisch.

90 Pinot Blanc Schiefer Alpenwein 2020
12,5 Vol.-%, DV, Stahltank, €€€ V
Helles Gelbgrün, Silberreflexe. Zart nach Wiesenkräutern, reife weiße Birnenfrucht, ein Hauch von Mango und Orangenzesten. Mittlere Komplexität, feine Fruchtsüße, ein Hauch von Golden-Delicious-Apfel, feines Säurespiel, ausgewogen, ein vielseitiger Speisenbegleiter.

92 Merlot AndaS 2018
14 Vol.-%, NK, gebrauchte Barriques/Barrique, €€€€€ O
Dunkles Rubingranat, violette Reflexe, zarte Ockerrandaufhellung. Reife Zwetschken, feines Brombeerkonfit, ein Hauch von Nougat, zart nach Heidelbeeren und Tabak. Saftig, elegant, kraftvolle Textur, rund und mit süßer Frucht ausgepolstert, bleibt gut haften, entwickelt, vielseitig einsetzbar.

91 Pinot Noir Ried Eckstein Privat 2018
13 Vol.-%, NK, Barrique, €€€€€
Kräftiges Karmingranat, Ockerreflexe, breite Randaufhellung. Feine Holzwürze, reifes rotes Waldbeerenkonfit, Nuancen von Kardamom und Vanille, kandierte Orangenzesten, kräuterwürzig unterlegt. Mittlere Komplexität, rote Kirschen, feine Tannine, dezente Extraktsüße im Finale, bereits gut entwickelt, zarter Gerbstofftouch im Nachhall.

PLATZ FÜR IHRE WEINNOTIZEN

Goriška Brda – auf halbem Weg zwischen den Alpen und der Adria

GRENZENLOS

WEINBAU IN DEN NACHBARLÄNDERN ÖSTERREICHS

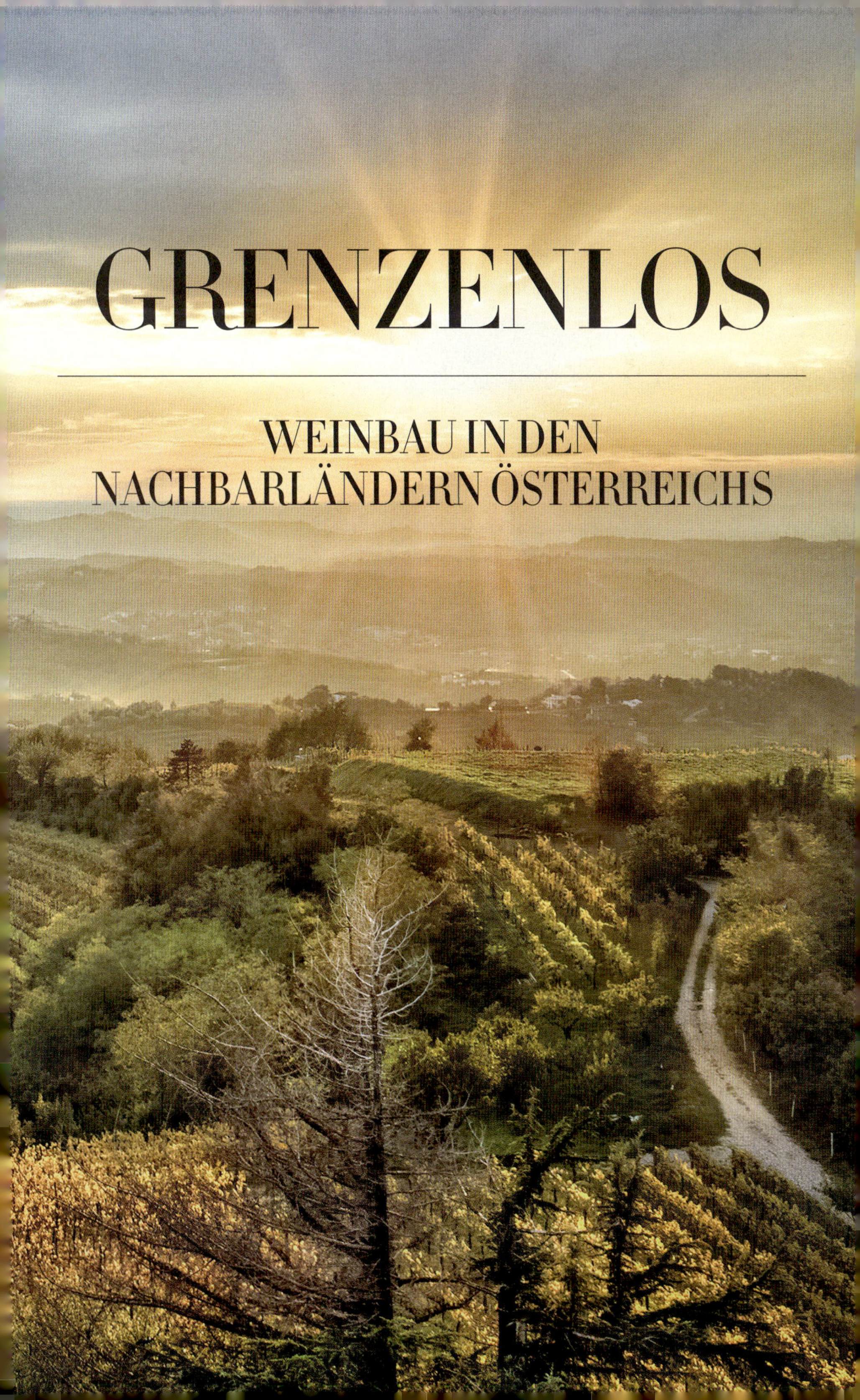

Tokajer Weingebiet im Südosten der Slowakei

BEI NACHBARWINZERN ZU BESUCH

Mit den Weinbaugebieten der angrenzenden Länder verbindet Österreich die lange Tradition aus den Zeiten der k. u. k. Monarchie. Dieses in der Nachkriegszeit durch den Eisernen Vorhang gerissene Band nehmen wir heute wieder auf und präsentieren empfehlenswerte Weingüter aus Slowenien, der Slowakei und Ungarn sowie Liechtenstein.

Immer wieder gab es Anfragen, ob der Falstaff Weinguide nicht auch über Weingüter berichten könne, die jenseits der Grenzen hervorragende Weine keltern. Es war bisher eine Frage des Platzes und nicht des Willens, dass diese Idee nicht aufgegriffen werden konnte. Nachdem nun die Idee gereift ist, nach einem Weinguide Deutschland und Schweiz auch einen für Italien ins Leben zu rufen, wandert der bisher im Österreich-Guide beheimatete Südtirol-Teil logischerweise dorthin. Und so ist nun, zugegebenermaßen recht kurzfristig, die Gelegenheit entstanden, interessierten und interessanten Weinbaubetrieben aus den anderen Nachbarländern das Angebot einer Teilnahme zu machen. Natürlich können wir Ihnen hier nur Empfehlungen anbieten und keine umfassende Vorstellung einer großen Weinbaunation wie Ungarn oder des vielfältigen Angebots der Winzer aus Slowenien und der Slowakei. Mit dieser noch begrenzten Auswahl wollen wir einen Anfang machen und sind voll der Hoffnung, schon bei der nächsten Ausgabe des Falstaff Weinguide Österreich eine weit größere Zahl von Betrieben aus unseren Nachbarländern vorstellen zu dürfen.

SLOWENIEN

Die ausgesuchten Weine der drei Weinbauregionen Podravje (Subregionen Štajerska Slovenija und Prekmurje), Posavje (Subregionen Bela Krajina, Bizeljsko-Brežice und Dolenjska) und Primorska (Subregionen Goriška Brda, Kras, Slovenska Istra und Vipavska Dolina) zählen zu den qualitativ besten Produkten der Welt. Aufgrund der unterschiedlichen Standorte, Klimaverhältnisse und Kellertechniken hat jede Region ihre eigene Sortenauswahl. Die slowenischen Weinberge liegen im Zentrum des europäischen Weinbaugürtels. Diesen teilen sich die slowenischen Weinbauregionen mit Gebieten wie z. B. dem französischen Burgund. Das Zusammenspiel verschiedener Klimaeinflüsse und Böden ermöglicht Slowenien eine besonders große Weinvielfalt. Hier gedeihen 52 verschiedene Rebsorten.

SLOWAKEI
In der Slowakei liegen die sechs Weinbaugebiete an der Westgrenze zu Tschechien und im Süden an der Grenze zu Ungarn. Es sind dies von West nach Ost die Malokarpatská (Kleinkarpaten), Juznoslovenská östlich von Bratislava, darüber die Nitrianská bei Neutra, Stredoslovenská in der südlichen Mitte, Vychodoslovenská im Osten bei Košice und Tokajská im Südosten. Die Slowakei zählt rund 600 Weinbaubetriebe, die rund 10.000 Hektar bewirtschaften. Der Wein wird zum größten Teil im Inland konsumiert.

UNGARN
Einst war Ungarn eine önologische Weltmacht, doch die Winzer des Landes haben harte Zeiten hinter sich. Erst seit 1989 erholt sich die Branche langsam wieder und findet dank zahlreicher privater Investments allmählich zu alter Stärke zurück. An Qualitätspotenzial mangelt es dem begnadeten Weinland mit seinen 22 Anbauregionen wahrlich nicht. Ungarn hat an vielen Stellen beste Voraussetzungen für Weinbau, sodass sich die Anbaugebiete über das ganze Land verteilen: vom Norden mit seinen teilweise vulkanischen Böden und dem Einfluss des Neusiedler Sees über den gewaltigen Balaton (Plattensee) bis hin zum mediterran geprägten Süden mit vielerlei Sand-, Löss- und Tonböden. Ungarn kann mit einer Vielzahl von autochthonen Rebsorten punkten, allen voran mit Furmint und Hárslevelü, aus denen auch der legendäre Tokajer gekeltert wird. Zunehmend entstehen hier aber auch interessante trockene und halbtrockene Weißweine. Internationale Weiß- wie Rotweinsorten nehmen ebenfalls stark zu.

LIECHTENSTEIN
Seit über 2.000 Jahren wird in Liechtenstein bereits Wein angebaut. Die Römer brachten die ersten Reben ins Land. Der Föhn und die jahrhundertealte Erfahrung der einheimischen Winzer ermöglichen seitdem exzellente Weine – vom Chardonnay über den Pinot Noir bis zum Riesling. Ganze vier Berufswinzer erzeugen die edlen Tropfen des Fürstentums. Die Hofkellerei des Fürsten von Liechtenstein in Vaduz befindet sich in der Reblage Herawingert. Der Herawingert zählt mit seinen vier Hektar Rebfläche – von den insgesamt 14 Hektar des Fürstentums – zu den besten Reblagen im Rheintal.

AUSGEWÄHLTE WEINGÜTER

Domaine Ciringa, Zgornja Kungota
Dveri-Pax, Pesnica
Vino Gross, Podlehnik
Hidden Treasures – a Moric project, Tokaj/Balaton/Nagy-Somlói
Hofkellerei Domäne Vaduz – Stiftung Fürst Liechtenstein, Vaduz
Ma'd Moser, Tokaj
Vinárstvo Magula, Suchá nad Parnou
Marof, Mačkovci
Nador – Weingut Garger, Vaskeresztes
Domaine Vicomte de Noüe-Marinič, Kojsko
Radgonske gorice d.o.o., Gornja Radgona
Roka Winery, Kog
Edi Simčič, Dobrovo
Šuklje, Metlika
Vino Valdhuber, Kungota
Vipava 1894, Vipava

DIE BESTEN WEINE DER NACHBARLÄNDER

SCHAUMWEIN

93	**Zlata Radgonska Penina Millésime Brut Nature 2008**, Radgonske gorice d.o.o.	Seite 822
91	**Penina Brut Nature 2019**, Vino Valdhuber	Seite 827

WEISSWEIN

95	**Sauvignon Blanc Pruh 2017**, Domaine Ciringa	Seite 811
95	**Furmint Iglič Haloze SVL Lega 2019**, Vino Gross	Seite 813
94	**Sauvignon Bodonci SVL Lega 2017**, Marof	Seite 818
94	**Chardonnay Groblja 2019**, Domaine Noüe-Marinič	Seite 820
93	**Riesling Alte Reben 2017**, Dveri-Pax	Seite 812
93	**Hidden Treasures Nr.2 Somlo feat. Kis Tamás 2020**, Hidden Treasures – a Moric project	Seite 814
93	**Hidden Treasures Nr.1 Tokaj feat. Gergö Filep 2020**, Hidden Treasures – a Moric project	Seite 814
93	**Hidden Treasures Nr.3 Balaton feat. Villa Tolnay 2019**, Hidden Treasures – a Moric project	Seite 814
93	**Chardonnay Herawingert Appellation Vaduz Contrôlée 2020**, Hofkellerei Domäne Vaduz – Stiftung Fürst Liechtenstein	Seite 815
93	**Furmint Dry MM5 Tokaj 2021**, Ma'd Moser	Seite 816
93	**Riesling Kog Laski SVL Lega 2019** , Roka Winery	Seite 823
93	**Sauvignon Kozana SVL Lega 2019**, Edi Simčič	Seite 824
93	**Chardonnay Fojana SVL Lega 2019**, Edi Simčič	Seite 824
93	**Sauvignon Blanc Ried Jamertal 2020**, Vino Valdhuber	Seite 827
93	**Chardonnay Projekt 2020**, Šuklje	Seite 825
(93)	**Sauvignon Blanc Lozice SVL Lega 2020**, Šuklje	Seite 825
92	**Pinot Gris Terase 2019**, Vipava 1894	Seite 828

ROTWEIN

(96)	**Merlot Kozana SVL Lega 2016**, Edi Simčič	Seite 824
95	**Kékfrankos Single Vineyard Voller 2015**, Nador – Weingut Garger	Seite 819
94	**Pinot Noir Grosse Reserve Herawingert Appellation Vaduz Contrôlée 2019**, Hofkellerei Domäne Vaduz – Stiftung Fürst Liechtenstein	Seite 815
93	**Rosenberg Frankovka unplugged 2017**, Vinárstvo Magula	Seite 817
93	**Mačkovci Modra Frankinja SVL Lega 2018**, Marof	Seite 818
93	**Blaufränkisch Vrbanjka Cru Plešivica SVL Lega 2018**, Šuklje	Seite 825
92	**Blaufränkisch 2011**, Dveri-Pax	Seite 812
92	**Blaufränkisch Kog SVL Lega 2019**, Roka Winery	Seite 823
90	**Merlot Terase 2018**, Vipava 1894	Seite 828

DOMAINE CIRINGA
2201 Zgornja Kungota
Ciringa 28
T: +43 (3453) 4101
weingut@tement.at
www.domaine-ciringa.com

Produktion: 100 % weiß

Die Ried Ciringa / Zieregg

DOMAINE CIRINGA

Es gibt wohl keinen besseren Namen für einen Berg, der aus reinen Korallenkalkböden besteht: Wer den »Fosilni Breg« (also den »Fossilienberg«) bewirtschaftet, stolpert immer wieder über versteinerte Meerestiere. Auf dem kargen Untergrund liegt eine Schicht aus tonreichem Mergel (auch Opok genannt) und fruchtbarer Braunerde – ideale Bedingungen für Sauvignon Blanc und für das, was Familie Tement mit all ihrer Erfahrung in ihm sieht. Das Etikett mit dem versteinerten Seestern auf der Vorderseite erzählt die Millionen von Jahren alte Geschichte dieses Ortes und ist damit untrügliches Zeichen einer ganz besonderen Herkunft.
2005 hat die Familie Tement begonnen, ihre Idee vom Wein auch auf die slowenische Seite ihrer bekanntesten Lage auszuweiten. Seither gehört die Domaine Ciringa zur Familie. Die dort ausgepflanzten Rebstöcke sind zwar etwas jünger als jene auf der Nachbarlage Zieregg, die südwestliche Ausrichtung und der etwas höhere Humusanteil verleihen diesen Weinen aber eine ganz besondere Note. Eine Spur wärmer, aber um kein bisschen weniger puristisch, eignen sie sich besonders als Begleiter einer elegant-bodenständigen Alpe-Adria-Küche – wen wundert es, schließlich lebt in diesen Weinen die Erinnerung ans Meer.

95 Sauvignon Blanc Pruh 2017
13 Vol.-%, VL, €€€€€ V
Helles Goldgelb, Silberreflexe. Feinwürzig, Nuancen von weißer Frucht, ein Hauch von Weißen Johannisbeeren, Kräuterwürze, Grapefruit. Am Gaumen vordergründig karg und salzig, getragen von einer bezaubernden Frische, hat Tiefgang, feine Fruchtnuancen im Nachhall, besitzt Länge, sehr vielseitiger Speisenbegleiter, verfügt über Reifepotenzial.

93 Sauvignon Blanc Reserve 2018
13 Vol.-%, DV, €€€€ V
Mittleres Gelbgrün, Silberreflexe. Zart nach Tabak und Mokka, dunkle Johannisbeeren, reife Stachelbeerfrucht, ein Hauch von kandierten Grapefruitzesten. Komplex und saftig, straff, reifer gelber Apfel, mineralisch und anhaftend, zeigt Länge, bereits gut entwickelt und antrinkbar.

(92) Sauvignon Blanc Fosilni Breg 2020
12,5 Vol.-%, DV, €€€ B V
Helles Gelbgrün, Silberreflexe. Feine Kräuterwürze, dunkle Nuancen, etwas Cassis, tabakige Noten. Saftig, Nuancen von gelbem Steinobst, feiner Säurebogen, ein Hauch von Blütenhonig im Abgang, kräuterwürzig-salziger Nachhall.

Weingut Dveri-Pax

DVERI-PAX
2221 Jarenina
Polički Vrh 1
T: +386 (2) 6440082
office@dveri-pax.com
www.dveri-pax.com

Kellermeister: Danilo Flakus
Kontakt: Helmut Aichinger
Produktion: 73 Hektar
Messen: ProWein Düsseldorf, VieVinum, Vinalia

DVERI-PAX

Auf dem Weingut Dveri-Pax im Nordosten Sloweniens wird die mehr als 800-jährige Weinbautradition der Admonter Benediktinermönche weitergeführt – mit großer Wertschätzung gegenüber der Natur sowie einem feinen Gespür für Trends. Die 73 Hektar umfassenden Weinberge befinden sich in den Regionen Maribor, Jeruzalem, Radgona und Kapela. Dem Weingut ist es in den letzten Jahren gelungen, zu einem der modernsten Weingüter Sloweniens aufzusteigen. Alle Liebhaber von Wein, Kultur und Architektur werden zur Besichtigung des modernisierten, über 450 Jahre alten Schlosses eingeladen. Der Schlosskeller gilt als ältester Teil des Jahringhofes.

93 Riesling Alte Reben 2017
13,5 Vol.-%, DV, €€€
Helles Grüngelb, Silberreflexe. Einladende Nuancen von reifem Steinobst, ein Hauch von Safran, Pfirsich, Limettenzesten, attraktives Bukett. Straff, engmaschig, weißes Steinobst, frischer Säurebogen, feine Tropenfrucht, mineralisch und lange anhaftend, bereits gut entwickelt.

92 Riesling »M« – Renski Rizling »M« 2018
13,5 Vol.-%, NK, €€€€
Helles Goldgelb, Silberreflexe. Etwas verhalten, zart nach gelbem Pfirsich, Zitrustouch, etwas Blütenhonig, floral unterlegt. Straff, weiße Apfelfrucht, frischer Säurebogen, salziger Touch, kalkiger Anklang, ein Hauch von Süße im Nachhall, gutes Reifepotenzial.

92 Sauvignon Blanc Vajgen 2018
13,5 Vol.-%, NK, €€€€€
Mittleres Grüngelb, Silberreflexe. Mineralisch, kräuterwürzig unterlegte Nuancen von Cassis, gelbe Paprikaschoten klingen an, dunkle Mineralik. Straff, sehr salzig und engmaschig, feine vegetale Würze, weiße Frucht im Abgang, Zitrusfrucht im Nachhall, Grapefruittouch im Rückgeschmack.

91 Grauburgunder – Sivi Pinot 2018
12,5 Vol.-%, DV, €€€
Mittleres Goldgelb, Messingreflexe. Zart tabakig, ein Hauch von Mango, Nuancen von gelber Birne, kandierte Orangenzesten. Komplex, straff, engmaschig, weißes Kernobst, salzige Textur, mineralisch und anhaftend, ein trockener Speisenbegleiter, vielseitig einsetzbar.

90 Furmint – Šipon 2019
11,5 Vol.-%, DV, €€€
Helles Gelbgrün, Silberreflexe. Frische Wiesenkräuter, ein Hauch von Birne und Mango, Limettenzesten, rauchige Würze. Straff, weiße Apfelfrucht, frischer Säurebogen, mineralisch-zitroniger Nachhall, ein leichtfüßiger, animierender Speisenbegleiter.

92 Blaufränkisch 2011
14 Vol.-%, NK, €€€€
Kräftiges Karmingranat, violette Reflexe, breitere Ockerrandaufhellung. Feines Brombeerkonfit, etwas Nougat, dunkle Kirschen und etwas Edelholz. Saftig, ausgewogen, reife Waldbeeren, feine Tannine, dezente Süße im Abgang, ein gut gereifter Speisenbegleiter.

VINO GROSS

Maria und Michael Gross pflegen extrem steile Weingärten in den Appellationen Maribor und Haloze. Ihre Trauben wachsen fast ausschließlich auf Terrassen und werden im kleinen Weinkeller hoch über den Kessellagen von Gorca verarbeitet. Das Paar mit steirischen Wurzeln ist gerade dabei, seinen Lebensmittelpunkt in die Štajerska Slovenija zu verlegen.
Die wichtigsten Lagen von Vino Gross sind Iglič, Korže, Colles und Gorca – allesamt biologisch bewirtschaftet. Maria und Michael fokussieren sich auf heimische Rebsorten wie Furmint, Sauvignon Blanc und Welschriesling. Sie sind bekannt für ihre minimalistischen Eingriffe im Weinausbau und Gründungsmitglied der Slovenska Velika Lega, bei der die Herkunft des Weines im Mittelpunkt steht.

95 Furmint Iglič Haloze SVL Lega 2019
13 Vol.-%, NK, €€€€€€
Helles Goldgelb, Silberreflexe. Feine Nuancen von Honigmelone, gelber Pfirsich, zarte Kräuterwürze, kandierte Orangenzesten, etwas Blütenhonig, helles Nougat. Saftig und frisch, ein Hauch von frischen Feigen, finessenreicher Säurebogen, mineralisch und lange anhaftend, feine gelbe Tropenfrucht im Abgang, ein seidiger Speisenbegleiter mit großem Reifepotenzial.

93 Furmint Gorca Haloze SVL Lega 2020
12,5 Vol.-%, NK, €€€€
Helles Grüngelb, Silberreflexe. Zart nach frischer Quitte, Orangenzesten, mit feiner gelber Birnenfrucht unterlegt. Saftig, elegant, weißer Apfel, feine Säurenoten, saftig und gut anhaftend, angenehme zitronige Nuancen, lebendig, ein rassiger Speisenbegleiter, feiner saliner Nachhall.

94 Korže Haloze SVL Lega 2019 SB/FU
13,5 Vol.-%, NK, €€€€€
Leuchtendes Goldgelb, Silberreflexe. Zart tabakig, ein Hauch von gelbem Pfirsich, kandierte Orangenzesten, Noten von Cassis, feine Kräuterwürze. Stoffig, elegant, Nuancen von weißer Frucht, lebendiger Säurebogen, zitronig-mineralisch, kernig und gut anhaftend, sicheres Reifepotenzial.

92 Haloze Blanc SVL Vas 2020 SB/FU/WR
12,5 Vol.-%, NK, €€€
Cuvée aus Furmint, Sauvignon Blanc und Laški Rizling. Helles Goldgelb, Silberreflexe. Zart nach Honigmelone, weißes Kernobst, ein Hauch von Orangenblüten. Straff, elegant, weiße Apfelfrucht, finessenreiche Säurestruktur, Limettentouch, mineralischer Nachhall, ein animierender Speisenbegleiter.

VINO GROSS
2286 Podlehnik
Gorca 43
T: +386 (664) 8206179
hello@vinogross.com
www.vinogross.at

Kellermeister/Kontakt:
Michael und Maria Gross
Anbauweise: biologisch

91 Maribor Blanc SVL Vas 2020 SB/WR
13 Vol.-%, NK, €€€
Cuvée aus Laški Rizling und Sauvignon Blanc. Helles Goldgelb, Silberreflexe. Feine Kräuterwürze, weiße Tropenfrucht, ein Hauch von Mandarinenzesten und weißen Blüten. Saftig, elegant, zarte Birnenfrucht, frisch strukturiert, feine Mineralik, salziger Nachhall, ein lebendiger Speisenbegleiter.

93 Sauvignon Blanc Colles Haloze SVL Lega 2019
13,5 Vol.-%, NK, €€€€€
Helles Goldgelb, Silberreflexe. Feiner Blütenhonig, ein Hauch von kandierten Mandarinenzesten, zart nach Grapefruit, Nuancen von weißem Pfirsich. Straff, engmaschig, feine weiße Birnenfrucht, mineralisch, wirkt leichtfüßig, salziger Nachhall, toller Speisenbegleiter.

HIDDEN TREASURES – A MORIC PROJECT

Der Mastermind hinter den Hidden Treasures ist der bekannte österreichische Winzer Roland Velich, der mit seinen Blaufränkisch-Rotweinen international für Furore sorgt. Über Jahre lotete er dafür die besten Terroirs im Burgenland aus, um alten Blaufränkisch-Reben die feinsten Nuancen dieser vielschichtigen Sorte zu entlocken. Hidden Treasure ist die Weiterführung des Gedankens, der Roland Velich zur Entwicklung von Moric führte, der Versuch, eine Region zu fassen, und zwar so pur und direkt wie möglich: traditionelle alte Methoden und volles Vertrauen in die gegebene Substanz, eine uralte, über Jahrhunderte erfolgreiche und weltweit führende Weinkultur, die Böden und das Klima der pannonischen Ebene – eine Tiefebene, die sich von den letzten Hügeln der Ostalpen entlang des Karpatenbogens erstreckt –, die Rebsorten, die sich über lange Zeiträume als geeignet und wertvoll erwiesen haben, und natürlich die Menschen. Roland Velich hat sich entschlossen, diesen Weg gemeinsam mit jungen innovativen Winzern zu gehen, Winzern, die bereit sind, sich in ähnlicher Art und Weise auf diese Reise einzulassen. Diese Reise jetzt zu starten ist ihm wichtig: »Es ist Zeit, diese großartige Weinkultur in originärer und authentischer Form dem geneigten Publikum wieder zugänglich zu machen.« Bei den Schätzen aus Ungarn kooperiert er aktuell mit Gergö Filep aus Tokaj, Kis Tamás aus Nagy-Somlói und der Villa Tolnay am Balaton. Hier ist es die pannonische Traditionssorte Furmint, die in unterschiedlichen Facetten ins rechte Licht gesetzt wird.

HIDDEN TREASURES – A MORIC PROJECT
Tokaj/Balaton/Nagy-Somlói

7051 Großhöflein
Kirchengasse 3
T: +43 (664) 4003231
www.moric.at

Kontakt: Roland Velich
(Weingut Moric)

93 Hidden Treasures Nr.2 Somlo feat. Kis Tamás 2020 FU/WR
12,5 Vol.-%, NK
Leuchtendes Grüngelb, Silberreflexe. Zart rauchig-nussig, feine gelbe Apfelfrucht, tabakige Noten, ein Hauch von Orangenzesten, mineralischer Touch, Limettenzesten. Saftig, Nuancen von weißem Kernobst, feiner Säurebogen, lebendig, frisch und sehr animierend, Limettentouch im Nachhall, feiner Speisenbegleiter.

93 Hidden Treasures Nr.3 Balaton feat. Villa Tolnay 2019 FU/RR
12,5 Vol.-%, NK
Helles Grüngelb, Silberreflexe. Zart nach reifer Birnenfrucht, mineralisch-zitroniger Touch, mit feiner gelber

Apfelfrucht unterlegt. Saftig, feine Pfirsichnuancen, lebendig strukturiert, frisch und salzig, leichtfüßig, bleibt gut haften, reife Mango im Abgang, gutes Entwicklungspotenzial.

92 Hidden Treasures Nr.3 Balaton feat. Villa Tolnay 2020 RR/FU

12,5 Vol.-%, NK

Helles Grüngelb, Silberreflexe. Blütenhonig, frischer gelber Apfel, ein Hauch von Pfirsich und Mandarinen, mineralische Nuancen. Komplex, engmaschig, zitroniger Touch, feine Wiesenkräuterwürze, salzig und gut anhaftend, lebendiger Stil.

93 Hidden Treasures Nr.1 Tokaj feat. Gergö Filep 2020

12,5 Vol.-%, NK

Helles Gelbgrün, Silberreflexe. Zarte Kräuterwürze, ein Hauch von reifen Birnen und Feigen, Nuancen von gelbem Kernobst, kandierte Orangenzesten. Saftig, mineralisch, straffe Textur, weißer Apfel, finessenreich und salzig, zitroniger Touch im Rückgeschmack, leichtfüßiger Speisenbegleiter.

HOFKELLEREI DOMÄNE VADUZ – STIFTUNG FÜRST LIECHTENSTEIN

Im Jahre 1712 erwarb Fürst Johann Adam I. von Liechtenstein die Grafschaft Vaduz, wodurch der Herawingert und die heutige Hofkellerei in den Besitz des Fürstenhauses übergingen. Der Herawingert ist der traditionellste und bedeutendste Weinberg im Fürstentum Liechtenstein. Er gilt mit seinen vier Hektar zusammenhängender Rebfläche als das Kernstück des Weinbaus im Land und zählt zu den besten Lagen im Rheintal. Die von Stéphane Derenoncourt begleiteten Pinot Noirs und Chardonnays finden hier dank der Südwestlage, dem milden Föhnklima und den schiefer- und kalkreichen Böden idealste Bedingungen und reifen zu eigenständiger, elegant-frischer Stilistik. Genießen kann man sie direkt in der Hofkellerei oder im familieneigenen Restaurant Torkel am Rebberg.

93 Chardonnay Herawingert Appellation Vaduz Contrôlée 2020

13 Vol.-%, NK, €€€€€

Leuchtendes mittleres Grüngelb, Silberreflexe. Zart kräuter-

© Copyright to Julian Konrad Photography 2021

HOFKELLEREI DOMÄNE VADUZ – STIFTUNG FÜRST LIECHTENSTEIN

9490 Vaduz
Feldstrasse 4
T: +423 (03) 2 32 10 18
office@hofkellerei.li
www.hofkellerei.li

Kellermeister: Sebastian Gunsch
Kontakt: Stefan Tscheppe
Produktion: 4 Hektar

Domäne Vaduz

würzig unterlegte feine Nuancen von gelbem Kernobst, ein Hauch von Honigmelone, zart nach Orangenzesten, attraktives Bukett. Saftig, elegant, weißer Apfel, etwas Pfirsich, finessenreicher Säurebogen, salzig-mineralisch im Abgang, gute Länge, Limetten im Nachhall, besitzt Reifepotenzial.

94 Pinot Noir Grosse Reserve Herawingert Appellation Vaduz Contrôlée 2019
12,5 Vol.-%, NK, €€€€€
Kräftiges Karmingranat, violette Reflexe, breitere Ockerrandaufhellung. Zart kräuterwürzig unterlegte feine Beerenfrucht, ein Hauch von Herzkirschen, süße Gewürznuancen, mineralischer Touch, floraler Anklang. Saftig, rotbeerig, seidige Textur, finessenreicher Säurebogen, salzig-mineralisch im Abgang, delikater, gut anhaftender Stil, zitronige Nuancen im Nachhall, ein facettenreicher Speisenbegleiter mit gutem Zukunftspotenzial.

92 Pinot Noir Clos Domaine 2019
12,5 Vol.-%, DV, €€€€€
Mittleres Karmingranat, violette Reflexe, breite Ockerrandaufhellung. Feine dunkle Waldbeeren, zart nach Kräutern und Brombeeren, Himbeeren, mineralischer Touch, tabakige Nuancen. Mittlerer Körper, seidige Textur, reife Kirschen, feine Tannine, dezente Extraktsüße im Abgang, ein eleganter Speisenbegleiter, bereits gut entwickelt.

MA'D MOSER

MA'D MOSER hat sich voll und ganz dem trockenen Furmint aus Tokaj verschrieben. Rita Takaro und Lenz Moser befassen sich seit sieben Jahre gemeinsam mit dieser Rebe. Im Sommer 2021 haben sie beschlossen, aus ihrer Passion für die Region und diese Rebsorte ein bahnbrechendes Projekt zu machen. Mit Karoly Kovacs und seinem Weingut Mad Wine in Mád – dem Herzen Tokajs wurde rasch ein Partner für ihre gemeinsame Firma gefunden. Mit Gabor Urban ist das Kleeblatt perfekt – er ist einer der besten Winemaking-Köpfe der Regionen und kongenialer Partner für Rita und Lenz. Es hat viel Freude gemacht, mit ihm gemeinsam den neuen Stil des MM5 (MA'D MOSER 5) zu kreieren.
Ziel ist es, mit diesem neuen Furmint – sowohl im Wein-Stil als auch im »Kleid« – Weinfreunde aus aller Welt zu überraschen und zu begeistern. Tokaj ist für seine Süßweine seit Jahrhunderten berühmt. Seine trockenen Weine jedoch sind noch neu und international nicht bekannt. Feinspitze aus aller Welt jedoch wissen bereits um die hervorragende Qualität – und freuen sich auf das neue Angebot.
Ideologisch ist der Furmint eine Rebe, die sich irgendwo zwischen dem Grünen Veltliner und Riesling ansiedelt. Er »transportiert« wie kaum ein anderer den Boden, das Terroir – und die Weine aus Mád stehen ausschließlich auf dem vulkanischen Gestein aus vorwiegend Riolit, Andezit und deren Tuffen, der dem Furmint den feinen, eleganten Schliff gibt.

MA'D MOSER
Tokaj
MAD WINE Kft Ungarn, Tokaj.
Vertrieb: MA'D MOSER GmbH,
Thermensiedlung 11,
7132 Frauenkirchen, Österreich
T: +43 (650) 8037 620
rita@madmoser.com
www.madmoser.com

Kontakt: Rita Takaro DipWSET
Kellermeister: Gabor Urban

93 Furmint Dry MM5 Tokaj 2021
14 Vol.-%, DV, €€€€
Helles Gelbgrün, silberfarbene Reflexe. Feine Kräuterwürze, etwas nach Guaven, ein Hauch von Ringlotten, zart nach weißem Apfel, tabakiger Touch. Saftig, gute Komplexität, elegant, facettenreiche Säurestruktur, mineralisch, weiße Tropenfrucht, etwas nach Zitrus im Abgang, bleibt gut haften, vielseitiger Speisenbegleiter.

VINÁRSTVO MAGULA
91901 Suchá nad Parnou
Ružová dolina 908
T: +421 (905) 645 520
vino@vinomagula.sk
www.vinomagula.sk

Kellermeister/Kontakt: Vladimír Magula
Anbauweise: Biodynamisch
Produktion: 32.000 Flaschen
3 % Schaumwein, 20 % weiß, 6 % rosé, 74 % rot, 8.5 Hektar
Messen: VieVinum, RAW – The Artisan Wine Fair Berlin, Karakterre

Blaufränkisch / Frankovka

VINÁRSTVO MAGULA

BIO

Familie Magula stellt mit Leidenschaft Naturweine her, die ausschließlich aus eigenen, biologisch angebauten Trauben typisch slowakischer Sorten bestehen. Die Reise von Vinárstvo Magula durch den Weinbau begann 2007, als ein alter Weinberg, der an die Familie zurückgegeben wurde, neu bepflanzt wurde. Seit 2016 werden die Rebflächen biodynamisch bewirtschaftet.
Die Domäne befindet sich an einem Ort mit besonderer Ausstrahlung, auf dem Gelände eines ehemaligen Klosters, im Schatten alter Kastanienbäume. Die Umwelt liegt der Familie Magula sehr am Herzen, und man ist stets darauf bedacht, in Harmonie mit der Natur zu leben. Hier werden auch Kastanien und verschiedene Früchte angebaut, die Familie hält Bienen und züchtet Nutztiere, um mehr Leben und Gleichgewicht in ihrem Anwesen zu erreichen. Im Weinkeller sind sie bestrebt, lediglich als Wegweiser zu fungieren. Die Weine sollen in ihrem eigenen Tempo und gemäß ihrem einzigartigen Charakter reifen und die Besonderheiten der Rebsorte, des Jahrgangs und des Terroirs widerspiegeln. Auf diese Weise sollen Harmonie und Eleganz in die Flasche gebracht werden. Magula-Weine, vor allem die Rotweine, sind intensiv, aber dennoch subtil und sanft, mit dem frischen und charmanten Charakter der nördlichen Terroirs.

92 Oranžový vlk 2020 GV/WR/TR

11 Vol.-%, NK, €€€€

Getrübtes Orangegelb. Mineralisch, zart nach Grapefruit und Hibiskus, frische Orangenzesten, mit gelbem Pfirsich unterlegt, Limetten, einladendes Bukett. Leichtfüßig, weißer Apfel, feiner Gerbstoff, zitronig-salzig, bleibt haften, etwas Marille, animierender Stil.

93 Rosenberg Frankovka unplugged 2017

13 Vol.-%, NK, €€€€€

Kräftiges Karmingranat, violette Reflexe, breitere Ockerrandaufhellung. Zart balsamisch unterlegte schwarze Kirschfrucht, ein Hauch von Pflaumen, feine tabakige Nuancen, mit kandierten Orangenzesten unterlegt. Mittlerer Körper, rote Kirschen, feine reife Tannine, mineralisch-salzig im Abgang, bleibt sehr gut haften, rotbeeriges Finish, ein balancierter Speisenbegleiter.

90 Frankovka 2017

13 Vol.-%, NK, €€€€ B

Kräftiges Rubingranat, violette Reflexe, dezente Ockerrandaufhellung. Zart nussig-balsamisch unterlegte schwarze Herzkirschfrucht, dezente Edelholznuancen. Saftig, feine Fruchtsüße, gut integrierte, tragende Tannine, mineralisch und gut anhaftend, zartes Nougat, ein ausgereifter Speisenbegleiter.

92 Červený vlk 2019
13 Vol.-%, NK, €€€€
Kräftiges Rubingranat, violette Reflexe, zarte Ockerrandaufhellung. Zarte Kräuterwürze, reife Zwetschken, ein Hauch von Nougat, mit Brombeerkonfit unterlegt, attraktives Bukett. Saftig, gute Komplexität und Würze, reife Kirschen, feine Tannine, ein Hauch von Liebstöckel, mineralischer Nachhall, bleibt haften, verfügt über Entwicklungspotenzial.

90 Pinot Noir Teufelstal 2020
12 Vol.-%, NK, €€€€
Helles Rubingranat, violette Reflexe, breite Ockerrandaufhellung. Zart floral unterlegte rote Waldbeeren, Nuancen von Himbeeren und Hibiskus, zarte tabakige Nuancen. Schlank, rotbeerig, frisch strukturiert, seidige Textur, weißes Kernobst im Abgang, salziger Nachhall, ein zarter Speisenbegleiter.

89 Modrý Portugal 2018
11,5 Vol.-%, NK, €€€

MAROF

Obwohl Marof eine neu errichtete Weinkellerei ist, bleiben die Methoden und Verfahren so einfach wie möglich und lehnen sich an hundertjährige Traditionen an.
Der Ansatz des Teams bei der Weinherstellung ist eine Kombination aus dem Reichtum der Natur und dem menschlichen Wissen. Der natürliche Rhythmus von Rebe und Wein wird respektiert. Mit minimalen Eingriffen wird nach präzisem Ausdruck der natürlichen Eigenschaften, Eleganz und Ausgewogenheit des Terroirs gestrebt. Die besten Weinbergslagen bringen gesunde und optimal gereifte Trauben nach ökologischen Grundsätzen hervor. Die Trauben werden von Hand gelesen und ausgewählt. Die Eingriffe des Kellermeisters sind minimal, mit großem Respekt vor dem, was im Weinberg erreicht wurde: spontane Gärung, meisterhaft durchdachte Maischegärung auf der Hefe und nur die besten Holzbehälter. Das Streben nach Perfektion in allem, was Marof macht – im Weinberg und im Keller –, das ist die Geschichte dieses Weinguts.

MAROF
9202 Mačkovci
Mačkovci 35
T: +386 (2) 5561810
info@marof.eu
www.marof.eu

Kellermeistert: Uroš Valcl
Produktion: 90.000 Flaschen

94 Sauvignon Bodonci SVL Lega 2017
14 Vol.-%, NK, €€€€€€
Mittleres Grüngelb, Silberreflexe. Feine gelbe Tropenfrucht, ein Hauch von Kräuterwürze, Weiße Johannisbeeren, etwas Guaven, florale Nuancen, ein facettenreiches Bukett. Kraftvoll, saftig und intensiv, zart nach Kokos und Stachelbeeren, elegant und lange anhaftend, feine Extraktsüße im Abgang, salziger Nachhall, ein komplexer Speisenbegleiter, sicheres weiteres Reifepotenzial.

93 Sauvignon Breg SVL Vas 2018
13,5 Vol.-%, DIAM, €€€€
Helles Goldgelb, Silberreflexe. Zart rauchig-kräuterwürzig unterlegte Nuancen von Stachelbeeren, ein Hauch von Cassis, Grapefruitzesten. Saftig, elegant und rund, feine Pfirsichnuancen, etwas Honig, ausgewogen und gut anhaftend, ein harmonischer, gut gereifter Speisenbegleiter.

92 Breg Cuvée white SVL Vas 2018 WR/CH/SB/SE
13,5 Vol.-%, DIAM, €€€€
Mittleres Goldgelb, Silberreflexe. Zart mit kandierten Li-

mettenzesten unterlegte Kräuterwürze, feine Noten von gelbem Kernobst, tabakige Nuancen. Saftig, elegant, weiße Tropenfrucht, feine Fruchtsüße nach Birne, mineralisch-salzig im Abgang, ein balancierter Speisenbegleiter.

92 Chardonnay Kramarovci SVL Lega 2018
13,5 Vol.-%, NK, €€€€€ V
Kräftiges Goldgelb, Silberreflexe. Zarte Holzwürze, Nuancen von frischer Mango, etwas Birne und Blütenhonig, braucht Luft, verhaltenes Bukett. Mittlerer Körper, feine Apfelfrucht, frischer Säurebogen, zarte Süße im Abgang, mineralisch und salzig im Nachhall, verfügt über Länge und Entwicklungspotenzial.

93 Mačkovci Modra Frankinja SVL Lega 2018
13,5 Vol.-%, DIAM, €€€€€€ V
Dunkles Rubingranat, opaker Kern, violette Reflexe, zarte Randaufhellung. Schwarze Waldbeerenfrucht, Nuancen von Brombeeren und Lakritze, tabakige Noten, dezenter Edelholzanklang. Stoffig, dunkle Kirschen, würzige, gut eingebundene Tannine, mineralisch, frische Struktur, schwarze Kirschen im Abgang, zeigt Länge, wird von Flaschenreife profitieren.

92 Merlot Mačkovci Anna 2016
14 Vol.-%, DIAM, €€€€€€ V
Dunkles Rubingranat, violette Reflexe, dezente Ockerrandaufhellung. Feine Edelholzwürze, zart nach reifen Herzkirschen, dazu etwas Lakritze, mit einem Hauch von Pflaumen und Nougat unterlegt. Komplex, feinwürzig, Brombeeren, präsente, tragende Tannine, frisch, mineralisch im Abgang, etwas Nougat, salziger Rückgeschmack, ein stoffiger Speisenbegleiter.

NADOR – WEINGUT GARGER

Die Weingärten, die der österreichische Unternehmer Rainer Garger in Ungarn bewirtschaftet, grenzen unmittelbar an jene der österreichischen Region Eisenberg im Südburgenland an. Rainer Garger erwarb vor knapp zwanzig Jahren Weingärten auf der ungarischen Seite des Eisenberges, der auf Ungarisch »Vashegy« heißt. Dabei folgte er seiner eigenen Herkunft, denn die Familie stammt aus Vaskeresztes, direkt am Fuße des Vashegy gelegen.
Einen gelungenen Einstieg in seine Interpretationswelt des Blaufränkisch (ungarisch »Kékfrankos«) bietet der Kékfrankos Falu. »Falu« steht für Dorf, und so sind in diesem Village-Wein Blaufränkisch-Trauben aus mehreren Lagen vereint; der Wein wurde 18 Monate in Stahl- und gebrauchten Holzfässern ausgebaut und kommt nach drei Jahren auf den Markt. Im Gegensatz zu den Dorfweinen, zu denen auch ein Furmint und ein Rosé zählen, verlässt die Bergwein-Selektion »Hegy« erst nach vier Jahren den Lagerkeller. Darüber stehen in der Pyramide die drei Einzellagen, sie heißen »Stuala«, »Voller«, »Wanzer«, und diese eleganten Rotweine werden frühestens nach sechs Jahren Lagerung mit beginnender Trinkreife an die Kunden übergeben.

Auch der Name des Weinguts hat seine Wurzeln im Gebiet. Das benachbarte Kloster Pernau war seit seiner Gründung 1219 über Jahrhunderte der gesellschaftliche und wirtschaftliche Mittelpunkt der Region. Der Gründer des Klosters war Banus Chepan, ein Spross eines alten Adelsgeschlechts auf heute ungarischem Boden. Da die Weingärten ein-

NADOR – WEINGUT GARGER
9795 Vaskeresztes
T: +36 (1) 8799399
office@nadorwine.com
www.nadorwine.com

Kellermeister: Reinhold Krutzler, Christoph Wachter
Kontakt: Rainer Garger
Produktion: 3,5 Hektar

mal Eigentum des Klosters waren, erschien eine Referenz zu Banus Chepan plausibel, der für seine Bemühungen um die Region den Titel »Nador«, übersetzt »königlicher Gesandter«, verliehen bekam. Nun sind die Nador-Weine die kostbaren Botschafter der kleinen, aber feinen Weinregion mit ihren charakterstarken Schieferböden.

90 Falu Kékfrankos Rosé NV
12,5 Vol.-%, DV, Stahltank/großes Holzfass, €€€
Leuchtendes Kupferrot mit Orangereflexen. Zart nach Trockenkräutern, ein Hauch von Orangenzesten und von Cranberries, Kumquats, schiefrige Nuancen. Mittlere Komplexität, weißer Apfel, frischer Säurebogen, rotbeeriger Touch im Abgang, salzig-zitroniger Nachhall, ein individueller, gut antrinkbarer Speisenbegleiter.

95 Kékfrankos Single Vineyard Voller 2015
13,5 Vol.-%, NK, 500-l-Fass, €€€€€
Kräftiges Rubingranat, violette Reflexe, dezente Ockerrandaufhellung. Feine Schieferwürze, feuchter Kies, dunkle Beeren, etwas Grafit, auch Nuancen von roter Frucht. Straff, engmaschig, finessenreich strukturiert, karg und anhaftend, feine rote Waldbeeren im Nachhall, salziger Speisenbegleiter mit Potenzial.

94 Kékfrankos Single Vineyard Stuala 2015
13,5 Vol.-%, NK, 500-l-Fass, €€€€€
Kräftiges Rubingranat, violette Reflexe, dezente Ockerrandaufhellung. Tabakig, feine Würze, Nuancen von Brombeeren, etwas Lakritze und Kardamom. Mittlere Komplexität, rote Frucht, nach Kirschen und Beeren, frisch strukturiert, feine Tannine, mineralisch und anhaftend, bereits gut herangereift.

94 Kékfrankos Single Vineyard Wanzer 2015
13,5 Vol.-%, NK, 500-l-Fass, €€€€€
Kräftiges Rubingranat, violette Reflexe, dezente Ockerrandaufhellung. Zart nach Veloursleder und Brombeeren, ein Hauch von Nougat und Kräutern, mineralischer Anklang. Mittlerer Körper, rote Herzkirschen, frisch, zarte Tannine, salziger Touch, gute Länge, hat eine erste Genussreife erreicht.

93 Hegy Kékfrankos Selection 2017
13 Vol.-%, DIAM, 500-l-Fass, €€€€
Mittleres Karmingranat, Ockerreflexe, breite Randaufhellung. Zart nach Kräutern, Kakao und Minze, mit eingelegten Kirschen unterlegt, feuchtes Gestein. Saftig, rote Waldbeeren, feine Tannine, mineralisch-salzig im Abgang, zitroniger Nachhall, ein finessenreicher Speisenbegleiter.

91 Falu Kékfrankos 2017
13 Vol.-%, NK, 500-l-Fass, €€€
Kräftiges Rubingranat, violette Reflexe, breitere Ockerrandaufhellung. Zarte Kräuterwürze, tabakige Nuancen, schwarze Kirschfrucht, mineralischer Touch. Saftig, rotbeerig, wirkt leichtfüßig, salzig-zitronig, bietet unkompliziertes Trinkvergnügen.

DOMAINE NOÜE-MARINIČ

Die Familie de Noüe hat eine lange Weinbautradition im Burgund in Frankreich, wo Charles Louis de Noüe, der Inhaber der Domaine de Vicomte de Noüe-Marinič und zugleich Enkel von Christian Jacques de Clay de Nell, Mitglied der Besitzerfamilie der legendären Domaine Leflaive ist. Seine Leidenschaft für die authentischsten und prestigeträchtigsten Terroirs für den Anbau von Wein – mit Vorliebe für Weißwein – führte ihn nach Brda in Slowenien, wo er mit dem slowenischen Partner Alis Marinič einige verlassene Weinberge wieder in Produktion brachte und mit einer Massenselektion ein reiches genetisches Erbe rettete, das zur Komplexität der Weine beiträgt. Die beiden Partner bewirtschaften ihre Weingärten im Einklang mit der Tradition auf natürliche Weise und ohne den Einsatz von chemischen Mitteln, sie bearbeiten den Boden und lassen im Sommer die aromatischen Kräuter im Weinberg wachsen, um die Feuchtigkeit im Boden zu halten und die Wurzeln zu schützen. Mit dem Mondkalender von Maria Thun folgen sie den Ideen und der Philosophie Steiners. Die Philosophie, nach der Wein im Weinberg hergestellt wird, wird von ihrem Berater Anthony Colas geteilt, der die renommiertesten Weingüter im Burgund betreut. Gemeinsam wählen sie den richtigen Zeitpunkt für die Lese, um schöne Trauben zu ernten. Alles an-

DOMAINE NOÜE-MARINIČ
5211 Kojsko
Vedrijan 17
T: +39 (340) 5838 551
domaine-nouemarinic.com

Kellermeister: Anthony Colas
Kontakt: Charles Louis de Noüe, Alis Marinič

Kojsko in der Weinbauregion Brda

dere folgt dem Wein mit einem Minimum an Eingriff, um seine Mineralik und Frische zu erhalten. Die Idee ist, einen strukturierten Wein aus dem Terroir zu erhalten, elegant und anhaltend am Gaumen, einen Wein, der in der Lage ist, eine Vibration, eine Emotion zu erzeugen.

94 Chardonnay Groblja 2019
14,5 Vol.-%, NK, €€€€€€
Helles Gelbgrün, Silberreflexe. Mit einem Hauch von hellem Nougat unterlegte Nuancen von gelbem Steinobst, zart nach Ananas und Mango, einladendes Bukett, zarte Wiesenkräuter im Hintergrund. Saftig, elegant, gelbe Apfelfrucht, ein Hauch von neuem Holz, frischer Säurebogen, salzig im Finish, ausgewogen, sehr gute Länge, ein stoffiger, finessenreicher Speisenbegleiter, Limetten im Nachhall.

93 Chardonnay Vicomte de Noüe-Marinič Sotto la chiesa 2019
14,5 Vol.-%, NK, €€€€€€
Helles Gelbgrün, Silberreflexe. Mit feiner Holzwürze unterlegte weiße Apfelfrucht, zarte gelbe Tropenfrucht, mineralisch, weiße Blüten im Hintergrund. Saftig, elegant, gelber Pfirsich, ein Hauch von Karamell, mineralisch, mit guter Länge ausgestattet, ein ausgewogener Speisenbegleiter mit Reifepotenzial.

93 Chardonnay Tejca 2019
14,5 Vol.-%, NK, €€€€€€
Helles Gelbgrün, Silberreflexe. Zarte Kräuterwürze, feine Nuancen von weißem Kernobst, mineralisch, zarte Holznuancen im Hintergrund. Engmaschig, feine gelbe Apfelfrucht, zart nach Honigmelone, dezentes Säurespiel, mineralisch-salziger Touch im Abgang, harmonisch, mit guter Länge und Eleganz ausgestattet.

92 Chardonnay Érigone 2019
14,5 Vol.-%, DIAM, €€€€€
Mittleres Goldgelb, Silberreflexe. Zarte Kräuterwürze, feiner Blütenhonig, gelbes Kernobst, ein Hauch von kandierten Orangenzesten. Kräftig, ein Hauch von hellem Nougat, ausgewogen, zarte Fruchtsüße nach gelbem Pfirsich, gut anhaftend, feiner Karamelltouch im Abgang, ein komplexer Begleiter bei Tisch.

91 Érigone Ribolla Gialla 2019
13,5 Vol.-%, DIAM, €€€€€
Helles Goldgelb, Silberreflexe. Zartes Bukett, ein Hauch von gelbem Apfel, Nuancen von Wiesenkräutern, dezent mineralisch unterlegt. Straff, elegant, feine Nuancen von weißem Kernobst, zarte Säurestruktur, salziger Touch im Abgang, insgesamt noch scheu, wird von Flaschenreife profitieren.

91 Zala Érigone Malvazia 2019
14 Vol.-%, DIAM, €€€€€
Leuchtendes Goldgelb, Silberreflexe. Feine gelbe Tropenfrucht, frische Mango, ein Hauch von Akazienhonig, mit Nuancen von Quitte unterlegt. Saftig, feine Kräuterwürze, zart nach Honig, feiner Säurebogen, mineralisch und gut anhaftend, ein stoffiger Speisenbegleiter, Blutorangen im Nachhall.

RADGONSKE GORICE D.O.O.

Wie die Wellen der Mur durch Gornja Radgona fließen seit 170 Jahren durch Radgonske gorice kleine Geheimnisse und großes Wissen: wie man den Weinstock gekonnt verwöhnt, damit er in seiner ganzen Pracht gedeiht; wie man Zeit damit verbringt, Trauben zu pflegen; wie man sich in Wein, seine Eleganz und seinen Rausch verliebt; wie man ihm das Funkeln verleiht, eine Quelle unzähliger Bläschen, die niemals versiegen. Radgonske gorice d.o.o. ist der älteste und heute größte Schaumweinhersteller in Slowenien. Von hier stammt der erste slowenische Schaumwein, der heute allen als Zlata radgonska penina bekannt ist. Zusammen mit Srebrna radgonska penina, sonnenverwöhntem Janževec, Traminer mit schwarzem Etikett und weiteren Weinen und Sekten ihres Sortiments begleiten sie uns in verschiedenen wichtigen und wegweisenden oder kleineren und rein alltäglichen Momenten und erschaffen so die schönsten Momente des Lebens.

93 ❺ Zlata Radgonska Penina Millésime Brut Nature 2008
13 Vol.-%, DIAM, €€€€€
Kräftiges Gelbgold, Silberreflexe, feines, zartes Mousseux. Reife gelbe Tropenfrucht, Nuancen von Pfirsich, ein Hauch von Stachelbeeren, Nuancen von Blütenhonig, facettenreiches Bukett. Stoffig, gelber Apfel, frischer Säurebogen, zart nach Biskuit, präsente Säure, mineralisch, bleibt haften, ausgereifter, gastronomischer Stil, besitzt weiteres Reifepotenzial.

RADGONSKE GORICE D.O.O.
9250 Gornja Radgona
Jurkovičeva ulica 5
T: +386 (2) 5648510
info@radgonske-gorice.si
radgonske-gorice.si

92 ❺ Zlata Radgonska Penina, Extra Dry 2017
12,5 Vol.-%, DIAM, €€€
Helles Gelbgrün, Silberreflexe, anhaltendes feines Mousseux. Zart nach Orangenzesten, feine weiße Pfirsichfrucht, ein Hauch von Walnuss, fruchtiges Bukett. Saftig, elegant, feine Mangonoten, ein Hauch von Ananas, frisch strukturiert, mineralisch-zitroniger Touch, Limetten im Nachhall.

92 ❺ Zlata Radgonska Penina Selection Brut 2018
12,5 Vol.-%, DIAM, €€€ Ⓕ
Helles Grüngelb, Silberreflexe, lebendiges Mousseux. Feine Tropenfrucht, nach Mango und Papaya, ein Hauch von Blütenhonig, Mandarinenzesten, helles Nougat. Mittlerer Körper, gut eingebundene Fruchtsüße, lebendiger Säurebogen, harmonisch und animierend, ein vielseitiger Schaumwein, als Aperitif und auch als Speisenbegleiter gut einsetzbar.

91 ❺ Zlata Radgonska Penina Brut 2017
12,5 Vol.-%, DIAM, €€€
Leuchtendes mittleres Goldgelb, Silberreflexe, anhaltendes feines Mousseux. Zart nach Blütenhonig, kandierte Orangenzesten, ein Hauch von gelbem Apfel und Mango. Mittlere Komplexität, weißes Kernobst, frisch strukturiert, lebendiger trockener Stil, zitronig-salziger Abgang, vielseitig einsetzbar.

92 ❺ Pet-Nat Renina 2019
11,5 Vol.-%, DIAM, €€€€ Ⓑ
Zart getrübtes mittleres Gelbgrün, zarte Perlage. Frische Wiesenkräuter, etwas Brioche, feinhefig unterlegte gelbe Tropenfrucht, Nuancen von Pfirsich und Orangenschalen. Saftig, weiße Apfelfrucht, frisch strukturiert, mineralisch-zitronig im Abgang, ein lebendiger Sommerwein, ideal als Aperitif.

91 ❺ Zlata Radgonska Penina Rosé Extra Dry 2018
12 Vol.-%, DIAM, €€€
Helles Lachsrosa, zarte Kupferreflexe. Ein Hauch von roten Waldbeeren, zart nach Erdbeeren und Kirschen, mit gelbem Pfirsich unterlegt. Saftig, elegant, präsente Fruchtsüße, weißes Kernobst im Abgang, seidige Textur, rund und ausgewogen, zarter Honig im Nachhall.

ROKA WINERY

Roka Winery ist ein zwei Hektar großes Weingut in der Region Jeruzalem/Ormoz in Ostslowenien, einem Teil der größeren Region Stajerska Slovenia. Das Weingut liegt in den Hügeln des Dorfes Kog auf 328 Metern Seehöhe und produziert drei Abfüllungen aus Einzellagen: Furmint (Sipon), Laski (Welschriesling) und Blaufränkisch (Modra Frankinja). Die Gesamtproduktion ist mit etwa 3.000 Flaschen pro Jahr gering, und die Weine sind jedes Jahr ausverkauft.

In den Weinbergen, die im Durchschnitt 50 bis 60 Jahre alt sind, werden keine Herbizide oder Pestizide eingesetzt. Deutlich jünger ist nur der Blaufränkisch, der 2012 gepflanzt wurde. Die Erträge sind mit 1 bis maximal 1,5 kg pro Rebstock gering. Manuelle Weinbergsarbeit ist die Norm, mit vielen Stunden Arbeit mit den Reben – Ausdünnen und Entblättern –, um die Luftzirkulation zu verbessern und eine gesunde Umgebung zu schaffen. Die biologische Vielfalt steht im Mittelpunkt des Konzepts: Zwischen den Rebstöcken dürfen Wildpflanzen gedeihen, und in den Weinbergen gibt es eine vielfältige Flora und Fauna.

Die Arbeit im Keller erfolgt auf natürlicher Basis. Die Weißweine werden gepresst und gären spontan auf dem Trub in offenen 500-Liter-Fässern aus alter Eiche. Es ist nicht ungewöhnlich, dass es fünf bis sieben Tage dauert, bis die Gärung einsetzt. Der Rotwein wird leicht entrappt und gärt ebenfalls spontan in offenen Gärbehältern. Die Gärung verläuft langsam und dauert bei den Weißweinen in der Regel 40 bis 50 Tage. Der Rotwein wird sanft abgepresst, um eine zu starke Extraktion zu vermeiden, und wird nach etwa 25 Tagen gepresst. Alle Weine werden dann bis zu einem Jahr lang in großen Eichenfässern ohne Schwefelzusatz gelagert. Danach werden sie in Stahltanks umgefüllt und dort für weitere drei Monate gelagert, bevor sie in Flaschen abgefüllt werden, wobei nur wenig Schwefel zugesetzt wird.

Ziel der Roka Winery ist es, Weine zu erzeugen, die man hier selbst gerne trinkt – und wenn andere sie auch genießen, dann ist der Kreis der Schöpfung geschlossen!

93 Riesling Kog Laski SVL Lega 2019

13 Vol.-%, DV, €€€€

Helles Gelbgrün, Silberreflexe. Zart nach Walnuss und frischen Wiesenkräutern, rauchige Mineralik, Zitruszesten, facettenreiches Bukett. Straff, elegant, feine Fruchtsüße, lebendiger Säurebogen, etwas Biskuit im Abgang, mineralisch, zeigt Frische und Würze, vielseitig einsetzbar.

92 Furmint Kog SVL Lega 2019

13 Vol.-%, DV, €€€€

Helles Grüngelb, Silberreflexe. Zart tabakig unterlegte feine Birnenfrucht, zart nach Wiesenkräutern, etwas Walnuss im Hintergrund, kandierte Orangenzesten. Straff, engmaschig, weißes Kernobst, mineralisch, nussig auch im Abgang, feines Säurespiel, salzige Nuancen im Finish, bleibt haften, zart nach Birne im Nachhall.

92 Blaufränkisch Kog SVL Lega 2019

12,5 Vol.-%, DV, €€€€

Dunkles Rubingranat, violette Reflexe, dezente Ockerrandaufhellung. Dunkle Herzkirschen, schwarze Waldbeeren, feine Edelholznoten, mineralischer Touch. Saftig, rotbeerige Nuancen, finessenreicher Säurebogen, salzig im Abgang, leichtfüßiger Stil, bleibt haften, vielseitiger Speisenbegleiter.

ROKA WINERY
2276 Kog
Lačaves 33A
T: +386 (303) 46072
www.roka-winery.business.site

Kellermeister/Kontakt:
Liam & Sinead Cabot
Produktion: 3.333 Flaschen
50 % weiß, 50 % rot, 2 Hektar

Schloss Dobrovo

EDI SIMČIČ
5212 Dobrovo
Vipolže 39 a
T: +386 (30) 60 25 64
info@edisimcic.si
www.edisimcic.si

Kontakt: Aleks Simčič

EDI SIMČIČ

Goriška Brda ist ein Ort, an dem sich das nördliche Mittelmeer mit den südlichen Alpen vermischt. Ein Ort, an dem der Boden reich an Salzen und Mineralien ist. Die Region ist bekannt für ihre mediterran-exotischen und zugleich vollmundigen und frischen Weißweine, außergewöhnliche Weine mit Alterungspotential von mehreren Jahren. »Wir vertrauen auf die Rebula (Ribolla Gialla) und ihr Potenzial. Rebula ist die Sorte des Stolzes, unsere Identität.«
Aber auch an Rotweine glaubt man bei Edi Simčič schon seit Langem: »Von ihnen verlangen wir Reife und Langlebigkeit.« All das können die Weinberge und das Klima in der Region Goriška Brda bieten, und viel mehr benötigt man nach der Philosophie des Hauses auch nicht. Trotz hoher Ansprüche lässt man dem Wein seine Freiheit und vertraut auf sein Entwicklungspotential, er kommt aus dem Keller auf den Tisch: ungeschminkt und pur. »Wein wird so angeboten, wie er sich geistig und geschmacklich entwickelt hat: fröhlich, temperamentvoll, in manchen Momenten ernst, aber immer ein wenig befreiend. Wahre Prominenz ist niemals überlegen.«

93 Sauvignon Kozana SVL Lega 2019
14,5 Vol.-%, NK, €€€€€
Helles Goldgelb, Silberreflexe. Feine Tropenfrucht, ein Hauch von Cassis, zart nach gelben Paprikaschoten, Nuancen von Blütenhonig, einladendes Bukett. Elegant, feinwürzig, weißes Kernobst, frischer Säurebogen, salziger Touch im Abgang, ruhiger, mineralischer Stil, ein kraftvoller Speisenbegleiter.

93 Chardonnay Fojana SVL Lega 2019
14 Vol.-%, NK, €€€€€
Leuchtendes Goldgelb, Silberreflexe. Feine Holzwürze, helles Karamell, reife gelbe Apfelfrucht, zart nach Birne, dezenter Kräutertouch. Saftig, elegant, rund und harmonisch, ein kraftvoller Wein mit feiner Extraktsüße, anhaftend, bereits gut entwickelt, verfügt über Reifepotenzial.

92 Malvazija SVL Okoliš 2020
13,5 Vol.-%, NK, €€€€€
Helles Goldgelb, Silberreflexe. Zart nussig unterlegte feine gelbe Birnenfrucht, ein Hauch von Mango und Blütenhonig, Nuancen von Orangenzesten. Komplex, engmaschig, weißes Kernobst, mineralisch-salzige Nuancen, ein ausgewogener Speisenbegleiter.

92 Fojana Rebula SVL Lega 2020
13,5 Vol.-%, NK, €€€€€
Helles Goldgelb, Silberreflexe. Zart tabakig-nussig unterlegte feine Birnenfrucht, ein Hauch von Wiesenkräutern, etwas verhaltenes Bukett. Mittlere Komplexität, feine Nuancen von weißem Kernobst, dezenter Säurebogen, milder, zart salziger Stil, ausgewogen, ein fein nuancierter Speisenbegleiter.

(96) Merlot Kozana SVL Lega 2016
15 Vol.-%, NK, €€€€€€
Kräftiges Rubingranat, opaker Kern, violette Reflexe, breitere Ockerrandaufhellung. Würziger Edelholztouch, Nuancen von Kardamom und Vanille, reife Herzkirschen, etwas Brombeeren und Nougat, tabakiger Anklang. Komplex, stoffig, reife Pflaumenfrucht, tragende, ausgereifte Tannine, feine Mineralik, harmonisch, bereits gut antrinkbar, zeigt große Länge, sicheres weiteres Reifepotenzial.

94 Kolos SVL Okoliš 2017 CF/CS/ME
14,5 Vol.-%, NK, €€€€€€
Kräftiges Rubingranat, opaker Kern, violette Reflexe, breitere Ockerrandaufhellung. Zart nach Kräutern und Veloursleder, reife Kirschfrucht, ein Hauch von Brombeeren und süßen Pflaumen, kandierte Orangenzesten, etwas Nougat. Komplex, saftig, reife Zwetschkenfrucht, seidige, tragende Tannine, salziger Touch im Nachhall, bereits gut herangereift, ein stoffiger Speisenbegleiter.

ŠUKLJE

Vinska Klet Šuklje ist ein kleines Familienweingut mit einer Fläche von sieben Hektar Weingärten in Trnovec in der Nähe von Metlika in Bela Krajina, Südostslowenien. Die ersten Belege für die Weinerzeugung in der Familie datieren aus dem Jahr 1895, als Matija Šuklje nach der Verwüstung durch die Reblaus ein Darlehen von 140 Golddinar erhielt, um veredelte Reben zu pflanzen. Seit dieser Zeit hat sich die Tradition des Weinbaus auf dem Gut von Generation zu Generation fortgesetzt.
Heute wird das Weingut von der sechsten und siebenten Generation der Familie geführt: von Vater Jože, seinen Kindern Matija und Katja und seinem französischen Schwiegersohn Guillaume. Während Jože in den 1990er-Jahren die traditionelle Weinherstellung in die moderne Ära brachte, bringt die jüngste Generation heute ihre internationale Erfahrung in die Geschi-

ŠUKLJE
8330 Metlika
Trnovec 22
T: +386 (40) 654575
info@suklje.com
www.suklje.com

Kellermeister: Katja Šuklje Antalick
Kontakt: Guillaume Antalick
Anbauweise: Umstellung auf bio
Produktion: 26.667 Flaschen
35 % weiß, 10 % rosé, 55 % rot,
6,5 Hektar

Sauvignon Blanc

St. Anna Kirche in Vidošiči bei Metlika

cke des Familienweinguts ein: Katja und Guillaume sind nämlich beide außerordentliche Professoren für Weinbau und Önologie an der Universität von Nova Gorica. Nachdem sie fünf Jahre in Südafrika und Australien verbracht und in der Weinindustrie als Forscher gearbeitet hatten, kamen sie 2016 mit der Idee nach Slowenien zurück, die Region Bela Krajina und den slowenischen Blaufränkisch (lokal Modra Frankinja genannt) auf die Landkarte zu bringen. Die Philosophie von Šuklje zielt darauf ab, Weine herzustellen, die ihren Herkunftsort, die Terroirs der Bela Krajina, auf verschiedenen Ebenen zum Ausdruck bringen: klassisch (regional), in der Terroir-Auswahl (Village) und in der Einzellage (Cru). Šuklje ist eines der Gründungsmitglieder von Slovenska Velika Lega, einer Vereinigung slowenischer Winzer, die Weine mit geografischer Herkunft durch einen pyramidalen Ansatz fördert, der den Weinlinien von Šuklje ähnelt (SVL Okoliš, SVL Vas und SVL Lega). Die Weinberge werden seit vielen Jahren auf nachhaltige Weise bewirtschaftet und befinden sich derzeit in offizieller Umstellung auf ökologischen Weinbau. Šuklje glaubt besonders an die Sorte Blaufränkisch und ihr Potenzial, in Bela Krajina einen Wein von Weltklasse zu erzeugen.

93 Chardonnay Projekt 2020
13,5 Vol.-%, DIAM, €€€€ Ⓑ
Helles Gelbgrün, Silberreflexe. Frische Wiesenkräuter, zarte Holzwürze, weiße Apfelfrucht, feine nussige Aromen, mineralischer, zart reduktiver Touch. Saftig, elegant, weiße Frucht, frischer Säurebogen, Limetten im Nachhall, finessenreicher, leichtfüßiger Stil, ein balancierter Speisenbegleiter.

(93) Sauvignon Blanc Lozice SVL Lega 2020
14 Vol.-%, DIAM, €€€€ Ⓑ
Leuchtendes mittleres Goldgelb, Silberreflexe. Zart tabakig-kräuterwürzig unterlegte gelbe Tropenfrucht, ein Hauch von reifen Stachelbeeren, frische Mandarinenzesten. Saftig, elegant, weiße Pfirsichfrucht, feiner, gut integrierter Säurebogen, salzig-zitronig im Abgang, ein finessenreicher Speisenbegleiter.

92 Belo 140 SVL Okoliš 2018 RR/KR
13,5 Vol.-%, DIAM, €€€ Ⓑ
Helles Gelbgrün, Silberreflexe. Zart nach Mandarinen und weißem Pfirsich, zarte Kräuterwürze, facettenreiches Bukett. Mittlerer Körper, weiße Apfelfrucht, feiner Säurebogen, dezente Fruchtsüße, elegant und ausgewogen, bereits gut entwickelt.

93 Blaufränkisch Vrbanjka Cru Plešivica SVL Lega 2018
13,5 Vol.-%, DIAM, €€€€ Ⓑ
Tiefdunkles Rubingranat, opaker Kern, violette Reflexe, dezente Randaufhellung. Reife dunkle Waldbeeren, süße Herzkirschen, feine Kräuterwürze, einladendes Bukett. Komplex, saftig, reife rote Kirschen, gut integrierte reife Tannine, mineralisch und anhaftend, gute Frische, feiner saliner Touch, noch sehr jugendlich, gutes Entwicklungspotenzial.

92 Blaufränkisch Modra Frankinja Lodoma SVL Vas 2019
13 Vol.-%, DIAM, €€€ Ⓑ
Dunkles Rubingranat, violette Reflexe, dezente Ockerrandaufhellung. Reife Herzkirschen, Brombeeren, kandierte Orangenzesten, einladendes Bukett. Saftig, stoffig, rote Kirschen, feine Tannine, lebendig strukturiert, zitronig-mineralisch, gut anhaftend, ein vielseitiger Speisenbegleiter mit Reifepotenzial.

91 Blaufränkisch Modra Frankinja SVL Okoliš 2018
12,5 Vol.-%, DV, €€ Ⓑ
Kräftiges Rubingranat, violette Reflexe, dezente Ockerrandaufhellung. Zart tabakig unterlegte Brombeernuancen, schwarze Kirschen, ein Hauch von Kräuterwürze. Mittlerer Körper, rotbeerig, elegant und frisch, gut integrierte Tannine, zitronig-mineralischer Abgang, leichtfüßiger, animierender Stil.

VINO VALDHUBER

Die Weine von Vino Valdhuber stammen aus Svečina, einem idyllischen Dorf an den Abhängen von Slovenske gorice (Windische Bühel) an der Grenze zu Österreich. Am Ende des Tals, unter dem Hügelgrat, auf dem die Staatsgrenze verläuft, stehen der neue Weinkeller und der Bauernhof der Familie Valdhuber: architektonisch modern, aber mit den Dimensionen und Materialien harmonisch in die Landschaft eingefügt.
Die erfolgreiche Weingeschichte wurde im Jahr 2013 noch mit einem auch touristisch interessanten Bauernhof mit Unterkunft ergänzt – mit dem Ziel, lokale und saisonale Gerichte begleitet von hervorragenden Weinen anbieten zu können.

91 Penina Brut Nature 2019

12,5 Vol.-%, DIAM, €€€ Ⓕ

Helles Grüngelb, Silberreflexe, feines, anhaltendes Mousseux. Frische Wiesenkräuter, weißer Apfel, Zitruszesten, mineralisch, zart nach Brioche. Mittlerer Körper, schlanke Textur, zitronig und rassig, feine Nuancen von gelber Frucht, Limetten im Nachhall.

93 Sauvignon Blanc Ried Jamertal 2020

12,5 Vol.-%, DIAM, €€€ Ⓕ Ⓗ Ⓥ

Leuchtendes helles Goldgelb, Silberreflexe. Feine weiße Tropenfrucht, frischer Pfirsich, Litschis, zarte Mineralik. Saftig und leichtfüßig, seidig, feine Säurestruktur, ausgewogen und gut anhaftend, ein finessenreicher Speisenbegleiter, vielseitig einsetzbar, gutes Entwicklungspotenzial.

92 Sauvignon Blanc 2021

13 Vol.-%, DV, €€ Ⓕ Ⓗ

Helles Gelbgold, Silberreflexe. Feine Nuancen von Stachelbeeren, ein Hauch von gelbem Pfirsich, sehr einladendes Bukett. Stoffig, feine Fruchtsüße, Nuancen von weißem Steinobst, mit reifen Weißen Johannisbeeren unterlegt, frisch und elegant, fein Mineralik, balanciert und gut entwickelt.

92 Grauburgunder – Sivi Pinot 2021

12,5 Vol.-%, DV, €€ Ⓕ

Helles Goldgelb, Silberreflexe. Feine Nuancen von gelbem Kernobst, ein Hauch von frischer Birne und Mango, mit Limettenzesten und weißen Blüten unterlegt. Saftig, elegant, zarte gelbe Apfelfrucht, feiner Säurebogen, mineralisch-zitronig im Abgang, ein balancierter Speisenbegleiter.

92 Weissburgunder – Beli Pinot 2020

12,5 Vol.-%, DV, €€ Ⓕ Ⓗ

Helles Gelbgrün, Silberreflexe. Zart nussig unterlegter Birnentouch, zart nach Wiesenkräutern, feine tabakige Noten, ein Hauch von Opok. Saftig, weißer Apfel, feiner Säurebogen, mineralisch und frisch, lebendiger Stil, ein facettenreicher Speisenbegleiter mit Reifepotenzial.

(91) Welschriesling – Laški rizling 2021

120 Vol.-%, DV, €€€€€€ Ⓕ

Helles Gelbgrün, Silberreflexe. Zart kräuterwürzig unterlegte weiße Apfelfrucht, ein Hauch von Limettenzesten, mineralischer Touch. Mittlere Komplexität, feine Birnenfrucht, frisch strukturiert, zitronig, harmonisch, ein leichtfüßig-saftiger Speisenbegleiter.

VINO VALDHUBER
2201 Kungota
Svečina 15A
T: +386 (41) 346895
info@valdhuber.si
www.valdhuber.si

Kellermeister: Bogomir (Mirč) Valdhuber
Produktion: 8 Hektar

VIPAVA 1894

Im malerischen Vipava-Tal im Westen Sloweniens, wo sich der mediterrane Süden und das kontinentale Europa auf spannende Weise vereinen, liegt die traditionsreiche Kellerei Vipava, gegründet im Jahre 1894. Die Chronik der Kellerei ist bunt und untrennbar mit der bewegten Geschichte des Vipava-Tals verbunden. Seit Sommer 2017 leitet der steirische Weinmacher Hannes Sabathi mit seinem steirisch-slowenischen Team die vinophilen Geschicke der Kellerei. Damit hat eine neue Ära begonnen.
Das Augenmerk liegt darauf, die besten Weine zu keltern, die das Gebiet hervorzubringen vermag – authentisch und mit präziser Herkunftscharakteristik. Rund 350 Weinbauern sind bei diesem großen Vorhaben die wichtigsten Partner von Hannes Sabathi. Seit Generationen pflegen sie mit Stolz die einzigartige Kulturlandschaft des Tales und unterstützen die Visionen des steirischen Weinmachers mit ihrem Erfahrungsreichtum.

92 Pinot Gris Terase 2019
14 Vol.-%, VL, €€€€
Helles Gelbgold, Silberreflexe. Zarte Nuancen von frischer reifer Birne, ein Hauch von Orangenzesten. Mittlerer Körper, Noten von reifer Quitte, elegant und ausgewogen, mineralischer Abgang mit feiner Süße, zarter Blütenhonig im Nachhall, gutes Reifepotenzial.

VIPAVA 1894
5271 Vipava
Vinarska cesta 5
T: +386 (5) 367 12 00
info@vipava1894.si
www.vipava1894.si

Kellermeister: Hannes Sabathi, Nika Gregoric
Kontakt: Jakob Blaschitz
Produktion: 10 % Schaumwein, 60 % weiß, 4 % rosé, 25 % rot, 1 % süß
Messen: Alimentaria, ProWein Düsseldorf, Vinitaly, Vinexpo New York, Vino Ljubljana

91 Malvazija Terase 2018
13 Vol.-%, VL, €€€€
Helles Goldgelb, Silberreflexe. Kandierte Orangenzesten, reifer gelber Apfel, zarte Tropenfruchtanklänge, floraler Touch. Stoffig, Nuancen von weißer Frucht, dezenter Säurebogen, salziger Touch, dunkle Mineralik, feinwürziger Nachhall.

91 Pinela Terase 2019
13,5 Vol.-%, VL, €€€€
Helles Gelbgold, zarte Messingreflexe. Rauchig, feine Kräuterwürze, mit Anklängen von gelber Tropenfrucht unterlegt. Mittlere Komplexität, weißer Apfel, feiner Säurebogen, mineralisch-kalkiger Touch, straffer Abgang, wird von Flaschenreife profitieren.

91 Chardonnay Terase 2018
13,5 Vol.-%, VL, €€€€
Leuchtendes Goldgelb, Silberreflexe. Feine reife gelbe Tropenfrucht, ein Hauch von Papaya und Mango, zarter Blütenhonig, Nuancen von reifem Pfirsich und etwas Karamell im Hintergrund. Saftig, elegant und ausgewogen, dezente Fruchtsüße, mineralisch, etwas Süße im Finish, ein stoffiger Speisenwein.

90 Sauvignon Blanc Terase 2018
13 Vol.-%, VL, €€€€
Leuchtendes Gelbgold, Silberreflexe. Zarte weiße Tropenfrucht, Nuancen von Stachelbeeren und Guaven, etwas zurückhaltendes Bukett. Mittlerer Körper, dezenter Säurebogen, trockene Stilistik, mineralisch geprägt, ein zurückhaltender Begleiter bei Tisch.

90 Merlot Terase 2018
14 Vol.-%, VL, €€€€
Kräftiges Karmingranat, violette Reflexe, breitere Ockerrandaufhellung. Feine Kräuterwürze, ein Hauch von Edelholz, schwarze Beerenfrucht, dunkle Kirschen und Tabak. Mittlere Komplexität, reife Zwetschken, feine Tannine, zarter Säurebogen, kirschig im Abgang, bietet unkompliziertes Trinkvergnügen.

PLATZ FÜR IHRE
WEINNOTIZEN

MIT BESTER EMPFEHLUNG

Ausgewählte Weinhändler, Feinkostläden und Weingasthöfe
mit hochwertigen Erzeugnissen für kulinarische Genuss-Erlebnisse.

VINOTHEK ST. STEPHAN V

1010 Wien, Stephansplatz 6
T: +43 (1) 5126858
info@vinothek1.at
Mo bis Fr 09.30–18.30, Sa 09.30–17 Uhr
www.vinothek1.at

SOLERIA DE ESPAÑA V

1130 Wien, Hietzinger Hauptstraße 138/2, T: +43 (680) 3354181
katia@soleria.at, Abholungen & Verkostungen nach tel. Terminvereinbarung möglich, www.soleria.at

VINI PER TUTTI V

1080 Wien
Lerchenfelder Straße 44
T: +43 (664) 226426
office@vinipertutti.at
Mo bis Fr 13–22 Uhr, Sa 10–22 Uhr
www.vinipertutti.at

WEIN & GENUSS ELISABETH HAUSGNOST V

2042 Guntersdorf, Sportplatzgasse 286
T: +43 (2951) 27280
e.hausgnost@aon.at
Do und Fr 14–18 Uhr, Sa 10–17 Uhr
www.hausgnost-weingenuss.at

1130 WEIN VINOTHEK V

1130 Wien, Lainzer Straße 1/Eingang gegenüber Altgasse 27
T: +43 (699) 18000002
vinothek@1130wein.at
Mo bis Fr 10–19 Uhr, Sa 10–15 Uhr
www.1130wein.at

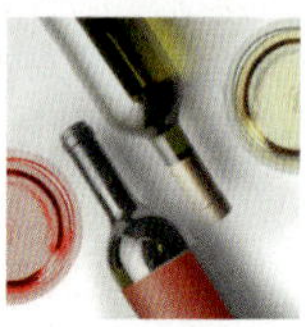

GEBIETSVINOTHEK RETZER LAND IM ALTHOF V

2070 Retz, Althofgasse 14
T: +43 (2942) 3711405
vinarium@althof.at
täglich 11–18 Uhr
www.althof.at

WIEN | NIEDERÖSTERREICH

GASTHAUS MARTIN WEILER W

2136 Laa an der Thaya
Staatsbahnstraße 60
T: +43 (2522) 2379
martin@weilerlaa.at
www.weilerlaa.at

FREIGUT THALLERN V

2352 Gumpoldskirchen
Thallern 1
T: +43 (2236) 53477
vinothek@freigut-thallern.at
www.freigut-thallern.at

GETRÄNKEHAUS KRAUSE & VINOTHEK WEINBLATT V

2201 Gerasdorf bei Wien, Wagramer Straße 259, T: +43 (1) 7346969
service@weinblatt.at
Mo bis Fr 8–18 Uhr, Sa 8–12 Uhr
www.krause-getraenke.at

ALTES LANDGUT WERDENICH W

2423 Deutsch Jahrndorf, Untere Hauptstraße 2, T: +43 (2144) 21630
altes@landgut-werdenich.at
Do bis Sa 10.30–23 Uhr, So 10–17 Uhr
www.landgut-werdenich.at

MARCHFELDERHOF W

2232 Deutsch-Wagram
Bockfließer Straße 31
T: +43 (2247) 2243
office@marchfelderhof.at
Mi bis So 11–22 Uhr
www.marchfelderhof.at

BADENER HAUERVINOTHEK V

2500 Baden, Brusattiplatz 2
T: +43 (2252) 45640
badener.hauervinothek@aon.at
täglich 10–12.30 Uhr u. 15.30–18.30 Uhr
www.badenerwein.at

WEINHANDELWIEN

Peter Kaindl Handels KG
Großhandel & Detailverkauf

Handel:
Inkustraße 1–7 / Obj. 4 • 3400 Klosterneuburg - Gewerbepark
Do + Fr 9–18 Uhr und Sa 9–16 Uhr

Büro:
Himmelstraße 31 • 1190 Wien
T: 0676/39 35 135 • F: 02243/26 554

kaindl@weinhandelwien.at • www.weinhandelwien.at

NIEDERÖSTERREICH

HOTEL POST HÖNIGWIRT W
2860 Kirchschlag, Günser Straße 2
T: +43 (2646) 2216
kontakt@hotel-post-hoenig.at
Mo und Mi bis Sa 8–24 Uhr, So 8–18 Uhr
(Jan. bis Ostern Mo geschlossen)
www.hotel-post-hoenig.at

GASTHAUS ZUM GOLDENEN KREUZ W
3483 Feuersbrunn, Weinstraße 11
T: +43 (2738) 2342
office@gasthausbauer.at, Di bis Do,
Sa 8.30–22, Fr 8.30–14, So 8.30–17 Uhr
www.gasthausbauer.at

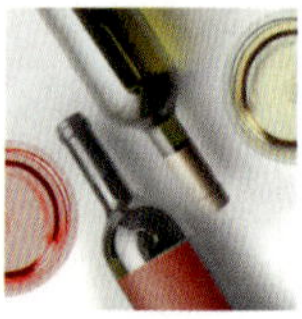

VINOTHEK – DUNKELSTEINERWALD INH. FRANZ ECKL V
3124 Oberwölbling, Hausheim 15
T: +43 (676) 4922446
office@vinothek-dunkelsteinerwald.at
Öffnungszeiten nach tel. Vereinbarung
www.vinothek-dunkelsteinerwald.at

EISENBOCK'S STRASSER HOF W
3491 Strass, Marktplatz 30
T: +43 (2735) 2427
eisenbocks@strasserhof.at
Di bis So 10–22 Uhr
www.strasserhof.at

DER WEINKELLER V
3150 Wilhelmsburg
Anzengruberstraße 28
T: +43 (676) 5104556
office@weinkeller-online.at
nach telefonischer Vereinbarung
www.weinkeller-online.at

NOITZ Wein.Depot

WEIN.DEPOT NOITZ V
3511 Palt
Römerstraße 169
T: +43 (2732) 85656
noitz@wein-handlung.at
nach telefonischer Vereinbarung
www.wein-handlung.at

LANDGASTHOF BÄRENWIRT W
3252 Petzenkirchen, Ybbser Straße 3
T: +43 (7416) 52153
info@baerenwirt1.at
Mo bis Sa 9–23 Uhr, So 9–11 Uhr
www.bärenwirt.at

LANDHAUS BACHER

LANDHAUS BACHER W
3512 Mautern an der Donau
Südtiroler Platz 2, T: +43 (2732) 82937
info@landhaus-bacher.at
Mi bis Sa 12–15 Uhr und ab 18.30 Uhr,
So 11.30–23 Uhr
www.landhaus-bacher.at

GUT OBERSTOCKSTALL W
3470 Kirchberg am Wagram
Ringstraße 1
T: +43 (2279) 2335
restaurant@gutoberstockstall.at
www.gutoberstockstall.at

GASTHAUS SCHWARZ W
3521 Nöhagen
Nöhagen 13
T: +43 (2717) 8209
office@gasthaus-schwarz.at
Mi bis So ab 10 Uhr
www.gasthaus-schwarz.at

WERITAS WAGRAM GEBIETSVINOTHEK V
3470 Kirchberg am Wagram
Marktplatz 44
T: +43 (676) 4513002, info@weritas.at
Mi und Do 14–22 Uhr, Fr 16–22 Uhr,
Sa 9–21 Uhr, So 11–15 Uhr, www.weritas.at

GOLFRESTAURANT HETTEGGER W
3532 Rastenfeld, Niedergrünbach 60
T: +43 (2826) 88102
info@restaurant-hettegger.at
täglich 9–23 Uhr
www.restaurant-hettegger.at

NIEDERÖSTERREICH | OBERÖSTERREICH

HEINZLE W
3610 Weißenkirchen in der Wachau
Wachaustraße 280
T: +43 (2715) 2231
restaurant@heinzle.at
Mi bis Sa 11–23 Uhr, So 11.30–18 Uhr
www.heinzle.at

WEINTURM V
4030 Linz, Thanhoferstraße 11
T: +43 (732) 731014
office@weinturm.at
Mo, Di, Do & Fr 9–18 Uhr,
Mi und Sa 9–13 Uhr
weinturm.at

PRANDTAUERHOF W
3610 Joching
Prandtauerplatz 36
T: +43 (2715) 2310
weingut@holzapfel.at
Öffnungszeiten auf Anfrage
www.holzapfel.at

VINOVINO SPITZENWINZER ÖSTERREICH, FRANKREICH, ITALIEN V
4040 Linz, Reindlstraße 19
T: +43 (664) 2308551, office@vinovino.at
Weinabholung nach Vereinbarung
www.vinovino.at

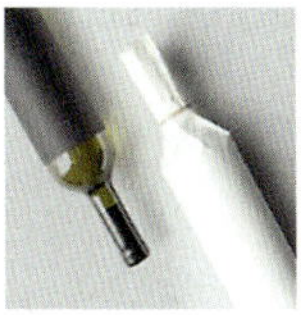

WEINHANDEL PETER GIGLER V
9853 Gmünd, Kirchgasse 53
T: +43 (676) 6094223
p.gigler@weinheit.at
Do 17–21 Uhr
www.weinheit.at

WOLFS WEINDEPOT V
4100 Ottensheim
Blittersdorffstraße 10a
T: +43 (650) 9829302
office@wolfsweindepot.at
Öffnungszeiten nach Vereinbarung
www.wolfsweindepot.at

ALTE METZGEREI - VINOTHEK V
4020 Linz, Herrenstraße 5
T: +43 (732) 774434
office@walchshofer.com
Mo bis Mi 11–22 Uhr, Do und Fr 11–24 Uhr
www.altemetzgerei.at

SONNBERG BIOFLEISCH F
4273 Unterweißenbach
Sonnbergstraße 1, T: +43 (7956) 7970-81
schaubetrieb@biofleisch.biz
Mo bis Do 8–17 Uhr, Fr 8–18 Uhr,
Sa 8–12 Uhr
www.biofleisch.biz

SCHENKI'S VINOTHEK V
4020 Linz, Landstraße 12
(Arkade Taubenmarkt)
T: +43 (0732) 795444
weinhof@schenkenfelder.at
www.schenkenfelder.at

AVE VITAS BIO-LIKÖR-MANUFAKTUR F
4511 Allhaming
Tannenweg 25
T: +43 (7227) 22201
office@ave-vitas.com
www.ave-vitas.at

WEINHOF SCHENKENFELDER V
4020 Linz, Pollheimerstraße 20
T: +43 (0732) 670711
weinhof@schenkenfelder.at
Mo bis Fr 8–12.30 u. 13.30–17.30 Uhr
www.schenkenfelder.at

VINOSPIRIT V
4600 Wels
Zeileisstraße 6
T: +43 (7242) 932812
office@vinospirit.at
www.vinospirit.at

V Vinothek F Feinkost W Weingasthof

OBERÖSTERREICH | SALZBURG | TIROL

Getränke Wagner Handels GmbH V
4664 Laakirchen, Weinstraße 31
T: +43 (7613) 440440
vinothek@wagnerweb.at, Mo bis Fr 9.30–18.30 Uhr, Sa 9.30–12.30 Uhr
www.wagners-weinshop.com

VINORILL V
4840 Vöcklabruck
Prinz-Eugen-Straße 44
T: +43 (664) 2040355
vinorill@aon.at
Nach Vereinbarung
www.vinorill.at

SEEHOTEL GRÜNER BAUM W
4830 Hallstatt, Marktplatz 104
T: +43 (6134) 8263
contact@gruenerbaum.cc
täglich 12–21 Uhr
www.gruenerbaum.cc

FEINKOST FLEISCHEREI AUERNIG F
5300 Hallwang, Wiener Bundesstr. 16
T: +43 (662) 661339
metzgerei@auernig.at
Mo bis Fr 7–18 Uhr, Sa 7–12 Uhr
www.auernig.at

GETRÄNKEHAUS OTMAR LUX V
4840 Vöcklabruck
Unterbleichfleck 10
T: +43 (7672) 27610
otmarlux@wein-handel.at
www.wein-handel.at

DORFKÄSEREI PÖTZELSBERGER F
5421 Adnet bei Hallein, Waidach 27
T: +43 (6245) 83228, info@biokas.at
Di, Do 8–12 Uhr, Mi 8–12 und 15–18 Uhr, Fr 8–18 Uhr, Sa 7–11 Uhr
www.biokas.at

ÜBER 150.000 WEINE ONLINE ABRUFBAR!

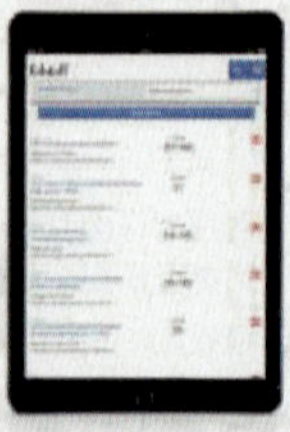

Mit wenigen Klicks zur Falstaff-Bewertung des gewünschten Weins!
Bequeme Filter- & Sortiermöglichkeiten.

falstaff
GENIESSEN WEIN ESSEN REISEN

Jetzt entdecken:
falstaff.com/weine

DÖLLERER WEINHANDELSHAUS V
5431 Kuchl
Kellau 160
T: +43 (6244) 20567
weinhaus@doellerer.at
shop.doellerer.at

TIROLER SPECKKLAUSE FAMILIE KRUSELBURGER F
6108 Scharnitz, Hauptstraße 67/68
T: +49 (5213) 5767, info@tiroler-speckklause.at, Mo bis Fr 9–12.30 & 14.30–18 Uhr, Sa 9–18 Uhr, So 10–18 Uhr
www.tiroler-speckklause.at

VINOTHEK NAGELE V
6150 Steinach/Brenner
Bahnhofstraße 162b
T: +43 (5272) 6257
m.wessiack@vinothek-nagele.at
Mo bis Fr 9–19 Uhr, Sa 9–12 Uhr

TIROL | VORARLBERG | BURGENLAND

KONDITOREI HACKER F
6240 Rattenberg
Südtiroler Straße 46
T: +43 (5337) 623220
cafehacker@rattenberg.at
täglich 8–19 Uhr
www.cafehacker.at

BEVANDA V
6850 Dornbirn
Färbergasse 15
T: +43 (5572) 386631
office@bevanda.cc
www.bevanda.cc

RIEDHART HANDELS GMBH V
6300 Wörgl, Innsbrucker Straße 96
T: +43 (5332) 72106
office@riedhart.at
Mo bis Fr 7.30–18 Uhr, Sa 7.30–13 Uhr
www.riedhart.at

JOHANNES THURNHER V
6850 Dornbirn, Bockackerstraße 13
T: +43 (5572) 26151
jth@thurnher-wein.com
Mo bis Fr 8–12 Uhr und 14–18 Uhr, Sa 9–12 Uhr
www.thurnher-wein.com

DEWALDS WEINLADEN V
6370 Kitzbühel, Im Gries 15
T: +43 (699) 17291150
shop@dewalds.at
Mo 12–18.30 Uhr, Di, Do und Fr 10–18.30, Mi 10–18 Uhr, Sa 9.30–15 Uhr
www.dewalds.at

GLOBAL EVENTS CATERING F
Business & Private Affairs: Food Kreation, Projekt-& Start UP Coaching
Kommerzialrat Gerald Reisinger
7033 Pöttsching, Hauptstraße 83
T: +43 (664) 4011033
gerald.reisinger@gmx.net

WINETASTE KG V
6370 Kitzbühel
Sonngrub 39
T: +43 (0660) 3017307
yvonne@weinherz.at
www.weinherz.at

RESTAURANT BRAUNSTEIN PAULI'S STUBEN W
7083 Purbach, Fellnergasse 1a
T: +43 (2683) 55130
restaurant@braunstein.at
Mo u. Do bis Sa 8–22 Uhr, So 8–20 Uhr
www.braunstein.at

WILDWERK7 – DRY GIN F
6423 Mötz
Lente 48
T: +43 (676) 557 8184
info@wildwerk7.at
www.wildwerk7.at

DAS FRITZ W
7121 Weiden am See
Seebad 1
T: +43 (2167) 40222
info@dasfritz.at
täglich 9–22 Uhr
www.dasfritz.at

GRISSEMANN GESELLSCHAFT M. B. H. V
6511 Zams, Hauptstraße 150
T: +43 (5442) 6999
vinothek@grissemann.at
Mo bis Fr 8–19 Uhr, Sa 8–18 Uhr
www.dergrissemann.at

SAILER'S VINOTHEK BURGENLAND V
7132 Frauenkirchen, Kirchenplatz 27
T: +43 (664) 4109697, vinothek@sailers.at
Mi bis Fr 10–12.30 Uhr und 15–18 Uhr, Sa 10–17 Uhr, So 11–17 Uhr
www.sailers.at

V Vinothek F Feinkost W Weingasthof

BURGENLAND | STEIERMARK

PODERSDORFER WEINSTUBEN W

7141 Podersdorf am See
Winklergasse 30, T: +43 (2177) 2829
weingut@dankbarkeit.at
15.4. bis 31.10. Do bis So ab 17 Uhr
www.weingutzurdankbarkeit.at

BURGENLAND VINOTHEK GLÖCKL GMBH V

7301 Deutschkreutz, Hauptstraße 42
T: +43 (670) 5527999, office@burgenland-vinothek.at, Apr. bis Okt.: Mo bis Mi u. Fr, Sa 10–18 Uhr, Nov. bis März: Mo bis Mi u. Fr, Sa 10–17 Uhr, burgenland-vinothek.at

GASTHAUS ZUR DANKBARKEIT W

7141 Podersdorf, Hauptstraße 39
T: +43 (2177) 2223, gasthaus@dankbarkeit.at, Do u. Fr 11.30–14 u. 18–21 Uhr, Sa u. So 11.30–21 Uhr, Dez. u. Jan. geschlossen
www.dankbarkeit.at

BEIM KRUTZLER **** GENUSSGASTHOF & HOTEL W

7522 Heiligenbrunn, Heiligenbrunn 16
T: +43 (3324) 7241
post@hotel-krutzler.at
täglich 7.30–22 Uhr
www.hotel-krutzler.at

PRESSHAUS W

7142 Illmitz, Apetloner Straße 13
T: +43 (2175) 2730
presshaus.haider@aon.at
Fr bis So 10–24 Uhr
www.presshaus.com

KLAPOTETZ WEINBAR W

8010 Graz, Herrengasse 9
T: +43 (316) 820888
wein@klapo.at
Mo bis Fr 11–22 Uhr, Sa 11–18 Uhr
www.klapo.at

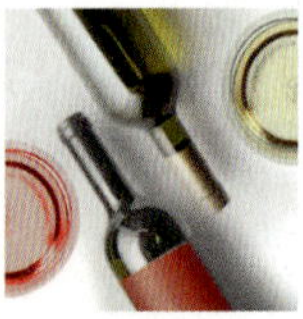

WEINHANDEL KOHLBACHER V

8010 Graz, Leonhardstraße 3
T: +43 (316) 319431
office@weinhandel-kohlbacher.at
Mo bis Do 11–19 Uhr, Fr 10–19 Uhr, Sa 10–13 Uh
www.weinhandel-kohlbacher.at

SCHLOSSBERG W

8010 Graz, Schlossberg 7
T: +43 (316) 840000
Mo und Do 17–24 Uhr,
Fr und Sa 11–24 Uhr, So 11–18 Uhr
www.schlossberggraz.at

SIMPLYWINE A.I. DEUTSCH HANDELSGMBH V

8077 Gössendorf, Gewerbering 4
T: +43 (3135) 46060
office@simplywine.at
Mo bis Do 8.30–12.30 und 14–17 Uhr,
Fr 8.30–13 Uhr, www.simplywine.at

STEIERMARK | KÄRNTEN | DEUTSCHLAND

BERGGASTHOF KÖNIG W
8225 Pöllauberg, Oberneuberg 5
T: +43 (3335) 2311
office@berggasthof-koenig.at
Mi bis Sa 11–20.30 Uhr, So 11–18 Uhr
www.berggasthof-koenig.at

INTEREX HANDELSGESMBH EUROGAST INTEREX V
8274 Buch bei Hartberg
Totterfeld 24
T: +43 (3332) 62111
weinschmecker@interex.at
www.interex.at

GESAMTSTEIRISCHE VINOTHEK V
8354 St. Anna am Aigen
Marktstraße 6, T: +43 (3158) 2801
wein@gesamtsteirische-vinothek.at
13. März bis 21. Nov. Di bis So 11–18.30 Uhr
www.gesamtsteirische-vinothek.at

SATTLERHOF GOURMETRESTAURANT W
8462 Gamlitz, Sernau 2a
T: +43 (3453) 44540
restaurant@sattlerhof.at
Di bis So ab 12 Uhr, bitte um Reservierung!
www.sattlerhof.at

THERESAS – EINE ART GASTHAUS W
8530 Deutschlandsberg
Kirchengasse 4
T: +43 (3462) 39182
theresas70@gmx.at
www.theresas.at

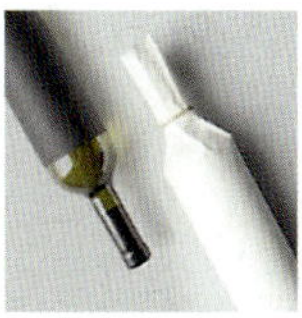

E.H. WEINHANDEL V
8530 Deutschlandsberg
Grazer Straße 7
T: +43 (3462) 20390
info@weinshop24.at
Mo bis Fr 7–18.15 Uhr, Sa 7–12.30 Uhr
www.weinshop24.at

KRÄUTERHAUS PFARRSTADEL F
9773 Irschen, Irschen 19a
T: +43 (664) 5753912, info@irschen.com
Mai bis Oktober: Mo bis Sa 10–12 Uhr und 15–18 Uhr
www.kraeuterdorf.at

BREMER WEINKOLLEG V
28359 Bremen
Anne-Conway-Straße 4
T: +49 (421) 33062
jan.duckwitz@bremer-weinkolleg.de
Mo bis Fr 9–17 Uhr
www.bremer-weinkolleg.de

WEINSCHMECKER V
85049 Ingolstadt, Friedrichshofener Straße 1, T: +49 (841) 99397901
info@weinschmecker-ingolstadt.de
Mo bis Mi, Sa 10–20 Uhr,
Do und Fr 10–22 Uhr
www.weinschmecker-ingolstadt.de

APROPOS WEIN V
94086 Bad Griesbach im Rottal
Seilerberg 6C, T: +49 (8532) 7508
info@aproposwein.com
Mo, Mi, Fr und Sa 10–12 Uhr,
Di und Do 16–18 Uhr
www.aproposwein.com

WEINGARTEN EDEN V
Import und Verkauf kalifornischer Weine
94086 Bad Griesbach-Karpfham
Rottalstraße 18, T: +49 (8532) 920050
info@weingarten-eden.de
Mo bis Do 9–17 Uhr, Fr 9–15 Uhr
www.weingarten-eden.de

V Vinothek F Feinkost W Weingasthof

WEINGÜTER A–Z

ÖSTERREICH

A

B

F

G

H

Z

WEINGÜTER A–Z

NACHBARLÄNDER

FALSTAFF WEINGUIDE
ÖSTERREICH/NACHBARLÄNDER 2022/23

MEDIENINHABER
Falstaff-Verlags-GesmbH
Führichgasse 8/2, 1010 Wien, Österreich
Tel.: +43 1 904 21 41, Fax: +43 1 904 21 41-450
www.falstaff.com
E-Mail: wein@falstaff.com

HERAUSGEBER
Wolfgang M. Rosam und Angelika Rosam

GESCHÄFTSFÜHRUNG
Mag. Elisabeth Kamper, Ronald Tomandl, Msc.
CDO Mag. Michael Spreitzhofer

REDAKTION UND DEGUSTATION
Peter Moser, Claudia Schindlmaißer
Konstantin Schindlmaißer, B.A.

CHEFIN VOM DIENST
Mag. Petra Kirchmayer

LEKTORAT
Mag. Florian Praxmarer

REDAKTION VERLAG
Mag. Georg Morawitz-Holeschofsky
Noah Neururer, B.A.
Noa Oestreicher
Mag. Lisa Steiner

PEFC zertifiziert
Dieses Produkt stammt aus nachhaltig bewirtschafteten Wäldern und kontrollierten Quellen
PEFC/04-31-1308
www.pefc.org

PRODUKTION UND GESTALTUNG
Mag. art. Marcus Wiesner (Grafik, Fotografie)
Ing. Michael Lenhart (Produktion)
Robert Pleniger (IT)
Thomas Kepplinger, M.A. (Art Dir. Marketing & Sales)

FLASCHENFOTOS
Claudia Schindlmaißer
Matthias Zimmermann

ANZEIGEN
Lisa Tschernig, M.A. (Leitung Sales)
Christiane Ceccarelli (Anzeigenkoordination)
Timotheus Lamberg (Leitung Direct Sales)

HERSTELLER/DRUCK
Parzeller
print & media GmbH & Co. KG
vertreten durch die Parzeller GmbH
Frankfurter Straße 8
36043 Fulda
www.parzeller.de

IDEE UND KONZEPT VON
PETER MOSER